HANDBUCH RELIGIONSWISSENSCHAFTLICHER GRUNDBEGRIFFE

(HrwG)

Handbuch religionswissenschaftlicher Grundbegriffe

unter Mitarbeit von
Günter Kehrer
Hans G. Kippenberg
Matthias Laubscher

herausgegeben von
Hubert Cancik
Burkhard Gladigow
Karl-Heinz Kohl

Band III

Gesetz – Kult

Verlag W. Kohlhammer
Stuttgart Berlin Köln

Die Deutsche Bibliothek – CIP-Einheitsaufnahme

Handbuch religionswissenschaftlicher Grundbegriffe / unter Mitarb. von Günter Kehrer ... Hrsg. von Hubert Cancik ... – Stuttgart ; Berlin ; Köln : Kohlhammer.
ISBN 3-17-010531-0
NE: Cancik, Hubert [Hrsg.]

Bd. 3. Gesetz – Kult. – 1993
ISBN 3-17-009555-2

Stuttgart Berlin Köln
Verlagsort: Stuttgart
Umschlag: hace
Gesamtherstellung:
W. Kohlhammer Druckerei GmbH + Co. Stuttgart
Printed in Germany

BAND III

Gesetz – Kult

Gesetz

I. Begriffsbestimmung und Etymologie

Gesetz meint eine abstrakte, verbindliche Verhaltensregel; sie greift grundsätzlich über den Bereich des → Rechts hinaus: In den Naturwissenschaften werden bestimmte Vorgänge, die stets auf gleiche Weise ablaufen, als Gesetze bezeichnet (z. B. Fall- oder Entropiegesetz und dergleichen). Diese Gesetzmäßigkeiten sind als solche vom Menschen nicht direkt beeinflußbar; sie liegen in der »Natur« der Objekte selbst und sind in der Regel mit Hilfe mathematischer Gesetze berechen- und rekonstruierbar (z. B. Stand der Gestirne zu einem bestimmten vergangenen oder zukünftigen Zeitpunkt). Durch Kenntnis solcher Gesetzmäßigkeiten ist es den Menschen möglich, diese grundsätzlich in bestimmten Grenzen selbst zu verändern (z. B. Beherrschung der Schwerkraft durch Flugkörper). Auch im Bereich der Geistes- und Sozialwissenschaften spricht man von Gesetzen der Logik der Sprache (Grammatik), der Kunst (z. B. Perspektive, Harmonie), der Psychologie und der Soziologie; man meint damit gewisse Gesetzmäßigkeiten im Sinne von »wenn-dann-Relationen«. Man spricht dann von wissenschaftlichen Gesetzen, wenn sie eine gewisse Vorhersehbarkeit bestimmter Ereignisse oder Folgen ermöglichen. Diese Gesetze sind jedoch zeit- und kulturabhängig und nicht im strengen Sinne aus der »Natur« des Objekts verbindlich. In vorrationalen Kulturen werden die kultisch-religiösen und ethischen Gesetze oft auf den Willen der Gottheit(en) zurückgeführt. Der Verweis des Grundgesetzes der BRD (Art. 2 Abs. 1) auf das »Sittengesetz« erhebt den gesellschaftlichen Sittenkodex zu einer unspezifischen Gesetzesnorm, deren Inhalt allerdings ebenso offen bleibt wie ihre konkrete Verpflichtungskraft. Insofern ist eine solchermaßen gesetzte Norm allenfalls ein Verfahrensgrundsatz, aber eben kein Gesetz im eigentlichen Sinn. Immerhin weisen Freiheit (des Individuums) und praktisches Gesetz – sei es als Sitten- oder moralisches Gesetz – wechselweise aufeinander zurück.[1]

1. Begriffsbestimmung

Gesetz ist eine das Handeln oder einen Vorgang dauerhaft und verbindlich bestimmende abstrakte und generell geltende Norm, die einer Person oder Sache entweder aufgrund ihrer »Natur« zukommt, oder kraft Setzung durch eine Autorität die Sanktionskompetenz und -macht besitzt. Bezüglich seiner formalen Konsistenz kommt es jedoch darauf an, in welcher Entwicklungsstufe seiner Geschichte es beschrieben werden soll.[2]

---

[1] I. Kant, Kritik der praktischen Vernunft, Analytik § 6 Anm., in: Werke, hrsg. v. W. Weischedel, Bd. VII, 139.
[2] U. Wesel, Frühformen des Rechts, 68.

2. Etymologie

Gesetz kommt im Deutschen von *setzen* = festsetzen, bestimmen, anordnen, pflanzen; *Satzung* = Festsetzung im Sinne verbindlicher Anordnung; im Mhd. hat sich *gesetze* erst relativ spät im Sinne des spezifisch Gesetzten gegenüber dem allgemeineren Begriff *ѐwe* (ewig, Gesetz/Recht, Ehe) eingebürgert. Das lateinische *lex* kommt vermutlich von *lego* (vgl. gr. légo = sagen); im Verkehr mit den Göttern bedeutet es als *legum dictio* die Ansage der Zeichen, die der Augur aufstellt, damit die Gottheit antwortet. Verwandt mit *ligare* (= binden) meint *lex* in dieser Deutung die dauernde Bindung zweier Rechtssubjekte, also den durch Rede und Gegenrede geschlossenen Vertrag und schließlich das vom Volk beschlossene Gesetz.[3] In diesem Sinn versteht *lex* das förmlich beschlossene, (aufgeschriebene) Recht im Unterschied zu den *mores* und zur *consuetudo*.[4] Zwar gelten in der Königszeit (bis 510 v. Chr.) die *leges regiae* noch als sakrale Satzungen, doch in der Republik tritt das formale Element rationaler Entscheidungen – vor allem in der Form der Zustimmung durch das Volk – deutlich hervor. Daran ändert auch die Tatsache nichts, daß in der Kaiserzeit die alte Form der *leges rogatae*, der Volksgesetze, durch kaiserliche Konstitutionen und Edikte abgelöst wurde. Seit DIOKLETIAN werden alle kaiserlichen Entscheidungen – unabhängig davon ob Konsistorium bzw. Senat mitgewirkt haben – als *leges* bezeichnet.[5]

3. Die ethnozentrische Problematik

Spezifische Schwierigkeiten bei der religionswissenschaftlichen Behandlung dieses Begriffs ergeben sich aus der soeben angesprochenen formalen und dichotomen Sicht: *lex* als formal gesetzte Verhaltens*norm* versus *consuetudo*, als der primär auf Internalisierung gründenden Verhaltens*form*. Diese Unterscheidung ist für das abendländisch-europäische Denken charakteristisch. Für eine angemessene religionswissenschaftlich vergleichende Analyse birgt dieser Ethnozentrismus nicht unerhebliche Probleme: Es ist aus europäischer Sicht schwierig zu klären, welche Qualität religiöse bzw. rituelle Vorschriften eines bestimmten Ethnos haben. Umgekehrt können (scheinbar vordergründige) Regelungen des gesellschaftlichen Verkehrs religiöse Bedeutung erlangen bzw. religiös legitimiert erscheinen. Dabei ist schwer herauszufinden, welche konkreten Interessen und Machtverhältnisse sich hinter diesen religiös legitimierten Normen verbergen.

II. Theorie

Hinter diesen Fragen steht der alte Zweifel gegenüber der Funktion der Gesetze im allgemeinen und der religiösen im besonderen: Der in PLATONs Dialog über den Staat (I 338) geäußerte Argwohn, »jedes Regime erläßt doch die Gesetze zu seinem eigenen Vorteil«, woraus folge, »daß an allen Orten dasselbe Recht gelte, nämlich eben der Vorteil des Stärkeren«, ist auch durch die neueren Theorien vom Gesetz nicht auszuräumen.

---

3 H. VOLKMANN, Art. Lex, leges, in: Der Kleine Pauly III (1979), Sp. 603–609, 603.

4 K. E. GEORGES, Ausführliches lateinisch-deutsches Handwörterbuch, Bd. I, [14]1976, 629f.

5 VOLKMANN, Art. Lex, leges (wie Anm. 3), 606.

1. Formal ist der *juridische Gesetzesbegriff* in der abendländischen Rechtstradition – von marginalen nationalen Differenzierungen abgesehen – einigermaßen konsistent zu bestimmen: Das Gesetz ist eine *auf Dauer* ausgerichtete *allgemein* gültige, *normative* Anordnung, die ein bestimmtes Handeln oder Unterlassen gebietet; eine solche Norm muß von der zuständigen Autorität erlassen, entsprechend promulgiert und möglichst gerecht, d. h. auf einen maximalen Interessenausgleich bedacht und von den Gesetzesunterworfenen grundsätzlich akzeptiert sein. Bei Fortfall des regelungsbedürftigen Gegenstandes wird das Gesetz hinfällig (obsolet). Grundsätzlich erheischen Gesetze im Rechtsbereich formalen Gehorsam, d. h. sie wollen und können die Unterworfenen nicht im Gewissen verpflichten.

Die Frage, ob und wann ein Gesetz als »ungerecht« zu qualifizieren sei, ist zwar theoretisch wenigstens approximativ beantwortbar, doch bleibt die Entscheidung im konkreten Einzelfall problematisch; dies nicht zuletzt deshalb, weil jeder Gesetzgeber von vornherein bestreiten wird, ein ungerechtes Gesetz erlassen zu haben; vielmehr wird er sich auf eine wie immer bestimmbare »höhere« ideologisch begründete Gerechtigkeit (der reinen Lehre, der Klasse oder Rasse, der Freiheit, der freiheitlich-demokratischen Grundordnung und dergleichen) berufen. Die Möglichkeit der Überprüfung von Gesetzen auf ihre Verfassungsmäßigkeit ist weder in allen Rechtsstaaten selbstverständlich, noch muß sie eine Prüfung der (inneren) Gerechtigkeit beinhalten.

In jedem Fall sind Gesetze Ausdruck der Herrschaft und Herrschermacht, denn sie verpflichten grundsätzlich alle Gewaltunterworfenen, auch die Widerstrebenden. Denn nur derjenige kann Gesetze geben, der auch ihre Beachtung zu urgieren und die darauf gegründete Ordnung zu gewährleisten vermag, »... weil der Herrscher, welcher nicht Macht genug hat, einen jeden im Volk gegen den anderen zu schützen, auch nicht das Recht hat, ihm zu helfen«.[6] Andererseits dürfte auch die schon bei PLATON (Der Staat II 359) feststellbare Überzeugung nicht fehlgehen, daß allein die Gesetze die Menschen hindern, Unrecht zu tun. Die dem Gesetz zugrundeliegende Gerechtigkeit erfährt nach ARISTOTELES ihre Bestimmung wiederum vom Gesetz, wenn er sagt: »Gerecht ist also, was den Gesetzen und der Gleichheit entspricht, ungerecht, was mit den Gesetzen und der Gleichheit im Widerspruch steht.« Daraus folgert er, »daß alles Gesetzmäßige in gewissem Sinne gerecht ist« (Nikom. Ethik VIII).

2. Nach neueren *anthropologischen* Erkenntnissen gibt es keine funktionierende menschliche Gesellschaft ohne ein Ordnungssystem, das man als Recht bezeichnen kann, da es auf →Normen basiert und sich in ihnen, als generalisierenden und verbindlichen Vorschriften des gemeinschaftlichen wie des individuellen Handelns konkretisiert. Diese Feststellung ist banal; dennoch muß sie betont werden, weil die frühere Forschung zu stark von neuzeitlich-europäischen Vorstellungen von Recht und Gesetz (etwa den in II 1 genannten formalen Charakteristika) sowie deren Ausdrucksformen bestimmt gewesen sein dürfte. Deswegen mag in ethnologischen Feldforschungen eine Fülle von Fakten, die Dasein und Funktion von Gesetzen belegen, übersehen bzw. mißverstanden worden sein. So entstand der Eindruck, es existierten »herrschaftsfreie« Ethnien, die konkreter Gesetze entbehren könnten.

Alle Daten deuten heute darauf hin, daß sowohl sehr kleine, als auch vermeintlich

---

[6] I. KANT, Zum ewigen Frieden II, 1 in: Werke, hrsg. v. Weischedel, Bd. XI, 246.

egalitär-anarchistische Gruppen bestimmte – lebensnotwendige – Ordnungsformen und teilweise rigide gehandhabte Regeln haben.[7] Da sie sich nicht nur formal, sondern auch material von den Gesetzen euro-amerikanischer Rechtstradition unterscheiden, hat sie die Forschung oft nicht als Gesetze wahrgenommen; auch heute wird noch darüber gestritten, ob diese Normsysteme Gesetze in unserem Sinne genannt werden können.[8] Dieser Streit ist jedoch solange fruchtlos, als unbestritten bleibt, daß Menschen der unterschiedlichsten Ethnien nach verbindlichen Regeln leben, die entweder von einer bestimmten Autorität oder mittels sozialer Kontrolle durch die Genossen *urgiert* werden.

Einige bedeutende Anthropologen dürften eindrucksvoll belegt haben, daß auch Gesellschaften ohne *abstrakte* Regeln sehr wohl nach *verbindlichen* Normen leben, die auch urgiert werden.[9] Für die Klärung der Frage, ob es sich bei diesen verbindlichen Normen um solche der sozialen Sitte oder des formalen Rechts handele, dürfte die Tatsache bedeutsam sein, vor welchem Forum eine Verletzung der Norm verhandelt wird, vor dem Forum des formal-äußeren Rechts oder dem der internalisierten sozialen Sitte.[10]

Als Beispiel für eine Gesellschaft mit einer beachtlichen Rechtskultur, die dennoch einer gänzlich anderen, »nicht westlichen« Konzeption hinsichtlich der Funktion und Bedeutung abstrakter Regeln als Normen gesellschaftlichen Handelns verpflichtet war, kann das kaiserliche China gelten. Ausgenommen die legalistische Epoche während der Ch'indynastie (221–206 v. Chr.) wurde die chinesische Rechtslehre von konfuzianistischen Idealen bestimmt. Danach rangierte hinsichtlich der rechtspolitischen Bedeutung nicht das *positive* Gesetz, *fa*, an der hierarchischen Spitze sondern *I* und *Li*. *Li* dürfte in etwa der Summe der in der Gesellschaft *gelebten* Sittlichkeit entsprechen, während *I* vielleicht mit der europäischen Idee der Billigkeit verglichen werden könnte. Anders als die westlichen Vorstellungen kannten die Chinesen keine klare Trennung zwischen den *sozialen* und *juristischen* Gesetzen einerseits und den Naturgesetzen andererseits: die *soziale* Welt des Menschen und die Welt der *Natur* wurden als eng miteinander verbunden verstanden, weshalb menschliche Handlungen auf die Natur zurückwirkten: gutes menschliches Verhalten zeitigte in der Natur positive, schlechtes menschliches Handeln negative Folgen. *Li* stellte somit ein *normatives* ethisches Prinzip dar, das das gesamte Universum durchdrang, den Menschen ebenso wie auch die Natur. Das Wissen um dieses Prinzip, *Li*, schloß die Kenntnis sowohl der Natur als auch der universalen ethischen Prinzipien ein. Dementsprechend waren *fa*, die abstrakten Rechtsregeln, also die Gesetze der chinesischen Kodizes, *Modelle* ohne absolut verbindlichen Charakter. Das Gesetz schrieb *modellhaft* ein Verhalten vor, an welches der Mensch sein Verhalten so gut als möglich *annähern* sollte.[11]

---

7 R. A. LeVine, Internalization of Political Values, 58.

8 Nachweise bei W. Fikentscher, Methoden I, 71 ff. und vor allem bei L. Pospíšil, Anthropologie des Rechts, bes. 20, 27 und 424 ff.

9 So z. B.: K. N. Llewellyn, E. A. Hoebel, The Cheyenne Way (1941), 1961; E. A. Hoebel, The Political Organization and Law-ways of the Comanche Indians, 1940; J. P. Gillin, Crime and Punishment, 1934, 331–344.

10 W. Fikentscher, Methoden I, 101.

11 J. Escarra, Le droit Chinois, 74; M. van der Valk, Modern Chinese Family Law, 11 ff.; L. Pospíšil, Anthropologie des Rechts, 47–50.

3. Die *abendländisch-europäische Auffassung* vom Gesetz ist inhaltlich nicht einheitlich. Sie hat sich in ihrer Geschichte merkwürdig gespalten: auf der einen Seite steht in der Tradition TERTULLIAN-AUGUSTINUS-BONAVENTURA-Kanonistik-LUTHER die Annahme von der (totalen) Gebrochenheit der menschlichen Natur und der Verdunklung ihrer Vernunft, die des Gesetzes als richtender Norm bedarf. Diese Anschauung führte zur Antithese von Gesetz und Evangelium: Indem das Gesetz gegenüber dem aus der Gemeinschaft mit Gott herausgefallenen Menschen seinen Anspruch aufrechterhält, wird es zum Ausdruck des Abgrundes, der zwischen Gott und Mensch besteht. Es formuliert, was der Mensch sein sollte, aber nicht ist; es wirkt somit als Urteil und Gericht.[12] In der katholischen Tradition ist dieser Aspekt des in der Sünde des Menschen gründenden Urteils schließlich in der Kanonistik formal realisiert worden: Das Gesetz des Evangeliums wird zum judizierbaren Machtspruch der Kirche. Es entfaltet seine Rechtswirkung bis in das Gewissen des Individuums hinein (z. B. in Form der von selbst eintretenden Beugestrafe: *censura latae sententiae.*[13]
Auf der anderen Seite steht die von ARISTOTELES über THOMAS VON AQUIN reichende Tradition, die das Gesetz als Ausdruck des (politischen) Willens (des Menschen) versteht, das Gerechtigkeit zwischen Personen schaffen soll. Hiernach ist das Gesetz eine »Ordnung der Vernunft in bezug auf das Gemeinwohl, erlassen von demjenigen, der für dieses Sorge trägt«, also Autorität besitzt *(ordinatio rationis ad bonum commune, ab eo qui curam communitatis habet, promulgata).*[14] Diese rationale Ordnung hat gemäß mittelalterlicher Auffassung Gerechtigkeit wesentlich zum Inhalt. Bereits für PLATON waren nur solche Gesetze gerecht, die mit der Natur der Dinge und der Seele übereinstimmen.[15] In diesem Sinn gibt es für ALBERT DEN GROẞEN kein richtiges Recht, das nicht der Vernunft entspricht: »Was ihr widerspricht, ist nicht Recht, sondern Unrecht«, denn: *natura est ratio*, Natur ist vernünftig. Damit sind sowohl die *lex Moysis* und die *lex Christi* als auch die *lex naturalis* unter die wertende und entscheidende Kontrolle der menschlichen Vernunft gestellt. Wenn die Scholastik dabei auch von der Übereinstimmung der Vernunft des Schöpfers und Erlösers mit der »gesunden Vernunft« des Menschen ausgeht, so wird damit nichts weniger ausgedrückt, als die Definitionskompetenz der menschlichen Vernunft über *jegliches* Gesetz und die ihm innewohnende Gerechtigkeit. Die – anthropozentrisch gedeutete – vernünftige Gerechtigkeit Gottes ist dabei zwar die Garantin der auf Gerechtigkeit hin angelegten menschlichen Vernunft, erscheint jedoch tatsächlich als eine »Verspiegelung« der traditionellen Vorstellung: Daß das Gesetz jedem »das Seine« gibt, dem Frieden, der Gemeinschaft dient und in korrekter Weise von der zuständigen Autorität erlassen ist. Aufgabe des Gesetzes ist es nach THOMAS VON AQUIN nicht, alle Laster zu tilgen, vielmehr soll es solche Taten verhindern, die die menschliche Gemeinschaft bedrohen.[16] Es ordnet die menschliche Gesellschaft, indem es »jedem das Seine« gibt und dadurch das Gemeinwohl stabilisiert.

4. Weil in der (tatsächlichen) kirchlichen Praxis jedoch Gesetz Gottes und Gesetz der Kirche so sehr einander angenähert wurden, daß derjenige, der gegen ein Gesetz der

---

12 Vgl. J. HECKEL, Lex Charitatis, 59ff.; G. SÖHNGEN, Gesetz und Evangelium, 3ff.; 24f.
13 Vgl. J. NEUMANN, Recht bei Thomas v. Aquin, 7–11; ders., Grundriß, 107f.
14 TH. V. AQUIN, Summa Theologiae I/II q. 90 Art. 4.
15 Nomoi III 682a. 715b; X 892c; Der Staat IV 444a.
16 Summa Theologiae I/II q. 96 art. 2.

Kirche verstieß, auch als Verletzer göttlicher Gebote galt, stellte sich für die *Reformation* des 16. Jahrhunderts die Frage nach »Gesetz und Evangelium«. Damit wurde die Diskussion von der mehr grundsätzlichen und theoretischen Fragestellung des THOMAS VON AQUIN, wie denn die ein Gesetz konstituierende Gerechtigkeit und sein Gesetzgeber – formal – beschaffen sein müsse, zurückgedrängt und einerseits in die ethische und andererseits in die Ebene des politischen Heils »verspiegelt«. Diese Kompatibilität des göttlichen mit dem weltlichen Gesetz wird in der Reformation grundsätzlich in Abrede gestellt zugunsten der Frage nach der Heilsbedeutsamkeit des Gesetzes gegenüber dem Evangelium. Der Begriff des Gesetzes wird reduziert auf die theologische Dimension der formalisierten Regelung der von Gott in Jesus zugesagten Gerechtmachung gegenüber einer Rechtfertigung aus dem Glauben. »Nur der gerechtfertigte Mensch hat Einsicht in die geistlichen Grundlagen der weltlichen Rechtsordnung und erkennt sie auch an.«[17] Wenn auch in langem Ringen der (vermeintliche) Gegensatz zwischen Gesetz und Evangelium schließlich als – bedeutsames und reinigendes – Mißverständnis erkannt worden ist (K. BARTH), hatte diese Auseinandersetzung doch zur Folge, daß das »weltliche« Gesetz an Dignität und Interesse verlor. Was die weltliche Obrigkeit auch für Gesetze erlassen mochte, es stand ihr zu, denn sie hatte – gleichsam als »Notordnung« – dafür zu sorgen, daß der durch den Sündenfall zum Sünder gewordene Mensch durch den Zwang der (weltlichen) Gesetze zur Beachtung der Gebote angehalten werde. So standen sich seit dem 16. Jahrhundert zwei ideologisch begründete, theoretisch kaum kompatible Gesetzesvorstellungen gegenüber: Die katholische Lehre vom göttlichen und natürlichen Gesetz und die evangelische Auffassung, die das »weltliche« Gesetz der Willkür des Herrschers überantwortete. Behielt sich die katholische Kirche die Bestimmung und Konkretisierung des göttlichen und natürlichen Gesetzes vor, so war der evangelische Landesherr bei der Findung des gerechten Gesetzes letztendlich wieder auf die »Hure Vernunft« verwiesen. Andererseits hat die katholische Theorie die Ansätze von ALBERT und THOMAS nicht so weiter zu denken vermocht, daß sie für die moderne Gesetzestheorie und die Gestaltung und Anwendung des Gesetzes des demokratischen Rechtsstaates hätten hilfreich sein können. Am Ende der Entwicklung steht die Auffassung, daß allein der formal richtig geäußerte Wille des Gesetzgebers ausschlaggebend sei: *auctoritas non veritas facit legem* (HOBBES). Doch auch dieser Positivismus ist nicht ideologiefrei. Ihm liegen stets bestimmte Annahmen zugrunde: Die Verfassung, das Sittengesetz, das »gesunde Volksempfinden«, die sozialistische Ordnung und dergleichen. Tatsächlich findet angesichts der Komplexität und Regelungsbedürftigkeit moderner gesellschaftlicher Verhältnisse das sogenannte »technische Recht« (z. B. Straßenverkehrs-, Bau- und Subventions- sowie Steuergesetze) seine Rechtfertigung im Ordnungsauftrag des modernen Staates; es bedarf nicht der Legitimation von seiten einer »höheren Gerechtigkeit«. Allerdings bedürfen auch Gesetze dieser Art einer Legitimation durch eine ihnen innewohnende plausible und akzeptable Sozialverträglichkeit. Diese kann nicht von außen kraft Autorität verordnet, sie muß vielmehr in einem Prozeß des Interessenausgleichs stets neu gewonnen werden. Die Folge ist, daß Gesetze dieser Art immer wieder novelliert, also den veränderten Gegebenheiten und Interessen sowie den gewandelten Mehrheits- und Kräfteverhältnissen angepaßt werden müssen. Sie sind nicht (mehr) Ausdruck einer »ewigen« Gerechtigkeit, sondern eines momentanen Konsenses oder – weitaus häufiger – einer temporären Interessenkoalition.

---

[17] J. HECKEL, Lex Charitatis, 286f.

III. Gesetz im demokratischen Rechtsstaat

1. Der *Begriff* vom modernen Gesetz, wie er im Grundgesetz der Bundesrepublik Deutschland gilt, hat außer der oben in II 4. genannten geistigen Dichotomie zwei *politische Wurzeln*: den Konstitutionalismus und den Gleichheitsgrundsatz.
a) Die Idee des *Konstitutionalismus* sah entsprechend den Gedanken von LOCKE und MONTESQUIEU ein Mitwirkungsrecht zunächst der Stände und später der Parlamente vor, bei solchen Maßnahmen, die geeignet waren, »Freiheit und Eigentum« des Adels bzw. später der Bürger zu beeinträchtigen. In diesen Materien bedurfte es eines formellen Gesetzgebungsverfahrens, damit ein Gesetz im materiellen Sinn erlassen werden konnte.
b) Die aufgeklärte Staatslehre (ROUSSEAU, MONTESQUIEU u. a.) wollte als Republik nur einen Staat akzeptieren, in dem die Gesetze herrschen. Diese aber hatten ebenso allgemein zu sein, wie der Wille, der sie schuf: Zwar mußten nicht alle Gesetzesunterworfenen in jeder Beziehung vor dem Gesetz gleich sein, klassenmäßige Stufungen waren durchaus vorgesehen, doch war Gleiches gleich zu behandeln. Aus dem Postulat der Allgemeinheit (der Geltung des Gesetzes) entwickelte sich die *Gleichheit vor dem Gesetz.*
In der Rechtsordnung des Grundgesetzes verlangen Eingriffe in Freiheit und Eigentum ein allgemeines Gesetz als Rechtsgrundlage (Art. 19). Andererseits machen die komplexen gesellschaftlichen Verhältnisse sogenannte Maßnahmegesetze zur Regelung akut auftretender Probleme notwendig (z. B. »Lex Rheinstahl« oder andere Hilfs- und Regelungsgesetze). Das Gesetz ist zu einem Planungs- und Steuerungsinstrument geworden, wobei das öffentliche Interesse, der allgemeine Nutzen und der erreichbare Konsens der unterschiedlichen Interessen den Inhalt dessen bestimmt, was als gerecht gilt.
Gesetze im *formellen* Sinn sind jene Normen, die von den gesetzgebenden Organen des Bundes und der Länder in den verfassungsmäßigen Verfahren verabschiedet worden sind (z. B. Art. 77ff. GG). Als Gesetze im *materiellen* Sinn gelten die Rechtsverordnungen und Satzungen, jene Normen also, die von der Exekutive oder den autonomen Verbänden aufgrund gesetzlicher Ermächtigung erlassen sind sowie das Gewohnheitsrecht. Art. 80 Abs. 1 GG bestimmt, inwieweit eine Regelung im Gesetz selbst getroffen werden muß und wie weit sie der Verwaltung oder den autonomen Verbänden übertragen werden kann. Der Gesetzgeber selbst muß »Inhalt, Zweck und Ausmaß« der Ermächtigung durch Gesetz bestimmen. Das Gesetz im formalen Sinn kann dann durch ein auf seiner Grundlage ergangenes Gesetz im materialen Sinn ergänzt werden.

2. Wenn damit die *formale Frage*, welche Norm als Gesetz im eigentlichen Sinn zu gelten hat, auch beantwortet sein dürfte und Maßnahmegesetze legitimiert sind, tritt die *Frage nach dem gerechten Gesetz* heute in neuer Form auf. Was hat es z. B. mit Gesetzen auf sich, die – ob zwar formal von der verfassungsmäßigen Mehrheit legal beschlossen – vom Gesetzgeber zwar nicht gewollte, aber auch nicht auszuschließende Folgen in sich tragen (können), die z. B. den Bestand dieses Volkes insgesamt oder aber großer Teile davon künftig bedrohen (z. B. durch tolerierte Umweltverschmutzung oder die Bereitstellung von ABC-Waffen)? Das Problem beginnt somit tatsächlich bereits früher, nämlich bei den eine solche Entwicklung ermöglichenden Verwaltungs- und Strafgesetzen. Sicherlich wird auch angesichts solch umfassender und totaler Gefährdungen der Gesetzesunterworfene ein »Widerstandsrecht« solange nicht für sich in Anspruch

nehmen können (und dürfen), bis alle juristischen und politischen Möglichkeiten ausgeschöpft sind. Andererseits wird in einer solchen Situation, da die Spannungen zwischen der (parlamentarischen) Mehrheit und einer (außerparlamentarischen) Opposition wachsen, die (gesetzmäßige) Gewaltanwendung gegen die Opponenten ebenso wie die Versuche ihrer gesellschaftlichen Marginalisierung und Diffamierung zunehmen. Je höher die für bedroht gehaltenen Güter (z. B. Freiheit versus Leben) bewertet werden, um so tiefgehender werden die Konflikte und um so schwieriger die Konsensmöglichkeiten. Das Grundgesetz kennt keine plebiszitäre Gesetzgebung. Es wird sich aber die Frage auf Dauer nicht umgehen lassen, ob Gesetze, die direkt Leib und Leben der Gesetzesunterworfenen betreffen, nicht der Gesamtheit der Wähler zur Entscheidung vorgelegt werden müssen. Gewiß wird dadurch das grundsätzliche Problem nicht gelöst, ob eine Mehrheit der Minderheit eine – wie auch immer gestaltete und vielleicht nur vermutete – existentielle Selbstaufgabe zumuten darf. An diesem Punkt dürfte die religions- und sozialwissenschaftliche Valenz der Idee von der Notwendigkeit der einem Gesetz innewohnenden *Gerechtigkeit*, als einer auf Legitimität begründeten Loyalität deutlich werden. Ein Staatswesen, das die militärische, alltägliche und soziale Sicherheit (beispielsweise in Gestalt der Bedrohung durch eigene atomare Waffensysteme, Kriminalität und Arbeitslosigkeit) seiner Bürger nicht dauerhaft und zuverlässig zu gewährleisten vermag, verliert die Loyalität seiner Bürger – wenn auch in sehr unterschiedlichen Bereichen und aus verschiedenartigen Motiven; es büßt damit aber auch seine Legitimation ein, ohne die seine Gesetze wesen- und wertlos werden. Denn die Freiheit, die das Gesetz sichern soll, ist nicht teilbar: Der Mensch ohne Arbeit hat keine Freiheit; der verstrahlte Mensch hat nichts davon, daß es vielleicht noch irgendwo Freiheit gibt; dem Ausgeraubten nützt es wenig, wenn er die Freiheit hatte, nachts auf die Straße zu gehen. Wie sagte KANT? »... weil der, welcher nicht Macht genug hat, einen jeden im Volk gegen den anderen zu schützen, auch nicht das Recht hat, ihm zu befehlen ...«, so erweist sich die *Akzeptanz* des Gesetzes als die Grundlage gerade des modernen und pluralen demokratischen Staatswesens.

Literatur

BÖCKENFÖRDE, E.-W., Gesetz und gesetzgebende Gewalt, 1958; ESCARRA, J., Le droit Chinois, 1936; FIKENTSCHER, W., Methoden des Rechts in vergleichender Darstellung, 5 Bde., 1977; FISCHER, M. W., Rationalisierung der Gesetzgebung. Historische Bemerkungen mit einem wissenschaftskritischen Kommentar, 1985; GILLIN, J. P., Crime and Punishment among the Barama River Carib of British Guiana, in: Americ. Anthropologist 36 (1934) 331–344; HECKEL, J., Lex Charitatis. Eine juristische Untersuchung über das Recht in der Theologie Martin Luthers, hg. v. M. HECKEL, ²1973; HERZOG, R., Allgemeine Staatslehre, 1971, bes. 300 ff., 323 ff.; KANT, I., Kritik der praktischen Vernunft. Grundlegung der Metaphysik der Sitten, hg. v. W. WEISCHEDEL (Werkausgabe VII), ⁶1982; ders., Schriften zur Anthropologie, Geschichtsphilosophie, Politik und Pädagogik 1., hg. v. W. WEISCHEDEL (Werkausgabe XI), ⁴1982; KRÜGER, H., Allgemeine Staatslehre, ²1966, 275 ff.; LEVINE, R. A., The Internalization of Political Values in Stateless Societies, in: Human Organization 19/2 (1960) 51–58; LLEWELLYN, K. N., HOEBEL, E. A., The Cheyenne Way (1941), 1961; MONTESQUIEU, CH. L. S., Vom Geist der Gesetze, Tübingen 1951; NEUMANN, J., Bedeutung und Begrenzung des Rechts bei Thomas von Aquin, in: Zeitschr. f. evangel. Kirchenrecht, 23 (1978) 7–28; ders., Grundriß des katholischen Kirchenrechts, 1981/84; POSPIŠIL, L., Anthropologie des Rechts. Recht und Gesellschaft in archaischen und modernen Kulturen, 1982; ROELLECKE, G., Der Begriff des positiven Gesetzes und das Grundgesetz, 1969; SÖHNGEN, G.,

Gesetz und Evangelium. Ihre analoge Einheit: thjeologisch-philosophisch-staatsbürgerlich, 1957; THOMAS VON AQUIN, Summa Theologiae, Madrid ³1961, II. Bd.; VAN DER VALK, M., An Outline of the Modern Chinese Family Law, 1939; WESEL, U., Frühformen des Rechts in vorstaatlichen Gesellschaften, 1985.

Johannes Neumann

→ *Normen, Recht, Sanktion, Strafe*

Gewissen

I. Begriff und Wort

1. Zum Begriff

Gewissen läßt sich allgemein als ein dem Menschen eigenes Bewußtsein von der sittlichen Qualität seiner Handlungen bezeichnen. Dieses Bewußtsein ist unmittelbar auf Verwirklichung ausgerichtet: Es drängt zur Ausführung einer als richtig oder gut erkannten/beurteilten Handlung, es warnt vor der Ausführung einer als falsch oder schlecht erkannten/beurteilten Handlung. Dem Urteil des Gewissens Folge zu leisten, wird als Befriedigung – ›gutes Gewissen‹, ›Gewissensruhe‹ – erlebt; Unruhe, Angst, Reue – ›schlechtes Gewissen‹, ›Gewissensbisse‹ – begleiten und folgen auf ein Handeln gegen das Gewissen.

Was das Gewissen sei, wird philosophisch, religiös, weltanschaulich mit verschiedenem Begriffsinventar definiert. Für Fachwissenschaften wie Psychologie, Psychoanalyse, Soziologie, Pädagogik stehen Fragen nach Funktion und/oder Entstehung des Gewissens im Vordergrund: Ist es angeboren oder erworben, wie wird es erworben, welchen Einflüssen ist es ausgesetzt, unterliegt es Veränderungen, bedarf es der ›Bildung‹?

Der Begriff Gewissen ist philosophischen Ursprungs; er ist kein religionswissenschaftlicher Begriff, wohl aber der religionswissenschaftlichen Analyse zugänglich und bedürftig. Von der christlichen Theologie mit religiösen Inhalten angereichert oder auch religiös umgedeutet, steht er im Rahmen der europäischen Kultur auf der Grenze zweier Bereiche; in der Neuzeit kommt ein dritter, das Recht, hinzu. In der historischen Analyse des Begriffs lassen sich beispielhaft das Funktionieren der einzelnen Segmente einer Kultur, die verschiedenen Möglichkeiten und Konsequenzen ihrer Kontakte erkennen.

Der scheinbar einheitliche, ›organische‹ Begriff erweist sich dabei als Gemengelage; wird er aufgelöst, entsteht nicht eine Menge gleichartiger Elemente. Neben Elementen eher systematischer Herkunft lassen sich Ausdrücke von Emotion und Intensität, Wertungen etc. erkennen, die in einer nicht umkehrbaren historischen Abfolge miteinander verbunden oder aneinander angelagert worden sind. Dasselbe Element kann unter verschiedenen, ja einander widersprechenden Vorzeichen eingeführt sein, was freilich nicht mit Ambivalenz gleichzusetzen ist. Der chronologische Index ist aus dem Begriffskonglomerat nicht wegzudenken.

Eine kulturwissenschaftliche Analyse ist vor allem dann geboten, wenn, wie in der Neuzeit geschehen, ein historisch geschichteter Begriff wie ›Gewissen‹ in die Verbindlichkeitssphäre des kodifizierten Rechtes eintritt. Wenn dem Individuum die Freiheit der Gewissensverwirklichung als Grundrecht, d. h. selbst im Konflikt mit ebenfalls durch Gesetz qualifizierten Interessen des Gemeinwesens, zugestanden ist, kommt der Interpretation des Gewissensbegriffes hohe Bedeutung zu. Die Begriffsklärung wird zum juristisch und politisch relevanten Geschäft.

2. Wortgeschichte

Das dt. Wort Gewissen ist ein Übersetzungslehnwort, nach dem lat. *conscientia* – ›Mit-Wissen‹ – gebildet, das seinerseits gr. *syneídesis*/*syneidós* übersetzt. Die romanischen Sprachen und das Englische haben das lat. Wort lautlich adaptiert. Wichtiges Medium für die Verbreitung des dt. Wortes war LUTHERs Bibelübersetzung.[1]

In der Philosophie gewinnen die nationalsprachlichen Wörter erst in der Neuzeit Bedeutung: Hierbei wird vor allem durch die Parallelbildungen – *consciousness* neben *conscience,* ›Bewußtsein‹ neben ›Gewissen‹ die Bedeutungsvielfalt des lat. *conscientia* gegenüber der theologischen Einengung in den Bibelübersetzungen sichtbar.[2] Etymologisch gehört das Wort in den kognitiven Bereich, in das Wortfeld von gr. *eidénai* – sehen, erkennen, wissen – und lat. *scire* – wissen. In der römischen Gerichtssprache bezeichnen die Wörter *conscius, conscientia* die Mit-wisserschaft anderer, aber auch das Bewußtsein des Täters von seiner Tat.[3]

Der älteste lat. Beleg stammt aus der forensischen Rhetorik: *conscientia peccati* – Schuldbewußtsein; die Anweisung an den Anwalt lautet, er müsse verhindern, daß Zeichen von Furcht oder Verwirrung als Symptome eines Schuldbewußtseins betrachtet werden.[4] CICERO gebraucht in einer Gerichtsrede *conscientia* absolut: *magna vis est conscientiae* – »groß ist die Macht der *conscientia,* ihr Richter, und zwar groß in doppelter Hinsicht, insofern diejenigen, die nichts begangen haben, nichts befürchten,

---

1 Belege bei J. u. W. GRIMM, Deutsches Wörterbuch, Bd. 4, 1, 3, 6219f.

2 ›Bewußtsein‹: CHRISTIAN WOLFF, Vernünftige Gedanken von Gott, der Welt und der Seele des Menschen, auch allen Dingen überhaupt (1719); ›*consciousness*‹: JOHN LOCKE, An essay concerning human understanding (1690) II 1,19 (DIEMER, s. v. in: HWPh 1, 1971, 888 u. 891). HOBBES kennt die Unterscheidung von *conscience* und *consciousness* noch nicht, s. R. KOSELLECK, Kritik und Krise (1959) 1973, 161 Anm. 43.

3 Mitwisserschaft: *Conscius sceleris:* Dig. 29,5,1,21 (ULPIAN); *sine fraudis conscientia:* Dig. 42,8,10,4 (ULPIAN); Bewußtsein: *ob sceleris conscientiam* – im Bewußtsein, ein Verbrechen begangen zu haben, Dig. 34,1,32,7; Gewissen: Hand an sich legen aus schlechtem Gewissen, Dig. 3,2,11,3 (ULPIAN).

4 Auct. ad Harennium 22,5 (ca. 88–85 v. Chr.).

diejenigen aber, die sich schuldig gemacht haben, ständig die Strafe vor ihren Augen zu sehen meinen«.[5]

Das Adjektiv *conscius* zeigt, reflexiv gebraucht, eine weitere Stufe im Prozeß der Verabsolutierung und Verinnerlichung des Begriffs an: LUKREZ kritisiert in seinem Lehrgedicht die Strafphantasien der Mythen und behauptet dagegen, das Bewußtsein der Tat, das sich in der Furcht äußert, führe nicht nur die Strafe herbei, sondern sei in sich selbst bereits Strafe.[6] In dem poetischen Text wird deutlich, wie die Gerichtssprache das, zunächst metaphorische, Modell für den weiteren philosophischen Gebrauch von *conscientia* bietet. Dieser ist bei CICERO vielfach belegt im Sinne von »Bewußtsein«, näherhin einer Instanz im Menschen, die die eigenen Handlungen nach ihrer sittlichen Qualität beurteilt und gegebenenfalls verurteilt.

Als Fachausdruck der griechischen Philosophie ist *syneídesis* nur unsicher bezeugt. PLATON und ARISTOTELES haben das Substantiv nicht, wohl aber das Verb *syneidénai.*[7] Das älteste Zeugnis stammt – unsicher, ob echtes Zitat – von DEMOKRIT[8]: Aus dem Bewußtsein schlechter Taten erwächst Furcht, weil die Menschen aus Unkenntnis über die Natur der Dinge sich Mythen (Strafphantasien) über die Zeit nach dem Tode ausdenken. Dem dritten Schulhaupt der Stoa, CHRYSIPP (3. Jh. v. Chr.), wird von DIOGENES LAERTIOS (ca. 3. Jh. n. Chr.) der Satz zugeschrieben, jedem Lebewesen sei das Streben nach Selbsterhaltung eigen und das Bewußtsein *(syneídesis)* davon.[9]

Das forensische Modell einer Instanz im Menschen, die Mitwisser und Zeuge der eigenen (Frevel-)Tat ist und ihr Ankläger, ist in der griechischen Historiographie des Hellenismus geläufig. POLYBIOS[10] beispielsweise nennt die *sýnesis* (von *synhiénai* – sich bewußt machen), die ihren Sitz in der *psyché* hat, den schrecklichsten Zeugen und den schlimmsten Ankläger.

II. Zwei grundlegende Konzeptionen des Gewissens

Die im folgenden unter 1 und 2 behandelten Gewissenskonzeptionen wurden im Sinne der oben dargelegten Methoden und Ziele einer kultur- und religionswissenschaftlichen Analyse wegen ihrer Bedeutung für die Konstitution der verschiedenen Gewissensbegriffe in der europäischen Kultur ausgewählt. Die Geschichte des Gewissensbegriffs beginnt in der antiken Philosophie.[11] Sein systematischer Ort ist am deutlichsten im

---

5 CICERO, pro Milone 23,61.

6 LUKREZ, de rerum natura 3,1011–1019; *mens sibi conscia* – macht das Leben zur ›Hölle‹: *hic Acherusia fit stultorum denique vita.*

7 Aus Raumgründen ist diese Untersuchung auf das Substantiv beschränkt, obwohl für eine Geschichte des Begriffs ein weit größeres semantisches Feld zu berücksichtigen wäre, wie BRUNO SNELL bereits 1930 in der Rezension zu FR. ZUCKER, Syneidesis, gefordert hat. Diese Forderung ist zum Teil eingelöst durch die Untersuchung von ANTONIA CANCRINI, Syneidesis.

8 DEMOKRIT (460–380/70 v. Chr.) frg. 297 VS.

9 DIOGENES LAERTIOS VII 85; die Lesart *syneídesis* wird bestritten von POHLENZ (Die Stoa II, 65) und H. R. SCHWYZER, Bewußt und unbewußt bei Plotin (Entretiens Hardt V, 1957) 357.

10 POLYBIOS (2. Jh. v. Chr.), 18,43,12; bei dieser Stelle könnte es sich freilich um einen späteren Einschub handeln; die linguistischen Argumente von CANCRINI gegen eine Gleichsetzung von *sýnesis* und *syneídesis* (19–23) erscheinen mir nicht zwingend.

11 Das ›Phänomen Gewissen‹ ist nicht identisch mit dem philosophischen Begriff. Was man als

Rahmen der stoischen Anthropologie kenntlich.[12] Aus der hellenistischen sog. Popularphilosophie hat ihn der Apostel PAULUS übernommen. Die Kontinuität der christlichen Theologien und die wiederholten Rezeptionen antiker Philosophien in der europäischen Geistesgeschichte bilden das Bezugsfeld späterer Gewissenskonzeptionen, wie immer diese selbst ihr Verhältnis zu diesem Bezugsrahmen bestimmen mögen.[13]

1. Anthropologie und Naturrecht der Stoa

Die Worte *conscientia* und *syneídesis/syneidós* gehören, wie die Wortgeschichte lehrt, nicht zum Fachvokabular der Stoa. In den beiden Jahrhunderten um die Zeitenwende häufen sich die Zeugnisse in beiden Sprachen: Dabei wird ein Bedeutungsspektrum kenntlich, das gewöhnlich als ›popularphilosophisch‹ bezeichnet wird. Dieser Befund läßt sich mit dem heutigen durchaus vergleichen, wie die Diskussionen um Art. IV GG lehren (s. u. V).

Im philosophischen Gebrauch bleibt die Grundbedeutung ›Mitwisserschaft‹ erhalten; das ›Gewissen‹ wird bisweilen bildhaft konkret vorgestellt als Mitwisser oder Zeuge, auch Ankläger oder Richter im Menschen[14], bald abstrakt gedacht als reflektierendes Moment, ›Seiner-Selbst-Bewußt-Sein‹, und/oder als Instanz sittlicher Bewertung der eigenen Handlungen.[15] Die zugehörige Praxis ist das Sich-Selbst-Prüfen, das Gericht-Halten über sich selbst in der täglichen Gewissenserforschung.[16] Die vernunftorientierte Ethik der Stoa läßt eine scharfe Trennung der beiden Begriffsfelder ›Bewußtsein‹ und ›Gewissen‹ nicht zu.[17]

Das semantische Feld des stoischen Gewissensbegriffes ist nicht an die Worte *conscientia* bzw. *syneídesis/syneidós* gebunden; im Lat. können *animus, mens, ratio* – die alle wiederum zur Übersetzung des griech. *lógos* dienen können – im selben Zusammenhang gebraucht werden. Von Natur *(phýsis/natura)* ist (göttliche) Vernunft *(lógos/ratio)* in jedem Menschen; dieser Natur gemäß zu leben, ist das Ziel *(télos/finis)* eines jeden Menschen und macht sein Glück *(eudaimonía/vita beata)* aus. Tugend *(areté/virtus)* ist nichts anderes als die Praxis dieser Satzung *(nómos/lex)* der Natur. Aus der Tatsache,

---

mythische oder poetische Vorformen oder Vorformulierungen einer Gewissensvorstellung bezeichnen kann, wird hier nicht erörtert, z. B. rächende Gottheiten wie die altorientalischen Eidgötter, die griech. Erynien, die lat. Furien, die bereits in der Antike als Manifestationen des Gewissens gedeutet werden, s. u. Anm. 14.

12 Zum epikureischen Gewissensbegriff vgl. CANCRINI, 150–158.

13 Eine systematische Bedeutung wird der Stoa in den zeitgenössischen Diskussionen nicht beigemessen; sie figuriert allenfalls in der Wortgeschichte; bezeichnender Weise findet sich bei BLÜHDORN (Hrsg.), Das Gewissen, im Register das Stichwort ›Stoa‹ nicht; die Ausführungen von REINER, ebd. bes. 286–290 gehen auf den systematischen Zusammenhang nicht ein.

14 CICERO, de legibus 1,40: »Furien hetzen und verfolgen sie, nicht mit brennenden Fackeln wie in den Mythen, sondern durch die Angst des Gewissens *(conscientia)* und durch die Qual des Frevels.« Vgl. auch die Reden für Sextus Roscius Amerinus, 67, und gegen Piso, 46. Zu mythischen Vorformen einer Gewissensvorstellung oder zur philosophischen Allegorese etwa der Erinyen s. M. CLASS, Gewissensregungen.

15 Z. B. SENECA, epistulae morales (künftig abgek.: epist.) 43,5; 97,16.

16 SENECA, de ira 3,36; das Wort *conscientia* wird in diesem Zusammenhang nicht gebraucht, der Sachverhalt aber ist eindeutig.

17 Diesen Befund als Mangel zu interpretieren – s. z. B. MAURER, ThWB 7, 905 – erscheint verfehlt.

daß alle Menschen teilhaben an der Vernunft, folgt die sittliche Freiheit jedes Individuums, die Gleichheit aller Menschen und die Zuneigung der Individuen zueinander: Der Mensch ist von Natur ein gesellschaftliches Wesen *(zóon politikón/animal sociale)*.
Grundlage der individuellen Sittlichkeit und des Gemeinschaftslebens ist das Gesetz der Natur, dieses ist – in CICEROs Formulierung – »die höchste Vernunft die, eingewurzelt in der Natur, befiehlt, was getan werden soll, und das Gegenteil verbietet«.[18] Dieses Gesetz, so fährt CICERO fort, »entstand, bevor irgendein Gesetz geschrieben oder überhaupt ein Gemeinwesen gegründet wurde.«
In SENECAs Philosophieren erreicht der stoische Gewissensbegriff eine hohe Abstraktionsstufe. SENECA formuliert die schon altstoische Lehre von der Autarkie (Selbstgenügsamkeit) der Tugend und der naturgegebenen Freiheit des Menschen[19], indem er das reflexive Moment des Selbst betont. Die enge Verbindung von Bewußtsein und Gewissen im Sinne einer ›Selbst-Gewißheit‹ läßt sich an dem folgenden Satz ablesen: »Niemand schätzt, so scheint mir, die Tugend höher, niemand ist ihr mehr ergeben als einer, der den Ruf, ein guter Mann zu sein, verloren gibt, um nicht die ›Selbstgewißheit‹ verloren zu geben.«[20] Das Konzept ist hier nicht nur durch die sprachliche Pointe auf die Spitze getrieben: SENECA bedient sich der dem Wort eigenen Bildhaftigkeit – Mit-Wissen – zur Konstruktion seines Begriffs des Selbst.[21]
Die Problematik der so konstituierten ›Gesinnungsethik‹ hängt dem Gewissensbegriff in der Geschichte der europäischen Philosophie an; sie tritt bei KANT – gerade in seinem Versuch, die Autonomie der Sittlichkeit zu begründen – ebenso zutage wie bei HEGEL.[22]
KANTs Gewissensbegriff ist enger als der stoische; im Verhältnis zur praktischen Vernunft und zur Urteilskraft steht das Gewissen an untergeordneter Stelle in seinem ethischen System; es hat jedoch eine letzte und insofern höchste Kontrollfunktion: »Das Bewußtsein eines inneren Gerichtshofes im Menschen ... ist das Gewissen.«[23] Die Vorstellung, daß der Mensch durch das Gewissen Angeklagter und zugleich Richter sei, nennt KANT »ungereimt«; sie zwinge zur Annahme einer anderen, einer »idealischen Person« als Richter; aufgrund der Innerlichkeit des Gerichtshofes müsse diese Person ein »Herzenskündiger«, d. h. schließlich »Gott« sein: »so wird das Gewissen als subjektives Prinzip einer vor Gott seiner Taten wegen zu leistenden Verantwortung gedacht werden müssen.«[24]

---

18 SVF III frg. 315 (aus: CICERO, de legibus 1,6,18 f.); ähnlich frg. 319; ebd. frg. 314: die Definition des griech. Stoikers CHRYSIPP (3. Jh. v. Chr.), sie wurde von dem römischen Rechtsgelehrten MARCIANUS in das 1. Buch seines Rechtslehrbuchs übernommen (Dig. 1,3,2).

19 Autarkie: SVF I frg. 187; III frg. 352; 355; 356; 360. Freiheit: z. B. SVF III frg. 360 (aus PHILON von Alexandria) zum Zusammenhang von Freiheit, Gesetz, Vernunft. Gleichheit: ausführliche Entwicklung bei SENECA, epist. 44.

20 SENECA, epist. 81,20: *qui boni viri famam perdidit ne conscientiam perderet.*

21 Zu Selbst, Gesinnung, Innerlichkeit bei SENECA vgl. HILDEGARD CANCIK, Untersuchungen zu Senecas epistulae morales (Spudasmata 18), 1967, 114–137.

22 KANT, Metaphysik der Sitten, Tugendlehre § 13 (abgek.: MS), Bd. 7, 572–576; HEGEL, Grundlinien der Philosophie des Rechts, bes. § 137; § 135 (gegen KANT); § 139: die »Notwendigkeit« des Bösen (Werke Bd. 7, 252–265); vgl. Phänomenologie des Geistes (Werke Bd. 3, 464–494, bes. 481 ff.).

23 KANT, MS (7, 573).

24 Ebd. 574. Es folgt die Verwahrung gegen das Mißverständnis, damit werde die Existenz Gottes postuliert. Zum Verhältnis von Moral und Religion s. u. III.

Die stoische Anthropologie versucht, die Grundüberzeugung von der prinzipiellen Vernünftigkeit und Güte der Welt (Natur, Kosmos) und der Menschennatur zumindest als normative Idee gegen die konkrete Erfahrung des Bösen aufrechtzuerhalten.[25] Infolge der Verinnerlichung des Freiheitsbegriffs (›wer gut ist, ist frei; wer schlecht ist, ist Sklave‹) wird diese Ethik sozial unwirksam. Ihre letzte Konsequenz ist der radikale Rückzug in das eigene Innere, in dem schließlich die Existenz selbst zum (entbehrlichen) Äußeren wird. Die Aporie ist deutlich; es sollte aber nicht übersehen werden, welche Lösungen die Stoiker sich versagt haben, etwa die Annahme eines bösen Prinzips oder eines Sündenfalls oder die nicht weniger aporetische christliche Version der Willensfreiheit.

2. Der Gewissensbegriff in der christlichen Theologie

Der Apostel PAULUS übernimmt den Begriff des Gewissens aus der stoischen Philosophie. Im Brief an die Römer beruft er sich auf das ungeschriebene bzw. in das Herz der Menschen geschriebene Gesetz; Juden und Hellenen werden von Gott zur Rechenschaft gezogen[26]: »Wenn die Völker, die kein Gesetz (sc. des Mose) haben, von Natur das Werk des Gesetzes tun, sind diese, da sie kein Gesetz haben, sich selbst Gesetz. Diese zeigen das Werk des Gesetzes, das in ihre Herzen geschrieben ist; es bezeugt dies ihr Gewissen *(syneídesis)* und ihre Gedanken, die einander anklagen oder verteidigen.« Von protestantischen Theologen wird eine stoische Interpretation dieser Stelle weitgehend abgelehnt.[27] Sie konstruieren den paulinischen Gewissensbegriff auf der Grundlage von 1. Kor. 8 und 10. Die Verbindung »schwache *syneídesis*« in 1. Kor. 8,7ff. ist auf dem Hintergrund des stoischen Gewissensbegriffs wohl nicht zu erklären. Unter Hinweis auf Röm. 1,14 wird die Stelle als ›schwacher Glaube‹ (protestantisch) bzw. als ›religiös-sittliches Urteilsvermögen‹ (katholisch) gedeutet[28]; katholische Theologen neigen eher zu einer naturrechtlichen Auffassung von *syneídesis*.[29]
Die begriffliche Differenz die sich im paulinischen Gebrauch des Wortes *syneídesis* abzeichnet, bleibt, unabhängig von der historischen Wirkung der Paulusbriefe, in der Geschichte der Theologien erhalten: a) eine verschieden starke Verbindung mit der Herkunft aus der nicht-christlichen Philosophie, b) die Identifizierung des Gewissens mit der geoffenbarten Religion, folglich mit den von der jeweiligen ›Orthodoxie‹ garantierten Lehrinhalten. Aus der patristischen Theologie seien als Beispiele ORIGENES

---

[25] Von KANT, der SENECA nennt, durchaus richtig so verstanden und mit dem Hinweis auf die Realität abgelehnt: Die Religion innerhalb der Grenzen der bloßen Vernunft (abgek.: Religion), 1. Stück, »Von der Einwohnung des bösen Prinzips neben dem guten: oder Über das radikale Böse in der menschlichen Natur« (Werke Bd. 7, 665f.).

[26] PAULUS, Röm. 2,14f. – Auf diese Stelle spielt KANT an: MS (7, 573). – Ein weiterer Zeuge für die Bedeutung der Stoa im jüdisch-hellenischen Dialog ist der Zeitgenosse des PAULUS, PHILON VON ALEXANDRIA; er gebraucht häufig den Ausdruck Gewissen *(syneidós)* und das Bild des Gerichtshofes; Stellensammlung bei MAURER, ThWB 7, 910–912.

[27] Vgl. z.B. WOLF, RGG³ 2, 1551; so schon KARL BARTH (Kurze Erklärung des Römerbriefs, ³1964, 42). Überblick über die ältere Auslegungsgeschichte bei W. SANDAY und A. C. HEADLAM, A Critical and Exegetical Commentary on the Epistle to the Romans, ⁵1901 (Ndr. 1971) 59–61.

[28] WOLF, RGG³ 2, 1552; STELZENBERGER, Syneidesis, 38. Vgl. auch die Hinweise auf den Einfluß christlicher Gewissensdefinitionen bei CANCRINI, Syneidesis, 9–15.

[29] Z.B. O. KUSS, Der Römerbrief, 1957ff., 72–82.

und AUGUSTIN genannt. Der antike philosophische Gehalt ist im Rahmen der Logostheologie des ORIGENES nur wenig verändert. In dem augustinischen Schriftencorpus läßt sich ablesen, wie Gewissensfreiheit und Rechtgläubigkeit zur Deckung gebracht werden.[30] Die konstantinische Wende der politischen Verhältnisse hat sich vielfältig in der Begriffsgeschichte niedergeschlagen: »Als die Katholiken die Übermacht erhielten, wurden die Stimmen zugunsten der Gewissensfreiheit leiser.«[31]

Mit der Ausbildung der christlichen Theologien, vor allem der Gnaden- und Sündenlehre verändern sich die wichtigsten Bezugsgrößen des Gewissensbegriffs – die Begriffe Natur und Vernunft. Sie können nicht mehr im individuellen Gewissen unmittelbar als Garant des Sittlich-Guten zum Ausdruck kommen, weil sie, nach der Lehre von der Erbsünde, durch den Sündenfall entweder verderbt oder jedenfalls geschwächt und dem Bösen ausgeliefert sind. Insofern wird die befreiende Wirkung des guten Gewissens in Frage gestellt; das »böse Gewissen« gewinnt Bedeutung als Zeugnis für die Sündhaftigkeit des Menschen. Diese Vorstellung ist besonders ausgeprägt in der protestantischen Theologie; ALBERT SCHWEITZERs Dictum, »das gute Gewissen ist eine Erfindung des Teufels«, wird immer wieder zitiert; vgl. G. EBELINGs Formulierung, daß das anklagende Gewissen »dann also, wenn es seine mahnende und strafende Funktion richtig versieht, insofern also ein gutes (d.h. gut funktionierendes) Gewissen ist«.[32]

Die Scholastik begegnet diesem Dilemma mit einer Zweiteilung des Gewissensbegriffs: *conscientia* wird bestimmt als irrtumsfähig, trotzdem aber unbedingte Folge beanspruchend.[33] Als Bezeichnung einer irrtumsfreien, naturrechtlich begründeten sittlichen Grundgewißheit wird der Ausdruck *synderesis (synteresis)* neu geschaffen.[34] Insofern wird von THOMAS VON AQUINO und den ihm folgenden katholischen Moraltheologen theoretisch ein Stück der stoischen Gewissenskonzeption festgehalten. Praktisch aber sind die Individuen gehalten, ihr Gewissen an den Glaubens- und Sittenlehren der Kirche zu ›bilden‹. Deren Autorität befindet darüber, ob ein individuelles Gewissen »irrig« ist.

Die einseitige Bevorzugung der negativen Funktion des Gewissens, Ankläger zu sein oder

---

30 Zu AUGUSTINs Lehre vom »nützlichen Terror« vgl.: CANCIK, Christentum und Todesstrafe, 229–241.

31 Die leise Ironie dieser sachlich richtigen Feststellung (CHADWICK, Art. Gewissen, RAC 10, 1104) ersetzt nicht die fehlende religionswissenschaftliche Durchdringung des in diesem langen Artikel ausgebreiteten Materials.

32 A. SCHWEITZER, Kultur und Ethik, [5]1923, 249; G. EBELING, IN: BLÜHDORN, Gewissen, 154; im Hintergrund steht vor allem KIERKEGAARD. – Die Klarstellung der Bedeutung von »gutem/bösem Gewissen« durch N. MATROS ist nicht überflüssig, ebd. 243. – Zu ›Bewußtsein/Gewissen‹ bei KIERKEGAARD und ›Sokrates‹ s. P. HADOT, La figure de Socrate (1974), in: ders., Exercices spirituels et philosophie antique, 1981, 77–116.

33 Z.B. PETRUS ABAELARDUS, Scito te ipsum: Peter Abelard's Ethics, hrsg. v. D.E. LUSCOMBE, 1971, 54–56: *quod peccatum non est nisi contra conscientiam;* zu den antiken Einflüssen, s. LUSCOMBEs Einleitung, XV–XXX. Die mittelalterlichen Fassungen des Gewissensbegriffs sind übersichtlich und einverständig dargestellt bei STELZENBERGER, Gewissen.

34 THOMAS VON AQUINO (Quaestiones disputatae de veritate 16 u. 17); Summa Theol. I 79, 12 u. 13; zum Konflikt zwischen Gesetz und Gewissen: Summa Theol. I, II 96,4. Es ist strittig, ob das Wort *synderesis* in einer Glosse des Ezechielkommentars von HIERONYMUS (zu 1,4, PL 25,22 D) auf griech. *syntéresis* – Bewahrung – zurückgeht (STELZENBERGER, Gewissen, 81 ff.) oder lediglich eine Verschreibung für *syneídesis* ist (WOLF, RGG[3] 2,1552). Die *synderesis* wird bedeutungsvoll für den Gewissensbegriff der Mystik.

gar Anzeiger einer wesenhaften Sündhaftigkeit, ist charakteristisch für die meisten der im Kontext des Christentums entstandenen Philosophien. KANTs Gewissensbegriff macht nur scheinbar eine Ausnahme; ein »irrendes« Gewissen ist nach KANT ein »Unding«[35], insofern er das Gewissen rein formal faßt: dieses urteilt nicht über Gut und Böse, sondern es vergewissert sich lediglich, daß die betreffende Handlung als gut beurteilt wurde.

Die Proklamation der »Glaubens- und Gewissensfreiheit« im Rahmen der Menschenrechtserklärungen hat dem Kampf der ›Orthodoxien‹ und ›Häresien‹ endgültig die staatliche Unterstützung entzogen. Im 19. Jh. haben Päpste in ihrem Kampf gegen die Menschenrechte versucht, sich der Staatsgewalt als Garanten althergebrachter Rechte und Ordnungen anzubieten. Im 14. Jh. habe das Unheil begonnen, so rekapituliert LEO XIII. die restaurative Ideologie, das am Ende des 18. Jh. zur Revolution geführt habe.[36] Aus der Volkssouveränität folge der Pluralismus, daraus Freiheit der Religionswahl, »das gesetzlose Urteil des Gewissens eines jeden Einzelnen«, die Meinungs- und Pressefreiheit. LEO bezieht sich ausdrücklich auf die Enzyklika *»Mirari vos«* GREGORs XVI. Dieser hatte bereits 1832 die Gewissensfreiheit verdammt[37]: »Und aus dieser überaus stinkenden Quelle des Indifferentismus fließt jene absurde und irrige Meinung, oder vielmehr Wahnvorstellung, einem jeden sei die Gewissensfreiheit zuzusichern und zuzugestehen. Diesem verpesteten Irrtum hat jene volle und ungezügelte Meinungsfreiheit den Weg bereitet, die zum Verderben des Heiligen und des Bürgerlichen weithin grassiert.« Auch GREGOR versäumt nicht, auf LUTHERs Freiheitslehre hinzuweisen. Gewissensfreiheit wird hier im wesentlichen mit Glaubensfreiheit gleichgesetzt; positiv wird sie, in Fortsetzung der patristischen Tradition, bewertet, wenn sie mit Rechtgläubigkeit im Sinne des Vatikan oder wenigstens mit Vorteilen für die römische Kirche zur Deckung gebracht werden kann.[38] In der protestantischen Tradition lebt das reformatorische Pathos der Gewissensfreiheit[39], vielmehr »Glaubens- und Gewissensfreiheit« fort, apologetisch betont gegenüber dem papistischen ›Gewissenszwang‹. Zu der auch hier gängigen Vereinnahmung durch die Orthodoxie sei nur auf die »Gewissener« *(conscientiarii)* hingewiesen, eine Gruppe von ›Freigeistern‹, die sich auf das Gewissen allein beriefen und biblische oder kirchliche Autoritäten ablehnten; sie stützten ihre Argumentation auf PUFENDORF und dessen auf die Antike zurückgreifendes Naturrecht.[40]

---

[35] MS, Einleitung zur Tugendlehre (7, 532). – Die Wirkung der negativen christlichen Anthropologie erweist sich bei KANT u. a. im Vorherrschen des Pflichtbegriffs: MS (7, 324 f.); Tugend als »Kampf gegen die Einflüsse des bösen Prinzips im Menschen«: MS (7, 576).

[36] LEO XIII., Enzyklika »Immortale Dei«, in: Acta Sanctae Sedis 18, 1885, 161–180, hier: 170.

[37] GREGOR XVI. »Mirari vos«, in: A. M. BERNASCONI (Hrsg.), Acta Gregorii Papae XVI., Bd. 1, 1901, 169–174, hier: 172.

[38] LEO XIII., Enzyklika »Libertas praestantissimum«, 1888, in: Leonis XIII. Pontificis Maximi Acta, 1881–1905, Bd. VIII (Nd. 1971) 212–246, zu Gewissen und Toleranz: 237 ff.

[39] Auf den Wechsel von einem Gnaden- zu einem Gewissensparadigma im 18. Jh. kann hier nicht eingegangen werden; vgl. H.-D. KITTSTEINER, Von der Gnade zur Tugend, in: Spiegel und Gleichnis, Festschrift Jacob Taubes, hrsg. v. N. BOLZ u. W. HÜBENER, 1983, 135–148.

[40] Der Name stammt von MATTHIAS KNUTSEN, Jena 1674, vgl. F. MAUTHNER, Der Atheismus und seine Geschichte im Abendlande III, 1922, 161 ff.

III. Religion und Ethik. Stoisches und Christliches im Gewissensbegriff KANTs

Ein Vergleich der Gewissenskonzeptionen in der antiken Stoa und bei KANT ist lehrreich für die Methoden und Ziele einer kulturwissenschaftlich verstandenen Religionswissenschaft. Vergleichsgegenstand im engeren Sinne ist das Verhältnis von Ethik und Religion. Beide Ethiken sind anthropozentrisch, die eine ist im Kontakt mit dem Christentum, die andere in einer nicht-christlichen Kultur entstanden. Beide verhalten sich kritisch zu der jeweils ›benachbarten‹ Religion, jedenfalls insofern diese institutionalisiert ist.

Auch in der stoischen Philosophie gibt es, als letztes Kapitel der Physik, eine ›Theologie‹. Das Gesamtsystem endet in einer philosophischen Gotteslehre. Insofern die Ethik diesem System angehört, gibt es auch einen mittelbaren Begründungszusammenhang zu dieser Theologie. Die Ethik legitimiert sich jedoch unmittelbar durch die Teilhabe eines jeden Menschen an der göttlichen Vernunft, nicht über eine institutionalisierte Religion. Die Stoiker gestehen aber durchaus zu, daß diese Gottheit mit Namen aus den etablierten Religionen benannt wird; sie verbieten auch nicht die Teilnahme am Staatskult.

Im Zusammenhang der stoischen Logos-Philosophie/-Theologie besteht kein Widerspruch zwischen der ›Innerlichkeit‹ Gottes (»der Gott ist in dir«)[41] und spiritualisierter Frömmigkeit und Kultkritik (»Gott verehrt, wer ihn kennt«)[42] und der gelegentlich bemühten traditionellen religiösen Sprache.[43]

Das Gewissen kann in diesem System einerseits als letzte Instanz, als Exponent der sittlichen Freiheit im Menschen gedacht werden, unter anderem Aspekt aber auch als »offen vor Gott«.[44]

KANT reflektiert das Verhältnis Moral/Religion grundsätzlich, nicht nur als Verhältnis zu einer etablierten Religion, Konfession, Kirche. Sein Pflichtbegriff aber ist vom christlichen Sündenverständnis abhängig. Er bezieht sich zwar ausdrücklich auf CICERO für die Dominanz des Begriffs der Pflicht vor dem des Rechtes in der Ethik.[45] Die »Pflichten« aber sind in der Stoa *ta kathékonta* – das, was ›von außen auf uns zukommt‹, gerade nicht innere Prinzipien, die um ihrer selbst willen erstrebt werden.[46] Die Tugend wird um ihrer selbst willen erstrebt. KANT hingegen spricht von »Tugendpflicht«.

Die Abhandlung über »*Die Religion innerhalb der Grenzen der bloßen Vernunft*« ist – bei aller Kritik an der »statutarischen« Religion, an Klerikalismus, Aberglauben etc., und obwohl sie sich als eine Konstitution einer universalen Religion versteht, – eine Abbildung des kantischen Systems auf christliche Theologeme. Es ist bekannt, daß der Aufbau der Abhandlung den Dogmatiken folgt. Für diesen Befund finden sich in der Kantliteratur verschiedene Interpretationen. KANT habe den gebildeten Zeitgenossen eine Vermittlung zwischen philosophischer Überzeugung und der – Loyalität fordernden – Landesre-

---

41 SENECA, epist. 41,1 f.; vgl. 73,16.

42 SENECA, epist. 95,47.

43 SENECA, epist, 41,4–6.

44 *Nihil prodest inclusam esse conscientiam patemus deo:* SENECA, frg. 24 HAASE (zitiert von LACTANZ, institutiones divinae 6, cap. 24, 11 ff., aus einem verlorenen Werk SENECAs).

45 MS, Rechtslehre, »Einteilung der Metaphysik der Sitten überhaupt I« (7, 347); Einleitung zur Tugendlehre IX: »Was ist Tugendpflicht?« (7, 525–527).

46 *Kathékonta:* SVF III frg. 498; 499; sie gelten auch im Bereich der *adiáphora,* des sittlich ›Gleichgültigen‹; Tugend: ebd. frg. 38–45. – Grundsätzliches gegen die Übersetzung »Pflicht«: FORSCHNER, Stoische Ethik, 184; 188 ff.

ligion demonstriert; ihm sei die »Vergeistigung der Dogmen zu Symbolen ewiger Wahrheiten ...« gelungen.[47] Dabei scheint übersehen, daß KANT die reine Religionsidee offenbar nur in dieser einen historischen Religion finden kann[48]; unter dem Gesichtspunkt einer kritischen Religionswissenschaft ist also zu vermuten, daß das philosophische System selbst von dieser historischen Religion beeinflußt ist. Da der Gewissensdiskurs der stoischen Philosophie so viel verdankt, erscheint seine christliche Prägung deutlich. Für die Sittenlehre KANTs ist, trotz der postulierten Freiheit und Autonomie, das Prinzip der Pflicht mit dem ihm innewohnenden Gedanken der Nötigung zentral. Das Böse sei dem Menschen inhaerent. Der ethische Naturzustand müsse verlassen werden.[49] Diese Positionen sind mit der stoischen Anthropologie nicht vereinbar, stimmen jedoch zu der biblischen Erzählung vom Sündenfall. KANT formuliert das Ergebnis seiner philosophischen Allegorese von Gen. 2,15 f., wie folgt: »Das moralische Gesetz ging, wie es auch beim Menschen, als einem nicht reinen, sondern von Neigungen versuchten, Wesen sein muß, als Verbot voraus.«[50]

IV. Vom Gewissen zum Über-Ich: Psychologie[51] und Psychoanalyse

SIGMUND FREUD (1856–1939) hat für seine psychoanalytische Theorie des Gewissens ebenfalls die Phänomene des ›bösen‹, des mahnenden und strafenden Gewissens zugrundegelegt. Der negative Ausgangspunkt ist von den frühen bis zu den späten Schriften durchgehalten. 1912/13: »Gewissen ist die innere Wahrnehmung von der Verwerfung bestimmter in uns bestehender Wunschregungen«[52]; 1921: das »moralische Gewissen« ist ein Teil des »Ich-Ideals«, das durch »Identifizierung« mit einer Autorität aufgebaut wird als eine Instanz im Ich, »welche sich von unserem Ich absondern und in Konflikt mit ihm geraten kann«.[53]

In der 1930 geschriebenen Abhandlung *»Das Unbehagen in der Kultur«* gibt FREUD eine gedrängte Zusammenfassung seines Gewissensbegriffs: »Ein ursprüngliches sozusagen natürliches Unterscheidungsvermögen für Gut und Böse darf man ablehnen.« Das Gewissen entwickelt sich unter fremdem Einfluß, z. B. aus »sozialer Angst«, der Reaktion auf drohenden Liebesentzug, durch Verinnerlichung der Autorität. Nach FREUDs

---

47 So F. DELEKAT (Immanuel Kant, ^{2}1966, 342 f.), E. TROELTSCH (Die Soziallehren der christlichen Kirchen und Gruppen, 1922, 927) u. a.; kurze Zusammenfassung bei: CH. KELLER, Das Theologische in der Moraltheologie, 1976, 56–60.

48 Vgl. z. B. Religion, 3. Stück, 2. Abt. (7, 789 ff.), den Ausschluß des »jüdischen Glaubens«, Bemerkungen über »Glaubensarten« und »Charakter« der Völker, ebd. 4. Stück, 2. Teil § 3 (7, 858).

49 Religion, 3. Stück, 1. Abt. II (7, 755 ff.). – KANT konstruiert den ethischen Naturzustand analog zu dem juridischen; in diesem aber folgt er HOBBES' »Krieg aller gegen alle«.

50 Religion, 1. Stück IV (7, 691); Die nachgeschickte Anmerkung, es handle sich nicht um eine Schriftauslegung (693), entspricht KANTs Tendenz, nicht notwendig jedoch auch der Entstehungsgeschichte des Systems.

51 Knappe Übersicht: D. RÜDIGER, Der Beitrag der Psychologie zur Theorie des Gewissens und der Gewissensbildung (1968), mit Lit., in: BLÜHDORN, Gewissen, 461–487. Das Handwörterbuch Psychologie (hrsg. v. R. ANSMAYER und G. WENIGGER, ^{4}1988) enthält kein Stichwort ›Gewissen‹.

52 S. FREUD, Totem und Tabu, in: ders., Kulturtheoretische Schriften (= Studienausgabe, hrsg. v. A. MITSCHERLICH u. a., Bd. IX) 1986, 358.

53 Ders., Massenpsychologie und Ich-Analyse, ebd. 102.

Aggressionstheorie entsteht das Gewissen, indem Aggressionen gegen die Autorität, die sich nicht ausleben können, verinnerlicht und gegen das Ich gewendet werden.[54]
Es ist bekannt, daß diese Theorie unmittelbar von NIETZSCHE (1844–1900) beeinflußt ist.[55] NIETZSCHE, der sich selbst als »Psycholog« bezeichnet, hat die zweite Abhandlung der »*Genealogie der Moral*« überschrieben: »›*Schuld*‹, ›*schlechtes Gewissen*‹ *und Verwandtes*«. In seiner Darlegung vermischen sich psychologische und historische Erklärungsversuche: »Alle Instinkte, welche sich nicht nach Aussen entladen, wenden sich nach Innen – dies ist das, was ich die Verinnerlichung des Menschen nenne« ... »Jene furchtbaren Bollwerke, mit denen sich die staatliche Organisation gegen die alten Instinkte der Freiheit schützte ... brachten zu Wege, daß alle jene Instinkte des wilden freien schweifenden Menschen sich rückwärts, sich gegen den Menschen selbst wandten.«[56] Wichtiges Bestimmungsstück in dieser Konstruktion ist die Voraussetzung, der Staat sei aus der Tyrannei von Erobervölkern entstanden, die Lehre vom Gesellschaftsvertrag wird en passant als »Schwärmerei« abgetan.[57] NIETZSCHE teilt diese Voraussetzung mit KANT, der sich ebenfalls auf HOBBES' »Krieg aller gegen alle« bezieht.[58] Konsequent kritisiert NIETZSCHE die christliche Erbsündenlehre als Festschreibung des schlechten Gewissens: das schlechte Gewissen ist eine »Krankheit«, die dem Christentum verdankt wird[59]; die griechischen Götter bezeichnet NIETZSCHE dagegen als »Widerspiegelungen vornehmer und selbstherrlicher Menschen«.[60]
Den Gewissensbegriff der griechischen Philosophen ignoriert er; dieser würde als rationaler sein archaisierendes Gemälde bedenkenlos selbstherrlicher Aristokratien stören. So bleibt sein Entwurf historisch falsch und dem verhaßten Christentum in der Fixierung auf das »schlechte Gewissen« verhaftet. Das befreiende Gewissen scheint verloren gegangen.
ERICH FROMM (1900–1980) betrachtet den Beitrag zu einer Ethik ›für den Menschen‹ als eine der wichtigen Aufgaben der Psychoanalyse.[61] In Abgrenzung gegen FREUD nimmt er

---

[54] Ebd. 251. 255f.

[55] S. E. FROMM, Psychoanalyse und Ethik (verfaßt 1947), 1985, 119f.; FROMM sieht in NIETZSCHE einen Vorkämpfer dessen, was er »humanistische Ethik« nennt; er verfährt dabei eklektisch, erklärt NIETZSCHES antidemokratische Option als nicht zum »wahre(n) Kern seiner Philosophie« gehörig, seinen Kult der Stärke aus seiner Persönlichkeit (ebd. 101f.).

[56] Zur Genealogie der Moral, in: FRIEDRICH NIETZSCHE. Sämtliche Werke, hrsg. v. G. COLLI u. M. MONTINARI, Kritische Studienausgabe (KSA) 1980, 5, 291–337, Zitate: 322f. Zu NIETZSCHES historischer Konstruktion (bes. 333–335) vgl. auch E. R. DODDS' Konzept einer Entwicklung der griechischen Kultur von der »Schamkultur« zur »Schuldkultur«, in: ders., Die Griechen und das Irrationale, 1970 (engl. [1]1951), 17–37.

[57] KSA 5, 324, einige Stichworte: »Eroberer- und Herrenrasse«, »Rudel blonder Raubthiere«; wie FROMM derartige Herrschafts- und Gewaltphantasien in sein Konzept einer humanistischen Ethik der Selbst-Bejahung einfügen kann, ist mir nicht ersichtlich.

[58] KANT, Religion. 3. Stück, 1. Abt. II (7, 756).

[59] Der Begriff »Krankheit« ist charakteristisch für NIETSCHES Christentumskritik; er greift damit die Naturwissenschaften und die Medizin, besonders die Psychiatrie seiner Zeit auf, vgl. CANCIK, CANCIK-LINDEMAIER, Der psychologische Typus des Erlösers und die Möglichkeit seiner Darstellung bei Friedrich Nietzsche und Franz Overbeck, in: R. BRÄNDLE, E. W. STEGEMANN (Hrsg.), Franz Overbecks unerledigte Anfragen an die Theologie, 1988, 108–135.

[60] KSA 5, 327ff. (cap. 19); 333f.

[61] Die englische Erstausgabe von »Psychoanalyse und Ethik« trug den Titel: »Man for Himself. An Inquiry into the Psychology of Ethics«, 1947.

zwei Gewissenskonzepte an: a) das »autoritäre Gewissen«, das im wesentlichen FREUDS Über-Ich entspricht[62]; b) das »humanistische Gewissen«.[63] Für seine Konstruktion einer »humanistischen Ethik« bezieht er sich ausdrücklich auf die griechische Philosophie; er nennt ARISTOTELES, EPIKUR, den antiken Hedonismus, SENECA. Eine ausdrückliche Abgrenzung seines Gebrauchs von »Humanismus« gegenüber zeitgenössischen Strömungen nimmt er nicht vor. FROMM definiert folgendermaßen: »Das humanistische Gewissen ist die Reaktion unserer Gesamtpersönlichkeit auf deren richtiges oder gestörtes Funktionieren« – »Gewissen ist also die Re-Aktion unseres Selbst auf uns selbst« – »die Stimme unserer liebenden Fürsorge für uns selbst«.[64] Diese Sätze verweisen auf antike Philosopheme, wie das natürliche ›Mit-Sich-Selbst-Vertrautsein‹, die ursprüngliche Neigung zur ›Selbstbewahrung‹.[65] Vor allem lehnt er ein böses Prinzip in der Natur des Menschen ab, verläßt damit die christlich dominierte Perspektive und votiert für eine Strebensethik.[66]

V. Das Grundrecht der Gewissensfreiheit

Artikel 4 des Grundgesetzes der Bundesrepublik Deutschland lautet, wie folgt:
»(1) Die Freiheit des Glaubens, des Gewissens und die Freiheit des religiösen und weltanschaulichen Bekenntnisses sind unverletzlich.
(2) Die ungestörte Religionsausübung wird gewährleistet.
(3) Niemand darf gegen sein Gewissen zum Kriegsdienst mit der Waffe gezwungen werden. Das Nähere regelt ein Bundesgesetz.«
Das Bundesverfassungsgericht hat in seiner Entscheidung vom 20. 12. 1960 zum Recht auf Kriegsdienstverweigerung versucht, den Streit um die Auslegung des Begriffs »Gewissensfreiheit« mit dem Hinweis zu begrenzen, ›Gewissen‹ sei vom Gesetzgeber, wie die Diskussionen im Parlamentarischen Rat zeigten, »im Sinne des allgemeinen Sprachgebrauchs« verstanden worden.[67] Die folgende Definition ist in die Grundgesetzkommentare eingegangen: »›Gewissen‹ im Sinne des allgemeinen Sprachgebrauchs und somit auch im Sinne des Art. 4 Abs. 3 GG ist als ein (wie immer begründbares, jedenfalls aber real erfahrbares) seelisches Phänomen zu verstehen, dessen Forderungen, Mahnungen und Warnungen für den Menschen unmittelbar evidente Gebote unbedingten Sollens sind. ... Bei der Auslegung der Bestimmungen bedarf es deshalb keiner Auseinandersetzung mit theologischen und philosophischen Lehren über Begriff, Wesen, Ursprung des Gewissens; sie überschritte die Kompetenz des Richters und wäre auch rechtlich unergiebig, weil über viele der hier auftretenden Probleme in den zuständigen

---

62 Psychoanalyse und Ethik, 114–125; FROMM übernimmt mit einigen Modifikationen FREUDS Entstehungstheorie der verinnerlichten Autorität.

63 Ebd. 125–135.

64 Ebd. 125 und 126.

65 Vgl. die *oikeíosis, conservatio sui* der Stoiker.

66 Vgl. H. KRÄMER, Prolegomena zu einer Kategorienlehre des richtigen Lebens, in: Philos. Jb. 83 (1976) 71–97; 72.

67 Entscheidungen des Bundesverfassungsgerichts (BVerfGE) 12,45 ff. (54); Auszug aus den Beratungen des Parlamentarischen Rates in: Jahrb. d. Öffentlichen Rechts, N.F. Bd. 1 (1956) 73–79.

Disziplinen tiefgehende Meinungsverschiedenheiten bestehen.«[68] Eine Gewissensentscheidung im Sinne von Art. 4 Abs. 3 GG darf nur auf ihre Ernsthaftigkeit überprüft werden. »Die richterliche Prüfungsbefugnis geht jedenfalls nicht so weit, daß die – einmal als solche erkannte – Gewissensentscheidung in irgendeinem Sinn, etwa als ›irrig‹, ›falsch‹, ›richtig‹, bewertet werden dürfte.«[69]

Die pragmatische Entscheidung des Bundesverfassungsgerichts hat zwar einer Einschränkung der Gewissensfreiheit durch die unmittelbare Einführung weltanschaulicher Wertungen in die Auslegung Grenzen gesetzt[70], sie hat aber das Definitionsproblem nicht gelöst: Was ist »allgemeiner Sprachgebrauch«? Man wird den Verfassungsrichtern nicht unterstellen, sie hätten darunter einen univoken Begriff verstanden; allgemeiner Sprachgebrauch ist immer ein historisches Konglomerat, das ständig weiter entwickelt und umgeformt wird.

In der Formel vom »allgemeinen Sprachgebrauch« und in dem ausdrücklichen Verbot, eine Gewissensentscheidung näherhin zu bewerten, setzt das Bundesverfassungsgericht eine Tendenz fort, die in den Beratungen des Parlamentarischen Rates deutlich zum Ausdruck kommt: Die Menschenrechte sollen als individuelle Rechte garantiert und vor dem Zugriff des Kollektivs geschützt werden. Die Gesamtheit der Menschenrechte bietet auch den Interpretationsrahmen für die Gewissensfreiheit. Der Anspruch auf Freiheit der eigenen Gewissensentscheidung und die Toleranz der Gewissensentscheidung des Anderen bedingen sich gegenseitig. Gegenüber der Gefahr einer totalitären Vereinnahmung wird die Möglichkeit eines individuellen Mißbrauchs in Kauf genommen.[71] Die Bindung der Menschenrechte an das Individuum läßt sich nicht als Relikt des frühbürgerlichen Individualismus und Liberalismus abtun. Die Fassung als Individualrechte hat dieselbe Funktion wie die antiken Formeln ›von Natur aus‹ oder ›angeboren‹, nämlich die Ko-existenz dieser Rechte mit dem Menschen festzuschreiben.[72] Rechtssystematisch ist die Religionsfreiheit als eine Konsequenz der Gewissensfreiheit zu betrachten.

Gerade im Bereich der Grundrechte wird die Notwendigkeit einer historischen Interpretation von Juristen im allgemeinen anerkannt.[73] Die Gewissensfreiheit erscheint in vielen Verfassungen nicht als eigenes Grundrecht sondern in der Doppelformel ›Glaubens- und Gewissensfreiheit‹.[74] Deren Tradition geht auf die Reformation zurück; der damit beschriebene Tatbestand war zunächst die landesherrliche Duldung eines abweichenden

---

68 Ebd. 54 f., vgl. auch statt anderer: B. SCHMIDT-BLEIBTREU, F. KLEIN, Kommentar zum Grundgesetz für die Bundesrepublik Deutschland, [5]1980, zu Art. 4, 184, Randnummer (Rdnr.) 7.

69 BVerfGE 12,45 ff. (56). Hier zeigt sich ein wesentlicher Unterschied zur katholischen Auffassung. – Zum Problem der Beweislast vgl. HERZOG, in: MAUNZ-DÜRIG, Kommentar zum GG., Art. 4, Rdnr. 151 ff.

70 Vgl. HERZOG, in: MAUNZ-DÜRIG, Kommentar zum GG, Art. 4, Rdnr. 124, eine – verständliche – Tendenz zum Pragmatismus.

71 Vgl. BÖCKENFÖRDE (in: BÄUMLIN/BÖCKENFÖRDE, Gewissensfreiheit) Leitsatz 34, 87 f.: Ausgangspunkt muß die »Normallage« sein, die »staatsbürgerliche Loyalität«, nicht ein ›Ausnahmefall‹.

72 Damit werden Tendenzen zu einer Kollektivierung des Gewissens ausgeschlossen. Vgl. etwa HEGEL: »Der Gerichtshof ist das allgemeine gesetzliche Gewissen und hat das besondere Gewissen des Angeschuldigten nicht anzuerkennen« (Vorlesungen üb. d. Geschichte d. Philosophie, 1. Teil, 1. Abschnitt, 2. Kap. B 3, in: Werke 18, 511).

73 S. z. B. BÖCKENFÖRDE, ebd. 36 mit Hinweisen zu rechtsgeschichtlichen Abhandlungen.

74 Vgl. BÄUMLIN, ebd. 10 ff.; HERZOG, in: MAUNZ-DÜRIG, Kommentar zum GG, Art. 4, Rdnr. 120.

Bekenntnisses, allerdings nicht von dessen öffentlicher Ausübung. Dieser Befund mag einen der Gründe geliefert haben für die Fortschreibung einer in vielen rechtshistorischen, theologischen und philosophischen Untersuchungen zur Entstehung der Menschenrechte verbreiteten historischen Vermutung: die in der französischen Revolution erklärten Menschenrechte sollen sich letztlich von der reformatorischen Forderung der Glaubensfreiheit herleiten.

Polemisch gewendet findet sich dieses Schema in den päpstlichen Enzykliken des 19. Jh., die mit den Freiheitsrechten zugleich den Protestantismus bekämpfen (s. o.). Unter umgekehrten Vorzeichen wird damit die Entstehung der Menschenrechte aus dem Christentum behauptet.[75]

Die kulturwissenschaftliche Analyse hat freilich gezeigt, daß der christliche Gewissensbegriff eine religiöse Spezifikation darstellt. Der nicht-christliche philosophische Gewissensbegriff entstammt einer bürgerlichen Ethik, die nicht religiös begründet war. Mit der Neuaufnahme antiker Philosophie in der europäischen Aufklärung und der Entstehung des neuzeitlichen Naturrechts kamen vorchristliche anthropologische Konzeptionen neu zu Geltung. Der angestammte Kontext wurde in direkter Auseinandersetzung mit antiken Quellen wiederhergestellt.[76] Er bildet die Basis des modernen Begriffs der Gewissensfreiheit, der nicht an Religion gebunden ist.[77] Die Konstitution des neuzeitlichen Begriffs der Gewissensfreiheit als Grundrecht in einer zivilen Rechtsordnung ist also nicht das Resultat eines Säkularisierungsprozesses.[78]

Dies lehrt auch ein Blick in die europäische Religionsgeschichte: Religionsfreiheit wird von religiösen Gruppen im eigenen Interesse gefordert, aber nur gezwungen, aufgrund ungünstiger Machtverhältnisse zugestanden; dies gilt im Verhältnis zu anderen Religionen wie innerreligiös, im Verhältnis der jeweiligen Orthodoxie zu den sog. Häresien.

Literatur

1. Allgemeines

HEGEL und KANT werden nach folgenden Ausgaben zitiert: G. W. F. HEGEL, Werke in 20 Bänden (Theorie Werkausgabe Suhrkamp) 1971 ff.; IMMANUEL KANT. Werke in 10 Bänden, hrsg. v. W. WEISCHEDEL, Bd. 7, 1968; BLÜHDORN, H. (Hrsg.), Das Gewissen in der Diskussion, 1976 (Wege der Forschung 37), mit Beiträgen von: ARCHANGELSKI, AUER, EBELING, EKLUND, FUNKE, HENGSTENBERG, KAULBACH, KUHN, KÜMMEL, LANDMANN, MATROS, REINER, RÜDIGER, SCHISCHKIN, SCHOLLER, WELZEL, ZWI WERBLOWSKY; KÄHLER, M., Das Gewissen. Entwicklung seiner Namen und seiner Begriffe, 1878; KRÄMER, H., Moralisches Sollen, Autonomie und gutes Leben. Zur neueren Ethik-Diskussion, in: Perspektiven der Philosophie. Neues Jahrbuch 12 (1986)

---

[75] Kurze kritische Übersicht mit reicher Literatur bei H. HOFMANN, Menschenrechtserklärungen, bes. 845.

[76] Die historische Entwicklung kann hier nicht dargestellt werden; s. Literatur: die Arbeiten von H. CANCIK zu Freiheit, Gleichheit, Menschenwürde und zu den antiken Theorien über die Entstehung der Staatsgewalt.

[77] Darauf insistiert mit Recht z. B. BÖCKENFÖRDE (BÄUMLIN/BÖCKENFÖRDE, Gewissensfreiheit) 50 f.

[78] Zu Säkularisierung vgl. die vor allem durch H. BLUMENBERG (Die Legitimität der Neuzeit, 1966) angestoßene Diskussion; Übersicht über den Begriff H. LÜBBE, Säkularisierung. Geschichte eines ideenpolitischen Begriffs (1965) ²1975. Kritisch H. HOFMANN, Menschenrechtserklärungen, 843.

295–322; REINER, H., Art. Gewissen, in: HWPh 3, 1974, 574–592; Das Gewissen. Studien aus dem C. G. Jung-Institut (Bd. VII) 1958; STELZENBERGER, J., Syneidesis, conscientia, Gewissen (Abh. z. Moraltheologie, hrsg. v. J. STELZENBERGER, V) 1963.

2. Antike

CANCRINI, A., Syneidesis. Il tema semantico della »conscientia« nella Grecia antica, 1970 (Lessico Intellettuale Europeo VI); CHADWICK, H., Art. Gewissen, in: RAC 10, 1978, 1025–1107; CLASS, M., Gewissensregungen in der griechischen Tragödie (Spudasmata 3), 1964; ECKSTEIN, H., Der Begriff Syneidesis bei Paulus, Diss. Tübingen 1983; FORSCHNER, M., Die stoische Ethik. Über den Zusammenhang von Natur-, Sprach- und Moralphilosophie im altstoischen System, 1981 (da von der Alten Stoa handelnd, nichts zum Gewissensbegriff, aber moderne Darstellung des ethischen ›Systems‹, viel Literatur); HEBING, J., Über conscientia und conservatio im philosophischen Sinne bei den Römern von Cicero bis Hieronymus, in: Philos.Jb. 35 (1922) 136–152; 215–231; 298–326; HEINEMANN, I., Die Lehre vom ungeschriebenen Gesetz im jüdischen Schrifttum, in: Hebr. Univ. Coll. Ann. 4 (1927) 149ff.; HIRZEL, R., AGRAPHOS NOMOS, 1900; PIERCE, C. A., Conscience in the New Testament, 1955; POHLENZ, M., Die Stoa. Geschichte einer geistigen Bewegung I. II, 1949; SEEL, O., Zur Vorgeschichte des Gewissensbegriffs in altgriechischen Denkern, in: Festschrift F. Dornseiff, 1953, 291–319; SNELL, B., Rezension Zucker, in: Gnomon 6 (1930) 21–30; STEBLER, URSULA, Entstehung und Entwicklung des Gewissens im Spiegel der griechischen Tragödie, 1971; ZUCKER, F., Syneidesis – conscientia. Ein Versuch zur Geschichte des sittlichen Bewußtseins im griechischen und im griechisch-römischen Altertum (1928), in: ders., Semantica, Rhetorica, Ethica, 1963, 96–117.

3. Wirkungsgeschichte der Stoa

ABEL, G., Stoizismus und Frühe Neuzeit. Zur Entstehungsgeschichte des modernen Denkens im Felde von Ethik und Politik, 1978; BICKEL, E., Kant und Seneca, in: Rheinisches Museum 102 (1959) 289–292; CANCIK, H., Christentum und Todesstrafe, in: H. v. STIETENCRON (Hrsg.), Angst und Gewalt, 1979, 213–242; ders., »Alle Gewalt ist von Gott«, in: B. GLADIGOW (Hrsg.), Staat und Religion, 1981, 53–74; ders., Gleichheit und Freiheit. Die antiken Grundlagen der Menschenrechte, in: G. KEHRER (Hrsg.), »Vor Gott sind alle gleich«, 1983; ders., »Die Menschenwürde ist unantastbar«. Religions- und philosophiegeschichtliche Bemerkungen zu Art. I GG, Abs. 1, Satz 1, in: H. FUNKE (Hrsg.), Tradition und Utopie, 1987, 73–107; OESTREICH, G., Geschichte der Menschenrechte und Grundfreiheiten im Umriß, (1968) [2]1978; ders., Strukturprobleme der frühen Neuzeit. Ausgew. Aufsätze, hrsg. v. BRIGITTA OESTREICH, 1980 (mit Bibliographie GERHARD OESTREICH); SAUNDERS, J. L., Justus Lipsius, The Philosophy of Renaissance Stoicism, 1955; SPANNEUT, M., Permanence du stoicisme. De Zénon à Malraux, 1973.

4. Rechtswissenschaft

BÄUMLIN, R. und BÖCKENFÖRDE, E. W., Das Grundrecht der Gewissensfreiheit, in: Veröffentlichungen der Vereinigung der deutschen Staatsrechtslehrer 28, 1970, 3–32 u. 33–88; Diskussion 89–148; HERZOG, R., Artikel 4 (1971), in: MAUNZ-DÜRIG, Kommentar zum Grundgesetz; HOFMANN, H., Zur Herkunft der Menschenrechtserklärungen, in: JuS 1988, H. 11, 841–848; SCHOLLER und WELZEL, in: BLÜHDORN – s. o. 1.

Hildegard Cancik-Lindemaier

→ *Internalisierung*

Gottesvorstellungen

A Struktur von Gottesvorstellungen

1. Struktur des Begriffs

Die traditionellen Gottesvorstellungen repräsentieren ein Grundmuster einer soziomorphen Interpretation von Welt. Die in einem breiten Spektrum variablen Typen von Gottesvorstellungen haben über alle Differenzen anthropomorpher, theriomorpher, mischgestaltiger oder anikonischer Erscheinungsformen gemeinsam, daß mit diesen Göttern Sozialbeziehungen konzipiert sind. Die Vorstellung, daß die Grenzen möglicher sozialer Kontakte nicht mit den Grenzen menschlicher Gesellschaft identisch sind, verbindet sehr einfache Kulturhorizonte mit denen komplexer Gesellschaften und erlaubt es von daher, von ›Göttern‹ im Kontext durchaus unterschiedlicher kultureller Formationen zu reden.[1] Aus dieser Sicht besteht die Alternative nicht zwischen der These, »Gott sei ein Spätling in der Religionsgeschichte«[2] oder jener anderen, »machtgeladene Wesen und Gegenstände bezeichnen die Anfänge der Gottesidee«.[3] Die historisch greifbaren Differenzierungen von Gottesvorstellungen orientieren sich an den Möglichkeiten von Kulturen, ›Person‹, Personalität und Subjektivität zu konzipieren, und sie in

---

[1] Über die Verwendbarkeit des Begriffs ›Gott‹ in unterschiedlichen Kontexten gibt es im wesentlichen nur von theologischer oder philosophischer Seite Überlegungen; vgl. S. Beckmann, Begrenztheit der Gottesbezeichnung, in: Theologie und Glaube 24 (1944) 545–551; ferner K. Kolenda, Thinking the Unthinkable: Logical Conflicts in the Traditional Concept of God, in: Journal for the Scientific Study of Religion 8 (1969) 72–78; K. Nielsen, On Speaking of God, in: Theoria 1962, 110–137; K. L. Bellon, Der Sinn der Frage nach dem Ursprung der Gottesidee, in: Zeitschrift für Missionswissenschaft und Religionswissenschaft 38 (1954) 318–328; I. M. Durrant, Logical Status of ›God‹, 1973. Zu *theos* und *deus* in der Antike gut S. R. F. Price, Gods and Emperors, in: Journal of Hellenic Studies 104 (1984) 79–95.

[2] G. van der Leeuw, Phänomenologie der Religion, [3]1970, 103.

[3] N. Söderblom, Das Werden des Gottesglaubens, 90; im gleichen Sinne ders., in: RGG[4], Bd. 4, Sp. 564–567 s. v. Macht I Religionsgeschichtlich.

das politische System, das Kultwesen, die Rechts- und Wirtschaftsordnung einzuordnen[4] und zu ›institutionalisieren‹.

2. Gottesvorstellungen und komplexe Kulturen

Mit der Konstitution eines Personbegriffs im Rahmen der Institutionalisierung komplexer Kulturen als Staaten bekommt die Gottesvorstellung jene Struktur, die auch noch für die moderne religiöse Begrifflichkeit verbindlich blieb und insbesondere für eine dauerhafte Konzeption monotheistischer Religionen (→ Monotheismus) Voraussetzung war.
Grenzkonzepte für diesen ›Voll‹typ einer Gottesvorstellung sind einerseits → Dema-Gottheiten, andererseits der in einen → Pantheismus hineinverlagerte Gottesbegriff.

B Das Handeln und die Tätigkeiten von Göttern

I. Götter als ›Personen‹ und Typen von Göttern

Götter sind auf der Ebene komplexer Kulturen als handelnde Personen vorgestellt; ihrem Handeln wird eine gewisse Entscheidungsfreiheit[5] und ein »subjektiv vermeinter Sinn«[6] zugeschrieben. Dieses Konzept des ›großen‹ persönlichen Gottes orientiert sich augenscheinlich an einem neuen Begriff von Subjektivität in der Person des Herrschers, perfektioniert und überhöht diesen freilich in der Sequenz theologischer Reflexionen. In diesem Prozeß einer kulturelle Innovationen (›Herrschaft‹) aufgreifenden Gestaltung der Gottesvorstellung differenzieren sich Gottesvorstellungen vor allem in der Weise, daß sich das Verhältnis von Gottheit und Bereich oder Gottheit und Funktion auffächert. Während Natur-, Orts- oder Bereichsgötter an ihren Bereich ›gebunden sind‹[7], in ihm erscheinen oder ihn repräsentieren, wird bei den ›großen‹, persönlichen Göttern das Verhältnis von Bereich und Erscheinungsweise neu konzipiert. Typologien des Eingriffs, der punktuellen Zuwendung oder der generellen ›Steuerung‹, variierende Erscheinungsformen und Epiphanieorte, ein offenes Verhältnis von Anwesenheit und Abwesenheit sind das Ergebnis einer ›immanenten‹ theologischen Arbeit (→ Theologie).

---

[4] Beispiele für solche Einordnungen liefern etwa P. RADIN, Gott und Mensch in der primitiven Welt, 97 ff.; Å. HULTKRANTZ, The Structure of Theistic Beliefs, 66–74; G. E. SWANSON, Birth of the Gods, 1974[4] E. TOPITSCH, Vom Ursprung und Ende der Metaphysik, 13 ff.; K. W. DAHM; V. HÖRNER, Religiöse Sinndeutung und gesellschaftliche Komplexität, 76 ff.

[5] Dazu B. GLADIGOW, Mythische Experimente, 63 ff.

[6] Zur Aufnahme des MAX WEBER*schen* Konzepts B. GLADIGOW, Der Sinn der Götter, 50 ff. Zum ›subjektivischen Schema‹ der Gottesvorstellungen G. DUX, Logik der Weltbilder, 1982, 181 ff. Unabhängig davon hat U. BERNER, Trinitarische Gottesvorstellungen, 97 ff. bestimmte Götter in vergleichbarer Weise als »Willensträger« zu klassifizieren versucht, darüberhinaus aber die Frage gestellt, ob Göttersysteme durch eine den Göttern *gemeinsame* Willensrichtung zu charakterisieren seien (›monotheletische Systeme‹) oder nicht (›polytheletische Systeme‹).

[7] Am Beispiel der griechischen Götter vorgeführt von W. PÖTSCHER, Das Person-Bereich-Denken, 4–25; in ein Evolutionsschema mit einer invarianten Abfolge gebracht bei R. DÖBERT, Zur Logik des Übergangs von archaischen zu hochkulturellen Religionssystemen, 330–363.

Das volle Spektrum einer solchen ›Göttersoziologie‹ ist bei HOMER beispielsweise bereits vorausgesetzt und wird in die dichterische Gestaltung des Götterapparats einbezogen[8]: Während die großen Götter einfach ›ortsabwesend‹ sein können, etwa auf einem Ausflug bei den fernen Äthiopen, ist dies für den Flußgott Skamandros oder die einfache Meeresgöttin Thetis nicht ohne weiteres möglich. So muß selbst Thetis, die Göttin, 12 Tage warten, bis Zeus und alle olympischen Götter von dem Gastmahl zurückkommen[9]; erst dann kann sie ihre Bitte vortragen. Während dieser Zeit nehmen die Dinge im übrigen ihren normalen Lauf, – auch ›ohne‹ die großen Götter.
Wenn das Verhältnis von Gottheit in Bereich, Gott und Geschehen nicht mehr fraglos kohärent ist, muß die Art der Beziehung neu bestimmt werden. Die Konzeptionen zur Lösung lassen sich unmittelbar auf die historischen Kontexte zurückführen und präzisieren und perfektionieren die Innovationen von Königtum und staatlicher Organisation. Zwischen Gott und Bereich wird vor allem ein Herrschaftsverhältnis hergestellt; der persönliche Gott steuert die Phänomene und das Geschehen durch konkreten Eingriff, durch Formulierung seines Willens, durch Befehl und Machtwort[10], schließlich aber auch durch Delegation von Macht unter Vorbehalt. Unter diesen Bedingungen kann es dann schließlich auch zu einer Herrschaft von Göttern über Götter, bis hin zu einem ›Götterstaat‹[11] kommen. Unverkennbar ist dabei die Tendenz, die Ausübung göttlicher Macht von der Anwendung physischer Zwangsgewalt abzuheben, d.h. die fraglose Unterwerfung unter den göttlichen Willen zu fordern.

II. Typologie der Eingriffe

1. Berühren

Die einfachste Form göttlichen Eingreifens ist der persönliche körperliche Zugriff; die Hand des Gottes[12] kann den Schlag gegen einen Menschen führen oder eine Waffe[13] bedienen, die die Erde erzittern läßt. In dem Maße, in dem körperliche Anstrengung sozial abgewertet ist, ist jedoch auch der unmittelbare körperliche Einsatz der Götter zurückgedrängt: Eine Berührung durch die Hand des Gottes bestärkt dann nur noch, legitimiert, befruchtet, tröstet und inspiriert. Der ›große‹ Gott wirkt durch seinen Willen und seine Befehle, nicht durch bloße Kraftakte.

---

[8] Dazu W. KULLMANN, Das Wirken der Götter in der Ilias.

[9] Il. 1,423 ff.; zum Allgemeinen W. KULLMANN, Das Wirken der Götter in der Ilias. Die so frei gewordene ›Steuerungskapazität‹ wird in einer neuen Weise genutzt, wozu B. GLADIGOW, Mythische Experimente, 61 ff.

[10] Zur Präzisierung des Handlungsmodus im Verhältnis zu gesellschaftlichen Veränderungen R. DÖBERT, Zur Logik des Übergangs von archaischen zu hochkulturellen Religionssystemen, 352 ff.

[11] Vgl. dazu die Beiträge bei H. BIEZAIS (Hrsg.), The Myth of the State; ferner J. ZANDEE, Gott ist König, 167–178; O. CAMPONOVO, Königtum, Königsherrschaft und Reich Gottes, 1984.

[12] Vgl. K. GROSS, Menschenhand und Gotteshand in den antiken Religionen, 1979.

[13] Vgl. T. SOLYMANN, Götterwaffen.

2. Erzeugen, Gebären, Erschaffen

Erzeugen und Gebären sind die Standardmuster biomorpher Interpretation, Muster, die also die Plausibilität von Alltagserfahrungen in die Schemata von Gottesvorstellungen hineinziehen. Männliche Götter erzeugen, weibliche Götter gebären andere Götter, und damit Teile von ›Welt‹, Ordnungen der Welt oder Nachfahren, die die in einer Theogonie entstandene Welt (→ Anthropogonie/Kosmogonie) strukturieren und differenzieren. Erzeugung und Geburt – nicht selten unter dramatischen Rahmenbedingungen[14] – ordnen Götter, Erzeuger und Erzeugte, in ein genealogisches Schema ein, das als ein wichtiges Element des → Mythos dient. Die sexuelle Vereinigung von Göttern *(hieros gamos)* kann kosmische und politische Bedeutung haben und wird häufig in Ritualen politischer Selbstdefinition wiederholt.[15]
Eine Erzeugung ohne die Beteiligung eines anderen Partners, aber zunächst durchaus als sexueller Akt gedacht[16], steht in deutlicher Konkurrenz zu dualen Konstrukten und erlaubt es, bestimmte Entwicklungslinien mit ›einem‹ Gott beginnen zu lassen. In der HESIOD*ischen* Theogonie wird der Wechsel von Erzeugung durch geschlechtliche Vereinigung und Erzeugung ›ohne verlangende Liebe‹ zu einem Gliederungsprinzip des Weltprozesses.[17]
In oft deutlicher Absetzung gegen biologische Erzeugungsmodelle beruft sich eine andere wichtige Gruppe von Schöpfungsmythen auf Modellvorstellungen von Formen, Gestalten, ›Machen‹[18], die so Stoff, ›Materie‹, eine vorhandene, aber ungeordnete Welt voraussetzt. Eine dritte, in ihrem Anspruch wohl folgenreichste Vorstellung orientiert sich an einer Erschaffung durch Namengebung und ›durch Befehl‹[19], verwendet also eine bestimmte Form sozialer und politischer Erfahrung für die Beschreibung oder Erklärung eines Anfangs oder eines Ins-Sein-Tretens.

3. Kämpfen und Töten

Gegeneinander kämpfende Götter gehören zum Grundbestand der Mythologien polytheistischer Systeme. Daß Götter gegeneinander kämpfen, ist selbstverständlicher Teil ihrer übermenschlichen Möglichkeiten und spiegelt den Ort, den kriegerische Auseinandersetzungen im ökonomischen, sozialen und politischen Leben der jeweiligen Kulturen

---

[14] Die Darstellung von Göttergeburten geht häufig in das Schema von Epiphanien über; dazu B. GLADIGOW, Epiphanie, Statuette, Kultbild.

[15] Vgl. A. KLINZ, Hieros gamos, 1933; M. CREMER, Hieros Gamos im Orient und in Griechenland, in: Zeitschr. für Papyrologie und Epigraphik 48 (1982) 283–290.

[16] In Ägypten am deutlichsten ausgeprägt, wozu E. HORNUNG, Der Eine und die Vielen, 1971, 164ff.

[17] Zum Potential der Differenz von geschlechtlicher und ungeschlechtlicher Fortpflanzung in dem Klassifikationssystem ›Theogonie‹ H. FRÄNKEL, Dichtung und Philosophie des frühen Griechentums, 106ff. P. PHILIPPSON, Genealogie als mythische Form, in: E. HEITSCH (Hrsg.), Hesiod, 1966, 655ff. Im griechischen Mythos ist die ungeschlechtliche Fortpflanzung deutlich zu einem Konkurrenzunternehmen zwischen Göttern und Göttinnen, vor allem zwischen Zeus und Hera, geworden.

[18] Als technomorphe Modellvorstellungen von E. TOPITSCH, Vom Ursprung und Ende der Metaphysik, 13ff. zusammengefaßt; reiche Belege für die Erschaffung des Menschen nach diesem Muster bei H. BAUMANN, Schöpfung und Urzeit, 81ff., 203ff.

[19] Vgl. H.W. SCHMIDT, Die Schöpfungsgeschichte der Priesterschrift, 173ff.; J. ZANDEE, Das Schöpferwort im alten Ägypten, 33–66.

einnehmen. Der Götterkampf ist darüber hinaus ein Medium, in dem konstitutive Konflikte in der ›Welt‹ dargestellt und in dramatische Abläufe gekleidet werden können.[20] Das Spektrum an Möglichkeiten reicht hier vom Götterkampf, der am Anfang der Welt steht, über den Kampf um das ›Königtum im Himmel‹ bis hin zum letzten Kampf der Götter um ihre ›Existenz‹ oder bis zum Endkampf in einer apokalyptischen Situation.[21] Daß Götter gegeneinander kämpfen, gehört zusammen mit ihren anderen ›menschlichen‹ Zügen zum Arsenal der Vorwürfe gegen diese Art von Gottesvorstellung.[22]

Daß Götter andere Götter töten, ist, verglichen mit einem Erzeugen anderer Götter, eher die Ausnahme, die meist in kosmogonische oder eschatologische Situationen eingefügt ist. Die Tötung eines Urwesens im Kampf und seine Auflösung in die Teile der Welt findet sich beispielsweise in der mesopotamischen, altiranischen und indischen Mythologie.[23] Die Vorstellung einer endgültigen Vernichtung von Göttern kollidiert jedoch meist mit den göttlichen Eigenschaften, die von den Verehrern vor allen anderen erwartet und vorausgesetzt werden.[24] Die Folgen von Götterkämpfen bestehen dementsprechend häufig nur in Vertreibung und Verbannung der unterlegenen Götter in Randbereiche der Welt; ein Motiv, das dann wiederum Anlaß sein kann, eine mythische Geographie von den Grenzen der Welt zu entwickeln.

Daß Götter Menschen töten, ist eine verbreitete Vorstellung; sie ist selbstverständlicher Teil einer den Göttern (wie den menschlichen Herrschern) zugebilligten Form von Machtausübung. Götter töten durch »Schlag«, häufiger mit ihren spezifischen Götterwaffen[25], der Keule, dem Blitz, dem Wurfhammer, Lanze, Bogen oder Schwert. Da tötende Götter im allgemeinen auch als strafende Götter[26] vorgestellt sind, wird auf diesem Wege das Problem des Todes in eine Schuldthematik einbezogen, der Tod damit gegebenenfalls ›erklärbar‹ und gottgewirkt. Mit der Konzeption von Todesgöttern im engeren Sinne wird die Möglichkeit, den Tod für Interpretationen ›offenzuhalten‹, eher verschüttet.

4. Lenken, Steuern, Herrschen

Punktuelle Eingriffe, die einem Geschehen einen anderen Lauf geben, Anweisungen an Menschen, die die Richtung von Handlungszusammenhängen ändern, Zeichen oder Orakel, die die Orientierung der Protagonisten plötzlich neu bestimmen, sind Beispiele für eine Lenkung durch Götter. Nicht die Gesamtheit des Geschehens steht dann explizit

---

[20] Dazu B. Gladigow, Strukturprobleme polytheistischer Religionen, 292–304.

[21] Für den germanischen Bereich J. St. Martin, Ragnarök, 1972. – Einen Sonderfall stellen die zoroastrischen Vorstellungen über den Endkampf dar, dazu G. Widengren, Leitende Ideen und Quellen der iranischen Apokalyptik, in: D. Hellholm (Hrsg.), Apocalypticism in the Mediterranean World and the Near East, ²1989, 77–162.

[22] So etwa Augustinus, Civ. Dei 15,5.

[23] Vgl. M. K. Wakeman, God's Battle with the Monster, 1973.

[24] Das gilt auch für den ägyptischen Bereich, mit seiner sehr deutlich vertretenen Konzeption von der Begrenztheit göttlicher Existenz; das Sterben des Osiris durch die Hand des Seth wird beispielsweise nur mit erheblicher Zurückhaltung berichtet, wozu E. Hornung, Der Eine und die Vielen, 145.

[25] Vgl. etwa T. Solyman, Götterwaffen.

[26] Zum Motiv der strafenden Götter R. Pettazzoni, The All-Knowing God.

unter göttlicher Kontrolle – es gibt so etwas wie einen natürlichen Ablauf der Dinge[27] –, sondern Deviationen und Variationen vor allem gehen auf göttlichen Eingriff zurück. Die Tendenz dieser Prozesse läßt sich als eine Entwicklung von Kohärenz zu Kontingenz beschreiben, die parallel zu einer Ausgestaltung einer persönlichen Gottesvorstellung läuft.[28]

III. Eigenschaften von Göttern

1. Macht-Haben

Die Macht eines Herrschers findet in vorstaatlichen Gesellschaften üblicherweise ihre systematische Ausformung in der rituellen Garantie auf Übereinstimmung von göttlicher, kosmischer Ordnung und gesellschaftlichen Verhältnissen.[29] Demgegenüber hat die Macht eines Herrschers in staatlichen Gesellschaften nicht nur eine andere Legitimationsform gefunden, sondern auch einen anderen theoretischen Gehalt.[30] Die Struktur der Beziehung, die zwischen der Institutionalisierung von Herrschaft und der theologischen Konzeptualisierung von Macht als dominanter Eigenschaft von Göttern besteht, gibt eine Facette des reziproken Verhältnisses von Gesellschaft und Religion wieder. Eine staatliche Verfassung schließlich auch der Götter gipfelt in einem König der Götter, der seinerseits den irdischen König schützt, einsetzt und legitimiert. Die Zuwendung des Götterkönigs an den König[31] steht am Ende eines Prozesses gegenseitiger Legitimierung, in dem ein präzisierbarer Begriff von Personalität auf der Basis eines ›Machthabens‹ entwickelt wird. Götter wie Herrscher haben die Macht, so oder so zu entscheiden; die Welt ist so wie sie ist, weil sich machthabende Götter und Könige so entschieden haben und in diesem, nun bestimmbaren Rahmen zusammenwirken. Das formale Ergebnis dieses Entwicklungsprozesses läßt sich als ein ›vergesellschaftetes Persönlichkeitssystem‹ (K. Eder[32]) beschreiben: Die ›Welt‹ wird in verantwortlich handelnden Einzelpersonen erfaßt; sie ist das Ergebnis des Handelns persönlicher Götter und sich entsprechend interpretierender Könige. In diesem Kontext entsteht ein spezifischer Handlungsbegriff, der sich sukzessiv in Mythos und Geschichtsschreibung niederschlägt. Damit ist eine wesentliche *Differenzierungs*bedingung auch von Gottesvorstellungen angesprochen: Der Entwurf des Herrschers als handelnden Subjekts nach dem Modell autonomen und arbiträren göttlichen Handelns.[33] In diesem Gegenseitigkeitsverhältnis wird deutlich,

---

[27] Zu den Grenzen göttlicher Möglichkeiten U. Bianchi, Diòs Aîsa, 1953; zu den ›grenzüberschreitenden‹ Vorstellungen R. M. Grant, Miracle and Natural Law in Graeco-Roman and Early Christian Thought, 1952; zum systematischen Ort der hypothetischen ›göttlichen Alternative‹ B. Gladigow, Mythische Experimente.

[28] B. Gladigow, Der Sinn der Götter, 45 ff.

[29] Dazu am Beispiel afrikanischer Konzepte G. Balandier, Politische Anthropologie, 114 ff.

[30] Zum allgemeinen Rahmen des Prozesses und seiner Interpretation bis hinein in religionswissenschaftliche Theorien B. Gladigow, Kraft, Macht, Herrschaft, 7 ff.

[31] Vgl. etwa H. Frankfort, Kingship and the Gods, 1948; S. Morenz, Die Erwählung zwischen Gott und König in Ägypten, 118–137; ferner D. Mueller, Kingdom of Heaven or Kingdom of God, in: Vigiliae Christianae 27 (1973) 266–277.

[32] K. Eder (Hrsg.), Die Entstehung von Klassengesellschaften, 292.

[33] Dazu B. Gladigow, Kraft, Macht, Herrschaft, 14 ff.

daß eine systematische Entfaltung göttlicher Macht und Personalität immer zugleich Abbildungsebene und Extrapolation herrscherlicher Ansprüche[34] ist.

2. Willen und Planen der Götter

Daß Götter etwas ›wollen‹, ist ein beliebtes Motiv, vielfältig auseinanderstrebende mythologische Handlungsstränge zu ›ordnen‹: Der Plan eines Gottes läuft dann über verschiedene Stufen bis zu seiner endgültigen Verwirklichung[35], der Wille des Gottes setzt sich gegen Widerstände aller Art, auch von göttlichen Mitakteuren, durch. Zwischen den Willen einer Gottheit und seine Erfüllung Widerstände und Aufschübe zu setzen, die erneutes und gar körperliches Eingreifen erfordern, lief in Griechenland sehr schnell den Vollkommenheitspostulaten einer entwickelten Gottesvorstellung[36] zuwider. Zu Beginn des 5. vorchristlichen Jahrhunderts postuliert XENOPHANES VON KOLOPHON für den einen großen Gott nicht nur Unbewegtheit und nichtmenschliche Gestalt, sondern vor allem ein müheloses Wirken allein durch seinen Willen und seine Denkkraft: »Ohne Mühe erschüttert er alles mit des Geistes Denkkraft.«[37] Mit XENOPHANES' Postulat ist ein Einschlagfaden in die europäische Religionsgeschichte[38] eingezogen, der nun göttliche Leistungen auf ihre Intentionalität hin festlegt. Das Verhältnis Gott-Welt ist auf diese Weise wiederum auf ein abstrakteres Niveau gestellt: Nicht Streit, Überwindung, instrumentelle Eingriffe oder notwendige Götteralliancen bestimmen den Modus des Wirkens, sondern eine hierarchische Binnenstruktur zwischen Gott und Welt.

3. Wissen

Das den Göttern zugeschriebene Wissen steht in enger Korrelation zu ihrer Funktion oder dem Bereich, dem sie gegebenenfalls angehören. In polytheistischen Systemen haben sie ein größeres Wissen als die Menschen, sind aber nicht allwissend im strengen Wortsinn; sie können also beispielsweise betrogen werden oder andere Götter erfolgreich betrügen.[39] Das an wichtigen Punkten gegen alle Vollkommenheitspostulate[40]

---

[34] Dies die zentrale These von E. TOPITSCH, Von Ursprung und Ende der Metaphysik, 49 ff. im Verhältnis von ›Projektion und normativer Rückanwendung‹; vgl. auch ders., Erkenntnis und Illusion, 74–96 (›Führungssysteme der Hochkulturen‹).

[35] Die *Dios bulê*, der Plan des Zeus, ist für die Ilias HOMERS (und noch weiter zurückreichend, die Kyprien) ein Beispiel für ein weitreichendes Planen eines Gottes; vgl. W. SCHADEWALDT, Der Aufbau der Ilias, 1975, 41 ff.

[36] Vgl. für den griechischen Bereich O. DREYER, Untersuchungen zum Begriff des Gottgeziemenden in der Antike, 1970.

[37] XENOPHANES, fr. 25 D.-K.

[38] Zur Vorgeschichte dieses Konzeptes K. DEICHGRÄBER, Der listensinnende Trug des Gottes, 108–141; zu einem besonderen Typ G. DUMÉZIL, Loki, 1959; umfassend H.-J. KRÄMER, Der Ursprung der Geistmetaphysik, 1964.

[39] In der Religionswissenschaft am intensivsten am Beispiel des ›Trickster‹ diskutiert, vgl. P. RADIN, The Trickster, 1956 und M. L. RICHETTS, The North American Indian Trickster, in: History of Religions 5 (1961) 327–350.

[40] Der Begriff des Vollkommenheitspostulats ist in dieser Verbindung besonders von E. TOPITSCH, Vom Ursprung und Ende der Metaphysik, und ders., Vom göttlichen Wissen, 121 ff. verwendet worden.

doch begrenzte Wissen der Götter ist die Grundlage wichtiger mythischer und ritueller Abläufe und Konzeptionen: Isis, ›die alles im Himmel und auf Erden kennt‹, ›weiß nicht‹ den wahren Namen des Sonnengottes, und muß Re durch eine List zwingen, ihn preiszugeben; Zeus ›weiß nicht‹, welche potentielle Gattin ihm einen Sohn gebären wird, »der stärker ist als sein Vater«, ihn also stürzen könnte; der blinde Höder ›weiß nicht‹, daß er einen tödlichen *Mistel*zweig auf Balder abschießt.

In Epitheta und Aretalogien haben demgegenüber viele Götter das Prädikat des ›alles sehenden‹ und ›alles wissenden‹ Gottes. Eine Allwissenheit auf der Grundlage eines alles Sehens oder Gesehenhabens ist eine charakteristische Eigenschaft von → Himmelsgöttern; sie sind von daher ›göttliche Zeugen‹ und somit als Wahrer von Ordnung und Gerechtigkeit prädestiniert. Ihr Wissen ist nicht ein Vorherwissen, ein ›magisches Wissen‹, sondern die Kenntnis und Beurteilung aller seienden und geschehenden Dinge. Dieser Form ›göttlicher Allwissenheit‹[41] steht tendenziell eine etwas andere gegenüber, die schöpferische Macht, Vorherwissen, aber auch Passivität umfaßt; PETTAZZONI hat sie als ›magische Allwissenheit‹ bezeichnet. Die abendländische philosophisch-theologische Tradition läßt sich freilich nicht in diese Alternativen pressen; hier ist mit der Konstitution eines göttlichen Wissens zugleich eine ›höhere Wirklichkeit‹[42] als ihr eigentlicher Gegenstand postuliert.

4. Gerechtigkeit

Die Aufgabe, Gerechtigkeit und Ordnung aufrecht zu erhalten, ist häufig eng mit der Funktion der Götter als ›Wissende‹ oder ›Allsehende‹, ihrer potentiellen Zeugenschaft in einem ›Rechtsverfahren‹ verbunden. Damit ist jedoch nicht notwendig die Erwartung verknüpft, sie seien selber, in ihrem Umgang mit anderen Göttern oder den Menschen, ›gerecht‹. Als Forderung an den irdischen Herrscher ist die Gerechtigkeit insbesondere mit einem Götterkönig verbunden; hier gibt es deutlich erkennbare Tendenzen, zumindest die ›großen‹ Götter, vor allem aber den ›einen‹ Gott als gerecht zu konzipieren.[43] Nachdrücklicher als die vorhergehenden göttlichen Eigenschaften erscheint die Gerechtigkeit auch als selbständige Gottheit, dann in enger genealogischer Verbindung zum höchsten Gott.[44]

5. Eigenschaftslosigkeit – ›negative Theologie‹

Mit dem Namensuchen im Gebet[45], den Bemühungen um die angemessenen Prädikationen sind häufig superlativische Formulierungen verbunden, die schließlich in die Überle-

---

41 Zum gesamten Komplex R. PETTAZZONI, The All-Knowing God, 1956.

42 Dazu E. TOPITSCH, Vom göttlichen Wissen, 92ff. und ders., Seelenglaube und Selbstinterpretation, in: ders., Sozialphilosophie zwischen Ideologie und Wissenschaft, ³1971, 211ff.

43 In der Konsequenz dieses Ansatzes liegt dann eine verschärfte Fassung der Theodizeeproblematik (→ Theodizee); dazu für den Islam D. RAHBAR, God of Justice, 1960, und P. ANTES, Der eine allmächtige Gott und das Böse, 221ff.

44 Zum Verhältnis von Ma'at und Re E. HORNUNG, Der Eine und die Vielen, 209ff. und zum Verhältnis von Dike und Zeus K. LATTE, Der Rechtsgedanke im archaischen Griechentum, in: ders., Kleine Schriften, 1968, 236ff.

45 Das Suchen nach den richtigen Namen und Epitheta mündet häufig in eine Anhäufung von Namen; die ›vielen Namen‹ aber sind das korrespondierende Ergebnis eines Ungenügens des (einen)

gung münden, der Gott sei überhaupt nicht angemessen zu prädizieren. Die letzte Konsequenz ist dann eine ›negative Theologie‹[46], die den Gott nicht nur für namenlos ansieht, sondern auch nur in negierten Prädikationen zu fassen vermag.

IV. Erscheinungsformen von Göttern

1. Körperlichkeit der Götter

Voraussetzung für eine Reihe von Kontakten mit Göttern ist die Vorstellung, sie hätten ›Körper‹, die grundsätzlich denen von Menschen vergleichbar seien. Diese konstitutive Körperlichkeit der Götter selber kann sich sehr konkret in Vorstellungen (und Erwartungen) über ihre Größe und Schönheit, ihre Geschlechtlichkeit[47] und ihr Altern, ihre Freuden und Bedürfnisse niederschlagen. Daß Götter Hunger und Durst haben, ist weithin die Basis von Opferwesen und Tempelkultus[48], die Versorgung der Götter, meist in der umfassenden Besorgung des → Kultbildes konkretisiert, bestimmt eine Fülle von Ritualen. Darüber hinaus gibt es Reflexionen über ein besonderes Fleisch[49] oder Blut der Götter[50], eine besondere Nahrung[51], vor allem aber eine eigene Sprache der Götter.[52] In polytheistischen Panthea ist die Sexualität der Götter üblicherweise differenziert gestaltet und nicht allein dem Bereich einer ›Liebesgöttin‹ zugeordnet. In der weiten Verbreitung der Vorstellung androgyner Gottheiten[53] scheint sich der Versuch zu spiegeln, Vollkommenheit in einem dualen Modell zu fassen.
Die Vorstellung einer ganz konkreten Körperlichkeit ist weiterhin die Basis für Reaktionen, die nun in einer besonderen Weise Menschen und Götter verbinden. Götter empfinden körperlichen Schmerz; wenn sie verletzt werden, bluten sie[54]; sie schwitzen, sie erschrecken oder haben Angst, sie weinen oder lachen[55]; im Rahmen ausgestalteterer

---

Namens; zu den Konsequenzen dieses Prozesses G. Bader, Von Götternamen zu göttlichen Namen, 306ff.; allgemein dazu → Name.

46 Zu diesem Prozeß E. Topitsch, Gottwerdung und Revolution, 16ff. und 97ff. Eine spezifische Variante des Problems der Prädizierbarkeit des (einen) Gottes stellt die islamische Attributenlehre dar, vgl. O. Pretzl, Die frühislamische Attributenlehre, Sb. Bayerische Akad. d. Wiss. 1940, 4.

47 A. Bertholet, Das Geschlecht der Gottheit, 1934.

48 W. Herrmann, Götterspeise und Göttertrank in Ugarit und Israel, 205–216.

49 Daß das ›Fleisch‹ der Götter aus Gold sei, ist etwa für Ägypten seit dem Mittleren Reich belegt, vgl. J. Assmann, Liturgische Lieder an den Sonnengott, 1969, 81.

50 Homer, Ilias 5, 339ff.; 5,416 kennt die Vorstellung, die Götter hätten ein besonderes Blut (*ichôr*).

51 Grundsätzlich gilt, »was die Menschen am häufigsten genießen, bildet auch die Nahrung der Götter« (W. Herrmann, Götterspeise und Göttertrank, 211); im griechischen Bereich jedoch bildet parallel zum *ichôr* die besondere Nahrung der Götter, Ambrosia und Nektar, die Grundlage ihrer Unsterblichkeit.

52 Vgl. H. Güntert, Von der Sprache der Götter und Geister, 1921.

53 H. Baumann, Das doppelte Geschlecht, 1956; altorientalische Beispiele diskutiert B. Groneberg, Die sumerisch-akkadische Inanna-Istar: Hermaphroditos? in: Die Welt des Orients 17 (1986) 25–46.

54 Entsprechendes wird dann auch für die Kultbilder angenommen bzw. inszeniert; vgl. F. Poulsen, Talking, Weeping and Bleeding Sculptures, 178–195.

55 Am ausgeprägtesten bei den Griechen belegt, vgl. P. Friedländer, Lachende Götter, in: Die Antike 10 (1934) 209–226 (jetzt auch in: ders., Studien zur antiken Literatur und Kunst, 3–18).

Vorstellungen können sie schließlich auch trauern. Götter lieben aber auch andere Götter – oder aber auch bestimmte Menschen.
Mit der Körperlichkeit der Götter lassen sich auch die Vorstellungen über ihre Emotionalität im weiteren Sinne verbinden, die dann auch deutlich auf einen sozialen Kontext bezogen ist: Götter sind zornig, rachsüchtig, neidisch, eifersüchtig[56], aber auch hilfreich, gnädig, ja selbstlos.
Eine Grenzvorstellung über die Körperlichkeit der Götter ist in der epikureischen Atomistik[57] erreicht. Hier existieren die Götter getrennt von den Menschen in den Intermundien, sind als Zusammenschlüsse besonderer Atome ›real‹ und ›unsterblich‹, – haben aber keinerlei Zugriff auf die Menschen.

2. Anthropomorphe – nichtanthropomorphe Gestalt, die ›Mischgestalt‹

Sich die Götter menschengestaltig vorzustellen, scheint die privilegierte Form von Gottesvorstellungen[58] zu sein. Da freilich die Grenzen soziomorpher Interpretationen nicht notwendig mit den Grenzen der menschlichen Gesellschaft enden, sind vor allem auch theriomorphe Gottesvorstellungen weit verbreitet. Eine Mischgestalt aus menschlichen und tierischen Komponenten[59] kann, wie die androgyne Gestaltung von Göttern, aber auch die Fähigkeit zur Metamorphose, eine Kumulation von göttlichen Möglichkeiten wiedergeben. Die Multiplikation von ›Organen‹, Doppel- oder Dreiköpfigkeit, der Besitz von drei Körpern, eine Vielarmigkeit, das Vermögen von hundert Augen[60], sind solche Versuche, Übermacht und Allwissenheit auch ikonographisch zu fassen.

3. Größe und Gewicht

Götter sind größer als Menschen und werden im mythischen Rahmen gegebenenfalls auch so dargestellt; die Größe kann eine der Komponenten von Epiphanieschilderungen[61] sein. Wenn etwa Aphrodite in ihrer ›wahren Gestalt‹ erscheint, »reicht ihr Haupt bis zu den wohlbehauenen Dachbalken«.[62] Mit den Vorstellungen über die Größe der Götter steht die gemeinmediterrane Praxis der relativ kleinen → Kultbilder zunächst im Widerspruch. Erst mit dem Aufkommen kolossaler Kultbilder wird auch diese Differenz überbrückt. Mit der Größe der Götter korrespondieren Vorstellungen über ihr Gewicht[63], das wiederum zu einem Indikator bei Epiphanien werden kann.

---

56 J. Irmscher, Götterzorn bei Homer, 1950; P. Considine, The Theme of the Divine Wrath, in: Studi Micenei ed Egeo-Anatolici 8 (1969) 89 ff.; zum ›Neid‹ der Götter S. Ranulf, The Jealousy of the God and Criminal Law at Athens, 1933/34.
57 Belege und Interpretation bei D. Lemke, Die Theologie Epikurs, 1973.
58 Dazu C. Koch, Vom Wirkungsgeheimnis des menschengestaltigen Gottes, 205–252; ferner O. Loretz, Die Gottesebenbildlichkeit des Menschen, 1967.
59 Vgl. R. Merz, Die numinose Mischgestalt, 1978.
60 Vgl. etwa W. Kirfel, Die dreiköpfige Gottheit, 1948; zu *Ianus bifrons* oder *quadrifrons* R. Turcan, Janus à l' époque impériale, in: ANRW 17, 1 (1981) 374–402; zur Ikonographie von Allwissenheit gut R. Pettazzoni, Der allwissende Gott, 99–108.
61 B. Gladigow, Epiphanie, Statuette, Kultbild.
62 Hom. hymn. 5, 173 f.
63 Dazu H. Cancik, Untersuchungen zur lyrischen Kunst des P. Papinius Statius, 1965, 93 ff.

4. Geburt, Jugend und Altern

Die wohl wichtigste Konsequenz einer durch volle Körperlichkeit gekennzeichneten Gottesvorstellung liegt in der Zuordnung der zentralen menschlichen Schemata von Geburt, Aufwachsen und Altern auch zu den Bedingungen göttlicher Existenz. Für den Umkreis der Erzeugung gilt das im passiven wie aktiven Sinne: Götter gebären und werden geboren, zeugen und werden erzeugt. Vorstellungen über eine spezielle göttliche Adoleszenz sind relativ selten, noch seltener die Vorstellung, die Götter bzw. bestimmte Götter würden altern.[64] Daneben gibt es eine gewisse Tendenz, Götter zumindest ikonographisch bestimmten Altersstufen und daraus hervorgehend bestimmten Rollen zuzuordnen; Götter als Sohn, Tochter, Jungfrau, Jüngling, Mann, Mutter, bärtiger Mann usw. unterliegen auch bestimmten sozialen Schemata. Aus dem ›menschlichen‹ Schema von Körperlichkeit und deren Konsequenzen fällt für Götter üblicherweise der Tod heraus. Das Sterben ist vor allem einem bestimmten Gottestyp zugeordnet, dessen besondere Funktionen im Typ des ›sterbenden und wiederauferstehenden‹ Gottes kulminieren.

5. Sterbende und auferstehende Götter

Grundsätzlich gilt freilich, daß Götter zwar allen Widrigkeiten des ›Lebens‹ ausgesetzt sein können, letztlich aber nicht sterben; ihre Unsterblichkeit ist der letzte und entscheidende Unterschied zu den Menschen. Davon unabhängig ist in einigen Religionen die Vorstellung eines Untergangs der Götter am Ende bestimmter Weltphasen oder Zeitkontingente.[65] Vor diesem allgemeinen Hintergrund kann die Vorstellung vom ›vorzeitigen‹ Tode bestimmter Götter einen hohen konzeptionellen Stellenwert bekommen. Der getötete Gott wird nicht annihiliert, wie dies vielleicht bei Menschen möglich ist, sondern erhält entweder als regenerierter Gott in der Unterwelt eine besondere Funktion oder aber als wiederauferstehender Gott[66] in der Oberwelt seinen besonderen Status. In den Mysterienreligionen erlebt der Gott ein Schicksal, das auch für den Menschen Vorbild und Hoffnung ist.[67] Im rituellen Nachvollzug des göttlichen Schicksals erwirbt sich der Myste die Hoffnung auf ein besseres postmortales Schicksal (→ postmortale Existenz) als die Nichteingeweihten.

6. Fortbewegung, Adventus und Profectio

Die Art und Weise, in der man sich eine Fortbewegung der Götter dachte, ist zunächst ein einfaches Laufen, wobei die Schritte der Götter selbstverständlich menschliches Maß überschreiten, dann vor allem das Getragenwerden und das Fahren, aber auch das

---

[64] Eine Ausnahme stellen die ägyptischen Vorstellungen dar; dazu E. HORNUNG, Der Eine und die Vielen, 143 ff.

[65] Für Ägypten E. HORNUNG, Der Eine und die Vielen, 147 ff.; für den nordgermanischen Bereich J. ST. MARTIN, Ragnarök; vgl. auch H. v. GLASENAPP, Buddhismus und Gottesidee, 1954.

[66] W. W. v. BAUDISSIN, Adonis und Esmun, 1911; J. LEIPOLDT, Sterbende und auferstehende Götter, 1923. Zu Osiris E. HORNUNG, Der Eine und die Vielen, 145 ff.

[67] Vgl. C. COLPE, Zur mythologischen Struktur der Adonis-, Attis- und Osiris-Überlieferungen, 23–44.

›Fliegen‹. Für das schnelle Überwinden großer Entfernungen gibt das Fliegen die plausible Modellvorstellung ab, eine Vorstellung, die nicht unbedingt an den Typ der geflügelten Gottheit gebunden sein muß. Grundsätzlich dominiert die Vorstellung des Fahrens der Gottheit, in Wagen oder Schiff, eine Vorstellung, deren rituelle Umsetzung im Transport von Kultbildern zu Schiff oder Wagen weithin praktiziert wird[68] und von daher ihre Verbreitung findet. Ein reger ›Besuchsverkehr‹ der Götter untereinander, d. h. der Kultbilder aus den jeweiligen Tempeln, wurde beispielsweise im alten Ägypten und wird im hinduistischen Indien der Gegenwart praktiziert. Mit Vorstellungen über die Fortbewegungsart der Götter sind typischerweise die Bedingungen ihrer → Epiphanie verbunden: Sie erscheinen fliegend ›von oben‹ oder, rituell leichter reproduzierbar, auf einem Wagen fahrend aus der Ferne. Das ›Kommen‹ des Gottes kann, wie im Falle des Dionysos, im Schema von Verkennung und Widerstand, von Überwindung und Triumph dramatisiert sein und in einem regelmäßigen Ritual praktiziert werden: An den Großen Dionysien ›kommt der Gott‹ auf dem Schiffswagen. Eine rigide Anwendung theologischer Vollkommenheitspostulate hat eine geschäftige Bewegung der Götter ausdrücklich getadelt: »Stets aber am selbigen Ort verharrt er [sc. der Gott] sich gar nicht bewegend, und es geziemt ihm nicht hin- und herzugehen bald hierhin bald dorthin.«[69] Das Sich-Zurückziehen[70], Distanz, ja Untätigkeit (→ Deus otiosus) können Ausdruck göttlicher Souveränität[71] sein.

7. Indikatoren von Epiphanien, Attribute von Göttern

Götter erscheinen üblicherweise aus der Richtung, in der sie ihren normalen Aufenthaltsort haben: Himmelsgötter von oben, chthonische Götter auf der Wege der Anhodos, Meeresgötter tauchen aus dem Meer auf. Die Götter erscheinen normalerweise ›in ihrer wahren Gestalt‹, → Metamorphosen oder atypische Erscheinungsweisen verzögern, wenn sie eingesetzt werden, ein Erkennen des Gottes. Zu den Epiphanieschemata und -ritualen gehört eine Reihe von Indikatoren für göttliche Nähe[72]: Glanz, Duft und Größe vor allem, dann aber auch ein Aufblühen der Natur und das Eintreten von Tierfrieden. Für eine ›Identifizierung‹ von Göttern dient ein System von Attributen, besonderen Ornaten, Rüstungen und Waffen, Schmuck und Begleittieren. Darstellungen von Göttern in der bildenden Kunst verwenden solche Attribute in einem festen ikonographischen Schema, das z. T. auch von den Kultbildern im engeren Sinne übernommen wird.

8. Namen und Bilder der Götter

Für eine dauerhafte Institutionalisierung einer persönlichen Gottesvorstellung scheint der Name einer Gottheit, insbesondere der Individualname von entscheidender Bedeu-

---

[68] Zur Umsetzung in den Herrscherkult H. Hommel, ›Adventus sive profectio Gordiani III‹, in: Atti del Congr. Internaz. di Numismatica, 1961, Bd. 2, 327–339.
[69] Xenophanes, fr. 26 D.-K.
[70] Zur Ruhe des Gottes nach der Schöpfung R. Pettazzoni, Myths of Beginnings and Creation-Myths, 32 ff.
[71] Vgl. das Material bei B. F. Batto, The Sleeping God: An Ancient Near Eastern Motif of Divine Sovereignity, 153–177.
[72] Dazu B. Gladigow, Epiphanie, Statuette, Kultbild.

tung. Die Pragmatik des Eigennamengebrauchs allgemein steht in enger Verbindung zu den jeweiligen gesellschaftlichen Verhältnissen[73]: Eigenname und Personalität und Eigenname und soziale Stellung korrespondieren deutlich. Für die Zuweisung von Eigennamen an die Götter – im Unterschied zur Verwendung bloßer Appellativa – bedeutet dies Personalisierung einerseits und andererseits die Erfüllung der Vorbedingung einer komplexen Mythologie. Durch den Namen präsentierte göttliche Personen handeln mit einem individualisierbaren Handlungsspielraum und Handlungsprofil. Spezifische Eigenschaften und Charakteristika können so in einem Handeln der Götter untereinander und gegeneinander reflektiert und dramatisiert vorgestellt werden (→ Mythos, Polytheismus). Mit der Namentlichkeit der Götter haben die Religionen ein universales Instrument entwickelt, das zugleich emotionale wie intellektuelle Forderungen abzudecken in der Lage war. Der Eigenname der Götter erlaubt einen ›Umgang‹ mit Göttern im Medium von Sprache und nach den Regeln verbaler Kommunikation. Anders als das → Kultbild ist der Name ortsunabhängig und weitgehend situationsunabhängig verwendbar[74], in Epiklese, Evokation und Gebet stellt er eine weitgehend institutionenungebundene Kontaktmöglichkeit mit den Göttern dar.
Eine gehäufte Verwendung von Beinamen (Epitheta) in Verbindung mit Götternamen läßt sich wohl vor allem als ein Versuch fassen, gegen die herrscherliche Autonomie und potentielle Irrationalität der großen, persönlichen Götter bestimmte, meist erwünschte Eigenschaften oder Funktionen der genannten Götter näher zu benennen[75] und damit im rituellen Kontakt handhabbar zu machen. Der erstrebte Funktionsbezug zwischen Sprecher und Gott wird in möglichster Konkretheit ausgedrückt: Der Gott ist beispielsweise als Schützer der Stadt angerufen, als Seelengeleiter, als Retter und Heiland oder als Arzt. Das Epitheton überbrückt die ›Entfernung‹ zum großen Gott und stellt so in der Gebetssituation gewissermaßen die Verfügbarkeit von Ortsgöttern oder Sicherheit gegenüber Funktionsgöttern wieder her.

V. Die Lokalisierung von Göttern

Eine Lokalisierung der Götter spiegelt sowohl ihren Ort innerhalb einer ›Soziologie‹ der Götter wie bestimmte gesellschaftliche und geographische Vorstellungen wider. Wenn der Tempel als ›Wohnhaus‹ des Gottes konzipiert ist, stehen unverbunden daneben auch die Vorstellungen von Häusern und Palästen der Götter auf Bergen, Türmen oder in einem Himmel. In dieses offene System von den Göttern gemeinsamen Wohnorten und ihrer Präsenz an Kultplätzen und in Tempeln sind Überlegungen über die ›Einwohnung‹

---

[73] Die These einer ›Soziogenese‹ auch des Götternamens und des Götternamensgebrauchs verlagert die relevanten Prozesse aus dem kognitiven Bereich – USENERS Entwicklungslinie Augenblicksgott, Sondergott, ›großer‹ Gott – in den Bereich sozialer Prozesse: Eine Zuordnung von Macht an Personen korrespondiert üblicherweise mit der Zuschreibung besonderer Namen, von Eigennamen. Zur Tragfähigkeit der Theorie von H. USENER (Götternamen, 73ff. und 301ff.) B. GLADIGOW, Gottesnamen (Gottesepitheta) Sp. 1208f.

[74] Zu einem systematischen Vergleich beider Institute B. GLADIGOW, Zur Konkurrenz von Bild und Namen, 103–122.

[75] S. B. GLADIGOW, Gottesnamen (Gottesepitheta).

der Götter in ihren Kultstatuen[76], über ihre Epiphanie im Tempel und Orte, an denen sie gern erscheinen, eingefügt.

Aussagen über einen regelmäßigen Aufenthaltsort der Götter werden häufig dann prekär, wenn dieser Ort durch Fremde profaniert oder Menschen zum ersten Male überhaupt zugänglich wird. Dieser grundsätzlichen Ortszuweisung von Göttern steht die Tendenz gegenüber, an allen Orten, auch den Abwegigsten, Götter anzunehmen: »Auch hier sind Götter« soll THALES[77] des Besuchern zugerufen haben.

C Formen der Kommunikation mit den Göttern

1. Körperliche und materielle Kontakte

Daß Götter Menschen berühren, sie töten, sich mit ihnen vereinigen, ist eine verbreitete Vorstellung (s. oben B II 1), die freilich nicht in eine symmetrische Beziehung Gott – Menschen einmündet: Im Regelfall können die Menschen die Götter nicht ›berühren‹; schon der körperliche Kontakt mit der Kultstatue wird als höchst problematisch und gefährlich angesehen. Während es zum Grundbestand der Mythologien gehört, daß (männliche) Götter mit (menschlichen) Frauen Kinder zeugen, ist die Vorstellung eher singulär, daß (menschliche) Männer mit Göttinnen Nachkommen erzeugen: Wenn der Mensch Anchises mit Aphrodite, der Göttin, einen Sohn zeugt, ist dieses im griechischen Mythos als Strafe oder Warnung des Zeus an die große Göttin gedeutet.[78]

2. Verbale Kontakte: Sprechen, Epiklese, Gebet

Eine Verbindung zu den Göttern über das Medium Sprache scheint die privilegierte und zugleich potentiell differenzierteste Form eines Kontaktes mit ihnen zu sein. Es gibt wohl keine Religion mit einer persönlichen Gottesvorstellung, in der ein Sprechen mit den Göttern, sei es in der Form der Anrede an das Kultbild, sei es in der Form eines stillen Gebets (→ Gebet), für unmöglich erklärt wird. Auch die Postulate eines ›heiligen Schweigens‹[79] begründen sich letztlich als die Alternative eines Sprechens mit dem Gott.

3. Anschauen oder Sehen der Götter

Daß die Menschen unter besonderen Bedingungen die Götter sehen können, ist konstitutiver Teil der meisten Epiphanieschilderungen (→ Epiphanie/Advent), zugleich gibt diese Erwartung dem → Kultbild seine emotionalen und rituellen Werte. Wie bei allen dezidiert asymmetrischen Sozialverhältnissen kann das Anschauen als Anmaßung[80]

---

76 Für Ägypten E. HORNUNG, Der Eine und die Vielen, 114ff.

77 ARISTOTELES, Part.an. 645a 21; vgl. auch THALES 11 A 22 D.-K.

78 Hom. hymn. Aphr. Ein anderer Fall ist der der Göttin Thetis, die einen Sohn gebären sollte, »der stärker ist als sein Vater« (PINDAR, Isthmien 8, 27–48); aus diesem Grunde wird sie mit einem Sterblichen, Peleus, vermählt.

79 Vgl. G. MENSCHING, Das heilige Schweigen, RGVV 20,2 (1926).

80 Vgl. F. NÖTSCHER, ›Das Angesicht Gottes schauen‹ nach biblischer und babylonischer Anschau-

verstanden werden und somit gefährlich sein. Unterwerfungsgesten, wie ein Weg- oder Niederblicken, ein Niederfallen oder Entschuldigungsformulare wie *fas sit vidisse*[81] versuchen, Sanktionen zu vermeiden. Das Verhältnis zu den Kultbildern ist ähnlich gestaltet; auch hier besteht das Risiko, beim Anblick eines besonderen Bildes wahnsinnig zu werden.[82]

4. ›Spirituelle‹ Kontakte: Eingeben, Einhauchen, Begaben, ›Zeichen‹ geben

In die Gottesvorstellungen der verschiedenen Kulturen sind natürlich nicht nur die relativ einfachen Kommunikationsmodi eines Sprechens mit den Menschen eingegangen, sondern auch jene besonderen, die zugleich im Rahmen einer → Mantik angefordert werden. Götter inspirieren die Menschen, vor allem aber bestimmte Menschen, verkünden an besonderen Orten ihren Willen oder geben durch einen besonderen ›Code‹ ihre ›Zeichen‹. Das Divinationswesen einer Religion in seiner Gesamtheit (→ Divination) regelt diese Form des Kontaktes mit den Göttern, bestimmt Verfahren und Initiativen, gibt die Auswertung der Zeichen vor.

5. Abwesenheit, Unsichtbarkeit, Unerkennbarkeit, Transzendenz

Divinationsverfahren gelangen dort an ihre Grenzen, wo Götter ›nicht antworten‹, abwesend sind oder unsichtbar bleiben und einen Kontakt von Seiten der Menschen nicht zulassen. Die Formen der Distanzierung, die meist in einer theologischen Arbeit an Gottesvorstellungen vorgetragen werden und zugleich als Muster für die Vollkommenheit und Erhabenheit vertreten werden, laufen von körperlicher Distanz (Abschrankung des Kultbildes), Unsichtbarkeit des Gottes (Verhüllung des Kultbildes, aber auch das Sich-Unsichtbar-Machen des Gottes), einfache Abwesenheit, über viele Zwischenstufen bis hin zu den Thesen der grundsätzlichen Unerkennbarkeit und schließlich Transzendenz des Gottes.

6. Verehrungsformen. Asymmetrische Beziehungen zu Göttern

Die typischen Verehrungsformen gegenüber Göttern reproduzieren und perfektionieren die im sozialen und politischen Horizont jeweils geltenden Formen von Gruß, Gabe, Tribut, Anerkennung, Würdigung und Unterwerfung. Aus dieser Konzeption des Verhältnisses zu den Göttern als eines dezidiert asymmetrischen Verhältnisses[83] gehen dann

---

ung; H. Schrade, Der verborgene Gott; E. Fascher, Deus invisibilis. Das Ansehen von Kultbildern konnte auch als Verehrung gedeutet werden, dazu F. Dölger, Das Ansehen der heidnischen Tempel und Kultbilder als Zeichen religiöser Verehrung, in: Antike und Christentum 5 (1936) 144–147.

[81] Vgl. etwa I. Jucker, Der Gestus des aposkopein, 1966; W. Wagenvoort, Fas sit vidisse, in: Pro Regno Pro Sanctuario, Festschr. van der Leeuw, 1950, 533–539.

[82] Vgl. Plutarch, Arat. 32 von dem Bild der Artemis von Pellene.

[83] Dazu P. Eicher, Gottesfurcht und Menschenverachtung. Zur Kulturgeschichte der Demut, in: H. v. Stietencron (Hrsg.), Angst und Gewalt, 1979, 111–136; und H. W. Pleket, Religious History as the History of Mentality: the ›Believer‹ as Servant of the Deity in the Greek World, in: H. S. Versnel, Faith, Hope and Worship, 1981, 152–192.

in den Bereich der → Divination reichende Interpretationsmöglichkeiten hervor: Die Annahme einer Gabe durch die Götter, an welchen Zeichen auch immer erkannt, wird vor dem Hintergrund der asymmetrischen Beziehung als Zuwendung gedeutet, die Gottheit erweist durch ihr ›Zuhören‹ ihre Huld[84], die Epiphanie nach einer Epiklese ist Ausweis von Gnade. Das doppelte Risiko von Sozialbeziehungen wird in asymmetrischen Beziehungen deutlich angehoben und wird dann häufig als ›Abhängigkeit‹ interpretiert: Rituelle Leistungen haben unter solchen Bedingungen das Ziel, durch Vorleistungen und ›Selbstverkleinerungen‹ bis hin zu autodestruktiven ›Opfern‹ Verpflichtungen entstehen zu lassen und eine erträgliche Gegenseitigkeit aufrecht zu erhalten. In den zeremoniellen Regelungen für eine Begegnung mit dem König sind solche Muster, von Grußgesten bis hin zur Proskynese, in kulturspezifischen Formen in gleicher Weise enthalten. Es scheint eine Wechselbeziehung zwischen der im politischen Leben geforderten Unterwerfung des Einzelnen und seinem Verhältnis zu den Göttern zu geben. Für das demokratische Athen der klassischen Zeit ist Niederknien selbst vor den Kultbildern der Götter eine Ausnahme[85]; man stand üblicherweise aufrecht vor seinen Göttern.

D Funktion und Plausibilität von Gottesvorstellungen

Die allgemeine Attraktivität von Gottesvorstellungen besteht wohl vor allem darin, daß Götter, selbst wenn sie als ›unberechenbar‹ und ›unerkennbar‹ angesprochen werden, in plausiblen Schemata handeln: Sie üben Herrschaft aus, reagieren im Zorn, verbinden sich in Liebe mit anderen Göttern oder Menschen, kämpfen und planen, – altern und sterben unter bestimmten Bedingungen sogar. Götter sind nicht in der ersten Linie kognitivistische Hilfsmittel[86] zur Erklärung von ›Welt‹; sie sind sehr deutlich, in den unterschiedlichsten kulturellen Kontexten, selber Teile von Welt, einer Welt, die sie grundsätzlich mit den Menschen gemeinsam haben.

Daß Götter nicht nur ›sind‹, sondern etwas ›wollen‹ – oder ›nicht wollen‹, ihr Handeln also mit einem ›subjektiven Sinn‹ verbunden werden kann[87], macht sie nicht nur grundsätzlich ›verständlich‹, sondern verbindet typischerweise ihre Existenz mit einem bestimmten Zustand der Welt. Daß Menschen durch die Verehrung solcher Götter an diesem Bestand der Welt ›beteiligt‹ sind, ihn vielleicht sogar in Ritualen sichern oder wiederherstellen können, macht die Attraktivität derartiger Gottesvorstellungen aus. Wenn ›Welt‹ in diesem Sinne durch eine Mehrzahl von Göttern differenziert und geordnet ist, sich in ihrer Gesamtheit auch als System von Sozialbeziehungen fassen läßt, ist sie nicht nur in einem gewissen Sinne ›verständlich‹, sondern auch ›bewohnt‹, vielleicht sogar ›heimelig‹. In verschiedenen Religionen, etwa der ägyptischen oder der germanischen, ist eine Welt vor oder nach den Göttern ›gedacht‹ worden: Es ist sehr

---

84 Vgl. O. Weinreich, Theoi epekooi, in: Athener Mitteilungen 37 (1912) 1–68 (= Ausgew. Schriften 1, 1969, 131–195).

85 Zu den Ausnahmen F. T. van Straten, Did the Greeks Kneel before their Gods?, in: Bull. van de Verein. tot Bevordering van de Antieke Beschaving 49 (1974) 159–189.

86 Diese Funktion versucht zu formalisieren K. J. Clark, The Explanatory Power of Theism, in: Int. Journ. for Philosophy of Religion 25 (1989) 129–146.

87 Dazu B. Gladigow, Der Sinn der Götter.

deutlich eine kalte, ›leere‹ Welt, keine ›bewohnbare‹. Mit einer programmatischen ›Entgötterung‹ der Welt entstehen auf der traditionellen Ebene typische ›Sinndefizite‹, um deren Aufhebung sich die Aufklärer auf die eine oder andere Weise bemüht haben. Selbst das entwickelte System des antiken Atomismus verzichtet erstaunlicherweise nicht auf Götter[88], – depotenziert sie freilich konsequent. Parallel dazu treten in dem epikureischen System an die üblicherweise religiös besetzten Stellen ›Schöpfung‹ und ›Willensfreiheit‹ neue ›metaphysische‹ Konstrukte, eine plötzliche, unerklärliche Abweichung der Atome von der geraden Fall-Linie *clinamen*[89], die gewissermaßen an die systematische Stelle von ›Gott‹ und ›Seele‹ treten.
Einige moderne Physiker experimentieren in vergleichbarer Weise mit der Möglichkeit, eine unterstellte gemeinsame Ordnung der Welt mit einem traditionellen oder einem holistischen Gottesbegriff zur Deckung zu bringen.[90] Hinter der Hartnäckigkeit, mit der Gott wiederum zu einem Erkenntnisgegenstand der Physik gemacht wird[91], steht wohl auch hier das Bedürfnis, eine Verstehbarkeit und Zugänglichkeit der Welt aus der traditionellen Verständlichkeit einer Gottesvorstellung abzuleiten.

Literatur

ANTES, P., Der eine allmächtige Gott und das Böse. Dargestellt an der frühen As'ariya des Islam, in: C. J. BLEEKER u. a., Proceedings of the XXIth Int. Congr. of the IAHR, 221–227; BADER, G., Gott nennen: Von den Götternamen zu göttlichen Namen. Zur Vorgeschichte der Lehre von den göttlichen Eigenschaften, in: ZThK 86 (1989) 306–354; BALANDIER, G., Politische Anthropologie, 1972; BATTO, B. F., The Sleeping God: An Ancient Near Eastern Motif of Divine Sovereignity, Biblica 68 (1987) 153–177; BAUMANN, H., Das doppelte Geschlecht. Ethnologische Studien zur Bisexualität in Ritus und Mythos, 1956; ders., Schöpfung und Urzeit des Menschen im Mythos afrikanischer Völker, 1936; BERNER, U., Trinitarische Gottesvorstellungen im Kontext theistischer Systembildungen, in: Saeculum 31 (1980) 93–111; BERTHOLET, A., Das Geschlecht der Gottheit, 1934; BIEZAIS, H. (Hrsg.), The Myth of the State, 1972; BLEEKER, C. J., WIDENGREN, G., SHARPE, E. J. (Hrsg.), Proceedings of the XIIth Int. Congr. of the Intern. Ass. for the History of Religions, Suppl. to Numen XXI, 1975; CAMPONOVO, O., Königtum, Königsherrschaft und Reich Gottes in den frühjüdischen Schriften, 1984; COLPE, C., Zur mythologischen Struktur der Adonis-, Attis- und Osiris-Überlieferungen, in: W. RÖLLIG (Hrsg.), lisan mithurti. Festschr. W. v. Soden, 1969, 23–44; DAHM, K. W., HÖRNER, V., Religiöse Sinndeutung und gesellschaftliche Komplexität, in: R. VOLP (Hrsg.), Chancen der Religion, 1978, 76–89; DEICHGRÄBER, K., Der listensinnende Trug des Gottes, 1952; DÖBERT, R., Zur Logik des Übergangs von archaischen zu hochkulturellen Religionssystemen, in: K. EDER (Hrsg.), Die Entstehung von Klassengesellschaften, 1973, 330–363; DREYER, O., Untersuchungen zum Begriff des Gottgeziemenden in der Antike, 1970; DUX, G., Logik der Weltbilder, 1982; EDER, K. (Hrsg.), Die Entstehung von Klassengesellschaften, 1973; FASCHER, E., Deus invisibilis. Eine Studie zur biblischen Gottesvorstellung, Marburger theol. Studien 1 (1931)

[88] Vgl. D. LEMKE, Die Theologie Epikurs.
[89] K. MARX hat diese Substitution in seiner Dissertation scharfsinnig analysiert, sie zugleich als ›Symbole des Indeterminismus‹ und Basis jeden Selbstbewußtseins hoch gelobt; dazu gut R. SANNWALD, Marx und die Antike, Diss. Zürich 1956.
[90] Dazu B. GLADIGOW, Pantheismus als ›Religion‹ von Naturwissenschaftlern, in: P. ANTES, D. PAHNKE (Hrsg.), Die Religion von Oberschichten, 1989, 219–239 mit weiterer Literatur.
[91] Vgl. etwa P. DAVIES, Gott und die moderne Physik, 1986; zu dieser ›Tradition‹ in der Physik B. GLADIGOW, ›Wir gläubigen Physiker‹. Zur Religionsgeschichte physikalischer Entwicklungen im 20. Jahrhundert, in: H. ZINSER (Hrsg.), Der Untergang von Religionen, Berlin 1986, 321–336.

41–77; FRANKFORT, H., Kingship and the Gods, 1948; FRÄNKEL, H., Dichtung und Philosophie des frühen Griechentums, ²1962; FRIEDLÄNDER, P., Lachende Götter, in: Die Antike 10 (1934) 209–226 (jetzt auch in: ders., Studien zur antiken Literatur und Kunst, 3–18); GLADIGOW, B. Zur Konkurrenz von Bild und Namen im Aufbau theistischer Systeme, in: H. BRUNNER, R. KANNICHT, K. R. SCHWAGER (Hrsg.), Wort und Bild, 1979, 103–122; ders., Der Sinn der Götter. Zum kognitiven Potential der persönlichen Gottesvorstellung, in: P. EICHER (Hrsg.), Gottesvorstellung und Gesellschaftsentwicklung, 1979, 41–62; ders., Kraft, Macht, Herrschaft. Zur Religionsgeschichte politischer Begriffe, in: ders., Staat und Religion, 1981, 7–22; ders., Strukturprobleme polytheistischer Religionen, in: Saeculum 34 (1983) 292–304; ders., Mythische Experimente – experimentelle Mythen, in: R. SCHLESIER (Hrsg.), Faszination des Mythos, 1985, 61–82; ders., Epiphanie, Statuette, Kultbild, in: Visible Religion 7 (1990) 98–121; GÜNTERT, H., Von der Sprache der Götter und Geister, 1921; HERMANN, W., Götterspeise und Göttertrank in Ugarit und Israel, Zeitschrift f. d. alttestamentliche Wissenschaft 72 (1960) 205–216; HORNUNG, E., Der Eine und die Vielen, 1971; HULTKRANTZ, Å., The Structure of Theistic Beliefs among North American Plains Indians, in: Temenos 7 (1971) 66–74; IRMSCHER, J., Götterzorn bei Homer, 1950; KLINZ, A., Hieros gamos, 1933; KOCH, C., Vom Wirkungsgeheimnis des menschengestaltigen Gottes, in: ders., Religio, 1960, 205–252; KULLMANN, W., Das Wirken der Götter in der Ilias, 1956; LEIPOLDT, J., Sterbende und auferstehende Götter, 1923; LEMKE, D., Die Theologie Epikurs, Zetemata 57, 1973; LORETZ, O., Die Gottesebenbildlichkeit des Menschen, 1967; MARTIN, J. ST., Ragnarök. An Investigation into Old Norse Concepts of the Fate of Gods, 1972; MORENZ, S., Die Erwählung zwischen Gott und König in Ägypten, in: Sino-Japonica. Festschr. André Wedemeyer, 1956, 118–137; NÖTSCHER, F., ›Das Angesicht Gottes schauen‹ nach biblischer und babylonischer Anschauung, 1924; PETTAZZONI, R., Myths of Beginnings and Creation-Myths, in: Essays on the History of Religions, Numen Suppl. 1, 1954; ders., L'onniscienza di Dio, 1955; engl. The All-Knowing God, 1956 (dtsch., gekürzt, Der allwissende Gott, 1960); PÖTSCHER, W., Das Person-Bereich-Denken in der frühgriechischen Epoche, in: Wiener Studien 72 (1959) 4–25; POULSEN, F., Talking, Weeping and Bleeding Sculptures. A Chapter of the History of Religious Fraud, in: Acta Archaeologica 16 (1945) 178–195. RADIN, P., Gott und Mensch in der primitiven Welt, o. J. (1953); ders., The Trickster, 1956; RANULF, S., The Jealousy of the God and Criminal Law at Athens, 1933/4; SCHRADE, H., Der verborgene Gott. Gottesbild und Gottesvorstellung in Israel und im Alten Orient, 1949; SÖDERBLOM, N., Das Werden des Gottesglaubens. Untersuchungen über die Anfänge der Religion, ²1929; ders., Der lebendige Gott im Zeugnis der Religionsgeschichte (1932), hg. v. F. HEILER, 1942; SOLYMAN, T., Die Entstehung und Entwicklung der Götterwaffen im alten Mesopotamien und ihre Bedeutung, 1968; SWANSON, G. E., Birth of the Gods, ⁴1974; TOPITSCH, E., Vom Ursprung und Ende der Metaphysik, 1972; ders., Vom göttlichen Wissen. Zur Kritik der Geistmetaphysik, in: ders., Gottwerdung und Revolution, 1973, 39–134; ders., Erkenntnis und Illusion, 1979; USENER, H., Götternamen (1895); ³1948; WAKEMAN, M. K., God's Battle with the Monster, 1973; ZANDEE, J., Gott ist König. Königssymbolismus in den antiken Gottesvorstellungen, besonders in der Religion des alten Ägyten, in: C. J. BLEEKER u. a., Proceedings of the XXIth Int. Congr. of the IAHR, 167–178; ders., Das Schöpferwort im alten Ägypten, in: Verbum Festschrift H. W. Obbink, 1964, 33–66.

Burkhard Gladigow

→ *Deismus, Dema-Gottheiten, Divination, Epiphanie/Advent, Henotheismus, Himmelsgott, Hochgottglauben, Kultbild, Monotheismus, Muttergottheiten, Pantheismus, Polytheismus, Sohngott, Theodizee, Theologie, Vatergott*

Grenze

Das Wort ›Grenze‹ bezeichnet zunächst eine *räumliche* Trennung, die Scheidung von Territorien. Der eigene Bereich wird von den Bereichen anderer unterschieden und gegebenenfalls mit Grenzmarkierungen versehen. Solche räumlichen Grenzen, sichtbar gemacht z. B. als Zaun, Wall, Hecke, Wand, Mauer, Grenzpfeiler oder -stein, stellen eine »künstliche Unterbrechung von etwas von Natur aus Kontinuierlichem« dar. Grenzen sind Niemandsland, Zwischenbereiche, Orte der Vieldeutigkeit oder gar der Verkehrung, daher oft »Quellen von Konflikten und Ängsten«.[1]

Räumliche Trennungen sind nicht selten Ausdruck sozialer Differenzierungen. So finden sich *soziale Raumgrenzen* z. B. zwischen Stadt und Land, Zivilisation und ›Wildnis‹, zwischen heiligen und profanen Orten, zwischen Wohnbereichen von Frauen und Männern oder Herrschaft und Gesinde, zwischen Orten der Gesunden und Reinen und denen der Kranken und Unreinen, sowie zwischen Stätten der Lebenden und solchen der Toten.

Soziale Grenzen müssen sich jedoch nicht primär durch räumliche Grenzziehungen dokumentieren. Ethnische Grenzen (engl. *›ethnic boundaries‹* im Gegensatz zu *›frontiers‹*) beispielsweise entstehen im kulturellen Abgrenzungsprozeß ethnischer Gruppen gegeneinander und durch die Aufrechterhaltung eigener ethnischer Identität auch oder gerade im Zusammenleben verschiedener ethnischer Gruppen.[2]

Menschen setzen Grenzen auch in die Zeit. So teilen die meisten Gesellschaften den Jahreszyklus in über die rein klimatischen Veränderungen hinausgehende Phasen ein, die in einem religiös-kosmologischen Zusammenhang stehen (vgl. unseren Festkalender). Der kontinuierliche Fluß des Älterwerdens wird ebenfalls segmentiert in Phasen sozialer Zeit, die jeweils mit einem bestimmten sozialen Status einhergehen: ledig-verheiratet-verwitwet, Kind-Erwachsener-Alter, (ein-)geweiht/initiiert-(noch) nicht initiiert.

Grenzmarkierungen zwischen sozialen Zeiträumen werden mittels *Schwellenritualen* gesetzt, den →Übergangsriten (→ Initiation). Typische Übergangsrituale sind solche anläßlich Geburt, Erwachsenwerden (Pubertätsriten), Heirat und Tod. Diese Rituale werden oft mit Hilfe von Ritualspezialisten durchgeführt, die das Passieren der liminalen Phase, der Übergangszeit zwischen zwei Lebensabschnitten, unterstützen oder erst ermöglichen. Die liminale *»persona«* wird von Turner als strukturell unsichtbar bezeichnet, als Mensch ohne soziale (geschlechtliche, verwandtschaftliche, altersklassenbezogene usw.) Zuordnung innerhalb seiner Gemeinschaft, als *»betwixt and between«*.[3] Demzufolge kann die Liminalität als ›Aufenthalt in sozialem Niemandsland‹ apostrophiert werden, als Negation der Struktur, gleichzeitig aber als Quelle neuer Möglichkeiten durch die erzielte Reintegration in die Ordnung mit neuerworbener gesellschaftlicher Position.

Viele Gesellschaften kennen in ihren Mythen, gegebenenfalls in der Literatur und in der ›Realität‹ *Grenzgänger,* die soziale wie raumzeitliche Grenzen überschreiten: der Götterbote Hermes, Saturn (Saturnalien, Ventilsitte), der Kulturbringer Prometheus, die

---

1 Leach, Kultur, 46.
2 Barth, Ethnic groups, 9–38.
3 Turner, The ritual process, 339ff.

→ Trickster aus dem Erzählgut diverser Indianergesellschaften, die ›auf der Hecke sitzende‹ europäische Hexe *(hagasussa)*, der die sozialen Grenzen der Feudalgesellschaft überschreitende Narr. Schamanen, Heiler, Priester und andere Ritualspezialisten sind in diesem Zusammenhang auch als Grenzgänger zu sehen. In der ›modernen‹ Welt wird diese Rolle zunehmend auch von Ärzten, Psychologen, Therapeuten, ›Grenzwissenschaftlern‹ (Esoterikern) gespielt, an die die Erwartung gestellt wird, die Grenzen zum Innern (des Körpers, des psycho-somatischen Bereichs), zum Vergangenen (Kindheit, früheres Leben), zum Verbotenen (Unbewußten, Verdrängten, Tabuisierten), zur Zukunft zu öffnen.

Literatur

Barth, F. (Hrsg.), Ethnic groups and boundaries, 1969; Baudrillard, J., L'échange symbolique et la mort, dt. Der symbolische Tausch und der Tod, 1982; Duerr, H. P., Traumzeit. Über die Grenze zwischen Wildnis und Zivilisation, 1978; Gennep, A. van, Les rites de passage (1909), dt. Übergangsriten, 1986; Kuper, M. (Hrsg.), Der Narrenspiegel, 1986; Leach, E., Culture and communication (1976), dt. Kultur und Kommunikation, 1978; ders., The gatekeepers of heaven, in: Journal of Anthropological Research 39 (1983) 243–273; Mahdi, L. O. u. a. (Hrsg.), Betwixt & between: patterns of masculine and feminine initiation, 1987; Malmberg, T., Human territoriality, 1980 (New Babylon 33); Müller, K. E. Das magische Universum der Identität. Elementarformen sozialen Verhaltens, 1987; Turner, V., The ritual process. Structure and anti-structure, 1969; ders., Betwixt and between: the liminal period in rites de passage, in: Reader in comparative religion. An anthropological approach, [3]1972.

Petra Bolte

→ *Liminalität, Orientierung, Raum*

Gruppe / Gruppendynamik

A Allgemeines B Theorie der Gruppe I. Die Typologie der Gruppen 1. *In-group* vs. *outgroup* 2. Primärgruppen vs. Sekundärgruppen 3. Formale vs. informelle Gruppen 4. Bezugsgruppen *(reference-groups)* II. Das Geschehen in der Gruppe (Gruppendynamik) III. Die religiöse Gruppe C Religionsgeschichte I. Religiöse Gruppen in Stammesgesellschaften II. Religiöse Gruppen in hochkulturellen Gesellschaften III. Bildung autonomer religiöser Gruppen

A Allgemeines

Begriffsbestimmung und Geschichte

Obwohl wir uns seit Jahrzehnten daran gewöhnt haben, soziale Phänomene unter der Perspektive von Gruppenverhalten wahrzunehmen und zu deuten, ist es überraschend, daß der Begriff *Gruppe* zur Bezeichnung von relativ wenigen Menschen, die miteinander in → Kommunikation stehen und dadurch aufeinander einwirken, relativ neu ist. Im deutschsprachigen Raum war es GEORG SIMMEL (1858–1918), der in seiner allgemeinen »*Soziologie*«[1] systematisch den Begriff verwendete, während etwa gleichzeitig WILLIAM G. SUMNER (1840–1910) in den USA dem Gruppenbegriff eine zentrale Bedeutung zuerkannte.[2] Seit den 30er Jahren dieses Jahrhunderts ist der Gruppenbegriff dann nicht mehr aus den Sozialwissenschaften wegzudenken. Zwar ist heute nicht mehr die Rede davon, daß der Begriff der Gruppe an die Stelle des problematischen Begriffs der Gesellschaft treten könne, aber unbestritten ist, daß wir der Erforschung der überschaubaren Gruppe Einsichten verdanken, die mit dem Instrumentarium der Gesellschaftsanalyse nicht hätten erzielt werden können. – Aus den Sozialwissenschaften ist der Gruppenbegriff auch in die Umgangssprache eingedrungen, so daß heute – nach mehr als einer Generation der Beeinflussung des allgemeinen Bewußtseins durch die Sozialwissenschaften – praktisch jeder zu wissen glaubt, was gemeint ist, wenn von »Gruppendruck, *out-groups* oder *in-groups,* Gruppenstrukturen« u. ä. gesprochen wird. Bei dieser Dominanz der sozialwissenschaftlichen Terminologie soll wenigstens erwähnt werden, daß der Begriff der Gruppe auch in anderen Disziplinen heimisch ist und dort völlig andere Phänomene bezeichnet, so z. B. in der Mathematik, aber auch in der deskriptiven Statistik, wo »Gruppe« als Bezeichnung eines Aggregats von Einzelfällen mit mindestens einem gemeinsamen Merkmal verwendet wird. Alle diese Gruppenbegriffe sind auszuschließen. Wenn im folgenden von Gruppe gesprochen wird, so ist damit immer und nur eine Anzahl von Personen gemeint, die in beschreibbarer Weise miteinander agieren (→ Interaktion).

Die Tatsache, daß menschliches Handeln sich immer in Gruppen abspielt, ist natürlich nicht neu und kann schon auf die antike Sozialphilosophie *(animal sociale)* zurückgeführt werden. Eine eigenständige Dimension bekommt die Wissenschaft von der Gruppe erst, wenn das Geschehen *in* der Gruppe zum Gegenstand der Forschung gemacht wird und dabei von den zielgerichteten Aktivitäten der Einzelindividuen in der Gruppe wenigstens partiell abstrahiert wird. Erst KURT LEWIN (1890–1947) hat in den 30er Jahren den Begriff *Gruppendynamik* geprägt und damit das natürlich schon länger bekannte Phänomen bezeichnet, daß sich innerhalb der Gruppe Vorgänge abspielen, die nicht durch Rekurs auf die als Einzelpersonen handelnden Individuen allein erklärt werden können.[3] Dieser Gedanke könnte es nahelegen, an die alte Polemik gegen die »Masse in Aktion« zu denken, wie sie etwa von GUSTAVE LE BON (1841–1931) in »*La psychologie des foules*«[4] und später in dem Politik machenden Büchlein von JOSÉ ORTEGA Y GASSET »*Der Aufstand der Massen*«[5] enthalten ist. Mit diesen elitären Vulgärphilosophien hat die Sozialpsychologie der Gruppen und die Gruppendynamik nichts zu tun. Es ist aber bezeichnend, daß noch 1957 der damals bekannteste deutsche Sozialpsychologe PETER R. HOFSTÄTTER seine heute noch lesenswerte Einleitung in die Gruppendynamik mit dem Untertitel »Kritik der Massenpsychologie« versah.[6]

---

1 G. SIMMEL, Soziologie, ⁴1958.
2 W. G. SUMNER, Folkways, 1907.
3 K. LEWIN, Resolving Social Problems, 1948 und ders., Field Theory in Social Science, 1951.
4 G. LE BON, Psychologie des foules, 1895, dt. 1908.
5 J. ORTEGA Y GASSET, Der Aufstand der Massen, 1930.
6 P. R. HOFSTÄTTER, Gruppendynamik. Kritik der Massenpsychologie, 1957.

Einige Jahrzehnte sah es so aus, als würde der Begriff der sozialen Gruppe zum Schlüsselbegriff der Sozialwissenschaften werden; daß dies dann doch nicht der Fall war, hat die verschiedenartigsten Ursachen, von denen wenigstens zwei kurz angesprochen werden sollen: 1) Die Begrenztheit der Untersuchungsmethoden der Gruppenpsychologie erwies sich darin, daß standardisierte Verfahren fast ausschließlich bei sogenannten Laboratoriumsgruppen Anwendung fanden, während sogenannte natürliche Gruppen mit der immer noch problematischen Methode der teilnehmenden Beobachtung untersucht wurden. So kam es zu einer gewissen Stagnation der Forschungsergebnisse.
2) Die schon sehr früh gesehene Schwierigkeit der Übertragung der an Kleingruppen gewonnenen Ergebnisse auf größere soziale Gebilde mit stark formalisierten Sozialbeziehungen konnte niemals behoben werden. So verschwand auch die in den 50er Jahren noch vorhandene Euphorie, mit der man hoffte, auch komplexe soziale Probleme (etwa Beziehungen zwischen Unternehmern und Arbeitern) mit dem Einsatz gruppendynamischer Prozesse in den Griff zu bekommen.
Trotz dieser einschränkenden Bemerkung ist es unbestreitbar, daß die Erforschung der Gruppe und der gruppendynamischen Prozesse unsere Kenntnis vom sozialen Geschehen generell in einer Weise gefördert hat, wie es wenig andere Forschungsgebiete vermocht haben. Die konsequente Anwendung der hier erarbeiteten Methoden und Begriffe auch auf scheinbar fremde Gebiete, wie das der Religion, verspricht auf jeden Fall neue Erkenntnisse und vermag, den Schleier der Objektsprache von der religionswissenschaftlichen Analyse zu entfernen, die nur zu häufig durch bedenkliche Nähe zu ihrem Forschungsgegenstand dem Reiz der eigenen Objekte verfällt.

B Theorie der Gruppe

I. Die Typologie der Gruppen

Auch dem wissenschaftlich nicht geschulten Beobachter wird auffallen, daß soziale Gruppen sehr unterschiedliche Gestalten annehmen können: Der Männerstammtisch, der sich jeden Mittwochabend zum Skatspiel trifft; der Aufsichtsrat eines Großunternehmens; die Kleinfamilie des 20. Jahrhunderts; die fünf Reisenden in einem Eisenbahnabteil, die eine achtstündige Reise von Hamburg nach München unternehmen. Dies sind alles Gruppen, genauso wie die drei Jugendlichen, die sich auf gemeinsamen Ladendiebstahl spezialisieren, eine Gruppe bilden. In der sozialwissenschaftlichen Literatur haben sich folgende dichotomische Begriffspaare als nützliche Forschungshilfen bewährt:

1. *In-group* vs. *out-group*

Dieses Begriffspaar geht auf Sumner (s. o. A) zurück und wird im allgemeinen mit »Eigen-« und »Fremdgruppe« verdeutscht. Zu beachten ist bei dieser Begrifflichkeit, daß es sich dabei nicht notwendig um kleine Gruppen handeln muß; vielmehr können auch »die« Deutschen insgesamt gegenüber »den« Franzosen als *in-group* fungieren. Die *in-group* braucht genausowenig wie die *out-group* als tatsächlich als Gruppe funktionierendes Gebilde zu bestehen. Die soziale Wahrnehmung des anderen als zur *out-group*

Gehörigen beinhaltet immer ein – wenn auch manchmal sehr mildes – *labeling*, damit ist eine gewisse Affinität dieses Begriffspaares zur Untersuchung von Stereotypen und sozialen Vorurteilen gegeben. Für den religionshistorischen Bereich verspricht das Begriffspaar »*in-group – out-group*« besonders fruchtbar zu sein. Bei einer Analyse religiöser Konflikte ist es ausschlaggebend zu wissen, wie die zu unterschiedlichen religiösen Gebilden gehörenden Personen sich als Mitglieder einer *in-group* in Abgrenzung gegen eine Fremdgruppe empfinden. Im dritten Teil (C) dieses Artikels wird darauf zurückzukommen sein.

2. Primärgruppen vs. Sekundärgruppen

Auch dieses Begriffspaar stammt aus der amerikanischen Soziologie und wurde von Charles H. Cooley (1864–1929)[7] geprägt. Unverkennbar liegt hier eine gewisse Nähe zum Begriffspaar → »Gemeinschaft und Gesellschaft«[8] vor. Primärgruppen sind alle solche Gruppen, in denen persönliche und intime Kontakte zwischen den Mitgliedern herrschen, ohne daß gemeinsame Ziele (wie etwa in einer Fußballmannschaft) der ausschlaggebende Grund für die Interaktionen sind. Klassische Primärgruppen sind Familie, Nachbarschaft, Spielgruppen. Sekundärgruppen sind dagegen eher große Gebilde, in denen kein *face-to-face*-Kontakt herrscht, sondern Gesetze und allgemeine Meinungen dominieren. Eine Sekundärgruppe par excellence ist die Gesellschaft insgesamt. Aber auch eine Volkskirche wäre eine solche Sekundärgruppe, während es schwer fällt, spontan Beispiele für religiöse Primärgruppen anzuführen. Denn kleine religiöse Gemeinschaften (Klöster, utopische Siedlungen usw.) können sich zwar so entwickeln, daß in ihnen Merkmale der Primärgruppe – Kontrolle durch nicht-formalisierte Billigung und Mißbilligung – ausschlaggebend werden; aber das wichtigste Merkmal fehlt im allgemeinen: in diesen religiösen Gruppen geschieht üblicherweise nicht die primäre Sozialisation des Individuums. Nur sofern zwischen sozialer und religiöser Sozialisierung nicht unterschieden wird (etwa in sehr einfachen Stammesgesellschaften), kann man mit Einschränkungen von religiös bestimmten Primärgruppen sprechen, wobei sich die Einschränkungen darauf beziehen, daß unter diesen Bedingungen die Herausdifferenzierung von Religion kaum möglich ist. – Schon diese einfachen Überlegungen zeigen, daß das Instrumentarium der Gruppenpsychologie fruchtbar für die Religionswissenschaft gemacht werden kann: Sobald Religion aus dem Gesamt des sozialen Lebens ausdifferenziert erscheint, ist sie anscheinend nirgends und niemals die Grundlage für Primärgruppenbildungen.

3. Formale vs. informelle Gruppen

Dieses Begriffspaar wurde vor allem im Zusammenhang mit der Industrie- und Betriebssoziologie entwickelt. Die Entdeckung der informellen Gruppe im formalisierten Industriebetrieb geht auf E. Mayo und F. J. Roethlisberger zurück, die während den berühmt gewordenen Hawthorne-Studien (1927–1932) in Chicago feststellten, daß die Arbeitsleistung nicht in erster Linie von äußeren Umständen (Beleuchtung, Anordnung

---

[7] C. H. Cooley, Social Organization, 1909.

[8] zuerst: F. Tönnies, Gemeinschaft und Gesellschaft, 1887.

der Pausen etc.) abhing, sondern als Ergebnis einer Gruppennorm anzusehen ist, die von einer durch keine Organisationsanordnung ins Leben gerufenen informellen Gruppe aufgestellt wird.[9] Besonders im Zusammenhang mit den sogenannten Betriebsklimauntersuchungen der 50er Jahre wurde der Existenz und dem Funktionieren dieser informellen Gruppen manchmal wohl etwas übertriebene Bedeutung zugesprochen.[10] Für das Gebiet der Wissenschaften von der Religion ist die Kategorie der informellen Gruppe noch nicht systematisch genutzt worden, obwohl dies bei der Untersuchung von bürokratischen Strukturen in religiösen Vereinigungen naheliegen würde.[11]

4. Bezugsgruppen *(reference-groups)*

Der Begriff der Bezugsgruppe *(reference-group)*[12] ist aus dem sozialwissenschaftlichen Wortschatz nicht mehr wegzudenken. Er bezeichnet die Gruppe, die für ein Individuum oder (seltener) eine Gruppe handlungsrelevant ist. Man spricht z. B. davon, daß deutsche Jugendliche für ausländische Jugendliche in der Bundesrepublik als Bezugsgruppe dienen können. Dabei handelt es sich nicht um Gruppen in einem prägnanten sozialpsychologischen Sinn. Im Bereich von Religionen liegen ausgesprochene Bezugsgruppenphänomene bei der sogenannten Sanskritisierung von indischen Subkasten und bestimmten Lokalkulten vor.[13]

5. Es gibt noch eine Vielzahl von Gruppenbegriffen, die sich aber in der Forschungspraxis nicht durchgesetzt haben und auf deren Darstellung deshalb hier verzichtet wird.

II. Das Geschehen in der Gruppe (Gruppendynamik)

1. Die Erkenntnis, daß das Handeln von Individuen in Gruppen anders ist als das isolierte Handeln von Einzelpersonen, ist schon alt und meistens zum Gegenstand der Kritik gemacht worden. Erst die moderne Sozialpsychologie hat sich vorurteilslos dem Studium des Gruppengeschehens zugewandt und dabei Ergebnisse erzielt, die ohne Übertreibung zum dauernden Bestand menschlichen Wissens gerechnet werden können. Dabei sind viele der gewonnenen Einsichten so allgemein geworden, daß man sie nur noch zögernd dem Bereich der Gruppenpsychologie zurechnen kann. Fast alle Begriffe, die bei der Erforschung des Gruppengeschehens eine Rolle spielen: Sozialisierung, soziale Normen, soziale Rollen, Status/Position, Attitüden, um nur einige zu nennen, sind auch zentrale Begriffe der allgemeinen Soziologie. Deshalb ist auch die Trennung von Soziologie und Sozialpsychologie nicht immer sauber durchzuhalten. Gegenüber der Soziologie hat aber die Sozialpsychologie den unbestreitbaren Vorteil, daß sie auf

---

[9] F. J. Roethlisberger, W. J. Dickson, Management and the Worker (1939), 1956.

[10] H. Paul, P. H. Steinmetz, Die Gruppe im Betrieb, 1953; kritisch: Th. W. Adorno, W. Dirks (Hrsg.), Betriebsklima. Eine industrie-soziologische Untersuchung aus dem Ruhrgebiet, 1955.

[11] Y. Spiegel, Kirche als bürokratische Organisation, 1969.

[12] R. K. Merton, Conributions to the Theory of Reference Group Behavior, in: ders., Social Theory and Social Structure, verbesserte und erweiterte Ausg. 1957, 225–386.

[13] S. A. Upadhyaya, Kaste und Religion im Indien der Gegenwart, in: G. Kehrer (Hrsg.), »Vor Gott sind alle gleich«: Soziale Gleichheit, soziale Ungleichheit und die Religionen, 1983, 129ff.

empirisch besser gesichertem Grund arbeitet: Die freiwillige Beschränkung auf kleine überschaubare Gruppen und die häufige Verwendung von sogenannten Laboratoriumsgruppen bei gleichzeitigem Verzicht auf zu komplexe Fragestellungen haben die positive Folge gezeitigt, daß fast experimentelle Bedingungen hergestellt wurden, unter denen empirisch gehaltvolle Theorien getestet werden konnten.

2. Im Mittelpunkt aller Untersuchungen zum Gruppengeschehen steht die Frage, wie die Zugehörigkeit zu einer Gruppe das Verhalten der Gruppenmitglieder bestimmt. Das bis heute berühmteste Experiment ist die von M. SHERIF in den 30er Jahren durchgeführte Untersuchung[14] mit dem sogenannten autokinetischen Phänomen, das dadurch entsteht, daß für den Beobachter ein kurz gezeigter Lichtpunkt in einem vollständig dunklen Raum sich trotz objektiven Stillstands zu bewegen scheint. Selbstverständlich gibt es damit auch keinerlei Anhaltspunkte, um die Variationsbreite einer solchen Bewegung zu schätzen. Als Ergebnis der SHERIF*schen* Versuche kann festgehalten werden, daß die Versuchspersonen dazu tendieren, ihre eigenen Schätzungen an einer Gruppennorm zu orientieren, die erst im Prozeß des Schätzens herausgebildet wird. Dabei werden auch zunächst vereinzelt vorgenommene Schätzungen revidiert und die revidierten, an die Gruppennorm angepaßten Schätzungen werden auch in der Situation der Vereinzelung beibehalten. Das total Artifizielle der von SHERIF hergestellten Gruppensituation ist besonders gut geeignet, die natürlichen gruppendynamischen Prozesse zu analysieren. Jede Gruppe scheint dazu zu tendieren, eine gewisse Konformität herzustellen, dabei handelt es sich durchaus nicht um Phänomene, die zureichend mit den polemischen Begriffen »Zwang« und »Anpassung« beschrieben werden könnten. Denn selbst, wenn es um so wenig relevante Dinge wie das Schätzen der Amplituden von sich scheinbar bewegenden Punkten handelt und selbst wenn die Gruppenmitglieder sich gar nicht kennen – also auch keine Hierarchien innerhalb der Gruppe herausgebildet haben können – stellen sich Vorgänge ein, die man eigentlich nur in gutorganisierten Gebilden erwartet hätte. – Wendet man dieses Ergebnis auf das Beispiel der informellen Arbeitsgruppe an, wie sie von MAYO und ROETHLISBERGER entdeckt wurde (s. o. I. 3), so wird verständlich, warum eine einmal eingespielte Arbeitsleistung so schwer verändert werden kann, denn es handelt sich bei ihr um ein Maß, das auf Gruppenkonsensus beruht und deshalb auch nur durch Gruppenleistung abgewandelt werden kann.

3. Selbstverständlich liegen in sogenannten *natürlichen Gruppen* die Dinge komplizierter. Der wichtigste Unterschied gegenüber den reinen Laboratoriumsgruppen ist es, daß in den natürlichen Gruppen schon Positionen *(statuses)* bestehen und damit an die einzelnen Mitglieder der Gruppe den Positionen entsprechende → Rollenerwartungen gerichtet werden. Wie nicht anders zu erwarten, richtet sich bei der Forschung das Interesse besonders auf die Position des Führers *(leader)*. Die bisher immer noch interessantesten Ergebnisse stammen aus W. F. WHYTE*s* Untersuchungen über Straßenbanden von Jugendlichen *(»Street Corner Society«)*.[15] Dabei stellte sich heraus, daß die Bedeutung des Führers nicht durch abstrakte Regeln definiert wird, sondern durch die

---

[14] M. SHERIF, C. W. SHERIF, Groups in Harmony and Tension. An Integration of Studies on Intergroup Relations, 1953.

[15] W. F. WHYTE, Street Corner Society, 1943.

Stellung, die er im Gefüge der Gruppe hat. So ist es in der Regel auch nur durch Beobachtung festzustellen, wer der wirkliche Führer einer Gruppe ist, indem man z. B. das Kommunikationsverhalten der »Gefolgschaft« untersucht: Gibt es Grüppchen, sobald eine bestimmte Person nicht anwesend ist? An wen wendet sich die Kommunikation? Wer initiiert gemeinsame Aktionen? Wer kann Vorschläge ohne weitere Begründung ablehnen? Weiterhin ist es typisch, daß der Führer durchaus nicht durch selbstherrliche Entscheidung diese Position einnimmt, sondern im allgemeinen weil er am besten den Gruppennormen entspricht. Untersucht man Gruppenbeziehungen etwas genauer z. B. anhand soziometrischer Verfahren (J. L. MORENO)[16] und verwendet dazu unterschiedliche Frageanreize, so ergibt sich, daß in jeder Gruppe unterschiedliche Positionen bestehen, die psychologischer Deutung zugänglich sind, also nicht primär von einem der Gruppe gegenüber externen Gruppenziel definiert sind: Außenseiter, Meinungsgeber, Initiator, Führer – um nur einige zu nennen. Man kann nicht von einer durchgängigen Hierarchisierung der Positionen in einer Gruppe sprechen.

4. Eine ganz entscheidende Bedeutung haben für das Gruppengeschehen die → Normen und die anderen kollektiven, relativ schwer zu verändernden *Vorstellungen der Gruppe*, etwa die → Stereotypen. Sie alle dienen der Verhaltenssteuerung und erleichtern dem einzelnen Gruppenmitglied, sich in der Gruppe und nach außen zu orientieren. Eine sehr wichtige Rolle spielen dabei die stereotypisierten Vorstellungen über die Angehörigen anderer Gruppen → Vorurteile. Hier gibt es wieder Beziehungen zur Typologie der Gruppen (s. o. I. 1: *in-group* und *out-group*). Das Leben in kleinen, überschaubaren Gruppen ist sozusagen die »natürliche« Lebensweise des Menschen. Die Tatsache, daß sich bestimmte soziale Verhaltensweisen in Gruppen unterschiedlichster Zusammensetzung und verschiedenster Zielrichtung herausbilden, könnte als Hinweis darauf gewertet werden, daß der Mensch entwicklungsgeschichtlich auf das Leben in kleinen Gruppen »programmiert« ist. Diese Bemerkung darf keinesfalls so verstanden werden, als wären damit bestimmte Kleingruppen, etwa Familie, dem Menschen unausweichlich als Schicksal gewiesen.

5. Auch das *religiöse Leben* spielt sich in Gruppen ab. Der in der alten Kirche des Christentums aufgestellte Satz »*unus christianus nullus christianus*« weist auf diesen Gruppencharakter von Religion hin. Zwar hat die traditionelle Religionswissenschaft kaum von der Sozialpsychologie Kenntnis genommen, aber viele in der Religionsgeschichte beschriebene Phänomene können mit dem Instrumentarium der Gruppenanalyse untersucht werden.

III. Die religiöse Gruppe

In der religionswissenschaftlichen Literatur taucht der Gruppenbegriff eher beiläufig auf. Selbst in der Religionssoziologie ist die Verwendung des Begriffs der Gruppe nicht systematisch und erst in der neuesten Religionssoziologie wird bei der Untersuchung

---

[16] J. L. MORENO, Sociometry, Experimental Method and the Science of Society, 1951 und ders., Who Shall Survive?, 1934, dt. 1954 u. d. T.: Die Grundlagen der Soziometrie.

neuer religiöser Bewegungen vom Gruppenbegriff präziser Gebrauch gemacht. Die → Religionspsychologie hat offensichtlich von der Sozialpsychologie insgesamt und damit von der Analyse von Gruppenphänomenen im besonderen kaum profitiert. Trotz dieser eher negativen Bestandsaufnahme kann sinnvoll von religiösen Gruppen gesprochen werden. Dabei ist es notwendig, eine Abgrenzung gegenüber Begriffen wie → Kirche und → Sekte vorzunehmen. Obwohl es prinzipiell möglich ist, Kirchen, Mönchsorden und Sekten als Gruppen zu bezeichnen, sollte man von religiösen Gruppen nur dann sprechen, wenn eine enge Anlehnung an den sozialpsychologischen Gruppenbegriff möglich ist. Diese Einschränkung bedeutet jedoch nicht, daß keine aus der Gruppendynamik bekannten Phänomene in den genannten Gebilden anzutreffen wären. Die Beschränkung des Gruppenbegriffs auf soziale Gebilde, in denen ein *face-to-face*-Kontakt der Mitglieder vorhanden ist, läßt z. B. agierende Priesterkollegien in Rom, Tempelpriesterschaften in Ägypten, kleinere Sufi-Bruderschaften im Islam, Kirchengemeinderäte im deutschen Protestantismus, die westdeutsche Bischofskonferenz als Gruppen erscheinen. Um ein klassisches Gruppenphänomen handelt es sich auch bei der Anhängerschar, mit der JESUS Judäa durchwanderte.[17] Da es nicht plausibel ist anzunehmen, daß in den gerade aufgezählten Gruppen die allgemeinen Erscheinungen der Gruppendynamik nicht stattfänden, ist es partiell möglich, religiöse und andere Normen und religiöse Stereotypen als Resultate von Gruppenprozessen zu verstehen. Die Betonung liegt dabei auf der *prinzipiellen* Möglichkeit, denn häufig genug fehlt uns das notwendige Material, um eine solche Analyse im einzelnen durchzuführen. Nicht nur die zeitliche und räumliche Entfernung ist für diese schlechte Datenlage verantwortlich zu machen, sondern auch die Tatsache, daß religiöse Gruppen hoch ideologisiert sind, was zur Folge hat, daß Gruppenprozesse von den Beteiligten sehr oft als Auseinandersetzung über Ideen und Programme betrachtet werden und als solche dokumentiert in die Archive eingehen. – Eine Einschränkung ist jedoch nötig: Die Tendenz, religiöse Gruppen in die Nähe totaler → Institutionen rücken zu lassen[18], ist besonders ausgeprägt bei den sogenannten → Erlösungsreligionen, während andere Religionen eher zu pragmatischem Verhalten tendieren.

Eine besondere Eigentümlichkeit religiöser Gruppen besteht darin, daß sie sehr oft länger bestehen, als die Lebensdauer ihrer Mitglieder währt. Dies führt zwangsläufig zu ausgeprägten Prozessen der Institutionalisierung oder zu formalen Gruppen. Die Religionswissenschaft hat in ihren deskriptiven religionshistorischen Teildisziplinen diesen formalen Gruppen viel Aufmerksamkeit gewidmet, meistens unter dem Stichwort → Tempel, Priester, Priesterschaften (→ Funktionär), aber dabei besonders die formalisierten und dogmatisierten Organisationsstrukturen berücksichtigt. Hier liegt durchaus eine Analogie zu der klassischen Arbeitslehre vor. Eine Entdeckung der informellen religiösen Gruppe steht noch aus. Für die Vergangenheit ist nicht damit zu rechnen, daß diese Lücke geschlossen werden kann; für die Gegenwart stehen die Chancen auch nicht viel besser, da die Beobachtung religiöser Gruppen in einem anspruchsvollen Sinne, d. h. über längeren Zeitraum nur schwer möglich ist.

Wesentlich besser steht es um die Analyse des Entstehungsprozesses von religiösen Gruppen um eine Führerpersönlichkeit, die sich in der Regel auf besondere Fähigkeiten

---

[17] G. THEISSEN, Soziologie der Jesusbewegung, 1977.

[18] S. dazu L. A. COSER, Greedy Institutions, 1974.

(→ charismatische, intellektuelle oder andere) beruft. Es ist realistisch anzunehmen, daß solche Gruppen dauernd entstehen – und wieder zerfallen, so daß bei einigermaßen intensiver Suche jede Großstadt Anschauungsmaterial liefert. Die religionssoziologische Forschung hat einige besonders gute Beispiele hierzu geliefert. (LOFLAND[19], BARKER[20], WALLIS[21] u. a.); als direkt sozialpsychologisch orientierte Arbeit ist immer noch FESTINGERS »*When Prophecy Fails*« zu nennen, der allerdings eine sehr spezielle Fragestellung verfolgte, nämlich wie eine kleine Gruppe auf eine unübersehbare kognitive Dissonanz reagiert.[22] Alle bisher durchgeführten Beobachtungen an kleinen religiösen Gruppen haben gezeigt, daß außer-religiöse Momente für den Zusammenhalt und die Existenzmöglichkeit der Gruppe von ausschlaggebender Bedeutung waren. An erster Stelle sind hier gemeinsame Ziele zu nennen, aber auch Methoden der Mitgliederkontrolle und standardisierte Beziehungen nach »außen«. Für die Religionswissenschaft von Bedeutung ist dabei die Beobachtung, daß auch die »Ideologie«, d. h. das Glaubenssystem einer religiösen Gruppe sich mit den Veränderungen innerhalb der Gruppe wandelt. Dies bedeutet nicht, daß den »Ideen« keinerlei Relevanz für den Gruppenprozeß zuerkannt werden soll – gerade in hoch ideologisierten Gruppen können »Ideen« der Grund für Handeln sein. Aber auch dann kommen gruppendynamische Prozesse ins Spiel, die ihrerseits wiederum neue Ideen heraussetzen können.[23] Selbst in kleinen religiösen Gruppen lassen sich unterschiedliche Positionen und damit → Rollen feststellen, die je nach der Bedeutung, die ihnnen zuerkannt wird, das Gesicht einer Gruppe bestimmen. Eines der religionshistorisch bedeutsamsten Beispiele ist für die frühen außerpalästinensischen christlichen Gemeinden der anfängliche Dualismus zwischen Verwaltungspositionen (*episcopus* und *diakonos*) und eher charismatisch qualifizierten Positionen (Prophet, Heiler usw.).[24] Wenn uns auch die Abläufe im Einzelnen unbekannt sind, die zu der endgültigen Dominanz der bürokratischen Positionen führte, so liegt es doch nahe anzunehmen, daß es eher interne Gruppenauseinandersetzungen waren, die den Ausschlag gaben, als rein theologische Überlegungen. Ähnliche Fragestellungen ergeben sich, wenn man sich dem Problem zuwendet, warum entgegen jeglicher Theologie bei den *Jainas* in Indien die Laien eine letztlich entscheidende Position einnehmen konnten. Erst eine Analyse der Kommunikationsprozesse zwischen Mönchen und Laien verspräche hier, möglicherweise Aufschluß zu geben.

Es wäre ein dringendes Desiderat, das vorhandene religionshistorische Material in den Einzelfällen einmal nach gruppendynamischen Gesichtspunkten durchzugehen. Zwar bleibt die weiter oben geäußerte Skepsis bezüglich der dabei zu ermittelnden Datenqualität bestehen, aber die Möglichkeit von informierten Vermutungen ist gegeben und könnte dazu beitragen, die rein geistesgeschichtliche Perspektive der Religionswissenschaft etwas zu revidieren.

---

19 J. LOFLAND, Doomsday Cult, erweiterte Ausg. 1977.

20 E. BARKER, The Making of a Moonie, 1984.

21 R. WALLIS, The Road to Total Freedom, 1977.

22 L. FESTINGER u. a., When Prophecy Fails, 1956.

23 D. G. BROMLEY, A. D. SHUPE, Dynamik zwischen Ideologie und sozialer Organisation in sozialen Bewegungen, in: G. KEHRER (Hrsg.), Das Entstehen einer neuen Religion: Das Beispiel der Vereinigungskirche (= Forum Religionswissenschaft 3), 1981, 109–128.

24 S. dazu: G. KEHRER, Organisierte Religion, 1982, Kap. 8.

C Religionsgeschichte

I. Religiöse Gruppen in Stammesgesellschaften

Stammesgesellschaften sind durch die Abwesenheit staatlicher Herrschaftsinstanzen gekennzeichnet. Dadurch gewinnen quasi natürliche Sozialverbände, → Familie, *clans (gentes)* und der Stamm selbst eine für staatlich verfaßte Gesellschaft schwer nachvollziehbare Bedeutung. Religiöse Tätigkeiten (→ Ritus und → Kultus) finden deshalb ihren üblichen Ort im Rahmen dieser Verbände. Schon die Ethnographie des 19. Jahrhunderts bemerkte jedoch, daß in sehr vielen Gesellschaften mit schriftlosen Kulturen Gruppen bestehen, die entweder alle Personen einer bestimmten Klasse (etwa alle Männer) oder nur wenige Personen umfaßten und die vor allem durch ausgeprägte Kulte gekennzeichnet waren. Da diese Kulte wenigstens formal vor Nicht-Mitgliedern geheimgehalten wurden, lag die Bezeichnung »Geheimgesellschaften« nahe, wobei bestimmt eine gewisse Parallele zu den → Mysterien der Antike vermutet wurde. Um die Jahrhundertwende erlebte die Beschreibung von »secret societies« und »Bünden« (H. SCHURTZ)[25] ihre große Blüte, an der wenigstens für Deutschland die Jugendbewegung nicht unbeteiligt war. Inzwischen ist es um diese Kategorien etwas stiller geworden. Allerdings gilt als unbestritten, daß sogenannte → Geheimkulte in praktisch allen Stammesgesellschaften eine Rolle spielen, wobei der Geheimnischarakter darin beruht, daß zwischen den Initiierten und den Nichtinitiierten unterschieden wird.[26] – Da die meisten Ethnographen nicht mit gruppendynamischen Kategorien solche Geheimkulte bzw. ihre Trägergruppen untersuchen, ist unter dem hier interessierenden Aspekt die Information naturgemäß nicht allzu üppig. Erschwerend kommt hinzu, daß in vielen Gesellschaften, die durchaus schon Momente staatlicher Herrschaft kannten (vor allem in Westafrika), Geheimgesellschaften offensichtlich als Herrschaftsinstrumente fungieren. Per definitionem müßten diese Phänomene aus dem Bereich der Stammesgesellschaften ausgeschieden werden, obwohl wir gerade hier das beste Material haben.

Beschränkt man sich auf tatsächliche Stammesgesellschaften (Amerika, Melanesien u. a.), so ist auffällig, daß die Geheimkulte sehr oft getragen werden von Personen, deren Aufgabe darin besteht, die jungen Männer eines Stammes zu initiieren, indem sie diese mit Mythos und Kultus vertraut machen. Zweifellos entstehen bei der Vorbereitung und der Durchführung der Initiation Phänomene, die adäquat mit dem Instrumentarium der Gruppendynamik untersucht werden könnten. Allerdings steht für den Ethnographen und meistens auch für den Religionswissenschaftler der mythische Kontext, in den die Geheimkulte eingebettet sind, im Vordergrund und damit auch die Frage nach dem subjektiv gemeinten Sinn der Kulthandlung. Darauf würde sich eine sozialwissenschaftliche Betrachtung höchstens sekundär beziehen. Hier stünde im Gegenteil die »objektive« Funktion des Geschehens in der Gruppe im Vordergrund. An erster Stelle wäre dabei die identitätsstiftende Funktion von intensiven Gruppenerlebnissen zu nennen. Die Tatsache, daß neben den für die primäre Sozialisation zuständigen Gruppen (Familien) in allen Stammesgesellschaften von Zeit zu Zeit andere soziale Gruppierungen bedeutsam werden, Männerbünde (→ Altersklassen), legt es nahe anzunehmen,

---

25 H. SCHURTZ, Altersklassen und Männerbünde, 1902.

26 M. ELIADE, Naissances Mystiques, 1958, bes. Kap. IV.

daß diese Gruppierungen, die nur durch Lösung des Individuums aus der ursprünglichen Sozialisationsgruppe ermöglicht werden, intensives gruppendynamisches Training verlangen, um überhaupt funktionsfähig zu werden. Wenn die gelegentlich aufgestellte Behauptung, daß die in der urwüchsigen Arbeitsteilung (Mann/Frau) dem Mann zufallenden Aufgaben sehr oft kollektive Betätigungen verlangen, verallgemeinerungsfähig ist, so fände die Tatsache, daß in vielen Gesellschaften (etwa Melanesiens) Männerbund und Geheimgesellschaft zusammenfallen, eine bequeme soziologische Erklärung. Seklusion, intensive Rituale und Bezug auf Mythologeme wären dann als Vehikel von Gruppenprozessen zu verstehen, die sicherstellen sollen, daß zwischen den Männern bestimmter Altersklassen gemeinsame Werte und Normen herrschen und daß außerdem sich Gefühle der Zusammengehörigkeit entwickeln können. – Diese Annahmen harren jedoch noch genauerer Untersuchungen und empirischer Überprüfung, die nur durch *cross-cultural studies* erfolgen kann.

II. Religiöse Gruppen in hochkulturellen Gesellschaften

In diesen Gesellschaften, die immer auch staatlich verfaßt sind, ist Religion normalerweise als Staatskult organisiert, der neben den Familienkulten einen immer weiteren Bereich einnimmt. Selbst wenn – wie etwa in Rom – klar zwischen Magistrat und Priesterschaft unterschieden wird, bleibt Religion doch gänzlich in Staatshänden. Neben diesen Ausprägungen von Religion lassen sich in einigen hochkulturellen Gesellschaften religiöse Gruppen beobachten, die meistens in einem friedlichen Miteinander zu den etablierten Staatskulten stehen. Meistens resultieren diese religiösen Gruppen aus Wanderungsbewegungen (Kaufleute, Seeleute), wobei wohl nur in den seltensten Fällen Missionsgedanken Motiv für die Migration waren. Bis heute sind die bekanntesten Beispiele die sogenannten orientalischen und die ägyptischen Religionen in Griechenland und im römischen Italien.[27] Losgelöst von ihrer gesellschaftlichen Verankerung konnten diese religiösen Gruppen in fremden Gesellschaften eine Dynamik entwickeln, die in ihrer Herkunftsgesellschaft unbekannt gewesen ist. Der entscheidende Schritt ist darin zu erblicken, daß man versuchte, Unterstützung vor allem materieller Art von Individuen zu erlangen, die ursprünglich keine Beziehung zu dem Kult und der ihn tragenden Gruppe hatten. Mission kann so als Resultat der Lösung des Alimentationsproblems betrachtet werden, was natürlich nicht ausschließt, daß zu historisch späteren Zeiten Mission auch aus »religiöseren« Gründen erfolgen kann. Existieren in einer Gesellschaft neben dem offiziellen Kult noch religiöse Gruppen, so entsteht schon aus der Konkurrenzsituation dieser Gruppen untereinander ein Beziehungsgeflecht, das Mechanismen der *in-group/out-group*-Differenzierung aufweist, wobei man nicht unbedingt an offen feindselige Verhaltensweisen zu denken braucht. Vielmehr ist ein Marktmodell wesentlich wahrscheinlicher, das von der Situation religiöser Anbieter ausgeht und auf ein Probierverhalten der potentiellen Konsumentenkreise angewiesen ist.

Dieser Gedanke führt zu der Frage, ob es typische Verhaltensweisen von Individuen gegenüber religiösen Angeboten gibt und damit auch typische Formen von religiösen

---

[27] G. Kehrer, Organisierte Religion, Kap. 7.

Mitgliedschaftsrollen. Wenn man die Aufmerksamkeit zu sehr auf die religiösen bzw. theologischen Gehalte, die vermeintlich die Gruppen überhaupt erst konstituieren, richtet, so tendiert man unwillkürlich zu Konversionsmodellen, die zudem durch die Dominanz christlicher Vorstellungen nahegelegt werden.[28] Obwohl uns die notwendigen Daten für Mitgliedschaftsverhalten in antiken Mysteriengesellschaften etwa fehlen, läßt die Problemlosigkeit, mit der es in die weitere Gesellschaft in den meisten Fällen integrierbar war, vermuten, daß Mitgliedschaft als nicht-exklusives Rollenhandeln verstanden wurde. So konnte man durchaus in verschiedene Mysterien eingeweiht sein. Sinnvoll scheint es zu sein, diese Gruppen nach dem Ausmaß an → *commitment,* das sie von ihren Anhängern verlangen, zu unterscheiden. Es ist plausibel anzunehmen, daß je exklusiver eine Gruppe sich als nur religiöse verstand, desto intensiver und extensiver sie in Commitment-Forderungen wurde.

III. Bildung autonomer religiöser Gruppen

Die alte Unterscheidung zwischen Volksreligionen und gestifteten Religionen geht davon aus, daß diese den klassischen Weg: Meister (Stifter) – Jünger – weitere Gemeinde gehen, und erst in den folgenden Generationen sich institutionalisieren. Demnach stünde die »religiöse Idee« am Anfang der religiösen Gruppenbildung. Zweifellos hat diese Betrachtung ihr begrenztes Recht, allerdings wird dabei häufig die Bedeutung, die die Gruppenprozesse für die Elaboration der »Idee« haben, übersehen. Wie für alle sozialen Gebilde überhaupt ist das zentrale Problem autonomer religöser Gruppen die Lösung der Überlebensfrage. Auch religiöse Ideen sind nur so lange existent, wie es Träger für diese Ideen gibt. Geht man von der These der Knappheit überlebenssichernder Güter, wie Geld, Zeit, Macht aus, so muß jede religiöse Gruppe sicherstellen, daß genügend Menschen genügende Quanta von diesen Gütern investieren.[29] Man kann als Faustregel aufstellen, daß die Zahl der Gruppenmitglieder in umgekehrt proportionalem Verhältnis zu den durchschnittlichen Investitionen pro Mitglied steht. Die so oft beobachtbare Abschwächung des Engagements *(commitment)* beim Anwachsen der religiösen Gruppe ist nicht primär als Folge negativer Auslese zu verstehen, sondern als ein Erfordernis der sozialen Existenzbedingungen von Gruppen, die man auch als Institutionalisierungsprozeß beschreiben kann. Die Herausbildung von Ämtern, Positionen, Hierarchien institutionalisiert das Engagement der Mitglieder und führt zu einer Steigerung von Kompetenz. Von autonomen religiösen Gruppen in einer Gesellschaft sollte man erst dann sprechen, wenn in diesen Gruppen auch → Sozialisation geschieht. Ziel des religiösen Sozialisationsprozesses ist die Konditionierung der Wahrnehmung der Gruppenmitglieder. Dazu gehört in erster Linie die Wahrnehmung als Gruppenmitglied, also ein *in-group*-Bewußtsein. Dieses Bewußtsein ist nicht identisch mit dem Bewußtsein der religiösen Zugehörigkeit, etwa Moslem in Indien, Katholik in Nord-Irland, Schiit im Libanon – bei diesen Phänomenen handelt es sich eher um Erscheinungen von Sub-Gesellschaften in einer umfassenden Gesellschaft. Religiöses *in-group*-Bewußtsein tendiert eher dazu, zwischen Gruppe und Gesamtgesellschaft zu differenzieren, wobei dies

---

28 J. Richardson, Conversion Careers, 1978.

29 J. A. Beckford, Religious Organizations, in: Current Sociology, Bd. 21, Nr. 2, 1974.

als Reflex des Minoritätenstatus verstanden werden kann. In der traditionellen → Religionssoziologie wurden diese Probleme in der Diskussion der Typologie religiöser Organisationen verhandelt, was eine gewisse Engführung der Thematik und eine Vernachlässigung gruppendynamischer Gesichtspunkte bedingte.
Religiöse Gruppen in dem beschriebenen prägnanten Sinne sind auch in der »pluralistischen« modernen Gesellschaft die Ausnahme, wenn man sie auf die religiöse Durchschnittssituation der Menschen bezieht. Auch das moderne Kirchenmitglied erlebt seine Mitgliedschaft in der Regel nicht als ein Gruppenphänomen, es sei denn es schließt sich einem Kreis engerer Kirchlichkeit an, wo dann alle Mechanismen der Gruppenbeeinflussung und Sozialisation stattfinden. Nichts hindert uns daran, solche Gruppen von Kirchentreuen als autonome religiöse Gruppen zu verstehen, auch wenn sie vielfach mit gesamten religiösen Organisationen und der Gesellschaft verzahnt sind. Es läßt sich plausibel argumentieren, daß religiöse Gruppen gesamtgesellschaftlich die Funktion erfüllen, Überschüsse von gesellschaftlicher Religion zu binden. Bezogen auf das Individuum heißt das jedoch, daß die Gruppe zum Garant und Forderer von religiösem Engagement wird.

Literatur

Barker, E., The Making of a Moonie, 1984; Beckford, J. A., Religious Organizations, in: Current Sociology 21, H. 2 (1974); Cooley, C. H., Social Organization, 1909; Coser, L. A., Greedy Institutions, 1974; Eliade, M., Naissances Mystiques, 1958; Festinger, L. u. a., When Prophecy Fails, 1956; Hofstätter, P. R., Gruppendynamik. Kritik der Massenpsychologie, 1957; Kehrer, G., Organisierte Religion, 1982; Kehrer, G., Religiöse Gruppenbildungen, in: H. Zinser (Hrsg.), Religionswissenschaft, 1988, 96–113; Lewin, K., Resolving Social Problems, 1948; Lofland, J., Doomsday Cult, erweiterte Ausg. 1977; Merton, R. K., Contributions to the Theory of Reference Group Behavior, in: ders., Social Theory and Social Structure, überarbeit. u. erweit. Ausg. 1957; Moreno, J. L., Sociometry, Experimental Method and Science of Society, 1951; Richardson, J., Conversion Careers, 1978; Roethlisberger, F. J., Dickson, W. J., Management and the Worker (1939), 1956; Sherif, M., Sherif, C. W., Groups in Harmony and Tension. An Integration of Studies on Intergroup Relations, 1953; Simmel, G., Soziologie, 1908, [4]1958; Spiegel, Y., Kirche als bürokratische Organisation, 1969.

Günter Kehrer

→ *Commitment, Gemeinde, Gemeinschaft, Interaktion, Kommunikation*

Häresie

→ *Apologetik/Polemik, Konfession, Konformität*

Hainuwele

Hainuwele ist der Name einer weiblichen Gestalt aus der mythischen Überlieferung der Wemale, einer Stammesgesellschaft auf der Molukkeninsel Ceram. Der von A. E. JENSEN (1899–1965) in den dreißiger Jahren dokumentierte gleichnamige → Mythos berichtet von der rituellen Tötung des göttlichen Mädchens, dessen Leichnam in Stücke zerschnitten und in die Erde vergraben wurde. Hainuweles Körperteile verwandelten sich in die wichtigsten Nutzpflanzen; durch die gewaltsame Tat wurde der paradiesische Urzustand beendet, der Tod trat ins Leben und die gegenwärtige Daseinsform entstand. Nach JENSEN fanden die wichtigsten zeremoniellen Handlungen der Wemale in dieser mythischen Urzeitbegebenheit ihre Begründung. Im Rahmen seiner Theorie der → Dema-Gottheiten versuchte JENSEN später, die weltweite Verbreitung dieses mythischen Motivs bei allen frühen Pflanzerkulturen nachzuweisen.

Literatur:

JENSEN, A. E. (Hrsg.), Hainuwele. Volkserzählungen von der Molukkeninsel Ceram, 1939; KERÉNYI, K., Das göttliche Mädchen, in: C. G. JUNG, K. KERÉNYI, Einführung in das Wesen der Mythologie (1941) 1980, 149–221; SCHMITZ, C. A., Die Problematik der Mythologeme »Hainuwele« und »Prometheus«, in: Anthropos 55 (1960) 215–38.

Karl-Heinz Kohl

→ *Agrarische Riten, Dema-Gottheiten, Vegetationskult, Urschuldvorstellungen, Ursprung*

Heidentum

1. Das Wort

›Heide‹ ist ein gemeingermanisches Wort (vgl. engl. *heathen*), das schon in den ältesten Bibelübersetzungen zur Bezeichnung von Nicht-Juden benutzt wird.[1] Die Entsprechungen im christlichen Griechisch sind *éthne* – Völker, im Lateinischen *gentes, gentiles, ethnici,* die auf hebr. *goím* – Völker (i. S. von Nicht-Juden) zurückgehen, sowie *pagani* (lat. *pagus* – ländlicher Gau) und *nationes.*[2] In diesem Sprachgebrauch zeigt sich eine Wurzel des europäischen Nationalismus und Paganismus.

---

[1] MARK. 7,26: die hellenische, syro-phoenizische Frau wird in der gotischen Übersetzung *›haithno‹* genannt; die Vulgata sagt: *mulier gentilis.* Ein vorchristlicher Gebrauch des Wortes ›Heide‹ ist nur in unsicheren Spuren faßbar.

[2] Vgl. z. B. TERTULLIAN, adversus nationes.

2. Der Begriff

a) Das Wort ›Heide‹ ist ein Ausdruck religiöser Polemik des Judentums und Christentums. Die fremden Religionen werden nicht mit ihren Eigennamen benannt, sondern in einer negativen und wenig differenzierten Mischklasse von ›Nicht-Juden‹ und ›Nicht-Christen‹ zusammengeworfen. Differenzierungen beziehen sich auf die abgefallenen Christen (Apostaten, Renegaten) und die Juden, von denen diese Einteilung übernommen wurde und von denen, auch nach christlicher Lehre, »das Heil kommt«.[3] Aufgrund seines radikalen Monotheismus, der historischen Kontakte zu Judentum und Christentum, seines Charakters als Buchreligion und der Rezeption hellenischer Philosophie und Wissenschaft wird auch dem Islam zeitweise eine privilegierte Stellung eingeräumt. Die Bewertungen einzelner Heidentümer nach ihrer Nähe zu ›Urmonotheismus‹, Hochgottglauben, unbewußter Ausrichtung auf Christus u. ä. haben sich bei den verschiedenen christlichen Kirchen im Laufe der Geschichte stark verändert.[4]

Eigene Schwierigkeiten bereiten das klassische Heidentum, das in Kunst, Bildungswelt und Philosophie fest verwurzelt ist[5], und das germanische (bzw. keltische, slawische, arische) Heidentum, das in Sprache (vgl. Heidenlärm, Heidenspaß, Heidenspektakel), Ortsnamen, Sprichwort, Brauchtum, Märchen und hoher Literatur (Edda, Rgveda) fortlebt, bzw. immer wieder revitalisiert wurde. Aus diesem Traditionsgefüge der europäischen Religionsgeschichte erklärt sich auch die gelegentliche und spielerische oder provozierende und bekenntnishafte Benutzung des Namens ›(Neu-)Heide‹ als Selbstbezeichnung oder unpolemische Fremdbezeichnung.

b) Obschon auch der Ausdruck ›Paganismus‹ polemischen Ursprungs ist, könnte er vielleicht aufgrund seiner Wortgestalt – lateinisch und -ismus – zu einem religionswissenschaftlichen Begriff umfunktioniert werden. ›Paganismus‹ ließe sich, im Unterschied zu ›Heidentum‹, als eine Revitalisierung vergangener alteuropäischer Religionen (Kulte, Mythen, ›Weltanschauungen‹) verstehen, die in engem Kontakt mit dem Christentum entsteht, also anti- oder para-christlich ist und sich nicht selten durch die Verbindung von Archaismus und Modernität auszeichnet.

Dementsprechend sind nicht alle ›Neuen Religionen‹, ›Bewegungen‹, ›Jugendsekten‹ u. ä. paganistisch; auch die philoasiatischen Alternativbewegungen mit ihren besonderen religiösen Techniken wären nicht unter Paganismus zu subsumieren. Der Ausdruck ›Neo-Paganismus‹ ist unnötig abundant.

Dieser Versuch, eine nicht diskriminierende Terminologie für die nicht-jüdischen und nicht-christlichen Religionen der Antike und der Neuzeit zu entwickeln, geschieht nicht zuletzt im Interesse einer differenzierten und deutlichen religions- und kulturwissenschaftlichen Analyse und Kritik des gegenwärtigen esoterischen und paganen Supermarktes.

---

[3] Joh. 4,22.

[4] Vgl. die Konzeption der *anima naturaliter christiana;* die natürliche Gotteserkenntnis bei Paulus, Röm. 1,18 ff.

[5] Wind, Mysterien, passim.

Literatur

CANCIK, H., ›Neuheiden‹ und totaler Staat. Völkische Religion am Ende der Weimarer Republik, in: ders. (Hrsg.), Religions- und Geistesgeschichte der Weimarer Republik, 1982, 176–212 (bes. § 5.2: »Zur religionswissenschaftlichen Begriffsbildung«); COLPE, C., Die Ausbildung des Heidenbegriffs von Israel zur Apologetik und das Zweideutigwerden des Christentums, in: R. FABER, R. SCHLESIER (Hrsg.), Restauration, 61–87; EBACH, J., Babel und Bibel oder: das »Heidnische« im Alten Testament, in: ebd., 26–44 (bes. zu F. DELITZSCH); FABER, R., SCHLESIER, RENATE (Hrsg.), Die Restauration der Götter. Antike Religion und (Neo-)Paganismus, 1986; FABER, R., Einleitung: ›Pagan‹ und Neo-Paganismus. Versuch einer Begriffsklärung, in: ebd., 10–25 (vgl. die Schlußbemerkung daselbst); ROST, L., Die Bezeichnungen für Land und Volk im Alten Testament, in: Festschrift Proksch, 1934, 125–148; WIND, E., Heidnische Mysterien in der Renaissance (engl. 1958), dt. 1981.

Hubert Cancik

→ *Aberglaube, Apologetik/Polemik, Nation/Nationalismus, Naturreligion*

Heil

A Begriffsbestimmung und Bedeutungsfeld

I. Begriffsbestimmung

Heil ist die zentrale Vorstellung aller Religionen. Es ist das Ziel, das die Gläubigen aller Religionen für sich oder für die Gemeinschaft zu erreichen suchen. Es ist deshalb auch ein religionswissenschaftlicher Schlüsselbegriff, sowohl in historischer als auch in systematischer Hinsicht. Dies zeigen eine Reihe von religionswissenschaftlichen Wortbildungen: Heilbringer, Heiland, Heilserwartung, Heilsvorstellung, Heilsverheißung, Heilsziel, Heilsweg, Heilstat, Heilsordnung, Heilszeit, Heilsgeschichte, Heilsgemeinschaft, Heilslehre, Heilsvermittlung, Heilsereignis, Heilsgut, Heilsdrama, Heilhandeln usw. Heil hat es immer mit Heilen, Wiederherstellen und der Ganzheit zu tun.

II. Etymologie und Bedeutungsfeld

Dies zeigt der etymologische Befund. Heil und Heilen lassen sich auf germ. **haila (-u)* zurückführen, dessen Grundbedeutung »gesund, ganz, unversehrt« ist, wie der als indogerm. erschlossene Stamm **kailo(-u)* »unversehrt, vollständig, ganz, eigen« zeigt. Dabei überwiegt bis ins mhd. die Bedeutung »ganz«. Zu Heil gehört auch heilig, als eine Ableitung über das Suffix *-ig/-ag* bzw. *-ec/-ac,* das die Zugehörigkeit kennzeichnet, also Possessivadjektive bildet. Heilig ist also nichts anderes als das, was (intensiv) dem Bereich des Heils angehört bzw. eigen ist. Ähnlich ist es im Lateinischen, wo *sanctus* (heilig, geweiht) eine Intensivform zu sanus (»gesund, heil, ganz«) ist und zu *sanare* (»heilen«) gehört. Lat. *sacer* scheint hingegen zu gr. *hagnos, hagios* zu gehören, das die Grundbedeutung »rein« hat, während gr. *hieros* in seiner Herkunft umstritten ist und auf eine Grundbedeutung »schnell, stark, kräftig« zurückgeführt wird. In dieser Grundbedeutung aber trifft sich *hieros* wiederum mit dem dt. *gesund,* das zu **suento* bzw. **sunto* »rege, rüstig, gesund«, auch »stark und schnell« gehört. Erst im religösen Bereich erhalten sie alle dann die Bedeutung »geweiht, heilig«. Sie charakterisieren so den Bereich des Mehr in bezug auf Heil, den Intensivbereich des Heils. Heil ist also eingeschlossen in das Bedeutungsfeld der Ganzheit, Ungeschmälertheit, Lebendigkeit und Lebensbewältigung. Heilen bedeutet im umfassendsten Sinn Beseitigung der jeweiligen Störung und Wiederherstellung des ursprünglichen Zustandes, Aufhebung des Un-Heils. Der Begriff Heil deckt das ab, worum es in allen Religionen geht: in der religiösen Theorie um Heilslehre, Heilsgeschichte, Heilsordnung; im religiösen Handeln (Kultus) um den Heilsweg (Heilszeit, Heilstat, Heilhandeln); und jede natürliche oder spezielle religiöse Gemeinschaft versteht sich schlechthin als Heilsgemeinschaft.

III. Andere Verwendungsformen

Heil hat im volkstümlichen Sprachgebrauch eine Annäherung an Glück vollzogen, wie etwa die Wunschgrüße »Petri heil« oder »Glück auf« zeigen oder etwa, wenn jemand sagt »aus dieser Sache bin ich heil wieder herausgekommen«.

B Systematik

I. Heil als Zentrum der Religionen

Von den Gläubigen her gesehen, und nur sie können Gegenstand religionswissenschaftlicher Betrachtung sein, steht im Mittelpunkt ihres religiösen Denkens und Handelns das Heil des Einzelnen oder der Gemeinschaft. Dabei geht es immer um Leben, sei es als Lebenserhaltung, als Wiederherstellung der alten Lebenszusammenhänge oder das ewige Leben. Dieses Leben ist stets mit der Vorstellung von Ordnung verknüpft, die als gegebene, natürliche oder gesetzte angesehen wird, gedacht und erlebt als eine alles umfassende, das Ganze nicht nur umschließende und durchwaltende, sondern auch von der Ganzheit und vom Heil her bestimmte. So können wir religionswissenschaftlich sagen, daß alle Religionen in ihrer je und je unterschiedlichen historischen und konkreten Gestalt immer und vor allem Welterklärungs- und Lebensbewältigungssysteme sind. Alle Religionen bieten den Gläubigen dem je und je unterschiedlichen Selbstverständnis entsprechend die Möglichkeit zur Erlangung des Heils, sei es individueller oder kollektiver Art. Hier liegt religionswissenschaftlich eine Möglichkeit, auf empirisch-anthropologischer Ebene von der Einheit der Religionen zu sprechen, die Religionen von ihren jeweiligen Heilsvorstellungen, Heilsordnungen und Unheilstheorien in eine Zuordnung zueinander zu bringen und so → Religionstypen auf empirischer Basis zu entwickeln.

II. Strukturen des Heils

Ganz wesentlich hierfür ist der Aufweis der Strukturen der Heilsvorstellungen. Dabei geht es nicht um abstrakte Begriffe, sondern um komplexe Seins- und Verhaltensvorgänge, die wir als Welt- und Lebensverständnisse (Selbstverständnisse) bezeichnen können. Das Heil und die Heilsvorstellungen, wie alle religiösen Ausdrucksformen, sind deshalb also nicht von der Religion an sich bestimmt, sondern in ihrer Verschiedenartigkeit durch die unterschiedlichsten Lebensbedingungen und die verschiedenen Traditionskontinua bedingt. So muß der Ausgangspunkt aller Überlegungen die Vorstellung oder Erfahrung des *Unheils* sein, sei es die des direkt betreffenden Unheils oder die des als wahr im Rahmen der jeweiligen religiösen Tradition anerkannten Unheils, wobei beide Formen in ihren Erklärungs- und Bewältigungszusammenhängen meist ineinander spielen. Die Unheilserfahrung, als Erfahrung der Nicht-Heilheit, der Nicht-Ganzheit, ist im menschlichen Horizont auf jeden Fall die der Heilsvorstellung und Heilheit vorausgehende Erfahrung. Denn erst vom jeweiligen Mangel her wird der Nichtmangel als Heil nicht nur erkennbar, sondern auch erstrebenswert. Die jeweilige Unheilserfahrung oder Unheilsvorstellung ist für die Menschen die Primärerfahrung als Betroffenheit. Das Unheil als reale oder vom jeweiligen religiösen Selbstverständnis her existentiell angenommene Erfahrung oder Vorstellung definiert das Heil. So unterschiedlich, wie die Unheilserfahrung sein kann, ist demnach die Bestimmung von Heil, die Heilsvorstellung. Die Theorie vom Unheil und die Theorie vom Heil bilden eine Einheit. Man kann sagen, Unheil ist eine Variable, Heil ist eine Funktion von dieser Variablen. In dieser Funktionsgleichung lassen sich die Verständnisse und das Verhalten der Gläubigen von bzw. gegenüber Unheil und Heil und deren Theorie aufschlüsseln. Die entscheidenden Fragen, die auch die Religionswissenschaft zu stellen hat, sind: Warum ist das Unheil unheil? Woher kommt das Unheil? Wie kann das Unheil wieder heil werden? Dies sind übrigens die gleichen Fragen, die sich die religiösen Spezialisten aller Religionen stellen oder aus der religiösen Überlieferung herleiten und beantworten. Man kann diesen Vorgang als die *Diagnose des Unheils* bezeichnen, die eine Theorie vom Unheil hervorbringt, aus der die Theorie vom Heil folgt.

Aus der Theorie vom Heil wiederum erwächst die Praxis zur Verwirklichung oder Wiederherstellung des Heils (Heilsweg) als *Therapie*. Die entscheidende Frage für die Therapie ist die Frage nach der Erkennbarkeit der Ursache. Ist die Ursache erkennbar oder bekannt, so folgt daraus eine institutionelle Therapie (Erbsünde – Erlösung; Anhaftung – Loslösung; Unreinheit – Reinigung; Vergehen – Wiedergutmachung/Absolution/Reue, die SCHEELER nicht zu Unrecht als Selbst*heilung* der Seele bezeichnet). Ist die Ursache eines akuten Unheils nicht erkennbar, wird in allen Religionen ein Diagnostiker eingeschaltet (Heiler, Medizinmann, Priester, bis hin zum alttestamentlichen Propheten), der die jeweilige individuelle/aktuelle Ursache ausmacht und die diesbezügliche Therapie (etwa Buße, Opfer, Fremdheilung, Exorzismus, Rückkehr unter die Führung Gottes usw.) feststellt. Die Verwirklichung des Heils unterscheidet sich also nicht nur vom Unheil und dessen Ursachen her, sondern auch vom Heilsziel, Heilsweg her.

Vom anthropologischen Ansatz der Religionswissenschaft ist Heil in seiner Variabilität zu Unheil vom Menschen her bestimmt als a) individuelles Heil, Heil für den Einzelnen oder b) kollektives, soziales Heil, Heil für die Gemeinschaft. Individuelles Heil meint Aufhebung eines Mangels, einer Schädigung, die den Einzelnen partiell oder temporal trifft. Kollektives (soziales) Heil ist Heil für eine Gemeinschaft, die unter der gleichen Unheilserfahrung, Unheilsbetroffenheit oder Unheilstheorie steht. Als erste typologische Bestimmung der Heilsvorstellung ergibt sich daraus: individuelles Heil – soziales Heil.

Die nächste typologische Bestimmung läßt sich aus der Zeitgebundenheit des Menschen gewinnen: Heil als zeitgebundenes Geschehen ist a) Heil in der Gegenwart und der gegenwärtigen Zukunft; b) Heil in der Vergangenheit (Rückkehr zum Ursprung); c) Heil in ferner Zukunft, die entweder c1) berechenbar, c2) unbestimmbar ist oder c3) mit dem Ende aller Zeit zusammenfällt.

Vom Raum her bestimmt, in den Heil und Heilsvorstellung projiziert werden, lassen sich die nächsten Typenmerkmale gewinnen: dieser Raum kann a) der ständige Aufenthaltsort, b) der situationsgebundene Aufenthaltsort, c) ein bekannter Ort (Manifestationen des Heil(igen)) und d) ein unbekannter Ort jeweils d1) in der Nähe oder d2) in der Ferne sein (Westen, → Paradies, himmlisches Zion). So lassen sich die Heilsvorstellungen etwa charakterisieren als: Heil für den Einzelnen in der Gegenwart; Heil für die Gemeinschaft in der Gegenwart, an diesem Ort, an einem speziellen Ort, an einem zu suchenden Ort; Heil für den Einzelnen/die Gemeinschaft in der nahen Zukunft, hier, dort, irgendwo; Heil in der fernen Zukunft bis hin zum Ende der Zeiten für den Einzelnen/die Gemeinschaft »in dieser Welt«, »in einer anderen Welt«. Jede Heilsvorstellung, die wir in den historischen Religionen antreffen, läßt sich als eine bestimmbare Kombination dieser Unterscheidungsmerkmale aufweisen. Innerhalb einer jeden Religion sind alle Kombinationsmöglichkeiten gegeben, ohne daß sie Wirklichkeit werden müssen. In den meisten Religionen können ein oder zwei dieser Kombinationstypen dominieren, historisch aufeinander folgen oder aber sich wechselweise ablösen bzw. ergänzen.

Ein letztes Unterscheidungsmerkmal gewinnen wir aus der Frage, wie das jeweilige religiöse Traditionskontinuum die Aufhebbarkeit/Heilung des Unheils beantwortet. Ist es aufhebbar, so folgt daraus das Heilhandeln als Heilsgeschehen, ist es nicht aufhebbar, so antwortet darauf die Heilsverheißung, wie sie in der → Apokalyptik, → Eschatologie, Soteriologie usw. sich verfestigt, die wiederum qua Heilsgeschichte zum Heilsgeschehen werden können, wobei hier das Heil und der Heilsweg transplantiert, transformiert oder transzendiert werden.

Zur Struktur des Heils gehört in allen Religionen auch das Element »Mehrwert am Heil«. Denn in allen Religionen gibt es Bereiche, die über eine spezifische Ladung von Heil verfügen und so der Heilung zugeordnet sind. Hier grenzt sich der Bereich des Heiligen, als der dem Heil besonders zugehörige Bereich, vom Profanum ab, das seine Wertigkeit aber immer ausschließlich aus diesem dialektischen Verhältnis erhält. Der Ort des Profanum ist der Ort des Heils *vor* dem Heiligen, als dem dem Heil besonders Zugehörigen. Auch hier lassen sich die bereits bekannten Unterscheidungsmerkmale anwenden: individuell »heiliger Mensch«, kollektiv »heilige Gemeinschaft«, temporal »heilige Zeit«, lokal »heiliger Ort«, als jeweils dem Heil besonders zugeordnete Vorstellung oder Erscheinung. Sie alle stehen in der Besonderung durch ihr auf das Heil hin geordnetes Sein oder Handeln. Das Heilige ist also nichts anderes, als das dem Heil in besonderer Weise Zugehörige, das den Heilsweg, die Heilsvorstellung, die Heilsverheißung in seiner Besonderung manifestiert.

III. Heil als religionswissenschaftlicher Schlüsselbegriff

Heil als Ziel und Zentrum aller Religionen ist der eigentliche Untersuchungsgegenstand der Religionswissenschaft und bildet in seiner formalen und strukturellen Bestimmung einen ihrer Schlüsselbegriffe. Es ist das Zentrum des religiösen Denkens, Handelns und der religiösen Vergemeinschaftung. Es ist der Kern der natürlichen oder geglaubten Ordnung, es ist dasjenige, auf das jeder Ritus (→ Ritual) zielt, der ja gerade dazu dient, *rite* (d. h. in seiner Gegebenheit) die jeweilige Ordnung, sowohl mikrokosmisch als auch makrokosmisch zu legitimieren und zu erhalten oder wiederherzustellen, um so die Heilheit, Ganzheit je und je erreichbar zu machen. So geht es in jeder Religion um Heilheit und Heilsein, um Heilen und Heilung. Dies ist die Grundlage aller Religionen und allen religiösen Handelns. Denn in dieser Dialektik stoßen Menschen an die Grenzen ihres Menschseins, das sich so wenig in sich selbst erschöpft wie ihre Welt in ihrer Umwelt, weshalb sie sich in ein Verhältnis gesetzt sehen zu einem *ex(tra) se,* das sie als *trans se* oder *supra se* erfahren, erleben und erklären und das sowohl das Vorher als auch das Nachher der eigenen und kollektiven Existenz umfaßt. In diesem Wissen um die menschliche, wie auch immer geartete Unzulänglichkeit schwingt zugleich die Ahnung von einer verlorenen oder erreichbaren Hinlänglichkeit bzw. Ganzheit mit. Wie auch immer diese Selbsterkenntnis materialiter existent wird, sei es als Krankheit, Not, Tod, Gottesferne usw., so weiß man doch nicht nur materialiter um deren Gegenteile, sondern strebt idealiter die Ganzheit an, die als annähernd oder gänzlich erreichbar gilt. Dieser existentiellen Gestimmtheit versuchen die *homines religiosi* (→ Homo religosus) in ihrem Denken und Tun, in ihrem individuellen und kollektiven Verhalten nicht nur Ausdruck zu verleihen, sondern das Ziel in einem grenzüberschreitenden Prozeß zu erreichen. Wie auch immer religiöse Welterklärung und Lebensbewältigung aussehen mag, immer ist sie hingeordnet auf das Heil und das dieses – möglicherweise – potenzierende Heilige. So bildet Heil in seiner jeweiligen Relation zu Unheil und Heiligem die komplexen Felder religionswissenschaftlicher Forschung und in seiner formalen Bestimmtheit die Schlüsselbegriffe der Religionswissenschaft.

Deshalb kann die Religionswissenschaft nicht davon reden, wie etwa Geo Widengren, daß alles heilig ist, »was der göttlichen Sphäre angehört«[1], sondern heilig ist alles, was in den Religionen von der Unheils- und Heilstheorie der Sphäre des Heils zugeordnet wird und, in welcher Weise auch immer, als Heil erstrebenswert erscheint bzw. den Heilsweg definiert oder auch nur erleichtert. Es ist sicherlich nicht richtig, den Bereich des Heils auf eine unpersönliche, übernatürliche Macht oder Mächtigkeit zu konzentrieren, wie es häufig in der Religionswissenschaft geschieht. Das hieße wiederum die von der Religionswissenschaft nicht beantwortbare Frage nach dem Ursprung des Heils, eine Verschiebung der Frage nach dem Ursprung der Religion, einzubringen. Dem Heil kann alles Natürliche zugeordnet werden und es gibt wohl in der Welt der Religionen nichts Organisches oder Anorganisches, das nicht irgendwo in einer Religion der Sphäre des Heils zugeordnet ist oder gewesen ist und somit in den Bereich des Heiligen erhoben wurde.

---

1 G. Widengren, Religionsphänomenologie, 1969, 45.

C Religionsgeschichtliche Anwendung

I. Heil in den Religionen

Das zeigt deutlich die Religionengeschichte. Denn das, was als Ziel und Zweck allen religiösen Denkens, Handelns und religiöser Vergesellschaftung das Religiössein bestimmt, ist inhaltlich mehr als unterschiedlich. Gerade deshalb unterscheiden sich ja die Wege der Heilsaneignung nicht nur in ihren Methoden, sondern auch in ihrer Ziel- und Zweckgebundenheit. Nicht das »Wechselspiel zwischen Selbstkundgabe des Heiligen und absichtsvoller Reaktion des Menschen darauf macht das eigentliche Leben der Religion aus«[2], sondern die jeweilige Bestimmung der Heilheit vom Unheil her machen moralisches (soziales) und vor allem kultisches »Gesetz« zum eigentlichen stabilisierenden Faktor der Religionen. Denn religionswissenschaftlich bleibt die Welt in jedem Falle der Schauplatz der menschlichen Heilsaneignung, des mythischen oder geschichtlichen Heilsweges. Nur der Menschen Vorstellung vom Heil ist der der Religionswissenschaft zugängliche Bereich.

1. So bilden die *Stammesreligionen*, in denen die Verhaltens- und Denkweisen auf das Ganze des Stammes hingeordnet sind, auch in bezug auf die Heilheit des Einzelnen Heilsvorstellungen und Heilswege aus, die diesen »Infragestellungen« entsprechen. Das Heil liegt in der Übereinstimmung der mikrokosmischen und makrokosmischen Bedingtheiten, die entweder von der natürlichen Ordnung gegeben oder vom Heilbringer gesetzt sind, das individuelle Heil wird in der Aufhebung des je und je zugestoßenen Unheils gesucht, wobei in beiden Fällen religiöse Spezialisten dazu berufen sind, eventuelle Störungen zu diagnostizieren, zu therapieren, zu eliminieren, um den vorgegebenen Zustand der Heilheit oder Ganzheit wiederherzustellen. Es geht ausschließlich um die natürliche Ordnung oder die von einem Heilbringer gesetzten Ordnungskriterien, die für die Heilheit sowohl in kollektiver als auch in individueller Hinsicht dem Sein schlechthin entsprechen. Nicht umsonst erhält man in Stammesreligionen auf die Frage, was denn ihre Religion sei, die Antwort, es sei der Weg der Väter. Wie weit Stammesreligionen in dieses Denken eingebunden sind, zeigt sich daran, daß das einzige, meist nicht wieder aufhebbare Vergehen ein gegen den Stamm oder einzelne Stammesangehörige gerichtetes asoziales Verhalten ist. Alles andere Unheil ist aufhebbar und wiedergutmachbar. Falls die natürliche Ordnung, wodurch auch immer, gestört ist, so wird diese Störung auf ein nicht dem Ritus oder der Ordnung entsprechendes Verhalten der Gemeinschaft oder Einzelner zurückgeführt, das aber entweder rituell aufgehoben werden kann, oder durch den religiösen Spezialisten durch seine Zugehörigkeit zum Bereich des Heiligen oder durch Manipulationen mit dem Heiligen wiederhergestellt werden kann, was ebenso für den individuellen Bereich gilt. Das Einstimmen in die vorgegebenen Ordnungskriterien zeigen nicht nur die *rites de passage*, die eine Eingliederung in die Heilsordnung vornehmen (→ Übergangsriten), sondern auch Fruchtbarkeitsriten, Jahresriten, Einsetzungsriten, Abgeltungs-, Wiederherstellungs-, Abwehr- und Erhaltungsriten sowohl im individuellen als auch im kollektiven Bereich. Die Hinordung der Stammesreligionen auf das Heil wird erklärt mit einem Heilbringer, der das

---

[2] K. GOLDAMMER, Die Formenwelt des Religiösen, 1960, 109.

individuelle und kollektive Seinsverständnis in die vorgegebene Ordnung gesetzt hat. Das heißt, Ziel ist die Übereinstimmung von mikrokosmischer und makrokosmischer Ordnung, womit der Übergang (auch die Wiederkehr) in die von dieser Ordnung bestimmten Existenzweisen auf das engste verbunden sind. Das Heilsverständnis der Stammesreligionen ist ein immanentes, bezogen auf die vorgegebene, wiederherstellbare, wiederholbare Ordnung. Das Heilige dient in vielerlei Beziehung zur Lebensbewältigung und Welterklärung.

2. Ebenso wie die Stammesreligionen sind die *Volksreligionen* Geburtsreligionen, d. h., das jeweilige Individuum wird in die jeweilige Ordnung hineingeboren. Diese Ordnung macht den Stamm oder das Volk als solche aus. Das Heil ist an die Zugehörigkeit zum Volk gebunden, das Heil ist das rechte Verhältnis zur Umwelt, Außenwelt, Überwelt. Die Volksreligionen sind ähnlich wie die Stammesreligionen Vertragsreligionen, Religionen der Vergeltung, Abgeltung und Wiederherstellung, weil für sie die Identität zwischen Makrokosmos und Mikrokosmos die wesentliche Grundlage der Heilsvorstellung bildet. Sie ordnen sich auf ein immanentes Heilsziel hin, oft im Hinblick auf eine transzendente Heilsverheißung. Die Heilsverheißung wie die Heilsvorstellung bezieht sich ausschließlich auf das eigene Volk, das sich individuell und kollektiv auf das Heilsziel hin vollendet im Gegensatz zu den anderen es umgebenden Völkern. Heil im Hebräischen zeigt uns sehr deutlich, wie eng die Vorstellungen des Heils an die Vorstellungen der Welterklärung und Lebensbewältigung gebunden sind. Der hebräische Begriff *j^eshua* meint ursprünglich nichts anderes als die Beschaffung von Lebens- und Handlungsfreiräumen für eine Volksgemeinschaft, für das vom Gedanken der Ordo her also Ganze, in dem der Einzelne als deren Glied auch des Heils teilhaftig werden kann. Die Heilsziele und Heilsvorstellungen der Volksreligionen sind raum-zeitlich begrenzt und vollziehen qua Ritus und Ordo (Heilsordnung, Schöpfungsordnung) einen kollektiven Heilsweg.

3. Dagegen heben sich die *Missionsreligionen* mit ihrem universalen Anspruch in jeder Hinsicht ab. Ihr Heilsziel ist ein individuelles und zugleich kollektives, das die Heilheit der gesamten Menschheit anstrebt. Missionsreligionen sind gegründete (gestiftete) Religionen, die den Heilsweg und das Heilsziel universalisieren. Sie gehen hervor aus Volksreligionen oder einem Synkretismus zwischen bereits missionierenden und Volksreligionen und etablieren das Heilsziel, die heile Welt, entweder immanent oder transzendent. Die entscheidende Rolle in missionierenden Religionen spielt die Vermittlung des Heils in Gestalt des *Heilsmittlers,* die Setzung einer mikro-, makrokosmischen Ordnung, die sich im (oder vom) Transzendenten (her) erfüllt. Den Kern der Missionsreligionen bildet die Anschauung, daß die Heilsvermittlung an eine ganz konkrete Person (Heilsmittler) gebunden ist und nur noch in einer immer mehr abfallenden Linie religiöser Spezialisten und Funktionsgestalten des Heiligen zugeordnet wird. Der Heilsmittler wird als der jeweilige *Sotér* (Grundbedeutung Heiler) verstanden, an den das Heil des Einzelnen und das Heil der Gemeinschaft im Hinblick auf die jeweilige Vollendung gebunden ist. Die Vermittlung des Heils als eine allgemeine religionsgeschichtliche Tatsache (Heiler, Priester, Medizinmann, *Hierós Gámos* usw.) macht den Kern missionierender Religionen aus. Hier wird das Heil des Einzelnen, das Heil aller an die Heilsvermittlung eines einzigen menschgewordenen Gottes oder gottgewordenen Menschen gebunden. Aus der Einzigartigkeit und Einzighaftigkeit dieses Heilsmittlers erklärt

sich der universale Anspruch der missionierenden Religionen, wie beispielsweise auch eine Vielzahl der neuen Religionen zeigt. Als sogenannte →Erlösungsreligionen sehen sie im Heil eine völlig verwandelte Daseinsweise des Menschen, die bis hin zur Unsterblichkeit und zur Teilnahme am Leben der Gottheit gedacht wird. Missionsreligionen umfassen im Hinblick auf den Menschen fast immer alle Strukturelemente dessen, was die Religionswissenschaft Heil nennt. Sie streben nicht nur die Heilung hier und jetzt für den Einzelnen und für die Gemeinschaft an, sondern sie zeigen auch die Heilswege für die Heilheit der gesamten Menschheit auf, sie bilden nicht nur Vorstellungen von der Heilheit in der Immanenz, sondern auch in der Transzendenz aus und bieten (qua Rechtfertigung, Erlösung, Erleuchtung usw.) sowohl raum-zeitlich gebundene als auch raum-zeitlich übergreifende und überschreitende Modelle der Unheilsbewältigung an.

II. Heil und Erlösung

Die Heilheit und Ganzheit erscheint den Menschen aus ihrer defizitären, unheilvollen Lage heraus als das erstrebenswerte, wobei die Religionen als die unterschiedlichsten Glaubens-, Aktions- und Vergesellschaftungssysteme die unterschiedlichsten Antworten bereithalten, je und je an die verschiedenartigsten Umweltbedingungen, historischen Entwicklungen und Selbstverständnisse gebunden. Dennoch kann die Religionswissenschaft gerade in der Bezogenheit auf das Heil die einheitliche Zweck- und Zielgerichtetheit der Religionen feststellen. Wenn wir davon ausgehen, daß das Heil das Zentrum und das Ziel der Religionen ist, so können wir gerade nicht davon sprechen, daß »alle Religion Erlösungsreligion«[3] sei. Den Begriff des Heils, wie es VAN DER LEEUW[4] tut, auf die Erlösung hin zu hypostasieren, ist religionswissenschaftlich einfach falsch. Religionswissenschaftlich gibt es kein Heil im vorläufigen Sinne, dem ein Heil im eigentlichen Sinne gegenübergestellt werden könnte. Denn zur Vorstellung der Erlösung gehört unmittelbar ein Erlöser, der eventuell einen Mittler, der nicht nur den Heilsweg zeigt, sondern der Heilsweg ist, in der Tradition etabliert. Das Heil ist zwar in allen Religionen der Manipulierbarkeit des Menschen entzogen, dennoch aber haben die religiösen Menschen eine Vielzahl von Methoden (Heilswege) etabliert, die die Annäherung an das Heil oder das Heilige ermöglichen. Ebensowenig läßt sich das Heil an die Schöpfung Gottes anbinden[5], da mit dem Schöpfergott und der an ihn gebundenen Heilstat lediglich ein monoreligiöser Zusammenhang verallgemeinert wird. Heil ist die Aufhebung des Unheils, die Wiederherstellung der wie auch immer gearteten vorgegebenen oder göttlichen Ordnung, in der sich die Menschen als Menschen wiederzufinden vermögen, ahnend – aus der Unheilserfahrung heraus – die Unvollkommenheit des Menschen überhaupt. Die Wege zum Heil sind so vielgestaltig wie die Erfahrungen des Unheils, gebunden an lokale, temporale, vertikale, horizontale Unzulänglichkeiten des Menschen, an das, was wir religionswissenschaftlich Unheil nennen, gerichtet auf die (Wieder-)Herstellung des Heils.

---

[3] G. VAN DER LEEUW, Phänomenologie der Religion (1933), ³1956, 781.

[4] Ebd., 610.

[5] Ebd., 658.

III. Phänomenologische Möglichkeiten des Begriffs Heil

Komplexfelder von Heil und Unheil ermöglichen der Religionswissenschaft in phänomenologischer Hinsicht grundsätzliche Möglichkeiten der Zuordnung der meisten religiösen Phänomene. Die Erlangung des Heils kann durch äußere Observanzen geschehen: durch Ritus, Opfer, Gebet etc., sie kann sich auf dem Wege der Erkenntnis vollziehen oder sie erscheint gebunden an eine Heilsgestalt, die durch ihre Lehre oder auch durch ihr Opfer eine neue qualitativ unterschiedliche Ordnung im Vergleich zur alten Ordnung setzt. Dabei wäre allerdings zu bedenken, daß die Ausgrenzung des besonderen Bereichs des Heils als des Bereichs des Heiligen sich einmal von der Quantität, zum anderen von der Qualität vom Profanen unterscheidet. Der Bereich des Heiligen ist der Bereich des Mehrwerts an Heil, der manipulatorisch, erkenntnismäßig oder glaubensmäßig zur Erlangung oder Wiederherstellung des Heils als Vollkommenheit, genutzt wird. Da das Ziel aller Religionen die Wiederherstellung oder die Erhaltung des Heils ist, so lassen sich die meisten religiösen Phänomene auf diese Grundformel Heil – Unheil zurückführen. Erst sie macht ein unterscheidendes Verstehen der Art und Weise religiöser Welterklärung und Lebensbewältigung auf der Ebene religiöser Selbstverständnisse möglich und zugleich die Umsetzung religionenimmanenter Vorstellung in andersgeartete Denk- und Sprachstrukturen.

Rainer Flasche

→ *heilig, Religion (Funktionen und Definitionen), Religionstypen*

heilig (sprachlich)

A Das Anwendungsproblem B Der zentrale objektsprachliche Bestand C Ausweitung auf den indoeuropäischen Bereich D Sonderfall deutsche Terminologie E Metasprachliche Distanzierungen und Unterschiede in anderen neuen Sprachen F Folgerungen für »das Heilige«

A Das Anwendungsproblem

»Heilig« ist ein Wort, das sowohl als Übersetzung verschiedener Wörter in den Quellensprachen für eine gewisse Qualität religiöser Gegenstände und Sachverhalte als auch zur wissenschaftlichen Bezeichnung derselben und damit gleichgesetzter Gegenstände und Sachverhalte verwendet wird. Wahl des Übersetzungswortes und wissenschaftlicher Sprachgebrauch beeinflussen sich gegenseitig, zumal wenn hinter beidem dieselbe Theorie steht. Die Verhältnisse sind aber in den Wissenschaft treibenden Ländern, je nach ihrer geistesgeschichtlichen Tradition, ganz verschieden. Der deutsche Sprachgebrauch wirft hier wegen einer Sonderentwicklung, die er im 18. Jh. durchgemacht hat, besondere Probleme auf. Infolge wissenschaftlichen Austausches und literarischer Übersetzertätigkeit im 19. und 20. Jh. sind diese Probleme aber nicht auf ihn beschränkt geblieben. Der folgende Überblick versucht, metasprachliche Probleme aus anderen Wissenschaftssprachen einzubeziehen, die auch bei Übersetzungen aus den Quellen in diese eine der durch das Deutsche aufgegebenen Problematik vergleichbare Rolle spielen.

B Der zentrale objektsprachliche Bestand

Die europäische Wissenschaftsterminologie ist durch das biblische Vokabular geprägt, das in mittelalterlichen Glossaren, die auf gelehrt-volkstümlicher Zweisprachigkeit beruhen, in die Vorläufer heutiger Wissenschaftssprachen umgesetzt wurde. Das biblische Vokabular steht seinerseits in je zwei Verzweigungen, nämlich einer horizontalen (bestimmt durch den Sprachgebrauch der jeweils benachbarten nichtbiblischen Literaturen, durch etymologische Verwandtschaft zwischen biblischen und nichtbiblischen Wörtern, durch Synonyme und sinnverwandte Wörter; in Schaubild 1 jeweils waagerecht angeordnet) und einer vertikalen, bestimmt durch den Gang der Übersetzungen von der hebräischen Bibel über die Septuaginta zur Vulgata (in Schaubild 1 durch die Untereinanderordnung, vom für Europa maßgebenden Latein aus rückwärtsgehend, zum Ausdruck gebracht). Mit dem Glossarium Latino-Arabicum (von einem mozarabischen Anonymus im 12. Jh. zusammengestellt) und der Einführung eines arabischen Unterrichts an fünf Universitäten durch das Konzil von Vienne (im Jahre 1311)[1] kam die Sprache des Korans hinzu, ohne daß damit die Äquivalente zur biblischen Heiligkeits- und sachlich damit zusammenhängender sonstiger Terminologie schon vollständig oder konsequent geboten worden wären. Den Bestand bezeugter bzw. heute zulässiger Hin- und Herübersetzungen zeigt Schaubild 1[2].

C Ausweitung auf den indoeuropäischen Bereich

Die philologisch oder sprachwissenschaftlich arbeitende Religionsforschung des 19. Jahrhunderts, die auf weite Strecken einer religionsgeschichtlich interessierten Philologie bzw. Sprachwissenschaft gleichkam, hat viele Inhalte, die ihr wichtig waren, an zentralen Wörtern aus den »großen Religionssprachen«[3] festgemacht. In dieser Tradition können noch heute etymologische Aufstellungen, die ihr Material aus diesen Sprachen nehmen, unvermittelt als Ergebnisse von Religionsvergleich eingesetzt werden. Da als Sprachwissenschaft die Indogermanistik dominiert(e), haben die Wörter aus den von ihr bearbeiteten Sprachen stärkstes Gewicht in jedem komparatistischen Verfahren

---

1 Vgl. J. Fück, Die arabischen Studien in Europa, 1955, 16–22.

2 Pfeile in zwei Richtungen weisen auf entgegengesetzte Bedeutungen, geschweifte Gleichheitszeichen auf Synonyme, normale Gleichheitszeichen auf Übersetzungen und Striche ohne Pfeil auf sinnverwandte Wörter.

3 F. Heiler, Erscheinungsformen und Wesen der Religion, 1961, 15.

Schaubild 1: Übersetzungen/Äquivalente

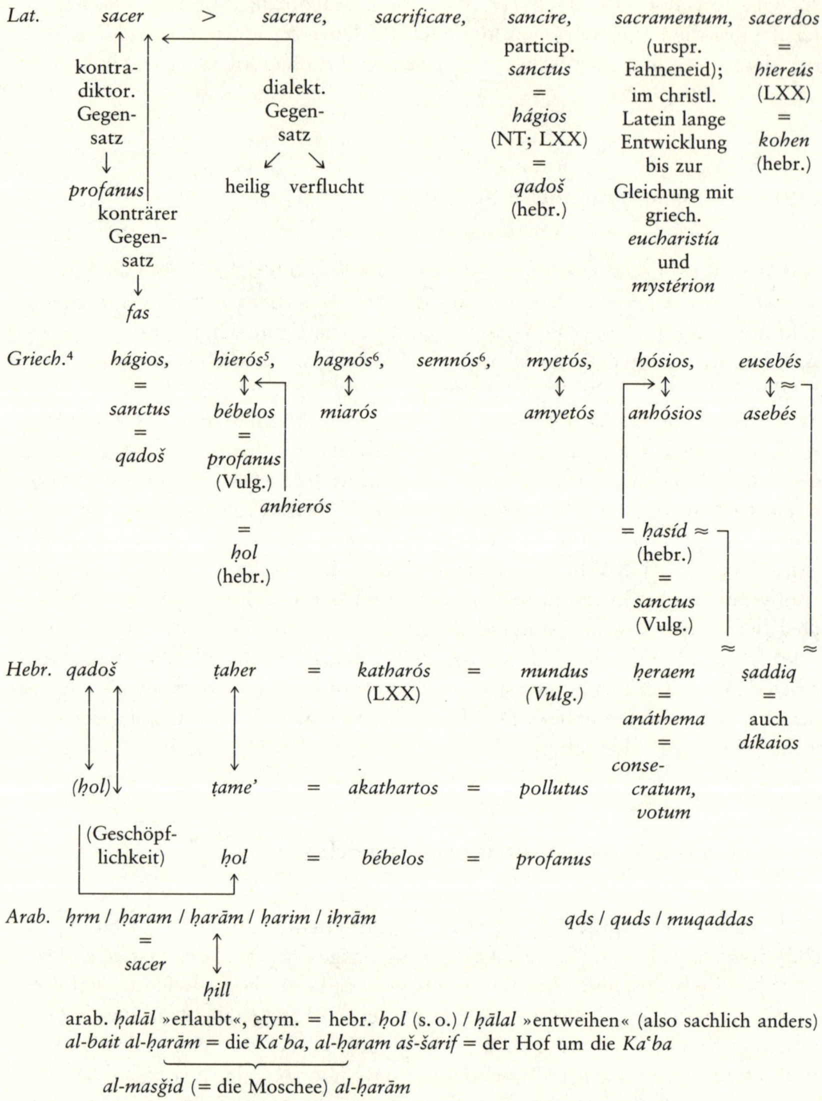

---

[4] Neugriech. noch gebräuchlich sind *hágios, hierós, hósios.*

[5] Steht seit Durchsetzung christlichen Sprachgebrauchs nur für das heidnische *sacer,* nie für das christliche *sanctus.*

[6] »hehr«, *hagnós* auch »rein«. Nicht berücksichtigt sind Zusammensetzungen wie *hieroprepḗs* »ehrwürdig«.

[7] Auch ahd., wo sonst meist *heil* »gesund«, »ganz«.

[8] Dazu gehört *heilisōn* »ein Wahrzeichen beobachten«.

[9] Siehe Schaubild 1. *Sancire* heißt »als unverbrüchlich festlegen«.

Schaubild 2: Indoeuropäische Varianten

I. sanskr. *iṣíra-* (≈ griech. *hierós*): »kräftig, rüstig, ungestüm«

II. sanskr. *yaj-*, awest. *yaz-* } »ehrfürchtig scheuen« — sanskr. *ijya*, awest. *yasna* } »das Opfer«
griech. *házesthai* / *hágios* } »fürchten«, »verehren«
(Übertragungen s. u. IVb: got. *weihs*)

III. awest. *spenta-*, slaw. *svętu*, lit. *šventas* } »übernatürlich mächtig«, »überaus nützlich« (etymol. verwandt mit V) — { slaw., lit. } in christl. Verwendung für *sacer*

IVa. got. *hails*[7] »gesund« (später mit *weihs* austauschbar) > *hailigs* / *-lags* (vgl. VII)
angels. *hael*[8] »günstiges Vorzeichen, Glück, Gesundheit«
run. *hailag* »(von e. Gott) mit Glück beschenkt ↔ »(einem Gott geweiht)«

IVb. got. { *weihs* (verb. act. *weihan* / med. *weihnan*, nomen abstr. *weihitha*):
= in got. Bibelübers. für griech. *hágios, hagiázein* / *hagiázesthai, hagiasmós*; ahd. *wih* (s. VII)
Wz. **ueih-* (»aussondern«) > nhd. *geweiht*, niederl. *gewijd*
(Vertauschung im Dt. offen: *heilig* / *geweiht*, im Schwed. komplett: *helgad* für beides)

V. russ. *sviaštšennič*, poln. *światobliwy* } Komposita { »heilig, geheiligt, ehrenvoll, hoch, teuer«, »heilig, gottesfürchtig, gottgefällig« (bereits synonyme Übersetzungen)
< altslaw. *svętu* / lit. *šventas* (etymol. verwandt mit III, nicht mit VIII)

VI. lat.	*sacer,*	*sacrare,* ↓	*sancire*[9] ↓	
	ptcp.	*sacratus*	*sanctus*[10]	
	frz.	*sacré*	*saint*	synon. *consacré, solennel, inviolable*
	ital.	*sacro*	*santo*	synon. *benedetto, pio, devoto, solenne, venerando*
	span.	*(con)sagrado*	*santo*	synon. *solemne, sano, salvo, inviolable, sacrosanto*
	engl.	*sacred*	*saint*	synon. *holy, godly, divine, venerable, august*
n. *sacrum* ↓	dt.	*sakral*	*sankt*	synon. *heilig, geweiht* (mehr unter VII)

VII. German. **hailagu*, **heila-* (> nhd. *heil*), **heilu-* — Grundbedeutung: »eigen« (vgl. altnord. *helga* »zueignen«); »einer Gottheit zu eigen« = »ihr geweiht« (Bedeutungswandel zu *sacrum* (nicht *sanctum*!))
heilig drängt unter christl. Einfluß ahd. *wih* (s. IVb) zurück
**heila-* / *heil* wird im hdt. durch *ganz* zurückgedrängt (dagegen engl. noch *whole* und *hale*); dazu *heilen* im transitiven (»gesund machen«) wie im intrans. (»genesen«) Sinne (vgl. IVa, got. *hails*). In den um das Lateinische gruppierten Sprachen treten an deren Stelle ganz andere Wortstämme ein: *sanare, mederi, curare.*

VIII. russ. *svetskiĭ* / poln. *świecki*, russ. *zemnoĭ* / poln. *światowy* } »weltlich« { Ersatzwörter für *profanus*
(Die Stämme sind mit den Wörtern unter III u. V nicht verwandt.)

---

[10] *Sacer* etwa »der Gottheit geweiht«, *sanctus* etwa »unverletzlich, ehrwürdig«. Unberücksichtigt bleiben Teilsynonyme wie *augustus* »erhaben«, *religiosus* »verehrt«, *dedicatus* »geweiht«, *consecratus* »geweiht (christlich: heilig gesprochen)«, *sacrosanctus* »für unverletzlich erklärt«.

bekommen. Zudem wurde es zweifach gestützt, weil aus dem indoeuropäischen Bereich einmal die griechischen und lateinischen Wörter auch im zentralen objektsprachlichen Bestand (siehe B) eine Rolle spielen und zum andern die romanischen und slawischen Wörter in den entsprechenden wissenschaftlichen Terminologien (siehe E) ohne allzu deutlichen metasprachlichen Bruch weiterverwendet werden können. Aus dem großen Komplex ist das Wichtigste im Schaubild 2 herausgehoben.

D Sonderfall deutsche Terminologie

Der deutsche Wortgebrauch scheint auf ein anderes Verhältnis zwischen dem Diesseitigen, Gewohnten (= Gewöhnlichen) und dem Jenseitigen, Ungewohnten (= Außergewöhnlichen) zurückzugehen als der Wortgebrauch anderer Sprachen. Das kommt in einem auf das Germanische zurückgehenden und in einem neuhochdeutschen Sachverhalt zum Ausdruck.

Der ältere Sachverhalt besteht darin, daß das Wort mit Bezeichnungen für Qualitäten aus einer anderen Sphäre, die vielleicht auch einmal eine religiöse war, heute aber nicht (mehr) als eine solche gelten darf, etymologisch verwandt ist. Dasselbe germanische Adjektiv **heila-, *heilu-,* auf welches unser »heilig« zurückgeht, ist auch die Wurzel des Wortes »heil«, welches im Neuhochdeutschen durch das sinngleiche »ganz« weit zurückgedrängt wurde. Bis auf den heutigen Tag wird deshalb im Deutschen nicht nur aus dem Gleichklang zwischen »Heil« und »Heilung«, »heiligen« und »heilen« die tatsächlich bestehende etymologische Verwandtschaft festgehalten, es werden auch »Heil« und »Ganzheit, Gesundheit«, »Heil vermitteln« und »ganz machen, gesund machen«, »heil (im Sinne von ›heilig‹) werden« und »genesen« als sachlich zusammenhängend verstanden. Das letztere aber ist problematisch. Andere Sprachen haben für beides ganz heterogene Wörter: altgriech. *hagiázein* aber *hiãsthai* oder *akeĩsthai,* lat. *sancire* oder *sacrare* aber *sanare* oder *mederi* oder *curare,* engl. *hallow* oder *sanctify* aber *heal* oder *cure,* niederl. *heiligen* oder *wijden* aber *beter maken* oder *genesen* oder *helen,* schwed. *helga* oder *helig hålla* aber *bota* oder *låka* oder *kurera,* franz. *sanctifier* oder *canoniser* aber *quérir* oder *remédier,* ital. *santificare* aber *curare* oder *medicare,* span. *sanctificar* oder *canonizar* aber *curar* oder *sanar* oder *remidiar,* poln. *święcic'* aber *wyleczyc'* oder *uzdrawiaćowić,* russ. *(o)sviatít'* aber *vylečít'* oder *isčeliat'.*

Der jüngere Sachverhalt besteht darin, daß in der Sprache der Empfindsamkeit im 18. und frühen 19. Jahrhundert die Verwendung von »heilig« reicher wurde, da es gern auch für das Ernste oder Erhabene oder Feierliche oder Berechtigte oder Erschütternde gebraucht wurde. Daraus lebt heute noch einiges weiter, zu welchem andere Sprachen, die diese Entwicklung nicht mitgemacht haben, gleichfalls davor warnen, darin immer – es gibt hier Grenzfälle – einen sachgemäßen Ausdruck für »das Heilige« zu sehen. Man vergleiche Heiligabend mit engl. *Christmas Eve,* niederl. *Kerstavond,* schwed. *Julafton,* franz. *veille de Noel,* ital. *vigilia di natale,* span. *Nochebuena,* poln. *Wi(gi)lia,* russ. *sočelnik;* »es ist mein heiliger Ernst« mit engl. *»I am very serious«* (entsprechend franz., ital. und span.); Heiligenschein mit engl. *halo* oder *gloriole,* niederl. *strahlenkrans* oder *aureool* oder *nimbus,* schwed. *helgon-gloria,* franz. *auréole* oder *nimbe* oder *gloire,* ital. *aureola* oder *gloria* oder *nimbo,* span. *aureola* oder *nimbo,* poln. *aureola* oder *gloria* oder *nimb,* russ. *veneč* oder *oreól;* ein »wunderlicher Heiliger« mit engl. *queer fellow,* niederl. *een rare snaak,* schwed. *en konstig kropp,* franz. *drôle de pistolet* oder *drôle de paroissien,* ital. *un bel tipo* oder *uomo bizzarro (singolare),* span. *individuo estrafalario* oder *extravagante;* »der Zweck heiligt die Mittel« mit engl. *»the end justifies the means«* (entsprechend franz., ital. und span.).

E Metasprachliche Distanzierungen und Unterschiede in anderen neuen Sprachen

Die nichtdeutschen Wissenschaftssprachen verleiten ihre Benutzer nicht von vornherein zur Behauptung solcher Zusammenhänge, wie sie unter D referiert sind, sondern zwingen zu untersuchen, ob sie bestehen oder nicht. Im Englischen hat sich die Entwicklung beim Adjektiv in *holy* und *hale/whole,* beim Verbum in *hallow* und *heal* gespalten. Daneben werden für die religiösen Wörter Synonyme oder romanische Äquivalente gebraucht (zu *holy* vgl. Tabelle bei C unter VI, zu *hallow* vgl. *sanctify*), während die Konotation nichtreligiöser Wörter in den medizinischen Sinn übergeht. Weitere Einzelheiten sind unter C und unter D aufgeführt. Die religionssprachliche Synonymik deckt manchmal schon von Sprache zu Sprache jeweils verschiedene inhaltliche Nuancen, die ihrerseits häufig von den deutschen Nuancen unterschieden werden können.

F Folgerungen für »das Heilige«

Man darf die erkenntnistheoretisch-kritische Voraussetzung, daß es möglich ist, das Heilige zu erkennen und damit unter gewissen Kautelen auch die Gegebenheit des Heiligen aufzuweisen, nicht mit der Voraussetzung verbinden, es sei dasselbe Heilige, das sich in den Sprachen verschieden ausdrücke. Die Untersuchung der Terminologien kann nur auf Gegebenheiten führen, die einander sachlich nahestehen, aber nicht miteinander identisch sind. Nur wenn man sie in diesem Status beläßt, kann die unabdingbare Forderung erfüllt werden, individuell den Sinn zu erfassen, den ein Volk, eine Tradition oder eine begriffsgeschichtliche Entwicklungsstufe einem Wort jeweils mitgibt.[11] Damit ist zugleich ausgeschlossen, aufgrund ausgewählter Etymologien festzustellen, das Heilige sei aus dem Glückhaften, dem Übermächtigen, dem Starken, dem Gesunden (und abseits der hier einschlägigen Etymologien etwa noch aus dem Schauervollen, dem Erhabenen, dem Verbotenen, dem Abgetrennten, dem Reinen, dem Unrei-

---

[11] Es zeigt sich dann, daß manche Sprachen auch rein semantisch keine Äquivalente zu heilig etc. haben. Im Sanskrit entspricht nur ungefähr *puṇya-»fortunate, pleasant, good«,* erst dann sinngemäß *»pure«, »holy«* (so in *puṇya-bhu-*etwa *»holy land«, puṇya-sthana-* etwa *»holy place«*). Ein *tīrthaka-* wird von *»passage, ford«* zu einem *»splace of pilgrimage«* und damit auch zu einem »heiligen Ort«. Häufig wird *muni-* nicht nur als *»seer, ascetic«,* sondern auch als *»holy man«* oder *»saint«* wiedergegeben (nach C. D. Buck, A Dictionary of Selected Synonyms in the Principal Indo – European Languages, 1949 (= 1971), S. 1475 f.; dort und in den umgebenden Paragraphen sind zahlreiche weitere Synonyme zu den in diesem Artikel behandelten Wörtern nachgewiesen).

nen) »entstanden«. Weder darf eine Etymologie für eine Ontologie des Heiligen in Anspruch genommen werden, noch darf eine Wortübersetzung als Wesensbestimmung dienen. Für »das Heilige« ist grundsätzlich nicht die philologische Methode der Übersetzung oder die sprachwissenschaftliche Methode der Etymologie, sondern die phänomenologische Methode der Namengebung anzuwenden. Da diese gleichwohl nicht umhin kann, sich der Sprache oder der Sprachen zu bedienen, die auch die Quellen und/oder die Übersetzungen benutzen, ist auf den metasprachlichen Charakter der phänomenologischen Namengebung besonders zu achten.

Literatur

(Abrogans:) Das älteste deutsche Buch. Die »Abrogans«-Handschrift der Stiftsbibliothek von St. Gallen. Im Facsimile hrsg. u. beschr. v. BISCHOFF, B., DUFT, J., SONDEREGGER, ST., 2 Bde., 1977; BAETKE, W., Das Heilige im Germanischen, 1942; BAILEY, H. W., *spanta-, in: COLPE (s. u.) 148–179; BENVENISTE, E., Das Heilige, in: COLPE (s. u.) 223–254; CHELHOD, J., Die Struktur des Heiligen bei den Arabern, in: COLPE (s. u.) 198–222; COLPE, C. (Hrsg.), Die Diskussion um das »Heilige«, 1977; DIHLE, A., Art. Heilig, in: RAC 14 (1988) 1–63: FRIDRICHSEN, A., Hágios – Qādōš, in: COLPE (s. o.) 124–147; FRISK, H., Griechisches etymologisches Wörterbuch, 3 Bde., 1973–1979; FUGIER, H., Recherches sur l'expression du sacré dans la langue latine, 1963; HAUCK, F., Art. hósios, in: ThWbNT 5 (1954) 488–491; HEYNE, M., Art. heilig, in: Grimms Wörterbuch (1877), bei COLPE (s. o.) 3–28; KORNFELD, ..., RINGGREN, H., Art. QDŠ, in: ThWbAT 6 (1989) 1179–1204; KROLL, W., Heilig, in: COLPE (s. o.) 119–123; MAYRHOFER, M., Kurzgefaßtes etymologisches Wörterbuch des Altinidischen, 4 Bde., 1956–1980; POKORNY, J., Indogermanisches etymologisches Wörterbuch, 2 Bde., 1959–1969, 520 s. v. *kai-lo-;* PROCKSCH, O., KUHN, K. G., Art. hágios, in: ThWbNT 1 (1933) 87–112; SCHRENK, G., Art. hierós, in: ThWbNT 3 (1938) 221–247; SEYBOLD, CHR. F. (Hrsg.), Glossarium Latino-Arabicum, 1900; Vocabularius Teutonico-Latinus, Nürnberg 1482 (ND Hildesheim 1976 mit Einl. v. K. GRUBMÜLLER); WALDE, A., HOFMANN, J. B., Lateinisches etymologisches Wörterbuch, 3 Bde., 1962–1965; WÜLFING-V. MARTITZ, P., Hierós bei Homer und in der älteren griechischen Literatur, in: COLPE (s. o.) 180–197.

Carsten Colpe

Das Heilige

II. Als disjunktiv verfahrende Fremdsetzung 1. im Verhältnis zum sog. Profanen 2. im Verhältnis zu sonstigem der Alltagsgewohnheit Fremden III. Als umfänglich beschreibende Identifikation 1. Handlungszusammenhänge 2. Symbolische Formen D Zur weiteren religionswissenschaftlichen Intension des Begriffs I. Retinenda 1. Erkenntnistheorie 2. Erfahrungswissenschaft II. Initianda 1. Ästhetik 2. Phänomenologie 3. Das Heilige als geschichtliches Phänomen

Einleitung

1. Vollständige Darstellung und vollständiger Begriff

Es gibt prinzipiell fünf Möglichkeiten der Darstellung. (a) Man erhebt aus klassischen oder kanonischen religiösen Texten die Terminologie anhand von Wörtern, die sich mit »heilig« übersetzen lassen (→ heilig, sprachlich), übernimmt die Verbindlichkeit einer oder mehrerer Bezeugungen und fragt nach einem gemeinsamen oder möglichst übergreifenden Sinn. (b) Man dokumentiert den Sprachgebrauch Späterer, der eine kanonisierte Heiligkeitsterminologie nicht auslegt, sondern allenfalls durch sie angeregt ist, also von ad hoc sprechenden *homines religiosi* (Propheten, Priestern, Lehrern einschl. Gelehrten), *literati* (Lyrikern, Epikern, Rhapsoden), *aesthetici* (einschl. Kunsttheoretikern), *philosophici* oder *politici*, und stellt anheim, auch diesen Sprachgebrauch als glaubwürdiges Zeugnis für das Heilige zu nehmen oder das Heilige als außerhalb ihrer Sprache seiend zu denken. (c) Man stellt die Geschichte von – nicht unbedingt religionswissenschaftlichen – Theorien zusammen, die solche des Heiligen sein wollen, unterstellt – wenn es nicht wieder nur die Geschichte eines Sprachgebrauchs sein soll –, daß sie sich alle auf dieselbe Sache beziehen, und erprobt, ob sie sich systematisieren lassen. (d) Man untersucht die Darstellung oder Symbolik eines sogenannten Heiligen oder die Deutbarkeit bestimmter Gegebenheiten als ›heiliger‹ im Sinne von Mimesis, mittels welcher das Heilige entweder als Seiendes aufgewiesen werden könnte (die Mimesis wäre dann Nachahmung oder Repräsentation) oder affirmiert (gewollt, eventuell geschaffen) wird (die Mimesis wäre dann Vorahmung oder Konstitution). (e) Man behandelt das Heilige als Begriff.

Jede der fünf Darstellungen benötigt für sich Aspekte der anderen vier, und insofern ist keine grundsätzlicher oder umfassender als die anderen. Damit relativieren sie sich gegenseitig. Der Umstand indessen, daß Relativierung nur durch Verbegrifflichung in Grenzen gehalten werden kann, läßt auch die Darstellungsarten (a), (b), (c) und (d) zur Begriffsbildung tendieren und sie damit einen Status erreichen, den die Darstellungsart (e) von vornherein hat. Dies gibt der Behandlung als Begriff einen Vorrang. Deshalb wird sie hier gewählt. Dabei müßte sich letztlich die Vollständigkeit eines Begriffs ergeben, wie sie in analytischen Urteilstheorien vertreten wird.[1] Jedoch ließe sich diese grundsätzlich (d. h. nicht nur, weil man etwas vergessen kann) in vollständige Explikation des Begriffs gar nicht umsetzen, weil es unendlich viele Aussagen, die zu seiner Bildung beitragen könnten, gibt. Deshalb ist nicht nur aus Platzgründen, sondern vor allem um korrekter Darstellung willen eine Einschränkung nötig.

---

[1] J. Mittelstrass, Artt. Begriff; Begriff, einfacher; unendlicher; vollständiger; Mentalismus, in: ders. (Hrsg.), Enzyklopädie Philosophie und Wissenschaftstheorie 1 (1980); 2 (1984), s.vv.. Das folgende ist diesen und weiteren Artikeln besonders verpflichtet.

2. Ausgewählte Darstellung und zusammengesetzter Begriff

Aus (a) dem Nachvollzug von Philologie und Etymologie, (b) einer Bestandsaufnahme von Dokumentationen, (c) dem Theorienvergleich und (d) der Mimesis ergibt sich ein Durchschnitt, der sich in (e) Wiederholung von etwa schon erfolgter Begriffsbildung selber einbeziehen und damit für den grundsätzlichen Modus der Begriffsbildung (A I) zusätzlich auswerten läßt. Dafür ist die Philologie/Etymologie logisch (A II) und semantisch (A III) zu operationalisieren. Daraus folgt in Teil B zunächst, welche Fehler gemacht werden, wenn man dies unterläßt; erst danach kann in Teil C aufgezeigt werden, was der Begriff als Prädikator und als Nominator leistet. Die Dokumentationen hingegen müßten in der kritischen Einschätzung geboten werden, inwiefern sie zur Fertigung des Begriffs etwas beitragen und inwieweit man ihnen einen unfertigen Begriff des Heiligen bereits substituiert.[2] Der Theorienvergleich bzw. die Theoretik (wie übrigens auch die Dokumentation) sagt besser als Rahmen für forschungsgeschichtliche Rückgriffe etwas aus.[3] Das mimetische Anliegen läßt sich wenigstens in seinem theoriefähigen Teil der Begriffsbildung zuordnen.[4] Der Begriff des Heiligen, der sich ergibt, ist dann zwar unvollständig, aber noch komplex genug.

A Bildung des Begriffs

Die Begriffsbildung erfolgt wegen des Verhältnisses der vier anderen Darstellungsarten zu ihr nicht als logische, sondern primär als mentale Operation. Diese läßt sich, so grundhaft sie auch ist, gleichwohl für logische Ergänzungsoperationen offenhalten. Der fertige Begriff kann durch bestimmte sprachliche Ausdrücke eigenartig nachgeprägt werden.

---

[2] Solche Dokumentationen würden zu extensionalem Begriffsgebrauch (siehe B IV) führen und fehlen deshalb in diesem Artikel. Sie sind neuerdings enthalten z. B. für *religiosi* in D. Lange, Begriff des Heiligen in Schriften Emanuel Hirschs; U. Tworuschka, Abschied vom Heiligen?; für *literati* in R. D. Stock, The Holy and the Daemoniac; E. Webb, The Dark Dove; für *aesthetici* in J. Gebser, Ursprung; W. Warnach, Wege im Labyrinth; für *philosophici* in H. Reinhardt, Sprachebenen; J. Splett, Die Rede vom Heiligen.

[3] Siehe Anm. 24. Da die großen Theorien nicht um der Analyse willen, sondern sämtlich aus epideiktischen Bedürfnissen aufgestellt worden sind, werden sie hier auseinandergenommen und tauchen in Teil B, C, und D unter dem Namen ihrer Urheber (ohne nähere Angaben wie im Lit.-Verz., aus dem dafür kleinere Theorien und Einzeluntersuchungen in die Anm. verwiesen sind) mit richtigen wie mit falschen Bestandteilen auf.

[4] Die Praxis, ob mit oder ohne Ge- oder Mißbrauch einer Theorie ausgeübt, muß dann außer Betracht bleiben. Sonst wäre z. B. die des »*Collège de Sociologie*« in Paris mit G. Bataille, M. Leiris, P. Klossowski, J. Monnerot u. a. darzustellen. Dies tut P. Geble, Soziologie des Heiligen – Heilige Soziologie, in: Kamper, Wulf, Das Heilige, 82–90, und im Nachwort zu R. Caillois, Der Mensch und das Heilige (244–254), dessen – Eliade in manchem vorwegnehmendes – Werk als ein theoretisches Manifest des *Collège* gelten darf. Als solches muß es hier unter der Mimesis- und Ideologiekritik (B V mit Anm. 27) erscheinen.

I. Mentale Grundoperation

Dazu gehören Ideen oder Vorstellungen, als welche traditionell auch Begriffe immer schon bezeichnet werden konnten. Hiermit ist ein Begriff, also auch der des Heiligen, ein mentaler Gegenstand. Als solcher unterliegt er der theoretischen Fragestellung, ob er eher eine angeborene Idee oder empirisch-genetisch entstanden ist. Die Dokumentation der Glaubens-, Literatur-, Kunst-, Denkzeugnisse gewinnt einen gemeinsamen Aspekt, indem sie auf eine mögliche Erfahrung abheben kann, in der noch keine Begriffe gebildet und keine Unterscheidungen getroffen werden. Die Theoretik hingegen ist als das Instrument zu handhaben, mit dem eben dieses, die Begriffsbildung, geschieht. Die Mimesis schließlich, die im Falle des Heiligen ohne Begriffe und Unterscheidungen nicht auskommt, strukturiert die Vollzüge (nicht die Gesetze oder die Theorie) des Erkennens (des Begreifens, des Vorstellens, der Erfahrung).

II. Anteile logischer Operation

Sie bestehen im Einsatz von *Prädikatoren*. Diese lassen sich dem Fundus entnehmen, den die unter → heilig (sprachlich) kompilierte Heiligkeitsterminologie religiöser Texte darstellt. Gegenstände, die in den Texten die Eigenschaft »heilig« erhalten, haben Anspruch auf eine Prüfung, ob sie in einen mentalen Gegenstand »das Heilige« einbezogen werden können. Dieselben Kriterien sind aber auch anzuwenden, um eventuell grammatische Heiligkeitsprädikate auszuscheiden, die als Prädikatoren für die einschlägige Begriffsbildung nicht in Frage kommen.

III. Sprachlicher Ausdruck

1. »Das Heilige« ist kein Abstraktum wie »die Heiligkeit«, sondern primär ein Kollektivum.

Ein solches kann man nicht in den Plural setzen. Man kann es auch nicht mehr pluralisch auffassen, wie es vereinzelt im Altindischen und Urgermanischen, verbreitet im Altgriechischen noch möglich war (der Plural galt dann als neutrisch).[5]
a) Ein *singularisches* Kollektivum war das idg. part. praet. **ghutom* »Angerufenes«. Gemeingermanisch wurde es mit **guda-* in vorchristlicher Zeit als plur. neutr. aufgefaßt. Dieses wurde in der frühesten christlichen Sprache in ein masc. sing. verändert, die ältere plur. Form aber als Bezeichnung für die heidnischen Götter beibehalten. In der gotischen Bibel werden »Gott« und »die Götter« entsprechend verschieden geschrieben oder abgekürzt.[6] Mit dem singularischen Kollektivum wird »das Heilige« vielleicht noch als verwandt empfunden.

---

[5] Grammatische Terminologie und einige Angaben nach F. Sommer, Vergleichende Syntax der Schulsprachen, [3]1931.

[6] L. Ejerfeldt, Germanische Religion, in: J. P. Asmussen u. a. (Hrsg.), Handbuch der Religionsgeschichte 1 (1971) 277–342, dort 282f.; Jan de Vries, Altnordisches etymologisches Wörterbuch, [2]1977, 181, 193; S. Feist, Vergleichendes Wörterbuch der gotischen Sprache, [3]1939, 227f. (dort: »Etymologie unsicher«).

b) Besonders aber bleibt der Begriff »das Heilige« sprachlich als Kollektivum in den Sprachen erkennbar, die für jedes der drei Genera einen eigenen Artikel haben; sie determinieren unter anderem die Kollektiva mit dem neutrischen Artikel. Das Deutsche und das Griechische stimmen darin überein. Deshalb empfindet der Deutsche wohl eine Verwandtschaft seiner eigenen Kollektiva sogar mit solchen griechischen, an deren Bildung das Singularische auch noch die Verbindung eines Subjekts im plur. neutr. mit einem singularischen Verbum finitum bestimmte, und erst recht mit solchen, die nicht pluralisch aufgefaßt wurden, wie das Gute, das Böse, das Geziemende, das Zuträgliche.[7]

c) Da das Adjektiv einen Gegenstand als mit einer Eigenschaft behaftet darstellt, das Substantiv aber auf den Gegenstand selber weist, bezeichnet ein *substantiviertes Adjektiv,* wie »das Heilige« eines ist, den Gegenstand und seine charakteristische Eigenschaft in einem. In die Bezeichungsseite dieser semantischen Beziehung rückt besonders gut die antike, insbesondere die jüdisch-hellenistische Kultsprache ein, in die Gegenstandsseite das Heiligtum und das Dargebrachte. Das *Heiligtum* wird speziell als vorderer Teil des Jerusalemer Tempels, von dem der hintere Teil als »das Allerheiligste« (hebr. *qodäš qodašim*) getrennt ist, »das Heilige« (hebr. *qodäš*) genannt und legt gerade mit der neutrischen Bezeichnung (im Deutschen sing., im Griechischen auch hier sing. oder plur.[8]) die Vorstellung nahe, daß das kollektiv Heilige räumlich beieinander ist, besonders wenn es im Himmel liegt, so nach Hebr. 10,19 »So wir denn nu haben, lieben Brüder, die freidigkeit zum eingang in das Heilige durch das blut Jhesu ...« (so übersetzt hier LUTHER den griech. u. lat. gen. plur. neutr., der aber in 9,2 den nom. plur. neutr. als fem. übersetzt!). Das *Dargebrachte* ist speziell im israelitischen Gottesdienst als vor oder in beiden Bezirken liegendes Speise-, Sünd- und Schuldopfer manchmal ebenfalls beides (»Doch sol er das brot seins Gottes essen, beide von dem Heiligen und vom Allerheiligsten«, Lev. 21,22 Luther; in LXX nom. u. gen. plur. neutr.)[9], meist aber als eines davon, z.B. Opferfleisch, allein »das Heilige« (*qodäš/hagia/sanctificata*, Lev. 22,14). Ohne nähere Bestimmung kommt es einem heiligen Gegenstand überhaupt nahe (»Sage Aaron und seinen Sönen, das sie sich enthalten von dem Heiligen ...«, Lev. 22,2 Luther; in LXX gen. plur. neutr.; »Denn sie heiligeten trewlich das geheiligete«, 2. Chron. 31,18 Luther; in LXX *to hagion*/Vulg. *quae sanctificata fuerant*).

---

[7] Vgl. H. FRÄNKEL, Dichtung und Philosophie des frühen Griechentums, 1962 (z.B. 614f.: das Schöne und das Häßliche). Des deutschen Begriffes des Heiligen bewußt spricht wohl zuerst G. W. F. HEGEL, Phänomenologie des Geistes (1807), hrsg. v. J. Hoffmeister, 1952, 112: »... damit doch in dem Leeren, welches ... auch für die Leerheit aller geistigen Verhältnisse ... genommen werden muß« (= »das Innere«), »– damit also in diesem so *ganz Leeren*, welches auch das *Heilige* genannt wird, doch etwas sei, es mit Träumereien, *Erscheinungen*, die das Bewußtsein sich selbst erzeugt, zu erfüllen; ...«.

[8] Belege nach dem Numerus getrennt bei W. BAUER, K. u. B. ALAND, Griech.-dt. Wörterbuch zum NT, 1988, 17.

[9] Belege aus dem ganzen AT für »das Heilige« und »das Allerheiligste« sowohl für Opfer-(Ab-)gaben als auch für Räume, Einrichtung und Personal des Tempels bei K. ELLIGER, Leviticus (Handbuch zum Alten Testament I 4), 1966, 96.

2. Allgemeinbegriff

Allgemeinbegriff ist das Heilige sekundär insoweit, wie Kollektiva eine Untergruppe von Gattungsbezeichungen, und wie als solche auch Abstraktionen zulässig sind. Als eine von den letzteren kann sich der Begriff des Heiligen aber nur auf eine Gattung von heiligen Arten oder auf eine Klasse von heiligen Gegenständen beziehen, nicht auf eine universale Realität; der Allgemeinbegriff ist also kein *universale* im thomistischen Sinn, weder *in re* noch *post* oder gar *ante rem.*[10]

3. Nachprägung

Nachprägung des Begriffs findet statt, indem man solchen, aber auch verallgemeinernden Sprachgebrauch aufnimmt, etwa den der Weisheitsliteratur (»Denn die, die auf heilige Weise das Heilige (*ta hosia/iusta!*) erwarten, werden geheiligt werden«: Sap. 6,11).[11] Denn damit fügt sich »das Heilige« sowohl einer apriorischen Raumvorstellung wie einem mentalen Gegenstand ein. Die traditionelle Induktion neigte eher dazu, »das Heilige« als Allgemeinbegriff von der Räumlichkeit und als Abstraktum von der Qualität abzuleiten.

B Fehlleistungen des Begriffs

I. Theologisch-religionswissenschaftlicher Doppelsinn

Theologie und Religionswissenschaft vermischen sich vordergründig am einleuchtendsten dann, wenn sie von »dem Heiligen« reden. Der Doppelsinn, den der Begriff dadurch erhält, kann zwar durch Definition zu einem Teil überwunden werden (C I), aber weil eine solche immer erst nachgeliefert werden kann, bleibt die suggestive Selbstverständlichkeit (B I 1) und scheinbare Absolutheit (B I 2) des Begriffs partiell unüberwindlich. Den Umgang mit diesem Sachverhalt – und damit mit der Doppelfunktion, die der Begriff des Heiligen zwischen beiden Wissenschaften notwendig ausüben muß – kann man nur in zwei analytische Muster fassen. Sie sind zwar ursprünglich für vornehmlich theologische Hermeneutik entworfen worden: das eine (3) sollte das Ambivalenz-, das andere (4) das Repräsentations-Verhältnis erschließen, in welchem das Heilige zu Nichtheiligem stehe. Doch ist das erstere auch für gewisse Unterscheidungs- (C II), das letztere auch für gewisse Feststellungsweisen (C III) variierbar.

---

[10] Die klassischen Behandlungen des Allgemeinen genügen hier: JOSEF DE VRIES, Grundbegriffe der Scholastik, 1980, 22–25.

[11] Weitere Erklärung bei D. GEORGI, Weisheit Salomos (JSHRZ III/4), 1980, 421.

1. Das Heilige als das für Religion Selbstverständliche

Wie »das Heilige« für die Religionen (»Die Religionen und das Heilige«) und für die ganze Religion (»Religion ist Begegnung mit dem Heiligen«)[12], so gilt sein Begriff für den theologischen und für den religionswissenschaftlichen Gebrauch, beide Male in undefiniertem und damit gleich erscheinendem Umfang, als selbstverständich. Diese Fehlleistung ist in der Absolutheit begründet, in die ein Gegenstand immer dann einrückt, wenn er von allem, aus dem oder von woher er verstanden werden kann, losgelöst und damit nur aus sich selbst verständlich wird. Gleiche Absolutheit wird in anderen Fällen von Selbstverständlichkeit, unerachtet dessen, daß eine solche sich eigentlich mit ihrem Namen schon absolut setzt, nur selten erreicht.

2. Der Absolutheitscharakter des selbstverständlichen Heiligen

Die Selbstverständlichkeit, mit der der Begriff des Heiligen gilt, erweist sich darin als absolut, daß man mit ihm operiert, als habe er mit Tatbeständen oder Geschehnissen, Dingen oder Eigenschaften, Handlungsweisen oder Gesinnungen, die unter anderem das Heiligkeitsattribut haben oder von uns »heilig« genannt werden können, letztlich nichts zu tun, sondern trage sich selbst. Es läge damit, weiterhin semantisch betrachtet, weder eine aus Induktion resultierende Begriffsbildung noch eine Repräsentation vor, sondern Übernahme der Vorstellung einer Idee. In ihr fallen der Intellekt, der sie zugleich in sich hat und damit gleichsam in seine eigene Objektivation aufgesogen worden ist, und die Sache, um die es sich nun scheinbar handelt, zusammen. Hier wäre das Wahrheitskriterium der *adaequatio intellectus et rei* nicht mehr anwendbar.

3. »Dialektik«

Die Relationen zwischen dem Heiligen und dem Profanen je in ihrer Komplexität hat Mircea Eliade auf die Ebene der Erscheinungen konzentriert und dort den Begriff der »Hierophanie« eingeführt. Eine Hierophanie zeige das Heilige im Profanen. Da es viele Hierophanien gibt, es sich aber nicht immer und überall um dieselben handelt, wird eine Dialektik (zur Reichweite des Terminus an dieser Stelle siehe D II 2 a) der Hierophanien konstatiert, welche verständlich machen soll, wieso ein Objekt oder eine Erscheinung das eine Mal heilig ist, das andere Mal nicht. Dieser Ansatz ermöglicht es aber nur in Verbindung mit anderen Kriterien, jede historische Gegebenheit darauf hin zu untersuchen, ob sie heilig oder profan ist. Mittels dieser vermeintlichen Dialektik allein kann man eine neue Religionsgeschichte innerhalb der Profangeschichte noch nicht schreiben.

4. »Ideogrammatik«

Die klassische Religionsphänomenologie konnte sich damit begnügen, das Heilige an sogenannten Phänomenen aufzuweisen, die sich innerhalb eines größeren Zusammen-

[12] Der Verlegertitel (Salzburg 1954) für M. Eliades *»Traité d'Histoire des Religions«* (Paris 1949) und eine N. Söderblom und R. Otto popularisierende Formel, mit der man sich den Übergang von Theologie in Religionswissenschaft genau so leicht macht, wie man »dem« als masc. oder neutr. Dativartikel verstehen kann, zeigen wohl eine opinio communis an.

hanges gegenseitig selbst bestätigten. Da bei dieser Art von Evidenz aber die Ambivalenz ausgeblendet bleibt, derzufolge ein heiliges Phänomen gleichzeitig auch als ein profanes erfahren werden kann, kann man die mit oder ohne Hilfe von Sprache oder Schrift gebildete Erscheinung des Heiligen nur wie das griechische Wort *idea* verstehen und demgemäß die der Beschreibung und Untersuchung zugänglichen Formen des Heiligen als seine Ideogramme fassen. Diese können aber auch als Tautogramme, d.h. als immanenzwahrende Bezeichnungen verstanden werden, die man deshalb, weil sie der ins Heilige transzendierenden Konnotation entbehren, noch nicht profane nennen darf. RUDOLF OTTOs Buch über das Heilige ist tatsächlich die Ideogrammatik des Heiligen, die es sein will, aber es mischt theologische mit psychologischen und phänomenologischen Deutezeichen und gibt den ersteren durch zusätzliche Orientierung am »Ganz anderen« den Vorrang.[13]

II. Erschleichung der Theologia negativa

a) Das »Ganz andere« ist die konsequenteste Umbenennung für die Nichtgebundenheit des Heiligen an Gegenstände, deren Namen zur Erläuterung seiner Eigenart herhalten müssen, oder die als seine Erscheinungsformen gelten sollen. Die ontologische Losgelöstheit des »Ganz anderen« von allem, dessen Namen zu benutzen oder aus dem die Entstehung des Heiligen zu erklären man nicht umhin kann, entspricht der Absolutheit, die der logische Erweis der Selbstverständlichkeit ist, die mit dem Begriff des Heiligen beansprucht wird. Der Bereich der Geltung läßt sich sowohl als der des wissenschaftlichen Sprachgebrauchs wie als der des An-sich-Seins bestimmen. Man kann sehr wohl »das Ganz andere« antonomastisch wie »das Heilige«, und dann auch umgekehrt »das Heilige« als eine Bezeichnung für »das Ganz andere« behandeln. Aber damit gewinnt man nur zwei Möglichkeiten, zwischen denen man sich entscheiden muß: soll man die Gegebenheit des Heiligen als Eigenschaft einer besonderen Wirklichkeit oder als Begriff bestimmen? Die erste Möglichkeit würde bedeuten, daß man den Typ von Wissenschaft betreiben muß, deren Sprache die Verbalisierung von Tatbeständen, oder die Vermittlung von Erfahrungen, oder die Bezeugung von Evidenzen (Offenbarungen, Epiphanien, Intuitionen) ist. Mit der zweiten Möglichkeit wäre man explizit bei der Sprachkritik, implizit bereits bei der Religions- oder Ideologiekritik.

b) Bisher schien eine Mischung beider Wissenschaftstypen am erfolgreichsten zu sein, weil die Bezeugung der Epiphanie des Ganz anderen in einer Terminologie erfolgte, die zugleich für die Ermittlung der verschiedenen Arten des Unterschieds unentbehrlich sei. Hier wurde das Urteil des Gläubigen in das Urteil des Wissenschaftlers übernommen. Dabei hat man das ganz Andere gern mit den *privativen Gottesprädikaten*, vornehmlich aus der neuplatonischen Theologie, paraphrasiert. Aber das Unsagbare, Unkennbare, Unendliche, Unfaßliche, Unzugängliche, Unschaubare, Unermeßliche, Unbegreifliche[14] sind Negationen von Eigenschaften, während das »Ganz andere« noch etwas Anderes

[13] »Ideogramme«: R. OTTO, Das Heilige 21f., 27f., 35; das »Ganz andere« (so, nicht etwa »ganz Andere«): 31–37.

[14] Beispiele aus dem Anfang der Schrift »*Über die Namen Gottes*« des PS.-DIONYSIUS AREOPAGITA.

als selbst ein Seiendes sein soll, das immerhin Eigenschaften hat, wenn sie ihm auch »geraubt« werden können. Als Zusammenfassung oder Äquivalent aller Privationen führt das »Ganz andere« also in die Irre und sollte in der Religionswissenschaft vermieden werden. Zulässig bleibt es als theologische Affirmation.

III. »Erst«-Setzung für Deduktionen

a) Man sagt *nicht,* daß sowohl das Darbringen oder das Weihen eines Gegenstandes eine Heiligung genannt wird als auch eine Qualität »heilig« heißt – oder ist –, die durch Erscheinung, Epiphanie oder Begnadung entsteht, so daß, wenn man denn schon das Heilige voraussetzen will, von der Weihe oder der Gnade her verstanden werden könnte, was es ist. Man fragt nicht, welche Grundüberzeugungen von Immanenz des Transzendenten beispielsweise in Glaubensakten, Visionen, Erwähltheitsgefühlen mit der Voraussetzung des Heiligen verbunden sind. Dies würde bedeuten, daß »das Heilige« von etwas abhängig ist, entweder von geistig-seelischen Vorgängen und den damit verbundenen Umständen der inneren Absonderung bzw. von den Qualitäten des Übermächtigen, die die Absonderung erfordert haben, oder von einem Gott. Denn man hält es für evident, daß in umgekehrter Richtung das Verstehen stattfindet und die Abhängigkeit besteht. Man sagt *vielmehr,* »das Heilige« werde in bestimmten Sprachen durch zwei ganz verschiedene Wörter »ausgedrückt« (z. B. im Gotischen durch neutr. *hailag* und *weihs*[15]); das Fehlen eines spezifischen Ausdrucks für »heilig« im gemeinindoeuropäischen Wortschatz zeige, daß man das Heilige angemessen noch gar nicht bezeichnen konnte.[16] In anderen Sprachen dagegen gebe es nur eine Wortwurzel für dasselbe (z. B. im Hebräischen *qdš*[17]), und einige Verbalstämme (hebr. reflexiv und intensiv) führen auf »heiligen«, andere (hebr. kausativ) auf »weihen«. Hier wird der Begriff des Heiligen zu einer unbewiesenen *communis conceptio*, und erst von da aus läßt sich ableiten, wie er in einigen Sprachen zu verschiedenen Wörtern führe, die dann auf ihn zurückweisen, während er in anderen Sprachen auf verschiedene Bedeutungen vorausweise, in die er sich zerlege.

b) Man hebt *nicht* an einem heiligen Tatbestand das Moment oder an einem heiligen Phänomen das Element des Machtvollen, des → Tabuierten oder Verbotenen, der

---

[15] In Wirklichkeit setzen die Verfasser der Lexika, Grammatiken und Untersuchungen (W. Streitberg, W. Braune, J. Pokorny, E. A. Ebbinghaus, W. Baetke), auf die man sich früher noch berief, »gleiche Bedeutung« für beide Wörter – E. Feist (s. Anm. 6) sogar »geweiht« für *hailag* und »heilig« für *weihs* – deshalb an, weil sie ihrerseits in der Tradition der christlichen Kult(ur)sprache stehen (in diesem Fall wegen der gotischen Bibelübersetzung, die sie mitgeschaffen hat, besonders schwer zu vermeiden), in der »heiligen« und »weihen« längst gleichbedeutend geworden waren. Für die Berufung von christentumskritischen Religionswissenschaftlern auf sie, mit der ihre Voraussetzung aber undurchschaut bleibt, gilt dasselbe wie in Anm. 16.

[16] Theoretiker des Heiligen, die dieses sagen – es sind alle (hier aber keine Sprachwissenschaftler; vorbildlich E. Benveniste), die über den mediterranen Kulturkreis hinausblicken –, erkennen nicht, daß sie damit im Bann derselben Erst-Setzung stehen wie die in Anm. 15 genannten Lexikographen, deren Wortgleichungen gleichfalls zur vermeintlich unabhängigen Unterstützung für eigene Deduktionen zitiert werden. Texte von Benveniste und den in den folgenden Anm. nur mit Namen genannten Autoren bei: Colpe, Die Diskussion um das »Heilige«.

[17] H.-P. Müller, Art. qdš, in: ThWbAT 2 (1976) 589–609.

Faszination, der Beseligung, des Erschauerns, des Ernstfalls hervor. *Sondern* man spricht über das Heilige als das, was eigentlich das Mächtige[18], das Gefährliche oder die Gewalt[19], das Unreine oder das Reine[20], das Erhabene[21], das Interessante[22], das Irrationale[23] »sei«, oder auch aus einem von diesen »entstanden sei«. Dies sind Theorien, die miteinander konkurrieren. Die Vermehrung von oder die Auswahl aus ihnen kann nur unter der Prämisse als (Geschichte der) Erforschung des Heiligen gelten, daß es derselbe Gegenstand ist, der durch die Aufstellung einer jeden Theorie konstituiert wird.[24]

IV. Extensionale Brauchbarkeit

Eine Theorie der Religion ist umso weitreichender und damit ungenauer, je extensionaler des Begriff des Heiligen in ihr angewandt wird. Eine Theologie, die den Begriff des Heiligen genau so extensional anwendet wie den der Offenbarung, wird totalitär. Eine Theorie des Heiligen leistet dafür umso mehr für Theologie und Religionswissenschaft, je intensionaler sein Begriff für beide gefaßt wird. Die religionswissenschaftlich gemeinte Extension des Begriffs wird zuletzt ganz arbiträr.[25]

---

18 Die einflußreichste Theorie, die vom Mana-, Dynamis-, Macht-(etc.)Gedanken ausgeht, hat nie deutlich genug gesagt, wieso Steigerung (von Macht) zu demselben Heiligen führe wie Abgrenzung (vom Profanen etc.). Der Fehler dieser wie der bis Anm. 23 angeführten Theorien liegt darin, daß sie mit nur einem Element als Ausgangspunkt rechnen.

19 Die Theorie von R. GIRARD erklärt gut die Abfolge Aggression – Vergeltung und die Fortsetzung zu einer Genealogie der Gewalt einschließlich der Mimesis, die von Stadium zu Stadium zur Erneuerung und Kumulation des Gewaltsamen führt; sie erklärt auch Versuche, die Kette von Gewalt und Gegengewalt durch ein Opfer zu beenden. Die Stellvertretung, die zum Sündenbockmechanismus führt, ist als Sühne ein zentrales Moment von Religion. Aber das Heilige wird dadurch nicht erklärt. Wenn es in den Zeugnissen für das Sühneopfer erscheint, läßt sich immer ein zweites Moment für sein Dazukommen finden.

20 Der Erkenntnisfortschritt von W. WUNDT zu N. SÖDERBLOM zeigt besonders gut, wie die Gleichungen »heilig = unrein = tabu« und »profan = rein = Bereich des Alltäglichen« sich wandeln können zu »heilig = rein« und »profan = unrein« und wie schließlich der Bereich des Erlaubten, in dem »rein = gewöhnlich« ist, zwischen dem Heiligen und dem Unreinen steht. Eben daraus geht hervor, daß das Tabuierte weder als das Reine noch als das Unreine allein die Wurzel des Heiligen sein kann.

21 Nur Autoren, die die Bibel zitieren, kommen in ihren Schriften oder Passagen über das Erhabene von diesem auf etwas zu sprechen, das heilig ist, so MOSES MENDELSSOHN (Jubiläumsausgabe 1, 1929, 209; Rhapsodie ed. O. E. Best, 1974, 141 f.) oder RUDOLF OTTO (Das Heilige, 82. 88), andere wie PS.-LONGINOS (das berühmte Einzelzitat von Gen. 1,3 in 9,9 führt nicht darauf), BURKE, SCHILLER oder KANT nicht. HEGEL nennt in seinen »*Vorlesungen über die Philosophie der Religion*« die »Religion des Einen« die »Religion der Erhabenheit« und ist damit weit entfernt vom Heiligen. In der an J.-FR. LYOTARD anschließenden Diskussion, gut dokumentiert in CHR. PRIES (Hrsg.), Das Erhabene, 1989, spielt das Heilige keine Rolle.

22 G. SCHMID, Interessant und Heilig, 1971.

23 Sprachgebrauch, Begriffsgeschichte, Voraussetzungen, Kritik: E. FEIL, Antithetik neuzeitlicher Vernunft. »Autonomie-Heteronomie« und »rational-irrational«, 1987.

24 Für diesen Artikel wird eine solche Prämisse nicht angenommen. Was z. B. DURKHEIM und ELIADE unter *le sacré* verstehen, hat nichts miteinander zu tun.

25 Wohin sie führen kann, zeige z. B. eine Auswahl von Aussagen aus M. ELIADE, Geschichte der religiösen Ideen, Bd. 1, 1978: Die altsteinzeitlichen Frauen-Figurinen stellen die weibliche Sakralität und damit die magisch-religiöse Macht der Göttinnen dar (S. 31). Die Nutzpflanzen sind heilig,

V. Das Heilige als Anhalt für Mimesis

Das Korrelat zu den »Erst«-Setzungen (B III) ist die Bestimmung der Gegebenheit des Heiligen als einer gesellschaftlich erzeugten.[26] So gewiß nun als heilig gerade soziale Wirklichkeiten bestimmt werden müssen, so unkritisch wäre es andererseits, die ganze Wirklichkeit des Heiligen als sozial erzeugt, und damit grundsätzlich Transzendenz als durch immanente Handlungen hergestellt anzusehen. Die einzige Möglichkeit, auch hier kritisch zu bleiben, besteht darin, die Gegebenheit des Heiligen als Mimesis durchzuprüfen.

a) Auch die Mimesis hat einen theologisch-religionswissenschaftlichen Doppelsinn. Wie beim Begriff (C I 1), so wird auch bei ihr eine vorgegebene theologische Eindeutigkeit dazu verhelfen, eine gewisse Sinnmenge gleich eindeutig für die religionswissenschaftliche Begriffsbildung zu reservieren: die christliche Heiligung ist auch eine Mimesis, und zwar weil sie die Heiligkeit Gottes nachahmt. Man darf verallgemeinern, daß der Sinn, der der Stiftung oder Herstellung des Heiligen überhaupt gegeben wird, als solcher, das heißt unabhängig davon, wie das Gestiftete inhaltlich aussieht, das von seinen Urhebern »heilig« genannt wird, ein theologischer ist. Das bedeutet in diesem Falle allerdings nicht, daß dieser Sinn, indem er von der religionswissenschaftlichen Weiterführung einer begriffsintensionalen Sinnmenge *ausgeschlossen* wird, automatisch der Theologie zufällt. Ebenso kann er Ideologie werden.[27]

b) Theologie ist mit → Ideologie verwandt, insofern von beiden eine Idee (oder ein Bewußtsein) der Wirklichkeit entgegen- und in ihr durchgesetzt werden soll. Die Gemeinsamkeit von Theologie und Ideologie ist also eine strukturelle. Wodurch sich beide inhaltlich unterscheiden, wird von der Theologie festgestellt. Was wahres und was falsches Bewußtsein sein soll, bleibt eventuell auch der Auseinandersetzung zwischen verschiedenen theologischen und ideologischen Positionen vorbehalten und wird dort von jeder Seite für sich definiert. In die religionswissenschaftlich weiterzuführende

---

weil sie aus dem Leib einer Gottheit stammen; der Mensch ißt mit seiner Nahrung also letztlich göttliche Wirklichkeit (S. 46). Wenn in der paläolithischen Jägerkultur Knochen und Blut die Sakralität des Lebens darstellen, so wird diese in der darauffolgenden Ackerbaukultur von Samen und Blut verkörpert (S. 47). Das Geheimnis der kosmischen Sakralität ist im Weltenbaum symbolisiert (S. 49). Gegenüber der sumerischen tritt in der akkadischen Zeit der numinose Charakter der Götter stärker hervor: sie flößen heilige Furcht ein, und zwar vor allem durch ihren erschreckenden Lichtglanz (S. 73).

[26] Darin stimmen die sonst sehr verschiedenen Theorien von E. Durkheim und R. Girard überein; vgl. in dieser Hinsicht zur letzteren K. Thomas, Soziologische Zugänge zum Heiligen, in: Kamper, Wulf, Das Heilige, 91–98.

[27] Vgl. C. Colpe, Theologie, Ideologie, Religionswissenschaft. Demonstration ihrer Unterscheidung, 1980, 107–136. Ideologie ist auch die Heilige- und Religionstheorie von R. Caillois geworden, die sich aufs äußerste so verkürzen läßt: Jede intakte Gemeinschaft steht unter oder hinter einem »heiligen« Apriori. Ist eine Gemeinschaft, oder Gesellschaft, dergestalt intakt, wird sie für »das Heilige« auch genügend Raum haben. Gemein- oder Gesellschaften, bei denen das der Fall ist, lassen sich in archaischer Zeit, in Geheimbünden, bei Magiern und Schamanen finden. In moderner Zeit ereignen sich Restitutionen des Heiligen in kollektiven Ereignissen, welche Massen begeistern und den Menschen zum Überschäumen bringen; darin drückt sich nicht Verzauberung, sondern soziale Kraft aus, weil menschliche Bedürfnisse nach flüchtigen, seltenen, heftigen Augenblicken reformuliert werden. Vgl. Anm. 4.

Intension ist nur das mimetische Moment als solches *aufzunehmen* (D I 2c), weil Heiligung zum Begriff des Heiligen gehört wie Handlung zum Begriff des Guten oder Herstellung zum Begriff des Schönen. Hingegen sind die Inhalte, die der Mimesis jeweils gegeben werden, aus dem Begriff herauszuhalten.

C Spezifische Leistung des Begriffs

I. Als adjunktiv zu brauchende Alternative

Der Begriff des Heiligen erträgt es, religionswissenschaftlich oder aber theologisch definierbar zu sein. Das ist wichtig, weil die beiden Wissenschaften sich gegenseitig die Vokabel *das Heilige* nicht wegnehmen können. Der Begriff darf dabei freilich nicht zum gemeinsamen Nenner für beide werden. Das läßt sich nur durch je eine Definition für jede der beiden Wissenschaften verhindern. Dadurch verliert der Begriff des Heiligen seine Extensionalität und wird sowohl theologisch als auch religionswissenschaftlich intensional. Man kann dann auch von einem theologisch und von einem religionswissenschaftlich eindeutigen Begriff des Heiligen reden, die beide alternativ zueinander stehen. Daß sich auch der erstere dergestalt vereindeutigen läßt, gehört zur Leistung des zusammengesetzten Begriffs.

1. zur theologischen Intension

Sie ist am eindeutigsten, d. h. ohne religionswissenschaftliche Beimischung, von Karl Barth entwickelt worden.[28] Er geht ganz von der Heiligkeit Gottes aus und setzt den Heiligen Geist und die Heiligung des Menschen in bestimmte Beziehungen. Mit dieser Eindeutigkeit der theologischen Intension des Begriffs, die weiter kein Thema dieses Artikels ist, wird auch die andere Intension eindeutig, nämlich diejenige, die religionswissenschaftlich weiterzuführen ist (siehe D II 2). Inhaltlich besagt dies, daß die biblischen Texte Bestandteil desselben Fundus historisch bezeugter Heiligkeitsattribute sind[29], aus dem von der Religionswissenschaft eine Prädikatorenauswahl für Begriffsbildung und von der Theologie eine normative Summe für Bekenntnisbildung gewonnen wird. Umgekehrt wird eine theologische Sinnmenge (wie z. B. das »Ganz andere«, siehe B II a) eindeutig, die aus dem religionswissenschaftlichen Begriff auszuscheiden und der Theologie zuzuweisen ist.

2. zum objektiv Numinosen

Rudolf Otto meinte mit dem Anspruch seiner phänomenologisch verifizierbaren Beschreibung des Numinosen gleichwohl in erster Linie das Wesen des Heiligen an sich. So etwas ist logisch nur möglich, indem man konsequent und ausschließlich »oben« einsetzt. Indem Otto das *»fascinans«* und das *»tremendum«* zu Momenten desselben »Numinosen« erklärt, wird die jüdisch-christliche Theozentrik zum methodologischen

---

[28] Die Kirchliche Dogmatik IV/2, 1955.

Ausgangspunkt. Darin liegt zwar eine Grenze, aber auch eine nicht zu unterschätzende Leistungsfähigkeit religionswissenschaftlicher Analyse, weil sie sich auch am wissenschaftsgeschichtlichen Ausgangspunkt, der Einsicht in die Ambivalenz des altrömischen *sacrum*, zu orientieren vermag.[30] Da dieses eine merkwürdige »Familienähnlichkeit« mit dem altisraelitischen *qodaš* hat, braucht mit jener Orientierung das theologische Apriori nicht unbedingt nur scheinbar überwunden zu werden.

3. zum permanent Epiphanen

Für MIRCEA ELIADE sind die Hierophanien letztlich wichtig nicht nur für religionsgeschichtliche Erkenntnis, sondern auch, um auf die Objektivität des Heiligen zu schließen, das an Sein gesättigt sei und deshalb die durch die Hierophanien einschließlich ihres profanen Elements hindurch wirkende Kraft habe, sich zu zeigen. Das zweite Anliegen unterliegt derselben Kritik wie der ontologische Gottesbeweis.[31] Das erste Anliegen aber demonstriert deutlich derzeit noch bestehende methodologische Defizite einer historischen Phänomenologie und einer historischen Psychologie der Religion. Beide Disziplinen brauchen nicht ab ovo entwickelt zu werden, sondern könnten hier kritisch ansetzen.

II. Als disjunktiv verfahrende Fremdsetzung

1. im Verhältnis zum sogenannten Profanen

Das Heilige steht per se, einerlei ob als Begriff oder als Seiendes, in Differenzen zu Nichtheiligem, die von Fall zu Fall verschieden zu bestimmen sind (Diaphora, Heterotes, konträrer oder kontradiktorischer Gegensatz). Parallel und teilweise überschneidend gibt es Differenzen zwischen religiös und nichtreligiös. Für die Bestimmung aller Differenzarten ist die Unterscheidung von heilig und profan von großem heuristischen Wert. Mit ihr sind die modernen Wissenschaftssprachen dem Lateinischen verpflichtet und bleiben es auch dann, wenn sie für beides gleichsinnige oder sinnverwandte Ausdrücke

---

[29] Dies ist der Ort, den biblischen Sprachgebrauch einzubringen: F. HAUCK, Art. hósios, in: ThWbNT 5 (1954) 488–491; O. PROCKSCH, K. G. KUHN, Art. hágios, in: ThWbNT 1 (1933) 87–112; G. SCHRENK, Art. hierós, in: ThWbNT 3 (1938) 221–247; G. LANCZKOWSKI, D. KELLERMANN, M. LATTKE, J. LAUBE, Art. Heiligkeit, in: TRE 14 (1985) 695–712; s. auch Anm. 17.

[30] Der Art. von A. DIHLE, heilig, in: RAC 14 (1988) 1–63 zeigt durch Anleitung zu Rückschlüssen aus dem griechischen, römischen, jüdischen und christlichen Sprachgebrauch ausgezeichnet auf, wo hier nicht nur Unterschiede, sondern auch Übereinstimmungen bestehen. Vergleicht man diesen Befund mit dem anderer Kulturkreise – etwa bei BROR TILIANDER, Christian and Hindu Terminology 140–150 –, so ergibt sich überdies ein semantisches Feld, in dem die mediteranen Kulturen, deren Vergleich bei Beschränkung auf sie sonst schon als rel.-wiss. Durchbruch zu Analyse und/oder Vergleich des Verschiedenen gilt, im Ganzen übereinstimmen. Für eine »mediterrane Gemeinsamkeit« gegenüber noch anderen Kulturen wird das in der Sammlung von J. RIES, L'expression du sacré, aufgearbeitete Material auch von C. COLPE, Art. Sacred and the Profane, 513–518 ausgewertet.

[31] Zu ergänzen durch die Kritik am »Phänomen«- und »-phanie«-Verständnis mit B. GLADIGOW, Religionsgeschichte des Gegenstandes – Gegenstände der Religionsgeschichte, in: H. ZINSER (Hrsg.), Religionswissenschaft, 1988, 6–37, dort 10–12.

aus eigener sprachlicher Tradition haben. Mit *sacrum* wird für den Römer eigentums- und bodenrechtlich geregelt, was den Göttern gehört oder ihnen verfallen ist; wenn von *sacrum* die Rede ist, braucht jedoch ein Gottesname nicht hinzugefügt zu werden, da es sich von selbst versteht, daß es mit dem Vollzug und der Stätte von Kult zusammenhängt. *Profanum* ist das, was »vor dem Tempelbezirk« ist; die Bezeichnung bleibt in älterer Sprache auf Örtlichkeiten beschränkt. *Profanare* ist ursprünglich das »Herausbringen« des Opfers »vor den Tempelbezirk (das *fanum*)«, in welchem das Opfer vollzogen worden ist. *Sacer* und *profanus* sind also an Örtlichkeiten gebunden, welche sich gegenseitig begrenzen, oder deren eine – ein für *sacer* erklärtes Grundstück – innerhalb der anderen – der Umgebung, die profan genutzt werden darf – *sanctum*, d. h. eingehegt oder eingegrenzt ist. Die lokale Bestimmtheit der Ausdrücke wirkt in ihrer Einfachheit bis auf den heutigen Tag und suggeriert überdies, sie enthalte eine Definition oder wenigstens die wichtigsten Merkmale einer solchen.

2. im Verhältnis zu sonstigem der Alltagsgewohnheit Fremden

Statt der Negationen, der Privationen und des »Ganz anderen« (B II) stehe »das Fremde«, das der hier geforderten Logik völlig genügt. Hierhin gehören alle unter B III b genannten Tatbestände, aus denen sich das Heilige nicht entwickelt hat, sondern neben denen es in einem gleichartigen Verhältnis zum Nichtheiligen steht.

III. Als umfänglich beschreibende Identifikation[32]

Die Auswahl der Zeugnisse muß auf die beiden Möglichkeiten eingeschränkt werden, daß sie für sich schweigen und nur aus Zusammenhängen interpretiert werden können – namentlich für den Menschen, welcher zwar geredet hat, dessen Sprache wir aber nicht kennen, also für den Menschen in ur- und frühgeschichtlicher Zeit –, oder daß sie eine symbolische Form annehmen.

1. Handlungszusammenhänge

Stumme Zeugnisse können nur als heilige erkannt werden, wenn sie auf bestimmte Handlungen hinweisen, deren Resultat sie möglicherweise sind. Als solche kommen in Frage das Aus-dem-Alltag-Nehmen, das Weihen oder Geloben, das Bannen, das Verbieten, das Ordnen, das Reinigen.

---

32 Als Kern der Befunde, die in Synonymie gesetzt Gründe liefern, vom Heiligen in der Einzahl zu reden, stellen sich Grundgegebenheiten wie Abgrenzung, Kraft, Übersteigerung, Distanzierung, Andersheit dar. Die erkenntnistheoretischen Schwierigkeiten bei der Identifizierung des Heiligen werden geringer, wenn man auf größere Systeme blickt, innerhalb welcher sich die genannten Grundgegebenheiten gegenseitig ergänzen. Auf diese Weise kann man nicht nur die »Ideogramme« von Heiligem in den Texten wiedererkennen, sondern auch Heiliges verstehen, als wäre es erklärt. Heiliges kann man aber nicht nur verkennen, wo es da ist, man kann auch Nichtheiliges als Heiliges verkennen (unter anderen Voraussetzungen so auch R. GIRARD passim zu *méconnaissance*). Darauf konzentriert sich C. COLPE, Über das Heilige. Versuch, seiner Verkennung kritisch vorzubeugen, 1990.

2. Symbolische Formen

Sie können sprachlich wie nichtsprachlich sein. Im ersten Falle ist zu unterscheiden zwischen der Sprache, welche im Bereich der Gegenstände des Religionshistorikers gesprochen wird, und derjenigen, welche der letztere selber spricht. Ein methodischer Defekt liegt häufig dann vor, wenn es zwischen den beiden Übergänge und Gemeinsamkeiten gibt.
a) Man kann eine solche Unterscheidung am besten durchführen, indem man *Selbstdefinition* und *Fremddefinition* des Heiligen nach Möglichkeit auseinander hält. Beide Male wird das Heilige auf eine bestimmte Weise identifiziert. Die Selbstdefinition ist in den Terminologien derjenigen Sprachen enthalten, in welchen religiöse und nichtreligiöse Dokumente überliefert sind; methodologisch gesehen, kommen sie Objektsprachen völlig gleich. Fremddefinitionen sind außer aus linguistischen auch aus den modernen soziologischen, psychologischen, ästhetischen und möglichen weiteren Kategorien zu entwickeln, unter welchen man das Heilige auch unabhängig von solchen Begriffen zu erfassen gesucht hat, die man mit »heilig« zu übersetzen pflegt; methodologisch gesehen, kommt dies einer Metasprache gleich.
b) Bei symbolischen Formen, die nichtsprachlich sind, entfällt die Selbstdefinition völlig. Die *Fremddefinitionen*, auf die man sich beschränken muß, sind hier, anders als eben, zwar sprachlich, aber nicht metasprachlich, weil der Gegenstandsbereich, zu welchem die Darstellung im Verhältnis eines Meta-Status steht, eben nicht in Sprache, sondern etwa durch soziale Vorgänge, anthropologische Gegebenheiten oder durch Kunstwerke sich ausdrückt. Eine solche symbolische Form ist auch das Verhalten des Mystikers, welcher reden könnte, aber schweigt. (Um das schweigende Empfinden zu konstatieren, benötigt man Indizien für den Sachverhalt, daß wegen Heiligkeit geschwiegen wird.)
c) Die Fremddefinition kann gegenüber sprachlichem wie gegenüber nichtsprachlichem Ausdruck affirmativen Charakter annehmen und damit in die *Selbstdefinition* dessen umschlagen, der sich mit dem Überlieferten identifiziert, liege dieses nun in einem Text, einem Ereignis, einer psychischen Struktur oder in einem Kunstwerk. Der Definierende kann sich dergestalt zur Heiligkeit bekennen und verschleppt dann eine religiöse Aussage in die Metasprache. Dies geschieht zuweilen in der Religion des Gelehrten.

D Zur weiteren religionswissenschaftlichen Intension des Begriffs

I. Retinenda

1. Erkenntnistheorie

a) *Modifikation des kategorialen Gebrauchs a priori*: In seinem Buch »*Kantisch-Fries'sche Religionsphilosophie und ihre Anwendung auf die Theologie*« (1909) hat Rudolf Otto den Apriori-Begriff auch in seiner Beziehung zum Gottesgedanken noch kategorial aufgefaßt. Das verhinderte die Objektivierung Gottes neben oder über anderen Objekten und beugte seiner Einordnung in eine der verschiedenen Relationen vor: Gott muß Raum und Zeit sowie jede besondere Relation überschreiten können. Entsprechend hätte auch das Heilige als in einem transzendentalen Urverhältnis zu den Dingen stehend angesetzt werden müssen, doch ist das nicht mehr konsequent geschehen (siehe b). So wären andere Verifikationsmöglichkeiten durchzuproben. Sollten sie weiter in einem Bereich gesucht werden, der bisher mit Kryptotheologie besetzt war, könnte er nur Metaphysik und diese nur im Sinne von HEINRICH SCHOLZ, »*Metaphysik als strenge Wissenschaft*« (1941), sein. Eher dürften sich Verifikationen in erneuerter Phänomenologie, Psychologie, Ästhetik, Ethik vornehmen lassen. Der Begriff des Heiligen müßte zu den fälligen Erneuerungen selbst mit beitragen und müßte dabei unbedingt geschichtlich gehalten werden.[33]

b) *Ablehnung der Psychologie des Irrationalen:* In seinem Buch »*Das Heilige*« (1917) hat RUDOLF OTTO die transzendentalphilosophische Position verlassen, den Apriori-Begriff aber nicht aufgegeben, sondern in psychologische Richtung umgedeutet. Die Transzendentalität des Rationalen am Apriori-Begriff wird damit zum Vermögen des Denkens, rational zu sein. Dieses Vermögen kann dann dem Irrationalen entgegengestellt werden. Die rationalen Ideen Absolutheit, Notwendigkeit und Wesensbeschaffenheit, ebenso wie die Idee des Guten, die einen objektiven und gültigen Wert ausdrückt, müssen auf das zurückgeführt werden, was unabhängig von der Erfahrung in der »reinen Vernunft« liegt, das irrationale Moment des Heiligen aber auf die »reinen« Ideen des Göttlichen oder Numinosen. Hier, unter dem Aspekt der Irrationalität, wird »rein« das Prädikat von etwas psychisch Gegebenem, das Apriori wird emotional.[34] Damit wird das Ganze falsch, und richtig bleibt nur die Ambivalenz auf der Ebene der psychischen Phänomene: indem OTTO den positiven Aspekt des Heiligen mit dem numinosen Moment *fascinans* und einigen Untermomenten des numinosen Moments *tremendum* beschreibt und den negativen Aspekt mit einem Untermoment des letzteren, das er »das Schauervolle« nennt, hat er für zahllose Untersuchungen den entscheidenden Hinweis gegeben.[35]

c) *Transzendentales und historisches A priori:* Auch an Stelle der innere Erfahrung suchenden Introspektion kann eine logisch-analytische, transzendentale Methode angewandt werden, und zwar zur Untersuchung der Möglichkeiten sowohl der inneren Erfahrung als auch der historischen Erkenntnis.[36] Die Diskussion dieser Alternative hat früher für eine Standortbestimmung der Religionsphilosophie und damit auch der Religion innerhalb von Kultur- und Wissenschaftssystematisierungen viel erbracht, die Klärung des Begriffs des Heiligen aber eingeschränkt. Hier läßt sich nur weiterkommen, indem man sich dieses Begriffes ausschließlich für phänomenologische Namengebung bedient. Dabei muß man die Phänomene natürlich in ihrer – historischen und geographischen – Partikularität belassen: das Heilige ist kein Wechselbegriff für das Religiöse und muß nicht immer und überall nachgewiesen werden können.[37]

---

33 Das geschichtlich Heilige ist etwas Anderes als das Heilige als eine »Kategorie des vernünftigen Geistes« (R. OTTO), als ein »religiöses Apriori« (in) der Geschichte (E. TROELTSCH), als das »Heilige in der Erscheinung« (M. ELIADE).

34 Zusammenfassung der Kritik von S. HOLM, Religionsphilosophie, 1960, 64f.

35 Mehr z. B. bei H.-J. FRAAS, Die Religiosität des Menschen. Ein Grundriß der Religionspsychologie, 1990, 52–55, bes. zur Weiterentwicklung des Anlagegedankens.

36 H.-I. MARROU, Über die historische Erkenntnis, 1973.

37 Kombiniert man die Gegensatzpaare Weltlichkeit/Religion und Profanität/Heiligkeit, so bleiben sinnvoll 1. Weltliche Profanität oder umgekehrt (z.B. unser Alltag); 2. a) Weltliche Heiligkeit (als ästhetische Kategorie, übernehmbar z. B. aus dem alten Israel für alles in der Schöpfung einschließlich der Natur, was Gott geheiligt hat), b) Heilige Weltlichkeit (anwendbar im Sinne z. B.

2. Erfahrungswissenschaft

Nichtkantische Religionsphilosophen und -wissenschaftler haben sich gern an die innere Erfahrung[38] gehalten. Das, was dabei gefunden wurde, war in der Geschichte leicht wiederzuentdecken. Die »Erfahrungsmethode«, die zur Psychologie tendiert, war deshalb mit der historisch-genetischen Methode stets vorzüglich vereinbar. Unbemerkt, oder jedenfalls nicht gelöst blieb aber das Problem der Verkennung. Dies ist nur zu unterlaufen durch eine Kontrolle a priori. Die »Erfahrungswissenschaft« von JAKOB FRIEDRICH FRIES (von dem auch dieser Terminus stammt[39]) hat unter dieser Kontrolle gestanden (RUDOLF OTTO hat sie richtig gewollt, aber sie ist ihm entglitten).
a) *Heiliges im Denken und Fühlen:* Gegenüber der Rationalisierung wie der Emotionalisierung des Apriori kommt es darauf an, ganz ebenso wie die Frage nach der Gültigkeit der Erkenntnis mit dem erkenntnistheoretischen Apriori gestellt wird, die Frage nach der Gültigkeit des Heiligen parallel zum religiösen Aprioribegriff zu stellen.[40] Weiterführend käme es darauf an, das Heilige als komplexe Kategorie a priori zu begreifen, nicht damit man von ihm an sich Erfahrungen machen kann, sondern um in Erfahrung und Erkenntnis, auch in der historischen, das Heilige zu identifizieren.[41]
b) *Heiliges im sozialen Handeln:* Es bestehen nicht nur Beziehungen zwischen – jetzt in Allgemeinbegriffen gesprochen – dem Heiligen und dem Profanen je in ihrer Komplexität, sondern auch zwischen dem Heiligen und (1) dem Dämonischen, (2) dem Profanen und (3) dem Bösen, (4) dem Profanen und dem Dämonischen und (5) dem Heiligen und dem Bösen. Die erste und zweite Beziehung hat ontologische Implikationen, die dritte und vierte ethische, die fünfte beide. Der Aspekt des Dämonischen wird ausgeblendet, wenn man die Frage stellt, ob wir ohne die Wiederherstellung der Kategorie des Heiligen, die am gründlichsten von der Aufklärung zerstört wurde, eine Ethik haben können, die mit den extremen Machtmöglichkeiten fertig wird, die der Mensch heute hat, die ihm unter der Hand anwachsen und ihn zur Anwendung treiben; denn vielleicht ist ja nur die ehrfürchtige Scheu vor dem Heiligen von den Berechnungen irdischer Furcht unabhängig.[42] Die Religionswissenschaft muß sich um diese ethischen Implikationen insoweit kümmern, wie ihr etwa die Aufgabe gestellt wird, sie zu beschreiben, einschließlich des Tatbestandes, daß auch der Atheist die Natur, und die Kreatur, heilig (nicht = göttlich) halten kann.

---

des *Contrat Social* bei ROUSSEAU); 3. a) Religiöse Profanität (z. B. gewisse Staatsriten und Ideologien), b) Profane Religion (z.B. Civil Religion, aber nicht die heidnische Religion im Urteil der Kirchenväter); 4. a) Religiöse Heiligkeit (als Phänomen z. B. so, wie sich Gott und »das Heilige« in jüdisch-römisch-griechisch-christlich-frühislamischer Tradition präsentiert; vgl. Anm. 30); b) Heilige Religion (wenn der Begriff des Heiligen vor Doppelsinnigkeit gesichert ist, können einige seiner Definitionen z. B. für alles, was nicht Zivilreligion ist, akzeptiert werden).

38 Nachweise bei G. KNAUSS, Art. Erfahrung, innere, in: HWbPh 2 (1972) Sp. 619f.

39 Sämtliche Schriften, hrsg. von G. KÖNIG und L. GELDSETZER, Bd. 4, 1967 (= Heidelberg 1807), 14; vgl. H. MEY, HWbPh 2, Sp. 621ff.

40 Letzteres wie bei A. NYGREN, Die Gültigkeit der religiösen Erfahrung, 1922, weitergeführt in: Meaning and Method, 1972, 167–185.

41 Ähnlich F. K. FEIGEL, Das Heilige, 1948.

42 H. JONAS, Wissenschaft als persönliches Erlebnis, 1987.

II. Initianda

1. Ästhetik

Im Sinne der Intentionen, die die hier zu machenden Vorschläge enthalten, ist »die optische Konstruktion des Heiligen« als Teil einer Religionsästhetik aufzunehmen.[43]

2. Phänomenologie

Folgende Festlegungen für kleinste Gegebenheiten, die innerhalb sich wandelnder historischer Zusammenhänge, Situationen, Folgeverhältnisse etc. selbst nicht mehr veränderlich sind, sollen gelten. Ein Phänomen ist entweder einfach oder komplex. Der Komplexitätsgrad richtet sich danach, aus wievielen Elementen das Phänomen besteht. Um die Identität eines Phänomens zu gewährleisten, ist eine Mindestzahl von Elementen nötig. Beim einfachen Phänomen sind es zwei. Die Grenze zwischen einem einfachen und einem komplexen Phänomen ist fließend, doch gibt es genügend Fälle, in denen man eindeutig sagen kann, ob es sich um das eine oder um das andere handelt. Ein Phänomen wird benannt. Damit stellt man ein dialektisches Verhältnis her zwischen einer Konstitutierung des Gegenstandes, die durch eine Benennung allererst herbeigeführt wird, und seiner empirisch-historischen Gegebenheit, von der her der ihm gegebene Name das Wesentliche einfach ausdrückt.

a) *Das Heilige als Element eines Phänomens:* Phänomene sind beispielsweise Gegenstände und Erscheinungen der Natur, Produkte des *homo faber*, Poieseis und Praxeis, Ideen und Vorstellungen, räumliche und zeitliche Einheiten. Ein jedes kann heilig genannt werden, wenn mindestens zwei Elemente, die früher als einzelne verwirrend zur Begriffsextension beigetragen haben, vertreten sind: Ein Meteorit erschreckt, und es bedarf einer außeralltäglichen Mühe, ihn an dem Ort aufzusuchen, wohin er aus einer anderen Welt gefallen ist; Gewalt wird angewandt, und eine höhere Ordnung soll an ihre Stelle treten; eine Vision wird erlebt, und sie veranlaßt den, der sie hat, sich für etwas zu weihen. Die Elemente müssen verschieden und dürfen nicht ineinander überführbar sein: Der gefährliche Abgrund ist nicht schon deshalb heilig, weil es verboten ist, sich ihm zu nähern; ein Krieg ist nicht schon deshalb heilig, weil er schaudern macht; Ekstase ist nicht schon deshalb heilig, weil sie fasziniert. Der Umgang mit Elementen gestattet es auch, den Tatbestand einfacher zu fassen, der anspruchsvoll eine Dialektik von Heilig und Profan genannt worden ist: So ist ein Ort noch profan, solange er, und sei es schon mit Absicht für kultischen Gebrauch, bloß hergestellt ist, aber er wird heilig, wenn das Element der Weihung hinzukommt; die Tollwut ist profan, wenn sie lediglich eine Krankheit, d. h. eine außeralltägliche Angelegenheit ist, aber sie ist heilig, wenn sie der Reinigung in einem Tauchbad unterliegt, das gegen den Biß der Konkupiszenz, Verwirrung des Geistes und fötale Lebensabtötung genommen wird.[44]

b) *Das Heilige als Merkmal eines Typus:* Typen ordnen vor allem Personencharaktere und Gemeinschaftsformen. Ein Typus kann dem von ihm geordneten Bereich die Qualität des Heiligen mitteilen, wenn sich eine gewisse Anzahl der Merkmale, deren jedes für

---

[43] H. Cancik, H. Mohr, Art. Religionsästhetik, in: HrwG 1, 147f.

[44] Weiterführung der Interpretation von E. Peterson, Die Behandlung der Tollwut bei den Elchasaiten nach Hippolyt, in: ders., Frühkirche, Judentum und Gnosis, 1982, 221–235.

sich genommen ein Heiligkeitsattribut nahelegt, aber im Unklaren läßt, zusammenfassen läßt. Wie groß diese Anzahl sein muß, hängt von den Kriterien ab, die im Zusammenhang der jeweiligen religionswissenschaftlichen Fragestellung festgelegt werden. Inhaltlich könnte sich dieselbe auch der Qualifikationen, die laut »*Codex Iuris Canonici*« (1999–2141) für die Heiligsprechung gelten, als Merkmalskatalog bedienen, da dieser weitgehend dem Fundus einschlägig benennbarer oder objektsprachlich festgelegter Überlieferung gleichkommt, aus dem Prädikatoren entnommen werden dürfen.[45]

3. Das Heilige als geschichtliches Phänomen

Wenn sich mehrere Phänomenelemente und Typenmerkmale miteinander verbinden lassen, kann auch die eine der beiden nächstgrößeren Einheiten, eben das Phänomen, als ein heiliges qualifiziert werden. Damit diese Qualifikation nicht unter den Doppelsinn zurückfällt, von dem ein Moment durch Vereindeutigung geklärt werden sollte (C II), muß man mit Variablen einer *virtuellen Präsenz* rechnen.[46] Virtuelle Präsenzen sind eng begrenzte materielle oder situative Gegebenheiten in der Geschichte, die sich durch historisch-phänomenologische Analyse so herausarbeiten lassen, daß sie für die Feststellung der Anwesenheit besonderer Qualitäten offen bleiben, darunter auch der des Heiligen (Beispiele: die unzugänglich gehaltenen Teile steinzeitlicher Höhlen; Vergemeinschaftungen durch gewisse Mahlzeiten; Ausfüllbarkeit von Zeiten; Ereignisträchtigkeit von Situationen).

Literatur

Baetke, W., Das Heilige im Germanischen, 1942; Brereton, J. P., Sacred Space, in: ER (1987) 526–535; Caillois, R., Der Mensch und das Heilige (frz. 1950), 1988; Castelli, E., Il Sacro, 1974; Cazeneuve, J., Sociologie du rite, 1971; Colpe, C. (Hrsg.), Die Diskussion um das »Heilige«, 1977; ders., Art. (The) Sacred and the Profane, in: ER 12 (1987) 511–526; ders., Über das Heilige. Versuch, seiner Verkennung kritisch vorzubeugen, 1990; Dinzelbacher, P., Bauer, D. R. (Hrsg.), Heiligenverehrung in Geschichte und Gegenwart, 1990; Durkheim, É., Die elementaren Formen des religiösen Lebens (frz. 1912), 1984; Eliade, M., Das Heilige und das Profane (frz. 1949), 1957; ders., L. E. Sullivan, Art. Hierophany, in: ER 6 (1987) 313–317; Feigel, F. K., Das Heilige, 1948; Feil, E., Antithetik neuzeitlicher Vernunft. »Autonomie – Heteronomie« und »rational – irrational«, 1987; Gebser, J., Ursprung und Gegenwart, 1966; Girard, R., Das Heilige und die Gewalt (frz. 1972), 1987; ders., Le bouc émissaire, 1982; ders., Des choses cachées depuis la fondation du monde, 1978; Gladigow, B., Religionsgeschichte des Gegenstandes – Gegenstände der Religionsgeschichte, in: H. Zinser (Hrsg.), Religionswissenschaft, 1988, 6–37; Grand-Maison, J., Die Welt und das Heilige, 1970; Kamper, D., Wulf, Chr. (Hrsg.), Das Heilige. Seine Spur in der Moderne, 1987; Lange, D., Der Begriff des Heiligen in den theologischen und politischen Schriften Emanuel Hirschs, in: Ringleben, J. (Hrsg.), Christentumsgeschichte und Wahrheitsbe-

---

[45] Die Ordnung von Gemeinschaftsformen wird im Artikel → Religionstypen genauer behandelt.

[46] Mit der Bezeichnung *virtualism* für den modus der Anwesenheit von Leib, Blut und Werk Jesu Christi in den unverwandelt bleibenden eucharistischen Elementen nach calvinistischer Lehre – derselben, der die Lutheraner mißverständlich Spiritualpräsenz unterstellten, indem sie »Realpräsenz« dagegensetzten – ist anglikanischen Theologen, die neben der Schrift die Vernunft als Norm anerkannten und aristotelisch geschult waren, ein formal-begriffslogisch treffender Terminus gelungen.

wußtsein 1991, 188–225; Lévi Makarius, L., Le Sacré et la violation des interdits, 1974; Mol, H., Identity and the Sacred, 1976; Otto, R., Das Heilige. Über das Irrationale in der Idee des Göttlichen und sein Verhältnis zum Rationalen, 1917; Oxtoby, W. G., Art. Holy (Idea of the), in: ER 6 (1987) 431–438; Paus, A., Religiöser Erkenntnisgrund, 1966; Reinhardt, H., Die Sprachebenen Denken und Glauben. Erörtert am Beispiel des Heiligen, 1973; Ries, J. (Hrsg.), L'expression du sacré dans les grandes religions, 3 Bde., 1978–1986; Schmid, G., Interessant und Heilig, 1971; Splett, J., Die Rede vom Heiligen. Über ein religionsphilosophisches Grundwort, 1977; Sproul, B. C., Sacred Time, in: ER 12 (1987) 535–544; Stock, R. D., The Holy and the Demoniac from Sir Thomas Browne to William Blake, 1982; Tiliander, B., Christian and Hindu Terminology. A Study in Their Mutual Relations with Special Reference to the Tamil Area, 1974; Tworuschka, U., Abschied vom Heiligen?, in: Theologie der Gegenwart 17 (1974) 162–169; Warnach, W., Wege im Labyrinth, 1982; Webb, E., The Dark Dove. The Sacred and Secular in Modern Literature, 1975.

Carsten Colpe

Heilsbewegung

1. Heilsbewegungen sind soziale Bewegungen, mit denen Angehörige von Stammesgesellschaften auf die Konflikte reagiert haben, die durch den Kontakt mit der technologisch überlegenen euro-amerikanischen Kultur verursacht wurden. Dabei geht es um den Versuch der Einheimischen, ihre von der Kolonialisierung beeinflußten Lebensbedingungen zu beschreiben und nach eigenen Maßstäben durch kollektive Handlungen weiter zu verändern. Häufig, aber nicht immer, wird eine Vertreibung der Weißen angestrebt. Heilsbewegungen nehmen in der Regel eine religiöse Gestalt an. In ihnen mischen sich traditionelle Glaubensvorstellungen und Ritualpraktiken mit Elementen des von den Missionen vermittelten Christentums.
So haben die Einheimischen die Rückkehr von mythischen → Kulturheroen mit messianistischen Zügen erwartet oder das christliche Motiv des »Tausendjährigen Reiches« umgedeutet. Dementsprechend erscheinen Heilsbewegungen in der Literatur als »messianistische«, beziehungsweise als »millenaristische« oder »chiliastische« Bewegungen. Wo man den Versuch der Einheimischen für wesentlich hält, in Abgrenzung gegen die Weißen bestimmte Aspekte der traditionellen Kultur zu bekräftigen, dort werden Heilsbewegungen als »Revitalisations-« oder → »nativistische« Bewegungen aufgeführt.[1] Der allgemeinere Begriff → »Krisenkulte« dagegen bezieht sich mehr auf die Ursachen als auf die Inhalte von Heilsbewegungen.

2. Ein Beispiel für Heilsbewegungen sind melanesische → *Cargo-Kulte*[2], denen die Vorstellung zugrunde liegt, daß die Weißen ihre Güter – das *cargo* – durch ein magisches Geheimritual herstellen oder daß die Güter von den Ahnen der Einheimischen produziert

[1] Die meisten Versuche, Heilsbewegungen zu klassifizieren, beziehen sich auf die grundlegenden Arbeiten von Linton, Nativistic Movements und Wallace, Revitalization Movements.
[2] Zum Thema Cargo-Kulte: Burridge, Mambu; Lawrence, Road Belong Cargo; Worsley, The Trumpet Shall Sound.

werden. Mit Hilfe der Cargo-Riten wollen die Kulturteilnehmer die Ankunft der Ahnen herbeiführen oder das Geheimritual entdecken. Die Erlangung des Cargos überwindet – so die Hoffnung der Einheimischen – die im Verhältnis zu den Weißen bestehenden Unterschiede. Damit soll sich für die Einheimischen die Möglichkeit ergeben, mit den Weißen die für die traditionelle Kultur charakteristischen Reziprozitätsbeziehungen aufzunehmen.

3. Die Einheimischen erklären sich die verschiedenen Aspekte der Kolonialerfahrung nach traditionellem Muster. Es kommt also in den Interpretationen der Einheimischen eher zu einer Anpassung des Fremden an das Bekannte als umgekehrt. Obwohl Heilsbewegungen Elemente des Christentums aufnehmen, muß deshalb ihr Ziel nicht notwendig mit christlichen Heilsvorstellungen zusammenfallen. Der als → »Heil» angestrebte Zustand wird vielmehr von den Werten und Idealen der jeweils betroffenen Kulturen bestimmt.

4. Heilsbewegungen sind dadurch gekennzeichnet, daß sie – religiös begründet – auf intra- oder interkulturelle Konflikte reagieren. Darüber hinaus ist es nicht sinnvoll, den Begriff »Heilsbewegungen« auf alle vergangenen oder gegenwärtigen sozialen Bewegungen zu übertragen, die ein »dies-« oder »jenseitiges« Heil anstreben.

Literatur

Burridge, K., Mambu. A Melanesian Millennium, 1960; La Barre, W., Materials for a History of Studies of Crisis Cults: A Bibliographic Essay, in: Current Anthropology 12 (1971), Nr. 1, 3–44; Lanternari, V., Religiöse Freiheits- und Heilsbewegungen unterdrückter Völker (ital. 1960) 1968; Lawrence, P., Road Belong Cargo, 1964; Linton, R., Nativistic Movements, in: Am. Anthropologist 45 (1943) 230–240; Mühlmann, W. E., Chiliasmus und Nativismus. Studien zur Psychologie, Soziologie und histor. Kasuistik der Umsturzbewegungen, 1961; Thrupp, S. (Hrsg.), Millennial Dreams in Action, 1962; Wallace, A., Revitalization Movements, in: Am. Anthropologist 58 (1956) 264–281; Wilson, B., Magic and the Millennium, 1973; Worsley, P., The Trumpet Shall Sound, 1957.

Holger Jebens

→ *Apokalyptik / Chiliasmus / Messianismus, Cargokult, Heil, Imperialismus / Kolonialismus, Krise, Nativismus*

Heirat

I. Liebesheirat und Brautpreis: Zu den sozialen Bedingungen der Heirat

1. Die Vorstellung von der Liebesheirat (»Mystik des Paares«) bestimmt erst in den westlichen Gesellschaften des 19. und 20. Jahrhunderts die ethischen und rechtlichen Normen. In einer extremen Privatisierung der politischen Ideale der Französischen Revolution wurde gefordert, was im Staat nicht durchsetzbar erschien: Gleichheit, Gleichberechtigung, Unabhängigkeit, Freiheit der Wahl und Abwahl des Partners.[1] Die Realität sieht demgegenüber anders aus, weil selbst in der Oberschicht die »romantische Liebe« nicht zur Institution werden konnte – trotz finanzieller Unabhängigkeit und der Versorgung der Kinder durch Ammen. Geschlechtsspezifische Rollenzuweisung von männlichem Verdienst in der Öffentlichkeit und weiblicher unbezahlter Kindererziehung (die aber ihrerseits als »legitime« Kinder große Vorteile genießen) in einem vom »großen Haus« auf »Wohnung« reduzierten Bereich lassen in der Gegenwart die Heirat eher zu einer Beschränkung der Entfaltungsmöglichkeiten werden; die Ehe als Lebensform »bis daß der Tod sie scheidet« verliert an Attraktivität zugunsten einer Akzeptanz der sukzessiven Polygamie.[2] Die Ehe in den Industriestaaten bildet durch die ausgeprägte Neolokalität eine extreme Sonderform in ihrer geringen Einbindung in den sozialen Normendruck und durch die geringe Solidarität, verstärkt durch die medizinischen Voraussetzungen der Planung und Vermeidung von Kindern.[3]

2. Gelten hier Liebe und Privatheit als Voraussetzung der Heirat, so stehen in den meisten anderen Kulturen wirtschaftliche Übereinkunft zweier Familien und gesellschaftliches Ansehen besonders durch Kinder im Interesse der Heirat. Freilich ist die Heirat nicht auf die Funktion wirtschaftlicher Vorteile oder der Erzeugung von Kindern zu reduzieren: Den »Brautpreis«, der aus der Diskussion um die Heirat als Urform des Privateigentums und des Staates, um »Raub- oder Kaufehe« übrigbleibt[4], sollte man

---

[1] Vgl. J. W. Goethe, Wahlverwandtschaften, 1809; K. Barth, Mann und Frau, ²1967 (= ders., Die kirchliche Dogmatik III, 4, 1951). Zur Kritik: M. O. Métral, Le mariage. 1977, dt. 1981; E. Badinter, L'amour en plus, dt. u. d. T.: Die Mutterliebe, 1981.

[2] Zu den soziobiologischen Begründungen: W. Wickler, Die Biologie der Zehn Gebote, ²1977, 145–164; ders., U. Seibt, Männlich-Weiblich. Der große Unterschied und seine Folgen, 1984.

[3] B. Malinowski, The Family among the Australian Aborigines (1913), hielt die »Kernfamilie« *(nuclear family)* für eine universale Institution, während M. Mead (»Coming of Age in Samoa: a psychological study of primitive youth for Western civilization«, 1928; »Sex and Temperament in Three Societies«, 1935) die »Natürlichkeit« einer solchen Einschränkung widerlegte. Als soziales Regelwerk weiterentwickelt: E. Bott, Family and Social Network, 1957. – Gegen eine »vorindustrielle Großfamilie« M. Mitterauer, Der Mythos von der vorindustriellen Großfamilie, in: Rosenbaum (Hrsg.), Familie und Gesellschaftsstruktur, 128–151; ders., Historische Familienforschung; Shorter, Modern Family; ders., A History of Women's Body, 1982, dt. ²1987; für diese These s. die Arbeiten von Weber-Kellermann (vgl. Bibliographie); Bimmer, Familienforschung, 243.

[4] R. König, Einführung, in: Die Braut, 25–37; K. Volprecht, Frauenraub-Raubheirat-Brautraub, ebd., 102–107. → Geburt a 2.

eher als ein Entgelt für die in der Braut-Familie verloren gegangene Arbeitskraft ansehen, die »Mitgift« als Versorgungsfond für den Fall früher Witwenschaft.[5] Die Geburt von Kindern verstärkt das Ansehen besonders der eingeheirateten Frau; Unfruchtbarkeit ist aber – zumindest in polygamen Kulturen[6] – kein Grund, die Liebe zu entziehen: Schönheit und Gefallen, Harmonie und Sexualität stehen als Grundbedingung einer Ehe in Konkurrenz zu materiellen Interessen.[7]

II. Normierung und Ethisierung

1. Genitale Sexualität ist in keiner Kultur an eine Heirat gebunden; aber eine öffentliche Anzeige der dauerhaften Bindung verändert den sozialen Status der Eheleute und bindet sie an das für die Ehe geltende Normensystem ihrer Gesellschaft. Erst eine neuerliche öffentliche Bekanntgabe kann diesen besonderen Status wieder beenden. Die Scheidung kann von einem einfachen einseitigen Wegschicken oder Wegziehen aus dem gemeinsamen Haus bis zu einem nur unter komplizierten Begründungen zu erlangenden Verfahren ohne Recht zu einer neuen Heirat gehen. Besonders in der katholischen Kirche wurde die Heirat zu einem Eintritt in die Naturordnung stilisiert, die legitim nur über das monopolisierte *sacramentum* zu erreichen ist. Im Hochmittelalter hat die Reformbewegung um Cluny (Ivo von Chartres) eine Normierung in der Oberschicht durchzusetzen versucht gegen den Widerstand der lokalen Kirchenvertreter, die im Interesse des Fortbestandes der Adelsfamilien eine sukzessive Polygamie duldeten.[8] Eine allgemeine Durchsetzung des sakramentalen Heiratsritus als Voraussetzung der Ehe gelang erst durch den städtischen, dann staatlichen Zugriff auf das private Leben im 16. Jh.[9] Aber auch diese allgemeine Durchsetzung ist sozial beschränkt, für Unterschichten gab es noch im 19. Jh. zahlreiche Eheverbote.[10]

2. Religiöse Reformbestrebungen zeichnen sich meist auch durch abweichende Normen zur Sexualität aus. Umgekehrt gehört der Vorwurf der Promiskuität zum Repertoire

---

[5] J. Goody, Entwicklungsgeschichtliche Überlegungen zu Brautpreis und Mitgift, in: Die Braut, 88–101. Für das antike Griechenland: G. Wickert-Micknat, Die Frau (Archaeologia Homerica III R), 1982. Brautpreis und Mitgift sind keine sich ausschließenden Gegensätze, vgl. T. Vetscher, Betrothal and Marriage among the Minas of South Rajasthan, in: Man in India 53 (1973) 387–413.
[6] Vgl. im AT das Verhalten Abrahams gegenüber Sarah und Hagar; Jakobs gegenüber Rahel und Lea (Gen. 21 und 29).
[7] H. Medick, D. Sabean (Hrsg.), Emotionen und materielle Interessen, 1984.
[8] Duby, Le chevalier, la femme et le prêtre.
[9] Tridentinum 1563 (H. Denzinger, Enchiridion [36]1976, c. 1797–1816). Dagegen hatte Luther die Ehe als »ein weltlich Ding«, primär als Vereinbarung der Ehegatten verstanden: WA 6, 550–560; 30 III, 205–248. Zur Reglementierung des Lebens im 16. Jh.: R. van Dülmen, Volksfrömmigkeit und konfessionelles Christentum im 16. u. 17. Jh., in: W. Schieder (Hrsg.): Volksreligiosität in der modernen Sozialgeschichte (Geschichte und Gesellschaft, Sonderheft 11), 1984, 14–30. Die historische Perspektive zeigt, daß man die Scheidung nicht als Säkularisierung verstehen kann; vgl. noch Blasius, Ehescheidung in Deutschland.
[10] M. Mitterauer, Ledige Mütter, 1983.

religiöser Polemik.[11] Die Polygamie im Täuferreich von Münster (1534/35)[12] und der Mormonen[13] sind Beispiele für Normenänderung nach vollzogener Trennung (→ Sekte). Asketische Heiratsverbote (Mönchstum, Zölibat) können sich nur auf einer breiten Grundlage der »normalen« Gesellschaft entwickeln und halten. Die Nonne verzichtet nicht auf die Ehe, sondern sie wird die Braut Christi. Daneben entwickeln sich Formen des Ehelebens, die nur den Genitalverkehr ausschließen, wie die frühchristlichen Syneisakten.[14]

III. Die Heirat als Ritual: Das antike Griechenland als Beispiel

Die Heirat ist für beide Akteure ein Ritual der Änderung des sozialen Status (→ Übergangsriten).[15] Voraus geht eine Zeit, in der die erwachsen werdenden Mädchen von einer erfahrenen Frau auf die Ehe vorbereitet werden.[16] Man vergleicht sie mit einer Blumenwiese, bevor der Pflug darüber geht.[17] Die Heirat beginnt mit einem Opfer *(protéleia)*. Beim Essen »gibt« dann der Vater die Braut an den Bräutigam »heraus«.[18] Der fährt die Entschleierte mit einem Maultiergespann in sein Haus. Die Heirat verbindet Elemente der Trauer[19] als Abschied vom Zuhause mit denen der festlichen Ausgelassenheit, die vor dem Hochzeitsgemach ins Drastische umschlagen kann. Dies geschieht wohl vorwiegend in dem einen »Heiratsmonat« *(Gamelión)*, also kollektiv im Frühjahr nach dem Fest der Götterhochzeit des Zeus mit der Hera.[20] Für das Brautbad wird ein

---

11 A. Henrichs, Pagan Ritual and the Alleged Crimes of the Early Christians, in: Kyriakon. Festschr. J. Quasten, Bd. 1 (1970) 18–35.

12 J. M. Stayer, Vielweiberei als »innerweltliche Askese«, in: Mennonitische Geschichtsblätter 37 (1980) 24–41; M. Henning, Askese und Ausschweifung, ebd. 40 (1983) 25–45; M. Kobelt-Groch, Warum verließ Petronella ihren Ehemann? ebd. 43/44 (1986/87) 62–79.

13 J. Ginat, Frauen in der polygynen Mormonengesellschaft, in: Die Braut, 210–216; Ab 1852, seit 1890 staatlich verfolgt, aber von Fundamentalisten teilweise noch geübt.

14 »Vorbild« Paulus und Thekla; s. Cyprianus, Epistula 4, 1–5 (CSEL III 2, 472–478); J. Delarun, Erotik und Enthaltsamkeit. Das Kloster des Robert von Arbissel (frz. 1986) 1987. Zur Bedeutung von Augustins Eheauffassung (der selbst nach 15 Jahren seine Lebensgefährtin verließ): H. Cancik, Zur Entstehung der christlichen Sexualmoral, in: B. Gladigow (Hrsg.), Religion und Moral, 1976, 46–68.

15 Angesichts der großen Unterschiede der Heiratszeremonie auch in den einzelnen Kulturen (dazu die Beiträge in: Die Braut) erscheint es sinnvoll, nur eine Kultur zu skizzieren. Zu Lebenslaufritualen → Geburt I. Zur Heirat in Griechenland S. B. Pomeroy, Goddesses, Whores, Wives and Slaves (^{2}1984) dt. 1985; G. Wickert-Micknat (wie Anm. 5); Vernant, Die Heirat; Humphreys, Family, Women and Death, 58–78. Bremmer, Birth, Maturity and Death, Cp. 5.

16 Zum »Mädchenpensionat« der Sappho: R. Merkelbach, Sappho und ihr Kreis, in: Philologus 101 (1957) 1–29; C. Calame, Les chœurs des jeunes filles en Grèce archaique, 2 Bde., 1977.

17 Davon ist die Metapher »deflorieren« abgleitet. W. Burkert, Die betretene Wiese, in: H. P. Duerr (Hrsg.), Die wilde Seele. Zur Ethnopsychoanalyse von Georges Devereux, 1987, 32–46.

18 I. Jenkins, Is there Life after Marriage? in: Bulletin of the Institute of Classical Studies 30 (1983) 137–145.

19 R. Seaford, The Tragic Wedding, in: Journal of Hellenic Studies 107 (1987) 106–130.

20 Nilsson, Wedding Rites in Ancient Greece gegen M. Bieber, in: Hesperia Suppl. 8 (1949) 31–38. Zum *Hieros Gamos:* Ilias 14, 346–51; F. Graf, Nordionische Kulte, 1985, 93–96 (Samos); L. Deubner, Attische Feste, 1932, 177f. (Athen).

besonders wertvolles Tongefäß benötigt, das Mädchen, die vor der Hochzeit starben, auf ihr Grab gesetzt bekommen. Die Feier endet mit der Einschreibung der Braut in die Phratrie ihres Mannes.

Literatur

Die Braut: Geliebt – verkauft – getauscht – geraubt. Zur Rolle der Frau im Kulturvergleich. Katalog zur Ausstellung Köln, hrsg. v. G. VÖLGER, K. v. WELCK, 2 Bde., 1985; BIMMER, A. C., Familienforschung, in: R. W. BREDNICH (Hrsg.), Grundriß der Volkskunde, 1988, 235–250; BLASIUS, D., Ehescheidung in Deutschland 1794–1945, 1987; BREMMER, J., Birth, Maturity and Death in Ancient Greece, 1991; DUBY, G., Le chevalier, la femme et le prêtre. Le mariage dans la France féodale (1981), dt. 1985; HUMPHREYS, S., The Familiy, Women and Death, 1983; MARTIN, J. u. a. (Hrsg.), Aufgaben, Rollen und Räume von Frau und Mann, 1989; MÉTRAL, M. O., Le mariage (1977), dt. 1981; MITTERAUER, M., Historische Familienforschung, 1982; MÜLLER, E. W. (Hrsg.), Geschlechtsreife und Legitimation zur Zeugung, 1985; NILSSON, M. P., Wedding Rites in Ancient Greece, in: ders., Opuscula Selecta 3 (1960) 242–250; PEUCKERT, W.-E., Ehe, 1955; ROSENBAUM, H. (Hrsg.), Seminar: Familie und Gesellschaftsstruktur, 1978; SHORTER, E., The Making of the Modern Familiy, dt. 1977; VERNANT, J.-P., Die Heirat, in: ders., Mythe et Société (1981), dt. 1987, 51–72; WEBER-KELLERMANN, I., Die deutsche Familie, 1974; dies., Die Familie, 1976 (Bildmaterial).

Christoph Auffarth

→ *Ehe, Familie, Fruchtbarkeit, Verwandtschaft*

Henotheismus / Monolatrie

Als Neubildung (aus heís und theós – ein Gott, im Gegensatz zu mónos – *nur* ein Gott) wurde der Begriff von FRIEDRICH MAX MÜLLER in die Religionswissenschaft eingeführt. In seinen »*Vorlesungen über den Ursprung und die Entwickelung der Religion*« (1878)[1] sollte mit dem Begriff eine Phase der religiösen Evolution bezeichnet werden, in der »ein Glaube an einzelne, abwechselnd als höchste hervortretende Götter« herrsche. Davon unterscheidet er eine voraufgehende Stufe, in der sich die Sprache erst den Begriff der Gottheit bildete aus »greifbaren, halbgreifbaren und ungreifbaren Gegenständen«;

[1] Dt. 1880; v. a. S. 312. Zuvor schon 1860 verwendet in »*Essays*« 1 (^{2}1879) 328–359. Dort dürfte es von FRIEDRICH WILHELM JOSEPH SCHELLING übernommen sein, der in seiner »Philosophie der Mythologie«, Bd. 1 (1856 = ND 1976), 119–143, bes. 133 u. 137 von »Eingötterei« bzw. »relativem Monotheismus« spricht als der Religion der vorgeschichtlichen / vorsintflutlichen Zeit, die abgelöst wurde – in Analogie zur sprachlichen Entwicklung von der Ein- zur Zwei- und Vielsilbigkeit – von Dytheismus und Polytheismus. Vgl. ROBERT MACKINTOSH, Art. Monolatry and Henotheism, in: ERE 8 (1915) 810 f.; MICHIKO YUSA, Art. Henotheism, in: ER 6 (1987) 266 f. Antike Selbstbezeichnungen spielen keine Rolle: 'hd JHWH (Dtn 6,4) oder heís theós (1 Kor 8,6). Vgl. den deutschtheologischen Artikel heís ThWB 2 (1935), 432–440 von ETHELBERT STAUFFER.

nämlich Naturphänomen[2]; aus dem Henotheismus habe sich der Polytheismus entwikkelt, in dem dauernd ein Gott über den anderen stehe; schließlich der Monotheismus.[3] Henotheismus bezeichnet in einem evolutionistischen Konzept eine frühe Stufe der Entwicklung, den Eingottglauben, ohne auf Urmonotheismus bzw. Uroffenbarung zurückgreifen zu müssen.
EDUARD VON HARTMANN folgte in »*Das religiöse Bewußtsein der Menschheit im Stufengang seiner Entwicklung*« (1882) MÜLLER, nimmt aber eine doppelte Möglichkeit der Weiterentwicklung an: entweder – wie MÜLLER – hin zum Polytheismus oder aber zum »Monismus«, aus dem sich wiederum ein primitiver Monotheismus bilden kann. In dieser Form: Henotheismus als Frühform von Monotheismus wurde in der Folgezeit das Wort meist verwendet, besonders für Israels Religion (für diese hatte JULIUS WELLHAUSEN den Begriff Monolatrie eingeführt), oder für ECHNATONs Versuch, in Ägypten die exklusive Verehrung Atons durchzusetzen.[4]
GERARDUS VAN DER LEEUW kritisierte[5]: »Das ist die im Henotheismus mißverstandene Wahrheit: der Mensch hat es nie mit einer göttlichen Gesellschaft zu tun, ... zu der er in Beziehung tritt, sondern immer nur mit Macht, Wille und Gestalt, wie sie in einem bestimmten Augenblick aktuell eingreifend, sichtbar werden.« VAN DER LEEUWs Kritik beruht auf der Annahme eines *Glaubens* an das Konstrukt des einen Meta-Gottes »Macht« der Phänomenologie, ist aber insofern berechtigt, als der *Kult* sich auch im Polytheismus an eine Gottheit richtet. Diese exklusive Anrufung in den vedischen Hymnen hatte MÜLLER beschrieben, sie aber als eine Stufe der religiösen Evolution begreifen wollen.

Christoph Auffarth

→ *Gottesvorstellungen*

Hermeneutik

Hermeneutik, gr. *hermeneutiké téchne* (PLATON, Politikos 260 d) – Auslegekunst, Technik der Zeichendeutung, bezeichnet im engeren Sinne die Theorie und Methodik der → Exegese. Philosophische Hermeneutik ist eine Lehre vom »Verstehen«. Die philosophische Aporie der Hermeneutik wird praktisch erprobt in Feldforschungen und

2 MÜLLER, Vorlesungen, 193–249.
3 Ebd., 291–355.
4 Vgl. ERIK HORNUNG, Der Eine und die Vielen, 1971, 11–13. 232f.; MARTIN ROSE, Der Ausschließlichkeitsanspruch Jahwes, (Beiträge zur Wiss. vom Alten u. Neuen Testament 106), 1975.
5 G. VON DER LEEUW, Phänomenologie der Religion, ²1956, 189.

Theorien der modernen Anthropologie und Ethnologie[1]: Wie kann die Fremdheit nichteuropäischer Kulturen adäquat in einem Kategoriensystem erfaßt werden, das wesentlich eurozentrisch ist und dessen universale Bedeutung umstritten bleibt?

Literatur

Betti, E., Die Hermeneutik als allgemeine Methodik der Geisteswissenschaften, ²1972; ders., Zur Grundlegung einer allgemeinen Auslegungslehre (Nachwort v. H. G. Gadamer, 1954), ²1988; Flashar, H., Gründer, K., Horstmann, A. (Hrsg.), Philologie und Hermeneutik im 19. Jahrhundert. Zur Geschichte und Methodologie der Geisteswissenschaften, 1979; Gadamer, H. G., Wahrheit und Methode (1960), ³1972 = 1975; Bd. 2: Ergänzungen und Register (Ges. Werke Bd. II) 1986; Kohl, K.-H., Entzauberter Blick. Das Bild vom guten Wilden und die Erfahrung der Zivilisation, 1981; ders. (Hrsg.), Mythen der Neuen Welt. Zur Entdeckungsgeschichte Lateinamerikas, 1982; Kramer, F., Verkehrte Welten. Zur imaginären Ethnographie des 19. Jahrhunderts, 1977; Mazzoleni, G., Il diverso e l'uguale. La concettualizzazione della diversità nei contatti interculturali, 1975; Nassen, U. (Hrsg.), Klassiker der Hermeneutik, 1982 (zu Baruch de Spinoza, J. M. Chladenius, F. A. Wolf, F. Ast, F. D. E. Schleiermacher, A. Böckh, W. Dilthey, S. Freud, M. Heidegger, H. G. Gadamer).

Hildegard Cancik-Lindemaier

→ *Allegorese/Allegorie, Buchreligion, Exegese, Religionsethnologie (Bd. 1, 158ff.), Tradition*

Hermetik

1. Hermetik ist eine auf die Gestalt des Hermes Trismegistos zurückgeführte Geheimlehre, zwischen 100 vor und 200 nach der Zeitenwende entstanden. Im Mittelalter wird unter Hermetik in der Regel die Alchemie verstanden, seit dem 18. Jahrhundert bezeichnet ›Hermetik‹ bzw. ›hermetisch‹ meist Geheimlehren und Geheimgesellschaften ohne direkten Bezug auf Hermes Trismegistos und die antike Hermetik, z. B. Hermetische Bruderschaft des Lichtes, USA 1885; Hermetischer Orden der Goldenen Dämmerung,

[1] Paradefall sind die Bestseller von H. P. Duerr und die dadurch ausgelöste Diskussion: Traumzeit, 1978; Sedna oder die Liebe zum Leben, 1984; Der Wissenschaftler und das Irrationale (hrsg. v. H. P. Duerr), 1981; vgl. auch: R. Gehlen, B. Wolf (Hrsg.), Der gläserne Zaun. Aufsätze zu H. P. Duerrs ›Traumzeit‹, 1983.

England nach 1880.[1] Im modernen Sprachgebrauch bedeutet ›hermetisch‹ auch ›dicht verschlossen, luft- und wasserdicht‹. Unter ›hermetischer Literatur‹ wurde zunächst nur das sog. *Corpus Hermeticum* verstanden, heute wird die Bezeichnung vielfach allgemein für okkulte Schriften verwendet.

2. Hermes Trismegistos ist die graecisierte Form des ägyptischen Gottes Thot, des Gottes der Schrift und Gelehrsamkeit. Im *Corpus Hermeticum* erscheint er als Offenbarer, der in Lehrvorträgen oder Gesprächen seinem Sohne Tat geheime – hermetische – Weisheit vermittelt. Das ›*Corpus*‹, Bruchstücke des griechischen Textes, in Manuskripten des 14.–16. Jahrhunderts und Kirchenväterzitaten[2] überliefert, umfaßt heute 18 Titel, zu denen noch der lateinisch überlieferte, zunächst dem APULEIUS zugeschriebene Traktat *Asclepius* tritt. Die erste lateinische Übertragung findet sich 1471 bei MARSILIO FICINO, die erste deutsche Ausgabe unter den »*Chymischen Schriften*« des BERNHARD VON DER MARK (1574). Die wohl letzte Schrift, die sich ausdrücklich auf Hermes Trismegistos als ›Autor‹ zurückführt, ist die *Tabula smaragdina,* die jedoch erst im 8. Jahrhundert unter den Werken des DJÂBIR IBN HAYYÂN nachweisbar ist. ALBERTUS MAGNUS kennt eine lateinische Fassung, sie gilt in der Folgezeit als alchemistische Werklehre.

Die Gedankenwelt des *Corpus Hermeticum* und damit der Hermetik ist ein Musterbeispiel des → Synkretismus, in dem hellenistisch-jüdische, neuplatonische, neupythagoreische und orphische Gedanken zusammenfließen, ohne jedoch zu einer Einheit zu verschmelzen (→ Mystik). Einflüsse aus dem ägyptischen Denken, die eigentlich zu erwarten gewesen wären, haben sich nicht nachweisen lassen, ebenso ist die Verbindung zur frühchristlichen Gnosis weitgehend ungeklärt: Berührungen dürften weniger auf wechselseitige Beeinflussung zurückzuführen sein als vielmehr auf einen gemeinsamen Urgrund. Die altchristlichen Kirchenväter haben einen erbitterten Kampf gegen die hermetische Lehre geführt, die durch ihre nicht zu leugnende Nähe zu gewissen christlichen Lehren, vor allem auch zu den johanneischen Schriften, in die Kirchenlehre einzudringen drohte.[3]

3. Die Hermetik beansprucht, wie es die *Tabula smaragdina* in Satz 1 formuliert, den Besitz der absoluten Wahrheit.[4] Diese Wahrheit beinhaltet die Erkenntnis der spiegelbildlichen Entsprechung des Oben und Unten, des Makro- und Mikrokosmos, des

---

[1] Hermetic Brotherhood of Light: nach THEODOR REUSS soll der »*Ordo Templi Orientalis*« auf sie zurückgehen. *Hermetic Order of the Golden Dawn,* das berühmteste Mitglied war ALEISTER CROWLEY, vgl. R. G. TORRENS, The Secret Rituals of the Golden Dawn, 1973.

[2] CYRILL V. JERUSALEM, Contra Julianum I,306; ATHENAGORAS, cap. 28; TERTULLIAN, Adversus Valentinianos 15; LAKTANZ, Institutiones divinae IV,6,4 und VII,13,8; AUGUSTINUS, De civitate Dei XVIII, 39,40.

[3] Vgl. G. SCHNEIDER, Geistesgeschichte des antiken Christentums, 1954.

[4] »In Wahrheit, gewiß und ohne Zweifel«, so die arabische Fassung, lateinisch lautet der Satz: »*Verum, sine mendacio, certum et verissimum*« (nach BURCKHARDT, Alchemie, 220).

Himmels und der Erde[5]: die Einheit des Ganzen.[6] Von hier aus schließt die Hermetik auf die göttliche Wesenheit aller Dinge, auf die Panharmonie aller Weltgesetze und den großen Konsens aller Weisheitslehren. Damit ergibt sich ein Bezug zur Lehre vom *lógos spermatikós,* wie auch der Ansatz zum Synkretismus. Die Hermetik ist Philosophie, ihr fehlen alle kultischen und ritualen Elemente, besonders auch die für initiatorische Gemeinschaften typischen Reinigungsriten und Gradsysteme.[7] Nach hermetischer Lehre kommt der Zugang zur rettenden Wahrheit durch die Vernunft allein von Gott, denn sie ist Teil Gottes[8], ein Streben allein aus der menschlichen Natur heraus ist vergeblich.

Der der Hermetik zugrunde liegende Gedanke von der Entsprechung und letzten Einheit aller Dinge erfährt in der *Alchemie* den stärksten, aber auch verwirrendsten Ausdruck. Das »*Große Werk*«, in dem die unedlen Metalle auf ihren Urstoff, die *materia prima,* zurückgeführt werden, um sich dann zu Gold und Silber zu wandeln, ist nur verständlich, wenn man von dieser Einheit und Entsprechung des Oben und Unten, des Großen und Kleinen ausgeht. Allerdings ist die alchemistische Symbolwelt so verschlüsselt, daß ein Eindringen in sie fast unmöglich ist – das »*Große Werk*« erschloß sich nur dem, der im alchemistischen Laboratorium arbeitete, der das Unbekannte mit Unbekannterem zu erklären vermochte.

4. Die hermetische Philosophie blieb in ihrer ursprünglichen Form im byzantinischen Raum über den Neuplatonismus lebendig, der Übergang in den arabisch-islamischen Raum erfolgte über die esoterische Deutung des islamischen Einheitsbekenntnisses in der Lehre von der Einheit alles Daseins. Über Byzanz und vor allem über das arabisch besetzte Spanien drang die Hermetik – in ihrem Gefolge die Alchemie[9] – in den europäischen Raum vor. Während der Renaissance kam es zu einem Aufblühen dieser Lehren (Agrippa von Nettesheim, Nicolaus von Kues, Paracelsus), allerdings stießen sie bereits auf ein Denken, das sie zwangsläufig aufheben mußte: den humanistischen Rationalismus.

5. Im 17. Jahrhundert führen vor allem die *Rosenkreuzer* eine letzte Blüte der Hermetik und der Alchemie herauf,[10] doch schon hundert Jahre später sind sie aus dem allgemei-

---

[5] *Tabula smaragdina 2:* »Das Untere ist gleich dem Oberen und das Obere gleich dem Unteren«, die arabische Fassung hat: »Das Höchste kommt vom Niedrigsten und das Niedrigste vom Höchsten« (Burckhardt, 219 u. 221).

[6] *Tabula smaragdina 3:* »So wie alle Dinge aus Einem und durch die Betrachtung eines Einzigen hervorgegangen sind, so werden auch alle Dinge aus diesem Einen durch Abwandlung geboren.« (ebd. 219). Vgl. auch Corp. Herm. (zitiert nach Nock-Festugière) Traktat IX; XVI (Asklepios an den König Ammon) 17–19; Asclepius 19–20.

[7] Es bleibt nur das Gebet, vgl. Corp. Herm., Poimandres 30–32.

[8] Corp. Herm. Traktat XII (Hermes Trismegistos über die allgemeine Vernunft an Tat), 1 ff.

[9] Die Übertragung der Alchemie ist vor allem mit dem Namen *Geber* verbunden. *Geber* ist die latinisierte Form des Namens des Djâbir ibn Hayyân, dem zahlreiche alchemistische Bücher zugeschrieben werden. Nach neueren Forschungen ist jedoch nur das »*Buch der Barmherzigkeit*« echt, einige der unter seinem Namen umlaufenden Texte werden nicht in Spanien, sondern in Süditalien angesiedelt (vgl. Biedermann, Handlexikon, 124–126).

[10] Eingeleitet wurde diese Entwicklung durch Johann Valentin Andreae*s: Chymische Hochzeit Christiani Rosencreutz. Anno 1459.* (Straßburg 1614).

nen Bewußtsein verschwunden; nur noch Außenseiter, zu denen auch GOETHE gehörte, beschäftigten sich noch mit dieser Thematik. Eine gewisse Weiterführung hermetischer und alchemistischer Gedanken geschah in der »*Hermetischen Freimaurerei*«. Nach ihrer Vorstellungswelt symbolisieren die alchemistischen Transmutationsprozesse die Wandlung des groben, unwissenden Menschen zum veredelten, geläuterten Wesen. Eine besondere Rolle spielen hierbei die um 1750 entstandenen »*Illuminés d'Avignon*«. Ihr »*Rite hermétique*« oder »*Rite de Pernetty*«, der ursprünglich 9 Grade umfaßte, erhielt noch einen 10. hinzugefügt, den des »*Sonnenritters*«, eine umfassende Einführung in hermetische und gnostische Wissenschaft.
Dieser Grad ging später in dem XXVIII° des »*Schottischen Ritus*« auf, dem »*Ritter der Sonne*« oder »*Prinz Adept*«. Weitere hermetische Systeme sind die »*Elus Coën*« und die »*Gold- und Rosenkreuzer*«. In der französischen Freimaurerei des 20. Jh. ist es vor allem OSWALD WIRTH, der diese Gedanken weiterträgt.[11]
In der Gegenwart ist die Hermetik als eigenständige Größe weitgehend verschwunden, auch das immer stärker werdende Interesse am → Okkultismus und der → Esoterik hat bisher wenig daran geändert.

Literatur

ALLENDY, R., La Table d'Emeraude d'Hermès Trismégiste avex les commentaires de l'Hortulain, 1921; BIEDERMANN, H., Handlexikon der magischen Künste, (1968) [2]1976; BURCKHARDT, T., Alchemie. Sinn und Weltbild, 1960; JUNG, C. G., Mysterium Coniunctionis, 3 Bde., 1955–1957; KROLL, J., Die Lehren des Hermes Trismegistos, 1914; NOCK, A. D., FESTUGIÈRE, A.-J., Corpus Hermeticum, 4 Bde., 1945–1954; RUSKA, J. F., Tabula Smaragdina, 1926; SCOTT, W., Hermetica, 4 Bde., 1924–1936.

Ekkehard Hieronimus

→ *Alchemie, Esoterik, Mystik, Okkultismus*

Heroismus

1. ›Heroismus‹, eine moderne Prägung, leitet sich von Heros (gr. *héros*) ab, einem Namen für mythische Ahnen und Helden einer Gruppe; Heroen sind in der griechischen Kultur Stifter, Wohltäter, Retter (gr. *euergétes, sotér*) in einer fernen, → archaischen ›Urzeit‹, oft Söhne von Göttern.
Im Hellenismus und in der römischen Kaiserzeit übernimmt der → Herrscherkult ›heroische‹ Vorstellungen. Bereits vor Konstantin erhält auch Christus die Züge eines

[11] Vgl. OSWALD WIRTH: Le Symbolisme hermétique dans ses rapports avec l'Alchimie et la Franc-Maçonnerie, [2]1931.

Imperators und Heros, zumal er nach antiker Theologie als Sohn eines Gottes und einer sterblichen Frau die für Heroen typische Genealogie besitzt. Sein Leiden (gr. *páthos*) und seine Himmelfahrt (gr. *apothéosis*) passen zu der ›tragischen‹ Rolle des Heros; vgl. die Leiden und die Apotheose des Herakles und des Dionysos.

Der moderne bzw. (neo)pagane ›Heroismus‹ feiert – in einem kleinen Kreis oder massenhaft – (a) ein ›übermenschliches‹ Genie in der Rolle des Künstlers, Politikers oder Religionsstifters oder (b) den ›Genius‹ einer Altersklasse, eines Volkes oder Kulturkreises, wobei eine Schicht, ein Volk oder Reich sich in Heroen verwandeln kann. Der Massencharakter und die organisierte Erzeugung von Heroismus ist – im Unterschied zur Vereinzelung und Einsamkeit der antiken Heroen – das spezifisch Moderne. ›Militarismus‹ und ›Faschismus‹ sind deshalb die zeitgenössischen Namen des Heroismus, wobei aber deren Traditionalismus nicht zu übersehen ist.

2. »Seinem Kaiser und Helden das geheime Deutschland« stand auf der Schleife des Kranzes, den nach der Weltkriegs-Niederlage Mitglieder des GEORGE-Kreises, der sich als das »heimliche Deutschland« verstand, am Porphyr-Sarkophag Friedrichs II. im Dom von Palermo niederlegten. In Erwartung des »Neuen Reiches«[1] gedachte diese mit messianischem Anspruch auftretende ›Elite‹ des großen Staufers.[2] Nach seinem Tode hatte das Zwischenreich *(interregnum)* begonnen. Für die Georgianer war offensichtlich nicht nur die Weimarer Republik ein weiteres Interregnum; sie sahen vielmehr in der Geschichte seit Friedrichs II. Tod ein einziges Interregnum und beschworen deshalb seinen Namen, an den sich die ursprüngliche Kyffhäuser-Legende knüpft. Ein ›charismatischer Führer‹ soll er gewesen sein, ›investiert‹ mit dem Amtscharisma der römisch-deutschen Kaiser; er sollte wiederkehren und ›das Reich‹ retten, oder besser: es wieder errichten, in alter Herrlichkeit, ja in größerem Glanz denn je: das »Dritte Reich« als das »tausendjährige«.[3]

Wir haben es dabei mit einer vielfachen Kontamination zu tun: In diesem mittelalterlichen Kaiser, dessen Rolle eine Synthese aus römischem Caesar Augustus, germanischem Geblütskönig, byzantinischem Basileus, jüdischem Davididen und Christus Pantokrator darstellt, begegnet zugleich ein charismatischer *sotér* und Heiland, teils jüdisch-christlicher, teils sybillinisch-vergilischer Herkunft, und ein griechisch-römischer Heros, der auf die *Condottieri* der Renaissance vorausweist.[4] Als deren ›*Heros anonymos*‹ feierte ihn der damalige Georgianer ERNST KANTOROWICZ.[5] FRIEDRICH NIETZSCHE nannte ihn »das Genie unter den deutschen Kaisern«. Dieser Ausdruck, der für das 19. Jh. typisch ist, weist auf den »Übermenschen« hin. Friedrich II. war institutionell ›der‹ Kaiser und persönlich ein Genie[6]: »Kaiser und Held«, deutscher Kaiser und deutscher Held, ein Arminius redivivus, ›Genius‹ der Deutschen.

---

1 Vgl. S. GEORGE, Das neue Reich, 1928.

2 R. FABER, Roma aeterna, Kap. I 5 b.

3 FABER, Abendland. Ein politischer Kampfbegriff, 1979, 17–20.

4 FABER, Die Verkündigung Vergils, Kap. II, 2–4.

5 E. KANTOROWICZ, Kaiser Friedrich der Zweite, [3]1931, 612–615.

6 FR. NIETZSCHE, Der Antichrist, Kap. 60, in: Werke in drei Bänden, hrsg. v. K. SCHLECHTA, 1965, Bd. 2, 1233. – Zum Geniebegriff vgl. K. ZILSEL. Die Entstehung des Geniebegriffs. Ein Beitrag zur Ideengeschichte der Antike und des Frühkapitalismus, 1926; W. LANGE-EICHBAUM, Genie, Irrsinn und Ruhm, 1928, [4]1956.

3. Was in der römischen Religion als göttliche Kraft eines jeden Menschen, dann als Genius ›großer Männer‹, schließlich der gottähnlichen bis gottgleichen Caesaren verehrt worden ist[7], wird zum Synonym des »Volksgeistes« oder »Volkscharakters« und später der »Rassenseele«.
Untrennbar von Heldenruhm und Heldenkult sind Großmannssucht, Selbstbeweihräucherung und ›Caesarenwahn‹, der in der (Selbst-)Zerstörung kulminiert, der vielfach zelebrierten »Götterdämmerung«. Ob Herostrates den Tempel von Ephesos in Brand steckt, Nero am Ende einer gescheiterten Regierung Rom, ob Hitler sich unter den Trümmern der Reichskanzlei das Leben nimmt, nachdem er dem deutschen Volk das Lebensrecht abgesprochen hat[8], – jedesmal wird historisches Ereignis, was ›die‹ Mythologie antizipiert: der »Bacchant des Hades«, als den EURIPIDES den amoklaufenden Herakles bezeichnet hat.[9]
Herakles, die Projektionsfigur vieler Herrscher,[10] war ein Halbgott, Sohn des Zeus und der sterblichen Alkmene. Am Ende seines Lebens wurde er in die Reihen der Unsterblichen aufgenommen; er war ein *sotér,* Vollbringer übermenschlicher Taten zum ›allgemeinen Besten‹, ein Zivilisations- und Kulturbegründer, und doch auch – in seinem Wahnsinn, unmittelbar vor seiner Apotheose – ein Ungeheuer, wie er deren viele vernichtet hatte. Dieser Mythos kann als Parabel dienen für die archaisierende Sitte, den »großen (Caudillo, Vorsitzenden und) Bruder« – wie die Götter selbst – als Raubtier zu bezeichnen und vorzustellen.[11] Derselbe Mythos kann auch Institutionen beleuchten wie die Superinstitution Staat, den NIETZSCHE als »kältestes Ungeheuer« bezeichnete[12] – wohl im Gedenken an HOBBES' »Großen Leviathan«, der »sterblicher Gott« genannt worden war.[13]

4. Der Kult individueller und kollektiver Heroen gewinnt leicht die Züge eines unterweltlichen Bacchanals. Die großen Verbrecher enthemmen, ziehen an, erregen Begeisterung und verlocken zur Unterwerfung, ja zur Selbstvernichtung. Als »Soldat« von einem »Christus Imperator Maximus« die Welt zur »Plünderung« überlassen zu bekommen,[14] läßt es als möglich erscheinen, an seinem individuellen oder kollektiven Heroismus zu partizipieren; umso leichter, wenn er ein Stück von einem selbst ›ist‹: »Kamerad« Hitler.[15]

---

7 Vgl. H. KUNKEL, Der römische Genius, 1974.

8 FABER, Roma aeterna, Kap. II 18.

9 Vgl. J.-P. VERNANT, Die religiöse Erfahrung der Andersheit: das Gorgo-Gesicht, in: R. SCHLESIER (Hrsg.), Faszination des Mythos, 1985, 399–420; zu Herostrates im Atomzeitalter vgl. G. ANDERS, Die Antiquiertheit des Menschen, Bd. 1, [5]1980, 250f., 316–318.

10 Für die römische Antike: HERODIAN 1,14,8; CASSIUS DIO 72,15,6; 72,20,2f.; vgl. auch die Büste des Commodus als Herakles (Rom, Konservatorenpalast) und den Beinamen »Herculius«, den Diokletian seinem Mitregenten Maximian im Jahre 286 verlieh.

11 Vgl. KARL FÜRST SCHWARZENBERG, Adler und Drache – Der Weltherrschaftsgedanke, 1958.

12 FR. NIETZSCHE, Also sprach Zarathustra, in: Werke in drei Bänden, hrsg. v. K. SCHLECHTA, 1965, Bd. 2, 313.

13 TH. HOBBES, Leviathan oder Wesen, Form und Gewalt des kirchlichen und bürgerlichen Staates (...) 1969, 137.

14 Vgl. L. DERLETH, Proklamationen, [2]1919, 130.

15 Das nicht nur am NS-»Heldengedenktag«, sondern auch am »Volkstrauertag« beliebteste Lied heißt: »Ich hatt' einen Kameraden« – der war: »ein Stück von mir«.

Heldentum wird als Krieger- bzw. Soldatentum von Staats wegen ›sozialisiert‹, d.h. institutionalisiert. Die forcierte Anwerbung wird unterstützt durch eine heroische Weltanschauung oder einen weltanschaulichen Heroismus, den MAX HORKHEIMER als ›Patentrezept‹ des krisengeschüttelten Kapitalismus der zwanziger und dreißiger Jahre bezeichnet hat.[16]

Literatur

CARLYLE, TH., On heroes, hero-worship and the heroic in history, 1841; FABER, R., Die Verkündigung Vergils: Reich – Kirche – Staat. Zur Kritik der »Politischen Theologie«, 1975; ders., Roma aeterna. Zur Kritik der »Konservativen Revolution«, 1981; KORFF, G., Bemerkungen zum politischen Heiligenkult im 19. und 20. Jh., in: Ztschr. f. Volkskunde 71 (1975) 202–220; REINHARDT, K., Die Krise des Helden, 1962 (dtv 93); SCHMIDT, J., Die Geschichte des Geniegedankens in der deutschen Literatur, Philosophie und Politik, 1985; STERNBERGER, D., Panorama oder Ansichten vom 19. Jahrhundert, 1974; VONDUNG, K. (Hrsg.); Kriegserlebnis. Der Erste Weltkrieg in der literarischen Gestaltung und symbolischen Deutung der Nationen, 1980.

Richard Faber

→ *Herrscherkult, Militarismus, Mythos, Opfer*

Herr/Herrin der Tiere

1. Herr/Herrin der Tiere, heute vornehmlich im Zusammenhang mit →Stammesreligionen verwendeter Begriff, leitet seine Herkunft von der griechischen *Pótnia therôn* her, einem Beinamen und damit Aufgabenbereich der Artemis (Ilias 21, 470f.). Artemis ist die Herrin der Tiere und läßt sich als solche bis in die minoische Zeit zurückverfolgen; auf bildlichen Darstellungen ist sie geflügelt und von Löwen, Vögeln und Hirschen begleitet. Aber sie erscheint auch – und vor allem – als jungfräuliche Jägerin, die mit ihren Begleiterinnen, den Nymphen, durch die Wälder streift. Als Jägerin und Schutzherrin der Tiere war Artemis Göttin des rechten Maßes – nicht zu viele Tiere durften getötet werden und nur unter Einhaltung bestimmter Jagdgebote und -verbote. Unter ihrem besonderen Schutz standen die wehrlosen Jungtiere, und auch innerhalb der Tierwelt trat Artemis als Rächerin auf, strafte die Vernichtung wehrloser Junger durch Raubtiere.[1] Zur Zeit HOMERS hatte sich die Göttin der Jagd schon in eine Göttin der Herden

---

[16] M. HORKHEIMER, Dämmerung (erschienen 1934 unter dem Pseudonym HEINRICH REGIUS), 67f.

[1] BURKERT, W., Griechische Religion, 233–237; SIMON, E., Die Götter, 147–178.

gewandelt, ihr Opfer bestand aus gezähmten Ziegen. Dies war möglich, weil viele Bräuche aus der Jägerzeit unverändert in die Hirtenkultur eingegangen waren.

2. Die Erscheinungsform des Herrn/der Herrin der Tiere in Stammesreligionen (dort meist männlich gedacht) kann anthropomorph, zoomorph, als Misch- oder Fabelwesen, als Riese oder Zwerg gedacht sein. Der Herr/die Herrin der Tiere kann »vom artspezifischen Wildgeist bis in die Nähe der größeren Naturgottheiten reichen, es muß aber zumindest *eine* spezifische Beziehung zugunsten des jagdbaren Wildtieres noch aufweisbar sein, um diesen Terminus zu rechtfertigen«.[2]
Aufgabe des Herrn/der Herrin der Tiere ist es, die Tiere zu beschützen, zu hüten und zu bewachen und andererseits den Jägern, quasi in einem Vertragsverhältnis, Beute zuzutreiben oder zu überlassen. Dafür fordern sie von den Jägern ein entsprechendes Verhalten den Tieren gegenüber sowie rituelle Begehungen und Opfer. In manchen Stammesgesellschaften werden die Riten von einem Schamanen vollzogen. So z.B. »begibt sich« der Schamane in Zentraleskimo auf den Meeresgrund hinunter, um dort mit Sedna, der ›Mutter der Meerestiere‹ selbst zu verhandeln oder – in Alaska – um die Blasen der Tiere (Sitz der Seele) aufzusuchen.[3]
Eine Besonderheit scheint die bei den Ainu übliche rituelle ›Heimschickung‹ der erlegten Bären zu sein: Tiertötung wird geradezu zu einer heiligen Handlung, kommt doch mit dem getöteten Bären die Gottheit selbst ins Haus – Fleisch und Fell sind ihre Geschenke, die sie mit sich bringt. Der getötete Bär muß nicht versöhnt werden; er ›darf‹ in seine göttliche Heimat zurück.[4]
Alle Riten, Mythen und Kulte um den Herrn/die Herrin der Tiere zeugen, wie WALTER BURKERT schreibt[5], von einem →*Schuldbewußtsein* der Jäger und der Gemeinschaft gegenüber dem getöteten Tier und seiner Gattung. Man fürchtete die Folgen der oftmals lebensnotwendigen »bösen Tat« und suchte, die Schuld zu umgehen oder abzuwälzen, indem man z. B. das ›Einverständnis‹ des Tieres (durch Kopfnicken oder Sich-Schütteln) einholte; die Knochen bestattete oder die Blasen der Tiere ins Meer zurückgab, um so die Seele des getöteten Tieres zu bewahren bzw. an eine Lebensmacht zurückzugeben, die über das Jagdwild verfügte; das →Opfer beklagte und die Schuld an dessen Tod anderen, Fremden, anlastete. In einem Opferritual aus Athen, genannt *Buphónia,* »Ochsenmord«, wurde in einer »Gerichtsverhandlung« schließlich das Messer schuldig gesprochen.[6] Und nicht zuletzt machte man die Götter durch Beteiligung am Opfermahl zu Komplizen, versicherte sich so deren »Bundesgenossenschaft«.
Aus der Jägerkultur scheinen die Rituale um den Kult des Herrn/der Herrin der Tiere in die *Viehhalterkultur* übergegangen zu sein: so der Umgang mit den Tieren überhaupt, das Schlachten und Essen, wie auch Formen der vorbereitenden Reinheit, der Entschuldung, der angeblichen Freiwilligkeit des Opfertieres, der Restitution und Rückgabe an die Gottheit. Ein griechisches Ritual weist noch die Herkunft der Opfergebräuche aus

---

2 RUDOLPH, E., Schulderlebnis, 67.
3 HULTKRANTZ, Å., Die Religionen Nordeurasiens, 396.
4 PAULSON, I., Die Religionen der nordasiatischen (sibirischen) Völker, in: PAULSON, HULTKRANTZ, JETTMAR, Religionen Nordeurasiens, 74.
5 BURKERT, W., Homo Necans.
6 Ebd., 154–161.

der Jägerkultur deutlich auf: ein Haustier wird zuerst freigelassen, um dann eingefangen und geopfert zu werden; es wird vom Hausgenossen erst wieder zum »wilden« Tier.[7] Auch wenn das Christentum einen speziellen Herrn oder eine Herrin der Tiere nicht kennt, so hat sich doch das Motiv in zahlreichen Sagen gehalten, in denen maßvolles Töten und die Achtung vor dem Tier geboten werden. Bei Nicht-Einhalten dieser Gesetze erfolgt die Bestrafung des Jägers. Als Herr/Herrin der Tiere erscheinen – neben den Artgeistern – häufig Engel oder bestimmte Heilige. Auch kann der Teufel in der Funktion des Herrn der Tiere auftauchen, wenn er über die Feiertagsruhe der Wildtiere wacht.[8] Der Herr/die Herrin der Tiere steht als Mittler zwischen Mensch und Natur, in seinem/ihrem Kult wird das menschliche Schuldbewußtsein thematisiert. Ursache für ein Schuldbewußtsein mögen die Erfahrung des Lebens im Tod (Blut, Ähnlichkeit der Säugetiere mit dem Menschen), die »Wiederkehr« des Tieres im Traum (Seelenglaube), die Angst vor dem Wegbleiben oder Ausrotten der Tiere und die Angst vor deren Rachemacht gewesen sein.

Literatur

Baudy, G. J., Hierarchie oder: Die Verteilung des Fleisches, in: Gladigow, B., Kippenberg, H. G. (Hrsg.), Neue Ansätze in der Religionswissenschaft (Forum Religionswissenschaft 4), 1983; Burkert, W., Griechische Religion der archaischen und klassischen Epoche (RdM 15), 1977; ders., Homo Necans, RGVV 32, 1972; ders., Anthropologie des religiösen Opfers. Vortrag, gehalten 21. 11. 1983 in der Carl-Friedrich-von-Siemens-Stiftung; Lorenz, G., Ehrfurcht vor dem Leben der Tiere bei frühen Griechen und Römern und bei den Naturvölkern? in: Kritische und vergleichende Studien zur Alten Geschichte und Universalgeschichte (Innsbrucker Beiträge zur Kulturwissenschaft, Bd. 18), 1974; Paulson, I., Hultkrantz, Å., Jettmar, K., Die Religionen Nordeurasiens und der amerikanischen Arktis (RdM 3), 1962; Rudolph, E., Schulderlebnis und Entschuldung im Bereich säkularer Tiertötung, Diss. 1972; Schmidt, L., Der ›Herr der Tiere‹ in einigen Sagenlandschaften Europas und Eurasiens, in: Anthropos 47 (1952) 509–538; Simon, E., Die Götter der Griechen, [3]1985.

Irene Tobben

→ *Opfer, Tier, Tötung*

[7] Ebd., 23 u. 54.

[8] Rudolph, E., Schulderlebnis und Entschuldung; Schmidt, L., Der ›Herr der Tiere‹, 528–530.

Herrscherkult

A Begriffsbestimmung B Theorie und konstitutive Elemente I. Orientalische Hochkulturen II. Hellenismus 1. Die städtischen Kulte der Machthaber 2. Die Reichskulte der Könige III. Römisches Reich C Ablehnung und Abwandlung des Herrscherkults in den Religionsformen biblischer Tradition I. Judentum und Islam II. Gnosis und Christentum

A Begriffsbestimmung

Im weiteren Sinne kann der Begriff auch zur Bezeichnung der besser unter dem Terminus »Sakralkönigtum« zu beschreibenden Macht-, Heil- und Tabu-Phänomene dienen.[1] Im engeren Sinne bezeichnet Herrscherkult die kultische Verehrung eines Machthabers als sichtbarer Gott oder in der einem Gott gebührenden Form. Während Herrscherkult so mit einem religiös-emotionellen Verständnis und kultischer Darstellung des Majestätsbegriffs zusammengehört, impliziert er weder Gebete zum Herrscher noch private Weihungen, die über einen Akt der Huldigung hinausgehen.[2]

Der Begriff umfaßt damit eine Vielzahl im einzelnen unterschiedlicher Kulte: Einerseits den autochthonen Vorgang einer Vergöttlichung des Herrschers, dessen Begründung außerhalb raumzeitlicher Logik liegt.[3] Andererseits umfaßt er die Erhebung des Herrschers per Dekret zum Gott, um eine ideelle Mitte eines auf militärischer Basis gebildeten und sonst vom Zerfall bedrohten Reiches zu schaffen.[4] Statt einen einheitlichen Kult des Herrschers schlechthin zu bezeichnen, schließt der Begriff Herrscherkult so die ganze Spannweite von der Entscheidung, einem bestimmten Machthaber aus gegebenem Anlaß kultische Ehren zu erweisen, bis zur Tendenz zusammen, einen kollektiven Kult der Kaiser zu institutionalisieren, in dem der Kaiser Gott ist, weil er Kaiser ist und für den Bestand der bestehenden Ordnung bürgt.[5] Wie sich auch im Vergleich zum Heroen- und Heiligenkult zeigt, ist der Herrscherkult die Religion der politischen Übermacht, in der die im Herrscher verkörperte übermenschlich und absolut das Schicksal lenkende Gewalt divinisiert wird.[6]

---

[1] Vgl. Clemen und Dihle sowie van der Leeuw, G., Phänomenologie der Religion, [2]1956, § 13; Widengren, G., Religionsphänomenologie, 1969, Kap. 12.

[2] Vgl. Nock, A. D. in Wlosok 377; Schubart, W., Die religiöse Haltung des frühen Hellenismus, 1937, 18; Alföldi, A., Die zwei Lorbeerbäume des Augustus, 1973, 45.

[3] Vgl. die Religions-Definition C. Colpes in: ders., Theologie, Ideologie, Religionswissenschaft, 1980, 88.

[4] Vgl. Holz, H. H. in: Kingship 19f.

[5] Vgl. Habicht, Ch. in: den Boer 27.

[6] Vgl. Nock in: Wlosok 387; Bickermann, E. ebd. 116f.; ders. in: den Boer 16–19.

B Theorie und konstitutive Elemente

I. Orientalische Hochkulturen

1. Wo dem Herrscher im Großreich einer Hochkultur besondere Macht zuwuchs, kam in verschiedenem Ausmaß eine Tendenz zur Vergottung des Herrschers auf, die ihn zum Gegenstand kultischer Verehrung machte. Sie ist zuerst in *Ägypten* greifbar, wo nach der Konstituierung des Reiches der Kult sowohl des verstorbenen Pharao, der Osiris gleichgesetzt wurde, praktiziert wird, als auch des lebenden Pharao, der den Weltgott Horus repräsentiert. Allerdings weist die Prädikation mit dem Horustitel wohl kaum auf Wesensidentität des regierenden Herrschers mit Gott als dessen Inkarnation, sondern läßt ihm lediglich eine Gottähnlichkeit darin zuwachsen, daß er als Amtsträger die Rolle des Gottes auf Erden spielt. Auch daß der Sohn des Sonnengottes Rê heißt, begründet keineswegs seine Göttlichkeit, so daß die Bezeichnung »Sakralkönigtum« zutreffender ist als »Gottkönigtum«.[7] Erst im Tod vermochte der Pharao zur Gottgleichheit zu gelangen, für die in den Anlagen der Königsgräber der Verehrungstempel vorgesehen war, während davon getrennt der Verstorbene als Verstorbener des Versorgungsdienstes bedurfte.

Im Neuen Reich kommt es zwar in gewissen Ansätzen zu einem Herrscherkult: Der König, der primär ein von den Göttern Begnadeter ist, erhält in Gestalt von Tempelstatuen auch kultisch Anteil am Tisch des Gottes, d. h. empfängt auch selber Opfer und Gebet, den Göttern gleich, die man sonst noch als *Synnaoi* neben dem Hauptgott des Tempels verehrt. Einige Könige errichteten auch Heiligtümer, die ihnen selbst geweiht waren – vor allem, aber nicht ausschließlich im eroberten Nubien. Doch wird auch hier der Kult nicht unmittelbar dem König dargebracht, vielmehr einer oft als »sein lebendes Bild auf Erden« bezeichneten eigenständigen Gestalt, die von der irdischen Erscheinung des Königs abgesetzt ist und in der sich eine höhere Wesensform des Königs kundtut. Indem so der König in seinem Erdenleib sogar im Gebet vor seiner eigenen göttlichen Lichtgestalt dargestellt werden kann, wird ein eigentlicher Herrscherkult noch nicht erreicht.[8]

2. Weiter entfernt von der Ausbildung eines Herrscherkults bleibt die Entwicklung in *Mesopotamien,* wo gegenüber der kultischen Königsverehrung und göttlichen Ableitung der Institution des Königtums bei den Sumerern die Selbstvergottung des Königs bei den Akkadern als Repräsentant Gottes einem Herrscherkult ein Stück näher kommt.[9] Gleiches gilt für *Iran,* wo die Proskynese, die kniefällige Verehrung der Perserkönige, nicht die Anerkennung als Gott beinhaltete.[10] Wie manche iranischen und wie die hethitischen Könige wurden auch die *chinesischen* Kaiser erst nach ihrem Tode verehrt, auch wenn sie »Sohn des Himmelsgottes« und »Regent an seiner Statt« hießen.

---

[7] Vgl. BARTA, W., Untersuchungen zur Göttlichkeit des regierenden Königs, 1975 in Auseinandersetzung mit MORENZ, S., Ägyptische Religion, 1960, 35 ff. und der älteren Forschung.

[8] Vgl. BONNET, H., Reallexikon der ägyptischen Religionsgeschichte, 1952, 385-7.857 f.

[9] Vgl. ELIADE, M., Geschichte der religiösen Ideen I, [4]1978, 62 ff.; RINGGREN, H., Die Religionen des Alten Orients, 1979, 76 ff.

[10] Vgl. CLEMEN und WLOSOK 8 zur älteren Forschung.

3. Außerhalb der griechisch-römischen Entwicklungslinie mag es nur in *Japan* zu einer wirklichen göttlichen Verehrung des Kaisers gekommen sein[11], sofern es nicht nur eine Redensart ist, wenn manche Kaiser und Kaiserinnen schon bei Lebzeiten als *kami* – als »Gott« oder, präziser, »etwas, was oben ist« – bezeichnet und später offiziell »gegenwärtiger« *(akitsu) kami* oder doch zugleich »unsichtbarer« *(arami) kami* genannt werden. Seit etwa dem 4. Jh. n. Chr. gelang es bis 1946, den Kaiser als höchstrangigen Abkömmling der Sonnengöttin und dadurch als politischen Souverän und Gegenstand des Kults zu behaupten, auch wenn es nur verhältnismäßig wenige Kaiser waren, denen die Ehre zuteil geworden ist, für einen bestimmten Tempel als *kami* anerkannt zu werden.

II. Hellenismus

1. Die städtischen Kulte der Machthaber

Ein Element griechischer Tradition, auf dem Herrscherkult aufbauen konnte, war die Aufhebung einer strikten Trennung zwischen Gott und Mensch durch die Heroisierung hervorragender Menschen, die nach ihrem Tode mit Altären, Festen, Hymnen und Monatsbezeichnungen geehrt wurden. Es kam hinzu, daß sich Adelsgeschlechter genealogisch auf solche Heroen bezogen und daß die Vorstellungen von den Göttern verbreitet waren, in denen Götter historische Persönlichkeiten der Vorzeit waren, deren Wirken als Kulturbringer und gute Herrscher ihnen von seiten der dankbaren Untertanen die Vergottung eintrug.[12] Auf diesem Hintergrund ist es Ende des 5. Jahrhunderts erstmalig bezeugt, daß Städte einem Menschen bereits zu Lebzeiten, wie dem spartanischen Feldherrn LYSANDROS, aus Dankbarkeit »wie einem Gott« (hōs theṓ) Altäre errichteten, Opfer darbrachten, Päane sangen und Heiligtümer nach ihm umbenannten.[13] Für solche Ehren mußte stets ein förmlicher und gut begründeter Antrag bei der Stadtverwaltung eingebracht werden, der auf einer einmaligen Leistung zum Wohle der Stadt fußte, einer Leistung, von der ihre gesamte Existenz abhing – ihre Gründung, die Wahrung oder Wiederherstellung ihrer Freiheit. Die daraufhin eingerichteten Feste, Agone oder Prozessionen für den ›Wohltäter‹ *(euergétēs)*, ›Retter‹ *(sōtḗr)* oder ›Gründer‹ *(ktístēs)* waren ihrem Wesen nach freiwillige festliche Versammlungen (panḗgyreis). Die Kulte waren dementsprechend nicht Ausdruck einer Herrschaftsbeziehung, sondern Anerkennung einer Macht, von der man die Übernahme einer göttlichen Schutzfunktion erhoffte, und darin zugleich eine staatsrechtliche Handhabe, sich einer der erstarkenden Monarchien anzuschließen, ohne die Unabhängigkeit formell aufzugeben.[14]

---

[11] NUMAZAWA, F. K., s. v. Kaiserkult, japan., in: KÖNIG, F. (Hg.), Religionswissenschaftliches Wörterbuch, 1956, 435 f. HENNE, H., Die Religionen Japans, in ASMUSSEN, J. P. u. a. (Hrsg.), Handbuch der Religionsgeschichte 3, 1973, 82 ff.; ROCHEDIEU, E., Der Schintoismus, 1973, 130–5.

[12] Vgl. PRÜMM, K., s. v. Herrscherkult, antiker, in: KÖNIG 345 f.

[13] PLUTARCH, Lys 18, vgl. HABICHT, CH., Gottmenschentum und griechische Städte, ²1970, 3 ff.; NILSSON, M. P., Geschichte der griechischen Religion I, ³1974, 139.

[14] Vgl. WLOSOK 3 f. mit HABICHT gegen MEYER, E. in: WLOSOK 203 ff.

2. Die Reichskulte der Könige

Daneben entstand im 3. Jahrhundert v. Chr. ein institutionalisierter Herrscherkult in Gestalt offizieller Reichskulte hellenistischer Könige, bei dem die Initiative vom Herrscher ausging. Im 4. Jahrhundert, als die Polis-Staaten zerbröckelten, hatte PHILIPP, der Herrscher der aufstrebenden Großmacht Makedonien, bei Prozessionen den Bildern der alten zwölf Götter das seinige hinzufügen und sich in Olympia einen Kultbau errichten lassen. ARISTOTELES, der Erzieher seines Sohnes ALEXANDER DES GROSSEN war, schrieb: »Wenn in einem Staat ein Mann alle anderen so sehr an Tugend überragt, bleibt nur, ihm zu gehorchen und ihn zum Herrn zu machen ... Ein solcher Mann ist wie ein Gott unter Menschen und gewinnt die Qualität eines lebenden Gesetzes *(nómos)*«.[15] ALEXANDER hat ein solches gesteigertes Herrscherbewußtsein entwickelt; daher auch sein Versuch, das persische Hofzeremoniell der Proskynese für alle Untertanen einzuführen. Doch hat er wohl noch nicht seiner Herrscherstellung durch Erhebung zum Gott zielbewußt eine rechtliche Basis geben wollen[16], sondern kultische Ehren als Anerkennung seiner hervorragenden Leistungen in Anspruch genommen. Damit trat er in die Tradition der bisherigen Wohltäter-Kulte ein.

Während die Diadochen-Verehrung eher herkömmlicher Retter-Kult war[17], begründete die postmortale Vergottung ALEXANDERS durch PTOLEMAIOS I in Ägypten und der Reichskult für ihn als Gott mit Tempel in der Stadt, eponymem Priestertum und für das Reich verbindlicher Datierung, den ersten Schritt zum Königskult der Ptolemäer. Weitere Stufen waren die Divinisierung des verstorbenen ersten Ptolemäer-Herrscherpaares als Retter-Gottheiten *(theoì sōtēres)* durch den Sohn und Nachfolger PTOLEMAIOS II PHILADELPHOS und dessen eigene Erhebung zusammen mit ARSINOE, seiner Schwester-Gemahlin nach ägyptischem Muster, zu Geschwister-Gottheiten *(theoì adelphoí)*. Spätere Ptolemäer kehrten mit Beinahmen wie *Epiphanḗs* oder *Neós Diónysos* die Epiphanievorstellung hervor und setzten die Steigerung ihrer Göttlichkeit bis hin zur Identifizierung mit einer Gottheit durch. Doch wurden neben solchen griechisch-rationalistischen Vorstellungen auch zunehmend Elemente ägyptischen Kults aufgenommen, bis es mit der schließlich restlosen Ägyptisierung der Priesterschaft gelang, den Fremdkörper unschädlich zu machen.[18]

Dieselben Tendenzen zum Herrscherkult, nur weniger weit durchgeführt, zeigte das Diadochenreich der Seleukiden in Syrien und in geringerem Maß das der Attaliden in Kleinasien, nicht aber das der Antigoniden im Stammland Makedonien. Aber auch der Kleinstaatherrscher ANTIOCHOS I. von Kommagene hat sich im 1. Jahrhundert v. Chr. selbst den großen Göttern an die Seite gestellt und dafür gesorgt, daß alle Bewohner seines Pufferstaats zwischen persischem und römischem Reich monatlich zweimal an Opfer und Festmahl zu seinen Ehren teilnahmen.[12]

---

[15] Pol. III, 13, 1284a; vgl. MEYER in WLOSOK 208.

[16] So MEYER 214ff.

[17] Ithyphallikos von 290 v. Chr.; vgl. WEINREICH bei WLOSOK 74f.; NILSSON 151.

[18] Vgl. TAEGER, F., Charisma. I, 1957, 287–99.416–26; NILSSON 150–85; WLOSOK 10–3.

[19] Vgl. DOERRIE, H., Der Königskult des Antiochus von Kommagene, 1964.

III. Römisches Reich

Die hellenistischen ›Kulte der Machthaber‹ wurden im östlichen Mittelmeerraum auch Römern zuteil, Roms Statthalter FLAMINIUS sogar drei Jahrhunderte lang[20], aber auch CAESAR, obwohl die Vergottung eines Menschen römischem Denken zunächst fremd war. Doch besaßen die Römer im 1. Jahrhundert v. Chr. mit der wohl erst unter CAESAR vorgenommenen offiziellen Gleichsetzung des Stadtgründers ROMULUS mit dem altrömischen Gott Quirinus ein eigenes Beispiel für postumen Kult. Daß CAESAR zu Lebzeiten zum Tempelgenossen des Quirinus erhoben wurde, mußte bereits als Anwartschaft auf seine Vergottung verstanden werden. Zusätzlich brachten ihn halbgöttliche Ehrungen in Verbindung mit dem capitolinischen Iuppiter in nächste Nähe zum höchsten Gott und Herrscher im Himmel. Ein dritter in römischer Traditon möglicher Schritt war die Einreihung seiner Statue bei der *pompa circensis* in die Prozessionsreihe der Götterbilder. Ob CAESAR damit in Anknüpfung an römische Formen einen Herrscherkult orientalisch-hellenistischer Art mit Vergottung zu Lebzeiten anstrebte, ist umstritten.[21] Fest steht die kultisch-göttliche Verehrung CAESARs von Seiten des Volkes bei den Bestattungszeremonien, für die auf dem Forum an der Stätte seiner Verbrennung eigens ein Altar errichtet wurde. Indem der Herrscher als *pater familias* des römischen Volkes aufzufassen war, konnte in diesen Kult des toten Herrschers die Sitte römischer Familien eingehen, ihren Toten Kulte zu errichten.[22] CAESARs 42 v. Chr. von AUGUSTUS ins Werk gesetzte *consecratio* als »Göttlicher«, als *Divus*, die mit beiden Begriffen eine Kulteinsetzung mit eigenem Priester *(flamen)* bzw. Priesterschaften *(sodales)* und Tempel (hier: *aedes divi Iulii in foro*) beinhaltete, wurde Modell für die Folgezeit. Die Ethisierung, nach der die *consecratio* als höchster Lohn für die Taten des Herrschers aufgefaßt wurde, versöhnte die Gebildeten mit dem Herrscherkult, band aber auch den Herrscher. Mit der legitimierenden Bezugnahme auf den Vorgänger als *Divi filius* und der Regulierung der eigenen Verehrung je nach Tradition der Untertanen schuf AUGUSTUS die doppelte Grundlage des kaiserzeitlichen Herrscherkults.[23] In Rom und Italien lehnte er eine offizielle Verehrung als Gott ab, nachdem er die unrömische Maßlosigkeit im Auftreten seines Rivalen ANTONIUS in Ägypten als ›Neuer Dionysos‹ angegriffen hatte; dem setzte er, in der Propaganda gemäßigt seine eigene nahe Beziehung zu Apoll entgegen.[24] Zudem ließ er seinen Genius in die Eidesformel aufnehmen, und seine *salus,* die jetzt über das persönliche »Heil« des Herrschers hinaus das des ganzen Reiches garantierte, in regelmäßig an den kaiserlichen Festtagen zu zelebrierenden Supplikationen feiern. Daneben trat als weiterer und beispielloser Schritt zur Vergöttlichung der Kult des kaiserlichen Numen, für den TIBERIUS noch zu Lebzeiten des AUGUSTUS in Rom einen Altar weihte.[25] In den Lagerheiligtümern und in den Feldzeichen des Heeres fand eine

---

20 PLUTARCH, Flam. 16; vgl. BOWERSOCK, G. W. in: WLOSOK 390.

21 Vgl. WLOSOK 20 f.; ebd. bes. auch BICKERMANN 115 f.; v. DOMASZEWSKI, A. 329–32, VOGT, J. 340–50, GESCHE, H. 364–74.

22 Vgl. WLOSOK 22 f.; MUTH, R., s. v. Kaiserkult, röm., in: KÖNIG 437.

23 Vgl. BICKERMANN in: WLOSOK 83–120; KOEP, L., s. v. Divus, in: RAC III, 1255.

24 Vgl. WLOSOK 36 und ebd. IMMISCH, O. 131 ff.

25 Vgl. WLOSOK 32–41; ebd. bes. auch v. PREMERSTEIN, A. 161 f., CHARLESWORTH, M. P. 180–6; VOLKMANN, H., s. v. Herrscherkult in: Der Kleine Pauly 1111; KOEP, L., Antikes Kaisertum und Christusbekenntnis im Widerspruch, in: KLEIN, R. (Hrsg.), Das frühe Christentum im römischen Staat, 1971, 316 f.

Verehrung des Kaiserbildes neue Möglichkeiten, die naturgemäß auf Huldigung, nicht auf Erwartung übernatürlicher Hilfe gründete.[26] Die Provinzialen hatten sich beim offiziellen Kult an den bereits eingeführten Brauch zu halten, Roma in Verbindung mit ihrem irdischen Vertreter zu verehren, waren aber als Privatleute oder Gruppen auch frei zu spontanen Kultakten. Immer mehr ordnete man die Gottheiten und Kulte der traditionellen Religion der zentralen Position des Herrschers zu, dem als irdischer Entsprechung zur die Welt lenkenden göttlichen Vernunft *(lógos, nus)* – wie es Mittel- und Neuplatonismus ausformulierten – die göttlichen Machtsymbole übertragen werden.[27] Doch wurde die von DOMITIAN für den lebenden Kaiser beanspruchte Bezeichnung *dominus et deus,* »Herr und Gott«, erst seit AURELIAN Ende des 3. Jahrhunderts üblich.

C Ablehnung und Abwandlung des Herrscherkults in den Religionsformen biblischer Tradition

I. Judentum und Islam

Gegenüber allen Formen von Herrscherkult, mit denen sie in Berührung kamen, wehrten sich die Juden in beispielloser Radikalität gegen jede Vergöttlichung und kultische Verehrung von Menschen. In der Seleukidenzeit gilt dem Buch Esther schon die Ehrung des Herrschers durch Proskynese als Gotteslästerung (3,2ff./4,17). Die Römer ließen den Juden in der Regel als Anhängern einer *religio licita* Privilegien im Herrscherkult zuteil werden, die mit ihrem Monotheismus vereinbar waren: Statuen und Bilder des Herrschers, auch die der Feldzeichen, wurden nach Möglichkeit vom Gebet der Juden und jedenfalls von Jerusalem ferngehalten, und sie wurden davon dispensiert, dem Herrscher den Titel »Gott« zu geben und ihn durch Opfer zu feiern. Diese gestanden ihrerseits den römischen Herrschern Titel wie »Augustus«, »Herr«, »Retter«, »Wohltäter« als Ehrennahmen zu und brachten vor ihrem eigenen Gott Jahwe Opfer für das Heil des jeweiligen Herrschers dar.[28]

Auf der Grundlage der Absage an alles, was als Gefährdung eines strikten Monotheismus gilt, wird im Islam die Anerkennung Mohammeds als Gesandten des einzigen Gottes bestimmend. Ihm gebührt als Propheten der islamischen Religion und zugleich Stifter und Vorbild der Herrschaft ehrerbietiger Gehorsam, weil er von Gott selbst geehrt ist, wie es in den Suren des Koran heißt (8,45/33,56). Abgeleitete Ehre können als seine Stellvertreter dann die Kalifen fordern.

---

[26] Vgl. NOCK in: WLOSOK 380f. und CHARLESWORTH ebd. 185f.

[27] Vgl. NILSSON 180f.; MUTH 437f.; ALFÖLDI, A., Die monarchische Repräsentation im römischen Kaiserreiche, 1970, 216; HABICHT, CH. in: DEN BOER 90; WLOSOK 45–9; ebd. bes. auch 383f. NOCK und 389–98 BOWERSOCK.

[28] Vgl. CERFAUX, L./TONDRIAU, J., Les cultes des souverains, 1957, 384–6; TAEGER 434–8; CHARLESWORTH 196f.

II. Gnosis und Christentum

Einen andersartig radikalen Ansatz zur Ablehnung von Herrscherkult bot die Bewegung der Gnostiker, der »Wissenden«, die mit den sich als Christentum durchsetzenden Gruppen konkurrierte. Hier ist der eigentliche himmlische Weltherrscher eine böse oder doch durch vollkommene Unfähigkeit vom einzig wahren Gott getrennte Macht, die durch Dämonen, die oft die sonst irdischen Machthabern gegebene Bezeichnung *Archon*, »Herrscher«, tragen, eine Zwangsherrschaft ausübt. Durch göttliche Hilfe dazu befreit, durchschaut sie der Gnostiker und lehnte sie unter Berufung auf seine Zugehörigkeit zum oberhalb dieses ganzen Weltsystems stehenden einzigen wahren Gott kompromißlos ab. Er bedient sich höchstens in der Verbergung seines wahren Glaubens angesichts von Verfolgungen des dieser Weltordnung eigenen Mittels der Täuschung, um sie zu durchkreuzen.[29]

Demgegenüber wichen die großkirchlichen Christen, obwohl sie sonst Herrschaft zu achten bereit waren, dem Konflikt mit dem Herrscherkult nicht aus, dem sie durch ihren Konflikt mit der *religio licita* Judentum andererseits voll ausgesetzt waren. Sie bekannten vielmehr offen, daß das Herrscherkult fordernde Regiment nur ein zeitliches, vorübergehendes gegenüber dem sei, das der einzig wahre Gott durch seinen in den biblischen Schriften verheißenen Messias/Christus ausübt. Auf diesen übertrugen sie in »polemischem Parallelismus«[30] die Terminologie und Symbolik des Herrscherkults, da dieser entsprechend als der einzig legitime Empfänger solcher Ehren gilt und ein Machthaber auf Erden höchstens abgeleitet als sein Stellvertreter, wie dann der christliche Kaiser oder Papst. Nicht in der Gottesfurcht Christi begründete Herrschaft ist nur Gewalt dämonischer oder menschlicher Natur und zeigt sich im Kampf gegen seine Herrschaft als satanischer Herkunft nach dem Bilde Babylons.[31] Ihr wird nicht mehr zugestanden als die regierende Gewalt nur solange als Gottes Dienerin zu respektieren, wie sie nicht selbstherrlich dem Widerstreitendes bestimmt.[32] Als mit Kaiser Konstantin die Reihe christlicher Herrscher als Erben des Römerreiches begann, wurde der Herrscherkult weitgehend umgeformt. Zu Lebzeiten setzte Konstantin das Kriterium, daß allein die Darbringung von Opfern vor einem anderen als dem Gott der Christen einen mit dem Christentum unvereinbaren Kult ergibt. Die christliche Reaktion auf den vergeblichen Versuch der heidnischen Restauration unter Kaiser Julian, die damit verbundene eigentliche Apotheose des Herrschers wieder durchzusetzen, war die Hervorkehrung der Himmelfahrt Christi als Manifest der universalen Herrschaft des wahren und ewigen Imperators.[33]

---

[29] Vgl. Jonas, H., Gnosis und spätantiker Geist I, [3]1964, 214–55; Kippenberg, H. G., Versuch einer soziologischen Verortung des antiken Gnostizismus, in: Numen 17/1970, 211–31; Rudolf, K., Die Gnosis, [2]1980, 76f. 284.

[30] Deissmann, A., Licht vom Osten, 1908, 247; vgl. Heiler in: Kingship 550–3.564ff.; Koep in: Klein 322–9; Goldammer, K., in: Kingship 513ff., bes. 526–30; Ensslin, W., Gottkaiser und Kaiser von Gottes Gnaden 1943.

[31] Vgl. Ehrhardt, A. A. Th., Politische Metaphysik von Solon bis Augustin, II, 1959, bes. 22ff.; Cerfaux/Tondriau 386ff. und Kommentare bes. zu Matth. 4,9; Lk. 4,16; Joh. 18,36; Röm 13,1ff.; 1. Petr. 2,13; 5,13 und Joh-Apokalypse.

[32] Vgl. Wolf, E., Was heißt »Königsherrschaft Christi« heute? in: Unter der Herrschaft Christi, 1961, 82f.

[33] Vgl. Wlosok 52; ebd. bes. 489f. 507f. Karayannopoulos, I.; 512 Koep; 549 Straub, J.

Literatur

Clemen, C., s.v. Herrscherkult in: RGG², 1839–42; Dihle, A., s.v. Herrscherkult in: RGG³, 278–80; The Sacral Kingship (Studies in the History of Religions 4: Numen Suppl. IV), 1959; den Boer, W. (Hrsg.), Le culte des souverains dans l'empire Romain (Entretiens sur l'antiquité classique 19), 1973; Wlosok, A., Römischer Kaiserkult (Wege der Forschung CCLXXII), 1978.

Christoph Elsas

→ *Apotheose, Epiphanie/Advent, Euhemerismus, Gottesvorstellungen, Sohngott*

Hexe/Hexenmuster

A Zum Begriff

I. Etymologie

1. Hexe aus: ahd. *hag(a)-zus(sa), hā-zissa* > mhd. *hecse, häxe;* zusammengesetztes Wort mit den Bestandteilen: (1) ahd. *hag* »Zaun«; (2) *-zus(sa),* kontrovers abgeleitet von: (a) germ. **tusjo* (Wurzel **dhūs-/*dhuōs-;* vgl. westfäl. *dūs* »Teufel«, galloroman. *dusius* »unreiner Geist«, skr. *dasyu*); (b) indoeur. ** dāu-* (vgl. ags. *tēonal-e* »Schaden, Verderben«). 2. italien. *strega* < lat. *strix, strigis* »Eulenvogel«, vampirartiger Flugdämon«. 3. frz. *sorcière* < lat. *sors, sortis* »Los (stab)«. 4. engl. *witch* < altengl. *wicca/wicce* »Zauberin«, *wiccian* »Zauber anwenden«. 5. span. *bruja* < unbekannte vorspan. Wurzel.[1]

II. Wortgeschichte, -feld

Das Wort Hexe bezeichnet im Deutschen ursprünglich ein weibliches → Zwischenwesen, das auf dem Zaun einer Einhegung saß (»ritt«; vgl. altnord. *tunridhur* »Zauberin«,

[1] Zu Hexe: Franck, Geschichte des Wortes Hexe, 645 ff., 657–662 (die dortige Deutung als »Spotteufel«, »höhnendes Gespenst« ist überholt); zu *dusius*: Lecouteux, Hagazussa – Striga – Hexe, 177: *-zussa* < **dusia* < *dusius.*

mhd. *zûnrîte*), der Grenze zwischen kultiviertem Bezirk und Wildnis.[2] Der Begriff wird Anfang des 15. Jh. auf das von der Inquisition entwickelte »Hexen«-Muster übertragen, er verdrängt dabei andere ›Dämonenmuster‹ wie *unholde/-in* (Prozeß der »Vermenschlichung«[3]). Dies vollzieht sich zunächst im Alamannischen (Berner Oberland, Wallis): *hexerey* ist erstmals 1419 in Luzerner Prozessen belegt, *hexsse* erstmals 1428.[4]

III. Definition

›Hexe‹ bezeichnet ein soziales Rollenmuster des frühneuzeitlichen Europa. Es kann die Funktionen der Ausgrenzung, der Erklärung (von Naturkatastrophen, persönlichem Unglück), der Entlastung (›Sündenbock‹; Wunscherfüllung; Ventilfunktion) und der Disziplinierung (Methode der *inquisitio*: Erfassung der *subiecti* = »Untertanen«) erfüllen. Allgemeiner kennzeichnet sein Auftreten die »Zunahme gesellschaftlicher Spannungen« (»Indikatorfunktion«).[5] Entstanden im 15. Jahrhundert, verbindet es in seiner frühneuzeitlichen Ausformung durch die (Dominikaner-)Inquisition Elemente antik-christlich-mittelplatonischer Theologie und Dämonologie (*daímones*-Lehre) und dualistisch geprägter ›Ketzer‹-Theologie (Lehre vom Teufel/Teufelspakt und vom Bösen) mit ›paganen‹ Vorstellungen der ›abhängigen Schichten‹[6] (schamanistischer Himmelsflug, ›Volks‹-Medizin, besonders Frauenheilkunde) zu einem Konstrukt ›Mensch-Zwischenwesen‹, das mit Hilfe von → Apopompe-Ritualen (Verbrennen, Ertränken, Ausweisen) ›ausgetrieben‹ wird (›*Katharismós*‹, Reinigung). Das Hexenmuster wird vornehmlich auf Frauen bezogen. Von dieser europäisch geprägten Mythologie und Rollentypisierung ist die in vielen Kulturen (universal?) zu beobachtende soziale Interaktionsform der Zauberei, der ›Hexerei‹ (schädliche und nützliche ›Magie‹) zu unterscheiden, als ein Erklärungs-, manchmal auch Handlungsmuster zur Konfliktanzeige und -lösung in *face-to-face* Gesellschaften (Nachbarschaften, Dorfgesellschaften).

IV. Abgrenzung: ›Hexe‹ und ›Hexerei‹

Der Artikel behandelt in erster Linie die europäischen Hexenvorstellungen als soziales, mythologisches und religionsbildendes ›Muster‹ (→ *pattern*). Dieser Ansatz wendet sich also (1.) gegen die Rede vom ›Wesen des Hexentums‹, mag sie romantisch oder

---

[2] Anders FRANCK, Geschichte d. Wortes Hexe, 650ff.: = »Gaukler«. Zur anthropologischen Neubewertung dieses ›Grenz-Wesens‹ innerhalb einer Zivilisationstheorie, die heterodoxe europäische Traditionen mit ethnologischen Tatbeständen in der Sicht der Alternativkultur der 1970er Jahre zusammenbringt, s. DUERR, Traumzeit, bes. § 7 u. § 8.

[3] HANSEN, Zauberwahn, 7 Anm. 3; vgl. LECOUTEUX, Hagazussa – Striga – Hexe, 178.

[4] *Hexerey:* Rathsprotokoll vom 20. 7. 1419 (= HANSEN, Quellen, VIb Nr. 26, S. 528). – *hexsse:* Anhang zur Luzerner Chronik des Gerichtsschreibers JOHANN FRÜND (ca. 1400–1469) anläßlich von Prozessen im Wallis (= HANSEN, Quellen, VIb Nr. 39b, S. 533, 31).

[5] BEHRINGER, Hexenverfolgung in Bayern, 7.

[6] Vgl. A. GRAMSCIS Begriff der *»classi subalterne«*. Dazu C. GINZBURG, Der Käse und die Würmer. Die Welt eines Müllers um 1600 (ital. 1976), 1983, Einleitung, 7–21.

feministisch sein, (2.) gegen eine unzureichende Trennung zwischen europäisch geprägtem Mythos und Rollenstereotyp (›Hexe‹) und ethnographisch auch in außereuropäischen Kulturen auffindbaren Handlungsmustern und Erklärungsmodellen (›Hexerei‹, ›Magie‹, ›Zauberei‹). Die Schwierigkeit für eine Beschreibung liegt darin, daß europäische Begrifflichkeit und Klassifikationsprinzipien in doppelter Weise einer kulturellen Abwertung unterlagen: einmal als Teil christlicher → Apologetik und Polemik gegenüber den vorgefundenen und im Verlauf eines Missionierungsprozesses überlagerten Religionsformen (keltisch, germanisch, griechisch-römisch, Agrarkulte), andererseits im Zusammenhang des Abgrenzungsbedürfnisses der Macht- und Bildungseliten von ›plebeiischen‹ (›bäurischen‹ etc.) Verhaltensweisen und Kulturtraditionen. Gerade letzteres hat auch die Aufklärung und die sich davon ableitende moderne Wissenschaft weitergetragen, was insbesondere die Erfassung heutiger Formen von ›Hexen‹-Glauben und ›Zauber‹-Ritualen erschwert.

V. Forschungsgeschichte und -stand

Für die Stellung der Forschung zum Hexen-Begriff ist die Beurteilung der Hexenprozesse entscheidend, insbesondere die quellenkritische und erkenntnistheoretische Frage nach dem Realitätsgehalt der Aussageprotokolle. Der *rationalistische* Ansatz (*»Soldan paradigm«*[7] nach SOLDAN / HEPPE / BAUER; vgl. auch HANSEN), der eine seit dem 16. Jahrhundert (JOHAN WEYER) vorgebrachte Kritik fortsetzt, arbeitet mit dem Suggestionsmodell, betrachtet die Aussagen als Spiegelungen psychopathologischer Verirrung (Hexen-›Wahn‹) von Richtern und Theologen und billigt den Geständnissen keinen Tatsachenwert zu. Dagegen sind Versuche unternommen worden, die Aussagen der ›Hexen‹ zu rehabilitieren: Einerseits in Verteidigung überkommener *theologischer Positionen* (SUMMERS, PETERSDORFF)[8], wonach die ›Hexen‹ zu Recht verurteilt wurden. Zum anderen in der *romantischen Aufwertung* der Opfer (MICHELET), die im Gefolge der von der FRAZER-Schülerin MARGARET MURRAY unternommenen positiven Umwertung des inquisitorischen Stereotyps von der Hexen-›Sekte‹ sogar zur Gründung einer eigenen Religion, des Wicca-Kults (s. C III) führte und heute in der Frauenbewegung traditions- und identitätsbildend wirkt (GÖTTNER-ABENDROTH). Seit Anfang der 60er Jahre (CARO BAROJA; THOMAS) werden jedoch *sozialanthropologische Modelle* entwickelt, die einerseits von einem komplexen Wechselspiel zwischen Richtern und Opfern ausgehen (GINZBURG), andererseits über die dämonologische Literatur hinaus strikt auf die

[7] E. M. MONTER, The Historiography of European Witchcraft: Progress and Prospects, in: Journal of Interdisciplinary History 2 (1971/72) 435–451, hier: 436. Begünstigt hat diese Sichtweise der Umstand, daß von den Opfern selbst fast keine Stellungnahmen überliefert sind. Ausnahme: Kassiber der Rebekka Lemp, s. GUSTAV WULZ, Nördlinger Hexenprozesse, in: Rieser Heimatverein Nördlingen, 20. Jb. (1937) 42–72, hier: 67.

[8] M. SUMMERS, The History of Witchcraft and Demonology, 1926; E. v. PETERSDORFF, Daemonologie, 2 Bde., 1956/57, ²1982 (PETERSDORFF war »Päpstlicher Geheimkämmerer«); zu Hexenwesen u. -vorstellung: Bd. 2, Kp. VIII (»Die Daemonen als Hexenmeister«), 247–266. Die mangelnde ›Vergangenheitsbewältigung‹ der katholischen Kirche in Sachen ›Hexen‹ zeigt auch das Fehlen der verschiedenen Hexenbullen in: Enchiridion symbolorum definitionum et declarationum de rebus fidei et morum, ed. H. DENZINGER, A. SCHÖNMETZER, ³⁶1976.

Einzelprozesse bzw. einzelnen Prozeßwellen zurückgreifen, um in soziographischen Studien deren Situierung in Alltag und Lebensweise zu untersuchen (quantitative Studien: MACFARLANE, MIDELFORT, BEHRINGER (1987); Einzelprozesse: BEHRINGER (1983), BOYER / NISSENBAUM, GINZBURG, MEILI). Dadurch ist es gelungen, in den Prozeßaussagen hinter der dämonologischen Schicht Bezüge zur Volkskultur, ihren Verhältnissen (Kommunikationsstruktur; Konfliktverhalten) und Vorstellungen zu finden. Davon zu unterscheiden ist die *aktuelle Diskussion* um den Hexenbegriff, die die Diskurse Frauenemanzipation, Alternativkultur (Drogenexperimente, Selbsterfahrungstechniken, Neue Spiritualität) und die Kritik der ›okzidentalen Rationalität‹ (HONEGGER, SCHWERHOFF) umfaßt. Die *psychologische Seite* der Hexenprozesse ist noch weitgehend unerforscht. Nach 1945 entstanden als Reaktion auf die erneute ideologisch bedingte Massenvernichtung von Zivilpersonen im nationalsozialistischen Judenmord Studien zu ›Massenwahn‹ und ›*psychic epidemies*‹.[9] Allerdings wäre auch die Anwendung von Ergebnissen der forensischen Psychologie wünschenswert, um das komplexe Wechselspiel zwischen Richtern, Angeklagten und Öffentlichkeit (Zeugen, Denunzianten, Fürsprecher), die Situationen von Verhör, Folterung, Gerichtstag erfassen zu können. Erste Ansätze gibt es für die Bereiche ›Denunziation‹ und ›Geständnis‹ als Formen von »Selbstthematisierung«.[10]

B Systematik: Das »Hexenmuster«[11]

I. Das mythologische Modell: Strukturierung und Bestandteile

Die Bezeichnung »Hexe« als »kulturelles Deutungsmuster« (HONEGGER) des frühneuzeitlichen Europa ist ein »Sammelbegriff«.[12] Ihm lassen sich als Kernbestandteile fünf Mythologeme bzw. Imaginationen (→ Bd. 1, École des Annales, 3 a) zuordnen:
1) *Schadenszauber:* Wettermachen; Milchraub; Aussaugen der Säuglinge (Typus der *strix*; vgl. A I.2); Verursachung von Viehkrankheiten und Impotenz; Aussenden von »Krankheitsprojektilen« (›Hexenschuß‹)[13];
2) *Teufelspakt:* Dieser Mythos wurde von dem Dominikaner JOHANNES NIDER (ca. 1380/90–1438) 1437 nach Schweizer Prozeßberichten entwickelt.[14] Er gründet sich einerseits auf dem Ritus des Vasalleneids *(homagium)*, der gegenüber dem Teufel als *dominus* geleistet wird (*exemplum* der Theophilus-Legende seit dem 9. Jh.). Seit der Mitte des 13. Jhs. treten die Bestandteile der Beschwörung (›Nekromantie‹) und des

---

9 Vgl. BAEYER-KATTE, Die historischen Hexenprozesse (Bibliogr. A II.1).
10 Vgl. die Beiträge des Sammelbands: HAHN, KAPP (Hrsg.), Selbstthematisierung und Selbstzeugnis.
11 HONEGGER, Kp. I: Vorbereitende Bemerkungen zu einer Theorie kultureller Deutungsmuster, in: dies. (Hrsg.), Hexen der Neuzeit, 25–34; zum »Hexenmuster«: 31 ff.
12 WEISER-AALL, Art. Hexe, Sp. 1827.
13 L. HONKO, Krankheitsprojektile. Untersuchung über eine urtümliche Krankheitserklärung (= Folklore Fellows Communications 178), 1959.
14 TEXIER, Du Pacte de Théophile, 25. Kristallisationsort der Hexenvorstellung war offenbar das Konzil von Basel; vgl. W. BEHRINGER, »Vom Unkraut unter dem Weizen«. Die Stellung der Kirchen zum Hexenproblem, in: VAN DÜLMEN (Hrsg.), Hexenwelten, 15–47, hier: 25.

Körperpfands (Nägel, Haare, Blut) hinzu.[15] Auch Elemente der Travestie und Blasphemie sind erkennbar: der Pakt wird als Spottritual ›zelebriert‹, das den Empfang der Eucharistie parodiert. Eine zweite Quelle ist die augustinische Theorie vom Dämonenpakt, die von THOMAS V. AQUIN in die Lehre vom *pactum expressum* und *pactum tacitum* ausdifferenziert wurde (vgl. u. Punkt 5 u. II 3).[16]
3) *Teufelsbuhlschaft:* Das Mythologem vom Beischlaf zwischen Mensch und Dämon leitet sich aus der antiken, dann scholastischen Vorstellung vom *succubus* (bei Männern) bzw. *incubus* (bei Frauen) her. Daran knüpfen die Diskussionen um Teufelskindschaft und die Vererbbarkeit der ›Hexen‹-Eigenschaften. Es sind erotische Wunschvorstellungen des Verbotenen, in der dämonologischen Literatur auch des Pornographischen, ebenso wie hilflose Schuldzuweisungen bei sexuellen Störungen (Impotenz; Frustration), gekleidet in ein religiös-mythologisches Gewand.[17]
4) *Flug:* Die Vorstellung, daß Hexen fliegen, vermischt verschiedene Traditionen: die des Zwischenwesens ›Vogeldämon‹; die neuplatonisch-dualistische Dämonologie; die Flugerlebnisse der schamanistischen Trance (›Ekstase‹, ›Himmelsreise der Seele‹; vgl. die friaulischen Benandanti) samt dem Schamanenstab (›Hexenbesen‹) als Reittier *(hobby horse)*; möglicherweise halluzinogene Drogenerfahrungen (Gebrauch von ›Hexensalben‹).[18]
5) *Hexensabbat:* Bei den Imaginationen eines gemeinschaftlichen Treibens von ›Hexen‹ an bestimmten Orten (auch mit überregionaler Bedeutung: Brocken im Harz; Walnußbaum in Benevent) lassen sich nach ihrer sozialen Prägung zwei Muster unterscheiden[19]: der Hexentanz als Travestie einer bäuerlichen Hochzeit zur Teufelshochzeit und der Sabbat als Zusammenkunft der ›Hexensekte‹ mit Orgien und ›Schwarzer Messe‹ *(synagoga Satanae)*. Die Sabbatvorstellung, ein Produkt der südfranzösischen Ketzertheologie des 14. Jahrhunderts, wird um 1600 unter dem Einfluß der Dämonologen MARTIN DEL RIO und PIERRE DE LANCRE wiederaufgenommen und vor allem auch bildlich verbreitet.[20]

---

[15] TEXIER, Du Pacte de Théophile, 30.

[16] Die blasphemische Seite betont BLAUERT, Frühe Hexenverfolgungen, 58, im Gegensatz zum juristischen Apostasie-Modell TEXIERS. Zum Pakt vgl. VAN DÜLMEN, Imaginationen des Teuflischen, 100–108, der hauptsächlich aus augsburgischen Prozeßakten die Bestandteile: 1. Hilfeversprechen, 2. Buhlschaft, 3. eigentlicher Pakt mit Teufelsmal und Namensgebung, 4. Teufelsgeschenk, 5. Schadensstiftung filtert (101). – Zur augustinisch-scholastischen Theorie s. BEHRINGER, »Vom Unkraut unter dem Weizen« (Anm. 14), 19; R. GÖTZ, Der Dämonenpakt bei Augustinus, in: SCHWAIGER (Hrsg.), Teufelsglaube und Hexenprozesse, 57–84.

[17] VAN DÜLMEN, Imaginationen des Teuflischen (Bibliographie A II.3), 102–108; HANSEN, Zauberwahn, 141–144. 179–189; KATHARINA ELLIGER, Die Hexen, in: H. HAAG u. a., Teufelsglaube (1974) ²1980, 440–476, hier: 458 f. – Quellen: THOMAS V. AQUIN, Summa theol. I quaestio 51 ad 3–6; SPRENGER, INSTITORIS, Malleus Maleficarum, lib. I. c. 3–9.

[18] *Benandanti:* s. GINZBURG, I Benandanti (Bibliographie A II.2). – Schamanismus, Steckenpferd: WEISER-AALL, Art. Hexe, § I E 2b (Sp. 1849 f.). – Hexensalben: DUERR, Traumzeit, § 1, 13–24 (Literatur!); QUAIFE, Godly Zeal and Furious Rage, Kp. 13, bes. 199–206; M. J. HARNER, The Role of Hallucinogenic Plants in European Witchcraft, in: ders. (Hrsg.), Hallucinogens and Shamanism, 1973, 124–150.

[19] VAN DÜLMEN, Imaginationen des Teuflischen, 99; ausgeführt in Kp. III (Hexentanz) u. IV (Hexensabbat), 108–127. DÜLMEN rückt als 3. Muster Teufelspakt samt -buhlschaft hinzu.

[20] Eine ausführliche Beschreibung befindet sich bei DE LANCRE, Tableau de l'inconstance, Buch II u. III. Die Phantasien beflügelt hat besonders der in der Ausgabe von 1613 erstmals erscheinende Stich

II. Kulturtraditionen

Die schillernde Vielfalt der Bilder weist auf die verschiedenartigen Kulturschichten hin, die sich in ihnen vermischen:
1) *Die ›Substratreligionen‹:* Die vor der Christianisierung vorhandenen Religionen Alteuropas sind ein ständig genutztes Bildreservoir (Ikonographie des ›Teufels‹, der ›Dämonen‹), und können sich als Mythen (wie z. B. Diana und das Wilde Heer) und Kulte (zumal in Rückzugsgebieten: Alpiner Siedlungsbereich) erhalten, oft in christlicher Über- und Verformung (z. B. die ägyptischen Götter als Tierdämonen im Sujet der ›Versuchung des hl. Antonius‹). Die Tradierung und Neuverortung dieser ›Paganismen‹ im subkulturellen Zusammenhang erzeugt, je nach verarbeiteter Kulturschicht, spezifische Färbungen des Hexenmusters, griechisch-römische, germanische, keltische oder sogar – über das Mönchtum – ägyptische.[21]
2) *Vorstellungen einer agrarisch geprägten Lebenswelt:* Vorstellungen und Praktiken vom Wettermachen, Milchraub (»Schmetterling« = »Milchrahmdämon«) und Aussaugen der Säuglinge, von der »Zaunhockerin« (*hagazussa;* vgl. o. A II), vom mißgünstigen ›Bösen Blick‹ wie auch von stellvertretenden (Schädigungs-)Handlungen an Gegenständen, die oft als Magie oder Schadenszauber zusammengefaßt werden, weisen auf Gefährdungen und Unglücksfälle der frühneuzeitlichen Gesellschaft hin, aber auch auf deren Wunsch- und Triebpotential. (vgl. u. III; → Agrarische Kulte).
3) *Die christliche Religion:* Die Entstehung des Hexenmusters innerhalb des – seit 1227 päpstlichen – Instituts der Inquisition, also im Verlauf der Bekämpfung dualistischer ›Häresien‹ (Katharer) seit dem 11. Jahrhundert, formt dessen Kernmythologeme: die Vorstellungen vom Teufelspakt und vom Hexensabbat. Während dieser ›Inkubationsphase‹ wird der dualistische Mythos von einer gleichberechtigten dunklen oder bösen Macht in einen Teufelsdienst, eine Teufelsanbetung polemisch uminterpretiert und als ›Teufelspakt‹ im Verbrechen des *maleficium* verankert: »Schadenszauber« wird zu »Hexerei«. Gleichzeitig führt die erbitterte Auseinandersetzung der Kirche mit rigoristischen Randgruppen und ›Abweichlern‹ zu einer Verstärkung des Freund-Feind-Schemas, das in der inquisitorischen Verschwörungstheorie von der *secta strigarum* (erstmals bei Nicolas Jacquier 1438) gipfelt. Unterfüttert wurde das Mythologem vom Ketzersabbat noch durch Versatzstücke (Kindermord, sexuelle Orgie und Blasphemie) einer aus der Antike übernommenen Greuelpropaganda gegen esoterische Zirkel. Dieses Denunziationsmuster, das gegen die kirchenkritische Opposition geschaffen wurde (›Verketzerung‹), bewirkte jedoch durch seine Anreicherung mit substratkulturellen Elementen eine ›imaginative Verlagerung‹ seines Tatbestands: Waldenserversammlungen und ländliche Kultformen werden zu ›Hexensabbaten‹. Die imaginäre Gemeinschaftlichkeit ermöglichte die juristische Konstruktion eines Kollektivdelikts, das kumulativ (1.) andere Mythen (Tierverwandlung, besonders Werwolfmythos; Wechselbalgglaube; divinatorische Zeichen wie Monstergeburten), (2.) andere Delikte (Raub, Mord,

---

»Description et figure du sabbat des sorciers« des Polen Jan (Jean) Ziarnko; vgl. Nicole Jacques-Chaquin, Introduction, in: de Lancre, Tableau de l'inconstance, 1982, 15 Anm. 25 und die Abb. ebd. 54f.

[21] Einen Abriß bietet Russell, Witchcraft in the Middle Ages, Kp. 3: »The Transformation of Paganism, 300–700«, 45–62. Wichtige Quellen sind Bußbücher und Synodalbeschlüsse (›Canon episcopi‹, vor 906); vgl. Russell, 291–293; Hansen, Zauberwahn, 78ff.

Brandstiftung etc.) an sich zog und integrierte: es entstand ein »Superverbrechen«, das ein »Notstandsrecht« (*crimen exeptum:* Inquisitionsprozeß; vgl. → Ordal) rechtfertigte.[22]
Gleichfalls aus der christlichen Kultur stammt eine zölibatäre Frauenangst und -feindschaft, wie sie den »*Malleus maleficarum*« des Dominikanermönchs HEINRICH INSTITORIS beherrscht. Diese kann jedoch höchstens als Verstärker schon bestehender Sexualstereotypen (›Alte Vettel‹) gewertet werden. (vgl. u. III).
4) *Griechisch-römische und orientalische Antike:* Nicht vom Hexenmuster erfaßt wurde dagegen die intellektuelle, ›weiße‹ Magie der Humanisten (AGRIPPA VON NETTESHEIM, PARACELSUS, JOHN DEE), die sich aus neuplatonischen und gnostischen Spekulationen ebenso speiste wie aus der jüdischen Kabbala. Die antike Dämonologie volkskultureller wie esoterisch-spekulativer Spielart bot allerdings den Theoretikern der Hexenliteratur eine reiche Fundgrube.[23]

III. Die Hexenrolle: TrägerInnen und AdressatInnen

Die soziale Rolle ›Hexe‹ ist dadurch gekennzeichnet, daß sie – wenigstens in der frühen Neuzeit[24] – im Regelfall passiv ausgeübt wird: ›Hexe‹ ist ein Distanzierungs- und Ausgrenzungsbegriff. Er reiht sich mit ›Heide‹, ›Jude‹, ›Barbar‹, ›Zigeuner‹ in Stereotypen ein, die die europäischen Kulturen für soziale und ethnische Normabweichung oder Stigmatisierung bereithalten. Charakteristisch für diese Art von Stereotypen ist der personenbezogene Begründungszusammenhang, der abstrakte Prozesse in ein personalisierendes Weltbild überführt. So erhalten jene gesellschaftlichen Konfliktherde eine »soziale Basis«, die sich den zeitgenössischen technischen und soziokulturellen Lösungsmöglichkeiten widersetzen, also nicht ›faßbar‹ sind oder erscheinen – mögen das soziale Spannungen, Umweltkatastrophen oder Verteilungskrisen in einem »übernutzten ökologischen System«[25] sein. Diese »soziale Basis« setzt sich aus »Bezugspersonen«[26] zusammen, deren Auswahl und Feststellung über die Interpretation mikrosozialer Konfliktlinien und ›Bruchstellen‹ mit Hilfe des Hexenmusters geschieht. Dabei ist ein bemerkenswertes Gefälle zwischen den Normverstößen kleiner bis mittlerer ›Reichweite‹ (Diebstahl, Weidestreit, unterlassene Hilfeleistung, Ehrabschneidung etc.), der Konflikt- und Deliktebene, und den sekundären (imaginären und kumulativen) Zuschreibungen auf Gerichtsebene feststellbar.

---

[22] Zur Verschwörungstheorie: COHN, Europe's inner demons; C.F. GRAUMANN, S. MOSCOVICI (Hrsg.), Changing Conceptions of Conspiracy (= Springer Series in Social Psychology), 1987, darin bes. die Beiträge v. D. GROH und NICOLE JACQUES-CHAQUIN. – Superverbrechen/Notstandsrecht: BEHRINGER, »Erhob sich das ganze Land zu ihrer Ausrottung ...«: Hexenprozesse und Hexenverfolgungen in Europa, in: VAN DÜLMEN (Hrsg.), Hexenwelten, 131–169, hier: 145.
[23] Vgl. die Schriften von AGRIPPA v. NETTESHEIM und PARACELSUS. – Literatur: vgl. Bibliogr. A II.5. – Zur antiken Dämonologie: K. THRAEDE, Art. Exorzismus, in: RAC 7 (1969) 44–117; ders., Art. Hexe, in: RAC 14 (1988) 1269–1276; F.E. BRENK SJ, In the Light of the Moon: Demonology in the Early Imperial Period, in: ANRW II 16.3, hrsg. v. W. HAASE, 1986, 2068–2145.
[24] Anders die ›Neuen Hexen‹ des Wicca-Kults oder der Frauenbewegung, s. Teil C III.
[25] MEILI, Hexen in Wasterkingen, 31.
[26] Beide Begriffe aus: G. SCHORMANN, Art. Hexen, in: TRE 15 (1986) 297–304, 301.

Die Mechanismen der *Rollenzuweisung* sind erst in Ansätzen erforscht. Komponenten der Etikettierung (*labelling*[27]) *sind:*
1) *das Geschlecht:* ca. 80% der Angeklagten sind Frauen. Kirchliche Frauenablehnung und Sexualaskese (vgl. o. B II.3) bilden hierbei mit tradierten Sexualvorstellungen (z.B. Menstruationsrestriktionen) und -nöten (z.B. Impotenz), dem »syphilitischen Schock«[28] Ende des 15. Jahrhunderts und sozialer Minderstellung und Ungesichertheit der Frau ein wechselndes Ursachenbündel;
2) *der Beruf:* Überdurchschnittlich gefährdet waren offenbar Hebammen (Kräuterwissen, Frauenheilkunde, Geburtshilfe), Spielleute (›Spiel auf dem Sabbat‹), Verarbeiter und Anbieter von Nahrungsmitteln (Wirte, Marktfrauen, Müller etc.), Viehspezialisten, politisch exponierte Berufe. Ihre Tätigkeiten kennzeichnen oft Risikofaktoren (Kindersterblichkeit; Hygiene; Vergiftungsgefahr; Viehkrankheiten) in der vormodernen Gesellschaft. Allerdings können keine bewußten ›Ausrottungsstrategien‹ festgemacht werden.[29]
3) *das Alter:* Beachtenswert ist die beträchtliche Anzahl von – besonders weiblichen – Angeklagten über 50 und die sich im Verlauf der Verfolgungen häufende Tendenz zur Anklage und Hinrichtung von Kindern und Jugendlichen.[30]
4) *die sozioökonomische Lage:* Die Mehrzahl der Angeklagten stammt nach der bisherigen Forschung[31] aus dem Kleinbauerntum bzw. der unterbäuerlichen Schicht sowie den städtischen Unterschichten, nur zu einem geringen Teil aus der eigentlichen Armenschicht. Bei Verfolgungswellen kann es jedoch zu einer »sozialen Expansion«[32] insbesondere ›nach oben‹ in den Anschuldigungen kommen.
Merkmalshäufungen sind anzutreffen (Paradebeispiel ist die ›arme alte Witwe‹; vgl. Märchenhexe), deren viktimogene Wertigkeit, zumal im Verhältnis zur Konfliktlage selbst, noch unzureichend untersucht ist. Festzuhalten ist jedenfalls, daß Außenseiter

---

27 H. BECKER, Outsiders. Studies in the Sociology of Deviance (1963), dt. Außenseiter. Zur Soziologie abweichenden Verhaltens (1973) = Tb. 1981; J. KATZ, Deviance, Charisma, and Rule-Defined Behavior, in: Social Problems 20 (1972/73) 186–202; CURRIE, Witchcraft and its Control; LARNER, Witchcraft and Religion, Register s. v. *labelling*.

28 Die Zahl ist ein Durchschnittswert aus dem lückenhaften Material; vgl. SCHORMANN, Hexenprozesse in Deutschland, 118. – Zur Funktion der Syphilis: ST. ANDRESKI, The Syphilitic Shock: A New Explanation of the Witch Burnings, in: Encounter 58 (Mai 1982) 7–26. – Frauen: TH. R. FORBES, The Midwife and the Witch, 1966; I. MACLEAN, The Renaissance Notion of Women. A Study in the Fortunes of Scholasticism and Medical Science in European Intellectual Life, 1980.

29 BEHRINGER, Hexenverfolgung in Bayern, Sachregister s.v. Hexerei, soziale Situation; vgl. auch: KRIEDTE, Die Hexen und ihre Ankläger, 60 Anm. 45. – Damit entfallen Theorien der Ausrottung von ›Weisen Frauen‹ und einer anti-kontrazeptionellen Bevölkerungspolitik, wie sie das schlampig gemachte Buch von G. HEINSOHN, O. STEIGER, Die Vernichtung der Weisen Frauen. Beiträge zur Theorie und Geschichte von Bevölkerung und Kindheit (1985) vertritt. Vgl. G. JEROUSCHEK, Des Rätsels Lösung? – Zur Deutung der Hexenprozesse als staatsterroristische Bevölkerungspolitik, in: Kritische Justiz 19 (1986) 443–459. – Zu gefährdeten Berufsgruppen s. BEHRINGER, Hexenverfolgung in Bayern, Register s.v. Hexerei (– Verdächtigung, – – gefährdete Berufe), S. 530.

30 BEHRINGER, Kinderhexenprozesse. Zur Rolle von Kindern in der Geschichte der Hexenverfolgung, in: Ztschr. f. Histor. Forschung 16 (1989) 31–47.

31 KRIEDTE, Die Hexen und ihre Ankläger (Bibliogr. A, Forschungsber.), 59f.

32 BEHRINGER, Hexenverfolgung in Bayern, 200ff.

nicht bevorzugt beschuldigt werden[33]: das Hexenmuster trifft nicht Außenseiter, sondern schafft sie, ist also Mittel der → Marginalisierung. (→ Auto-/Heterostereotyp, → Rolle).

IV. Verwendung und Funktionen

Die Wirkungsweise des Hexenmusters ist erst zum Teil aufgeklärt. Ein Wirkungszusammenhang besteht darin, daß es vorbereitete Konfliktlagen lokaler Gemeinschaften (Nachbarschaftsstreitigkeiten, Familienfehden, soziale Verelendung oder auch Erfolg, individuelles Unglück) dysfunktional verschärft: es setzt strukturelle und latente Gewalt frei, macht diese manifest. Dabei tritt es ›parasitär‹ als eine der das soziale Gleichgewicht kleiner Gruppen und Gemeinschaften erhaltenden und kontrollierenden Sozialkräfte (»*conservative social force*«[34]) auf, darin dem ›Bösen Blick‹ verwandt. Ein zweiter Zusammenhang liegt in der Diskursivität.[35] Das Hexenmuster baut sich auf kommunikativen Akten auf, sein Regulativ ist die sprachliche Öffentlichkeit (Klatsch, Gerücht, Ruf, Leumund). Die denunziatorische Attraktivität beruht neben der Personalisierungsmöglichkeit auf der Vermittlung eines nachträglichen Sinnzusammenhangs (›Jetzt wird mir klar, weshalb ...‹: »Retrospektive Interpretation«). Als eine der Sozialkräfte und Mentalitätsmuster, die Schuldzuweisung und Konfliktregelung in einer *face-to-face society* steuern, kann das »Prinzip der Summenkonstanz« bei »begrenzter Gütermenge« (»*limited good*«: G. M. FOSTER)[36] gelten, die Vorstellung, jeder Verlust des einen Mitbewohners (auch der an Sozialgütern wie Ehre, Freundschaft, Liebe etc.) bedinge den Zugewinn eines anderen und umgekehrt. ›Vertikal‹ ist der Macht- und Interaktionszusammenhang zwischen den abhängigen Schichten, den lokalen Eliten, die vermittelnde (›intermediäre‹) Funktion haben, und den zentralen Eliten (Hofrat, Gutachtertätigkeit der Universitäten, Inquisitoren) zu beachten. In verhängnisvoller Weise trafen sich ein durch fundamentalistische (Spaltungs-)Bewegungen (›Häresien‹; Reformation) gesteigertes ideologisches Ausspähungsbedürfnis der Kirche bzw. der Konfessionen und das pragmatische Interesse der entstehenden frühabsolutistischen Territorialstaaten nach ›Ordnung‹ und erschufen einen neuen TäterInnentyp von obrigkeitengefährdender Delinquenz. Dessen Bekämpfung konnte gegebenenfalls einen überkonfessionellen gesellschaftlichen Konsens herstellen (»Integrationsideologie«[37]). Vorherrschend scheint jedoch der Ventilcharakter zu sein: Unmutsabfuhr bei Agrarkrisen (Hunger;

---

[33] KRIEDTE, Die Hexen und ihre Ankläger, 59 ff., 66 ff. mit Verweis auf: DELUMEAU, La Peur en Occident.

[34] K. THOMAS, The Relevance of Social Anthropology to the Historical Study of English Witchcraft, in: DOUGLAS (Hrsg.), Witchcraft, 47–80, hier: 67. – Zum ›Bösen Blick‹, bes. in Süditalien/Sizilien: TH. HAUSCHILD, Der böse Blick. Ideengeschichtliche und sozialpsychologische Untersuchungen (1979) ²1982.

[35] Ausgezeichnet herausgearbeitet bei: FAVRET-SAADA, Die Wörter, der Zauber, der Tod.

[36] G. M. FOSTER, Peasant Society and the Image of Limited Good, in: American Anthropologist 67 (1965) 293–315; dazu: WALZ, Hexenwahn, 4 f. Kritisch: BEHRINGER, Hexenverfolgung in Bayern, 201 Anm. 274. Bei diesem Modell wäre nach der Vergleichbarkeit städtischer Nachbarschaften zu fragen.

[37] SCHWERHOFF, Rationalität im Wahn, 47 f.

Inflation) und ordnungspolitischem Versagen der Obrigkeit (Unsicherheit auf Straßen; Verbrechenshäufung). Die Behauptung, die Verfolgungen seien ein Instrument zentraler Eliten zur Disziplinierung des ›Volks‹ und zur Auslöschung volkskultureller Eigenständigkeit, wie dies die ›Akkulturationstheorie‹ von ROBERT MUCHEMBLED[38] tut, übersieht das Stabilitätsbedürfnis der (zentral-)staatlichen Organe (Bayern; Frankreich), denen die Unbeherrschbarkeit und Unberechenbarkeit der Verfolgungs-›Epidemien‹ rasch zu Bewußtsein kam.[39]
Nicht aus den Augen verloren werden darf die Rolle der Justiz: Erst die ideologische bzw. populistische Unterhöhlung der Rechte und Stellung der Angeklagten durch Inquisitionsprozeß und Folteranwendung ermöglichte die Verfolgungen, deren Willkür und ›Sündenbock‹-Wahl auch nach damaligen Maßstäben als »Justizmord« bezeichnet werden kann.[40] Jenseits der eher gemäßigten Gesetzgebungspolitik der Zentralinstanzen übernahmen insbesondere die regionalen und lokalen Gerichte eine verstärkende Funktion (Verbreitung der Imaginationen durch die ›Urgichten‹), zumal wenn sie sich selbsternannten ›Hexenjägern‹ ausgeliefert sahen.[41]

C Perioden des Hexenmusters

I. Überblick

Die Geschichte des europäischen Hexen-Stereotyps läßt sich in folgende Phasen einteilen:
1) Die präformative Phase (bis zum Anfang des 13. Jahrhunderts): Christianisierung der städtischen Zentren; Dämonisierung der Substratreligionen; Zaubereidelikt.
2) Die formative Phase (Anfang 13. Jh.–Anfang 15. Jh.): heterodoxe religiös-politische Regionalbewegungen (Bogumilen; Katharer; Waldenser) mit rigoristischer Ethik und oft dualistischer Theologie und Anthropologie; Inquisition als orthodoxe Abwehrinstanz; Konstruktion einer ›Hexen-Sekte‹ analog zu den ›Ketzer‹-Sekten.
3) 1. Aktivitätsphase (ca. 1420–1500): Ausbildung des vollständigen Hexenmythos; erste Verfolgungswellen mit Schwerpunkten u. a. in Savoyen und der Dauphiné, der West- und Zentralschweiz, dem Elsaß.
4) Latenzphase (ca. 1500–1560): Rückgang der Verfolgungen; Reformation als Konfliktträgerin.
5) 2. Aktivitätsphase (1560–1630/1660): Höhepunkt der Verfolgungen; betroffen sind

---

38 MUCHEMBLED, Satan ou les hommes? La chasse aux sorcières et ses causes, in: DUPONT-BOUCHAT, FRIJHOFF, MUCHEMBLED, Prophètes et sorcières, 13–39. Dazu: KRIEDTE, Hexen und ihre Ankläger, 52–59, 69–71.

39 Dies betont BEHRINGER, Hexenverfolgung in Bayern, Kp. IV (»Kampf um die Eindämmung der Verfolgungen 1600–1630«), 224–331.

40 Der Begriff wurde von dem Göttinger Historiker A. L. SCHLÖZER anläßlich der letzten legalen Hexenhinrichtung in Europa 1782 in Glarus (Schweiz) geprägt; vgl. BEHRINGER, »Vom Unkraut unter dem Weizen« (Anm. 14), 39 mit Anm. 63.

41 Siehe z. B. R. DEACON, Matthew Hopkins: Witch Finder General, 1976. Verhängnisvoll war auch die Rolle von ›Star-Scharfrichtern‹, vgl. BEHRINGER, Hexenverfolgung in Bayern, 131–137, bes. 134.

weite Gebiete in Mittel-, Nord- und Westeuropa (einschließlich England) und des Alpenraums; im Bereich des deutschen Reichs zwei Verfolgungswellen im Anschluß an Agrarkrisen: 1587–1591; 1626–1630 (bes. in den fränkischen Erzstiften).
6) Eindämmungs-, Zerfalls- und Transformationsphase (ca. 1630–Ende des 18. Jhs.): s. Abschnitt C II.
7) Phase der Rekonstruktion und sekundärer Mythisierungen bzw. Kultbildung (19./ 20. Jhd.): s. die Abschnitte A V und C III.

II. Zerfallsprodukte/Verwandlungen des frühneuzeitlichen Hexenmusters

Die Entpolitisierung der religiösen Frage nach 1648 wie die neue bürgerliche Kultur der Aufklärung drängen theologische Deutungsmuster und Handlungsanweisungen zunächst in den Machtzentren zurück. So verliert auch das mythische Erklärungsmodell ›Hexe‹ im Verlauf des späten 17. und des 18. Jahrhunderts zunehmend seinen Funktionswert. Allerdings ›verschwindet‹ es nicht vollständig, sondern löst sich in eine Reihe von ›Zerfallsprodukten‹ auf bzw. verwandelt sich anderen Deutungsformen und bestehenden Mythentraditionen an:
1) *Besessenheit/Hysterie/Wahnsinn/Enthusiasmus:* Einen wesentlichen Beitrag zur Entschärfung der Hexenvorstellung brachte im 17. Jahrhundert die zunehmende Neubewertung der Tatbestände: statt eines rechtlich belangbaren, aktiv ausgeübten Vergehens wurde zugunsten von Krankheit und damit ›Unzurechnungsfähigkeit‹ plädiert. Damit wurden die inkriminierten Bilderwelten (re-)privatisiert. Das Eingreifen der Autoritäten verlangte von nun an ›nur noch‹ die Ruhigstellung, gegebenenfalls Absonderung der ›Abnormalen‹ in Internierungsinstitutionen. Dazu wurde ein schon bestehendes theologisches Krankheitsparadigma wiederbelebt: die dämonische Besessenheit.[42] Diese konnte mit den bestehenden → Exorzismuspraktiken ›geheilt‹ werden. Daneben gelang aber auch die positive Umwertung und Umlenkung exzentrischer Körperphänomene und Wahrnehmungsweisen im Typus der ›von Gott Begeisterten‹ bzw. ›Wiedergeborenen‹, wie sie sich insbesondere in der nordamerikanischen Gesellschaft in immer neuen Wellen gemeinschaftlicher Ergriffenheit (*religious revivals: Little Awakening*, Northampton 1734; *Second Great Awakening* um 1800) zeigten.[43] Schließlich durchgesetzt haben sich jedoch medizinische Deutungsmuster: einmal im stärker körperbetonten Typus der ›Hysterika‹ (→ Religionsästhetik, HrwG Bd. 1, B II.2 d), zum anderen in der diffusen Diagnose des ›Wahnsinns‹ bzw. ›Irre-Seins‹ in all seinen Formen (Psychose, Schizophrenie etc.). Psychiatrisierung ersetzt dabei bis heute meist die Kenntnis des sozialen Kontexts bei ›Verhexungs‹-Phänomenen.[44]

---

[42] S. die Auseinandersetzungen über die Besessenheitsepidemien in den frz. Nonnenklöstern von Aix-en-Provence (1609–1611), Loudun (1632–1634/1665) und Louviers (1643–1647); dazu: MANDROU, Magistrats et sorciers, 197 ff. – Die Praxis zeitgenössischer Exorzisten belegen: A. RODEWYCK SJ, Dämonische Besessenheit heute. Tatsachen und Deutungen (1966) [4]1976; FELICITAS D. GOODMAN, The Exorcism of Anneliese Michel (1981), dt. Anneliese Michel und ihre Dämonen. Der Fall Klingenberg in wissenschaftlicher Sicht (1980) [2]1987.
[43] Dazu die ausgezeichneten Beobachtungen von BOYER, NISSENBAUM, Salem Possessed, 23–30.
[44] Vgl. FAVRET-SAADA, Die Wörter, der Zauber, der Tod, Anhang IV (»Die Elle der Wahrheit«), 334–351; RISSO, BÖKER, Verhexungswahn.

2) *Satanismus/Schwarze Messen:* Daß Bilder, einmal in die Welt gesetzt, ihr unberechenbares Eigenleben führen, beweist die Geschichte des modernen Satanismus: Dieser speist sich zu einem großen Teil aus den morbiden Phantasien, die drei Jahrhunderte amtlich bezeugter Dämonologie bereitgestellt hatten. Als wirklich vollbrachte Handlungen sind Schwarze Messen mit Konsekration von Nattern, Hostienschändung, rituellem Geschlechtsverkehr und Kinderopferung erstmals im aristokratischen Hofmilieu Ludwigs XVI. als Mittel des Liebeszaubers belegt (*Chambre ardente-Prozeß,* 1679–1680).[45] So verliehen die Hexenjäger selbst den verfolgten Gegenbildern vom ›Sabbat und seinen Greueln‹ ihre bis in die Gegenwart reichende blasphemische Kraft.[46]
3) *Hexerei in ländlichen Gebieten:* Nach dem Verlust der obrigkeitlichen Anerkennung im Verlauf der Aufklärung löste sich aus dem Hexenmuster wieder der vorwiegend interaktionelle ›Verhexungs‹-Diskurs heraus (vgl. o. B II).[47] Rollenträger sind das Opfer, die – stets nur ›ausgemachte‹ – ›Hexe‹ beiderlei Geschlechts und der Hexenbanner. Dieser Kontroll- und Konfliktregelungsmechanismus läßt sich, in seiner Wirksamkeit auf lokale Gemeinschaften beschränkt, bis heute beobachten.[48]
4) *Die Hexe im Märchen:* Da die Märchenforschung noch weithin in ahistorischen Ansätzen (tiefen-)psychologischer, typologischer oder strukturalistischer[49] Herkunft befangen ist, können bislang keine Aussagen über den Zusammenhang zwischen den frühneuzeitlichen Hexenverfolgungen und ihrer imaginativen, fantasmatischen oder auch traumatischen Verarbeitung in den kollektiven Bilderwelten der Zaubermärchen gemacht werden. Kennzeichnend für diese ist jedoch einmal die Bewahrung von Vorformen des Hexenmusters: etwa verschiedener regionaler Zwischenwesen wie der »Frau Holle«, wenn auch oft in einer christlich geprägten Dämonisierungsform.[50] Außerdem

---

[45] Die angeklagte Madame de Montespan war die Ex-Maîtresse des Königs; vgl. G. Zacharias, Satanskult und Schwarze Messe. Ein Beitrag zur Phänomenologie der Religion (1964) ²1970 = 1979, 108–125 (mit Quellen). Zu Vorformen bei den kollektiven Nonnenbesessenheiten in den frz. Klöstern s. ebd., 106–108; der Realitätsgehalt dieser Geständnisse ist schwer zu beurteilen.

[46] Am bekanntesten sind die von J.-K. Huysmans (1848–1907) in seinem Roman *»Là-Bas«* (1891) beschriebene Schwarze Messe und die satanistisch begründeten Morde der Hippie-Kommune um Charles Manson 1969.

[47] Der – vorwiegend – ländliche ›Hexenglaube‹ ist also besser als Hexerei/Verhexungs-Glaube im Sinn eines Systems *(→ belief system)* bzw. Diskurses zu fassen; ein Zusammenhang mit dem modernen → Okkultismus besteht nicht; mißverständlich hierzu Schöck, Hexenglaube in der Gegenwart, Kp. 7, 237–283. Schöck geht im übrigen so weit, ein »Sozialtraining« (294) zur Abschaffung des »Hexenglaubens« zu befürworten; vgl. schon in den 50er Jahren: J. Kruse, Hexen unter uns? Magie und Zauberglauben in unserer Zeit, 1951 (²1978); Kruse hat ein wichtiges Archiv beim ›Kampf gegen den Aberglauben‹ aufgebaut. – Zu Verhexungssymptomen bei Wirtschaftsemigranten s. Risso, Böker, Verhexungswahn.

[48] Vgl. die Feldforschungen von Favret-Saada im nordwestfranzösischen Bocage (vgl. Bibliogr. B II).

[49] Zum Motiv ›Hexe‹ s. bes. die psychologischen Arbeiten: B. Bettelheim, The Uses of Enchantment. The Meaning and Importance of Fairy Tales (1976), dt. Kinder brauchen Märchen, 1977 = Tb. 1980; W. Scherf, Die Hexe im Zaubermärchen, in: van Dülmen (Hrsg.), Hexenwelten (Bibliogr. A II 1), 219–252. Außerdem: H. J. Dingeldein, »Hexe« und Märchen, in: Sigrid Früh, R. Wehse (Hrsg.), Die Frau im Märchen (= Veröff. der Europ. Märchengesellschaft 8), 1985, 50–59. – Textsammlung: Früh, Märchen.

[50] Den Versuch, die russischen Märchen mit der Hexengestalt der *Baba-jaga* vor dem Hintergrund der nordeurasischen Jägerkulturen zu verstehen, bietet V. Propp, Istoričeskie korni volšebnoj

erscheinen eine Reihe ›typischer‹ Rollengestalten (die ›Stiefmutter‹, die ›böse Alte‹), die Hinweise auf *labelling*-Prozesse geben können (vgl. o. B II).

III. Hexen heute – zwischen Provokation und Religion

›Hexen‹ haben seit Mitte des 20. Jahrhunderts wieder Konjunktur. ›Weise Frauen‹ und die ›Priesterinnen der Großen Göttin‹ einer neuen Naturreligion, des Wicca-Kults, berufen sich auf sie; ihr Name dient als emanzipatorischer Schreckruf der Frauenbewegung. Bilder und Figuren sind jedoch nicht mehr dieselben, das Hexenmuster der Frühen Neuzeit ist nur ein Bezugspunkt unter anderen für moderne Weltbilder und Mythen.
Während beispielsweise die politische *Frauenbewegung* Bestandteile des überlieferten Hexenmusters für neue Aktionsformen nutzt (Demonstrationen in der Walpurgisnacht; dämonische Verwandlung durch Masken; Selbstanprangerung), inszeniert JUDITH JANNBERG über die kathartische Rückerinnerung an die Hexenverfolgungen im Trance-Ritual ein Psychodrama (»Hexentherapie«)[51], das Frauen helfen will, ihre ›Opfer‹-Rolle in der heutigen Gesellschaft zu überwinden. Die Bedeutung einer historischen Leitfigur erlangt die frühneuzeitliche ›Hexe‹ durch ihre Annäherung an den Typus der universal verstandenen ›Weisen Frau‹, die Frauenwissen hegt.[52]
Der *Wicca-Kult* als die zweite bedeutende zeitgenössische Strömung, die Hexenbilder wiederbeleben will, begreift sich als Natur- bzw. »Ökologische« Religion, als (Neu-) »Heidentum«.[53] Er wurde von GERALD GARDNER Anfang der 50er Jahre gegründet[54] und hat in den 70er Jahren durch Einflüsse aus Frauenbewegung und *›New Age‹* die Form einer weitgefächerten Bewegung angenommen und sich teilweise institutionalisiert.[55] Der Kult speist sich aus drei Quellen: Als *›Alte Religion‹* beansprucht er die Tradition des paläolithischen und nordeurasischen → Schamanismus und – allgemeiner – der vorchristlichen europäischen Substratreligionen[56]; als → magische ›Praktik‹ *(craft)* verbindet er Formen intellektualistischer Theurgie, wie sie aus Neuplatonismus und Renaissance überliefert sind, mit subkulturellen Alltagsritualen, wie sie die dörflichen Heiler, Besager, Kartenleserinnen usw. ausüb(t)en; schließlich greift er als *›feministische*

---

skazki (1946), dt. Die historischen Wurzeln des Zaubermärchens, 1987, bes. Kp. III: »Der geheimnisvolle Wald« (59–135).

[51] Der Begriff bei JANNBERG, Ich bin eine Hexe, 53; therapeutische Technik ist die kontrollierte »Regression«.

[52] S. GOLOWIN, Die weisen Frauen: Die Hexen und ihr Heilwissen (1982) ²1983 (unsystematisch); BARBARA EHRENREICH, DEIDRE ENGLISH, The Witches are back! (1973), dt. Hexen, Hebammen und Krankenschwestern, 1975; HEINSOHN, STEIGER, Die Vernichtung der Weisen Frauen (s. Anm. 29) (unbrauchbar).

[53] *»Religion of ecology«:* STARHAWK, The Spiral Dance, 10. – »Heidentum«: ZSUZSANNA BUDAPEST, Mein Salem in L. A., in: ANNE KENT RUSH, Moon Moon (1976), dt. Mond Mond (1978) ²1982, 326–329, hier: 328 f.; GISELA GRAICHEN, Sie sind wieder da! Einführung in die Hexenszene, in: dies., Die neuen Hexen, 9–63, hier: 28–30; vgl. auch die Interviews, so 209 f., 225 f.

[54] S. die Schriften GARDNERS in der Bibliographie (B I) und den Art. »Gerald Gardner«, in: DOREEN VALIENTE, An ABC of Witchcraft, past and present (1973)²1984.

[55] So ließ ZSUZSANNA BUDAPEST 1975 in Los Angeles die *»Dianic Sisterhood of the Wicca«* als gesetzliche Kirche eintragen; s. BUDAPEST, Mein Salem in L. A. (Anm. 53).

[56] STARHAWK, Spiral Dance, 2.

Religion‹ auf die vorderasiatischen Mythen von der »Großen Göttin« und ihrem Paredros, dem »Gehörnten« *(»The Horned God«)*[57] zurück, ein Rückgriff, der ohne die mythenstiftende Materialsammlung und Erklärungskraft von WissenschaftlerInnen wie JOHANN JAKOB BACHOFEN, CHARLES LELAND, JAMES GEORGE FRAZER oder MARGARET MURRAY nicht möglich gewesen wäre.[58] Der imaginative Schwerpunkt liegt hier demnach in einer Wunschzeit, dem Matriarchat, und den vergöttlichten modernen Geschlechteridealen, der ›Göttin (und dem Heros) in uns‹, nicht in der frühneuzeitlichen Lebenswirklichkeit. Die religiöse Aufwertung und Thematisierung des Weiblichen und der Natur, von spiritueller Selbstbestimmung und ›sanfter Technologie‹ spiegelt gesellschaftliche Grundfragen der westlichen Industrieländer. Zu fragen bleibt, ob das entworfene Szenario einer ›agrarischen Landschaft mit starken, naturverbundenen Menschen‹ nur ein Gegenbild zur zeitgenössischen Verstädterung ist, oder ob sich hier nicht auch eine ›Lebensideologie‹ als Antwort auf die veränderten Lebensbedingungen und Problemsetzungen der Überflußgesellschaften ankündigt.[59]

Literatur

A. Frühe Neuzeit (einschl. Vorgeschichte)
Bibliographie: CARDINI (s. A II.1); CROWE, M. J. (Hrsg.), Witchcraft. Catalogue of the Witchcraft Collection in Cornell University Library. Introduction by R. H. ROBBINS, 1977. – Forschungsberichte: s. SCHORMANN und LEHMANN (A II.1); außerdem: KRIEDTE, P., Die Hexen und ihre Ankläger. Zu den lokalen Voraussetzungen der Hexenverfolgungen in der frühen Neuzeit – Ein Forschungsbericht, in: Ztschr. f. Histor. Forschung 14 (1987) 47–71.

I. Quellen
1. Sammlungen
BEHRINGER, W. (Hrsg.), Hexen und Hexenprozesse in Deutschland (= dtv-dokumente), 1988 (empfehlenswert); HANSEN, J., Quellen und Untersuchungen zur Geschichte des Hexenwahns und der Hexenverfolgung im Mittelalter. Mit e. Untersuchung der Geschichte des Wortes Hexe von J. FRANCK (1901) Ndr. 1963 (immer noch die beste Quellensammlung).
2. Befürworter des Hexendelikts
INSTITORIS (d. i. KRAMER), H., SPRENGER, J., Malleus Maleficarum (1487), dt. Der Hexenhammer, hrsg. v. J. W. R. SCHMIDT, 1906, Ndr. 1980 = Tb. 1982 (dazu: P. SEGL (Hrsg.), Der Hexenhammer. Entstehung und Umfeld des Malleus Maleficarum von 1487 = Bayreuther Histor. Kolloquien 2, 1988); DE LANCRE, P., Tableau de l'inconstance des mauvais anges et démons, où il est amplement traicté des sorciers et de la sorcellerie, 1612 (gekürzter Ndr. mit krit. Einl. u. Anm. v. N. JACQUES-CHAQUIN, 1982); NIDER, J., Formicarius (vor 1438), gedruckt 1470 (Ndr. 1971 mit e. Einl. v. H. BIEDERMANN).

---

[57] Beispiele feministischer Matriarchatsforschung: HEIDE GÖTTNER-ABENDROTH, Die Göttin und ihr Heros, 1980; dies., Das Matriarchat I: Geschichte seiner Erforschung, 1988 (geplant auf 4 Bde.). Kritisch: SUSANNE HEINE, Wiederbelebung der Göttinnen? Zur systematischen Kritik einer feministischen Theologie, 1987 (lesenswert).

[58] Vgl. die Arbeiten v. J. J. BACHOFEN (»Das Mutterrecht«, 1861) u. J. G. FRAZER (»The Golden Bough«, 1890ff.), s. HrwG Bd. 1, Prosopographie I; MURRAY, Witch Cult in Western Europe (Bibliogr. B I); CH. LELAND, Aradia or the Gospel of the Witches (1899), dt. Aradia: Die Lehre der Hexen. Mythen, Zaubersprüche, Weisheiten, Bilder, 1979.

[59] H. P. DUERR, Sedna oder Die Liebe zum Leben, 1984, 235.

3. Gegner des Hexendelikts
Cautio criminalis seu de processibus contra sagas liber ... auctore incerto theologo romano (d. i. FRIEDRICH SPEE) (1631), dt. Cautio Criminalis oder Rechtliches Bedenken wegen der Hexenprozesse, hrsg. v. J.-F. RITTER (1939) [2]1982 (dazu: H. ZWEETSLOOT SJ, Friedrich Spee und die Hexenprozesse. Die Stellung und Bedeutung der Cautio Criminalis in der Geschichte der Hexenverfolgung, 1954); THOMASIUS, CHR., Theses inaugurales De crimine magiae, 1701; ders., Disputatio Juris Canonici De Origine ac Progressu Processus Jnquisitorii contra Sagas, 1712 (beides dt. u. d. T. Vom Laster der Zauberei / Über die Hexenprozesse, hrsg., übersetzt u. mit e. Einleit. versehen v. R. LIEBERWIRTH, 1967 = Tb. dtv 1986); WEYER, J., De praestigiis daemonum, 1563; dazu R. VAN NAHL, Zauberglaube und Hexenwahn im Gebiet von Rhein und Maas. Spätmittelalterlicher Volksglaube im Werk Johan Weyers, 1515–1588 (= Rhein. Archiv 116), 1983.
4. Bildliche Darstellungen
Kat. Hexen (Hamburg), hrsg. v. TH. HAUSCHILD, H. STASCHEN, R. TROSCHKE, 1979; Kat. Les sorcières, Bibliothèque Nationale Paris, hrsg. v. M. PRÉAUD, 1973; SCHADE, S., Schadenzauber und die Magie des Körpers: s. A II.1; STELZL, U., Hexenwelt. Hexendarstellungen in der Kunst um 1900, 1983.
5. Wort- und Begriffsgeschichte
FRANCK, J., Geschichte des Wortes Hexe, in: HANSEN, Quellen und Untersuchungen, 614–670; LECOUTEUX, CL., Hagazussa – Striga – Hexe, in: Études Germaniques 38 (1983) 161–178; OLIPHANT, S. G., The Story of the Strix, in: Transact. and Proceed. of the Amer. Philolog. Association 44 (1913) 133–149; 45 (1914) 49–64.

II. Sekundärliteratur
1. Allgemeine Darstellungen
BAEYER-KATTE, W., Die historischen Hexenprozesse. Der verbürokratisierte Massenwahn, in: W. BITTER (Hrsg.), Massenwahn in Geschichte und Gegenwart, 1965, 220–231; BECKER, G., BOVENSCHEN, S., BRACKERT, H. u. a. (Hrsg.), Aus der Zeit der Verzweiflung. Zur Genese und Aktualität des Hexenbildes, 1977; CARDINI, F., Magia, stregoneria, superstizioni nell' Occidente medievale (= Strumenti 96), 1979; CARO BAROJA, J., Las brujas y su mundo (1961), dt. Die Hexen und ihre Welt. Mit e. Einführung u. e. ergänzenden Kp. v. W.-E. PEUCKERT, 1967; CLARK, ST., Inversion, Misrule, and the Meaning of Witchcraft, in: Past and Present 87 (1980) 98–127; COHN, N., Europe's Inner Demons. An Inquiry Inspired by the Great Witch Hunt, 1975 (Tb. 1976); CURRIE, E. P., Crimes without Criminals: Witchcraft and Its Control in Renaissance Europe, in: Law and Society Review 3 (1968) 7–32; DELUMEAU, J., La Peur en Occident (XVe–XVIIIe siècles). Une cité assiégée, 1978; DOUGLAS, M. (Hrsg.), Witchcraft. Confessions and Accusations, 1970; DÜLMEN, R. VAN, Hexenwelten. Magie und Imagination vom 16.–20. Jh. Ausstellung Juni 1987, 1987 (gute Einführung); DUERR, H. P., Traumzeit. Über die Grenze zwischen Wildnis und Zivilisation, 1978; FEBVRE, L., Sorcellerie, sottise ou révolution mentale, in: Annales ESC 3 (1948) 9–15; GEERTZ, H., THOMAS, K., An Anthropology of Religion and Magic: Two Views, in: Journal of Interdisciplinary History 6 (1975) 71–110; HANSEN, J., Zauberwahn, Inquisition und Hexenprozeß im Mittelalter und die Entstehung der großen Hexenverfolgung, 1900 (klassische Studie); HONEGGER, CL. (Hrsg.), Die Hexen der Neuzeit. Studien zur Sozialgeschichte eines kulturellen Deutungsmusters, 1978 (Auswahl aus der Forschung; Lit.; grundlegend der Einleitungsaufsatz, 21–151); KIECKHEFER, R., European Witch-Trials: Their Foundations in Popular and Learned Culture 1300–1500, 1976; LARNER, CHR., Witchcraft and Religion. The Politics of Popular Beliefs, hrsg. v. A. MACFARLANE, 1984; LEHMANN, H., Hexenverfolgungen und Hexenprozesse im Alten Reich zwischen Reformation und Aufklärung, in: Jb. d. Instituts f. dt. Geschichte 7 (1978) 13–70; QUAIFE, G. R., Godly Zeal and Furious Rage: The Witch in Early Modern Europe, 1987; RUSSELL, J. B., Witchcraft in the Middle Ages, 1972; SCHADE, S., Schadenzauber und die Magie des Körpers. Hexenbilder der frühen Neuzeit, 1983 (Kunsthistorische Diss., bes. zu Baldung Grien); SCHORMANN, G., Hexenprozesse in Deutschland, 1981 (brauchbare Einführung); SCHWAIGER, G. (Hrsg.), Teufelsglaube und Hexenprozesse (1987) [2]1988; SCHWERHOFF, G., Rationalität im Wahn. Zum gelehrten Diskurs über die Hexen in der frühen Neuzeit, in: Saeculum 37 (1986) 45–82; SOLDAN, G. W., HEPPE, H., BAUER, H., Geschichte der Hexenprozesse, 2 Bde., [3]1912 (Ndr. o. J. = ca. 1980; [1]1843 von G. W. SOLDAN) (noch heute lesenswerte Pionierarbeit); THOMAS, K., Religion and the

Decline of Magic. Studies in Popular Beliefs in Sixteenth and Seventeenth Century England, 1971; WALZ, R., Der Hexenwahn vor dem Hintergrund dörflicher Kommunikation, in: Ztschr. f. Volkskunde 82 (1986) 1–18; WEISER-AALL, L., Art. Hexe, in: HWDA 3 (1930/31) 1827–1920).

2. Regionalstudien

BEHRINGER, W., Scheiternde Hexenprozesse. Volksglaube und Hexenverfolgung um 1600 in München, in: R. VAN DÜLMEN (Hrsg.), Kultur der einfachen Leute. Bayerisches Volksleben vom 16. bis zum 19. Jh., 1983, 42–79; ders., Hexenverfolgung in Bayern. Volksmagie, Glaubenseifer und Staatsräson in der Frühen Neuzeit, 1987 (beispielhafte Arbeit; im Anhang eine »Chronologische Prozeßliste«); BLAUERT, A., Frühe Hexenverfolgungen. Schweizerische Ketzer-, Zauberei- und Hexenprozesse des 15. Jhs., Diss. (Microfiche) Konstanz 1988; BOYER, P., NISSENBAUM, ST., Salem Possessed. The Social Origins of Witchcraft, 1974; DUPONT-BOUCHAT, M.-S., FRIJHOFF, W., MUCHEMBLED, R., Prophètes et sorciers dans les Pays-Bas, XVIe–XVIIIe siècle (= Les Temps & les Hommes), 1978; GINZBURG, C., I Benandanti. Stregoneria e culti agrari tra Cinquecento e Seicento (1966), dt. Die Benandanti. Feldkulte und Hexenwesen im 16. u. 17. Jh., 1980; KUNZE, M., Der Prozeß Pappenheimer, 1981 (auch in erzählender Form veröff. als: »Die Straße ins Feuer«, 1982); MACFARLANE, A., Witchcraft in Tudor and Stuart England. A Regional and Comparative Study, 1970 (kulturanthropologischer Ansatz); MEILI, D., Hexen in Wasterkingen. Magie und Lebensform in einem Dorf des frühen 18. Jhs., 1980 (Diss. Zürich 1978; kulturanthropologischer Ansatz); MIDELFORT, H. C. E., Witch Hunting in Southwestern Germany 1562–1684: The Social and Intellectual Foundations, 1972; MONTER, E. W., Witchcraft in France and Switzerland. The Borderlands during the Reformation, 1976.

3. Elemente des Hexenmusters

VAN DÜLMEN, R., Imaginationen des Teuflischen. Nächtliche Zusammenkünfte, Hexentänze, Teufelssabbate, in: ders. (Hrsg.), Hexenwelten (s. o. A II.1), 94–130; GINZBURG, C., Présomptions sur le sabbat, in: Annales ESC 39 (1984) 341–354, dt. Nächtliche Zusammenkünfte. Die lange Geschichte des Hexensabbat, in: Freibeuter 25 (1985) 20–36; ders., Storia notturna. Una decifrazione del Sabba (= Biblioteca di cultura storica), 1989; TEXIER, P., Du Pacte de Théophile au pacte du sorcier, in: Histoire des faits de la sorcellerie. Actes de la Huitième Rencontre d'Histoire Religieuse (1984), 1985, 25–34.

4. Gerichtswesen und -praktiken

HAHN, A., KAPP, V. (Hrsg.), Selbstthematisierung und Selbstzeugnis: Bekenntnis und Geständnis, 1987; LEUTENBAUER, S., Hexerei- und Zaubereidelikt in der Literatur von 1450 bis 1550. Mit Hinweisen auf die Praxis im Herzogtum Bayern (Abh. zur rechtwiss. Grundlagenforschung, Bd. 3), 1972; MANDROU, R., Magistrats et sorciers en France au XVIIe siècle. Une analyse de psychologie historique, 1968 (Ndr. 1980).

5. Dämonologie, *Magia naturalis*

PEUCKERT, W.-E., Pansophie. Ein Versuch zur Geschichte der weißen und schwarzen Magie (1936) [2]1956; SCHNELLER, KL., Paracelsus: Von den Hexen und ihren Werken, in: BECKER u. a., Aus der Zeit der Verzweiflung (s. o. A II.1), 240–258; WALKER, D. P., Spiritual and Demonic Magic from Ficino to Campanella, 1958.

B. Das Hexenmuster in der Moderne (18.–20. Jh.)

I. Quellen

FRÜH, S. (Hrsg.), Märchen von Hexen und Weisen Frauen, 1986; GARDNER, G. B., High Magic's Aid, 1949 (Roman); ders., Witchcraft Today, 1954; GRAICHEN, G., Die neuen Hexen. Gespräche mit Hexen, 1986 (Interviews); JANNBERG, J. (d. i. G. A. Schilcher), Ich bin eine Hexe. Erfahrungen und Gedanken. Aufgeschrieben von G. MEUSSLING, 1983 ([5]1985) (Feministische »Hexentherapie« in Form von Rollenspielen/Psychodrama); MICHELET, J., La sorcière, 1862 (Ndr. hrsg. v. P. VIALLANEIX, 1966 u. ö.); MURRAY, M. A., Witch Cult in Western Europe, 1921 (These von der subkulturellen ›Hexen-Religion‹: fiktiv, aber einflußreich); dies., The God of the Witches, 1931 ([2]1952, Pb. 1970) (der Mythos vom »Horned God« und seinen Verehrern); STARHAWK (d. i. MIRIAM SIMOS), The Spiral Dance. A Rebirth of the Ancient Religion of the Great Goddess, 1979 (Kultbuch der amerik. Wicca-Szene); VALIENTE, D., An ABC of Witchcraft past and present, 1973 ([2]1984).

II. Sekundärliteratur
FAVRET-SAADA, J., Les mots, la mort, les sorts. La sorcellerie dans le Bocage (1977), dt. Die Wörter, der Zauber, der Tod. Der Hexenglaube im Hainland von Westfrankreich, 1979 (Feldstudie; die beste Arbeit über den Diskurs ›Hexerei‹ im heutigen Europa); GIESEN, R., »Queens of Horror«, böse Märchenhexen, zauberhafte Frauen: Hexenfiguren in Film, Trickfilm und Filmkomödien, in: VAN DÜLMEN (Hrsg.), Hexenwelten (s. A II.1), 253–281; LUHRMANN, T. M., Persuasions of the Witch's Craft. Ritual Magic in Contemporary England, 1989; RISSO, M., BÖKER, W., Verhexungswahn. Ein Beitrag zum Verständnis von Wahnerkrankungen süditalienischer Arbeiter in der Schweiz (= Bibliotheca psychiatrica et neurologica 124), 1964; SCHÖCK, I., Hexenglaube in der Gegenwart. Empirische Untersuchungen in Südwestdeutschland (= Untersuch. d. Ludwig-Uhland-Instituts d. Univ. Tübingen 45), 1978 (konflikttheoretischer Ansatz); STELZL, U., Hexenwelt (s. A I.4).

C. Nichteuropäische Kulturen
DOUGLAS, M. (Hrsg.), Witchcraft: Confessions and Accusations (s. A II.1); EVANS-PRITCHARD, E. E., Witchcraft, Oracles and Magic Among the Azande, 1937, dt. (gekürzt) Hexerei, Orakel und Magie bei den Zande, 1978 (wegweisend; Unterscheidung zw. *witchcraft* und *sorcery*); KLUCKHOHN, CL., Navaho Witchcraft, 1944; MULTHAUPT, T., Sozialanthropologische Theorien über Hexerei und Zauberei in Afrika, in: Anthropos 82 (1987) 445–456; TURNER, V., Witchcraft and Sorcery: Taxonomy versus Dynamics, in: ders., The Forest of Symbols, 1967, 112–127 (Hexerei als *antistructure* = verkehrte Welt).

Hubert Mohr

→ *Aberglaube, Fanatismus, Magie, Zwischenwesen*

Hierarchie

1. Der Begriff *Hierarchie* – »heilige Herrschaft« (gr. **hier-archia*) – entstammt dem religiös-theologischen Bereich, wandert vom mittelalterlichen Kirchenlatein in die neuzeitlichen Sprachen und wird im Sinne einer ›feststehenden Rangordnung‹ verwendet, die ihre Legitimation in sich selbst trägt. Die wissenschaftliche Verwendung des Begriffes ist dadurch belastet, daß er bis heute einerseits als normativ gültige Selbstbeschreibung der göttlichen Stiftung der → Kirche im römisch-katholischen Sinne (abgewandelt auch in der orthodoxen und anglikanischen Kirche) in Anspruch genommen wird und andererseits seit der Aufklärung als vorzugsweise kirchenkritischer Kampfbegriff in Gebrauch ist.

2. Erstmals wurde der Begriff *hierarchía* wohl von PSEUDO-DIONYSIOS AREOPAGITA am Ende des 5. Jahrhunderts in seinen Traktaten »*De caelesti hierarchia*« und »*De ecclesiastica hierarchia*« verwendet. *Hierarchía* bezeichnet dort die nach Rängen gestufte Teilhabe der Geschöpfe an Gott, die von den unbelebten Wesen über die Organismen und die ›vernünftigen Geister‹ zu den rangmäßig geordneten Engeln führt. Diese Ordnung spiegelt sich in der ›hierarchischen‹ Gliederung der Kirche. So wie der Himmel in drei Triaden zu je drei Chören gegliedert ist, so die Kirche in drei Sakramente (Taufe, Eucharistie, Firmung), drei priesterliche Stände (Bischof, Presbyter, Diakon) und drei

untergeordnete Stände (Mönche, Gemeindemitglieder, Unvollkommene d. h. Büßer und Katechumenen). Theologie und Kanonistik haben dann die Hierarchie zu einem Zentralbegriff des kirchlichen Rechts erhoben, diese jedoch auf die Stufung der Ämter und die Unterordnung der Stände beschränkt.

3. Nachdem sich in der Kirchenrechtslehre die Trennung von Amt und Weihe durchgesetzt hatte, unterschied die Kanonistik seit dem 12. Jahrhundert die göttlich gestifteten Hierarchien der Weihegewalt (*hierarchia ordinis:* Bischof-Priester-Diakon), von der Leitungsgewalt (*hierarchia iurisdictionis:* Papst-Bischof), bis das Tridentinische Konzil dieses Modell des Kirchenaufbaus festschrieb. Die rechtliche Ausgestaltung der Hierarchie und ihr ontologisches Verständnis als Abbild einer Seinsordnung, die nach dem Ordnungsprinzip der Haupt-Leibes-Einheit als Repräsentation des unsichtbaren Herrn der Kirche und als Ausdruck der von Gott gegebenen Ordnung interpretiert wurde, führte bis heute immer wieder zu grundsätzlicher Kritik. So versuchte der Konziliarismus die hierarchische Ordnung der Kirche durch das Prinzip der Kollegialität des Klerus zu entschärfen und die Reformation verkündete die Gleichberechtigung von Klerikern und Laien. Die Kritik reicht von den kirchenfeindlichen Angriffen der Aufklärung, des Liberalismus und Sozialismus des 19. Jahrhunderts bis zu aktuellen innerkatholischen Reaktionen. Zudem hat die kirchenrechtliche Entwicklung seit dem I. Vatikanum Zweifel daran aufkommen lassen, ob die katholische Kirche noch hierarchisch organisiert sei und nicht vielmehr hierokratisch, da der Papst seither nicht mehr in die Statusreihung integriert sei, sondern nahezu souverän über ihr stehe.

4. Die inner- und antikirchliche Referenz beginnt der Begriff seit dem 18. Jahrhundert zunehmend zu verlieren. Sein Gebrauch weitet sich auf die verschiedensten gesellschaftlichen und wissenschaftlichen Bereiche aus, wobei er meist als allgemeine Bezeichnung von Stufen- und Rangordnungen dient. Dem Phänomen nach sind in diesem Sinne hierarchische Strukturen geschichtlich und kulturell weit verbreitet, bilden sich schon in vorstaatlichen ungleichen Gesellschaften und sind auf gesellschaftliche Funktionsprobleme bezogen. Die funktionalen Möglichkeiten der (idealtypischen) Hierarchie mit ihren eindeutigen Entscheidungszumessungen, Kompetenzen und Kommunikationswegen zeigen sich bei diesem Organisations- und Herrschaftsmodell vor allem in vormodernen Gesellschaften und für bestimmte Aufgaben. Hier liegt eine Ordnungsfunktion der hierarchischen Entscheidungsfindung und -durchsetzung, die insoweit zu Konfliktvermeidung führt, als ständige Kompetenzstreitigkeiten durch die vertikale Struktur verringert werden. So dient die pyramidenförmige Organisation von Über- und Unterordnungsverhältnissen vor allem der Durchsetzung eines einheitlichen Willens oder Zwekkes und der Durchführung standardisierter Funktionen, wie besonders in der Beamten- und Militärhierarchie. Hierarchische Herrschaft bezieht sich sowohl auf den innerorganisatorischen Anspruch auf Gehorsam, wie auch auf Versuche, mittels dieser Herrschaft das Verhältnis zu anderen Organisationen und der Gesellschaft insgesamt zu bestimmen. Die inneren Grenzen hierarchischer Systeme zeigt insbesondere ihre mangelnde Flexibilität, sich auf veränderte Umweltbedingungen einzustellen, wodurch sie neue Konflikte erzeugen und so gesellschaftlich dysfunktional wirken.

5. In der *Soziologie* spielt der Begriff der Hierarchie in den Theorien der sozialen Schichtung und Organisationen eine wichtige Rolle. So basiert T. PARSONS seine Analyse

der sozialen Klassen auf die Annahme, daß die Stratifikation eine für alle sozialen Systeme notwendige integrative Struktur darstellt, die inhärent hierarchisch gegliedert ist. Sie entsteht in den allgemeinen Prozessen menschlicher → Interaktion, die Individuen und Gruppen in eine Rangordnung eingliedert *(ranking)*. Dabei führt der Einfluß bestimmter Akteure zu Autorität und wird als Macht institutionalisiert. Gesellschaftlich anerkannte → Normen regeln die sozialen Beziehungen, in denen diese Verhältnisse der Über- und Unterordnung die Stabilität sozialer Systeme erhöhen und so zur Differenzierung und Institutionalisierung von → Klassengesellschaften beitragen. Im Anschluß hieran hat L. DUMONT den Begriff der Hierarchie für eine religionswissenschaftliche Analyse des indischen Kastensystems verwandt. Er geht aus von der Konzeption der Hierarchie als eines Falles der sozialen Stratifikation. Dabei fügt DUMONT den Gedanken hinzu, daß zu einem hierarchischen System eine ebensolche Mentalität treten muß, die das von außen beschreibbare Stufensystem von ›innen‹ her repräsentiert. In diesem Sinne unterscheidet er den ›modernen‹ Menschen in (dem Anspruch nach) egalitären Gesellschaften vom *»homo hierarchicus«* in Gesellschaften, die ihre Rang- und Statusordnungen auf meist religiös begründete Ungleichheiten zurückführen und gründet darauf eine umfassende Interpretation des Kastensystems (→ Kaste).

Die religions- und sozialwissenschaftliche Fruchtbarkeit des Hierarchiebegriffs erweist sich vor allem bei fest umrissenen Fragestellungen, die Organisationsstrukturen von → Institutionen betreffen. Hier und bei der Analyse der sozialen Stratifikation verweist er auf die innere Ambivalenz hierarchischer Systeme in modernen Gesellschaftssystemen mit ihrer polyvalenten Institutionsstruktur, die den Individuen und einzelnen Subsystemen erweiterte Eigenrechte zusprechen.

Literatur

PS.-DIONYSIOS AREOPAGITA, De caelesti hierarchia; De ecclesiastica hierarchia, in: Dionysiaca, hrsg. v. PH. CHEVALLIER, 2 Bde., 1937–1950 (griechisch und lateinisch); DOMBOIS, H., Hierarchie, 1971; DUMONT, L., Homo hierarchicus, 1966 (dt. 1976); EICHER, P., Hierarchie, in: Neues Handbuch theol. Grundbegriffe II (1984) 177–196; PARSONS, T., Social Classes and Class Conflict in the Light of Recent Sociological Theory, in: ders., Essays in Sociological Theory, [2]1954, 323–335; ders., A Revised Analytical Approach to the Theory of Social Stratification, in: ebd., 386–439.

Harald Homann

→ *Institution, Kaste, Kirche, Klassengesellschaft*

Himmelsgott

1. Verwendung des Begriffs 2. Theoretische Konzepte des Himmelsgottes 3. Religionsgeschichtliche Konkretionen

1. Verwendung des Begriffs

Zwischen dem Himmel als sinnlich wahrnehmbarem Bereich und dem Himmel als Element des religiösen Symbolsystems gibt es verschiedene Grade der Identifikation, die von völliger Identität bis zu weitgehender Trennung reichen, wobei zum Himmel gehörige meteorologische und astronomische Phänomene in unterschiedlicher Weise Berücksichtigung finden können.

Zur Eingliederung des Himmels in das religiöse Symbolsystem bedarf es bestimmter Interpretationsweisen: Weit verbreitet ist die *anthropomorphe Interpretation,* die den Himmel in Analogie zur menschlichen Person darstellt, wobei Merkmale des Himmels in seiner sinnlich wahrnehmbaren Gestalt und solche der menschlichen Person sich durchdringen. Sodann kann der Himmel als *Tiergestalt* gesehen werden. Schließlich ist auch die *technomorphe Interpretation* weit verbreitet; herkömmlicherweise spricht man hier nicht von einem »Himmelsgott«. Häufig stehen innerhalb eines Symbolsystems verschiedene Interpretationen des Himmels nebeneinander und stützen sich gegenseitig.

2. Theoretische Konzepte des Himmelsgottes

Erste grundsätzliche Überlegungen über das Wesen »des« Himmelsgottes finden sich in der romantisch geprägten Naturmythologie des 19. Jahrhunderts. FRIEDRICH MAX MÜLLER führt in einer religions- und sprachphilosophischen Argumentation aus, daß einer Reihe von Naturphänomenen gegenüber mit dem Benennungsvorgang spezifisch religiöse »übersinnliche« Gefühle der Abhängigkeit, Unerfülltheit und Sehnsucht verbunden seien und findet in diesem Zusammenhang bei »fast allen Nationen der Welt« den Himmel, der »unter den sinnlichen Gegenständen der am wenigsten sinnliche« sei.[1] Ähnliche Bestimmungen des Himmels als Manifestation des »ganz Anderen« finden sich in manchen neueren phänomenologischen Arbeiten.

Präziser argumentiert RAFFAELE PETTAZZONI, welcher versucht, grundlegende Typen des Gotteskonzepts voneinander abzugrenzen; er unterscheidet zwischen Schöpferwesen (welche auf die Warum-Frage antworten) und »allwissenden« Wesen, welche das Gefühl ständigen Beaufsichtigtseins konfigurieren (psychoanalytisch = das Über-Ich). Damit wird eine universale Verknüpfung von Himmelsgott- und Normenkonzept postuliert.[2]

Anstelle des Postulats eines universal-menschlichen »Himmels-Erlebens« ist nach je kulturspezifisch geformten Erlebensweisen zu fragen. Zwei hauptsächlich belegte Erfahrungsbereiche sind zu unterscheiden: Einerseits ist der Himmel häufig mit dem Ordnungskonzept der jeweiligen Gesellschaft in Zusammenhang gebracht (das Licht des

---

[1] F. MAX MÜLLER, Einleitung in die vergleichende Religionswissenschaft, 1874, 249.

[2] R. PETTAZZONI, Der allwissende Gott, 1960, 75.

Tageshimmels, die Regelmäßigkeit der Himmelsbewegungen geben dazu den Anlaß). Andererseits sind meteorologische Erscheinungen mit dem Himmel verbunden: Regen, Gewitter, Tau usw., was in der Regel für die Fruchtbarkeit von Bedeutung ist.
Darüber hinaus ist häufig der Himmel(sgott) ein grundlegend orientierendes *kosmologisches Element.* In vielen Konstruktionen des Weltganzen bilden Himmel und Erde die Grundelemente, in denen sich der Lebensraum entfaltet. Entsprechend dem mythischen Prinzip, im Vorgang der Erzählung eine Transformation von einem irrealen zu einem realen Zustand nachzuzeichnen, gibt es viele Belege eines Mythos der »Trennung von Himmel und Erde«; das Konzept begegnet auch ohne ausführliche sprachliche Ausführung (z. B. in bildlicher Darstellung). Es ist häufig anthropomorph gestaltet (Himmel und Erde als Ur-Paar), doch finden sich auch theriomorphe und technomorphe Realisierungen. Mancherorts ist die binäre Unterscheidung weiter ausgestaltet: Sowohl der himmlische wie der (unter-)irdische Raum werden weiter aufgegliedert.

3. Religionsgeschichtliche Konkretionen

In *Afrika* ist das weit verbreitete Konzept des Himmelsgottes je nach der gesamtgesellschaftlichen Ausdifferenzierung mehr oder weniger abgegrenzt. Die wenig differenzierten Xhosa beispielsweise rechnen mit einem hintergründigen, im Himmel angesiedelten und in am Himmel sichtbaren Phänomenen sich manifestierenden Wesen, welches die Grundbedingungen des Daseins geschaffen hat.[3] Die Yoruba sehen den Himmelsgott Olodumare an der Spitze einer differenzierten Götterwelt; die kosmogonischen und kosmologischen Aktivitäten sind über ein Pantheonsgefüge mit vielfältig bestimmten Zusammenhängen vermittelt.[4]
In *Australien* ist bei einigen Ethnien die Vorstellung eines im Himmel angesiedelten Wesens vorhanden, aber es hat keine größere Bedeutung; man kann von einem → *deus otiosus* sprechen, dessen Verehrung möglicherweise einmal weiter verbreitet und prominenter war, so daß eine religionsgeschichtliche Umschichtung vorläge.[5] Ähnliche Umschichtungen sind auch in vielen anderen Religionen schriftloser Kulturen zu beobachten.
Daß der Himmelsgott im Bereich der *Indoeuropäer* eine Rolle spielt, ist seit der Entdeckung der etymologischen Beziehung Dyaus pitar – Zeus – Jupiter anerkannt. Während die Gestalt im Indischen schnell verblaßt, tritt sie in Griechenland und Rom in den Vordergrund; Zeus ist mit atmosphärischen Erscheinungen verbunden und wird zum Haupt des Pantheons.
Aufschlußreich ist die Geschichte des Himmelsgottes in *Mesopotamien.* Der sumerische An ist identisch mit dem Himmel *(an);* das entsprechende Schriftzeichen deutet einen Stern an. Mit *ki* (Erde) zusammen ist ein urtümliches Götterpaar gegeben, welches die räumliche Dimension erschließt und gleichzeitig die Lebenskraft auslöst. Im Laufe der Entwicklung ergeben sich Modifikationen: Himmel und Himmelsgott rücken auseinander (insbesondere mit der Dominanz des Akkadischen: *an* wird zum Eigennamen Anu, während für »Himmel« die semitische Bezeichnung eintritt), an die Stelle der Zweiheit

[3] J. HODGSON, The God of the Xhosa, 1982, bes. 41 ff.
[4] E. B. IDOWU, Olodumare: God in Yoruba Belief, 1966.
[5] A. P. ELKIN, The Australian Aborigines, [5]1974, 252 ff.

Himmel-Erde treten andere, kompliziertere Gliederungsschemata (z. B. Himmel-Erde-Unterwelt usw.).
In *Ägypten* ist – außergewöhnlich – die Gottheit des Himmels (Nut) weiblich gefaßt; ihr steht der männliche Erdengott gegenüber; die Trennung von Himmel und Erde ergibt den (ikonographisch häufig ausgestalteten) Weltraum, die Himmelsgöttin ist insbesondere auch die Ebene, auf der sich die astralen Bewegungen (vor allem der Lauf der Sonne) abspielen. Daneben ist die Himmelsgottheit auch theriomorph realisiert: als Himmelskuh hat sie z. T. ähnliche Funktionen wie Nut, spielt darüber hinaus aber noch in anderen mythologischen Zusammenhängen eine Rolle. Schließlich findet sich eine technomorphe Interpretation, welche den Himmel als Dach sieht; dies wird vor allem in der sakralen Architektur zur Darstellung gebracht (der Tempel mit Boden, Säulen und Dach bildet Erde, Himmel und die verbindenden Elemente ab), meist in enger Verbindung mit anderen ikonographischen Darstellungen desselben Sachverhaltes.

Literatur

Eisler, R., Weltenmantel und Himmelszelt, 1910; Eliade, M., Die Religionen und das Heilige, 1954, bes. 61 ff., 534 ff. (Lit.); Fischer, H. Th., Het heilig huwelik van himel en aarde, 1929; James, E. O., The Worship of the Sky-God, 1963; di Nola, A. M., Art. Cielo, in: EdR 2 (1970) 159–183 (Lit.); Pettazzoni, R., The All-Knowing God, 1956 (gekürzt deutsch: Der allwissende Gott; 1960), Rosenfeld, H., Germanischer Zwillingsgottkult und indogermanischer Himmelsgottglaube, 1963; Staudacher, W., Die Trennung von Himmel und Erde, 1942; Wainwright, G. A., The Sky-Religion in Egypt, 1938; Widengren, G., Hochgottglaube im Alten Iran, 1938.

Fritz Stolz

→ *Gottesvorstellungen, Naturmythologie, Naturreligion*

Historismus / Historizismus

1. Zur Begriffsgeschichte

Der Begriff ›Historismus‹, der bei Novalis[1] belegt ist, fand Verbreitung seit der Mitte des vorigen Jahrhunderts. Während Mehrdeutigkeit und Ambivalenz die Verwendung von ›Historismus‹ bis heute charakterisieren, ist der Begriff ›Historizismus‹, der schon

[1] Novalis, Werke, hrsg. v. P. Kluckhohn, III, 173.

bei FRIEDRICH NIETZSCHE[2] und dem Theologen MARTIN KÄHLER[3] vorkommt, negativ besetzt. Im positiv-beschreibenden Sinne wurde ›Historismus‹ im 19. Jh. von CH. H. BRANISS[4] zur Bezeichnung seiner eigenen spekulativen Geschichtsphilosophie und von CARL PRANTL[5] zur Benennung einer nicht-idealistischen, die Kausalitätsbezüge in der Einzelforschung stark betonenden Konzeption der Geschichte verwendet. Im selben Zeitraum wurde der Begriff aber auch in polemischer bzw. kritischer Absicht eingesetzt, z. B. um eine mangelnde Gegenwartsbezogenheit aufgrund der drückenden Wissenslast der Vergangenheit (L. FEUERBACH)[6] zu charakterisieren, oder um die konservativen und »illusorischen« Tendenzen der Hegelschen Geschichtsphilosophie (R. HAYM)[7] zu kennzeichnen.

Trotz wiederholter Versuche, die Relevanz und Legitimität der durch den Historismus gestellten Probleme zu würdigen, ist ein kritischer bzw. negativer Unterton im heutigen Sprachgebrauch unüberhörbar. Wie Psychologismus, Soziologismus u. ä., die die unberechtigte Vorherrschaft einer Spezialdisziplin in der auf Universalität und Allgemeingültigkeit abzielenden Philosophie andeuten sollen, wird ›Historismus‹ oft zur Bezeichnung eines abzuwehrenden Übergriffs der Geschichtswissenschaft im Bereich des philosophischen Denkens gebraucht. Dieser Aspekt wird noch dadurch verstärkt, daß im allgemeinen kein streng begrifflicher Unterschied zwischen Historismus und Historizismus gemacht wird. Es ist zu vermuten, daß die explizit gegen den Historizismus vorgetragenen Kritiken FRIEDRICH NIETZSCHE*s*[8], EDMUND HUSSERL*s*[9] oder KARL POPPER*s*[10] indirekt zu einer noch rigoroseren Vermeidung der Verwendung von Historismus in einem neutral-beschreibenden oder gar positiven Sinne geführt haben.

Für die Zeit des Ersten Weltkrieges und kurz danach gilt das 19. Jh. als das Jahrhundert des Historismus schlechthin. Das uneindeutige Verhalten diesem Erbe gegenüber kommt besonders deutlich zum Ausdruck in den Schwankungen, die der Begriff in ERNST TROELTSCH*s* Arbeiten im letzten Jahrzehnt seines Lebens aufweist. Obwohl TROELTSCH um 1913 – an NIETZSCHE*s* Vorwürfe erinnernd – am »reinen Historismus« die »skeptische Unproduktivität für die Gegenwart« kritisierte[11], preist er im 1922 erschie-

---

[2] NIETZSCHE, Sämtliche Werke, KSA Bd. 12, 163.

[3] M. KÄHLER, Art. Biblische Theologie, in: Realencyklopädie für protestantische Theologie und Kirche Bd. 3 (1897) 198. Vgl. ders., Der sogenannte historische Jesus und der geschichtliche, biblische Christus, ²1896, 44.

[4] CH. H. BRANISS, Die wissenschaftliche Aufgabe der Gegenwart als leitende Idee im akademischen Studium, 1848, 120 ff.

[5] C. PRANTL, Die gegenwärtige Aufgabe der Philosophie, 1852, 13–38.

[6] L. FEUERBACH, Sämtliche Werke. Hrsg. W. BOLIN und F. JODL Bd. 7, ²1960, 1 f., 43.

[7] R. HAYM, Hegel und seine Zeit, 1857 (Ndr. 1962), 354–467. Zum 19. Jh. vgl. G. SCHOLTZ, Art. Historismus, Historizismus, in: HWPh 3, 1974, 1141 f.

[8] S. o. Anm. 2.

[9] E. HUSSERL, Philosophie als strenge Wissenschaft. Hrsg. W. SZILASI, 1965, 49: »Historizismus und Weltanschauungsphilosophie.«

[10] K. R. POPPER, Das Elend des Historizismus, ⁵1979 (verbesserte Auflage). Übersetzung aus dem Englischen: »The Poverty of Historicism.« (1960)

[11] E. TROELTSCH, Gesammelte Schriften, Bd. 4, 1925, 628. Das Kapitel über das 19. Jh. geht auf einen 1913 erschienenen Enzyklopädie-Aufsatz zurück: »Wo diese Zukunftsrichtung wegfällt, da wird die Historie zum reinen Historismus, zur völlig relativistischen Wiedererweckung beliebiger vergangener Bildungen mit dem lastenden und ermüdenden Eindruck historischer Aller-Welts-Kenntnis und skeptischer Unproduktivität für die Gegenwart.«

nenen Hauptwerk »*Der Historismus und seine Probleme*« Naturalismus und Historismus als »die beiden großen Wissenschaftsschöpfungen der modernen Welt«.[12] Aus dieser Perspektive ist der Historismus mit dem »schlechten Nebensinne«[13] von demjenigen zu unterscheiden, der als umfassendes historisches Denken sich auf den humanen Gehalt der europäischen Geschichte und ihrer zu verwirklichenden Aufgaben besinnt. In seinem letzten, postum veröffentlichten Werk, ändert TROELTSCH seine Einschätzung des Historismus wieder, den es nun – hauptsächlich wegen seiner gefährlichen relativistisch-skeptischen Konsequenzen für die Ethik – zu überwinden gilt.[14]
Die konfuse Lage im Verständnis des Historismus und seines Verhältnisses zu Historizismus bleibt nicht auf das Deutsche beschränkt. Obwohl *historicism* der übliche englische Terminus ist, gibt es auch Versuche neueren Datums, *historism* ins Englische einzuführen, ohne daß dabei eine klare begriffliche Abgrenzung zwischen beiden Termini erkennbar wäre. In der französischen Sprache, die sowohl *historisme* als auch *historicisme* kennt, werden beide Begriffe undifferenziert verwendet. Es ist bezeichnend, daß das etwas veraltete Standardwörterbuch der Philosophie LALANDE bezüglich *historisme* empfiehlt: »*A éviter, comme la plupart des termes de ce genre qui engendrent facilement des discussions verbales.*«[15]
Die teils schwankende, teils negative Verwendung von ›Historismus‹ führt häufig dazu, ihm umschreibende Ausdrücke (wie »geschichtliches Bewußtsein« oder »historisches Denken«) vorzuziehen, wenn es darum geht, das vom Begriff intendierte Phänomen in ein eindeutig positives Licht zu stellen.

2. Zur Begriffsbestimmung

Drei wichtige Bedeutungsebenen des Begriffs können unterschieden werden:
a) ›Historismus‹ bezeichnet – zumeist kritisch – ein Wissenschaftsverständnis der Geschichtsforschung, das sich vornehmlich am faktisch Gegebenen orientiert und darum weitgehend – zumindest der Absicht nach – auf Interpretation und hermeneutische Reflexion verzichtet. Durch die Reduktion auf die Positivität dessen, was als geschichtliche Faktizität zu gelten hat, wird sowohl die Frage nach dem epistemologischen Status des Geschichtsbetrachters als auch das Problem des Gegenwartsbezuges des geschichtlich Erforschten ausgeblendet. Die paradigmatische Kritik an diesem Geschichtsverständnis hat NIETZSCHE in der zweiten »Unzeitgemäßen Betrachtung« geübt, allerdings ohne das Wort »Historismus« zu gebrauchen. In NIETZSCHES Diktum »Nur aus der höchsten Kraft der Gegenwart dürft ihr das Vergangene deuten«[16], ist diese gegenwärtige Kraft mit der »unhistorischen Macht« des Lebens gleichbedeutend, in dessen Dienst alle Historie zu stellen sei. Das »Gegenmittel« gegen die Schätzung der Historie des 19. Jh. – »bei der das Leben verkümmert und entartet«[17] – sieht NIETZSCHE

[12] TROELTSCH, Der Historismus und seine Probleme, in: Ges. Schr., Bd. 3, 1922, 104.
[13] Ebd. 102.
[14] TROELTSCH, Der Historismus und seine Überwindung. Eingel. v. F. VON HÜGEL, 1924, bes. 4 und 44.
[15] Vocabulaire technique et critique de la Philosophie. Publié par ANDRÉ LALANDE, [8]1960, 417.
[16] NIETZSCHE, Vom Nutzen und Nachtheil der Historie für das Leben. KSA Bd. 1, 293 f.
[17] Ebd. 245.

im wesentlichen darin, das Leben als eine intensive Größe zu begreifen, die den Sinnhorizont für die Extension des geschichtlich Vergangenen bietet.

b) ›Historismus‹ bezeichnet aber nicht nur das positivistische Verständnis der historischen Wissenschaften, sondern auch die Bemühungen um eine erkenntnistheoretische Fundierung dieser Wissenschaften. Als philosophische Position geht der Historismus davon aus, daß Vielfalt und Veränderlichkeit aller geistig-kulturellen Leistungen ein überhistorisches, allgemein geltendes Wahrheitskriterium nicht zulassen. Da Wahrheitsansprüche und ethische Prinzipien nur in Funktion ihrer jeweiligen geschichtlichen Kontextualisierung verständlich werden, postuliert der reflektierte Historismus einen geschichtlichen Relativismus, der ein abschließendes Urteil über Geschichtliches verbietet und unter der Voraussetzung der prinzipiellen Gleichwertigkeit der geschichtlich entstandenen Phänomene nur ein einfühlendes Verstehen und Beschreiben ihrer Faktizität befürwortet. Während die philosophisch begründete Einsicht in die historische Relativität von vergangenen Begriffen und Werten die Geisteswissenschaften entscheidend gefördert hat, wird die gegenwärtige Aufstellung von allgemeingültigen Wahrheits- und Wertmaßstäben dadurch erheblich erschwert. Die Historismus-Diskussion in den Jahren um den Ersten Weltkrieg unterstrich das Problem der ethischen Orientierungsmöglichkeiten in einer durchgängig vergeschichtlichten Welt und rief die Versuche hervor, eine solche philosophische Konzeption – die WILHELM DILTHEY am deutlichsten repräsentiert – zu widerlegen.

c) Der Begriff ›Historismus‹ kann aber wesentlich mehr als eine spezifische Haltung in den Geisteswissenschaften oder ihre erkenntnistheoretische Begründung bedeuten, sofern er auch die seit der Wende zum 19. Jh. grundlegende Weltsicht einer radikalen Vergeschichtlichung bzw. Genealogisierung allen Seins und Wissens bezeichnet, die in den Werken von HEGEL, DARWIN oder NIETZSCHE zum Ausdruck kommt.[18] Erst im Horizont des Historismus als der gängigen »Weltanschauung der Moderne« (KARL MANNHEIM)[19] werden die Probleme und Aporien verständlich, die der Historismus als wissenschaftlicher Positivismus und dann als philosophischer Relativismus stellt. Die philosophische Tragweite des Historismus wird darin sichtbar, daß die seit NIETZSCHE andauernde Krisis der herkömmlichen Metaphysik zum großen Teil auf das kritische Potential des historischen Denkens zurückführbar ist. Gegen die ethisch bzw. theologisch motivierte Ansicht, der Historismus sei überwindbar, macht sich die theoretische Einsicht geltend, daß der Historismus weder einen der vorübergehenden ›Ismen‹ der Geistesgeschichte noch ein philosophisch-regionales Problem darstellt, sondern einen unverzichtbaren und unvermeidbaren Horizont unseres Weltverständnisses seit zwei Jahrhunderten konstituiert. Der Historismus in diesem Sinne eröffnet das Verständnis von Sein als Geschichte.

---

[18] Zur Vorgeschichte (zwischen Shaftesbury und Goethe): MEINECKE, Die Entstehung des Historismus, eingel. v. C. HINRICHS, 1959.

[19] In seinem berühmtem Aufsatz »Historismus« (in: Arch. f. Sozialwiss. u. Sozialpolitik 52 (1924) 1) charakterisiert MANNHEIM seinen Gegenstand: »Der Historismus ist eine geistige Macht geworden von unübersehbarer Tragweite, er ist der wirkliche Träger unserer Weltanschauung, ein Prinzip, das nicht nur mit unsichtbarer Hand die gesamte geisteswissenschaftliche Arbeit organisiert, sondern auch das alltägliche Leben durchdringt.«

3. Der Historismus im 19. Jh.: Von Hegel zu Nietzsche

Dem 18. Jh. mangelte es nicht an geschichtlichem Bewußtsein. Davon zeugen die Historiographien von Gibbon und Voltaire oder das Geschichtsdenken von G. B. Vico und J. G. Herder. Die durchgängige Historisierung von Philosophie und Wissenschaft geschieht jedoch erst im Zeitraum zwischen Hegels ersten systematischen Veröffentlichungen und 1887, dem Erscheinungsjahr von Nietzsches »*Genealogie der Moral*«. Bewußt schematisierend beschreibt Fritz Mauthner (1849–1923) den unaufhaltsamen Zug des Historismus im letzten Jahrhundert: »Dem ersten Drittel des Jh.s gehörte der Sieg des Historismus in den Geisteswissenschaften, dem zweiten Drittel der Sieg des Historismus in der Naturwissenschaft, im letzten Drittel vereinigten sich diese beiden Historismen zu einem Überfall über alles, was den Menschen lieb geworden war, Moral und soziale Tradition ...«[20] Ohne den Impuls, der aus der Hegel*schen* Philosophie kam, wäre dieser Erfolg kaum vorstellbar. In der Vorrede zur »*Phänomenologie des Geistes*« (1807) hatte Hegel formuliert, was als die Grundvoraussetzung des Historismus in seinem Jh. gelten kann: »die Sache ist nicht in ihrem Zwecke erschöpft, sondern in ihrer Ausführung, noch ist das Resultat das wirkliche Ganze, sondern es zusammen mit seinem Werden.«[21] Zwar verstand sich der Historismus im 19. Jh. weitgehend als eine antispekulative Reaktion gegen die systematischen Zwänge der Hegel*schen* Geschichtsauffassung; es war aber gerade die spekulative Einsicht in das unabdingbare Gewordensein allen Seins und Denkens, die die Erforschung der geschichtlichen Konkretionen philosophisch untermauerte.

Im Bereich der sich erst konstituierenden geschichtlichen Geisteswissenschaften manifestiert sich der Historismus zunächst in der gegen das Naturrechtsdenken der Aufklärung gerichteten »geschichtlichen Schule« der Jurisprudenz unter der Führung von F. C. von Savigny (1779-1861) und C. F. Eichhorn (1781–1854). Von der Rechtswissenschaft ausgehend, erweiterte sich die historisierende Sicht auf die Nationalökonomie, deren »ältere« historische Schule (Bruno Hildebrand (1812–1878), Wilhelm Roscher (1817–1894) und Karl Knies (1821–1898)) die sozial-geschichtliche Verwurzelung der wirtschaftlichen Gegebenheiten als Prämisse annimmt. In diesem Zusammenhang sind auch die Repräsentanten der historischen Forschung zu erwähnen, die Grundanliegen der Frühromantik übernahmen und entfalteten. Zu ihnen zählen der Theologe F. D. E. Schleiermacher (1768–1834), der vielfach als Begründer der philosophischen Hermeneutik gilt, die Historiker Barthold Georg Niebuhr (1776–1831), Begründer der historischen Quellenkritik, und sein Schüler Leopold von Ranke (1795–1886), der die moderne Geschichtswissenschaft einleitet, und schließlich die Philologen August Böckh (1785–1867), der geschichtliche Gesichtspunkte in die Textinterpretation einzubeziehen beginnt, und Franz Bopp (1791–1867), Begründer der vergleichenden indoeuropäischen Sprachwissenschaft. Die Wirkmächtigkeit des Historismus in den Geisteswissenschaften zeigt sich noch deutlicher, wenn man bedenkt, daß der hegelianische Theologe Ferdinand Christian Baur (1792–1860) die christliche Dogmatik in Dogmengeschichte transformiert, daß Johann Eduard Erdmann (1805–1892) Philoso-

[20] F. Mauthner, Art. Geschichte, in: Wörterbuch der Philosophie. Neue Beiträge zu einer Kritik der Sprache, ²1923, Bd. 1, 604.

[21] G. W. F. Hegel, Phänomenologie des Geistes (Hrsg. v. J. Hoffmeister, 1952) 11.

phie weitgehend als Philosophiegeschichte versteht und daß KARL MARX (1818–1883) die Ökonomie in eine materialistische Geschichtsphilosophie verwandelt.
In der Naturwissenschaft setzte sich die historische Weltsicht als Evolutionismus durch. Schon vor 1859, dem Erscheinungsjahr von DARWINS »*The Origin of Species*«, hatte HERBERT SPENCER (1820–1903) einen erkenntnistheoretischen Evolutionismus darzulegen versucht, wo er allgemeine Entwicklungsgesetze auf alle menschlichen Phänomene vor allem im Bereich der Biologie, Psychologie und Soziologie anwendete.[22] Die Evolution als das Grundgesetz aller Wirklichkeit schließt nach SPENCER ein, daß Wahrheiten und Werte zu den vererbten Gattungserfahrungen gehören, die – wie alles andere – sich im ständigen Prozeß der Verbesserung befinden.
Die bedeutsamen Thesen SPENCERS erhielten Bestätigung und neue Impulse von den Werken CHARLES DARWINS (1809–1882), dessen Anwendung der Selektions- und Evolutionsprinzipien auf die Naturgeschichte des Menschen zu dem Schluß führten, daß der Mensch sich aus einem haarigen Vierfüßler mit Schwanz entwickelt hat, und nicht das Resultat eines besonderen Aktes der Schöpfung ist. Der Mensch, der die Spuren seines niedrigen Ursprungs in seinem Körper noch trägt, wäre nach DARWIN nie auf die Idee gekommen, eine getrennte Gattung für seine Klassifizierung zu stiften, wenn er nicht sein eigener Klassifikator gewesen wäre.[23] Mit DARWIN findet der Mensch seinen Platz im System der Natur und dieses System ist wesentlich genealogisch. Aus dieser Perspektive wird die menschliche Geschichte zu der vorläufig letzten – wenn auch besonders wichtigen – Episode einer strenggenommenen Geschichte der lebenden Natur. Die naturwissenschaftliche Historisierung des biologischen Menschen bot einen unvermutet tief dimensionierten Rahmen für die Vergeschichtlichung seiner Vernunft.
Nachdem der Historismus in den Geistes- und Naturwissenschaften aufgenommen worden war, begann er in den Bereich der bislang unangetasteten Wahrheiten der Moral einzudringen. PAUL RÉE (1849–1901) hatte schon die Entstehung des Gewissens in »*Der Ursprung der moralischen Empfindungen*« (1877) beschrieben, als NIETZSCHE (1844–1900) es unternahm, seine »Gedanken über die Herkunft unserer moralischen Vorurtheile«[24] niederzuschreiben. Die »*Genealogie der Moral*« (1887) fordert eine Kritik der moralischen Werte »und dazu thut eine Kenntnis der Bedeutung und Umstände noth, aus denen sie gewachsen, unter denen sie sich entwickelt und verschoben haben.«[25] NIETZSCHE konzipiert seine »Historie der Moral« im Grunde als eine Denunzierung der Mitleids-Moral, die zuletzt in der Form des »Europäer-Buddhismus«[26], welchen Schopenhauer angekündigt hatte, einen nihilistischen Angriff auf das Leben darstellt. Der größte Kritiker des Positivismus der Historie wird mit der Vergeschichtlichung der Moral zum Vollender des Historismus des 19. Jh.

---

22 Zwei hierfür wichtige Werke SPENCERS: Social Statics (1850) und The Principles of Psychology (1859).
23 CH. DARWIN, The Descent of Man and Selection in Relation to Sex, 1871, 515.
24 NIETZSCHE, Zur Genealogie der Moral. Eine Streitschrift. KSA Bd. 5, 248.
25 Ebd. 253.
26 Ebd. 252.

4. Wilhelm Dilthey: »Der Philosoph des Historismus«

Verstehen ist nach Dilthey (1833–1911) »ein Wiederfinden des Ich im Du«.[27] An G. B. Vico erinnernd, postuliert er: »Nur was der Geist geschaffen hat, versteht er«.[28] Als geschichtliches Wesen ist der Geist »von der Erinnerung des ganzen Menschengeschlechts erfüllt, die in Abbreviaturen in ihm lebt, und er kann von ihr erfüllt sein, weil er eben sie aus sich hat erzeugen können.«[29] Leben als die Unmittelbarkeit des Geistes zu sich im Erlebnis ist das erste und immer Gegenwärtige, während das Vorstellen der Außenwelt und die Abstraktionen des Erkennens nur ein auf das Leben sich Beziehendes, Abgeleitetes darstellen.[30] Der Primat des Geistes der Natur gegenüber kommt zum Ausdruck in der Tatsache, daß die Polarität Verstehen des Geistes / Erklären der Natur im Geist selbst gründet, da nur die Wissenschaft des Geistes angeben kann, welches die Prinzipien unseres Erkennens sind, die bestimmen, inwiefern Natur für uns existiert.[31] Die Wissenschaft des Geistes, die vom Geist her Geist und Natur thematisiert, ist Philosophie. Der Geist objektiviert sich in verschiedenen Sphären. Seine ursprünglichste Manifestation nennt Dilthey ›Weltanschauung‹, die nicht als ein Resultat des reflexiven Denkens, sondern als eine Intuition aufzufassen ist, »die aus dem Darinnen sein im Leben selbst entsteht«.[32] Erst die Philosophie konstituiert die begriffliche Darstellung und wissenschaftliche Begründung einer Weltanschauung. Philosophie wird zur Metaphysik, wenn ihr begrifflicher Zusammenhang Anspruch auf Allgemeingültigkeit erhebt.[33] Begriffliches Denken und Anspruch auf Allgemeingültigkeit verbindet die Philosophie als Metaphysik mit den Naturwissenschaften. Durch die ihr zugrundeliegende Intuition ist die Philosophie aber mit Kunst und Religion verwandt, deren gemeinsames Streben die Auflösung des Welt- und Lebensrätsels ist.

Sofern der Anspruch auf Allgemeingültigkeit den bisherigen Gestalten der Philosophie eigentümlich war, ist die Geschichte der abendländischen Philosophie als Metaphysik der Kritik zu unterziehen. Denn Metaphysik ist jene Form der Philosophie, »welche den in der Relation zur Lebendigkeit konzipierten Weltzusammenhang wissenschaftlich behandelt, als ob er eine von dieser Lebendigkeit unabhängige Objektivität wäre«.[34] Die Philosophie – verselbständigt und verabsolutiert – unternimmt den Versuch, hinter der letzten uns gegebenen Wirklichkeit einen rationalen Zusammenhang zu konstruieren. Eine solche Konstruktion sucht umsonst einen Weg, »der von dem Zusammenhang des Bewußtseins zu der Einsicht führt, daß uns in diesem Bewußtsein das innere Band der Wirklichkeit selbst gegeben sei«.[35] Statt einer die gegebene Erfahrung überschreitenden

---

27 Dilthey, Der Aufbau der geschichtlichen Welt in den Geisteswissenschaften, in: Ges. Schr., Bd. 7, 1973, 192.

28 Ebd. 148.

29 Ebd. 277.

30 Vgl. Dilthey, Einleitung in die Geisteswissenschaft. Versuch einer Grundlegung für das Studium der Gesellschaft und der Geschichte, in: Ges. Schr., Bd. 1, 1973, 148.

31 Dilthey, Weltanschauungslehre. Abhandlungen zur Philosophie der Philosophie, in: Ges. Schr., Bd. 8, 1977, 182.

32 Ebd. 99.

33 Ebd. 33.

34 Ebd. 51.

35 Dilthey, Die geistige Welt. Einleitung in die Philosophie des Lebens. 1. Hälfte. Abhandlungen zur Grundlegung der Geisteswissenschaft, in: Ges. Schr., Bd. 5, 1974, 355.

leeren Spekulation befürwortet DILTHEY eine Philosophie als Erfahrungswissenschaft, welche ihren Gegenstand – der kein Ideal, sondern ein Gegebenes ist – durch die Methode der Analyse eruiert. Diesen Voraussetzungen nach muß eine über sich selbst reflektierende Philosophie mit der eigenen geschichtlichen Tatsächlichkeit anfangen: So ist die Selbstbesinnung der Philosophie im wesentlichen Analyse der Geschichte der Philosophie. Nun zeigt diese Analyse einen flagranten Widerspruch zwischen dem Anspruch auf Allgemeingültigkeit eines jeden philosophischen Systems und der historischen Anarchie dieser Systeme.[36] Der Widerspruch wird noch gravierender in Anbetracht dessen, was in der Geschichte der Philosophie über die Philosophie der Geschichte behauptet worden ist. Die Geschichtsphilosophie »verbleibt in Allgemeinvorstellungen, welche entweder den Totaleindruck des geschichtlichen Weltlaufs in einer Abbreviatur wie eine Wesenheit hinstellen oder dieses zusammengezogene Bild von einem allgemeinen metaphysischen Prinzip aus entwerfen«.[37] Im Gegensatz dazu betont DILTHEY, daß die Geschichtlichkeit einer jeden Philosophie der Geschichte jegliche Aussage über den Sinn der Geschichte im Ganzen verhindert. Gegen die Konstruktionen eines HEGEL oder COMTE hebt DILTHEY hervor, daß der Sinn der Geschichte nicht in einem angeblichen Ziel des Ganzen liegen kann, weil dieses Ziel das jeweils von einem bestimmten geschichtlichen Standpunkt aus Gemeinte ist. Zeitalter und Epochen müssen ihr Telos in sich selbst finden und anerkennen, da Bedeutung und Sinn der Geschichte nur aus der immerwährenden Wirksamkeit der allgemeinen Strukturverhältnisse eines Zeitraumes sich ergeben können. So diagnostiziert DILTHEY: »Es gibt dann nur solche (Systeme), welche den Anspruch auf unbedingte Gültigkeit machen, aber ihrem Ursprung nach mit Relativität behaftet sind.«[38] Nur aus dem Gesichtspunkt des geschichtlichen Studiums der philosophischen Systeme kann ihre universelle Bedeutung gewürdigt werden, bei gleichzeitiger Verwerfung ihrer logisch-metaphysischen Begründung.

Durch Selbstbesinnung gelangt die Philosophie zum Bewußtsein des Zusammenhanges der geschichtlichen Mannigfaltigkeit ihrer Systeme mit der Lebendigkeit. Indem das geschichtliche Bewußtsein sich den Widerstreit der Systeme zum Gegenstand macht, konstatiert es die Ungeschichtlichkeit der unbedingten Setzungen. »Denn das erfüllte Selbstbewußtsein, von welchem kein Denken abstrahieren kann, das es vielmehr nur analysieren kann, ist geschichtlich.«[39] Von daher empfängt das Problem der Wahrheit einer Philosophie einen neuen Sinn. Eine Philosophie kann weder einen Beweis ihrer Allgemeingültigkeit liefern, noch durch Kritik eine andere Philosophie widerlegen. Diese scheinbaren Mängel implizieren jedoch insofern keinen Relativismus, als die Anarchie der philosophischen Überzeugungen als eine Konsequenz der Mehrseitigkeit des Lebens aufzufassen ist. Für DILTHEY kann die Einheit der Philosophien nur dadurch zum Bewußtsein erhoben werden, daß diese Einheit als das Rätsel des Lebens selbst begriffen wird. In dieser Arbeit der Philosophie erfaßt sich das Leben seinerseits als geschichtliches Bewußtsein. Das letzte Wort des Geistes ist darum nicht der Relativismus, sondern die Souveränität des Geistes gegenüber jeder seiner Schöpfungen. Es ist das eine Leben, das in den verschiedenen Manifestationen des Geistes gegenwärtig ist. DILTHEY nennt das

36 S. DILTHEY, Weltanschauungslehre, Bd. 8, 78.
37 DILTHEY, Einleitung, Bd. 1, 98.
38 DILTHEY, Der Aufbau, Bd. 7, 289.
39 DILTHEY, Weltanschauungslehre, Bd. 8, 187.

Leben ein Irrationales, weil es durch keine Formeln logischer Leistungen repräsentiert werden kann.[40] Und noch prägnanter: »Das Leben selber bedeutet nicht etwas anderes.«[41] Weil das Leben weder ein Unbedingtes noch ein Absolutes ist, muß sich die Philosophie des Lebens damit zufrieden geben, die Fülle des Seienden in der radikalen Immanenz seines Zusammenhanges darzustellen. Der Zusammenhang ist das jeweils historisch Konstitutierte, das der Geist in sich erlebt und in der Form der Philosophie zum geschichtlichen Bewußtsein erhebt.

5. Der Historismus und seine Überwindung

Der Historismus hat der Einsicht philosophischen Rang gegeben, daß der Mensch und seine Hervorbringungen ausnahmslos und durchgängig der Zeit unterworfen sind, in der sie entstehen, sich entfalten und vergehen. Damit ist die Feststellung ins Zentrum der philosophischen Reflexion gerückt, daß alle angenommenen transhistorischen Begründungsprinzipien (Gott, Vernunft, Natur, die Idee der Menschheit usw.) sich als historisch relativ erweisen. Auch die theoretische Suche nach Begründungen stellt nur eine geschichtliche Form des veränderlichen Weltbezuges des Menschen dar. Angesichts der tiefen Verlegenheit, in die die herkömmliche Philosophie durch solche Einsichten gebracht wird, ist es nicht überraschend, daß die wiederholten Versuche, sich mit dem Historismus ernsthaft auseinanderzusetzen oder ihn gar zu überwinden, oft eher aus der Not verständliche Absichtserklärungen, als befriedigende Durchführungen des Vorhabens sind.

Aufs Ganze gesehen können solche Unternehmungen in zwei Hauptgruppen eingeteilt werden. (a) Zur ersten gehören die Entwürfe, die mehr oder weniger ausdrücklich von einen Bereich absolut geltender, zeitloser Wahrheiten ausgehen, die dann in verschiedener Weise mit den in der Zeit stattfindenden Prozessen vermittelt werden. Als Erneuerung theologischer Ansprüche oder als Fortsetzung traditioneller Metaphysik rechnen diese Versuche mit der prinzipiellen Möglichkeit, einen wie immer legitimierten transhistorischen Standpunkt zur Beurteilung von Sinn und Zweck der immanenten Geschichte einzunehmen. Hauptrepräsentanten dieser Form der Auseinandersetzung mit dem Historismus sind Ernst Troeltsch (1865–1923), der Rekurs auf einen »metaphysischen Glauben« nimmt, um die Unzulänglichkeiten der empirischen Historie auszugleichen[42], und Friedrich Meinecke (1862–1954) für den »nur ein Glaube ... den Trost bieten (kann), daß es eine transzendente Lösung des für uns unlösbaren Lebens- und Kulturproblems gibt«.[43] Zu dieser Gruppe ist in gewisser Hinsicht auch Karl Löwith zu rechnen, der in der Reintegrierung der Geschichte in die vermeintliche Stabilität einer kosmischen *phýsis* einen Ausweg aus dem Historismus zu sehen scheint.[44] (b) Die zweite

---

[40] Dilthey, Der Aufbau, Bd. 7, 218.

[41] Ebd. 234.

[42] Troeltsch, Der Historismus und seine Probleme. in: Ges. Schr., Bd. 3, 1922, 175.

[43] Meinecke, Staat und Persönlichkeit, 1933, 46.

[44] »Die ›Entdeckung‹ der Geschichte als einer eigenständigen Welt, in der allein Sinn und Bedeutung liegen, ist am Ende eine Verdeckung dessen, was faktisch in der Geschichte geschieht. Um diese Verdeckung aufzuheben, bedarf es des kritischen Abbaus unserer weltgeschichtlichen Konstruktionen theologischer Herkunft und der Wiedergewinnung eines natürlichen Weltbegriffes, der sich nicht an der Natur der modernen Naturwissenschaft, sondern unmittelbar an der Natur

Gruppe, die die Konsequenzen der Geschichtlichkeit voll bejahen will, verzichtet prinzipiell auf jede Zuflucht in die Zeitlosigkeit unwandelbarer Wahrheiten. Der Charakter der ausschließlichen Entscheidung für die geschichtliche Immanenz bleibt jedoch ambivalent, sofern die Tendenz immer wieder zu Tage tritt, das jeweils historisch bedingte Geschichtsbild bzw. seine ontologische Fundierung als einen »absoluten« Bezugsrahmen zu nehmen, der den Bedingungen der Geschichtlichkeit nicht unterworfen sein soll.

Benedetto Croce (1866–1952) und Robin George Collingwood (1889–1943) haben verschiedentlich versucht, der Geschichte »endgültige« Wahrheit bzw. Objektivität abzugewinnen. Karl Mannheim (1893–1947), für den Wahrheit und Wertung nicht absolut, sondern aus der jeweiligen geschichtlichen Perspektive zu bestimmen sind, begreift Wahrheit als das letzte Wort in der eigenen konkreten Situation, stellt aber zugleich die These auf, daß die Summe der verschiedenen Wahrheitsperspektiven in der Geschichte sich hierarchisch ordnen lasse.[45]

Martin Heideggers (1889–1976) Rückführung der Historie auf die Geschichtlichkeit des Daseins, deren Grund er im eigentlichen Sein zum Tode, d. h. in der Endlichkeit der Zeitlichkeit sieht[46], bedeutet eine Radikalisierung der Historismus-Problematik: Geschichte soll in einem immanenten Dasein begründet werden; dieses entzieht sich gerade so ihren Bedingungen.

6. Historismus und Wissenschaft im 20. Jahrhundert

Die geläufige, sogar unter Wissenschaftlern verbreitete Ansicht, daß der Historismus die Naturwissenschaft und Wissenschaftstheorie unberührt läßt, ist unhaltbar. Es braucht nicht besonders betont zu werden, daß die moderne wissenschaftliche Forschung ein immer vollständigeres Bild der Geschichte der Natur zu rekonstruieren versucht. In diesem Zusammenhang ist vor allem die von C. F. v. Weizsäcker aufgestellte These zu erwähnen, daß der Satz von der Geschichtlichkeit der Natur aus dem zweiten Gesetz der Thermodynamik schlüssig folgt.[47]

Weiterhin ist ein zunehmendes Interesse der Wissenschaftstheorie an der Auseinandersetzung mit der Historismus/Historizismus-Problematik zu beobachten. Die gründliche Besinnung auf die Geschichte der Naturwissenschaften hat zur Frage nach der Rolle der Geschichte bei der Bestimmung von Naturgesetzen geführt. Thomas Kuhns viel diskutierte Thesen zur »Struktur wissenschaftlicher Revolutionen«[48] implizieren eine fundamentale Vergeschichtlichung unseres Wissens über die Natur und ihre Gesetzlichkeit. Die wissenschaftliche Entwicklung ist nach Kuhn eine Folge von traditionsgebundenen Perioden, die von nichtkumulativen Episoden unterbrochen werden, in denen ein älteres Erklärungsparadigma ganz oder teilweise durch ein mit ihm nicht kommensura-

---

selbst (!), als dem Maßstab aller Natürlichkeit, orientieren müßte.« K. Löwith, Die Dynamik der Geschichte und der Historismus (1952), in: Sämtliche Schriften, Bd. 2, 1983, 322.

45 S. den in Anm. 19 zitierten »Historismus«-Aufsatz, bes. 12 f., 40–47 und 54–60.

46 M. Heidegger, Sein und Zeit, 1927, [12]1972, vor allem Abs. 74–76, S. 382–397.

47 C. F. v. Weizsäcker, Die Geschichte der Natur. Zwölf Vorlesungen, 1948, 43–57.

48 Th. Kuhn, The Structure of Scientific Revolutions, 1970, und die Aufsätze: »The Relations between History and History of Science«, in: Daedalus 100 (1971) 271–304, und »Historical Structure of Scientific Discovery«, in: Science 136 (1962) 760–764.

bles, neues ersetzt wird. Da der Wechsel von Paradigmata wesentliche Verschiebungen der Kriterien mit sich bringt, welche die Zulässigkeit von Problemen und mögliche Lösungen bestimmen, kann die gesamte Geschichte der Naturwissenschaft nicht als eine kumulative, der Natur immer näher rückende Entwicklung angesehen werden. Zwar geht der Entwicklungsprozeß von primitiven Anfängen aus und entfaltet sich mit zunehmender Komplexität und Genauigkeit, aber er bewegt sich nicht auf ein Ziel hin, denn die sich geschichtlich wandelnden Paradigmata sind konstitutiv sowohl für die Wissenschaft selbst als auch für das, was in der jeweiligen Periode als Natur zu gelten hat. KUHNs Analyse der wissenschaftlichen Revolutionen zeigt nicht nur, daß die Naturgesetze auf das jeweils geschichtlich geltende Paradigma bezogen sind, sondern auch die Unzulänglichkeiten einer dogmatischen Fortschrittsideologie zur Beschreibung der Geschichte der Naturwissenschaften. Das Geschichtsbild, das sich daraus ergibt, ist a-teleologisch und unholistisch – Charakteristiken, die auch der ganz anders motivierten und fundierten Geschichtskonzeption DILTHEYs eigen sind.

KARL POPPERs wissenschaftskritische Bemühungen richten sich nicht nur gegen den naturwissenschaftlichen Positivismus, sondern auch gegen den Historizismus, jene Einstellung zu den Sozialwissenschaften, die annimmt, »daß historische Voraussage deren Hauptziel bildet und daß sich dieses Ziel dadurch erreichen läßt, daß man die ›Rhythmen‹ oder ›Patterns‹, die ›Gesetze‹ oder ›Trends‹ entdeckt, die der geschichtlichen Entwicklung zugrunde liegen«.[49] Gegen den Historizismus als holistische, utopische Methodologie, die die großen Geschichtstendenzen nicht nur untersucht, sondern auch auf ein für die Geschichte als Ganzheit geltendes Ideal hin zu lenken versucht, betont POPPER, »daß wir nicht den Himmel auf Erden schaffen, sondern nur kleine Verbesserungen durchführen können« und »daß diese Verbesserungen nur in kleinen Schritten zu verwirklichen sind«.[50] POPPERs Ablehnung des wissenschaftlichen Utopismus, den der Marxismus deutlich exemplifiziert, hängt mit seiner Zurückweisung der Idee einer Geschichte der Menschheit als eines großen und allumfassenden Entwicklungsstromes zusammen. Dem Versuch, die Geschichte von ihrem vermeintlichen Telos her zu »verabsolutieren«, setzt POPPER die Aufgabe entgegen, innerhalb der engen Grenzen des erlangbaren Wissens um Geschichtlichkeit zu bleiben. Weit davon entfernt, daß diese Haltung eine Sanktionierung des Bestehenden bedeuten würde, nimmt sie vielmehr die Phantasie zur Herbeiführung von Veränderung in Anspruch – eine Phantasie allerdings, die sich nicht nur einen Wandel der Welt vorstellen kann, sondern auch einen »Wandel in den Bedingungen des Wandels«.[51] Das nichtreduzierbare Element des Irrationalen im Menschen, bzw. die »Freiheit, anders zu sein als die anderen«[52] läßt jeden Versuch scheitern, Prophezeiungen über die Weltzukunft aufzustellen. Die vernünftige, weil selbstkritische Haltung ist sich der Vorläufigkeit des Geschichtlichen bewußt und bleibt darum offen für die Möglichkeit der Falsifizierung des angeblich Gewußten. POPPERs Historizismus-Kritik impliziert in ihren philosophischen Konsequenzen eine strenge Entmythologisierung moderner Geschichtsmythik. Der Aufweis der Unwissenschaftlichkeit der Utopismen führt auf den konkreten Topos zurück, wo menschliches

---

[49] K. POPPER, Das Elend des Historizismus, [5]1979, 2.
[50] Ebd. 60.
[51] Ebd. 102.
[52] Ebd. 125.

Begreifen und Handeln sinnvoll aber bescheiden auf die eigene Geschichte einwirken. In diesem Sinne gründet POPPERs Anti-Historizismus in der klaren Einsicht in die unaufhebbare Endlichkeit der Geschichte und ihrer Erforschung.

7. Ausblick

Die übliche negative Konnotation von Historismus steht im Zusammenhang mit dem Relativismus, den er evoziert. Insbesondere die Vergeschichtlichung von Metaphysik, Ethik und Religion scheint mit der Aufhebung jeglicher humanen Orientierungsmöglichkeit zu drohen. Die praktischen Probleme, die der Historismus hervorruft, kontrastieren jedoch mit der theoretischen Stichhaltigkeit und Überzeugungskraft der von ihm vermittelten Einsichten.

Die Wurzeln des Historismus liegen in der Synthese griechischer und biblischer Traditionen im Abendland. Sie vollzog eine durchgängige Historisierung des Kosmos als eine auf ihre messianische Vollendung hin sich entwickelnde Schöpfung. Indem aber der Historismus seine eigene geschichtliche Genese kritisch beleuchtet, entlarvt er die verschiedenen Formen von religiösen Messianismen und ihren ›säkularisierten‹ Versionen als geschichtlich bedingte Projektionen in einen Abschluß der Geschichte, der eine sinngebende Funktion für die ganze vorausgegangene Entwicklung haben soll. Daß der Historismus sich gegen totalisierende Geschichtskonzeptionen wendet, bedeutet freilich nicht, daß er in eine positivistische Auffassung der Geschichte zurückzufallen braucht, sondern nur, daß er darauf besteht, die Geschichte ausschließlich aus der Sicht der eingestandenen, unausweichlichen Endlichkeit des Menschen zu betrachten. So verstanden verlangt der Historismus ein Sich-Bescheiden mit der Geschichte als dem Bereich der »letzten Dinge vor den letzten.«[53] Befreit von fortschrittsideologischen oder gar pessimistischen Gesamtvisionen kann sich der Geschichtsbetrachter im »Vorraum-Denken«[54] einüben, das dem Provisorischen des Geschichtlichen verpflichtet bleibt. Die aus dieser Perspektive notwendige Relativierung aller Absolutheitsansprüche kann – wie jede Konfrontation mit der Endlichkeit – zunächst Orientierungslosigkeit bedeuten. Sie kann aber auch als eine notwendige Voraussetzung des eigentlich ethischen Beitrags gelten, den der Historismus leistet. Denn der Historismus bietet eine überragende Möglichkeit für die begründete Relativierung konkurrierender Weltsichten und Denkformen im planetarischen Zeitalter, wo die Zukunft der Menschheit nicht so sehr vom inhaltlichen Charakter der jeweils vertretenen Vorstellungen über Mensch, Welt und Gott abhängt, als von der Einsicht in die Notwendigkeit, Toleranz dem Andersdenkenden und -lebenden gegenüber zu üben. Indem der Historismus nicht nur die Wandelbarkeit aller Geschichte und ihrer Ideale zeigt, sondern auch den Wandel des Standpunktes aus dem diese Wandelbarkeit betrachtet wird, ermöglicht er ein Verständnis der Geschichte als der immer provisorischen Sinngebung der allgemeinen Wandlung durch eine sich ihrer eigenen Endlichkeit bewußte Freiheit.

---

[53] S. KRACAUER, Geschichte – vor den letzten Dingen, 1971, 28.
[54] Ebd. 239ff.

Literatur

Cohen, M. R., History versus Value, in: ders., Reason and Nature: An Essay on the Meaning of Scientific Method, 1931, 369–385; Collingwood, R. G., The Philosophy of History, 1930; Croce, B., Antistoricismo, in: Proceedings of the Seventh International Congress of Philosophy, Oxford, 1930; ders., La storia come pensiero e come axioma, 1938; Danto, A. C., Narration and Knowledge (including the integral text of Analytical Philosophy of History), 1985; Habermehl, W., Historizismus und kritischer Rationalismus. Einwände gegen Poppers Kritik an Comte, Marx und Platon, 1980; Heussi, K., Die Krisis des Historismus, 1932; Hintze, O., Troeltsch und die Probleme des Historismus, in: ders., Zur Theorie der Geschichte, 1942; Hofer, W., Geschichtsschreibung und Weltanschauung, 1950; Lee, D. E., Beck, R. M., The Meaning of ›Historicism‹, in: American Historical Review 59 (1953–1954) 568–577; Litt, Th., Die Wiedererweckung des geschichtlichen Bewußtseins, 1956; Löwith, K., Sämtliche Schriften, Bd. 2: Weltgeschichte und Heilsgeschehen; Zur Kritik der Geschichtsphilosophie, 1983. (Der Band enthält auch wichtige Aufsätze zu Historismus und Geschichte); Meinecke, F., Zur Theorie und Philosophie der Geschichte, in: Werke, Bd. 4, 1957–1962; Mandelbaum, M., The Problem of Historical Knowledge, 1938; Nietzsche, Fr., Sämtliche Werke. Kritische Studienausgabe in 15 Bänden, hrsg. v. G. Colli und M. Montinari, 1980; abgek.: KSA; Popper, K. R., Das Elend des Historizismus, [5]1979; Rand, C. G., Two Meanings of Historicism in the Writings of Dilthey, Troeltsch and Meinecke, in: Journal of the History of Ideas 25 (1964) 503–518; Rossi, P., Storia e storicismo nella filosofia contemporanea, 1960; Rothacker, E., Historismus, in: Schmollers Jahrbuch 62 (1938) 388–399; ders., das Wort ›Historismus‹, in: Zeitschr. f. Deutsche Wortforschung 16 (1960) 3–6; Simmel, G., Die Probleme der Geschichtsphilosophie (1892)[5] 1923; Strauss, L., Naturrecht und Geschichte, 1956; Topitsch, E., Der Historismus, in: Studium Generale 7 (1954) 430–439.

J. Edgar Bauer

→ *Geschichte*

Hochgottglauben

I. Ältere Ansätze und Verwendungsformen des Begriffs. II. Allgemeindefinition. III. Konnotationen der Bestandteile der Worte »Hochgottglaube« und »Höchstes Wesen«. IV. Vier konstitutive Aspekte des Hochgottglaubens: 1. Ausdruck in sozialen Kategorien. 2. Ausdruck in kosmischen Kategorien. 3. Ausdruck in Kausal-Kategorien. 4. Ausdruck als das Ganz Andere.

I. Ältere Ansätze und Verwendungsformen des Begriffs

Um bei den indianischen Religionen in Gestalten wie dem »Großen Geist«, *Manitu* u. a. Spuren eines Glaubens an den einen – dann in Christus voll geoffenbarten – Gott aufzufinden, führte der Jesuitenmissionar J. F. Lafiteau 1724 die Interpretation als ursprünglichen Glauben an ein *»Estre supérieur«* ein, der im Lauf der Zeit verloren ging.[1] Umgekehrt rühmte Voltaire 1771 aus rationalistischer Kirchenkritik den

[1] Moeurs des sauvages Américains, comparées aux moeurs des premiers temps.

Respekt des Kaisers von China gegenüber dem »*Être suprème*«. Hier bezeichnete der Begriff Gott den großen Baumeister der Welt, der sonst wenig tut für sein Werk und auch wenig von den Menschen erwartet: Nur daß sich, indem sie seine Existenz als Ordnungsmacht im Hintergrund erkennen, Furcht und Hoffnung auf ihn richten und er darin den Bestand der Moral und die den Ordnungen gemäße Sicherheit garantiert.[2] Im Sinne seines evolutionistischen Kulturentwurfs sprach dann 100 Jahre später der Anthropologe E. B. TYLOR von einer »*Supreme Deity as creator of the universe and chief of the spiritual hierarchy*«, interpretiert als Endprodukt zweier möglicher Entwicklungslinien: a) durch Fusion der Attribute der großen polytheistischen Kräfte, b) durch Charakterisierung des »*Highest Being*« in »*a mystic form of formlessness*«.[3] Als eigentlicher Begründer des religionswissenschaftlichen Begriffs »Hochgott« gilt jedoch der Anthropologe A. LANG. Er unternahm es 1898, TYLORs Animismus-Theorie gegenüber zu zeigen, daß eine frühe Idee eines ewigen, moralischen, schöpferischen Wesens nicht notwendig die Geisterlehre impliziert; vielmehr solche moralischen, praktisch allwissenden Gottheiten den Naturvölkern der allerniedrigsten Stufe – Buschmännern, Feuerländern, Australiern – bekannt sind. Die von ihm als »*High Gods of Low Races*« herausgestellten großen Schöpfergötter auch bei Stämmen, die – anders als es TYLORs Theorie entspräche – keine gesellschaftlichen Oberhäupter oder auch keine Ahnenverehrung kennen, charakterisierte er als eine gegenüber der Konzeption von Geistwesen ganz andersartige Konzeption: Als »All-Väter« sind sie jeweils »*Supreme Being*« für die betreffende Menschengruppe, indem sie in Macht, Allwissenheit und Moralität die Idealisation des Naturmenschen sind und darin Vorstellung des aus den Werken der Schöpfung zu erkennenden Gottes, wie sie der Anfang des neutestamentlichen Römerbriefs anspricht.[4]

Sowohl gegen die Urmonotheismus-Theorie von W. SCHMIDT als auch gegen die Urheber-Theorie von N. SÖDERBLOM nahm der Religionsphänomenologe R. PETTAZZONI eine eingegrenztere Bestimmung des Begriffs »Höchstes Wesen« als »Himmelswesen« einer nomadisch-patriarchalisch geprägten Hirtenkultur vor: Es sei die Personifikation des Himmels, den die wetterabhängigen Viehzüchter-Nomaden als Gebieter über Leben und Tod empfinden, und darin zugleich gute und böse Macht, die in ihrer Allmacht und Unendlichkeit Prinzip von Schöpfung und Erhaltung der Welt ist bzw. mittels der Lichterscheinungen des Himmels aus der Höhe alles sieht und aufgrund solcher Allwissenheit Strafgewalt ausübt. Der Ethnologe K. TH. PREUSS brachte die Fragestellung hinzu, inwiefern die Lebensfürsorge mit übernatürlichen Mitteln das Vorhandensein einer höchsten Gottheit erfordert: Diese werde, um der Beeinflussung der übernatürlichen Mächte im Kult das Anmaßende zu nehmen, als deren zusammenfassende Verkörperung geehrt, die in Art einer Weltordnung über allem Geschehen throne und auch den Kult begründete.

Die von G. VAN DER LEEUW gelieferte erste Phänomenologie des Hochgottglaubens trug dem in ihrer Charakterisierung des Höchsten Wesens Rechnung, als »eine Gestalt im Hintergrund« – der Riten, der Welt, der Moral. Er hob es darin vom jüdischen,

---

[2] Épitre C, Oevres complètes XIII; vgl. – auch zur Aufnahme bei ROUSSEAU, ROBESPIERRE, GOETHE, SCHILLER – VAN DER LEEUW, Struktur.

[3] Primitive Culture II, 1871, 417–22.

[4] Bes. Kap. X.

christlichen und islamischen Schöpferglauben ab. Ergänzend unternahm es G. WIDENGREN, mit einer vergleichend-religionsgeschichtlichen Untersuchung des iranischen vorchristlichen Kulturkreises alle Behauptungen einer missionarischen Beeinflussung der als souveräne Schicksalsmächtigkeit bestimmten Hochgottkonzeption zu entkräften.

II. Allgemeindefinition

Auf dem Hintergrund der Begriffsbildung in der Forschung wird unter Hochgottglaube der Glaube an ein Höchstes Wesen verstanden, das durch eine das menschliche Leben bedingende absolut erhabene Urmächtigkeit ausgezeichnet ist. Der Begriff impliziert anders als »Monotheismus« keinen Ausschluß anderer Götter, jedoch eine bestimmte Qualifizierung der mit »Henotheismus« und »Monolatrie« angesprochenen Verehrung, die sich für den Moment der Anrufung auf die Gottheit konzentriert.

III. Konnotationen der Bestandteile der Worte »Hochgottglaube« und »Höchstes Wesen«

Mit dem Wort »hoch« verbinden sich verschiedene Verständnismöglichkeiten, die hier von Interesse sind: räumlich im Sinne einer beträchtlichen Entfernung vom Erdboden; rangmäßig in einer Hierarchie oben stehend, bedeutend, achtunggebietend; altersmäßig als zeitlich weit vorgeschritten; als in qualitativer Hinsicht von beträchtlicher Höhe.
»Gott« bezeichnet in dieser Verbindung ein kultisch verehrtes übermenschliches Wesen, das als Schöpfer Ursache allen Naturgeschehens ist, das Schicksal der Menschen lenkt, Richter über ihr sittliches Verhalten und ihr Heilsbringer ist.
»Glaube« bezeichnet die innere Sicherheit, die keines Beweises bedarf, sowie die gefühlsmäßige Bindung an eine Autorität, von daher das Fürwahrhalten von etwas, häufig nur die praktische Gewißheit, und mit diesem Hintergrund das religiöse Bekenntnis im Sinne einer Beziehung zum Göttlichen.
»Höchstes Wesen« schließlich bezeichnet etwas, das in bestimmter Gestalt, auf bestimmte Art und Weise – oft nur gedacht, vorgestellt – existiert bzw. in Erscheinung tritt. Weil es damit für nähere Aussagen einer weiteren Bestimmung bedarf[5], schließt die oben angeführte Allgemeindefinition eine solche zur Festlegung auf »Hochgott« ein.

IV. Vier konstitutive Aspekte des Hochgottglaubens

1. Ausdruck in sozialen Kategorien

Gut vier von sieben allgemeinen Bestimmungspunkten einer verbreiteten Minimaldefinition des Hochgottglaubens[6] nehmen auf soziale Kategorien Bezug: »Das höchste

[5] Vgl. C. COLPE, Gottesglaube und ideologische Gehalte, in: ders., Theologie, Ideologie, Religionswissenschaft, 1980, bes. 116–129.
[6] HAEKEL, Religion, 98.

Wesen hat keine andere Macht mehr über sich, wäre also Gott schlechthin, der souverän über allen sonstigen Wesen steht«; »in sich begründete Personenhaftigkeit, jedoch mit mehr oder weniger anthropopsychischen Zügen per analogiam, aber doch recht unanschaulich geartet«; »grundsätzlich Verkörperung des Guten, daneben aber auch Unberechenbarkeit in seinem Walten«; »prinzipiell überragende Machtfülle«. Dazu gehört der verbreitete Beiname »Vater« und seine Konzeption als Patriarch, mit dem bei bewußt anthropomorpher Konzeption auch Frau und Kinder verbunden werden können. Ahnen, Geister und Götter können als Geschöpfe und Untergebene des Hochgottes aufgefaßt werden und als Mittler zwischen den Menschen und ihm als dem erhabenen Herrscher fungieren. Z. T. wird dieser dabei nur durch den Zusatz »Höchster« oder eine dem entsprechende Verbindung mit der Begründung der politischen Herrschaft von deren Bezeichnungen abgehoben.[7] Im Sinne eines lebensbestimmenden Machthabers kann der Hochgott auch als »Herr der Tiere« konzipiert werden. Es wird jedoch immer im Einzelfall zu prüfen sein, ob eine mehr als künstliche Bezogenheit auf den Hochgottglauben vorliegt, der wohl notwendig auch Komponenten aller drei anderen Aspekte einschließt: D. h., ob es sich nicht um unabhängige Konzeptionen handelt, sondern um Zuordnungen zum Ausdruck der hochrangigen Stellung des betreffenden Gottes, um Hypostasen, die aus einem Differenzierungsprozeß entstanden sind, oder um Ausgestaltungen eines Hochgotts mit den Zügen einer sonst auch eigenständigen bekannten Konzeption zu verehrender Wesen.[8] Nur dann kann ein Kult, der viel stärker für solche dem Menschen näherstehenden Gestalten manifest wird, als über deren Vermittlung dem unnahbar mächtig gedachten Hochgott dargebracht verstanden werden.

2. Ausdruck in kosmischen Kategorien

Ein weiterer Bestimmungspunkt ist die »Residenz in einer oberen Region«. Dazu gehört, daß der Hochgott auch mit Himmelskörpern, dem Firmament oder Naturerscheinungen wie Donner, Blitz, Wind, Regen, Bergen als seinen machtvollen Manifestationen verbunden wird. Neben Zeugnissen, die eine Auffassung als Personifikation des Himmels nahelegen, aus dessen »Allsehen« eine – der Denkweise der Gläubigen entsprechende – Allwissenheit des Höchstens Wesens und totalitäre Bestimmung durch das Höchste Wesen resultiert[9], stehen Aussagen, nach denen der Hochgott schon vor der Entstehung des Himmels da war und sich erst später dorthin begab. Von dort garantiert er die Weltordnung, beobachtet das Verhalten der Menschen und erwirkt Belohnung oder Bestrafung, sei es unmittelbar wie durch Blitzschlag oder Urteilsspruch, sei es mittelbar durch ihm zugeordnete Gestalten.[10] Daß er sowieso alles weiß und zum Besten lenkt, kann dann auch als Grund genannt werden, keine Gebete und Opfer an ihn zu richten.

[7] Vgl. J. F. THIEL, Ahnen, Geister, Höchste Wesen, 1977, mit seiner Untersuchung afrikanischer Gottesnamen, bes. 58–101.

[8] Vgl. RADIN, Monotheism, bes. 37–53; W. HIRSCHBERG, s. v. Höchstes Wesen, in: ders., Wörterbuch der Völkerkunde, 1965, 185f.; U. BIANCHI, The History of Religions, 1975, 90f.; E. DAMMANN, »Primitive« Religionen der Gegenwart, in: U. MANN (Hrsg.), Theologie und Religionswissenschaft, 1973, 193.

[9] Nach PETTAZZONI auch K. A. H. HIDDING, Der Hochgott und der mikrokosmische Mensch, in: C. J. BLEEKER, u. a. (Hrsg.), Proceedings of the XIIth International Congress of the I. A. H. R., 1975, 132f.

[10] Nach SCHMIDT, Ursprung, auch ELIADE, Die Religionen.

Wie beim vorangehenden Aspekt ist dann jeweils für den Einzelfall zu prüfen, ob eine Einbeziehung des Naturphänomens als Ausdruck der Machtfülle des Hochgotts vorliegt oder ob das Einzelphänomen Sonnengott, Sturmgott usw. im Blick ist.

3. Ausdruck in Kausal-Kategorien

Die weitere Bestimmung »mehr oder weniger in enger Beziehung zur Existenz des endlichen Seins« gestaltet sich besonders im Sinne eines »Urhebers« aus, der gedacht wird als der »Schöpfer und Erhalter«, aber auch »Töter« seines Werks, oder als das letzte, allem vorangehende, aber damit auch ganz fernstehende Prinzip des Daseins schlechthin.[11] Ein umfassender Schöpfungsgedanke gehört nicht immer dazu, doch die Anerkennung, daß über Leben und Tod Entscheidendes letztlich aus der für das Ganze Fürsorge tragenden Macht des Hochgotts herrührt, der selbst in sich begründet ist. Wie das Wirken der Naturkräfte können auch Zeremonien und Lebensregeln auf ihn zurückgeführt werden.[12] Von daher kann der Hochgott auch durch Darbringen von Erstlingen der Jagd bzw. der Nahrungspflanzen[13] unmittelbar als Spender der Nahrung dankend anerkannt werden.

Wenn von einem Heilbringer als Sohn des Hochgotts die Rede ist oder von einem das gute und böse Schicksal austeilenden Zwillingspaar, ist wieder im Einzelfall zu klären, ob es sich um Hypostasierungen eines als totalitärer Schicksalsgott konzipierten Hochgotts[14] oder um eigenständige Phänomene handelt wie gewöhnlich eindeutig bei den andersgearteten, oft beim gleichen Volk neben dem Hochgott stehenden Schöpferwesen Muttergöttin, Trickster und Dema[15], die ihm dann nur wieder in sozialen Kategorien zugeordnet sein können.

4. Ausdruck als das Ganz Andere

Als letzte notwendige Bestimmung verleihen »Anfangslosigkeit, Unsterblichkeit und Unveränderlichkeit« der absoluten Transzendenz[16] des Hochgotts Ausdruck. Mit dieser auch in den anderen Kategorien symbolisch ausgesagten unendlichen Entfernung zwischen Gott und Mensch, die nicht verringert oder überbrückt werden kann, unterscheidet sich der Hochgott von allen anderen verehrten Wesen. Daß er darin dem Menschen unbegreiflich ist, läßt ihn verhältnismäßig wenig Gegenstand von Mythen (außer Ursprungsmythen) sein, noch seltener bildlich dargestellt und oft ausgesprochen undeutlich charakterisiert werden. Dazu gehört, daß ihm etwa eine wenig konkrete Lichtgestalt oder nur umschreibende Namen beigelegt werden; er auch manchmal zoomorphe Züge erhält, indem etwa seine Unsterblichkeit Ausdruck findet in einer Regeneration durch Häutung wie eine Schlange; oder daß er zum Ausdruck seiner Erhabenheit über alle

---

[11] Nach SÖDERBLOM,.Das Werden des Gottesglaubens, auch F. HEILER, Erscheinungsformen und Wesen der Religion, ²1979, 456f.

[12] Vgl. PREUSS, Glauben 34–61.

[13] Von der Wiener Schule der Ethnologie im Anschluß an SCHMIDT als Primitialopfer hervorgehoben.

[14] Dazu WIDENGREN, Hochgottglaube.

[15] Vgl. A. E. JENSEN, Mythos und Kult bei Naturvölkern, ²1960.

[16] SULLIVAN, Supreme Beings, 166f.

Gegensätze mannweiblich oder unbestimmten Geschlechts aufgefaßt wird. Die Andersartigkeit des Hochgotts läßt sich weiter dahingehend akzentuieren, daß er sich nach einer Verfehlung der Menschen von ihnen zurückzog und Leid und Tod in die Welt kamen, indem er als Prinzip des reinen Guten und Vollkommenen in die Ferne ging. Oder aber dahingehend, daß er jenseits von Gut und Böse steht entweder als Deus otiosus, der seine Schöpfung ohne Einflußnahme ihren eigenen Gang gehen läßt, oder als selbst an kein Gesetz gebundener Beherrscher der Daseinsmächte. Weil dieses in jeder Hinsicht Unfaßbare über die menschlichen Fähigkeiten hinausgeht, göttliche Aspekte in den Erscheinungen der Welt selbst zu erleben, spielen die transzendierenden intellektuellen Fähigkeiten des Menschen die Hauptrolle.

Literatur

LANG, A., The Making of Religion, 1898; SCHMIDT, W., Der Ursprung der Gottesidee, 12 Bde., 1912–55; ders., Handbuch der vergleichenden Religionsgeschichte, 1930, 254ff.; SÖDERBLOM, N., Das Werden des Gottesglaubens, [2]1926 ([1]1916), 150–62. 178–85; PETTAZZONI, R., Dio I, 1922; ders., Allwissende höchste Wesen bei primitivsten Völkern, in: ARW 29 (1931) 108–29. 209–43; ders., Der allwissende Gott, 1960; PREUSS, K.TH., Die höchste Gottheit bei den kulturarmen Völkern, in: Psychologische Forschung 2 (1922) 161–208; ders., Glauben und Mystik im Schatten des höchsten Wesens, 1926; RADIN, P., Monotheism among Primitive Peoples, 1924; VAN DER LEEUW, G., Die Struktur der Vorstellung des sogenannten »Höchsten Wesens«, in: ARW 29 (1931) 79–107; ders., Phänomenologie der Religion, [2]1956, 171–85; WIDENGREN, G., Hochgottglaube im alten Iran, 1938; ders., Religionsphänomenologie, 1969, 46–92; ELIADE, M., Die Religionen und das Heilige, 1954, 61–146; HAEKEL, J., Religion, in: TRIMBORN, H. (Hrsg.), Lehrbuch der Völkerkunde, [4]1971; SULLIVAN, L.E., Supreme Beings, in: ER 14 (1987) 166–181.

Christoph Elsas

→ *Deus otiosus, Gottesvorstellungen, Himmelsgott*

Hölle

1. Wort und Begriff

Das Wort Hölle entstammt den altgermanischen Sprachen (altisländ. *Hel,* ›das/die Verborgene‹)[1], in denen es das unterirdische ›Totenreich‹ und dessen Herrin bezeichnet.[2] Den innerhalb des germanischen Bereichs weitgehend neutralen Ausdruck werten die christlichen Missionare (wie die autochthone Religion insgesamt) ab und benennen mit

[1] STRÖM 66.

[2] Eine ähnliche Verdoppelung (faktisch wohl eine Personifikation) kennt auch das Griechische: ›*Hades*‹ (der ›Unsichtbare‹) ist gleichermaßen *Ort* und *Gott* der Unterwelt.

ihm das negative Spektrum der christlichen Jenseitsvorstellungen. Diese Bedeutung hat er behalten.

Seine Übertragung auf außerchristliche Vorstellungen ist üblich. So kann er eintreten für (a) ein ›Jenseits‹, welches in einer räumlichen Ordnung des Kosmos das ›Unten‹ vertritt (›Unterwelt‹), (b) die Welt des Todes (›Totenreich‹), (c) den Ort böser Mächte, (d) einen Ort oder Zustand der Qual und Vernichtung. Diese ›Identifikationen‹ verdecken oft den anderen Charakter und Hintergrund solcher Vorstellungen: Natur, Dauer, Ort und Ausgestaltung der Hölle unterliegen nicht allein von Kultur zu Kultur, sondern auch innerhalb bestimmter Kulturen, dem historischen Kontext entsprechend, manifesten Veränderungen. Dieses differenzierte Erscheinungsbild legt es nahe, an der jeweiligen Eigenbegrifflichkeit festzuhalten und allenfalls dort ergänzend von Hölle zu sprechen, wo analog zu christlichen Vorstellungen von einer aus dem ›Diesseits‹ begründeten ›jenseitigen‹ Verschlechterung vor dem Hintergrund einer ebenfalls möglichen Verbesserung die Rede ist.

2. Theorie

Die antiken und frühchristlichen Vorstellungen von einer Hölle erfüllen im wesentlichen drei Funktionen. (1) In ihnen artikuliert sich die menschliche Angst vor dem Tod und vor einem unsagbaren ›Anderen‹ jenseits des Todes. (2) Sie antworten auf jene anstößige Erfahrung, daß Unrecht und Leid nicht selten ungestraft bzw. ungesühnt bleiben.[3] Das In-Aussicht-Stellen eines guten wie eines schlechten Jenseits ermöglicht einen notwendig in eine künftige Welt verlegten Ausgleich, den eine transzendente Instanz garantiert: ein abstraktes oder von einer Gottheit vollzogenes Gericht, welches entsprechend den irdischen Verdiensten belohnt oder straft. (3) In den Strafphantasien gerade der christlichen Höllenvorstellungen verbindet sich das archaische Prinzip des *ius talionis* mit der Idee der Abschreckung.[4] Die Höllenstrafen sind Bilder der Rache. Konzipiert als perpetuierte Folter, verweigern sie den Tod ebenso wie Begnadigung; sie postulieren die endlose Verfügbarkeit ihrer ›Opfer‹. Ein solches Schreckensbild läßt sich einsetzen als Mittel der religiösen, aber auch politischen Disziplinierung.[5] Dieses letzte Motiv erklärt die Wechselwirkung zwischen herrschenden gesellschaftlichen ethischen und religiösen Normen, den justitiablen Tatbeständen und der realen Praxis des Strafvollzugs einerseits und der Exekutive der Hölle andererseits. In zweifacher Hinsicht reflektieren die frühchristlichen Höllenstrafen antike Realität. Das für viele Höllenbilder typische Geständnis der Verdammten, die unter Schmerzen ihre Schuld und die Gerechtigkeit ihrer Strafe bekennen, erinnert an die Folter als Instrument der ›Wahrheitsfindung‹, die im griechisch-römischen Recht (als *básanos* bzw. *quaestio [per tormenta]*) feste Institution ist. Ferner evozieren sie die Hinrichtungen in den Amphitheatern; sie arbeiten mit jener entsetzten Faszination, welche die Leiden und Agonien anderer wecken.

---

[3] Das grundlegende Motiv jeder Jenseitsprojektion ist der Versuch der Sinngebung: die disparaten, oft negativen Erfahrungen des Lebens und zuletzt die Todeserwartung lassen sich (eher) bewältigen, wo eine Fortsetzung oder Erfüllung des Lebens ›jenseits‹ des Todes imaginiert wird.

[4] Der von der Sophistik (PROTAGORAS) entwickelte Gedanke der Strafe als Abschreckung findet dank PLATON (Gorgias 525c) Einlaß in die Jurisdiktion der ›Hölle‹.

[5] Affirmativ äußern diesen Gedanken POLYBIOS, Historiai 6,56 und PLUTARCH, Non posse suaviter vivi 1104 ab. LUKREZ, 3, 966. 978–1023 und CICERO, Tusculanen 1,10f kritisieren ihn.

Auf psychologischer Ebene lassen sich die Höllenstrafen als Projektionen von Schuldphantasien lesen, die sich auf eine repressive und damit für ein Maximum an inneren Konflikten verantwortliche Moral zurückführen lassen. Als Bilder der Allgewalt eines strafenden Gottes schließlich sprechen sie gleichermaßen von der Bedrohlichkeit wie der Erlösungsmacht einer transzendierten Vaterfigur.

3. Religionsgeschichtliche Beispiele (Antike)

a. Griechenland. Das früheste uns bekannte griechische Jenseitsbild stellt den im ›Himmel‹ bzw. auf dem *Olymp* lebenden Göttern die im *Hades* versammelten besinnungslosen ›Schatten‹ (gr. *eídola, psychai*) der Verstorbenen entgegen. Das pessimistische Weltbild vom ephemeren Wesen des Menschen zeichnet gerade den Tod als letzte, alles ergreifende Verschlechterung.[6] Doch finden sich schon bei HOMER Indizien für ein anderes Bild des Jenseits.[7] Götterlieblinge entgehen dem Hades, Vergehen gegen die Götter werden nach dem Tod bestraft.[8] Bald sind alle Menschen angesprochen: wohl von ihren Anfängen an versprechen die eleusinischen Mysterien den Geweihten bevorzugte Behandlung im Jenseits, den Ungeweihten Strafe.[9] Die Mysterienkulte, vor allem aber die Orphik malen in der Folge Jenseitsgericht und -strafen aus.[10]

Die Philosophen, die Pythagoreer, EMPEDOKLES und insbesondere PLATON, greifen diese Lehren auf. In seinen Jenseitsmythen räumt PLATON der jenseitigen Jurisdiktion und Exekutive großen Raum ein.[11] Zum ersten Mal innerhalb der erhaltenen griechischen Literatur beschreibt er die Unterweltsrichter und ihre Tätigkeit. Er unterscheidet drei Kategorien der Strafe, die in der Mehrzahl der Fälle reinigenden Charakter besitzen und daher befristet sind. Allein ›hoffnungslose Fälle‹ gelangen auf immer in den *Tartaros*. Auch die erste ausführliche Schilderung einer solchen Tartarosstrafe findet sich bei ihm.[12]

Die nach PLATON folgenreichste Stationen in der Geschichte der Hölle ist VERGILs Schilderung der Unterwelt.[13] Der bei ihm noch vorherrschende Gedanke jenseitiger ›Reinigung‹ scheint sich danach zu verlieren. Auffällig ist die Grausamkeit in den ›Höllenbil-

---

[6] Am deutlichsten zeigt dies Odyssee 11 (›*Nekyia*‹). – Die griechische Imagination stattet das ›Jenseits‹ mit einer präzisen Topographie aus, die von Unterweltsströmen (*Achéron*, ›Weh‹, *Pyriphlegéthon*, ›Feuerstrom‹, *Kókytos*, ›Klagestrom‹, *Styx*, ›Haß‹, *Léthe*, ›Vergessen‹) dominiert wird. Bald liegt es unmittelbar unter der Erde (Ilias 20,61–5), bald am Rand der Welt (Odyssee 11; 24,11–14).

[7] Orientalische Einflüsse können hier mitgewirkt haben. Vorstellungen von einem zweifachen ›Jenseits‹ lassen sich u. a. in Mesopotamien und Ägypten belegen; EBELING, HORNUNG, KEES.

[8] Ilias 3,278 f; 8,13–16; 19,259 f; Odyssee 11,576–600. Der (vorhomerische) Tartaros, unterster und finsterster Ort des Hades, Gefängnis der Titanen, dann aller Götterfeinde, wird zum ersten Mal von HESIOD genauer geschildert (Theogonie 720–35; zur ›Unterwelt‹ insgesamt 720–819).

[9] Homerischer Demeterhymnos 367–9; 481 f. Vgl. ARISTOPHANES, Frösche 145–51.

[10] GRAF, 79–150.

[11] Phaidros 246 a–49 d; Gorgias 523 a–27 a; Phaidon 107 d–14 c; Staat 614 b–21 b; dazu MAKKENZIE.

[12] Staat 615 d–16 a. Ausführende sind ›wilde Feuermänner‹. Schon in der frühgriechischen Literatur bevölkert ein Pandämonium böser, bald auch strafender Wesen das Erdinnere; DIETERICH 46–62.

[13] Aeneis 6,548–627.

dern‹ der frühen Kaiserzeit, etwa bei PLUTARCH oder LUKIAN.[14] Rache und Vernichtung werden zum essentiellen Moment des negativen Jenseits.

b. Das frühe Christentum. Die jüdische Kosmologie teilt die Welt in Himmel, Erde und Unterwelt. In der Unterwelt (LXX *ábyssos*) liegt der hadesartige Aufenthaltsort der Toten, die *sche'ol* (LXX *hádes*). Dieses Bild ändert sich im hellenistischen Judentum, vielleicht auch unter dem Einfluß des iranischen Dualismus und seiner universalen Eschatologien. Widergöttliche Mächte stehen gegen Jahwe auf, die ihren Aufenthalt, aber auch ihr Gefängnis in der *abyssos* haben: die Unterwelt wird zum Sitz des Bösen.[15] Ihr tritt die ›Feuerhölle‹ *gêhinnom* (LXX *géenna,* Gehenna) zur Seite, der eschatologische Strafort der im Endgericht verdammten Menschen und Geister.[16]

Das NT teilt diese Vorstellung. Während der *hádes* als befristeter Aufenthaltsort der Toten vor der Auferstehung gilt, ist die *géenna* Ort ewiger Qual nach dem Gericht: die Hölle. In ihr werden nicht nur die Gottlosen, sondern auch der Satan mit seinen Dämonen im ewigen Feuer vernichtet.[17]

Die in der Spätantike christliches Gemeingut gewordene Ikonographie der Hölle gründet in der Kombination und Radikalisierung dieser (iranisch-)jüdischen mit griechischen Elementen. Den ersten plastischen Bericht vom Ergehen der Guten im Himmel und vor allem der Schlechten in der Hölle bietet die Petrusapokalypse (frühes 2. Jh.), die wesentlich auf orphisch-pythagoreische Vorbilder zurückgeht.[18]

Doch differieren die frühchristlichen Jenseitsbilder erheblich. Während die ›Orthodoxie‹ an der Ewigkeit der Höllenstrafe festhält, erklärt ORIGENES die Hölle zu einem zeitlich befristeten Zustand quälender Sehnsucht, der reinigt und heilt. Seiner *Apokatástasis*-Lehre zufolge kehren *alle* Lebewesen einschließlich Satans heim in die Seligkeit Gottes.[19]

Die griechische Vorstellung vom unmittelbaren Gericht der Seele nach dem Tod und das Ausbleiben der Parusie Christi stellen die Frage nach dem Schicksal der Seele zwischen Tod und Auferstehung. Lehren von einem Zwischenzustand werden formuliert, deren wichtigste, die vom ›Reinigungsfeuer‹ (gr. *pyr kathársion*), der Strafe ihren kathartischen Charakter zurückgibt.[20] Der Protest gegen die Unerbittlichkeit des Dualismus ›Himmel/Hölle‹ zeigt sich nirgendwo deutlicher als im Erfolg des ›Fegfeuers‹.

---

[14] PLUTARCH, De sera numinis vindicta 566e–7d; LUKIAN, Vera Historia 2,29–32.

[15] Henoch 10,4f; 18,11–16; Jubiläen 5,6–10.

[16] Die jüdische Apokalyptik entwickelt die Vorstellung, Gott werde dereinst die befleckte Erde reinigen, indem er die Frevler ins Feuer werfe (Henoch 10,6.13; 18,11–16; Jubiläen 9,15). Diese erwartete ›Feuerhölle‹ wird im unweit Jerusalem gelegenen ›Tal des Hinnom‹ *(gê-hinnom)* lokalisiert, das als unrein galt. Schließlich heißt die ›Feuerhölle‹ selbst *Gêhinnom.*

[17] Matth. 25,41; Apok. 19,20; 20,10.14f.

[18] DIETERICH, 46–62, 225–32.

[19] Peri archon 2,10,4–8 und öfters. Ähnlich argumentiert noch GREGOR VON NYSSA. – Der wohl wichtigste ›orthodoxe‹ Text zur Hölle ist AUGUSTIN, De Civitate Dei 21.

[20] In ihren essentiellen Aussagen ist diese Lehre griechisch. Zuerst formuliert von CLEMENS VON ALEXANDRIA und ORIGENES, wird sie bs. im 4. Jh. von AMBROSIUS, HIERONYMUS und AUGUSTIN weiterentwickelt; s. LE GOFF, Purgatoire.

Literatur

DIETERICH, A., Nekyia. Beiträge zur Erklärung der neuentdeckten Petrusapokalypse, (1893, [2]1913) 1969; EBELING, E., Tod und Leben nach den Vorstellungen der Babylonier, 1931; FOUCAULT, M., Surveiller et punir. Naissance de la prison, 1975 (bes. Teil I: Supplice, 9–72); GRAF, F., Eleusis und die orphische Dichtung Athens in vorhellenistischer Zeit (RGVV 33), 1974; HORNUNG, E., Altägyptische Höllenvorstellungen, 1968; Le Jugement des morts. Égypte, Assour, Babylone, Israël, Iran, Islam, Inde, Chine, Japon (Sources orientales 4), 1961; KEES, H., Totenglauben und Jenseitsvorstellungen der alten Ägypter. Grundlagen und Entwicklungen bis zum Ende des mittleren Reiches, 1926; KROLL, J., Gott und Hölle. Der Mythos vom Descensuskampfe, (1932) 1963; LE GOFF, J., La naissance du Purgatoire, 1981; MACKENZIE, M. M., Plato on Punishment, 1981; ROHDE, E., Psyche. Seelencult und Unsterblichkeitsglaube der Griechen, (1894, [2]1898) 1961; STRÖM, Å. V., Germanische Religion, in: STRÖM, Å. V., BIEZAIS, H., Germanische und Baltische Religion, 1975 (zu den germanischen Jenseitsvorstellungen 64–66, 181–94, 246–8).

Peter Habermehl

→ *Angst, Eschatologie, Kompensation*

Homo religiosus

I. Begriffsbestimmung

Der lateinische Ausdruck *homo religiosus* und/oder seine deutsche Entsprechung »der religiöse Mensch« wird für den Menschen gebraucht, der religiöse Handlungen vollzieht und in einem religiösen Weltbild lebt. Manche Autoren gebrauchen *homo religiosus* in einer spezielleren Bedeutung für Menschen, die unter Vernachlässigung alltäglicher Rollen wie Vater oder Bauer eine religiöse Rolle übernehmen, insbesondere die eines herausragenden Führers oder Religionsstifters. »Religiöser Mensch« im Sinne des allgemeineren Wortgebrauchs ist jeder betende Mensch, während Jesus und Mohammed als Beispiele für *homo religiosus* im spezielleren Sinn stehen mögen.

II. Begriffsgeschichte

Im klassischen Latein ist der *homo religiosus* der gewissenhafte, ängstliche, skrupulante Mensch.[1] Jedoch kann *religiosus* auch für den frommen, religiös gewissenhaften Menschen gebraucht werden, so von CICERO in »*De natura deorum*«: »Diejenigen Menschen, die alles, was mit der Verehrung der Götter zu tun hat, sorgfältig ausüben und gleichsam immer wieder erwägen *(relegere)*, werden nach diesem Wort als *religiosi* (fromm) bezeichnet.«[2] In der lateinischen Kirchensprache bedeutet *homo religionis* »Ordensmann«, doch wird dafür häufiger bloßes *religiosus* (fem. *religiosa*, Ordensfrau) gebraucht.[3] Entsprechend bezeichnet das Französische noch heute die Angehörigen von Männer- bzw. Frauenorden als *un religieux, une religieuse.*

Die westlichen Sprachen bilden den Ausdruck »religiöser Mensch« und seine Äquivalente ohne weiteres. In einer Tagebucheintragung des Jahres 1851 unterscheidet S. KIERKEGAARD zwischen dem »natürlichen Menschen« *(det naturlige menneske)* und dem »religiösen Menschen« *(religieus)*, wobei er unter dem letzteren den wahrhaft gläubigen, leidens- und opferbereiten Christen versteht.[4] Ein ähnlicher Wortgebrauch findet sich bei F. NIETZSCHE. In seiner Kulturkritik »*Jenseits von Gut und Böse*« (1886) ist mit *homo religiosus* oder »religiöser Mensch« immer der Christ gemeint, der für ihn einen moralisch mittelmäßigen, minderwertigen und niedrigen Menschentypus verkörpert.[5] Er hat seinen Gegensatz im Herrenmenschen, dessen Religiosität allenfalls der der alten Griechen entspricht. Eine ganz andere Bedeutung bekommt *homo religiosus* bei MAX SCHELER. Auf der Suche nach einem Fachwort für die religiöse Führergestalt schlug SCHELER in seinem Werk »*Vom ewigen im Menschen*« (1921) den Ausdruck *homo religiosus* vor. Von ihm hat ihn JOACHIM WACH übernommen und in seinen Darstellungen der Religionssoziologie gebraucht.[6] Unter dem Oberbegriff *homo religiosus* behandelt WACH typische religiöse Gestalten wie den Religionsstifter, Reformator, Propheten, Visionär, Magier, Mantiker, Heiligen, Priester und Religiosus (Ordensangehöriger). In einem wiederum ganz anderen Sinn gebraucht G. VAN DER LEEUW den Ausdruck *homo religiosus* in seiner »*Phänomenologie der Religion*« (1933); für ihn ist er identisch mit dem Menschen schlechthin, sofern dieser religiöse Erfahrungen macht und sich religiös versteht.[7] Diese Bedeutung findet durch PETER WUSTs Religionsphilosophie (»*Ungewißheit und Wagnis*«, 1937) und MIRCEA ELIADEs populäres Buch »*Das Heilige und das Profane*« (1957) weite Verbreitung. ELIADE ist für seine Vorliebe für lateinische Ausdrücke (*in illo tempore, axis mundi,* u.v.a.) bekannt. *Homo religiosus* verwenden sie keinesfalls als präzise definierten, unverzichtbaren Begriff; er wechselt synonym mit »der religiöse Mensch«.

---

[1] LIVIUS 24,10,6; CICERO, De domo sua 105 und 116; ders., In Verrem 2,4,4.

[2] CICERO, De natura deorum 2,72; so auch AUGUSTINUS, De civitate dei XXII 8, 9 (PL 41, 765).

[3] L. FAVRE, Glossarium mediae et infimae Latinitatis 7 (1886) 111f.

[4] S. KIERKEGAARD, Papirer, hrsg. von P. A. HEIBERG u. a., 1929, X/4, 251f.; deutsch: ders., Die Leidenschaft des Religiösen, übers. v. H. KÜPPER, 1968, 97f.

[5] F. NIETZSCHE, Jenseits von Gut und Böse, 1886, Nr. 45, 58 und 59.

[6] J. WACH, Einführung in die Religionssoziologie, 1931, 55ff.; ders. Religionssoziologie, 1951, 28.30.377–422. Eine entsprechende Begriffsverwendung findet sich bei G. MENSCHING, Die Religion, 1959, 206–218.

[7] G. VAN DER LEEUW, Phänomenologie der Religion, 1933, 644 (§ 108); ²1956, 779 (§ 110).

Bei EDUARD SPRANGER, dem ELIADEs Vorliebe für lateinische Ausdrücke abgeht, ist »der religiöse Mensch« jener Mensch, in dessen ganzem Leben und Charakter die Religion den ersten, alles beherrschenden Rang einnimmt; so in SPRANGERs »*Lebensformen*« (zuerst 1914, Ausgabe letzter Hand 1925).[8]
Aus der Begriffsgeschichte ergibt sich, daß sich eine systematische Darstellung nicht auf den Ausdruck *homo religiosus* festlegen darf, sondern die Entsprechung »der religiöse Mensch« ebenso berücksichtigen muß. Auch die inhaltlich auf denselben Vorstellungskreis führende Rede von einer »religiösen Anlage« des Menschen gehört hierher. Die Ausdrücke begegnen vor allem und maßgeblich in vier Gebieten: in Religionssoziologie, Religionspsychologie, Religionsphänomenologie und Religionsphilosophie.

III. Homo religiosus als Grundbegriff religiöser Anthropologie

1. Die religionsphilosophische Auffassung von der »religiösen Anlage« des Menschen

Eine in der Religionsphilosophie geläufige Annahme besagt, Religion komme nicht »von außen« auf den Menschen zu, sondern sei als anthropologische Konstante mit seinem inneren Wesen selbst gegeben. Diese Ansicht hat Vorläufer in TERTULLIANs Satz von der »*anima naturaliter Christiana*« (der von Natur christlichen Seele) und in dem Ausspruch AUGUSTINS: »*Fecisti nos ad te, et inquietum est cor nostrum donec requiescat in te*« (du hast uns auf dich hin geschaffen und unser Herz ist unruhig, bis es ruht in dir).[9] Besonders seit dem 18. Jh. ist diese Auffassung weit verbreitet; prägnant etwa bei EDMUND BURKE (1790): »*We know (...) that man is by his constitution a religious animal; that atheism is against not only our reason but our instincts.*« (Wir wissen ..., daß der Mensch seiner Konstitution nach ein religiöses Lebewesen ist. Atheismus verstößt nicht nur gegen unsere Vernunft, sondern auch unseren Instinkt.)[10] Systematisch ausgebaut wurde dieser Ansatz in der Lehre vom »*desiderium naturale ad videndum Deum*« (natürlichen Verlangen nach der Gottesschau) bei THOMAS VON AQUIN,[11] der auch von einem »inneren Instinkt« (*interior instinctus*) für das Glauben sprechen konnte.[12] In neuerer Zeit wurde die Anschauung besonders von der katholischen Neuscholastik und der liberalen protestantischen Theologie vertreten. »Die religiöse Anlage, d. h. das Vermögen und Bedürfnis, Gott zu erkennen und mit ihm Gemeinschaft zu haben«, bildet nach dem Neuscholastiker TH. SPECHT den Ausgangspunkt der Theologie.[13] Den zugrunde liegenden Gedanken faßt C. CARMIGNIANI so zusammen: »Der Mensch (...) wird von einem natürlichen Impuls auf sein Ziel hinbewegt. Dieses Ziel aber (...) ist Gott. Daher strebt der Mensch aufgrund eines seiner rationalen Natur entstammenden Impulses zu Gott. Aber man kann nur auf dem Wege

---

8 E. SPRANGER, Lebensformen, in: Festschrift für A. RIEHL, 1914, 413–522, hier: 483–493.

9 TERTULLIAN, Apologeticum 17,6 (PL 1,377); AUGUSTINUS, Confessiones 1,1 (PL 32,661).

10 E. BURKE, Reflections on the Revolution in France, hrsg. v. C. C. O'BRIEN, 1968, 187.

11 Herkömmliche Formulierung im Anschluß an THOMAS VON AQUIN. Vgl. etwa dessen »*Summa contra gentiles*« III 50,6: »*tendit igitur naturale ipsorum desiderium ad intelligendum divinam substantiam*« (ihr natürliches Verlangen bezieht sich auf das Verstehen des göttlichen Wesens).

12 THOMAS VON AQUIN, Summa theologica II II 2,9 ad 3 und 10,1 ad 1.

13 TH. SPECHT, Lehrbuch der Apologetik oder Fundamentaltheologie, 1912, 41.

der Religion zu Gott hinstreben.«[14] Diesen zu Gott hinführenden Impuls bestimmt der katholische Religionsphilosoph P. WUST als »*potentia oboedientialis*«, als Fähigkeit, auf göttliche Offenbarung zu hören. »Der Mensch als Mensch überhaupt« ist aufgrund dieser Anlage »*homo religiosus*«;[15] auch »Indifferenz gegenüber seiner religiösen Anlage« kann sein Wesen nicht verändern.[16] WUST weiß jedoch, daß im alltäglichen Leben nicht jeder den Glauben des suchenden *homo religiosus* aufbringt; neben Don Quixote (an dem sich WUST den an einem Ideal ausgerichteten Menschen verdeutlicht) steht immer auch Sancho Panza, der keinen Sinn für Ideale besitzt.[17]

Für die liberale Theologie wie für die Religionswissenschaft ist die Auffassung FRIEDRICH SCHLEIERMACHERs bestimmend geworden, die er in seinem berühmten Frühwerk »*Über die Religion: Reden an die Gebildeten unter ihren Verächtern*« (1799) vorgetragen hat. Als Romantiker versteht er die Religion als eine eigenständige Größe; es verwirft die Auffassung der Aufklärung, Religion könne auf Metaphysik oder Moral reduziert werden. Daher gilt: »Der Mensch wird mit der religiösen Anlage geboren, wie mit jeder andern.«[18] Als »eine besondere und edle Anlage«[19] gehört sie zur »innersten Natur« jedes Menschen.[20] SCHLEIERMACHERs Ansatz wurde immer wieder aufgegriffen. »*Le sentiment religieux est un attribut essentiel, une qualité inhérente à notre nature*« (das religiöse Gefühl ist eine mit dem Wesen selbst gegebene Eigenschaft, eine unserer Natur innewohnende Qualität),[21] heißt es bei BENJAMIN CONSTANT, der auch von einem religiösen Instinkt (*instinct*)[22] spricht. Der katholische Theologe J. S. DREY kann in Anknüpfung an SCHLEIERMACHER von einem »religiösen Trieb« sprechen, den er als eine Art Instinkt auffaßt.[23] JACOB BURCKHARDT: »Die Religionen sind der Ausdruck des ewigen und unzerstörbaren metaphysischen Bedürfnisses der Menschennatur.«[24] Als protestantischer Theologe sprach ERNST TROELTSCH von der »Möglichkeit und Wahrscheinlichkeit, daß die Religion eine eigentümliche qualitative Anlage des menschlichen Geistes sei«.[25] NIKOLAI BERDJAJEW: Religion ist »eine ewige Funktion des menschlichen Geistes«.[26]

---

[14] C. CARMIGNIANI, Elementa theologiae fundamentalis, 1911, 86: »*Homo (...) ex impulsu a natura orto movetur ad finem suum. Atqui (...) finis hominis est Deus; ergo homo ex impulsu ipsius naturae rationalis tendit ad Deum. Sed non nisi per religionem tendere ad Deum potest.*«

[15] WUST, Ungewißheit und Wagnis, [5]1950, 183.

[16] A.a.O., 184.

[17] A.a.O., 188.

[18] F. SCHLEIERMACHER, Über die Religion, [4]1834, 148 (3. Rede).

[19] F. SCHLEIERMACHER, a.a.O., 253 (5. Rede).

[20] F. SCHLEIERMACHER, a.a.O., 109 (2. Rede).

[21] B. CONSTANT, De la religion 1,1824,142. In seinem Tagebucheintrag vom 14. November 1804 erwähnt CONSTANT gleichzeitig seinen Entwurf über das »*sentiment religieux*« und seine Lektüre von SCHLEIERMACHERs »Reden«; CONSTANT, Oeuvres, hrsg. von *A. Roulin*, 1957, 374. F. KÖNIG (in: Christus und die Religionen der Erde, hrsg. von F. KÖNIG, 1, [2]1956, 63) umschreibt CONSTANTs Auffassung so: »Der Mensch ist (...) ein *animal religiosum*, ein von Natur aus durch seine innerste Konstitution religiöses Wesen.«

[22] B. CONSTANT, De la religion 1,224.

[23] J. S. DREY, Kurze Einleitung in das Studium der Theologie, 1819, 5ff.

[24] J. BURCKHARDT, Weltgeschichtliche Betrachtungen, hrsg. von R. MARX, 1963, 39.

[25] E. TROELTSCH, Gesammelte Schriften 2, 1913, 461.

[26] N. BERDJAJEW, Das Ich und die Welt der Objekte, o. J., 12.

SCHLEIERMACHERs romantische Religionstheorie hat auf die Religionswissenschaft einen tiefen Einfluß ausgeübt. Offenbar ist die Rede von der »religiösen Anlage« für die Religionswissenschaft besonders geeignet, weil sie von den mannigfaltigen konkreten Glaubensvorstellungen, Ritualen usw. absieht, aber gleichzeitig der Disziplin einen eigenständigen Gegenstand vorgibt. In diesem Sinne nennt MAX MÜLLER die Religion eine »allgemein[e] geistige Anlage, welche den Menschen in den Stand setzt, das Unendliche unter den verschiedensten Namen und den wechselndsten Formen zu fassen, eine Anlage, die nicht nur unabhängig von Sinn und Verstand ist, sondern, ihrer Natur nach, im schroffsten Gegensatz zu Sinn und Verstand steht.«[27]
Eine ähnliche Anknüpfung an SCHLEIERMACHER finden wir bei RUDOLF OTTO, dessen Buch »*Das Heilige*« (1917) zu den Grundwerken der Religionswissenschaft gehört. OTTO spricht von einem »religiösen Apriori«; dies ist »eine verborgene Anlage des menschlichen Geistes, die, durch Reize geweckt, wach wird«.[28] Diese Anlage hat »die menschliche Vernunft beim Eintritt in die Geschichte« mitgebracht.[29] Es handelt sich um ein elementares Gefühl oder einen »Trieb«, den OTTO auch als *sensus numinis* bezeichnet. »Ohne diesen Trieb und das ihm unterliegende Erleben selber anzusetzen, kann man nicht Religionsgeschichte schreiben.«[30] Nach dieser Anschauung hat der Mensch im Grunde keine andere Wahl, als religiös zu sein, denn dies entspricht seiner wahren Natur.
Allerdings weiß OTTO sehr wohl, daß nicht alle Menschen diese Anlage in gleicher Weise entfalten. Er unterscheidet daher zwischen der »Masse« und dem »Propheten«. In der »Masse« ist »die ›Anlage‹ nur als Rezeptivität vorhanden, als Erregbarkeit für Religion und für eigenes freies Anerkennen und Beurteilen. (...) Die höhere Stufe und Potenz aber, unableitbar aus der ersten Stufe bloßer Rezeptivität, ist hier der Prophet«, der »religiöse Produktionskraft besitzt«.[31] Mit der Behauptung, die »höhere Stufe« sei »unableitbar«, gerät OTTOs These allerdings in Widerspruch mit sich selbst, denn nun scheint es *zwei* ganz verschiedenartige religiöse Anlagen zu geben. Das Problem des Unterschieds zwischen »Masse« und »Prophet«, zwischen »bloßer Rezeptivität« und »religiöser Produktionskraft«, hat auch andere Denker vor allem der ersten Jahrzehnte unseres Jahrhunderts beschäftigt. In diesem Zusammenhang hat SCHELER den Ausdruck *homo religiosus* eingeführt.
Die Theorie von der »religiösen Anlage« ist nicht ohne Widerspruch geblieben. Als MAX MÜLLER diesen zu hören bekam, modifizierte er seine frühere Anknüpfung an SCHLEIERMACHER: »Wenn wir also von unserem Bewußtsein in bezug auf religiöse Gegenstände als von einer besonderen Anlage oder *facultas* sprechen, (...) so meinen wir damit doch nur unser Bewußtsein, in der Form und Entfaltung, die es annimmt, wenn es mit religiösen Gegenständen zu tun hat. Es ist also kein neuer Sinn neben den alten Sinnen. (...) Es ist ganz einfach das alte Bewußtsein gegen eine neue Art von Gegenständen gekehrt, und durch die Rückwirkung von diesen Gegenständen bestimmt.«[32] Heute

---

[27] F. M. MÜLLER, Einleitung in die vergleichende Religionswissenschaft, 1874, 15.
[28] R. OTTO, Das Heilige, [5]1920, 138.
[29] R. OTTO, a.a.O., 139.
[30] R. OTTO, Das Gefühl des Überweltlichen (sensus numinis), 1932, 53.
[31] R. OTTO, Das Heilige, 208.
[32] F. M. MÜLLER, Vorlesungen über den Ursprung und die Entwicklung der Religion, 1890, 24–25.

dürften viele Psychologen mit G. W. ALLPORT übereinstimmen, der meint, ein einheitlicher religiöser Instinkt *(a single religious instinct)* lasse sich nicht nachweisen.[33]

2. Die Religionssoziologie MAX SCHELERs

Nach TH. HOBBES beruhe »jede ausgebildete Religion« nicht nur auf Furcht und Geisterglauben, sondern sehr charakteristisch auch auf dem Glauben an einen besonderen Menschen, einen »Heiligen« *(holy man)*, dem »Gott selbst seinen Willen auf übernatürliche Weise zu offenbaren geruht«.[34] NIETZSCHE meinte, »in jeder Religion ist der religiöse Mensch die Ausnahme«.[35] Als Religionsstifter haben diese besonderen religiösen Gestalten die Denker immer wieder beschäftigt, und manche Aufklärer sahen in ihnen Betrüger, denen die leichtgläubige Menge anhängt. Bei MAX WEBER beginnt eine eingehendere Reflexion über diesen Typus. Seine Religionssoziologie enthält die Beobachtung, daß in der Geschichte einer Religion aufgewühlte Zeiten von ruhigeren abgelöst werden. Die aufgewühlte Epoche ist von prophetischen Charismaträgern bestimmt, während für die ruhigere Periode die Gestalt des Priesters typisch ist. Als Nachfolger des Propheten routiniert und »veralltäglicht« der Priester oder Lehrer das Charisma des Gründers.[36] In seiner Anknüpfung an WEBER ersetzt SCHELER den Ausdruck »Prophet« durch die allgemeinere Bezeichnung *homo religiosus* vermutlich deshalb, weil dieser Ausdruck geschichtlich weniger vorbelastet und so als allgemeine Kategorie brauchbarer ist. SCHELER: »Die Religion hat ihren führenden Typ im ›*homo religiosus*‹, dem Heiligen, d. h. einem Menschentyp, der ausschließlich um seiner charismatischen Qualität willen ›Glauben‹, Gefolgschaft, Vertrauen findet. Er begründet seine Worte nicht an Sachnormen, die außerhalb seiner sind, sondern fordert Glauben nur, weil *er* als *Person* redet, handelt und aufgrund seines besonders erlebten Verhältnisses zu Gott.«[37] Entsprechend unterscheidet SCHELER zwischen dem Religionsgründer als eigentlichem *homo religiosus* und den »nur abgeleiteten *homines religiosi*« wie Apostel, Kirchenvater, Reformator.[38]

In seiner Anlage des COMTEschen Dreistadienverlaufs der Weltgeschichte charakterisiert SCHELER[39] jede der drei Geschichtsepochen durch seine führende Gestalt. Dem religiösen Stadium entspricht der *homo religiosus*, von dem der Priester als kirchliche Amtsperson seine sekundäre Autorität ableitet. Das metaphysische Zeitalter hat seine führende Gestalt im Weisen, der ein System des Wissens von den Urkonstanten der Welt vermittelt. Für die positive Epoche ist der Forscher charakteristisch; dieser lehrt nie ein fertiges System, sondern will zur ständig wachsenden wissenschaftlichen Erkenntnis beitragen.

Nach WACH ist für SCHELER Jesus der *homo religiosus* par excellence.[40] Die durch das

---

[33] G. W. ALLPORT, The Individual and His Religion, 1951, 7.

[34] TH. HOBBES, Leviathan, übers. v. W. EUCHNER, 1966, 90 (Buch 1, Kap. 12).

[35] F. NIETZSCHE, Die fröhliche Wissenschaft, 1882, Nr. 128.

[36] M. WEBER, Wirtschaft und Gesellschaft, [5]1972, 275 ff.

[37] M. SCHELER, Über die positivistische Geschichtsphilosophie des Wissens (Dreistadiengesetz) (1923), in: ders., Gesammelte Werke 6, [2]1963, 31 f.

[38] M. SCHELER, Vom Ewigen im Menschen. Gesammelte Werke 5, [4]1954, 158.

[39] M. SCHELER, Über die positivistische Geschichtsphilosophie, a.a.O.

[40] J. WACH, Einführung (wie Anm. 6), 55.

Dreistadienschema erfaßte Geschichte verbietet, einen anderen als solchen anzuerkennen. Mit anderen Worten: Nach dem Christentum kann es keine neue Religion mehr geben. Die Zeit des *homo religiosus* ist vorbei. Hier wird SCHELER vom Philosophen zum christlichen Bekenner.

Dem *homo religiosus* erkennt SCHELER eine besondere Bedeutung für die Entwicklung der Religion zu einem gesonderten Lebensbereich zu. Während die Religion auf ihrer ältesten Stufe eng verknüpft ist mit sozialen Gebilden, die auf Verwandtschaft beruhen, so schafft der *homo religiosus* neue Verhältnisse. »Sei er Prophet, seine Autorität religiös fundierender Kriegsheld, sei er Magier oder bewußter ›Stifter‹, vermag [der *homo religiosus* ...] die Religion von dieser ihrer ursprünglichen Blutsgebundenheit loszulösen.«[41]

Die von SCHELER vorgenommene Einführung des Begriffs *homo religiosus* (»die Religion hat ihren führenden Typ im ›*homo religiosus*‹, dem Heiligen«, s. oben) beinhaltet oder ziehlt auf ein ganz bestimmtes Programm wissenschaftlicher Religionsbetrachtung. Nach diesem ist das Phänomen ›Religion‹ in führenden religiösen Gestalten besonders dicht, rein und unverfälscht anzutreffen und bietet sich dort am besten einer Analyse. Religion wird durch Virtuosenreligiosität exemplifiziert und verkörpert sich im religiösen Genie. Wo Religion von Anhängern des *homo religiosus* ›veralltäglicht‹ wird, erscheint sie nicht mehr als ursprünglich, sondern bereits irgendwie als ›abgeleitet‹ und defizitär. Hier liegt ein ›elitäres‹ Religionsverständnis vor, vergleichbar etwa mit dem Programm, ›Geschichte‹ sei nur oder doch in erster Linie von ›großen historischen Persönlichkeiten‹ her zu begreifen.

3. Die Psychologie des religiösen Menschen nach SPRANGER und RADIN

a) Eine von DURKHEIM begründete entwicklungsgeschichtliche Annahme besagt, daß der umfassende geschichtliche Prozeß zunehmender Arbeitsteilung auch eine zunehmende seelische Differenzierung und Individualisierung mit sich bringt.[42] Dabei kommt es zu gewissen Einseitigkeiten, die SPRANGER systematisch zu rekonstruieren sucht. Er unterscheidet sechs voneinander unabhängige Gebiete des Kulturlebens: Wissenschaft, Wirtschaft, Gesellschaft, Staat, Kunst, Religion. In hochentwickelten Kulturen (wie der des Westens) tritt die jeweilige Selbständigkeit dieser Gebiete besonders stark hervor. Den sechs Gebieten entsprechen sechs psychologische Menschentypen, bei denen jeweils eines dieser Gebiete die das ganze Leben beherrschende Stellung einnimmt. So lassen sich in idealtypischer Vereinseitigung der theoretische Mensch, der ökonomische Mensch, der ästhetische Mensch, der soziale Mensch, der Machtmensch und der religiöse Mensch unterscheiden. SPRANGER besteht darauf, daß es sich hierbei nicht um wirkliche Menschen, sondern um »gedanklich entworfene Strukturen des individuellen Bewußtseins« handelt.[43] In der geschichtlichen Wirklichkeit gibt es sehr unterschiedliche Spielarten des religiösen Menschen, die sich vor allem in den Graden der Weltbejahung (als Beispiel wird der Renaissancephilosoph GIORDANO BRUNO genannt) oder Weltablehnung (Bei-

---

[41] M. SCHELER, Probleme einer Soziologie des Wissens, in: ders., Gesammelte Werke 8, [2]1960, 15–190, hier: 69.

[42] E. DURKHEIM, Über die Teilung der sozialen Arbeit (1893), 1977, 389f.

[43] E. SPRANGER, Lebensformen, [5]1925, 396.

spiel: der Mystiker PSEUDO-DIONYSIUS AREOPAGITA) unterscheiden. Weitere von SPRANGER angeführte Beispiele für religiöse Menschen sind die Pietisten und dialektische Theologen vom Typ eines KARL BARTH. Von diesen wenigen Beispielen, die nicht näher untersucht werden, abgesehen, hat sich SPRANGER um die empirische Verifizierung seiner Menschentypen nicht bemüht.

SPRANGER schwebt ein historisches Entwicklungsschema vor. Nach diesem war ursprünglich der »religiöse Mensch« die beherrschende Gestalt, doch haben sich schließlich die anderen Kulturgebiete ausdifferenziert, so daß auch diese zu lebensbeherrschenden Mächten werden konnten.[44] Im Grunde hat jeder der sechs Menschentypen an allen Kulturbereichen Anteil, doch kommt jeweils einem Gebiete eine Vorrangstellung zu. SPRANGER veranschaulicht dies mit einem Würfel, dessen sechs Seiten konstant bleiben, aber bei dem je nach Lage eine andere Fläche zuoberst liegt.[45]

b) Nach SPRANGER hat auch PAUL RADIN die Psychologie des religiösen Menschen zu erhellen versucht, jedoch nicht anhand von konstruierten Idealtypen, sondern mit Hilfe von ethnologischem Material. RADIN meint, die meisten Menschen seien als Pragmatiker und Tatmenschen religiös indifferent. Diesen gegenüber steht der *»homo religiosus«* oder »echt religiöse Mensch«.[46] Religion bruht nach RADIN auf Störung im seelischen Gleichgewicht. Er meint, der gestörte Mensch bedürfe übernatürlicher Mächte (Geister, Götter), um seelische Heilung zu erlangen. RADIN unterscheidet zwei Typen des *homo religiosus*: den anlagemäßig unter Störungen leidenden, »neurotisch-epileptoiden« Typ (den Schamanen) und den introvertierten Denker. Im ersten Fall ist die Störung anlagebedingt oder »endogen«, kommt also »von innen«. Beim zweiten Typ ist sie von außen verursacht und reaktiv; sie stellt eine Reaktion z.B. auf persönliches Unglück dar.

4. MIRCEA ELIADE*s* Religionsphänomenologie

Für ELIADE ist der religiöse Mensch oder *homo religiosus* jener, dessen Bewußtsein und Erleben von einer religiösen Weltauffassung durchdrungen ist. Es ist der Mensch der »archaischen«, »traditionsgebundenen«, »vormodernen« Gesellschaft.[47] ELIADE*s* *homo religiosus* stellt eine Collage aus heterogenen Elementen aus allen Provinzen der Religionsgeschichte dar. Da er Weltbild und Verhalten des *homo religiosus* mit Beispielen aus den Kulturen schriftloser Völker ebenso wie aus den traditionellen Weltreligionen beschreibt, handelt es sich um eine in der Wirklichkeit als solche nicht vorkommende Konstruktion. Diese suggeriert, daß der *homo religiosus* immer und überall im Grunde derselbe ist. Die Einheit dieses Typs tritt vor allem dann zutage, wenn er mit dem »areligiösen Menschen der modernen Gesellschaft«[48] verglichen wird, den ELIADE ständig als Kontrastgestalt anführt. »Es ist das höchste Ziel des Religionshistorikers, das Verhalten des *homo religiosus* und sein geistiges Universum zu begreifen und es anderen begreiflich zu machen.«[49] ELIADE*s* Phänomenologie besitzt einen missionarischen Zug:

---

[44] E. SPRANGER, a.a.O., 392.
[45] E. SPRANGER, a.a.O., 114f.
[46] P. RADIN, Die religiöse Erfahrung der Naturvölker, 1951, 27 und 59.
[47] M. ELIADE, Das Heilige und das Profane (1957), 1984, 15.17.41.
[48] M. ELIADE, a.a.O., 183.
[49] M. ELIADE, a.a.O., 143.

Der moderne Mensch, der weithin areligiös ist, bedarf des Religionshistorikers, der ihm den Zugang zu den existenziellen Dimensionen des *homo religiosus* eröffnet und so die Wiederentdeckung der verlorenen, jedoch dem Menschen als solchem eigenen Religiosität ermöglicht. Dieser missionarische Zug ist auch den Autoren eigen, die von einer »religiösen Anlage« des Menschen reden (bes. SCHLEIERMACHER und OTTO, s. oben, 1).

IV. Empfehlung zur Begriffsverwendung

In der Verwendung der Ausdrücke *homo religiosus* und »der religiöse Mensch« läßt sich ohne weiteres eine Logik erkennen. Dieser Logik zufolge ist der Mensch von seinem Wesen oder seiner Anlage her als *homo religiosus* zu bestimmen (SCHLEIERMACHER, OTTO). Jedoch entfaltet sich diese Anlage nur in manchen Menschen in der Weise, daß Religion zum beherrschenden Wert wird und die »Lebensform« des betreffenden Individuums bestimmt (SPRANGER). Das kann dazu führen, daß hervorragende religiöse Leistungen erzielt werden und ein *homo religiosus* eine Gefolgschaft um sich sammelt (SCHELER). Die religiöse Anlage scheint sich in vormodernen Kulturen eher entfaltet zu haben als in der modernen, durch Areligiosität bestimmten Gesellschaft (ELIADE). Allerdings ist immer und überall auch mit Menschen zu rechnen, denen religiöses Erleben und Fühlen fremd bleibt (SPRANGER, WUST, RADIN). – Jedoch ist mit dem Gebrauch des Terminus *homo religiosus* keinesfalls grundsätzlich eine solche umfassende (vertretbare, aber auch anfechtbare) Theorie angezielt oder impliziert. Da der Begriffsgebrauch von *homo religiosus* und »der religiöse Mensch« eine große Vielfalt aufweist, sollte bei Verwendung der Ausdrücke auf eine Definition oder Umschreibung nicht verzichtet werden. Insbesondere ist der Eindruck zu vermeiden, der lateinische Ausdruck *homo religiosus* sei ein fest umschriebenes Fachwort mit einer festgelegten Bedeutung.

Literatur

ALLES, G. D., Art. Homo religiosus, in: ER VI (1987) 442–445; ELIADE, M., Das Heilige und das Profane (1957), 1984; RADIN, P., Die religiöse Erfahrung der Naturvölker, 1951; SALIBA, J. A., Homo religiosus in Mircea Eliade, 1976; ders., Die Zukunft des »homo religiosus«. Einige anthropologische Gedanken zu Mircea Eliade, in: H. P. DUERR (Hrsg.), Sehnsucht nach dem Ursprung. Zu Mircea Eliade, 1983, 9–31; SCHELER, M., Vom Ewigen im Menschen, in: Gesammelte Werke 5, [4]1954; ders., Über die positivistische Geschichtsphilosophie des Wissens (Dreistadiengesetz), in: ders., Gesammelte Werke 6,2, 1963, 27–35; SCHMUCK, J., Homo religiosus: Die religiöse Frage in der Wissenssoziologie Max Schelers, 1987; SECKLER, M., Instinkt und Glaubenswille nach Thomas von Aquin, 1961; SPRANGER, E., Lebensformen: Geisteswissenschaftliche Psychologie und Ethik der Persönlichkeit, [5]1925; WACH, J., Religionssoziologie. Nach der vierten Aufl. übersetzt v. H. SCHOECK, 1951; WUST, P., Ungewißheit und Wagnis, 1937.

Bernhard Lang

→ *Sensus numinis*

Humanismus

I. Wort und Begriff 1. Das Begriffsfeld 2. Niethammers Definition 3. Ausweitungen 4. Wortgeschichten II. Der klassische Humanismus 1. Altertums- und Humanwissenschaften 2. Grundbegriffe des klassischen Humanismus 3. Unterschiede zwischen humanistischer und christlicher Dogmatik III. Realer Humanismus 1. Die Texte 2. Realer und klassischer Humanismus

I. Wort und Begriff

1. Das Begriffsfeld

a) Der philosophische Begriff ›Humanität‹ (lat. *humanitas* – ›Menschheit‹) bezeichnet (a) das allen Menschen gemeinsame *Wesen* des Menschen, wobei von Alter, Geschlecht, Rasse, Klasse u. ä. abgesehen wird, (b) die Gesamtheit oder Gemeinschaft der Menschen (lat. *genus humanum, societas humana*), (c) die (Mit-)Menschlichkeit, die emotionale und tätige Zuwendung zu Menschen, die in Not sind; sie erhalten ›humanitäre‹ Hilfe. *Miseri-cordia* (Barm-herzigkeit) ist der eine Aspekt des römischen Wortes *humanitas*.
b) Der im 19. Jh. ausgebildete Begriff ›Humanismus‹ bezeichnet keine Philosophie, keine Religion, keine wissenschaftliche Methode und nicht jede Rezeption antiker Kunst, Literatur, Philosophie, sondern primär (a) eine Bildungsrichtung des 18./19. Jh. (»humanistische« im Gegensatz zu »philanthropischer«, realistischer, konfessioneller, naturwissenschaftlicher Erziehung), sodann (b) eine durch die Klassizität des hellenisch-römischen Altertums besonders legitimierte Tradition und schließlich (c) verschiedene Epochen, die sich durch besondere Rezeption der klassischen Tradition und humanistische Bildungsprinzipien auszeichnen (sollen). Das Ziel dieser Bildung und die Mitte der als ›Humanismus‹ formierten Tradition ist die ›Humanität‹ des Menschen; sie wird – stark beeinflußt von verschiedenen philosophischen Vorgaben und pädagogischen Interessen – rekonstruiert in unterschiedlich bewerteten Epochen der Antike (archaisch oder klassisch), in verschiedenen Ebenen der Kultur (Kunst, Philosophie, Religion, Lebenswelt) oder aus bestimmten geschichtlichen Paradigmen (das demokratische Athen, das militaristische Sparta, das imperiale Rom). Für die Aneignung dieser Tradition wird eine gewisse Gelehrsamkeit vorausgesetzt, überwiegend sprachlicher Art, oft auch eine musische und gymnische Erziehung des ›ganzen Menschen‹ gefordert. *Eruditio*, griech. *paideía* ist der andere Aspekt schon der römischen *humanitas*. Die Spannung zwischen dem universalen Anspruch auf Humanität und einer partikulären, altwesteuropäischen Tradition ist – ähnlich wie in den aus Nationalreligionen entstandenen Weltreligionen – unaufhebbar. Nicht alle Antikenrezeption ist ›Humanismus‹; der Gebrauch lateinischer Wörter ist kein sicheres Indiz für Humanismus. Die verschiedenen Wissenschaften von der Antike können zwar von ›Humanisten‹ betrieben werden, die Altertumswissenschaften sind ihrer Entstehung nach spezifische Humanwissenschaften, sie sind aber, trotz der Übereinstimmung im Gegenstandsbereich, nicht als solche ›Humanismus‹.
c) Gegen Ende des 18. Jh. bildet sich, im Zusammenhang mit der »neuen Wissenschaft« von Giambattista Vico (1668–1744)[1], mit Ästhetik, Kunstgeschichte, Pädagogik,

[1] G. Vico, Principi di una scienza nuova d'intorno alla commune natura delle nazioni, 1725; ders., Cinque libri de' principi di una scienza nuova, 1730.

Sprachwissenschaft, Anthropologie/Ethnologie, die »Altertumswissenschaft« als eine über Sprache und Literatur hinausgreifende systematische, integrierende, historische Kulturwissenschaft. VICO und J. G. HERDER (1744–1803) gelten als Begründer der modernen Kulturwissenschaften.[2] HERDER konstituiert einen eigenen Begriff von ›Kultur‹, macht das Fremdwort ›Humanität‹ in Deutschland heimisch und fordert eine »kopernikanische Wende« der Philosophie zur → Anthropologie.[3] Humanismus ist dasjenige System aus Bildung, Tradition und Ideologie, dem diese neue Altertumswissenschaft sich zuordnet. Den sozialen und politischen Rahmen dieser Bildungs- und Wissenschaftsgeschichte bildet die Emanzipation des Bürgertums, die Entstehung eines besonderen Bildungsbürgertums in Deutschland, die Entkonfessionalisierung und Verstaatlichung des Bildungswesens und damit die Genesis des Lehrers als eines eigenständigen, von Seelsorger und Hofmeister getrennten Berufes.
d) Der Ausdruck ›Menschenbild‹ sollte für die Selbst- und/oder Fremddarstellung (→ Auto-/Heterostereotyp) einer bestimmten Gruppe (Volk, Klasse, Berufsgruppe) vorbehalten werden, die ihre jeweiligen Wunschvorstellungen, Ideale, Leitbilder, ›Helden und Stars‹ in enger Beziehung auf die eigene Kultur konstruieren, z. B. das ›Menschenbild der Bibel‹, das ›Menschenbild des alten Römertums‹, das ›Menschenbild bei Marx‹. In diesen ›Menschenbildern‹ können Motive enthalten sein, die durchaus im Widerspruch stehen zu einem bestimmten humanistischen Programm, wie z. B. der Militarismus des guten alten Römers (Romulus, Scipio, Caesar) zu Toleranz und Kosmopolitismus eines humanistisch gebildeten Liberalen.

2. NIETHAMMERs Definition des ›klassischen Humanismus‹

Wort und Begriff ›Humanismus‹ stammen aus der pädagogischen Diskussion des 18. Jh. FRIEDRICH IMMANUEL NIETHAMMER (geb. 1766 in Heilbronn, 1784–89 Studium in Tübingen, seit 1793 Prof. der Philosophie an der Universität Jena, seit 1808 im bayerischen Erziehungsministerium, gest. 1848 in München) schafft dieses Etikett, um den Gegensatz zwischen der »modernen Pädagogik«, dem Philanthropismus um J. B. BASEDOW (1724–1790), J. H. CAMPE, F. GEDIKE, und der »alten Pädagogik« der Gelehrten-Schulen mit ihrem »Studium der Humaniora« zu bezeichnen.[4] Gegen die berufsbezogene, praxisnahe, aber durchaus vielseitige, gemeinnützige und »patriotische« Ausbildung, wie sie das »Philanthropinum« in Dessau (gegr. 1774) vorsah, setzt der »Humanismus« die allgemeine, nicht berufsspezifische Vorbereitung auf das Studium, die Sorge »für die Humanität des Zöglings« (NIETHAMMER, 8).
Sowohl Philanthropie (griech. *phil-anthropía* – Menschenfreundlichkeit) wie Humanismus sind moderne Reformbewegungen, die, allerdings auf verschiedenen Wegen, die alte Lateinschule überwinden wollen. Beide bemühen sich um die Hilfe des Staates, um sich

---

[2] Vgl. W. MARSCHALL (Hrsg.), Klassiker der Kulturanthropologie, 1990 (zu Herder: S. 68); RUTH ROEMER, Sprachwissenschaft, bes. 12 ff.; Pädagogik: U. HERRMANN, »Das pädagogische Jahrhundert«. Ästhetik: s. HrwG Bd. 1, 120 ff.: Religionsästhetik.

[3] J. G. HERDER, Wie die Philosophie zum Besten des Volkes allgemeiner und nützlicher werden kann, 1765; ders., Über das Wort und den Begriff der Humanität, in: Sämtliche Werke hg. v. B. SUPHAN, Bd. 17, 138.

[4] NIETHAMMER, Der Streit des Philanthropinismus und Humanismus, 7 f.

gegen die Trägerschaft und Kontrolle der Kommunen und Konfessionen behaupten zu können.[5] Dieser Humanismus ist einerseits eine Konstruktion des 18. Jh., er knüpft andererseits sprachlich und geistesgeschichtlich an die alten *studia humaniora (studia humanitatis)* an. Die Bestimmung der Unterrichtsgegenstände macht dies deutlich:[6] »4. Die Unterrichtsgegenstände oder die Darstellung jener Ideen, müssen eine durchaus classische Form haben; die Auswahl derselben kann eben darum kein anderes Gebiet als das des Alterthums finden, indem unläugbar wahre Classicität in allen Arten der Darstellung des Wahren, Guten und Schönen in ihrer größten Vollendung nur bei den classischen Nationen des Alterthums angetroffen wird.«

NIETHAMMERs Betonung der ›Classicität‹, die einer spät-altorientalischen Randkultur den Rang einer geschichtlichen Utopie, eines Paradigma von Humanität und einer Norm der Erziehung verleiht, sowie seine persönlichen und sachlichen Beziehungen zur ›klassischen‹ deutschen Literatur und idealistischen Philosophie (u. a. zu SCHILLER, HÖLDERLIN, HEGEL, FICHTE) legen es nahe, diese Reformbewegung als ›klassischen Humanismus‹ zu bezeichnen und dessen detaillierte inhaltliche, geschichtliche, politische und philosophische Bestimmung aus diesen Tübinger und Jenenser Kreisen zu entwickeln.

3. Ausweitungen

Wenn der Ausdruck ›Humanismus‹ von den Bestimmungsstücken ›Bildung‹, ›antike Tradition‹ und ›Classicität‹ im Sinne der Normierung durch die (spät-)aufklärerische/(früh-)idealistische Altertumswissenschaft gelöst wird, ist das Wort frei für mannigfaltigen Gebrauch und Mißbrauch.

a) Renaissance – Humanismus

GEORG VOIGT (1827–1891) und JACOB BURCKHARDT (Kultur der Renaissance, 1860) benutzen das Wort mit großer Selbstverständlichkeit und, soweit ich sehe, ohne auf NIETHAMMER zu verweisen, als Äquivalent für den auch erst um die Mitte des 19. Jh. geschaffenen Epochenbegriff ›Renaissance‹.[7] VOIGTs Titel lautet: *»Die Wiederbelebung des classischen Alterthumes oder das erste Jahrhundert des Humanismus«* (1859, ³1893).[8] Da jedoch die italienische Kultur des *Quattrocento* mehr und anderes ist als eine »Wiederbelebung« – VOIGT sagt nicht ›Wiedergeburt‹! – einer nie verstorbenen Tradition, da die Gleichsetzung einer jeglichen Antikenrezeption mit ›Humanismus‹ zu leeren Aequivocationen oder Mißverständnissen führt, da schließlich nicht jeder, der in Italien ›*umanista*‹ genannt wurde, ein wie auch immer geartetes System von ›Humanismus‹

---

[5] M. KRAUL, Das deutsche Gymnasium 1780–1980, 1984, 17ff.

[6] NIETHAMMER, Streit, 81. NIETHAMMER hat, trotz gelegentlicher unfruchtbarer Polemik, auch die Positionen des Philanthropinismus »deutlich und bestimmt« dargestellt. M. SCHWARZMAIER (F. I. Niethammer, Ein bayerischer Schulreformator, 1. Teil 1937, 1) rühmt NIETHAMMER dafür, daß er, »der überzeugte Neuhumanist, als erster eine philosophische Begründung des Bildungswertes der Realien versucht« habe. – Vgl. P. EULER, Pädagogik und Universalienstreit, 1989.

[7] J. MICHELET, La renaissance, 1855; vgl. die Umbildung des Bildungsbegriffs *hellenismós* (griech.) – »Hellenenthum« zu dem Epochenbegriff ›Hellenismus‹ durch G. DROYSEN (1836). Der analoge Ausdruck *ioudaismós* (griech.) – »Judentum« blieb dagegen ein Religionsbegriff.

[8] Ein Vorgänger von VOIGT ist K. HAGEN, Der Geist der Reformation und seine Gegensätze, 1841; HAGEN benutzt auch den Ausdruck ›Humanistik‹, der in Analogie zu ›Scholastik‹ gebildet ist.

vertrat, ist die Ausweitung des Begriffes auf verschiedene, zeitlich kaum abgrenzbare Epochen der europäischen Kulturgeschichte nicht unbedenklich.

b) Alt-/Neuhumanismus

Die Ausweitung des Ausdrucks zwang bald schon zur Differenzierung. FRIEDRICH PAULSEN (1846–1908, seit 1878 Professor für Philosophie und Pädagogik in Berlin) schied in seiner »Geschichte des gelehrten Unterrichts« den »Althumanismus« von dem philhellenischen, auf die deutschen Staaten konzentrierten »Neuhumanismus«.[9] Ersterer erstreckte sich von 1450 bis 1520 (also etwa vom Fall Konstantinopels bis zur Reformation mit Ausläufern bis zum Ende des 17. Jh.), der letztere von 1740 bis 1892 (so in der 3. Aufl.!), mit einer Cäsur um 1840, in der Krise des liberalen (Bildungs-)Bürgertums. Da ›Neuhumanismus‹ nicht mehr gesteigert werden konnte, verführte diese Nomenklatur zur Numerierung. Der Kulturphilosoph und Pädagoge EDUARD SPRANGER (1882–1963) forderte in seinem »*Aufruf an die Philologie*« (1921) einen »dritten Humanismus«; er sollte den »zweiten Humanismus« von W. v. HUMBOLDT und F. A. WOLF ins Seelische und Irrationale »vertiefen«.[10] WERNER JAEGER (1888–1961, seit 1921 Professor für Graecistik in Berlin) hat den Ausdruck zum Ende der Weimarer Republik aufgenommen, stärker politisch gefaßt und mit wirksamen Tagungen, Reden und Programmschriften (»Paideia«, 1933/34) zur bisher letzten, auch in breiteren Kreisen wirksamen Parole des humanistischen Gymnasiums und des diese Institution tragenden Bildungsbürgertums gemacht.[11]

c) Die Einvernahme des erfolgreichen Namens durch verschiedene politische, religiöse, philosophische Richtungen erzeugte eine Flut von durch Beiworte modifizierten Humanismen: abendländischer, atheistischer, bürgerlicher, christlicher, evolutionärer (JULIAN HUXLEY), existentialistischer (JEAN PAUL SARTRE), ethischer (CARLO SCHMID), hebräischer (MARTIN BUBER), integraler (JACQUES MARITAIN), personaler (R. PADBERG), realer (KARL MARX), sozialistischer Humanismus. Hierbei werden zumeist Menschenbilder oder Anthropologie im Rahmen neuzeitlicher Weltanschauungen, Lehrgebäude oder Ideologien (Entwicklungstheorie, dialektischer Materialismus, Okzidentalismus, dialektische Theologie etc.) vorgetragen. Das Verhältnis zur antiken Tradition wird nur selten reflektiert: Kann hellenischer Mythos zur ›Wiederverzauberung der Welt‹ oder zu einem ›Paganismus‹ genutzt werden, sind Christentum und Hellenentum ›vereinbar‹, kann es christliche Tragödie geben? Aus dieser Fülle seien zwei divergente Typen herausgegriffen, die auf verschiedene Weise die europäische Religionsgeschichte und die Religionswissenschaft beeinflußt haben: der deutsche klassische, philhellenische Humanismus und der reale Humanismus von KARL MARX.

---

9 F. PAULSEN, Geschichte des gelehrten Unterrichts, bes. S. 17.

10 E. SPRANGER, Aufruf an die Philologie, in: ders., Der gegenwärtige Stand der Geisteswissenschaften und die Schule, 1922 (W. JAEGER gewidmet), 5–13.

11 In der Nachkriegsauflage der Paideia (^{3}1954) hat JAEGER die Worte »der kommende 3. Humanismus« (1. Aufl., S. 16) durch »der künftige Humanismus« ersetzt.

4. Wortgeschichten

Die Wortgeschichte von ›Humanismus‹ muß die Personenbezeichnung (ital. *umanista,* Humanist) und das dazugehörige Adjektiv (humanistisch) unterscheiden von dem Namen des Systems (Humanismus) und dem beidem zugrundeliegenden Kollektiv-/Abstraktwort ›Humanität‹ (»die ganze Menschheit« / »das Wesen des Menschen« / »Menschlichkeit«) bzw. dem emphatisch gebrauchten Wort ›Mensch‹ lat. *homo, humanus* (»wirklicher, ganzer Mensch«).

Der emphatische Gebrauch von ›Mensch‹ findet sich seit der hellenistischen Komödie (MENANDER, PLAUTUS, TERENZ):[12] *homo sum: humani nil a me alienum puto.* – »Ein Mensch bin ich: nichts Menschliches, glaub ich, ist mir fremd.« Das Abstraktum *humanitas* ist bei M. TULLIUS CICERO in einem differenzierten Bedeutungsfeld entwikkelt; es läßt sich etwa folgendermaßen darstellen:

I.	1. *natura hominis:*	Gegensatz zum Tier (Vernunft)
	2. *condicio humana:*	Gegensatz zur Gottheit (Sterblichkeit)
	3. *genus humanum:*	Menschengeschlecht; vgl. *societas humana*
II.	4. *misericordia:*	Affekt – Moral (Erbarmen; Solidarität; Milde)
	5. *urbanitas:*	Haltung, Anstand, Takt
	6. *eruditio:*	Bildung – Kultur

Die Personenbezeichnung taucht jedoch erst am Ende des 15. Jh. an italienischen Universitäten auf[13]; nach Deutschland wird sie erst 1515/17 übernommen.[14]

Seit der Mitte des 18. Jh. verbreitet sich das eingedeutschte ›Humanität‹ (HERDER – 1767), wohl erst gegen Ende des Jahrhunderts das Adjektiv ›humanistisch‹.[15] ›Humanismus‹ taucht in Deutschland, soweit bisher bekannt, zuerst bei NIETHAMMER (1808) auf. Zur Vorsicht mahnt der Umstand, daß in Frankreich mit dieser Bildung schon 1765 experimentiert wurde[16] und daß man die Verbreitung des Ausdrucks in Deutschland ungern auf NIETHAMMERS Schriftchen allein zurückführen möchte. Der teutonische ›Ismus‹ erobert erst nach der Mitte des 19. Jh. die Heimat der Humanisten: im *Dizionario* von N. TOMMASEO – B. BELLINI (1879) ist *umanesimo/umanismo* noch nicht rezipiert.

---

12 TERENZ, Heautontimorumenos (verf. 163 v. Chr.), Vers 77; der Vers wird zitiert bei CICERO (de legibus 1,33; de officiis 1,30) und SENECA (epist. 95,53). Vgl. MENANDER (342–293 v. Chr.) frag. 761 (KOCK): »Was für ein liebes Wesen ist der Mensch, wenn er nur Mensch ist.« – Vgl. E. BICKEL, Miszelle zu Terenz, Heaut. 77, in: Rheinisches Museum 90 (1941) 352.

13 Pisa 1490; Bologna 1512; P. O. KRISTELLER, Humanism and Scholasticism in the Italian Renaissance, in: Byzantion 17 (1944/45) 346–374; A. CAMPANA, The origin of the word ›Humanist‹: jeweils mit Quellennachweis (Universitätsakten).

14 Epistulae obscurorum virorum 1,7; 2,58: Universitätsjargon.

15 HERDER, Brief an Gleim, 28. 5. 92.

16 Ephémérides du Citoyen ou Bibliothèque raisonnée des Sciences morales et politiques 1765, 16, 1, S. 247: i. S. v. Philanthropie; vgl. Le Grand Robert de la langue française, ²1985, Bd. 5, 278; F. BRUNOT, Histoire de la langue française VI 1, 1966, 118 f. – Ich danke Bettina Fiedler und Monika Karbitzke für freundliche Belehrung über ›Humanismus‹ in den romanischen Sprachen.

II. Der klassische Humanismus

1. Die Altertums- und die Humanwissenschaften

Der ›klassische Humanismus‹ ist eng mit den pädagogischen Reformen des 18. Jh., der Entstehung des Lehrerberufs und mit der Ausbildung der modernen Altertumswissenschaft verbunden. Diese aber muß ihrerseits als Teil jener *scienza nuova* begriffen werden, die im Verlauf des 18./19. Jh. als Geschichts-, Kultur-, Geistes- oder Humanwissenschaft gefaßt und in immer weitere Bereiche (Ethnologie, Soziologie, Psychologie) und in feinere Spezialisierungen (Ur-, Vor-, Frühgeschichte) vorgetrieben wird. Jenseits der Anthropologien in den hohen »alten« Fakultäten Theologie, Jurisprudenz und Medizin (der Sünder, der Verbrecher, der Kranke) werden in diesen »neuen Wissenschaften« die empirischen Kenntnisse und theoretischen Analysen über die ›wirklichen‹ Menschen und ihre materiellen, sozialen und ›geistigen‹ Welten erarbeitet. Das Gewicht, das diese Wissenschaften vom Menschen und von der durch ihn produzierten »zweiten Natur« (M. TULLIUS CICERO) in der Neuzeit gewinnen, zeigt sich im Aufstieg der Artistenfakultät von einer propädeutischen Einrichtung zu einer gleichberechtigten philosophischen Fakultät.

Als Begründer der neuen Altertumswissenschaft gilt FRIEDRICH AUGUST WOLF (1759–1824). Am 8.4. 1777 immatrikuliert er sich in Göttingen als erster *studiosus philologiae* für den damals unmöglichen Studiengang ›Philologie‹. In Halle wird er Professor für Eloquenz und Poesie; 1787 wird in Halle das philologische Seminar zur Ausbildung von Lehrern gegründet. In seinen Vorlesungen über die *»Enzyclopädie der Alterthumswissenschaften«* (1795 ff.) bezieht er sich ausdrücklich auf die französischen Enzyklopädisten, auf DIDEROT und D'ALEMBERT.[17] Die Altertumsstudien sind Grundlage aller wahren Bildung, insofern sie dem Menschen einen »Teil der Geschichte der Menschheit« vermitteln, um »seine eigene Gattung tiefer und vollständiger kennen zu lernen«.[18] Insofern sind die Altertumsstudien eine historische Anthropologie und zugleich Grundlage wahrer Bildung. Er definiert: »Alterthumskunde als Wissenschaft betrachtet, wird also der Inbegriff der historischen und philosophischen Kenntnisse seyn, durch welche wir die Nation, von der uns Werke übrig geblieben sind, aus diesen in aller möglichen Hinsicht kennenlernen.«

Die Ausarbeitung dieser Vorlesung (1807) bietet einen »Überblick über sämmtliche Teile der Alterthumswissenschaft«[19]; WOLF beginnt mit der »Philosophischen Sprachlehre«, führt über »Universalgeschichte« zu Chronologie, Verfassung, Sitten, Recht, Mythologie, Literatur, Theater bei Griechen und Römern; er schließt mit einer »Allgemeinen Geschichte der Kunst des Alterthums«, nebst Münz- und Inschriftenkunde. Die Darstellung ist mit ausführlicher Begründung J. W. GOETHE, dem »Hypophyten« dieser Wissenschaft, gewidmet.

---

17 ERIKA HÜLTENSCHMIDT, Wissenschaftshistoriograph. und soziologische Theorie; M. FUHRMANN, Friedrich August Wolf.

18 F. A. WOLF, Encyclopädie, 7f.

19 F. A. WOLF, Darstellung der Alterthumswissenschaft, 143–145.

2. Grundbegriffe des ›klassischen‹ Humanismus

Widmung und Zitate in der wissenschaftlichen Programmschrift von F. A. WOLF und in der pädagogischen von NIETHAMMER über »*Philanthropinismus und Humanismus*« ein Jahr danach führen in ein dichtes Netz persönlicher, brieflicher, literarischer und wissenschaftlicher Beziehungen. WOLF benutzt die grundlegenden Schriften W. v. HUMBOLDTS, teilweise im Manuskript; HUMBOLDT verknüpft die »humanistischen Wissenschaften«, welche die Kenntnis der Menschheit im Alterthum vermitteln, mit einer »Theorie der Bildung der Menschheit«, Entwürfen zu einer »vergleichenden Anthropologie«.[20] Seine kosmopolitischen und naturwissenschaftlichen Studien bestärken aber sein philhellenisches Bekenntnis: »daß kein andres Volk zugleich soviel Einfachheit und Natur mit soviel Kultur verband«.[21] Die angedeuteten Beziehungen umschreiben ein Corpus, aus dem die Grundbegriffe des klassischen Humanismus zu rekonstruieren wären.[22]

a) An der Spitze dieses Katalogs humanistischer Grundbegriffe stehen – nach Quantität und Intensität – die Begriffe ›Mensch, Menschlichkeit, Humanität‹ mit den Aspekten Gattung und Person (Individuum, Selbst); die ästhetischen und erotischen Momente im (antiken) Menschenbild finden besondere Aufmerksamkeit (WINCKELMANN; W. v. HUMBOLDT). Die Würde des Menschen, Vernunftnatur und Sprachvermögen, seine Gleichheit und Freiheit »von Natur aus«, werden – stimuliert durch die amerikanische und französische Menschenrechtserklärung (1776 und 1789) – in mehr oder weniger festem Anschluß an CICERO (de officiis 1,106), PICO DELLA MIRANDOLA, Neustoizismus betont, Gewissensfreiheit und Toleranz gefordert.

b) Die Natur erscheint als vielgestaltiger Kosmos, voll Leben, Ordnung, Vernunft, Schönheit. Die Analogien des Mikrokosmos mit dem Makrokosmos, die Sympathie aller Teile der Natur, die Trennung (Entfremdung) des Menschen von der Allmutter und die Versöhnung von Mensch und Natur werden pantheistisch, lyrisch, mystisch erlebt.

c) Der Einzelne und die Menschheit als ganze sind kulturellen und sittlichen Fortschritts fähig. Der Bildungsanspruch setzt Perfektibilität des Menschen voraus. Die prinzipiell als gut und reich angenommene Persönlichkeit soll sich entfalten, möglichst reiche Erfahrung von Wirklichkeit gewinnen, sich zu einer eigenen Ganzheit formen. Das skizzierte ›Menschenbild‹ des klassischen (deutschen) Humanismus gewinnt Profil und Tiefe durch die Beziehung auf eine reiche Tradition, die durch eine neue Altertumswissenschaft und eine erneute Rezeption antiker Kunst, Literatur und Philosophie aktualisiert ist. Dabei lassen sich einige Elemente dieses offenen (Teil-)Systems ›Humanismus‹ direkt oder/und indirekt auf antike Quellen zurückführen. Die Konfiguration und das

---

[20] W. v. HUMBOLDT, Über das Studium des Alterthums und des griechischen insbesondere, verf. 1793; Druck 1896, von WOLF und SCHILLER benutzt; Theorie der Bildung, verf. ca. 1794/95; Plan einer vergleichenden Anthropologie, verf. ca. 1795/97. Texte: A. FLITNER, K. GIEL (Hrsg.), Wilhelm von Humboldt. Werke in fünf Bänden, [3]1979, Bd. 2, S. 1 ff.; Bd. 1, S. 234 ff.; 337 ff.

[21] W. v. HUMBOLDT, an F. A. Wolf, 1. 12. 1792.

[22] Den folgenden Bemerkungen liegen die wichtigsten Humanität, Bildung, Altertum betreffenden Schriften folgender Autoren zugrunde: WINCKELMANN, LESSING, HERDER, GOETHE, HUMBOLDT, SCHILLER, F. A. WOLF, HÖLDERLIN, HEGEL, NIETHAMMER. – Daß ›Menschenbild‹, ›Antikenbild‹, pädagogische Vorstellungen, politische Intentionen etc. bei allen Autoren nicht nur in unwesentlichen Details voneinander abweichen, ist bekannt. Die folgende Zusammenfassung dient nur einer ersten Orientierung.

Gewicht der Elemente sowie der Ort des Teilsystems im jeweiligen kulturellen Kontext, also im Verhältnis von Erziehungswesen (Rhetorik), Staat, Religion, Philosophie, sind jedoch in Antike und Moderne sehr verschieden.

3. Unterschiede zwischen humanistischer und christlicher Dogmatik

a) Die Eigenart dieses relativ lockeren Teilsystems ›Humanismus‹ wird sichtbar an der Grenze zum Christentum. Zwar gab es Gemeinsamkeiten genug: die Pflege der klassischen Sprachen, der platonischen und aristotelischen Philosophie, die Tradierung der Klassiker in den Klöstern; die christlich gewordenen Staaten der Spätantike hatten sogar das hellenisch-römische Bildungssystem übernommen. Dennoch war diese Synthese nicht unbestritten: Was hat Athen mit Jerusalem zu tun, Christus mit den Musen, fließt der Tiber in den Jordan? HIERONYMUS mußte sich sagen lassen: *Ciceronianus es, non Christianus.*[23] Die Verführung durch die schöne Form, den prächtigen Hochmut der Herrschenden und der sie schmückenden Intelligenz, die Augenlust im Theater, die spekulative Kraft der Philosophen waren Torheit und Sünde. Die Apostel waren Fischer und Handwerker, Jesus von Nazareth ein Zimmermann; *humilitas* und eschatologische Erwartung sind kein Antrieb, Kultur oder Geschichte zu machen, sie führen eher zu Bildersturm, Wissenschaftsfeindlichkeit und Abtötung der Sinne.
Jenseits aller Unterschiede in der Bewertung von Kultur (Luxus), Schönheit (Verführung), Wissenschaft (Neugier, Hochmut) sind Gegensätze festzustellen, die seit der Spätantike, zugespitzt in den folgenden dogmatischen Fragen, verhandelt werden: *peccatum originale* (Urschuld, auch Erbsünde genannt), *creatio ex nihilo* (Schöpfung aus dem Nichts), die Natur des heiligen Geistes (Trinitätslehre) und des Messias (Christologie). Hier liegen sensible Bruchstellen, an denen, wie die Geschichte der ›Ketzer‹ von MICHAEL SERVET († 1553), den Sozzinianern und GIORDANO BRUNO († 1600) lehrt, Kompromisse schwer möglich waren.
b) ›Urschuld‹. Die Lehre von der Urschuld ist zu Beginn des 5. Jh. n. Chr. von AUGUSTIN entwickelt worden. Nicht durch Nachahmung oder in Analogie, sondern durch den Akt der Zeugung und durch Vererbung wirkt die Sünde Adams in seinen Nachkommen fort. Deshalb ist der Verstand so getrübt, der Wille so geschwächt, daß der Mensch nicht aus eigener Kraft gut und glückselig werden kann. Die Teilhabe an der Erlösung durch Christus in den Sakramenten, die die Kirche verwaltet, ist also für sein Heil notwendig. Die eher traditionelle Lehre seines Kontrahenten PELAGIUS, der Mensch sei aufgrund seiner vernünftigen Natur sittlicher Vervollkommnung fähig, wurde auf den Synoden von Mileve (416), Karthago (418) und dem Konzil von Trient (1546) verurteilt.[24]
Die Kritik an AUGUSTINs Lehre trifft ihre exegetischen Voraussetzungen (keine biblische Grundlage), die ethischen Konsequenzen (Verantwortung des Menschen für sein Tun) und die Auffassung der Sexualität als eines teuflischen Vehikels der Erbsünde. Der Bruch zwischen Humanisten (Mutian, Pirckheimer, Zasius) und LUTHERs Reformation wurde an dieser Lehre offenbar. LUTHER beharrt auf der Schwächung des Willens durch die Erbsünde und der unbedingten Notwendigkeit der Gnade (*de servo arbitrio,* 1525). Dagegen ERASMUS (*de libero arbitrio* 1526/27): AUGUSTIN habe im Kampfeseifer gegen

---

[23] HIERONYMUS, epist. 22,30,4.
[24] DENZINGER, Enchiridion Symbolorum, nr. 790.

PELAGIUS übertrieben; der freie Wille sei notwendig für die sittliche Entscheidung; in allen Menschen wirke der *lógos spermatikós* und eine Neigung zum Guten; gute Werke seien ebenfalls notwendig.[25]

c) ›Schöpfung aus dem Nichts‹. Götter als ›Schöpfer‹ von Welt, Lebewesen, Menschen sind in vielen altorientalischen und mediterranen Religionen bekannt. Ein Urtier wird getötet, aus dessen Teilen bauen Götter die Welt; das Chaos wird geordnet, der Mensch modelliert. Eine Abwandlung dieser Schöpfungsmythen findet sich zu Beginn der jüdischen Bibel. Die alten Symbole (Kurzformen des Glaubens) der Christianer haben diese Vorstellung übernommen:[26]

»Ich glaube an Gott, den allmächtigen Vater, Schöpfer von Himmel und Erde.«

Der Begriff ›Nichts‹ ist in den biblischen Schöpfungstexten zuerst in der lateinischen Übersetzung von 2 Makkabäer 7,28 bezeugt. Die Mutter verweist auf die Geburt und die erste Schöpfung, um ihrem jüngsten Sohn die Auferstehung des Fleisches als eine Neuschöpfung »nicht aus Seiendem« anschaulich zu machen, griech. *ouk ex ónton.*[27] Der lateinische Übersetzer, der kein Partizip zu ›sein‹ *(esse)* bilden konnte, verschärft zu: *ex nihilo* – aus dem Nichts. Im 2. Jh. n. Chr. ist diese Formel bekannt. Sie dient zur höchsten Steigerung von Allmacht durch völlige Entmächtigung von Welt, Natur, Materie.[28]

Die Gegenposition blieb in der europäischen Religions- und Geistesgeschichte immer lebendig:[29] Die Materie (Welt) sei ewig, ohne Anfang und ohne Ende. Philologische Argumente verstärkten die philosophischen: über die Herkunft der Materie sei in der Bibel nichts ausgesagt (→ Anthropogonie/Kosmogonie).

d) Die Natur des Hl. Geistes und des Messias. Die ausgebildete Lehre von der Trinität lehrt drei Personen der Gottheit, aber eine Essenz; eine einfache Substanz oder Natur der Gottheit; der Vater geht von niemandem aus, der Sohn allein vom Vater, der heilige Geist gleichermaßen von Vater und Sohn.[30] Diese Dreiheit in der Einheit, die Vergöttlichung des Messias (zweite Person) und die Personifikation des göttlichen Geistes beruht auf subtilster Metaphysik, ingeniöser Schriftauslegung und drängenden religionspolitischen Zwängen. Um (a) die Größe der Erlösung – Gott selbst starb für die Menschen, (b) das Verhältnis dieses Erlösergottes der Christianer zu dem jüdischen Vatergott – der Messias als Sohn Gottes – und (c) die Beziehung Gott/Mensch in einem radikal monotheistisch-transzendenten System zu klären – wahrer Gott und wahrer Mensch, wurde die schlichte Taufformel (Matth. 28,19) zu einem gewaltigen Thesenkomplex ausgebildet. Die Kritiker bewiesen, daß dieser Komplex nicht in der Bibel enthalten sei; daß Trinität kein

---

25 → Urschuldvorstellungen. Vgl. H. CANCIK, Zur Entstehung der christlichen Sexualmoral, in: K. SIEMS (Hrsg.), Sexualität und Erotik in der Antike, 1988, 347–374. H. JUNGHANS, Der junge Luther und die Humanisten, 1984 (Arbeiten zur Kirchengeschichte 8).

26 Symbolum Nicaenum, 325 n. Chr.; eine erweiterte Form: Symbolum Constantinopolitanum, 381 n. Chr., aber ebenfalls ohne die ›Schöpfung aus dem Nichts‹.

27 Nicht: *ex oudenós*! Weitere ›klassische‹ Stellen: Weisheit 1,14; 11,18 (Schöpfung »aus ungestalteter Materie«!); Röm 4,17; Hebr. 11,3.

28 Vgl. THOMAS v. AQUINO, Summa theol. 1,65,3. Wahrscheinlich ist als weitere Steigerung die Vorstellung von der *creatio continua,* der Erhaltung der Welt durch den andauernden göttlichen Schöpfungswillen, zu verstehen.

29 Sie wird in verschiedenen Nuancen vertreten von ORIGENES, AVICENNA, FAUSTO SOZZINI u. a.

30 Definition des 4. Lateran-Konzils, 1215.

Mysterium sondern die Widervernunft eines tritheistischen Monotheismus darstelle; daß die Dogmengeschichte die Genese dieses Komplexes erklären könne. Die Arbeit an der Analyse dieses Komplexes führte trotz schwerer Verfolgungen der ›Ketzer‹ durch die jeweiligen Orthodoxien zu wissenschaftlicher Dogmenkritik, historischer Bibelkritik und einer Theologie, die nicht *contra rationem* sein sollte.[31]

III. Realer Humanismus

1. Die Texte (1843–1846)

Der »reale Humanismus«, den Karl Marx an wenigen Stellen seiner Frühschriften (ca. 1843–1846) prägnant, aber kurz definiert, ist im Sinne der eingangs entwickelten Terminologie (I.1) eine Anthropologie, d. h. eine theoretische Lehre vom Menschen. Ihr ›Realismus‹ richtet sich (a) gegen die religiöse Innerlichkeit und (b) gegen die idealistische Spekulation der Hegelianer:[32] »Der reale Humanismus hat in Deutschland keinen gefährlicheren Feind als den Spiritualismus oder den spekulativen Idealismus, der an die Stelle des wirklichen individuellen Menschen das ›Selbstbewußtsein‹ oder den ›Geist‹ setzt...«.

Der »reale Humanismus« ist kein pädagogisches Programm, er bezieht sich nicht ausdrücklich auf antike Tradition; er ist vielmehr Teil des »wissenschaftlichen Sozialismus«, einer politischen Theorie, einer »Philosophie der Praxis«. Ihr Gegenstand ist nicht die Emanzipation des 3. Standes, die Bewegungen für Verfassung und Menschenrechte im 18. Jh., das liberale Bildungsbürgertum und seine Bildungskonzepte, sondern der entwickelte Industriekapitalismus des emanzipierten Bürgertums im 19. Jh., die Unterdrückung und Ausbeutung des 4. Standes, die allgemeine Destruktivität der Gesellschaft, die Marx als ›Entfremdung‹ bezeichnet und auf Privateigentum, Arbeitsteilung und Geldwirtschaft zurückführt. Diese Destruktion erfaßt auch die gebildeten und besitzenden Klassen:[33] »Die besitzende Klasse und die Klasse des Proletariats stellen dieselbe menschliche Selbstentfremdung dar. Aber die erste Klasse fühlt sich in dieser Selbstentfremdung wohl und bestätigt, weiß die Entfremdung als ihre eigne Macht und besitzt in ihr den Schein einer menschlichen Existenz; die zweite fühlt sich in der Entfremdung vernichtet, erblickt in ihr ihre Ohnmacht und die Wirklichkeit einer unmenschlichen Existenz ... Innerhalb des Gegensatzes ist der Privateigentümer also die konservative, der Proletarier die destruktive Partei.«

Die Aufhebung dieser menschlichen Selbstentfremdung ist die Voraussetzung für ›wirklichen Humanismus‹ und eine Aneignung von Kultur, Geschichte und Bildung, die nicht Selbsttäuschung ist, Illusion, spiritueller Trost, ideale Dekoration in einer entfremdeten Welt. Die Aufhebung der Entfremdung muß, nach Marx, mit Abschaffung des Privatei-

---

[31] Hier sind vor allem Michael Servet (ca. 1511–1553; de trinitatis erroribus, 1531; Christianismi restitutio, 1533), Faustus Sozzini (1539–1604), Laelius Sozzini (1525–1562) zu nennen. Vgl. E. M. Wilbur, A History of Unitarism. Socinianism and its Antecedents, 1946.

[32] F. Engels, K. Marx, Die heilige Familie (1844/45), in: Marx – Engels, Werke (abgek.: MEW), Bd. 2, 1957, 7.

[33] MEW 2, 37; Landshut, Frühschriften, 317.

gentums an den Produktionsmitteln beginnen; dann werde die »wirkliche Aneignung des menschlichen Wesens durch und für den Menschen« möglich:[34] »als vollständige, bewußte und innerhalb des ganzen Reichtums der bisherigen Entwicklung gewordene Rückkehr des Menschen als eines gesellschaftlichen, d. h. menschlichen Menschen.« Die gelungene Aufhebung der Entfremdung nennt MARX Kommunismus; er setzt ihn gleich mit »vollendetem Humanismus«; dieser ist zugleich ein Naturalismus, denn »er ist die wahrhafte Auflösung des Streites zwischen Existenz und Wesen, zwischen Vergegenständlichung und Selbstbestätigung, zwischen Freiheit und Notwendigkeit, zwischen Individuum und Gattung. Er ist das aufgelöste Rätsel der Geschichte und weiß sich als diese Lösung.«

2. Realer und klassischer Humanismus

a) Die Herkunft und Umwandlung des Begriffs ›realer Humanismus‹.

Die Anthropologie des »realen Humanismus« ist also eine Kritik an religiösem Spiritualismus, idealistischer Bewußtseinsphilosophie, eine Fortentwicklung des französischen und deutschen Materialismus. Denn auch über die Anthropologie FEUERBACHS will MARX hinaus:[35] »Die Kritik der Religion endet mit der Lehre, daß der Mensch das höchste Wesen für den Menschen sei, also mit dem kategorischen Imperativ, alle Verhältnisse umzuwerfen, in denen der Mensch ein erniedrigtes, ein geknechtetes, ein verlassenes, ein verächtliches Wesen ist.«

Der Ausdruck ›Humanismus‹ ist aber, soweit ich sehe, in philosophischen Texten der 1. Hälfte des Jahrhunderts nicht häufig.[36] Woher hat ihn MARX? 1842 publiziert THEODOR HEINSIUS ein »Konkordat zwischen Schule und Leben oder Vermittlung des Humanismus und Realismus«; MAX STIRNER (1806–1856) hat in der »Rheinischen Zeitung« (April 1842), deren Redaktion MARX im Herbst 1842 übernahm, das »Konkordat« besprochen.[37] MOSES HESS (1812–1875), Mitbegründer der »Rheinischen Zeitung«, beschreibt 1845 die »Scheidung des alten nationalen, christlich-germanischen Liberalismus und eines neuen atheistischen Humanismus«.[38] ARNOLD RUGE (1803–1880) wird später von MARX und ENGELS bezichtigt, er habe sich »hinter den Humanismus gerettet,

---

[34] K. MARX, Nationalökonomie und Philosophie (verf. 1844, Erstdruck 1932), in: MEW Ergänzungsbd. 1. Teil, 536. Vgl. ENGELS – MARX, Die heilige Familie, in: MEW 2, 138f.: »Wenn der Mensch von den Umständen gebildet wird, so muß man die Umstände menschlich bilden. Wenn der Mensch von Natur gesellschaftlich ist, so entwickelt er seine wahre Natur erst in der Gesellschaft, und man muß die Macht seiner Natur nicht an der Macht des einzelnen Individuums, sondern an der Macht der Gesellschaft messen.«

[35] MARX, Zur Kritik der Hegelschen Rechtsphilosophie (1843/4), in: MEW Bd. 1, 385. MARX bezieht sich auf die religionskritischen Werke von LUDWIG FEUERBACH, bes. »Das Wesen des Christentums«, 1841.

[36] Vgl. z. B. A. SCHOPENHAUER, Die Welt als Wille und Vorstellung ([1]1844) Bd. II, in: Sämtliche Werke (hrsg. v. W. v. LÖHNEYSEN), 1980, Bd. 2, 750: (Rousseaus) »Optimismus und Humanismus«. – Eine detaillierte Untersuchung, die auch die anderen europäischen Sprachen berücksichtigt, ist mir nicht bekannt.

[37] M. STIRNER, Das unwahre Prinzip unserer Erziehung oder Der Humanismus und Realismus (1842), in: J. H. MACKAY (Hrsg.), Max Stirners kleinere Schriften, [2]1914.

[38] M. HESS, Philosophie und Sozialismus, in: Neue Anekdota (hrsg. v. K. GRÜN), 1845, 197, vermittelt durch J. HERMAND (Hrsg.), Der deutsche Vormärz, 1967, 70.

jene Phrase, womit alle Konfusionarier in Deutschland von Reuchlin bis Herder ihre Verlegenheit bemäntelt haben. Diese Phrase schien umso zeitgemäßer, als eben erst Feuerbach ›den Menschen neu entdeckt‹ hatte, und Arnold klammerte sich mit solcher Verzweiflung an sie an, daß er sie bis auf die heutige Stunde nicht fahren läßt.«[39] In dieser Polemik gegen seinen einstigen Mitarbeiter deutet sich einerseits die Ausweitung des Ausdrucks ›Humanismus‹ auf die Renaissance an, wie sie bei G. VOIGT (1859) titulär wurde, andererseits der Grund, weshalb MARX ihn in seinen späteren Schriften nicht mehr verwandt hat.

b) Die Aufgabe des Begriffs »(realer) Humanismus« hat die Frage nach der Kontinuität des MARX*schen* Denkens ausgelöst.[40] Doch darf die Tatsache, daß MARX den Schwerpunkt seiner wissenschaftlichen Arbeit von der Kritik der Spekulation auf die Empirie, auf Ökonomie, Geschichte, Naturkunde, Technik verlagert hat und daß er mit dem Gegenstand auch seine Terminologie geändert hat, nicht zu der Annahme führen, er habe eine ›antihumanistische Wende‹ vollzogen; das philosophische Zentrum blieb die Erforschung des Menschen in seiner Entfremdung, deren Entstehung und die Möglichkeit, sie aufzuheben.

c) Die Wortuntersuchung, wie unvollständig sie aufgrund der Defizite des Forschungsstandes auch bleiben mußte, hat gelehrt, daß MARX seinen Begriff ›Humanismus‹ bereits in einem ›konfusen‹ Kontext gebildet hat, als der Ausdruck für eine pädagogische Richtung, eine historische Epoche und anthropozentrische Philosopheme benutzt wurde. Es darf auch daran erinnert werden, daß MARX die *humaniora* durchaus studiert hatte. Er hat in Trier nach fünf Jahren im humanistischen Gymnasium das Abitur gemacht; auf der Universität besuchte er auch Vorlesungen über die »Mythologie der Griechen und Römer«; mit einer Arbeit über Demokrit und Epikur wurde er 1841 promoviert; später hat er in einem Fragebogen seiner Töchter als Lieblingsmotto angegeben: *nihil humani a me alienum puto.*[41]

Die politischen und kategorialen Differenzen zwischen dem klassischen und dem realen Humanismus sollen jedoch nicht durch biographische Rückblicke überdeckt werden. Sein ›realer Humanismus‹ ist implizit auch gegen den idealistischen, bürgerlichen, liberalen, klassischen Humanismus gerichtet, wie ihn F. A. WOLF, NIETHAMMER und HUMBOLDT in den Königreichen Bayern und Preußen vertreten hatten.

Literatur

I. Human- und Altertumswissenschaften

APEL, K. O., Die Idee der Sprache in der Tradition des Humanismus von Dante bis Vico, 1963; AST, F., Über den Geist des Altertums, 1805; FLASHAR, H., GRÜNDER, K., HORSTMANN, A. (Hrsg.), Philologie und Hermeneutik im 19. Jahrhundert. Zur Geschichte und Methodologie der Geisteswissenschaften, 1979; FUHRMANN, M., Friedrich August Wolf, in: Dtsche. Vierteljahresschr. f. Literaturwiss. u. Geistesgesch. 33 (1959) 187–236; HÜLTENSCHMIDT, ERIKA, Wissenschaftshistoriographische und soziologische Theorie: F. A. Wolf und die Entstehung der modernen Philologie

---

39 MARX – ENGELS, Die großen Männer des Exils (verf. Manchester 1852, Erstausgabe: Marx-Engels-Archiv 5 (1930), russisch), in: MEW Bd. 8, 278. Auf welche Texte von Ruge angespielt wird, ist mir unsicher.

40 E. FROMM, Das Menschenbild, 71 ff.: »Die Kontinuität des Marxschen Denkens«.

41 R. SANNWALD, Marx und die Antike; S. S. PRAWER, Karl Marx and World Literature.

und Sprachwissenschaft, in: GUMBRECHT, LINK, HEER, Epochenschwellen, 1985, 341–356 (mit Quellen und Literatur); JENS, W., Antiquierte Antike? Perspektiven eines neuen Humanismus, 1971; LEPENIES, W., Das Ende der Naturgeschichte, Wandel kultureller Selbstverständlichkeiten in den Wissenschaften des 18. und 19. Jahrhunderts, 1978; ders., Autoren und Wissenschaftler des 18. Jahrhunderts, 1988 (u. a. zu Winckelmann); MORAVIA, S., Beobachtende Vernunft, 1977; ROEMER, RUTH, Sprachwissenschaft und Rassenideologie, 1985; WOLF, F. A., Prolegomena to Homer 1795, translated with Introduction and Notes by A. GRAFTON, G. W. MOST, and J. E. G. ZETZEL, 1985; ders., Darstellung der Alterthumswissenschaft, 1807; ders., Encyclopädie der Philologie, hrsg. v. S. M. STOCKMANN, 1831; ders., Vorlesung über die Encyclopädie der Alterthumswissenschaft, hrsg. v. J. D. GÜRTLER, 1839.

II. Bildungsgeschichte
GAFERT, BÄRBEL, Höhere Bildung als Antiaufklärung. Entstehung und Bedeutung des preußischen Gymnasiums, 1979; HERRMANN, U. (Hrsg.), »Das pädagogische Jahrhundert«. Volksaufklärung und Erziehung zur Armut in Deutschland, 1981; ders. (Hrsg.), »Die Bildung des Bürgers«. Die Formierung der bürgerlichen Gesellschaft und die Gebildeten im 18. Jahrhundert, 1982; JEISMANN, K.-E., Das preußische Gymnasium in Staat und Gesellschaft. Die Entstehung des Gymnasiums als Schule des Staates und der Gebildeten 1789–1817, 1974; KRAUL, MARGRET, Das deutsche Gymnasium 1780–1980, 1984; LANDFESTER, M., Humanismus und Gesellschaft im 19. Jahrhundert, 1988; NIETHAMMER, F. I., Der Streit des Philanthropinismus und Humanismus in der Theorie des Erziehungsunterrichts unserer Zeit, 1808 (Ndr., hrsg. v. W. HILDEBRECHT, 1968); PAULSEN, F., Geschichte des gelehrten Unterrichts auf den deutschen Schulen und Universitäten vom Ausgang des Mittelalters bis zur Gegenwart. Mit besonderer Rücksicht auf den klassischen Unterricht, 1884; [2]1895 (1896–97?), [3]1919–21 (hrsg. v. R. LEHMANN); PREUß, UTE, Humanismus und Gesellschaft. Zur Geschichte der humanistischen Bildung von 1890–1933; 1986; VOIGT, G., Die Wiederbelebung des classischen Alterthumes oder das erste Jahrhundert des Humanismus (1859), [3]1893.

III. Christentum, Renaissance, Humanismus
BENRATH, G. A., Die Lehre des Humanismus und Antitrinitarismus, in: ANDRESEN, C. (Hrsg.), Handbuch der Dogmen- und Theologiegeschichte 3, 1984, 1–70 (mit sehr reichen Quellen- und Literaturangaben); BONS, E., Der Philosoph Ernesto Grassi. Integratives Denken, Antirationalismus, Vico-Interpretation, 1990; BUCH, A. (Hrsg.), Humanismusforschung seit 1945. Ein Bericht aus interdisziplinärer Sicht, 1975; CAMPANA, A., The origin of the word ›Humanist‹, in: Journal of The Warburg and Courtauld Institutes 9 (1946) 60–72; GARIN, E., Der italienische Humanismus, 1948; GRASSI, E., Renaissance Humanism. Studies in Philosophy and Poetics, 1988; HEER, F., Europäische Geistesgeschichte, 1953; ders., Die dritte Kraft. Der europäische Humanismus zwischen den Fronten des konfessionellen Zeitalters, 1959; KESSLER, E., Das Problem des frühen Humanismus. Seine philosophische Bedeutung bei Coluccio Salutati, 1968; KRISTELLER, P. O., Studies in Renaissance Thought and Letters, 1956; PANOFSKY, E., Die Renaissancen der europäischen Kunst, 1960 (= [2]1979); PICO DELLA MIRANDOLA, G., de dignitate hominis (1486), lateinisch-deutsch, hrsg. v. E. Garin, 1968; WOLLGAST, S., Philosophie in Deutschland zwischen Reformation und Aufklärung, 1550–1650, 1988 (mit reichen Quellen- und Literaturangaben).

IV. Realer Humanismus
BLOCH, E., Naturrecht und menschliche Würde, 1977; FROMM, E., Das Menschenbild bei Marx, 1963; ders., Sozialistischer Humanismus und humanistische Ethik, in: Gesamtausgabe, hrsg. v. R. FUNK, Bd. 9, 1981; LANDSHUT, S. (Hrsg.), Karl Marx – Die Frühschriften, 1968; PRAWER, S. S., Karl Marx and World Literature, 1976; RODI, S., Provokation – Affirmation. Das Dilemma des kritischen Humanismus, 1970; SANNWALD, R., Marx und die Antike, 1957; WIGGERSHAUS, R., Die Frankfurter Schule. Geschichte, theoretische Entwicklung, politische Bedeutung, 1988; WINIGER, J., Feuerbachs Weg zum Humanismus. Zur Genesis des anthropologischen Materialismus (Diss. München 1977), 1979.

Hubert Cancik

Hypostase

1. Im 3. Jahrhundert n. Chr. entwickelte Plotin ein ontologisches Schema, das zwischen »Wesen« (griech. *ousía*) und »abgeleiteter Realität« *(hypóstasis)* unterscheidet.[1] Obwohl in sich stehend und wirklich, wurzelt die Hypostase in der höheren Wirklichkeit des sie transzendierenden Wesens. Als Beispiel wird das Verhältnis von Feuer und Hitze angeführt: Die Hitze ist eine aus dem Feuer entlassene Hypostase, die gleichwohl im Feuer ihr eigentliches Wesen besitzt.[2] Bei Plotin dient das Schema dazu, den Stufenaufbau des Seins zu beschreiben. Wie Plotins Erörterung der beiden Aphrodite-Mythen zeigt, läßt es sich auch auf mythologische Sachverhalte anwenden.[3] Im Bereich der Liebe steht zuoberst (als *ousía*) Aphrodite, Tochter des Kronos; sie ist den irdischen Liebesverhältnissen entrückt. Aphrodite, Tochter des Zeus, steht als deren Hypostase auf einer niederen Stufe und wacht über die menschlichen Liebesbeziehungen.

2. Die frühe christliche Theologie sah sich vor dem Problem, den aus dem Judentum herkommenden → Monotheismus mit der Vielfalt religiöser Erfahrung (Jesus, Geist) zusammenzudenken. Dies leistete eine spekulative Trinitätslehre, die den neuplatonischen Hypostasenbegriff verwendete. Nach vielen Streitigkeiten fand man die Formel, daß sich das eine göttliche Wesen *(ousía)* in drei Realitäten *(hypostáseis)* oder Personen verwirklicht, nämlich in Vater, Sohn und Geist. Die dafür üblichen Formeln lauten: »Ein Wesen, drei Hypostasen« *(mía ousía – treis hypostáseis)*[4] und »eine Gottheit in drei Hypostasen« *(mía theótês en trisìn hypostáseis)*.[5]

3. Die Religionsgeschichte hat den Hypostasenbegriff der Theologie entlehnt; dabei ergab sich eine Sinnverschiebung. Zwei verschiedene Ausgangspunkte der Begriffsverwendung lassen sich unterscheiden:
a) In der traditionellen Theologie gelten alttestamentliche Ausdrücke wie »Geist« und »Weisheit« als Andeutungen der Personen (Hypostasen) der Trinität.[6] Insbesondere wurde die Gestalt der »Weisheit« (hebr. *ḥokmā*; gr. *sophía*) als Christus gedeutet; »Weisheit« galt als eine alttestamentliche Bezeichnung für Christus.[7] Die Lehre von den verschiedenen Namen, hinter denen sich die Hypostasen der Trinität verbergen, wurde ihres speziell christlichen Charakters entkleidet und auf Erscheinungen anderer religiöser Traditionen übertragen. Dafür bot sich zunächst die jüdische Tradition an. Denn in

---

1 Dörrie, Hypóstasis, 68 ff.

2 Plotin, Enneaden V 1,3 u. V 4,2.

3 Plotin, a.a.O., III 5,2.

4 Eine klassische Erörterung ist Basilius von Caesarea, Brief 38, PG 32,325–340; vgl. P. A. Orbe, A Commentary on the 38th Letter of Basil of Caesarea, in: Orientalia Christiana Periodica 44 (1978) 31–51; A. Grillmeier, Jesus Christus im Glauben der Kirche I, 1979, 542–547.

5 Konzil von Konstantinopel (553), in: H. Denzinger, A. Schönmetzer (Hrsg.), Enchiridion Symbolorum, [32]1963, Nr. 421.

6 Beispiel: M. J. Scheeben, Handbuch der katholischen Dogmatik I (1873) 783–795: »Die Lehre des Alten Testaments über die Trinität, speziell über den Jehovaengel, den Sohn Gottes und die ewige Weisheit«.

7 Ein früher Beleg für diese Gleichsetzung ist Justin, Dialog mit Tryphon 61 (PG 6,613–616).

der jüdischen Religionsgeschichte begegnen eigentümliche → Mittelwesen, mit deren Hilfe der monotheistische Gott mit der Welt verkehrt; diese tragen Namen wie Memra (Wort), Schechina (Wohnung im Sinne von »Präsenz«), Heiliger Geist, Bat Qol (Offenbarungsstimme). F. WEBER[8] nennt sie »mittlerische Hypostasen« (1880) und W. BOUSSET[9] beschreibt sie, offenbar WEBERs Hypostasenbegriff aufgreifend, als »Mitteldinge zwischen Personen und abstrakten Wesen, nicht so losgelöst von Gott wie die konkreten Engelgestalten, mehr mit seinem Wesen verschmolzen und zu ihm gehörig, aber doch wieder gesondert gedacht, seltsame Zwitterbildungen eines kindlichen, zur vollen Abstraktion noch unfähigen Denkens« (1903). Später (1913) weist BOUSSET[10] die Hypostasen speziell der theologischen Spekulation zu, die zwischen Volksglauben und rationaler Philosophie vermitteln wolle. Entsprechend definiert die RGG¹ (1912) Hypostasen als »Personifikationen von überweltlichen Begriffen, von göttlichen Eigenschaften und Tätigkeiten, die auf diese Weise als selbständige Wesen erscheinen«.[11]

b) Im 19. Jahrhundert gab es die in der Romantik grundgelegte Idee, alle oder doch viele der Götter Griechenlands seien nichts anderes als Abspaltungen oder »Hypostasen« des einen Himmelsgottes, Zeus. Der Polytheismus sei auf ähnliche Weise wie die christliche Trinität entstanden: der Eine hat sich zu einer pluralen Größe differenziert. Mit dieser Ansicht setzt sich H. USENER in seinen »*Götternamen*« (1896) kritisch auseinander, wobei er zur Ablehnung der Anschauung kommt.[12] Den vorausgesetzten Hypostasenbegriff definiert 1905 ein Lexikon wie folgt: »In der Mythologie insbes. eine Gestalt, die sich von einer andern abgelöst hat (durch Umschaffung einer Eigenschaft oder eines Beinamens einer Gottheit zu einer selbständigen Persönlichkeit)«.[13] Nach M. P. NILSSON[14] ist mit einem solchen Vorgang der Verselbständigung und Vergöttlichung von Beinamen von Göttern in der griechischen Religionsgeschichte tatsächlich zu rechnen, etwa wenn neben Artemis *kourotróphos* (»knabennährende Artemis«) eine selbständige Göttin Kourotróphos tritt und einen eigenen Kult erhält. Hier entfernt sich der Hypostasenbegriff allerdings bereits beträchtlich von seiner Bedeutung in der christlichen Trinitätslehre, denn eine Göttin wie Kourotróphos wird nicht mehr unbedingt als eine Form der Artemis gesehen.

4. Es erscheint als zweckmäßig, den Hypostasenbegriff auch in der Religionswissenschaft möglichst in einem Sinn zu verwenden, welcher der neuplatonischen und trinitätstheologischen Terminologie nahesteht. Dafür bietet G. PFEIFER[15] folgende Definition an: »eine Größe, die teilhat am Wesen einer Gottheit, die durch sie handelnd in die Welt eingreift, ohne daß sich ihr Wesen im Wirken dieser Hypostase erschöpft«. Es scheint jedoch angemessener, bei der Begriffsbestimmung vom Eingreifen in die Welt abzusehen.

---

8 F. WEBER, System der altsynagogalen palästinischen Theologie, 1880, 172; ders., Jüdische Theologie, 1897, 177.

9 W. BOUSSET, Die Religion des Judentums im neutestamentlichen Zeitalter, 1903, 336.

10 W. BOUSSET, Kyrios Christos, 1913, 378.

11 P. FIEBIG, Art. Hypostase, in: RGG¹ III, 1912, 221.

12 H. USENER, Götternamen, 1896, 275.

13 Meyers großes Konversations-Lexikon IX (⁶1905) 715. Im selben Sinne: Herders Konversations-Lexikon IV (³1905) 727.

14 M. P. NILSSON, Geschichte der griechischen Religion I (³1967) 389.

15 G. PFEIFER, Ursprung und Wesen der Hypostasenvorstellungen im Judentum, 1967, 15.

Dann meint Hypostase eine Eigenschaft, Seite oder Erscheinungsform eines Gottes, die als selbständiges Wesen aufgefaßt wird, wobei der enge Bezug zur Gottheit, wenn nicht sogar die Identität mit ihr, erhalten bleibt.

5. Beispiele lassen sich in vier Gruppen einteilen: a) Eine erste Gruppe besteht aus *Personifikationen* göttlicher Eigenschaften oder Taten. In der Bibel bedient sich DEUTERO-JESAJA dieser Redeweise: »Nicht ein Bote oder Engel, sondern sein [Jahwes] Angesicht hat sie gerettet. ... Sie aber lehnten sich gegen ihn auf und betrübten seinen heiligen Geist« (Jes 63,9f.). Zwar stehen »Angesicht« und »Geist« als Austauschworte für Jahwe selbst, aber zumindest Jahwes »Geist« hat die Tendenz, eine selbständige Wirkungsgröße Jahwes – eine Hypostase – zu werden. Im nachbiblischen Judentum begegnet eine ganze Anzahl von Austauschbegriffen für Gott, denen ein hypostatischer Charakter eignet, so etwa die Schechina (die göttliche Präsenz) und der Memra (das göttliche Wort).[16]
b) Eine zweite Gruppe sind die *Kulthypostasen.* Gemäß der Forderung, Hypostasen als verschiedene Erscheinungsformen *eines* Wesens aufzufassen, lassen sich Lokalformen von Göttern und Heiligen als Hypostasen bezeichnen: Nossa Senhora da Fatima, Our Lady of Knock und Unsere Liebe Frau von Altötting sind Hypostasen der einen Maria.
c) Die dritte Gruppe ist mehr spekulativen Charakters; durch Hypostasen kommt es zur *inneren Differenzierung und Pluralisierung* des monotheistischen Gottes. Das geschieht natürlich in der christlichen Trinitätslehre, wo »Vater«, »Sohn« und »Geist« die drei Hypostasen des einen Gottes darstellen. Die Entwicklung in diese Richtung ist durch die Lehre des Johannesevangeliums über den mit Gott, aber auch mit Jesus identischen Logos (Joh. 1,1) bereits angebahnt. Schwierig ist die Frage, ob es dazu in anderen Religionen wirkliche Parallelen gibt. Manche Forscher finden Entsprechungen in den Sefirot der jüdischen Kabbala, d. h. göttlichen Potenzen oder Emanationen wie »Krone«, »Weisheit«, »Kraft«. Auch die sieben Amescha Spentas (die »Heiligen Unsterblichen«), die den monotheistischen Gott Zarathustras umgeben, werden gelegentlich genannt; nach G. WIDENGREN[17] sind sie »selbständige Götter, zugleich aber doch nur Aspekte von ihm«, von Ahura Mazda. Das ist umstritten, da Zarathustra die Amescha Spentas als selbständige göttliche Wesen betrachtet zu haben scheint.[18] Allerdings bilden die sechs Amescha Spentas zusammen mit Spenta Mainju, dem »Guten Geist«, eine Heptade, die als eine differenzierte göttliche Einheit betrachtet werden kann, denn die Glieder der Heptade sind »eines Sinnes, einer Stimme, einer Tat«.[19]
d) Belegen läßt sich schließlich der *Versuch, die Vielzahl der Götter zu einer Einheit zusammenzudenken.* Babylonische Beispiele fassen alle oder jedenfalls viele Götter als Hypostasen – Körperteile, Eigenschaften oder Rollen – eines einzigen Gottes auf.[20]

---

[16] W. BOUSSET, H. GRESSMANN, Die Religion des Judentums im späthellenistischen Zeitalter, ³1926, 342–357; A. M. GOLDBERG, Untersuchungen über die Vorstellung von der Schekhinah in der frühen rabbinischen Literatur, 1969; J. E. FOSSUM, The Name of God and the Angel of the Lord, 1985.
[17] G. WIDENGREN, Die Religionen Irans, 1965, 79.
[18] M. BOYCE, A History of Zoroastrianism I (1975) 202f.
[19] Yascht 19,16ff. bei BOYCE, a.a.O., 203.
[20] Texte in R. LABAT u. a., Les religions du Proche-Orient asiatique, 1970, 70–74; O. KEEL (Hrsg.), Monotheismus im Alten Israel und seiner Umwelt, 1980, 61–65.

JULIAN APOSTATA macht die Götter zu Hypostasen des Sonnengottes Helios: »Es gibt Götter von gleicher Herkunft und Natur wie Helios. [In ihrer Gesamtheit] machen sie das makellose Wesen des Gottes aus und obwohl sie in unserer Welt viele sind, haben sie in ihm ihre Einheit.«[21] Einen analogen Vorgang in der antiken Gnosis beschreibend, meint BOUSSET, das sei »überhaupt die Genesis aller Hypostasenlehre, daß in der Tendenz auf den Monotheismus ursprünglich lebende Göttergestalten allmählich in abstrakte Wesen umgewandelt werden, die dann in eine *unio mystica* zur höchsten Gottheit treten, so daß sie halb noch als neben ihm [sic] stehende Wesen gelten, halb als seine Eigenschaften genommen werden können«.[22]
Diese Aufzählung entspricht dem faktischen Gebrauch des Hypostasenbegriffs in der Religionswissenschaft. Es lassen sich Tendenzen zur Pluralisierung (a, b) und solche der Vereinheitlichung (d) der göttlichen Wirklichkeit unterscheiden; in der christlichen Trinitätslehre (c) treffen sich beide Tendenzen. Fraglich bleibt, ob es sinnvoll ist, die mit dem Hypostasenbegriff benannten Erscheinungen wirklich unter einen Begriff zu bringen. Religionsgeschichtliche Überlegungen, die dies versuchen, finden sich ansatzweise bei W. SCHENCKE.[23] Der von E. MEYER[24] für Hypostase (»ein unglücklicher Begriff«) vorgeschlagene Ausdruck »vermittelnde Potenz« deckt nicht alle aufgeführten Beispiele.

Literatur

BRUNNER-TRAUT, E., Art. Hypostase, in: Lexikon der Ägyptologie III (1980) 110f.; DÖRRIE, H., Hypostasis: Wort- und Bedeutungsgeschichte, in: Nachrichten der Akademie der Wissenschaften in Göttingen. Phil.-hist. Klasse 1955, 35–92; PEREZ PAOLI, U. R., Der politische Begriff von „Hypostasis" und die augustinische Bestimmung Gottes als Subiectum, 1990; RINGGREN, H., Art. Hypostasen, in RGG³ III (504–506); ders., Word and Wisdom: Studies in the Hypostatization of Divine Qualities and Functions in the Ancient Near East, 1947.

Bernhard Lang

→ *Gottesvorstellungen, Mittelwesen, Monotheismus, Zwischenwesen*

21 JULIAN APOSTATA, Rede auf den König Helios, 143B; Übersetzung nach: L'empereur Julien, Œuvres complètes, hrsg. von C. LACOMBRADE, Bd. II/2 (1964)117.
22 W. BOUSSET, Hauptprobleme der Gnosis, 1907, 234f.
23 W. SCHENCKE, Die Chokma (Sophia) in der jüdischen Hypostasenspekulation, 1913.
24 E. MEYER, Ursprung und Anfänge des Christentums III (1923) 650.

Idealismus

1. Der Begriff ›Idealismus‹ läßt sich auf die erst im 18. Jh. im philosophisch-typologischen, zuweilen auch polemischen Zusammenhang verwendete Bezeichnung »Idealist(en)« zurückführen. Trotz seiner häufigen Anwendung auf verschieden fundierte Lehrmeinungen der Philosophiegeschichte bleibt unübersehbar, daß der Begriff charakteristische Züge neuzeitlichen Philosophierens aufweist, die seine epochenübergreifende Verwendung weitgehend als fraglich erscheinen läßt.

2. Dessenungeachtet sieht die philosophische Historiographie nicht selten im ›Idealismus‹ die zugrundeliegende Gestalt der abendländischen Metaphysik, insofern diese den ontologischen und gnoseologischen Primat der ›Idee‹ vor dem innerweltlich Gegebenen zu ihren unabdingbaren Prämissen zählt. Für diese Sichtweise konstituieren die verschiedenen Idealismus-Typen die Hauptströmung philosophischen Denkens von der Antike bis zum ersten Drittel des 19. Jh.: Neben dem auf PLATO zurückgehenden *ontologischen Idealismus,* der den sinnlich-vergänglichen Bereich der *dóxa* (gr. ›Meinung‹) von der übersinnlichen und beständigen Welt der Ideen unterschied, und dem *theologischen Idealismus* der großen religiösen Denker des Mittelalters, für den der *ordo essendi et cognoscendi* (Seins- und Erkenntnisordnung) der geschaffenen Welt in den in Gott vorhandenen *rationes aeternae* (ewigen Ideen) gründet, werden allgemein drei Grundformen des Idealismus in der philosophischen Neuzeit hervorgehoben. Das Grundanliegen des *psychologischen Idealismus* (a) wird erkennbar in der Grenzziehung zwischen den vorstellungsmäßigen Inhalten des Bewußtseins und der Wirklichkeit; mit dieser müssen die der Subjektivität inhärierenden Ideen in einem Korrespondenzverhältnis stehen, damit ihr Wahrheitsgehalt garantiert werden kann (LOCKE, HUME).
Im *kritischen* bzw. *transzendentalen Idealismus* (b) wird die Idee nicht mehr in ihrer realpsychologischen Beschaffenheit betrachtet, sondern als Möglichkeitsbedingung gegenständlicher Erfahrung und sittlicher Handlung verstanden. Anders als der auf Transzendenz angewiesene theologische Idealismus, beruht die transzendentale Version auf der Möglichkeit, die der Subjektivitätsstruktur zugehörenden Vernunftbedingungen auszumachen, welche jeglicher möglichen Erkenntnis eines endlichen Vernunftwesens zugrundeliegen (KANT).
Der von FICHTE, SCHELLING und HEGEL vertretene *deutsche* bzw. *absolute Idealismus* (c) versucht – in direkter Auseinandersetzung mit der KANT*ischen* Einschränkung auf das endlich Erkennbare – die Subjektivität als absolute Idee und damit als All- und Einheitsprinzip aller Differenzierungen und Entfaltungen der Wirklichkeit zu begreifen, indem die Philosophie die Rückbezüglichkeit des Seienden auf dessen Grund nachweist und die so begriffene Totalität zur Einheitlichkeit ihrer systematischen Darstellung bringt. Da die Philosophiegeschichte dem absolut-idealistischen Standpunkt der Philosophie HEGELs wesentliche Impulse zu ihrer disziplinmäßigen Konstitution zu verdanken hat, kann ihre häufig anzutreffende hermeneutische Voreingenommenheit zugunsten idealistischer Motive und die entsprechende Vernachlässigung der un- bzw. antiidealistischen nicht überraschen.

3. Im Kontext der philosophischen Neuzeit bezeichnet ›Idealismus‹ allgemein die Lehre, daß die Erklärung bzw. Begründung der innerweltlichen Dinge, denen prinzipiell keine

ontologische bzw. gnoseologische Selbständigkeit zukommt, mit Notwendigkeit Rekurs nehmen muß, sei es auf transzendentale bzw. allgemein menschliche Prinzipien der Bewußtseinsstruktur (um den objektiven Charakter des Idealismus zu garantieren), sei es auf rein individuelle und darum nur subjektive Bedingungen eines Bewußtseins (deren ausschließliche Betonung dann zu einer der Varianten des Wahrheitsrelativismus oder gar zum Solipsismus führt). Mit dem seins- bzw. erkenntnismäßigen Vorrang von Ideen/Idealen des Bewußtseins vor dem faktisch gegebenen Seienden tritt der Idealismus in Gegensatz zu den philosophischen Lehrmeinungen, für die Geist, Vernunft oder Bewußtsein aus materiellen Instanzen und Prozessen hervorgegangen oder auf sie reduzierbar sind; sie tragen oft die (Selbst-)Bezeichnung *Materialismus, Naturalismus* oder *Immanentismus*. Der Idealismus verneint auch die zur philosophischen Theorie erhobene, alltäglich-realistische Annahme, daß das vom Menschen erkennbare, materielle Seiende unabhängig von dessen Wahrnehmung und Begreifen durch ein Subjekt existieren kann. Mit dem *Rationalismus* teilt der Idealismus die Prämisse der vernunftmäßigen Erkennbarkeit des Seins; er geht aber über ihn hinaus mit der Annahme, daß das Sein selbst letztlich mit einer wie immer gearteten Vernunft bzw. Idee identisch ist. Die Ausarbeitung dieser idealistischen Grundthese in Verbindung mit Elementen einer personalistischen Metaphysik führt zum *Spiritualismus*.

4. Trotz der vielfach konstatierten Affinität zwischen Idealismus und den Schöpfungstheologien der geoffenbarten, das Abendland beherrschenden Religionsformen besteht die epochale Tragweite des deutschen Idealismus für die Religion darin, daß er den Auflösungsprozeß des Offenbarungsglaubens spekulativ dynamisiert hat. Das religionskritische Potential der HEGEL*schen* Aufhebung des Christentums beeinflußte methodisch und thematisch die philosophische Behandlung der Religion im 19. Jh. nachdrücklich. Auch wenn die großen Repräsentanten des Nachidealismus sich als entschiedene Antiidealisten verstanden, konnten sie nicht gänzlich auf eine zumindest regional und methodisch beschränkte Anwendung der vom Idealismus in ihren systematischen Konsequenzen zu Ende gedachten Dialektik verzichten. Sowohl FEUERBACH*s* Denunzierung des »bösen Wesens« des Glaubens im Namen seiner Philosophie der Liebe als auch NIETZSCHE*s* Kritik des christlichen »Dysangelions« – um nur zwei Beispiele zu nennen – sind nur denkbar auf der Basis von idealistischen Voraussetzungen, von denen sie – paradoxerweise – sich vergeblich zu befreien versuchten. Die nur mit Einschränkungen gelungene Kritik und Umdeutung des Idealismus führte jedoch zu einer radikaleren, um psychologische, anthropologische und soziologische Einsichten bereicherten Religionskritik, die auch und vor allem die spekulativ verklärte Version des Christentums, aus einem zwar atheistischen, aber nicht unbedingt irreligiös zu nennenden Standpunkt heraus verwirft. Bei aller Zurückweisung des christlichen »Hinterweltlertums« läßt die anthropologische Besinnung des 19. Jh. seit FEUERBACH den Weg einer Religion ohne Gott als gangbar erscheinen, sofern der Verzicht auf ontotheologische Fixierungen im Dienst einer zum philosophischen Programm erhobenen, ausschließlichen Bejahung der Diesseitigkeit steht, in der der Mensch – seine Einheit mit und Differenz zur Welt feiernd – (wiederum nach Feuerbach) seine Kräfte bis zur »dionysischen« Ekstase entfalten kann. Religiöse Erfahrung fungiert fortan als Indiz der Verbundenheit mit dem Irdischen und nicht als Zeichen seiner Überwindung in einer als Illusion desavouierten Transzendenz. In diesem Kontext darf nicht unerwähnt bleiben, daß der Amerikaner RALPH WALDO EMERSON (1803–1882) – den NIETZSCHE las und schätzte – seinen eigenen

Transzendentalismus als Idealismus bezeichnete, obwohl seine programmatische Hinwendung zur »*Nature*« – in geschichtlicher Perspektive gesehen – mehr Gemeinsames mit den Grundmotiven der kontinental-europäischen antiidealistischen Reaktion aufweist, als mit den großen deutschen Idealisten, die sie provozierten.

5. Ein wichtiger Beweggrund des antiidealistischen Protestes des 19. Jh. gegen Religion und Spekulation war die Rettung der Einmaligkeit der Welt vor den metaphysischen Projektionen des Idealismus. Die Auflösung der religiös-spekulativen Fixierungen im räumlichen oder zeitlichen Jenseits wurde als entscheidende Voraussetzung für eine neue Sensibilität betrachtet, die der einmaligen Dringlichkeit des ästhetischen Genusses oder der revolutionären Veränderung offen stand. In diesem Zusammenhang wurde die kritische Kraft der Idee als der nicht hypostasierten – und eigentlich nicht hypostasierbaren – Differenz zur Macht des Gegebenen vom Idealismus befreit.

Literatur

1. Primär- und Sekundärliteratur zu Locke, Hume, Berkeley, Kant, Fichte, Schelling, Hegel, Feuerbach, Marx und Nietzsche s. Prosopographie II (Philosophie), in: HrwG Bd. 1.

2. Emerson: The Complete Works of Ralph Waldo Emerson. Edited by Edward Waldo Emerson. The Centenary Edition, 12 Bde., 1903–1904; Ralph Waldo Emerson. Nature, Addresses and Lectures. Introduction and Notes by R. E. Spiller. Text Established by A. R. Ferguson, 1979 (gute Anthologie).

3. Folgende bibliographische Liste berücksichtigt die im Artikel nicht behandelte Tradition der »*British idealists*« im 19. und 20. Jh.: Acton, H. B., Idealism, in: The Encyclopedia of Philosophy, 1967; Adorno, Th. W., Negative Dialektik, 1966; Blanshard, B., The Nature of Thought, 2 Bde. 1939; Bosanquet, B., Knowledge and Reality, 1885; Bradley, F. H., Ethical Studies, 1876; ders., Principles of Logic, 1883; Caird, E., A Critical Account of the Philosophy of Kant, 1877; Cunningham, G. W., The Idealistic Argument in Recent British and American Philosophy, 1933; Emge, C. A., Über verschiedene Bedeutungen von »Idee«, 1924; Eucken, R., Naturalismus und Idealismus, 1909; ders., Die Träger des deutschen Idealismus, 1915; Ewing, A. C., Idealism: A Critical Survey, 1933; ders. (Hrsg.), The Idealist Tradition: From Berkeley to Blanshard, 1957; Gardeil, H. D., Les étapes de la philosophie idéaliste, 1935; Gehlen, A., Der Wirklichkeitsbegriff des Idealismus, in: Blätter für deutsche Philosophie 7 (1933) 379–391; Groos, H., Der Deutsche Idealismus und das Christentum, 1927; Hartmann, N., Die Philosophie des deutschen Idealismus, 2 Tle., 1923/1929, ^{2}1960; Hirsch, E., Die Idealistische Philosophie und das Christentum, 1929; Hocking, E., The Meaning of God in Human Experience, 1912; Hoffmeister, J., Zum Geistbegriff des Deutschen Idealismus, in: Deutsche Vierteljahrschrift für Literaturwissenschaft 10 (1932) 1–44; Jodl, F., Kritik des Idealismus, 1920; Kemp Smith, N., Prolegomena to an Idealist Theory of Knowledge, 1924; Leese, K., Philosophie und Theologie im Spätidealismus, 1929; Liebert, A., Die Krise des Idealismus, 1936; Löwith, K., Von Hegel zu Nietzsche, 1941, ^{7}1978; Lütgert, W., Die Religion des Deutschen Idealismus und ihr Ende, 4 Bde., 1923–1931; McTaggart, M. E., The Nature of Existence, 2 Bde., 1921–1927; Milne, J. M., The Social Philosophy of English Idealism, 1919; Moore, G. E., The Refutation of Idealism, in: Mind 12 (1903) 433–453; Muirhead, J. H., The Platonic Tradition in Anglo-Saxon Philosophy. Studies in the History of Idealism in England and America, 1931; Nicholson, P. P., The Political Philosophy of the British Idealists, 1990; Oakeshott, M., Experience and its Modes, 1933; Ottaviano, C., Critica dell'Idealismo, 1936; Royce, J., The Problem of Christianity, 2 Bde., 1913; Seth, A., Hegelianism and Personality, 1887; Spranger, E., Der Kampf gegen den Idealismus, 1931.

J. Edgar Bauer

Identität

A Allgemeines

Identität (deutsch auch Selbigkeit) ist vom lateinischen *identitas* bzw. französischen *identité* abgeleitet und besagt ganz allgemein, daß ein Gegenstand oder Sachverhalt derselbe ist und bleibt, auch wenn er gedanklich, d. h. durch verschiedene Bezeichnungen gleichsam vervielfältigt werden kann (Identitätsprinzip). In erster Auffächerung dieses allgemeinen Identitätsbegriffs lassen sich drei Grundbedeutungen unterscheiden, deren Entdeckung bzw. Entwicklung nach der diskussionswürdigen Analyse von MÜLLER (1977) der Ausbreitung der Geldwirtschaft im antiken Griechenland geschuldet ist: a) die im Satz von der Identität formulierte logische Identität (A = A), b) das reine Bewußtsein der Identität des denkenden, des »transzendentalen Subjekts« (KANT: »Identität meiner selbst bei allem Mannigfaltigen, dessen ich mir bewußt bin«), sowie c) das Bewußtsein bzw. Selbstverständnis des Individuums als einer eigenen, von allen anderen unterschiedenen Person.[1] Der früher der Logik, der Mathematik und der Philosophie (Identitätsphilosophie insbesondere des Deutschen Idealismus) vorbehaltene Ausdruck hat nun durch die Thematisierung der personalen Identität Furore gemacht und ist inzwischen, läßt man die Naturwissenschaften außer acht, in fast alle Disziplinen eingedrungen. Identität ist so eines der zeitgenössischen Schlüsselwörter, das in immer neuen Aspekten und Verknüpfungen thematisiert wird; allein in den Sozialwissenschaften reicht hier die Palette (jenseits der bereits wohletablierten Behandlung »persönlicher«, »sozialer« und »Ich«-Identität) von der »ethnischen«, der »kulturellen«, der »politischen«, der »moralischen« und »religiösen« Identität über »Arbeit« bzw. »Arbeitserfahrung« und Identität, Identität und »Angst«, Identität und »Institution«, »Lebenslauf« und Identität, »Geschichte« und Identität, Identität und »Pluralismus«[2] bis hin zur »Identitätsgesellschaft«, die in der westlichen Welt die »Überlebensgesellschaft« um 1950 abgelöst haben soll (GLASSER 1972). Berücksichtigt man überdies

[1] Zur philosophiegeschichtlichen Verbindung der Bedeutung von b) und c) siehe LEVITA, Begriff der Identität, 7–66.

[2] Vgl. das Literaturverzeichnis.

die moderne alltagssprachliche Verwendung des Identitätsbegriffs, dann ist die von PARSONS für die USA schon vor zwanzig Jahren beschriebene Situation auch in Westeuropa nicht nur eingeholt, sondern überholt: »Der Begriff ›Identität‹ ist zu einem Modewort geworden, das zwar primär als terminus technicus dem Bereich der Sozialpsychologie angehört, das jedoch auch ... breitere Kreise von Intellektuellen anzieht.«[3] Eine derart inflationäre Verwendung des Identitätsbegriffs schließt natürlich, in negativer Hinsicht, einen »sehr hohen Grad an Dunkelheit und Problemverwirrung« ein[4] – ein Sachverhalt, den auch der folgende Text noch widerspiegeln wird.

Insofern also Begriffsverwendung und theoretische (Teil-)Konzepte der Identität fast unübersehbar ausgeufert und mehr als üblich Sache der Mode sind, beschränkt sich die Darstellung auf eine Auswahl vergleichsweise gesicherter oder zumindest diskutierter *sozialwissenschaftlicher* Identitätskonzeptionen, wie sie, in welcher Überschneidung und fachlichen Übernahme auch immer, in (Sozial-)Psychologie, Soziologie, Kulturanthropologie und Religionswissenschaft vorliegen. Raumgründe erzwingen außerdem eine weitgehende Vernachlässigung der u. a. auch in der Politikwissenschaft unternommenen Versuche, kollektive (und eben nicht nur personale) Identität in einem präziseren Sinne zu thematisieren: Die Diskussion zur *ethnischen* Identität *(ethnicity)*, die seit Mitte der siebziger Jahre vor allem im anglo-amerikanischen Raum stattfindet[5], muß hier ebenso ausgespart bleiben wie die alte, seit RENANs berühmtem Essai »*Qu'est-ce qu'une nation?*« (1882) nicht mehr abreißende Diskussion über das Wesen der Nation und den Nationalismus, die neuerdings, und zunehmend, unter dem Stichwort der *nationalen* Identität geführt wird[6] und die durch die wissenschaftliche Aufarbeitung quasi-nationalistischer Bestrebungen von regionalen Minderheiten auch und gerade in Europa[7] zusätzliche Unterstützung erfahren dürfte.

---

[3] PARSONS, Position of Identity, 11; ähnlich LÉVI-STRAUSS in BENOIST 1980, 7.

[4] HENRICH, »Identität«, 133.

[5] Siehe dazu die Sammelbände von BELL und FREEMAN 1974, BENTLEY 1981, BRASS 1985, GILES 1977, GLAZER und MOYNIHAN 1975, HOLLOMAN und ARUTIUNOV 1978, SAID und SIMMONS 1976, DE VOS und ROMANUCCI-ROSS 1975, WEINBERG 1976 sowie VAN DEN BERGHE 1981, EPSTEIN 1978, GOETZE und MÜHLFELD 1984, SMITH 1981 und 1987 und WALLMAN 1979.

[6] Siehe u. a. BEALS 1976/77, BOERNER 1986, ESTEL 1988, FELLING u. a. 1984, GELLNER 1983 und 1987, GRILLO 1980, MAYO 1974, MOSSE 1976, NAIRN u. a. 1978, REITERER 1988, ROBERTS 1979, VON SCHRENCK-NOTZING und MOHLER 1982, SMITH 1971 und 1979, VOGLER 1985 und WEIDENFELD 1983 und 1985.

[7] Vgl. BLASCHKE 1980, ELKAAR 1981, GERDES 1980 und 1985, LAGARDE 1977, LIPP 1986, ROKKAN 1980 und 1982 und TOURAINE u. a. 1981.

B (Sozial)Psychologische, soziologische und kulturanthropologische Identitätskonzeptionen

I. Klassische Ausformungen des Identitätskonzepts: Erikson und Goffman

Das moderne sozialwissenschaftliche Identitätsverständnis, wie es zuerst in den USA entwickelt worden ist, entstammt drei unterschiedlichen Theorietraditionen: a) der analytischen Ich-Psychologie (Hartmann 1964 in der unmittelbaren Tradition Freuds, Erikson 1959, Rogers 1959, Sullivan 1953), b) dem Symbolischen Interaktionismus (Cooley 1909, Mead 1934, Goffman 1959 und 1963, Strauss 1959), sowie c) der kulturanthropologischen Perspektive des »*identity-world view model*« (Hallowell 1955, Redfield 1953, Wallace 1966 und 1968), das in seiner Thematisierung der Beziehungen von individuellem Selbstbild und gesellschaftlich vorgegebenem Selbstkonzept, von sozial geteilten Vorstellungen über die natürliche und gesellschaftliche Ordnung sowie dem faktischen Verhalten eine Vorstufe zur modernen Wissenssoziologie (Berger und Luckmann 1966) bildet. So unterschiedlich diese Theorietraditionen im einzelnen auch ausfallen, so eint sie doch eine Reihe von (quasi-)anthropologischen Grundannahmen, deren wichtigste man, Robbins folgend[8], so formulieren kann: 1. Menschen sind auf ein Verständnis ihrer selbst *(conception of self)* angewiesen, um sich an der physischen Umwelt wie an anderen orientieren zu können und damit Gesellschaft erst möglich zu machen. 2. Personale Identität (in diesem Sinne) wird durch Interaktion gebildet und aufrechterhalten; von anderen erhält die Person also die »Informationen«, die in ihrer Zusammensetzung ihr erst ein wirkliches Bild ihrer selbst erlauben. 3. Eine gegebene personale Identität bedarf der immer erneuten Anerkennung und Bestätigung durch andere; fehlt diese soziale Bekräftigung, dann sind Identitätsdiffusion und entsprechende Entfremdungsgefühle die Folge. 4. Im allgemeinen streben die Menschen danach, eine als positiv bewertete Identität in den Augen anderer zu gewinnen bzw. aufrechtzuerhalten; diesem Streben dient ein eigenes, nichtendendes Identitätsmanagement. – Ohne diese Wissenschaftstraditionen nun näher zu verfolgen, sollen doch die Konzeptionen von Erikson und Goffman vorgestellt werden, die sich als konstitutiv für die späteren Ausarbeitungen des Identitätsbegriffs erwiesen haben.

1. Erikson

Erikson (1959, vgl. auch 1968), der mit seiner Phasenkonzeption der personalen Entwicklung wesentlich dazu beitrug, frühere Identitätsthematisierungen (gefaßt als *self, self concept* oder auch *self-system*) in den Hintergrund zu drängen, versteht unter Identität als *Ich-Identität* einen »spezifischen Zuwachs an Persönlichkeitsreife«, den die Person am Ende der Adoleszenz gegen die phasenspezifische Gefahr der Identitätsdiffusion erwerben muß, und der sich, im positiven Fall, in einem spezifischen Identitätsgefühl äußert: »Das Gefühl der Ich-Identität ist also das angesammelte Vertrauen darauf, daß der Einheitlichkeit und Kontinuität, die man in den Augen anderer hat, eine Fähigkeit entspricht, eine innere Einheitlichkeit und Kontinuität (also das Ich im Sinne

---

[8] Robbins, Identity, Culture, and Behavior, 1202.

der Psychologie) aufrechtzuerhalten.«[9] Entscheidend für das Zustandekommen von Ich-Identität ist die »Arbeit des Ichs«, durch welche die in der Kindheit vorgenommenen Identifikationen (primär natürlich: die mit den Eltern und deren kollektiven Zugehörigkeiten) über »sukzessive Ich-Synthesen und Umkristallisierungen« untereinander, aber auch mit persönlichen Eigenheiten (Anlagen, Bedürfnissen, Fähigkeiten u. ä.) integriert werden. Die Bildung von Ich-Identität kann freilich nur gelingen, wenn die personalen Bemühungen um innere Einheitlichkeit und Kontinuität soziale Bekräftigung finden, d.h. wenn auch andere »in strategischen Akten des ›Erkennens‹« die Person als solche akzeptieren und ihr »Funktion und Stand« innerhalb der (Sub-)Gesellschaft zuerkennen.[10] Umgekehrt wird ihr Erwerb besonders dann erschwert bzw. verhindert, wenn »wirtschaftliche, ethnische und religiöse Grenzsituationen keine ausreichenden Grundlagen für eine positive Identität bieten« oder wenn Identitätsdimensionen wie »nationale, regionale und Klassen-Identitäten« als zu widersprüchlich empfunden werden und ihre Ich-Synthese nicht erlauben.[11]

2. Goffman

Die grundlegende Situation, von der Goffman (1963) ausgeht und auf die hin er seine Identitätskonzeption entwirft, ist – was in deutschen Rezeptionen oft übersehen wird – die Kategorisierung, welche die Menschen in der »*Routine* des sozialen Verkehrs« wechselseitig aneinander vornehmen. Kategorisierung meint nicht nur die soziale Etikettierung der anderen Person, z.B. als Beamter, Pole oder Witwe, sondern mehr noch damit verknüpfte Zuschreibungen einer ganzen Reihe von mit solchen Kategorisierungen vermeintlich verbundenen Attributen (Antizipation der »virtualen« sozialen Identität). Den Makel oder das Handikap, durch die das Situationsgegenüber in seinem Sein oder Verhalten von den entsprechenden Erwartungen abweicht (Fall der negativen Nichtübereinstimmung der »aktualen« mit der virtualen Identität), bezeichnet Goffman als *Stigma*.[12] Obwohl er drei Arten von Stigmen unterscheidet (»Abscheulichkeiten des Körpers«, »individuelle Charakterfehler« sowie die »phylogenetischen« Stigmen von »Rasse, Nation und Religion«), ist für ein Stigma doch nicht eigentlich eine konkrete Gegebenheit ausschlaggebend, sondern die (sub)kulturell zwar stark unterschiedlichen, je nach Situation aber durchaus verpflichtenden Identitätswerte bzw. -normen[13], durch die solche Gegebenheiten erst zu Stigmen werden. Daher sind der Stigmatisierte und, als sein Gegenpol, der Normale nicht bloß Personen, »sondern eher Perspektiven«, weil schon aufgrund der kaum erfüllbaren Vielzahl solcher Werte und Normen fast jedermann nicht nur zu den Diskreditierbaren, sondern irgendwann auch zu den Diskreditierten gehört.[14] Damit ist aber auch tendenziell jedermann zum Stigmamanagement (insbesondere durch Informationskontrolle) sowie, im Fall stets neu drohender Diskreditierung, zu einer eigenen Identitätspolitik gezwungen. Der analytischen Erfassung

---

[9] Erikson, Identität und Lebenszyklus, 107.
[10] A.a.O., 138 und 210.
[11] A.a.O., 209.
[12] Goffman, Stigma, 10f.
[13] Vgl. Estel, Soziale Vorurteile, 121ff.
[14] Goffman, Stigma, 163f.

solcher elementarer sozialer Prozesse dienen nun auch die theoretischen Differenzierungen, die GOFFMAN zum Identitätsbegriff vornimmt: Die soziale Identität eines Menschen ist eben das Bild, das andere sich von seinen »strukturellen« Merkmalen, wie z.B. seinem Beruf, und anderen zugeordneten Eigenschaften machen. Doch auch die persönliche Identität ist »zuallererst Teil der Belange und Definitionen anderer Personen, d.h. sie ist eine einzigartige Kombination von Daten der Lebensgeschichte«, die an einem Identitäts-»Aufhänger« gleichsam festgemacht, von anderen zu Zwecken der Unterscheidung und nach ihren Interessen zusammengestellt wird. Nur die Ich-Identität ist »zuallererst eine subjektive und reflexive Angelegenheit, die notwendig von dem Individuum empfunden werden muß, dessen Identität zur Diskussion steht«.[15] Noch in diesen Formulierungen ist freilich der Primat des Sozialen gegenüber dem Subjektiven unübersehbar.

II. Identitätskonzeptionen der deutschen Soziologie: KRAPPMANN, HABERMAS und LUCKMANN

1. KRAPPMANN

Unter dem Einfluß von HABERMAS hat es KRAPPMANN (1969) unternommen, die damals schon zahlreichen (englischsprachigen) Arbeiten zu Problemen der personalen Identität in einer Konzeption zu integrieren, die in ihrer interaktionistischen Zuspitzung verschiedene Aporien und Defizite der traditionellen Rollentheorie – wie die Vernachlässigung der Dimensionen »Repressivität« (als Mangel an Reziprozität der Befriedigungen), notwendiger »Diskrepanz« in den jeweiligen Rolleninterpretationen sowie »Art der Verhaltenskontrolle« (HABERMAS 1968) – zu überwinden sucht. Nach ihm ist (Ich)-Identität als eine die Besonderheit des Individuums verbürgende Ich-Leistung zu begreifen, die in Interaktionssituationen stets neu und in kreativer Weise zu erbringen ist. Das Verhältnis von Identität und → Interaktion stellt sich dabei dialektisch dar: Interaktion verlangt Identität (»Mit Menschen ohne Ich-Identität ist es nicht möglich zu interagieren«); Identität bildet sich nur in und durch Interaktionen, d. h. gelungenen Auseinandersetzungen mit den Erwartungen und Interpretationen anderer. Subjektive Voraussetzungen wie Korrelate bzw. Folgen von Identität sind Rollendistanz, Empathie (als die Fähigkeit, die Erwartungen anderer zu antizipieren), Ambiguitätstoleranz sowie Identitätsdarstellung (als »umfassende Selbstdarstellung im Auftreten des Individuums«).[16] Objektiv ist es die Divergenz und Widersprüchlichkeit der (normativen) Erwartungen innerhalb des einzelnen Interaktionsprozesses wie der verschiedenen Interaktionsprozesse untereinander, die eine ständige Bemühung der Person um *Identitätsbalance* – insbesondere über personale Distanzierungsprozesse – im Horizont der Gegenwart (»synchron«) wie in biographischer Hinsicht (»diachron«) erzwingt. »Balancierende« Ich-Identität verwirklicht sich also in einer doppelten Leistung, nämlich als »Ausgleich zwischen den divergierenden Erwartungen der Beteiligten ... sowohl in der gleichsam horizontalen Dimension der *social identity* und *phantom normalcy* als auch in der vertikalen Zeitdimension von *personal identity* und *phantom uniqueness*«.[17] – Zwei

---

[15] A.a.O., 132 und 74.
[16] KRAPPMANN, Soziologische Dimensionen der Identität, 132ff.
[17] A.a.O., 79.

Einwände gegen eine derart dynamisierte Identitätskonzeption drängen sich allerdings auf[18]: 1. Keineswegs alle Interaktionen erzwingen so bestimmte Ich-Identität bzw. deren Präsentation; vielmehr verbieten sie (als Zusammenarbeit, als Verfolgung positional vorgegebener Interessen!) sie oft genug geradezu. 2. Zwar bildet und verändert sich personale Identität wesentlich nur in Interaktionsprozessen, doch verfestigt sie sich, im Erwachsenenalter, zu einer relativ stabilen subjektiven Struktur, die in ihrer Existenz von einzelnen alltäglichen Interaktionen weitgehend unabhängig wird.

2. Habermas

Habermas, der Identität in wiederholten Anläufen thematisiert hat, ging (1968) von der Absicht der angedeuteten kritischen Revision der Rollentheorie sowie von der spezifischen Frage nach den konkreten Sozialisationsbedingungen für die Stärkung der Ich-Identität aus, verschob bzw. erweiterte sein Erkenntnisinteresse aber dann in drei Richtungen: a) die Erfassung der ontogenetischen Entwicklungsstufen von der quasinatürlichen Identität des Kleinkinds hin zu einer Ich-Identität von »universaler Vorbildlichkeit«; b) die hier freilich zu übergehende systematische Ortsbestimmung der Ich-Identität im Zusammenhang mit individueller Handlungskompetenz und deren Einzelkomponenten; sowie c) die Suche nach Entsprechungen (»Homologien«) von personaler zu kollektiver Identität in unterschiedlichen Gesellschaftstypen.

Zu a): Die erste ontogenetische Stufe oder Form der personalen Identität ist die vorsoziale »›natürliche‹« Identität, die das Kleinkind erwirbt, sobald es, die symbiotische Phase verlassend, lernt, »sich und seinen Leib von der Umgebung zu unterscheiden«.[19] Demgegenüber sind die späteren Stufen der Identität Produkte spezifischer Vergesellschaftungsprozesse, in denen Fremd- und Selbstidentifikationen in eine »intersubjektiv anerkannte Selbstidentifikation« münden müssen. *Rollen*-Identität gewinnt das Kind in dem Maße, wie es sich die »symbolischen Allgemeinheiten weniger fundamentaler Rollen seiner Familienumgebung einverleibt«, und in dieser Einverleibung sozial bekräftigt wird.[20] Die höchste, freilich auch unter modernen Bedingungen mehrheitlich verfehlte Stufe personaler Identität ist die *Ich*-Identität, die Habermas ähnlich wie Krappmann horizontal als Fähigkeit zur Balance zwischen sozialer und persönlicher Identität, vertikal als Fähigkeit zum Aufbau und der Integration neuer (Teil-)Identitäten in einer »unverwechselbaren Lebensgeschichte« bestimmt.[21] Gewonnen wird Ich-Identität in Distanzierungsprozessen gegenüber allen konkreten Rollen und besonderen Normensystemen und einer entsprechenden Zurücknahme und Abgrenzung des Ichs.

Zu c): In recht tentativer Weise hat Habermas schließlich die ontogenetischen Stufen der personalen Identität mit Arten der kollektiven Identität auf »vier Stufen der sozialen Evolution« verknüpft. Daß hier Homologien, ja Komplementaritäten gegeben sind, folgt nach Habermas grundlegend daraus, daß in der Ich-Entwicklung die Identifikation mit konkreten Bezugsgruppen zugunsten der mit umfassenderen und abstrakteren Einheiten wie Stadt oder Staat zurücktritt oder wenigstens um diese ergänzt wird. Doch

---

[18] Zur eingehenden Kritik siehe Hahn, Verlust der Sinngebung, 119ff.

[19] Habermas, Rekonstruktion des historischen Materialismus, 79.

[20] Ders., Kultur und Kritik, 220f.; Rekonstruktion des historischen Materialismus, 79.

[21] Ders., Döbert, Nunner-Winkler (Hrsg.) Entwicklung des Ichs, 11.

was heißt *kollektive* Identität? Sie meint die Identifikation der Angehörigen einer (Groß-) Gruppe mit deren »Grundwerten und Basisinstitutionen« derart, daß die Angehörigen einen Angriff auf diesen normativen Kern als eine »Bedrohung ihrer eigenen Identität« empfinden: »Nur an solchen normativen Kernen, in denen sich die Mitglieder miteinander ›eins wissen‹, lassen sich die verschiedenen Formen kollektiver Identität ablesen.«[22]
Auf den evolutionären Hauptstufen der archaischen Gesellschaften, der frühen und der entwickelten Hochkulturen, ordnet Habermas so den erwähnten personalen Identitäten die kollektiven Formen der Stammes-Identität, der »klar geschnittenen« Gruppen-Identität und der an einem konkreten Staat haftenden »kollektiven« Identität zu. Der Moderne schließlich bzw. der in ihr ermöglichten Ich-Identität entspricht eine reflexiv gewordene kollektive Identität, d. h. eine von allen »fixen Inhalten« gelöste, in einem allgemeinen und gemeinsamen »Bildungs- und Willensbildungsprozeß« jeweils neu zu entwerfende Identität.[23]

3. Luckmann

Sind diese Versuche von Habermas vor allem auf dem Hintergrund des Symbolischen Interaktionismus sowie der kognitivistischen Entwicklungspsychologie (Piaget 1954 und 1971, Kohlberg 1969 und 1971) zu sehen, so hat Luckmann die personale, d. h. »persönliche« Identität (PI) wiederholt aus wissenssoziologischer sowie, speziell, aus religionssoziologischer Perspektive (vgl. dazu unten, Abschnitt C) aufgegriffen. In systematischer Absicht unterscheidet Luckmann zwischen PI als naturgeschichtlich gewordener »menschlicher Lebensform« und der je konkreten PI als »epochal, sozial-strukturell und kulturell typischer Form der Individuation«. *PI überhaupt* – als »sinnstiftendes und sinnmotiviertes Steuerungsprinzip subjektiven Bewußtseins« oder, umfassender, als »Bindung von Erfahrungsabläufen an ein Selbst und die Person als situationsüberdauernder Verantwortungszusammenhang für Handlungen«[24] – gründet in einer dem Menschen vorbehaltenen, relativen Reiz- und Situationsunabhängigkeit. Ontogenetisch entsteht PI in (familiären) Sozialisationsprozessen, d. h. in durch (Schein-)Reziprozität und »intersubjektiver Spiegelung« charakterisierten sozialen Beziehungen, die ihrerseits von der jeweiligen Sozialstruktur sowie der sozial geteilten Weltauffassung (bzw. der sie verkörpernden Sprache) geprägt sind: »Sozialstruktur und gesellschaftlich objektivierte Weltauffassung bestimmen konkret die universale Form der intersubjektiven Spiegelung, indem sie die persönliche Identität jener Erwachsenen prägen, die dem Kind in seinen frühesten Sozialisationsbeziehungen entgegentreten.«[25]
Zur umrißhaften Bestimmung *konkreter Identitäten* stellt Luckmann nun die für die Moderne typische Form der PI derjenigen gegenüber, die in archaischen Gesellschaften allein anzutreffen ist: Während PI hier (wie übrigens auch bei der Masse der Menschen in Hochkulturen) als fraglos erfahren wird, weil sie fast ausschließlich in unmittelbaren, in umfassenden und stabilen sozialen Beziehungen sowie, über die allen gemeinsame

---

[22] Ders., Rekonstruktion des historischen Materialismus, 25 f.
[23] A.a.O., 97 ff. und 117.
[24] Luckmann, Persönliche Identität und Lebenslauf, 31 ff.; Zwänge und Freiheiten, 177.
[25] Ders., Zwänge und Freiheit, 178.

Weltauffassung, sinneinheitlich aufgebaut und bekräftigt wird[26], wird PI in der Moderne aus einer ganzen Reihe von Gründen zum »subjektiven Problem«, dessen oft prekäre Lösung weitgehend dem einzelnen überlassen bleibt. Denn erstens stehen die hier zur »*Primär*sozialisierung« zusammengeschrumpften familialen Beziehungen mit der »*Sekundär*sozialisierung«, wie sie berufsvorbereitend und im Beruf erfolgt, in keinem »strukturell zwingenden Zusammenhang«, so daß das hier zu erwerbende Sonderwissen wie die Übernahme einer bloßen Version von Weltauffassung weitgehend zur Individualangelegenheit und damit auch die »Stabilisierung der persönlichen Identität zum subjektiven, ja in gewissem Sinne privaten ›Problem‹ wird«.[27] Zweitens ist die Moderne, ganz allgemein, in untereinander zusammenhanglos erscheinende und widersprüchliche Lebensbereiche derart aufgefächert, daß auch die Spiegelungsprozesse der verschiedenen Interaktionszusammenhänge keine »einheitlichen Sinnhorizonte« mehr aufweisen. Drittens, und spezifisch, ist die moderne Sozialstruktur durch eine Ausdifferenzierung weitgehend autonomer Institutionen (Wirtschaft, Herrschaft usw.) mit eigener funktionaler Rationalität bzw. Sachgesetzlichkeit charakterisiert, in denen die einzelnen Rollen insofern anonym geworden sind, als hier nur die Erfüllung der jeweiligen systembezogenen Handlungsnormen, nicht aber die Person bzw. die PI des Rollen-»Trägers« interessiert; »die Produktion (von PI – B. E.) verlagert sich also in Unternehmungen privater Hand«. Schließlich wird die Person zur Herstellung von PI »in Eigenregie« auch dadurch gedrängt, daß diese und andere Charakteristika der Moderne über personale »Triangulierungsvorgänge« (wechselseitige Relativierung von »Rollenrealitäten« bzw. »Wirklichkeitssegmenten« überhaupt) für eine spezifische Rollendistanz sorgen, die aus »naiv Handelnden« eben bloße »Rollen*spieler*« macht.[28]

III. Die Verwendung des Identitätskonzepts in der Kulturanthropologie

Theoretisch anspruchsloser, für die empirische Forschung jedoch auch leichter zu handhaben als diese Entwürfe von Habermas und Luckmann ist das Identitätsverständnis der (anglo-amerikanischen) Kulturanthropologie, das von den entsprechenden Richtungen der Psychologie und Soziologie stark beeinflußt ist. Trotz der auch hier vorhandenen Begriffsverwirrung im einzelnen wird doch überwiegend zwischen vier Aspekten oder Komponenten personaler Identität unterschieden[29]: a) der *Selbst-Identität (self-identity)* als den Vorstellungen, welche die Person hinsichtlich ihrer physischen Erscheinung, ihres sozialen Status usw. von sich selbst hat (dieser Identitätsaspekt meint also »das Selbst, wie es dem Individuum bekannt ist«[30]); b) der *persönlichen Identität* als der Sichtweise einer Person über das, was sie gegenüber anderen einzigartig macht; c) der *sozialen Identität* als den Vorstellungen einer Person darüber, wie andere sie sehen und beurteilen; sowie d) der *öffentlichen Identität* als der Art und Weise, wie die Person von anderen tatsächlich wahrgenommen und beurteilt wird (»aktuale soziale Identität« bei Goffman).

---

26 Ders., Persönliche Identität, soziale Rolle und Rollendistanz, 304.

27 Ders., Zwänge und Freiheiten, 193.

28 Ders., Persönliche Identität, soziale Rolle und Rollendistanz, 308 und 311 ff.

29 Vgl. zum folgenden Robbins, Identity, Culture, and Behavior, 1204 f.

30 Allport, Personality and Social Encounter, 34.

Es sind nun wesentlich vier Annahmen, die dem so aufgefächerten Identitätsverständnis den Rang eines theoretischen und die Forschung anleitenden Konzepts verleihen: 1. Unter den verschiedenen Identitätskomponenten ist zwar eine dauernde gegenseitige Beeinflussung oder Wechselwirkung, aber niemals völlige Konsistenz gegeben. 2. Die positiv ausfallende Beseitigung dieser Inkonsistenz (und hier vor allem: die Bemühung um Konsistenz zwischen Selbst- und persönlicher Identität einerseits, der sozialen Identität andererseits) bildet das »erste Motiv« für das soziale Verhalten der Person. 3. Wechselwirkung, Inkonsistenz bzw. das dauernde Bemühen um Überwindung dieser Inkonsistenz sorgen für einen fließenden Charakter der Identität – personale Identität ist also niemals endgültig fixiert, ist nichts Statisches. 4. Für den jeweiligen Charakter der Teilidentitäten sind sehr unterschiedliche Identitätsdimensionen, d. h. sozial relevante Merkmale (wie Fähigkeiten, ethnische Zugehörigkeit usw.) verantwortlich, die in ihrer positiven oder negativen Ausprägung die (Gesamt-)Identität einer Person in Fremd- und Selbstdeutung bestimmen; eine spezifische Aufgabe der Forschung ist es deshalb, die jeweiligen Identitätsdimensionen zu ermitteln, die in einer gegebenen (Sub-)Gesellschaft, in einer konkreten Interaktionssituation über die Zugehörigkeit und den Rang eines Individuums entscheiden, und ihre funktionale Bedeutung *(adaptive value)* für diese (Sub-)Gesellschaft festzustellen.[31] Der allgemeineren Aufgabe, die Ausbildung der einzelnen Identitätskomponenten, ihre typische Wechselwirkung und Inkonsistenz sowie ihren personalen Wandel zu erfassen, sind zahlreiche, hier nur in Beispielen anzuführende Untersuchungen gewidmet, die sich unter die Stichworte der Identitätsbildung (und einem ihrer wichtigsten Aspekte: den Identifikationsprozessen der Person), der Identitätsdiffusion (auch als einem Bestandteil von Identitätsneubildung), dem Identitätsmanagement (oder der Identitäts-»Arbeit«; WALLACE 1967), den Identitätskämpfen (insbesondere infolge einer Diskrepanz zwischen beanspruchter und öffentlich zugestandener Identität) sowie der Identitätsbestätigung (z. B. über Heilungsrituale oder Besessenheitszustände) einordnen lassen.[32]

IV. Die Thematisierung von Identität in der modernen Sozialpsychologie (TAJFEL, TURNER)

Eine wichtige, kollektiv orientierte Ergänzung der bisher vorgestellten personalen Identitätskonzeptionen stellt die in der europäischen Sozialpsychologie zunehmend ausgearbeitete *Social Identity Theory* (S.I.T.) von TAJFEL u. a. dar, die das Verhalten der Menschen als Gruppenangehörigen zu erklären sucht und die bereits zur Modifikation einer Reihe anderer Theorien sozialen Verhaltens (wie der Attributionstheorie, den Theorien zur interpersonalen Gerechtigkeit, der sozialen Beziehungen u. ä.) geführt hat. Ihr Ausgangspunkt ist in der Entdeckung TAJFELs zu sehen[33], daß entgegen älterer Annahmen (Theorie des »realistischen« Gruppenkonflikts; vgl. SHERIF 1961 und 1966) schon eine bloße, sachlich sinnlose kategoriale Aufteilung von Menschen diese dazu

[31] Vgl. u. a. MILLER 1963, SPRADLEY 1970, WALLACE 1967.

[32] BURTON und WHITING 1965, COHEN 1964, GOODENOUGH 1963, TYLER 1978, V. W. TURNER 1969.

[33] Vgl. TAJFEL 1970 und 1971, BILLIG und TAJFEL 1971.

veranlaßt, sich als Mitglieder entsprechender Gruppen zu verstehen und, auch bei zuwiderlaufendem Eigeninteresse, die Wirgruppe zu begünstigen und die Fremdgruppe(n) bzw. deren Angehörige zu diskriminieren *(minimal group paradigm)*. Zur Erklärung dieser überraschenden Ergebnisse hat TAJFEL, unter dem Einfluß von BERGER (1966) und BERGER und LUCKMANN (1966) den von ihm eigentlich gering geschätzten Identitätsbegriff aufgenommen und als soziale Identität so bestimmt: Sie ist »der Teil des Selbstkonzepts« der Person, »der sich aus dem Wissen um die Zugehörigkeit zu einer sozialen Gruppe (oder mehreren Gruppen) ableitet – zusammen mit dem Wert und der gefühlsmäßigen Bedeutung, die mit dieser Zugehörigkeit verbunden sind«.[34] Die *Grundannahmen* der von ihm entwickelten S.I.T. sind folgende[35]: 1. Soziale Gruppen (oder, wie künftig mitgemeint, soziale Kategorien) werden in Fremd- und Selbstsicht mit Bewertungen verbunden, die ihrerseits typischerweise sozial geteilt, d. h. den Urteilenden gemeinsam sind (vgl. HAMILTON 1981). 2. Die Bewertung einer bestimmten Gruppe wird nicht gleichsam isoliert, sondern anhand eines sozialen Vergleichs auf wertgeladenen Dimensionen (Merkmalen, Eigenschaften) vorgenommen; positiv ausfallende Vergleiche ergeben eine positive soziale (Teil-)Identität, ein hohes Sozialprestige dieser Gruppe – und umgekehrt. 3. Da Menschen grundsätzlich danach streben, eine positive soziale Identität zu erreichen und zu bewahren, ergibt sich für die Gruppenangehörigen nicht nur ein ständiger Druck auf dies ermöglichende Gruppenvergleiche, sondern auch ein Druck, durch entsprechende Differenzierungsbemühungen eine (reale oder fiktive) positive Unterschiedenheit zu erlangen; wechselseitiger Vergleich und »spontaner«, d. h. nicht erst durch objektive Interessengegensätze hervorgerufener sozialer Wettbewerb (vgl. TURNER 1975) dienen also dem Ziel der eigenen, allgemein akzeptierten Höherwertigkeit oder Überlegenheit in den jeweils relevanten Vergleichsdimensionen. Der Erforschung dieses komplexen Sachverhalts, den dafür notwendigen und zureichenden (Ausgangs-)Bedingungen, den typischerweise auftretenden Mechanismen und Gesetzmäßigkeiten gilt das besondere Interesse der S.I.T.[36]

Der vorerst erfolgversprechendste theoretische Versuch, im Anschluß an TAJFEL soziale Identität näher zu bestimmen, stammt wohl von J. C. TURNER (1982). Nach seinem kognitiven *Social Identification Model* ist soziale Identität »die Gesamtsumme an sozialen Identifikationen, die eine Person zur Selbstdefinition benutzt«[37]; soziale Identifikationen werden dabei durch sozial vorgegebene Kategorien erreicht, mit deren Hilfe die Person sich selbst und andere identifiziert und sozial verortet. Die soziale Identität, die subjektive Zugehörigkeit der Person zu verschiedenen Gruppen also, ist *ein* Subsystem des kognitiven Selbstkonzepts der Person; das andere ist die persönliche Identität, d.h. die Summe der als individuell betrachteten Eigenschaften (wie körperliche Merkmale, persönlicher Geschmack u.ä.). Das Selbstkonzept seinerseits – als relativ dauerhafter und in sich systemischer Teil der kognitiven Struktur der Person überhaupt – hat die allgemeine Funktion, zwischen der sozialen Umwelt und dem eigenen Verhalten zu vermitteln; der konkreten Vermittlung dient freilich nicht das Selbstkonzept selbst,

[34] TAJFEL, Differentiation Between Social Groups, 63.
[35] Vgl. auch MUMMENDEY 1985.
[36] Siehe u. a. BROWN 1984, BROWN und TURNER 1979, DESCHAMPS und BROWN 1983, DOISE 1978, LOCKSLEY u. a. 1980, MUMMENDEY und SCHREIBER 1983.
[37] J. C. TURNER, Cognitive Redefinition of Social Group, 18.

sondern die von ihm (bzw. »Aspekten« davon wie einzelnen Identifikationen) situationsspezifisch aktualisierten, rasch wechselnden Selbstbilder *(self-images)*. In gewissen, durch die Forschung erst noch näher zu klärenden Situationen kommt nun in diesen Selbstbildern die soziale Identität, die gleichsam eingeschaltet wird, dominierend oder ausschließlich zum Zuge: »Einmal in Tätigkeit überwacht und bearbeitet die soziale Identität soziale Stimuli ... Wir vermuten, daß soziale Identität der kognitive Mechanismus ist, der Gruppenverhalten möglich macht.«[38]

C Religion und Identität

I. Die funktionale Sicht der Religion (Luckmann, Drehsen)

Das religionswissenschaftliche Interesse an der Identitätsproblematik ist wesentlich die Folge einer theoretischen Abkehr von der herkömmlichen Religionssoziologie. Neigte diese, in der Hauptlinie der Tradition des 19. Jahrhunderts, bis in die sechziger Jahre dazu, als Debatte um Art und Ausmaß der Säkularisierung modern-westlicher Gesellschaft wie als Kirchensoziologie dazu, die Religion auf das institutionalisierte Christentum und Religiosität auf die Erfüllung kirchlich-konfessioneller Normen seitens der Gläubigen zu reduzieren, so war es neben Berger (1967, 1969) vor allem Luckmann (1963, 1967, 1972a), der, unter Rückgriff auf Durkheim, Malinowski, Marx, Weber sowie auf Parsons, einem universalen, anthropologisch fundierten Religionsbegriff wieder zum Durchbruch verhalf: Religion entspringt nach ihm unvermeidbaren und zugleich intersubjektiven »Erfahrungen der Transzendenz« und bezeichnet »jene Schichten der gesellschaftlichen Wirklichkeitskonstruktionen, die ... mehr oder minder nachdrücklich auf eine nicht-alltägliche Wirklichkeit bezogen erfaßt werden«.[39] Mit dieser Erweiterung der herkömmlichen Religionssoziologie zu einer Soziologie des (symbolischen) Wissens geht die Aufgabe eines substantiellen zugunsten eines streng funktionalen Religionsverständnisses einher[40]: »Vielmehr ist Religion allgemein nur nach ihrer Funktion für den Menschen bestimmbar – welche Formen sie historisch auch annehmen mag.«[41] Die »religiöse Urfunktion« der Sinngebung für das menschliche Dasein stellt sich, für die Gesellschaft und den einzelnen etwas aufgefächert, so dar: Religion ist »jener Kern der gesellschaftlichen Konstruktion von Wirklichkeit, der den Umgang mit Transzendenzen ... verbindlich regelt«; die gesellschaftliche Grundfunktion ist also Umweltstabilisierung bzw. Legitimierung von umweltstabilisierenden Institutionen.[42] Und in personaler Hinsicht sorgt die Religion über die von ihr (mit-)geprägte Daseinsauffassung für eine »relative Einheit der Daseinsführung« sowie das »Identitätsbewußtsein« der Person.[43] – Gerade in dieser letzteren Perspektive sind nun eine Reihe

---

38 A.a.O., 21.
39 Luckmann, Religion in der modernen Gesellschaft, 6f.
40 Vgl. dagegen Berger, Religion und Gesellschaft, 165ff.
41 Luckmann, Religion in der modernen Gesellschaft, 5.
42 Ders., Problem der Religion, 36 und ders., Funktion der Religion, 34f.
43 Ders., Problem der Religion, 46f.

interessanter empirischer Untersuchungen über die Rolle religiöser Wissens- und Handlungselemente für die Ausbildung persönlicher und sozialer Identität (im Sinne KRAPPMANNs) durchgeführt worden (FISCHER 1977, MARHOLD u. a. 1977, SCHIBILSKI 1976; vgl. auch FISCHER und MARHOLD 1978 und 1983).

Ein systematisch angelegter Versuch, die einzelnen Funktionen der Religion für die Bildung und Wahrung von Identität zu bestimmen, stammt von DREHSEN (1975, vgl. 1983). DREHSEN unterscheidet zwischen universalen Funktionen der Religion, die Identität in den Tiefenschichten der Person herstellen und sichern, sowie personalen und sozialen Beiträgen der Religion zu Lösung von Identitätsproblemen, die sich in Schärfe erst unter modern-westlichen Bedingungen stellen. Die *universalen* Funktionen, die zusammengefaßt menschliches Handeln und gesellschaftliche Ordnung erst ermöglichen, sind: a) *kognitive Bedeutungsinvestition* (»Religiöser Glaube durchsetzt Welterfahrung mit Bedeutungsinvestitionen und bringt damit jenes Sinngefüge hervor, in dem Situationen als sinnhaft oder auch sinnlos erfahren werden«); b) *moralische Wertintegration* (Religion »begründet und legitimiert die fundamentale Wertbasis der Gesellschaft«, und legt, über den Prozeß der Gewissensbildung, den Stellenwert der unterschiedlichen Handlungspräferenzen für die Person fest); sowie c) *Ordnung der inneren Affektlage* (Religion ermöglicht es dem Menschen, »die innere Affektlage nach Einsicht auszudeuten und zu ordnen sowie in gesellschaftlich tragbare Ausdrucksmuster zu lenken«).[44] Die *personalen*, in ihrer konkreten Ausgestaltung spezifisch modernen Funktionen der Religion sind ihre Leistungen für die individuelle Identität, die DREHSEN (wiederum im Sinne KRAPPMANNs) als Balance in doppelter Hinsicht versteht: In der sozialen Identitätsdimension ermöglicht die Religion – als »Differenzerfahrung« zur »empirischen Gesellschaftsgestalt« – gegenüber den tendenziellen Totalitätsansprüchen von untereinander schwer vereinbaren Rollen, insbesondere dem Beruf, identitätswahrende Distanzierung. Und in der biographischen Dimension »bewahrt die Religion die Kontinuität der einzelnen Lebenslinie über drohende und auferzwungene Brüchigkeit der Daseinsumstände hinweg«, und ermöglicht es der Person, die verschiedensten sie berührenden Ereignisse als sinnhaften Zusammenhang, als ihr »einzigartiges« Schicksal zu begreifen; Entsprechendes gilt auch für das durch Mobilität und forcierten sozialen Wandel hervorgerufene oder zumindest verstärkte individuelle »Gefühl der ›Verlorenheit‹ und Standortlosigkeit«.[45] – Schließlich die *sozialen* Funktionen: Infolge der Ausdifferenzierung der modernen Makrostrukturen von Wirtschaft, Politik usw., an denen der einzelne in spezialisierter und mithin sehr begrenzter Weise Anteil hat, schrumpft die »Gleichartigkeit unmittelbarer Wirklichkeitserfahrung ... weitgehend auf die Sphäre des privaten Lebens zusammen«, und wächst dementsprechend das Bedürfnis nach sozial geteilten Interpretationsmustern, die Kommunikation mit Menschen in anderen Arbeits- und Lebenswelten erlauben, und die so, »gleichsam als Klammern«, zur Sozialintegration (LOCKWOOD) beitragen. Natürlich können solche übergreifenden Deutungsmuster auch von Ideologien u.ä. im üblichen Sinne bereitgestellt werden, doch ist die Religion in ihrer Betonung der »›Sorge um den Menschen‹« besonders identitätsrelevant. Hinzu kommt die tendenzielle Bewältigung des »Identitätsverzichts« (als Verzicht auf Selbstverwirklichung und reale Mitbestimmung), zu dem

[44] DREHSEN, Zum Interesse der sozialwissenschaftlichen Kritik an der Religion, 301 ff.

[45] A.a.O., 308 ff. und 319.

die wirklichen oder vermeintlichen Sachzwänge der Makrostrukturen die Menschen nötigen. Religion in den verschiedenen Formen wird hier zur Sachwalterin des »emanzipatorischen Teilhabepostulats«, das Identität »*kontra*faktisch zur Geltung (bringt)«.[46] Allerdings stellt sich insbesondere hier die Frage, welche (Praxis der) Religion wann diese Wirkungen erzielen kann. Denn gerade der traditionellen Gemeindekirchlichkeit bescheinigt DREHSEN eher eine Verhinderung »partizipationsorientierter« Identität ihrer Angehörigen: »Hier ist gleichsam die Transformationsstelle, wo sich der allgemeinreligiöse Anspruch auf Identität weitgehend in sein Gegenteil verkehrt«, wo also falsche Selbstgenügsamkeit und resignative Ohnmacht an die Stelle öffentlicher Teilnahme und Selbstverwirklichung treten.[47]

II. Religion als Sakralisierung von Identität (MOL)

In seinem international viel diskutierten »Entwurf einer allgemeinen sozialwissenschaftlichen Religionstheorie« bestimmt MOL (1976) die Grundfunktion der Religion als Sakralisierung der menschlichen Identität; ja, Religion fällt mit Sakralisierung zusammen (»Jede sakralisierte Ideologie ist eine Religion, und Religion ist es, die *jede* Identität sakralisiert«).[48] Sakralisierung – als ein Prozeß des »Heiligwerdens« oder »-machens« – ist bzw. ergibt eine der Bedeutung der tierischen Instinkte nahekommende Stabilisierung der jeweiligen Orientierungs- und Verhaltensmuster »auf der Ebene von Symbolsystemen« und mithin der personalen und sozialen Identität. Insofern jedoch eine solche Stabilisierung die Stabilität der sozialen Ordnung sowie das unangefochtene Gelten einer bestimmten, diese Ordnung stützenden Wirklichkeitsauffassung einschließt, bedeutet Sakralisierung auch Schutz und Verstärkung des (sub-)gesellschaftlichen »Komplexes von geordneten Wirklichkeitsdeutungen, von Regeln und Legitimationen«.[49] Es gibt wenigstens vier *Sakralisierungsmechanismen*, die der Stabilisierung von Identität dienen: a) *Objektivation* (als das subjektive Verknüpfen der unterschiedlichen Daseinselemente »in einem transzendenten Bezugspunkt«); b) *Bindung* (als »gefühlsmäßige Gebundenheit« an das, woher sich die Identität bestimmt, d.h. einen Identitätsfokus); c) *Rituale* (als »sich wiederholende, die Gefühle aufrührenden« und die Ordnung bekräftigenden Handlungen); d) *Wirklichkeitsdeutungen* (wie Mythen, aber auch rationalisiertere Glaubenssysteme, die die eigene Existenz zu erklären helfen).[50]
Doch was heißt Identität bei MOL? Identität *überhaupt* meint, einen eigenen, wohlabgegrenzten Ort in der natürlichen und sozialen Welt einzunehmen; das Bedürfnis nach Identität ist tierisches Erbe, und äußert sich in einem tiefen Verlangen nach Ordnung, nach einem Sich-gleich-bleiben von Dingen und Verhältnissen und nach gesicherter Abgrenzung gegenüber »draußen«.[51] *Personale* Identität ist dann »die stabile Nische, die der Mensch in einer potentiell chaotischen Umwelt einnimmt« – wenn unter Nische,

---

[46] A.a.O., 315f.
[47] A.a.O., 322f.; vgl. auch MÖRTH, Die gesellschaftliche Wirklichkeit von Religion, 136ff.
[48] MOL, Identity and the Sacred, 59.
[49] A.a.O., 5 und 15, vgl. 262.
[50] A.a.O., 11f.
[51] A.a.O., 14.

jedenfalls unter modernen Bedingungen, weniger ein sozialer Ort (im Sinne von Positionen und Rollen) als vielmehr emotional besetzte »Selbstverankerung« in einer sinnhaften Wirklichkeit verstanden wird, die der Person das Warum und Wie ihrer Existenz beantwortet.[52] Allerdings kann diese sinnhafte Wirklichkeit nicht Privatangelegenheit, sondern muß sozial geschaffen und sozial geteilt sein. *Soziale* Identität, bei der MOL später zwischen einer Gruppen- und einer übergreifenden »sozialen«, d. h. gesamtgesellschaftlichen Identität unterscheidet[53], meint dementsprechend (und ähnlich der kollektiven Identität bei HABERMAS) die Zugehörigkeit zu einer Gruppe, z.B. einer sozialen Klasse, die durch eine »stabile Konfiguration von grundlegenden und allgemein anerkannten Überzeugungen, Verhaltensmustern und Werten« gegenüber der Umwelt abgegrenzt ist.[54]

Nun hat es neben stabilen Zuständen natürlich immer auch personale Krisen und sozialen Wandel gegeben, denen MOL eigene Entsakralisierungsmechanismen (Konversion, Charisma, Passageriten) zuordnet. Neu an der modern-westlichen Situation ist jedoch ein doppelter, der fortgetriebenen sozialen Differenzierung geschuldeter oder doch mit ihr zusammenhängender Sachverhalt. Einerseits sind hier ganz heterogene Lebenswelten entstanden, die u.a. auch die Fähigkeit der überkommenen Religion bzw. der Kirchen überfordern, sie in das »traditionelle Bezugssystem« zu integrieren; Säkularisierung in diesem Sinne schließt mithin eine zunehmende Sakralisierung von Identitäten durch nichtreligiöse Einrichtungen ein. Andererseits existiert eine Vielzahl von miteinander konkurrierenden und sich damit in ihrer Geltung wechselseitig relativierenden Wirklichkeitsauffassungen, die zu einem entsprechenden »Überangebot« von Identitätsfoci führt. Eine solche Situation begünstigt natürlich nicht nur eine gleichsam freie Wahl der eigenen Identität, sondern auch Identitätsdiffusion mit den Symptomen der Bindungs- und Sinnlosigkeit, subjektiver Anomie und Entfremdung. Doch auch die je gewählte Identität bleibt schon aufgrund reduzierter sozialer Bestätigung prekär, so daß in den westlichen, sich rasch wandelnden Gesellschaften Sakralisierung und Entsakralisierung wechselnder Identitäten zu einem immer wieder erneuerten »psychischen Unternehmen« der einzelnen Person wird.[55]

III. Schlußbemerkung

Es erscheint abschließend nicht sinnvoll, die hier vorgestellten Identitätsverständnisse und -perspektiven sei es nur umrißhaft in eine übergreifende Gesamtkonzeption integrieren zu wollen – oder auch nur den schlichteren Versuch zu unternehmen, durch neue terminologische Festlegungen die vorhandenen begrifflichen Unstimmigkeiten auszuräumen. Statt dessen noch ein Wort zu den gesellschaftlichen Prozessen und Gegebenheiten, die bisher mindestens ebensosehr wie wissenschaftsimmanente Entwicklungen die Begriffe und Konzeptualisierungen von Identität bestimmt haben: Es ist die *westliche Modernität*, die über Freisetzungs- und Individualisierungsprozesse der verschiedensten

[52] A.a.O., 65 und 69.
[53] MOL, Identity and Religion, 9f.
[54] MOL, Identity and the Sacred, 65.
[55] A.a.O., 58 sowie 10ff.

Art[56] die Festigkeit überkommener (Teil-)Identitäten aufgelöst hat, damit die Empfänglichkeit der Menschen für ein emphatisches Identitätsverständnis – etwa als personale, im Prinzip sich selbst steuernde und gleichwohl sozial anerkannte, objektiv sinnvolle Individuierung – fördert und entsprechende personale Bemühungen motiviert; und es ist diese Modernität, die (wie vor allem LUCKMANN und MOL zu entnehmen war) teils über dieselben, teils über andere Prozesse und Gegebenheiten die Realisierung einer so verstandenen Identität verhindert. Das aber bedeutet, daß einerseits die praktische Identitätsproblematik und die von ihr hervorgerufenen individuellen und kollektiven Prozesse der Identitätssuche[57] sich künftig noch verschärfen dürften, und daß andererseits das langwierige Spiel der Identitätstheoretiker erst begonnen hat.

Literatur

ALLPORT, G. W., Personality and Social Encounter, 1960; ANGEHRN, E., Geschichte und Identität, 1985; BAIER, L., Gleichheitszeichen. Streitschriften über Abweichung und Identität, 1985; BEALS, R. C., The Rise and Decline of National Identity, in: Canadian Review of Studies in Nationalism 4 (1976/77) 147–166; BECK, U., Jenseits von Klasse und Stand?, in: KRECKEL, R. (Hrsg.), Soziale Ungleichheiten (Sonderband 2 der Sozialen Welt), 1983, 35–74; BECK-GERNSHEIM, E., Vom ›Dasein für Andere‹ zum Anspruch auf ein Stück ›eigenes Leben‹, in: Soziale Welt (1983) 307–340; BELL, W., FREEMAN, W. (Hrsg.), Ethnicity and Nation-Building. Comparative, International and Historical Perspectives, 1974; BENOIST, J. M. (Hrsg.), Identität, (1977) 1980; BENTLEY, G. C., Ethnicity and Nationality. A Bibliographic Guide, 1981; BERGER, P. L., Identity as a problem in the sociology of knowledge, in: European Journal of Sociology 7 (1966) 105–115; ders., Zur Dialektik von Religion und Gesellschaft. Elemente einer soziologischen Theorie, (1967) 1973; ders., Auf den Spuren der Engel. Die moderne Gesellschaft und die Wiederentdeckung der Transzendenz, (1969) 1970; ders., LUCKMANN, TH., Die gesellschaftliche Konstruktion der Wirklichkeit. Eine Theorie der Wissenssoziologie, (1966) 1969; BERGHE, P. L. VAN DEN, The Ethnic Phenomenon, 1981; BILLIG, M., TAJFEL, H., Social categorization and similarity in intergroup behavior, in: European Journal of Social Psychology 1 (1971) 149–178; BLASCHKE, J. (Hrsg.), Handbuch der westeuropäischen Regionalbewegung, 1980; BOERNER, P. (Hrsg.), Concepts of National Identity. An Interdisciplinary Dialogue. Interdisziplinäre Betrachtungen zur Frage der nationalen Identität, 1986; BOLAY, E., TRIEB, B., Verkehrte Subjektivität. Kritik der individuellen Ich-Identität, 1988; BRASS, P. (Hrsg.), Ethnic Groups and the State, 1985; BREUILLY, J., Nationalism and the State, 1982; BROWN, R. J., The effects of intergroup similarity and cooperative versus competitive orientation on intergroup discrimination, in: British Journal of Social Psychology 23 (1984) 21–33; ders., TURNER, J. C., The criss-cross categorization effect in intergroup discrimination, in: British Journal of Social and Clinical Psychology 18 (1979) 371–383; BURTON, R. V., WHITING, J. W. M., The Absent Father and Cross-Sex Identity, in: LESSA, W. A., VOGT, E. Z. (Hrsg.), Reader in Comparative Religion, 1965, 610–614; COHEN, Y. A., The Establishment of Identity in a Social Nexus, in: American Anthropologist 66 (1964) 529–552; COOLEY, CH. H., Human Nature and the Social Order, 1909; DAVIS, H. P., Toward a Marxist Theory of Nationalism, 1978; DESCHAMPS, J. C., BROWN, R. J., Superordinate goals and intergroup conflicts, in: British Journal of Social Psychology 22 (1983); DOISE, W., Groups and Individuals. Explanations in Social Psychology, 1978; DREHSEN, V., Zum Interesse der sozialwissenschaftlichen Kritik an der Religion, in: DAHM, K. W., DREHSEN, V., KEHRER, G., Das Jenseits der Gesellschaft, 1975, 281–327; ders., Die strukturell-funktionale Analyse in der deutschen

---

56 Vgl. dazu BECK 1983, BECK-GERNSHEIM 1983, TENBRUCK, Die unbewältigten Sozialwissenschaften, 200ff.

57 Vgl. WHEELIS 1958, KLAPP 1969, PARANJPE 1975.

Religions- und Kirchensoziologie nach 1945, in: Daiber, K. F., Luckmann, Th. (Hrsg.), Religion in den Gegenwartsströmungen der deutschen Soziologie, 1983, 86–135; Dubiel, H., Identität und Institution. Studien über moderne Sozialphilosophien, 1973; Elkaar, R. S. (Hrsg.), Europas unruhige Regionen. Geschichtsbewußtsein und europäischer Regionalismus, 1981; Éléments pour une théorie de la nation (Aufsätze von Bateson, G. u. a.), in: Communications 45 (1987); Epstein, A. L., Ethnos and Identity. Three Studies in Ethnicity, 1978; Erikson, E. H., Identität und Lebenszyklus, (1959) 1966; ders., Identity, Youth and Crisis, 1968; Esman, M. J. (Hrsg.), Ethnic Conflict in the Western World, 1977; Estel, B., Soziale Vorurteile und soziale Urteile. Kritik und wissenssoziologische Grundlegung der Vorurteilsforschung, 1983; ders., Gesellschaft ohne Nation? Zur nationalen Identität der Deutschen heute, in: Sociologia internationalis 26 (1988), 175–207; Felling, A., Peters, J., Schreuder, O., Nationale Identität. Die fünf Niederlande, in: Kölner Zeitschrift für Soziologie und Sozialpsychologie 34 (1984) 738–754; Fischer, W., Pfarrer auf Probe. Identität und Legitimation von Vikaren, 1977; ders., Marhold, W. (Hrsg.), Religionssoziologie als Wissenssoziologie, 1978; dies., Das Konzept des Symbolischen Interaktionismus in der deutschen Religionssoziologie, in: Daiber, K. F., Luckmann, Th. (Hrsg.), Religion in den Gegenwartsströmungen der deutschen Soziologie, 1983; Frank, M., Die Unhintergehbarkeit von Individualität, 1986; Gellner, E., Nation and Nationalism, 1983; ders., Culture, Identity and Politics, 1987; Gerdes, D. (Hrsg.), Aufstand in der Provinz. Regionalismus in Westeuropa, 1980; ders., Regionalismus als soziale Bewegung, 1985; Giles, H. (Hrsg.), Language, Ethnicity and Intergroup Relations, 1977; Glasser, W., Identität und Gesellschaft, 1972; Glazer, N., Moynihan, D. P. (Hrsg.), Ethnicity, Theory and Experience, 1975; Goetze, D., Mühlfeld, C., Ethnosoziologie, 1984; Goffman, E., The Presentation of Self in Everyday Life, 1959; ders., Characteristics of Total Institutions, in: Stein, M. u. a. (Hrsg.), Identity and Anxiety, 1960, 449–479; ders., Stigma. Über Techniken der Bewältigung beschädigter Identität, (1963) 1975; Goodenough, W. H., Cooperation in Change, 1963; Grillo, R. D. (Hrsg.), »Nation« and »State« in Europe. Anthropological Perspectives, 1980; Grohs, G., Schwerdtfeger, J., Strohm, Th. (Hrsg.), Kulturelle Identität im Wandel, 1980; Habermas, J., Kultur und Kritik, 1973 (darin: Stichworte zu einer Theorie der Sozialisation (1968), 118–194); ders., Zur Rekonstruktion des historischen Materialismus, 1976; ders., Döbert, R., Nunner-Winkler, G. (Hrsg.), Entwicklung des Ichs, 1977; ders. (Hrsg.), Stichworte zur »geistigen Situation der Zeit«, 1979, 1. Bd.: Nation und Republik; Hahn, A., Religion und der Verlust der Sinngebung. Identitätsprobleme in der modernen Gesellschaft, 1974; Hallowell, A. I., Culture and Experience, 1955; Hamilton, D. L., Cognitive Processes in Stereotyping and Intergroup Behavior, 1981; Hartmann, H., Ich-Psychologie. Studien zur psychoanalytischen Theorie, (1964) 1972; Henrich, D., »Identität« – Begriffe, Probleme, Grenzen, in: Marquard, O., Stierle, K. (Hrsg.), Identität, 1979, 133–186; Holloman, R. E., Arutiunov, S. A. (Hrsg.), Perspectives on Ethnicity, 1978; Klapp, O. E., Collective Search for Identity, 1969; Kohlberg, L., Stage and Sequence, in: Goslin, D. (Hrsg.), Handbook of Socialisation Theory and Research, 1969, 347–480; ders., From Is to Ought, in: Mischel, Th. (Hrsg.), Cognitive Development and Epistemology, 1971, 151–236; Krappmann, L., Soziologische Dimensionen der Identität, 1969; Lagarde, P., La régionalisation, 1977; Leitner, H., Lebenslauf und Identität. Die kulturelle Konstruktion von Zeit in der Biographie, 1982; Levita, D. J. de, Der Begriff der Identität, (1965) 1971; Link, W., Feld, W. J. (Hrsg.), The New Nationalism, 1979; Lipp, W., Heimatbewegung, Regionalismus. Pfade aus der Moderne? in: Neidhardt, F. u. a. (Hrsg.), Kultur und Gesellschaft (Sonderheft 27 der KZfSS), 1986, 331–355; Locksley, A., Ortiz, V., Hepburn, C., Social categorization and discriminatory behavior: Extinguishing the minimal intergroup discrimination effect, in: Journal of Personality and Social Psychology 39 (1980) 773–783; Luckmann, Th., Das Problem der Religion in der modernen Gesellschaft. Institution, Person und Weltanschauung, 1963; ders., The invisible Religion, 1967; ders., Religion in der modernen Gesellschaft, in: Wössner, J. (Hrsg.), Religion im Umbruch, 1972a, 3–15; ders., Zwänge und Freiheiten im Wandel der Gesellschaftsstruktur, in: Gadamer, H. G., Vogler, P. (Hrsg.), Neue Anthropologie, Bd. 3: Sozialanthropologie, 1972b, 168–198; ders., Persönliche Identität, soziale Rolle und Rollendistanz, in: Marquard, O., Stierle, K. (Hrsg.), Identität, 1979a, 293–313; ders., Persönliche Identität und Lebenslauf – gesellschaftliche Voraussetzungen, in: Klingenstein, G. u. a. (Hrsg.), Biographie und Geschichtswissenschaft, 1979b, 29–46; ders., Über die Funktion der Religion, in: Koslowski, P. (Hrsg.), Die religiöse

Dimension der Gesellschaft, 1985; MARHOLD, W. u. a., Religion als Beruf, Bd. 1: Identität der Theologen, Bd. 2: Legitimation und Alternativen, 1977; MÁRMORA, L., Nation und Internationalismus. Probleme und Perspektiven eines sozialistischen Nationsbegriffs, 1983; MAYO, P. E., The Roots of Identity. Three National Movements in Contemporary European Politics, 1974; MEAD, G. H., Mind, Self and Society, (1934; MEIER, CH., Die politische Identität der Griechen, in: MARQUARD, O., STIERLE, K. (Hrsg.), Identität, 1979, 435–461; MILLER, D. R., The Study of Social Relationships: Situation, Identity, and Social Interaction, in: KOCH, S. (Hrsg.), Psychology: A Study of Science, 1963, Bd. 5, 639–737; MÖRTH, I., Die gesellschaftliche Wirklichkeit von Religion. Grundlegung einer allgemeinen Religionstheorie, 1978; MOL, H., Identity and the Sacred. A sketch for a new social-scientific theory of religion, 1976; ders. (Hrsg.), Identity and Religion. International Cross-Cultural Approaches, 1978; MOSSE, G. L., Die Nationalisierung der Massen. Politische Symbole und Massenbewegung in Deutschland von den Napoleonischen Kriegen bis zum Dritten Reich, 1976; MÜLLER, R. W., Geld und Geist. Zur Entstehungsgeschichte von Identitätsbewußtsein und Rationalität seit der Antike, 1977; MUMMENDEY, A., Verhalten zwischen sozialen Gruppen: Die Theorie der sozialen Identität, in: FREY, D., IRLE, M. (Hrsg.), Theorien der Sozialpsychologie, 1985, Bd. 2, 185–217; dies., SCHREIBER, H. J., Better or just different? Positive social identity by discrimination against, or by differentiation from outgroups, in: Journal of Personality and Social Psychology 13 (1983) 389–397; NAIRN, TH. u. a., Nationalismus und Marxismus, 1978; PARANJPE, A. CH., In Search of Identity, 1975; PARSONS, T., The Position of Identity in the General Theory of Action, in: GORDON, C., KERGEN, K. J. (Hrsg.), The Self in Social Interaction, 1968, 11–24; PIAGET, J., Das moralische Urteil beim Kind, 1954; ders., Biology and Knowledge, 1971; REDFIELD, R., The Primitive World and its Transformations, 1953; REITERER, A. F., Die unvermeidbare Nation. Ethnizität, Nation und nachnationale Gesellschaft, 1988; RENAN, E., Qu'est-ce qu'une nation? 1882; ROBBINS, R. H., Identity, Culture, and Behavior, in: HONIGMAN, J. J. (Hrsg.), Handbook of Social and Cultural Anthropology, 1973, 1199–1222; ROBERTS, M. (Hrsg.), Collective Identities. Nationalisms and Protest in Modern Sri Lanka, 1979; ROGERS, C. R., A Theory of Therapy, Personality and Interpersonal Relationships, as Developed in the Client-Centered Framework, in: KOCH, S. (Hrsg.), Psychology: A Study of Science 1959, Bd. 3, 184–256; ROKKAN, S., Handbook of Territories and Identities in Western Europe, 1980; ders., URWIN, D. W. (Hrsg.), The Politics of Territorial Identity. Studies in European Regionalism, 1982; SAID, A. A., SIMMONS, L. R. (Hrsg.), Ethnicity in an International Context, 1976; SCHIBILSKY, M., Religiöse Erfahrungen und Interaktion. Die Lebenswelt jugendlicher Randgruppen, 1976; SCHRENCK-NOTZING, C. VON, MOHLER, A. (Hrsg.), Deutsche Identität, 1982; SCHWEITZER, F., Identität und Erziehung, 1985; SHERIF, M., Group Conflict and Cooperation: Their Social Psychology, 1966: ders., ROHRER, J. H. (Hrsg.), Social Psychology at the Crossroads, 1961; SMITH, A. D., Theories of Nationalism, (1971) 1983; ders., Nationalism in the Twentieth Century, 1979; ders., The Ethnic Revival, 1981; ders., The Ethnic Origins of Nations, 1987; SOMMER, M., Übergangsschwierigkeiten – Zur Konstitution und Präsentation moralischer Identität, in: MARQUARD, O., STIERLE, K. (Hrsg.), 1979, 435–461; SPRADLEY, J. P., You Owe Yourself a Drunk: An Ethnography of Urban Nomads, 1970; STEIN, M. R., VIDICH, A. J., WHITE, D. M. (Hrsg.), Identity and Anxiety, 1960; STRAUSS, A., Spiegel und Masken (1959) 1974; SULLIVAN, H. S., The Interpersonal Theory of Psychiatry, 1953; TAJFEL, H., Experiments in intergroup discrimination, in: Scientific American 223 (1970) 96–102; ders. u. a., Social categorization and intergroup behavior, in: European Journal of Social Psychology 1 (1971) 149–178; ders., Differentiation between Social Groups, 1978; ders., TURNER, J., An Integrative Theory of Intergroup Conflict, in: AUSTIN, W. G., WORCHEL, S. (Hrsg.), The Social Psychology of Intergroup Relations, 1979, 33–47; TATSCHMURAT, C., Arbeit und Identität. Zum Zusammenhang zwischen gesellschaftlichen Lebens- und Arbeitsbedingungen und weiblicher Identitätsfindung, 1980; TENBRUCK, F. H., Die unbewältigten Sozialwissenschaften oder die Abschaffung des Menschen, 1984; THURLINGS, J. M. G., Identity and Pluralism: A Case-Study, in: MOL, H. (Hrsg.), Identity and Religion. International, Cross-Cultural Approaches, 1978; TIRYAKIAN, E. A., ROGOWSKI, R. (Hrsg.), New Nationalisms of the Developed West. Toward Explanation, 1985; TOURAINE, A. u. a., Le Pays contre l'Etat. Luttes Occitanes, 1981; TUGENDHAT, E., Selbstbewußtsein und Selbstbestimmung, 1979; TURNER, J. C., Social comparison and social identity: Some prospects for intergroup behavior, in: European Journal of Social Psychology 5 (1975) 5–34; ders., Towards a cognitive redefinition of social group, in: TAJFEL, H. (Hrsg.), Social Identity and Intergroup Relations, 1982, 15–40; ders., GILES, H., Intergroup Behavior, 1981; TURNER, V. W., The Ritual Process, 1969; TYLER, S. A., The Said and the Unsaid: Mind, Meaning and Culture, 1978; VOGLER, C. M., The Nation State: The Neglected Dimension of Class, 1985; VOLMERG, U., Identität und Arbeitserfahrung, 1978; VOS, G. DE, ROMANUCCI-ROSS, L. (Hrsg.), Ethnic Identity. Cultural Continuities and Change, 1975; WALLACE, A. F. C., Religion. An Anthropological View, 1966; ders., Identity Processes in Personality and in Culture, in: JESSOR, R., FESHBACK, S. (Hrsg.), Cognition, Personality, and Clinical Psychology, 1967, 62–89; ders., Anthropological Contributions to the Theory of Personality: An Interdisciplinary Appraisal, 1968, 41–53; WALLMAN, S., Ethnicity at Work, 1979; WEIDENFELD, W. (Hrsg.), Die Identität der Deutschen, 1983; ders. (Hrsg.), Nachdenken über Deutschland. Materialien zur politischen Kultur der Deutschen Frage, 1985; WEIGELT, K. (Hrsg.), Heimat und Nation. Zur Geschichte und Identität der Deutschen, 1984; WEINBERG, D. E. (Hrsg.), Ethnicity. A Conceptual Approach, 1976; WHEELIS, A., The Quest for Identity, 1958; WINTER, G., Religious Identity, 1968.

Bernd Estel

→ *Autosterotyp/Heterostereotyp, Religion (Definitionen und Funktionen), Gruppe, Seele*

Ideologie

I. Begriffsbestimmung

Unter Ideologie versteht man ein System mehr oder minder kohärenter Vorstellungen juristischer, politischer, religiöser, künstlerischer oder auch philosophischer Art, dem nicht notwendig im einzelnen, wohl aber insgesamt ein falsches, gesellschaftlich vermitteltes Bewußtsein eignet. Eine Ideologie kann logisch konsistent sein, sie kann über einen ungewöhnlichen Grad an szientifischer Rationalität oder auch praktischer Evidenz verfügen und dabei ihren Anhängern oder Verfechtern ein hohes Maß an Sicherheit und Überzeugung verschaffen. Falsch ist sie insofern, als die sie entscheidend bestimmenden Interessen, Triebkräfte oder Motive im Prozeß ihrer Herausbildung und Behauptung unterschlagen oder verdrängt, daher dem ideologisch fixierten Bewußtsein aktuell oder permanent entzogen und somit unkenntlich sind.
Der kritische Ideologiebegriff geht insbesondere auf MARX zurück. Danach gründet ideologisches Bewußtsein sich auf den realen Schein, der den verdinglichten Formen kapitalistischer Produktion notwendig anhaftet. Die MARX*sche* Ideologiekritik richtet sich daher nicht in erster Linie gegen das »verkehrte Bewußtsein« als solches, sondern gegen die verkehrten gesellschaftlichen Verhältnisse, die solches Bewußtsein notwendig erst hervorbringen. Ebensowenig wie die materielle Produktion und Reproduktion bürgerlicher Gesellschaft, kann das auf sie sich begründende Bewußtsein widerspruchsfrei gedacht werden. So ist die Gerechtigkeitsforderung, die namens des Individuums seit der europäischen Aufklärung naturrechtlich erhoben wurde, mit dessen ökonomischer Verwertung absolut unvereinbar. Die Frage ist daher stets, wie der Widerspruch nicht nur theoretisch, sondern auch praktisch ausgehalten wird.

Entscheidendes hat zu diesem Problem weniger die sogenannte Ideologieforschung des 20. Jahrhunderts beigetragen, als vielmehr die *Psychoanalyse* S. FREUDS. Danach vertritt die Ideologie symptomatisch die → Rationalisierung kollektiv ungelöster, weil unausgetragener Konflikte. Ebenso wie das Subjekt unter dem Druck gesellschaftlicher Zurichtung und Versagung seine sozial unerwünschten Triebregungen unbefriedigt lassen muß und sie stattdessen unter Zuhilfenahme scheinbar vernünftiger Erklärungen ins Unterbewußtsein verdrängt, ebenso verläuft der Prozeß der Ideologiebildung im gesellschaftlichen Spannungsfeld zwischen dem Prinzip einer mächtigen, versagenden Realität und dem, was ihr widerstreitend als »realitätsblind«, als »weltfremd« oder »utopisch« ungestillt unterliegt. Der Ideologieverdacht wurde daher mit Beginn der 20er Jahre in bezeichnender Umkehrung gegen die radikale Gesellschaftskritik selber gewendet. Damit wurde nicht nur der emanzipatorische Aufhebungscharakter der Ideologiekritik eigentümlich relativiert und entschärft, sondern auch der Wahrheitsanspruch, der einer Ideologie bislang unabdingbar zukam, faktisch preisgegeben. Weder bloße Lüge noch volle Wahrheit, verschränkt sich in ihr Wahres mit Unwahrem. Sie bedarf der Konfrontation mit ihrer eigenen Wahrheit, denn Ideologie ist vor allem Rechtfertigung: »Sie setzt ebenso die Erfahrung eines bereits problematischen gesellschaftlichen Zustandes voraus, den es zu verteidigen gilt, wie andererseits die Idee der Gerechtigkeit selbst, ohne die eine solche apologetische Notwendigkeit nicht bestünde... Wo bloße unmittelbare Machtverhältnisse herrschen, gibt es eigentlich keine Ideologien.«[1]

II. Begriffsgeschichte

Der Begriff entstammt dem Zeitalter der Französischen Revolution. Er wurde von ANTOINE DESTUTT DE TRACY (1754–1836) geprägt und meinte zunächst nichts anderes als eine *»science des idées«*, eine Lehre vom Zustandekommen der menschlichen Anschauungen und Vorstellungen, nicht aber von deren Verbindlichkeit. Zusammen mit Logik und Grammatik sollte die neue philosophische Disziplin den übrigen Wissenschaften zum Fundament dienen. Als Gründer dieser Wissenschaft nennt DESTUTT in den *»Eléments d'Idéologie«* (1801) seinen Lehrer, den Sensualisten ÉTIENNE DE CONDILLAC (1715–1780), der erfolgreich nur fortgeführt, was JOHN LOCKE (1632–1704) mit seiner Untersuchung des menschlichen Verstandes erstmals begonnen habe: nämlich diesen zu beobachten und zu beschreiben, als handle es sich um eine Pflanze oder ein Mineral. Die Ideologie solle daher, so pointiert er einmal, nichts anderes sein als ein Teil der Zoologie. Ihren Ursprung haben die Ideen danach in den Sinnen. Diese werden von festen Gesetzen beherrscht, denen menschliches Bewußtsein, ob wahr oder falsch, allemal unterliegt. Im Vordergrund steht dabei für DESTUTT der sprachliche Ausdruck. Jeder Idee müsse ein eindeutiges Zeichen zugeordnet werden. Die strenge Gewißheit mathematischer und naturwissenschaftlicher Disziplin erreiche so auch die Wissenschaft vom menschlichen Geiste. Die Ideologie hat dabei nicht nur theoretische, sondern auch praktische Funktion. Sie wird zum wissenschaftlichen Fundament von Gesellschaft. Politik, Recht, Moral und Erziehung sollen auf ihr sich gründen. Die von DESTUTT gebildete »Schule der Ideologen« hatte ein weitgestecktes Programm zur gesellschaftlichen Reform. Die Ver-

[1] ADORNO, Ideologie, 168.

nunft sollte herrschen und die privaten Interessen einander liberalistisch ausgleichen. Eine endlose Kette wechselseitigen Austauschs bildet das harmonische Ganze von Gesellschaft.
Dem Konflikt der ›Ideologen‹ mit NAPOLEON I. und der Reaktion verdankt sich der verächtliche Beigeschmack des Begriffs. Dessen Restauration von Kirche und Staat standen sie als erklärte Republikaner und Freigeister im Wege. In seiner Rede vor dem Conseil d'Etat am 20. Dezember 1812 brandmarkte Napoleon sie als die Sündenböcke für das Scheitern seiner imperialistischen Politik: »Es ist die Ideologie, diese finstere Metaphysik, die spitzfindig nach den ersten Ursachen gräbt und auf sie die Gesetzgebung der Völker gründen will, anstatt die Gesetze der Kenntnis des menschlichen Herzens und den Lehren der Geschichte anzupassen, ihr muß man all das Unglück anlasten, das unser schönes Frankreich erlitten hat. Ihre Verirrungen mußten, wie es ja geschah, das Blutregime herbeiführen. In der Tat, wer hat denn das Prinzip der Insurrektion wie eine Pflicht proklamiert? Wer hat denn das Volk betört, indem er eine Souveränität für es proklamierte, die es nicht auszuüben vermochte?«[2] Seither haftet intellektueller Kritik leichthin der Vorwurf der Zersetzung, der Verdacht des Ideologischen an. »Realpolitik« hat sich »weltfremder Ideologien« zu erwehren, sie setzt auf das Einverständnis mit den unmündig Gehaltenen. HEINE nennt Napoleon wiederum den ahnungslosen »Retter der Ideologie« in Deutschland. Hätte er nicht gesiegt, dann wären die Philosophen hierzulande mitsamt ihren Ideen durch Rad und Galgen ausgerottet worden.[3] Deren Nachfolgern, LUDWIG FEUERBACH und den radikalen Junghegelianern, werfen MARX und ENGELS den Mangel bloßer Bewußtseinskritik vor, die die gesellschaftlichen Bedingungen nicht nur der menschlichen Illusionen in Religion und Philosophie, sondern auch die ihrer eigenen Position nicht zureichend reflektiere. Die *»Deutsche Ideologie«*, so die gleichnamige Schrift von 1846, erschöpft sich für sie in dem Glauben, es genüge schon, das Bewußtsein zu entmystifizieren, um auch die Gesellschaft zu revolutionieren.

III. Geschichte der religionsphilosophischen Theoriebildung

1. Die Sache selbst ist jedoch älter als ihr Begriff. Während menschliche Herrschaft seit je sich religiöser und rechtlicher Sanktionierung bedient hat, ist die Ideologie offenbar erst mit dem Zerfall der mittelalterlichen Ordnung und mit dem antifeudalen Kampf des erstarkenden Bürgertums zum Problem nicht nur politischer Auseinandersetzung, sondern auch philosophischer Kritik geworden. So ist von NICCOLO MACHIAVELLI (1469–1527) bereits das auf Florenz gemünzte Wort überliefert: »Sie haben eine Seele auf dem Marktplatz und eine im Rathaus.«[4] Es denunziert die Verwandlung, die das Bewußtsein des murrenden und unzufriedenen Bürgers, einmal zu Amt und Würden gekommen, durchmacht: Auf der *piazza* denkt und redet er anders als im *palazzo*.

2. Nachhaltigen Einfluß insbesondere auf die Enzyklopädisten unter den französischen Aufklärern hat die Idolenlehre von FRANCIS BACON (1561–1626) ausgeübt. Er entwirft

---

[2] Zit. nach PARETO, Sociologia generale, § 1793 Anm.

[3] H. HEINE, Zur Geschichte der Religion und Philosophie in Deutschland, 1834.

[4] MACHIAVELLI, Discorsi, Buch I, Kap. 47.

im 1. Buch seines *»Novum organum scientiarum«* (1620) ein wahres Programm zur Zerstörung der »Götzenbilder« (*idola,* von gr. *eídolon* = Trugbild, Nachbildung, im NT Götzenbild), die sich des menschlichen Geistes regelmäßig bemächtigen. Denn dieser sei, so BACON, »kein reines Licht, sondern Eigensinn und Affekte trüben ihn, dadurch macht er aus den Wissenschaften alles, was er gern will«.[5] Seine Lehre von den Idolen solle sich zur Naturforschung ebenso verhalten, wie die Lehre von den sophistischen Trugschlüssen zur Logik. BACON unterscheidet vier Arten von Idolen: Die Götzenbilder des Stammes *(idola tribus)* haben ihren Grund in der Gattungsnatur des Menschen. Denn der menschliche Verstand gleiche einem unebenen Spiegel, der die Objekte nur verzerrt wiedergebe. Die Götzenbilder der Höhle (*idola specus,* in Anspielung auf PLATONS Gleichnis) haften jeweils dem einzelnen an. Denn der eigene Standpunkt richte sich nach Charakter, Erziehung und Umgang, vor allem nach dem Maß der Autoritätsgläubigkeit, das man verehrten Größen entgegenbringe. Entscheidend sei, daß die Menschen ihr Wissen allemal nach ihrer vertrauten kleinen Welt bildeten, und nicht nach der großen allgemeinen Welt. Nach antikem Vorbild (XENOPHANES) bezieht BACON sich hier auf den Anthropomorphismus im menschlichen Vorstellen und Erkennen. Die kollektiven Götzenbilder *(idola fori* und *idola theatri)* entsprängen hingegen der gesellschaftlichen Bindung aneinander vor allem durch die Sprache. Hinderlich sei dabei, daß die Wahl der Worte der Beschränktheit des »gemeinen Haufens« angemessen sei: »Die Worte tun dem Verstande wahrhaft Gewalt an, werfen alles durcheinander und führen zu vielen leeren Streitigkeiten und Einbildungen.«[6] BACON wollte die Naturforschung befreien von der Vormundschaft der Religion, vom Aberglauben und von Vorurteilen. Die Struktur der Vernunft und die Struktur der Natur sind ihm im Grunde eins. Der Erkennende kann darauf bauen, denn sie sind beide Teil einer Schöpfung. Von daher bezieht der Empirismus BACONS, sein induktives Verfahren, seine Sicherheit. Er wendet sich daher nur gegen ein subjektives Moment. Aber in all seinen Verzerrungen bleibt es von den gleichen Bedürfnissen bestimmt und gleichsam unveränderlich. Das objektive Moment von Gesellschaft, dessen sich wandelnde Vormacht, ist BACON noch unbekannt.

3. Anders schon sein späterer Landsmann BERNARD DE MANDEVILLE (1670–1733). Mit puritanischem Eifer zieht er die gesellschaftliche Verlogenheit, das Doppelbödige in Religion und Moral ans Licht. Einzig Menschen aus Fleisch und Blut will er beschreiben, gleichsam im Stande der Natur, »ohne Kenntnis des wahren Gottes«. So entlarvt er in seinen Kommentaren zur *»Bienenfabel«* (1714 ff.) die herrschende philosophische Moral mit dem Verweis auf das Beispiel des SENECA. Er könne über Seelenstärke und Verachtung des Reichtums ebensoviele schöne Redensarten machen wie jener, ja er würde es schon für den zehnten Teil von dessen Einkommen übernehmen, zum Lobe der Armut zweimal soviel zu schreiben: »Ich könnte den Weg zum *summum bonum* ebenso genau vorzeichnen, wie ich meinen Heimweg kenne, und könnte den Leuten erzählen, daß sie, um sich aller irdischen Sorgen zu entäußern, ihre Leidenschaften aufgeben müssen, wie man Möbel entfernt, um ein Zimmer gründlich zu reinigen.«[7] In der Theorie sei er gründlich bewandert, jedoch die Praxis sei schwieriger und strafe den philosophi-

---

[5] BACON, Buch I, Aphorism. 49.

[6] Ebd., Buch I, Aphorism. 44.

[7] MANDEVILLE, Bienenfabel, 194.

schen Anspruch Lügen. Ebenso stehe es mit der Gewißheit der Religion. Die Frage, welche die beste Religion sei, habe bislang unter den Menschen mehr Unheil angerichtet als alle anderen Fragen zusammengenommen: »Man stelle sie in Peking, in Konstantinopel und in Rom und man wird drei ganz bestimmte Antworten erhalten, die völlig voneinander abweichen, aber alle gleich positiv und entschieden lauten.«[8] Und man stelle auch nur an die einzelnen christlichen Sekten, die sich gegen das Heidentum untereinander einig wüßten, die Frage: »Welches ist die wahre Kirche Christi?«, so würden alle versichern, es sei die ihre und zum Beweis dafür sofort übereinander herfallen. Insofern MANDEVILLE dem Bewußtsein das gesellschaftliche Sein konfrontiert und es seiner Unwahrheit überführt, leistet er Ideologiekritik. Aber er verzichtet ohnehin auf höhere Wahrheit in einer Gesellschaft des Sündenfalls, die der Gnade entbehre, und will diese nur von falschen Hypotheken befreien; dabei setzt er auf die Machination »geschickter Politiker«. Eben dieser skeptische Radikalismus macht ihn zu einem der schonungslosesten Kritiker bürgerlicher Gesellschaft.

4. Mehr an den hoffnungsvolleren BACON als an ihn haben CLAUDE ADRIEN HELVÉTIUS (1715–1771) und PAUL THIERY D'HOLBACH (1723–1789) in Frankreich angeknüpft. Sie rücken die Lehre von den Vorurteilen *(préjugés)* und vom Priesterbetrug entschieden ins Zentrum ihrer Religions- und Gesellschaftskritik. Der Kampf gilt nun nicht mehr, wie noch bei BACON, einer vorurteilsfreien Erkenntnis der Natur, sondern der Befreiung der Nationen vom Despotismus der alten Mächte im Bunde mit der Religion. Es sind die gesellschaftlich bedingten Vorurteile, die den Menschen das Glück versagen und sie an der Einrichtung einer auf Toleranz und Vernunft gegründeten Gesellschaft hindern. Nicht weil er die Natur verkenne, so sagt HOLBACH im Vorwort zum *»Système de la nature«* (1770), sei der Mensch im Unglück, vielmehr sei sein Geist dermaßen von Vorurteilen befallen, daß man ihn auf immer zum Irrtum verdammt glaube. Dieses Übel müsse die Vernunft, geleitet von der Erfahrung, an der Wurzel packen. Denn es gebe nur eine Wahrheit und diese sei dem Menschen lebensnotwendig. Allein dem Irrtum verdankten sich die drückenden Ketten, die die Tyrannen und Priester allenthalben den Völkern schmiedeten. HELVÉTIUS verfaßt dazu eine Soziologie der Vorurteile: Das Verhalten des einzelnen sei bestimmt vom Milieu, in dem er lebe. Er sei selbst nichts anderes als das Produkt der sozialen und geistigen Verhältnisse, in die er hineingeboren werde. Das gleiche soziale Umfeld schaffe die gemeinsamen Vorurteile: »Unsere Ideen sind die notwendigen Konsequenzen der Gesellschaften, in denen wir leben.«[9] Entscheidend bestimme den Menschen die Selbstliebe. Sie paare sich mit der Liebe zur Macht, in ihr suche der Mensch sein Glück. Ruhm, Ehre, Reichtum, selbst die Moral, kreisen darum. Und wie die einzelnen, so die Gesellschaft als ganze: »Die Vorurteile der Großen sind die Gesetze der Kleinen.«[10] Denn die Erfahrung beweise, daß fast alle Fragen der Moral und der Politik durch Gewalt und nicht durch Vernunft entschieden werden. Und wenn die Meinung die Welt beherrscht, dann ist es auf Dauer allein der Mächtige, der die Meinung beherrscht. Hierbei ist die Religion nur ein ausgezeichneter Vorwand, um die Herrschaft jener zu befestigen. Diese findet ihre Vollendung in der Unterwerfung des

---

[8] Ebd., 361f.

[9] HELVÉTIUS, De l'Esprit, zit. n. BARTH, Wahrheit und Ideologie, 62.

[10] Ebd., 65.

Geistes, notfalls mit Gewalt: »Die Menschen glauben schließlich das, was man sie zwingt öffentlich zu bekennen.«[11] Die Vernunft bedarf hingegen der Freiheit. Der Kampf gegen die Vorurteile ist daher für HELVÉTIUS wie für HOLBACH ein Kampf gegen Thron und Altar, die die Freiheit nur unterdrücken und den Schleier der Illusionen aufrechterhalten, den es zu zerreißen gilt. HOLBACH demaskiert systematisch die Prinzipien der Religion und der öffentlichen Ordnung (*»Le christianisme dévoilé«*, 1761; *»Essai sur les préjugés«*, 1770). Ihre Herrschaft gründe sich auf Betrug. Für HELVÉTIUS wie für HOLBACH schafft die Religion ein Reich der Imagination und des Ersatzes. In ihm finden die Menschen das Glück, das ihnen die gesellschaftliche Wirklichkeit versagt. Sie ist überdies ein Herrschaftsinstrument, eine Erfindung der Herrschenden, die ihre Ordnung als Ausdruck des göttlichen Willens und seiner Vernunft sanktioniert. Der Rekurs auf die Machination der Herrschenden verbaut ihnen jedoch die Einsicht in die Objektivität falschen Bewußtseins und verfehlt dessen Realgrund.

5. Ein Herrscher hingegen, der ein wohldiszipliniertes Heer zum Bürgen der öffentlichen Ruhe hat, kann es sich leisten, so IMMANUEL KANT (1724–1804) in Preußen, seinen Untertanen zu sagen: »Raisonniert so viel ihr wollt, und worüber ihr wollt; nur gehorcht!«[12] KANT setzt nach seinen eigenen Worten den »Hauptpunkt der Aufklärung« nicht mehr in die Künste und Wissenschaften, hier hätten die Herrschenden kein Interesse der Bevormundung mehr, sondern »vorzüglich in Religionssachen«. Faulheit und Feigheit sind ihm die Ursachen, warum die Menschen zeitlebens unmündig bleiben. Falsches Bewußtsein wird hier zum Selbstverrat, ist nicht mehr nur Angelegenheit von Selbsttäuschung oder Betrug. KANT hat jedoch in Anlehnung an die französischen Aufklärer den Antinomienstreit in seiner *»Kritik der reinen Vernunft«* (1781) sehr realistisch beschrieben als einen Interessenkonflikt zwischen einem der Religion und den alten Mächten verhafteten Dogmatismus und einem auf die Freiheit der Naturerkenntnis setzenden, jedoch schon der Skepsis verfallenen Empirismus. Hier sieht KANT ein Bündnis der Herrschenden mit dem einfachen Volk gegen die Aufklärung sich abzeichnen. Falsches Bewußtsein gründet sich demnach in einem Sekuritätsbedürfnis, das sich gegen die zersetzende Kraft der Aufklärung wehrt und in den bestehenden Verhältnissen geborgen glaubt. Insofern KANT den Dogmatismus der Unwahrheit überführt, aber zugleich dessen Wahrheit nicht preisgibt an den Empirismus, versucht er Wahres mit Unwahrem in einer Trennung zu balancieren, die das Sinnerhaltende der Religion neben der desillusionierenden Erkenntnis der Natur in Koexistenz zu erhalten verspricht. Die Religion hat sich allerdings von dieser Form der Kritik, die ihr nurmehr das Recht auf Überbau konzediert, im übrigen aber mit ihr nichts zu schaffen hat, nie mehr recht erholt.

6. In seiner Religionskritik verknüpft LUDWIG FEUERBACH (1804–1872) die Motive der französischen Aufklärer mit Figuren HEGEL*schen* Denkens. Danach ist die Religion ganz und gar Menschenprodukt. Aber sie ist nicht mehr das Werk betrügerischer Priester bzw. die Erfindung der Herrschenden, sondern sie ist das Ergebnis einer Selbsttäuschung des Menschen über sein wahres Wesen. In ihr vergegenständliche der Mensch seine Wesens-

---

11 HELVÉTIUS, De l'Homme, zit. n. BARTH, Wahrheit und Ideologie, 67.

12 KANT, Was ist Aufklärung?

kräfte und entfremde sich darin von sich selbst. Denn sie ziehe die Kräfte, Eigenschaften, Wesensbestimmungen des Menschen ab und vergöttere sie als selbständige Wesen. Theologie sei daher in Wahrheit Anthropologie, die Geschichte Gottes die Krankheitsgeschichte des Menschen; dessen Elend sei die wahre »Geburtsstätte« des Gottes. Denn Gott sei, was der Mensch nicht sei und doch sein wolle, sein eigenes Wesen und Ziel, vorgestellt als wirkliches Wesen. Dagegen hat die Philosophie für FEUERBACH einen »universalen Selbstenttäuschungsakt« zu leisten, indem sie den Mechanismus solcher (→)Projektion aufdeckt. Die Wahrheit der Religion muß hier auf Erden schon wirklich werden, die Kritik der Religion muß politisch zur praktischen Weltveränderung führen.

7. KARL MARX (1818–1883) nimmt FEUERBACHs Kritik uneingeschränkt auf. Aber er wirft ihm mangelnde Radikalität vor. Ausgehend von dem Faktum der religiösen Selbstentfremdung habe er lediglich die religiöse Welt in ihre weltliche Grundlage aufgelöst: »Aber daß die weltliche Grundlage sich von sich selbst abhebt, und sich ein selbständiges Reich in den Wolken fixiert, ist nur aus der Selbstzerrissenheit und Sichselbstwidersprechen dieser weltlichen Grundlage zu erklären. Diese selbst muß also in sich selbst sowohl in ihrem Widerspruch verstanden als praktisch revolutioniert werden.«[13] FEUERBACHs »religiöses Gemüt« sei selber gesellschaftliches Produkt und das »menschliche Wesen« kein dem Individuum innewohnendes Abstraktum, sondern in seiner Wirklichkeit sei es schon das Ensemble gesellschaftlicher Verhältnisse. Dessen Materialismus sei daher nur ein »anschauender Materialismus«, er begreife nicht die tätige Seite des Menschen. Die Religion läßt sich daher nur aufheben, wenn die gesellschaftlichen Bedingungen aufgehoben werden, die sie notwendig hervorbringen. Religionskritik schlägt hier um in Gesellschaftskritik: Die Unvernunft der Religion ist nur die Unvernunft der Welt, die verkehrte Welt produziert ihr verkehrtes Weltbewußtsein. Die MARX*sche* Ideologiekritik zielt daher nicht mehr auf ein falsches Bewußtsein als solches, sondern auf das gesellschaftliche Sein, dem solches Bewußtsein sich verdankt. Denn die Produktion des materiellen Lebens, so MARX 1859[14], bedinge den sozialen, politischen und geistigen Lebensprozeß »überhaupt«. Mit der Veränderung der ökonomischen Grundlage wälze dieser Überbau sich langsamer oder rascher um. Dabei müsse man stets unterscheiden zwischen der materiellen, »naturwissenschaftlich treu zu konstatierenden« Umwälzung in den ökonomischen Produktionsbedingungen und den »juristischen, politischen, religiösen, künstlerischen oder philosophischen, kurz, ideologischen Formen, worin sich die Menschen dieses Konflikts bewußt werden und ihn ausfechten«. Solches Bewußtsein dürfe daher nicht danach beurteilt werden, was es sich selbst dünke, sondern es müsse aus den Widersprüchen des materiellen Lebens erklärt werden.

Literatur

I. *Zur Vorgeschichte:* BACON, F., Neues Organum der Wissenschaften (1620). Übers. u. hrsg. v. A.TH. BRÜCK (1830), 1974; DESTUTT DE TRACY, A., Eléments d'Idéologie, 5 Bde., 1801–15;

[13] K. MARX, 4. These über Feuerbach (1845), in: Marx-Engels-Werke 3, 6.

[14] K. MARX, Zur Kritik der politischen Ökonomie. Vorwort (1859), in: Marx-Engels-Werke 13, 9.

Helvétius, Cl. A., De l'Esprit, 1758; ders., De l'Homme, de ses facultés intellectuelles et de son éducation, 1772; Feuerbach, L., Das Wesen des Christentums, 1841; Holbach, P. H. Th. de, Système de la nature ou les lois du monde physique et du monde moral, 1770; Kant, I., Beantwortung der Frage: Was ist Aufklärung? (1783); Mandeville, B. de, Die Bienenfabel oder Private Laster, öffentliche Vorteile (engl. 1714), 1968; Marx, K., Engels, F., Die deutsche Ideologie, 1846.

II. *Zum Ideologieproblem:* Adorno, Th. W., Ideologie, in: Soz. Exkurse, Inst. f. Sozialforschung, 1956; Barth, H., Wahrheit und Ideologie, 1945; Geiger, Th., Ideologie und Wahrheit, 1953; Lenk, K. (Hrsg.), Ideologie. Ideologiekritik und Wissenssoziologie, 1961; Lukács, G., Geschichte und Klassenbewußtsein, 1923; Mannheim, K., Ideologie und Utopie, 1929; Pareto, V., Trattato di Sociologia generale, 3 Bde., 1923; Scheler, M., Die Wissensformen und die Gesellschaft, 1926; Topitsch, E., Begriff und Funktion der Ideologie, in: ders., Sozialphilosophie zwischen Ideologie und Wissenschaft, 1961.

Friedrich Stentzler

→ *Aufklärung, Atheismus, Belief(system), Interpretationsmodelle, Religionskritik (Bd. 1)*

Ikonographie

→ *Religionsästhetik (Bd. 1)*

Ikonoklasmus

I. Begriffsbildung

1. Ikonoklasmus (griech. *eikónas klān* – »Bilder zerbrechen«) ist die religiös motivierte, aktive Bilderfeindschaft, wie sie in Teilen der (jüngeren) jüdischen Religion und in den von ihr beeinflußten Religionen (Christentum, Islam) unter besonderen politischen und sozialen Bedingungen praktiziert wird. Der Ausdruck wurde im Bilderstreit des östlichen (überwiegend griechischsprachigen) Christentums (8.–9. Jh. n. Chr.) ausgebildet.[1] Ikonoklasmus bedeutet demnach (a) (im engeren Sinne) das Verbot der Herstellung und Verehrung religiöser Bilder (Statuen etc.) überhaupt oder nur bestimmter Bilder und Motive (z. B. ikonischer, anthropomorpher: der sichtbare Gott, der nackte Mensch)

[1] In der griechischen Übersetzung der Bibel wird zwar die Zerstörung kanaanäischer Kultstätten durch die siegreichen Israeliten oder radikale Jahwe-Anhänger berichtet (Num. 33,52; 4 Kön. 11,18; 2 Chron. 15,16; Ezechiel 6,4 ff.), der Ausdruck »Ikonoklasmus« jedoch nicht gebraucht.

innerhalb einer bestimmten Religion sowie die Beschädigung oder Zerstörung derartiger Bilder und zugehöriger Zeichen von ›Luxus‹ und ›Aberglauben‹; (b) (im weiteren Sinne) die Beschädigung oder Zerstörung von Bildern, (anikonischen) Malen (z. B. das Niederhauen heiliger Bäume), Statuen einer anderen Religion im Zusammenhang von (gewaltsamer) Missionierung, wobei auch die heiligen Schriften, Kultgerät, Kulträume etc. der anderen Religion zerstört werden.

2. Ikonoklasmus bezeichnet also die spezifisch religiöse Form von allgemeiner, ästhetisch und philosophisch begründeter Abneigung gegen malerische oder plastische Kunst. Der Begriff ist zu scheiden von dem politisch motivierten ›Bildersturm‹, der eine sinnlich faßbare Form von Herrschaft angreift, die Legitimität und Loyalität in Form von Bildern und Bilderverehrung praktiziert. Er ist auch zu unterscheiden von *memoria damnata (abolitio memoriae)* des römischen Majestätsprozesses[2], von (kunstpolitischen) ›Säuberungen‹[3] und Kunstzerstörungen (›Vandalismus‹)[4] im Zusammenhang mit bestimmten Formen von Krieg, die durch Vernichtung von Kunstwerken und kulturellen Zentren das soziale Gedächtnis und die kulturelle Identität einer Gruppe zerstören wollen.
Da religiöse Zeichen jedoch weder theoretisch noch empirisch von kulturellen und politischen getrennt werden können, (religiöse) Kunst also ein Medium sozialer und politischer Konflikte werden kann, bezeichnen die Ausdrücke ›Ikonoklasmus‹ und ›Bildersturm‹ oft nur verschiedene Aspekte desselben historischen Prozesses. Wenn der Kaiser zum Gott oder in christlicher Vorstellung – zu einem Stellvertreter Gottes auf Erden wird, bedeutet die Schändung seines Bildes auch ein religiöses Vergehen. Überdies ist »Bilderstürmer« eine Übersetzung von »Ikonomachen« (griech.: »Bilderbekämpfer«) und »Ikonoklasten« (»Bilderzerbrecher«)[5].

II. Systematik

1. Religionswissenschaft

a) Die Begründungen für die Ablehnung von religiösen Bildern oder Bildern überhaupt sind theologisch und/oder moralisch. Die theologischen Gründe gehen von der Gestaltlosigkeit und Unendlichkeit der jüdischen und christlichen Gottesvorstellungen aus. Jedes Bild oder Zeichen begrenzt den Gott; das Bild steigert die Versuchung, Gott zu verdinglichen (›Fetischisierung‹) und zum Zauber – d. h. zu einem in dieser (Teil-) Religion mißbilligten Umgang mit religiösen Zeichen – zu verwenden. Bilder verführen zu »Idololatrie« (›Götzen‹-Bilder-Dienst) oder »Ikonodulie« (Ikonen-Dienst). Mit der Herstellung von bewegten (›lebendigen‹) Bildern macht sich der *homo faber* zum *homo creator* und wird zum Konkurrenten des Schöpfergottes.

---

2 F. Vittinghoff, Der Staatsfeind in der römischen Kaiserzeit. Untersuchungen zur damnatio memoriae, 1936, bes. 13 ff. zur Bildstrafe. Religiös motivierten Bilderstreit gibt es in der römischen Religionsgeschichte nicht, obschon das Ideal des einfachen und bildlosen Kultes von philosophisch Gebildeten verbreitet wird.

3 Hildegard Brenner, Die Kunstpolitik des Nationalsozialismus, 1963.

4 Zum ›Vandalismus‹ im 1. Weltkrieg s. Warnke, Bildersturm, 7 f.

5 Die Übersetzung im »Universallexikon« (Halle/Leipzig 1733), Bd. 14, 317 (vermittelt durch Warnke, S. 13); vgl. »Maschinenstürmer«.

Die moralischen Gründe beruhen (meist) auf einer ›Weltfeindschaft‹ (→ Dualismus), die weltliche Kultur, auch Bilder nichtreligiösen Inhalts, ablehnt und/oder auf einer radikalen Armutsforderung, die in Bildern Eitelkeit, Stolz und weltverfallenen Luxus sieht.[6] Inwiefern diese Begründungen (zusätzlich durch ästhetische Grundeinstellungen (visuelle oder auditive Präferenz) von Individuen oder Kollektiven geleitet werden, ist von der Kulturmorphologie und -physiognomie nicht genügend erforscht.[7]
b) Ikonoklasmus und Bildersturm sind im Prinzip und im Detail das Gegenstück zur Bilderherstellung und -verehrung. Bilder werden entsakralisiert, aus dem heiligen Bezirk entfernt; die Ewigkeitszeichen werden hinuntergestürzt, demoliert, abgetragen, eingeschmolzen und für profane Zwecke verwendet. Den Sturz begleitet die Verhöhnung, Blasphemie und Schändung des Bildes: mit Steinen bewerfen, mit Füßen treten, beschmutzen, bespucken statt säubern, polieren, küssen. Nicht selten bleibt das beschädigte Bild sichtbar und verkündet so den Triumph der Sieger.[8] Die Identität oder Analogie von Bild und Dargestelltem ist eine psychische Voraussetzung dieser Praktiken, wie sie auch, im Kleinformat, beim Schadenszauber beobachtet werden (Durchstoßen, Zerschneiden, Verbrennen von Wachspuppen).[9] Die Perversion des Rituals ist z. B. aus Schwarzen Messen (Lästerung Gottes, Schändung der Hostie, Umkehr der Gebete) bekannt (→ Magie). Die sakrale Macht der Bilder kann auch durch Ästhetisierung und Musealisierung zerstört werden. Der Begriff → Säkularisierung ist zur Beschreibung dieses Vorgangs nur bedingt und historisch beschränkt tauglich. Die Statuen, die römische Feldherren und Beamte aus griechischen Städten und Heiligtümern raubten, die Masken, die einem afrikanischen Stamm ›abgekauft‹ wurden, werden aus ihrer religiösen und kulturellen Verwendung isoliert und erhalten in den Villen, Landschaftsgärten oder Museen der neuen Besitzer eine neue ›ästhetische‹ Bedeutung.[10]

2. Kulturwissenschaft

a) Bilder (Statuen) sind Abbildungen oder Symbole, die an der gemeinten Sache oder Person ›partizipieren‹; sie können ›repräsentieren‹, das Gemeinte ›vertreten‹; durch den Inhalt, die Kostbarkeit des Materials, die Menge der aufgewandten Arbeit zeigen sie

---

6 Verbrennung der »Eitelkeiten« in Florenz durch SAVONAROLA 1497 und 1498; vgl. BREDEKAMP, Renaissancekultur als ›Hölle‹, in: WARNKE, Bildersturm, 41 ff.

7 TH. BOMANN, Das hebräische Denken im Vergleich mit dem griechischen, ³1959, der sich u. a. auf OSWALD SPENGLER stützt.

8 Beispiele: a) Eine Venus Genetrix als Spottmal aufgestellt (Landesmuseum Trier); b) Kaiser JUSTINIAN läßt die Ruine der im Nika-Aufstand 532 n. Chr. verbrannten Hagia Sophia in Konstantinopel *nicht* stehen, sondern errichtet sofort eine neue Kirche (PROKOP, bellum 1,24); c) der unvollendete Kölner Dom in der Sicht HEINRICH HEINES: »Er ward nicht vollendet – und das ist gut« (s. BREDEKAMP, Kunst, 351 f.). Der von WARNKE, Bildersturm, S. 91 ff. (»Deformationsformen«) angedeutete, von BREDEKAMP, Kunst, S. 99 explizierte Begriff »Destruktionsästhetik« ist mißverständlich, wie u. a. die Diskussion um K. H. BOHRERS »Ästhetik des Schreckens« (1983) gezeigt hat.

9 H. CANCIK, Untersuchungen zur lyrischen Kunst des P. Papinius Statius, 1965, 65 ff: »Kunst im Kaiserkult«; S. 91 f.: Bilderkult unter Domitian. BREDEKAMP, Kunst, 144 f.; 155 ff. → Magie.

10 CICERO, in Verrem II 4: *de signis* (über die von Verres geraubten ›Zeichen‹, d. h. Kunstwerke); H. KÄHLER, Hadrian und seine Villa bei Tivoli, 1950; H. DRERUP, Die römische Villa, Marburger Winckelmanns-Programm 1959, 1 ff.; H. JUCKER, Vom Verhältnis der Römer zur bildenden Kunst der Griechen, 1950. → Säkularisierung.

Rang, Reichtum, Bildung des Dargestellten oder ihrer Auftraggeber. Insofern sind Bilder in einer Kultur wirksame Zeichen(komplexe). Religion, Status, Herrschaft, die sich sinnlich in Bildern darstellen, können deshalb durch Zerstörung der Bilder angegriffen werden.

b) Die Entweihung, Beschädigung, Fragmentierung, Übermalung von religiösen Artefakten ist in rechtlicher Hinsicht Sachbeschädigung und, da es sich um *res sanctae, consecratae, religiosae* handelt, aus der Sicht der Betroffenen ein Sakrileg (→ Recht). Ikonoklasmus oder Bildersturm kann auch ein Element in der Ästhetik der nicht (mehr) schönen Künste sein.[11] Gewalt gegen Bilder ist dann Teil eines Diskurses, der von verschiedenen Standpunkten aus (öffentlichkeitsdominant/marginalisiert), in verschiedenen Kontexten von Kultur und Gegen-Kultur (Truppenparade/Menschenkette) und mit verschiedenen Zielen (Ethnocid/Öffentlichkeitsgewinn) geführt wird. Bedeutung und Bewertung dieses Elementes sind dementsprechend schwierig und ambivalent. Die naive Gleichung ›Bildgebrauch kommt von oben/Bildersturm von unten geht jedenfalls nicht auf.[12]

c) Viele gesellschaftliche und religiöse Tendenzen erschüttern das Prinzip der direkten, substantiellen Selbstdarstellung. Die Juden predigen den Gott ohne Gestalt, der sich entzieht, nur in seinen Taten ›sichtbar‹ wird; die Philosophen lehren das Jenseits des vollkommen Göttlichen, die Innerlichkeit der Gotteserkenntnis, die Wertlosigkeit des Mythos; die (politische) Allmacht der Hochkulturen ist allgegenwärtig, gerade weil sie indirekt, hinter Hofzeremoniell oder Bürokratie verborgen, ausgeübt wird. Einen analogen Prozeß zu Beginn der Neuzeit hat MICHEL FOUCAULT in den Veränderungen des Strafvollzugs nachgewiesen: vom öffentlichen Prangerstehen, Marterung bei Schauhinrichtungen zur Disziplinierung durch ›milde‹ Strafen, Verbesserung von Überwachung und Kerkersystem.[13] Die Entwicklung der Kommunikationsmedien (Lautsprecher, Photographie, Kinematographie, Television, Plakat, Zeitung) hat im 20. Jahrhundert die ›Kunst‹ aus der Aufgabe, Herrscher und Herrschaft zu präsentieren, weitgehend verdrängt. Ein Bildersturm, so vermutet MARTIN WARNKE, sei deshalb heute, mindestens in den fortgeschrittenen Industrienationen, ein Anachronismus[14]. Diese Vermutung berücksichtigt die neue Situation der Kunst im ›Medienzeitalter‹, unterschätzt aber, wie mir scheint, den tatsächlichen ›Bilderkult‹, wie er etwa im NS begangen wurde, und die Festigkeit der ästhetischen und psychischen Einstellungen dem Bild gegenüber, das nicht nur als elektromagnetische Welle sondern optisch und haptisch erfahrbar ist.

Literatur

BENZ, E., Geist und Leben der Ostkirche, ²1971 (5–20: »Die orthodoxe Ikone«); BREDEKAMP, H., Kunst als Medium sozialer Konflikte. Bilderkämpfe von der Spätantike bis zur Hussitenrevolution, 1975 (Antikes Christentum, sog. Donatisten, byzantinische Kirchengeschichte, Paulikianer, sog.

[11] H. R. JAUSS (Hrsg.), Die nicht mehr schönen Künste. Grenzphänomene des Ästhetischen (Poetik und Hermeneutik 3), 1968: Ikonoklasmus und Bildersturm sind nicht thematisiert.

[12] BREDEKAMP, Kunst, 111.

[13] M. FOUCAULT, Überwachen und Strafen. Die Geburt des Gefängnisses (1975) dt. 1976.

[14] WARNKE, Bildersturm, 7ff.; auch die Beseitigung von nationalsozialistischen Zeichen oder Stalinbildern sei *kein* Bildersturm.

Hussiten); CANCIK, H., Nutzen, Schmuck und Aberglaube. Ende und Wandlungen der römischen Religion im 4. und 5. Jahrhundert, in: H. ZINSER (Hrsg.), Der Untergang von Religionen, 1986, 65–90; GEFFCKEN, J., Der Bilderstreit des heidnischen Altertums, in: ARW 19 (1916/19) 268–315; GERÖ, ST., Byzantine Iconoclasm during the Reign of Leo III, 1973; GRABAR, A., L'Iconoclasme byzantin, 1957; METZLER, D., Bilderstürme und Bilderfeindlichkeit in der Antike, in: M. WARNKE (Hrsg.), Bildersturm, 14–29; NOWACK, J., Der Lettner des Hildesheimer Domes, 1981 (als Demonstration gegen die Münsteraner Bilderstürmer i. J. 1546 aufgerichtet); PARET, R., Textbelege zum islamischen Bilderverbot (1960), in: ders., Schriften zum Islam, 1981, 213–215; ders., Das islamische Bilderverbot und die Schia (1966), in: ebd., 226–237; ders., Das islamische Bilderverbot (1975), in: ebd. 238–247; ders., Die Entstehungszeit des islamischen Bilderverbots, in: ebd., 248–271 (»... im Koran kein unmittelbarer Hinweis auf ein Bilderverbot ...«); RÉAU, L., Histoire du Vandalisme. Les monuments détruits de l'art français, 2 Bde., 1959; WARNKE, M. (Hrsg.), Bildersturm. Die Zerstörung des Kunstwerks, 1973 (mit Beiträgen von M. WARNKE, D. METZLER, B. BROCK, H. BREDEKAMP, B. HINZ, M. STRUWE).

Hubert Cancik

→ *Herrscherkult, Kultbild, Religionsästhetik B I.4 (Bd. 1)*

Imperialismus / Kolonialismus

A Allgemeines

I. Begriffsbestimmung

Der Begriff ›Imperialismus‹ ist von lat. *imperium* (Befehlsgewalt, Herrschaft, Universalreich) abgeleitet, womit die persönliche Amtsgewalt der hohen römischen Magistrate, seit dem 1. Jahrhundert v. Chr. auch deren territorialer Machtbereich bezeichnet wurde. Während der ersten Hälfte des 19. Jahrhunderts wurde der Begriff Imperialismus von französischen und englischen Kritikern der napoleonischen Herrschaftspolitik verwendet (Epoche des »Empire«, später auch des »British Empire«). In der Folge wurden solche Staaten als imperialistisch bezeichnet, die nach der Expansion ihres Macht- und Herrschaftsbereiches in politischer, wirtschaftlicher und kultureller Hinsicht streben, sei es in Form direkter Eroberungen oder durch die Ausdehnung ihrer Einflußsphären.[1] Da

---

[1] Vgl. ERNST MEYER, Römischer Staat und Staatsgedanke (1948), [3]1964, 117–144; K.-D. BRACHER, Imperialismus, 119.

der Begriff Imperialismus vorwiegend kritisch und polemisch angewandt wurde und stets ein Kampf- und Agitationsmittel mit negativen Aspekt gewesen ist[2], wurden von Historikern und Volkswirtschaftlern (z. B. HANCOCK, GERSCHENKRON) Einwände gegen seinen wissenschaftlichen Gebrauch vorgebracht. Inzwischen bestehen gegen diesen Begriff weniger Vorbehalte, zumindest als Bezeichnung für die Epoche des klassischen Hochimperialismus von 1880 bis zum Ersten Weltkrieg (erstmalig FRIEDJUNG, dann MOMMSEN u. a.).[3]

Weniger strittig ist der Begriff ›Kolonialismus‹; er ist gebildet von lat. *colonia* – »Pflanzstadt«, d. h. außerhalb des Mutterlandes gegründetes, abhängiges Gemeinwesen, und abgeleitet von *colere* – pflegen, bebauen, bestellen (vgl. ›Kultur‹). Unter Kolonialismus versteht man allgemein eine auf Erwerb und Ausbeutung überseeischer Besitzungen ausgerichtete Staatspolitik, insbesondere aber das System europäischer Herrschaft über außereuropäische Gebiete seit dem Ende des 15. Jahrhunderts (Entdeckungszeitalter). Für die Expansionsbestrebungen nichteuropäischer Völker wie z. B. der Araber, Türken oder Chinesen wird die Bezeichnung ›Kolonialismus‹ hingegen nur selten verwandt; nur Japan wird seit 1895 ebenfalls als Kolonialmacht betrachtet.[4]

Auf den ersten Blick erscheinen Kolonialismus und Imperialismus fast identisch, geht es doch in beiden Fällen um die auf militärische Überlegenheit gegründete und dem Interesse an Ausbeutung entsprungene Inbesitznahme vorwiegend fremder Länder. Allerdings wird nicht jede Form annexionistischer Expansion von den Historikern auch als Kolonialismus bezeichnet. Erst das Kriterium der Distanz, der vom Mutterland räumlich getrennte Kolonialbesitz, unterscheidet den Kolonialismus von anderen Formen des Imperialismus, die auch zwischen benachbarten Nationen bestehen können. Gleichzeitig kann das Verhältnis zwischen Kolonialismus und Imperialismus auch als historische Abfolge aufgefaßt werden: Ein zentrales Motiv vieler Kolonisations- und Emigrationsbewegungen war die wirtschaftliche oder religiöse Notlage einzelner. Eine Verbindung zu imperialistischen Machtbestrebungen lag hier nicht unbedingt vor. Erst mit dem Aufkommen europäischer Nationalstaaten im 19. Jahrhundert wurde der nationale Machtwille, das Streben nach wirtschaftlicher und politischer Aufteilung der Welt und dessen ideologische Legitimierung durch die angebliche Überlegenheit der ›weißen Rasse‹ sowie ein religiöses oder zivilisatorisches Sendungsbewußtsein zum Hauptmerkmal eines Kolonialismus, der einen wesentlichen Bestandteil der damaligen imperialistischen Politik darstellt.

II. Historischer Abriß

Der Zeitraum von 1500–1750 n. Chr. ist gekennzeichnet durch die Entdeckungen westeuropäischer Seefahrer in Afrika, Amerika, Asien und Australien sowie die russische Landnahme in Sibirien. Während die Engländer und Franzosen in Nord-Amerika und die Spanier und Portugiesen in Süd-Amerika weite Landstriche eroberten und durch Auswanderer besiedelten (›Siedlungskolonien‹), errichteten die Europäer in Asien und

---

[2] W. J. MOMMSEN (Hrsg.), Imperialismus, 7.
[3] K. HAMMER, Weltmission und Kolonialismus, 24.
[4] F. ANSPRENGER, Kolonialismus, 1296.

Afrika eher an der Küste gelegene Niederlassungen privater Handelskompanien (›Handelskolonien‹). Neben den einheimischen Rohstoffen galten besonders in Westafrika Menschen als begehrteste Handelsware, die als Sklaven vor allem in die amerikanischen Kolonien verschleppt wurden.

Von 1750 bis 1830 häuften sich die Krisen für die Kolonialmächte in Amerika: 1776 erklärten die nordamerikanischen Kolonien ihre Unabhängigkeit vom britischen Mutterland, und die spanischen und portugiesischen Kolonien in Südamerika folgten diesem Beispiel (Chile 1810, Kolumbien 1819, Mexiko 1820, Brasilien 1821). Die Herrschaft blieb jedoch vorwiegend in den Händen weißer Eliten (mit Ausnahme von Haiti).[5] Die Epoche von 1830–1918 stellt den Höhepunkt des imperialen Kolonialismus dar. Die industrielle Revolution steigerte sprungartig die ökonomische und technische Entwicklung in den Industrieländern, vergrößerte aber auch die Furcht vor wirtschaftlichen und sozialen Krisen. Die Kolonien, bzw. verdecktere Formen eines Wirtschaftskolonialismus (Monokulturen, Kontrolle der Welthandelspreise), sicherten für Europa auf lange Sicht Rohstoffe und Absatzmärkte für die eigene Industrie sowie günstige Kapitalanlagen. Sie trugen dazu bei, die Krisen des kapitalistischen Systems zu mindern und Hilfe bei der Lösung sozialer Fragen und der Anhebung des Lebensstandards der unteren Schichten zu leisten.[6] Außerdem führte die Ausbreitung der Industrialisierung zu einer Konkurrenzsituation zwischen den Industriestaaten, aus deren Wettbewerb eine Weltwirtschaft und -politik hervorging. Neben den alten Kolonialmächten meldeten nun auch das Deutsche Reich, Italien, Belgien, Japan und die USA koloniale Machtansprüche an. Fast ganz Afrika wurde unter den Europäern aufgeteilt. China, das Osmanische Reich und Persien entgingen zwar der Kolonisation, galten aber als Interessengebiete eines oder mehrerer Staaten und standen in wirtschaftlicher Abhängigkeit (sog. Halbkolonien).[7]

Zu den besonderen Kennzeichen des Kolonialismus des 19. Jahrhunderts gehörte das Bemühen, die eroberten Kolonien geographisch, botanisch, archäologisch und ethnologisch genau kennenzulernen. Diese wissenschaftlichen Forschungen wurden häufig im Auftrag der Kolonialregierungen durchgeführt und standen in enger Verbindung mit nationalen Machtinteressen und kolonialem Kommerz.

In der Ära zwischen 1918–1945 zeichneten sich weitere Verfallserscheinungen des alten Kolonialsystems ab. England, Frankreich, die Niederlande und die USA mußten in Südostasien ihre Macht z. T. an Japan abtreten. Bereits zu Beginn des Jahrhunderts hatte sich die Vorstellung einer internationalen Kontrolle über kolonisierende Treuhänder entwickelt, die 1919 durch das Mandatssystem des Völkerbundes teilweise verwirklicht wurde. De facto besaß der Völkerbund allerdings nur geringe Einflußmöglichkeiten; seine Bemühungen scheiterten schließlich 1935 angesichts der italienischen Kolonialexpansion in Äthiopien.

In den Kolonien erwachte hingegen ein neues Nationalbewußtsein, gleichzeitig rezipierte man europäische Freiheits- und Gleichheitsgedanken. In den 20er Jahren bemühte sich auch die Kommunistische Internationale um die Unterstützung antikolonialer Bewegungen. Die Beziehungen zwischen den Kolonialmächten und den Kolonialisierten wurden durch diese nationalen Befreiungsbewegungen verändert. Die europäischen Mächte

[5] Ebd., 1296f.

[6] F. Ansprenger, Kolonialsystem und Entkolonialisierung, 160f.

[7] Ebd., 159.

dachten allerdings zu dieser Zeit noch nicht an eine Abschaffung, sondern bestenfalls an eine Reformierung des Kolonialsystems, obgleich der Begriff der Entkolonisierung *(decolonization)* bereits 1926 von dem englischen Nationalökonomen M. J. Bonn geprägt worden war.[8]

Mit der Schwächung der europäischen Großmächte durch die beiden Weltkriege setzte nach 1945 ein breiter Entkolonisierungsprozeß ein, der um 1960 seinen Höhepunkt erreichte, so daß am Ende des Jahrzehnts die meisten Kolonien die politische Unabhängigkeit erlangt hatten. Dies war in der Regel dadurch erreicht worden, daß die nationalen Befreiungsbewegungen die jeweilige Kolonialmacht zu Verhandlungen zwangen und diese sich bereit erklärte, das Gebiet freizugeben. Die Bereitwilligkeit dazu wurde durch Überlegungen der Kolonialherrscher über die mangelnde Rentabilität ihres Kolonialbesitzes und die Verläßlichkeit der neuen Bildungseliten in den unabhängig gewordenen Staaten unterstützt.[9] Der bewaffnete Widerstand führte nur in wenigen Fällen direkt zur Unabhängigkeit (z. B. China 1949; Algerien 1954–62). Auch der Druck der Vereinten Nationen reichte nur selten aus, um die Unabhängigkeit zu verwirklichen. Staaten wie die USA, die die Entkolonisierung teilweise unterstützt hatten, wurden im Zuge des Kalten Krieges wieder zu Bundesgenossen der Kolonialmächte.

Kolonialismus und Imperialismus bestimmen das Verhältnis zwischen Industrienationen und Entwicklungsländern bis in die heutige Zeit. Ungleiche Beziehungen und Verträge schufen die Kluft zwischen reichen und armen Nationen. Viele ethnische Konflikte in den Staaten der »Dritten Welt« resultieren aus den willkürlichen Grenzziehungen der Kolonialmächte, und die aus den Bedürfnissen der Industrienationen entstandene einseitige Orientierung an einigen wenigen Exportgütern kennzeichnet die gegenwärtige Weltwirtschaftsstruktur. Diese beinhaltet das neue System indirekter Kolonisation des Welthandels, wobei die Abhängigkeit der Länder der »Dritten« oder »Vierten« Welt beim Tausch von Rohstoffen (Öl, Erze) und Genußmitteln (Kaffee, Bananen) gegen Hochtechnologie bestehen bleibt. Kritiker in den betroffenen Ländern verstehen oft auch die Entwicklungshilfe als Fortsetzung kolonialer Abhängigkeit. Trotz eines unbestreitbaren Wirtschaftswachstums auf einigen Gebieten ist eine harmonische Entwicklung der Gesamtgesellschaft häufig nicht gewährleistet. Die Einfuhr von Luxusgütern für eine kleine Elite stört das soziale Gleichgewicht, und viele Hilfsprogramme sind nicht an den Gegebenheiten der Länder orientiert. Auch besteht die Gefahr, daß günstige Kredite und technische Hilfe zu neuen politischen Abhängigkeiten führen. Aufgrund ihrer gemeinsamen Erfahrungen und Probleme (Land- und Bildungsreform, Ernährungssituation, Infrastruktur, Stabilität der Regierung etc.) bemühten sich die ehemaligen Kolonialländer um Zusammenschlüsse, z. B. die Bandung-Konferenz 1955, die Solidaritätsorganisation der Völker Asiens und Afrikas 1958, die Organisation der Blockfreien, die Organisation für Afrikanische Einheit 1963 und die 1. Weltkonferenz für Handel und Entwicklung 1964, die allerdings nicht alle in sie gesetzten Erwartungen erfüllen konnten.

---

[8] Ebd., 162 ff.

[9] Ebd., 166.

B Theoretische Deutungen des Imperialismus

I. Ältere Imperialismustheorien

Zu Beginn des 20. Jahrhunderts wurden von einigen Theoretikern[10] vorrangig *politische Faktoren* für die Erklärung des Imperialismus herangezogen. FRIEDJUNG[11] verstand unter diesem Begriff sowohl eine nationalistische Ideologie, die auf die Ausweitung der Herrschaft des jeweiligen Nationalstaates gerichtet war, als auch eine Politik, die durch die Rivalität verschiedener Mächte in einem Weltstaatensystem bestimmt wurde. Der Aufbau überseeischer Kolonialreiche sollte dem Erhalt und der Fortentwicklung der Nationen sowie der Steigerung ihres Ansehens im Wettbewerb mit anderen Nationen dienen. ARTHUR SALZ bezeichnete 1931 die Idee der Nation als stärkste Triebkraft des einzelstaatlichen Imperialismus[12].

Auch JOSEPH SCHUMPETER, ein Radikalliberaler und Vertreter der klassischen Freihandelstradition, ging davon aus, daß für den Imperialismus, besonders in seinem Auftreten als Kolonialismus, außerwirtschaftliche Triebkräfte unentbehrlich sind. »Imperialismus ist die objektlose Disposition eines Staates zu gewaltsamer Expansion ohne angebbare Grenze«.[13] Er sei nicht das Resultat konkreter wirtschaftlicher Interessen, sondern das Ergebnis der psychischen Disposition und kriegerischen Neigungen aristokratischer Herrenschichten. Hierbei handele es sich um den Wiedereinbruch von vorkapitalistischen, auf Krieg und Eroberung eingestellten Kräften in das moderne, vom Freihandel bestimmte Wirtschaftsleben. Für SCHUMPETER ist der Imperialismus keine notwendige Phase des Kapitalismus, der seinem Wesen nach rational und antiimperialistisch sei.

Der linksliberale Publizist JOHN A. HOBSON, mit dessen Werk *»Imperialism«*[14] eine Auseinandersetzung mit dem Begriff auf breiter Basis einsetzte, sah zwar das kapitalistische Wirtschaftssystem ebenfalls nicht zwangsläufig an eine imperialistischen Politik gekoppelt, erkannte aber in den *ökonomischen Faktoren* die Hauptursache des Imperialismus. »Hobson sah die imperialistischen Expansionsbestrebungen Englands und der anderen Großmächte in überseeischen Gebieten als eine Folge ungesunder wirtschaftlicher und sozialer Verhältnisse im Innern an: auf der einen Seite eine Benachteiligung breiter Bevölkerungsschichten hinsichtlich ihres Anteils am Sozialprodukt, auf der anderen Seite eine dadurch bedingte Anhäufung von Riesenvermögen, die mangels ausreichender kaufkräftiger Nachfrage im Innern auf profitable Investitionsmöglichkeiten in Übersee drängten, für die der Staat nach dem Willen der Imperialisten politisch und notfalls militärisch die Voraussetzungen und Absicherungen schaffen solle«.[15]

Die marxistischen Theoretiker wurden durch HOBSONs Werk stark beeinflußt, hielten aber an einer engen Verknüpfung von Kapitalismus und Imperialismus fest. Für RUDOLF

---

[10] Z. B. J. CHAMBERLAIN, B. DISRAELI und J. SEELEY in England oder O. HINTZE, M. LENZ und E. MARCKS in Deutschland.

[11] H. FRIEDJUNG, Das Zeitalter des Imperialismus 1880–1914, 3 Bde. (1919), 1922.

[12] A. SALZ, Das Wesen des Imperialismus, 1931, 15.

[13] J. SCHUMPETER, Zur Soziologie der Imperialismen, in: ders., Aufsätze zur Soziologie, 1953, 74.

[14] J. A. HOBSON, Der Imperialismus (1902), 1970.

[15] W. GEIGER, H. C. F. MANSILLA, Unterentwicklung, Theorien und Strategien zu ihrer Überwindung, 1983, 53.

HILFERDING[16], ROSA LUXEMBURG[17] und NICOLAI BUCHARIN[18] war der Imperialismus eine irreversible Entwicklungsphase des Kapitalismus, womit er seinem Wesen nach durch ökonomische Faktoren definiert wurde. Die größte Wirkung erlangte LENINS Schrift über den *»Imperialismus als höchstes Stadium des Kapitalismus«*, für die er wichtige Anregungen bei HOBSON, HILFERDING und LUXEMBURG fand. LENIN formulierte fünf Merkmale des Imperialismus, die u.a. in der Monopolisierung von Wirtschaftsbereichen und der entscheidenden Rolle monopolistischer Kapitalistenverbände, der Entstehung einer Finanzoligarchie und der größeren Bedeutung des Kapitalexports gegenüber dem Warenexport bestehen.[19] Das Finanzkapital besitzt demnach eine so »entscheidende Macht in allen ökonomischen und internationalen Beziehungen, daß es imstande ist, sich sogar Länder zu unterwerfen, und auch tatsächlich unterwirft, die die vollste politische Unabhängigkeit besitzen.«[20] Durch den Imperialismus spaltet sich die Welt »in ein Häuflein Wucherstaaten und in eine ungeheure Mehrheit von Schuldnerstaaten«[21].

II. Neuere Imperialismustheorien

Die Mehrzahl der neueren westlichen Theorien tendiert dazu, den Imperialismus nicht als notwendige Phase des Kapitalismus zu sehen, sondern als Ergebnis bestimmter sozialer Strukturen und Interessenskonstellationen. Diese *sozioökonomischen Imperialismustheorien* bezeichnen – in Anlehnung an J. SCHUMPETER und M. WEBER[22] – als eigentliche Ursachen des Imperialismus weniger die wirtschaftlichen Motive des Finanzkapitals und der exportierenden Industrie als vielmehr die politischen und sozialen Interessen von gesellschaftlichen Gruppen, die sich in ihrem Sozialstatus bedroht fühlen. Diese gingen zwar teilweise Bündnisse mit Gruppen ein, die am kapitalistischen Beutegewinn interessiert waren, der Kapitalismus sei aber kosmopolitisch und auf internationalen Austausch eingestellt. ROSTOW[23] räumte ein, daß in bestimmten Entwicklungsphasen von Industriegesellschaften ökonomische Faktoren zur Entstehung imperialer Politik beigetragen haben, aber die imperialistische Expansion sei nur von zweitrangiger Bedeutung. Entscheidend seien die politischen Aktivitäten bestimmter Sozialgruppen, deren Macht aus der vorindustriellen Zeit stammt. Sozialpolitische Motive stehen auch bei jenen Theorien im Vordergrund, die den *Imperialismus als extremen Nationalismus* interpretieren. Demnach seien die Aufwendungen für die Verwaltung der abhängigen Territorien weit höher gewesen als der Gewinn, so daß viele imperialistische Aktionen ohne die nationale Begeisterung der Massen nicht stattgefunden hätten. DAVID K.

---

16 R. HILFERDING, Das Finanzkapital (1910), 1968.

17 R. LUXEMBURG, Die Akkumulation des Kapitals. Ein Beitrag zur ökonomischen Erklärung des Imperialismus (1913), 1970.

18 N. J. BUCHARIN, Imperialismus und Weltwirtschaft, 1929.

19 G. KLAUS, M. BUHR (Hrsg.), Marxistisch-Leninistisches Wörterbuch der Philosophie, Bd. 2, 1972, 510.

20 W. I. LENIN, Der Imperialiusmus als höchstes Stadium des Kapitalismus (1916), 1940, 78.

21 W. I. LENIN, a.a.O., 97.

22 J. SCHUMPETER, s. Anm. 13; M. WEBER, Wirtschaft und Gesellschaft, 1972.

23 W. W. ROSTOW, Stadien wirtschaftlichen Wachstums, 1960.

FIELDHOUSE[24] bezeichnet den modernen Imperialismus dementsprechend als Produkt nationalistischer Massenhysterie; MOMMSEN weist darauf hin, daß in Großbritannien die imperialistische Begeisterung für ein ›Greater Britain‹ eine wichtige Rolle als Integrationsideologie der Mittelklasse spielte, während im Deutschen Reich der integrale Nationalismus der bürgerlichen Schichten auch die Funktion erfüllte, sich gegen den Internationalismus der Arbeiter und die konservative Aristokratie abzugrenzen.[25]
Die *objektivistischen Imperialismustheorien* deuten den Imperialismus als objektiven Prozeß und führen ihn auf den unvermeidbaren Zusammenprall zwischen den fortgeschrittenen westlichen Industrienationen und den rückschrittlichen Kulturen der Dritten Welt zurück. So wandte sich LÜTHY[26] gegen eine Verurteilung des Imperialismus, der eine notwendige Konsequenz der Verbreitung der westlichen Zivilisation über die ganze Erde sei. Übersehen werden hier, neben der Mißachtung der Eigenkultur der Kolonisierten, deren Ausbeutung durch die Kolonialmächte und die Tatsache, daß durch die imperialistischen Eingriffe der Industrienationen die Unterentwicklung oft erst geschaffen wurde.
J. GALLAGHER und R. ROBINSON[27] wandten in ihrer *Theorie des Freihandelsimperialismus* eine differenziertere Betrachtungsweise an, indem sie den Begriff des ›informellen Imperialismus‹ einführten. Dieser laufe dem eigentlichen Imperialismus voraus, begleite oder ersetze ihn sogar. So sei die britische Politik stets dem Prinzip gefolgt, wo möglich informelle Kontrolle und nur wo nötig formelle Kontrolle auszuüben. Dies bedeute, daß durch die Freihandelsbeziehungen nicht nur Kolonien, sondern auch selbständig erscheinende Nationalstaaten von einem informellen Imperialismus betroffen sein können. W. A. WILLIAMS und W. LAFEBER wandten diese Theorie auf die USA an, deren Freihandelsimperialismus die Öffnung der ganzen Welt für die Produkte und das Kapital der amerikanischen Wirtschaft zum Ziel habe.[28]
Für H. U. WEHLER[29] ist Imperialismus das Produkt der Stockungen und Schwankungen des Wirtschaftswachstums der Industriestaaten. Er spricht von Sozialimperialismus, weil es sich dabei um eine Verteidigungspolitik der etablierten Eliten einer Gesellschaft handele. Generell sehen die Vertreter der *sozialimperialistischen Theorien* im Imperialismus die Strategie einflußreicher Gruppen, durch Expansion nach außen von inneren Mißständen abzulenken.
Die *neomarxistischen Imperialismustheorien* gehen von der Annahme aus, daß der heutige Kapitalismus die direkte Herrschaft über abhängige Territorien entbehren kann, da er die Widersprüche seiner Produktionsweise in anderer Form zu neutralisieren vermag. Demnach bestimmen sie Imperialismus als die informelle ökonomische Herrschaft von zumeist auf die Vereinigten Staaten gestützten internationalen und finanzka-

---

24 D. K. FIELDHOUSE, Imperialism. An Historiographical Revision, in: The Economic History Review 14, 1961, 187–209.

25 W. J. MOMMSEN, Imperialismustheorien, 1977, 59f.

26 H. LÜTHY, Ruhm und Ende der Kolonisation, in: ders., Nach dem Untergang des Abendlandes, ²1965.

27 J. GALLAGHER, R. ROBINSON, The Imperialism of Free Trade, in: The Economic History Review 6, 1953, 1–25.

28 W. J. MOMMSEN, Imperialismustheorien, 1977, 75.

29 H. U. WEHLER, Der Imperialismus, ²1970.

pitalistischen Korporationen. Vertreter dieser Auffassung sind u. a. MAURICE DOBB[30], PAUL SWEEZY[31], PIERRE JALÉE[32] und GEORGE W. HALLGARTEN[33]. Für HARRY MAGDORF[34] ist der Konkurrenzkampf der großen Monopole entscheidend, der auf die optimale Ausschöpfung aller Expansionsmöglichkeiten hindränge. Der heutige Imperialismus sei gekennzeichnet durch die Indienstnahme des Staates durch die großen Monopole.

III. Theorien über den Neoimperialismus

Seit dem Ende des klassischen Imperialismus der Kolonialzeit wird der Begriff auf verschiedene Erscheinungen des 20. Jahrhunderts angewandt. Die antikolonialistischen Bewegungen betrachten den *Imperialismus als Ursache der Unterentwicklung* in der Dritten Welt. So zeigt WALTER RODNEY[35] am Beispiel der afrikanischen Länder auf, wie die Eingriffe der imperialistischen Mächte zur heutigen Unterentwicklung führten. FRANTZ FANON[36] weist auf die psychischen Störungen hin, die der Imperialismus bei den kolonisierten Völkern hinterlassen hat. Am Beispiel der französischen Kolonialherrschaft verdeutlicht er die Schwierigkeiten der nationalen Identitätsfindung der ehemaligen Kolonien. PAUL BARAN[37] führte aus, daß die Ausbeutung der Dritten Welt nach der Entkolonisierung noch rationeller fortgesetzt worden sei. In den unabhängigen Staaten seien Komparadorenregierungen gebildet worden, die dafür sorgten, daß die sozioökonomischen Strukturen im Sinne der westlichen Industrienationen erhalten blieben.
Auf BARAN und andere neomarxistische Theoretiker stützen sich die lateinamerikanischen Vertreter der *Dependenztheorie,* wie z. B. F. H. CARDOSO[38], THEOTONIO DOS SANTOS[39], RODOLFO STAVENHAGEN, RUY MAURO MARINI, LUIS VITALE und ANDRÉ GUNDER FRANK.[40] Sie sehen die Abhängigkeitsbeziehungen zwischen den entwickelten und den unterentwickelten Ländern in einem umfassenderen Sinn als nur im ökonomischen Austauschverhältnis; gleichzeitig versuchen sie diese Beziehungen aus der Sicht der abhängigen Gesellschaften zu erfassen. Zu den afrikanischen Imperialismustheoretikern gehören SAMIR AMIN und KWAME NKRUMAH. Von AMIN stammt der Begriff der »Außengerichtetheit peripherer Gesellschaften«.[41] Hiermit bezeichnet er einen Vorgang

---

30 M. DOBB, Studies in the Development of Capitalism, 1946.
31 P. SWEEZY, The Theory of Capitalist Development, 1942.
32 P. JALÉE, Das neueste Stadium der Imperialismus, 1971.
33 G. W. HALLGARTEN, Das Schicksal des Imperialismus im 20. Jahrhundert, 1969.
34 H. MAGDORF, The Age of Imperialism: The Economics of US-Foreign Policy, 1969.
35 W. RODNEY, How Europe Underdeveloped Africa, 1976.
36 F. FANON, Die Verdammten der Erde, 1968.
37 P. BARAN, The Political Economy of Growth, 1957; ders., Politische Ökonomie des wirtschaftlichen Wachstums, 1966.
38 F. H. CARDOSO, Abhängigkeit und Entwicklung in Lateinamerika, in: D. SENGHAAS (Hrsg.), Peripherer Kapitalismus, 1974.
39 TH. DOS SANTOS, Über die Struktur der Abhängigkeit, in: D. SENGHAAS (Hrsg.), Imperialismus und strukturelle Gewalt, 1974.
40 A. G. FRANK et al., Kritik des bürgerlichen Antiimperialismus, 1969; ders., Abhängige Akkumulation und Unterentwicklung, 1980.
41 S. AMIN, Die ungleiche Entwicklung, 1975; ders. und CHR. PALLOIX, Neuere Beiträge zur Imperialismustheorie, 1971.

der sich aus dem Zusammenspiel verschiedener ökonomischer Faktoren ergibt und zu einer einseitigen Spezialisierung der peripheren Länder führt, deren Wirtschaftskraft nicht für die eigenen, sondern für die Interessen der imperialistischen Staaten eingesetzt wird. NKRUMAH, der selbst in der Entwicklungshilfe neue Formen imperialistischer Abhängigkeit sieht, bezeichnet den Neoimperialismus als höchstes Stadium des Kapitalismus; er sei noch schlimmer als sein klassischer Vorläufer, da die politische Kontrolle fehle und kein wirkliches Interesse an der Modernisierung der Entwicklungsländer vorhanden sei.[42]

JOHAN GALTUNG[43] beschreibt den *Imperialismus als Form struktureller Abhängigkeit* zwischen Zentralnation und Peripherienation. Diese stehen in einem asymmetrischen Verhältnis zueinander, aus dem eine ungleiche Verteilung der Ressourcen und ungleiche Entwicklungschancen resultierten. Entscheidend dabei sei, daß die Zentralnation in der einheimischen Elite der Peripherienation einen ›Brückenkopf‹ besitzt, die für die Aufrechterhaltung des Status Quo sorgt, so daß politische und militärische Gewalt weitgehend überflüssig werde. Statt dessen stütze sich diese neue Form des Imperialismus auf die dem internationalen System innewohnende »strukturelle Gewalt«[44], die eine verschleierte Form der Gewaltanwendung darstellt, indem sie die Dritte Welt ihrer potentiellen Entwicklungschancen beraubt.

C Das Verhältnis zwischen Religion und Imperialismus/Kolonialismus

I. Die Rolle der christlichen Mission

Immer wieder wird der Vorwurf geäußert, die christlichen Missionare seien Handlanger der Kolonialmächte gewesen, die ihrerseits den Missionsaktivitäten politischen und militärischen Schutz gewährt hätten. Für eine solche Verquickung von Mission und kolonialen Interessen sprechen die Nähe von missionarischen und zivilisatorischen Aufgaben sowie der Wunsch einiger Missionare, Schutz und Hilfe der Kolonialmächte zu genießen, die wiederum von der Mission eine geistliche Unterstützung ihrer Politik erhofften. »Christliche Verteidiger des Kolonialismus beriefen sich bis in jüngste Zeit auf den Dominikaner FRANCISCO DE VITORIA (1480–1546)«, der für »ein Naturrecht auf gesellschaftliche Kontakte der Menschen untereinander« *(ius naturalis societatis et communicationis)* eintrat. »Verweigern bestimmte Menschengruppen den Kontakt mit anderen, können diese sie durch gerechten Krieg dazu zwingen, ja Vormundschaft über sie errichten«.[45] Daraus entwickelte sich später die Überzeugung, als Besitzer der einzigen wahren Religion oder Zivilisation die Bewohner anderer Erdteile bekehren, erziehen und (auch vor sich selbst) beschützen zu müssen. Missionare bereiteten z. B. in Vietnam, Madagaskar, Uganda und Südwestafrika den Boden für den Kolonialismus vor.

---

42 Vgl. W. J. MOMMSEN, Imperialismustheorien, 1977, 101.

43 J. GALTUNG, Eine strukturelle Theorie des Imperialismus, in: D. SENGHAAS (Hrsg.), Imperialismus und strukturelle Gewalt, 1973.

44 J. GALTUNG, Strukturelle Gewalt. Beiträge zur Friedens- und Konfliktforschung, 1975.

45 F. ANSPRENGER, Kolonialismus, 1299.

Gegen die enge Verbindung zwischen Mission und Kolonialregierungen sprechen allerdings die nachweislich häufigen Konflikte zwischen den beiden Kräften. Die kolonialistischen Eingriffe wurden von christlicher Seite immer wieder kritisiert. Die ersten antikolonialen Theorien gehen auf den Bischof BARTOLOMÉ DE LA CASAS (1474–1566) zurück, der die Rechtmäßigkeit der spanischen Eroberungen bestritt.[46]
Nachdem der römische Katholizismus jahrhundertelang die Missionen in den Kolonien bestimmt hatte, missionierten im 19. Jahrhundert auch der Anglikanismus, deutsches und skandinavisches Luthertum, amerikanischer Baptismus und europäischer Pietismus. Die protestantische und die katholische Mission, die sich zeitweise in einem heftigen Konkurrenzkampf befanden, besaßen auch unterschiedliche Vorstellungen über ihr Verhältnis zum Kolonialismus. Zumindest auf lutherischer Seite bestanden aufgrund der ›Zwei-Reiche-Lehre‹ Vorbehalte gegen eine allzu enge Zusammenarbeit. Beispielsweise wurde auf der Bremer Missionskonferenz 1885 betont, daß Beruf und Ziel von Kolonialpolitik und Mission so weit auseinanderlägen, daß im Interesse beider eine Vermischung sorgfältig zu vermeiden sei.[47] Diese Vorbehalte waren jedoch nicht für den gesamten protestantischen Bereich typisch. So wurde die britische Kolonialpolitik auch teilweise von anglikanischer Missionsarbeit unterstützt.
Unabhängig vom tatsächlichen Grad der Zusammenarbeit wird das europäische Christentum auch heute noch von den betroffenen Völkern als Helfer der imperialen Politik westlicher Staaten betrachtet. Diese Grundeinstellung wird trotz positiver kirchlicher Stellungnahmen zur Entkolonisierung nur schwer zu revidieren sein.

II. Die Reaktionen nichtchristlicher Religionen auf den Imperialismus/Kolonialismus

Abgesehen von der Türkei und Teilen der arabischen Halbinsel standen fast alle islamischen Länder unter westlicher Kolonialherrschaft oder gehörten zumindest zu europäischen Einflußzonen. In der Zeit zwischen den beiden Weltkriegen fanden daher in den arabischen Ländern zahlreiche Befreiungskämpfe statt. Im Zusammenhang mit dem Widerstand gegen den Kolonialismus wurde von islamischer Seite auch die Idee des Heiligen Kampfes wiederbelebt (z. B. Mahdi-Aufstand im Sudan, Unabhängigkeitskampf in Algerien und Ägypten). Dieser *Ǧihad* (= Abmühen auf dem Wege Gottes), kann Verteidigung und Stärkung des islamischen Reiches durch militärischen Einsatz, gewaltloses Bemühen für eine bessere Gesellschaft und Verkündigung der islamischen Botschaft unter den Nichtmuslimen bedeuten.[48] Auch Kämpfe gegen Israel, wirtschaftliche Mißstände und ungerechte Herrscher werden *Gihād* genannt. Obwohl *Gihād* nicht von machtpolitischen Interessen geleitet sein darf, mißbrauchte SADDAM HUSSEIN den Begriff im Golfkrieg. Insoweit wurden auch die Befreiungskriege gegen die Kolonialmächte als *Ǧihad* verstanden, da es sich um die Rückeroberung islamischer Gebiete aus dem Machtbereich der ungläubigen Europäer handelte.
Als Gegenreaktion auf die Überfremdung während der Kolonialzeit entstand in den islamischen Ländern ein neues Interesse an der eigenen vorkolonialen Geschichte. Zum

---

46 Ebd., 1299.
47 K. HAMMER, a.a.O., 82 u. 106.
48 CH. RAJEWSKI, Der gerechte Krieg im Islam, in: R. STEINWEG (Hrsg.), Der gerechte Krieg, 1980, 13–71.

einen wurde auf die vorislamischen Wurzeln der eigenen Kultur verwiesen (Pharaonen in Ägypten, Assyrer im Irak, Phönizier im Libanon, Sabäer im Jemen). Andere wiederum betonten die ruhmreichen Phasen der islamischen Geschichte, deren Werte den heutigen Muslimen bei der Bewältigung ihrer Probleme als Vorbild dienen sollten. In diesem Zusammenhang wird der Islam als ›Dritter Weg‹ zwischen Kapitalismus und Kommunismus verstanden. Den Vertretern einer panarabischen Geschichtssicht ist das vor- und nachislamische Arabertum gleichermaßen wichtig. Im Mittelpunkt stehen hier eine gemeinsame Geschichte, Nation und Sprache, die ein Volk entscheidender prägen können als die Religion.[49]

Im Bewußtsein vieler Muslime ist die Zeit des Kolonialismus noch immer lebendig und wirkt z. B. im Nahost-Konflikt oder im libanesischen Bürgerkrieg nach. Auch die heute vieldiskutierte Re-Islamisierung (schiitischer ›Fundamentalismus‹ im Iran; Muslimbrüder in Ägypten und Syrien) kann nicht losgelöst von der kolonialen Vergangenheit gesehen werden. Vielmehr muß sie als ein Weg der postkolonialen Identitätsfindung betrachtet werden.[50]

Auch zahlreiche buddhistische und hinduistische Länder befanden sich bis zu ihrer Unabhängigkeit (Indien 1947; Burma, Ceylon 1948; Kambodscha, Laos 1949 etc.) unter europäischer Kolonialherrschaft. Die Reaktionen auf den westlichen Kolonialismus waren – wie auch in anderen Kulturräumen – unterschiedlich. Zum einen gab es Gruppen, die durch die Anwendung der europäischen Regierungs- und Verwaltungsmethoden einen buddhistischen oder hinduistischen Modernismus einleiten wollten. Daneben gab es andere Denker, die eine radikale Rückkehr zu den wirtschaftlichen und politischen Formen der vorkolonialen Zeit forderten. Schließlich fanden sich auch Kreise, die als Kompromiß zwar nicht auf die ›westlichen Errungenschaften‹ verzichten wollten, sich jedoch bemühten, diese mit den Werten der eigenen Tradition in Einklang zu bringen.[51]

Dabei besaß die Religion in den verschiedenen Ländern eine außerordentlich große Bedeutung für das Anwachsen dieser nationalen Bewegungen. Sie bildete ein Band, das die Gläubigen vereinte und wurde zum Symbol der Solidarität im Widerstand gegen die Kolonialmächte. In Burma, Kambodscha und Ceylon übernahmen die buddhistischen Priester die Führung des Widerstandes, obwohl nach klassischer buddhistischer Auffassung politische Fragen nicht zum Aufgabenbereich der Mönchsorden *(Sangha)* gehören. Allerdings werden sie in Ausnahmesituationen, in denen der *Sangha* für sich in Anspruch nehmen kann, als geistiger Führer der Nation den Buddhismus vor dem Untergang zu bewahren, als rechtmäßig angesehen.[52]

Auch in Indien stieß die Kolonialpolitik Englands auf heftigen Widerstand, dessen Höhepunkt die Aktionen GANDHIS darstellten. GANDHI prägte für seine Methode des politischen Widerstands das Sanskrit-Wort *Satyagraha,* das soviel bedeutet wie ›Festhalten an der Wahrheit‹. Dieses Bemühen schließt den Verzicht auf jegliche körperliche und

---

49 M. TWORUSCHKA, Geschichte im Islam, in: U. TWORUSCHKA (Hrsg.), Religionen Heute, 1977, 70–77; U. STEINBACH, Vom islamisch-westlichen Kompromiß zur »Re-Islamisierung«, in: ders., W. ENDE (Hrsg.), Der Islam in der Gegenwart (1984), ²1989, 198–211.

50 M. TWORUSCHKA, Re-Islamisierung. Eine vieldeutige Erscheinung, EZW Arbeitstexte 21, 2. überarb. Aufl. 1984.

51 H. BRÄKER, Der Weg nach Asien, 1978, 159ff.

52 H. BECHERT, Buddhismus, Staat und Gesellschaft, 3 Bde., 1966–1973.

seelische Gewalt sowie den Versuch ein, den Gegner nicht zu hassen. Die Aktionen der Feinde sollen allerdings auch nicht einfach erduldet werden. Vielmehr soll man ihnen die Kraft der Seele entgegensetzen und im Widersacher durch das eigene schöpferische Mitleiden einen ›Wandel des Herzens‹ bewirken. Bei der praktischen Ausübung von *Satyagraha* lassen sich zwei Formen unterscheiden: 1. Die Nichtzusammenarbeit, d.h. dem herrschenden System durch Niederlegung von Ämtern und den Boykott von Wahlen die Mitarbeit versagen, und 2. der bürgerliche Ungehorsam, d.h. die planmäßige, aber gewaltlose Übertretung der als ungerecht empfundenen staatlichen Gebote.[53]
In religiöser Form hat sich antikolonialer Widerstand auch in vielen autochthonen Gesellschaften Amerikas, Afrikas, Asiens, Polynesiens und Melanesiens artikuliert. Beispiele für im Milieu des modernen Kolonialismus entstandene prophetische und chiliastische → Heilsbewegungen sind die Ghost-Dance-Bewegungen und der → Peyote-Kult nordamerikanischer Indianer, der Prophetismus der brasilianischen Tupi-Guarani, die Unabhängigen Afrikanischen Kirchen mit ihrem ausgeprägten Messianismus, die javanische *Ratu adil* – Erwartung und insbesondere die zahlreichen melanesischen → Cargo-Kulte.[54] Einige, wenn auch keineswegs alle dieser Bewegungen wurden später zu Kristallisationspunkten säkularer politischer Organisationsformen.[55]

Literatur

Ansprenger, F., Kolonialismus, in: H. Besters, E. Boesch (Hrsg.), Entwicklungspolitik. Handbuch und Lexikon, 1966, 1296–1300; ders., Kolonialsystem und Entkolonisierung, in: K.-D. Bracher, E. Fraenkel, Internationale Beziehungen, 1969, 158–170; Bracher, K.-D., Imperialismus, in: Bracher, K.-D., Fraenkel, E. (Hrsg.), Internationale Beziehungen, 1969, 119–126; Hallgarten, G. W., Das Schicksal des Imperialismus im 20. Jahrhundert, 1969; Hammer, K., Weltmission und Kolonialismus. Sendungsideen des 19. Jahrhunderts im Konflikt, 1978; Mommsen, W. J. (Hrsg.), Der moderne Imperialismus, 1971; ders., Imperialismustheorien, 1977; Preiser, E., Die Imperialismusdebatte, in: Lüttge, F. (Festschrift), Wirtschaft, Geschichte, Wirtschaftsgeschichte, 1966; Senghaas, D. (Hrsg.), Imperialismus und strukturelle Gewalt. Analysen über abhängige Reproduktion, 1974; Wehler, H. U., Imperialismus, [2]1970.

Monika Tworuschka, Doris Hodel

→ *Apokalyptik / Messianismus / Chiliasmus, Cargokult, Geschichte der Religionswissenschaft (Bd. 1), Heilsbewegung, Konversion / Apostasie, Krieg, Krise, Nativismus, Prophetismus, Religionsethnologie (Bd. 1)*

---

53 L. Bianco (Hrsg.), Das moderne Asien, Fischer Weltgeschichte Bd. 33, 1969, 31 f.; D. Conrad, Der Begriff des Politischen, die Gewalt und Ghandis gewaltlose politische Aktion, in: J. Assmann, D. Harth (Hrsg.), Kultur und Konflikt, 1990, 72–112.

54 V. Lanternari, Religiöse Freiheits- und Heilsbewegungen unterdrückter Völker, 1968.

55 P. Worsley, The Trumpet Shall Sound. A Study of ›Cargo‹-Cults in Melanesia, [2]1968.

Individuation

A Zum Begriff I. Begriffsbestimmung II. Begriffsgeschichte 1. Philosophie 2. Tiefenpsychologie B C. G. Jungs Theorie der Individuation I. Die empirische Basis II. Die entwicklungspsychologische Fragestellung III. Die religiöse Funktion des Unbewußten C Religionspsychologische Bedeutung

A Zum Begriff

I. Begriffsbestimmung

Der Begriff der Individuation wurde von C. G. JUNG in den tiefenpsychologischen Sprachgebrauch eingeführt; nach seiner Definition bedeutet es »zum Einzelwesen werden ... zum eigenen Selbst werden ... ›Verselbstung‹ oder ›Selbstverwirklichung‹.«[1] Theoretisch steht Individuation im Gegensatz zu Begriffen wie Anpassung oder → Sozialisation. Im engeren Sinne werden mit Individuation seelische Entwicklungsprozesse beschrieben, die bevorzugt in bestimmten Lebensphasen auftreten. Im weitesten Sinne umfaßt der Begriff die Entwicklung des ganzen Lebens von der Geburt bis zum Tod.

II. Begriffsgeschichte

1. *Philosophie:* Individuation ist ursprünglich ein philosophischer Begriff. In Fortführung der aristotelischen Denkansätze hatten im Mittelalter ALBERTUS MAGNUS und THOMAS VON AQUIN die Frage nach dem *principium individuationis* gestellt, dem Prinzip, nach dem sich alles Seiende »individuiert«. In der Neuzeit wurde das Problem unter anderem von G. W. LEIBNIZ, A. SCHOPENHAUER, FR. NIETZSCHE, E. VON HARTMANN und M. BUBER weiter reflektiert.[2] Die philosophische Fragestellung betraf immer die Individuation alles Seienden.

2. *Tiefenpsychologie:* Im Unterschied zur Philosophie wird der Begriff in der Tiefenpsychologie nur auf die psychische Entwicklung des Menschen angewandt. Nach JUNG haben auch E. FROMM, E. H. ERIKSON, F. RIEMANN, H. STIERLIN, M. S. MAHLER[3] und andere von Individuation gesprochen, ohne die Bedeutungsfülle und die religionspsychologische Dimension aufzugreifen, die JUNG damit verbunden hatte.

---

[1] JUNG, Ges. Werke 7, 191.

[2] Vgl. HWPh 4 (1976) 295 f.

[3] Vgl. E. FROMM, Die Furcht vor der Freiheit, 1945, 32 ff.; E. H. ERIKSON, Kindheit und Gesellschaft, ⁶1976, 276; F. RIEMANN, Grundformen der Angst, ⁶1971, 20 ff.; H. STIERLIN, Eltern und Kinder, 1980, 126 ff., 206 f.; ders., Delegation und Familie, 1982, z. B. 122 f.; M. S. MAHLER, F. PINE, A. BERGMAN, Die psychische Geburt des Menschen, Symbiose und Individuation, 1978.

B C. G. JUNGs Theorie der Individuation

I. Die empirische Basis

Es gehört zu den Erfahrungen der Tiefenpsychologie, daß Selbstverwirklichung nicht allein durch bewußte Selbststeuerung möglich ist. Schon S. FREUD hatte betont, daß das Ich »... nicht einmal Herr ist im eigenen Hause, sondern auf kärgliche Nachrichten angewiesen bleibt von dem, was unbewußt in seinem Seelenleben vorgeht.«[4] Nach JUNGs Auffassung ist das Unbewußte grundsätzlich die Voraussetzung des Bewußtseins, das im Kindesalter erst aus dem Unbewußten heraus entsteht und stets vom Unbewußten abhängig bleibt. Die Inhalte des Bewußtseins sind immer »zugleich bewußt und unbewußt«; umgekehrt sind die unbewußten seelischen Inhalte in einem »bewußtseinsähnlichen Zustand«[5], sie können also bewußt werden. Da das Unbewußte dem Bewußtsein gegenüber stets seine Autonomie behält, müssen seine Inhalte nicht mit denen des Bewußtseins übereinstimmen. In Träumen, Einfällen, Fehlleistungen, spontanen Gedanken und Imaginationen können Inhalte auftauchen, die den Absichten des Bewußtseins entgegengesetzt sind. In Krisenzeiten kann der Einfluß der unbewußten Phantasien derart wachsen, daß »das Bewußtsein seine führende Macht« verliert. »Es wird unmerklich zum Geführten, indem ein unbewußter und unpersönlicher Prozeß allmählich die Führung übernimmt.«[6] Das Unbewußte bringt nicht nur störende Symptome hervor; es hat auch eine »balancierende Funktion«[7], kompensiert eventuelle Einseitigkeiten der Lebenseinstellung und veranlaßt die Persönlichkeit zur Entfaltung von bisher unentwikkelten Anlagen. Es liegen in ihm auch die individuellen Leitlinien verborgen, die den einzelnen auf den Sinn seines Lebens und auf seine persönliche Bestimmung hinweisen. Trotz der großen Bedeutung des Unbewußten darf sich das Ich dem Prozeß nicht passiv überlassen, weil es sonst in Gefahr gerät, vom Unbewußten überschwemmt zu werden. Es ist eine »aktive Anteilnahme am Phantasiegeschehen« gefordert, die dazu führt, daß »das Bewußtsein erweitert wird ..., daß ... der dominierende Einfluß des Unbewußten allmählich abgebaut wird und daß ... eine Persönlichkeitsveränderung stattfindet.«[8]

II. Die entwicklungspsychologische Fragestellung

JUNG hat den Individuationsprozeß oft als krisenhaftes Stadium am Übergang von der ersten in die zweite Lebenshälfte beschrieben. In der Lebensmitte wird der »Höhepunkt des biologischen Lebens« überschritten. Die Krise führt zu einer Auseinandersetzung mit dem kommenden Alter und stellt »die Geburt des Todes«[9] dar. Ein literarisches Zeugnis für diese Anschauung ist unter anderen[10] DANTEs *»Göttliche Komödie«*. Der Dichter

[4] S. FREUD, Ges. Werke 11, 295.
[5] JUNG, Ges. Werke 8, 230 u. 220.
[6] JUNG, Ges. Werke 7, 176.
[7] JUNG, Ges. Werke 8, 279; vgl. Ges. Werke 7, 195.
[8] JUNG, Ges. Werke 7, 240f.
[9] JUNG, Ges. Werke 8, 465f.
[10] Vgl. z.B. P. CLAUDEL, Partage de midi, 1905, dt. Mittagswende, 1909.

schildert zu Beginn, wie er sich »auf halbem Weg … unsers Lebens« in einen dunklen Wald verirrte, der »so rauh und dicht verwachsen« war, daß das Erlebnis für ihn fast schlimmer war als der Tod.[11] JUNG verglich die Krise der Lebensmitte aber auch mit Vorgängen in der Pubertät und der Kindheit.[12] Die Entwicklungsprozesse in diesen verschiedenen Lebensphasen haben eine gewisse Ähnlichkeit.

Ohne Bezugnahme auf JUNGs Individuationsbegriff hat M. S. MAHLER die Entwicklung des Kleinkindes, die etwa mit dem vollendeten dritten Lebensjahr abgeschlossen ist, als »Individuationsprozeß« bezeichnet.[13] Nach ihrer Auffassung haben Kinder dieses Alters im allgemeinen soviel Selbständigkeit erreicht, daß sie zum Erleben der eigenen seelischen Einheit und Kontinuität nicht mehr auf die dauernde Erreichbarkeit der Mutter angewiesen sind. Die Selbstrepräsentanz und die Objektrepräsentanz in der Psyche des Kindes sind relativ stabil, und es kann sie voneinander unterscheiden. In dieser frühen Phase werden Charaktereigenschaften erworben, die für das ganze weitere Leben bestimmend bleiben. Und doch hört der Prozeß nie endgültig auf; »in neuen Phasen des Lebenszyklus sind neue Abkömmlinge der frühesten Prozesse noch immer am Wirken.«[14]

Diese Ansicht hat vor M. S. MAHLER besonders E. H. ERIKSON betont, der wichtige Aspekte der Individuation vor allem mit dem Begriff der → Identität beschreibt. Nach seiner Auffassung führen die verschiedenen Stadien und Krisen der frühen Kindheit jeweils zu einem neuen »Identitätszuwachs«.[15] In der Adoleszenzkrise kehren die Konflikte der Kindheit wieder, wobei die bereits erworbenen Persönlichkeitsstrukturen gleichsam ihre erste Festigkeit verlieren und neu geprägt werden;[16] dies kann freilich nicht zu einer völligen Charakterveränderung führen. Für ERIKSON ist die Adoleszenz das entscheidende Reifestadium, aus dessen Krisen der junge Mensch mit einem »Gefühl der persönlichen Gleichheit in sich selbst und der historischen Kontinuität«[17] hervorgeht. Krisen und Wandlungen der Identität folgen aber bis ins hohe Alter hinein; der Individuationsprozeß ist also nie endgültig abgeschlossen. Grundsätzlich gibt es Krisen und Entwicklungen der Persönlichkeit aber auch außerhalb der typischen Entwicklungsstadien, und umgekehrt können die typischen Krisenzeiten auch ohne deutlich erkennbare Konflikte durchlebt werden. Der Individuationsprozeß im engeren Sinne stellt demnach kein einheitliches Phänomen dar und ist nicht zwingend an bestimmte Lebensphasen gebunden.

III. Die religiöse Funktion des Unbewußten

S. FREUD nannte »die Wahrheiten, welche die religiösen Lehren enthalten, … entstellt und systematisch verkleidet« und hielt die Zeit für gekommen, »… die Erfolge der

---

[11] DANTE ALIGHIERI, La Divina Commedia, Inferno I, Verse 1–8.
[12] Vgl. JUNG, Ges. Werke 12, 156 ff.; 7, 253; 9/I, 178.
[13] M. S. MAHLER, F. PINE, A. BERGMAN, Die psychische Geburt des Menschen, 1978, 13.
[14] A.a.O.
[15] E. H. ERIKSON, Jugend und Krise (am. 1968), [2]1974, 108, 193.
[16] Vgl. a.a.O., 19.
[17] A.a.O., 13.

Verdrängung durch die Ergebnisse der rationellen Geistesarbeit zu ersetzen«[18], das heißt die Religion durch die Deutung ihrer Inhalte aufzuheben. Im Unterschied dazu sah JUNG im Unbewußten eine Quelle numinoser Erfahrungen und ging davon aus, »daß die Seele natürlicherweise eine religiöse Funktion besitzt«, analog TERTULLIAN, der die *»anima« »naturaliter christiana« nannte.*[19] Das Wort religiös oder Religion bedeutet für JUNG aber nicht ein Glaubensbekenntnis oder die Zugehörigkeit zu einer religiösen Gemeinschaft, sondern »in Übereinstimmung mit dem ursprünglichen Gebrauch des Begriffes ›religio‹ ...« »eine sorgfältige und gewissenhafte Beobachtung dessen, was RUDOLF OTTO treffend des Numinosum genannt hat, nämlich eine dynamische Existenz oder Wirkung, die ... das menschliche Subjekt (ergreift und beherrscht), welches immer viel eher ihr Opfer denn ihr Schöpfer ist. Das Numinosum ... ist eine Bedingung des Subjekts, die unabhängig ist von dessen Willen.« Es verkörpert sich in »dynamischen Faktoren, die aufgefaßt werden als ... Geister, Dämonen, Götter, Gesetze, Ideen, Ideale ...«, also Mächte, die der Mensch als »gefährlich oder hilfreich« erfährt[20] (→ numinos). JUNG sah in ihnen Vorstellungs- und Wirkungskomplexe der Psyche, die nicht allein der persönlichen Erfahrung entspringen, sondern bei allen Menschen zu allen Zeiten in irgendeiner Form in Erscheinung treten. Typische Vorstellungs- und Wirkungskomplexe sind:

a) *Schatten:* Mit »Schatten« bezeichnet JUNG die Gesamtheit aller seelischen Inhalte und Antriebe, die mit der bewußt gewählten Lebensform nicht vereinbar sind und deshalb nicht gelebt werden. Diese Seelenteile verbinden sich zu einer relativ autonomen Teilpersönlichkeit, die ihren Lebensanspruch geltend macht, indem sie gegen die bewußten Absichten des Ichs opponiert. Es gehören dazu nicht nur minderwertige Charakterzüge, sondern auch mangelhaft entwickelte Fähigkeiten, die zur Entfaltung drängen. Der Schatten verkörpert nicht nur das Böse, sondern auch unterdrückte seelische Kräfte, die an sich aber hilfreich oder zur Weiterentwicklung sogar notwendig sind. In der jüdisch-christlichen Tradition entsprechen dem Schatten Vorstellungen wie die Schlange im Paradies, »der böse Geist Gottes«[21], der Teufel, Dämonen, »die Sünde«[22] usw.[23]

b) *Anima und Animus:* Die Anima ist die Personifikation einer weiblichen Natur im Unbewußten des Mannes und der Animus ist die Personifikation einer männlichen Natur im Unbewußten der Frau. In der Identifikation mit der eigenen Geschlechtsrolle bleiben die gegengeschlechtlichen Eigenschaften zum Großteil unbewußt; sie verschwinden aber nicht aus dem Seelenleben, sondern stellen – verbunden mit dem Geschlechtstrieb – die innerseelischen Vorstellungen dar, nach denen sich die Beziehungen zwischen Männern und Frauen gestalten. Ihre Bedeutung reicht aber weit über konkrete Beziehungen hinaus. Als Figuren des Unbewußten erzeugen Anima oder Animus im einzelnen Menschen fruchtbare Gegensatzspannungen, die ihn zu hohen schöpferischen Leistungen führen können. Die Rolle der Anima wird besonders deutlich, wenn sie auf eine *femme inspiratrice* projiziert ist, wie zum Beispiel bei DANTE und Beatrice, HÖLDERLIN

---

[18] S. FREUD, Ges. Werke 14, 368.

[19] JUNG, Ges. Werke 12, 26; vgl. Ges. Werke 11, 164.

[20] JUNG, Ges. Werke 11, 3ff.

[21] 1 Sam. 16, 14ff.

[22] Röm. 7.

[23] Vgl. JUNG, Ges. Werke 9/II, 17ff.

und Susette Gontard (»Diotima«), SÖREN KIERKEGAARD und Regine Olsen. In verschiedenen Religionen sind Götter und Göttinnen und im Christentum männliche und weibliche Heilige Repräsentanten dieser psychischen Instanzen. Das psychologische Konzept von Anima und Animus enthält auch Hinweise auf die religiöse Bedeutung der Sexualität.
c) *Selbst:* Das Ich als Zentrum des Bewußtseins fällt nicht mit dem Zentrum der Gesamtpersönlichkeit zusammen, das sich im Selbst darstellt. Das Selbst ist das Symbol der Einheit und Ganzheit der Vielfalt des seelischen Lebens; in ihm sind die vielen und gegensätzlichen Vorstellungen und Antriebe koordiniert und einem gemeinsamen Sinn unterstellt. Auch der Schatten, Anima oder Animus sind »Teile des Selbst«.[24] Ebenso wie diese Figuren des Unbewußten kann auch das Selbst nie vollständig bewußt gemacht werden. Es steht »zwischen Bewußtsein und Unbewußtem«, ist »bewußt und unbewußt« zugleich.[25] Insofern sich das ganze Leben zwischen Gegensätzen abspielt, die wesentlich zueinander gehören, ist das Selbst das Symbol für die Einheit aller dieser Gegensätze. Es ist »... als Inbegriff der totalen Gegensatzvereinigung das vereinigende Symbol.« So ist es gleichzeitig »... Ich und Nicht-Ich, subjektiv und objektiv, individuell und kollektiv.«[26] Die überragende Bedeutung des Selbst rührt daher, daß es jene seelische Instanz repräsentiert, die es dem Menschen praktisch ermöglicht, mit den Widersprüchen des Lebens fertigzuwerden. Es hat die gleiche Funktion wie die zentrale → Gottesvorstellung des gläubigen Menschen, weshalb JUNG auch feststellt: »... die Symbole des Selbst (können) von einer Gottesimago empirisch nicht unterschieden werden ...«[27] Als höchster Ausdruck für die Individualität des Menschen bildet die Erfahrung des Selbst den Höhepunkt des Individuationsprozesses.

C Religionspsychologische Bedeutung

Der Begriff der Individuation verweist auf ein religionspsychologisches Konzept, das die seelische Entfaltung der Persönlichkeit nach bestimmten Gesetzmäßigkeiten als eine universelle Bedingung des Menschseins auffaßt, die unter anderem in den Symbolen der verschiedenen Religionen ihren Niederschlag gefunden hat. Dieses Konzept gestattet den Vergleich zwischen überlieferten religiösen Symbolen und den seelischen Erfahrungen des modernen Menschen. So kann mit Hilfe der Kenntnis religiöser Traditionen der Sinn spontaner Symbolbildungen erschlossen werden, denen der Tiefenpsychologe in seiner therapeutischen Arbeit begegnet. Umgekehrt werden aus dieser Perspektive die traditionellen Symbole von der lebendigen Erfahrung des heutigen Menschen her verständlich. In der uns zugänglichen Vielfalt an Religionen, religiösen Verhaltensweisen und Glaubensinhalten und dem dazugehörigen weltanschaulichen Pluralismus leistet die mit dem Begriff der Individuation verbundene Auffassung einen Beitrag zu Grundaussagen über das Wesen von Religion. Auch die Frage nach der vitalen Funktion religiöser Lebensäußerungen kann damit ohne dogmatischen Ausgangspunkt gestellt werden. Ein Beispiel

[24] A.a.O., 32.
[25] JUNG, Ges. Werke 7, 243 und 16, 283.
[26] JUNG, Ges. Werke 16, 283.
[27] JUNG, Ges. Werke 11, 211.

wäre die Suche nach empirischen Kriterien, mit deren Hilfe man zwischen Fanatismus und religiöser Ergriffenheit, zwischen religiösem Kitsch und religiöser Kunst unterscheiden kann.

Literatur

ADLER, G., Das lebendige Symbol. Darstellung eines analytischen Individuationsprozesses, 1968; BARZ, H., Stichwort: Selbstverwirklichung. Ehrenrettung eines Modewortes, 1981; JACOBI, J., Der Weg zur Individuation, 1965; JUNG, C. G., Der Mensch und seine Symbole, 1968; ders., Gesammelte Werke, 1971–1980; STRUBEL, R., Individuation und Gruppe. Sozialpsychologische Ansätze im Werk C. G. Jungs, 1981; WOLFF, T., Studien zu C. G. Jungs Psychologie (1959), [2]1981; WUNDERLI, J., Stirb und werde. Wandlung und Wiedergeburt in der Pubertät und in der Lebensmitte, 1980.

Robert Strubel

→ *Religionspsychologie (Bd. 1), Identität, Lebenszyklus, Sozialisation*

Initiation

A Begriffsbestimmung

Das Wort leitet sich von lat. *initium* = Eintritt ab. Seine Verwendung umfaßt eine Reihe unterschiedlicher Riten, wie die Initiation in Stammestraditionen, Totemgruppen, Altersklassen, Geheimbünde, esoterische Kulte, Bruderschaften, aber auch in das Wissen von Magiern, Schamanen und Heilern. Typische Lebenszyklusriten wie Geburt, Pubertät, Hochzeit und Tod verbinden Vorstellungen des Übergangs von einem Lebensstadium in das andere mit Merkmalen der Initiation. Nach VAN GENNEP spricht man in solchen Fällen von Übergangsriten *(rites de passage)*[1]. VAN GENNEP versteht darunter die ritualisierte Form des Übergangs von einer Lebensphase oder sozialen Position in eine andere. Übergangsriten liegt eine einheitliche, dreiphasige Struktur zugrunde: auf Trennungsriten *(rites de séparation)* folgen Schwellenriten *(rites de marge)* und Wiedereingliederungsriten *(rites d'agrégation)*. In den Initiationsriten traditioneller Gesellschaften

[1] A. VAN GENNEP, Übergangsriten (1909), 1986.

ist die Trennung der Initianden von der Gesellschaft besonders ausgeprägt. Die Jungen werden als Gruppe in entfernt gelegenen Buschlagern, die Mädchen meist individuell in bestimmten Häusern untergebracht und ihr Kontakt zur Außenwelt wird auf wenige Personen beschränkt. In dieser Phase werden die Novizen mit den kulturellen Überlieferungen vertraut gemacht. Sie müssen zahlreiche Tabus beachten, sich verschiedenen Formen körperlicher Züchtigung und Abhärtung, häufig auch der Beschneidung oder anderen Körpermutilationen unterwerfen. Es ist für diese Riten typisch, daß während ihrer Durchführung soziale Konventionen aufgehoben werden. Dies drückt sich u. a. in der Verwendung obszöner Sprache und Gestik und aggressiven Handlungen aus. Den Höhepunkt der Isolierungsperiode bildet häufig die Begegnung mit einem bedrohlichen Wesen, das als Maskengestalt oder mit furchterregenden Geräuschen (Schwirrholz, Löwengebrüll u. ä.) die Novizen ›verschlingt‹ und als ›Wiedergeborene‹ freigibt. In der Enthüllung, daß es sich dabei um eine von den Ältesten geschaffenen Täuschung handelt, vollzieht sich die Initiation der Jungen.
Die Phase der Wiedereingliederung ist durch die Reinigung der Novizen, das Anlegen neuer Kleider, den öffentlichen Auftritt – vielfach als Maskenwesen –, das befreiende Aufatmen der Gemeinschaft über die gelungene Initiation, das gemeinsame Mahl und andere Gesten der Verbrüderung gekennzeichnet.

B Interpretationsgeschichte

1. Erste ethnologische Arbeiten

Lafitau prägte bereits 1724 den Begriff Initiation für die von ihm bei den Irokesen beobachteten Zeremonien und zeigte die Parallelen auf, die zur Initiation in die antiken Mysterien bestanden. Zwei Jahrhunderte später setzten sich Webster, Frazer und zahlreiche andere Wissenschaftler, denen ein reichhaltiges ethnologisches Material aus allen Erdteilen zur Verfügung stand, mit dem Phänomen der Initiation auseinander. Hierbei zogen einerseits die spektakulären Aspekte der Initiationsriten die Aufmerksamkeit auf sich, andererseits versuchte man, die Häufung vergleichbarer Abläufe bei Bevölkerungsgruppen unterschiedlichster Lebensweise zu ergründen und zu systematisieren. Bereits 1902 legte Schurtz in seinem Buch *»Altersklassen und Männerbünde«*[2] eine systematische Zusammenfassung der damaligen Erkenntnisse vor. Schurtz entwickelte eine Gesellschaftstheorie, in der alle Formen höherer gesellschaftlicher Entwicklungen auf Männerverbände, z. B. in Altersklassen, Vereinigungen oder Geheimbünden, zurückgeführt werden. Der den Männern eigene »Drang zur Geselligkeit« und damit zur »Arbeit des socialen Aufbaus«[3] werde in den Bünden systematisch verstärkt. Bereits die Knaben erlebten sehr früh die Trennung von der mütterlichen Welt und ihre Zuordnung zu der der Männer, die mit den bedrohlichen Erscheinungen der Geisterwelt in Verbindung stünden. Mädchenriten seien dagegen nur als eine schwächere Nachahmung männlicher Initiation anzusehen. Da die Frau zur Hüterin des Familienlebens

[2] H. Schurtz, Altersklassen und Männerbünde, 1902.
[3] Ebd., 73.

bestimmt und somit notwendigerweise dem geselligen Leben abgeneigt sei, bedürfe sie auch keiner Unterweisung in Formen des geselligen Zusammenlebens.

2. Psychoanalytische Interpretationsmodelle

Ausgangspunkt psychoanalytischer Interpretationen der Initation ist die Beschneidung. Die Symbolik der Beschneidung erhellt Vertretern dieses Ansatzes zufolge den eigentlichen Sinn der Riten, wobei unterschiedliche Deutungsmuster zugrundegelegt werden. Der Psychoanalytiker REIK[4] hat sich, in enger Anlehnung an FREUDS »*Totem und Tabu*«, mit der Deutung von Pubertätsriten beschäftigt. Die Sinngebung der Riten erschließt sich ihm aus der Angst der Männer vor der Wiederholung der Urtat: dem Urvatermord. Deren symbolische Wiederholung sei zentrales Thema der Riten, wobei dem Tötungsvorgang die Wiederauferstehung folge. Dabei würden die zwischen Vätern und Söhnen bestehenden Rivalitäten und Ambivalenzen in neue Formen der Kooperation umgesetzt. Zwar würden die Söhne von den Vätern dem Ungeheuer überantwortet und dabei dramatisch gezüchtigt, doch münde die Unterdrückungsphase in eine Wiederentdeckung des Lebens und die Integration in die Männergesellschaft. Durch den Biß des Ungeheuers, der gleichbedeutend mit der Beschneidung und Kastration des Novizen sei, löse sich die »unbewußte Vergeltungsfurcht des zum Vater gewordenen Mannes«[5], der nunmehr von der Angst befreit sei, daß sich die unbewußten inzestuösen Regungen der eigenen Kindheit gegen ihn selbst richten könnten. Die Ambivalenz der Gefühle werde in homosexuellen Regungen und wachsender Solidarität der Männergesellschaft neutralisiert. Gleichzeitig bewirke die Wiedergeburt die Ablösung der libidinösen Begierde von der Mutter, da mit der Mannbarkeit die freigewordene Sexualität auf Heiratspartnerinnen übertragen werden könne. Das Ziel der Wiedergeburt bestehe vor allem darin, die Zuneigung der Söhne von der Mutter abzuziehen und auf die Väter zu übertragen. Die Zeremonie »annulliert die Geburt des Knaben durch das Weib und glaubt dadurch die inzestuöse Libido beseitigt zu haben.«[6] Wie SCHURTZ sah REIK Pubertätsriten als eine Vorstufe der Männerbünde an, deren Bedeutung er auch im Alten und Neuen Testament und in den antiken Mythologien wiederzufinden glaubte.
Auch der Psychoanalytiker BETTELHEIM[7] diskutiert Reiferiten ausschließlich im Rahmen der Beschneidung, wobei er Parallelen zwischen verschiedenen Beschneidungspraktiken und anderen Formen der Körperverstümmelung sieht. Unabhängig davon, ob Körperverstümmelungen in archaischen Gesellschaften oder von schizophrenen Kindern durchgeführt werden, seien die ihnen zugrundeliegenden Motivationen als Urformen der Geschlechtsdifferenzierung zu verstehen. Beide Geschlechter versuchten, den Neid auf die Andersgeschlechtlichkeit des anderen dadurch zu bewältigen, daß sie sich gegenseitig imitierten und »symbolische Wunden« zufügten. Für BETTELHEIM bedeutet die Pubertät das Ende der diffusen Geschlechtsidentität. Die Erkenntnis der weiblichen Menstruation und der prokreativen Kraft der Frau löse bei Männern ein Gefühl der Minderwertigkeit aus. Durch Genitaloperationen versuchten sie, einen ähnlichen Zu-

[4] TH. REIK, Pubertätsriten der Wilden, 59–131.
[5] Ebd., 72.
[6] Ebd., 111.
[7] B. BETTELHEIM, Symbolic Wounds (1954), 1962.

stand der Blutung hervorzurufen und damit ihre negative Selbsterfahrung in das positive Erlebnis, die eigene Furcht meistern zu können, umzuwandeln. Beschneidung sei somit nicht Kastration im FREUD*schen* Sinne, sondern die positive Überwindung männlicher Eifersucht, indem die Kraft der Frauen zum Bestandteil des eigenen Körpers wird.
BETTELHEIM zählt zu den wenigen Autoren, die Menstruation positiv werten. Er sieht in der Menstruation einen statusstärkenden Vorgang, der von Tabus begleitet wird, die keine negativen Sanktionen darstellen, sondern die Hochschätzung weiblicher Fruchtbarkeit betonen. Den Widerspruch, daß auch Frauen durch Klitorisbeschneidung oder Infibulation ihre Sexualorgane verstümmeln, glaubt BETTELHEIM durch die unzutreffende Behauptung erklären zu können, daß die schweren Formen weiblicher Genitaloperationen von Männern durchgeführt werden, die damit ihre Aggressivität zum Ausdruck brächten. Dagegen nähmen Frauen nur Manipulationen – wie etwa das Verlängern der Schamlippen – vor, die der sexuellen Befriedigung und Fruchtbarkeit dienten.
MARGARET MEAD[8] entwickelte eine etwas veränderte These des Neids auf die Gebärfähigkeit, indem sie auf die große Diskontinuität weiblicher Lebensstadien hinwies, während die Körperentwicklung der Männer relativ gleichförmig ablaufe. Für Frauen seien Jungfräulichkeit, Menarche, Gebären und Menopause einschneidende Lebensphasen. Männer benötigten dagegen künstliche Unterscheidungsformen, wie soziale Rangordnungen oder die Manipulation des eigenen Körpers durch Beschneidung oder Tatauierung. Vor allem Initiationsriten mit den für sie typischen Attributen der Beschneidung und des Mysteriösen böten Männern einen Ersatz dafür, daß ihre eigenen Lebensphasen nicht durch ähnlich dramatische Einschnitte gekennzeichnet sind.

3. Verhaltenstheoretische und funktionalistische Ansätze

Die verschiedenen Theorien der psychoanalytischen Schulen lösten eine bis heute andauernde Welle empirischer Forschungen aus, die mit Namen wie KLUCKHOHN, ANTHONY, WHITING, BARRY, CHILD, BACON, MUNROE u. a. verbunden sind.[9] Man versuchte, Ausrichtung und Ziel von Initiations- und Beschneidungsriten empirisch festzumachen, wobei man einerseits von der FREUD*schen* Theorie ödipaler Rivalität und andererseits von der von BETTELHEIM und MEAD vertretenen These ausging, daß Initiation die Suche nach einer kompensatorischen Geschlechtsidentität sei. Aus dem interkulturellen Vergleich der Intensität der Mutterbindung und aller erdenklicher Einflüsse frühkindlicher Sozialisation hoffte man, die Parameter zu erhalten, die die Kausalität frühkindlicher Prägungen und vorhandene oder nicht vorhandene Formen der Initiation erklären würden. In dem Maße, in dem man sich der Komplexität der frühkindlichen Erfahrungswelt bewußt wurde und sich gleichzeitig gezwungen sah, immer neue sozialstrukturelle und ökonomische Grunddaten heranzuziehen, verringerte sich der Aussagewert der empirischen Ergebnisse. Dies um so mehr, da man aus der ohnehin problematischen Auswahl interkultureller Daten aus den *Human Relations Area Files* immer kleinere Einheiten extrapolierte und so aus ihrem gesellschaftlichen Zusammenhang löste.
Von den obigen Ansätzen unterscheiden sich die Arbeiten einer Reihe von Autoren, die ebenfalls statistisches Vergleichsmaterial benutzen, in ihren Interpretationen jedoch

---

[8] M. MEAD, Male and Female, 1949.
[9] J. W. M. WHITING, R. KLUCKHOHN, A. ANTHONY, Male Initiation Ceremonies, 611–631.

stärker soziologisch argumentieren. J. BROWN[10] untersuchte die Verbreitung weiblicher Initiationsriten und kam zu dem Befund, daß sie in den Gesellschaften besonders häufig seien, in denen die Mädchen auch nach der Verheiratung in ihrer Herkunftsfamilie bleiben. Dort, wo Mädchen in eine neue Familie einheiraten, signalisierte der Ortswechsel bereits den Statuswandel des Mädchens. Extrem schmerzvolle Genitaloperationen an Mädchen fänden sich in Gesellschaften, in denen in der Kindheit die Geschlechtsidentität von Jungen und Mädchen mit Konflikten beladen sei. Die Initiation der Mädchen sei außerdem dort besonders verbreitet, wo Frauen einen erheblichen Anteil an der Subsistenzproduktion innehaben. Hier trügen die Riten zur Internalisierung der bedeutenden ökonomischen Rolle der Frauen bei. YOUNG[11] untersuchte ausschließlich männliche Riten und interpretierte sie als eine Dramatisierung männlicher Solidarität. In Gesellschaften mit hoher männlicher Solidarität erfolge eine Stabilisierung der Persönlichkeit zu dem Zeitpunkt, in dem sich der Junge mit der Gruppe der Männer identifiziere, da dies die Essenz seiner Geschlechtsrolle darstelle. Die Initiation der Mädchen vollziehe sich dagegen unauffällig in der weiblich/häuslichen Solidargemeinschaft. COHEN[12] verwendet eine ähnliche Argumentation und postuliert, daß Riten in Gesellschaften mit unilinearer Deszendenz notwendig seien, damit die Kinder einer Nuklearfamilie voneinander getrennt und der Linearorganisation zugeordnet werden können. Für GLUCKMAN[13] spiegeln sich in den Riten die verdeckten Konflikte zwischen antagonistischen gesellschaftlichen Gruppen (Deszendenzgruppen, affinalen und Blutsverwandten, Männern und Frauen). In der Katharsis der Überschreitung von Normen vollziehe sich im Sinne einer ritualisierten Rebellion eine Rückführung in das Wertsystem der Gesellschaft. MILLER[14] wiederum glaubt, daß äußerer Druck oder Bedrohung die auslösenden Mechanismen für Riten seien, um die Gemeinschaft wachzurütteln und ihr Gruppenbewußtsein zu aktivieren. PAIGE und PAIGE[15] sehen im Initiationsritual nicht die symbolische Reduktion von Spannungen oder die Befriedigung psychologischer Bedürfnisse. Nach ihrer Ansicht handelt es sich vielmehr um politische Strategien, die eingesetzt werden, um Konflikte zu vermeiden. Da die Verteilung des Rechts über Frauen nicht biotisch, sondern gesellschaftlich determiniert sei, bedürfe es einer besonderen politischen Taktik, um Konflikte zwischen oppositionellen Gruppen oder zukünftigen Allianzpartnern zu vermeiden oder zu schlichten. In Gesellschaften mit stabilen Ressourcen und politischer Zentralgewalt erfülle das Initiationsritual die Funktion der Überwachung. Dort, wo die Zentralgewalt fehle und die Notwendigkeit bestehe, mit anderen Gruppen Allianzen einzugehen, diene Initiation der politischen Mobilisierung.

4. Religionsphänomenologische Interpretationen

Der Kulturmorphologe JENSEN sieht eine wichtige Funktion der Riten in der Trennung des Sohnes von der Mutter. Im Gegensatz zu anderen Interpreten betont er jedoch, daß diese Loslösung keine Befreiung des Knaben vom Makel der Geburt aus dem Mutterleib

---

10 J. K. BROWN, Female Initiation Rites, 837–853.
11 F. YOUNG, Initiation Ceremonies, 1965.
12 Y. COHEN, Transition from Childhood to Adolescence, 1964.
13 M. GLUCKMAN, Custom and Conflict in Africa, 1965.
14 N. MILLER, Initiation, 1932.
15 K. E. u. J. M. PAIGE, Politics of Reproductive Ritual, 1981.

bedeute, sondern eine Form männlicher Identitätsfindung darstelle. Die Riten selbst seien häufig von einer weiblichen Symbolik geprägt, und zahlreiche Mythen und Kulte deuteten darauf hin, daß die Geisterwesen, welche die Novizen verschlingen, auch weiblicher Herkunft sein können. Die Entstehungsgeschichte sei allerdings schwer festzulegen. Die Tatsache, daß Männer als Meister des Zeremoniells auftreten, deute auf einen patriarchalischen Ursprung hin. Andererseits lägen die zahlreichen Machtdemonstrationen der Männer in geheimen Maskenauftritten und übertriebenen Darstellungen die Vermutung nahe, daß der Ursprung in einer Epoche lag, in der matriarchalische Tendenzen vorherrschten, von denen sich die Männer zu befreien suchten.

Als zentrale Themen der Riten seien Tod und Wiedergeburtsvorstellungen anzusehen. Diese Symbole führt JENSEN auf eine urgeschichtliche Menschheitsperiode zurück, die von der Auseinandersetzung des Menschen mit dem Tode bestimmt war. So, wie man im neugeborenen Kind den zurückgekehrten Ahnen wiederzuerkennen glaubte, sind Zeugung und Fruchtbarkeit, Toten- und Ahnendienst Sinnbild einer Lebensauffassung, in der der Mensch in tiefer Ergriffenheit »die dämonische Einheit von Leben und Tod, Lebenskraft, -freude und schrecklicher Grausamkeit in der ihn umgebenden Natur erlebte.«[16] Die Eingebundenheit der menschlichen Zeugungsfähigkeit in die dämonischen Kräfte der Natur deute darauf hin, daß der Reiferitus der »wesentlichste Ausdruck einer schöpferischen Kulturepoche war, die das Mysterium des Naturgeschehens in einer ganz bestimmten, für diese geistesgeschichtliche Periode bezeichnenden Weise erfaßte, darstellte und daraus eine Wirklichkeit machte, in der man lebte.«[17] Die »Wiedergeburt durch den Geist« symbolisiere den vorübergehenden Tod und die darauffolgende Rückkehr des Initianden. Die panische Angst, von den Geistern verschlungen zu werden, sei allerdings nicht mit dem urgeschichtlich »heiligen Erschauern« zu vergleichen, das der schöpferischen Beziehung zu den Toten innewohne. Das ursprünglich mit hoher Ergriffenheit ausgeübte Amt einzelner Mitglieder eines Volkes habe in späteren Perioden an Sakralität verloren. Der Religionshistoriker MIRCEA ELIADE[18] interpretiert Initiation als religiöses Phänomen, das gleichermaßen in archaischen, orientalischen oder vorchristlichen Kulturen erkennbar sei. Er interessiert sich nicht nur wie JENSEN für die kollektiven Riten, sondern auch für ihre individuelle Ausprägung, insbesondere bei Schamanen und Medizinmännern. In den Hochreligionen ist für ELIADE Initiation nur mehr in wenigen Handlungen erkennbar, etwa in der Taufe oder in der Aufnahme in das Priesteramt. Während sich der moderne Mensch von seiner Eingebundenheit in den Kosmos distanziert habe, werde in den »überlieferungstreuen Gesellschaften« in Mythos und Initiation die kosmisch-religiöse Einheit in ständiger Rückbesinnung gesucht. In der Initiation vollziehe sich die Offenbarung der Mythologie, die die gesamte »Weltauffassung« in sich birgt. Die heilige Geschichte sei gleichzeitig beispielhafte Darstellung der Seinsgeschichte und normativer Verhaltenskodex, der internalisiert und als wesentlicher Bestandteil der Geschichte an spätere Generationen weitergegeben werde. Da die Initiation selbst in einem Urmythos begründet sei, bedeute jede Wiederholung eine Vergegenwärtigung der »Urzeit« oder »Traumzeit«. Initiation wird nach ELIADE als schöpferische Epoche, die am Ursprung allen Seins steht, von den Neophyten durchlebt. In Prüfungen, Angstzuständen und in der Befolgung ungewöhnlicher Verhaltensvorschriften näherten sie sich

[16] A. E. JENSEN, Beschneidung und Reifezeremonien, 148.
[17] Ebd., 166.
[18] M. ELIADE, Mysterium der Wiedergeburt (1958), 1961.

stufenweise einer »ontologischen Änderung der Strukturform des Daseins«[19]. Der Höhepunkt dieser existentiellen Umformung liege in der rituellen Phase von Tod und Wiedergeburt. Hier überlagerten sich zahlreiche Symbole wie die Trennung von der weiblichen, mütterlichen Welt, die Erkenntnis totaler Unwissenheit, der Geschlechtslosigkeit und des Ausgeliefertseins; sie signalisierten den profanen Zustand. Im Erleben des Todes, der durch das verschlingende Ungeheuer symbolisiert sei, tauchten die Novizen in ein totales Chaos ein. Diese Rückkehr in einen vorkosmischen Zustand der Finsternis sei notwendig, um zu »einer höheren Seinsweise« zu gelangen.

Auch die Beschneidung müsse man als heiligen Akt verstehen, der im Auftrag von Göttern und übermenschlichen Wesen ausgeführt werde. Im Vollzug der Beschneidung werde sich der Novize der »mystischen und physiologischen Bande« zur Mutter bewußt und erfahre gleichzeitig, daß er zum Manne geworden ist.

5. Zur Initiation von Mädchen

Die Mädcheninitiation wird von den meisten Autoren nur am Rande behandelt. Inhalt und Bedeutung der Riten werden vielfach verkannt, da sie wenig erforscht sind und weniger spektakulär als Knabenriten begangen werden. Meist werden Menstruation und die an sie geknüpften Tabus hervorgehoben, die angeblich die gefährlichen Eigenschaften des weiblichen Blutes neutralisieren und die Männer vor drohenden Gefahren schützen sollen. ELIADE zählt zu den wenigen Autoren, die sich mit der Initiation der Mädchen befaßt haben. Als zentrales Thema der Riten sieht er »das Geheimnis des Blutes«, das die Symbolik der Geburt bereits vorwegnimmt. Auch eine Häufung der Symbole des Todes stellt er fest. Trotz der dichten Symbolik sind nach seiner Ansicht Mädchenriten der männlichen Initiation nicht vergleichbar. In der weiblichen Initiation finde keine Wiederholung des Urmythos statt und damit fehle auch die mythische Offenbarung der heiligen Geschichte des Stammes. Selbst die Symbolik des Blutes sei nicht auf einen Urmythos rückführbar, sondern Ausdruck der nach außen einsichtigen Attribute des Blutes in ihrem sich wiederholenden Zyklus von »Reinigung, Heilkraft, magischer Kraft«. Die Novizin erfahre ihre Seinsbestimmung innerhalb der »natürlichen Welt«, dem Novizen dagegen offenbare sich die Urgeschichte und damit die »Kultur«.

Die Vorstellung, daß Männer dem höherbewerteten Bereich der Kultur, Frauen dagegen der Natur zugehörig sind, ist Teil der europäischen Ideengeschichte, die besonders im Strukturalismus zum Ausgangspunkt zahlreicher Forschungen wurde. Auch die Erforschung von Initiationsriten wurde von diesem Ansatz berührt, wobei häufig die positiven Assoziationen mit Kultur und die negativen Bewertungen der Natur auf die innerkulturellen Wertungen der Geschlechter übertragen wurden. Aus zahlreichen neueren Studien ergibt sich ein sehr viel differenzierteres Bild.[20] GROHS zeigt am Beispiel der weiblichen Reiferiten bei tanzanischen Ethnien[21], daß eine symbolische Trennung der Geschlechter und ihrer Lebensbereiche zwar als durchgehendes rituelles Thema im Vordergrund steht, daß mit dieser Trennung jedoch keine Aussagen über die Zuordnung der Geschlechter zur Kultur/Natur gemacht werden. Die symbolischen Formen zeigen vielmehr eine

---

[19] Ebd., 10.

[20] C. P. MACCORMACK u. M. STRATHERN (Hrsg.), Nature, Culture and Gender, 1980.

[21] E. GROHS, Kisazi, 1980.

Tendenz, die männlich/weibliche Dualität zu betonen und sie gleichzeitig in gegenseitiger Ergänzung wiederaufzulösen. Die Untersuchung zeigte auch, daß Mädchenriten nicht auf eine unbedeutende Ebene der geistigen Vermittlung von Werten beschränkt sind. Es stellte sich vielmehr heraus, daß die Abfolge der Riten in ihrer vielschichtigen Symbolik männlicher Initiation durchaus vergleichbar ist. Die Mädchen werden von rituellen Leiterinnen über Monate hinweg betreut, sie erlernen esoterische Texte ebenso wie Anweisungen über ihr zukünftiges Rollenverhalten. Sie begegnen dem schrecklichen Ungeheuer und erleben den als Tod und Wiedergeburt bezeichneten Übergang in ein neues Lebensstadium.

Das komplexe Zeremoniell weiblicher Riten ist inzwischen durch zahlreiche Studien belegt, wobei AUDREY RICHARDS' Analyse der Initiation der Bemba-Mädchen aus dem Jahre 1956 zu den Pionierarbeiten zählt.[22]

6. Initiation als Übergangsritus

Mit seinem 1909 erschienenen Werk »*Les rites de passage*« legte der französische Ethnologe und Volkskundler VAN GENNEP die erste systematische Studie des zeremoniellen Ablaufs von Riten vor. Ähnlichkeiten zwischen rituellen Formen waren auch von anderen Forschern, insbesondere von HERTZ[23] entdeckt worden, ohne daß das globale Strukturschema, nach dem alle Riten analysiert werden konnten, bereits erkannt wurde.

VAN GENNEP ging davon aus, daß es innerhalb jeder Gesellschaft spezielle Bereiche wie Geheimgesellschaften, Berufsgruppen, religiöse Vereinigungen oder Totemklane gibt, in die bestimmte Individuen nach bestimmten Regeln zugelassen werden. Daneben durchläuft jeder Mensch Lebenszyklen, die durch Schwangerschafts- und Niederkunftszeremonien, Initiation, Hochzeit und Todesriten markiert werden, d. h. jeder Mensch geht eine Folge von Bindungen, Trennungen und neuen Bindungen ein. Leben bedeutet »unaufhörlich sich trennen und wiedervereinen, Zustand und Form verändern, sterben und wiedergeboren werden«.[24] Einen neuen Lebensabschnitt zu erreichen oder in eine soziale Gruppierung aufgenommen zu werden bedeute, eine Schwelle zu überschreiten, d. h. einen räumlichen und zeitlichen Abstand beim Übergang von einer sozialen Position in die andere einzuhalten. Diese für alle Riten typische Abfolge von Trennung, Überwinden der Schwelle und Wiedereingliederung sei je nach rituellem Anlaß unterschiedlich gewichtet. So können die Elemente der Trennung im Todesritus überwiegen, während in den Initiationsriten die Schwellenphase überdimensional betont ist. Typische Merkmale der Trennungsphase seien das Ablegen von Kleidern, von Schmuck, von allen Gegenständen des täglichen Gebrauchs bis hin zur völligen Nacktheit und Isolierung des Individuums. Die Schwellenphase deute eine ambivalente Stellung des Novizen an, der weder der profanen noch der sakralen Welt angehöre. Diese Ambivalenz drücke sich in vielen Vorschriften der Unterordnung, der Verhüllung oder Maskierung aus. Häufig bestehe ein Verbot zu sprechen, sich zu reinigen, den Boden zu betreten, die Sonne zu

---

22 A. RICHARDS, Chisungu (1956), 1982.

23 R. HERTZ, Mélanges de sociologie religieuse et folklore, 1928.

24 A. VAN GENNEP, A.A.O., 1986.

erblicken oder bestimmte Speisen zu sich zu nehmen. Diese Tabus würden in der Phase der Wiedereingliederung in besonderen Reinigungsriten aufgehoben.

VAN GENNEP verzichtet darauf, Einzelphänomene isoliert zu analysieren, da der tiefere Sinn sich nur aus der Position einzelner Handlungen innerhalb der Gesamtstruktur erschließe. Die Unterscheidung zwischen Pubertäts- und Initiationsriten ist seiner Meinung nach nicht aufrechtzuerhalten, da soziale und physiologische Pubertät vielfach nicht zusammenfallen, weshalb er den umfassenderen Begriff Initiation wählt. Mit seinem Strukturschema distanziert sich VAN GENNEP von evolutionistischen, kulturhistorischen oder psychoanalytischen Interpretationsmodellen. Er glaubt, daß in den an natürliche Ressourcen gebundenen Gesellschaften das Heilige alle Bereiche des menschlichen Lebens umfaßt, gleich ob es sich um Körperfunktionen, um Geburt, Tod, Jagd oder Feldbau handelt, und daß die grundlegenden Erfahrungen ihren Ausdruck in Riten finden. Den Vorstellungen seiner Zeit entsprechend ordnet er die Riten und Zeremonien der Magie und damit der Technik der Religion zu, während die Religion selbst den Theorien zugeordnet wird. Der Anspruch VAN GENNEPS, die jeweiligen Riten nach ihrer Wirkungsweise als sympathetisch, kontagiös, direkt oder indirekt zu klassifizieren, konnte bereits von ihm selbst nicht eingelöst werden. Dagegen hat das von ihm entwickelte Prinzip, Ritus als »eine universale menschliche Ausdrucksform jenseits der sich in der Geschichte wandelnden Sprachen«, als ein »Stück ritueller Grammatik«[25] zu verstehen, bis heute seine Gültigkeit behalten. In seinem eigenen Lande blieb VAN GENNEP lange Zeit weitgehend verkannt. Sein Werk wurde in den 60er Jahren ins Englische übersetzt und das in ihm entwickelte Schema zählt heute zu den wichtigsten Deutungsmustern der Ritenforschung. Seit 1986 liegt auch eine deutsche Übersetzung vor.

Das Strukturschema der Übergangsriten wirkte auf diejenigen Forscher, die phänomenologisch vom Sympbol als grundlegender ritueller Einheit ausgingen, außerordentlich anregend. Ab der Mitte der 50er Jahre begann man in der englischen Sozialanthropologie Riten als Gegenstand der Erforschung sozialer Systeme und Wertvorstellungen zu entdecken. MONICA und GODFREY WILSON, AUDREY RICHARDS u. a. gelten als Vorläufer einer Methode, die die Erklärungen der am Ritus Beteiligten in den Vordergrund stellt, wobei Sprache, Gestik, rituelle Texte und alle symbolischen Ausdrucksformen registriert und mit Hilfe der am Ritus Beteiligten dechiffriert wurden. VICTOR TURNER hat diese Methode in seinen Forschungen bei den Ndembu Zambias am intensivsten angewandt und grundlegende methodische und inhaltliche Aussagen entwickelt.[26] In Anlehnung an das Phasenschema VAN GENNEPS erscheint TURNER die Schwellenphase (→ Liminalität) von einer dichten Symbolik geprägt; hier kulminierten die essentiellen Aussagen des Ritus. TURNER sieht den Ritus als Ausdruck eines sozialen Dramas, das Krisenzeiten signalisiert, wobei soziale Konflikte, die normalerweise von den Konventionen des täglichen Lebens überdeckt sind, aufbrechen. Antagonismen würden wie ein Abgrund in seiner Bedrohlichkeit wahrgenommen. Die Konfliktlösung verlaufe nach Regeln eines Dramas, wobei der Periode des Ausbruchs eine Phase der übersteigerten Dramatisierung folgt, bis schließlich die Wiederherstellung der sozialen Ordnung das Drama beende. Der dramatische Verlauf sei durch die Opposition von Struktur- und Antistruktur gekennzeichnet. Zwischen der Welt der Liminalität und jener der sozialen

---

[25] J. STAGL, Übergangsriten und Statuspassagen, 85.

[26] V. TURNER, Forest of Symbols, 1967; ders., Ritual Process, 1969.

Ordnung ließen sich zahlreiche Gegensätze erkennen, wie Gleichheit/Ungleichheit, Abwesenheit von Besitz/Besitz, Unterwürfigkeit/Stolz auf soziale Position. Die im Zentrum der rituellen Handlung stehenden Personen seien Teil einer »*communitas*«. Sie durchlebten kollektive Erfahrungen, wie den Rückzug aus einer Welt sozialer Ordnung und erführen das Erlebnis totaler Leere, die aber auch die Hoffnung der Rückkehr in sich birgt. In der Phase der Liminalität sei der Novize frei von allen Bindungen, er sei freischwebend, einer *tabula rasa* vergleichbar, und damit in besonderem Maße aufnahmebereit. Die Erfahrungen der biologischen Prozesse des eigenen Körpers würden zur Metapher für die wiederkehrende Regelmäßigkeit, die die Abläufe in der Natur, in der Gesellschaft und im Denken bestimmt. Diese Periode des *betwixt and between*, des zwischen allen Ordnungen Stehens, ist nach TURNER den Klöstern und Bettelorden vergleichbar, in denen Absonderung, Ranggleichheit und absolute Armut ein ähnliches Klima der Aufnahmebereitschaft schafften. Ohne die absolute Unterordnung unter den Abt oder den rituellen Lehrer in den Stammesgesellschaften bestehe jedoch die Gefahr, daß anarchische Tendenzen hervorbrechen. Für TURNER ist der Gegensatz Struktur/Antistruktur nicht nur auf Stammesriten begrenzt: Keine Gesellschaft könne ohne die Dialektik von Rückzug in die Communitas und Rückkehr in eine strukturierte Ordnung existieren. Die Entstehung von Mythen, Symbolen, philosophischen Systemen, künstlerischer und geistiger Kreativität beruhe auf der schöpferischen Dynamik dieser Wechselbeziehung.

C Elemente einer vergleichenden Initiationsforschung

Initiationen haben vielfältige Interpretationen erfahren, die auf Denkmodelle bestimmter Epochen, aber auch auf die besonderen Denkstrukturen ihrer Interpreten rückführbar sind. Die Gegenüberstellung der unterschiedlichen Erklärungsmodelle bildet ein Stück Wissenschaftsgeschichte. Wenn Initiation einmal als Steuerungselement zur Aufrechterhaltung politischer Macht, als Solidaritätsbezeugung der Männergesellschaft, als Wiederholung der Tötung des Urvaters oder als schöpferische Rückbesinnung auf den Tod der Ahnen interpretiert wird, so sagt dies vielfach mehr über das Bedürfnis nach wissenschaftlicher Theorienbildung als über den Gegenstand der Initiation aus. AUDREY RICHARDS war 20 Jahre nach der Veröffentlichung von »*Chisungu*« über ihre damalige Behauptung erschrocken, daß sich der Novizin im Ritus die Essenz der Werte und Normen ihrer Gesellschaft erschließt, da sie während ihrer Untersuchung mit keiner Novizin über irgendeine Erfahrung des Ritus gesprochen hatte.
Allerdings liegt das Bedürfnis der Forscher, Initiationsriten in theoretische Konstrukte einzubinden und mit vielfältigen Deutungen zu versehen, auch im Gegenstand selbst begründet. Die dramatischen Erscheinungsformen der Riten drängen gewissermaßen dazu, sie dem Bereich des Numinosen zuzuordnen. Die existentielle Fragestellung aller Riten über die Stellung des Menschen in der sozialen und natürlichen Welt und darüber hinaus als Teil des Kosmos erfährt in den Initiationsriten eine ungewöhnliche Intensität. Offensichtlich birgt die Geschlechtsreife eine Fülle sich überschneidender Erwartungen, Ängste und Widersprüche in sich, die in rituellen Darstellungsformen ihre Katharsis erfahren. Geht man davon aus, daß hierbei stets wiederkehrende Elemente der dramatischen Gestaltung, vor allem die Phase der Isolierung, des rituellen Todes, des Verschlun-

genwerdens durch Dämonen und Ungeheuer, im Mittelpunkt des Geschehens stehen, so wird damit auch eine Tendenz deutlich, existentielle Krisen mit vergleichbaren, rituellen Konzepten zu bewältigen.

VAN GENNEP hat sich diese Einsicht zu eigen gemacht, indem er darauf verzichtete, rituelle Erscheinungsformen zu isolieren und mit Deutungen zu belegen. Statt dessen suchte er den Schlüssel für das Verständnis von Riten in den zeremoniellen Ausdrucksformen selbst und ihrer Zuordnung innerhalb eines größeren Systems. Dabei verzichtete er allerdings darauf, die psychologischen Auswirkungen ritueller Einwirkungen zu kommentieren. Körpermutilationen sind für ihn lediglich ein Mittel der Differenzierung beim Übergang in ein neues Lebensstadium. Seine nur an der Form orientierten Beschreibungen ritueller Begebenheiten entfernen diese notwendigerweise von ihrem kulturellen und historischen Kontext. Trotz dieser Einschränkungen hat sich das VAN GENNEP*sche* Modell bis heute als wesentliches Strukturschema erwiesen, zumal es den Raum bietet, die jeweils gesellschaftsspezifischen Ausformungen eines Rituals miteinzubringen und dabei gleichzeitig die übergreifenden Strukturen von Ritus zu beachten.

Unter den Bedingungen eines fortschreitenden Wandels haben Initiationsriten vielfach ihre frühere Bedeutung verloren. Ihre Formen verändern sich, aber sie zeigen trotz aller Einflüsse der modernen Gesellschaft ein bemerkenswertes Beharrungsvermögen. In den Weltreligionen markieren Geburt, (Konfirmation, Firmung) Hochzeit und Begräbnis den Beginn oder das Ende wichtiger Lebensabschnitte, obwohl die Art ihrer Begehung immer mehr formalisiert wird. Trotz der Tendenz, rituelle Formen zurückzudrängen und zu entleeren, tauchen immer wieder neue oder alte Ritualisierungen sowohl in modernen als auch in Übergangsgesellschaften auf. Initiation wird weiterhin geschehen, doch ihre Formen werden sich entsprechend dem kulturellen und sozialen Kontext, in den sie eingebunden ist, ständig verändern.

Literatur

BETTELHEIM, B., Symbolic Wounds, (1954) 1962; BROWN, J. K., A Cross-Cultural Study of Female Initiation Rites, in: American Anthropologist 65, 1963, 837–853; COHEN, Y., The Transition from Childhood to Adolescence, 1964; ELIADE, M., Naissance mystiques, 1958, dt.: Das Mysterium der Wiedergeburt, 1961; GENNEP, A. VAN, Les rites des passage, 1909, dt.: Übergangsriten, 1986; GLUCKMAN, M., Custom and Conflict in Africa, 1965; GROHS, E., Kisazi: Reiferiten der Mädchen bei den Zigua und Ngulu Ost-Tanzanias, 1980; HERTZ, R., Mélanges de sociologie religieuse et folklore, 1928; JENSEN, A. E., Beschneidung und Reifezeremonien bei Naturvölkern, 1933; LA FONTAINE, J. S., Initiation. Ritual Drama and Secret Knowledge Across the World, 1985; MACCORMACK, C. P., STRATHERN, M. (Hrsg.), Nature, Culture and Gender, 1980; MEAD, M., Male and Female, 1949; MILLER, N., Initiation, 1932; MUNROE, R. L., u. R. H., WHITING, J. W. M., Male Sex-Role Resolutions, in: ders. (Hrsg.), Handbook of Cross-Cultural Development, 1981, 611–631; PAIGE, K. E., u. J. M., The Politics of Reproductive Ritual, 1981; POPP, V., (Hrsg.) Initiation, 1969; REIK, TH., Die Pubertätsriten der Wilden, in: ders., Probleme der Religionspsychologie, 1919, 59–131; RICHARDS, A., Chisungu: A Girl's Initiation Ceremony Among the Bemba of Zambia, (1956) 1982; SCHLEHE, J., Das Blut der fremden Frauen, 1987; SCHURTZ, H., Altersklassen und Männerbünde, 1902; STAGL, J., Übergangsriten und Statuspassagen, in: ACHAM, K., (Hrsg.), Gesellschaftliche Prozesse, 1983, 83–96; TURNER, V., The Forest of Symbols, 1967; ders., The Ritual Process. Structure and Antistructure, 1969; ders., Dramas, Fields and Metaphors. Symbolic Action in Human Society, 1974; WHITING, J. W. M., KLUCKHOHN, R., ANTHONY, A., The Function of Male Initiation Ceremonies at Puberty, in: MACCOBY, E., NEWCOMB, T. M., HARTLEY,

E. L. (Hrsg.), Readings in Social Psychology, 1958, 359–370; YOUNG, F., Initiation Ceremonies. A Cross-Cultural Study of Status Dramatization, 1965.

Elisabeth Grohs

→ *Altersklassen, Gemeinschaft, Kult, Lebenszyklus, Liminalität, Übergangsriten*

Inspiration

A Allgemeines

I. Kurze Begriffsbestimmung

Der Begriff ›Inspiration‹ stammt vom lateinischen Wort *inspirare* (einhauchen, einblasen) ab und stellt nach G. MENSCHING eine spezifische Form der »Begegnung des Menschen mit heiliger Wirklichkeit« dar. Demnach handelt es sich um ein Phänomen religiöser Unmittelbarkeit, das in einer Einwirkung numinoser Mächte auf die menschliche Seele besteht.

II. Sprachgebrauch der Vulgata

Im Sprachgebrauch der lateinischen Bibelübersetzung (Vulgata) bedeutet *inspiratio* ›Hauch Gottes‹. Das Wort findet sich sowohl in Bezug auf Menschen, z. B. Hi. 32,8 und 2 Petr. 1,21 (*spiritu sancto inspirati locuti sunt sancti Dei homines*), als auch auf Schriften, z. B. 2 Tim. 3,16 (*scriptura divinatus inspirata*). Als Synonym wird auch *insufflare* (einblasen, anblasen) verwendet.

III. Säkularisierter Sprachgebrauch

Mit der Säkularisierung erfuhr der Begriff ›Inspiration‹ insoweit einen Bedeutungswandel, als er im säkularisierten Sprachgebrauch für Anregungen insbesondere zum künstlerischen Schaffen steht.

IV. Religionswissenschaftliche Verwendungsformen

In der Religionswissenschaft läßt sich ein vielfältiger und unpräziser Gebrauch feststellen, der oft unzulässig verallgemeinert und auf ähnliche oder ähnlich scheinende Phänomene übertragen wird. Es gibt Vertreter eines Allgemeinbegriffs, die verschiedene ekstatische Phänomene wie z. B. Schamanismus, Prophetie, Besessenheit usw. als Inspiration bezeichnen.[1] Andererseits gibt es Wissenschaftler, die sich um eine Einengung des Begriffs bemüht haben. So grenzt z. B. G. MENSCHING Inspiration von Besessenheit ab, da bei letzterer »das eigene Wollen und Denken des betreffenden Menschen ausgelöscht« wird. Bei der Inspiration dagegen werde die Persönlichkeit des Menschen beibehalten und gesteigert.[2]

B Theorie und konstitutive Elemente

Eine umfassende religionswissenschaftliche Theorie des Phänomens der Inspiration steht noch aus; bisher wurden lediglich bestimmte Teilaspekte eingehender untersucht. So wurden die oft ekstatischen Ausnahmezustände bei der Inspiration auf zwei unterschiedliche Arten interpretiert: Die eine Auffassung geht davon aus, daß in der Ekstase ein autonomes Geistwesen von dem Körper des Ekstatikers Besitz ergreift und ihm innewohnt. Nach einer anderen Erklärungsweise trennt sich die Seele des Ekstatikers vom Körper und verläßt diesen. Eine exakte Unterscheidung der beiden Phänomene ist jedoch nur schwer durchzuführen, da die Aussagen der Betroffenen oft widersprüchlich sind, und sie selbst nicht immer genau wissen, was eigentlich geschehen ist. Auch können beide Erklärungsmodelle innerhalb einer Kultur koexistieren.[3] Schwierig ist die Einordnung und Interpretation des Schamanismus sowie seine Beziehungen zum Phänomen der Besessenheit.[4] Zu den biologischen Bedingungen und dem sozialen und kulturellen Kontext, die für das Auftreten ekstatischer Phänomene und Inspiration Voraussetzung sind (→ Ekstase).

---

1 Z. B. F. HEILER, Erscheinungsformen und Wesen der Religion (Die Religionen der Menschheit, Bd. 1), 1961, Registereinträge zu Inspiration.

2 G. MENSCHING, Besessenheit, in: ³RGG, Bd. I., 1093.

3 Vgl. I. M. LEWIS, Ecstatic Religion. An Anthropological Study of Spirit Possession and Shamanism (1971) ²1975, 46. – Vgl. U. TWORUSCHKA Sucher, Pilger, Himmelsstürmer. Reisen in Diesseits und Jenseits, 1991, 150 ff.

4 Vgl. H. OKANO, Die Stellung der Frau im Shinto. Eine religionsphänomenologische und soziologische Untersuchung, Diss. phil. Bonn 1975, 321 ff.

C Religionsgeschichtlicher Teil

I. Inspiration von Menschen

1. Seher

Zu den Inspirierten gehört in erster Linie der Seher *(mántis)*. Er vermittelt Kenntnisse vom Verborgenen und Zukünftigen in Stimmen, Traumerscheinungen und Orakelsprüchen durch Zeichendeutung und Inspiration. Diese wird vorgestellt als das Ausströmen göttlichen Pneumas in die Seele des Menschen. Der Inspirierte befindet sich dann im Zustand des *empneustos,* der den *enthusiasmos,* ein Getriebensein vom Geist, hervorruft. Die Sibyllen stellen eine besondere Gruppe gottbegeisterter, meist unheilankündigender Frauen dar. Von Heophile, der vermutlich ersten Sibylle, sagt HERAKLIT (Fragment 92): »Mit bebenden Lippen, ernst, schmucklos und ungesalbt spricht die Sibylle Worte, die durch ein Jahrtausend klingen – denn sie ist vom Gott begeistert.« Bei VERGIL (Aen. 6,12) inspiriert Apollo der Sibylle den Sehergeist. Ein inspiriertes Sehertum kennt auch das AT: Der Gottesmann schaut das Verborgene und hört das göttliche Wort. Er kann sich dabei in Ekstase befinden (Num. 24.3f.) oder sich des Traumes bedienen (Inkubation 1 Sam. 3,10ff.). Es wird auch berichtet, daß Jahwe dem Seher etwas »ins Ohr« sagt (1 Sam. 9,15).

2. Prophet

Zum Phänomen der Inspiration zählt auch der Prophetismus. Der Prophet ist nach den Untersuchungen E. FASCHERs vom Seher ursprünglich nicht grundsätzlich verschieden. *Prophétes* ist im griechischen Sprachgebrauch der Seher, der etwas ›verkündet‹.[5] Prophetismus wird im folgenden nicht auf die als klassisch geltenden Beispiele der Prophetie (Israel) beschränkt, sondern auch für die religiös-sozialen Bewegungen in der sog. Dritten Welt verwendet, für die es bislang noch keine einheitliche Terminologie gibt. G. GUARIGLIA hat auf die Inspiration hingewiesen, die bei der Berufung spontan und unversehens über charismatische Persönlichkeiten kommt. Insbesondere im polynesischen Heilserwartungsglauben tritt ein sog. ›Inspirationsprophetentum‹ auf, dessen Kennzeichen der Glaube an das Eingehen des Gottes in das menschliche Medium ist.[6]
Das klassische Beispiel der Prophetie ist das alttestamentliche Prophetentum. Während man in der Prophetie vor AMOS, insbesondere beim sog. Nabitum, wohl eher vom Phänomen der Besessenheit ausgehen sollte, bei der *nabi* (= akad. Rufer, Berufener) als unzurechnungsfähig (1 Kön. 18,12) und seiner selbst nicht mächtig (2 Kön. 2,16) beschrieben wird, kann man bei den späteren großen Propheten eher von Inspiration sprechen. Die Propheten befanden sich in einem »abnormen geistig-seelischen Zustand (...), um auf diese Weise ganz und gar bereit gemacht zu werden für den Empfang

---

[5] E. FASCHER, Prophetes, 1927.

[6] G. GUARIGLIA, Prophetismus und Heilserwartungs-Bewegungen als völkerkundliches und religionsgeschichtliches Problem, 1959, 122. – Vgl. außerdem H.-J. GRESCHAT, Westafrikanische Propheten. Morphologie einer religiösen Spezialisierung (Marburger Studien zur Afrika- und Asienkunde, Serie A, Bd. 4), 1974.

der Offenbarung von Gott her.«[7] Jahwe geht dabei nicht in den Propheten ein, sondern seine Transzendenz bleibt ganz erhalten. Das Bewußtsein der inspirierten Propheten scheint im Sinne MENSCHINGs eher gesteigert als gemindert.

3. Religionsstifter

Unter die Kategorie der Inspiration kann man auch die Berufungserlebnisse der Religionsstifter rechnen. ZARATHUSTRA beschreibt seine Berufungsvision als ›Umhüllung‹ durch *Vohu Mano* (Yasna 43.11). Von MANI berichtet die Legende zwei Berufungserlebnisse, die ihn veranlassen, als Apostel für die Wahrheit einzutreten. MUHAMMAD wird durch Träume und Gesichte auf künftige religiöse Erlebnisse hingewiesen. Er selbst fürchtet, von den Dschinnen (Dämonen) besessen zu sein. Zum Phänomen der Inspiration, die dem Menschen übernatürliche Einsichten verleiht, gehört auch das *bodhi*-Erlebnis des SIDDHARTA GAUTAMA BUDDHA. Trotz der vielfältigen eigenen Bemühungen handelt es sich hierbei nicht um Selbsterlösung[8], weil der Einzelne das Ergebnis nicht herbeizwingen kann. Das ›Aufbrechen der heilbringenden *Bodhi*‹ ist für Buddhisten ein inkommensurables Erlebnis und ein *fascinans*.[9] Das Eintreten dieser existenzverändernden Erkenntnis wird als »ein geheimnisvolles Ereignis »angesehen, das der Mensch nicht in der Hand hat«.[10] Vom analogen *Satori*-Erlebnis des Zen-Buddhismus heißt es: »*Satori* ist das überraschende Aufflammen einer bislang nicht einmal erträumten neuen Wahrheit im Bewußtsein.«[11]

4. Beispiele aus der christlichen Frömmigkeitsgeschichte

Durch die christliche Frömmigkeitsgeschichte zieht sich eine spiritualistische Linie, die oft revolutionierende, neuschaffende Elemente enthält. Das in Apg. 2 geschilderte Pfingstgeschehen erinnert an dionysischen Enthusiasmus. Inspiriert waren häufig Frauen. In den ekstatischen Gemeindegottesdiensten traten sie mit Zungenreden, Hymnen oder auch mit Prophezeiungen auf. MONTANUS, der Mitte des 2. Jahrhunderts in Phrygien in Begleitung zweier Frauen auftrat, begründete den Montanismus, der eine »Weiterbildung der Kirche in spiritualistischen Bahnen«[12] war. MONTANUS und seine Begleiterinnen glaubten, Gefäße oder Werkzeuge des Heiligen Geistes zu sein, einer Leier vergleichbar, über die das göttliche Plektron fliegt. Bei MONTANUS findet sich die Einwohnungsformel: »Ich, der Herr, der allmächtige Gott, wohne in einem Menschen.«[13] Von Inspiration kann man auch in der spiritualistischen Gemeinde JOACHIM

---

[7] F. HESSE, Mystische und biblisch-prophetische Transzendenzerfahrung, in: Mystische Erfahrung. Die Grenze menschlichen Erlebens, 1976, 137.

[8] Vgl. U. TWORUSCHKA, Methodische Zugänge zu den Weltreligionen. Einführung für Unterricht und Studium, 1982, 141–144.

[9] R. OTTO, Das Heilige. Über das Irrationale in der Idee des Göttlichen und sein Verhältnis zum Rationalen (1917), [35]1963, 51.

[10] G. MENSCHING, Die Religion. Erscheinungsformen, Strukturtypen und Lebensgesetze, 1959, 226.

[11] D. T. SUZUKI, Die große Befreiung. Einführung in den Zen-Buddhismus, [6]1972.

[12] K. D. SCHMIDT, Grundriß der Kirchengeschichte, [5]1967, 71.

[13] C. SCHNEIDER, Geistesgeschichte der christlichen Antike (1954) 1970, 128.

DE FIORES (1130–1202) sprechen, der den baldigen Anbruch der Zeit des Heiligen Geistes proklamierte, in der es eine Gemeinschaft inspirierter Charismatiker geben wird. Inspiration findet sich sehr stark bei dem sog. ›Schwärmertum‹, das von Mystik, Humanismus, Reformation, mittelalterlichen Sektenbewegungen und christlich-gnostischen Strömungen beeinflußt wurde. Die Spiritualisten sind der Auffassung, durch Visionen, Auditionen und Träume unmittelbar von Gott inspiriert zu sein. Im Quäkertum (»Religiöse Gesellschaft der Freunde«), das den Geist der ersten Christen wieder erwecken wollte, ist häufig von Inspiration die Rede. Zentrale Erfahrung in dieser Gemeinschaft ist das in der schweigenden Andacht gesuchte, als ›inneres Licht‹ (nach Joh. 1,9) oder ›Christus in uns‹ bezeichnete Gotteserlebnis.[14] Unter der Selbstbezeichnung ›Inspirierte‹ bzw. ›Inspirationsgemeinden‹ traten um die Wende vom 17. zum 18. Jahrhundert in Deutschland und in der Schweiz verschiedene Gruppen auf. Die Inspiration äußerte sich bei den ›Werkzeugen‹ genannten Charismatikern in den folgenden Phänomenen: Atembeengung, konvulsivische Zuckungen, Glossolalie, Kreischen, Gliederverrenkungen, ›Mundschlappern‹. Dann erfolgte die ›Einsprache‹, schließlich die ›Aussprache‹, teils pantomimisch, teils in stoßweise hervorbrechenden Worten. Inhalte der Aussprache waren die Buße und Bekehrung. Unter direktem Rückgriff auf die urchristliche Pfingsterfahrung spricht auch die Pfingstbewegung vom inspirierten ›Geistesdurchbruch‹, der mit ekstatischen Phänomenen verbunden sein kann. Inspiration findet sich auch in der sog. ›charismatischen Bewegung‹, die in gewisser Nähe zu den Pfingstlern steht. Geistesgaben, vor allem die außergewöhnlichen Charismen, werden neu erlebt: Zungenreden, Prophezeiungen, wunderbare Führungen durch den Geist, Visionen und Auditionen, innere und äußere Heilungen usw.

II. Inspiration von heiligen Schriften

1. Allgemeines

Alle heiligen Schriften der Religionsgeschichte besitzen nach Meinung der Gläubigen einen übernatürlichen Ursprung: Heilige Schriften können präexistent sein und den Menschen z. B. auf himmlischen Tafeln oder Schriften (vgl. auch die Himmelsbriefe) als Ganzes übergeben worden sein, oder sie gelten als besonderen Menschen eingegeben.

2. Griechenland

Die Idee der Entstehung heiliger Schriften durch göttliche Eingebung ist insbesondere im griechischen Bereich zu Hause und setzt ein geistiges Gottesverständnis voraus.[15] Zunächst sprechen die Griechen von der göttlichen Inspiration ihrer Dichter (HOMER, HESIOD), die durch die Musen befruchtet wurden. CICERO und PLUTARCH denken dagegen an die Inspiration heiliger Schriften. Einflußreich erweist sich diese Vorstellung insbesondere auf griechisch sprechende Ägypter (Oxyrhynchos-Papyros Nr. 1381) und

---

[14] Vgl. G. MENSCHING, Das heilige Schweigen. Eine religionsgeschichtliche Untersuchung, 1926, 92ff.

[15] J. LEIPOLDT, S. MORENZ, Heilige Schriften. Betrachtungen zur Religionsgeschichte der antiken Mittelmeerwelt, 1953, 33.

auf die Juden, vor allem in Alexandrien. PHILO (1. Jahrhundert n. Chr.) hält jedes Wort des AT für geoffenbart – nicht nur im Urtext, sondern auch in der griechischen Übersetzung. Unter seinem Einfluß gelangt die Inspirationslehre auch bei den Rabbinen zu Bedeutung, obgleich sie selten anschaulich ausgemalt wird.[16]

3. Christentum

Die urchristlichen Schriftsteller, z. B. PAULUS, nehmen fast durchweg Inspiration für sich in Anspruch (vgl. 1 Kor. 7,40; 14,37). Auch das sog. Apostelkonzil (Apg. 15,28) und die römische Gemeinde hat das Bewußtsein, ›im Geist‹ zu schreiben. Was die Heilige Schrift betrifft, so hält man jedes einzelne Wort für inspiriert (2 Petr. 1,20f.; 2 Tim. 3.16, wo wahrscheinlicher ›von Gottes Geist durchweht‹ gemeint ist im Unterschied zur Vulgata). Die alte Kirche diskutiert über eine Reihe von Einzelfragen, die zeigen, daß die Inspirationslehre »besonders volkstümlich«[17] war. »Ist der heilige Geist, der die Eingebung vermittelt, nur Männern der Vorzeit vorbehalten, oder wirkt er auch in der Gegenwart? Stehen Propheten und Apostel immer unter der Wirkung des Geistes, oder können sie auch einmal privat einen Brief schreiben, etwa Paulus den Philemonbrief?«[18] Der Inspirationsgedanke hinterläßt seine Spuren auch in der christlichen Kunst (Gestalt der göttlichen Weisheit, die dem Schreiber Anregungen vermittelt).[19]
Es gehört zur definierten katholischen Glaubenslehre, daß die menschlichen Verfasser der Heiligen Schrift unter dem charismatischen Einfluß Gottes stehen: »Die göttliche Offenbarung, die in der Heiligen Schrift geschrieben steht und vorliegt, ist unter dem Anhauch des Heiligen Geistes aufgezeichnet worden. (...) Zur Abfassung der heiligen Bücher hat Gott Menschen erwählt, die er, indem sie ihre Fähigkeiten und Kräfte anwandten, dazu brauchte, alles das und nur das als echte Verfasser schriftlich weiterzugeben, was er – in ihnen und durch sie wirksam – geschrieben haben wollte.«[20] In der orthodoxen protestantischen Schriftlehre galt der von J. G. HUTTER formulierte Grundsatz: »*Scriptura sacra est verbum Dei.*«[21] Gott ist der Hauptverfasser, der Mensch nur ein Werkzeug seiner Hand. Hier wird die Lehre von der Verbalinspiration ausgebildet, nach der Gott nicht nur Personen einen Anstoß gibt (Personal-Inspiration) oder den Inhalt inspiriert (Real-Inspiration), sondern die einzelnen Worte, sogar die Vokalpunkte und Akzente des hebräischen Textes. Nach QUENSTEDT ist die Schrift ein »*dictamen*« des Heiligen Geistes. Die menschlichen Verfasser sind »*manus*« (Hand), »*calami*« (Schreibfeder) und »*tabelliones*« (Schreibtafeln) des Geistes. Trotzdem wird betont, daß sie nicht »unwissend« und »unfreiwillig«, sondern »willentlich und wissentlich« geschrieben haben.[22]

---

16 Ebd.
17 Ebd., 36.
18 Ebd.
19 Ebd.
20 Zitiert in: Das Zweite Vatikanische Konzil: Dokumente und Kommentare, 1966, 11f.
21 Zitiert bei: H. G. PÖHLMANN, Abriß der Dogmatik, ^{2}1975, 45. – Vgl. grundsätzlich: C.-H. RATSCHOW, Lutherische Dogmatik zwischen Reformation und Aufklärung I, 1964, 77–137.
22 PÖHLMANN, a.a.O., 45f.

4. Islam

Für den Muslim ist der Koran Gottes Wort. Es ist von zwei Offenbarungsformen die Rede: Nach der einen Auffassung wird das ›himmlische Urbuch‹ (»Mutter des Buches«), das auf himmlischen Tafeln geschrieben war, auf Blättern herabgesandt und dem Propheten durch den Engel Gabriel gebracht. Andererseits kennt der Islam den Inspirationsgedanken im Sinne der unmittelbaren Eingebung. Dabei bemühen sich die Theologen, die menschliche Rolle des Offenbarungsempfängers völlig auszuschalten und sie ganz rezeptiv zu sehen: »Der Prophet war vollkommen passiv angesichts der Offenbarung, die er von Gott empfing. Er fügte nichts zur Offenbarung selbst hinzu. Er schrieb kein Buch, sondern überbrachte das Heilige Buch der Menschheit.«[23]

5. Buddhismus

Nach orthodoxer buddhistischer Ansicht ist der Tripitaka (Pali-Kanon) das »Wort Buddhas«, das von seinen Jüngern tradiert wurde. Buddha selbst ist zwar kein Gott, sondern menschliches Wesen, doch besitzt er ungewöhnliche, das Menschliche weit übersteigende Fähigkeiten, wie z. B. Weisheit und Allwissenheit. Buddhas Lehre gilt als unermeßlich, weil er der Erwachte und Vollendete ist.[24]

Udo Tworuschka

→ *Audition, Besessenheit, Ekstase, Vision*

---

23 H. Nasr, Ideals and Realities of Islam, ²1975, 44. – Vgl. außerdem M. Tworuschka, Islam, in: Religionen, Bd. 1, hg. von R. Kakuschke, U. Tworuschka, 1982, 18–25.

24 Vgl. D. Bond, The Problem of Interpretation in Theravada Buddhism and Christianity, Northwestern Univ. Diss. 1972; ders., The Dhamma and »Sola Scriptura«. The Interpretation of Scripture in Theravada Buddhism and Christianity, in: Dialogue, new series II (1975) 47–60. – Vgl. außerdem U. Tworuschka, Methodische Zugänge zu den Weltreligionen. Einführung für Unterricht und Studium, 1982, 186–198.

instinctus (naturalis)

A Allgemeines I. Begriffsbestimmung II. Wort- und Begriffsgeschichte B In der Religionswissenschaft I. Anwendung und Verbreitung II. Kritik

A Allgemeines

I. Begriffsbestimmung

Instinkte sind im weitesten Sinne natur(hafte) gattungs- und artmäßig angeborene, also ererbte Fähigkeiten und Verhaltensweisen, die sowohl agierende als auch reagierende Strukturen aufweisen. Sie sind ziel- und zweckgerichtet, ohne daß eine bewußte Einsicht in die betreffende Handlung bzw. Verhaltensweise, deren Zielgerichtetheit oder Zweckmäßigkeit gegeben ist. Sie dienen insbesonders der (Selbst-)Behauptung, das heißt der Arterhaltung und Lebenssicherung. Der Instinktbegriff ist umstritten und wird mancherorts ganz abgelehnt, was besonders die Bedeutung der Instinkte im Handeln und Sich-Verhalten des Menschen betrifft.

II. Wort- und Begriffsgeschichte

Etymologisch gehört *instinctus* zu lat. *instinguere* »anreizen«. Es taucht mittellat. als *instinctus (naturae)* »Naturtrieb« auf. Der Begriff ist seit THOMAS VON AQUIN in der Scholastik gebräuchlich und erscheint 1752 bei JOHANN JAKOB BODMER erstmals im Deutschen.

1. Bei THOMAS VON AQUIN (1225–1274) ist der *instinctus naturalis* eingebunden in die Beobachtung der Zweckhaftigkeit der ganzen Natur. Denn die »Naturkörper«, die keine Erkenntnis besitzen, sind wegen eines Zweckes tätig, was aus der Beobachtung hervorgeht, daß sie immer (oder meistens) auf dieselbe Weise sich verhalten, um das, was das Beste ist, zu erreichen. Sie gelangen also nicht durch Zufall, sondern aus Absicht zu dem jeweiligen Ziel. Da aber das, was keine Erkenntnis hat, nicht aus eigener Absicht handeln kann, sondern gelenkt wird, muß es ein intelligentes Wesen geben, das alle Naturkörper zu ihrem Ziel hinordnet, und dieses Wesen wird Gott genannt. Für THOMAS spielt der *instinctus naturalis* also eine wesentliche Rolle innerhalb des Gottesbeweises. Bereits hier ist er schöpfungs- und heilstheologisch in einen monoreligiösen Gesamtzusammenhang eingeordnet, was bis heute auch die Grundlage seiner religionswissenschaftlichen Anwendung bestimmt. Es ist der Weg der »wirkenden Ursache«, weil nichts wirkende Ursache seiner selbst sein kann, wie nicht nur die thomistische *Theorie der einzelnen Vermögen*[1] zeigt, sondern auch die *Theorie der Erkenntnisgewinnung*, die allein durch

[1] THOMAS unterscheidet das vegetative – Stoffwechsel und Fortpflanzung – von den bei Tieren hinzukommenden Vermögen der Sinnenwahrnehmung, des Begehrens und der willkürlichen Bewegung, wozu beim Menschen das intellektuelle kommt.

Erfahrung möglich ist aufgrund der Sinnenwahrnehmungen mittels der im Menschengeist liegenden Denk- und Anschauungsformen. Der *instinctus naturalis* wird theologisch auf die natürliche Gotteserkenntnis hingeordnet, die der religiösen Veranlagung des Menschen korrespondiert, der also nicht nur ein soziales, sondern ein religiöses Wesen (→ *homo religiosus*) ist.

2. *Spätere Verwendungen:* Der Religionswissenschaft wird der Begriff nicht nur durch die Theologie, sondern auch durch die Philosophie vermittelt. Hier ist unter anderem die LEIBNIZ*sche* Monadenlehre zu nennen. Monaden sind für LEIBNIZ die einfachen, körperlichen und geistigen mehr oder weniger bewußten Substanzen (auch des Menschen). Gott ist Urmonade, alle anderen Monaden deren Ausstrahlungen. Dagegen steht bei SCHOPENHAUER der *instinctus naturalis* als Wille zum Leben (Trieb zur Lebenserhaltung und Fortpflanzung) im polaren Gegensatz zur Erkenntnis. Dieser Gedanke führt SCHOPENHAUER in der Anwendung auf die Geschichte zu der Einsicht, daß bei aller Verschiedenheit der Völker, Epochen, Sitten und auch der meisten Religionen es immer dieselbe Menschheit ist, die wir erblicken, gleichsam getrieben von einem widervernünftigen, irrationalen Weltgrund. SCHOPENHAUER regte damit die Frage nach diesem irrationalen Urgrund an und hat in der Religionswissenschaft insbesondere auf die psychologischen Lösungsversuche der Frage nach dem Ursprung *der* Religion gewirkt, zumal sein Heilsweg (→ Heil) der der → Mystik ist, das Ziel seiner Philosophie intuitives Wissen in abstraktes Wissen und klare Erkenntnis zu verwandeln.
Entscheidend aber für die Verbreitung der Annahme eines religiösen Ur- oder Naturinstinkts in der Religionswissenschaft ist die bereits von PASCAL vollzogene, von HENRI BERGSON (1859–1941) populär gemachte Hinordnung des Instinkts auf die Erfahrung. Instinkt ist für BERGSON eine auf Intuition beruhende, triebhafte innere Erfahrung, die sich gründet in einem dem Universum innewohnenden Lebensdrang (*élan vital*). Intuition wird damit zum eigentlichen Organ des anschauenden, erkennenden Menschen, das nur diesem eigen ist; es ist die Form, in der das Leben sich selbst erkennen kann. Deshalb betrachtet BERGSON die Mystik als die eigentliche Religion, als dynamische Religion, hervorgehend aus dem ahnenden Erleben des Unerreichbaren, zurückgehend in die Richtung, aus der der Lebensstrom kommt, dem allein der mystischen Versenkung zugänglichen Wesen alles Seienden.

B In der Religionswissenschaft

I. Anwendung und Verbreitung

In der Religionswissenschaft wird der *instinctus naturalis* als instinctus *religionis* oder *instinctus religiosus* dem Menschen als *homo religiosus* als intuitive, triebhafte innere Erfahrung, die dem Erleben korrespondiert, zugeordnet und bringt eine Reihe religionswissenschaftlicher Beweisführungen über den Ursprung der Religion hervor. Ihnen allen ist gemeinsam, daß der religiösen Erfahrung ihr Antwortcharakter als konstitutives Element eigen ist. Religiöse Erfahrung ist in ihrem Grunde ein Reflex, Reaktion auf das sich in der Erfahrung kundtuende Wesen (alles Seienden) eben dieser Erfahrung. Der *instinctus naturalis* wird als *instinctus religiosus* in einem breiten Spektrum zur Grund-

lage der religionswissenschaftlichen Vorstellungen von der Urreligion oder natürlichen Religion, die ihren Grund im Wesen des Menschen schlechthin hat.
Hierfür einige Beispiele: (a) Für M. MÜLLER ist Religion eine »allgemeine geistige Anlage, welche den Menschen in den Stand setzt, das Unendliche unter den verschiedensten Namen und den wechselndsten Formen zu erfassen, eine Anlage, die nicht nur unabhängig von Sinn und Verstand ist, sondern ihrer Natur nach im schroffsten Gegensatz zu Sinn und Verstand steht. Ohne diese Anlage, ohne dieses Vermögen, ohne diese Gabe oder diesen Instinkt ... würde jede Religion ... unmöglich sein«.[2] (b) Für C. P. TIELE gründet Religion und Religionswissenschaft im »Gesetz der Einheit des Geistes«.[3] Diese »Einheit, welche die Vielheit aller« religiösen »Erscheinungen verbindet, ist das menschliche Gemüt, ... dessen Äußerungen ... überall aus demselben Borne hervorquellen«[4], weshalb »das sich Entwickelnde (die Religion, der Verf.) eine Einheit bildet«[5], die zu immer höheren Formen sich entwickelt«.[6] (c) Für R. OTTO »erhebt und entwickelt« sich »Religion von Anbeginn ... an überall in der Menschheit in sehr ähnlicher Weise ... aus einem Untergrund seltsamer wirrer Gemütszustände und Vorstellungen«[7] aufgrund der ihr »zugrundeliegenden einheitlichen, gemeinsamen Anlage der Menschheit überhaupt«.[8] Sie wirkt als Trieb der Gestaltung und setzt die Gestaltung religiösen Vorstellungs- und Gefühlslebens in Gang, als »Gefühlsreaktion im Gemüt«, da als »Reflex« auf das → Numinose erst das Kreaturgefühl im Gemüt entsteht.[9] (d) W. SCHMIDT faßt den *instinctus naturalis* hingegen als »Kausaltrieb«, da für ihn Religion »aus dem Erfassen Gottes als der tiefsten und letzten aller Ursachen ganz natürlich hervorfließt«.[10] (e) Für G. VAN DER LEEUW ist Religion »Ausweitung des Lebens bis zu seiner äußersten Grenze«[11] und sie läßt sich als »verständliches Erlebnis« betrachten, dessen Objekt Gott ist[12], wobei alle Religion Auswirkung von Macht ist, die »in der Seele des Menschen« eine Scheu *weckt*[13]; ebenso wie (f) FR. HEILER als das »undifferenzierte religiöse Grunderlebnis und Substrat aller übrigen« die »ewige Scheu« nennt.[14] (g) J. WACH spricht von »der *Empfänglichkeit* für das, was als ›Letzte Wirklichkeit‹ *erfahren* wird«[15] und definiert religiöse Erfahrung als Antwort darauf. (h) M. ELIADE spricht davon, daß sich die menschliche Existenz erst vom religiösen Erlebnis her verwirklicht, nimmt also ebenfalls eine instinktmäßige Hinordnung des Menschen auf Religion an.

---

2 M. MÜLLER, Einleitung in die vergleichende Religionswissenschaft, [2]1876, 14/15.
3 C. P. TIELE, Einleitung in die Religionswissenschaft, 1899, 200.
4 Ebd., 5.
5 Ebd., 27.
6 S. ebd., 47.
7 R. OTTO, Das Gesetz der Parallelen in der Religionsgeschichte, in: Vischnu-Narayana, 1923, 141.
8 Ebd., 150.
9 Ders., Das Heilige (1917), [22]1929, 11.
10 P. W. SCHMIDT, Ursprung und Werden der Religion, 1930, 41f.
11 G. VAN DER LEEUW, Phänomenologie der Religion (1933), [2]1956, 778.
12 Ebd., 3.
13 Ebd., 33.
14 F. HEILER, Die Religionen der Menschheit in Vergangenheit und Gegenwart, 1959, 48.
15 J. WACH, Vergleichende Religionsforschung, 1962, 56.

II. Kritik

Vom *instinctus naturalis* her definiert die Religionswissenschaft den Menschen als *homo religiosus* und findet zugleich den Ursprung von Religion im Menschen überhaupt in dessen religiösem Trieb, der der religiösen Erfahrung und dem religiösen Erlebnis komplementär gedacht wird. Einzelne Religionswissenschaftler gehen sogar so weit, den *instinctus religiosus* nicht nur zum Forschungsgegenstand, sondern auch zur Voraussetzung der Arbeit des Religionswissenschaftlers zu erheben, ja zum methodischen Ansatz schlechthin (R. OTTO, HEILER, WACH u. a.). Als Beispiel sei nur HEILER zitiert: »Ohne persönliches religiöses Erleben und ohne feinste Empfänglichkeit für religiöse Werte ist eine fruchtbare Religionsforschung nicht möglich. Einem Religionsforscher, der seinem Gegenstand nicht wie einem Heiligtum mit den religiösen Urgefühlen der ehrfürchtigen Scheu und Bewunderung gegenübertritt, dem wird das Wunderland der Religion immer verschlossen bleiben.«[16]

Der *instinctus naturalis* ist für die Religionswissenschaft aber wenig hilfreich, und zwar in beiden Anwendungsbereichen. Denn der Ursprung *der* Religion ist wissenschaftlich nicht zu ergründen, sondern findet seine jeweilige Antwort ausschließlich von den jeweiligen religiösen Glaubenssystemen her, wie alle vom *instinctus naturalis* ausgehenden Religionstheorien und Religionsmodelle zeigen. Zum anderen öffnet sein Einbringen als methodisches Element dem Irrationalismus in der Religionswissenschaft Tür und Tor, wenn Instinkt, Intuition, Gefühl, Innerlichkeit, Erfahrung, Erlebnis usw. zu grundlegenden vorrationalen Erkenntisquellen werden, deren Ergebnisse von der Ratio lediglich auf dem Wege der Generalisierung und Universalisierung weiterbehandelt oder als Wege einer Erkenntnisgewinnung eingesetzt werden sollen.

Literatur

MORGAN, J., Instinkt und Erfahrung 1913; LITT, TH., Instinkt und Gemeinschaft ³1926; GEHLEN, A., Der Mensch ⁵1955; TINBERGEN, N., Instinktlehre (dt.) 1952; FLETCHER, R., Instinct in Man 1957; HOLST, E. v., Moderne Instinktforschung 1961; LORENZ, K., Über tierisches und menschliches Verhalten 1971.

Rainer Flasche

→ *das Heilige, Homo religiosus, Mystik, numinos, Religion (Definitionen v. Funktionen), Vitalismus*

---

16 F. HEILER, Das Gebet (1917), ²1920, VIII.

Institution

I. Begriffsgeschichte 1. Grundsätzliches 2. Rechts- und Staatswissenschaften 3. Sozialwissenschaften II. Institutionen als kulturelle Geltungen 1. Führungsbedürftigkeit des Menschen 2. Instrumentalisierung der Institutionen III. Kirche als Institution IV. Emanzipation des Geistes von den Institutionen?

I. Begriffsgeschichte

1. Grundsätzliches

Der Begriff der Institution ist ein Wertbegriff. Institutionen nennen wir die jeweils kulturell geltenden, einen Sinnzusammenhang bildenden, durch Gewohnheit und Sitte, Tradition und Recht garantierten Ordnungsmächte, die das Zusammenleben der Menschen (in ethischer und rechtlicher Hinsicht) regeln. Trotz der Universalität des Phänomens, daß sich alles menschliche Handeln zu Ordnungen und Regeln stabilisiert, die in Institutionen gerinnen, können Institutionen nur im Rahmen einer Kultur gesehen werden. Der Begriff bezeichnet jene Tatsache des menschlichen Zusammenlebens, daß die Menschen nicht nur in faktischen sozialen Ordnungen leben, sondern immer auch diese Ordnungen – handle es sich um Ehe, Familie, Kirche oder Verfassungen – mit bestimmten Vorstellungen über ihre Gültigkeit, Richtigkeit und Rechtmäßigkeit ausstatten.

In der wissenschaftlichen Umgangssprache, in den Rechts- und Staatswissenschaften, der Ökonomie (Institutionalismus), den Sozialwissenschaften, der Anthropologie und Theologie, wird der Begriff Institution heute in einer kaum präzisierbaren Allgemeinheit verwendet. Das hängt nicht zuletzt damit zusammen, daß sich im Verständnis der Institutionen das kulturelle Selbstverständnis einer Zeit spiegelt und die Bedeutung und Geltung, die man ihnen beimißt, notwendig an eine spezifische Betrachtungsweise menschlicher Vergesellschaftungsformen gebunden ist. Die Tatsache, daß zur Zeit die Bestimmung und Verwendung des Begriffes in sozialwissenschaftlichen Zusammenhängen dominiert, wirft daher die Frage auf, welche besonderen Vorstellungen über das »Wesen« der Institution heute vorherrschen und welche anderen Möglichkeiten des kulturellen Selbstverständnisses eben hierdurch nicht mehr in den Blick kommen.

2. Rechts- und Staatswissenschaften

Rechtsgeschichtlich bezeichnet der lateinische Begriff »institutiones« (Plural) zunächst einen Teil der Justinianischen Gesetzgebung (*Corpus iuris* I). Als Regulative, die die Elemente eines Rechtsgebietes einheitlich gliedern, wird der Begriff später für die in die verschiedenen Sektionen des römischen (Privat-)Rechts einführenden Lehrbücher verwendet (vgl. R. SOHM).

Als Reaktion auf den neuzeitlichen positivistischen Individualismus und Naturalismus gewinnt die institutionelle Betrachtung des Rechts in der Weiterführung der historischen Rechtsschule für die *Rechts- und Staatstheorie der Jahrhundertwende* große Bedeutung. Besonders in der Verfassungslehre erweist sich der Begriff und die mit ihm verbundene

Vorstellung, daß das in der Verfassung zusammengefaßte Recht aus der Versachlichung verschiedener gesellschaftlicher »Faktoren« entstehe, als fruchtbar.

Als Begründer einer rechtsphilosophischen Theorie der Institution gilt MAURICE HAURIOU (1856–1929). Von den Aporien dezisionistischer und normativistischer Rechtsdeutung ausgehend, gelangt er zu einer Theorie der Wirklichkeit des Rechts, dergemäß sich Recht in sozialen Tatbeständen, den Institutionen, manifestiert. HAURIOU definiert die Institution als »eine Idee vom Werk oder vom Unternehmen, die in einem sozialen Milieu Verwirklichung und Rechtsbestand findet«.[1] Diese Verwirklichung, so HAURIOU, hängt nicht vom subjektiven Willen bestimmter Einzelpersonen ab, sondern die Institution gründet in den Gemeinsamkeiten der Mitglieder in der Idee. Als Elemente der Institution stellt HAURIOU heraus: (1) die Werkidee *(idée de l'œuvre),* d. h. die Idee des zu schaffenden Werkes innerhalb einer sozialen Gruppe; (2) die Macht, die sich im Dienste der Verwirklichung der Idee organisiert (z. B. Familienverband, Kirche); (3) die Gemeinschaftsbekundungen, die sich in der Gruppe im Hinblick auf die Realisierung der Idee vollziehen. Diese Definition der Institution durch ihre »Leitidee« *(idée directrice)* wie sie HAURIOU unternommen hat, zielt auf ein Verständnis der jeweils realisierten Verwirklichungen von angestrebten Zielen, die sowohl dem augenblicklichen Handeln einen bestätigenden Sinn als auch dem künftigen Handeln eine leitende Orientierung verleihen. Ideen, so HAURIOU, sind jene zu überpersönlicher Geltung gelangten Auffassungen, in denen grundlegende Aspekte des menschlichen Verhältnisses zur Welt artikuliert werden. Die durch sie gestiftete geistige Lebensordnung prägt den kulturellen Lebensraum, in welchem die Chancen menschenmöglichen Handelns definiert und festgelegt werden. In diesem Sinne bezeichnet auch RENARD Institution als Gemeinschaft von Menschen in einer Idee. Diese Idee des von einer Institution zu schaffenden Werkes ist aber nicht mit ihrer Funktion zu verwechseln. Die Leitidee der Institution (z. B. Kirche) läßt sich nicht auf die Vorstellung einer bestimmten Funktion (z. B. ihre Integrationsfunktion) reduzieren. Der Staat selbst, in dem sich politische Willensbildung und Gewaltenteilung in politischen Verbänden verdichten, ist nicht Institution, sondern ein soziales Gebilde, das jedoch seine innere Ordnung erst durch Institutionen erhält. Aber die Idee des Staates geht auch weit über den Begriff seiner Funktion hinaus.

HAURIOUs Lehren wirkten zwar in der weiteren Diskussion überaus befruchtend, wurden aber selbst nicht weiterentwickelt, sondern in andere geistige Strömungen eingebaut. Zu nennen sind hier insbesondere Autoren wie RENARD, DELOS und DESQUEYRAT, die ihre sehr spezifischen Systeme als Fortentwicklung des HAURIOU*schen* Denkansatzes ausgaben, indem sie seine Theorie in den Katholizismus einbanden.

Die in direkter Anlehnung an HAURIOU entwickelte Theorie der Realität des Rechts von CARL SCHMITT versteht sich wie dessen Institutionenlehre als eine Synthese der normativistischen und dezionistischen Rechtstheorie. Mit dem von ihm geprägten Begriff des »konkreten Ordnungsdenkens« bezeichnet er ein Rechtsdenken, das der rechtlich zu normierenden »konkreten« institutionellen Realität des gemeinschaftlichen Lebens Rechnung trägt. Denn Stiftung und Bestand solcher institutionellen Phänomene wie Ehe, Eigentum oder Kirche, so SCHMITT, können nicht immanent rechtlich erklärt werden. Das Recht habe sich hier vielmehr auf die Aufgabe zu beschränken, die vorgegebenen

[1] Zitiert bei SCHNUR, Institution und Recht, 27.

Institutionen zu schützen. Diese »institutionelle Garantie« bezeichnet die Kompetenz des Staates, Einrichtungen des öffentlichen, privaten und religiösen Lebens die Schutzwürdigkeit verfassungsrechtlicher Institute zu verleihen.

2. Sozialwissenschaften

In der *Soziologie* taucht der Begriff in seiner besonderen, die weitere Diskussionslage bestimmenden Fassung, zuerst bei HERBERT SPENCER (1820–1903) auf. In direkter Analogisierung einer biologischen Organismuskonzeption und im Zusammenhang einer aus dieser abgeleiteten sozialdarwinistischen Entwicklungstheorie, begreift SPENCER die Gesellschaft als ein System, dessen Teile sich nach funktionalen Gesichtspunkten differenzieren. Diese Systemteile, die SPENCER »Organe der Gesellschaft« nennt, sind die Institutionen. In seinen *»Principles of Sociology«* (1876–1896), die weder eine genuine Institutionenlehre, noch eine nähere Bestimmung der mit dem Begriff verbundenen Probleme liefert, unterscheidet SPENCER zwischen familiären, politischen, industriell-ökonomischen, religiösen, zeremoniellen und professionellen Institutionen, die, folgt man SPENCERs Einfluß auf den Strukturfunktionalismus der modernen Systemtheorie, als »functional requisites« einer Gesellschaft zu verstehen sind. SPENCERs Lehren fielen aus den verschiedensten Gründen besonders in Amerika auf fruchtbaren Boden. So bemühen sich in seiner Nachfolge unter anderem die Arbeiten von WILLIAM GRAHAM SUMNER oder auch ALBION W. SMALL, die F. ZNANIECKI als »biopsychologische Theorien der Institution« bezeichnet, um eine Ableitung der Entstehung und Funktion sozialer Institutionen aus der Natur des Menschen. Alle Menschen, so SUMNER, haben die gleichen Grundbedürfnisse *(basic needs)*. Die Befriedigung dieser Grundbedürfnisse schaffen nun in den Individuen Gewohnheiten *(habits)* und darauf abgestimmte kollektive und relativ einheitliche Brauchtümer *(customs, folkways)*, die von Generation zu Generation überliefert werden. Tritt bei den Individuen der Glaube an die Richtigkeit und Wahrheit dieser Bräuche hinzu, wird das regelmäßige Verhalten also zur Norm, so entwickeln sich Sitten, die dann die Grundlage der Institutionen bilden. Institutionen sind demnach »die normativ bewußt gemachten, auf Dauer gestellten Regelmäßigkeiten des sozialen Handelns«.[2] Auf der Basis dieser Grundkonzeption gehen diese Autoren dann allerdings unmittelbar zu einer Klassifikation menschlicher Grundbedürfnisse über, denen bestimmte Klassen sozialer Institutionen entsprechen sollen (und zwar prinzipiell in jeder Gesellschaft), die »normalerweise« den Zustand eines »organischen« Gleichgewichts der Gesellschaft gewährleisten.

In der *Kulturanthropologie* und *Ethnologie* der Jahrhundertwende gewinnt die Problematik der Institutionen durch das Studium und im Vergleich der Kulturen eine besondere Bedeutung. Von der Frage ausgehend, wie eine Kultur »funktioniert«, leitet BRONISLAW MALINOWSKI (1884–1942) Existenz und Bestand von Institutionen aus der in ihnen jeweils geleisteten Befriedigung menschlicher Bedürfnisse ab, wodurch die Funktion der Kultur letztlich definiert wird. Institutionen werden begriffen als soziale Einheiten, in denen die Befriedigung sozialer Bedürfnisse gruppenhaft organisiert wird, wobei Kriterien wie Überleben und Bestandserhaltung im Vordergrund stehen. Ebenso wie HAURIOU spricht MALINOWSKY aber davon, daß jede Institution in einer Idee gründet

---

[2] SCHELSKY, Theorie der Institution, 13.

(charter) und trennt, im Gegensatz zu SPENCER, diese »Idee« von der jeweils realisierten Institution. So habe die Idee des Christentums oder die Idee der Erforschung der Wahrheit innerhalb ihrer Geltung sehr verschiedene institutionelle »Normsysteme« zugelassen. Daraus folgt, daß Institutionen von der Bedürfnisstruktur des Menschen und deren sozialer Organisationsgesetzlichkeit her ebenso erklärt werden können und müssen, wie von den sie leitenden und beherrschenden Ideen. Da sie sehr verschiedene Bedürfnisse befriedigen, dürfen Institutionen nicht als Erfüllung eines bestimmten Bedürfnisses verstanden werden (Bedürfnissynthese).

Trotz der im Vergleich zu SPENCER weiter gefaßten Bestimmung der Institutionen ist für MALINOWSKI ihre Ableitung aus Kulturbedürfnissen und die Analyse ihrer gesellschaftlichen Funktionalität zentral.

In der soziologischen Programmatik EMILE DURKHEIMs (1858–1917) schließlich, derzufolge Soziales nur aus Sozialem erklärt werden kann, sollen die Institutionen *»comme des choses«* behandelt werden. Dabei geht er von der fragwürdigen Annahme aus, daß die kollektiven Denk- und Handlungsmuster für die in ihnen befaßten Individuen das gleiche Maß an Unverfügbarkeit besitzen, wie die Objektive der physischen Außenwelt. In diesem Sinne hebt er für den »soziologischen« Tatbestand der Institution ihren gegenüber dem Individualbewußtsein externen Charakter und den Zwang, den sie auf das Bewußtsein ausüben, hervor.

SPENCER wie auch DURKHEIM haben das sozialwissenschaftliche Denken über Institutionen (z. B. PARSONS) stark beeinflußt. In dieser Richtung einer auf eine umgreifende, systematische Theorie der Gesellschaft zielenden Soziologie werden »soziale Institutionen«, wenn man ihnen nicht – wie in der empirischen Verhaltensforschung – ihre Realität überhaupt abspricht, als funktionale Elemente einer durchgehend organisierten Gesellschaft verstanden. Hier erscheint der Mensch einerseits als ein ganz durch Interessen bestimmtes, andererseits aber ganz sozial konditioniertes, durch Gruppenzugehörigkeit, Sozialisation und Rolle geprägtes Wesen. Notwendig verfallen in dieser Konzeption der Soziologie alle »Ideen« dem Verdacht, nicht durch sich selbst handlungsleitend zu sein. Dies hatte nun unter anderem zur Folge, daß sich in der modernen Soziologie das Interesse an den kulturellen Ausprägungen bestimmter Institutionen auf die Frage nach der planvollen Organisierbarkeit sozialer Systeme verschob und der Organisationsbegriff zunehmend den Institutionenbegriff ersetzte, bzw. dessen Deutung auf die zweckrationale Organisation der äußeren Lebensverhältnisse einengte.

In den letzten Jahrzehnten hat sich vor allem HELMUT SCHELSKY um eine Systematisierung der verschiedenen Gesichtspunkte bemüht und eine – von den Arbeiten der *philosophischen Anthropologie* inspirierte – grundsätzliche Auseinandersetzung mit dem Problem der Institution unter Bedingungen der Subjektivität geführt. SCHELSKY setzt dem strukturfunktionalistischen Ansatz »vom Ganzen der Gesellschaft her« (SPENCER, DURKHEIM), den ganz anderen Ansatz der Soziologie »vom sozialen Handeln« (MAX WEBER) entgegen. Und so führten auch die immanenten Notwendigkeiten und Erfordernisse menschlichen Lebens in seinen variablen Daseinsweisen und Sachgebieten zu den Bemühungen um eine philosophische Anthropologie. MAX SCHELER, WERNER SOMBART, HELMUTH PLESSNER, KARL MANNHEIM und vor allem ARNOLD GEHLEN haben entscheidend dazu beigetragen, daß eine anthropologische Fragestellung wie die, worin denn generell die Handlungsfähigkeit des Menschen sich begründe, Eingang in die Soziologie gefunden hat. Und es war insbesondere GEHLEN, der diese Anthropologie konsequent mit einer Institutionenlehre verbunden hat.

II. Institutionen als kulturelle Geltungen

1. Führungsbedürftigkeit des Menschen

ARNOLD GEHLEN (1904–1976) gilt als der Autor einer spezifisch anthropologischen Theorie der Institutionen. Ausgangspunkt seiner Überlegungen ist eine Anthropologie des Handelns, die ihrerseits in der Problematik der biologischen Mängelausstattung des Menschen gründet. Als weltoffenes, nicht festgestelltes und entgrenztes Wesen ist der Mensch nicht wie das Tier »von Natur« auf eine bestimmte, arteigene Umwelt ein- und zu dieser festgestellt. Er ist in seiner biologischen Sonderstellung darauf angewiesen, die Plastizität seiner Anlagen, das Fehlen von Instinkten und den unspezialisierten Antriebsüberschuß durch »Kultivierung«, das heißt durch Zähmung seiner eigenen diffusen Antriebe zu kompensieren. Hierzu stellen die Institutionen nun notwendige Entlastungsformen bereit, indem in ihnen menschliche Bedürfnisse ebenso wie die ihnen zugeordneten Erfüllungschancen auf Dauer gestellt und versachlicht werden. Damit übernehmen sie die Leistungen der Verhaltensorientierung und Vorhersagbarkeit der Handlungsfolgen. Die Plastizität des menschlichen Antriebslebens bedeutet, daß dieses führungsbedürftig ist: Der Mensch lebt nicht, sondern führt sein Leben, er ist »von Natur« aus ein Kulturwesen, er lebt nicht nur in verschiedenen äußeren Daseinsumständen, sondern verfügt über verschiedene innere Daseinsmöglichkeiten. Alles menschliche Handeln muß zudem über Vorstellungen geführt werden. Die Feststellungen des Menschen über sich und seine Gesellschaft gehen in seine eigene Existenz ein und bestimmen den Handlungsraum, in dem er sich bewegt. Diese Tatsache hat bereits MAX WEBER in seiner Bestimmung des sozialen Handelns deutlich hervorgehoben. Soziales Handeln, so WEBER, ist jenes Handeln, »... welches seinem von dem oder den Handelnden gemeinten Sinn nach auf das Verhalten anderer bezogen wird und daran in seinem Ablauf orientiert ist«[3], wobei sich soziales Handeln an der »Vorstellung vom Bestehen einer legitimen Ordnung« ausrichtet. Aber damit der Mensch sein Handeln an diesen Vorstellungen ausrichten kann, können ihm diese nicht bloß als gleichwertige Vielzahl beliebiger Handlungsalternativen gegenübertreten. Was in einer Kultur jeweils als bedeutsam gelten soll, hängt daher entscheidend von jenen Autoritäten ab, die sich für die Wahrung, Sicherung und Pflege der als kulturbedeutsam angesehenen Geltungen zuständig erklären. Institutionen sind folglich »die überdauernden gesellschaftlichen Formen menschlichen Daseins insofern, als sie die lebensnotwendige Geschlossenheit, Festigkeit und Dauer des menschlichen In-der-Welt-seins ... sichern«.[4] Institutionen repräsentieren die Bindungen und kulturellen Verpflichtungen von relativer Dauer im großen Fluß des Geschehens und Handelns. Auf Dauer und Stabilität hin ausgerichtet, unterliegen sie dabei im geschichtlichen Wandel doch immer wieder tiefgreifenden Veränderungen.

Insbesondere in seiner Religionssoziologie, aber auch in seinen Arbeiten zur Soziologie der Herrschaft hat MAX WEBER auf den allen Stiftungen von Institutionen eigenen Vorgang der Versachlichung des → Charismas hingewiesen, der immer dann eintritt,

---

[3] MAX WEBER, Soziologische Grundbegriffe, in: ders., Wirtschaft und Gesellschaft (1922), [5]1972 = Studienausg. 1976, 1.

[4] WEISS, Weltverlust und Subjektivität, 27.

wenn eine ursprünglich an die charismatische Autorität einer Einzelperson geknüpfte Herrschaft sich zu langfristigen, differenzierten Herrschaftsformen verfestigt. An die Stelle des charismatisch-persönlichen Offenbarungs- und Heldenglaubens treten dann jene Dauergebilde und Traditionen, welche die institutionelle Wendung des Charismas und seine Anhaftung an soziale Gebilde markieren.

2. Instrumentalisierung der Institutionen

Es gehört zum Wesen aller Institutionen, daß sie »überdeterminiert« sind: solange ihre »Leitideen« leben, können die psychologischen, historischen oder zweckrationalen Faktoren wechseln (Funktionswandel der Institutionen). Durch die technologische Raffinierung der Produktivkräfte wird aber nun, so GEHLEN, die Distanz des Menschen von seiner unmittelbar zu bearbeitenden Natur möglich. Im Gefolge dieser *sekundären Zweckbestimmung* der Institutionen setzt das Begreifen ihrer Zweckmäßigkeit und damit die zweckrationale Legitimierung der Institutionen ein. Indem die Institutionen auf ihren Zweck, ihren lebensdienlichen Nutzen hin abgefragt werden, schwindet der Glaubenswert ihrer Leitideen: sie werden »entzaubert«. Damit, so GEHLEN, wird die Energie, die in den Leitideen der Institutionen fixiert war, frei zur Verfügung des individuellen Bewußtseins. Aus einem indirekten, über die Ideen verlaufenden Verhalten zu den Institutionen wird ein bloß lebenspraktisches Verhalten. Die Institutionen erhalten den Charakter technischer, funktionaler Mittel. Sobald die *Kategorie des Nutzens* ins Spiel kommt, kann es also nicht ausbleiben, daß sie polemisch gegen die Institutionen gestellt wird. Man fragt nun nach dem Nutzen, den der Staat, die Ehe, die Kirche für den einzelnen hat und »rationalisiert« die bestehenden Staatseinrichtungen, Eheregelungen und Kirchenordnungen im Hinblick auf einen angeblich obersten Zweck dieser Institutionen. Die Entstehungsgeschichte der Technik und die Verwissenschaftlichung aller Daseinsbereiche markieren in der pointiert kulturkritischen Tendenz von GEHLENs Institutionenlehre zugleich den Zerfallsprozeß übergreifender Kulturmuster und stabiler Institutionen.

Im Anschluß an GEHLEN hat HELMUT SCHELSKY die Frage zu beantworten gesucht, wie unter den Bedingungen des modernen, »dauerreflektierten« Bewußtseins stabile Institutionen überhaupt noch möglich sind. Von der Annahme ausgehend, daß die in Institutionen organisierte Befriedigung von Grundbedürfnissen jeweils neue, raffinierte Bedürfnisse hervorbringt (Sekundärbedürfnisse), denen dann entsprechende Institutionen nachwachsen, kommt SCHELSKY zu dem Schluß, daß die Ansprüche der modernen Subjektivität und der Funktionssachlichkeit selbst als eine neue Ideenebene, als neues Bewußtseinsbedürfnis anzusehen sind. Die Spannung zwischen den Forderungen der Subjektivität und der Institutionen, so SCHELSKY, ist inzwischen in der modernen Gesellschaft institutionalisiert.

III. Kirche als Institution

Für das Wesen der Religion sind die Institutionen nicht ein Äußeres. Gerade der religiöse Bereich, seiner Natur nach die Domäne von Innerlichkeit und Subjektivität, erfährt in den Weltreligionen und insbesondere innerhalb der christlichen Tradition eine Durchformung durch Institutionen. Ohne institutionelle Bindung, so GEHLEN, würde die

Religion »idealisiert, d. h. subjektivistisch zerlebt und in ihren Erlebnisumsätzen verbraucht«.[5]

Von dem jeweils vorausgesetzten Begriff der Institution hängt jedoch entscheidend ab, was an dem historischen Phänomen (Kirche, Sekte, Mystik) unter diesem Titel zur Sprache gebracht oder verschwiegen wird. In der Auseinandersetzung um die richtige Auslegung der »Sache Jesu« und einer ihr angemessenen Theologie spielt das Problem der *institutio* im Streit des römischen Katholizismus mit der reformatorischen Theologie eine zentrale Rolle. Es geht dabei um die Frage, ob nur das institutionelle Autorität haben soll, was von Christus selbst – als Stifter – eingesetzt wurde, oder ob, wie für die katholische Theologie, auch die von Christus nicht gestifteten Traditionen eine der Institution entsprechende Verbindlichkeit beanspruchen können.

a) Die *katholische Kirche* versteht sich als eine rechtlich geordnete religiöse Gemeinschaft. Die enge Beziehung zwischen theologischen und juristischen Elementen (monarchische Führung, autoritäre Sendung, hierarchische Stufung (→ Hierarchie), ständische Gliederung) findet ihre rechtstheologische Formulierung in der Lehre von der → Kirche als Institution. Dabei liegt das Schwergewicht nicht auf der begrifflichen Definition, wonach Kirche auch, in einem besonderen Sinn, »institutionell« sei, sondern auf der existentiellen Bestimmung, daß Kirche nur, und zwar in einmaliger, unvergleichlicher Weise, Institution ist, nämlich heilsnotwendig *(extra ecclesiam nulla salus)*. Nach katholischer Lehre ist die Kirche Stiftung im Sinne von Heilsanstalt, deren Verfassung durch ein Ganzes von Institutionen fixiert ist und Sakramente und Verkündigung in eine spezifisch spirituale Rechtsordnung institutionellen Charakters eingegliedert sind (kanonisches Recht). Der Dienst der Kirche liegt folglich in der Verwaltung göttlich gestifteter Heilsgüter, wobei neben der ursprünglichen *institutio* die → Traditionen eine gleichwertige Bedeutung erhalten.

b) Der klassische Grundtext der *Reformation,* in dem von »Institution« die Rede ist, ist die *»Confessio Augustana«*: Wort und Sakrament werden als ursprüngliche Institute vorgestellt, an die der Heilserwerb, der Glaube und das christliche Leben einzig gebunden sind. Zwar darf die persönliche Freiheit beliebiger Auslegung nicht an die Stelle der *institutio* treten, aber mit der Unterscheidung dessen, was wahrhaft eingesetzt ist, von den traditionserzeugten Institutionen gibt der Protestantismus unter Hinweis auf die Schwierigkeiten, aus den Zeugnissen des Neuen Testaments eine einheitliche Gestalt der Kirche zu erheben, die Welt der Traditionen theologisch frei.

c) Ihren Höhepunkt erreicht die Debatte um die institutionelle Verfaßtheit des Christentums in den Auseinandersetzungen zwischen RUDOLF SOHM (1841–1917) auf der einen, ADOLF VON HARNACK (1851–1930) und KARL HOLL (1866–1926) auf der anderen Seite. Während SOHM das »Phänomen Kirche« rein spiritual bzw. charismatisch behandelt und der Kirche ihren institutionellen Charakter überhaupt abspricht, lehnt HARNACK eine solche Trennung zwischen »Geistkirche« und »Rechtskirche« entschieden ab. Die Auffassung, so HOLL, die Kirche hänge einzig von den unablässig gewährten Weisungen des Geistes ab, gründe im lutherischen Kirchenbegriff, den man indes keineswegs verallgemeinern und in das 1. Jahrhundert des Christentums zurückdatieren könne. Der Glaube, man könne und solle die *ecclesia visibilis* (Rechtskirche) dem Säkularisierungsprozeß anheimgeboren oder zum Verwaltungsapparat degradieren, um

[5] GEHLEN, Urmensch und Spätkultur, 41.

die *ecclesia invisibilis* (Geistkirche) zu retten, führe notwendigerweise dazu, daß dann die nicht-theologischen Faktoren die Gestalt der Kirche stärker bestimmen als die theologischen.

d) Jean-Louis Leuba hat im Anschluß an diese Debatte versucht, die mit dem Begriffspaar »Institution« und »Ereignis« angezeigte Spannung zwischen einer institutionell verfaßten und charismatisch wirkenden Religion als eine durchgehende Denkstruktur im Neuen Testament nachzuweisen. Beide Momente, so zeigt Leuba, gehören zusammen und die Geschichte der Kirche hat teil an dieser Dialektik. Zwar ist die Sozialgestalt der Kirche als Stiftung vorgegeben, aber sie bedarf doch stets der Annahme im Akt des Glaubens.

IV. Emanzipation des Geistes von den Institutionen?

Zu allen Zeiten hat es Versuche gegeben, dem Zwang des Handelns und damit der Unausweichlichkeit des Institutionellen zu entgehen. Aber erst im Gefolge der zweckhaften Durchordnung des menschlichen Handelns in der modernen Daseinsorganisation wird die Anerkennung jeder Institution zu einer ausdrücklich theoretischen und praktischen Leistung. Insbesondere die moderne Soziologie, in der heute Begriff und Verständnis der Institution ihren charakteristischen Ausdruck finden, hat den aufklärerischen Glauben, daß die Freiheit des Menschen sich vermittels einer wachsenden »Emanzipation des Geistes von den Institutionen« (Mme. de Staël) realisiere, entscheidend befördert. Denn im Gegensatz zu der von Max Weber vertretenen Auffassung, daß der Begriff »sozial« keinerlei spezifische Gesichtspunkte bietet, mit dem man die *Bedeutung* bestimmter Kulturelemente beleuchten kann, geht die heutige Soziologie weithin davon aus, daß Mensch, Geschichte und Kultur grundsätzlich nur aus gesellschaftlichen Verumständungen zu erklären sind und demzufolge auch alle Institutionen der Frage nach ihrer *gesellschaftlichen Funktionalität* unterworfen werden müssen. Mit der Verbreitung des durch die Sozialwissenschaften bereitgestellten Erklärungswissens hat sich die Vorstellung, daß der Geltungsanspruch der Institutionen nur so weit reichen könne, wie ihre Zweckbestimmung vernünftig einsehbar sei, im privaten wie öffentlichen Selbstverständnis durchgesetzt.

Vor dem Hintergrund der gesteigerten Ansprüche an die funktionale Leistungsfähigkeit von Institutionen *(Dienstleistungscharakter)*, stellt sich heute die Frage nach der institutionellen Gestalt der Kirche neu: Durch das Auseinandertreten der institutionalisierten Religion einerseits und den individuellen Versuchen der Lösung des Problems der persönlichen Lebensführung andererseits scheinen die kirchlich verfaßten Formen der Religiosität zu einem gesellschaftlichen Randphänomen zu verblassen. Der damit verbundene Wandel der Autoritätsstruktur des Christentums greift zudem in das Verständnis des christlichen Glaubens und Lebens ein. Die folgenschwere Kontrapunktik von Kirche als Institution und Religion als freier Subjektivität läßt die Schwerfälligkeit, Unangepaßtheit und die geringe Fähigkeit zur inneren Reform[6] zu charakteristischen Wesenszügen der »bürokratischen Organisation« Kirche werden, der als Ideal eine nicht hierarchisch gegliederte, sondern herrschaftsfreie religiöse → Gemeinschaft entgegenge-

---

[6] Blank, Kirche, 235.

stellt wird. Eine Institution neuer Ordnung wird gefordert, die alle fixierten Inhalte von sich weist, die »Elemente der formalen Autorität und rechtlichen Sanktion«[7] aufgibt und im Sinne der Beförderung größerer Freiheiten eine explizite Vorläufigkeit und Widerrufbarkeit aller Aussagen und Geltungsansprüche ermöglicht.

Literatur

BAHRDT, H.-P., Die Krise der Hierarchie im Wandel der Kooperationsformen, in: R. Mayntz (Hrsg.), Bürokratische Organisation, 1968, 127–134; BLANK, J., Kirche – Gemeinde oder/und Institution?, in: Diakonia 4 (1973) 312–317; BORCHERT, H., Das Problem der Institutionen in der modernen Soziologie. Dargestellt an A. Gehlen im Aspekt Evangelischer Theologie, Theol. Diss. Nürnberg 1973; BREZINKA, W., Der erziehungsbedürftige Mensch und die Institutionen, in: ders., (Hrsg.), Weltweite Erziehung. Festschrift f. F. Schneider, 1961, S. 11–41; BRUNNER, E., Das Mißverständnis der Kirche, 1951; Concilium, Die Kirche als Institution (Themaheft 10), 1974; CONGAR, Y., Institutionalisierte Religion, in: T. P. BURKE (Hrsg.), Künftige Aufgaben der Theologie, 1967, 37–53; DELOS, J., La Théorie de l'Institution, in: Archives de philosophie du droit et de sociologie juristique 1 (1931) 99–153; DESQUEYRAT, A., L'Institution, 1936; DOMBOIS, H. (Hrsg.), Recht und Institution (Eine Fortsetzung des Göttinger Gesprächs von 1949 über die christliche Begründung des Rechts), 1956; DOUGLASS, H. P., BRUNNER, E. M., The protestant churches as a social institution, 1935; DUBIEL, H., Identität und Institution, 1973; DULLAART, L., Kirche und Ekklesiologie. Die Institutionenlehre A. Gehlens als Frage an den Kirchenbegriff in der gegenwärtigen Theologie, Diss. Münster 1972; EYT, P., Sociologies de l'institution religieuse et théologie de l'Eglise, in: Nouv. Revue théol., 95 (1973) 68–91; GABRIEL, K., Die Entwicklung der Organisations- und Führungsstruktur der katholischen Kirche in der Neuzeit in wissens- und organisationssoziologischer Perspektive, Dipl.-Arbeit Bielefeld 1973; GEHLEN, A., Anthropologische Forschung, 1961; ders., Moral und Hypermoral, 1973; ders., Urmensch und Spätkultur (1956), [3]1975; GREIFFENHAGEN, M., Die Verstehensproblematik im Dialog zwischen Soziologie und Theologie, untersucht am Beispiel der Institution, in: Ztschr. f. ev. Ethik 4 (1960) 159–176; HASENHÜTTL, G., Herrschaftsfreie Kirche. Sozio-theologische Grundlegung, 1974; HAURIOU, M., La Théorie de l'institution et de la fondation, in: La Cité moderne et les transformations du droit (Cahiers de la nouvelle journée 4), 1925, S. 1–45; HERTZLER, J. O., Social Institution, 1946; JONAS, F., Die Institutionenlehre Arnold Gehlens, 1966; KEHL, M., Kirche als Institution. Zur theologischen Begründung des institutionellen Charakters der Kirche in der neueren deutschsprachigen katholischen Ekklesiologie, 1976; LEUBA, J.-L., Institution und Ereignis, 1957; LIPP, W., Institution und Veranstaltung. Zur Anthropologie der sozialen Dynamik, 1968; LUHMANN, N., Funktion und Folgen formaler Organisation, 1964; MARSCH, W.-D., Kirche als Institution in der Gesellschaft, in: Ztschr. f. ev. Ethik, 4 (1960) 73–92; MOBERG, D., Church as a Social Institution, 1962; MOLNAR, TH., Wozu eine institutionelle Kirche?, in: J. STAGL (Hrsg.), Aspekte der Kultursoziologie, 1982, 255–258; Die Not der Institutionen. Jahrestagung der Eugen Rosenstock-Huessey-Gesellschaft (Loccumer Protokoll 21), 1978; PARSONS, T., The Sozial System, 1951; REHBERG, K.-S., Ansätze zu einer perspektivischen Soziologie der Institutionen, Phil. Diss. Aachen 1973; RENARD, R.-G., Thomisme et droit social, 1934; RENDTORFF, TR.; Christentum außerhalb der Kirche, 1969; SCHELSKY, H., Über die Stabilität von Institutionen, besonders Verfassungen, in: Auf der Suche nach Wirklichkeit, 1963; ders. (Hrsg.), Theorie der Institution, 1970; ders., Die Soziologen und das Recht, 1980; SCHNUR, R. (Hrsg.), Die Theorie der Institution und zwei andere Aufsätze von Maurice Hauriou, 1965; ders., (Hrsg.), Institution und Recht, 1968; SOHM, R., Institutionen. Ein Lehrbuch der Geschichte und des Systems des römischen Privatrechts, [10]1901; SPAEMANN, R., Die

[7] HASENHÜTTL, Herrschaftsfreie Kirche, 122.

Utopie der Herrschaftsfreiheit, in: M. RIEDEL (Hrsg.), Rehabilitierung der praktischen Philosophie, Bd. 2, 1972, 14–38; SPIEGEL, Y., Kirche als bürokratische Organisation (Theol. Existenz heute 160), 1969; TENBRUCK, FR. H., Zur Anthropologie des Handelns, in: H. LENK (Hrsg.), Handlungstheorien interdisziplinär, Bd. II, 1978, 89–138; WEISS, J., Weltverlust und Subjektivität. Zur Kritik der Institutionenlehre Arnold Gehlens, 1971; WOLF, E., Ordnung der Kirche, 1961.

Georg Kamphausen

→ *Gruppe/Gruppendynamik, Hierarchie, Kirche*

Integration

A Begriff der Integration

I. Allgemeines

Obwohl das Fremdwort *Integration* erst im 19. Jahrhundert Verwendung findet, ist es in kürzester Zeit fast zu einem Modewort geworden. Ältere Homonyme (aber mit der gleichen Etymologie) sind seit dem 17. Jahrhundert bekannt und bis heute auf dem Gebiet der Infinitesimalrechnung gebräuchlich. Das Wort *Integration* ist zwar äußerlich dem lateinischen *integratio* identisch, aber in der Bedeutung selbst umgangssprachlich völlig verschieden, weil dem modernen Wort jeglicher Beiklang von »Erneuerung« fehlt. Das Moment der »Wiederherstellung« spielt weder in der Alltagssprache noch in der Wissenschaftssprache eine Rolle. Ohne allzusehr zu spekulieren, liegt hier doch die Vermutung nahe, daß zwischen der antiken *integratio* und der modernen *Integration* nicht nur zufällige Bedeutungswandlungen statthatten, sondern daß unterschiedliche soziale Erfahrungen zugrundeliegen: diese dürften es plausibel machen, daß im 19. und 20. Jahrhundert ein Wort populär wurde, das nicht von der Erfahrung eines sozialen Ganzen, das gestört werden kann, ausgeht, sondern von der Erfahrung praktikularer Einzelinteressen, deren Zusammenbindung zu einem Ganzen immer prekär ist. Erst das Bewußtsein – unabhängig, ob richtig oder falsch –, daß die soziale Existenz des Einzelnen und der Gesellschaft im Ganzen nicht als selbstverständlich angenommen werden, rückt die Frage in den Vordergrund, wie Gesellschaft überhaupt möglich ist. Die Dominanz der Erfahrung von Antagonismus über die Erfahrung von »Solidarität« läßt danach fragen, welche Mechanismen es bewerkstelligen, daß aus den Teilen ein Ganzes wird.

Diese sozialphilosophische Frage ist der Ausgangspunkt der Soziologie des 19. Jahrhunderts.

II. Der wissenschaftliche Integrationsbegriff

Der Sache nach ist Integration das Schlüsselthema der Soziologie, dem Wortlaut nach wird es zentral bei HEBERT SPENCER (1820–1903).[1] Das Zentralproblem AUGUSTE COMTES (1798–1857)[2], die Versöhnung von Freiheit (Fortschritt) und Ordnung, so auch schon bei HENRI SAINT-SIMON (1760–1825) gestellt[3], erhält bei SPENCER eine präzisere Formulierung, die um die Begriffe »Differenzierung« und »Integration« kreist. Die berühmte Formulierung von HERBERT SPENCER, daß die gesellschaftliche Evolution von unzusammenhängender Gleichartigkeit zu zusammenhängender Ungleichartigkeit führe[4], meint nichts anderes, als daß zwischen Differenzierung und Integration ein positiver Zusammenhang besteht. Während die sogenannte primitive Gesellschaft aus unter sich gleichartigen Einheiten (Segmenten) bestehe, die jede für sich ein hohes Maß von Autonomie besitze, weise die moderne Gesellschaft eine Vielzahl sehr heterogener sozialer Einheiten (politische, religiöse, familiäre usw.) auf, die nur in ihrem Zusammenspiel, das heißt als integrierte, Gesellschaft ausmachen. Ähnliche Überlegungen stellte ÉMILE DURKHEIM (1858–1917) an, als er die mechanische Solidarität einfacher (segmentärer) Gesellschaften von der organischen Solidarität entwickelter, moderner Gesellschaften abhob[5] (vgl. u. B III.).
Obwohl also das Problem der Integration als Zentralproblem der Soziologie eindeutig im 19. Jahrhundert formuliert und bei SPENCER vollkommen im Kontext einer evolutionistischen Gesellschaftstheorie entfaltet wurde, ist Begriff und Problem aus diesem Kontext heraus lösbar. Ein deutlicher Beleg für diese These ist die strukturell-funktionale Soziologie von TALCOTT PARSONS[6] (1902–1979). Das Gesamtwerk PARSONS' ist bis in die 60er Jahre eindeutig anti-evolutionistisch, dennoch ist auch bei ihm »Integration« einer der – wenn nicht überhaupt *der* – Schlüsselbegriff. Dies ist nicht verwunderlich, wenn man berücksichtigt, daß für PARSONS nach wie vor das HOBBES*sche* Problem der Ordnung die zentrale Frage der Soziologie darstellt. Nicht zufällig ist die bei dem späten PARSONS erfolgte Wendung zu einem modifizierten → Evolutionismus begleitet von der direkten Wiederbelebung des SPENCER*schen* Grundgedankens[7].
Wie in der Soziologie spielt der Begriff der Integration auch in der *Psychologie* eine bedeutsame Rolle, besonders in der Absetzung von pathologischen Formen der *Desintegration.* Auch in der Psychologie meint Integration, daß die verschiedenen Züge oder Einzelteile der menschlichen Psyche in einem Abhängigkeitsverhältnis zueinander stehen und so interdependent überhaupt erst die Persönlichkeit ausmachen.

---

1 SPENCER, A System of Synthetic Philosophy: First Principles.
2 COMTE, Cours de philosophie positive, 6 Bde., 1830–1842.
3 C.-H. SAINT-SIMON, De la réorganisation de la société europèene, 1814; ders., Nouveau Christianisme, 1825.
4 SPENCER, First Principles, 291.
5 DURKHEIM, De la division du travail social.
6 PARSONS, The Social System, 1951
7 PARSONS, Societies, 7 und ders., Das System moderner Gesellschaften, 22.

Trotz der immer wieder postulierten Werturteilsfreiheit der modernen Sozialwissenschaften zeigen schon diese wenigen Beispiele, daß der Begriff Integration fast ausschließlich positiv verwendet wird. Der Zustand der Desintegration wird als anomischer betrachtet. Der Charakter der Soziologie als Anti-Krisen-Wissenschaft, seit ihrem Auftreten im 19. Jahrhundert unverkennbar, macht es plausibel, warum Integration so schnell und unproblematisch zum Schlüsselbegriff für das Verständnis sozialer Prozesse werden konnte. Es wird noch zu zeigen sein, daß dies auch für die Religionssoziologie galt und gilt.

B Theorie der Integration

I. Die Integration von Individuen in soziale Systeme

Der Mensch als ein durch angeborenes Verhalten nur ungenügend gesteuertes Wesen bedarf zusätzlicher Mechanismen, um sich so zu verhalten, daß soziales Sein überhaupt erst möglich wird. Wie alle komplexen wissenschaftlichen Theorien, so beruhen auch die Theorien, die das Problem der Integration zentral machen, auf nur plausibel, aber nicht evident zu machenden Annahmen. In unserem Fall geht es um die anthropologische Prämisse von der ungeselligen Geselligkeit des Menschen, das heißt von dem latent immer vorhandenen Antagonismus. Schlüsselbegriffe für die Integration von Individuen in soziale Systeme sind: Werte, Normen, Sozialisierung und Kontrolle. In dem komplexen Prozeß der Einpassung des Einzelnen in die entsprechenden sozialen Gesamtheiten sind natürlich immer alle vier Elemente enthalten; sie können aber auf einer analytischen Ebene unterschieden werden.

Bei einer Analyse der Frage, wie der Einzelne in soziale Systeme integriert wird, geht man zweckmäßigerweise zunächst von dem Phänomen der *Sozialisierung* aus. Darunter wird der Prozeß verstanden, durch den das Individuum in das Normengefüge einer Gesellschaft, einer Gruppe und ähnliches hineinwächst (→ Sozialisation). Obwohl wir oft die Tendenz haben, Sozialisierung und Erziehung gleichzusetzen, ist es wichtig, darauf hinzuweisen, daß Erziehung nur ein – allerdings häufiger – Sonderfall von Sozialisierung ist. Soziale Systeme sind dem Individuum gegenüber immer vorrangig, das bedeutet, daß der Einzelne vermittels Sozialisierung zu einem Teil dieses Systems wird; er wird *integriert*. In diesem Prozeß ist vor allem Lernen enthalten. Erlernt werden die Werte und Normen eines sozialen Systems. Der Unterschied zwischen Werten und Normen liegt in erster Linie darin, daß → Normen situationsspezifiziert sind, also auch die Anwendungsregeln enthalten, während Werte in der Regel als → Legitimation für Normen dienen. Da diese Trennung analytisch ist, ist es nicht verwunderlich, daß auf den konkreten Handlungsebenen Normen und Werte für den Handelnden kaum zu unterscheiden sind. Das perfekt integrierte Individuum hätte Werte und Normen im Sozialisierungsprozeß so → internalisiert, daß abweichendes Verhalten eigentlich logisch und empirisch nicht mehr möglich wäre. Unabhängig davon, ob Devianz nun erklärbar ist aus der Defizienz des Sozialisierungsprozesses oder aus der nicht vollkommen sozialisierbaren »Natur« des Menschen, ist die Tatsache universal, daß Gruppen und Gesellschaften anscheinend immer damit rechnen, daß der Sozialisierungsprozeß nicht das optimale Ergebnis gebracht hat und daß deshalb *soziale Kontrolle* zur Sicherstellung der Integration des Einzelnen in das soziale System von Nöten ist. Diese soziale Kontrolle ist nur unter sehr speziellen Bedingungen als formalisierte staatliche zu verstehen. Unter einem allgemeinen systemtheoretischen Ansatz müssen als Formen der sozialen Kontrolle alle Mechanismen angesehen werden, die sicherstellen, daß Devianz nicht der Normalfall wird.

Als *desintegriert* sind in einem soziologischen Sinne alle Individuen aufzufassen, die entweder nur mangelhaft die ihren Positionen entsprechenden → Rollen (als die Gesamtheit der sie betreffenden Normen) verinnerlicht haben, oder deren Positionen und entsprechende Rollen nicht in ein bestehendes soziales System integrierbar sind. Diese für den Laien schwer zu unterscheidende Differenz ist von großer Wichtigkeit, weil im ersten Fall nicht von einer Störung des sozialen Systems gesprochen werden kann, es sei denn dieses Phänomen erfährt massenweise Verbreitung, während im zweiten Fall eine gesellschaftliche Desintegration vorliegen könnte. Zwar hängt es unter Umständen von gesellschaftlicher Definition ab, ob man von individueller oder sozialer Desintegration sprechen muß (etwa im Fall von Kriminalität), aber der Unterschied ist analytisch immer greifbar.

Für den Bereich der Religionswissenschaft wird zu fragen sein, wieweit in jedem Prozeß der Integration automatisch religiöse Momente involviert sind und welche Integrationsleistung ausdifferenzierte Religionen erbringen. Ohne dem vorzugreifen, was weiter unten dargestellt werden muß, kann schon hier festgestellt werden, daß unter den Bedingungen differenzierter Gesellschaften Religion nicht nur als Medium der Integration betrachtet werden kann. Sobald Religionen eigene Rollensysteme entwickeln, kann die Integration in ein religiöses System zu gesellschaftlicher Devianz führen. Allerdings ist es auch möglich, daß die Sozialisierung in gesamtgesellschaftlich abweichenden Werten und Normen als Moment der Integration des sozialen Systems insgesamt verstanden werden kann.

II. Integration von Subsystemen

Die letzte Überlegung hat uns schon zu der Frage geführt, wie soziale Subsysteme zu einem Ganzen integriert werden können. Unter *Subsystemen* sollen hier keine analytischen Einheiten, sondern empirisch existierende ausdifferenzierte soziale Einheiten verstanden werden, wie Familien, Betriebe, religiöse Organisationen, politische Parteien usw. Selbstverständlich ist es auch möglich, nach der Integration von Untereinheiten in Betrieben und Organisationen zu fragen. Es handelt sich in beiden Fällen um soziale Gebilde, die in ein größeres Ganzes integriert werden müssen. Das wichtigste Moment der Integration ist das *Mitgliedschaftsprinzip*. Integration ist immer dann gegeben, wenn das Individuum etwa Mitglied einer Gesellschaft *und* Mitglied einer Familie, eines Betriebes, einer Kirche usw. ist und wenn die Rollen dieser Mitgliedschaften nicht inkompatibel sind. Dies bedeutet nicht, daß sie unbedingt übereinstimmen müssen, vielmehr reicht es aus, daß die Normen, die den unterschiedlichen Rollen zugrundeliegen, so aufeinander zugeordnet sind, daß im Normalfall kein Konflikt zwischen ihnen entsteht.

Subsysteme und Integration werden bei zunehmender Differenzierung zu einem immer wichtigeren Problem. Je stärker eine Gesellschaft spezialisierte Subsysteme ausdifferenziert, umso drängender wird die Aufgabe, diese Subsysteme wieder als Teile der Gesamtgesellschaft zu integrieren. Einen wichtigen Beitrag dazu leistet die *Interdependenz der einzelnen Systeme*, von denen keines mehr autark ist. Dies ist die Kehrseite der Tatsache, daß jedes Individuum Mitglied der verschiedensten Subsysteme ist: Arbeit, Freizeit, Reproduktion, Religion, Erwerb von Kenntnissen – alles dies geschieht in den unterschiedlichsten sozialen Systemen, die alle aufeinander angewiesen sind. Integration besteht dann vor allem darin, sicherzustellen, daß die einzelnen Subsysteme in diesem Zustand geringer Autarkie verbleiben. Bei dieser Sachlage wird es schwierig, überhaupt von Gesellschaft als dem die Subsysteme integrierenden Ganzen zu sprechen. Folgt man dem systemtheoretischen Ansatz von TALCOTT PARSONS[8], dann ist es die Funktion der *societal community*, mit Hilfe von Normen die Integration des gesamten sozialen Systems (Gesellschaft) sicherzustellen. Im Zuge der Evolution hätte diese *societal community* die Tendenz zu immer größerer Inklusivität, das heißt zum Einschluß von immer mehr sozialen Subsystemen. In der Sprache S. EISENSTADTS[9] kann man auch davon sprechen, daß die Peripherie immer mehr ans Zentrum rückt. Damit wäre Gesellschaft eigentlich nur noch analytisch zu bestimmen. Faktisch sind jedoch – wenigstens für die modernen Gesellschaften – die staatlich erzwungenen Normen und Rollenerwartungen die Konstituenten des Gesellschaftsbegriffes. Dies bedeutet, daß wir Gesellschaft in praxi über den politischen Bereich definieren, obwohl analytisch Staat und Gesellschaft zu trennen sind. Das zentrale Problem der Integration ist immer, wieweit bestimmtes Handeln als legitim angesehen werden kann und deshalb von gesamtgesellschaftlichen Instanzen auch erzwungen werden darf. Zwang ist die ultima ratio bei der Integration von Subsystemen, aber Zwang ohne Legitimation ist nur von begrenzter Wirksamkeit.

III. Religion und Integration

Von allen soziologischen Teildisziplinen hat die → Religionssoziologie (s. Bd. 1) am stärksten von dem Konzept der Integration Gebrauch gemacht. Als Vater der Integrationsthese in der Religionssoziologie hat ÉMILE DURKHEIM[10] zu gelten, wenn auch oft zu wenig beachtet wird, daß weniger soziologisch formuliert seine Theorie des Zusammenhangs von Religion und Gesellschaft schon bei HENRI SAINT-SIMON[11] und AUGUSTE COMTE[12] ausgebildet ist. Gültigen Ausdruck fand dieser Ansatz aber dann erst in DURKHEIMS epochemachenden Werk »*Les formes élémentaires de la vie religieuse*« 1912. Von verschiedenen Interpreten DURKHEIMS wurde schon mehrfach richtig darauf hingewiesen, daß in diesem Werk nicht so sehr die Religion als etwas Gesellschaftliches, sondern Gesellschaft als etwas Religiöses gedeutet wurde. Besser wäre es, wenn man sagte, daß Religion und Gesellschaft im Grunde ein und dasselbe seien. Diese Theorie, von christlicher Seite fälschlich als »Soziologismus« denunziert, hat zum Ziel, das Phänomen der sozialen Integration zu erklären. DURKHEIM sieht in der Gesellschaft

[8] PARSONS, Societies.

[9] EISENSTADT, Revolutions and the Transformation of Societies, und ders., Cultural Orientations and Center-Periphery.

[10] DURKHEIM, Les formes élémentaires.

[11] C.-H. SAINT-SIMON, Nouveau Christianisme, 1825

[12] COMTE, Système de politique positive; ders., Catéchisme positiviste.

einen Tatbestand *(fait social)*, der unabhängig von den Individuen existiert, das heißt, der auf diese einen Druck auszuüben vermag. Die Gesellschaft ist mehr als die gesammelte Aktion ihrer individuellen Mitglieder. Diese Einheit der Gesellschaft, die von den Individuen zugleich als Erhebung und als Zwang erlebt wird, bedarf der symbolischen Darstellung etwa in Form von Feiern und Festen. Denn normalerweise ist eine Gesellschaft nicht in gemeinsamer Aktion tätig – sei es, daß die einzelnen Segmente (Horden) getrennt der Nahrungssuche nachgehen, sei es, daß in der modernen Gesellschaft hochspezialisierte Subgruppen und Organisationen (Betriebe, Vereine usw.) in ihren Tätigkeiten aufgehen und die Loyalität ihrer Mitglieder fordern. Nach DURKHEIM muß aber jede Gesellschaft von Zeit zu Zeit in Aktion treten, um sichtbar zu machen, daß Werte, Normen, Denksysteme und Erlebnisweisen über die alltäglichen Divergenzen hinweg allen Mitgliedern der Gesellschaft gemeinsam sind. Dieses In-Aktion-Treten ist der religiöse Akt schlechthin. Das, was diese Integration der Gesellschaft bewirkt und darstellt, ist die Religion. Mit diesem Ansatz hat DURKHEIM einerseits Religion völlig auf Außerreligiöses »reduziert« und steht damit in der Tradition der aufklärerischen Religionskritik. Andererseits jedoch hat er auch die Ewigkeitsdauer von Religion damit postuliert: keine Gesellschaft kann ohne Religion sein: sie ist religiös bis ins Mark, auch wenn sie sich noch so laizistisch gebärdet. Ohne Religion keine Identität oder – und das ist genau dasselbe: soziale Identität ist ein religiöses Phänomen.

Diese eben knapp skizzierte Theorie bietet den Vorteil, daß relativ einfach die Konvergenz verschiedener Phänomene erklärt werden kann, ohne daß man zu so problematischen Kategorien wie → »Pseudo-Religion«, »Ersatzreligion« Zuflucht nehmen muß. Schon oft ist beobachtet worden, daß beispielsweise Verhaltensweisen wie Ergriffenheit, undifferenzierte Zustimmung, überwältigendes Wir-Gefühl sowohl bei politischen wie auch bei religiösen Veranstaltungen auftreten können. Indem nun beide Bereiche auf die gemeinsame Ebene von erlebter → Identität und Integration zurückgeführt werden, lösen sich diese Probleme leicht auf. Die Kategorie, die hier ins Spiel zu kommen hat, ist die des → »Heiligen«, aber nicht im Sinne der → Religionsphänomenologie (s. Bd. 1), sondern als das »Spezifisch Unveränderliche« (MAX WEBER). Das »Heilige« – es war auch die Schlüsselkategorie DURKHEIMS – ist nichts anderes als die Gesellschaft in Aktion, der gegenüber das Individuum zum Nichts wird oder – besser gesagt – nur durch Partizipation zu sich selbst kommt.

Seit ihrer Entstehung ist diese Integrationstheorie der Religion nicht mehr aus der Diskussion verschwunden. Sie liegt im Kern vielen neueren religionssoziologischen Entwürfen zugrunde: so denen von THOMAS LUCKMANN[13] und HANS MOL[14] – um nur zwei zu nennen. Auch MALINOWSKIS funktionalistische Religionstheorie ist im Grunde integrationistisch.[15] Man sollte aber auch nicht verschweigen, daß diese Theorie spezifische Schwierigkeiten aufweist. So stellt sich die Frage, wie sozioreligiöse Integration und religiöser Pluralismus miteinander vereinbart werden können (s. dazu unter C III.). Außerdem wird die Frage nach dem Potential an → Konflikt, das in Religionen enthalten sein kann, vernachlässigt. Hinzu kommt als kritische Anfrage der Zweifel, ob das empirisch-historische Material (bei DURKHEIM die australischen Ureinwohner) eine

---

13 LUCKMANN, Das Problem der Religion; ders., The Invisible Religion.

14 MOL, Identity and the Sacred.

15 MALINOWSKI, Magic, Science and Religion.

solche Theorie ermöglicht. E. EVANS-PRITCHARD[16] betrachtet deshalb viele Annahmen DURKHEIMS als kühne Konjekturen. Aber dies ist genau das Wesen fruchtbarer Theorie.

C Religionsgeschichtlicher Teil

I. Die integrative Funktion von Religion in Stammesgesellschaften

ÉMILE DURKHEIM gewann seine Definition und Theorie von Religion anhand der Analyse ethnographischen Materials, das heißt anhand von Gesellschaften, die er in seinem früheren Werk »*De la division du travail social*« als durch mechanische Solidarität gekennzeichnet sah. In solchen Gesellschaften spielt – so die bis heute dominierende wissenschaftliche und außerwissenschaftliche Meinung – Religion eine zentrale Rolle. Bei der Beschreibung von Stammesgesellschaften stehen nicht zufällig Religion (Mythos und Ritus sowie Magie) und → Verwandtschaftssysteme im Vordergrund, während kaum ein Soziologe der modernen Gesellschaft auf den Gedanken käme, diese Gesellschaft anhand der Ausprägungen von Religion und Verwandtschaft zu skizzieren. Wenn auch heute niemand mehr die These vertreten würde, daß in primitiven Gesellschaften das ganze Leben von Religion durchwoben sei, so besteht weiterhin die Neigung, den Stellenwert von Religion für diese Gesellschaft höher zu veranschlagen als für weiter entwickelte Gesellschaften. Selbst MALINOWSKI, der generell dem soziologischen Erklärungsmodell DURKHEIMS negativ gegenübersteht, sieht in der Religion primitiver Gesellschaften so etwas wie die Verfassung (Charta) dieser Gesellschaften. Gewonnen wird die Überzeugung von der Dominanz der Religion bei der Integration von Stammgesgesellschaften durch die Beobachtung von Festen und Zeremonien, die die gesamte Gesellschaft vereinigen. Beschreibungen von solchen oft saisonalen Festen (z. B. typisch dann, wenn Perioden des engen Aufeinanderwohnens auftreten, etwa im Winter in den Eskimosiedlungen[17]) sind zahlreich. Das Fehlen von religiösem Pluralismus bei gleichzeitiger genauer Funktionsbestimmung für jede der in der Zeremonie involvierten Gruppen (Familien, Clans, Bünde, Männer, Frauen etc.) legten und legen die Vermutung nahe, daß Mythos und Ritus die Versicherungen der gemeinsamen Vergangenheit und Zukunft dieser Gesellschaften seien. Dabei erfahren die zentralen → Institutionen der Stammesgesellschaft (Verwandtschaft, Heiratsregeln usw.) eine religiöse → Legitimation, indem auf die mythische Zeit ihrer Einsetzung rituell hingewiesen wird. Gerade weil diesen Gesellschaften zentrale Herrschaftspositionen (Staat) häufig fehlen, muß Normenkonformität – und darin besteht Solidarität zu einem erheblichen Umfang – auf konsensualer Grundlage beruhen, wozu immer wieder die absolute Geltung der Ordnung in die Erinnerung gerufen werden muß (→ Erinnerung/Gedächtnis). Religion als Ausdruck und Vehikel der Solidarität in Stammesgesellschaften wäre somit aus dem Fehlen von gesamtgesellschaftlichen Zwangseinrichtungen zu erklären. Tradition und

---

16 EVANS-PRITCHARD, Theorien über primitive Religionen.

17 M. MAUSS, Über den jahreszeitlichen Wandel der Eskimogesellschaften (franz. 1904/5), in: ders., Soziologie und Anthropologie, Bd. 1 (1978) 183 ff.

Religion anstelle von Zwang und Staat. Auch wenn man jede idyllische Verniedlichung dieser Vorstellung beiseite läßt, ergibt sich noch ein theoretisches Problem, das darin besteht, daß die allgemeine Integrationstheorie als Erklärung von Religion hier in einem Spannungsverhältnis zu der behaupteten Bedeutung von Religion in den Stammesgesellschaften steht. Wenn die allgemeine Theorie richtig ist, dann müssen die in den primitiven Gesellschaften beobachteten Prozesse auch in den modernen Gesellschaften auffindbar sein; diese Gesellschaften wären genauso »religiös« wie die primitiven. Die Aufgabe für die Religionswissenschaft bestünde dann darin, die funktionalen Äquivalente der Religion in den modernen Gesellschaften zu suchen.

II. Integration und Staatskultus

In vielen Gesellschaften der Antike bestand neben einem religiösen Pluralismus ein Staatskultus, den man vielleicht als funktionales Äquivalent der religiösen Feiern in Stammesgesellschaften betrachten könnte. Relativ gut dokumentiert ist der Staatskultus für den Alten Orient[18] und für Rom.[19] Kennzeichnend ist dabei, daß dieser Kultus nicht das Individuum und auch nicht Familien und Sippen zum sozialen Träger hatte, sondern die staatlichen Instanzen. Allerdings waren in der Regel die rituellen Funktionen von den direkt Herrschaft ausübenden Instanzen (König, Senat usw.) an Priesterschaften delegiert, die als solche an der Herrschaft nicht beteiligt waren. Hinzu kommt, daß dieser Kult überwiegend nichtöffentlich war und somit anscheinend für das Verhältnis der einzelnen Gruppen und Individuen zum Staat keine besondere Bedeutung hatte. Auf der Grundlage dieser Beobachtungen stellt sich die Frage nach der integrativen Relevanz dieses Staatskultus. Es hat den Anschein, als wäre in erster Linie die Priesterschaft in ihrer Kontinuität für die scheinbare oder wirkliche Relevanz des Staatskultes verantwortlich. Dabei entsteht ein für die retrospektive Deutung fast unlösbares Problem. Meistens haben dieselben Priesterschaften, die den Staatskultus vollzogen und dazu Privilegien und Besitztümer reklamierten, auch die theologische Begründung dieses Kultes besorgt. Die Trennung von elaborierter Rechtfertigungsideologie und tatsächlicher Integrationsleistung ist in vielen Fällen überhaupt nicht mehr möglich. Überhaupt stellt sich die Frage, wer in diesen vormodernen staatlich verfaßten Gesellschaften der (Adressat) von Staatskulturen war. Es ist nicht abwegig zu vermuten, daß der Staatskultus zur Integration von Herrschaftsinstanzen und Verwaltungsstab diente, da die Inhaber von Herrschaftspositionen und die Verwalter von Herrschaft sich immer erst als → Gruppe neu konstituieren müssen. Sie bilden eine artifizielle Gruppe in der Gesellschaft, die, wenn sie auch anfänglich ethnisch oder lokal definiert war, sehr schnell funktional bestimmt wird und deshalb immer im Zustand einer prekären Zusammengehörigkeit sich befindet. Ein spezieller Kultus, der sich aus der Gesellschaft zurückzieht,

---

[18] Lange Zeit dominierte in der Literatur der Begriff des »Sakralen → Königtums«, um den es jetzt ruhiger geworden ist: H. Francfort, Kingship and the Gods, 1948; J. Engnell, Studies in Divine Kingship, in: The Ancient Near East, 1943. Kritisch: W. Röllig, Zum ›Sakralen Königtum‹ im Alten Orient, in: B. Gladigow (Hrsg.), Staat und Religion, 1981, 114–125.

[19] G. Wissowa, Religion und Kultus der Römer, ²1912; K. Latte, Römische Religionsgeschichte, ²1960.

könnte hier als Vehikel der Integration dieser neuen Elite dienen. Dabei entsteht aber sofort ein neues Problem: Wie alle anderen staatlichen Funktionen kann auch die kultische sich sehr schnell spezialisieren und sich dabei als eine eigene Provinz von Staatlichkeit institutionalisieren. In diesem Prozeß der Verselbständigung reißt dann der Zusammenhang zwischen Staatskultus auf der einen Seite und Herrschaft und Verwaltung auf der anderen Seite ab. Der Kultus wird zum reinen Selbstzweck, den die Herrschenden, die oft aus ganz unterschiedlichen Traditionen stammen, anscheinend aus Gründen der reinen Staatsräson (um nicht Konflikte mit den Priestern hervorzurufen) alimentieren. Ein geradezu klassisches Beispiel bietet das Überdauern des ägyptischen Staatskultes bis in die christliche Zeit (→ Kult).

III. Integration und religiöser Pluralismus

Unter *religiösem Pluralismus* wollen wir einen gesellschaftlichen Zustand verstehen, in dem mehrere religiöse Gruppen und entsprechende Glaubenssysteme bestehen, ohne daß eines dieser Systeme legitimerweise in der Gesellschaft dominiert. Dabei ist es durchaus nicht notwendig, daß zwischen diesen Gruppen antagonistische Verhältnisse bestehen. Während der Begriff Pluralismus für die modernen Gesellschaften problemlos erscheinen könnte, ist es fraglich, ob etwa in den antiken Gesellschaften pluralistische Verhältnisse bestanden. Auf jeden Fall muß man von einer Mehrzahl von Kulten ausgehen, die in der Art eines religiösen Angebots dem Nachfrager offenstanden.[20] Ähnliche Verhältnisse sind heute noch in Indien anzutreffen, wo eine Vielzahl von Tempeln und Kultstätten friedlich – manchmal auch kompetitiv – nebeneinander bestehen. Das Prinzip religiös-administrativer Zugehörigkeit (etwa als Pfarrzwangsprinzip) ist religionsgeschichtlich die Ausnahme. Für das Problem der Integration besteht jetzt die Frage darin, wie bei einem Zustand des religiösen Pluralismus die Integrationsaufgabe gelöst werden kann. (a) Eine erste Vermutung könnte darin bestehen, daß keines der religiösen Systeme diese Leistung vollbringt, so daß die wahre Religion der pluralistischen Gesellschaften außerhalb der üblicherweise als Religion apostrophierten Glaubenssysteme zu lokalisieren wäre (→ Bürgerliche Religion/*civil religion*). (b) Eine andere Möglichkeit besteht darin, daß es nur eine Form der *sacra publica* gibt, also eine Art von Staatskultus, etwa das antike Modell. (c) Eine dritte extreme Möglichkeit ist darin zu sehen, daß in der religiös pluralen Gesellschaft Integration überhaupt nicht stattfindet, so daß man in Wirklichkeit von mehreren Gesellschaften auszugehen hätte, die nur äußerlich auf einem Gebiet zusammenleben, das von einem staatlichen Herrschaftsapparat einheitlich verwaltet wird. Hier wäre etwa an Indien vor der Abtrennung Pakistans zu denken oder an die Situation im heutigen Libanon. Der Angelpunkt der gesamten Problematik liegt in der Frage, wodurch eine Gesellschaft überhaupt konstituiert wird. Entsprechend der strukturell-funktionalen Theorie besteht Integration und damit auch Konstitution von Gesellschaft vor allem in der Institutionalisierung von gemeinsamen Normen und in dem möglichen Bezug auf gemeinsame Werte. Man kann einen Schritt weitergehen und sagen, daß Gesellschaft nur dort möglich ist, wo gemeinsame Realitätsbezüge vorhanden sind, das heißt wo Realität als gleichartig erlebt wird. Wenn man mit

[20] Cumont, Die orientalischen Religionen im römischen Heidentum.

R. N. BELLAH[21] unter Religion einen Satz zusammengehöriger Symbole versteht, die in allgemeinsten Begriffen die Natur der Wirklichkeit definieren, dann kann es in einer Gesellschaft eigentlich immer nur *eine* Religion geben, während der religiöse Pluralismus bestenfalls unterhalb dieser allgemeinen Religion Sonderbedürfnisse abdecken könnte.

Das Verhältnis von religiösem Pluralismus und allgemeiner Integration der Gesellschaft kann auch so gesehen werden, daß die religiös pluralen Glaubenssysteme und die sie tragende Gruppen nur als Ausdrucksformen einer allgemeinen, die Integration der Gesellschaft leistenden Religion betrachtet werden. WILL HERBERG in seinem Buch *»Protestant, Catholic, Jew«*[22] hat in den 50er Jahren diese Meinung vertreten. Die historische Forschung hätte demnach in den religiös pluralistischen Gesellschaften danach zu fragen, was das gemeinsame Substrat der einzelnen religiösen Gruppen ist. Die allgemeine Religion wäre allerdings dann nur ein analytisches Konstrukt, das außerhalb der konkreten Religionen kein Leben hätte.

Literatur

COMTE, A., Catéchisme positiviste ou Sommaire exposition de la religion universelle, 1852; ders., Cours de philosophie positive, 6 Bde., 1830–1842; ders., Système de politique positive ou Traité de sociologie instituant la religion de l'Humanité, 4 Bde, 1851–1854; CUMONT, F., Die orientalischen Religionen im römischen Heidentum (frz. ⁴1928), ³1931; DURKHEIM, É., De la division du travail social, 1983; ders., Les formes élémentaires de la vie religieuse, 1912; EISENSTADT, S. Cultural Orientations and Center-Periphery in Europe in a Comparative Perspective, in: P. TORSVIK (Hrsg.); Mobilization, Center-Periphery Structures and Nation-Building, 1981, 94–107; ders., Revolutions and the Transformation of Societies, 1978; EVANS-PRITCHARD, E. E., Theorien über Primitive Religionen (engl. 1965), 1968; HERBERG, W., Protestant, Catholic, Jew, 1955; LUCKMANN, T., Das Problem der Religion in der modernen Gesellschaft, 1963; ders., The Invisible Religion, 1967; MALINOWSKI, B., Magic, Science, and Religion, 1925; MOL, H., Identitiy and the Sacred, 1976; PARSONS, T., T., The Social System, 1951; ders., Societies. Evolutionary and Comparative Perspectives, 1966; ders., Das System moderner Gesellschaften, 1972; SPENCER, H., A System of Synthetic Philosophy: First Principles, 6., erweit. Aufl. 1900.

Günter Kehrer

[21] Zu BELLAH vgl. den Artikel »Bürgerliche Religion/civil religion« im Bd. 2 dieses Handbuchs.

[22] HERBERG, Protestant, Catholic, Jew.

Interaktion

I. Begriffsbestimmung II. Begriffsgeschichte und Begriffsdimensionen 1. Ältere Ansätze in der Soziologie 2. Sozialpsychologie und Verhaltenstheorie 3. Grundlegende Paradigmen der Interaktionsanalyse in der neueren Soziologie III. Religion und Interaktion

I. Begriffsbestimmung

Interaktion (eine neulat. Wortschöpfung aus *inter* = zwischen (etw. liegend, sich vollziehend) und *actio* = Handlung, gezieltes Vorgehen) bezieht sich als einer der zentralen Begriffe der Soziologie und Sozialpsychologie allgemein auf die wechselseitige Beeinflussung des Handelns von Personen und Gruppen in einer sozialen Beziehung. Eng verwandt und oft synonym gebraucht sind die Begriffe soziales Handeln sowie soziale → Rolle. Die reziproke Beeinflussung in der Interaktion ist eng verknüpft mit dem Konzept der → Kommunikation, allerdings nach der Meinung der meisten Autoren nicht identisch: Eine Interaktion zwischen A und B hat als enge Verschränkung von Handeln und Verständigung sowohl kooperative bzw. kompetitive (= aktionale) als auch kommunikative Aspekte. Wird der kommunikative Aspekt in den Vordergrund gestellt, wird oft von *symbolischer Interaktion* (MEAD, s. u. II.3.b) gesprochen, während bei Betonung des Handlungsaspekts Interaktionen als Tauschrelation und Reiz-Reaktions-Beziehung (HOMANS, s. u. II.2.) in den Blick kommen. Verknüpft werden beide Aspekte in *Handlungstheorien,* die Interaktionen als situativ und normativ strukturierte Beziehungen innerhalb eines sozialen Systems erfassen (PARSONS, s. u. II.3.a).

Insgesamt ist zu beachten, daß jede Interaktion damit als zweipoliges Geschehen aufzufassen ist, dessen Extrempunkte die bloße Verständigung (z. B. im Diskurs, vgl. HABERMAS) und die direkte Handlung (z. B. als physische Aggression) sind. Jede Interaktion beruht jedoch auf sinn- und bedeutungsvollem Verhalten von Personen, insoferne eine handelnde Person (Akteur) auf eine andere »antwortet« bzw. die Handlungen und Erwartungen der anderen antizipiert. Auch Handeln in situativer Einsamkeit ist damit als Grenzfall der Interaktion aufzufassen, da der »generalisierte Andere« (MEAD), in → Sozialisationsprozessen zum Teil der Identität des Einzelnen geworden, als »soziokulturelle Persönlichkeit« Bezugspunkt von Handlungen bleibt.

II. Begriffsgeschichte und Begriffsdimensionen

1. Ältere Ansätze in der Soziologie

Interaktion wurde als Konzept von G. SIMMEL in die Soziologie eingebracht, insoferne es ihm »um die Aufdeckung der zarten Fäden, der minimalen Beziehungen zwischen Menschen, von deren ... Wiederholung alle objektiv gewordenen ... Gebilde begründet und getragen werden«[1], ging. Gesellschaft als »Summe sozialer Beziehungsformen« entsteht dann als »Überformung« der Interaktionen, die auf Bedürfnissen von Individuen beruhen. In der Interaktion überschneiden sich so »erotische, religiöse oder bloß

[1] SIMMEL, Soziologie, 20.

gesellige Triebe« des Einzelnen mit »gesellschaftlichen Formen«, und Soziologie ist damit insgesamt als »Beziehungslehre« begründet, wie sie dann z. B. von L. v. WIESE weiterentwickelt wurde. MAX WEBERs Konzept der Interaktion als soziale Beziehung fußt zwar ebenfalls auf dem subjektiven Handlungssinn der beteiligten Personen, schließt jedoch überindividuelle Gebilde, wie Kirche und Staat, ein und meint »ein seinem Sinngehalt nach aufeinander eingestelltes und dadurch orientiertes Verhalten mehrerer«.[2] Gesellschaftlich geformte Orientierungsalternativen des Handelns wurden von weiteren Klassikern konzeptualisiert, so von TÖNNIES (»Gemeinschaft« versus »Gesellschaft«), DURKHEIM (»mechanische« versus »organische Solidarität«) und H. BECKER (*»sacred society«* versus *»secular society«).*

2. Sozialpsychologie und Verhaltenstheorie

Unter dem Einfluß der behavioristischen Lerntheorie (B. E. SKINNER u. a.), die sich strikt auf meßbares und beobachtbares Verhalten beschränkt, entwickelte G. C. HOMANS aus der empirischen Analyse von Interaktionen in Kleingruppen einen Interaktionsbegriff, der als Beeinflussung des Verhaltens »von mindestens einer Person direkt oder indirekt (durch) das Verhalten einer anderen«[3] definiert ist, indem es als Stimulus (Belohnung oder Bestrafung) wirkt und vice versa. Interaktionsprozesse sind damit durch belohnende Verstärkung oder bestrafende Hemmung kennzeichenbare Reaktionssequenzen, die relativ dauerhaft werden und soziale Strukturen bilden können. Darauf gründet sich eine »verhaltenstheoretische Soziologie« (vertreten z. B. durch H. D. OPP u. H. J. HUMMELL), die einen grundsätzlichen »methodologischen Individualismus« vertritt und alles Soziale auf beobachtbare direkte Interaktion reduziert (psychologischer Reduktionismus). Wenn auch der theoretische Einfluß dieses »Interaktionismus« in der Soziologie nicht mehr allzu groß ist, ergaben sich doch wichtige Impulse für die empirische Analyse von Interaktionen (siehe z. B. R. F. BALES' (1950) Beobachtungskategorien für Interaktionen). Später hat insbesondere E. GOFFMAN (1970, 1971) gezeigt, wie Personen in direkter Interaktion gemäß bestimmten Spielregeln Situationen definieren und Rollenerwartungen sowie Statuszuschreibungen interaktiv verifizieren. Dabei sind jedoch eine Vielzahl bedeutungsvoller Stimuli (nicht nur belohnende oder bestrafende) analytisch einbezogen.

3. Grundlegende Paradigmen der Interaktionsanalyse in der neueren Soziologie

Mit T. WILSON (1973) können wir zwei Grundkonzepte der Analyse in der neueren Soziologie unterscheiden: das *normative* und das *interpretative* Paradigma.

a) *Das normative Paradigma:* Es beruht auf den Grundbegriffen *Handlungsdisposition* (Einstellungen, Werthaltungen, strukturierte Bedürfnisse), *Rolle* und *Rollenerwartung* (verknüpft mit Sanktionen bei Nichteinhaltung) sowie *Status* (als Bündel von Rollen und Erwartungen) und analysiert Interaktionen als Verhältnis von Dispositionen und Rollenerwartungen der Beteiligten. Ein gemeinsames System von Symbolen und Bedeutungen gibt dabei den Rahmen der Interaktionen ab. Das normative Erklärungsmodell setzt also an den vorgegebenen Strukturen, Bedeutungsmustern und Erwartungen an, die

---

[2] WEBER, Wirtschaft und Gesellschaft, 13.

[3] HOMANS, Grundfragen soziologischer Theorie, 126.

durch konforme Befolgung verstärkt werden, und stellt so Begriffe wie Konformität und Abweichung, Rollenkonflikt und Sanktionierung in den Mittelpunkt. Gemeinsame → Normen sind der Maßstab einer Interaktion, sie wird damit auf die vorgegebenen Strukturen des sozialen und kulturellen Systems bezogen. Am differenziertesten ist das normative Paradigma von T. PARSONS (1951) gemeinsam mit BALES (1953, 1955) ausformuliert worden, wobei er unter anderem gesellschaftliche Strukturen gemäß ihren Orientierungsalternativen für interaktives Handeln *(pattern variables)* zu erfassen trachtet sowie Fragen der Internalisierung von Normen und Werten ins Persönlichkeitssystem Augenmerk schenkt. Alle Interaktionen sind Teil eines umfassenden Handlungssystems, dessen Strukturen funktional aufeinander bezogen sind, und zu dessen weiterem Funktionieren sie beitragen.

b) *Das interpretative Paradigma:* Zwar ist bereits bei PARSONS das kulturelle Wert- und Symbolsystem ein wichtiger Bestandteil der Interaktionsanalyse, doch vornehmlich als vorgegebener, gegen Abweichungen gesicherter Bezugsrahmen, der konformes Rollenhandeln sicherstellt. Dagegen wird nun das Konzept der *Rollenübernahme* aufgrund der Interpretation der Erwartungen und Absichten des Interaktionspartners in den Vordergrund gestellt, so daß Interaktionen als Folge von korrigierbaren Handlungsentwürfen erscheinen. Die gemeinsamen Bedeutungen und Symbole müssen aus dieser Sicht ebenfalls erst interpretativ in der Interaktion geklärt werden. Wichtige Vertreter des damit angesprochenen *Symbolischen Interaktionismus* sind H. BLUMER (1969), H. GARFINKEL (1967), A. STRAUSS (1968) und vor allem G. H. MEAD (1968, 1969), der im Anschluß an COOLEY zunächst betont, daß bereits die Entwicklung des Selbst nur durch Erfahrung und Übernahme der Handlungsperspektiven von Interaktionspartnern im Prozeß der Sozialisation möglich ist. Identität wird so reflexiv vermittelt durch das Bewußtsein des in wechselseitiger Rollenübernahme steckenden Sinns, durch Einnahme des Standpunktes eines (allmählich) »generalisierten Anderen«. Dieser Aspekt bleibt in allen Interaktionssituationen bedeutsam, indem Interaktion nicht als quasi mechanische Normerfüllung, sondern als *reflexive Ko-orientierung* unter Bezugnahme auf bedeutungsvolle Symbole abläuft. Interaktion erscheint hier als dynamischer, interpretativer Prozeß, der mit einer Hypothese über die Intentionen des jeweilig Anderen beginnt. Die Zeichen und Symbole, die dieser dann setzt, führen schließlich zur Stabilisierung oder aber Revidierung der ursprünglichen Interpretation.

GARFINKEL hat für dieses interpretative Paradigma der Interaktion die Konzepte der »dokumentarischen Interpretation« und der »Indexikalität« entwickelt. Rollenübernahme heißt dann, daß sich die Akteure in eine wechselseitige dokumentarische Interpretation ihrer Handlungen (anhand der damit verbundenen »Dokumente«, d. h. Zeichen) einlassen. Dadurch wird ein allgemeines Muster identifizierbar, das Motive, Absichten, Einstellungen, die Biographie des Akteurs umfaßt, aber auch alle sonstigen Umstände der Interaktionssituation impliziert. Die besondere Relation, daß das zugrundeliegende Muster aus Handlungen als Dokument erschlossen werden muß, ist die Indexikalität (GARFINKEL 1967). Jede Ereignisstelle im Interaktionsprozeß wird einerseits auf der Basis des Musters gedeutet, andererseits dienen die Ereignisstellen zur Präzisierung und Revidierung des Musters. Soziologische Interaktionsanalyse bedeutet gemäß dem interpretativen Paradigma, daß es vornehmlich gilt, die Bedeutung zu erfassen, die Handeln in Interaktionszusammenhängen für die Handelnden selbst hat (verstehende Soziologie). Der Forscher hat damit die Rolle der Interaktionspartner adäquat zu übernehmen, die Perspektiven und den subjektiven Sinn zu erfassen.

III. Religion und Interaktion

Insofern menschliches Handeln immer in Interaktionen eingebunden ist, und sei es durch Bezugnahme auf in symbolischer Interaktion entstandene Elemente der sozialen Identität, ist auch jedes religiöse Handeln Interaktion, sei es mit Menschen oder mit »transzendentalen Subjekten«, bei dem die kommunikativen Aspekte im Vordergrund stehen. Gemäß den beiden grundlegenden Paradigmen werden religionssoziologisch einmal die Funktionen religiös definierter Interaktion innerhalb der sozialen Strukturen (normative Konzeption), andererseits die Einbindung in Prozesse der Sinnfindung der beteiligten Menschen (interpretative Konzeption) thematisiert. PARSONS selbst (1963, 1967) hat Religion innerhalb seiner normativen Theorie der Interaktion thematisiert. Die Argumentation kann wie folgt zusammengefaßt werden: Jedes gesellschaftliche Handlungssystem bedarf eines kulturellen Wertsystems, das in der Zeit erhalten und anerkannt bleibt und damit die soziale Integration gewährleistet. Doch gibt es in jeder Gesellschaft Situationen, die die Stabilität der Erwartungen und Interaktionszusammenhänge gefährden können (individuell z. B. Tod oder Krankheit, sozial Krieg, Übervölkerung etc.) und damit am Gleichgewichtszustand der Gesellschaft rütteln. Religion als zentraler Bestandteil des kulturellen Wertsystems legitimiert dieses und trägt zu seiner motivfähigen Vermittlung bei. Religiöse Inhalte prägen Handlungsdispositionen und Erwartungen (z. B. »moralischen« Verhaltens). Religion bewältigt diese Funktionen in mehrfacher Weise: Zum einen stellt sie das kulturelle Wertsystem durch Bezug auf eine unüberprüfbare Transzendenz (z. B. Gott) außer Frage (Legitimierung), zum anderen liefert sie den Individuen Deutungen dafür, warum ein Wertsystem nie voll verwirklicht sein kann (z. B. durch die Konzeption des »Bösen«), und ermöglicht ihnen die Bewältigung konkreter Erfahrungen dieses Widerspruchs, beispielsweise durch Rituale des Trostes, oder durch die Verheißung eines Jenseits, in dem Ideal und Realität eins sind. Insgesamt ist Religion ein Integrationsfaktor im Gesamtsystem sozialer Interaktionen.

In der interpretativen Sicht trägt religiöse Interaktion zur Sinnstiftung handelnder Individuen bei. Religiöses Wissen gibt beispielsweise Orientierung bei bestimmten biographischen Punkten, ist eingebunden in den Prozeß der Entfaltung sozialer und personaler → Identität. Religion wird eingebunden in Konstitutionsbedingungen von Sozialität generell, die Individuen erst befähigt, an Interaktionsprozessen überhaupt teilzunehmen. Dabei wird eine an phänomenologischen Überlegungen (HUSSERL, SCHÜTZ, SCHÜTZ/LUCKMANN) anknüpfende Soziologie religiösen Wissens als Thematisierung von Grenzen und Problemzonen menschlicher Interaktion generell (DUX, MÖRTH) entfaltet.

Literatur

1. Zu Interaktion allgemein

BALES, R. F., Interaction Process Analysis, 1950; BLUMER, H., Symbolic Interactionism. Perspective and Method, 1969; CHARON, J. M., Symbolic Interationism: An Interproduction, an Interpretation, an Integration, 1979; COOLEY, CH. H., Social Organization, 1915 (Ndr. 1962); GARFINKEL, H., Studies in Ethnomethology, 1967; GOFFMAN, E., Interaktionsrituale. Über Verhalten in direkter Kommunikation, 1971; ders., The Presentation of Self in Everyday Life, 1959 (dt. 1970); HABERMAS, J., Theorie des kommunikativen Handelns, 2 Bde.; HOMANS, G. C. The Human Group, 1950 (dt. 1959); ders., Social Behavior. Its Elementary Forms, 1961 (dt. 1968); ders., Grundfragen soziologischer Theorie, 1972; HUSSERL, E., Phänomenologische Psychologie, 1968;

MEAD, G. H., Philosophie der Sozialität, 1969 (am. 1932); ders., Geist, Identität und Gesellschaft, 1968 (am. 1935); PARSONS, T., The Social System, 1951; ders., BALES, R. F., Family, Socialization and Interaction Process, 1955; ders., BALES, R. F., SHILS, E., Working Papers in the Theory of Action, 1953; SCHÜLEIN, J. A., Mikrosoziologie. Ein interaktionsanalytischer Zugang, 1983; SCHÜTZ, A., Der sinnhafte Aufbau der sozialen Welt, [2]1960; ders., LUCKMANN, TH., Strukturen der Lebenswelt, 2 Bde., 1979/1984; SIMMEL, G., Soziologie, 1908 (Ndr. 1960); STRAUSS, A., Spiegel und Masken, 1968 (am. 1964); WEBER, M., Wirtschaft und Gesellschaft, 1922 (Stud.ausg. 1964); WIESE, L. v., System der allgemeinen Soziologie, 1924 (am. erw. u. überarb. v. H. BECKER, 1932); WILSON, T.,Theorien der Interaktion und Modelle soziologischer Erklärung, in: Arbeitsgr. Bielefelder Soziologen (Hrsg.), Alltagswissen, Interaktion und gesellschaftliche Wirklichkeit, 1973, 54 ff.

2. Zu Religion und Interaktion
DREHSEN, V., Konformität und Wandel der Religion. Die struktur-funktionale Analyse in der dt. Religions- u. Kirchensoziologie nach 1945, in: DAIBER, K.-F., LUCKMANN, TH. (Hrsg.), Religion in den Gegenwartsströmungen der deutschen Soziologie, 1983, 86 ff.; DUX, G., Ursprung, Funktion und Gehalt der Religion, in: Int. Jahrb. f. Rel. Soz. 8 (1973) 7 ff.; FISCHER, W., MARHOLD, W. (Hrsg.), Religionssoziologie als Wissenssoziologie, 1978; dies., Das Konzept des Symbolischen Interaktionismus in der dt. Religionssoziologie, in: DAIBER, LUCKMANN, a.a.O., 151 ff.; HAHN, A., Religion und der Verlust der Sinngebung, 1974; MÖRTH, I., Die gesellschaftliche Wirklichkeit von Religion, 1978; PARSONS, T., A Perspective on Religion, in: GOULDNER, A. (Hrsg.), Modern Society, 1963; ders., Christianity and Modern Industrial Society, 1967; SCHIBILSKY, M., Religiöse Erfahrung und Interaktion, 1976; VERNON, G. M., The Symbolic Interactionist Approach to the Sociology of Religion, in: Int. Jahrb. f. Rel. Soz. 2 (1966), 135 ff.

Ingo Mörth

→ *Divination, Gruppe/Gruppendynamik, Kommunikation, Normen, Rolle, Symbolische Handlung*

Internalisierung

A Begriff

Internalisierung oder das deutsche Äquivalent: *Verinnerlichung* ist, obwohl heute zu einem Bestandteil der gehobenen Alltagssprache geworden, erst rezenten Ursprungs. Wenn auch Begriffe wie *innerlich* älter sind, ist der Neologismus *Internalisierung* geprägt worden, um präzis bestimmte Vorgänge bezeichnen zu können, die an der Nahtstelle von Individuum und Gesellschaft lokalisiert sind. Zwei große psychologische Traditionen bestimmen Begriff und Entwicklung des Wortes »Internalisierung«: die

Psycholanalyse SIGMUND FREUD*s* (1856–1939)[1] und die interaktionistische Sozialpsychologie GEORGE HERBERT MEAD*s* (1863–1931)[2]. Trotz aller Unterschiede zwischen diesen beiden Systemen, die etwa gleichzeitig entwickelt wurden, bestehen doch einige Gemeinsamkeiten, die durchaus nicht zufällig zu ähnlichen Begriffsprägungen führten. Ausgangspunkt für beide Konzeptionen ist das Problem der Ich-Bildung des biologischen Wesens »Mensch«. Dabei ist es entscheidend, daß der Mensch ein *animal sociale* in einem substantielleren Sinne ist, als dies von jedem anderen gesellig lebenden Tier behauptet werden kann. Der Mensch ist nur durch Gesellschaft und in Gesellschaft Mensch. Menschwerdung in ontologischem Sinne bedeutet deshalb in erster Linie Sozialisierung, das heißt Aneignung von objektiviertem menschlichen Handeln, Kultur.

Während die Psychoanalyse vor allem auf die Aneignung von Normen (in erster Linie: Verboten) abhob, stellte die MEAD*sche* Sozialpsychologie die Interaktion zwischen Individuen und Übermittlung von Handlungsgesten in den Vordergrund. Gemeinsam ist beiden Ansätzen, daß das Individuum nicht in einem blinden Rezeptionsprozeß ihm fremdes Gut einfach aufnimmt, sondern daß der Aneignungsprozeß immer auch Leistung des Individuums ist. Es verändert durch Rezeption auch gegebene Inhalte und wird zur reifen Persönlichkeit erst dadurch, daß es Objektiviertes als Teil seines Selbst erfahren und auch variieren kann. Der Begriff der Verinnerlichung oder Internalisierung bezeichnet dabei sehr genau den Vorgang, durch den das, was dem Individuum als Fremdes erscheint, in es selbst hineingenommen wird. Dabei besteht in der psychoanalytischen Literatur eine größere Neigung, den Zwangscharakter des Internalisierungsprozesses in den Vordergrund zu stellen, während die interaktionistische Sozialpsychologie den Prozeßcharakter des Geschehens stärker betont. Da für die Religionswissenschaft und für die Religionssoziologie der zuletztgenannte Aspekt vor allem durch die Arbeiten von PETER L. BERGER[3] fruchtbar gemacht wurde, soll im folgenden auf MEAD*s* Konzept der Internalisierung näher eingegangen werden.

B Identität und Internalisierung

Die zentrale Thematik von MEAD ist die Herausbildung von → Identität. Dabei geht er nicht von der landläufigen Vorstellung aus, daß Identität das sei, was als außer-sozialer Kern der Persönlichkeit gesellschaftlichem Einfluß entzogen sei. Vielmehr gilt, daß man Mitglied einer Gemeinschaft sein muß, um eine Identität zu haben. Das Bestehen einer Gruppe ist also Voraussetzung für das Entstehen von Identität. Als konsequent sozialpsychologischer Ansatz steht nun aber für MEAD nicht ein starres System von Normen

---

[1] Schriften, die dabei von religionswissenschaftlichem Interesse sind: S. FREUD, Zwangshandlungen und Religionsübungen (1907), in: Gesammelte Werke (GW), Bd. VII; ders., Die Zukunft einer Illusion (1927), in: GW, Bd. XIV; ders., Das Unbehagen in der Kultur (1930), in: GW, Bd. XIV.

[2] G. H. MEAD, Mind, Self, and Society, 1934; dt: Geist, Identität und Sozialität. George Meads Theorie der Interaktion, 1971.

[3] BERGER, LUCKMANN, The Social Construction of Reality; P. L. BERGER, The Sacred Canopy, 1967; ders., A Rumor of Angels, 1969.

und Institutionen im Mittelpunkt der Gruppe, sondern der → Kommunikationsprozeß zwischen Individuen. Dies bedeutet natürlich nicht, daß MEAD → Institutionen keine Bedeutung zumessen würde, nur werden diese Institutionen nicht als fremd gegenüber dem Kommunikationsgeschehen aufgefaßt. Identität ist damit weniger eine Substanz als ein Prozeß. Das Entscheidende in diesem Prozeß ist nun, daß die verbalen und nonverbalen Gesten, aus denen Kommunikation besteht, nicht nur äußerlich auf das handelnde Individuum einwirken, sondern in das Verhalten des Einzelnen hineingenommen werden. Dieses »Hineinnehmen« der Gesten der anderen Akteure ist nichts anderes als Internalisierung. Die Differenz zum tierischen Verhalten ist offensichtlich: Auch Tiere wirken durch Gesten aufeinander, aber diese Gesten werden nie zu einem Teil des empfangenden Tieres, während in der menschlichen Kommunikation genau dies geschieht. Denken oder Reflexion, als dem Menschen eigentümliches Handeln, geschieht nach MEAD nicht anders als im Rahmen der nach innen verlegten Übermittlung von Gesten. Damit ist eine Zweiteilung in der menschlichen Identität gegeben: Es gibt das Ich als ein nach innen verlegtes Außen des Individuums. MEAD spricht hier vom *»me«*. Und es gibt das Ich, das unter anderem auf dieses *»me«* reagiert. Hier spricht MEAD von *»I«*. Ein *»me«* kann aber nur entstehen, weil der Mensch als offenes Wesen eben die Fähigkeit zum Internalisieren besitzt. Bei näherer Betrachtung zeigt sich, daß MEAD*s* Konzeption der Internalisierung und Herausbildung von Identität gar nicht so weit von FREUD*s* Ansatz entfernt ist. Auch für FREUD bildet sich das »Ich« (vielleicht könnte man diesen FREUD*schen* Begriff am adäquatesten mit MEAD*s* Begriff der Identität übersetzen) erst aus einer Konfrontation von »Es« und »Über-Ich«. Erst wenn die Normen der Außenwelt, repräsentiert durch die Vaterfigur, so verinnerlicht worden sind, daß sie zu einem Teil des Individuums geworden sind, kann man von einer Identität sprechen.

C Religion und Verinnerlichung

I. G. H. MEAD

Behält man die von MEAD vorgenommene Unterscheidung von *»I«* und *»me«* bei, so ist offensichtlich, daß diese beiden ›Bestandteile‹ des Ichs nicht völlig zur Deckung kommen können. Auch das perfekt sozialisierte Individuum verbleibt in seinen Reaktionen noch irgendwie unberechenbar, es handelt nicht zuverlässig so, wie die anderen Mitglieder der Gesellschaft im Idealfall handeln würden. Gäbe es diese Spannung zwischen *»I«* und *»me«* nicht, wäre das *»I«* nichts anderes als das *»me«*, so wäre ein Zustand der völligen Erstarrung, der totalen Wandlungsunfähigkeit einer Gruppe erreicht.

MEAD kennt nun zwei Prozesse in jeder Gesellschaft, in denen eine weitgehende Verschmelzung von *»I«* und *»me«* eintritt: Religion und Tausch bzw. Wirtschaft. *Wirtschaft* als Tausch von Äquivalenten setzt voraus, daß die Tauschenden universalisierbare Beziehungen zueinander aufnehmen. Dies bedeutet, daß ich als Handelnder praktisch unmittelbar »verstehe«, was der Tauschpartner will und umgekehrt. Es ist wichtig zu betonen, daß diese Universalisierungstendenz des Tauschprozesses zwar schon im Wesen des Tausches selbst angelegt ist, aber sich dennoch erst im Zuge der gesellschaftlichen Entwicklung durchsetzt.

Ähnlich verhält es sich mit der *Religion*. Die Überlegungen MEAD*s* sind schwer verständlich, wenn man nicht berücksichtigt, daß für ihn Religion vor allem die universalen Religionen sind, wobei er außerdem in diesen Universalreligionen moralische Prinzipien institutionalisiert sieht: Güte, Entgegenkommen, gegenseitige Hilfe. Hier steht MEAD noch völlig in der Tradition des 19. Jahrhunderts und des liberalen Protestantismus. Allerdings merkt MEAD auch an, daß Religion sich anfänglich aus dem begrenzten nationalen, ja lokalen → Kultus entwickelt habe. Die Tendenz zur universalen Menschenliebe, ja Liebe zu aller Kreatur, zeige sich erst bei den großen Religionen. Die Universalreligionen verallgemeinern nach MEAD lediglich das Nachbarschaftsgefühl. Das Mitfühlen mit den Mitgliedern der eigenen Gruppe (Mitleid) ist ein normaler Bestandteil jedes Gruppenlebens. Die Verbindung von Altruismus und Religion, wie sie heute von der ›Religionsbiologie‹ in den USA wieder aktualisiert wird[4], ist auch von MEAD schon gesehen worden. Man könnte also ohne weiteres sagen, daß Religion auch in ihren höchsten Entwicklungen, das heißt in der Gestalt der sogenannten ethischen Universalreligionen, nichts anderes sei, als die institutionalisierte Weise der internalisierten Gesten der signifikanten Anderen. Indem das Individuum die Gesten und Haltungen der Gruppenmitglieder als bedeutsam für die Interaktion so in sich aufnimmt, daß sie ein Teil seiner selbst werden (sein *»me«*), gewinnen die Mitglieder dieser Gruppe für ihn eine Bedeutung, die sich darin ausdrückt, daß die grundlegende Haltung gegenüber diesen Gruppenmitgliedern die der Hilfe ist.

Eine weitere Überlegung schließt sich daran an: Es gehört zu den beobachtbaren Tatsachen allen gesellschaftlichen Lebens, daß es Augenblicke gibt, in denen der Einzelne sich als vollkommen in Übereinstimmung mit allen anderen Mitgliedern einer Gesellschaft oder Gruppe erlebt. In der Sprache MEAD tritt dabei eine Verschmelzung von *»I«* und *»me«* auf; es kommt zu einer Haltung, in der die bei den anderen hervorgerufene Reaktion mit der Reaktion des Individuums identisch ist. Wir brauchen dabei nur an den Überschwang nationaler, aber auch religiöser Großereignisse zu denken. ÉMILE DURKHEIM[5] hat unabhängig von MEAD ähnliche Phänomene als grundlegend religiös verstanden. Hier berührt sich die MEAD*sche* Analyse ganz eng mit der DURKHEIM*schen*. Beide sehen in dem religiösen Hochgefühl die Krönung oder Vollendung des gesellschaftlichen Prozesses.

Religion ist also nur auf dem Hintergrund der spezifisch menschlichen Sozialisation möglich, die gekennzeichnet ist durch die Internalisierung der Gesten anderer. Selbst die religiösen ›Hochleistungen‹, die dem geübten Beobachter als einsame Leistung religiös besonders begabter Individuen erscheinen, beispielsweise die unbegrenzte Liebe zu aller Kreatur, wäre die Übertragung grundlegender Erfahrungen auf die ganze Welt. In den Worten MEAD*s*: Religion ist universalisiertes Nachbarschaftsgefühl.

II. Internalisierung und Religion in der neueren Religionssoziologie

1. Im Grenzbereich zwischen Religionspsychologie und Religionssoziologie ist es vor allem die Erforschung der *biographischen Lerngeschichte* (M. SCHIBILSKY[6], L. KRAPP-

---

4 V. REYNOLDS, R. E. S. TANNER, The Biology of Religion, 1983.
5 DURKHEIM, Les Formes élémentaires.
6 M. SCHIBILSKI, Religiöse Erfahrung und Interaktion, 1976.

MANN[7], R. DÖBERT[8]), die im Rahmen des Konzepts von → Identität mit den Kategorien von Internalisierung arbeitet. Allerdings steht dabei die Herausbildung von religiös akzentuierter Identität im Vordergrund, während Internalisierung eher implizit durch Anlehnung an die MEAD*sche* Sozialpsychologie eine Rolle spielt.

2. Explizit macht P. L. BERGER[9] von dem Internalisierungsbegriff für die Religionssoziologie Gebrauch. Sowohl in der gemeinsam mit T. LUCKMANN erarbeiteten Wissenssoziologie[10], als auch in seinen danach erschienenen religionssoziologischen Arbeiten entwikkelt er eine Anthropologie, die darauf basiert, daß der Mensch seine Welt und sich selbst in einem permanenten Prozeß von Externalisierung, Objektivierung und Internalisierung errichtet. Ausgehend von dem Umstand, daß der Mensch ständig in Handeln und Sprechen sich »entäußert« (externalisiert) und daß die externalisierten Produkte seines Handelns damit ein Eigenleben gewinnen, das heißt sich objektivieren, zeigt BERGER, daß menschliche Existenz für das Individuum immer bedeutet, daß es sich objektiviertes externalisiertes Handeln anderer Menschen als ihm vorgegebene bedeutsame Sachverhalte aneignen muß. Diesen Prozeß der Aneignung nennt BERGER in Anlehnung an MEAD »Internalisierung«. In der bisherigen Darstellung könnte der Eindruck entstehen, als bezeichne »Internalisierung« bei BERGER einen Vorgang, in dem »Fremdes« angeeignet wird, während der aneignende Mensch gewissermaßen in seinem Kern unberührt außerhalb dieser Aneignung verbleibt. Demgegenüber muß betont werden, daß der Mensch als soziales Wesen überhaupt nur mittels Internalisierung von objektivertem menschlichen Handeln (Sprache und Gestik eingeschlossen) zu seiner Identität als Mensch und damit als Individuum kommt.

Welche Rolle spielt nun Religion in dieser Dynamik? Nach BERGER ist die so gewonnene Welt des Menschen äußerst fragil und ständig vom Zerfall bedroht. Eine der erstesten Gefahren der durch Internalisierung errichteten Welt ist dadurch gegeben, daß der Mensch sie in Frage stellen kann: Die Frage, warum die Welt so sein müsse, ist immer möglich. Antworten auf die Warum-Frage sind → Legitimationen. Nicht alle Legitimationen sind religiöser Natur, aber unbestreitbar haben Religionen bei der Formulierung und Aufrechterhaltung von Legitimationen eine bedeutende Rolle gespielt. Indem religiöse Wirklichkeiten zur Stützung von Welt konstruiert werden, ergibt sich eine neue Externalisierung, die wiederum als objektiviertes Gebilde vom Menschen verinnerlicht und damit angeeignet wird. Der → Mythos ist eine solche religiöse Wirklichkeit, die vor allem dadurch gekennzeichnet ist, daß in ihr Heiliges und Profanes miteinander in Beziehung stehen. Aber auch elaborierte → Theologien als Weiterverarbeitung und Rationalisierung von Mythen haben legitimierende Funktionen. Sie können diese Funktionen jedoch nur erfüllen, wenn sie von den Handelnden als Muster von Welterklärung und Weltdeutung angenommen und organisierender Teil ihres Verhaltens werden. Dieses Annehmen geschieht durch Internalisierung. Man kann formulieren, daß Religion in bezug auf den Einzelnen nichts anderes sei als internalisierte religiöse Legitimierungen von sozialen Welten.

---

[7] KRAPPMANN, Soziologische Dimensionen der Identität.
[8] DÖBERT, Systemtheorie.
[9] s. Anm. 3.
[10] s. Anm. 3.

3. In diesem Ansatz ist die Relevanz der → *Sozialisation* für die Übernahme von religiösen Legitimierungen schon angesprochen. Neuere Forschungen (L. VASKOVICS)[11] haben deutlich gezeigt, daß das Akzeptieren religiöser Verhaltensnormen direkt von der jeweiligen Sozialisationserfahrung abhängig ist. Einer solchen Auffassung widerspricht scheinbar die von dem bekannten amerikanischen Psychologen G. W. ALLPORT getroffene Unterscheidung zwischen *extrinsischer* und *intrinsischer Religiosität.*[12] Erstere könnte so verstanden werden, als bestünde sie ausschließlich aus äußerlich angelernter → Konformität, während die zweite die Integration von Religion in die Persönlichkeit des religiösen Menschen bedeute. Dazu ist zu sagen, daß auch intrinsische Religiosität erlernte Religiosität ist und damit auf Internalisierung von objektivierter Religion beruht. Der Unterschied liegt lediglich in der Frage, ob die internalisierte Religion in die Persönlichkeit des Menschen integriert ist oder ob Religion mediatisiert wird, das heißt zum Mittel für außerreligiöse Zwecke wird. Nur anmerkungsweise sei darauf hingewiesen, daß die berühmt gewordene ALLPORT*sche* Unterscheidung als religionshistorischen Hintergrund die Differenzierung von Motivation und Handeln hat, wie sie nur für einige Religionen überhaupt tragend geworden ist. Diese Limitierung des Anwendungsbereiches des Begriffs Internalisierung im religiösen Zusammenhang ist deshalb bedeutsam, weil sie darauf hinweist, daß Religion, obwohl immer erlernt, nicht notwendigerweise in die Person des Individuums integriert werden muß. Vielmehr sind weite Bereiche der Religionsausübung denkbar, die nie den Kern der Identität des Religion Ausübenden erreichen, ja wo dieses nicht einmal intendiert ist.

Literatur

ALLPORT, G. W., The Individual and His Religion, 1950; BERGER, P. L., LUCKMANN, T., The Social Construction of Reality, 1969; DÖBERT, R., Systemtheorie und die Entwicklung religiöser Deutungssysteme, 1973; DURKHEIM, É., Les Formes élémentaires de la vie religieuse, 1912, dt. Übers. (mit zahlreichen Fehlern) 1981; FREUD, S., Die Zukunft einer Illusion (1927), in: Ges. Werke XIV; KRAPPMANN, L., Soziologische Dimensionen der Identität, 1971.

Günter Kehrer

→ *Identität, Integration, Interaktion, Kommunikation, Konformität, Sozialisation*

[11] L. VASKOVICS, Religion und Familie – Soziologische Problemstellung und Hypothesen, in: J. WÖSSNER (Hrsg.), Religion im Umbruch, 1972, 328–352.

[12] ALLPORT, The Individual and His Religion; ders., J. M. ROSS, Personal Religious Orientation and Prejudice, in: Journal of Personality and Social Psychology 5 (1967) 432f.

Interpretationsmodelle

A Begriffsbestimmung B Systematik I. ›Einfache‹ Modelle 1. Soziomorphe Modellvorstellungen 2. Biomorphe Modellvorstellungen 3. Intentionale Modelle II. Technomorphe Modellvorstellungen 1. Produktionsmodelle 2. Kompositions-Dekompositions-Modelle III. Emanation und Erfüllung C Komplexe Modelle und Gesamtschemata

A Begriffsbestimmung

Als Interpretationsmodelle sollen Vorstellungskomplexe und Modellvorstellungen bezeichnet werden, die eine Selektion von Daten und ihre Verknüpfung nach plausiblen Schemata ermöglichen. Die Modellvorstellungen können sowohl von ›Alltagserfahrungen‹ ausgehen[1] (Sozialbeziehungen in einer Familie; Planung und Bau eines Hauses; aber auch ›Spiel‹), wie aktuelle Paradigmata der modernen Naturwissenschaften aufgreifen (Hologramm[2]). Aus der Sicht des fremden Betrachters sind Interpretationsmodelle im allgemeinen durch Analogieverbindungen[3] oder durch Metaphernkomplexe gebildet[4], die freilich vom ›Benutzer‹, vom jeweiligen religiösen Subjekt, als ›eigentliches Sprechen‹[5] verstanden werden. Der Begriff der Modellvorstellung ist nach H. GOMPERZ, der die Verbindung zu erkenntnisleitenden Analogien in den Vordergrund stellte[6], mit ideologiekritischer Aufgabenstellung vor allem von E. TOPITSCH verwendet worden.[7] Behandelt werden sollen hier Interpretationsmodelle auf einer ›Objektebene‹[8]; wissenschaftliche Interpretationsmodelle bleiben also weitgehend ausgeschlossen, obwohl in

---

[1] Zum ›Aufbau der Erfahrungswelt und ihre[r] Ordnung unter Schemata‹ sowie den ›Schemata der Erfahrung als Deutungsschemata‹ allgemein SCHÜTZ, Der sinnhafte Aufbau der sozialen Welt, 105–115; Fortführung bei MÖRTH, Lebenswelt und religiöse Sinnstiftung.

[2] WILBER (Hrsg.), Das holographische Weltbild.

[3] Zur Strategie von Modellen und Analogien HESSE, Models and Analogies in Science, 8ff. und 63ff. Die Bedeutung von Analogien im Kontext von Denkmustern *(thought patterns)* hat als erster GOMPERZ, Problems and Methods of Early Greek Science, typisiert. Die *thought patterns* von GOMPERZ ähneln denen von E. TOPITSCH (s. unten Anm. 7) weitgehend.

[4] Zur Erkenntnisfunktion der Metapher M. B. HESSE, The Explanatory Function of Metaphor, in: dies., Models and Analogies in Science, 157–177 und BREMER, Aristoteles, Empedokles und die Erkenntnisleistung der Metapher.

[5] Zum Übergangsfeld zwischen Allegorese, Symbol und Realidentität → Allegorese/Allegorie.

[6] GOMPERZ, Problems and Methods of Early Greek Science.

[7] E. TOPITSCH, Vom Ursprung und Ende der Metaphysik (1958), 1972; ders., Erkenntnis und Illusion. Grundstrukturen unserer Weltauffassung, 1979; ders., Sprachlogische Probleme der sozialwissenschaftlichen Theoriebildung, in: ders. (Hrsg.), Logik der Sozialwissenschaften, [11]1980, 15–36. Zur Einordnung von TOPITSCHs Ansatz: PAYER, Zur Strukturanalyse von Weltanschauungen.

[8] Das heißt, daß Interpretationsmodelle ihrerseits eine Metaebene darstellen können, bleibt (zunächst) ausgeschlossen. Zur Frage, ob der ›Benutzer‹ eines Interpretationsmodells dieses als eine Metaebene verstehen kann, s. das Folgende.

diesen Fällen die Grenzen zwischen den konkurrierenden Metaebenen[9] besonders unscharf sind.

B Systematik

I. ›Einfache‹ Modelle

1. Soziomorphe Modellvorstellungen

Ausgangspunkt und Grundmuster der Praxis, »die Dinge und Vorgänge der täglichen Lebenswirklichkeit als Modellvorstellungen für das Weltverständnis«[10] zu wählen, ist das soziomorphe Deutungsmuster: Sozialbeziehungen werden als Modell für eine Deutung nicht-sozialer Verhältnisse herangezogen; die weiteste Extension dieses Ansatzes deutet die Welt in ihrer Gesamtheit als ein soziales Rollenspiel. Besonders folgenreich sind Deutungsmuster, die ihre Plausibilität aus höchst konkreten, emotional besetzten sozialen Erfahrungen ziehen und Gegenseitigkeitsbeziehungen wie soziale Verpflichtung, Liebe und Rache zu einem Grundschema von Welt erheben.[11] Eine Gesamtdeutung der Welt aus Austausch- oder Rechtsbeziehung hat bereits programmatisch ANAXIMANDER vorgestellt[12]; schon vor ihm hatten mythische Modelle die Welt als Ergebnis eines Zusammenwirkens oder von Konflikten der Götter ›erklärt‹.[13] Die Gegenseitigkeitsbeziehungen von Göttern auf familialer Ebene auf der einen Seite, und hierarchisierte und politisierte Relationen von Göttern untereinander und gegenüber der Welt auf der anderen Seite, geben den äußeren Rahmen für Deutungen von Institutionen, ›Geschichte‹ und ›Welt‹ ab. Herrschaft von Göttern über andere Götter und Befehle von Göttern an ›Einzeldinge‹ oder Menschen charakterisieren die Deutungspotentiale insbesondere polytheistischer Religionen. Das soziomorphe Deutungsschema gipfelt in der Konzeption eines polytheistischen Pantheons mit einer voll ausgebildeten Mythologie. Eine Deutung von Welt als »vergesellschaftetes Persönlichkeitssystem« (K. EDER[14])

---

[9] Zu diesem Problembereich grundsätzlich STACHOWIAK, Erkenntnis in Modellen. Die zentrale These, auch für den Bereich von ›Wissenschaft‹, ist: »Das Modellkonzept der Erkenntnis greift den Abbildgedanken der klassischen Erkenntnistheorie auf, relativiert ihn jedoch im Sinne des pragmatischen Entschlusses. Hiernach ist alle Erkenntnis *Erkenntnis in Modellen* oder *durch Modelle,* und jegliche menschliche Weltbegegnung überhaupt bedarf des Mediums ›Modell‹: indem sie auf das – passive oder aktive – Erfassen von etwas aus ist, vollzieht sie sich relativ zu bestimmten Subjekten, ferner selektiv – intentional selektierend und zentrierend – und in je zeitlicher Begrenzung ihres Original-Bezuges.« (a.a.O., 56). Umfassende Aufarbeitung des Bereichs bei STACHOWIAK, Allgemeine Modelltheorie.

[10] TOPITSCH, Ursprung und Ende der Metaphysik, 10. Gute Zusammenstellung der verschiedenen Ansätze bei PAYER, Zur Strukturanalyse von Weltanschauungen, 51ff.; ›The Anthropomorphic World of Words‹ behandeln SPRADLIN, PORTERFIELD, The Search for Certainty, 21ff.

[11] Für Rache/Vergeltung vorgeführt von KELSEN, Vergeltung und Kausalität.

[12] Dazu H. FRÄNKEL, Wege und Formen frühgriechischen Denkens, ²1960, 186–197.

[13] Allgemein hierzu H. G. KIPPENBERG (Hrsg.), Struggles of Gods (Religion and Reason 31), 1984; zur grundsätzlichen Bedeutung von Antagonismen in der Götterwelt die Beiträge in: Saeculum 34 (1983), H. 3–4, 225–382.

[14] K. EDER, Die Reorganisation der Legitimationsformen in Klassengesellschaften, in: ders. (Hrsg.), Die Entstehung von Klassengesellschaften, 1973, 288–299.

bindet über die Komplexität der Deutungssysteme ›Welt‹deutung an bestimmte gesellschaftliche Entwicklungen[15] wie Herrschaft, Hierarchien, staatliche Organisation, Delegation von Kompetenz unter Vorbehalt. Der ›Befehl‹ von Göttern an andere Götter, an die Menschen oder gegenüber Teilen der ›Welt‹ gewinnt unter diesen Rahmenbedingungen die Plausibilität, die ihn zu einem Modus von Schöpfung oder einem Motiv komplexer Prozesse machen kann.

Die ›Risiken‹ von Sozialbeziehungen (Mißverständnisse, Scheitern der Kommunikation, Feindschaft) können zum Bezugspunkt von Postulaten in nicht-sozialen Verbindungen werden: Wohlverhalten, Äquivalenzregeln, Formerfordernisse[16] gehen in die Konstitutionsbedingungen einer größeren Organisationsform ein und erhalten von dort ihre funktionale, intentionale oder moralische Deutung oder Wertung.[17] Eine ideologiekritische Analyse von Interpretationsmodellen dieses Typs hat auf die Rückanwendung vor allem politischer Modelle hingewiesen[18]: Die Deutung des Verhältnisses der Gestirne zueinander als Hierarchie, mit der Sonne als Zentralherrscher, legitimiert beispielsweise in einer Retrojektion Hierarchien auf der Erde[19], bis hin zu einem ›Sonnenkönigtum‹ absolutistischer Regime.

2. Biomorphe Modellvorstellungen

Biomorphe Modellvorstellungen, mit den soziomorphen auf das engste verbunden, sind zunächst einmal dadurch charakterisiert, daß biologische Prozesse als Modell für die Deutung nicht-biologischer Vorgänge herangezogen werden: Die Welt oder Teile von ihr sollen durch Zeugung und Gebären, Aussamen und Sprossen, durch Wachsen, Reifen, Altern und Vergehen entstanden sein. Wenn beispielsweise Götter und Teile von Welt als identisch angesehen werden, bedeutet eine Fortpflanzung der Götter in einem biomorphen Schema auch eine Ausgestaltung der Welt: In der ägyptischen heliopolitanischen Weltschöpfungslehre[20] erzeugt der Urgott Atum aus sich heraus Luft und Feuchte (Schu und Tefnut), aus der Verbindung von Himmelsgott und Erdgöttin entsteht bei Hesiod der Okeanos[21], nach der Snorra Edda wachsen aus den Gliedmaßen Ymirs Riesen hervor. Die weiteste Extension dieses Modells versteht die Welt in ihrer Gesamtheit als Lebewesen, als einen Organismus[22], also nicht nur Organismen als Teile von ihr oder in ihr.

---

[15] Die Korrelationen von gesellschaftlichen Verhältnissen und Präferenzen von Deutungsschemata betont R. Döbert, Zur Logik des Übergangs von archaischen zu hochkulturellen Religionssystemen, in: K. Eder (Hrsg.), Die Entstehung von Klassengesellschaften, 330–363. Zur Ausweitung des Vorgangs auf ›symbolische Sinnwelten‹ Berger, Luckmann, Die gesellschaftliche Konstruktion der Wirklichkeit.

[16] Mit weitreichenden Schlüssen vorgeführt bei Kelsen, Vergeltung und Kausalität.

[17] Die (griechische) Stadt als Bezugsrahmen wählt Lenk, Praxeomorphe und poleomorphe Projektionen, und spricht dann von poleomorphen Vorstellungen.

[18] Topitsch, Vom Ursprung und Ende der Metaphysik.

[19] Ebd., 58 ff.

[20] Pyramidentexte 1248 a/d; Übersetzung bei H. Kees, Götterglaube im alten Ägypten, ²1956, 24.

[21] Hesiod, Theogonie V. 133.

[22] Am differenziertesten bei den Jainas, s. etwa H. Zimmer, Die indische Weltmutter, 1980. Ein Grenzfall der weiteren Entwicklung dieses Modells ist im Pantheismus zu sehen: In der europäischen Tradition ist hier üblicherweise die Personalität des Gottes aufgegeben, → Pantheismus.

Die Konsequenzen dieses vielfach aktualisierten Modells liegen auf der Ebene von ›organologischen‹ oder Systembeziehungen. Wenn die Welt als Körper, als strukturierte Einheit oder System gedeutet wird, haben Eingriffe und Übergriffe auf Teile von ihr Konsequenzen für die Gesamtheit. Daraus resultiert eine bestimmte Deutung des Verhältnisses von Teil und Ganzem: *sympátheia*[23] oder, modern gesprochen, ›Vernetzung‹ sind die Schlagwörter von Konzeptionen, die grundsätzlich »alle mit allem« verbunden sein lassen. Ein kleines, selbst ein unentdecktes Vergehen kann dann den Bestand der ganzen Stadt, ja der ›Welt‹ bedrohen[24], der Flügelschlag eines Schmetterlings kann den Prozeß ›Welt‹ in eine andere Richtung lenken.[25]
Zu den elementaren biologischen Modellen gehören auch Vorstellungen, nach denen ein göttliches Wesen ein anderes in sich aufnimmt, es verzehrt, es herunterschluckt oder sich einverleibt.[26] Für den einfachen – aber reversiblen – Vorgang des ›Auffressens‹ ist die nordgermanische mythische Deutung der Mondphasen oder Mondfinsternisse als ein jeweiliges Verschlungenwerden des Mondes durch den Fenriswolf ein einschlägiger Beleg. Komplizierter ist der Prozeß des Sich-Einverleibens – und seine Konsequenzen – beim Verschlingen der Metis durch Zeus: Dadurch, daß Zeus die Göttin Metis leibhaftig auffrißt[27], beseitigt er nicht nur eine Gefährdung seiner Herrschaft, sondern gewinnt auch Metis' charakteristische Eigenschaften, Weisheit und Vorausblick.
Genetische und evolutionistische Schemata der modernen Wissenschaften, die einen bestimmten Zustand durch die Entwicklung zu ihm hin ›erklären‹, sind nach dem Vorgang der Alchemie diesem ›mythischen Schema‹ gleichfalls verpflichtet[28], unterscheiden sich aber von einem soziomorphen Modell im weiteren Sinne dadurch, daß die Spannweite der Übertragung auf ›Verbindungen‹ und ihr Gegenteil reduziert ist.

3. Intentionale Modelle

Auf der Grenze zwischen soziomorphen und biomorphen Modellen stehen die intentionalen Modelle, jene Modelle also, die Handlungen und ihre Zielvorstellungen zur Deutung von Vorgängen und ihren Ergebnissen heranziehen. In einem möglicherweise

---

23 Für die Stoa K. Reinhardt, Kosmos und Sympathie, 1926.

24 Diese Deutungspraxis läßt sich sehr gut mit juristischen Modellen verbinden und sieht Vergehen im Kleinen durch Anomalien im Großen beantwortet, vgl. W. Speyer, Religiös-sittliches und frevelhaftes Verhalten in seiner Auswirkung auf die Naturgewalten, in: JbAC 22 (1979) 30–39.

25 Oder der Aufstieg eines Menschen auf das *Empire State Building* die Umdrehungsgeschwindigkeit der Erde verlangsamen; bei R. Ruyer, Jenseits der Erkenntnis, 1977, 22f., zugleich als Meditationspraxis gedacht. Zu ›chaotischen Grenzbedingungen‹ und der Entstehung des Universums St. W. Hawking, Eine kurze Geschichte der Zeit, 1989, 136ff.

26 Auf der Grenze der Vorstellungen liegt es, wenn in Hesiods *»Theogonie«* (V. 154ff.) Uranos die eben geborenen Kinder in die Erde zurückstößt: Die Götter bleiben bis zu ihrer Befreiung durch Kronos *in* der Göttin Gaia. Zum Verhältnis von Potentialität und Aktualität in solchen mythischen Reflexionen B. Gladigow, Der Sinn der Götter, in: P. Eicher (Hrsg.), Gottesvorstellung und Gesellschaftsentwicklung, 1979, 52ff.

27 Hesiod, Theogonie, 358. 886ff.

28 P. Philippson, Genealogie als mythische Form (1936), in: E. Heitsch (Hrsg.), Hesiod, 1966, 651–687. Allgemein K. Hübner, Mythische und wissenschaftliche Denkformen, 75–92.

durch die Struktur des Zentralnervensystems nahegelegten Projektionsvorgang[29] wird nichtbelebten Dingen ein Wollen, Wünschen, eine korrespondierende Emotionalität und sogar zielgerichtetes Handeln unterstellt. Unter den Schlagworten von → ›Naturmythologie‹ und → ›Animismus‹ haben die religionswissenschaftlichen Theorien des 19. Jahrhunderts solche Vorstellungen in aller Breite behandelt, sie freilich vor allem im Blick auf heute überholte Ursprungstheorien ausgewertet. Außerhalb der engeren religionswissenschaftlichen Diskussion wird der erwähnte Vorgang weiterhin als ›animistische Projektion‹ und der ›Alte Bund‹ zwischen Mensch und Natur angesprochen.[30]

II. Technomorphe Modellvorstellungen

1. Produktionsmodelle

Eine weitere Gruppe von Modellvorstellungen läßt sich durch technische Handlungen und ihre Ziele charakterisieren.[31] Es sind dies Modellvorstellungen, die bestimmte Erscheinungen als ein Herstellen, Bilden, Schaffen beschreiben oder als das Ergebnis eines solchen Herstellungsprozesses: Wenn Marduk im sumerischen Mythos die Urgöttin Tiamat zu Himmelsgewölbe und Erde ›zerteilt‹, orientiert sich dieser Himmel-Erde-Trennungs-Mythos[32] an dem einfachen technischen Vorgang, daß durch das Zerteilen und Öffnen einer Frucht oder eines Gegenstands ›Material‹ gewonnen und ›Raum‹ geschaffen wird. Der ägyptische Gott Chnum erschafft die Menschen auf einer Töpferscheibe[33], der griechische Zeus ›webt‹ Erde und Meer in ein Hochzeitsgewand[34], die Kyklopen ›schmieden‹ die Blitze. Auf der menschlichen Ebene läßt sich das Herstellen nach einem Vorbild - je nach Spannweite des Bezugs – als ›Nachahmen‹, ›Wiederholen‹, ›Nachschöpfen‹ oder ›Aktualisieren‹ deuten.[35] Wenn die Welt als Zelt, Haus oder

---

[29] Vgl. MONOD, Zufall und Notwendigkeit, 43: »Die wesentliche Maßnahme des Animismus – so wie ich ihn hier definieren will – besteht darin, daß er das Bewußtsein, welches der Mensch von der stark teleonomischen Wirkungsweise des eigenen Zentralnervensystems hat, in die unbeseelte Natur projiziert. Das ist, mit anderen Worten, die Hypothese, daß die Naturerscheinungen entschieden in der gleichen Weise, durch die gleichen ›Gesetze‹ erklärt werden können und müssen wie das bewußte, absichtsvolle, subjektive Handeln des Menschen.«

[30] MONOD, Zufall und Notwendigkeit, 42ff.

[31] Hier gibt es Überlagerungen mit soziomorphen und intentionalen Modellen; aus diesem Grunde hat LENK, Praxeomorphe und poleomorphe Projektionen, als neue Klasse die »praxeomorphen Projektionen« vorgeschlagen, die nicht das Herstellen von etwas zum Modell haben, sondern im aristotelischen Sinne »handelnde Tätigkeiten, bei denen sich das Ziel im Tätigsein selber verwirklicht *(enérgeia)*« (S. 42).

[32] Zu den HET-Mythen vor allem W. STAUDACHER, Die Trennung von Himmel und Erde, Diss. Tübingen 1942; ferner M.K. WAKEMAN, God's Battle with the Monster. A Study in Biblical Imagery, 1973.

[33] Weitere Beispiele → Anthropogonie/Kosmogonie.

[34] PHEREKYDES fr. 2 D.-K.; reiches Material zu diesen Vorstellungskomplexen bei EISLER, Weltenmantel und Himmelszelt.

[35] Im Blick auf die ›göttlichen Vorbilder der Rituale‹ stark betont bei M. ELIADE, Kosmos und Geschichte, 1966. Zur Geschichte des Topos H. BLUMENBERG, »Nachahmung der Natur«, in: Studium Generale 10 (1957) 266–283; die Verbindung mit platonischen Schemata zeigt gut B. SCHWEITZER, Der Bildende Künstler und der Begriff des Künstlerischen in der Antike, in: ders., Zur Kunst der Antike 1 (1963) 11–104.

Bauwerk und schließlich als Mechanismus und Uhrwerk beschrieben und gedeutet wird, sind damit jeweils bestimmte Implikationen verbunden: Der Himmel, der als Dach verstanden ist, muß entsprechend gestützt werden, durch einen Gott oder durch Säulen an den Welt-Enden; eine nach begrenzten technischen Schemata erschaffene Welt kann natürlich funktionslos werden, ›zerfallen‹ oder untergehen. Wenn die Welt als ein Uhrwerk[36] gesehen wird, kann sie als Beweis für die Existenz eines göttlichen Uhrmachers dienen; die Welt als Maschine, als *machina mundi* »verständlich erklärt«, führt bei CHRISTIAN WOLFF[37] auf die Weisheit Gottes.

2. Kompositions-Dekompositions-Modelle

Von besonderer systematischer Bedeutung sind Modellvorstellungen, die von der technischen Herstellung eines Wesens (oder der Welt) durch ein Zusammenfügen *heterogener* Elemente ausgehen. Wenn ein Mensch dadurch geschaffen wird, daß einerseits ein Körper hergestellt wird und andererseits sein Leben eingehaucht, durch »Mundöffnung« hervorgerufen oder durch Beseelung erhöht wird, sind hier Grundmodelle einer pluralistischen Anthropologie in einen Herstellungsvorgang hinein verlagert. Die Pandora der HESIOD*ischen »Erga«* liefert das wahrscheinlich komplizierteste Beispiel hierfür: Nachdem Hephaistos sie als erste Frau aus Erde gemacht hat, wird sie von mindestens fünf weiteren Göttern bzw. Göttergruppen ›ausgestattet‹.[38] Eine Tendenz, höchst unterschiedliche Elemente in dem Menschen zu verbinden, kann sich wirkungsvoll zu einem dualistischen Modell verdichten. Das ›Wesen‹ des Menschen – oder der Welt – liegt dann in einem dualen Muster begründet, das alle jene unterschiedlichen Klassifikationen nach sich ziehen kann, die ›puritanistische‹ Schemata produzieren (→ Dualismus).

Eine der weiteren Konsequenzen der Kompositions- und Dekompositions-Modelle[39] steht in der Folge der unterschiedlichen Wertigkeit der Teile, aus denen etwas zusammengesetzt ist: Wenn der empirische Mensch aus Seele und Körper besteht, die Seele aber von Körper ›befleckt‹ wird, kann der Vorgang der Trennung der Teile voneinander als ein Scheidevorgang gedeutet werden, der Wertvolles von weniger Wertvollem trennt. Katharsis, Lösung und Erlösung sind die Zielvorstellungen[40], die in der Konsequenz

[36] Allgemein hierzu E. J. DIJKSTERHUIS, Die Mechanisierung des Weltbildes, 1956; FREUDENTHAL, Atom und Individuum im Zeitalter Newtons, 1982.

[37] CHR. WOLFF, Vernünftige Gedanken von Gott, der Welt und der Seele des Menschen, 1719, XX: »Demnach sind die Welt und alles, was darinnen ist, Gottes Mittel, dadurch er seine Absichten ausführt, weil sie Maschinen sind. ... Wer demnach alles in der Welt verständlich erklärt, wie man dies bei Maschinen zu tun pflegt, der führet auf die Weisheit Gottes.«; zum Maschinenmodell PHILIPP, Das Werden der Aufklärung in theologiegeschichtlicher Sicht, 128 ff.

[38] HESIOD, Erga 59 ff. Pandora bekommt von Hephaistos noch Stimme und Kraft, von Athena die Kleidung und die Fertigkeiten, von Aphrodite den Liebreiz, von den Chariten den Schmuck, schließlich von Hermes den trügerischen Sinn – Teil der ›Bestrafung‹ der Männer/Menschen.

[39] Für den frühen europäischen Bereich umfassend aufgearbeitet bei SCHWABE, ›Mischung‹ und ›Element‹.

[40] Als dritte große Modellvorstellung hat E. TOPITSCH den ekstatisch-kathartischen Komplex bezeichnet, der mit der Ablösbarkeit der Seele vom Körper ihre Möglichkeit postuliert, sich dem »Druck der Realität« (FREUD) zu entziehen; vgl. TOPITSCH, Seelenglaube und Selbstinterpretation.

derartiger Kompositions-Modelle erstrebte Endzustände[41] beschreiben und in ihrer (metaphorischen) Verwendung dann Orientierungsmuster für religiöses Handeln vorgeben.

Vergleichbare Muster einer ›technischen und materiellen Komposition‹ gehen häufig Verbindungen mit dem ›Innen-Außen-Schema‹[42] ein, derart, daß dem Hinzugetanen und dem ›Innen‹ die Konnotation des Wesentlichen und Bleibenden zugesprochen wird. Der Vergleich des Sokrates mit einer Silenfigur, die nach dem Öffnen allerlei goldene Götterstatuetten in sich trägt[43], hat eine der Modellvorstellungen vom Innen des Menschen[44] als dem – gegebenenfalls verkannten – bestimmenden Wesens›kern‹ abgegeben.

Unter anderen, nicht-dualistischen Rahmenbedingungen kann freilich das Zerteilen als technischer Vorgang (und seine Umkehrung) auch andere Modellvorstellungen evozieren. Das gilt mit Modifikationen schon für die Vorstellung von der Zerstückelung des Osiris im ägyptischen Vorstellungsbereich. Einerseits bietet dieses Mythologem die Möglichkeit, verschiedene Teile des Landes im Osiris-Kult zu verbinden, andererseits liefert der zum Zerstückeln komplementäre Akt des Wiederzusammenfügens Modelle (und Hoffnungen) für eine Existenz nach dem Tode.[45] Eine ausschließlich negative Wertung eines Zerteilens als Verlust einer anfänglichen Einheit und Vollkommenheit ist demgegenüber relativ selten und nur über den platonisch-aristophanischen Mythos von ursprünglich einheitlichen ›Kugelmenschen‹[46] zu einer gewissen Bedeutung gelangt.

III. Emanation und Erfüllung

Auf der Grenze zwischen biomorphen und technomorphen Modellvorstellungen liegen Schemata, die ein Hervorgehen, Aus-sich-Entlassen, Emanieren, *prohèdros* und *processus*[47] zum Hintergrund haben. Wegen ihrer Kombinationsfähigkeit mit anderen Schemata, vor allem aber wegen ihrer Tendenz zu einer materialen Logik sind sie von erheblicher Bedeutung. Fülle und Leere, Kenosis und Plerosis stellen eine weitere Applikation und Steigerung des Kompositionsparadigmas[48] dar.

---

41 Im Blick auf ›klassifikatorische Eindeutigkeit‹ angesprochen von M. DOUGLAS, Reinheit und Gefährdung, 1988. Zur Vielschichtigkeit des Erlösungsbegriffs → Erlösungsreligion.

42 Kurz angesprochen bei DUX, Logik der Weltbilder, 30. In einem weiteren Rahmen wird dieses Schema jetzt in den Beiträgen zu A. ASSMANN, TH. SUNDERMEIER (Hrsg.), Innen und Außen. Zur Konstitution und Kontinuation von Identität (im Druck) vorgestellt.

43 PLATON, Symposion 221 d–e.

44 Dazu B. GLADIGOW, ›Tiefe der Seele‹ und ›inner space‹. Zur Geschichte eines Topos von Heraklit bis zur Science Fiction, in: A. ASSMANN, TH. SUNDERMEIER (Hrsg.), Innen und Außen (im Druck).

45 Zum Grundmuster A. HERRMANN, Zergliedern und Zusammenfügen. Religionsgeschichtliches zur Mumifizierung, in: Numen 3 (1956) 81–96. Zu den ›sterbenden und wiederauferstehenden Göttern‹ → Gottesvorstellungen; zu den Bedingungen von Weiterexistenz → postmortale Existenz.

46 PLATON, Symposion 190 d ff.

47 H. DÖRRIE, Emanantion – ein unphilosophisches Wort im spätantiken Denken, in: Parusia. Festschrift J. HIRSCHBERGER, 1965, 119–141; vgl. ferner R. KONETZKE, Der Entwicklungsgedanke in den Naturwissenschaften des 20. Jahrhunderts, in: Historische Zeitschrift 223 (1976) 265–327.

48 Zur Herleitung aus einem biomorphen Grundmuster G. J. BAUDY, Metaphorik der Erfüllung, in: Archiv für Begriffsgeschichte, 25 (1981) 7–69; zur Ausweitung A. O. LOVEJOY, The Great Chain of Being, 1960.

Im Rahmen zweier unterschiedlicher Schemata anzusiedelnde Deutungsmuster ziehen ihr Potential gern aus Inversionen oder Paradoxien: Eine ›verkehrte Welt‹ kann im Rahmen eschatologischer Entwürfe eine Bedrohung der gegenwärtigen Ordnung und die ›richtige Welt‹[49] sein, die unsichtbare Ordnung kann als die stärkere bezeichnet werden[50], im Kleinsten kann sich das Größte zeigen.[51]

C Komplexe Modelle und Gesamtschemata

Komplexe Interpretationsmodelle sind dadurch charakterisiert, daß sie geeignet sind, eine große Zahl von Einzelkomponenten, Motiven, Handlungs- oder Geschehensabläufen zu umfassen und zu strukturieren. Vor allem übergreifende intentionale Modelle liefern in der Form von Plänen der Götter für die Welt oder für die Menschen derartige weitreichende Darstellungsmuster: Im akkadischen Atrahasis-Mythos[52] beispielsweise wollen die Götter die Menschen in mehreren Anläufen (wieder) vernichten – Vorläufer apokalyptischer Epochengliederungen[53] –, die *Dios boule* vom Anfang der Ilias[54] stellt alle Einzelereignisse des Trojanischen Krieges unter den bestimmenden Willen des Zeus. Errichtung einer gerechten Weltordnung, Wiederherstellung der Ordnung, Erhaltung der Welt gegen das Chaos sind die wohl umfassendsten religiösen Deutungsschemata, die den Generalschlüssel für eine fast beliebig auszuweitende Menge von Einzelmotiven abgeben.

Programmatisch gegen solche intentionalen Universalmodelle sind »mechanomorphe« und »automatomorphe Projektionen« (H. LENK[55]) gerichtet, also Anwendungen von Maschinen- und Automaten-Modellen auf die Deutung von Welt und Leben. In der Tradition des antiken Atomismus haben sie zunächst aufklärerische Funktionen (*e tenebris tantis tam clarum extollere lumen*[56]), geraten aber mit ihrer Perfektionierung in

---

[13] S. LURIA, Die Ersten werden die Letzten sein. Zur »sozialen Revolution« im Altertum, in: Klio 22 (1929) 406–431. Anwendungen des Motivs der Verkehrung auf den verschiedensten interpretatorischen Ebenen und mit unterschiedlichen argumentativen Strategien behandeln C.-N. EDSMAN, Arbor inversa: Heiland, Welt und Mensch als Himmelspflanzen, in: Festschrift BAETKE, 1960, 85–109; H. KENNER, Das Phänomen der verkehrten Welt in der griechisch-römischen Antike, 1970; CHR. AUFFARTH, Der drohende Untergang. »Schöpfung« in Mythos und Ritual im Alten Orient und in Griechenland (RGVV 39), 1991, 1 ff.

[50] HERAKLIT fr. 544 D.-K. Zum Gesamtschema B. GLADIGOW, »Das Paradox macht Sinn«. Sinnkonstitution durch Paradoxien in der griechischen Antike, in: R. HAGENBÜCHLE, P. GEYER (Hrsg.), Das Paradox. Historisch-systematische Untersuchungen zu einer Stil- und Denkform, 195–208.

[51] An Beispielen des 18. Jahrhunderts vorgestellt von S. STEBBINS, Maxima in minimis. Zum Empirie- und Autoritätsverständnis in der physiko-theologischen Literatur der Frühaufklärung (Mikrokosmos 8), 1980.

[52] W. G. LAMBERT, A. R. MILLARD, Atrahasis. The Babylonian Story of the Flood, 1969.

[53] Zum Gesamtschema ›Apokalyptik‹ vgl. die Beiträge bei D. HELLHOLM (Hrsg.), Apocalypticism in the Mediterranean World, ²1988.

[54] HOMER, Ilias 1,5 ff. Umstritten ist, ob »der Plan des Zeus, der sich erfüllt« jener der Kyprien ist, die Erde von den Menschen zu entlasten, oder jener, den er Ilias 1,523 ff. zum Nachteil der Achäer faßt.

[55] Dazu LENK, Praxeomorphe und poleomorphe Projektionen, 47 ff.

[56] LUKREZ, De rerum natura 3,1.

das Fahrwasser deterministischer Konstrukte. Die Geschichte der europäischen Naturwissenschaften ist durch die Anwendung solcher Modelle und den sukzessiven Ausschluß teleologischer Modelle[57] charakterisierbar. Neuere Modelle, wie Autopoiese, Selbstorganisation[58], Selbsttranszendenz versuchen die Dilemmata vorangegangener Entwürfe zu überwinden.
Gesamtschemata von Interpretationen sind vorzugsweise durch grundsätzliche, alternative Optionen bedingt: Determinismus versus Indeterminismus oder Ordnung gegen Chaos, Negentropie gegen Entropie erzeugen je nach Akzentuierung ›optimistische‹ und verpflichtende oder ›pessimistische‹ und weltabgewandte Weltbilder.[59] Dazwischen stehen die Aktualisierungen der alten Spiel-Modelle in moderne Fragestellungen hinein[60]: Die ›fatale parenklisis‹ EPIKURS[61] wie ›Shivas Tanz‹[62] erlauben, ein Tertium zwischen Zufall und Notwendigkeit zu konzipieren.

Literatur

BALDRY, H. C., Embryological Analogies in Pre-Socratic Cosmogony, in: Classical Quarterly 26 (1932) 27–34; BERGER, P. L., LUCKMANN, TH., Die gesellschaftliche Konstruktion der Wirklichkeit, 1977; BREMER, D., Aristoteles, Empedokles und die Erkenntnisleistung der Metapher, in: Poetica 12 (1980) 350–376; Die Welt der Entsprechungen, Eranos Jahrbuch 42 (1973); DUX, G., Die Logik der Weltbilder, 1982; EISLER, R., Weltenmantel und Himmelszelt, 1910; FREUDENTHAL, G., Atom und Individuum. Zur Genese der mechanistischen Natur- und Sozialphilosophie, 1982; GLUCKMAN, M., DEVONS, E. (Hrsg.), Closed Systems and Open Minds, 1964; GOMPERZ, H., Problems and Methods of Early Greek Science, in: Journal of the History of Ideas 4 (1943) 161–176; HERTZ, R., Death and the Right Hand, 1960; HESKE, F., JORDAN, P., MEYER-ABICH, A., Organik. Beiträge zur Kultur unserer Zeit, 1954; HESSE, M. B., Models and Analogies in Science, 1963; HORTON, R., FINNEGAN, R. (Hrsg.), Modes of Thought, 1973; HÜBNER, K., Mythische und wissenschaftliche Denkformen, in: H. POSER (Hrsg.), Philosophie und Mythos, 1979, 75–92; KELSEN, H., Vergeltung und Kausalität (1943), 1946; LEISEGANG, H., Denkformen, 1951; LENK, H., Praxeomorphe und poleomorphe Projektionen. Ergänzendes zu Topitschs weltanschauungsanalytischen Deutungsmodellen, in: K. SALAMUN (Hrsg.), Sozialphilosophie als Aufklärung. Festschr. E. TOPITSCH, 1979, 33–50; MAURICE, K., MAYR, O., Die Welt als Uhr, 1980; MONOD, J.,

[57] Dazu in Einzelbeispielen SCHRAMM, Natur ohne Sinn? Zur deistischen Vermittlung von ›Maschine‹ und Anstoß oder Plan Gottes W. PHILIPP, Das Zeitalter der Aufklärung, 1963, 35 ff.
[58] E. JANTSCH, Die Selbstorganisation des Universums, ²1984, im Anschluß an I. PRIGOGINE, Order through Fluctuation: Self-Organization and Social System, in: E. JANTSCH, C. H. WADDINGTON (Hrsg.), Evolution and Consciousness. Human Systems in Transition, 1976.
[59] Zur Funktion von Weltbildern als ›plurifunktionale Führungssysteme‹ E. TOPITSCH, Phylogenetische und emotionale Grundlagen menschlicher Weltauffassung, in: W. E. MÜHLMANN, E. W. MÜLLER (Hrsg.), Kulturanthropologie, 1966, 50–79.
[60] E. FINK, Das Spiel als Weltsymbol, 1960; G. GILG, Das Spiel Gottes mit der Welt. Aspekte zum naturwissenschaftlichen Weltbild, 1967; M. EIGEN, R. WINKLER, Das Spiel. Naturgesetze steuern den Zufall, 1975; allgemein M. CSIKSZENTHIHALYI, ST. BENNETT, An Exploratory Model of Play, in: American Anthropologist 73 (1971) 45–58.
[61] Zu K. MARX' Neubewertung der spontanen *declinatio* der Atome gut R. SANNWALD, Marx und die Antike, 1956, 89 ff.; ferner W. G. ENGLERT, Epicurus on the Swerve and Voluntary Action, in: American Classical Studies 16 (1987).
[62] Deutung der Emission und Absorption virtueller Partikel in der Quanten-Feldtheorie als Shivas Tanz durch F. CAPRA, Das Tao der Physik, 1984, 242 ff.

Zufall und Notwendigkeit, 1983; Mörth, I., Lebenswelt und religiöse Sinnstiftung. Ein Beitrag zur Theorie des Alltagslebens, 1986; Oeser, E., Mikrokosmos und Makrokosmos. Eine alte philosophische Lehre im Lichte der modernen Hirnforschung, in: Arzt und Christ 34 (1988) 138–147; Payer, P., Zur Strukturanalyse von Weltanschauungen, in: K. Salamun (Hrsg.), Sozialphilosophie als Aufklärung. Festschrift E. Topitsch, 1979, 51–61; Philipp, W., Das Werden der Aufklärung in theologiegeschichtlicher Sicht, 1957; Philipps, D. Z. (Hrsg.), Religion and Understanding, 1967; Schramm, M., Natur ohne Sinn? Das Ende des teleologischen Weltbilds, 1985; Schütz, A., Der sinnhafte Aufbau der sozialen Welt (1932), 1974; Schwabe, W., ›Mischung‹ und ‹Element‹ im Griechischen bis Platon, in: Archiv für Begriffsgeschichte, Suppl. 3 (1980) 57–251; Spradlin, W. W., Porterfield, P. B., The Search for Certainty, 1984; Stachowiak, H., Allgemeine Modelltheorie, 1973; ders., Erkenntnis in Modellen, in: H. Lenk, G. Ropohl (Hrsg.), Systemtheorie als Wissenschaftsprogramm, 1978, 50–64; Topitsch, E., Seelenglaube und Selbstinterpretation, in: ders., Sozialphilosophie zwischen Ideologie und Wissenschaft, 1961, 181–225; ders., Vom Ursprung und Ende der Metaphysik (1958), 1972; Wilber, K. (Hrsg.), Das holographische Weltbild, [2]1986.

Burkhard Gladigow

→ *Animismus, Dualismus, Gottesvorstellungen, Identität, Kausalität, pattern, Projektion, Weltbild*

Intoxikation, rituelle

1. Unter ritueller Intoxikation wird die Aufnahme oder Zuführung von psychotropen Drogen oder Halluzinogenen in einem festen rituellen Rahmen verstanden. Im engeren Sinne ist rituelle Intoxikation *exogene* Intoxikation und geschieht üblicherweise durch Aufnahme der jeweiligen wirksamen Substanzen durch Verzehr, also in Verbindung mit Speisen oder Getränken, durch Schnupfen pulverisierter Stoffe, durch Einatmen von Rauch oder Dämpfen, schließlich über die Haut durch das Medium von Salben. Im weiteren Sinne wird rituelle Intoxikation auch als *endogene* Intoxikation praktiziert; Ekstase-Techniken und asketische Praktiken erzielen ihre Wirkungen auch über die endokrinologischen Auswirkungen[1] von Körpertechniken.

2. Nach Hugh Ludlows Buch »*The Hasheesh Eater. Being Passages from the Life of a Pythagorean*« von 1857 ist das historische Verhältnis der Verwendung psychoaktiver Drogen zu bestimmten religiösen Erfahrungen von der Forschung zunehmend beachtet worden. Vorarbeiten zu einer historischen Pharmakologie der Rauschdrogen aus den 20er Jahren haben nach dem zweiten Weltkrieg ein breites Arbeitsfeld zwischen Ethnomedizin, Religionswissenschaft und aktuellen Fragestellungen psychodelischer Kulte eröffnet. Eine zunehmend systematischere Grundlagenforschung und eine ganze Reihe von experimentellen Arbeiten und spektakulären Selbstversuchen bestätigten zunächst

---

[1] Dazu, mit reichen Literaturhinweisen, B. W. Lex, The Neurobiology of Ritual Trance, in: d'Aquili, Laughlin, McManus (Hrsg.), The Spectrum of Ritual, 117–151, die insbesondere die emotionalen Konsequenzen von Wiederholungen und Ritualsequenzen berücksichtigt.

die Annahme spezifischer drogeninduzierter Änderungen von Wahrnehmungen, zeitlicher und räumlicher Orientierung und von Weltdeutung in ihrer Gesamtheit, wie sie sonst nur im religiösen Kontext erscheinen. Die vorwiegend ethnographischen Beispiele und die Experimente mit Halluzinogenen machten zugleich deutlich, daß eine Deutung durch die betroffenen Personen den Rahmen wiedergab, den die kulturellen Traditionen oder das experimentell erzeugte Setting vorgegeben hatten.

3. Musterbeispiel für die Übernahme der rituellen Intoxikation in einen anderen religiösen Kontext ist der → Peyote-Kult der nordamerikanischen Plains-Indianer und die kultische Praxis der *Native American Church of North America*. Die Azteken hatten den Peyote-Kaktus, dessen psychotrope Bestandteile im wesentlichen durch Meskalin bestimmt sind, in kultischem Kontext (als *flesh of the gods*) und mit mantischen Funktionen verwendet. Nach einer Unterdrückung der kultischen Verwendung von Peyote durch die missionierenden Spanier erlebt der Genuß von Peyote in der zweiten Hälfte des 19. Jahrhunderts, nun als Teil eines christlich beeinflußten Kults, einen neuen Aufschwung. Die Integration des Peyote-Genusses in komplexe Rituale und der dadurch bedingte Interpretationsrahmen des Meskalinrausches haben die anthropologische Forschung lange beschäftigt und im Gefolge von Experimenten mit Halluzinogenen zu grundsätzlichen Diskussionen über das Wesen religiösen Erlebens geführt.

4. Nach diesen Vorarbeiten erweiterte sich das Forschungsinteresse vor allem auf psychotrope Drogen und Pflanzen, die weiter verbreitet waren als der zunächst auf Mittelamerika beschränkte Peyote-Kaktus. Das Paradigma für eine in den verschiedensten Gebieten anzutreffende Pflanze mit hochwirksamen psychoaktiven Stoffen war der Fliegenpilz (*amanita muscaria*), dessen kultische Verwendung nun im vedischen Soma-Ritual, im iranischen Haoma, im eleusinischen Kykeon und als Auslöser für die Kampfeswut der skandinavischen Berserker vermutet wurde. In einer Ausweitung der eher begrenzten historischen Ergebnisse wurde schließlich die These vertreten, ›Religion‹ sei insgesamt auf drogeninduzierte Erlebnisse zurückzuführen.[2] Gegen diese globale These ist von verschiedenen Seiten mit Recht Einspruch erhoben worden: Zum einen sei der Interpretationsrahmen drogeninduzierter Ausnahmezustände höchst variabel, so daß ihre Einordnung als religiöses Phänomen in der Regel sekundär, zudem nicht zwingend sei. Zum anderen stehen neben den exogenen Intoxikationen, als den Sonderfällen, die sehr viel verbreiteteren endogenen Intoxikationen, wie sie vor allem durch asketische Praxen, aber auch durch komplexe Ritualsequenzen erzeugt werden. In einigen Fällen scheint sich eine Entwicklung verfolgen zu lassen, die, zusammen mit einer Professionalisierung der Funktion des Ekstatikers, eine drogeninduzierte Ekstase geringer bewertet als als die durch andere Ekstasetechniken erreichte (→ Ekstase).[3]

[2] V. Pavlovna, G. Wasson, Mushrooms, Russia and History; R. v. Ranke-Graves, Griechische Mythologie Bd. 1,7f.; Allegro, Der Geheimkult des heiligen Pilzes; R. G. Wasson, The Meaning of the Eleusian Mysteries, in: J. Campbell, The Mysteries, 1956, 20ff.; kritische Einordnung bei LaBarre, Hallucinogens and the Shamanic Origins of Religion.

[3] Vgl. Eliade, Schamanismus und archaische Ekstasetechnik, 382: »Wir konnten schon bei mehreren sibirischen Völkern diese Feststellung machen: Die Anwendung von Vergiftungen (Alkohol, Tabak) ist eine Neuerung aus jüngster Zeit und verrät einen gewissen Niedergang der schamanischen Technik. Durch narkotischen Rausch versucht man einen geistigen Zustand *nachzuahmen*, den man nicht mehr anders zu erreichen im Stande ist.«

5. Historische greifbare Beispiele ritueller Intoxikation liegen etwa in folgenden Fällen vor: Im vedischen Soma-Ritual mit dem im Ritual fixierten Auspressen[4] und Trinken des Soma (wohl aus Fliegenpilzen bestehend, Wirkstoffe Ibotensäure, Muscimol, Muscazon)[5]; im Dionysos-Kult der klassischen Antike (Wein, Alkohol); bei den Assassinen und in einigen Derwisch-Orden (Haschisch, *cannabis sativa*)[6]; bei den Azteken (*teonanacatl:* Psilocybin-haltiger Pilz[7]; *ololiuqui:* Samen einer Windenart mit LSD nahestehenden Halluzinogenen[8]; *peyotl:* Meskalinhaltiger Kaktus[9]); bei südamerikanischen Indios (Schnupfen von *cohoba:* Samen und Blätter einer Mimosenart, Bufotenin-haltig; Schnupfen von *epena* beim *lasha*-Fest: das Schnupfpulver wird aus der Rinde eines Baumes (*virola callophylloidea*) gewonnen[10]); bei den nordamerikanischen Prärie-Indianern und in der *Native American Church.*[11] Eine nicht eindeutige Funktion und Wertung hat die Verwendung der Halluzinogene im → Schamanismus; die Zuordnungen schwanken zwischen pauschaler Rückführung der Schamanenekstase auf Halluzinogengenuß, meist durch den Verzehr von Fliegenpilzen, und einer Bewertung der drogeninduzierten Ekstase als »vulgärer Ersatz« und »Niedergang«.[12] Im europäischen Bereich stellen die Hexensalben[13] die wohl am längsten tradierte Form ritueller Intoxikation dar. Als Bestandteile der Salben werden u. a. Bilsenkraut (*hyoscamus*), Tollkirsche (*atropa belladonna*), Schierling (*conium maculatum*) und Stechapfel (*datura*) erwähnt. In unterschiedlichen Mischungsverhältnissen und Applikationsformen erzeugen vor allem die Scopolamin- und Atropin-Anteile dieser Pflanzen Visionen, Vorstellungen von Metamorphosen und Levitationserlebnisse (›Flugsalben‹) (→ Hexe/Hexenmuster).[14]

---

[4] Dazu jetzt präzise TH. OBERLIES, Eine Kompositions-Analyse der Somahymnen des Rigveda, Habil.-Schr. Tübingen 1991.

[5] G. WASSON, Soma. Divine Mushroom of Immortality, 1968; kritische Besprechung von F. B. J. KUIPER, in: Indo-Iranian Journal 12 (1969/70) 279–285; Erwiderung von G. WASSON, Soma: Comments Inspired by Professor Kuiper's Review, in: Indo-Iranian Journal 12 (1969/70) 286–298.

[6] Zu Ausbreitung und Bewertung des Haschisch im Islam F. ROSENTHAL, The Herb. Hashish versus Medieval Muslim Society, 1971.

[7] P. T. FURST (Hrsg.), Flesh of the Gods.

[8] A. HOFMANN, Die Wirkstoffe der mexikanischen Zauberdroge Oloeiuqui, in: Planta medica 9 (1961) 354.

[9] LABARRE, The Peyote Cult.

[10] S. H. WASSÉN, The Use of Some Specific Kinds of South American Indian Snuff and Related Paraphernalia, in: Etnologiska Studier (Etnografiska Museet Göteborg) 26 (1965) 1–116; ferner die Beiträge bei D. H. EFRON (Hrsg.), Ethnopharmacologic Search.

[11] J. S. SLOTKIN, The Peyote Religion; LABARRE, The Peyote Cult; E. BENZ, Der Peyote-Kult in der Native American Church, in: JOSUTTIS, LEUNER (Hrsg.), Religion und die Droge, 23–37.

[12] ELIADE, Schamanismus und archaische Ekstasetechnik, 382; zur allgemeinen Diskussion M. J. HARNER (Hrsg.), Hallucinogens and Shamanism.

[13] H. FÜHNER, Solanazeen als Berauschungsmittel, in: Archiv für experimentelle Pathologie und Pharmakologie 11 (1925); M. J. HARNER, The Role of Hallucinogenic Plants in European Witchkraft, in: ders. (Hrsg.), Hallucinogens and Shamanism, 125–150; S. GOLOWIN, Magie der verbotenen Märchen – von Hexendrogen und Feenkräutern, 31979; H. A. HANSEN, Der Hexengarten, 1980; W. SCHMIDBAUER, J. v. SCHEIDT, Hexensalben, in: dies., Handbuch der Rauschdrogen, 168–177.

[14] Zum Verhältnis der Vorstellungen der christlichen Verfolger zu den geglaubten oder praktizierten Handlungen der Hexen R. VAN DÜLMEN, Imagination des Teuflischen. Nächtliche Zusammenkünfte, Hexentänze, Teufelssabbate, in: ders. (Hrsg.), Hexenwelten. Magie und Imagination, 1987, 94–130.

6. Seit den 60er Jahren wird die Frage nach der ›Authentizität‹ drogeninduzierter religiöser Erlebnisse vor allem von Seiten der christlichen Theologen kontrovers diskutiert.[15] Die Positionen schwanken zwischen grundsätzlicher Ablehnung, vorsichtiger Distanzierung (*instant religion*) und diffusen Erwartungen an eine ›Unterstützung‹ religiöser Erlebnisse durch Drogen.[16] Eine abwägende Auswertung des religionshistorischen und des bisher vorliegenden experimentellen Materials zeigt, daß der individuelle und kulturelle Kontext – nicht anders als bei anderen religiösen Erlebnisformen – Inhalt, Gestalt und Interpretationsmöglichkeiten von Erlebnissen bestimmen, die durch rituelle Intoxikationen gewonnen werden.

Literatur

ALLEGRO, J. M., Der Geheimkult des heiligen Pilzes. Rauschgift als Ursprung unserer Religionen, 1971; AQUILI, E. G. D'; LAUGHLIN, CH. D.; MCMANUS, J., (Hrsg.). The Spectrum of Ritual. A Biogenetic Structural Analysis, 1979; CLARK, W. H., Chemische Ekstase. Drogen und Religion, 1971; ELIADE, M., Schamanismus und archaische Ekstasetechnik (frz. 1951), 1957; EFRON, D. H. (Hrsg.), Ethnopharmacologic Search for Psychoactive Drugs, 1967; FURST, P. T. (Hrsg.), Flesh of the Gods, 1972; GLADIGOW, B., Ekstase und Enthusiasmos. Zur Anthropologie und Soziologie ekstatischer Phänomene, in: H. CANCIK (Hrsg.), Rausch – Ekstase – Mystik, 1978, 23–40; HARNER, M. J. (Hrsg.), Hallucinogens and Shamanism, 1973; JOSUTTIS, M.; LEUNER, H., (Hrsg.), Religion und die Droge, 1972; KEILBACH, W., Religiöses Erleben, 1973; LABARRE, W., Hallucinogens and the Shamanic Origin of Religion, in: P. T. FURST, Flesh of the Gods, 261–278; ders., The Peyote Cult, 1964; LEUNER, H., Die experimentelle Psychose, 1962; LIDZ, TH., ROTHENBERG, A., Psychedelismus: Die Wiedergeburt des Dionysos, in: Psyche 24 (1970) 359–374; MASTERS, R. E. L., HOUSTON, J., The Varieties of Psychodelic Experience, 1967; PEUCKERT, W.-E., Geheimkulte, 1951; REKO, V. A., Magische Gifte, 1938; SCHMIDBAUER, W., SCHEIDT, J. VOM, Handbuch der Rauschdrogen, ²1984; SLOTKIN, J. S., The Peyote Religion. A Study in Indian-White Relations, 1956; SPOERRI, TH., Beiträge zur Ekstase, Bibl. Psychiat. Neurol. 134, 1968; WASSON, V. P. und G., Mushrooms, Russia and History, 1957; WASSON, R. G.; KRAMRISCH, ST.; OTT, J.; RUCK, C. A. P., Persephone's Quest: Entheogens and the Origins of Religion, 1986; ZAEHNER, R., Mystik, religiös oder profan (1957), 1960.

Burkhard Gladigow

→ *Ekstase, Mantik, Ritus; Schamanismus*

---

15 W. N. PAHNKE, Drogen und Mystik (1966), in: JOSUTTIS, LEUNER (Hrsg.), Religion und die Droge, 54–76; W. KEILBACH, Die Frage nach der Echtheit religiösen Erlebens. Stellungnahme zu Experiment und Drogeneinwirkung, in: KEILBACH, Religiöses Erleben, 88–111; CLARK, Chemische Ekstase; H. LEUNER, Die toxische Ekstase, in: SPOERRI (Hrsg.), Beiträge zur Ekstase, 73 ff.; M. JOSUTTIS, Bemerkungen zu einer Theologie der religiösen Erfahrung, in: JOSUTTIS, LEUNER (Hrsg.), Religion und die Droge, 126–146; K. THOMAS, Die künstlich gesteuerte Seele, 1970.

16 Zusammenstellung der Argumente bei H. SMITH, Erneuerung oder Vertiefung des religiösen Lebens?, in: JOSUTTIS, LEUNER (Hrsg.), Religion und die Droge 147–165.

Irrationalismus/das Irrationale

I. Begriffsbestimmung II. Geistesgeschichte der Neuzeit III. Das Irrationale in der Vernunft IV. Der irrationale Bruch in den philosophischen Systemen des 19. Jahrhunderts und die Folgen V. Die strukturelle Veränderung des Irrationalen durch die Entdeckung des Unbewußten bei S. Freud VI. Religionswissenschaft: Söderblom, R. Otto, van der Leeuw, Heiler, Mensching, Eliade

I. Begriffsbestimmung

1. Der Begriff ›Irrationalismus‹ definiert sich vor allem negativ: er bezeichnet das, was rational nicht erfaßt werden kann. Das griechische Wort álogos bezieht sich kontradiktorisch auf den Begriff des lógos (Wort, Vernunft). Als französisches Lehnwort erscheint 1732 in einem deutschen Lexikon: »irraisonabel, irraisonable heißet, unvernunftig, wider die Vernunft«.[1] In der Philosophie taucht der Begriff des Irrationalen Mitte des 19. Jahrhunderts auf. Das Adjektiv irrational erscheint bereits ein halbes Jahrhundert früher. Es überschritt damals noch nicht seinen mathematischen Bedeutungshorizont: *»Irrationales magnitudines sunt in geometria, quae non habent certum logon, nec sunt commensurabiles«.*[2]
Erst mit der Kopernikanischen Wende I. KANTs, die das Subjekt ins Zentrum aller Philosophie stellte, bekam das Irrationale systematische Bedeutung. In der Auseinandersetzung mit KANT meint irrational seither jenen nur noch negativ zu erschließenden Bereich der Erkenntnis, der menschlichem Erkennen prinzipiell verschlossen bleibt. So vergleicht SALOMON MAIMON das Problem des Dings an sich mit einer nie völlig zu lösenden irrationalen Wurzel.[3]
Je nachdem, wie eng oder wie weit das Rationale gefaßt wurde, fiel dem Irrationalen ein mehr oder weniger großer Bereich zu. In der Geschichte der Philosophie fungieren die untereinander höchst verschiedenen Begriffe von Logos, Vernunft, Verstand gleicherweise als Grenzbegriffe für das Irrationale. Wenn sich diese Begriffe im Laufe ihrer Geschichte entwickelten, so veränderten sie dementsprechend die Bedeutungen des Irrationalen.
Eine Unterteilung des Begriffs ist deshalb nötig. Von Irrationalismus in einem strengen Sinn kann nur dann die Rede sein, wenn damit eine Lehre gemeint ist, die sich in emotionalen oder intuitiven Gewißheitserlebnissen gründet, die unhinterfragbar geglaubt werden müssen, will man überhaupt Zutritt zu dieser Lehre bekommen. In der Regel werden als Irrationalismus jene Formen der Metaphysik bezeichnet, die Wesen und Ursprung des Seienden als irrational fassen. Da solche Systeme jedoch in sich höchst logisch entfaltet sind, sollte der Begriff nur dann auf sie angewandt werden, wenn sie eine solch formale Durchführung vermissen lassen. Streng genommen ist ein systematisch

---

[1] J.-H. ZEDLER, Grosses, vollständiges Universal-Lexikon, Bd. 1–64, Suppl. 1–4, 1732, Ndr. 1961–1964.

[2] J. MICRAELIUS, Lexicon Philosophicum terminorum philosophis usitatorum – Mit einer Einleitung von L. GELDSETZER, (1653) Ndr. 1966, 648.

[3] S. MAIMON, Versuch über die Transzendentalphilosophie, (1970), Ndr. 1965, 419.

entfalteter Irrationalismus ohnehin ein Widerspruch in sich, denn als durchgängiges Prinzip und System muß er eine Logik entwickeln, deren Existenz er leugnet.
Aus einer zu beobachtenden Regelmäßigkeit, in der Irrationalismen gehäuft auftreten, lassen sich Rückschlüsse auf ihre mangelnde innere Logik ziehen: in der Geistesgeschichte meist als Gegenbewegung und Kampfprogramm gegen den Rationalismus aufgetreten, verdankt sich ihre Emphase eher dem Angriff auf die als uneinnehmbar geltenden Bastionen der Vernunft als der eigenen argumentativen Stärke. Das Erwachen von Irrationalismen hat daher vor allem eine negative Funktion, allerdings eine höchst wichtige: Es gemahnt die Vernunft an ihre Begrenztheit, d. h. ebensosehr an das, was ihrem klaren Blick von vornherein verborgen blieb wie auch an das, was sie vorschnell in den Orkus des nicht Verstehbaren geworfen hatte.

2. In der adjektivischen Bedeutung eines Irrationalen erscheint der Begriff weniger problematisch. Er meint dann nicht ein ganzes System, sondern umfaßt entweder Teilsysteme oder nur einzelne Momente. Niemand wird irrationale Phänomene – wie etwa Gefühle, Empfindungen, Strebungen und Triebe, aber auch künstlerische Innovation oder die Kontingenz von Seinserfahrungen – leugnen wollen. Die Scheidelinie theoretisch-wissenschaftlichen Argumentierens verläuft jedoch dort, wo man an ihnen die Grenzen der Vernunft bestimmt, sie per negationem zu umkreisen versucht, eventuell ein unmittelbar irrationales Erlebnis durch spätere vernunftmäßige Prüfung bestätigt oder verwirft; überschritten hat diese Linie immer derjenige, der die Vernunft als ganze anheimgibt und sich entweder dogmatisch objektiv scheinenden Gegebenheiten oder subjektiven Erlebnissen anvertraut. Aus einem Gegenstand möglicher Erkenntnis ist damit eine Frage des Glaubens geworden.
Die folgende Darstellung muß sich darauf beschränken, nur diejenigen historischen Positionen zu entfalten, in denen Irrationales explizit formuliert wurde und die repräsentativ scheinen.

II. Geistesgeschichte der Neuzeit

Eine Betonung irrationaler Momente – wie Herz und Gefühl – findet sich in der Neuzeit vor allem dort, wo der universale Erkenntnisanspruch der modernen Wissenschaft und der Vernunftglaube der Aufklärung kritisiert wird. Dazu gehören untereinander so unterschiedliche Ansätze wie die Theorie des Gemeinsinns, die Ästhetik des 18. Jahrhunderts, später die Romantik, aber auch einzelne Autoren wie PASCAL, ROUSSEAU und HERDER. Diese Ansätze konnten sich jedoch gegenüber den damals machtvollen Bewegungen von Rationalismus und Aufklärung nicht durchsetzen. Letztere blieben Feind und Vorbild für all die anderen Ansätze, die Verstand und Vernunft durch Herz und Gefühl korrigieren wollen.

1. Die im 17. Jahrhundert innerhalb des Protestantismus einsetzende religiöse Bewegung des Pietismus wandte sich gegen die erstarrte Orthodoxie; sie forderte lebendige Frömmigkeit und die Liebesgemeinschaft der ernsthaft gläubigen Christen. Man entwickelte ein religiöses Persönlichkeitsideal, das Glauben mit Frömmigkeit, Gehorsam und Tugendstreben verband. Der Pietismus bezeichnet einen wichtigen Schritt in der zunehmenden Psychologisierung der Religion: er pflegte eine aufmerksame Beschäftigung mit dem

eigenen Seelenleben, verfeinerte die psychologische Wahrnehmung und kultivierte den Sinn für die zartesten Nuancen der Stimmungen und Gefühle.

2. Man nennt die Zeit des Sturm und Drang (Ende der sechziger Jahre bis Mitte der achtziger Jahre des 18. Jahrhunderts) die ›Geniezeit‹. A. A. C. SHAFTESBURY (1671–1713) erklärte die bisher in der Philosophie verpönte Kategorie des Gefühls zur Grundlage der Erkenntnis und half durch seinen neuen Geniebegriff denjenigen des Sturm und Drang und der Romantik vorzubereiten. Vor allem aber E. YOUNGs Schrift mit dem vorsichtigen Titel »*Conjectures on Original Compositions*« (1759) wirkte nachhaltig auf die führenden Köpfe dieser Epoche. YOUNG unterscheidet zwei Formen der Nachahmung: die von Verfassern und die der Natur. Nur die Nachahmung der Natur verdient den Ehrentitel eines Originals. Der neue Begriff von Originaliät wurde wirkmächtig nicht nur bei den verschiedenen Theoretikern der Literatur des Sturm und Drang, sie fand Eingang noch in die »*Kritik der Urteilskraft*« (1790) von I. KANT (§ 46). Damit erfuhr die schöpferische Tätigkeit, die aus Eingebung in der Fülle des Herzens schaffen soll, eine bisher unbekannte Hochschätzung und Aufwertung. Der kalkulierende Verstand, ja selbst die Vernunft werden ihrer traditionellen Vormachtstellung beraubt und müssen zugunsten des Gefühls und des als untrüglich ausgegebenen natürlichen Instinkts abdanken. Die ›Konfession‹ erscheint nun, gerade weil sie die persönliche, unmittelbare Erfahrung am direktesten zu spiegeln scheint, als allgemeingültig: aus ihr spricht die unverdorbene Natur. Diese aber galt, vermittelt durch J. J. ROUSSEAU, als das Ursprüngliche, das noch nicht durch die Zivilisation verdorben war.
Nichts ging dem Sturm und Drang über die schöpferische Kraft des ursprünglichen, leidenschaftlichen, natur- und sinnenhaften Gefühls, nichts über die Macht der schöpferischen Phantasie. Daraus leiten sich die verherrlichenden Darstellungen des großen Kerls ab, der kein Lebensgesetz anerkennt außer der uneingeschränkten Verwirklichung seiner Anlagen – Darstellungen, wie sie uns vor allem durch GOETHEs »*Götz*« (1773) und SCHILLERs »*Räuber*« (1781) bekannt wurden.

3. Als der eigentliche Roman der Empfindsamkeit gilt GELLERTs »Leben der schwedischen Gräfin von G. ...« (1747/48). Brief und Briefroman wurden die literarischen Hauptformen dieser Epoche, weil sie nach GELLERTs Meinung am besten die Sprache des Herzens auszudrücken vermochten.
Nach dieser Frühstufe der deutschen Bewegung der Empfindsamkeit beschreibt KLOPSTOCKs »*Messias*« (1748–73), der die gesamte Heilsgeschichte sentimentalisiert, mythisiert und ins Zeichen des Leidens und der Auferstehung stellt, einen neuen Höhepunkt. Zum eigentlichen literarischen Repräsentanten dieser Bewegung wurde jedoch GOETHEs Briefroman« »*Die Leiden des jungen Werther*« (1774).
Auch in der von Haus aus strengeren Disziplin der Philosphie entdeckte man die produktive Kraft der Empfindung: F. HEMSTERHUIS (1721–90) entwickelte seine Philosophie des Herzens, wonach alles Sichtbare und Empfindbare nach Einigung strebe und die Weltseele die Kraft der Einheit sei. Als sein bedeutendstes Werk, das auch seine Psychologie enthält, gilt »*Lettre sur l'homme et ses rapports*« (1772). J. G. HERDER (1744–1803) propagierte die »Einfühlung« als hermeneutische Erkenntnismethode. Geschichtsbetrachtung verstand er als Einfühlung in die Phasen menschlicher Entwicklung; ihre Erkennnis sollte die Eigentümlichkeit jeder Epoche verstehen helfen.

4. SCHILLERs *»Briefe zur ästhetischen Erziehung«*, geschrieben 1793 und erstmals veröffentlicht in den »Horen« (1795) lesen sich heute als klangvoller Auftakt zu einer folgenreichen Reihe: es ist die erste große programmatische Schrift, die aufgrund einer ebenso scharfsichtigen wie unbestechlichen Kritik der Moderne nur in der Kunst einen Lösungsweg aus deren unversöhnlichen Gegensätzen eröffnen zu können meint.[4] Dabei sind es gerade diejenigen Züge der Kunst, die weder in der Natur noch in Moral aufgehen, also streng genommen irrational sind, die ihr diese prominente Stellung verschaffen. Das Irrationale ist hier jedoch in einem milden, der Versöhnung mit dem Geist zugewandten Sinn interpretiert; noch fehlen ihm alle dämonischen Züge.

SCHILLER bricht die seit PLATON und ARISTOTELES gängige Rangordnung auf, wonach die Sinnlichkeit unter die Vernunft geordnet wird. Das Irrationale der Sinnlichkeit erfährt nun eine unerhörte Aufwertung. Aufschlußreich ist in diesem Zusammenhang vor allem das in die Anmerkungen Abgedrängte. »Sobald man einen ursprünglichen, mithin notwendigen Antagonism beider Triebe (gemeint: die Gegensätze von Stofftrieb und Formtrieb – H. G.) behauptet, so ist freilich kein anderes Mittel, die Einheit im Menschen zu erhalten, als daß man den sinnlichen Trieb dem vernünftigen unbedingt unterordnet. Daraus aber kann bloß Einförmigkeit, aber keine Harmonie entstehen, und der Mensch bleibt ewig fort geteilt. Die Unterordnung muß allerdings sein, aber wechselseitig: (...) So notwendig es also ist, daß das Gefühl im Gebiet der Vernunft nichts entscheide, so notwendig ist es, daß die Vernunft im Gebiet des Gefühls sich nichts zu bestimmen anmaße.«[5]

Zwei Einsichten sind es vor allem, die wir der Kritik SCHILLERs an einer überwiegenden Rationalität verdanken. Da ist erstens seine Einsicht in die notwendige Unfruchtbarkeit eines rein rationalen Erkennens, die ihm an dem damaligen »allgemeine(n) und kaum bezwingbare(n) Hang zu teleologischen Urteilen«[6] unangenehm auffällt. Als zweites kritisiert SCHILLER eine durch ausschließlichen Vernunftgebrauch zu rigide gewordene Ethik. Und er fragt sich ernsthaft, ob »unsre praktische Philanthropie« (...) »mehr durch den Egoism unsrer Sinne oder durch den Egoism unsrer Vernunft gestört und erkältet wird«.[7] Um anderen Menschen hilfreich sein zu können, brauchen wir die Anteilnahme des Mitgefühls, das es uns erlaubt »fremde Situationen uns anzueignen, fremde Gefühle zu den unsrigen zu machen«.[8] Grundsätze brechen zwar die Macht der Begierde und festigen den Charakter, aber sie verkümmern zugleich unser Gefühl, das Schiller auch als eine Quelle der Einsicht – nämlich einer Einsicht von Gefühl zu Gefühl – anzunehmen scheint.

Das Resultat der Versöhnung durch die Kunst ist schließlich gerade das, was Vernunft und Moral niemals hervorbringen könnten, und was wiederum in den Bereich des Irrationalen hineinspielt: Glückseligkeit. Der Mensch erringt seine Würde durch eine strenge Scheidung der Sphären von Sinnlichkeit und Vernunft, aber auf der »geschickten Aufhebung dieses Unterschieds«[9] beruht alle Möglichkeit seines Glücks.

---

4 J. HABERMAS, Diskurs, 59 ff.

5 F. SCHILLER, Werke in 5 Bänden, 1967, II, Anm. 607.

6 Ders., a.a.O., Anm. 609.

7 Ders., a.a.O., Anm. 609 f.

8 Ders., a.a.O., Anm. 609 f.

9 Ders., a.a.O., 647.

5. GOETHE hütete sich immmer vor rein rationalistischen und idealistischen Auffassungen, die das Seiende lückenlos im Begriff aufgehen lassen. Das Irrationale in erkenntnistheoretischer Bedeutung spielt daher bei ihm eine wichtige Rolle. Durch alle wechselvollen Stadien seiner geistigen Entwicklung hindurch blieb es seine feste Überzeugung, der Weltstoff sei viel zu reich, als daß man hoffen dürfte oder auch nur wünschen könnte, sein Wesen von einem einzigen Ansatzpunkt her erfassen und durchdringen zu können. Seine berühmte Formulierung in einem Brief an Jacobi vom 6. 1. 1813 ist zwar scheinbar nur auf ihn selber zugeschnitten, sie läßt sich jedoch ebensosehr als Beschreibung der Aufgabe des Künstlers wie als erkentnistheoretisches Credo interpretieren, das die Grenzen menschlichen Wissens bestimmt: »Ich für mich kann, bei den mannigfaltigen Richtungen meines Wesens, nicht an einer Denkweise genug haben; als Dichter und Künstler bin ich Polytheist, Pantheist hingegen als Naturforscher, und eins so entschieden als das andre. Bedarf ich eines Gottes für meine Persönlichkeit, so ist dafür auch schon gesorgt. Die himmlischen und irdischen Dinge sind ein so weites Reich, daß die Organe aller Wesen zusammen es nur erfassen mögen.«[10]
Das Reich eines geschaffenen Humanum bleibt jedoch ständig bedroht von einem zutiefst irrationalen Moment: den Kräften des Chaotisch-Dunklen und Unterirdischen, den »Müttern«. GOETHE nennt diese die moralische Weltordnung durchkreuzende Macht auch das Dämonische, das er vor allem in den »Wahlverwandtschaften« (1809) in seiner abgründigen, alles menschliche Wollen und Planen überwältigenden Macht gestaltet hat. Das Mythische in diesem Roman ist jedoch nicht nur Ausdruck einer dunklen Schicksalsmacht, es wird vielmehr zusätzlich durch die mangelhafte Kommunikationsfähigkeit der beteiligten Personen erst produziert und vollzieht sich im nachhinein, aus der Verdrängung als Fremdes wiederkehrend, als wäre es unentrinnbare Naturnotwendigkeit.[11]

6. Es ist das große Verdienst der Romantik, sehr früh und sehr radikal die Moderne auf den Begriff gebracht zu haben. Die Frühromantik reflektiert die zerrissene Strukur der Moderne, der die sinnstiftende Einheit der Religion verloren gegangen ist. Dennoch verspielt die Romantik zuletzt das Kapital der Kritik, mit dem sie begonnen hatte. Von Anfang an zeigt diese Bewegung eine bedenkliche Tendenz, alles zu psychologisieren, alle festen Bestimmungen aufzulösen und schließlich das ganze Leben als Kunstwerk zu betrachten. Erklärtes Ziel romantischer Kunstauffassung ist es, das Gemüt inmitten des Endlichen eins werden zu lassen mit dem Unendlichen. Konsequent wird dann die Kunst zum Organon dieser pantheistisch-ästhetischen Religion, so wie umgekehrt SCHLEIERMACHER die Religion als Sinn und Geschmack für das Unendliche deutet.
An dieser Stelle bricht die heroisch-gebrochene Haltung der permanenten Reflexion in eine neue Positivität: In seiner »Rede über die Mythologie« (1800) traut SCHLEGEL der Kunst die Kraft zu, anstelle der Religion als öffentliche Institution die verlorengegangene sittliche Einheit wiederherstellen zu können. Nur die Kunst könne diese Leistung voll-

---

10 J. W. GOETHE, Gedenkausgabe der Werke, Briefe und Gespräche hrsg. v. E. BEUTLER, 1949, Bd. 19, 689.

11 Vgl. dazu: W. SCHWAN, Goethes »Wahlverwandtschaften« – Das nicht erreichte Soziale, 1983, sowie: H. GEKLE, Goethes Wahlverwandtschaften als Roman der Moderne, in: Mensch und Moderne – Festschrift zum 60. Geburtstag von H. Fahrenbach, 1989, 406–433.

bringen. Allerdings fehle es unserer Poesie noch an einer Mythologie als ihrem zentrierenden Mittelpunkt; diese Mythologie solle als sinnliche Gestalt des Heiligen das gesamte Volk ergreifen und wieder in seine sittliche Totalität zurückführen.
Nur eine Kunst, die über nicht mehr hinterfragbare divinatorische Gaben verfügt, kann das leisten, was SCHLEGEL schließlich will: die Rückkehr in die Welt der mythischen Ursprungsmächte, als zu den archaischen Quellen sozialer Integration. Die radikal zu Ende getriebene Philosophie der Subjektivität, die kein Prinzip außer sich anerkennt, stürzt sich aus der Vernunft in den irrationalen Grund eines sichernden Ursprung, der sich künftig wieder herstellen wird.[12]
Aber hier beweist sich mit und gegen die Romantik ihre Zugehörigkeit zur Moderne, die sie so heftig kritisiert. Sie findet keinen Grund mehr, von dem her der Mythos erzählt werden könnte: die Vergangenheit ist ein gesperrter Ort. Ihre Hoffnung wirft sich daher – typisch für die Neuzeit, die die Aktualität und die Zukuft als eigenständige und herausragende Zeiten entdeckt, in ein goldendes Zeitalter, das noch aussteht, und von dem aus rückwirkend – also wieder reflexiv – die neue Mythologie künftig begründet werden könnte. »So entsteht eine – gegenüber der klassisch-polaren Struktur des Mythos – gerade umgekehrte Bewegung, die, vom Endlichen ausgehend, dessen Begründung in der Zukunft einzuholen versucht: (...) D. h. sie führt ins Imaginäre.«[13] Die seligen Inseln eines mythischen Einst – das ebensogut als verlorene Vergangenheit wie als erhoffte Zukunft verstanden werden kann, liegen bei SCHLEGEL und SCHELLING im irisierenden Licht einer vergangenen Zukunft.
Die Vergötterung des Ich, typisch für die Frühromantik, schrumpfte in der Phase der Hoch- und Spätromantik zu einer sich bescheidenden Einbettung des Individuums in die gegebenen, es übergreifenden organischen Ganzheiten und Bindungen der Geschichte und Natur, des Staates und der Religion. Man glaubte an das übergreifende unbewußte Leben eines höheren Ganzen. Alle Formen der Volkspoesie wurden gesammelt, weil man darin die vermeintlich unmittelbaren Äußerungen des Volksgeistes zu finden hoffte, der mit den höheren Mächten unbewußt verbunden sein sollte. Mit dem Bewußtsein war auch sein Träger, das Ich, in den Hintergrund gerückt.
Das ermöglicht gegenüber dem Denken der Aufklärung einen im wörtlichen Sinne revolutionären, also umwälzenden, Begriff von Natur: man entdeckt die Nachtseiten der Natur: Das Schreckliche und das Häßliche wird eine Kategorie der Wissenschaft wie der Welt. Und schließlich entsprechen den Gefahren der äußeren Natur die Abgründe der inneren. F. FRÖBEL (1782–1852) entdeckte die Kindheit als eigene ursprüngliche Entwicklungsstufe.[14] C. G. CARUS betonte das Vor- und Unbewußte.[15] Die Nachtseiten der menschlichen Natur werden über die Kategorie des Grotesken, als Mittelglied zwischen Phantasie und Wirklichkeit und darin der Funktion der frühromantischen Ironie entsprechend, bei E. TH. A. HOFFMANN literarischer Gegenstand.

---

[12] Vgl. dazu die unterschiedlichen Einschätzungen, von M. FRANK, Der kommende Gott – Vorlesungen über die neue Mythologie, 1982, 188 ff., sowie: J. HABERMAS, Diskurs, 110 ff.
[13] M. FRANK, a.a.O., 210 f.
[14] F. FRÖBEL, »Die Menschenerziehung« (1826), neu hrsg. v. H. ZIMMERMANN, 1926; Gesammelte pädagogische Schriften, hrsg. v. W. LANGE, 3 Bde (1862/74), Ndr. 1966.
[15] C. G. CARUS, »Psyche« (1846), neu hrsg. v. L. KLAGES, 1926; ders., »Symbolik der menschlichen Gestalt« (1853), neu hrsg. v. TH. LESSING, ^{3}1932.

III. Das Irrationale in der Vernunft

1. Es gibt mehrere zentrale Punkte in der Philosophie IMMANUEL KANTs (1724–1804), an denen irrationale Momente in das System des Kritizismus eintreten. Das gilt als erstes für das Ding an sich. Ohne die strukturierende Tätigkeit des erkennenden Subjekts bliebe der Gegegenstand, der den Sinnen gegeben werden muß, amorphe Masse. Umgekehrt bleibt das Erkennen notwendig auf es angewiesen: Das Ding an sich affiziert das Bewußtsein, und ohne diese Affektion, die selber so wenig wie das Ding an sich zu begreifen ist, käme das Denken überhaupt nicht in Gang. Das Ich als transzendentale Apperzeption ist reine Form, ohne jeglichen Inhalt. Niemals könnte es ihn aus sich selbst heraus produzieren; hierin liegt der heimliche Materialismus KANTs, den seine Nachfolger später zu eliminieren versuchten. Alle Inhalte müssen uns von außen, durch den Anstoß des Dings an sich über die Affektion gegeben werden. Ohne die reinen Formen der Anschauung und die Kategorien des Verstandes müßten diese indes völlig dunkel bleiben.

Zweitens gibt es einen irrationalen Bruch im Verhältnis von Theorie und Praxis. Die Bestimmungen des Verstandes, die alle Erfahrung überhaupt erst konstituieren, lassen sich im Bereich der Erfahrung darstellen und verifizieren. Daneben und darüber gibt es jedoch für KANT die Postulate der praktischen Vernunft, die die Grenzziehungen der Kritik der reinen Vernunft sprengen. Die Moralität gibt allgemeine und unbedingte Gesetze, aber ihr Prinzip von Autonomie und Freiheit läßt sich theoretisch nicht mehr beweisen. Zwischen der moralischen Vernunft als dem Reich des Absoluten und der theoretischen Vernunft als dem Bereich der Erfahrung ist eine theoretische Vermittlung selber nicht mehr möglich; die Widersprüche können nicht aufgehoben werden.[16]

Alle Theorien des späteren 19. Jahrhunderts, die streng zwischen Moralität und Wissenschaft scheiden, setzen diesen Hiatus voraus. Sie berufen sich dabei auf die Autorität KANTs. Ort der Moral wird immer mehr das Gewissen des Einzelnen. Moralisches Handeln wird zu einer nicht mehr rational begründbaren Entscheidung des Subjekts.

2. Man kann die Philosophie J. G. FICHTEs (1762–1814) insgesamt als den Versuch lesen, die KANT*sche* Scheidung von Wissenschaft und Moral wieder aufzuheben. Um das erreichen zu können, radikalisiert FICHTE den Ansatz KANTs auf eine bisher unerhörte Weise: alles soll nun vom Ich aus gesetzt sein. Er wird damit zum Begründer der Metaphysik des spekulativen Idealismus, wonach der Welt keine von der Subjektivität unabhängige Eigenständigkeit mehr zukommt.

Wie kann das Denken je das Objekt, nicht des Denkens, sondern der Realität erreichen? – Das ist in der Tat ein nahezu unüberwindliches Problem für jede konsequente Philosophie der Subjektivität. FICHTE, der sich vielleicht am stärksten um diese Konsequenz bemüht hat, schreibt denn auch kritisch an JACOBI, der sich auf eine Schrift von FR. KÖPPEN gegen SCHELLING bezogen hatte: »Köppens ganze Weisheit nämlich scheint mir darauf hinauszulaufen, daß dem Wissen immer etwas vom Begriff nicht zu Durchdringendes, ihm Inkommensurables und Irrationales übrigbleibe.« Dagegen setzt er seinen radikalen Gegenentwurf: »wie wäre es, wenn gerade in dieser Einsicht das Wesen der Philosophie läge und diese ganz und gar nichts anderes wäre als das Begreifen des

16 I. KANT, Kritik der reinen Vernunft, 1787. Dritte Antinomie, B 472–480.

des Unbegreiflichen als solchen ...«[17] Ähnlich kritisiert er die Position des Realismus, der sich dem unmittelbaren Bewußtsein anvertraut und daher den Gegenstand des Bewußtseins einfach vorfindet, ohne – wie FICHTE das versucht – Gegenstand wie Bewußtsein genetisch ableiten zu können. Der Mangel an genetischer Ableitung reißt eine Kluft zwischen Subjekt und Objekt, die rational nicht geschlossen werden kann.[18] Diesen Hiatus zu schließen, hat sich FICHTE zur Lebensaufgabe gesetzt.

FICHTE nahm Anstoß an der von KANT behaupteten Affektion durch das Ding an sich. Er versuchte, alles Erkennen rein aus der Subjektivität selber zu konstruieren und jede Abhängigkeit von einem Außen zu tilgen. Daher mußte er ganz konsequent diesen Anstoß in das Ich selber verlegen. Das jedoch bedeutet, daß die transzendentale Einheit der Apperzeption, das »Ich denke, das alle meine Vorstellungen soll begleiten können«, als konstituierendes Prinzip nicht mehr ausreicht. Aus dem endlichen Ich bei KANT, das darauf angewiesen blieb, seine Inhalte über die Affektion als gegebene regelrecht aufgedrängt zu bekommen, wird bei FICHTE ein absolutes Ich, das nur in einem Akt reiner Spontaneität entstanden sein kann. Zugang zu ihm kann daher auch nur ein Akt der Freiheit bieten: Das Ich setzt sich durch und aus Freiheit als Ich, und es ist nichts als diese Setzung: reine Tathandlung. Diese Setzung ist erkenntnistheoretisch nicht mehr einzuholen. Dennoch ist sie für das FICHTE*sche* System eine unumgängliche Notwendigkeit, denn sie schließt die KANT*sche* Kluft von Theorie und Praxis: Wenn nämlich das Ich die Welt setzt, dann kann es diese auch innerhalb der ihr vom Ich a priori in einer vorbewußten Setzung auferlegten Gesetze gestalten.

Dennoch: es ist ein Pyrrhussieg, den FICHTE hier errungen hat. Denn nun brechen die Irrationalismen nicht mehr wie bei KANT an den Grenzen des Systems, sondern in diesem selber auf. Da ist zum ersten die Konstruktion des absoluten Ich. Als metaphysisches Grundprinzip muß es notwendig die Ebene der Erfahrung überschreiten. Dann aber kann es nicht mehr gedacht werden, denn denken heißt, sich in Gegensätzen zu bewegen, in Subjekt und Objekt. Es muß sich also um eine Tätigkeit handeln, die dem Bewußtsein nicht zugänglich, also vorbewußt oder gar unbewußt ist. FICHTE versucht, mit Bestimmungen wie Trieb, Streben oder Sehnen diese nichtrationale Sphäre auszulegen. Verstehen läßt sie sich nicht, denn als das, was alles Bewußtsein überhaupt erst soll ermöglichen können und ihm daher vorgeordent sein muß, bleibt diese Tätigkeit selber eine Figur des Irrationalen.

Zum anderen jedoch gibt es einen rational nicht zu begründenden Übergang von dieser Konstruktion des absoluten Ich zum endlichen Ich, das sich in den Gegensätzen von Subjekt und Objekt bewegt und die näheren Bestimmungen des Bewußtseins wie der Welt aus sich produziert. Welche innere Notwendigkeit sollte das absolute Ich zu einer Einschränkung seiner selbst zwingen können? Auf einen Anstoß hin wird nach FICHTE die absolute Ichtätigkeit dazu veranlaßt, sich zu verendlichen. Es scheint überzeugend, wenn man in diesem Anstoß, ohne den FICHTE auch bei seinen späteren Verbesserungsversuchen der Wissenschaftslehre niemals auskommt, um den Abstieg vom reinen Absoluten zum welthaft Begrenzten beschreiben zu können, den »reduzierten Rest aller welthaften Faktizität«[19] sieht, eine Faktizität, die FICHTE so gründlich aus dem System zu

---

[17] Zit. nach: J. H. FICHTE, J. G. Fichtes Leben und literarischer Briefwechsel, ²1862, Bd. 2, 176.

[18] J. G. Fichte, Die Wissenschaftslehre (1804), in: ders., Werke, hrsg. v. F. MEDICUS, Bd. 4, (o. J.) 288.

[19] W. SCHULZ, Philosophie, 265.

vertreiben sucht und die sich nun auf diesem Umweg wieder eingeschlichen hat. Die verdrängte Welt kehrt in der Irrationalität dieses Anstoßes wieder.

3. G. F. W. HEGEL (1770–1831) setzt von vornherein eine nie ernsthaft hinterfragte Identität von Denken und Sein. Er traut dem Denken die Kraft zu, die Welt restlos erkennen zu können. Das Irrationale handelt er dementsprechend nur in der Geometrie ab, und kritisiert – ebenso barsch wie verständnislos – deren beschränkten Standpunkt. Was der Geometrie als ein Letztes erscheine, nämlich das Irrationale, sei es in der Tat nur für den Verstand. Aber anstatt daß die Geometrie nun das Irrationale als Hinweis dafür lesen könnte, daß sie den beschränkten Horizont des Verstandes in den Bereich der spekulativen Vernunft übersteigen muß, schrecke sie davor zurück. Für HEGEL beginnt gerade dort, wo die Rationalität der deduktiv verfahrenden Wissenschaften an ihre Grenze gelangt, die eigentliche Sphäre des Denkens.[20] Irrationales gibt es demnach nur für den Verstand, nicht für die Vernunft.

4. Die Position des jungen F. W. J. SCHELLING (1775–1854) unterschied sich nicht von der HEGELS. Aber bereits in seiner Schrift über das »*Wesen der menschlichen Freiheit*« (1809) führt SCHELLING eine folgenreiche Unterscheidung ein. Er definiert dort die Freiheit als »Vermögen des Guten und des Bösen«.[21] Das ist neu, galt es doch der philosophischen Tradition als selbstverständlich, daß Freiheit nur die Freiheit zum Guten sein könne. Nun aber wird sie zum rein formalen substanzlosen Können. Umfaßt aber die Freiheit auch das Vermögen zum Bösen, so muß sie eine von Gott unabhängige Wurzel haben. Das aber heißt nicht weniger, als daß SCHELLING mit dieser Bestimmung einen grundlegenden Bruch mit der gesamten metaphysischen Tradition des Abendlandes seit PLATON vollzieht. Immer war dieser Tradition der Mensch als Träger der Vernunft erschienen. Geist und Vernunft galten als die dem Rang und ihrer Stärke nach bestimmenden Mächte: bestimmend sowohl im Ganzen des Seins und seiner nach der Vernunft gestuften Ordnung, bestimmend aber auch in der Natur des Menschen, die einer analog gestuften Ordnung unterliegen sollte. Der Wille war handelnder Ausdruck dieser allgemeinen Vernunft und konnte daher nur das Gute wollen. Ein die Vernunft durchkreuzendes, gleich mächtiges negatives Prinzip blieb der klassischen Tradition der abendländischen Philosophie fremd.

SCHELLING hat seinen Ansatz weiter radikalisiert. Später bestimmt er den Willen als eine Kraft, die in allem Seienden wirke. Und zwar bestimmt er diese Kraft als etwas Natürliches, als Durchsetzungskraft, Impulsivität. »Wollen ist die Grundlage aller Natur. (...) Nichtwollen ist ein ruhendes, Wollen ein entzündetes Feuer, wie wir selbst im gemeinen Leben von einem Feuer des Wollens, der Begierde reden (...). Wenn eine Begierde in uns entsteht, so ist auf einmal ein Seyn da, wo vorher keines war. Deswegen fühlen wir uns von einer Begierde bedrängt, denn sie nimmt einen Raum ein, der vorher frei war, in dem wir uns frei fühlten, und wir atmen gleichsam auf, wenn wir diese Begierde wieder loswerden. In dem Seynkönnenden liegt der Keim einer Begierde, eines Wollens. Das

---

20 G. F. W. HEGEL, Enzyklopädie der philosophischen Wissenschaften im Grundrisse (1830), § 231, in: ders., Werke in 20 Bänden, 1970, Bd. 8, 384.

21 SCHELLING, Ausgewählte Werke, Schriften von 1806–1813, 296.

Seynkönnende ist der wollen könnende Wille.«[22] Das Irrationale wird nun zum bestimmenden Weltprinzip.
Diese neuen Einsichten SCHELLINGs haben eine wesentliche Voraussetzung: den fundamentalen Bruch mit dem HEGEL*schen* Schema der Vermittlung. SCHELLING bricht mit der Überzeugung des Idealismus, daß die unteren Stufen des Seins wie der Subjektivität die unwesentlichen seien und sich daher zum Geist läutern. Das Untere ist nicht nur das Frühere, es bleibt immer das Wirkkräftigere; ständig droht es, die erreichten höheren Stufen des Geistes wieder in seinen dunklen Schlund zurückzusaugen. Eine vollständige Vergeistigung gibt es nicht. – Dies wird zur Grundüberzeugung aller großen Systeme des Irrationalismus im 19. Jahrhundert. Noch die der Aufklärung des Unbewußten verpflichtete Theorie S. FREUDs fällt ohne diese Grundannahme haltlos in sich zusammen.

IV. Der irrationale Bruch in den philosophischen Systemen des 19. Jahrhunderts und die Folgen

1. A. SCHOPENHAUER (1788–1860) ist der erste Philosoph nach dem Deutschen Idealismus, der das Wesen der Welt insgesamt als etwas Irrationales auffaßt: nicht mehr bestimmt Vernunft das Sein, sondern der dunkle Drang des Weltwillens. Diesen erfährt das Subjekt unmittelbar an seinem eigenen Leib. SCHOPENHAUER übernimmt nicht nur die Willensbestimmung des späten SCHELLING, er radikalisiert dessen Annahme eines immer im Dunkeln bleibenden Ungrunds. Alles Seiende, auf welcher Stufe es sich auch befinden mag, will im Grunde das gleiche: Egoismus ist das Siegel allen Lebens; der Wille zur Selbsterhaltung prägt alle Kreatur. SCHOPENHAUER schreibt in einem umgekehrten Cartesianismus den Intellekt gänzlich dem Willen ein: nach ihm ist er nicht nur an den Leib als Bedingung seiner Möglichkeit gebunden, der Intellekt hat keinerlei Selbständigkeit.[23]

2. Trotz aller Brüche in seinem Werk gibt es ein einheitliches Thema, das F. NIETZSCHE (1844–1900) durchgängig beibehält: das Programm einer Kritik der traditionellen Vernunft und Metaphysik. Das Programm selber ist nicht neu. Aber NIETZSCHE ist der erste, der es wagt, mit dem Grundsatz philosophischer Kritik zu brechen: seine Kritik muß sich nicht mehr vor der Vernunft selber legitimieren. »Mit Nietzsche« – so J. HABERMAS – »verzichtet die Kritik der Moderne zum ersten Mal auf die Einbehaltung ihres emanzipatorischen Gehaltes.«[24]
Das beginnt schon mit der ersten Schrift über »Die Geburt der Tragödie« (1872). NIETZSCHE unterscheidet dort als die beiden Grundtriebe, die alles andere sollen bestimmen können, das Appollinische und das Dionysische. Apollo und Dionysos, die beiden Kunstgottheiten der Griechen, verkörpern den ungeheuren Gegensatz, »der zwischen der Kunst des Bildners, der apollinischen, und der unbildlichen Kunst der Musik, als der des Dionysos, besteht. ...«[25] Die Welt Apollos ist vom Prinzip der Individuation bestimmt, vom Trieb zum Maßvollen, Gebändigten und Geformten. In völligem Gegensatz

---

22 SCHELLING, Sämtliche Werke, Bd. 13, 206f., 213.
23 W. SCHULZ, Philosophie, 401.
24 J. HABERMAS, Diskurs, 117.
25 F. NIETZSCHE, KSA Bd. 1, 25.

dazu Dionysos: Er, der Gott des Rausches und der Entgrenzung, hebt alle Unterschiede auf und überspringt alle Beschränkungen.
Bereits hier gesteht Nietzsche Dionysos den Vorrang zu: er ist nicht nur eine Gottheit der Kunst neben Apollo; Dionysos vermittelt vielmehr den Weltgrund, hinter seiner Kunst steht die Dynamik des Lebens. Nietzsche versucht nicht mehr, die Vernunft innerhalb der Geschichte zu verankern, er sucht vielmehr einen absoluten Ursprung hinter der Geschichte. Aber noch bleibt der Rückweg in den verlorenen Ursprung verriegelt: Erlösung kann es nur in der Zukunft geben. Wie die Romantik hält sich Nietzsche an Dionysos als den kommenden Gott: Die Doppeldeutigkeit Nietzsches, schwankend zwischen Kritik und Metaphysik, zeigt sich erneut in den zwei großen Wirkungssträngen, die seine Philosophie bis heute hatte: auf der Linie der kritischen Destruktion aller vorgegebenen Wahrheiten folgen ihm die Bemühungen von G. Bataille, J. Lacan und M. Foucault, die mit neuen anthropologischen, psychologischen und historischen Methoden die Entstehung der subjektzentrierten Vernunft und den Aufstand der reaktiven Kräfte zu analysieren versuchen. Auf der Linie einer Kritik der Metaphysik, die den Ursprung in vorhistorische Zeiten verlegt und das Sonderwissen der Eingeweihten für sich beanspruchen muß, bewegt sich vor allem die späte Philososphie Martin Heideggers – und in neuerer Zeit J. Derrida.

3. Das Einheitsstiftende in der Lebensphilosophie, einer in sich sehr unterschiedlichen Bewegung, war der Begriff des Lebens. Durchgängig erscheint er als Kampfbegriff. Die emphatische Betonung des Lebens gegenüber der abstrakten Vorherrschaft des Verstandes empfiehlt, alle Kräfte im Menschen zu entfalten, vor allem auch die irrationalen Kräfte des Gefühls und der Leidenschaft. Hier nur liege schöpferische Kreativität. Leben ist Quelle, aber es hat keinen Grund. Es ist ein letztes schöpferisches Prinzip, das sich selber ständig vermehrt, immer über sich hinausschreitet und daher der Bewegung eines permanenten Transzendierens unterliegt. Eine besondere Position innerhalb dieser Bewegung vertritt W. Dilthey (1833–1911). Er entwickelte die Idee einer geschichtlichen Lebensphilosohie. Diese studiert alle gestalteten Formen als Objektivierungen des Lebens, bei dem sich das scheinbar feste Wesen des Menschen in den Prozeß der Geschichte auflöst und verwandelt.

4. In der Nachfolge S. Kierkegaards stellt die Existenzphilosophie die irrationalen Grunderfahrungen der Angst und der Verzweiflung ins Zentrum ihres Denkens. Von da aus wollte sie einen neuen Zugang zur Metaphysik eröffnen. In den Situationen der Angst und der Verzweiflung, in denen sich alles Sichere zu zersetzen scheint, wird der Mensch aus allem fragwürdigen Äußeren, das nur scheinbar Halt geben kann, zurückgeworfen auf seinen innersten, letztlich nicht mehr bestimmbaren Kern, den diese Denkrichtung mit dem ebenfalls Kierkegaard entnommenen Begriff der Existenz bezeichnet. Es ist ihr Schlüsselbegriff, unter dem sie den ansonsten sehr unterschiedlichen Ansätzen ein gemeinsames Dach bieten konnte.

V. Die strukturelle Veränderung des Irrationalen durch die Entdeckung des Unbewußten bei S. FREUD (1856–1939)

Erneut formuliert FREUD den Bruch mit dem Cartesianismus. Das Bewußtsein ist nicht mehr unhinterfragbare Quelle der Wahrheit. Im Gegenteil, es ist vor allem falsches Bewußtsein: Verkennung eines eigentlich darunter liegenden triebhaften Begehrens, das im Konflikt mit den Normen der Gesellschaft, die es verinnerlicht hat, weder vor sich noch vor den Anderen die Wahrheit einzugestehen wagt. Diese Figur der Entlarvung verbindet FREUD mit MARX und NIETZSCHE.
Die psychoanalytische Interpretation der manifesten Tatsachen des Bewußtseins folgt einer doppelten Bewegung: erstens einer Bewegung der Negation, die die Lügen und Illusionen des Bewußtseins destruiert, zweitens aber bahnt diese Kritik des Bewußtseins zugleich den Weg für die Restituierung des ursprünglichen Sinns – eines Sinns, der den Täuschungen des Bewußtseins gerade zum Opfer gefallen war. FREUD*s* Ansatz enthält daher beides im gleichen Akt: Destruierung und Erweiterung des Bewußtseins.
Was bisher vage das Irrationale genannt worden war, spezifiziert FREUD unter dem Begriff des Unbewußten. Aber selbst darin ist er nicht der Einzige. Im engeren Bereich der Psychologie hatten vor ihm bereits J. F. HERBART und vor allem der Philosoph TH. LIPPS unbewußte oder auch unterbewußt genannte Vorstellungen des Bewußtseins postuliert.[26] Ähnliches gilt auch für das System E. VON HARTMANN*s*.[27] FREUD ist jedoch der erste, der nicht nur entdeckt, daß unter dem Text des Bewußtseins ein zweiter, unbewußter Text liegt, den man ausgraben muß; er entdeckt vielmehr, daß dieser Text anders ist: seine Fremdartigkeit ist es nicht zuletzt, die ihn vor den Augen des Bewußtseins unerkannt bleiben läßt. Will man das Irrationale erkennen, so muß man die Sprache studieren, in der es sich ausdrückt und – so FREUD*s* Entdeckung – man wird dabei feststellen, daß diese durchaus Gesetzmäßigkeit, Logik und Sinn hat. Diese Kunst der Dechiffrierung hat FREUD zum erstenmal in großem Stil am Beispiel des Traums bewiesen. *»Die Traumdeutung«* (1900) gilt nicht umsonst als das Schlüsselwerk der Psychoanalyse. Hier hat er die verschiedenen Mechanismen entdeckt, mit deren Hilfe der unbewußte Wunsch sich in einem Traum darstellen darf, ohne dem Bewußtsein anstößig zu scheinen.[28]
Wenn NIETZSCHE oder MARX die Äußerungen des Bewußtseins als mehr oder weniger geschickte Verhüllungen eines darunter liegenden materiellen Interesses lesen, so geht FREUD in einem entscheidenden Schritt darüber hinaus, weil er – jenseits der Rückführung auf einen zugrundeliegenden Wunsch – sein Augenmerk vor allem auf das Studium der Verhüllung legt. Nur dieser genauen Formbestimmung ist es zu verdanken, daß FREUD nicht nur unbewußte Prozesse erkennen konnte, sondern zum erstenmal auf dieses Wissen eine therapeutische Praxis aufbauen konnte, der es gelang, den in psychische und körperliche Symptome geronnenen Konflikt zwischen den moralischen Ansprüchen des Bewußtseins und den unaufhebbaren Wünschen des Unbewußten durch die Verwandlung der Ausdrucksformen des Unbewußten in die Sprache des Bewußtseins

[26] J. F. HERBART, Psychologie als Wissenschaft neu gegründet auf Erfahrung, Metaphysik und Mathematik, 1824/5, sowie: TH. LIPPS, Grundtatsachen des Seelenlebens, 1883.
[27] E. v. HARTMANN, Philosophie des Unbewußten – Versuch einer Weltanschauung, 1869.
[28] S. FREUD, Das Unbewußte (1915), in: ders., Studienausgabe Bd. III, 1975, Kap. V.

aufzulösen. Die Einsicht in den logischen Aufbau eines neurotischen Symptoms macht seinen praktischen Abbau möglich.
Weil es jedoch Triebe sind, die sich unter den Illusionen des Bewußtseins verbergen, enthalten sie in ihren unbewußten Triebrepräsentanzen die ältesten und stärksten Wünsche des Menschen, Wünsche, die FREUD unsterblich nennt, weil sie nur verwandelt, niemals aber aufgehoben werden können. Psychoanalytische Aufklärung sieht sich daher mit Schwierigkeiten konfrontiert, von denen man zuvor wenig geahnt hat: die Verwandlung eines in den Trieben verankerten unbewußten Wunsches in bewußte Gedanken produziert Widerstände, die nicht nur dem Unwillen eines Bewußtseins zuzuschlagen sind, das seine Illusion nicht auflösen will. Dieser Prozeß meint letztlich nichts Geringeres als Verwandlung innerer Natur in Kultur. Alle Vermittlung zum Geistigen jedoch bleibt unvollständig; immer gibt es die Möglichkeit der Regression, die Vernunft bleibt nur zeitweise Sieger.

VI. Religionswissenschaft

In der Religion nimmt das Irrationale prinzipielle Bedeutung an. Denn religiöse Deutungssysteme unterscheiden sich von anderen vor allem darin, daß ihr Geltungsgrund »auf unbezweifelbare, kollektiv verbindliche und autoritativ vorgegebene Prinzipien zurückgeführt wird.«[29] Grundlage aller Religion ist demnach etwas, was sich vor der Vernunft nicht mehr ausweisen kann – und das in aller Regel auch nicht will. Religion und Glaube haben daher notwendigerweise ein prinzipiell irrationales Fundament. Notwendig zu den Religionen als solchen gehörend, wird diese irrationale Grundlage anstößig dann, wenn der Glaube die Unschuld seiner naiven Überzeugung verloren hat, aber nun, innerhalb einer wissenschaftlich gewordenen Welt, die alte Traditionen weitgehend zersetzt hat, dem Zeitgeist folgend versucht, Religion und Glaube in den Rang einer wissenschaftlich gesicherten Tatsache zu erheben. Genau dies jedoch war das Programm der Religionsphänomenologie, die einen naiv-realistischen Begriff von der Wirklichkeit religiöser Phänomene hat und damit – frei von jeder reflexionsphilosophischen Bedenklichkeit – dogmatisch »einen objektiven, d. h. aus der Sicht des wissenschaftlichen Betrachters gegebenen Gegenstand meint, der selbst (also nicht bloß die Vorstellungen über ihn) zum Objekt religionswissenschaftlicher Forschung gemacht werden soll.«[30] Offen bekennt das F. HEILER (1892–1967): »Alle Religionswissenschaft ist letztlich Theologie, sofern sie es mit dem Erlebnis jenseitiger Realitäten zu tun hat.«[31] Ganz ähnlich N. SÖDERBLOM, der verspricht, »Gott aus der Religionsgeschichte beweisen« zu können.[32]
Spätestens seit KANTs Kritik der reinen Vernunft gehört es zum verbindlichen Stand theoretischen Wissens, diese Formen der Anmaßung der Vernunft über ihre Grenzen hinaus zurückzuweisen. Wissenschaft und die Glaubensüberzeugungen von Religion

---

[29] B. GLADIGOW, »Gegenstände und wissenschaftlicher Kontext von Religionswissenschaft«, in: HrwG Bd. 1, 26–38, hier 34.
[30] Ders., a.a.O., 30.
[31] F. HEILER, Erscheinungsformen und Wesen der Religion (1961), ²1979, 17.
[32] N. SÖDERBLOM, The living God (1933), dt.: Der lebendige Gott im Zeugnis der Religionsgeschichte, hrsg. v. F. HEILER, 1944.

und Theologie schließen sich notwendig aus. Ebensowenig kann auf der Basis eines Erlebnisses ein wissenschaftlicher Beweis geführt werden. Beides, die Identifizierung von Wissenschaft und Religion sowie die Erfahrung eines religiösen Erlebnisses, stehen auch für G. MENSCHING vorkritisch im Zentrum seines Ansatzes: »Religion ist erlebnishafte Begegnung des Menschen mit heiliger Wirklichkeit und antwortendes Handeln des vom Heiligen existentiell irgendwie bestimmten Menschen.«[33]
Nicht weniger irrational, jedoch das eigentlich theologische Zugangsschema sprengend, sind all jene Konzepte, die den zentralen Gegenstand von Religion als Macht definieren. Nach N. SÖDERBLOM (1866–1931), der dezidiert das Heilige als Manifestation von Macht beschrieben hatte, befestigt vor allem G. VAN DER LEEUW (1890–1950) diesen Ansatz.[34] Gerichtet waren diese Ansätze gegen E. DURKHEIMs soziologische Erklärung; nach ihm ist Religion Ausdruck der dunklen Vorstellungen, die die Menschen von ihren gesellschaftlichen Beziehungen haben und die sie religiös überhöhen. In schroffem Gegensatz hierzu verkehrt VAN DER LEEUW diese Erklärungsrichtung, die nach den gesellschaftlichen Entstehungsbedingungen von Macht fragt, und hypostasiert stattdessen reale gesellschaftliche Machtverhältnisse im Begriff des Heiligen zu einer überhistorischen, unerklärbaren substantiellen Realität von Macht. Diese Verschleierung und Hypostasierung eines gesellschaftlichen Phänomens durch Verwandlung in ein religiöses gehört in den Bereich des Irrationalismus.
Berühmt geworden ist das Irrationale innerhalb der Religionswissenschaft durch RUDOLF OTTO (1869–1937). Sein vielbeachtetes Buch aus dem Jahre 1917 über das Heilige schlug im Untertitel das Thema an: *»Über das Irrationale in der Idee des Göttlichen und sein Verhältnis zum Rationalen«*. Nach OTTO ist es für alle theistischen Vorstellungen wesentlich, daß sie die Gottheit in klaren und deutlichen Begriffen fassen, wodurch sie eine religiöse Überzeugung in klaren Begriffen möglich machten. Diese – in OTTOs eigenwilliger Kantauslegung »rational« genannten – Begriffe jedoch können das Wesen der Gottheit bei weitem nicht erschöpfen. Unter diesen rationalen Formen der Beschreibung, bleibe der eigentliche Gegenstand immer noch unerkannt. Niemals könnten ihn die rationalen Begriffe erreichen, denn er verlange, seiner spezifischen Besonderheit entsprechend, eine ganz eigene, dem rationalen Denken unzugängliche Erkenntnisweise. Erst hier zeige sich das eigentlich Religiöse.
OTTO konstruiert einen »Gegensatz von Rationalismus und tieferer Religion«.[35] Rationalismus und Religion verhalten sich demnach umgekehrt proportional: je tiefer, desto irrationaler, je rationaler, desto oberflächlicher. Zweierlei wird hierbei vorausgesetzt: Erstens eine moralische Wertung, die irrationale Tiefe gegen die oberflächliche Begrifflichkeit der Ratio setzt. Zweitens eine ontologische Grundannahme: es gibt diese Tiefe, und sie ist das eigentlich Wesentliche, auch wenn sie sich nicht mehr begreifen läßt.

Wenn auch Erkenntnis diese Tiefe nicht auslotet, so muß sie sich doch auf irgendeine Art zeigen, sollen wir etwas von ihr erfahren können: Sie zeigt sich im Gefühl. Das Gefühl allein – nicht Bewußtsein, Verstand oder Vernunft – biete einen Zugang zum Innersten der Religion; ja, ohne das Gefühl »wäre sie gar nicht Religion«.[36] Nicht zergliedernde Erkenntnis, sondern sammelndes Auslegen der Zeichen des Heiligen ist

---

[33] G. MENSCHING, Die Weltreligionen (o. J.), 284.
[34] G. VAN DER LEEUW, Phänomenologie der Religion (1933), ^{2}1956, 9.
[35] R. OTTO, Das Heilige, 2.
[36] Ders., a.a.O., 6.

daher die Aufgabe einer so verstandenen Religionswissenschaft, die nicht Wissen, sondern eine autoritativ verkündete Lehre zum Ziel hat, die – man ahnt die impliziten Vorurteile gegen den zersetzenden und krankmachenden Geist der Aufklärung – ganz im Trend der Zeit eine »gesunde Lehre« sein wollte: »Zugleich stellt uns aber das Irrationale in diesem Sinne eine bestimmte Aufgabe: nämlich die, uns nicht mit seiner bloßen Feststellung zu beruhigen und nun dem Belieben und dem schwärmenden Gerede Tür und Tor zu öffnen, sondern in möglichst nahekommender ideogrammatischer Bezeichnung seine Momente so fest zu legen wie möglich und auf diese Weise das was in schwankender Erscheinung bloßen Gefühles schwebte zu festigen mit dauernden ›Zeichen‹, um so zu Eindeutigkeit und Allgemeingültigkeit der Erörterung zu kommen und ›gesunde Lehre‹ zu bilden, die feste Fügung hat und objektive Gültigkeit erstrebt auch wenn sie statt mit adäquaten Begriffen nur mit Begriffs-Symbolen arbeitet.«[37]
Von daher ergibt sich die Auslegung in den ebenso vagen, wie schauervoll erhaben wirkenden Umschreibungen des Numinosen und seiner verschiedenen Momente. Den methodischen Zugang versucht OTTO – immanent konsequent – über das Gefühl herzustellen. Aber der Sprachduktus, in den er dabei verfällt, verweist nicht nur auf die theoretische Unmöglichkeit dieses Ansatzes, sondern auch auf seine praktische Gefahr: »Wir fordern auf, sich auf einen Moment starker und möglichst einseitiger religiöser Erregtheit zu besinnen. Wer das nicht kann oder wer solche Momente überhaupt nicht hat, ist gebeten nicht weiter zu lesen. Denn wer sich zwar auf seine Pubertäts-gefühle, Verdauungs-stockungen oder auch Sozial-gefühle besinnen kann, auf eigentümlich religiöse Gefühle aber nicht, mit dem ist es schwierig, Religionskunde zu treiben.«[38]
Wissenschaft kann das nicht sein, allenfalls mag so eine sich gegenseitig der gleichen Gefühle versichernde, ebenso elitär wie ausschließend sich gebärdende Gemeinschaft zu gründen sein. Die Unmöglichkeit immanenter theoretischer Begründung korrespondiert mit einer vorweggenommenen, aggressiven Ausgrenzung all derer, die nicht von vornherein auf derselben Wellenlänge der Gefühle sich einschwingen können: solche sind gebeten, nicht weiter zu lesen. Aber nicht genug damit, sie werden beschimpft und für moralisch minderwertig erklärt: Pubertäts- und Sozialgefühle erscheinen auf derselben verächtlichen Linie, und wem Gefühle »religiöser Erregtheit« nicht in der Erinnerung abrufbar bereit liegen, dem traut OTTO allenfalls Sinn und Gefühl für seine Verdauungsstockungen zu.
Dies scheint ein inneres Strukturprinzip aller Ansätze, die sich auf die bloße Privatheit eines Gefühls berufen, dem sie zutrauen, als Prinzip einer gemeinsamen Überzeugung fungieren zu können: Begründen heißt jedoch, sich von der Unmittelbarkeit und Privatheit des Gefühls zu entfernen und im Medium einer allgemeinverständlichen Sprache das herrische Pochen auf die absolute Gewißheit des eigenen Gefühls aufzugeben. Wer Gründe anführt, gesteht damit zu, nicht mehr im Besitz einer fertigen Wahrheit zu sein; er muß den Verzicht auf die absolute Wahrheit auf sich nehmen. Umgekehrt OTTO. Autoritativ vorgetragene Lehre, Appell an das Gefühl, imaginäre Vereinnahmung all derer, die sich gerne im Besitz von Tiefe und Wahrheit wähnen: das gehört notwendig zusammen. Ein solcher Ansatz ist nicht einfach irrational, weit schlimmer: er muß alle Andersdenkenden ebenso rücksichtslos wie unbegründet ausstoßen.

---

[37] Ders., a.a.O., 7.
[38] Ders., a.a.O., 8.

Dem Werk OTTOs folgt auf der Linie einer dogmatisch vorausgesetzten Gewißheit auch MIRCEA ELIADE. Sein Buch: »*Das Heilige und das Profane – Vom Wesen des Religiösen*« (1957) lebt von der dogmatischen Grundthese: »Das Heilige manifestiert sich«. Da Geschichte nach ELIADE immer auch mit der Entfernung vom absoluten Ursprung eine Minderung des Heiligen nach sich zieht, sieht er die Aufgabe einer Religionswissenschaft nicht zuletzt darin, daß sie mit der Rückkehr zu den Quellen des Heiligen und Wirklichen auch die Befreiung des Menschen aus der Geschichte vollzieht: statt Wissenschaft betreibt er Soteriologie.

Literatur

BATAILLE, G., Das theoretische Werk, hrsg. v. G. BERGFLETH, 1975; BOHRER, K.-H. (Hrsg.), Mythos und Aufklärung, 1932; CASSIRER, E., Die Philosophie der Aufklärung, 1932; ELIADE, M., Das Heilige und das Profane – Vom Wesen des Religiösen, 1962, [2]1984; DEVEREUX, G., Angst und Methode in den Verhaltenswissenschaften, 1967, dt. 1973; DILTHEY W., Gesammelte Schriften, 1959ff.; DURKHEIM, E., Die elementaren Formen des religiösen Lebens, übers. v. L. SCHMIDTS, 1981; DUERR, H.-P., Traumzeit – Über die Grenze zwischen Wildnis und Zivilisation, 1978; ders. (Hrsg.), Der Wissenschaftler und das Irrationale, 2 Bde., 1981; FICHTE, J. G., Fichtes Werke, hrsg. v. J. H. FICHTE (fotom. Ndr. von J. G. Fichtes Sämmtl. Werke, 1845/46); ders., nachgelassene Werke, 3 Bde., 1834/35; FREUD, S., Studienausgabe in 10 Bänden, hrsg. v. A. MITSCHERLICH, A. RICHARDS, J. STRACHEY, 1972; FUNKE, G., Die Aufklärung in Selbstzeugnissen, [3]1963; HABERMAS, J., Der philosophische Diskurs der Moderne, 1985; HEGEL, G. W. F., Werke in 20 Bänden, 1969; HEIDEGGER, M., Sein und Zeit, [14]1977; HERDER, J. G., Sämtl. Werke in 37 Bänden, hrsg. v. B. SUPHAN, 1877–1913; ders., Auch eine Philosophie der Geschichte zur Bildung der Menschheit (Nachwort von H.-G. GADAMER), 1969; HOFFMANN, E. T. A., Werke in vier Bänden, 1967; KANT, I., Werke in 10 Bänden, hrsg. v. W. WEISCHEDEL, 1975; Klopstock, F. G., Werke und Briefe, begr. v. H. BECK, hrsg. v. H. GRONEMEYER, 1974; VAN DER LEEUW, G., Phänomenologie der Religion, [2]1956; MAIMON, S., Ges. Werke, hrsg. v. V. VERRA, 1970; MARQUARD, O., Transzendentaler Idealismus – Romantische Naturphilosophie – Psychoanalyse, 1987; NIETZSCHE, F., Sämtliche Werke. Kritische Studienausgabe in 15 Bänden (KSA), hrsg. v. G. COLLI und M. MONTINARI, 1980; OTTO, R.: Das Heilige – Über das Irrationale in der Idee des Göttlichen und sein Verhältnis zum Rationalen (1917), [44]1987; PLATON, Sämtl. Werke in der Übers. v. F. Schleiermacher, rde 1958; ROUSSEAU, J.-J., Schriften, hrsg. v. H. RITTER, o. J.; SCHELLING, F. W. J., Ausgewählte Werke (repr. Ndr. aus: ders., Sämtl. Werke), 1967; SCHILLER, F., Sämtl. Werke, hrsg. v. G. FRICKE und H. G. GÖPFER, [4]1967; SCHLEGEL, F., Kritische Ausgabe in 35 Bänden, hrsg. v. A. HÜBSCHER, 1937–42, [2]1945–50; SCHULZ, W., Die Vollendung des Deutschen Idealismus in der Spätphilosophie Schellings, 1955; ders., Philosophie in der veränderten Welt, 1972; STAROBINSKI, J., Die Erfindung der Freiheit – 1700–1789, 1988; ders., 1789 – Die Embleme der Vernunft, hrsg. v. F. A. KITTLER, o. J.

Hanna Gekle

→ *Aggression, Angst, Frustration, Kompensation, Mystik, Mythos*

Jenseits

A Allgemein I. Umgangssprachlich II. Religionswissenschaftlich B Systematik I. Lage des Jenseits II. Inhaltliche Ausgestaltung III. Vorläufiges und endgültiges Jenseits IV. Beziehungen zwischen Diesseits und Jenseits C Geschichtliche Entwicklung

A Allgemein

I. Umgangssprachlich

Das seit dem 16. Jahrhundert belegte *jenseits* bezeichnet ebenso wie das weiter benutzte *jenseit*[1] in der räumlichen Grundbedeutung die vom Sprecher entferntere (»jene«), bald deutlicher die gegenüberliegende, andere Seite (z. B. eines Flusses), in übertragenem Sinne jedes »darüber hinaus« und schließlich wie z. B. in FR. NIETZSCHES *»Jenseits von Gut und Böse«*[2] die Überwindung eines bestimmten Zustandes, hier der traditionellen Moral, auf einen außer- oder übermoralischen hin. Die mit der Präposition gemeinte Unterscheidung zweier verschieden scharf getrennter Seiten haftet auch der substantivierten Form *(das) Jenseits* an, wobei nicht erst nach heutigem Sprachgegebrauch der Tod als Grenze mitgedacht wird. Diese Bedeutung konnte sich im Deutschen, den romanischen und einigen anderen westlichen Sprachen durchsetzen, weil der Mensch nach christlicher Auffassung nach dem Tode nicht einfach weiterlebt, sondern in einen vom irdischen normalerweise abgesonderten Existenzbereich eingeht. Da aber dieser Existenzbereich nicht nur einer ist und keiner dieser postmortalen Zustände die allerletzte Bestimmung ausmacht, bezeichnet *Jenseits* zugleich den kollektiv eschatologischen Ausblick, den endgültigen Zustand von Welt und Menschheit als ganzer. Dadurch wird der ursprünglich reine Richtungsname schon in den christlich geprägten Umgangssprachen zur zusammenfassenden Bezeichnung einer Reihe verschiedener Zustände, die trotz qualitativer Unterschiede rein formal durch ihre Trennung vom und ihren Gegensatz zum *Diesseits* gekennzeichnet sind.

II. Religionswissenschaftlich

Die ihrer Intention nach bekenntnisfreie Religionswissenschaft sucht die christlichen Konnotationen abzustreifen und erweitert den Begriff zur umfassenden Bezeichnung des von den meisten Religionen verkündeten Bereiches, der das irdische Leben und die sichtbare Welt ergänzt, übersteigt oder ihr weitgehend analogielos gegenübersteht. Vielfach bildet er sogar ein Synonym für das Fortleben nach dem Tode, mag dieses in einer eigenen, durch scharfe Grenzen von der irdisch-jetzigen abgetrennten Welt verlaufen oder nicht. Doch selbst wenn nur ein eigener Existenzbereich gemeint ist, wird selten

---

1 GRIMM, J. u. W., Deutsches Wörterbuch 4,2 (1877) 2310–12.

2 FR. NIETZSCHE, Jenseits von Gut und Böse. Vorspiel einer Philosophie der Zukunft, 1886.

prinzipiell[3] zwischen Religionen unterschieden, die sich fast nur mit dem postmortalen Geschick des einzelnen beschäftigen und deshalb lediglich ein im Kern qualitativ unveränderliches Jenseits annehmen, und solchen, die einem endgültigen Jenseits von Welt und Menschheit verschiedene Formen provisorischer Zwischenzustände vorschalten. Den Religionen selbst fehlt eine derart globale Bezeichnung zumeist völlig, so daß beispielsweise für die biblisch-jüdische Tradition eine Zusammenfassung nicht nur der Unterwelt *(scheol)* bzw. des später weitgehend damit identifizierten alten Strafortes *gehinnom* und der »kommenden Welt«, sondern schon dieser »kommenden Welt« mit den Aufenthaltsorten der Toten bis zu ihrem Anbruch unter dem Oberbegriff »Jenseits« irreführend ist. Die hinduistisch-buddhistische Theorie schließt eine derartige begriffliche Zusammenfassung der vorübergehenden Himmel/Höllen und des Versinkens im All-Einen vollends aus, weil auch alle Zwischenzustände, mögen sie noch so weltfern konzipiert sein, dem »Diesseits« zuzurechnen sind. Außerdem verdeutlichen die in den einzelnen Religionen selbst geläufigen Bezeichnungen die Andersartigkeit des je gemeinten »Jenseits«, im Rahmen bestimmter kosmologischer Anschauungen etwa als *hyperkósmios*.[4] Und selbst reine Richtungsnamen wie *illuc* (»dorthin«) oder *illic* (»dort«)[5], *ekeíse* (»dorthin«), *(ta) epékeina* (»das Jenseitige«)[6], die seit den Pyramidentexten[7] allenthalben in der Welt der Religionen begegnen, sind im jeweiligen Kontext vergleichsweise eindeutiger bestimmt als das von außen herangetragene, metasprachliche »Jenseits«. Deshalb muß sich der Systematiker, der auf die Vokabel nicht ganz verzichten will, stets vor Augen halten, daß »Jenseits« zahllose, großenteils nicht miteinander zu vereinbarende Details über ein Fortleben des Menschen nach dem Tode und dem Ende der Welt in einem eigenen Existenzbereich auf ein einziges formales Element reduziert, dessen Heraushebung die konkreten Strukturen vieler einzelreligiöser Traditionen nur zu leicht verwischen oder gänzlich verzerren kann. Diese Gefahren, die vielen Fachtermini anhaften, beim vorliegenden aber besonders deutlich werden, haben eine auffallend uneinheitliche Verwendung des Begriffs in der Fachliteratur zur Folge. Während er in beschreibendem Kontext häufig unter Zuhilfenahme originärer Bezeichnungen der gerade behandelten Tradition spontan einfließt und ohne die Gefahr gröberer Mißverständnisse einfließen darf, suchen vergleichend-systematische Arbeiten ganz offensichtlich möglichst ohne den Begriff auszukommen. FR. KÖNIG[8] nimmt »Jenseits« gar nicht erst unter die »religionswissenschaftlichen Grundbegriffe« auf, auch in der RGG fehlt das Stichwort.[9] Manche Reallexika verzeichnen es, verweisen aber sogleich weiter[10], so die »*Enciclopedia delle Religioni*« auf »*escatologica*«, das »*Lexikon für Theologie und*

---

[3] So besonders deutlich K. GOLDAMMER, Formenwelt des Religiösen (= Kröner Taschenbuch 264) 1960, 483f.

[4] Beleg u. weitere Beispiele für Begriffe und Vorstellungen, die in den ersten Jahrhunderten die christl. und außerchristl. Philosophie gemeinsam kannte: A. KEHL, Der Psalmenkommentar von Tura Quaternio IX (= Papyrologica Coloniensia 1) 1964, 173–175.

[5] Z.B. CICERO, Tusculanae disputationes 1,75 mit POHLENZ' Kommentar.

[6] PLATON, Phaedon 117c. 112b; weitere Belege zu diesen Begriffen bei H. G. LIDDELL, R. SCOTT, Greek-English Lexicon, 91940 mit Supplement 1968.

[7] Z.B. Nr. 382 mit K. SETHES Kommentar.

[8] FR. KÖNIG, Religionswissenschaftliches Wörterbuch. Die Grundbegriffe, 1956.

[9] Lediglich in der 2. Aufl. erscheint es im Registerband, 427.

[10] Vgl. Art. »al dilà«, in: EdR 6 (1973) 13.

Kirche« (LThK) für den religionswissenschaftlichen Teil auf »Eschatologie, Himmel, Unterwelt«[11] und A. ANWANDER unter »Jenseits – Diesseits« auf »Tod, Unsterblichkeit, Gott, Welt, Transzendent«.[12] Auch Standardwerke zur Kultur und Religion einzelner Sprachbereiche (z. B. Bibel, Judentum, griechisch-römische Welt, Islam) übergehen »Jenseits«, verweisen nur ausnahmsweise auf »Leben nach dem Tode«, »Unterwelt« und dergleichen oder entschärfen den Begriff zu »Jenseitsvorstellungen«. Kaum weniger zurückhaltend verfahren Handbücher vergleichend-systematischen Zuschnitts.[13] Wie berechtigt solche Vorsicht ist, verdeutlicht ein Blick auf das Datenmaterial unter den für »Jenseits« konstitutiven Rücksichten.

B Systematik

Die Jenseitsvorstellung setzt den Übergang des ganzen Menschen (vgl. bibl. *nephesch,* ntl. *»psyche«*) oder eines Teils (z. B. vom Körper lösbare → Seele(n)) aus dem augenblicklichen in einen anderen Zustand voraus.[14] Was genau weiterlebt, beantwortet die jeweilige Anthropologie. Wenn auch der »Jenseitsbegriff« erst durch das je Weiterlebende voll verständlich wird, läßt er sich doch unabhängig davon entfalten.

I. Lage des Jenseits

1. *Im Grab:* Wahrscheinlich erwuchs schon in vorgeschichtlichen Kulturen aus der verbreiteten Sitte der Erdbestattung die Vorstellung, daß sich »die Seele(n)« der Verstorbenen zumindest einige Zeit nach dem Tode im Grabe oder seiner näheren Umgebung aufhalten, Jenseits also soviel wie »Grab« bedeutet. Ovale Grabformen, an den Wänden von Bestattungsplätzen eingeritzte Vulvae und dergleichen könnten darauf hindeuten, daß man in den Schoß der Erdmutter einzugehen glaubte, um daraus wiedergeboren zu werden.[15]

2. *Auf der Erdoberfläche:* Eigene Jenseitsbereiche, in die Verstorbene, unter Umständen nach einer Wartezeit im Grabe, eingehen, werden häufig auf der Erdoberfläche, auf Bergen, Inseln, am Rande des Kulturlandes, z. B. »hinter dem Wald« oder »jenseits der Steppe«, lokalisiert. Besonders wenn wie in Mesopotamien die weite räumliche Entfernung von der Welt der Lebenden betont wird (»jenseits des Weltmeeres«, »am äußersten Ende der Erde«), sucht man es überwiegend in Richtung der untergehenden Sonne, im Westen.

---

[11] Bd. 5^2 (1960) 890.

[12] A. ANWANDER, Wörterbuch der Religion, ^{2}1962, 265.

[13] G. MENSCHING u. G. VAN DER LEEUW gehen äußerst sparsam damit um, setzen die Bedeutung aber als bekannt voraus; vgl. MENSCHING, Die Religion, 1959, 36. 205 u. VAN DER LEEUW, Phänomenologie der Religion, ^{2}1956, 359/66. Selbst Monographien wie WITTE, Das Jenseits im Glauben der Völker, sehen zu klaren Festlegungen keinen Anlaß.

[14] Zur »Ganztodlehre« s. u. B III 2.

[15] Näheres mit Belegen bei H. P. DUERR, Traumzeit, 1985, 46 mit Anmerkungen.

3. *Unter der Erde:* Wasserlöcher, Höhlen, Erdspalten, der Grund von Seen oder der Boden des Meeres sind bevorzugte Orte für unterirdische Totenreiche. Wie die oberirdischen sind sie durch einen Fluß, eine enge Schlucht oder einen trotz räumlicher Nähe als weit und gefahrvoll beschriebenen Weg von der Welt der Lebenden getrennt; doch prinzipiell ist weder Lebenden der Zugang (vgl. Gilgamesch) noch dort Weilenden ein zumindest zeitweises Entkommen möglich. Strenggenommen liegen auch diese Totenreiche deshalb im Diesseits, und in den Religionen selbst werden diese durchwegs älteren Vorstellungen häufig erst durch spätere Interpretationen von dieser Welt weg in eine andere gerückt.

4. *Über der Erde:* Beides gilt auch von vielen Toten- oder Seelenreichen am Himmel, wo Verstorbene als Sterne, in der Milchstraße und dergleichen fortlebend gedacht werden.

5. *In der Gemeinschaft mit Göttern oder vergöttlichten Ahnen:* Dem Diesseits gehören letztlich auch viele der Totenreiche an, die sich in oder auf einem Götterberg oder anderen Aufenthaltsorten von Göttern oder vergöttlichten Ahnen über, auf oder unter der Erde, in deren Gemeinschaft die Toten fortleben, befinden.

6. *Lokal nicht gebundenes Jenseits:* Die Erhöhung der Götter ins Außerirdische, ganz Andere, trennt, wahrscheinlich in Verbindung mit der Feuerbestattung, den Aufenthaltsort der Verstorbenen prinzipiell vom Diesseits und den hier Lebenden. Die Lage ist nun nicht mehr auf die irdische Geographie zu beziehen und die Wege für Lebende hinüber und für Verstorbene herüber sind, von seltenen Wundern abgesehen, grundsätzlich versperrt.

II. Inhaltliche Ausgestaltung

Parallel zur Abkopplung des Jenseitsbereiches von der Geographie dieser Welt verläuft die inhaltliche Ausgestaltung. Da Wiedergeburt zu einem neuen Leben unter den jetzigen raumzeitlichen Bedingungen definitionsgemäß im Diesseits verläuft, kann von einem Jenseits nur gesprochen werden, wenn sich Modalitäten verändern.

1. *Verschlechterung:* Vorstellungen von einem Weiterleben in einem Gräberreich oder als Gespenst in der Welt der Lebenden implizieren nicht notwendig die Idee eines eigenen Existenzbereiches. Deshalb gehört als bekannteste Form nur das Schattenreich der Toten hierher, wie es z.B. aus Babylon *(arallû)*[16], dem alten Israel *(scheol)*[17] oder dem alten Hellas *(hades)*[18] besonders gut bekannt ist. Dem Zugriff jener Götter, die die Geschicke der Lebenden lenken, entzogen, wird dieses Reich allgemein mit Trauer erwartet und gefürchtet, weil die bisherige Existenz hier zu einem schlafähnlichen, schemenhaften

---

16 A. Jeremias, Hölle u. Paradies bei den Babyloniern (Alter Orient 1,3), 1900.

17 H. Maag, Tod und Jenseits nach dem alten Testament, in: Schweizer Theolog. Umschau 34 (1964) 17–37.

18 W. F. Otto, Die Götter Griechenlands, ³1947, 257ff.

Dämmerzustand verkümmert. Ausgesprochene Höllenqualen gehören nur in Ausnahmefällen dazu (vgl. die Mythen von Sisyphos oder Tantalos).

2. *Steigerung:* Wie die Verschlechterung erstreckt sich auch die Steigerung auf den Menschen und seine gesamte jenseitige Umgebung, läßt aber erheblich größere Variationen und entsprechend vielfältigere Kombinationsmöglichkeiten zu. Die Umgebung, in die die Toten versetzt werden, kann sich von bedeutenden Verbesserungen gegenüber dem Diesseits über reich ausgeschmückte Paradiese, in denen auf Bedingtheiten dieser Welt kaum Rücksicht genommen wird, bis zum ausgesprochenen Schlaraffenland steigern, das in Hülle und Fülle alles bereithält, was ein Mensch sich nur wünschen mag. Rezente Stammesreligionen, der Rig-Veda oder das alte Ägypten kennen solche »Inseln der Seligen«. Vielfach ohne erkennbaren Bezug zur je entworfenen Umgebung reichen die Möglichkeiten der Verstorbenen von einfacher Potenzierung bereits im Diesseits verfügbarer Kräfte und Fähigkeiten über zahlreiche Kombinationen überirdischer Machtwirkungen bis hin zur Göttergleichheit, etwa mit Osiris in Ägypten oder den Heilandsgottheiten in den Mysterienkulten. Den Höhepunkt bezeichnet die Überwindung der letzten Fessel, der Individualität im uns vertrauten Sinn, entweder in einer unsagbar innigen Gemeinschaft mit einem transzendenten Gott, wie im Christentum[19], oder dem Versinken in einer letzten beseligenden Wesenheit, wie im Brahmanismus der Upanishaden oder dem frühen Buddhismus.

3. *Doppeltes Jenseits:* Neben dem Glauben, daß praktisch alle Verstorbenen in ein und dasselbe Jenseits gelangen, steht seit ältester Zeit die Überzeugung, daß zwei getrennte Bereiche, ein Ort der Seligkeit und ein Abgrund der Qual, die Verstorbenen nach Stammes- oder Kastenzugehörigkeit, Beruf (z. B. Krieger) oder Todesart, individuellem Gericht oder Kombinationen mehrerer dieser Kriterien aufnehmen. Während die Ausgestaltung des positiven Jenseits mit seinen nicht selten zahlreichen »Himmeln« die ganze Skala denkmöglicher Übersteigerungen dieser Welt bis hinein ins Gegensätzliche durchläuft, herrschen in den oft gleichfalls zahlreichen → »Höllen« alle nur erdenklichen Qualen, von grobsinnlich-körperlichen bis hin zu sublimsten rein geistigen.[20]

III. Vorläufiges und endgültiges Jenseits

Auch im Jenseits können die Bewohner verschiedenen Schicksalen unterworfen sein, nach ägyptischer Auffassung sogar den gefürchteten »zweiten Tod«, die Vernichtung des individuellen Seins im Chaos, erleiden.[21] Wie in vielen anderen Religionen bleibt aber der jenseitige Existenzbereich als solcher für die alten Ägypter qualitativ ohne zeitliche Begrenzung gleich. Dagegen wandelt er sich besonders in den Universalreligionen in Ost

---

[19] Nicht nur nach mittelalterlicher Theologie gilt: *»Deus clare visus necessitat omnia«.*

[20] Beispiele für die Belohnung in der himmlischen Welt der Götter und die Bestrafung im Abgrund der Finsternis« Ṛgveda X, 14. 10. und VII, 104. 13.

[21] Vgl. S. Morenz, Ägyptischer Totenglauben im Rahmen der Struktur ägyptischer Religion, in: Eranos-Jahrbuch 34 (1965) 399–446, Nachdr. in: ders., Religion und Geschichte des alten Ägypten, 1975, 173–213, bes. 195 mit Anm. 72.

und West am Ende des irdisch weltlichen Existierens überhaupt. Obwohl dieser Unterschied zwischen einem Jenseits des Lebens und einem Jenseits von Raum und Zeit sogar in verschiedenen Epochen ein und derselben Tradition verschieden stark betont wurde, muß er auch terminologisch deutlich herausgehoben werden, weil erst im Lichte der endgültigen Bestimmung menschlichen Existierens »Jenseits« voll erfaßbar wird; das Jenseits des Lebens und seine mehr oder weniger an dieser Welt orientierten Ausstaffierungen allein reichen dafür nicht aus.

1. Das *endgültige Jenseits* begegnet in zwei verschiedenen Formen:
a) Im indischen Raum richten *nachbrahmanischer Hinduismus* und der *Mahayanabuddhismus* die Sehnsucht der Frommen auf das Leben in Gemeinschaft mit den Heilandsgottheiten bzw. Buddhas und Boddhisattvas. Erst wenn alle Menschen dieses Ziel erreicht haben und die Höllen dadurch von selbst überflüssig geworden sind, sinken auch die Paradiese in das beseligende Ur-Eine zurück (Brahman, Nirvana). Selbst wenn der Mensch diesen Zustand bereits zu Lebzeiten, also noch im Leibe erreichen kann, bleiben Paradies und Hölle Teil dieser Maya und Veränderlichkeit unterworfenen Welt.
b) Die von Zarathustra beeinflußten Religionen: Auch im *zarathustrischen Mazdaismus* und dem direkt davon beeinflußten *Judentum* wird diese Welt erst am Ende mit der leiblichen Auferweckung und dem allgemeinen Gericht grundsätzlich überschritten. Was den einzelnen nach dem Tode erwartet, dient nur dazu, seine Verbindung mit dieser Zukunftswelt nicht abreißen zu lassen. Auch in frühem *Christentum* und *Islam* führte erst das längere Ausbleiben des zunächst als nahe bevorstehend erwarteten Weltendes zum Ausbau von Zwischenzuständen. Ursprünglich stand das Leben der mit leiblicher Unsterblichkeit überkleideten Menschen in einer neuen Welt, die im Islam betont sinnlich gezeichnet wird, beherrschend im Vordergrund. Nach Überwindung der Apokatastasislehren unterscheidet sich diese neue Welt für das kirchliche Dogma vor allem dadurch vom Paradies am Beginn der Zeiten, daß daneben für die Bösen eine zeitlich unbegrenzte Hölle angenommen wird. Im Islam ist diese Hölle nur für Ungläubige ewig, gläubige Sünder werden um ihres Glaubens willen daraus erlöst und irgendwann ins Paradies aufgenommen.

2. *Das vorläufige Jenseits:* Wie in den endgültigen, so leben auch in den vorläufigen Jenseitszuständen dem äußeren Erscheinungsbilde nach ältere Vorstellungen weiter. Im indischen Raum dienen diese rein zahlenmäßig oft ins Phantastische gesteigerten Zwischenzustände dem Ziel, in Verbindung mit der Reinkarnationslehre die spirituelle Fortentwicklung des Menschen über den Tod hinaus sicherzustellen. In den monotheistischen Religionen auf biblischer Grundlage ist diese Entwicklung prinzipiell mit einem Erdenleben abgeschlossen. Deshalb steht hier die Notwendigkeit im Vordergrund, die Wartezeit bis zum »Jüngsten Tag« plausibel zu überbrücken. Daher beginnt für die »Bösen« in diesen Religionen übereinstimmend gleich nach dem Tode, für die Zarathustrier wenige Tage später eine sehr sinnenhaft und materiell vorgestellte Hölle. Nur in der frühen Kirche herrschte bis zur Verurteilung der origenistischen Apokatastasislehre die Überzeugung, daß die Höllenqualen für den einzelnen und die Hölle als Einrichtung zeitlich begrenzt seien. Auch die Gerechten nehmen schon nach dem Tode ihr endgültiges Geschick vorweg, nach vereinzelten frühjüdischen Auffassungen im Schoße Abra-

hams[22], nach neutestamentlichen in einem Paradies[23] oder im »Himmel«, in der Gemeinschaft mit Jesus.[24] Nur der Koran läßt die zur Seligkeit Bestimmten in einem Zustande schlafähnlicher Bewußtlosigkeit verharren.[25] Auch in der ältesten Kirche war diese einem Dokument wie der hebräischen Bibel, für die es ein vollmenschliches Leben ohne Leib nicht gibt, einzig konforme Auffassung eines Seelenschlafes, aus dem die Verstorbenen von der Posaune des Gerichtstages geweckt werden, bekannt[26], und Mohammed übernahm sie wahrscheinlich von ostsyrischen, nestorianischen Christen. In stark abgewandelter Form setzt die lateinische Kirche die frühchristliche Überzeugung von der Beeinflußbarkeit des Schicksals von Verdammten bis zum Weltende und ihrer Läuterung im Feuer mit ihrer Lehre eines zeitlich begrenzten Fegfeuers fort.[27] Radikale Interpretationen der Auferstehungslehre (»Ganztod«) lassen jede Verbindung zwischen dem jetzt lebenden Menschen und dem, was einmal auferstehen soll, abreißen und erklären die Auferstehung zu einem göttlichen Wunder.[28]

IV. Beziehungen zwischen Diesseits und Jenseits

Trotz unzureichender Differenzierung kann auf den Begriff *Jenseits* vor allem deswegen nicht verzichtet werden, weil der damit bezeichnete Existenzbereich in keiner Religion etwas ausschließlich Zukünftiges oder beziehungslos neben dem irdischen Leben Stehendes bedeutet. Abgesehen von den speziellen Fragen einer Kommunikation mit dem Jenseits (Totenopfer, -beschwörungen; Himmels-, Höllenreise; Okkultismus, Spiritismus) liegen diese Beziehungen auf einer dreifachen Ebene.

1. *Vorsorge:* Damit sind alle Maßnahmen gemeint, die der Mensch zu Lebzeiten ergreift, um das gute Jenseits zu erreichen und den entgegengesetzten soweit wie möglich zu entgehen. Sie sind von einer Tradition zur anderen verschieden und äußerst vielfältig und reichen, wie in den ethisierten Religionen durchwegs, von rechtem Tun und der rechten Gesinnung während des ganzen Erdenlebens über besondere rituelle Schritte (z. B. Initiation) bis zu ganz bestimmten Vorkehrungen, wie der Anlage des Grabes, der Sicherstellung der Versorgung oder dem Studium der »Jenseitsgeographien«. In jeder Religion absorbiert so die Vorsorge einen beträchtlichen Teil der Lebenskraft und -zeit und holt das Jenseits permanent in das Diesseits herein. Nicht nur das Christentum verlangt deshalb, Gläubige hätten »jenseitige« Menschen zu sein.

---

[22] Lk 16,19–31 und H. L. STRACK, P. BILLERBECK, Kommentar zum NT aus Talmud und Midrasch, Bd. 2 (1924 = 1961) 225–227 zu frühjüd. Quellen.

[23] Lk 23,43.

[24] 2 Kor 5,1; Phil. 3,20; Apk. 14,13 u. ö.

[25] U. a. 50,20 f.

[26] Belege F. REFOULÉ, Art. Seelenschlaf, in: LThK² 9 (1964) 575 f.

[27] J. GNILKA, K. RAHNER, Art. Fegfeuer, in: LThK² 4 (1960) 50–55.

[28] Vgl. z. B. P. ALTHAUS, Art. Auferstehung (VI Dogmatisch), in: RGG³ 1 (1957) 696 f. und A. ZIEGENHAUS, Auferstehung im Tod: das geeignete Denkmodell? in: Münchener Theol. Zeitschrift 28 (1977) 118–127.

2. *Abschied und Heimkehr:* Im Augenblick des Todes durchdringen sich der diesseitige und jenseitige Existenzbereich am intensivsten. Während sich der Sterbende, selbst wenn nur ein Schattenreich der Unterwelt ihn erwartet, erst durch sein Sterben Heimatrecht bei den »Vätern« oder einem Lande erwirbt, aus dem er nur zeitweise verbannt war, erleben die Hinterbliebenen in Dienst und Fürsorge beim Abschied die Vergänglichkeit des irdischen Daseins und die bald mehr gefürchtete und innerlich abgelehnte, bald sehnsuchtsvoll erwartete Andersartigkeit des »Jenseits«. Bei funktionaler Betrachtung dienen die häufig detaillierten Maßnahmen, die Sterben und Begräbnis umgeben, vorwiegend dem Zweck, das durch den Tod gestörte psychische Gleichgewicht wiederherzustellen und die je gehegten Jenseitserwartungen zu bestätigen.

3. *Rückbindung:* Wie das Jenseits bereits im Diesseits beginnt, so endet das Diesseits für die Verstorbenen und damit auch für die Lebenden in ihrem Tun und Denken in den meisten Fällen nicht mit dem Tode. Vor den jenseitigen Instanzen haben sich die Abgeschiedenen auf die hier erworbenen Verdienste und Qualifikationen zu berufen, letztere häufig unter Beweis zu stellen, die Verantwortung für Versäumnisse im Diesseits auf sich zu nehmen und nicht nur in Ägypten angesichts der Bedrohung durch einen »zweiten Tod« Fürsorgepflichten für die Zurückgebliebenen zu übernehmen. Daraus folgt, daß das Jenseits zwar von den empirischen Bedingungen der Lebenden her konzipiert und inhaltlich gefüllt ist, im Vollzug aber als beherrschendes Ziel und bestimmender Maßstab dieser Welt fungiert.

C Geschichtliche Entwicklung

Zu den zentralen Anliegen der Religionsgeschichtsschreibung gehört es, Entstehung und Weiterentwicklung des Jenseits im Sinne eines eigenen Existenzbereichs zu erhellen. Obgleich menschheitsgeschichtlich und am Beginn vieler Einzelreligionen grob dingliche, an den jeweiligen kulturellen Verhältnissen ausgerichtete Vorstellungen stehen, können einlinige Entwicklungen ein für allemal überwunden gelten. Die Grenzen aller Strukturierungsversuche werden bei Tod und Jenseits deshalb besonders deutlich, weil sich gerade auf diesem Gebiet hinter den dominanten Linien und Formen häufig persönliche Einschränkungen und Vorbehalte verbergen. Erinnert sei nur an die mystischen Strömungen (→ Mystik) in allen Hochreligionen eigentümlichen Bemühungen, das Jenseits aus einer für den einzelnen futurischen in eine rein gegenwärtig-innerpsychische Größe umzuprägen oder das Weiterleben in einer anderen Welt säkularisiert als ideelles Weiterwirken von Taten und Leistungen bei gleichzeitiger physischer Vernichtung zu verstehen. Außerdem sind die tatsächlich dominanten Strukturen selbst schwer zu bestimmen, weil in allen komplexen Traditionen zahlreiche ursprünglich regional oder sozial begrenzte Jenseitsvorstellungen bald äußerlich vereinheitlicht, bald in neuen Interpretationen als Teile umfassender Entwürfe fortleben, oder infolge sozialer Wandlungsprozesse erneut Gültigkeit erlangen. Neben Randaspekten un reinen Vorstellungsmomenten werden davon so grundsätzliche Fragen wie die nach dem objektiven Status und der

Andersartigkeit des Jenseits betroffen.[29] Sie sorgfältig zu analysieren, ist ein so grobes Raster wie der religionswissenschaftliche Jenseitsbegriff nur beschränkt hilfreich.[30]

Literatur

BRICHTO, H. CH., Kin, cult, land and afterlife – a biblical complex, in: Hebrew Union College Annual 44 (1973) 1–54; CLEMEN, C., Das Leben nach dem Tode im Glauben der Menschheit (Aus Natur und Geisteswelt 544), DESSOIR, M., Vom Jenseits der Seele, [6]1931; GRÜTZMACHER, R. H., Diesseits und Jenseits in der Geistesgeschichte der Menschheit, 1932; HEILER, FR., Erscheinungsformen und Wesen der Religion (Die Religionen der Menschheit 1), 1961, 515–540 (Lit.!); KLIMKEIT, H.-J. (Hrsg.), Tod und Jenseits im Glauben der Völker (Sammlung Harrassowitz), 1978; NÖTSCHER, FR., Altorientalischer und alttestamentlicher Auferstehungsglauben (1926), 1980; RÜEGG, A., Die Jenseitsvorstellungen vor Dante, Bd. 1: Die literarischen Voraussetzungen der Divina Commedia, 1945; WITTE, J., Das Jenseits im Glauben der Völker (Wissenschaft und Bildung 257), 1929.

Karl Hoheisel

→ *Eschatologie, Hölle, Kosmologie, Raum, Seelenvorstellungen, Tod*

Jünger

1. Die religionswissenschaftliche Verwendung des Begriffes muß die Konnotationen berücksichtigen, die zu einer bestimmten Phase der theologischen Begriffsbildung zur Übernahme in die Religionswissenschaft geführt haben. Das deutsche Wort, eine Komparativbildung zu »jung«, profan auch für den »Lehrling« als Jünger des Meisters gebraucht, dient schon in den ältesten deutschen Übersetzungen der Bibel als Äquivalent von *discipulus/mathetés*.
Insofern sich Christen als Christi Jünger fühlen, spielt die Rechtfertigung des eigenen Lebensentwurfes gegenüber der radikalen Ethik für die theologische Begriffsbildung eine entscheidende Rolle. Im 19. Jahrhundert sind zwei Interpretationsmodelle zu erkennen: (a) Im katholischen Bereich wird das Modell der apostolischen Sukzession in einer stark hierarchischen Struktur favorisiert. Zu rechtfertigen ist die Institution des Papsttums gegenüber der säkularen Tendenz zur Repräsentativverfassung; sie findet ihren Höhe-

---

[29] Zu Umdeutungen des Jenseits im Sinne außerirdischer Wirklichkeiten in Spielarten eines objektiven Seelen-Jenseits: vgl. DESSOIR, Vom Jenseits der Seele, bes. 1–29 u. zu Jenseitsvorstellungen als Indiz und Ausdrucksform für das Lebensgefühl bestimmter Zeiten und Schichten, B. GLADIGOW, Jenseitsvorstellungen und Kulturkritik, in: ZRGG 26 (1974) 289–309.

[30] Zu den Problemen der Jenseitsdeutungen in neueren Bewegungen wie Theosophie, Anthroposophie, Neugeist, Christian Science, Astrologie u. ä. kurz GRÜTZMACHER, Diesseits und Jenseits, 258–271.

punkt in der Unfehlbarkeitserklärung. Als biblische Beweise gelten die Aufträge an Petrus zur Kirchenleitung (Mt 16,18f; Joh 21,17) und das Kopf-Leib-Modell (Eph 4). (b) In Opposition dazu pflegte der Protestantismus eine extrem individualistische Interpretation, die nur die unmittelbare Beziehung des einzelnen Jüngers/Gläubigen zu Christus erkennt. Nachfolge verflüchtigt sich zum ethisch verantworteten Leben nach dem Vorbild des wertvollen Menschen Jesus.[1]
Mit ALBERT SCHWEITZERs Kritik der »Leben-Jesu-Forschung« wird Jesus der naiven Imitatio entzogen, zum fremden Propheten, Wundertäter und Juden. Vollends zerbrachen die Ideale der liberalen Theologie im Ersten Weltkrieg; man entdeckte nun »das ganz Andere«, das »Heilige« für die Religionswissenschaft, den »unverfügbaren Gott« in der Theologie. FRIEDRICH HEILER sah nun die Kirche als ein gleichzeitig mit den Menschen von Gott geschaffenes Mysterium: »Sie lebte, wenn auch verhüllt, im Judentum und, wenn auch verborgen, im ›Heidentum‹.« Heidnische Mysterienbünde und das Mysterium der einen Kirche werden von dem Verfechter der ökumenischen Bewegung *religionsphänomenologisch* zusammengebunden zu »dem großen heilsgeschichtlichen Drama«. Wenn HEILER die Parusieerwartung Jesu »nur als zeitgeschichtliche Vorstellungsform« wertet, in der Jesus »das Geheimnis der Ewigkeit wie der ewigen Weltvorstellung erfaßte«[2], so steht er dem Programm der Entmythologisierung und existentiellen Interpretation BULTMANNs nahe. Dort »besteht Nachfolge im Annehmen seines (sc. Jesu) Wortes«, man dürfe »sie nicht ethisch oder soziologisch interpretieren«, vielmehr sei sie »ein echt religiöser Sachverhalt«.[3]

2. *Religionssoziologische Methoden* haben das Verständnis der historischen Jüngerschaft sehr gefördert. MAX WEBER verwendete Jesus und seine Jünger als Material für seinen Typ »charismatische Herrschaft«. → *Charisma* ist für ihn geradezu »das Antiinstitutionelle«; die Ablehnung geregelter Wirtschaftsgrundlagen typisch.[4] Wenn WEBER aber das in der Person des Meisters liegende Charisma zum zentralen Merkmal macht, nicht die Marginalität der Gruppe zur Gesellschaft, so bleibt er der Anschauung von der Stiftung einer Gruppe nahe (s. u. 5). Hier hat das *Modell der drei Generationen* die Einbettung der ersten Generation noch in die alte Gesellschaft erkannt, während erst die dritte das neue Selbstverständnis voll entwickelt.[5] MARTIN HENGEL und GERD THEISSEN haben WEBERs Erkenntnisse auf die Jesusbewegung übertragen und für die Exegese fruchtbar gemacht.[6]

3. *Die Jünger Jesu:* Der Skepsis der Bultmannschule, ob man historische Erkenntnis über Jesus erhalten könne, oder nicht vielmehr erst mit dem Kerygma über den aufer-

---

1 Vgl. z. B. A. HARNACK, Das Wesen des Christentums (1899/1900), 1977, 43; G. LOHFINK, Wie hat Jesus Gemeinde gewollt? 1982, 11–16.
2 F. HEILER, Urkirche und Ostkirche, 1937, 21f. 36. 38.
3 So BULTMANNs Schüler ERNST FUCHS, Jesus 1971, 18f.
4 M. WEBER, Wirtschaft und Gesellschaft, 1922, III § 10–12. Dazu W. SCHLUCHTER und R. BENDIX, in: SCHLUCHTER (Hrsg.), Webers Sicht des antiken Christentums, 11–71. 404–443; KEE, Das frühe Christentum, 59–76.
5 P. HONIGSHEIM, Art. Jüngerschaft, in: RGG³ 3, 1010.
6 M. HENGEL, Nachfolge und Charisma (Beihefte zur Ztschr. für d. ntl. Wiss. 34), 1968; G. THEISSEN, Studien; ders., Soziologie der Jesusbewegung (Theologische Existenz heute 194), 1977.

standenen Jesus einsetzen müsse, begegnet THEISSENs religionssoziologische Argumentation: Logien, die radikale Armut und Verlassen der Familie forderten, müssen in ortsfesten städtischen Gemeinden uminterpretiert oder eliminiert werden. »Wanderradikalismus« ist deutlich vom »Liebespatriarchalismus«[7] zu unterscheiden und der eigentlichen Jesusbewegung zuzuordnen. Wanderradikalismus läßt sich gut in der »Aussendungsrede« (Mt 9,35–11.1 und Parallelen (par)) aufweisen: Aufgabe der Jünger ist die Heilung von Besessenen und die Predigt der anbrechenden Herrschaft Gottes. Zu beiden Aufgaben gibt ihnen Jesus die Vollmacht *(exousía)*, beides sind eschatologische Zeichen der anbrechenden Herrschaft Gottes, wie sie im Alten Testament verheißen ist: Jes 35,5 – Mt 11,5 par. Diese Arbeit verdient ihren Lohn bei den Hausbesitzern, die dafür *schalom* erhalten (Mt 10,5). Die Sammlung Israels: Damit ist zugleich gesagt, daß der Wanderradikalismus ohne die Aufnahme bei den Seßhaften nicht denkbar ist. Die »Zwölf« (unterschiedliche Kataloge; Auffüllung der Zahl nach Judas' Tod) sind Zeichen für die 12 Stämme Israels, die am Ende der Zeit wieder zu Gottes Volk vereinigt werden (Ez 37 – Mt 19,28).[8] Der Kreis der Jünger ist größer (Lk 10,1–16 par), darunter auch Frauen. Bezugsrahmen ist das Volk Israel mit dem Tempel und den Synagogen, denen gegenüber es keiner neuen Institution bedarf. (Zurückweisung des Rangstreites unter den Jüngern; Mk 9,33–37 par; Lk 20,20–38). 3. Sobald sich aber größere Ortsgemeinden bilden, wird die Frage der Machtstrukturen akut. Sie geht vor allem von den »Hellenisten« aus, wenn sich in Jerusalem um Stephanus »die Sieben« (Diakone) als Leitungsgremium aufwerfen[9] und PAULUS die Begegnung mit dem Auferstandenen als Kriterium für Aposteltum vorgibt, und sich damit selbst diesem Kreis zuordnen kann (1 Kor 15,1–11). Jesus wird in der Feier des Herrenmahls präsent gedacht, zugleich übermenschlich durch Hoheitsprädikate wie den *Kýrios*-Titel. 4. In der dritten Generation wird die Jesusüberlieferung schriftlich fixiert, Ansätze eines Amtspriestertums sind zu erkennen, mit monarchischer Tendenz. Aufnahme und Ausschluß werden stark formalisiert.[10]

4. *Vorbilder, Parallelen, Analogien:* 1. Während im AT selten Tradition vom Propheten auf Jünger überliefert wird, bilden sich im Frühjudentum die Rabbinenschulen mit ihren Talmidim. Der Anrede nach *(rabbi, didáskalos/mathetés)* folgt die Jesusbewegung diesem Modell.[11] Wanderradikalismus und Parusieerwartung unterscheiden sie jedoch wesentlich. Hier liegen andere Sozialformen des Judentums näher, insbesondere die Essener von Qumran (und Jerusalem?).[12] 2. Erheblich weiter davon entfernt stehen hellenistische Vereinigungen: mit den kynischen Wanderpropheten teilt die Jesusbewegung den Wanderradikalismus. An Mysterienvereine erinnert das gemeinsame Verzeh-

---

[7] Den Begriff hat E. TROELTSCH eingeführt: Die Soziallehren der christlichen Kirchen und Gruppen, 1912. Zur Kritik: MEEKS, The First Urban Christians.

[8] G. LOHFINK, Die Sammlung Israels (Studien zum Alten u. Neuen Test. 39), 1975.

[9] C. COLPE in: J. BECKER u. a., Das Urchristentum, 1987, 59–79.

[10] Zur dritten Generation und der Entstehung des Priestertums: J. MARTIN, Die Genese des Amtspriestertums in der frühen Kirche (Quaestiones disputatae 48), 1972.

[11] Hellenistischer Einfluß: K. H. RENGSTORF, Art. mathetés, in: ThWB 4 (1942) 417–465; vgl. Theol. Handwörterbuch zum AT 1 (1971) 872–875 zu Talmid; Vorbild Elias Jüngerberufung: Mk 1,16–20 mit R. PESCHs Kommentar ([3]1980).

[12] JOHANN MAIER u. a., Die Essener, in: Bibel u. Kirche 40 (1985) 46–76.

ren des Gottes.[13] Die Bildung von Philosophenschulen, mit denen JOSEPHUS seinen hellenistischen Lesern die jüdischen Sozialformen erklären will, sind nur ferne Analogien.[14]

5. *»Jünger« als Träger religiöser → Tradition:* Neben HEILER hat v. a. JOACHIM WACH unter Jüngern einen Typ von Traditionsträgern verstanden, die in allen Stifterreligionen sich um den »Meister« scharen. Sie leben eng mit ihm zusammen in einem → »Bund«, verstehen letztlich aber den Meister nicht. Diese religiöse Lebensgemeinschaft unterschied er von der »Schule«, der ein sachliches, kein persönliches Verhältnis zugrunde liegt. Das Gedankengut entstammt dem GEORGE-Kreis.[15] Nicht das Individuum, sondern die → Gruppe ist bei dem Begriff »Jüngerschaft« im Blick.[16] Wenn man beide Begriffe verwendet, sollte man nicht nur die auf Abgrenzung zur Gesellschaft bedachte Selbstdefinition der Gruppe (in der dritten Generation), sondern auch ihre Verflechtung beachten. Dazu ist jeweils die historische Eigenart im Unterschied zur Jesusbewegung herauszuarbeiten.

Literatur

KEE, H. C., Das frühe Christentum in soziologischer Sicht, 1982; MEEKS, W. A., The First Urban Christians. The Social World of the Apostel Paul, 1983; SCHLUCHTER, W. (Hrsg.), Max Webers Sicht des antiken Christentums (stw 548), 1985; THEISSEN, G., Studien zur Soziologie des Urchristentums (Wiss. Untersuchungen zum NT 19) (1979), ²1983; WILLERS, C., Die Aurobindo-Bewegung. Bestandsaufnahme und Strukturen in feldtheoretischer Perspektive, 1988.

Christoph Auffarth

Jugendreligionen

Der Begriff ›Jugendreligionen‹ wurde Anfang der 70er Jahre zur Bezeichnung solcher Gruppenbewegungen geprägt, die sich in dieser Zeit in den USA und anderen westlichen Industrienationen herausbildeten und einen religiösen Heilsanspruch vertraten, der mit außerordentlichem Enthusiasmus, großer Aktivität und hoher gruppeninterner Emotionalität verbunden war. Kennzeichnend für diese Gruppierungen sind des weiteren ihre rigide soziale Struktur (mit einem als Heilsbringer anerkannten autoritären Führer an

[13] H. J. KLAUCK, Herrenmahl und hellenistischer Kult, 1982.

[14] Zu den Pythagoreern: W. BURKERT, Craft versus Sect, in: Jewish and Christian Selfdefinition, Bd. 3, hrsg. v. F. MEYER, P. SANDERS, 1982, 1–22. 183–189.

[15] J. WACH, Meister und Jünger, 1925; ders., Art. Jüngerschaft, in: RGG² 3 (1929) 504–506; ders., Religionssoziologie, 1951, 151–155. Dazu R. FLASCHE, Die Religionswissenschaft Joachim Wachs, Berlin, 1978, 41 f.

[16] S. o. bei Anm. 5.

der Spitze), der mangelnde persönliche Freiraum der Mitglieder, die Verquickung zwischen religiösem Wahrheitsanspruch und kapitalistischer Wirtschaftsstruktur (in einigen Fällen mit extremer Ausbeutung der Gruppenmitglieder), eine radikale Diesseitsorientierung, eine im Verhältnis zu den etablierten Religionen einfache Heilslehre und die Ablehnung der gegenwärtigen gesellschaftlichen Verhältnisse, Normen und Werte. Da sich gerade jüngere Menschen aufgrund der genannten Merkmale von diesen Gruppierungen angezogen fühlten, wurde der Begriff ›Jugendreligionen‹, nicht zuletzt auch infolge alarmierender Berichte besorgter Eltern, von der Öffentlichkeit übernommen.

Die gezielte und von den Gruppen selbst angestrebte Distanzierung von der Gesellschaft, die mit der bewußten Abgrenzung von der Herkunftsfamilie verbunden war, förderte eine massive negative Haltung seitens der Öffentlichkeit; die Ablehnung der etablierten religiösen Heilsangebote forderte die Kritik der Amtskirchen heraus. Veröffentlichungen zum Thema ›Jugendreligionen‹ haben daher oft polemischen bzw. apologetischen Charakter.[1] Der Konflikt zwischen Gesellschaft und Gruppen äußert sich in negativen Begriffen wie ›destruktive Kulte‹ oder ›Gehirnwäsche‹, die den Gemeinschaften zugeschrieben werden, während diese sich als verfolgte religiöse Minderheiten begreifen.

Untersuchungen ergaben jedoch, daß das Durchschnittsalter der Mitglieder bei 25 bis 30 Jahren liegt.[2] Faktisch trifft der Begriff ›Jugendreligionen‹ daher nicht zu. Dennoch hat er eine gewisse Berechtigung, sofern man der These GASCARDs folgt, wonach die Mitglieder aus tiefenpsychologischer Sicht Jugendliche geblieben seien.[3] Ihre Ich-Bildung sei zu schwach, um ein Leben als eigenverantwortliches Individuum führen zu können, so daß sie in Verschmelzungserlebnissen *(Bhagwan-Bewegung)* bzw. in einer Unterwerfungssucht *(Vereinigungskirche)* Zuflucht suchen. Untersucht man Religions- und Selbstverständnis dieser Gruppen im Blick auf das Verhältnis zwischen mangelnder Subjekthaftigkeit und defizitären sozialen Zuständen in modernen Industriegesellschaften, so können sie als Reaktionsbildungen auf unerträgliche individuelle und soziale Spannungen gedeutet werden, welche die Jugendreligionen durch eine kollektiv vermittelte Einheitssicht illusorisch zu überwinden suchen.[4]

Literatur

BARKER, E., The Making of a Moonie, 1984; BERGER, H., HEXEL, P. C., Ursachen und Wirkungen gesellschaftlicher Verweigerung junger Menschen unter besonderer Berücksichtigung der Jugendreligionen, hrsg. v. Bundesminister für Jugend, Familie und Gesundheit, 1981; COX, H., Licht aus Asien, 1978; GASCARD, J., Neue Jugendreligionen, 1984; HAACK, F.-W., Jugendreligionen, 1979; HAUTH, R., Vereinigungskirche, [6]1981; HUMMEL, R., Indische Mission und neue Frömmigkeit im Westen, 1980; KAROW, Y., Bhagwan-Bewegung und Vereinigungskirche, 1990; KEHRER, G. (Hrsg.), Religionsgeschichte in der Bundesrepublik Deutschland, 1980; KLOSINSKI, G., Warum Bhagwan?, 1985; KUNER, W., Soziogenese der Mitgliedschaft in drei neuen religiösen Bewegungen, 1983; MILDENBERGER, M., Die religiöse Revolte: Jugend zwischen Flucht und Aufbruch, 1981;

---

[1] Vgl. HAUTH, Vereinigungskirche.

[2] Vgl. BERGER, HEXEL, Gesellschaftliche Verweigerung.

[3] Vgl. GASCARD, Neue Jugendreligionen.

[4] Vgl. KAROW, Bhagwan-Bewegung und Vereinigungskirche.

Needleman, J., The New Religions, 1984; Reller, H., Religiöse Gemeinschaften (Handbuch), 1985; Zinke, L. (Hrsg.), Religionen am Rande der Gesellschaft, ²1978.

Yvonne Karow

→ *Eskapismus, Gruppe/Gruppendynamik*

Kannibalismus

Der Begriff Kannibalismus – ein Synonym für Menschenfresserei bzw. Anthropophagie – wird von der Bezeichnung für die Bewohner der westindischen Inseln *Canibas* abgeleitet, denen in den ersten Reiseberichten Anthropophagie zugeschrieben wurde. Obwohl der Vorwurf des Kannibalismus gegen fremde Völker bereits seit der Antike ein immer wieder auftauchender Topos ist[1], mit dem deren Zurückgebliebenheit und Roheit, letztendlich sogar ihr Noch-Nicht-Menschsein belegt werden soll, läßt sich bei keinem Volk Anthropophagie nachweisen, weder als regulärer, alltäglicher Brauch, noch in einzelnen Kulthandlungen. Dabei zähle ich das Trinken von Blut oder das Essen von koaguliertem Blut in bestimmten Kulten, z. B. bei den Aranda in Zentralaustralien, nicht als Anthropophagie, ebensowenig den Ritus des Knochenaschetrinkens, z. B. bei den Cashibo-Indianern. Dies schließt nicht aus, daß es in besonderen Notlagen als Einzelfälle Kannibalismus gegeben hat.

Tatsächlich aber erweisen sich die Berichte über Kannibalismus als normalen Brauch oder als regelmäßigen Kultus als wenig glaubwürdig und nicht nachprüfbar. Häufig beruhen solche Berichte auf Märchen oder Phantasien der entsprechenden Völker – meist wiederum über andere Menschen oder Dämonen – die von den Reisenden und Forschern wörtlich genommen wurden. Dies Mißverstehen ist ebenso zurückzuweisen, wie die Deutung des Verzehrs der Symbole des Leibes Christi beim Abendmahl als Anthropophagie.

Da bisher keiner der Berichte über Kannibalismus als gesellschaftlichen oder religiösen Brauch einer Nachprüfung standgehalten hat, erhebt sich die Frage, warum diese Mitteilungen in der ethnographischen Literatur und anderswo immer wieder auftauchen und eine eigenartige Faszination ausüben. Diese Faszination dürfte die psychische Grundlage für die zum großen Teil leichtfertige Glaubensbereitschaft abgeben, die bei Schauermärchen über Kannibalismus besteht. Es wird mithin nicht ausreichen, den Kannibalismusvorwurf gegenüber unterdrückten und ausgerotteten Völkern allein als Legitimation der Kolonisatoren und Eroberer zu entlarven, vielmehr muß auch die von Ethnologen vorgenommene unkritische Annahme von Kannibalismusberichten eine in der individuellen psychischen Entwicklung aufzusuchende Erfahrung von Phantasien des Fressens

---

1 Vgl. Homer, Odyssee, IX. Gesang; Agatharchides von Knidos, Über das Rote Meer, übers. u. kommentiert v. D. Woelk (Diss. Freiburg 1965) 1966.

und Gefressenwerdens zur Grundlage haben. Diese finden sich auch in zahlreichen sprachlichen Metaphern in den europäischen Sprachen.[2]

Literatur

ARENS, W., The Man-Eating Myth, 1979; FRANK, E., »Sie fressen Menschen, wie ihr scheußliches Aussehen beweist...« Kritische Überlegungen und Quellen der Menschenfresserei, in: H. P. DUERR (Hrsg.), Authentizität und Betrug in der Ethnologie, 1987, 199–224; HARNER, M., The Ecological Basis of Aztec Sacrifice, in: American Ethnologist 4 (1977), 117–135; LEWIS, I. M., Schamanen, Hexer, Kannibalen. Die Realität des Religiösen (engl. 1986), 1989; SPIEL, CH., Menschen essen Menschen. Die Welt der Kannibalen, 1974; VOLHARD, E., Kannibalismus (Studien zur Kulturkunde, Bd. 5), 1939.

Hartmut Zinser

→ *Dema-Gottheiten, Nahrung, Projektion*

Kanon

1. Unter Kanon wird die für eine Religionsgemeinschaft, speziell für deren Institutionen (Liturgie, Schule, Theologie, Rechtswesen usw.) maßgebliche Sammlung heiliger Texte oder Bücher verstanden. Kanonischen Schriften wird ein besonderer Vorrang gegenüber anderen Schriften zuerkannt, so daß »der Kanon« ein zentrales, charakteristisches Faktum der religiösen Literaturgeschichte darstellt. Besonderen Rang erlangt kanonische Literatur in der → Buchreligion, wo es zur Idee des abgeschlossenen und unüberbietbaren Kanons kommen kann, wofür die Bibel im Christentum und der Koran im Islam Beispiele sind. Religion gibt es natürlich auch ohne heilige Bücher, aber wo diese vorhanden sind, fehlt die Vorstellung eines Kanons nicht.
Der Ausdruck Kanon stammt aus der christlichen Theologie und dem kirchlichen Rechtswesen des 4. Jahrhunderts. Seit dieser Zeit bezeichnet man die im damals christlich werdenden Römischen Reich rechtsverbindlichen Charakter erhaltende Sammlung alt- und neutestamentlicher Schriften als Kanon (griech. *kanón* »Maßstab, Richtschnur, Regel«, vgl. Gal. 6,16; aber auch »Tabelle, listenartige Aufstellung«). Ein früher Beleg ist die Bestimmung des Konzils von Laodicea in Kleinasien (um 360 n. Chr.), »daß man in der Kirche nicht die ›gewöhnlichen‹ Psalmen und nichtkanonische *(akanonistá)* Bücher vorlesen darf, sondern allein die kanonischen (*tà kanoniká*, nämlich *bíblia*, Bücher) des Neuen und Alten Bundes«.[1] Demnach wird mit Kanon ursprünglich nur die Bibel als verbindliche Grundlage für die christliche Theologie und Liturgie bezeichnet. Seit dem

---

[2] CH. SPIEL, Menschen essen Menschen, 169 ff.

[1] J. D. MANSI (Hrsg.), Sacrorum Conciliorum Collectio 2 (1759) 574.

19. Jahrhundert hat die Religionswissenschaft den Begriff des Kanons jedoch auch auf die autoritativen Texte anderer Religionen übertragen, wobei zunächst – bei F. M. MÜLLER – ein Kanonbegriff im Vordergrund stand, der sich am Kirchenrecht orientierte: als Kanon wurden Schriften betrachtet, aufgrund derer Streitfragen in Sachen des Glaubens, der Moral und des Rituals entschieden werden.[2]
Während der Begriff des Kanons gewöhnlich nur auf Schriften und Texte Anwendung findet, versucht J. Z. SMITH, ihn auszuweiten.[3] Nach seiner Auffassung lassen sich »kanonische« Erscheinungen auch bei schriftlosen Völkern nachweisen, wenn zwei Bedingungen erfüllt sind: (a) Es muß eine klar begrenzte Tradition geben, und (b) eine Auslegung dieser Tradition auf die potentiell unendliche Vielfalt möglicher Lebenssituationen hin. Ein Beispiel sind die »kanonischen« vierundzwanzig Objekte im Korb des Ndembu-Wahrsagers in Sambia; diese werden geschüttelt, so daß einige Objekte (etwa: die Klaue eines Hahns, eine getrocknete Frucht) zuoberst liegen und dann im Hinblick auf die Situation des Klienten ausgelegt werden.

2. Mit der Kanonizität einer Schrift ist deren *Autorität* wesensmäßig gegeben. Wenn wir mit MAX WEBER[4] alltägliche (näherhin »traditionale« und »legale«) sowie außeralltägliche (»charismatische«) Autorität unterscheiden, dann läßt sich zeigen, daß kanonistische Schriften an allen diesen idealtypischen Formen teilhaben. Legale Autorität ist gegeben, wenn eine (z. B. kirchliche, obrigkeitliche) Instanz einen Kanon promulgiert oder ihm durch förmliche Bestätigung Rechtskraft verleiht und diese durch geeignete Maßnahmen schützt. Traditionale Autorität eines Kanons liegt vor, wenn dessen Autorität in einem »durch Erziehungsgemeinsamkeit bestimmten Pietätsverband«[5] fraglos vorausgesetzt wird, ohne daß eine Promulgation vorliegt oder ins Gewicht fällt. Charismatische Autorität beruht weder auf traditioneller Anerkennung noch auf legaler Promulgation; sie beruht allein auf der spontanen Anerkennung, daß Gott (oder eine letzte Seinsmacht o. ä.) sich in der kanonischen Schrift an den Menschen wendet. Göttlichen Ursprungs, trägt das charismatische Buch seine Legitimation in sich selbst.
Das heilige Buch steht freilich in der Regel nicht am Anfang, sondern am Ende eines charismatischen Prozesses. Am Anfang steht eine Person, die ihre Umgebung in ihren Bann zu schlagen vermag; erst später, nach dem Tod der charismatischen Persönlichkeit wird deren Wort zum Zweck der Weitergabe schriftlich festgehalten. Das ist vor allem bei JESUS so gewesen, von dem wir keine eigenen schriftlichen Aufzeichnungen haben. Bei anderen Gestalten, etwa bei den sogenannten Schriftpropheten des Alten Testaments oder MOHAMMED beginnt der Verschriftungsprozeß bereits zu deren Lebzeiten.
Die drei hier unterschiedenen Formen oder Aspekte der Autorität heiliger Schriften lassen sich auch sprachlich unterscheiden. Spricht man von »klassischen Texten« einer religiösen Überlieferung, dann charakterisiert dieser Ausdruck die wenig festgelegte traditionelle Geltung am besten. Wird die charismatische Wirkung der Bibel angesprochen, so ist die Bezeichnung »Wort Gottes« vorzuziehen. Soll auf die legale, d. h. für die

---

[2] FR. M. MÜLLER, Natürliche Religion, 1890, 520.

[3] SMITH, Sacred Persistence.

[4] M. WEBER, Wirtschaft und Gesellschaft, [5]1972, 122 ff.

[5] WEBER, a.a.O., 130.

Lehre normative Autorität hingewiesen werden, so bietet sich der Begriff »Kanon« (verstanden in seinem alten und engen, rechtlichen Sinn) an.

3. Die Idee einer kanonischen Schrift, einmal geschaffen, hat in der Religionsgeschichte weitergewirkt und die Entstehung immer neuer heiliger Bücher angeregt. C. COLPE[6] hat diesen *Prozeß der »Filiation«*, des Hervorbringens von immer neuen Kanones, untersucht. Er wagt die These, daß es in der Religionsgeschichte zwei große Kanonsfamilien gibt: einen jüdisch inaugurierten Kanonkomplex und einen buddhistisch inaugurierten Kanonkomplex. Demnach wären die ältesten Kanones die hebräische Bibel (Tenach) und das buddhistische Tipitaka. Neues Testament, Mischna, Talmud, Koran und das Buch Mormon (um nur die wichtigsten Beispiele zu nennen) gehören zum jüdisch inaugurierten Komplex; auf buddhistischer Seite wären etwa die Mahayana-Literatur, der Jaina-Kanon und die vielen Bände des Kanjur, des Tanjur und des San-ts'ang zu nennen. Interessanterweise gibt es einen Kanon, in dem sich die beiden Familien berühren: den Adi Granth, das heilige Buch der Sikhs. Diese Schrift entstand im 16.–18. Jahrhundert in Indien in einem Milieu, in dem der Koran ebenso bekannt war wie buddhistische Bücher.

4. Für das westliche Christentum, soweit es von der Aufklärung berührt und umgestaltet wurde, ist ein Vorgang kennzeichnend, den man als *»Entkanonisierung«* bezeichnen kann. Dieser dem geistigen Programm der Aufklärung und ihrer Autoritätskritik verpflichtete Vorgang findet sich zuerst bei SPINOZA in dessen *»Theologisch-politischem Traktat«* (1670); ein Jahrhundert nach SPINOZA hat ihn J. S. SEMLER in seiner *»Abhandlung von freier Untersuchung des Canon«* (1771/75) zu Ende gedacht. Unter den Bedingungen der historischen Kritik, der Autoritätskritik und der modernen Reflexionskultur muß sich der biblische Kanon auflösen. Die Vereinigung von Schriften zum Kanon wird als ein historischer Prozeß verstanden, der den betreffenden Büchern zwar äußere, jedoch keine ihnen gleichsam von Natur innewohnende Autorität verleihen kann. Weder die Kirche noch eine andere Instanz kann über diese Autorität entscheiden; die Entscheidung fällt allein dem einzelnen Gläubigen zu. Der Kanon beruht auf einer Entscheidung, für die menschliche Motive bestimmend sind; er ist nicht »geoffenbart« oder objektiv gültig. Wer einer individualistischen Denk- und Gesprächskultur verpflichtet ist, die den »elaborierten Code« der Sprache (B. BERNSTEIN) beherrscht und auf »Dauerreflexion« (H. SCHELSKY)[7] gegründet ist, wird sich kanonische Literatur höchstens in Auswahl aneignen können.

Literatur

Zur Begriffsgeschichte: METZGER, B. M., The Canon of the New Testament, 1987, 289–293; OPPEL, H., Kanôn: Zur Bedeutungsgeschichte des Wortes, 1937; SCHNEEMELCHER, W., Neutesta-

---

[6] C. COLPE, Sakralisierung von Texten und Filiationen von Kanons, in: A. und J. ASSMANN (Hrsg.), Kanon und Zensur, 1987, 80–92.

[7] H. SCHELSKY, Ist Dauerreflexion institutionalisierbar?, in: ders., Auf der Suche nach Wirklichkeit, 1979.

mentliche Apokryphen 1, 1987, 1–4; WENGER, L., Canon in den römischen Rechtsquellen und in den Papyri, in: Akademie der Wissenschaften in Wien, philos.-hist. Klasse, Sitzungsberichte 220, Abh. 2, 1942; ZAHN, TH., Grundriß der Geschichte des neutestamentlichen Kanons, [3]1985 (= [2]1904), 1–11.

ASSMANN, A. und J. (Hrsg.), Kanon und Zensur, 1987; DONNER, H., Gesichtspunkte zur Auflösung des klassischen Kanonbegriffes bei J. S. SEMLER, in: Fides et communicatio. Fschr. M. DOERNE, 1970, 56–68; DUNN, J. D. G., The Living Word, 1987, 141–174 (»Levels of Canonical Authority«); HENDERSON, J. B., Scripture, Canon, and Commentary: A Comparison of Confucian and Western Exegesis, 1991; KÄSEMANN, E., Begründet der neutestamentliche Kanon die Einheit der Kirche? (1951), in: ders., Exegetische Versuche und Besinnungen. Auswahl, 1986, 86–95; LEVERING, M. (Hrsg.), Rethinking Scripture, 1989; NEUSNER, J., Writing with Scripture: The Authority and Uses of the Hebrew Bible in the Torah of Formative Judaism, 1989; RADERMACHER, M. L., Art. Kanon, in: RE XX 1873–1878; REVENTLOW, H. (Hrsg.), Historische Kritik und biblischer Kanon in der deutschen Aufklärung, 1988; SHEPPARD, G. T., Art. Canon: in ER III, 62–69; SMITH, J. Z., Sacred Persistence: Toward a Redescription of Canon, in: ders., Imagining Religion, 1982, 36–52.

Bernhard Lang

→ *Buchreligion, Charisma, Kontrolle*

Kaste

I. Begriffsbestimmung

Es gibt viele Versuche, Kaste so zu definieren, daß die Definition die mit »Kaste« bezeichneten sozialen Phänomene insbesondere in Südasien abdeckt. Die entsprechende indische Bezeichnung ist *jāti (jāt),* nicht *varṇa. Varṇa* ist die Bezeichnung für die vier Kategorien Brahmane, *kṣatriya, vaiśya, Śūdra,* die oft fälschlich als Kasten bezeichnet werden. Es sind Grobkategorien einer → Hierarchie, denen in gewisser Weise die eigentlichen Kasten zugeordnet werden können. Dazu treten die unterhalb der *Śūdras* stehenden Kasten, zu denen verschiedene Kasten von Unberührbaren (heute *harijan*: »Kinder Gottes« genannt) gehören. Diese werden aufgrund der Verwechslung von *jāti* und *varṇa* oft irrtümlich Kastenlose genannt.
Die klarste Definition läßt sich im Anschluß an M. WEBER[1] geben. WEBER grenzt Kaste von sozialen Phönomenen insbesondere des Abendlandes ab: ›Kaste‹ unterscheidet sich von ›Stamm‹ dadurch, daß sie kein Territorium hat und ökonomisch spezialisiert ist: sie ist ein Stand. Vom Berufsstand oder Lebensführungsstand unterscheidet sie sich durch erblichen Zugang: sie ist ein Geburtsstand. Vom rechtlichen Geburtsstand unterscheidet sie sich, da die Abschließung gegen außen religiös abgesichert ist. W. SCHLUCHTER definiert im Sinne WEBERS: »Kaste ist eine durch rituelle Kommensalitäts- und Konnubialschranken nach außen abgegrenzte, durch positive oder negative Privilegierung und

[1] W. SCHLUCHTER in: ders. (Hrsg.): Max Webers Studie über Hinduismus und Buddhismus, 1984, 45–48 mit Nachweisen.

durch ökonomische Sondergebarung nach innen zusammengeschlossene erbliche Gemeinschaft innerhalb eines sozialen Gesamtverbandes.« Damit ist »Kaste« als religionssoziologischer Begriff bestimmt. Er erfaßt nicht die jüdischen, muslimischen, christlichen und auch die hinduistischen Kasten, in denen die Schranken untereinander nicht »ritueller« Art sind: auf sie könnte man den Kastenbegriff nur insofern anwenden, als sie von außen als Kasten gesehen werden, nicht aber in ihrem Selbstbild.
Faßt man den Begriff Kaste so, daß er den allgemeinen Sprachgebrauch wiedergibt und *jāti* entspricht, wird man kaum einen allgemeingültigen Begriff bilden können. Es empfiehlt sich, Kaste nicht isoliert zu beschreiben, sondern das Kasten»system«.

II. Merkmale des Kastensystems in Südasien[2]

Man kann verallgemeinernd das Kastensystem durch folgende Merkmale kennzeichnen:
(1) Kasten scheiden die Gesellschaft in geschlossene, relativ autonome Gruppen, in die der Einzelne hineingeboren wird.
(2) Kasten bilden ein wesentlich auf Reinheitsvorstellungen beruhendes hierarchisches System, in dem jede Kaste auf lokaler bzw. mikroregionaler Ebene ihren festen, angestammten Platz innehat, über dessen rangmäßige Einordnung weitgehend Übereinstimmung herrscht. Obwohl Kasten überregional verstreut sein können, gibt es überregional nur in groben Zügen eine gemeinsame Rangordnung der Kasten, die in Einzelheiten beträchtliche Unterschiede aufweist.
(3) Dieser hierarchischen Struktur entsprechen unterschiedliche religiöse und soziale und, weil ein großer Teil der Kasten ein Berufsmonopol für bestimmte Tätigkeiten innehat, auch wirtschaftliche Gebote, Verbote und Privilegien, die den unterschiedlichen Status der Kaste weiter festlegen.
(4) Damit ist jeder Einzelne bereits mit seiner Geburt gesellschaftlich festgelegt, indem ihm eindeutige Verhaltensmuster der Ein- und Unterordnung vorgeschrieben sind *(dharma)*. Er muß daher die Verhaltensmuster der eigenen Kaste voll erfüllen, und nicht die einer anderen (weitgehendes Fehlen einer kastenübergreifenden speziellen Ethik), ja es ist besser, die Pflichten der eigenen Kaste schlecht zu erfüllen, als die einer fremden hervorragend.
(5) Durch Verhaltensregeln sind die sozialen Kontakte von Mitgliedern verschiedener Kasten sehr eingeschränkt und reglementiert. Viele Beziehungen sozialer Art sind nur zwischen Mitgliedern derselben Kaste erlaubt. Dazu dienen ausdrückliche Normen und Gebote, wie die der Endogamie (Zwang zur Heirat innerhalb der Kaste) oder – in seltenen Fällen – Hypergamie (Erlaubnis der Heirat einer Frau aus einer niedrigeren Kaste), der Speisevorschriften (Gemeinschaft beim Essen, Annahme von Wasser und Speisen, Vegetarismus u. ä.), der Reinheitsvorschriften (Berührungsverbote, Dauer der Unreinheit nach Todesfällen, Reinigungsriten u. ä.).
(6) Zu diesen Verhaltensnormen gehört auch, daß man den der Kaste eigenen Beruf ergreift, wobei freie Berufswahl oder Berufswechsel weitgehend ausgeschlossen ist. Das

---

[2] modifiziert und erweitert nach D. Bronger, in: J. Blenck (Hrsg.), Südasien (Fischer Länderkunde 2), 1977, 100–107 mit Lit.-Angaben.

Kastensystem bedingt mit seiner Zuweisung beruflicher Pflicht und seinen Berufsverboten eine oft sehr differenzierte Arbeitsteilung.
(7) In seinen wirtschaftlichen Beziehungen ist der Einzelne frei im Rahmen der angegebenen Kastenordnung. Die wirtschaftlichen Entfaltungsmöglichkeiten des Einzelnen sind aber so offen, daß es innerhalb ein und derselben Kaste oft sehr große Unterschiede in den wirtschaftlichen Verhältnissen gibt.
(8) Die Kastenzugehörigkeit prägt, da durch sie soziale Beziehungen und Berufsstruktur bestimmt sind, die Siedlungsstruktur von Dörfern, ursprünglich auch von Städten: Herausbildung von Weilern und Vierteln, Zuordnung zu verschiedenen Brunnen u. ä.
(9) Die Kaste stellt eine Primärgruppe dar mit einer unabhängigen und gerade bei den tiefer rangierenden Kasten straffen Organisation mit einer Führungsspitze. Die Überwachung der Bräuche, Vorschriften und Privilegien, das heißt die Beachtung des *dharma* innerhalb der Kaste und ihre Wahrung nach außen gegenüber den anderen Kasten fällt in die Zuständigkeit des Kastenrates (Kasten-*panchayat*), der über eine eigene Gerichtsbarkeit mit umfassender Kompetenz verfügt (bei schweren Verstößen bis zur Ächtung). Der einzelne ist damit der Institution »Kaste« völlig unterworfen, er steht durch Geburt in einer unlösbaren kollektiven Bindung. Eine solche Kastenorganisation umfaßt in der Regel mehrere benachbarte Siedlungen.
(10) Das Funktionieren dieses Systems beruht für die in der Sanskrittradition stehenden höheren Kasten sowie für die »sanskritisierten« Kasten vor allem auf zwei Prinzipien der Hindureligionen (einschließlich Buddhismus und Jainismus) als religiös-sozialen Systemen (für die Kasten von Nichthindus kann ein allen gemeinsames ideologisches Fundament nicht angegeben werden): a) der Glaube an die Karmagesetzlichkeit, das heißt an die naturgesetzliche Bestimmung der Art des gegenwärtigen Daseins durch Taten vorhergegangener Existenzen; b) die Erfüllung der bürgerlichen und religiösen Pflichten *(dharma)*. Diese beiden Prinzipien, als feststehende moralische Weltordnung akzeptiert, neutralisieren individuelle Aufstiegsmotivationen für dieses Leben. Ein sozialer Aufstieg im Lauf der Wiedergeburten ist hingegen eine wesentliche Motivation für die gute Erfüllung des auch kastenspezifischen *dharma*: ein solches Leben ist Voraussetzung für einen höheren Status in zukünftigen Geburten. In den einzelnen Hindureligionen ist die Einstellung zum Verhältnis von Kastenzugehörigkeit und der Möglichkeit der Erlösung in diesem Leben unterschiedlich: Neben der Ansicht, daß die Kastenzugehörigkeit für die Erlösung unerheblich ist, gibt es Anschauungen, daß bestimmte niedere Kasten von der Erlösung noch in dieser Existenz ausgeschlossen sind. Dies berührt aber nicht die Einstellung zur Rolle der Kastenordnung im Lauf der Wiedergeburten: Obwohl beispielsweise für die Theravadabuddhisten Sri Lankas die Kastenzugehörigkeit in Hinsicht auf die Erlösung gleichgültig ist, ist es Lehre des Theravadabuddhismus, daß ein Buddha jeweils in der sozial höchststehenden Gruppe geboren werden muß, da dies aus dem großen Verdienst, das man angesammelt haben muß, um ein Buddha werden zu können, notwendig folgt.
(11) Wird jemand aus der Kaste auf Zeit oder Dauer ausgeschlossen, erhält er seinen Platz an unterster Stelle der Gesellschaft. Das Individuum kann durch Weltentsagung *(sannyasa)* aus der Kastenordnung aussteigen. Dadurch erhält er einen angesehenen Status ohne Rücksicht auf Kastenherkunft und ohne kastenähnliche Struktur.
(12) Die Kasten selbst sind wiederum unterteilt in endogame und exogame Gruppen: in endogame Unterkasten *(subcaste, division)* und diese wiederum in exogame Clans *(gotra)*. Die Aufgliederung der Kasten ist häufig berufs- oder stammesbedingt. Wohnen

in einem Dorf mehrere Unterkasten zusammen, so grenzen diese sich häufig besonders scharf voneinander ab. Jede von ihnen besitzt ihr eigenes Berufsmonopol, vor allem aber beanspruchen sie unterschiedlichen sozialen Rang, der peinlich genau eingehalten und durch Gebote bzw. Verbote (Endogamie, Verbot der Speiseannahme usw.) erhalten wird.

(13) Während die sozialen aber auch die rituellen Beziehungen weitgehend innerhalb derselben Kaste bzw. Subkaste bestehen, spielen sich die wirtschaftlichen Beziehungen zwischen tieferstehenden Handwerks- und Dienstleistungskasten und höherstehenden landbesitzenden Kasten im Rahmen des sogenannten *jajmani*-Systems ab. Darunter wird ein System erblicher Arbeitsbeziehungen verstanden, in dem jede Familie für jede besondere Aufgabe eine Familie von Spezialisten hat, der gegenüber man dauernde Verpflichtungen besitzt. Ähnliches gilt bezüglich religiöser Spezialisten. Handwerks- und Dienstleistungskasten tauschen untereinander Produkte und Dienste aus. Die niedrigsten Kasten haben, da sie von den Mitgliedern der meisten höheren Kasten nicht bedient werden, ihr eigenes Dienstleistungssystem in der Weise aufgebaut, daß die Funktion des Priesters, Barbiers usw. zumeist von Unterkasten wahrgenommen werden.

(14) Trotz der statischen Elemente änderten sich Kasten im Lauf der Geschichte ständig. Das Kastensystem diente unter anderem dazu, Neuerungen und Opposition durch Bildung neuer Kasten und Unterkasten gesellschaftlich zu integrieren. Heute ist eine Auflösung der sozialen Stabilität des Kastensystems zu beobachten, die durch Modernisierung (z. B. Herausbildung neuer Berufe), ideologische und rechtliche Momente, und vor allem auch die regionale Mobilität (z. B. Landflucht) bedingt ist. Die Diskriminierung niederer Kasten ist heute gesetzlich verboten, Tempel werden auch für die niederen Kasten geöffnet, benachteiligte niedere Kasten *(scheduled casts and tribes)* außerdem durch Quoten im Bildungswesen, bei Stellenbewerbungen usw. gesetzlich privilegiert.

III. Kasten außerhalb Südasiens

»Kaste« wurde auf soziale Phänomene außerhalb Südasiens angewendet.[3] Problematisch ist dies, wenn solche Kasten nicht innerhalb eines Kastensystems stehen.

IV. Zur Geschichte westlicher Auffassungen von Kaste

Mit Dumont kann man grob folgende Perioden unterscheiden: Zunächst versuchte man die Existenz des Kastensystems zu erklären: durch den Willen bestimmter Menschen (z. B. Priestererfindung), als Grenzfall bekannter Institutionen (Stand, Klasse), aus dem einzigartigen Zusammentreffen historischer Umstände oder aus Kombinationen solcher Erklärungsmodelle. Die zweite Periode (Ende des 19. Jhs. bis 1945) ist die Zeit der beschreibenden Darstellung. Seit 1945 sind sozialanthropologische Einzeluntersuchungen vorherrschend. In neuester Zeit nehmen theoretische Arbeiten auch auf indischer Seite zu.

---

[3] Siehe W. E. Mühlmann, Art. Kaste, in: W. Bernsdorf (Hrsg.), Wörterbuch der Soziologie, ²1969, 543–547 mit Lit.-Angaben.

Literatur

DUMONT, L. M., Homo hierarchicus, 1966 (dt.: Gesellschaft in Indien 1976); FÜRER-HAIMENDORF, C. v. (Hrsg.), Caste and Kin in Nepal, India and Ceylon, 1966; GAIT, E. A., Art. Caste, in: ERE III (1910) 230–239; HEESTERMAN, J. C., Kaste und Karma, in: W. Schluchter (Hrsg.), Max Webers Studie über Hinduismus und Buddhismus, 1984, 72–86; HUTTON, J. H., Caste in India (1946), [4]1963; MAYER, A. C.; Caste and Kinship in Central India, 1960; WEBER, M., Wirtschaft und Gesellschaft (1921), [5]1976; ders., Ges. Aufsätze zur Religionssoziologie II, 1920.

Alois Payer

→ *Gruppe / Gruppendynamik, Hierarchie*

Katholisch / Katholizismus

I. Wort und Begriff II. Religionsgeschichtliches Beispiel: Deutscher Katholizismus im 19./20. Jahrhundert 1. »Universalismus« oder »Prinzip der Hierarchie« 2. Konfessionalismus und Papalismus 3. Totalitarismus oder: *complexio oppositorum*

I. Wort und Begriff

1. Das Adjektiv ›katholisch‹ ist eine Eindeutschung des lat. *catholicus,* das die lateinischen Kirchenschriftsteller im Laufe des 2. Jh. n. Chr. von den griechischen übernommen haben. Griech. *katholikós* ist eine Adjektivbildung zu dem (wohl älteren) Adverb *kathólou* »im allgemeinen«, der Gegensatz ist *katá méros* oder *kath'ékaston* – »im einzelnen, im Detail«. In der aristotelischen Philosophie ist das Adverb terminologisch: *kathólou lógoi* – »Allgemeinbegriffe«. Der Historiker POLYBIOS (2. Jh. v. Chr.) bezeichnet sein Werk als *katholiké kai koiné historía* – »Universalgeschichte« (8,2,11), weil alle Einzelgeschichten der Mittelmeerwelt in der römischen Geschichte aufgegangen sind: Roms Imperialismus hat die Geschichte ›katholisch‹ gemacht.
Die Verbindung *katholiké ekklesía* – »allgemeine, universale Kirche« ist zum ersten Mal in einem Brief (ad Smyrnaeos 8,2) des Bischofs IGNATIUS VON ANTIOCHIEN († ca. 110) bezeugt. Im Glaubensbekenntnis (Symbolon) des Konzils von Konstantinopel[1] ist *katholiké* als eines der vier Wesensmerkmale der Kirche festgeschrieben: »... und die eine, heilige, katholische und apostolische Kirche«.

2. Eine religionswissenschaftliche Bestimmung des partikulären, religionsgeschichtlichen und theologischen Ausdrucks ›katholisch / Katholizität‹ kann mit Hilfe von soziologischen Kriterien versucht werden. ›Katholizität‹ sei durch folgende Prinzipien be-

[1] Im Jahr 381; Text bei DENZINGER, Enchiridion Symbolorum, 150.

stimmt: (a) Allgemeinheit, als intendierter Mitgliederbestand und Gültigkeitsbereich für Lehre und Missionsauftrag; (b) Zentralismus als Organisationsprinzip; (c) vertikale Gliederung (Hierarchie) des Kultpersonals und, modifiziert, im Gesellschaftsaufbau; (d) eine durch eine spezifische Verbindung der Gegensätze *(complexio oppositorum)* erreichte Synthese von Lokalgebundenheit (Rom – Vatican als einziges Zentrum) und Universalität, Elite und ›einfachem‹ Volk, ›protestantischer‹ Innerlichkeit und ›heidnischer‹ Weltfrömmigkeit.
Als mehr sozialpsychologische Bestimmungsstücke können angeschlossen werden: (e) eine größere Bedeutung von Außenleitung, wie sie durch Entfaltung von aufwendigen Ritualen mit großer Teilnehmerzahl, vielfältigem Gerät und relativ mannigfaltigen Handlungen zur Veranschaulichung der jeweiligen Hierarchie und Formierung der ›Laien‹ durchgeführt werden; (f) die sehr hohe Bewertung der Kontinuität, Stabilität, Tradition und Autorität: die Lehre ist, mindestens ›im Kern‹, so unveränderlich wie der → Kanon der hl. Schriften (→ Buchreligion); die (mündliche) → Tradition ist durch die Gewähr des hl. Geistes selbst gesichert. Das Autoritätsprinzip wird in den Explikationen von scheinbar natürlichen und deshalb unveränderlichen Familienbindungen auf vielen religiösen Ebenen (Gotteslehre: Gottvater; Kirche als Mutter; der römische Bischof als Vater; die Gläubigen als Kinder) vielfältig verarbeitet. Als Kriterien der Mündigkeit geltende Fähigkeiten wie Zweifel, Kritik, Widerstand, Gewissen, Kreativität sind deshalb in einem zum ›System‹ verfestigten und durch gleichartige gesellschaftliche Entwicklungen verstärkten ›Katholizismus‹ nur schwer zu entwickeln.

3. Unter weiteren möglichen Definitionsversuchen sei der juristische von RUDOLPH SOHM hervorgehoben. Er hat das »Wesen des Katholizismus« als – unzulässige – Identifikation der Kirche Christi im religiösen Sinn mit der rechtlich verfaßten Kirche bestimmt.[2] Erst Luther habe »die Gegensätzlichkeit des rechtlichen Verbandes und der Kirche Christi« begriffen.[3] Unabhängig von SOHMs theologischen Prämissen[4] und unbeschadet der protestantisch-polemischen Ausgangssituation handelt es sich um eine scharfsinnige Analyse des historisch-konkreten katholischen Kirchenrechts, dessen Verfassung sich im Papsttum vollendet.[5] SOHM dürfte einen ›Idealtyp‹ konstruiert haben, der *eine* historische Verwirklichung der Idee der Katholizität beschreibt.

4. In der Tat läßt sich anhand der Religionsgesetze der christlichen römischen Kaiser zeigen, daß der Glaubenssatz von der ›Universalität‹ der Kirche schon zur Zeit seiner Formulierung von der Geschichte der Kirchen überholt war. Kaiser Konstantin nimmt, vermutlich noch im Jahre 313, Kleriker der »katholischen Kirche« *(ecclesia catholica)*[6] gegenüber »Haeretikern« in Schutz; er gewährt Privilegien nur den Anhängern des »katholischen Gesetzes« *(catholica lex)*.[7] Das Edikt der Kaiser Gratian, Valentinian und

---

2 R. SOHM, Wesen und Ursprung des Katholizismus (1909), ²1912.
3 Ebd. 11 ff.
4 Hier ist weder SOHMs Vorstellung von der urchristlichen Gemeinde noch seine Kontroverse mit HARNACK zu erörtern.
5 Ebd. 18 ff. Zur Konsequenz der »Ketzermacherei« bereits im frühen Christentum s. 65 ff. und bes. Anm. 81.
6 Codex Theodosianus 15,2,1.
7 Cod. Theod. 16,5,1, aus dem Jahre 326.

Theodosius von 380 befiehlt allen Untertanen des Reiches, »die Religion, die der heilige Apostel Petrus den Römern überliefert hat . . ., der der Papst Damasus anhängt und der Bischof Petrus von Alexandria . . .«, anzunehmen. »Die dieser Religion anhängen, sollen den Namen ›katholische Christen‹ annehmen . . .«; den Anhängern eines »haeretischen Dogmas« wird Diskriminierung, göttliche Strafe und schließlich auch irdische Justiz angedroht.[8] Damit war ›Katholizität‹ nicht nur konfessionalisiert, sondern ein politisch relevanter Begriff geworden. Die so konstituierte Reichskirche ist inhaltlich durch das Dreifaltigkeitsdogma und rechtlich durch die Hierarchie, verkörpert in Papst Damasus zu Rom und dem Bischof von Alexandria, definiert. Konfessionalisierung und Anspruch auf Universalität sind, wenn nicht logisch komplementär, so doch historisch gleichzeitig. Nicht erst die Gegenreformation hat das Wort ›katholisch‹ konfessionalistisch verengt.

Christian Hardegen

II. Religionsgeschichtliches Beispiel: Deutscher Katholizismus im 19./20. Jahrhundert

Katholisch heißt zwar ›allgemein‹, meint aber speziell einen Universalismus, dessen Prinzip die Hierarchie ist. Katholizismus als System ist vor anderem ein ›Hierarchismus‹, der als gesamtgesellschaftliches System sein Ziel im Ständestaat findet. Sein Gedanke ist kein spezifisch christlicher, aber nicht zuletzt in ihm konnten sich die Konkurrenten Klerikalismus und Faschismus treffen.

Voraussetzung hierfür war auf kirchlicher Seite, daß sich der spätantike Hierarchismus im Hochmittelalter papalistisch, in der Gegenreformation konfessionalistisch und über den gegenrevolutionären Ultramontanismus des 19. Jh. ›totalitär‹ entwickelt hatte.

Unkatholisch sind die Prinzipien der Mündigkeit und Autonomie; unkatholisch ist eine auf Selbstbestimmung und Selbstorganisation beruhende Gesellschaft libertär-sozialistischer Prägung, obwohl ›katholisch‹ also ›allgemein‹ nur eine solche wäre; umso mehr, als sie auch pluralistisch wäre, wirklich pluralistisch, d. h. allgemein, ohne das Besondere zu opfern. Die Utopie der Katholizität steht gegen das (konfessionell-)katholische System.

1. »Universalismus« oder »Prinzip der Hierarchie«

». . . der Philosoph . . . muß sich . . . als ein wahrhaft ›katholisches‹ Wesen betrachten, in gleicher Gemeinschaft und Beziehung zu allem, was hoch und was niedrig steht, zu den Schuldbeladenen wie zu den Unschuldigen.«[9]

»Ein wahrhaft ›katholisches‹ Wesen« ist im vor- wie nachkonfessionellen und damit wörtlichen Sinn ein wahrhaft allgemeines Wesen. Doch was ist ›allgemein‹? Die traditionelle und insofern klassische Definition hat der Apostel PAULUS geliefert: »Da gilt nicht mehr ›Jude oder Grieche‹, nicht mehr ›Sklave oder Freier‹, nicht mehr ›Mann oder Frau‹: denn ihr alle seid einer in Christus Jesus.« (Gal. 3,28)

[8] Cod. Theod. 16,1,2.

[9] DE QUINCEY, zit. nach CH. BAUDELAIRE, Gesammelte Schriften, Bd. 2, 1981, 122.

Noch der oben zitierte DE QUINCEY erscheint dem paulinischen »Allen alles sein« (1. Kor. 9,22) verpflichtet, gerade da seine ›Katholizität‹ das »Prinzip der Hierarchie«[10] unterstellt; PAULUS hat sogar die Sklaverei akzeptiert, wenn nicht affirmiert. Die Gleichheit der Menschen bestand für ihn nur vor Gott, oder: Sie war eine eschatologische – die ›hier und heute‹ schon zu gelten begonnen hatte, doch bloß innerhalb der aus der ›Welt‹ herausgenommenen, bereits dem anderen ›Äon‹ angehörenden ›Gemeinde‹.[11] – Nach der Parusieenttäuschung und allgemeinen (Zwangs-)Christianisierung ist die »Zwei-Reiche-Lehre« eine naheliegende Konsequenz gewesen. Die Knechte waren jetzt die »Nächsten« ihrer Herren, ihnen deswegen aber noch lange nicht gleich; zumindest gesamtgesellschaftlich nicht.

Der Ständestaat des 20. Jh. ist zwar genetisch ohne die katholische Kirche undenkbar, aber aktuell durchaus ohne, ja gegen sie möglich.[12] Seine Chancen waren nicht primär kirchenfunktional. Was seine religiöse Dimension anging, konnte es – von ›rein‹ katholischen Ländern abgesehen – sogar nur vorteilhaft sein, wenn eine christentumsneutrale, sprich »nationale« Ideologie die gesellschaftliche Integrationsaufnahme übernahm.[13]

Das »Prinzip der Hierarchie«, das der pränazistische Soziologe G. WEIPPERT 1932 von Platon bis zur Gegenwart sich ›durchhalten‹ sah, ist kein spezifisch christliches Prinzip und herrscht überall dort, wo überhaupt eine ›heilige‹ oder – um gleich juristisch zu sprechen – sakrosankte Ordnung besteht.

Insofern die »politisch-kirchliche Hierarchie« des nationalsozialistischen Staates eine kirchen-staatliche war und deswegen seine Partei, als die ›kirchliche‹ Seite des Syndroms, einen monopolistischen Anspruch stellte, mußte sie die Ablehnung (selbst) der (staatsfrommen) Katholiken finden, aber noch lange nicht der formale Aufbau eines solch totalen (Stände-)Staates. – Um eine Stellungnahme aus der euphorischen Zeit direkt nach Abschluß des Reichskonkordats heranzuziehen: Der junge MAX MÜLLER, einer der führenden katholischen Philosophen der Bundesrepublik, schrieb in seiner Zusammenfassung der Gesprächsergebnisse der Leitungstagung des Bundes »Neudeutschland« – und damit repräsentativ für die jüngste (und jugendbewegte) Generation der katholischen Akademikerschaft –: »Innerhalb unseres gesamten Einsatzes für Vaterland und neuen Staat fühlen wir ... die besondere Sendung, daran mitbauen zu helfen«, »daß die Totalität unseres nationalen und staatlichen Lebens sich zusammenfüge mit der Totalität katholischer Kirche«.[14]

Was MÜLLER und andere, auch wenn sie von Anfang an Anti-Nationalsozialisten sind, weil sie die »Bewegung« rechtzeitig als Partei-Kirche durchschauen, mit den antichristlichen Nazis verbindet, ist nicht zuletzt dieser totalitäre Religionsbegriff: »Wie der Staat keinen bloßen Überbau oder Rahmen darstellt, sondern unserem ganzen individuellen, irdischen Dasein letzte Vollendung gibt: so ist auch die Religion kein Teilgebiet neben anderen Teilgebieten unseres persönlichen oder öffentlichen Lebens ..., sondern alles durchdringende Lebensmacht«.

---

[10] Vgl. G. WEIPPERT, Das Prinzip der Hierarchie, 1932.

[11] Vgl. H. GÜLZOW, Christentum und Sklaverei in den ersten drei Jahrhunderten, 1969.

[12] Vgl. C. STEDING, Politik und Wissenschaft bei Max Weber, 1932; zum Stichwort »neues Mittelalter«: S. 13.

[13] Vgl. R. FABER, Roma aeterna, 121 ff.

[14] MAX MÜLLER, Neudeutsche Jugend, 185.

2. Konfessionalismus und Papalismus

Nicht zuletzt ROMANO GUARDINIS »*Geist der Liturgie*« von 1917 hat MÜLLERS ›Totalitarismus‹ antizipiert: »Das Einzelwesen muß darauf verzichten, ... seine eigenen Wege zu gehen. Es hat den ... Wegen der Liturgie zu folgen. Es muß seine Selbstverfügung an sie abgeben; mitbeten, statt selbständig vorzugehen; ... in der Ordnung stehen, statt sich nach eigenem Willen zu bewegen.«[15]

Das politische Unheil dieses Jahrhunderts hat einen Sitz im ›Allerheiligsten‹ der katholischen Religion selbst, weswegen ›Urkatholizismus‹ und ›moderner‹ Katholizismus nicht einfach auseinandergerissen werden können. Doch ist nicht schon jener der »totalitäre« Katholizismus, von dem der ehemalige katholische Kirchenrechtler J. KLEIN in den 50er Jahren spricht – den Klerikofaschismus Pius' XII. vor Augen. – Wie sehr die katholische Kirche und ihre Liturgie auch durch Jahrhunderte unverändert blieben, so sehr stellen doch Gegenreformation, Gegenrevolution und Profaschismus wichtige, systemverschärfende Einschnitte in ihrer Geschichte dar.

Katholische Kirche bedeutet – vom neutestamentlichen ›Frühkatholizismus‹ an – Bischofs- und spätestens seit dem 11./12. Jahrhundert auch Papstkirche; das »Prinzip der Autorität« oder eben »Hierarchie« ist konstitutiv und damit auch das »kuriale« der Bürokratie. Aber wirklich ausgebildet zum »römischen System« – in organisatorischer wie doktrinärer Hinsicht – wird die Kirche erst während des Tridentinum und im Vollzug seiner Beschlüsse. »Die Lehre ist unverrückbar; die Autorität unverletzlich. Um so freier und verbrecherischer sich der Zweifel erhebt in der Zeit, um so strenger muß die Unterwerfung sein. ... Für die Reinheit des alten Gedankens ... zu kämpfen, ist die spanische Aufgabe. Karl V. setzte für das Konzil sich ein, Philipp II. führte es zu Ende; Ignatius stellt die Soldaten, die den Befehl verbreiten und ihm Geltung verschaffen.«[16]

Die Jesuiten werden im 19. Jahrhundert eine bedeutsame Restauration ihrer Stellung erfahren, doch gerade da die Stellung der Könige – auch der spanischen – nachhaltig erschüttert ist. »Die Monarchie ist tot, es lebe die Unfehlbarkeit«, hat BEN VAN ONNA seinen Aufsatz überschrieben, der sich mit der römischen Überkompensation des Machtverlustes aufgrund der mehr oder weniger starken Laisierung der theokratischen Monarchien beschäftigt, wie sie in Europas spanisch-gegenreformatorischem Zeitalter entstanden sind. Um sie auszugleichen, wird die eigene theokratische Tendenz auf die Spitze getrieben, so daß eine französische Zeitung nach Verkündigung des Dogmas von der Unbefleckten Empfängnis schreiben konnte: »Ludwig XIV. hat das berühmte Wort geprägt: ›Der Staat bin ich!‹ Pius IX. hat mehr getan. Er hat durch seine Taten mit mehr Recht als jener gesagt: ›Die Kirche bin ich!‹«[17]

Pius IX. hat den päpstlichen Jurisdiktionsprimat und die päpstliche Unfehlbarkeit in Fragen des Glaubens und der Sitte definiert. Entscheidend dabei ist, daß diese Definitionen in der Folgezeit den Charakter einer praktisch nahezu unbeschränkten ›Rechtsgrundlage‹ erhalten; so wie es schon in J. DE MAISTRES »*Du Pape*« programmiert war, jenem Buch, das die ultramontane Bewegung Europas bis zum I. Vatikanum bestimmte und das keinen unfehlbaren Papst, sondern nur »*un pape sans appel*« kannte. Tatsächlich erfolgte die Formulierung der päpstlichen Unfehlbarkeit im Rahmen einer – DE

15 R. GUARDINI, Liturgie, 48.

16 R. SCHNEIDER, Philipp der Zweite oder Religion und Macht, 1958, 90.

17 F. HOUTART, A. ROUSSEAU, Kirche eine antirevolutionäre Kraft?, 62.

MAISTRE verpflichteten – »politisch bewußten Ekklesiologie, die nach dem Zerfall der *universitas christiana* die Behauptung und Stärkung der kirchlich-gesellschaftlichen Strukturen und deren Legitimierung anstrebte«.[18]

3. Totalitarismus oder: *complexio oppositorum*

Der Jesuit ERICH PRZYWARA hat im Jahre 1955 rhetorisch und (selbst)kritisch gefragt: »Steckt nicht als Tiefstes hinter den Faschismen ein ... säkularisierter Katholizismus ...?«[19] J. KLEIN behauptet, der Katholizismus sei »der Prototyp und eigentliche Vertreter des Totalitarismus«.[20]

R. HEPP hat richtig gesehen, daß der nationalsozialistische Staat »die Einordnung der gesellschaftlichen Sachbereiche in eine politisch-kirchliche Hierarchie erzwingen« sollte. Über die organisatorische Parallele des Nationalsozialismus mit dem Katholizismus hinaus hat HEPP auch auf die strukturelle und funktionelle Identität des Dogmas beider ›Kirchen‹ hingewiesen, nicht nur auf das Vorhandensein eines solchen überhaupt – auch auf seiten des Nationalsozialismus. Gerade dessen »diffuser, inkohärenter Zustand« ließ ihn »zur Integrationsideologie par excellence, zur Weltanschauung der Weltanschauungen geeignet erscheinen« – woraus HEPP den Schluß zieht, daß der Nationalsozialismus »auf dem ideologischen Terrain des damaligen Deutschland ... etwas Ähnliches wie der Katholizismus innerhalb des Christentums« geleistet habe: »Indem er linke und rechte, revolutionäre und reaktionäre, soziale und nationale Momente in sich aufnahm, schien ihm die ›complexio oppositorum‹ zu gelingen.«[21]

Eine Analyse des katholischen Systems ergibt als seine – nicht nur geheime – Teleologie den ›Totalitarismus‹, doch gerade deshalb ist *in statu nascendi* Plastizität angezeigt und *»complexio oppositorum«* das – hier und heute – Optimale. Zeitweilige und partielle »Inkohärenz«, vielleicht sogar Labilität, eine – nur scheinbar – opportunistische Politik im Zeichen des *»Ralliement«*[22] dürfen nicht über das Ziel hinwegtäuschen: »Alle Papstpolitik hat ... etwas betont Vorläufiges, unter Vorbehalt aller Rechte und Ansprüche des absoluten Programms.«[23]

Literatur

1. Dokumente

GUARDINI, R., Vom Geist der Liturgie (1917), ⁶1962; DE MAISTRE, J. M., Du pape (1819), dt.: Vom Papste, 2 Bde, hrsg. v. J. BERNHART, 1923; MÜLLER, MAX, Neudeutsche Jugend und neuer Staat, in: Katholische Kirche und Nationalsozialismus, hrsg. v. H. MÜLLER, 1965; SCHMITT, CARL, Römischer Katholizismus und politische Form, ²1925.

---

18 H.-J. POTTMEYER, Unfehlbarkeit, 18.

19 E. PRZYWARA, In und Gegen. Stellungnahmen zur Zeit, 1955, 131.

20 J. KLEIN, Skandalon, 174.

21 R. HEPP, Politische Theologie, 271 f.

22 Vgl. H.-D. BARION, Kirche oder Partei? Römischer Katholizismus und politische Form, in: Der Staat 4 (1965) 145 ff.

23 E. ROSENSTOCK-HUESSY, Revolutionen, 143.

2. Sekundärliteratur
BAMBERG, H.-D., Familiarismus. Zu einer Grundvorstellung konservativer Katholiken, in: Frankfurter Hefte 10 (1970); FABER, R., Die Verkündigung Vergils: Reich – Kirche – Staat. Zur Kritik der politischen Theologie, 1975; ders., Roma aeterna. Zur Kritik der »Konservativen Revolution«, 1981; ders., Prinzip Widerstand oder: Katholizität statt Katholizismus, in: EID, V. (Hrsg.), Prophetie und Widerstand, 1989, 166–177; HEER, F., Die Tragödie des Heiligen Reiches, 1952; HEPP, R., Politische Theologie und theologische Politik. Studien zur Säkularisierung des Protestantismus im Weltkrieg und in der Weimarer Republik, Diss. masch. Erlangen 1967, unveröffentlicht; HOUTART, F., ROUSSEAU, A., Ist die Kirche eine antirevolutionäre Kraft? 1973; KLEIN, J., Skandalon. Um das Wesen des Katholizismus, 1958; VAN ONNA, BEN, Die Monarchie ist tot, es lebe die Unfehlbarkeit, in: kritischer Katholizismus 3 (1970) Nr. 11/12, 4–6; POTTMEYER, H.-J., Unfehlbarkeit und Souveränität. Die päpstliche Unfehlbarkeit im System der ultramontanen Ekklesiologien des 19. Jahrhunderts, 1975; ROSENSTOCK-HUESSY, E., Die europäischen Revolutionen. Volkscharakter und Staatenbildung, 1931; Zur Soziologie des Katholizismus, hrsg. v. K. GABRIEL u. F.-X. KAUFMANN, 1980.

Richard Faber

→ *Amt, Buchreligion, Kanon, Klassengesellschaft, Tradition, Volk*

Kausalität

I. Begriff und Bedeutung

1. Begriffsbestimmung

Kausalität bezeichnet das tatsächliche oder vorgebliche Bestehen eines notwendigen und regelhaften, logischen und/oder zeitlichen Zusammenhanges zwischen zwei oder mehr Erscheinungen (Ereignissen, Zuständen, Kategorien usw.) in der Gestalt, daß eine Erscheinung als tatsächliche oder gedachte Ursache, eine andere als sich aus ihr ergebende tatsächliche oder gedachte Wirkung erklärt werden kann.
Der lat. Ausdruck *causalitas* (von lat. *causa* – Ursache, Grund) scheint eine Begriffsbildung der Scholastik zu sein und hat die allgemeine Bedeutung ›Ursächlichkeit‹. Erst in der Neuzeit wird eine spezifische Bedeutung ausgebildet: »Jener in der Ursache enthal-

tene Grund, warum ein Verursachtes entweder schlechthin existiert oder als ein so Beschaffenes existiert, ist eben jenes, was die Scholastiker Kausalität genannt haben«.[1] Kausales Erklären versucht zu zeigen, aus welchem Grund sich etwas in einer bestimmten Art und Weise verhält: Dabei wird ein Ereignis, das *Explicandum,* aus (mindestens) einer Anfangsbedingung und (mindestens) einem allgemeinen Gesetz, die zusammen das *Explicans* ergeben, deduziert. Unterscheiden sollte man zwischen (a) Kausalgesetzen, empirischen Gesetzen, die einzelne Ereignisarten im Bereich des empirisch Faßbaren aus der Verbindung von singulärer Ursache und allgemeiner Regelhaftigkeit erklären (z. B. Naturgesetze), und (b) einem Kausalprinzip, das sämtliche Ereignisarten jenseits des kognitiven Vermögens aus der Verbindung von a priori vorhandener umfassender Ursache und notwendiger Regelmäßigkeit versteht.[2]

2. Kausalität in der Religionswissenschaft

Die Religionswissenschaft hat keinen eigenen Begriff von Kausalität entwickelt. Statt dessen hat sie den traditionellen Gesetzes- und Entwicklungsbegriff der Psychoanalyse, Geschichtswissenschaften, Soziologie übernommen. Bei der Analyse der Faktoren religiösen Handelns gebraucht sie die quantifizierenden deduktiv-nomologischen Modelle der (historischen) Sozialwissenschaften (s. u. II.5). Die Religionswissenschaft arbeitet dabei sowohl diachron als auch synchron: diachron, indem sie Ursprünge und Evolution einzelner Religionen mit Hilfe der Formulierung historischer Anfangsbedingungen und allgemeiner Entwicklungsgesetze erklärt (Jäger- und Sammlerreligionen, Rationalisierung von Religion usw.), synchron, indem sie – als vergleichende Religionswissenschaft – nach den Gründen fragt, warum religiöse Handlungen und Vorstellungen miteinander korrespondieren oder voneinander abweichen (z. B. Kirche–Sekte–Dichotomie), und individuelle religiöse Verhaltensmuster unter dem Gesichtspunkt sozialer Ursachen und statistischer Regelmäßigkeiten untersucht. Mit der Übernahme des Kausalbegriffs unterliegt die Religionswissenschaft derselben methodologischen Schwierigkeit wie die übrigen Gesellschaftswissenschaften: Als Wissenschaft, die sich großenteils kausaler Erklärungsmuster bedient, behandelt sie einen Gegenstand, der nur in den seltensten Fällen nach kausalen Handlungsmustern funktioniert. Ihr Gegenstand ist häufig religiöses Handeln, das – bewußt oder unbewußt – akausal strukturiert ist (s. u. III. 2). Die Einsicht in solche Schwierigkeiten sollte aber nicht zu der Konsequenz führen, die Religionswissenschaft nicht länger als kausal erklärende, sondern als psychologisch deutende Wissenschaft religiösen Handelns zu definieren – eine Haltung, die sich etwa in der ›Begegnung mit dem Heiligen‹ (Rudolf Otto, Mircea Eliade) manifestiert.[3]

---

[1] Chr. Wolff, Philosophia prima sive Ontologia, ²1734, 884. *Causalitas* findet sich zuerst in lat. Übersetzungen aus dem Arabischen, wird dann z. B. von Thomas von Aquin, contra gentes 3,9 verwendet; vgl. R. Specht, Art. Kausalität, in: HWPh 4 (1976) 798.

[2] Zu der Unterscheidung zwischen Gesetz und Kausalgesetz vgl. Bunge, Kausalität, 276–313.

[3] R. Otto, Das Heilige, 1917; M. Eliade, Das Heilige und das Profane, 1957. → Das Heilige.

3. Historische Definitionsmodelle

3.1. Einige philosophische Ansätze zur Bestimmung des Kausalbegriffs

Wissen von jedem Ding besitzen bedeutet für ARISTOTELES (384–322 v. Chr.) seine erste Ursache *(próte aitía)* kennen.[4] Er unterscheidet vier Arten von Ursachen: (a) die Materialursache, Silber als Stoff, aus dem eine silberne Schale besteht, (b) die Formursache, im Fall der Oktave das Verhältnis 2:1, (c) die Wirk- oder Bewegungsursache, der Vater als Ursache des Kindes, und (d) die Zweckursache, die Gesundheit als Ursache des Spazierengehens.[5] Die Einbeziehung der Finalität in ein Feld kausaler Strukturen ermöglicht es, jeden Prozeß funktional oder gar teleologisch zu erklären. Erste Ursache aber wird für ARISTOTELES das, was nicht selbst verursacht werden kann: der unbewegte Beweger.[6] THOMAS VON AQUIN (ca. 1225–1274) stützt sich auf das aristotelische Modell und beweist mit Hilfe der verschiedenen Wirkweisen Gottes dessen Existenz.[7] DAVID HUME (1711–1776) verlagert die Frage nach dem Kausalzusammenhang allen Geschehens von der ontologischen auf die erkenntnistheoretische Ebene: Das Verhältnis von Ursache und Wirkung zwischen zwei Ereignisklassen lasse sich nicht durch Überlegung und Reflexion *(abstract reasoning and reflection)*, sondern lediglich durch Beobachtung *(experience)* zeigen. Kausalität wird auf Erscheinungen beschränkt, die durch (a) Nahwirkung (*contiguity*: A muß auf B unmittelbar einwirken), (b) zeitliches Aufeinanderfolgen (*succession*: die Ursache A muß der Wirkung B zeitlich vorausgehen) und (c) notwendige Verbindung (*necessary connexion*: eine spezielle Ursache A hat stets eine spezielle Wirkung B) verknüpft sind. Die empirisch nachweisbare regelmäßige Beziehung zwischen der Ursache A und der Wirkung B führt dann zu dem allgemeinen Gesetz, daß A und B stets als Ursache und Wirkung miteinander verbunden sind.[8]

3.2. Juristische Erklärung von Kausalität

Kausalität bezeichnet im Strafrecht die Situation, »wenn zwischen Handlung und Erfolg ein ursächlicher Zusammenhang besteht und dem Verursacher der konkrete Erfolg als sein Werk zuzurechnen ist ... Nach der ... Bedingungstheorie ... ist Ursache im Sinne des Strafrechts jede Bedingung eines Erfolges, die nicht hinweggedacht werden kann, ohne daß der Erfolg in seiner konkreten Gestalt entfiele«.[9]

3.3. Kausalität in den Naturwissenschaften

In den Naturwissenschaften bezeichnet Kausalität das Bestehen eines Naturgesetzes, das zwei Zustände als Ursache und Wirkung aufeinander bezieht. Der Satz der klassischen Physik, daß der Zustand eines abgeschlossenen physikalischen Systems zu jeder Zeit t_2 berechnet werden kann, solange sein Zustand zur Zeit t_1 bekannt ist, hat mit der Formulierung der Heisenbergschen Unbestimmtheitsrelation eine grundlegende Ein-

---

[4] ARISTOTELES, Metaphysik I 3, 983 a 25 f.

[5] ARISTOTELES, Physik II 3, 194 b 23–34; vgl. Metaphysik I 3, 983 a 26–32. V 2, 1013 a 24–34.

[6] ARISTOTELES, Metaphysik XI 6, 1071 b 3 ff.

[7] THOMAS VON AQUIN, Summa Theologiae I 2,3.

[8] HUME, Treatise I 3,1 f.; passim.

[9] J. WESSELS, Strafrecht. Allgemeiner Teil, [20]1990, 45 ff.; zur Diskussion weiterer Kausalmodelle neben dieser sogenannten ›Äquivalenztheorie‹ vgl. MAIWALD, Kausalität und Strafrecht, HART, HONORÉ, Causation in the law.

schränkung erfahren: Das streng deterministische Verhältnis zweier physikalischer Zustände als Ursache und Wirkung bleibt für die Anordnung eines Meßvorgangs und dessen Beurteilung zwar weiterhin gültig, aber das durch den Meßvorgang gewonnene Gesetz kann für das Meßobjekt nurmehr statistische Wahrscheinlichkeit beanspruchen.

4. Ansätze zur Problematisierung des Begriffs

Nach empirischen Maßstäben können Ereignisse und Handlungen lediglich als Elemente eines Feldes räumlicher und/oder zeitlicher Prozesse wahrgenommen werden. Die Frage nach dem Grund, warum etwas in einer ganz bestimmten Art und Weise geschehen ist oder geschehen wird, die Frage nach einer naturgesetzlichen Ursache, moralischen und ästhetischen Prinzipien, gesellschaftlichen Konventionen oder persönlichen Zielvorstellungen versucht, komplexe Ereignisklassen in ein Feld kausal notwendiger Zusammenhänge zu integrieren. Kausales Erklären versucht, Ereignisklassen logisch verfügbar zu machen, man könnte auch sagen, zu rationalisieren, um Prozesse intentionalistisch deuten zu können. Es versucht aber auch, Ereignisklassen beherrschbar zu machen, man könnte auch sagen, zu objektivieren, da die Beschreibung linearer Prozesse als gesetzmäßige Abfolge einer Ursache und ihrer Wirkung jeden Vorgang im Prinzip wiederholbar macht. Kausales Erklären ist sowohl diagnostizierend als auch prognostizierend. Kausalität ist ein Interpretationsmodell insofern, als den quantitativen Kriterien ›Raum‹ und ›Zeit‹ durch ihre vom Betrachter hergestellte qualitative Anordnung Sinn verliehen wird. So ist Kausalität kein aprioristischer oder metaphysischer, sondern ein empirischer Begriff, der parallel zum Prozeß der Bewußtseinsentwicklung konstituiert wird. Wenn man den Ergebnissen des Schweizer Kinderpsychologen Jean Piaget folgt, daß das bewußte Wahrnehmen kausaler Denkstrukturen die Beherrschung der Sprache nicht voraussetzt, dann muß man diese Denkstrukturen als ›primitive‹ Kategorisierungsmodalitäten bezeichnen. Jean Piaget beschreibt, wie sich bei einem Kind im zweiten Lebensjahr »eine Art kopernikanische Wende« vollzieht, die darin besteht, »daß die Handlungen nicht mehr auf den eigenen Körper zentriert werden, sondern dieser, als ein Objekt unter anderen, in einen Raum eingebettet wird, der ihn und die anderen Objekte umschließt. Zuletzt werden auch die Wirkungen der Objekte unter dem Einfluß der Koordination verknüpft, wobei sich gleichzeitig das Subjekt als Ursprung oder Beherrscher seiner eigenen Bewegungen zu begreifen beginnt«.[10] Kausalität als Denk- und Kategorisierungsstruktur entwickelt sich aus dem Bewußtsein eigener Intentionalität. Intentionalität. Freilich wäre eine Denk- und Kategorisierungsstruktur, die nicht von der Annahme einer asymmetrischen Kausalität, d. h. einer irreversiblen kausal bedingten Priorität eines Ereignisses einem zweiten gegenüber, ausgehen würde, die weitaus ›primitivere‹.

Kausales Erklären konstituiert sich als Kategorisierungsstruktur jedoch erst in der Sprache, um die unterschiedlichsten Ereignisse logisch erklärbar zu machen. Es findet seine funktionale Entsprechung in den geordneten Zusammenhängen linguistischer Systeme. Sobald sich kausales Erklären dieser Systeme bedient, sie kausal strukturiert,

---

[10] Piaget, Abriß, 33 ff.; Zitat: 35.

fungiert es als Verständigungsmodell über gesellschaftliche Normen, soziale Bedürfnisse usw.[11]

II. Epistemologische Bestimmung

1. Psychologie

Die Psychologie/Psychoanalyse versucht, individuelle Verhaltensmuster (a) zu diagnostizieren, indem sie unter Formulierung allgemeiner Gesetze eine Verbindung zwischen Ursache (Trieb, Verlockung, Wille usw.) und Wirkung (Aggression, Angst usw.) herstellt, und (b) zu prognostizieren, indem sie zukünftige Verhaltensmuster mit Hilfe dieser Gesetze in Form von Handlungstheorien als wahrscheinlich voraussagt. Diese ›Kausalgesetze‹ der Psychologie/Psychoanalyse haben den epistemologischen Rang von ›wenn-dann‹-Hypothesen.

2. Naturwissenschaften

In den Naturwissenschaften hat die ›Kausalwirkung‹ das deterministische Kausalgesetz verdrängt (s. I. 3.2). Kausalgesetze, die singuläre Ursache-Wirkung-Beziehungen mit allgemeinen Aussagen verbinden, werden auf der Basis statistischer Korrelationen unter dem Gesichtspunkt einer probabilistischen (wahrscheinlichen) Kausalität aufgestellt. Die Unterscheidung offener und abgeschlossener Systeme ersetzt den Ganzheits- (Holismus-)Begriff durch die Vorstellung begrenzter Abhängigkeitsverhältnisse (Interdependenzen).[12]

3. Sprachwissenschaft

Grammatikalische und metrische Gesetze analysieren Beziehungen einzelner Sprachelemente. Sie fassen hierarchische Abhängigkeitsverhältnisse einzelner sprachlicher Erscheinungen in allgemein gültige Sätze. Die Diagnose bekannter linguistischer Strukturen als ein Feld von syntaktischen Abhängigkeiten ermöglicht die Formulierung sprachlicher Gesetze. Indem der Linguist sowohl synchron als auch diachron arbeitet, versteht er Erscheinungen, die die Hörerwartung nicht erfüllen, den Kontext linguistischer Strukturen sprengen, als Anlaß, seine Gesetze zu erweitern und sie zur Basis erneuter Erforschung sprachlicher Systeme zu machen.

---

[11] Im Altgriechischen kann man beobachten, daß die meisten kausalen Konjunktionen eine ursprünglich temporale Konnotation haben; vgl. E. Schwyzer, A. Debrunner, Griechische Grammatik. Bd. 2: Syntax und syntaktische Stilistik (Handb. d. Altertumswissenschaft II 1,2), [5]1988, 661; N. R. Hanson, Causal Chains, in: Mind 64 (1955) 289–311, hat anhand des Englischen gezeigt, daß Sprache theoriebefrachtet *(theory-loaded)* sei, insofern in entsprechenden Kontexten bestimmte Worte als *cause-words* figurierten und im Diskurs bestimmte *effect-words* provozierten.

[12] Zu gegenläufigen Tendenzen und der Bemühung um die Rückgewinnung eines ontologischen Kausalbegriffs s. Rensch, Probleme genereller Determiniertheit.

4. Geschichtswissenschaft

Für den Historiker ist die Frage, ob geschichtliche Prozesse nach allgemein gültigen Gesetzen, nach bestimmten Rhythmen oder Perioden verlaufen, ob sie sich wiederholen oder nach einer spezifischen Typologie historischer Regelmäßigkeiten stattfinden, mit dem Problem der freien Willensentscheidung des geschichtlichen Subjekts verbunden.
Die griechische Historiographie hat nach den Ursachen des Geschehens gefragt und so Geschichte kausal erklärt. THUKYDIDES (ca. 457–ca. 400 v. Chr.) unterscheidet im sog. ›Methodenkapitel‹ seines Geschichtswerks über den Peloponnesischen Krieg zwischen dem ›wahrsten Grund‹ *(alethestáte próphasis)*, der mit zwingender Notwendigkeit zum Krieg geführt hat, und dessen unmittelbarer Ursache *(aitía)*.[13] POLYBIOS (2. Jh. v. Chr.) scheint als erster zwischen Ursache *(aitía)*, Anlaß *(arché)* und Vorwand *(próphasis)* getrennt zu haben.[14]
Dem Modell geschichtlicher Prozesse, die unter Angabe von Ursprung und Ziel kausal beschreibbar sind (Geschichte als dynamischer Prozeß, als Fortschritt, als *magistra vitae*), wird die biologisch-organische Theorie von der Morphologie der Weltgeschichte gegenübergestellt (OSWALD SPENGLER): Innerhalb einer abgeschlossenen, statischen Ordnung mit einer synchronen Zeitstruktur sei das Ganze in jedem Teil keimhaft enthalten. Geschichte kenne keine Evolution, sei ziellos, lasse sich nicht intentional verändern.[15]
Die Theoriediskussion in der Geschichtswissenschaft der siebziger Jahre war Anlaß, über die Tropik (narrativer) Historiographie zu reflektieren: »Historisches Denken macht aus Zeit Sinn. Es macht Kontingenz handlungskonform. Es nimmt sich der Erfahrung an, daß sich die menschlichen Lebensverhältnisse in einer von den Betroffenen nicht beabsichtigten Art und Weise ändern ... Es verwandelt diese Erfahrung in eine Vorstellung von Zeitverläufen, in der sie dem absichtsvollen menschlichen Handeln wieder zugeordnet, ihm konform wird«.[16]

5. Sozialwissenschaften, Sozialgeschichte

Nach MAX WEBER verstehen sich die Sozialwissenschaften als Disziplin, »welche soziales Handeln deutend versteht und dadurch in seinem Ablauf und in seinen Wirkungen ursächlich erklären will«.[17] Verstehen bedeutet »die deutende Erfassung des im Einzelfall gemeinten ... oder des durchschnittlich und annäherungsweise gemeinten ... oder des ... wissenschaftlich zu konstruierenden Sinnes oder Sinnzusammenhanges«.[18] Während WEBER also hermeneutisch-verstehende und generalisierend-erklärende Methoden als gleichwertige Verfahren definiert, plädiert H. U. WEHLER für eine stärker strukturgeschichtlich orientierte Sozialwissenschaft, »die nicht primär Ereignisse, Personen, Inten-

---

[13] THUKYDIDES I 23.
[14] POLYBIOS III 6,4–14.
[15] O. SPENGLER, Der Untergang des Abendlandes. Umrisse einer Morphologie der Weltgeschichte, 1917 (Bd. 1), 1922 (Bd. 2); → Geschichte.
[16] J. RÜSEN, Zeit und Sinn, 1990, 11; der Begriff ›Tropik‹ (z. B.) bei H. WHITE, Tropics of Discourse: Essays in Cultural Criticism, 1978, als Lehnwort aus der Rhetorik; vgl. ebd. 98.
[17] M. WEBER, Wirtschaft und Gesellschaft. Grund der verstehenden (sic) Soziologie (1921) [5]1972, 1.
[18] Ebd. 4.

tionen und Handlungen erforscht, sondern vor allem Strukturen und Prozesse als Bedingungen und Folgen von Ereignissen, Entscheidungen und Handlungen«.[19] Eine einseitig strukturgeschichtliche Methode bemüht sich um die Konstituierung einer objektiven und wertfreien Sozialwissenschaft, die Geschehen nur insoweit erklärt, als es ihr gelingt, Kausalgesetze zu bestimmen, kraft derer historische Prozesse verlaufen. Die Vorstellung, nomologische Erklärung sei in allen Wissenschaftsbereichen grundsätzlich dieselbe, hat CARL GUSTAV HEMPEL und PAUL OPPENHEIM ein ›deduktiv-nomologisches‹ kausales Erklärungsmodell entwickeln lassen, das mit Hilfe quantifizierender und statistischer Methoden analog zur Arbeitsweise der Physik Regelmäßigkeiten zwischen Ursachen und Wirkungen beobachtet und in soziologischen Gesetzen formuliert.[20] KARL POPPER verzichtet auf den Anspruch, kausale Aussagen besäßen einen kognitiven Wert und weist der Kausalität in epistemologischer Hinsicht den Rang einer allgemeinen Maxime zu, »nichts unerklärt zu lassen – d. h. immer wieder zu versuchen, Sätze auf allgemeinere Sätze zurückzuführen«.[21] VILFREDO PARETO hat die Möglichkeit kausaler Erklärung gesellschaftlicher Prozesse durch die Theorie statischer Gesellschaften, in denen ›residuale Klassen‹ permanent existierten, bestritten.[22]

III. Kausalität und Religion

1. Kausalität als Argumentationsstruktur für Religion

Nach dem Bericht des ARISTOTELES war es unter den griechischen Naturphilosophen eine Erfahrungstatsache, daß nichts aus nichts entstehen kann[23] – für alles läßt sich eine Ursache finden.

ANAXIMANDER (ca. 610–ca. 547 v. Chr.) hat ein kosmologisches Modell entwickelt, das die Entstehung als Prozeß beschreibt, der nach notwendiger Gesetzmäßigkeit verläuft und die Zeitordnung als empirisches Kriterium einer logischen Kausalordnung definiert. ANAXIMANDER benutzt die Metaphorik der Rechtspraxis und sagt: »nach der Schuldig-

---

[19] J. KOCKA, Art. Historische Sozialwissenschaft, in: Handb. d. Geschichtsdidaktik 1 (1979) 136; vgl. H. U. WEHLER, Geschichte als Historische Sozialwissenschaft, 1973; zu grundsätzlicher Kritik an WEBERS Definition vgl. P. WINCH, Die Idee der Sozialwissenschaften und ihr Verhältnis zu Philosophie (1966) 1974 (engl. 1958), 143–148: Der hermeneutisch-deskriptive Begriff ›Sinn‹ sei methodologisch verschieden von quantitativ-statistisch deduzierten Kausalgesetzen.

[20] HEMPEL, Wissenschaftliche und historische Erklärungen, HEMPEL, OPPENHEIM, Studies in the logic of explanation; weiterführend H. BEST, W. H. SCHRÖDER, Quantitative historische Sozialforschung, in: CHR. MEIER, J. RÜSEN (Hrsg.), Historische Methode (Theorie der Geschichte Bd. 5), 1988, 235–266; vgl. jedoch SCHNEIDER, Zum Begriff der Ursache: Soziales Handeln lasse sich nicht mit Hilfe quantitativer statistischer Methoden auf Gesetzmäßigkeiten reduzieren, sei keine Kausalwissenschaft und unterscheide sich darin von den Naturwissenschaften. Sozialwissenschaft, die sich als Kausalwissenschaft verstehen wollte, wäre Manipulationswissenschaft, denn sie hätte nur das zum Gegenstand, was eingreifender Kontrolle zugänglich ist, müßte systemimmanente Prozesse aber übergehen.

[21] POPPER, Logik der Forschung, 87; vgl. ders., The Poverty of Historicism (1957) ²1960, (dt. Das Elend des Historizismus, ³1971, bes. 94ff.).

[22] V. PARETO, Trattato di sociologia generale (3 Bde.), ²1923 (dt. Allgemeine Soziologie, 1955).

[23] ARISTOTELES, Physik 187 a 27ff.

keit *(katá to chreón)* (werde) dem Seienden auch sein Vergehen dorthin (...), wovon ihm sein Werden sei; denn (das Seiende) leiste einander Strafe und Buße *(díke kai tísis)* für seine Ungerechtigkeit nach der Anordnung der Zeit *(chrónou táxis)*«.[24] Mit Seiendem bezeichnet ANAXIMANDER hier Qualitäten wie ›Heiß‹ und ›Kalt‹, die, im Ursprung miteinander verbunden, nach ihrer Scheidung zueinander in Gegensatz treten: Für eine bestimmte Zeit begeht jeweils eine Qualität das ›Unrecht‹, das ursprüngliche Gleichgewicht zu zerstören und die entgegengesetzte Qualität zu verdrängen. Dieses ›Unrecht‹ ist wiederum Ursache dafür, daß sie selbst nach einer bestimmten Frist verdrängt wird, ›Strafe‹ erleidet. So werden Ursache und Wirkung (in Form der Normvorstellung, daß Unrecht Strafe hervorrufe) zu einem kausalen Erklärmuster für die unerklärliche Tatsache, daß es bald kalt, bald warm ist.[25]

Nach Meinung der griechischen und römischen Stoiker verlaufen alle Vorgänge nach unabänderlich festgelegten Regeln. Durch das Schicksal (gr. *heimarméne*) ist alles Geschehen vorherbestimmt. Wenn die Natur jedoch durch strenge Gesetzlichkeit in ihrer Entwicklung definiert ist *(natura non facit saltus)*, dann bleibt für den Zufall kein Platz: Er ist ein subjektiver Begriff menschlichen Unverstandes und bezeichnet eine noch nicht verstandene Ursache *(aitía ádelos anthropíno logismó)*. In der *series causarum* verbinden sich kausaler Determinismus und Finalität: In einer vernünftigen, natürlichen Ordnung der Welt hat jeder scheinbar sinnlose Gegenstand im Zusammenhang des Ganzen einen Sinn. Das stoische Konzept von der zweckmäßigen Einrichtung der Welt, in der alles zum Besten der Menschen besteht, fungiert so als Argument für die → Theodizee.[26]

Dagegen machen die Epikureer den Zufall zum Prinzip der Veränderung: Alles entstehe durch den zufälligen Atomsprung (griech. *parénklisis,* lat. *declinatio*), Vorgänge könnten nicht auf unabänderliche Ursachen zurückgeführt, nicht kausal erklärt werden. Durch die Ablehnung eines strengen Determinismus entgeht der Einzelne der Gefahr des Fatalismus. An die Stelle gesetzmäßiger, schicksalhafter Notwendigkeit tritt der freie Wille. Der Vorstellung, eine göttliche Vorsehung habe alles final strukturiert, antwortet LUKREZ († 55 v. Chr.), nichts sei zu dem Zweck entstanden, daß die Menschen es benutzen könnten, sondern was entstanden sei, erzeuge seinen (individuellen) Ge-

---

[24] ANAXIMANDER Frgm. 1 DK überliefert durch THEOPHRAST von Eresos (372/0–288/6 v. Chr.) bei SIMPLIKIOS (um 525 n. Chr.), Physik 24,13. Vgl. H. FRÄNKEL, Wege und Formen frühgriechischen Denkens, [3]1968, 186 ff.

[25] H. KELSEN, Die Entstehung des Kausalgesetzes, hat die Tatsache, daß ANAXIMANDER Termini der juristischen Praxis verwendet, als Argument für die Theorie angeführt, Kausalität habe ihren begrifflichen und thematischen Ursprung im Vergeltungsprinzip, der Formulierung von Schuld und Strafe. Erst das Herauswachsen, so KELSEN, der griechischen Gesellschaft aus dem mythisch-religiösen Primitivismus und die entstehende Antinomie von Natur und Gesetz hätten kausales Denken möglich gemacht. Primitiven Völkern sei der Begriff der Kausalität fremd. Doch abgesehen von der zumindest problematischen biomorphen Kulturentstehungsvorstellung KELSENs scheinen die Begriffe der gerichtlichen Praxis für die Beschreibung eines kausalen Zusammenhanges nicht konstitutiv zu sein, wie die Benutzung derselben Begriffe (zusammengestellt bei U. HÖLSCHER, Heraklit zwischen Tradition und Aufklärung, in: Antike und Abendland 31 (1985) 12 f.) bei anderen Vorsokratikern nahelegt. Deshalb sollte man den Gebrauch dieser juristischen Termini lediglich im Sinne einer soziomorphen Metaphorik deuten.

[26] Die stoische Definition des Zufalls z. B. Stoicorum Veterum Fragmenta. Bd. 2, hrsg. v. A. v. ARNIM, 1903 (Ndr. 1979), 966, passim. Zur stoischen Vorstellung von der kausalen Determiniertheit allen Geschehens vgl. z. B. CICERO (106–43 v. Chr.), de natura deorum, B. 2.

brauchswert.[27] Die Verneinung des Wirkens einer göttlichen Macht führt folgerichtig zur Ablehnung der Mantik/Divination als Praxis der Erforschung kausal determinierter Ereignisse.

2. Negation von Kausalität in der Religion

Die Negation der Kausalität als Angebot einer Alternative zu einer gesetzmäßig und notwendig verlaufenden Existenz ist fester Bestandteil religiöser und sozialer Systeme: Die bestehende Kausalordnung kann durchbrochen werden, indem man Naturgesetze und gesellschaftliche Normen in Frage stellt. Mythen können als Vertreter einer ahistorischen Zeitstruktur soziales Handeln, religiöse Vorstellungen usw. jenseits des historischen Realzusammenhanges zwischen Ursache und Wirkung legitimieren. Das Wunder, das, was außerhalb des Gewohnten liegt, was der naturgesetzlichen Ordnung widerspricht, zeigt sich in alogischen Paradoxien, phantastischen Begebenheiten, der Epiphanie eines Gottes. Es erzeugt die Ambivalenz von Staunen über das Unerklärliche und Freude über das den Erwartungshorizont Sprengende. Mit dem Begriff ›Gnade‹ beschreibt die Theologie des NT die unverdiente Überwindung des Kausalzusammenhanges von Schuld und Buße (Gnade als Geschenk). Der begnadete Mensch lebt in der Freiheit Gottes, deren sichtbarer Aussdruck die Taufe ist. In der Hoffnung auf die Auferstehung von den Toten ist der Mensch aus dem Kontext der Naturgesetzlichkeit gelöst. Die Aufhebung gesellschaftlicher Normen durchzieht die sogenannte Niederliteratur von den Volksmärchen bis hin zum modernen Groschenroman. Daß Religion als Durchbrechung von Ordnung diese voraussetzt und dialektisch legitimieren kann, zeigt das Beispiel der römischen Saturnalien. Einen Sonderfall religiös motivierter Negation kausaler Ordnung repräsentiert die Erwartung, die Weltordnung werde durch das unwiderrufliche Ende vernichtet (→ Eschatologie). Die Gnosis hat einen reichhaltigen Bestand an apokalyptischer Literatur.[28] Auf den Trümmern der alten wird eine völlig neue, transzendente Ordnung errichtet, die nach anderen als nach kausalen Gesetzmäßigkeiten funktioniert (→ Apokalyptik/Messianismus/Chiliasmus).

Reflexion über religiöses Handeln thematisiert neben diachron verlaufenden Prozessen auch nichtkausale Zusammenhänge. Bekehrung, Ergriffensein, Ekstase usw. sind psychologisch deutbare, nicht kausal deduzierbare Vorgänge. Sie beziehen sich auf ein zeitloses (synchrones) Kategorisierungsprinzip, auf eine verborgene Weltordnung, mit der sie durch einen gemeinsamen Sinn verbunden sind. Solche Erlebniszusammenhänge, die die zeitliche Linearität kausalen Denkens durch das Empfinden gleichzeitiger Vorgänge in Psyche und Natur ersetzen, hat C. G. JUNG mit dem Ausdruck ›Synchronizität‹ bezeichnet.[29] Es ist eine der Aufgaben, denen sich die Religionswissenschaft stellen muß,

---

[27] LUKREZ, de rerum natura 4, 834f.; vgl. ebd. 840f.; die Lehre vom zufälligen Atomsprung: EPIKUR (342–271 v. Chr.) Frgm. 280 Usener; LUKREZ, de rerum natura 2, 251ff. (Wenn es den zufälligen Atomsprung nicht gäbe, wie wären dann Freiheit und Wille zu erklären?); CICERO, de fato 10,22 (EPIKUR habe geglaubt, er könne durch den Atomsprung der Notwendigkeit des Schicksals entgehen).

[28] F. C. FALLON, The Gnostik Apocalypses, in: J. J. COLLINS (Hrsg.), Apocalypse: The Morphology of a Genre (Semeia 14), 1979, 123–158.

[29] JUNG, PAULI, Naturerklärung und Psyche; vgl. PEAT, Synchronizität, BUTZER, Wissenschaftliche Mythologie.

die ideologischen Beweggründe des Versuchs aufzuzeigen, religiöses Handeln seiner mythischen und historischen Zeitstrukturen zu berauben.

Literatur

1. Einführungen, Gesamtdarstellungen

Bunge, M., Causality. The Place of the Causal Principle in Modern Science, 1959, dt. Kausalität. Geschichte und Probleme, 1987 (Standardwerk); Hume, D., A Treatise of Human Nature, 1739, dt. Ein Traktat über die menschliche Natur, 1973; Kelsen, H., Die Entstehung des Kausalgesetzes aus dem Vergeltungsprinzip, in: The Journal of Unified Science (Erkenntnis) 8 (1939/40) 69–130; ders., Vergeltung und Kausalität. Eine soziologische Untersuchung (Library of Unified Science Book Series Vol. 2), 1941; Popper, K., Logik der Forschung (1934) [8]1984; Sachsse, H., Kausalität–Gesetzlichkeit–Wahrscheinlichkeit, 1979 (positivistische Einführung); Skyrms, B., Causal Necessity: A Pragmatic Investigation of the Necessity of Laws, 1980 (Bibliographie).

2. Kausalität in den Einzelwissenschaften

Dray, W., Laws and Explanation in History, (1957) [3]1970; Eimer, M., Konzepte von Kausalität. Verursachungszusammenhänge und psychologische Begriffsbildung, 1987; Hart, H. L. A., Honoré, T. (Hrsg.), Causation in the Law (1959) [2]1985 (Bibliographie); Hempel, C. G., Explanation in Science and History, in: Dray, W. (Hrsg.), Philosophical Analysis and History, 1966, 95–126, dt. Wissenschaftliche und historische Erklärungen, in: Albert, H. (Hrsg.), Theorie und Realität. – Ausgew. Aufsätze zur Wissenschaftslehre der Sozialwissenschaften, [2]1972, 238 ff.; ders., Oppenheim, P., Studies in the logic of explanation, in: Philosophy of Science 15 (1948) 135–175; Humphreys, P., The Chances of Explanation. Causal Explanation in the Social, Medical and Physical Sciences, 1989; Koriath, H., Kausalität. Bedingungstheorie und psychische Kausalität, 1988; Maiwald, M., Kausalität und Strafrecht. Studien zum Verhältnis von Naturwissenschaft und Jurisprudenz (Göttinger Rechtswissenschaftl. Studien Bd. 108), 1980; Piaget, J., L'Épistémologie génétique, 1970, dt. Abriß der genetischen Epistemologie, 1974; ders., Introduction à l' Épistémologie génétique. Tome III: La pensée biologique, la pensée psychologique et la pensée sociologique, 1950, dt. 1975; Reichenbach, H., Das Kausalproblem in der Physik, in: Die Naturwissenschaften 19 (1931) 713–722 (neopositivistisch); Schlick, M., Die Kausalität in der gegenwärtigen Physik, in: Die Naturwissenschaften 19 (1931) 145–162 (neopositivistisch); Schneider, H. J., Zum Begriff der Ursache in den Sozialwissenschaften, in: Mittelstrass, J. (Hrsg.), Methodenprobleme der Wissenschaften vom gesellschaftlichen Handeln, 1979, 215–222; Schulz, W., Kausalität und Experiment in den Sozialwissenschaften. Methodologie und Forschungstechnik (Sozialwissenschaftl. Bibl. Bd. 4), 1970 (versucht die Kausalität als methodologisches Prinzip in den Sozialwissenschaften zu legitimieren); Stegmüller, W., Probleme und Resultate der Wissenschaftstheorie und Analytischen Philosophie. Bd. 1 ff., 1969 ff. (Bd. 1 [2]1974) (Standardwerk); Titze, H., Der Kausalbegriff in Philosophie und Physik (Monographien zur Naturphilosophie Bd. 7), 1964; Weizsäcker, C. Fr. v., Art. Kausalität, I. In der Natur, in: RGG[3] 3 (1959) 1228–1230; Wright, G. H. v., Explanation and Understanding, 1971, dt. Erklären und Verstehen, 1974; Wuketits, F. M., Biologie und Kausalität. Biologische Ansätze zur Kausalität, Determination und Freiheit, 1981.

3. Theorien und Modelle

Brand, M. (Hrsg.), The Nature of Causation, 1976 (teilweise unter historischen Gesichtspunkten ausgewählte Beiträge, gute Einführung, Bibliographie); Bunge, M. (Hrsg.), Les Théories de la Causalité (Études d' Épistémologie génétique Bd. 25), 1971; Butzer, R. J., Wissenschaftliche Mythologie. ›Synchronizität‹ und ›narzistisches Erleben‹ bei C. G. Jung, Diss. Frankfurt/M. 1987; Faye, J., The Reality of the Future. An Essay on Time, Causation and Backward Causation (Odense Univ. Stud. in Philosophy Vol. 8), 1989; Jung, C. G., Pauli, W., Naturerklärung und Psyche (Studien aus dem C. G. Jung-Institut Zürich Bd. 4), 1952 (Definition von Synchronizität als Prinzip akausaler Zusammenhänge); LUCAS, J. R., Space, Time and Causality: An Essay in Natural Philosophy, 1984; MACKIE, J. L., The Cement of the Universe. A Study of Causation, 1974; MAREK, J. CHR., Intentionalität und Kausalität. Probleme intentionalistischer Handlungstheorien, Diss. Graz 1979; MOLANDER, B., The Order there is and the Order we make. An Investigation into the Concept of Causation, 1982 (klare Bestimmung des Verhältnisses von Ursache und Wirkung); MORTENSEN, V. (Hrsg.), Free Will and Determinism. Papers from an Interdisciplinary Research Conference, 1986; PEAT, F. D., Synchronicity, 1987, dt. Synchronizität. Die verborgene Ordnung, 1989 (Weiterführung von JUNG); PIAGET, J., GARCIA, R., Les Explications Causales (Études d' Épistémologie génétique Bd. 26), 1971; POTHAST, U. (Hrsg.), Seminar: Freies Handeln und Determinismus, 1978 (repräsentative Auswahl verschiedener Ansätze, Bibliographie); RENSCH, B., Probleme genereller Determiniertheit allen Geschehens, 1988 (kausale Strukturen als Argument für panentheistische Vorstellungen); SALMON, W. C., Scientific Explanation and the Causal Structure of the World, 1984 (Rückkehr zu einem ontischen Konzept von Kausalität).

Andreas Bendlin

→ *Geschichte, Gesetz, Interpretationsmodelle, Mythos, Raum, Weltbild, Zeit*

Kerygma

1. Der durch die Theologie RUDOLF BULTMANNS ins Zentrum der theologischen Diskussion gerückte Begriff ›Kerygma‹ hat programmatische Bedeutung als Leitbegriff der neutestamentlichen Hermeneutik, systematischen Theologie und Predigtlehre. ›Kerygma‹ meint die heilswirksame Verkündigung bzw. Proklamation von Gottes endgültiger Heilstat im Jesusereignis, wobei das Kerygma nicht nur die Ansage des Heilsgeschehens, sondern zugleich der den Glaubensgehorsam fordernde Anruf Gottes an den Menschen ist. Der Begriff erhält seine eigentümliche Relevanz angesichts der Tatsache, daß für BULTMANN das Heil nur im Kerygma Gegenwart wird. Die verschiedenen »Verkündigungstheologien«, die der exegetischen und systematischen Auffassung des Begriffs bei BULTMANN verpflichtet sind, fallen weit hinter die Sachlichkeit und Radikalität der Begriffsbestimmung zurück, die BULTMANNS Entmythologisierungsprogramm ermöglicht hat.

2. Die altgriechische Doppelbedeutung von ›Kerygma‹ als (a) Inhalt bzw. Ergebnis des *Kerýssein* – ausrufen – und (b) Akt bzw. Ereignis des Ausrufens wird in den neutestamentlichen Schriften fortgesetzt, wo der Begriff im Zusammenhang mit dem Aufruf zur Bußtaufe des Johannes, mit Jesu Proklamation des nahenden Reiches Gottes und mit der nachösterlichen Verkündigung Jesu, der nun Gegenstand des apostolischen Kerygmas wird, Verwendung findet; die Pastoralbriefe betonen die Bedeutung des Predigtamtes. Die Kirchenväter setzen im wesentlichen den neutestamentlichen Gebrauch fort, wobei EUSEBIUS den Begriff auch auf nicht christliche Religionen anwendet. ORIGENES unterscheidet zwischen dem der breiten Öffentlichkeit zugedachten Kerygma und den Dogmen, deren Verständnis theologische Bildung voraussetzt.

Auf altkirchliche Tradition zurückgreifend, führte J. S. SEMLER (1725–91) den Terminus in die theologische Sprache wieder ein, indem er ihn von den zum christlichen Glauben nicht notwendig gehörenden Lehrbildungen (Dogmen) unterschied und als an den individuellen Glaubenden gerichteten »Grund und Inhalt der christlichen Religion« bestimmte, der mit »Lehre und Geschichte Christi« zusammenfällt. Protestantische Autoren des 19. Jahrhunderts stellten verschiedene Aspekte des Kerygma-Begriffes heraus, so den Verkündigungscharakter, die Konzentration auf das Christologische im Glauben oder das Missionarisch-Tätige im Unterschied zur Gemeindepredigt. Diese in systematischer Absicht hervorgehobenen Momente des Kerygma-Begriffes wurden in der Hauptsache durch die formgeschichtliche Exegese des Neuen Testaments herausgearbeitet. Diese prägte im Zusammenwirken mit der Existenz-Philosophie MARTIN HEIDEGGERS und der Dialektischen Theologie die »Kerygmatische Theologie« RUDOLF BULTMANNS entscheidend.

3. BULTMANNS Entmythologisierungsprogramm, das als eine Deutungsmethode konzipiert wurde, deren Zweck »nicht das Entfernen mythologischer Aussagen, sondern ihre Auslegung« war, wurde im Kontext seiner Theologie letztlich in den Dienst des christlichen Kerygmas gestellt. Entscheidend wurde für diese Theologie die Frage, ob das »Verständnis von Jesus Christus als des eschatologischen Ereignisses unlösbar mit den Vorstellungen der kosmischen Eschatologie verbunden (ist), wie das im Neuen Testament mit der einzigen Ausnahme des Johannes-Evangeliums geschieht.« Die Verneinung dieser Frage und die Aufstellung der These, daß der Inhalt des christlichen Kerygmas kein objektiv feststellbares Faktum der Geschichte darstellt, das an die theoretische Vernunft mitgeteilt werden könnte, führten zur Betonung der »präsentischen Eschatologie«, die im Augenblick des kerygmatischen Wortes jeweils vergegenwärtigt wird, indem der Ausruf des Heils in Jesus mit dem Anruf in die neue Freiheit des Glaubens zusammenfällt. Die Konzentration auf das »Präsentische« des Heils im Kerygma wurde vornehmlich aus systematisch-theologischen Erwägungen dahingehend kritisiert, daß eine solche Konzentration die Entgeschichtlichung der christlichen Verkündigung durch Extremierung der Existenzfrage des Menschen vor Gott impliziert.

Literatur:

BARTSCH, H. W. (Hrsg.), Kerygma und Mythos I–IV, 1948–1955; BULTMANN, R., Der Begriff des Wortes Gottes im Neuen Testament, in: ders., Glauben und Verstehen I. (1933), [7]1972; ders., Das Verhältnis der urchristlichen Christusbotschaft zum historischen Jesus, in: ders., Exegetica. Aufsätze zur Erforschung des Neuen Testaments. Ausgew., eingel. u. hrsg. v. E. DINKLER, 1967; GOLDAMMER, K., Der Kerygma-Begriff in der ältesten christlichen Literatur, in: Zeitschr. f. neutestamentl. Wissensch. 48 (1957) 77–101; KÄHLER, M., Der sogenannte historische Jesus und der geschichtliche, biblische Christus (1892). Neu hrsg. v. E. WOLF 1953, [2]1956; RÉTIF, A., Qu'est-ce que le kérygma? in: Nouvelle Revue Théologique 71 (1949) 910–922; ROBINSON, J. A., Kerygma und historischer Jesus, 1960, [2]1967; SCHLIER, H., Kerygma und Sophia, in: Evangelische Theologie 11 (1950/1951) 481–507.

J. Edgar Bauer

→ *Dogma, Konversion, Mythos, Sprache*

Kirche

A Etymologie und Begriffsbestimmung B Kirche als besondere Sozialgestalt von Religion I. Merkmale der Kirche II. Kirche und Glaubenssystem III. Kirche und Ritual IV. Kirche und Moral V. Kirche und Mitgliedschaftsstrukturen C Religionshistorischer Überblick

A Etymologie und Begriffsbestimmung

Das deutsche Wort *Kirche* ist griechischen Ursprungs und findet sich als Lehnwort nur in den germanischen Sprachen und im Englischen. Die romanischen Sprachen kennen als Äquivalent Ableitungen von dem griechischen Wort *ekklesía*. Während in *Kirche* die Wurzel »Herr« (*kýrios*) enthalten ist, bedeutet *ekklesía* zunächst »Volksversammlung«. Die Septuaginta übersetzt den hebräischen Begriff »Volk« mit *ekklesía*. Die Verwendung von *ekklesía* zur Bezeichnung religiöser Vereinigungen ist keine christliche Spezialität, sondern mit Zusatz des Gottesnamens auch für andere Vereine, wenn auch nicht häufig so doch gebräuchlich. In den paulinischen Briefen wird dann der Begriff überwiegend (z.B. in der Anrede) mit dem Zusatz *tou theoú* und der Ortsangabe benutzt: »Der Gemeinde (Kirche) Gottes, die in Korinth ist (1 Kor. 1,2). Von einer Kirche als die einzelnen lokal definierten → Gemeinden überspannenden Einrichtung ist bei ihm noch nichts zu finden. Diese örtliche Begrenzung der vereinsmäßigen Pflege einer bestimmten Gottheit ist durchaus in Übereinstimmung mit der Umwelt.

Im modernen Verständnis muß scharf zwischen einer wissenschaftlichen und einer theologischen Verwendung des Kirchenbegriffs unterschieden werden. Die christliche Theologie in ihrer systematischen Variante versteht unter Kirche letztlich immer die »wahre« Kirche, während die wissenschaftliche Betrachtung in Kirche eine bestimmte Form religiöser Organisation sieht, die mit dem Instrumentarium von Kultur- und Sozialwissenschaften restlos analysiert werden kann.

B Kirche als besondere Sozialgestalt von Religion

I. Merkmal der Kirche

Die Wissenschaften von der Religion haben ihre Begriffe in bezug auf die Kirchen überwiegend an okzidental-christlichen Beispielen entwickelt. Dies gilt in besonderem Maße für die → Religionssoziologie, der wir seit M. Weber und E. Troeltsch[1] die fruchtbarsten Anregungen für die Bestimmung der Merkmale der sozialen Gestaltung von Religion verdanken. Weber und Troeltsch entwickelten ihren Kirchenbegriff in begrifflicher Konfrontation zum Begriff der → Sekte. Dabei ist entscheidend, daß die Kirche als universale Gnadenanstalt keine besonderen Qualifikationsmerkmale für den Erwerb der Mitgliedschaft verlangt und in der Regel auch für die Gültigkeit des sakramentalen Handelns der Priesterschaft nicht die moralische Würdigkeit der Amtsträger

---

[1] Troeltsch, Soziallehren und Weber, Wirtschaft und Gesellschaft, 688ff.

voraussetzt. Dies hat eine gewisse Laxheit gegenüber der »Sünde« und dem »weltlichen Getriebe« überhaupt zur Folge. Ein weiteres Merkmal wäre darin zu erblicken, daß Kirchen danach streben, die gesamte Bevölkerung eines Gebiets zu umfassen, wobei zunächst äußerliche Merkmale der Mitgliedschaft (Taufe) als ausreichend angesehen werden. Zu nennen ist auch noch die Bereitschaft, durch Aufnahme fremder Glaubenselemente einen → Synkretismus zuzulassen. Alle diese Merkmale sind einerseits Varianten oder Folgen des angestrebten Universalismus.[2] Nicht unbestritten ist es dagegen, ob man Rationalität im Umgang mit begrenzten Mitteln zum Zweck der Erreichung definierter Ziele zu den Kriterien von Kirche rechnen soll. Einmal ist diese Rationalität ein Merkmal aller Organisationen und zum anderen kann keine Religion, die sich in irgendeiner Form ein eigenes soziales Gebilde schafft, ohne ein Mindestmaß von Rationalität auskommen. Man kann höchstens sagen, daß Kirchen im Unterschied zu anderen religiösen Organisationen (→ Sekten u. ä.) mehr Rationalität institutionalisiert haben, was sich am Rückgang nicht rationaler Bestandteile bei Problemlösungen (Gebete u. ä.) zeigt, die bei kirchlichen Organisationen oft nur noch eine periphere Rolle spielen, während z. B. Sekten oder charismatische Gemeinschaften diese Art von »Problemlösung« durchaus ins Kalkül ziehen (→ Rationalisierung). Das höhere Maß an institutionalisierter Rationalität hat eine relativ starke vertikale Gliederung der Kirchen zur Folge. Dabei ist nicht in erster Linie an die Unterscheidung von Priestern und Laien zu denken, die in den Kategorien von Opferspezialisten (Brahmanen, *flamines* usw.) und religiösen Konsumenten der nicht in Kirchen organisierten Religionen Europas (Griechenland, Rom) und Asiens (Veda, Hinduismus) schon angelegt waren, sondern an die funktionsspezifische Organisation der arbeitsteilig wahrgenommenen Aufgaben. Da in Kirchen organisierte Religion weniger als Serviceleistung für die Gesellschaft sich erschöpft, sondern vor allem interessiert am Überleben als System ist, werden sekundäre Ziele, die vor allem auf dieses Überleben bezogen sind, an Bedeutung gegenüber den eigentlich religiösen Funktionen gewinnen. Diese Ziele sind besonders gut hierarchisierbar und bilden damit die Grundlage für ein vertikal geordnetes Positionsgefüge. Erleichtert wird diese Entwicklung noch dadurch, daß die Ämter – wie schon bemerkt – nicht nach charismatischen Qualifikationen vergeben werden. (→ Hierarchie).

II. Kirche und Glaubenssystem[3]

Wegen des höheren Maßes interner Rationalität und damit zusammenhängend wegen der stärker ausgeprägten Arbeitsteilung kirchlicher Organisationen ist zu erwarten, daß die Elaboration des Glaubenssystems zu einer spezialisierten Aufgabe wird. Damit ist eine gewisse Entkoppelung von Organisationszielen gegeben, was zu einer freien Variierbarkeit des Glaubenssystems führen kann. Beispielsweise dafür sind vor allem im Bereich der christlichen Theologie zu beobachten: Die Elaboration des Glaubenssystems in seiner theologischen Variante ging relativ spurlos an Laien und sogar an dem normalen Priester vorüber. Erst die mit der Reformation für Deutschland erhobene und im aufgeklärten Absolutismus durchgesetzte Forderung nach Universitätsbildung der

---

[2] S. dazu: KEHRER, Religionssoziologie, 158–162, dort auch weitere Literatur.

[3] G. KEHRER, Theologien und religiöse Organisationen, in: H. VON STIETENCRON (Hrsg.), Theologen und Theologien in verschiedenen Kulturkreisen, 1986, 199–213.

Geistlichen koppelt elaboriertes Glaubenssystem (→ Theologie) und Kirche wieder zusammen (→ *Belief(system)*).
In Kirchen ist neben der Theologie immer ein aus unterschiedlichen Bestandteilen zusammengesetztes Glaubenssystem vorhanden, dessen sich Laien und häufig auch Priester bedienen können, wenn sie Handeln und Organisationsanforderungen zu legitimieren haben. Diese oft abfällig als Volksreligion bezeichneten Elemente kirchlicher Religion können in den Kirchen ein weniger angefochtenes Dasein fristen als in Sekten, die tendenziell elaboriertes und volkstümliches Glaubenssystem zur Kongruenz bringen wollen. Die größere Toleranz der Kirchen ist zum einen Ausfluß der Universalität, zum anderen Ergebnis der Arbeitsteilung. Die Toleranz der Kirchen gegenüber den Laienmitgliedern ist nicht zu verwechseln mit der Toleranz, mit der beispielsweise buddhistische »Geistliche« (Mönche) den »abergläubischen« Vorstellungen der Laien begegnen. Der buddhistische Laie gehört keiner religiösen Organisation an, während beispielsweise der christliche Laie als Kirchenmitglied Objekt des kirchlichen Verwaltungshandelns ist.

III. Kirche und Ritual

In Analogie zu der Hypothese, daß Sekten im christlich-okzidentalen Bereich ein nur gering elaboriertes Ritual aufweisen, wird von Kirchen erwartet, daß der → Ritus bei ihnen eine nicht unerhebliche Rolle spielt. Allerdings sind von dieser im allgemeinen nicht falschen Regel so viele Ausnahmen bekannt, daß es sinnvoll ist, diesen Zusammenhang als Resultat einer bedeutsameren Korrelation anzusehen, die mit der Struktur der Kirchen in bezug auf ihre Mitgliedschaft gegeben ist.

IV. Kirche und Moral

In der Literatur wird üblicherweise der → Sekte ein moralischer → Rigorismus zugeordnet, während der Kirche eher eine moralische Laxheit eignen soll. Kirche würde so konstitutiert durch Bekenntnis und Ritus, Sekte durch Verhalten. Nur zum Teil fällt diese Differenz mit der unterschiedlichen Qualifikation zusammen. Wesentlicher ist der Aspekt der → Kontrolle oder – in der theologischen Sprache – der Kirchenzucht. Wie weit kontrollieren Kirchen das Verhalten der Mitglieder? Oder anders gefragt: Welches Verhalten schließt Mitglieder aus der religiösen Gemeinschaft aus oder zieht wenigstens → Sanktionen nach sich? Zu denken ist dabei an nichtreligiös determiniertes Verhalten, das in eine Beziehung zu religiösen Sachverhalten gesetzt werden muß. Hierbei sind zwei Probleme zu unterscheiden. Erstens: Religiöse Glaubenssysteme umfassen unterschiedliche Bereiche von Wissen und Verhaltensnormierungen, wobei ein gradliniger Zusammenhang zwischen Elaboration von religiösem Wissen und Umfang von Verhaltensnormierungen nicht zu bestehen scheint. Zweitens: Religiös determiniertes Verhalten kann zusammenfallen mit gesellschaftlich gefordertem Verhalten oder im Gegensatz zu diesem stehen. Man kann davon ausgehen, daß eine in Kirchen organisierte Religion tendenziell eine Übereinstimmung von religiös und gesellschaftlich gefordertem Handeln aufweisen wird. Dies hat nicht unbedingt etwas mit der Größe der religiösen Gruppe zu tun, denn auch relativ kleine Gebilde, wie etwa die christlichen Gemeinden um die Wende vom ersten zum zweiten Jahrhundert oder die neuapostolische Kirche der letzten Jahrzehnte kennen die Übereinstimmung von weiten Bereichen gesellschaftlicher Moral und religiös gefordertem Verhalten. Diese Übereinstimmung ist schwierig zu erklären, weil sie nicht als Ergebnis eines Assimilierungsprozesses zu erklären ist, sondern anscheinend bei manchen Religionen von Anfang an anzutreffen ist. Teilweise wird die Ursache dafür in dem spezifischen Publikum (Anhängerschaft) von bestimmten Religionen zu sehen sein. So ist das frühe Christentum ausgesprochen kleinbürgerlich geprägt. Allerdings liegt dieser Erklärung unverkennbar ein quidproquo zugrunde. Weiterführend ist dagegen die Annahme, daß religiöse Gruppen, bei denen religiös gefordertes Verhalten und allgemeine Moral weitgehend zusammenfallen, sich besonders leicht kirchliche Organisationsformen geben können, sofern sie sich nicht als nur ephemer organisierte Gebilde darstellen. Wenn eines der Merkmale der Kirche die moralische Laxheit ist, so kann dieser Gesichtspunkt nämlich auch formuliert werden als Reduktion des religiös Gebotenen auf die normative Normalität der Gesellschaft. (→ Normen).

V. Kirche und Mitgliedschaftsstrukturen

Das Problem der Mitgliedschaft und das der Regelung der Beziehungen der Mitglieder untereinander sind die zentralen Gesichtspunkte bei der wissenschaftlichen Behandlung von religiösen Organisationen überhaupt. Dabei ist es festzuhalten, daß Mitgliedschaft in dem uns geläufigen Sinne für religiöse Beteiligungen seltene Ausnahmen sind. Für weite Bereiche der Religionsgeschichte kann nachgewiesen werden, daß höchstens Kleriker und/oder Mönche in einem erkennbaren Sinne als Mitglieder einer religiösen Gruppe bezeichnet werden können. In Fortsetzung des unter B. I. Gesagten kann man soweit gehen und behaupten, daß nur dort überhaupt sinnvoll von Kirchen gesprochen werden kann, wo erstens auch die »Laien« einer religiösen Gruppe angehören und zweitens zwischen »Laien« und »Klerikern« ein Verhältnis der hierarchischen Gliederung besteht. Das zweite Merkmal ist deshalb wichtig, um eine Unterscheidung zu der Sekte zu ermöglichen, die die Tendenz hat, durch Steigerung der Qualifikationsmerkmale den Laien der gleichen rigiden Anforderung zu unterwerfen wie den Kleriker. Kirchen kennen somit Laienmitgliedschaft und können diese von der Klerikermitgliedschaft abheben. Hinzu kommt, daß die Laienmitgliedschaft religiös im Prinzip nicht weiter gegliedert ist, weil die sozialen Differenzen religiös unwesentlich sein müßten. In der Praxis wurde dieser Grundsatz häufig nicht durchgehalten, obwohl er fast zwangsläufige Folge der Ausdifferenzierung des Religiösen aus dem Gesamt der gesellschaftlichen Beziehungen ist, und diese Ausdifferenzierung zudem die Bedingung für die Herausbildung von Kirchen ist.

Obwohl begrifflich zu Kirche immer Kleriker und Laien gehören, ist für die relevante Mitgliedschaftsstruktur in erster Linie nur der Klerus von Bedeutung. Am deutlichsten findet dies seinen Ausdruck in der Ekklesiologie der katholischen Kirche vor dem zweiten Vatikanum. In letzter Konsequenz bildet der Klerus – gegliedert und hierarchisch geschichtet – die Kirche, während die Laien zum Objekt des klerikalen Handelns werden. Die aus der Reformation hervorgegangenen Kirchen haben diese Trennung theoretisch geleugnet, aber praktisch doch wieder durchgeführt, wenn auch nicht so konsequent wie die katholische Kirche.[4] (→ Hierarchie).

---

[4] Zu allen in den Abschnitten B. I.–B. V. angesprochenen Problemen findet sich Belegmaterial und Literatur in: Kehrer, Organisierte Religion, 64–126 und Yinger, The Scientific Study of Religion, 251–281.

C Religionshistorischer Überblick

Ist Kirche ein universales religionshistorisches Phänomen? In den bisherigen Ausführungen wurden die Beispiele überwiegend aus dem Bereich der christlichen Religionsgeschichte entnommen. Dies entspricht dem üblichen Behandlungsmodus dieses Begriffes in den Wissenschaften von der Religion. Die Theologen der christlichen Religionsgruppen neigen sowieso schon dazu, *Kirche* als dogmatischen Begriff zu verstehen und ihn deshalb für die »wahre« christliche Kirche zu reservieren. Deshalb sind auch die zahlreichen ekklesiologischen Arbeiten der christlichen Theologen für eine religionswissenschaftliche Begriffsbildung irrelevant. Trotz der unüberwindbaren religionshistorischen Einseitigkeit in der Entwicklung des Kirchenbegriffs ist es berechtigt zu fragen, ob eine religionswissenschaftlich akzentuierte Konzeption von Kirche nicht als eine über den Bereich der christlichen Religionsgeschichte hinaus sinnvoll zu verwendende Kategorie begriffen werden kann. Dabei gehen wir von den unter B. I. entwickelten Merkmalen von Kirche aus, die zwar überwiegend kontrastierend zu Sekte an christlichem Material gewonnen wurden, aber religionshistorisch breitere Gültigkeit postulierten. Zentral ist dabei der Gedanke der universellen Gnadenanstalt, die keine besonderen Qualifikationen für den Erwerb der Mitgliedsrolle voraussetzt. Schon diese Bestimmung macht deutlich, daß Kirche nur unter spezifischen religions- und sozialhistorischen Voraussetzungen sinnvoll als Begriff benutzt werden kann, denn Erwerb von religiösen Mitgliedschaftsrollen sind historische Ausnahmefälle. Selbst in den sogenannten großen Weltreligionen wird der »Laie« nicht Mitglied in einem weltlichen Verhältnissen vergleichbaren Sinn. Allerdings ist das Kriterium der Mitgliedschaft auch für okzidentale Religionsphänomene nicht so eindeutig, wie es auf den ersten Blick erscheinen mag. Wie schon oben erwähnt, wird der Laie nur in recht übertragenem Sinne Mitglied der Kirche, wie ja auch der Akt der Taufe vor allem liturgisch-rituelle Funktionen beinhaltet und erst sekundär als Beitrittsakt interpretiert werden kann. Das neuzeitliche Verständnis von Kirche als *Religionsgesellschaft*, wie es beispielhaft im preußischen Allgemeinen Landrecht von 1794 formuliert wurde und in seinen Grundzügen bis ins Bonner Grundgesetz hineinwirkt, ist nur mit beträchtlichen gedanklichen Schwierigkeiten mit der religionshistorischen Realität der ohne willentlichen Entschluß »erworbenen« Kirchenmitgliedschaft zu vereinbaren.

In noch stärkerem Maße gilt dies für außereuropäische Gesellschaften und Religionen. Auffällig ist zunächst, daß die religionshistorische Forschung nur sehr zögernd von nichtchristlichen Kirchen spricht. Abgesehen von der Scheu, die zumeist christlich sozialisierte Forscher davor haben, außerchristliche Phänomene mit dem positiv besetzten Wort Kirche zu bezeichnen, könnten auch die erwähnten sachlichen Gründe eine Rolle spielen. Sehr häufig wird in der Literatur der Kirchenbegriff auf zwei Phänomene angewendet, die erstens historisch unabhängig voneinander sind und zweitens kaum als Kopie christlicher Vorlagen interpretiert werden können: die taoistische Kirche[5] und die zoroastrische Staatskirche der Sassaniden-Zeit.[6]

---

[5] J. J. M. de Groot, The Religious System of China, 6 Bde., o. J.; H. Maspero, Le Taoisme, 1950; W. Eichhorn, Die Religionen Chinas (= RdM Bd. 21), 1973.

[6] A. Christensen, L'Iran sous les Sassanides, ²1944; J. Widengren, Die Religionen Irans (= RdM Bd. 14), 1965, 243 ff.

Literatur

Kehrer, G., Organisierte Religion, 1982; ders., Religionssoziologie, 1988; Troeltsch, E., Die Soziallehren der christlichen Kirchen und Gruppen, [2]1922; Weber, M., Wirtschaft und Gesellschaft, [5]1976; Yinger, J. M., The Scientific Study of Religion, 1970.

Günter Kehrer

→ *Gemeinde, Hierarchie, Sekte*

Klassengesellschaft

A Begriffsbestimmung

I. Zum Begriff

Klasse (engl. *class;* franz. *classe*) wurde vom 16. Jahrhundert an zur Einteilung von Sachen und Personen (z. B. Schülern) gebraucht. Von der 2. Hälfte des 18. Jahrhunderts an wurde es auch für kollektive Ungleichheiten im Hinblick auf Eigentum, Ansehen und politischer Mitwirkung verwendet. Sowohl Karl Marx wie Max Weber definierten *Klasse* ökonomisch: bezogen auf Eigentum an Produktionsmitteln bzw. Chancen am Markt. Der Begriff *Klassengesellschaft* (*engl. class society* oder *stratification system*) ist jedoch umfassender zu verstehen, da in vorindustrialisierten Gesellschaften auch außerökonomische Faktoren zur Ungleichheit beitrugen, wie etwa politischer Einfluß oder Ehrvorstellungen. Das Bestehen einer *sozialen Ungleichheit* ist darum ein erstes Kriterium für eine Klassengesellschaft. Ein zweites ist die *Sanktionierung* dieser Ungleichheit. Die ungleiche Verteilung von Gütern, Ansehen und Einfluß wird in einer Klassengesellschaft »von oben« erzwungen. Wenn aber Menschen sich gegenüber anderen dieses Recht herausnehmen, berufen sie sich häufig auf eine »objektive« legitime Ordnung, die die Erzwingung von Gehorsam rechtfertigt. Soziale Ungleichheit (bezogen auf Eigentum, Prestige und Einfluß) sowie deren Absicherung (Sanktionierung) durch Machtmittel und Legitimation sind die zwei wichtigsten Merkmale einer Klassengesellschaft. Gesellschaften, die zwar Ungleichheit, nicht aber Erzwingung von Gehorsam kennen (segmentäre Gesellschaften), rechnet man ebensowenig dazu wie reine Eroberungsbeziehungen ohne Legitimation.

II. Begriffsgeschichte

Während in den neuzeitlichen Industriegesellschaften Individuen vermittels ihrer Zugehörigkeit zu Klassen vergesellschaftet werden, sind in vorindustriellen Gesellschaften die Zugehörigkeit zu einer Siedlungsgemeinschaft, zu einer Verwandtschaftsgruppe, zu einer Klientelgruppe, zu einer Berufsgruppe oft entscheidender als die schlichte Klassenlage. Erst wenn menschliche Arbeitskraft durch mechanische Geräte ersetzt wird und der Patron die übliche Fürsorge gegenüber seinen Abhängigen aufgibt, breitet sich ein Bewußtsein gemeinsamer Klassenlage aus.[1] Das gab es hier und da auch schon in vorindustrialisierten Gesellschaften (Sklavenaufstände; Bauernaufstände), jedoch bestimmten häufiger die rechtlichen Zuordnungen das Bewußtsein. »Das Standesbewußtsein verdeckt das Klassenbewußtsein«.[2] Man muß im Lichte dieses Sachverhaltes die verbreiteten Einteilungen in Kasten und Stände lesen, die von vielen Völkern selber getroffen werden. Priester – Krieger – Bauern (– Handwerker später dazutretend) werden in iranischer Literatur als Stände aufgezählt. G. DUMÉZIL hat weitere indoeuropäische Zeugnisse zu dieser funktionalen Gliederung der Gesellschaft in drei (bzw. vier) Gruppen zusammengetragen. Ein solches Schema legitimierte den Herrschaftsanspruch von Kriegern und Priestern gegenüber den Produzenten. Dennoch aber befanden sich diese Produzenten nicht alle in einer gleichen Klassenlage. Gerade unter den Bauern gab es bereits im Altertum beträchtliche soziale Unterschiede. Es gab Bauern, die für den Herrscher bzw. einen Lehnsmann arbeiteten (gr. *laoí*); es gab Bauern, die ihre eigenen Herren waren; und es gab unter den Bauern Schuldsklaven, die ihre Freiheit eingebüßt hatten.[3]

Im antiken Judentum spielten die Verwandtschaftsbeziehungen eine zentrale Rolle. In den Büchern Esra und Nehemia treffen wir auf die Gliederung: Israeliten (Judäer – Benjaminiten), Priester, Leviten, Tempelhörige und Sklaven Salomos (Esra 2; Neh 7,6 ff. und 11,3). Wer seine Verwandtschaft mit Israel nicht nachweisen konnte, hatte kein Anrecht auf Grundbesitz in Judäa (Esra 2,59 f.). Auch in diesem Falle aber war die soziale Wirklichkeit weniger einfach: es gab unter den Israeliten der Periode des Zweiten Tempels verarmte Bauern, und es gab reiche Fremdlinge und Beisassen, an die sich solche verarmten Israeliten verkauften (siehe Lev 25,47).[4]

In den griechischen Stadtstaaten wurde die Unterscheidung Freie und Sklaven dann vorherrschend. War für den Orient ein breites Spektrum »zwischen Freien und Sklaven« (POLLUX, Onomastikon 3,83) kennzeichnend gewesen, so reduzierten die Poleis das Spektrum auf zwei Kategorien, nämlich die Freien und die Sklaven. Doch sind auch in diesem Falle die Begriffe keine Klassenbeziehungen: es gab antike Sklaven, die hohe Verwaltungspositionen erlangten, und es gab Freie, die am Rande des Existenzminimums vegetierten.[5]

---

1 ALAVI, Peasant Classes.

2 LUKÁCS, Geschichte und Klassenbewußtsein, 70.

3 BENVENISTE, Les classes sociales; DUMÉZIL, L'idéologie tripartie; BRIANT, Rois, tributs et paysans, 95–135; KREISSIG, Seleukidenreich.

4 KIPPENBERG (Hrsg.), Entstehung der antiken Klassengesellschaft.

5 FINLEY, Sklaverei in der Antike; MACMULLEN, Roman Social Relations.

B Theorien der Klassengesellschaft

Eine Theorie der Klassengesellschaft hat in den gesellschaftlichen Selbstinterpretationen zwar historisches Material, aber keine Erklärung sozialer Ungleichheit und ihrer Sanktionierung vor sich. Die Selbstinterpretationen legitimieren bestehende Ungleichheiten nur partiell. Es ist daher nur sehr eingeschränkt möglich, sich auf den *actor's point of view* zu verlassen. Auf der anderen Seite aber kann man sich auch nicht den Sozialwissenschaften einfach anvertrauen. Zu vielfältig sind Theorien, Hypothesen und Materialien. Um diese Vielfalt zu begrenzen, konzentriert dieser Artikel sich auf die *Legitimationsfrage*. Dagegen wird der Prozeß der Institutionalisierung staatlicher Herrschaft, an dem Religion beteiligt war (Priestertum – Opfer und Tribut – sakrales Königtum), nicht behandelt (→ Institution). Wenn die oben besprochenen Selbstinterpretationen der Völker soziale Ungleichheit nur partiell gerechtfertigt haben, dann stellt sich die Frage nach dem Legitimationsprozeß als ganzem. Es bedarf kritischen Zusehens, um ihn zu erfassen. Die großen klassischen sozialwissenschaftlichen Theorien sind in diesem Sinne kritische Zuschauer gewesen und sollen hier als solche gehört werden.

I. Ansatz: Sanktionierung ökonomischer Entfremdung

Karl Marx hat die Vorgeschichte der Industriegesellschaft als einen Auflösungsprozeß dargestellt: der Produzent büßt das Eigentum an seinem Land ein und erzeugt an Stelle von Gebrauchswerten Tauschwerte. Diese Auflösung naturwüchsiger Beziehungen läuft nach einigen Transformationen schließlich in den Arbeit-Kapital-Antagonismus aus. Parallel zu diesem ökonomischen Vorgang geht eine Bewußtseinsveränderung einher, die Entfremdung heißt: das Produkt der Arbeit wird dem Produzenten fremd. Die Religion, das heißt das Bewußtsein einer Abhängigkeit von einer fremden, mächtigen Instanz, ergänzt diese Entfremdung und sanktioniert sie moralisch. Auf diesem Wege schlägt ökonomische Ungleichheit auf das Bewußtsein durch. Die Religion an sich als die Anerkennung einer transzendenten Instanz ratifiziert vorgefundene Entfremdung.[6]
Diese marxistische Konzeption ist in den sechziger und siebziger Jahren intensiv diskutiert worden und hat ihren heuristischen Wert unter Beweis gestellt. Es existieren funktionale Zusammenhänge von ökonomischer Entfremdung, Klassenbildung und Staatsentstehung. Auch Herrschaftslegitimationen wie das sakrale Königtum und andere religiöse Konzeptionen gehören in diesen Funktionszusammenhang. Dagegen ist es umstritten, ob Religion an sich das Bewußtsein von Entfremdung sanktioniert. Man hat geradezu umgekehrt behauptet, daß sich der Widerstand gegen die Bildung einer Klassengesellschaft auf Religion berufen hat und dies auch notwendiger Weise tun mußte. Die Anerkennung einer transzendenten Instanz war die Voraussetzung dafür, daß Menschen sich den alltäglichen Zwängen und Entwicklungen entziehen konnten. Man wird nach diesen Diskussionen die Theorie bescheidener und anspruchsloser formulieren müssen: daß es religiöse Konzeptionen gibt (Schicksalglaube z. B.), die ökonomische

[6] Marx, Hegelsche Rechtsphilosophie; ders., Formen, die der kapitalistischen Produktion vorhergehn.

Entfremdung sanktionieren und daß es religiöse Konzeptionen gibt (Chiliasmus z. B.), die Widerstand gegen Entfremdung motivieren.[7]

II. Ansatz: Die Vorstellung vom Bestehen einer legitimen Ordnung

MAX WEBER nahm an, jedes intersubjektive Handeln, das gelingt und damit sozial wird, sei darauf angewiesen, daß die Beteiligten eine gleiche Vorstellung vom Bestehen einer legitimen Ordnung teilen. Darunter liegt der Kerngedanke – den WEBER in vielen Variationen durchspielt –, daß die Wirklichkeit an sich ohne Sinn bzw. (stärker) sinnlos ist und daß der Mensch ihr nur durch seine Kultur bzw. seine Religion einen Sinn zuschreiben und auferlegen kann. Spitzt man dies auf die Klassengesellschaft zu, so folgt daraus, daß aus einer gemeinsamen Klassenlage noch kein Gemeinschaftshandeln entsteht. Oft bleibt es bei amorphen Reaktionen wie etwa dem bekannten »Murren« der Arbeiter. Nur wenn die an sich ungestalteten Klasseninteressen sich in der Form eines sinnvollen und sinnstiftenden → Weltbildes objektivieren, können sie Geltung für soziales Handeln erwerben. Das ist zum Beispiel der Fall, wenn Propheten eine einheitliche sinnhafte Stellungnahme zum Leben und zur Welt offenbaren, Intellektuelle daraus rationale Konzeptionen machen und damit bei Klassen Anklang finden. Es bedarf eines Weltbildes, um Klasseninteressen öffentlich zu rationalisieren, und dieses Weltbild bestimmt dann auch die Bahnen, auf denen Klasseninteressen das Handeln vorantreiben. WEBER hat hierbei dem Faktor ›militärische Macht‹ besondere Bedeutung beigemessen. Er unterscheidet eine sich selber ausrüstende Bürgergemeinde von einer Bürokratie, die die Verteidigung einem Söldnerheer als Aufgabe überträgt. Eine Bürgergemeinde – wie die Israels oder der griechischen Stadtstaaten –, die sich selber ausrüstet und verteidigt, basiert die Geltung ihrer Ordnung auf das wert- bzw. zweckrationale Handeln der freien Bürger: auf einen normativen Konsensus also. Dagegen wird unter einer Bürokratie, die die Bürger entmilitarisiert und ›entpolitisiert‹, die Ordnung als ganze unabhängig von dem sozialen Handeln der Bürger. Diese Bürger, zu Untertanen degradiert, wenden sich → Erlösungsreligionen zu wie der Gnosis und dem Christentum.[8]

Lange Zeit hat sich die Diskussion von WEBERs Religionssoziologie auf seine Protestantismus-Kapitalismus-These beschränkt. Dagegen sind die anderen Gesichtspunkte erst seit wenigen Jahren wirklich ernsthaft diskutiert worden. Dabei kann man feststellen, daß sich das Interesse zunehmend von den rein logischen Begriffsbildungen WEBERs (z. B. Rationalität) weg- und seinen historischen Idealtypen (wie Bürgergemeinde, Bürokratie, Intellektuelle, ›Entpolitisierung‹ usw.) zuwendet.[9] Der Nutzen WEBERs für eine Theorie der Klassengesellschaft wird sich vor allem an der Richtigkeit dieser Begriffe erweisen müssen.

---

[7] HERRMANN, SELLNOW, Enstehung des Staates; KRADER, Formation of the State; EDER, Entstehung von Klassengesellschaften; ders., Entstehung staatlich organisierter Gesellschaften; PEREIRA DE QUEIROZ, Réforme et révolution; WORSLEY, The Trumpet Shall Sound.

[8] WEBER, Wirtschaft und Gesellschaft, 22. 680 f. 317–488; ders., Aufsätze zur Religionssoziologie I, 237–267; ders., Aufsätze zur Sozial- und Wirtschaftsgeschichte, 189.

[9] TENBRUCK, Das Werk Max Webers; RIESEBRODT, Ideen, Interessen, Rationalisierung; SCHLUCHTER (Hrsg.), Max Webers Studie über das antike Judentum; BREUER, Max Weber (Weber-Artikel).

III. Ansatz: Die Repräsentation des Kollektivs im Ritual

ÉMILE DURKHEIM hatte in seinen Studien vor 1895 unter anderem die Arbeitsteilung und den aus ihr folgenden Bedarf an einer zentralen Steuerung des gesellschaftlichen Organismus studiert. Dabei tauchte bereits am Rande ein Problem auf, das ihn dann später immer intensiver beschäftigen sollte: was denn einer Gesellschaft, deren Teile einander stets fremder werden, den inneren Zusammenhalt gibt. Die Lektüre von W. ROBERTSON SMITH öffnete ihm die Augen dafür, daß sich das Bewußtsein, das eine Gesellschaft von sich selber bildet, von einer besonderen Kategorie Handlungen hervorgebracht wird. Und zwar sind dies sakrale und symbolische Handlungen, die DURKHEIM konsequent von profanen und instrumentellen Handlungen unterscheidet. In sakralen Handlungen wird ein gesellschaftlicher Zusammenhang unbeschadet aller profanen Differenzierungen konstituiert und in den dazugehörigen Vorstellungen *(représentations)* dauerhaft ausgedrückt. Anfangs nahm DURKHEIM noch an, Religion würde (eigentlich) das Kollektiv bezeichnen. In seinen späteren Schriften ließ er diese Bezeichnungsfunktion der Religion und das damit verbundene obligatorische Wesen der Religion fallen und deutete Religion als Ausdruck eines kollektiven Konsensus.[10]
Die neueren Theorien symbolischen Handelns (C. GEERTZ und V. TURNER z. B.) haben diese Selbständigkeit des symbolischen im Verhältnis zum instrumentellen Handeln bekräftigt. Damit wird die Möglichkeit eingeräumt, daß kollektive Repräsentationen nicht im Banne des Tatsächlichen stehen, sondern einen Spielraum zum Faktischen haben bzw. herstellen können. Die symbolischen Umkehrungen der bestehenden Ordnung, die afrikanischen *rituals of reversals,* die antiken Saturnalien, der christliche Karneval oder die schi'itischen *'ashura*-Feiern, haben nachweisbar das Bewußtsein einer möglichen alternativen Ordnung stimuliert und sind keineswegs nur als → Ventilsitten zu deuten.[11] Daß öffentliche Rituale (und nicht irgendwelche Statistiken) Aufschluß über gesellschaftliches Bewußtsein liefern sollen, das macht DURKHEIMS Religionssoziologie für eine Theorie der Klassengesellschaft besonders interessant.

C Religionsgeschichtlicher Teil

I. Handlungsrelevanz religiöser Vorstellungen

Soziale Gleichheit und Ungleichheit ist ein beständiges Thema in den Religionen der Menschheit gewesen. Man hoffte auf einen paradiesischen Zustand, auf eine Umkehrung der sozialen Rangordnung, auf die Vernichtung der Feinde, auf eine gerechte Herrschaft. Viele dieser Vorstellungen sind bloße Wunschvorstellungen geblieben. Andere sind dagegen zu Legitimationen kollektiver Handlungen geworden. Die Unterschei-

---

[10] DURKHEIM, Division of Labor; ders., Definition of Religious Phenomena; ders., Elementary Forms of the Religious Life, 225; LUKES, Durkheim, 139f. 237–244. 459–484; HABERMAS, Theorie des kommunikativen Handelns 2,81ff.

[11] GEERTZ, Religion as a Cultural System; TURNER, The Ritual Process; BABCOCK, The Reversible World.

dung von Vorstellungen, die Propositionen sind, von solchen, die als Beschreibungen von kollektiven Handlungen gedient haben, ist in diesem Zusammenhang fundamental. Beide unterliegen nämlich unterschiedlichen Kriterien der Beurteilung. Propositionen können nur wahr oder falsch sein. Die Beschreibungen von Handlungen sind dagegen richtig oder nicht richtig, je nachdem wie eine Bezugsgruppe eine Beschreibung beurteilt. Studien zur Religion in Klassengesellschaften behandeln vor allem diesen normativen Aspekt religiöser Überlieferung. Ich behandle im folgenden einige religiöse Konzepte, die aus der Sicht der genannten Theorien zur Legitimation von sozialen Beziehungen in Klassengesellschaften beitragen.[12]

II. Veränderungsprozeß: Zentralisierung von Macht

Die Entstehung von Klassengesellschaften ist mit einer Zentralisierung von Machtausübung verbunden. Macht darf nur (noch) durch Institutionen ausgeübt werden, keinesfalls aber mehr auf eigene Faust. Eine solche Zentralisierung wird nur dann wirklich gelingen, wenn die Individuen sich die nötige Selbstbeschränkung auferlegen und mögliche Konflikte mit anderen staatlichen Behörden zur Entscheidung vorlegen. N. Elias hat dies als »gesellschaftlichen Zwang zum Selbstzwang« bezeichnet: Fremdzwänge müssen in Selbstzwänge verwandelt werden. In diesem Prozeß der Dämpfung der Triebe und der Verinnerlichung des Fremdzwanges trifft man auch auf religiöse Konzepte. M. Erdheim hat an dem Zusammenhang von Prestige und Kulturwandel bei den Azteken gezeigt, daß Vorstellungen einer religiösen Unsterblichkeit erst aufkamen, als das mehr informelle Prestige des tapferen Kriegers an Geltung einbüßte. Ähnliche Beobachtungen wurden an den vorderasiatischen Stammesgesellschaften gemacht. In der älteren arabischen Literatur begegnet der Gegensatz von *murūwa* und *dīn*. *Murūwa* bezeichnet das Ansehen, das ein Mann in seiner Verwandtschaftsgruppe erwirbt. Er erhält es, indem er alle Pflichten, die mit dem Familienverband, mit Schutzverhältnissen und Gastfreundschaft zusammenhängen, vorbildlich erfüllt. »Wenn dem Schutzbefohlenen Unrecht zugefügt wird, so erbebe ich wegen dieses Unrechtes, es bringt meine Eingeweide in Bewegung und meine Hunde bellen«. Eine gleiche Konzeption von Prestige vertrat Ibn Khaldun. Er bezeichnete mit *ʿaṣabīya* (von *ʿaṣāba* = den männlichen Verwandten) die vorbildliche Bereitschaft eines jeden freien Mannes, für Familie, Abstammungsgruppe, Klienten und Verbündete einzutreten und durch gegenseitige Hilfe, Schutz, Verteidigung und Angriff das Ansehen der Gruppe als ganzer zu steigern. Gleiche Anschauungen sind bei den Afghanen bezeugt. *Dīn* bezeichnet im Gegensatz hierzu ein Handeln entsprechend den Geboten des Islam. Denen, die ihren Zorn unterdrücken und den Menschen vergeben, verspricht der Koran (3,128 f.) ein Leben im Paradies. Die Religion des Islam fordert ein Handeln entsprechend abstrakten Geboten und negiert die rastlose Mechanik von Gewalt und Ansehen. Das Ansehen, das sie verspricht, ist unanschaulich, weil jenseitig. Es ist das Ansehen vor Gott, das auf der Erfüllung ethischer → Normen basiert. Konzepte wie dieses haben die tribalen Ordnungen untergraben und die Zentralisierung von Macht gefördert. Am Ende solcher Prozesse standen in aller Regel Sakralisierungen der Herrscher. In den altorientalischen Hochkulturen Ägypten und Babylonien wurde

---

12 Kehrer (Hrsg.), »Vor Gott sind alle gleich«.

das Amt des Herrschers mit Heiligkeit umgeben. Und auch die griechische Philosophie nahm sich in der Zeit der hellenistischen Könige dieses Themas an und entwickelte eine eigene Theorie von der Notwendigkeit königlicher Herrschaft[13] (→ Herrscherkult).

III. Veränderungsprozeß: Enteignung bäuerlicher Produzenten

Die Trennung der bäuerlichen Produzenten von Grund und Boden, Dorf, Familie und anderen naturwüchsigen Beziehungen war eine notwendige Begleiterscheinung der (kapitalistischen und sozialistischen) Industrialisierung: Mechanisierung der Landwirtschaft machte viele Hände überflüssig und die Industrien benötigten ihre Arbeiterschaft. Bauernrebellionen begleiteten diesen Industrialisierungsprozeß. Als im 19. und 20. Jahrhundert die Industrialisierung ihren Höhepunkt erreichte, da massierten sich die vielen kleinen Rebellionen zu den großen »Bauernkriegen des Zwanzigsten Jahrhunderts« (E. WOLF). Alle großen antikolonialen Kriege dieses Jahrhunderts (Mexico, Rußland, China, Algerien, Kuba und Vietnam) wurden ganz wesentlich von Bauern getragen: Und zwar von Bauern, die über die für eine Kriegsführung nötigen Ressourcen verfügten und die eine drohende Enteignung abwehren wollten. Ihre Vorstellungen entsprachen häufig nicht denen der revolutionären Kader, die nach dem revolutionären Erfolg Industrialisierung auch gegen Bauern durchsetzten. Sie hatten chiliastische Hoffnungen, daß der Messias erscheint, die Feinde niedergeworfen werden, ein Paradies auf Erden entsteht, Grund und Boden neu verteilt, die soziale Hierarchie umgestürzt wird, Schuldverhältnisse beseitigt werden usw.[14] (→ Apokalyptik/Messianismus/Chiliasmus).

Während in der industrialisierten Neuzeit die Forderungen von Bauern kaum öffentliche Anerkennung fanden, war dies in der Antike sehr wohl der Fall gewesen. Die antike Wirtschaft hatte wenige technische Fortschritte gemacht: Lediglich die Dreifelderwirtschaft, die Intensivierung des Seehandels und das Anlegen von Wein- und Olivenplantagen sind hervorzuheben. Arbeiten wurde als entehrend bewertet. So bildete die Landwirtschaft die ökonomische Basis der antiken Kultur und blieb die Bauernschaft auch ein politischer Machtfaktor. Immer wieder berichten antike Quellen von zwei Forderungen, die Bauern erhoben: eine Aufhebung von Verschuldung und eine Neuverteilung von Land. Die radikalere Forderung der Landverteilung hat dabei weniger Gehör gefunden als die Beseitigung von Schuldabhängigkeit.

Das archaische Schuldrecht hatte es überall in der Antike den Gläubigern möglich gemacht, den säumigen Schuldner oder dessen Familienangehörige ohne öffentliches Gerichtsverfahren zu ergreifen. Ebenso weit verbreitet war der bäuerliche Widerstand hiergegen, jedoch unterschied er sich in den verschiedenen Gesellschaften. In Mesopotamien ordneten die Herrscher bei ihrem Amtsantritt öfter die Freilassung der Schuldknechte an *(andurāru)*. Sie untergruben so die Macht aristokratischer Familien. Außerdem bestätigten sie so, daß sie dem göttlichen Auftrag, Witwen, Waise und Arme (vor dem Gläubiger) zu schützen, nachkamen. In Israel erhoben Priester die Freilassung der

---

[13] ELIAS, Prozeß der Zivilisation; ERDHEIM, Prestige und Kulturwandel; GOLDZIHER, Muruwwa und Dîn; DE HEUSCH, Le Pouvoir et le sacré; FRANKFORT, Kingship and the Gods; GOODENOUGH, Hellenistic Kingship.

[14] WOLF, Peasant Wars; ders., Peasant Rebellion and Revolution.

Schuldknechte alle sieben Jahre zu einem religiösen Gebot (*šemiṭṭā:* Dtn 15,2; Neh 10,32). In Attika unterstützten Kaufleute die Forderungen der Bauern gegen die Landaristokratie. Hier wurden auf gesetzlichem Wege Darlehen auf die Person verboten (Ath. Pol. 9,1). Diese drei analogen Vorgänge zeigen, daß die Forderungen der antiken Bauernschaft nur vermittelt über andere Wortführer zur Geltung kamen: über Herrscher, Priester, Kaufleute. Sie zeigen weiter, wie die praktischen Forderungen dieser Bauern von den neuen Wortführern überhöht wurden. Die »Freilassung der Schuldknechte« wurde eine spirituelle anstelle einer materiellen Angelegenheit und wurde untergebracht im sakralen Königtum, in der göttlichen Gesetzgebung oder in einer demokratischen Identität. Sie wurde zu einer kollektiven Repräsentation objektiviert. Damit wurde der Prozeß der Enteignung der Bauern nicht gebremst und wurde auch die Institution der Schuldknechtschaft nicht wirklich entscheidend gemildert. Jedoch wurde die politische Ordnung als ganze von jeder Schuld an solcher Enteignung freigesprochen. Dieser Instanzenweg von direkten Produzenteninteressen, intellektuellen Wortführern und Verdinglichungen konkreter Forderungen zu abstrakten Idealen ist beispielhaft dafür, wie aus der Erfahrung von Enteignung Legitimationsvorstellungen hervorgehen können.[15]

IV. Veränderungsprozeß: Bürokratisierung von Herrschaft

Neben der Zentralisierung von Machtausübung und der Enteignung von Bauern erzeugt noch eine andere soziale Veränderung einen Bedarf an Rechtfertigung, nämlich die Ausübung traditionsfreier Herrschaft. Solange diese die Überlagerung eines Volkes durch ein anderes ist, bleibt solche Traditionsfreiheit in der Nähe der Willkür. Der Fall, den wir vor Augen haben, tritt erst ein, wenn die Unterworfenen sich selber von ihren überlieferten Traditionen abwenden und das religiöse Heil außerweltlich suchen. Auch hier wähle ich als Beispiel die Antike. Als die antiken mediterranen Bauernstaaten, die sich soviel auf die Freiheit ihrer Bürger zugute hielten, von den hellenistischen und römischen Armeen unterworfen wurden, da erhoben sich Widerstandsbewegungen. In Iran, Ägypten und Israel wollte man sich mit dieser Unterwerfung, die in der Tributschuld ihre Besiegelung fand, nicht abfinden und kämpfte für eine Wiederkehr des alten nationalen Königtums. Nachdem sich diese Anstrengungen als erfolglos erwiesen hatten, beobachten wir, wie ein altes Phänomen des Alten Orients neu auflebte: die Flucht des Schuldners vor seinem Gläubiger *(anachōrēsis)*. Allerdings war nun der Staat als ganzer der Gläubiger, dem Tribut geschuldet wurde, und nahm die *anachōrēsis* nun den Charakter einer Flucht vor der Zivilisation an. Diese Alltagserscheinung, die alle Sympathien der Bauern hatte, wurde von → apokalyptischen Propheten und Sehern aufgegriffen. Propheten führten (mittellose) Mitbürger in Wüste oder Gebirge, da sie das Ende der Welt nahe glaubten. Eine rein zweckmäßige Handlung erhielt eine neue symbolische Bedeutung. Apokalyptische Schriften weissagten, daß sich am Ende der Zeiten die Guten von den Bösen trennen und sich in Wüste oder Gebirge zurückziehen werden und trugen auf diese Weise zur Propagierung einer intellektuellen *anachōrēsis* bei.

---

[15] Lemche, Andurārum und Mīšarum; Kippenberg (Hrsg.), Entstehung der antiken Klassengesellschaft; de Ste. Croix, Class Struggle in the Ancient Greek World.

Essener und dann Christen gaben dieser Abkehr von der verderbten Zivilisation noch eine andere Wendung. Die Mitglieder dieser religiösen Gemeinschaften blieben an ihren angestammten Wohnsitzen, gaben aber die Teilnahme am religiösen und zivilen Leben dieser Siedlungen auf. Sie veralltäglichten auf diese Weise den erwarteten Zerfall der bestehenden Ordnung. Zugleich gaben sich diese Gemeinschaften eigene Ordnungen, die die städtische Gerichtsbarkeit ersetzten und sozial prekären Gruppen wie Witwen, Waisen und Armen Schutz sicherten. Während die Essener den Überlieferungen der Väter zur Gänze die Treue hielten, lehnten Christen die *patrioi nomoi* erst der jüdischen Bürgergemeinde, später auch der paganen Stadtgemeinschaften ab. »Die Götter verehren sie nicht, im Rat der Stadt sitzen sie nicht«, beobachtet der antike Rhetor ARISTIDES. Die Vorwürfe von Atheismus und Inhumanität folgten auf dem Fuße. Damit aber schob die christliche Kirche die soziale Entwicklung in Richtung einer traditionsfreien bürokratischen Herrschaft weiter. Die strikte Ablehnung bis dato gültiger Traditionen hat einer Bürokratisierung Legitimation verliehen.[16]

Literatur

ADAMS, R. MCC., The Evolution of Urban Society, 1966; ALAVI, H., Peasant Classes and Primordial Loyalties, in: Journal of Peasant Studies 1 (1973), 23–60; APTER, D., Political Religion in the New Nations, in: C. GEERTZ (Hrsg.), Old Societies and New States, 1963, 57–104; BABCOCK, B. (Hrsg.), The Reversible World: Symbolic Inversion in Art and Society, 1978; BAK, J., BENECKE, G. (Hrsg.), Religion and Rural Revolt, 1984; BALANDIER, G., Anthropologie politique, 1967; BENVENISTE, E., Les classes sociales dans la tradition Avestique, in: Journal Asiatique 221 (1932) 117–134; BOYCE, M., The Letter of Tansar, 1968; BREUER, S., TREIBER, H. (Hrsg.), Entstehung und Strukturwandel des Staates, 1982; BREUER, S., Max Weber und die evolutionäre Bedeutung der Antike, in: Saeculum 33 (1982) 174–192; BRIANT, P., Rois, tributs et paysans. Études sur les formations tributaires du Moyen-Orient ancien, 1982; CLAESSEN, H. J. M., SKALNÍK, P. (Hrsg.), The Early State, 1978; CLAESSEN, H. J. M., VAN DER VELDE, P. (Hrsg.), Early State Dynamics, 1987; CROIX, G. E. M. DE STE, The Class Struggle in the Ancient Greek World from the Archaic Age to the Arab Conquest, 1981; DUMÉZIL, G., L'idéologie tripartie des Indo-Européens, 1958; DUMONT, L., Homo Hierarchicus. The Caste System and its Implications, 1970; DURKHEIM, É., The Division of Labor in Society (1892; ²1902 franz. Ausgabe) 1964; ders., Concerning the Definition of Religious Phenomena (frz. 1899), in: PICKERING, W. S. F. (Hrsg.), Durkheim on Religion. A Selection of Readings, 1975, 74–99; ders., The Elementary Forms of the Religious Life (frz. 1912), 1976; EDDY, S. K., The King is Dead. Studies in the Near Eastern Resistance to Hellenism 334–31 B. C., 1961; EDER, K., Seminar: Die Entstehung von Klassengesellschaften, 1973; ders., Die Entstehung staatlich organisierter Gesellschaften, 1976; EISENSTADT, S. N., The Political Systems of Empires, 1963; EISENSTADT, S. N. (Hrsg.), Kulturen der Achsenzeit. Ihre Ursprünge und ihre Vielfalt, 2. Bde, 1987; ELIAS, N., Über den Prozeß der Zivilisation (1939; ²1969) 2 Bde., Tb. 1977; ERDHEIM, M., Prestige und Kulturwandel, 1973; EVANS-PRITCHARD, E. E., The Divine Kingship of the Shilluk of the Nilotic Sudan, 1948; FINLEY, M., Die antike Wirtschaft, 1977; ders., Die Sklaverei in der Antike, 1981; FRANKFORT, H., Kingship and the Gods. A Study of Ancient Near Eastern Religion as the Integration of Society and Nature, 1948; GARAUDY, R. (Hrsg.), Sur le ›mode de production asiatique‹, 1969; GEERTZ, C., Religion as a Cultural System, in: BANTON, M. (Hrsg.), Anthropological Approaches to the Study of Religion, 1966, 1–46; ders., Centers, Kings, and Charisma: Reflections on the Symbolics of Power, in: BEN-DAVID, J., CLARK, T. N. (Hrsg.), Culture and Its Creators, 1977, 150–171; GELLNER, E., Muslim

[16] EDDY, The King Is Dead; EISENSTADT, Systems of Empires.

Society, 1981; GOLDZIHER, I., Muruwwa und Dîn. Muhammedanische Studien, Bd. 1 (1889) 1–39; GOODENOUGH, E. R., The Political Philosophy of Hellenistic Kingship, in: Yale Classical Studies 1 (1928) 53–102; HABERMAS, J., Theorie des kommunikativen Handelns, 2 Bde., 1981; HERRMANN, J., SELLNOW I. (Hrsg.), Beiträge zur Entstehung des Staates, 1973; HEUSCH, L. DE, Le Pouvoir et le sacré, 1962; KEHRER, G. (Hrsg.), »Vor Gott sind alle gleich«. Soziale Gleichheit, soziale Ungleichheit und die Religionen, 1983; KIPPENBERG, H. G. (Hrsg.), Seminar: Die Entstehung der antiken Klassengesellschaft, 1977; ders., Religion und Klassenbildung im antiken Judäa, [2]1982; KRADER, L., Formation of the State, 1968; KRAMER, F., SIGRIST, CHR. (Hrsg.), Gesellschaften ohne Staat, 2 Bde., 1978; KREISSIG, J., Wirtschaft und Gesellschaft im Seleukidenreich, 1978; LEMCHE, N. P., Andurārum und Mīšarum: Comments on the Problem of Social Edicts and their Application in the Ancient Near East, in: Journal of Near Eastern Studies 38 (1979) 11–22; LUKÁCS, G., Geschichte und Klassenbewußtsein, 1923; LUKES, S., Émile Durkheim. His Life and Work, 1973; MACMULLEN, R., Roman Social Relations: 50 B. C. to A. D. 284, 1974; MAKARIUS, L., Le Sacré et la violation des interdits, 1974; MARX, K., Zur Kritik der Hegelschen Rechtsphilosophie (1944), in: K. MARX, F. ENGELS, Über Religion, 1958, 30–44; ders., Formen, die der kapitalistischen Produktion vorhergehn (1957/58), in: I. FETSCHER (Hrsg.), Karl Marx/Friedrich Engels. Studienausgabe, Bd. 2, 1966, 130–166; (Themenheft:) Marxisme et sociologie de la religion, in: Social Compass 22 (1975) 305–479; MOORE, BARRINGTON, Injustice. The Social Bases of Obedience and Revolt, 1978; ders., Soziale Ursprünge von Diktatur und Demokratie, 1969; MORET, A., DAVY, G., From Tribe to Empire. Social Organisation among the Primitives and in the Ancient Near East, 1926; MÜHLMANN, W. E., Rassen, Ethnien, Kulturen, 1964; PEREIRA DE QUEIROZ, M. I., Réforme et révolution dans les sociétés traditionelles, 1968; RIESEBRODT, M., Ideen, Interessen, Rationalisierung, in: Kölner Zeitschrift für Soziologie und Sozialpsychologie 32 (1980) 111–129; SAHLINS, M. D., Tribesmen, 1968; SCHLUCHTER, W. (Hrsg.), Max Webers Studie über das antike Judentum, 1981; SCHLUCHTER, W. (Hrsg.), Max Webers Sicht des antiken Christentums, 1985; SERVICE, E. R., Ursprünge des Staates und der Zivilisation, 1977; TAEGER, F., Charisma. Studien zur Geschichte des antiken Herrscherkults, 2 Bde., 1957–1960; TENBRUCK, F., Das Werk Max Webers, in: Kölner Zeitschrift für Soziologie und Sozialpsychologie 27 (1975) 663–702; TURNER, V., The Ritual Process, 1969; VEYNE, P., Brot und Spiele. Gesellschaftliche Macht und politische Herrschaft in der Antike, 1988; WEBER, M., Wirtschaft und Gesellschaft (1922), [4]1956 = 1964; ders., Gesammelte Aufsätze zur Religionssoziologie, 3 Bde., 1920; ders., Gesammelte Aufsätze zur Sozial- und Wirtschaftsgeschichte, 1924; WOLF, E., Peasant Wars of the Twentieth Century, 1970; ders., Peasant Rebellion and Revolution, in: MILLER, N., AYA, R. (Hrsg.), National Liberation, 1971, 48–67; WORSLEY, P., The Trumpet Shall Sound, 1968, YUGE, T., DOI, M. (Hrsg.), Forms of Control and Subordination in Antiquity, 1988.

Hans G. Kippenberg

→ *Hierarchie, Institution, Integration, Legitimation, Ritus/Ritual, Verwandtschaft*

Klassifikationssysteme

I. Begriffsbestimmung 1. Systeme zur Klassifikation 2. Klassifikation und Sprache II. Möglichkeiten der ethnologischen Klassifikation 1. Verallgemeinernde Klassifikationen 2. Klassifikationen von Verwandtschaftsterminologien 3. Linguistische Klassifikationen III. Klassifikationssysteme und kognitive Systeme 1. Folk Taxonomies, Ethnoscience und kognitive Anthropologie 2. Möglichkeiten und Grenzen der Ethnoscience

I. Begriffsbestimmung

Klassifikationen sind Systeme zur Ordnung von Phänomenen der Realität – von den Objekten des täglichen Gebrauchs bis hin zu wissenschaftlichen Theorien. Die Klassifikationssysteme sind umso ausgeprägter, je größer die Anzahl der Einzelobjekte ist, wie z. B. in der Botanik. Die ›wissenschaftlichen‹ und die ›volkstümlichen‹ Kategorien können sich aber durchaus unterscheiden: so gehören für den Nichtbotaniker ›Rose‹ und ›Lilie‹ in die Klasse der ›Blume‹, während der ›Kirschbaum‹ ein ›Baum‹ ist; für den Botaniker gehören ›Rose‹ und ›Kirschbaum‹ zu den ›Rosengewächsen‹, die ›Lilie‹ aber zu den ›Liliengewächsen‹.

Klassifikationssysteme sind nicht nur Ordnungs- und Wahrnehmungsschemata, sondern darüber hinaus auch Grundlage, bisweilen sogar Thema wissenschaftlicher Theorien.

1. Systeme zur Klassifikation

Klassifikationen können nach externer oder nach interner Logik vorgenommen werden. Extern klassifiziert sind numerische (nach Zahlen), alphanumerische (nach Alphabet) oder historische Ordnungen. Interne Klassifikationen beruhen auf dem Prinzip der Ähnlichkeit und des Gegensatzes (ganz oder teilweise). Diese Gegensätze können eindimensional (polar) oder multidimensional sein.[1] Die so gebildeten Kategorien nennt man Taxa.[2] Es gibt verschiedene Möglichkeiten, die einzelnen Taxa miteinander in Beziehung zu setzen. Die häufigste Form von Klassifikationen sind *Taxonomien*; sie beruhen auf dem Prinzip der hierarchischen Zuordnung (Hyponomie, Supraordination) und bestehen aus Segregaten (Kategorien, die sich aus verwandten Unterkategorien zusammensetzen) und *contrast sets* (einer Reihe kontrastierender Segregate).[3] Ein typisches Beispiel für Taxonomien sind biologische Klassifikationen (Tiere, Wirbeltiere, Säugetiere, Huftiere ...).

Nach einem anderen System werden die einzelnen Taxa nicht hierarchisch angeordnet, sondern nur als ›Bestandteil‹ oder ›Mitglied‹ einer Kategorie definiert. Das bezeichnet man als *konstituierende* oder *parnomische Klassifikation.* Die Verwandtschaft wird gewöhnlich so klassifiziert: ›Vater‹, ›Mutter‹, ›Onkel‹ sind Mitglieder einer ›Familie‹, aber ›Vater‹ ist keine Unterkategorie von ›Mutter‹.

---

[1] Conklin, Folk Taxonomies, 52f.

[2] Casson, Language, Culture and Cognition, 76.

[3] Frake, Cognitive Systems, 31–33.

Funktionale Klassifikationen stellen eine instrumentelle Beziehung zwischen den Kategorien her. LEACH stellte in seinem Aufsatz über den metaphorischen Gebrauch englischer Tiernamen[4] eine derartige Tierklassifikation fest: Vieh *(livestock)* ist domestiziert und eßbar, Haustiere *(pets)* sind domestiziert und nicht eßbar, Jagdwild *(game)* ist nicht domestiziert, aber eßbar, und wilde Tiere *(wild animals)* sind nicht domestiziert und nicht eßbar.

Werden die Kategorien in einen konditionalen oder finalen Zusammenhang gestellt, so handelt es sich um *Kontingenzklassifikationen.* Ein Beispiel dafür sind Krankheitsklassifikationen: ungünstiges Wetter führt zu Infektionen, die wiederum zu Fieber, Halsweh und Antikörpern führen.

Unter *Netzwerkklassifikationen* versteht man die komplexe Verknüpfung mehrerer Klassifikationssysteme. So entsteht ein weitreichendes Beziehungsfeld verschieden verknüpfter Kategorien, wie es AGAR in seinem Artikel über die amerikanische Heroinszene darlegt.[5]

2. Klassifikation und Sprache

Nicht alle Klassifikationen sind rein sprachlicher Art, es gibt auch graphische (Signets, Verkehrszeichen) oder tonliche (Tonleitern) Klassifikationen; die meisten haben ihr Pendant aber in der Sprache als *Terminologien.* Die Termini, die Gruppen von Gegenständen und Phänomenen bezeichnen, konstituieren die Klassifikationen. Es besteht aber nicht immer eine eindeutige Beziehung zwischen Bezeichnung und Kategorie (Phänomen oder Phänomengruppe). Manche Kategorien haben mehrere *synonyme* Bezeichnungen, etwa ›Toilette‹, ›Clo‹, ›WC‹ etc. *Homonyme* sind gleichlautende Begriffe, die unterschiedliche Dinge bezeichnen, wie ›Hamburger‹ – ›Hamburger‹. *Polyseme* enthalten mehrere Bedeutungen aus verschiedenen Unterkategorien. Das englische Wort ›man‹ bedeutet – je nach Gegensatz – ›Mensch‹, ›männlicher Mensch‹ oder ›erwachsener männlicher Mensch‹.[6]

Manche Kategorien haben kein sprachliches Äquivalent. Sie werden als ›verdeckte Kategorien‹ *(covert categories)* bezeichnet; meist handelt es sich dabei um den übergeordneten Bereich (Domäne) mehrerer Kategorien.[7]

Klassifikatorische Termini setzen sich aus grammatikalischen Einheiten zusammen, die man *Lexeme* nennt. Ein Lexem besteht aus einem oder mehreren Wörtern und hat eine eigene, nicht aus den Bestandteilen zusammengesetzte Bedeutung (›Großmutter‹ ist keine große Mutter). Einfache primäre Lexeme bestehen aus einer einzigen Bedeutungseinheit (›Vogel‹), komplexe primäre Lexeme enthalten zwei oder mehr Bedeutungseinheiten; sie können ›unproduktiv‹ sein, wenn sie semantisch in eine andere Domäne verweisen als ihre Bestandteile (z. B. ›Elfenbein‹), oder ›produktiv‹, wenn sie der gleichen Domäne entstammen (z. B. ›Sonnenblume‹). Sekundäre Lexeme bestehen aus mehreren Bedeutungseinheiten und sind Bezeichnungen für Unterkategorien, etwa ›Silberpappel‹, ›Zitterpappel‹ etc.[8]

4 LEACH, Aspects of Language: Animal Categories.
5 CASSON, a.a.O., 82f.
6 CASSON, a.a.O., 77f.
7 CASSON, a.a.O., 78f.
8 CASSON, a.a.O., 79.

II. Möglichkeiten der ethnologischen Klassifikation

Wie alle Wissenschaften hat auch die Ethnologie im Laufe ihrer Geschichte eine Vielzahl von Klassifikationssystemen entwickelt, um das immer unüberschaubarer werdende Material in verständliche und handhabbare Einheiten zu ordnen. Die ältesten Klassifikationen sind meist einfache polare Gegensätze wie ›Zivilisierte‹ – ›Wilde‹ (d.h. ›Wir‹ – ›nicht Wir‹) oder dreistufige, konditional verstandene Kategorisierungen wie ›Barbarei‹ – ›Wildheit‹ – ›Zivilisation‹.[9] Diese Kategorien dienen einer allgemeinen Kulturklassifikation und schließen Zuordnungen aus den unterschiedlichsten Domänen mit ein. Im Laufe der intensiveren Beschäftigung mit fremden Kulturen und Gesellschaften entwikkelte die Ethnologie jedoch spezifischere – und weitaus fruchtbarere – Klassifikationen für einzelne Bereiche wie Musikinstrumente[10], Jagdwaffen und Ackerbaugeräte[11] oder Verwandtschaftssysteme, daneben auch solche, die mehr auf Übereinkunft als auf definierten Abgrenzungen beruhen wie die der Wohnformen. In der Volkskunde wurden auch Klassifikationssysteme für Erzählformen erarbeitet[12], die allerdings nur unter Schwierigkeiten auf nichteuropäische Erzählungen anzuwenden sind.[13] Diese werden daher – im Gegensatz zu den europäischen Formen – üblicherweise einfach als ›Mythen‹ bezeichnet.

1. Verallgemeinernde Klassifikationen

Obwohl Klassifikationen, die sich auf die gesamte Breite kultureller Erscheinungen beziehen, für die wissenschaftliche Auseinandersetzung ziemlich unbrauchbar sind, leben sie doch außerhalb der Ethnologie wieder auf. Eine dieser Klassifikationen macht anthropologische Merkmale zu Kriterien der Einteilung.[14] Derartige Kategorien dienen immer noch der Bildung von Vorurteilen. Eine ähnlich verallgemeinernde Klassifikation bezieht sich auf die ›Lebensform‹ oder genauer auf die Subsistenzform, der dann weitere Taxa zugeordnet werden. Im 18. und 19. Jahrhundert wurden die Lebensformen nach einem dreistufigen Schema klassifiziert, nämlich ›Wildbeutertum‹ – ›Hirtentum‹ – ›Akkerbauerntum‹, das im frühen 20. Jahrhundert zunehmend und unterschiedlich differenziert wurde.[15] Diese Subsistenzformen galten lange als charakteristisch für bestimmte ›Kulturstufen‹, und damit auch für religiöse Formen; so etwa wurde dem Wildbeutertum »Nomadismus«, »magische Einstellung zum Jagdwild« und »fehlende soziale Organisationen« zugeschrieben.[16] Während durch zunehmende Differenzierung von Einzeluntersuchungen diese vereinfachte Klassifizierung in der Ethnologie nicht mehr aufrechtzuerhalten ist, hat sie sich über ENGELS *»Der Ursprung der Familie, des Privateigentums und des Staates«* (1884) außerhalb der Ethnologie bis heute gehalten. Eine weniger populäre Klassifikation ist die in der Frobenius-Schule aufgestellte Popularisierung von »konti-

---

9 MORGAN, Ancient Society.
10 HORNBOSTEL/SACHS, Systematik der Musikinstrumente.
11 HIRSCHBERG/JANATA, Technologie und Ergologie.
12 BAUSINGER, Formen der ›Volkspoesie‹.
13 Z.B. HERSKOVITS, Dahomean Narrative, 13f.
14 Z.B. FROBENIUS, Kulturgeschichte Afrikas.
15 Vgl. dazu VAJDA, Hirtenkulturen, 50–79.
16 HIRSCHBERG, Wörterbuch der Völkerkunde, 494f.

nentalen« und »maritimen Kulturen«[17]; der kontinentale oder maritime Ganzheitscharakter wurde vorwiegend durch die entsprechenden Weltbilder – und das heißt vor allem Mythen – bewiesen. Maritime Kulturen sind mehr auf das Meer hin orientiert (Urmeerschöpfungen, Sintflut), kontinentale auf das Festland (Weltenbäume).

2. Klassifikationen von Verwandtschaftsterminologien

Nach DURKHEIM/MAUSS[18] sind in allen Gesellschaften soziale Systeme die Grundlage anderer Klassifikationssysteme und diese die ersten Formen wissenschaftlicher Klassifikationen. Entsprechend nimmt auch in der Ethnologie die Auseinandersetzung mit diesen sozialen Systemen, im engeren Sinne mit Verwandtschaftsterminologien[19], einen breiten Raum ein und spielt bis in die heutige Theorienbildung hinein eine große Rolle.[20]
Die Erkenntnis, daß nicht alle Verwandtschaftssysteme – als wichtiger Teil der gesamten sozialen Organisation – nach den im europäischen Denken üblichen Prinzipien aufgebaut sind, geht auf MORGAN zurück. In seinen »*Systems of Consanguinity and Affinity*« (1871) unterschied er zwischen ›*klassifikatorischen*‹ und ›*deskriptiven*‹ Verwandtschaftssystemen. ›Deskriptiv‹ sind solche, die zwischen linearen Verwandten (Vater, Tochter, Enkel ...) und kollateralen (Tante, Vetter, Nichte ...) unterscheiden, also quasi biologische Kriterien zugrunde legen; ›klassifikatorisch‹ sind Systeme, wenn sie z. B. die Mutter und die Schwester der Mutter mit dem gleichen Ausdruck belegen, also nicht zwischen der direkten Linie und den kollateralen Verwandten unterscheiden.
Diese Unterscheidung löste jahrzehntelange Diskussionen aus.[21] LOWIE[22], KROEBER[23] und MURDOCK[24] differenzierten und erweiterten die Kriterien, nach denen Verwandtschaftssysteme aufgebaut sein können, und schufen damit eine Klassifikation der Klassifikation von Verwandtschaft.
Neben der Diskussion um ›klassifikatorische‹ vs. ›deskriptive‹ (lineare vs. kollaterale) Systeme war vor allem die Unterscheidung zwischen *Parallelkusinen* und *Kreuzkusinen* ein immer wieder behandelter Aspekt in der Verwandtschaftsethnologie, und zwar besonders im Zusammenhang mit präferentiellen Heiratsbeziehungen: bei unilinearen Verwandtschaftssystemen, z. B. exogamen Klans, gehören Kreuzkusinen unterschiedlichen Klans an und sind daher potentielle Heiratspartner, bei hierarchisch geordneten Gesellschaften außerdem Angehörige der gleichen Schicht. Ihre Heirat erhält damit das soziale Gleichgewicht.[25]
Die tatsächliche Beziehung, die zwischen terminologischen und sozialen Strukturen besteht, wurde auch von anderer Seite immer wieder deutlich gemacht, etwa anhand

---

17 BÖCKMANN, Kulturreich des Meeres.
18 DURKHEIM, MAUSS, Formes primitives de classification.
19 Eine ausführliche Diskussion findet sich im Artikel → ›Verwandtschaft.
20 Nach WALLACE, Psychological Validity of Componential Analysis, sind Verwandtschaftsterminologien für den Ethnologen, was die Ratten für den empirischen Psychologen sind.
21 Vgl. dazu WHITE, Classificatory Kinship Term.
22 LOWIE, Primitive Society.
23 KROEBER, Classificatory Systems of Relationship.
24 MURDOCK, Social Structure.
25 Z. B. LÉVI-STRAUSS, Structures élémentaires de la parenté.

analoger Klassifikationssysteme[26] oder am Beispiel des Verhältnisses von bestimmten Terminologien und dem Auftreten von Matrilateralität.[27]

3. Linguistische Klassifikationen

Der Entwicklung ethnolinguistischer Klassifikationen dienten vor allem die indianischen Sprachen Nordamerikas. POWELL entwarf als erster eine Klassifikation dieser Sprachen, ausschließlich aufgrund lexikalischer Ähnlichkeiten, da grammatikalische Strukturen eher durch die Kultur als durch die Sprache bedingt seien.[28] BOAS und seine Schule trugen durch Untersuchungen zu Wortschatz und Grammatik wesentlich zur Klassifikation indianischer Sprachen bei. Doch für BOAS waren diese Klassifikationen nur ein Mittel, um über »Kulturareale« den »Weg der menschlichen Sprache zurückzuverfolgen«[29]. Den entscheidenden Impuls erhielt die Ethnolinguistik durch SAPIR, der Sprachverwandtschaften mittels etymologischer, phonetischer, nämlich den an indoeuropäischen Sprachen entwickelten Lautgesetzen, und morphologischer, also grammatikalischer Kriterien feststellte. Zusammen mit WHORF entwickelte SAPIR die Theorie, daß *»the ›real world‹ is to a large extent unconsciously built up on the language habits of groups«*.[30] Keine zwei Sprachen sind so ähnlich, daß sie die gleiche soziale Realität herstellen könnten. WHORF hat die als »Sapir-Whorf-Hypothese« bekannt gewordene »linguistische Relativität« 1965 in seinem *»Language, Thought, and Reality«* ausführlich dargelegt: Die Struktur der Sprache formt die Gedanken und damit auch die Wahrnehmung. WHORF macht das deutlich an zwei Typen von Sprachen, den analytischen oder ›mechanischen‹ (z. B. Englisch) und den komplexen oder ›chemischen‹ (z. B. Hopi).

III. Klassifikationssysteme und kognitive Systeme

Der weitergehende Versuch, kognitiven Systemen fremder Gesellschaften über das Verständnis der Klassifikationsmodelle näherzukommen, findet sich bei MALINOWSKI[31] und LÉVI-STRAUSS[32]. Auch MARY DOUGLAS hat auf diesem Weg Denksysteme, vorwiegend des religiösen Bereichs, untersucht, indem sie sich u. a. mit Klassifikationen befaßt.[33] In ihrer Interpretation der jüdischen Speiserestriktionen im Leviticus[34] kommt sie so zu der Erklärung, daß die Kategorie ›rein‹ sich auf alles Unvermischte, Vollständige und nach den Klassifikationen der Genesis ›Richtige‹ bezieht. Alles andere, z. B. Vierfüßler mit Flügeln oder im Wasser lebende Tiere ohne Flossen und Schuppen, sind ›unrein‹. Die Trennung der im Sinne der Genesis ›richtigen‹ Tiere in ›reine‹ (Wiederkäuer mit

[26] OPLER, Apache Data.
[27] BUCHLER, Development of Kinship Terminologies.
[28] POWELL, Indian Linguistic Families, 11.
[29] BOAS, Classification of American Languages, 369.
[30] SAPIR, Language, 209.
[31] MALINOWSKI, Scientific Theory of Culture, 23 f.
[32] LÉVY-STRAUSS, Das wilde Denken.
[33] DOUGLAS, Implicit Meanings.
[34] DOUGLAS, Purity and Danger, 41–57; die Quellen sind: Lev. 11 und Deut. 14,3–20.

gespaltenen Hufen) und ›unreine‹ bezieht sich zunächst auf die domestizierten Tiere einer pastoralen Gesellschaft (Schafe, Ziegen, Rinder), die als von Gott gesegnet betrachtet werden. Die Definition ›Wiederkäuer mit gespaltenen Hufen‹ schließt in die Kategorie dann auch die wilden Artverwandten ein, die damit im Notfall gejagt werden dürfen.

Die logische Konsequenz aus der Sapir-Whorf-Hypothese aber hat – wenngleich WHORF die Bedeutung der Sprache sicher überschätzte[35] – zu einer Schule der Ethnologie geführt, die versucht, kognitive Systeme mit Hilfe der Sprache zu ermitteln, und zwar über Klassifikationssysteme in den jeweiligen Sprachen. Die Zuordnungskriterien sollen Rückschlüsse auf die kognitiven Systeme ermöglichen. Dieses Vorgehen wurde besonders von der Linguistik unterstützt.[36]

1. Folk Taxonomies, Ethnoscience und kognitive Anthropologie

Unter einer *Folk Taxonomy* versteht man ein in einer gegebenen Sprache verwendetes taxonomisches System, bestehend aus einer Gruppe von Segregaten, die mit eindeutigen Lexemen bezeichnet werden[37]; im weiteren Sinne sind damit alle Formen emischer Klassifikationen gemeint.[38] *Ethnoscience* oder ethnographische Semantik ist der Versuch, eine Kultur als ein System von Bedeutungen und Kommunikationsformen zu beschreiben.[39] Die beiden Hauptfragen sind dabei: welche materiellen Phänomene sind für eine Kultur relevant und wie werden sie organisiert?[40] Die erste Frage wird in der Regel zunächst außer Acht gelassen, um sie mit Hilfe der zweiten später beantworten zu können. So untersuchte GOODENOUGH[41] Verwandtschaftsklassifikationen auf den Karolinen, CONKLIN[42] Farbterminologien auf den Philippinen, LOUNSBURY[43] Verwandtschaftssysteme indianischer Ethnien und FRAKE[44] Krankheitsnamen auf den Philippinen. Das Ziel, das mit der Aufstellung dieser Klassifikationssysteme erreicht werden soll, wird deutlich, wenn man ein Beispiel FRAKEs aus dem Amerikanischen ins Deutsche übersetzt[45]:

»Was möchtest du, Mac? Was zu essen?
Ja, was für Sandwiches habt ihr denn außer Hamburgern und Hot Dogs?
Wie wär's mit einem Schinken-Käse-Sandwich?
Ich glaub, ich nehm wieder einen Hamburger.
He, das ist kein Hamburger, das ist ein Cheeseburger!«

Während dieses Gespräch in einem amerikanischen Fast Food Lokal denkbar ist, klingt es in der deutschen Übersetzung albern, weil unlogisch. Die deutsche Speiseklassifika-

35 BRIGHT, BRIGHT, Semantic Structures.
36 Z. B. CHOMSKY, Language and Mind.
37 CONKLIN, a.a.O., 49.
38 CASSON, a.a.O., 76.
39 BLACK, Eliciting Folk Taxonomies, 165.
40 TYLER, Cognitive Anthropology, 3.
41 GOODENOUGH, Property, Kin and Community.
42 CONKLIN, Hanunóo Color Categories.
43 LOUNSBURY, Semantic Analysis of the Pawnee Kinship Usage; ders., Structural Analysis of Kinship Semantics.
44 FRAKE, Diagnosis of Disease.
45 FRAKE, Ethnographic Study of Cognitive Systems, 31.

tion ist eine andere: Weder ›Hamburger‹ noch ›Hot Dog‹ sind Unterkategorien von ›Sandwich‹, vielmehr gehören alle drei, zusammen mit ›Baguette‹, ›belegtem Brötchen‹ etc., in eine verdeckte Kategorie, die man vielleicht als ›Imbiß‹ bezeichnen könnte. Sicher aber ist ›Cheeseburger‹ eine Unterkategorie – und zwar eine verbesserte – von ›Hamburger‹, es liegt also kein Grund zum Protest vor. Im Deutschen ist diese Klassifikation weniger eindeutig strukturiert, weil es sich bei diesem Bereich nur um einen marginalen Aspekt der gesamten Domäne ›Speisen‹ handelt.

Die Vorgehensweise in der *Ethnoscience* besteht zunächst darin, eine genaue und vollständige Terminologie unter Berücksichtigung situativer Unterschiede möglichst sprachneutral zu erstellen.[46] Dazu werden Fragen gestellt wie: Was ist das? – A – Ist das auch A? – Nein, das ist B. – Ist A eine Art von B? – Nein, A und B sind Arten von C ... Dem folgen weitere vier Schritte, die man als ›Komponentenanalyse‹ bezeichnet. WALLACE und ATKINS[47] machten sie am Beispiel von Verwandtschaftsterminologien deutlich: Die aufgezeichneten Begriffe müssen mit fachspezifischen, eindeutigen Bezeichnungen versehen werden (Fa, Mo, FaSiSo ...); die Prinzipien, nach denen klassifiziert wird (›Komponenten‹), müssen aufgeschlüsselt werden (Generation, Geschlecht ...); jeder einzelne Terminus muß nach diesen Prinzipien beschrieben werden; endlich kann die semantische Beziehung zwischen den einzelnen Termini und dem gesamten terminologischen System hergestellt werden. Nach GOODENOUGH ist die Komponentenanalyse dann gelungen, wenn man eine richtige Vorhersage über den Terminus für ein bestimmtes Objekt in diesem System treffen kann, und wenn man außerdem die Kriterien erfaßt hat.[48]

Da diese rein linguistische Analyse noch nicht zur Erkenntnis kognitiver Systeme führt, wurde die Forderung nach Überprüfung durch nicht-linguistische Kriterien (Verhalten) und auf psychologische Validität hin immer deutlicher.[49] TYLER konnte z. B. für einen Teilbereich eines Verwandtschaftssystems eine Beziehung zur Verhaltensstruktur herstellen, nämlich hinsichtlich Intimität-Respekt.[50] ROSALDO erarbeitete die metaphorische Überlagerung zweier Klassifikationssysteme (Orchideen und Körperteile von Geistern).[51] In diesen Zusammenhängen kann man von *kognitiver Anthropologie* sprechen. Mit diesem Ansatz ließen sich auch religiöse Systeme neu – und zwar endogen – klassifizieren, z. B. in Bezug auf die Terminologie, die häufig aus anderen Klassifikationssystemen entliehen ist (etwa ›Braut Christi‹, ›Bruder in Christo‹, ›Pater Prior‹).

Während gewöhnlich Untersuchungen zu Klassifikationssystemen und kognitiven Systemen im Rahmen eng begrenzter ethnischer Einheiten vorgenommen wurden, erstellte BERLIN universelle Kategorien und Klassifikationskriterien. Botanische *Folk Taxonomies* enthalten z. B. immer eine sechsstufige Hierarchie.[52] Farbklassifikationen entwikkeln sich nach einem siebenstufigen Schema, vom Zweiterm-System zum Achtterm-System.[53] Eine weitere Untersuchung über Farbterminologien von LUCY und SHWEDER,

---

46 GOODENOUGH, Componential Analysis.

47 WALLACE, ATKINS, Meaning of Kinship Terms, 60f.

48 GOODENOUGH, Componential Analysis.

49 LOUNSBURY, Pawnee Kinship Usage; HARRIS, Discourse Analysis; WALLACE, Psychological Validity of Componential Analysis.

50 TYLER, Koya Language Morphology.

51 ROSALDO, Metaphors and Folk Classification.

52 BERLIN, BREEDLOVE, RAVEN, Biological Classification.

53 BERLIN, KAY, Basic Color Terms.

die auch mit psychologischen Testreihen arbeiteten, verhalf WHORFs Theorie zu einer späten Bestätigung.[54]

2. Möglichkeiten und Grenzen der Ethnoscience

Der Versuch, über sprachliche Strukturen Zugang zu Denksystemen nichteuropäischer Gesellschaften zu gewinnen, ist sicher ein ernstzunehmender Ansatz. Nur ist es bis jetzt kaum gelungen, bis zu diesen Denksystemen vorzudringen, weil der Sprung vom Klassifikationssystem zum Denksystem zu groß ist. Es ist schon fast unmöglich, über Klassifikationssysteme festzustellen, welche materiellen Phänomene für eine Kultur relevant sind.[55] *Folk Taxonomies* zu analysieren, kann nur ein erster Schritt sein. Wie BURLING deutlich macht, führt die Komponentenanalyse auch nicht zu eindeutigen Lösungen, sondern zu unübersichtlicher Vielfalt; der kognitive Unterschied zwischen den einzelnen Taxa ist damit nicht zu erfassen.[56] Das berechtigte Anliegen, eine neutrale Sprache zu benutzen[57], macht das Verfahren noch verwirrender. Wenn STURTEVANT gar fordert, die festgestellten Klassifikationssysteme müßten auch in der zugehörigen Sprache dargestellt werden, zeigt das letztendlich die Aussichtslosigkeit des Unternehmens.[58] Charakteristischerweise wird die Methode auch immer wieder an amerikanischen Klassifikationssystemen demonstriert.[59]

Literatur

AGAR, M., Talking About Doing. Lexicon and Event, in: Language in Society 3 (1974), 83–89; BAUSINGER, H., Formen der ›Volkspoesie‹, 1968; BERLIN, B., BREEDLOVE, D. E., RAVEN, P. H., Folk Taxonomies and Biological Classification, in: Science 154 (1966) 273–275; BERLIN, B., KAY, P., Basic Color Terms. Their Universality and Evolution, 1969; BLACK, M. B., Eliciting Folk Taxonomies in Ojibwa, in: TYLER, S. A. (Hrsg.), Cognitive Anthropology, 1969, 165–189; BOAS, F., The Classification of American Languages, in: American Anthropologist 22 (1920) 367–376; BÖCKMANN, K. VON, Vom Kulturreich des Meeres. Dokumente zur Kulturphysiognomik des Frobenius-Instituts, 1924; BRIGHT, J. O., BRIGHT, W., Semantic Structures in Northwestern California and the Sapir-Whorf-Hypothesis, in: American Anthropologist 67, Heft 5 (Special Publication) (1965) 249–258; BUCHLER, I. R., Measuring the Development of Kinship Terminologies. Scalogram and Transformational Accounts of Crow-type Systems, in: American Anthropologist 66 (1964) 765–788; BURLING, R., Cognition and Componential Analysis. God's Truth or Hocus-Pocus? in: American Anthropologist 66 (1964), 120–122; CASSON, R. W. (Hrsg.), Language, Culture and Cognition, 1981; CHOMSKY, N., Language and Mind, 1968; CONKLIN, H. C., Hanunóo Color Categories, in: Southwestern Journal of Anthropology 11 (1955) 339–344; ders., Lexicographical Treatment of Folk Taxonomies, in: TYLER, S. A. (Hrsg.), Cognitive Anthropology, 1969, 41–59; DOUGLAS, M., Purity and Danger. An Analysis of Concepts of Pollution and Taboo, 1966; dies., Implicit Meanings. Essays in Anthropology, 1975; DURKHEIM, E., MAUSS, M., De quelques formes

---

54 LUCY, SHWEDER, Whorf and His Critics.

55 TYLER, Cognitive Anthropology.

56 BURLING, Cognition and Componential Analysis.

57 WALLACE, Culture and Personality.

58 STURTEVANT, Studies in Ethnoscience.

59 GOODENOUGH, Yankee Kinship Terminology; SCHNEIDER, American Kin Terms; FRAKE, Ethnographic Study of Cognitive Systems.

primitives de classification. Contribution à l'étude de représentations collectives, in: Année Sociologique 4 (1903); ENGELS, F., Der Ursprung der Familie, des Privateigentums und des Staates, 1884; FRAKE, C. O., The Diagnosis of Disease Among the Subanun of Mindanao, in: American Anthropologist 63 (1961) 113–132; ders., The Ethnographic Study of Cognitive Systems, in: TYLER, S. A., (Hrsg.), Cognitive Anthropology, 1969, 28–41; FROBENIUS, L., Kulturgeschichte Afrikas, 1933; GOODENOUGH, W. H., Property, Kin and Community on Truk (Yale University Publication in Anthropology 46), 1951; ders., Componential Analysis and the Study of Meaning, in: Language 32 (1956) 195–216; ders., Yankee Kinship Terminology. A Problem in Componential Analysis, in: American Anthropologist 67, Heft 5 (Special Publication) (1965) 259–287; HARRIS, Z. S., Discourse Analysis, in: FODOR, J. A., KATZ, J. J., (Hrsg.), The Structure of Language, 1964, 355–383; HERSKOVITS, M. J., HERSKOVITS, F. S., Dahomean Narrative, 1966; HIRSCHBERG, W., Wörterbuch der Völkerkunde, 1965; HIRSCHBERG, W., JANATA, A., Technologie und Ergologie in der Völkerkunde, 1966; HORNBOSTEL, E. M., SACHS, C. VON, Systematik der Musikinstrumente, in: Zeitschrift für Ethnologie 46 (1914) 553–590; KROEBER, A. L., Classificatory Systems of Relationship, in: Journal of the Royal Anthropological Institut 39 (1909) 77–84; LEACH, E. R., Anthropological Aspects of Language. Animal Categories and Verbal Abuse, in: LENNEBERG, E. H. (Hrsg.), New Directions in the Study of Language, 1964, 23–64;LÉVI-STRAUSS, C., Les structures élémentaires de la parenté, 1967; ders., Das wilde Denken, 1968; LOUNSBURY, F. G., A Semantic Analysis of the Pawnee Kinship Usage, in: Language 32 (1956) 158–194; ders., The Structural Analysis of Kinship Semantics, in: Proceedings of the 9th International Congress of Linguists, 1964, 1073–1093; LOWIE, R. H., Primitive Society, 1921; LUCY, J. A., SHWEDER, R. A., Whorf and His Critics. Linguistic and Nonlinguistic Influences on Color Memory, in: American Anthropologist 81 (1979) 581–615; MALINOWSKI, B., A Scientific Theory of Culture (1941), 1944; MORGAN, L. H., Systems of Consanguinity and Affinity of the Human Family (Smithonian Contributions to Knowledge 17), 1871; ders., Ancient Society, 1877; MURDOCK, G. P., Social Structure, 1949; OPLER, M. E., Apache Data Concerning the Relation of Kinship Terminology to Social Classification, in: American Anthropologist 39, 1937, 201–212; POWELL, J. W., Indian Linguistic Families of America North of Mexico, in: 7th Report of the Bureau of American Ethnology, 1891, ROSALDO M. Z., Methaphors and Folk Classification, in: Southwestern Journal of Anthropology 28 (1972) 83–99; SAPIR, E., Language. An Introduction to the Study of Speech, 1921; SCHNEIDER, D. M., American Kin Terms and Terms for Kinsmen. A Critique of Goodenough's Componential Analysis of Yankee Kinship Terminology, in: American Anthropologist 67, H. 5 (Special Publication) (1965) 288–308; STURTEVANT, W. C., Studies in Ethnoscience, in: American Anthropologist 66, H. 3 (Special Publication) (1964) 99–131; TYLER, S. A., Koya Language Morphology and Patterns of Kinship Behavior, in: American Anthropologist 67 (1965) 1428–1440; ders. (Hrsg.), Cognitive Anthropology, 1969; VAJDA, L., Untersuchungen zur Geschichte der Hirtenkulturen, 1968; WALLACE, A. F., The Problem of Psychological Validity of Componential Analysis, in: American Anthropologist 67, H. 5 (Special Publication) 1965, 229–248; ders., Culture and Personality, 1970; WALLACE, A. F., ATKINS, J., The Meaning of Kinship Terms, in: American Anthropologist 62 (1960), 58–80; WHITE, L., What is a Classificatory Kinship Term? in: Southwestern Journal of Anthropology 14 (1958) 378–85; WHORF, B. L., Sprache, Denken, Wirklichkeit (1956) 1963.

Gertrud Schier

→ *Interpretationsmodelle, Religion (Typen), Sprache, Verwandtschaft*

Kleid/Be-, Entkleiden

I. Wort und Begriff II. Soziale Funktionen III. Religiöser Gebrauch

I. Wort und Begriff

1. Sprachgebrauch

Im Deutschen verweisen Wortbildungen mit etymologisch[1] unklarem -kleid- auf den Zustand des Be- oder Entkleidetseins, den Vorgang des Bekleidens sowie auf eine qualitativ-ästhetische Relation zwischen dem Kleid und seinem Träger (»kleidsam«). Engführungen im Deutschen definieren den Oberbegriff »Kleidung« nach verwendetem Material (Textilien), nach dem Ort am Körper (Hut, Hemd, Hose), während »Kleid« wegen typischer Form und Farbe als »einteiliges Obergewand der Frau«[2] verstanden wird. Die vornehmlich textile Abdeckung des Körpers folgt klimatischen, beruflichen, sozialen oder modischen Konventionen, die nochmals nach Funktion (Uniform, Talar, Robe) und Situation (Abendkleid, Hochzeitskleid = Brautkleid) spezifiziert sind. Der qualitative Aspekt von »kleidsam« (= individuell passend) wie auch die quantifizierende Opposition bekleidet-nackt setzen inner- wie interkulturell schon Bewertungen voraus, so daß eine transkulturelle Begriffsbestimmung erforderlich wird.

2. Definition

Im folgenden sei unter Kleid(ung) jede Form künstlicher Körpergestaltung von Menschen, Tieren sowie ikonisch oder anikonisch präsentierter Numina und Gegenstände verstanden; unter dem Vorgang selbst die Veränderung von Kontur, Größe und Farbe der Körperoberfläche. Reversible sind von irreversiblen Gestaltungsformen zu unterscheiden. Letztere verändern optisch und somatisch einen Körper wie z. B. Stigmatisierung, Tatauierung und Mutilationen: – Verkürzen oder Entfernen als funktionale Begrenzung (Zahnextraktionen, Circumcision, Klitoridektomie, Labiotomie, Harnröhrensubinzision, Vulvainfibulation, Monorchie des Hodens); – Deformation (Schnüren von Taille oder Füßen, Einbringen von Fremdkörpern in die Lippen, Deformationen des Schädels durch Bandagen oder postnatales Aufbinden von Brettchen).[3]
Im Unterschied zu Deformation und Mutilation zielen Stigma und Tatau nicht auf Formveränderung, sondern auf ornamentale und farbliche Gestaltung der Haut. In diesem Sinne der Veränderung der körperlichen Grenzflächen ist das Kleid (wie) eine zweite Haut.

---

1 Vgl. J. u. W. GRIMM, Deutsches Wörterbuch, 5. Bd., 1873, s. v.; s. auch DUDEN. Etymologie, Duden Bd. 7, 1963, s. v.

2 Vgl. MEYERS Großes Taschenlexikon, Bd. 12, 1981, 11 s. v. »Kleid«; 11 ff. s. v. »Kleidung«; in der englischen *(dress, clothes, clothing)* und französischen Sprache *(vêtement, habit)* ist diese Restriktion nicht belegt.

3 Zielgerichtet ahygienisches Arbeiten soll im Sinne physischer Veränderungen Narbenbildung fördern oder hervorrufen; s. CATTANI, Tatauieren und LOUX, Kind.

3. Forschungsgeschichte

Entsprechend der umgangssprachlichen Unschärfe des Begriffs existieren nur historische und sozialgeschichtliche Untersuchungen zu Mode, Tracht, Kostüm und Kleiderform.[4] In diesem Sinne finden sich Inventare von Materialien, Namen, Dekoration, Form und Farbe der Kleidung. Ikonographische Darstellungen von Kleidung dienen der Differenzierung und Identifikation bestimmter Ethnien.[5] Auch unter den Stichworten »*Meaning and Symbolism of Clothing*« oder »*Religious Clothing*« stellt sich der Gegenstand namentlich als textiles Einzelteil dar. Neben vermeintlich universellen Aussagen über den Ursprung der Kleidung finden sich kulturgeschichtliche Werturteile oder die bloße Deskription religiöser Abläufe, wie Initiation, Weihe, Inthronisation etc. Zeichen- und Abbildungsfunktionen lassen bislang nur psychologische, soziologische und theologische Äußerungen zum Thema erkennen.

II. Soziale Funktionen

1. Persönlichkeitszeichen: Kleid oder Kleiderteile dienen zur Unterscheidung und Identitätsermittlung von Personen *(gnorismata)*.[6] Die essentiell vorgestellte Verbindung zwischen Kleid und Person führt dazu, daß das Kleid oder ein Teil die Person vertreten kann. So werden Urkunden und Briefe mit Abdrücken des Gewandsaumes »gesiegelt«, also rechtsgültig gemacht. Mehr in den magischen Bereich gehört der Brauch, einen Teil des Gewandsaumes als Pfand zu geben, wodurch ähnlich dem Ergreifen des Gewandsaumes ein Unterstellungsverhältnis (gegenüber Gott, König etc.) begründet und symbolisiert wird.[7] Der vorausgesetzten Identität zwischen Kleid und Person entspricht ferner die Übertragung von Macht und Kraft durch Berührung, wie im Gleichnis von der blutflüssigen Frau (Mk 5,25 ff. par.) deutlich wird.

2. Zugehörigkeitszeichen: Die Zugehörigkeit zu einer ethnischen, religiösen oder anderen Handlungsgemeinschaft (z. B. Armee) kann durch körperliche Angleichung an Ahnen oder Totems, durch Tatauierung kodierter Zeichen oder Stigmatisierung erreicht werden.[8]

3. Sozialordnung: Innerhalb eines sozialen Gefüges gelten Kleiderordnungen für den Alltag, für bestimmte Grenzsituationen (Geburt, Tod) und Feste.[9] Hier signalisieren z. B. Farben, ob Freude oder Trauer herrscht. Rein und Unrein bilden eine Grundopposition für jedes kultische Handeln. Kontakt mit dem Heiligen ist nur im Zustand kultischer Reinheit erlaubt, so daß für Priester und Könige rigide Reinigungszeremonien vorge-

---

[4] So besonders in den Arbeiten von M. Bringemeyer und E. Thiel zur Geschichte des Kostüms oder in der »Geschichte« der Priester- und Gelehrtenkleidung.

[5] Vgl. Keel, Studien, und Waetzold-Boehmer, Kopfbedeckung.

[6] Vgl. z. B. Herodot I, 108–113.

[7] Vgl. Ellermeier, Prophetie, 186; Conrad, Samuel, pass.; Kruger, Hem, pass.

[8] Vgl. Jones, Stigma; sowie 3. Makk. 2,28 ff.; Apk 13,16 f.; 14,1 und Ez 9,4.

[9] Vgl. van Gennep, Übergangsriten, s. v. Kleidung.

schrieben sind, die mit dem Anziehen eines reinen Gewandes abschließen.[10] Das genaue Gegenteil, nämlich Beschmutzung, partielle Zerstörung und Unordnung begegnen entsprechend bei Kontakt mit widergöttlichen Kräften wie dem Tod. In diesem Sinne indiziert der Ordnungsgrad der Kleidung die Position der Person im Sozialgefüge.[11] Andererseits symbolisiert das Abreißen des Gewandsaumes der Ehefrau den Akt der Scheidung, während der öffentliche Akt des Schleierüberwerfens in Verbindung mit *verba solemnia* als Hochzeitsritus verstanden werden kann.[12]

III. Religiöser Gebrauch

1. Quellen: In streng religiösem Kontext in der Antike und im Alten vorderen Orient spielt der Begriff eine zentrale Rolle bei der Bekleidung von Götterbildern, in der Königs- und Priesterinvestitur, in der Heiligtumseinweihung, in Trauer-, Pubertäts- u. Hochzeitsriten.[13]

2. Kleid in der Zeremonie: Der Akt des Bekleidens spielt eine zentrale Rolle in Übergangsriten, – über das Stadium zeitweiser Nacktheit – in Investitur- und Einweihungsriten sowie im monatlichen Kult in Mesopotamien. Im assyrischen Königsritual wird der König bekleidet und mit den Paraphernalia des Staatsgottes Aššur ausgestattet. Im Ritual zur Einweihung eines neuen Heiligtums der kleinasiatischen Göttin der Nacht bedarf es zunächst der Duplizierung und Transportierung der göttlichen Gewänder, bevor die Göttin in feierlicher Prozession Einzug halten kann.[14] Dem korrespondiert, daß die Herstellung von Götterbildern, auch als Geburt bezeichnet, mit der feierlichen Einkleidung abschließt.[15] Die vermutlich Monat für Monat stattfindende Bekleidungszeremonie der großen Götter Babyloniens steht dagegen eher mit den monatlichen Phasen bestimmter Gestirne in Verbindung.
Auch in magischen Ritualen zur Ausübung von Hexerei und zur Lösung eines Bannes schließt die durch Wolle und Bemalung angedeutete Bekleidung die Herstellung von Ersatzfiguren ab.[16]

---

[10] Vgl. etwa die Reinheitsvorschriften in Lev 11–16; zur Reinigung und Investitur der Priester Ex 29,4ff.; zur Reinigung des Königs im bīt rimki-Ritual s. JANOWSKI, Sühne, 48ff.

[11] Vgl. PODELLA, Fasten, 78ff.; 114ff.

[12] Vgl. MALUL, Sissiktu; und in den mittelassyrischen Gesetzen § 40f., Texte aus der Umwelt des Alten Testaments, Bd. I, Lfg. 1, 1982.

[13] Bekleidung von Göttern s. 2 Kön 23,7; Jer 10,1–10; APULEIUS, Metamorphosen, XI, 21,6–24,5; AUGUSTINUS, De civitate dei, 6,10f.; Homerische Hymnen III, 120ff.(?); PAUSANIAS, Reisebeschreibung, 1,14,6; 2,2,6f.; 2,30,1; 3,16,2; 5,16,2; 6,25,5f.; 8,42; Peplosprozession vgl. PEKRIDOU, Mode; in Babylonien vgl. SAN NICOLO, M., UNGNAD, A., Neubabylonische Rechts- und Verwaltungsurkunden, 1935, Nr. 722, 734, 737, 740, 742, 744, 761, 766, 777(?), 810; die Umsiedlung der Göttin der Nacht vgl. KRONASSER; zur Magie s. WIGGERMANN, Figures, 113; 214; zur Trauer s. PODELLA, Fasten, 73ff.

[14] Vgl. KRONASSER, Umsiedelung.

[15] Vgl. BORGER, Inschriften, 88, Z. 9ff. Vgl. die o. Anm. 13 genannten Urkunden.

[16] Vgl. WIGGERMANN, Figures, 30ff.

3. Kleid in der religiösen Literatur: Sehr beliebt ist die Kleid-Metapher in der religiösen Lyrik. Vor allem die Aspekte von äußerem Erscheinungsbild, Verhüllen und Bedecken ermöglichen Vergleiche und Übertragungen auf Dinge wie Länder, Städte und Tempel: »Dein (= Iškurs) Schreckensglanz bedeckt das Land Sumer wie ein Kleid« oder in einem Hymnus auf das Heiligtum von Lagaš »Gudea hat es mit himmlischem Glanz bekleidet«.[17]

4. Symbolik der Götterkleider: PAUSANIAS (2. Jh. n. Chr.) wie auch orientalische Quellen verbürgen den Sachverhalt, daß die Kleider der Götter mit reichhaltigen Applikationen wie Rosetten, Scheiben etc. aus Edelmetall versehen waren oder aber kosmische Bereiche wie Berge, Himmel, Wasser auf ihnen dargestellt wurden. In diesem Sinne tragen die Götter den Kosmos, wie auch der Kosmos als das natürliche Kleid der Gottheit erscheint.[18] Zu dieser Vorstellung gehört wiederum die anthropomorphe Rede vom Kleid Gottes. Hier sind es kosmische Phänomene wie vornehmlich Licht, Glanz und Strahlen mit denen ein Gott sich kleidet, wenn der Moment seines Eingreifens beschriebens werden soll. Die Varianz der die Epiphanie begleitenden Phänomene läßt allerdings einen Rückschluß von der Gestaltung des Gottes auf sein Wesen oder seinen Funktionsbereich nur bedingt zu.

Literatur

1. Mode – Tracht – Kostüm – Kleider

BARTHES, R., Die Sprache der Mode, 1985; BOEHN, M. VON, Die Mode. Menschen und Moden im Mittelalter vom Untergang der Alten Welt bis zur Renaissance, 1963; BRINGEMEIER, MARTHA, Mode und Tracht, 1980; dies., Priester- und Gelehrtenkleidung. Tunika/Sutane, Schaube/Talar, 1974; DE BOOR, LISA, Kleidung als Urbild, 1981; EISENBART, L. C., Kleiderordnungen der deutschen Städte zwischen 1350 und 1700, 1962; HARGREAVES-MAWDSLEY, W. N., A History of Academical Dress in Europe until the End of the Eighteenth Century, 1963; HOFFMANN, H.-J., Kleidersprache. Eine Psychologie der Illusion, Mode und Maskerade, 1985; JACKSON, CAROLE, Color Me Beautiful, [4]1988; KIENER, F., Kleidung, Mode und Mensch, 1956; KÖNIG, R., Kleider und Leute. Zur Soziologie der Mode, 1967; LATZKE, A., The Wide World of Clothing. Economics, Social Significance, Selection, 1968; LURIE, A., The Language of Clothes, 1981; NIXDORFF, HEIDE – MÜLLER, H., Weiße Westen – Rote Roben, 1983; RAUDSZUS, GABRIELE, Die Zeichensprache der Kleidung. Untersuchungen zur Symbolik des Gewandes in der deutschen Epik des Mittelalters, ORDO Bd. 1, 1985; REINACHER, PIA, Die Sprache der Kleider im literarischen Text. Untersuchungen zu Gottfried Keller und Robert Walser, 1988; RYAN, M. S., Clothing. A Study of Human Behaviour, 1966; SIMMEL, G., Essay über die Mode, in: Die Mode des 18. Jahrhunderts, hrsg. von E. KLEPPER, 1971, 5–32; THIEL, ERIKA, Geschichte des Kostüms, 1980; WEBER-KELLERMANN, INGEBORG, Mode und Tradition, in: Populus Revisus 14 (1966), 17–27; VEBLEN, TH., Theorie der feinen Leute. Eine ökonomische Untersuchung der Institutionen (The Theory of the Leisure Class 1899), 1989; WIEDERKEHR-BENZ, KATRIN, Sozialpsychologische Funktionen der Kleidermode, 1973.

---

[17] Vgl. W. H. PH. RÖMER, Beiträge zum Lexikon des Sumerischen (1), Bibliotheca Orientalis 32 (1975) 145–162, 148, 160 f.

[18] Vgl. die in mehrfacher Hinsicht überholte Arbeit EISLERs sowie OPPENHEIM, Journal of the American Oriental Society 63, 31 ff.; ders., Garments, pass. Ähnlich spekulativ wie damals EISLER jetzt leider A. PARPOLA, The Sky-Garment.

2. Körperdekoration

Brian, R., The Decorated Body , 1979; Cattani, P., Das Tatauieren, 1922; Ebin, Victoria, The Body Decorated, 1979; Hauser-Schäublin, Brigitta (Hrsg.), Kleidung und Schmuck, Mensch–Kultur–Umwelt 3 (1988); Jones, C. P., Stigma: Tattooing and Branding in Graeco-Roman Antiquity, in: Journal of Roman Studies 77 (1987)139–155; Loux, Françoise, Das Kind und sein Körper in der Volksmedizin, 1980; Oettermann, S., Zeichen auf der Haut, 1979; Schönfeld, W., Körperbemalen, Brandmarken, Tätowieren, 1960; Scutt, R. W. B., Art, Sex and Symbol, 1986.

3. Religion; Antike und Alter Orient

Borger, R., Die Inschriften Asarhaddons Königs von Assyrien, Archiv für Orientforschung Beih. 9, 1967; Cassin, Elena, La Splendeur Divine, 1968; Conrad, D., Samuel und die Mari »Propheten«, in: Zeitschrift der Deutschen Morgenländischen Gesellschaft Suppl. I (1969) 273–280; Eisler, R., Weltenmantel und Himmelszelt, 1910; Ellermeier, F., Prophetie in Mari und Israel, 1977; Finet, A., Le symbole du cheveu, du bord du vêtement et de l'ongle en Mésopotamie, in: Eschatologie et cosmologie, Annales du Centre d'Etude des Religions 3 (1969) 111–130; Gennep, A. van, Übergangsriten,1986; Gothein, Marie, Der Gottheit lebendiges Kleid, in: Archiv für Religionswissenschaft 9 (1906) 337–364; Green, A., Beneficient Spirits and Malevolent Demons, in: Visible Religion 3 (1984); Janowski, B., Sühne als Heilsgeschehen (Wissenschaftliche Monographien zum Alten und Neuen Testament 55) 1982; Jirku, A., Die magische Bedeutung der Kleidung in Israel, 1914; Keel, O., Schroer, S., Studien zu den Stempelsiegeln aus Palästina/Israel (Orbus Biblicus et Orientalis 67) 1985; Koschaker, P., Persönlichkeitszeichen, in: Forschungen und Fortschritte 18 (1942) 246–248; Kronasser, H., Die Umsiedelung der schwarzen Gottheit, Österreichische Ak. d. W., Phil.-hist. Kl., Sb. 241. Bd., 3. Abh., 1963; Kruger, P. A., The Symbolic Significance of the Hem (Kānāf) in 1 Samuel 15.27, in: Text and Context. Festschr. Fensham, 1988, 105–116; Malul, M., »Sissiktu« and »sikku« – Their meaning and function, in: Bibliotheca Orientalis 43 (1986) 20–36; Oppenheim, A. L., Akkadian pul(u)ḫ(t)u and melammu, in: Journal of the American Oriental Society 63 (1943) 31–34; ders., The Golden Garments of the Gods, in: Journal of Near Eastern Studies 8 (1949) 172–193; Parpola, A., The Sky-Garment. A study of the Harappan religion and its relation to the Mesopotamian and later Indian religions (Stud. Or. 67) 1985; Pekridou-Gorecki, Anastasia, Mode im antiken Griechenland, 1989; Podella, Th., Ṣôm-Fasten. Kollektive Trauer um den verborgenen Gott im Alten Testament (Alter Orient und Altes Testament 224) 1989; Rosenzweig, A., Kleidung und Schmuck in biblischem und talmudischem Schrifttum, 1905; Sauren, H., Die Kleidung der Götter, in: Visible Religion 2 (1984) 95–117; Waetzoldt, H., Boehmer, R. M., Art. Kopfbedeckung A. und B., in: Reallexikon der Assyriologie und vorderasiatischen Archäologie, Bd. 6 (1982) 197–210; Worgul, G. S., From Magic to Metaphor. A Validation of Christian Sacraments, 1980; Scholem, G., Farben und ihre Symbolik in der jüdischen Überlieferung und Mystik, in: ders., Judaica III, 1973, 98–151; Vogelzang, Mariana E., van Bekkum, W. J., Meaning and Symbolism of Clothing in Ancient Near Eastern Texts, in: Scripta Signa Vocis, hrsg. v. H. L. J. Vanstiphout u. a., 1986, 265–284; Wiggermann, F. A. M., Babylonian Prophylactic Figures: The Ritual Texts, 1986.

Thomas Podella

→ *Religionsaesthetik (Bd. 1)*

Königtum, sakrales

I. FRAZERs Theorie im »*Golden Bough*« (1890/1915)

Die Anfangsphase der Religionswissenschaft ist von wenigen Themen so geprägt worden wie dem des ›sakralen Königtums‹. JAMES GEORGE FRAZER (1854–1941) hat unter diesem Begriff eine Globaltheorie geschaffen[1], die die Entwicklung der Menschheit an einem Wendepunkt verstehen lehren sollte. Diese Erkenntnis sollte nach FRAZER helfen, heute, an einem neuen Wendepunkt, die Fehlentwicklung der Zwischenphase zu überwinden: die Religion.

FRAZERs *Entwicklungsmodell:* In der »magischen« Epoche stehen jeweils an der Spitze der Gesellschaften Könige, die die magische Kraft besitzen, ihrem Volk Fruchtbarkeit zu bringen und zu erhalten. Diese Kraft darf nicht verloren gehen. Ihr Träger muß bei den ersten Anzeichen von Schwäche (Krankheit, Alter) getötet oder abgesetzt werden; sein Mörder und Nachfolger bekommt die Kraft in voller Stärke übertragen (durch die Insignien des Königtums). Als »Fetisch« seines Volkes unterliegt der König einer großen Zahl von Tabus, die ihn schützen, zugleich aber auch der Normalität des Lebens entrücken. Insbesondere zu dem Zeitpunkt, da der König stirbt, seine Kraft aber in neuer Stärke in seinem Nachfolger fortlebt, setzt die Konstruktion von Unsterblichkeit, der Unsterblichkeitsglaube, ein: Der Glaube an Götter entsteht, zunächst an »sterbende Götter« (Vegetationsgötter, Jahresgötter), dann an Himmelsgötter. Diese zweite Phase der Menschheitsentwicklung, der Glaube an die Götter, wird in FRAZERs eigener Zeit überwunden durch eine rationale Naturerkenntnis. Mit der modernen Wissenschaft hat die magische Welterklärung das gemeinsam, daß sie die Welt durch Kräfte bewegt sieht, und nicht durch eine Illusion.

II. Die Einzelwissenschaften und FRAZERs Theorie

1. *Altertumswissenschaft:* Der »König« im Dianaheiligtum von Aricia war nur ein Randphänomen der Antike. Da FRAZER ihn aber als *survival* einer älteren Periode verstand, konnte er ihn zum Kernstück seiner Theorie machen. Mit dieser Methode hat FRAZER bedeutenden Einfluß auf die Erforschung der antiken Religion gewonnen: (a) Nicht die Einengung auf Indogermanistik, sondern die vergleichende Untersuchung gerade auch bei rezenten Naturvölkern kann Glaube und Verhalten der Antike verstehen lehren. Religionsgeschichte folgt einer einlinigen Evolution – hier steht TYLOR Pate – und läßt sich psychologisch beschreiben. (b) Entscheidendes Ziel der → Magie ist es, → Fruchtbarkeit der Menschen und Äcker zu bewirken. FRAZER nahm hier auf, was

---

[1] The Golden Bough, 2 Bde., 1890; 3 Bde., [2]1900; 12 Bde., [3]1911–1915, Bd. 13, 1936. Davon eine gekürzte Ausg. 1922 (dt. Übersetzung 1928, mit Einleitung von K. KERÉNYI: Köln 1967; 1977). Zahllose ND und Bearbeitungen. – Zur Entstehungsgeschichte: SMITH, When the Bough Breaks, 208–212. – Zu Frazer: GERTRUD WERBER, Art. J. G. FRAZER, Enzyklopädie des Märchens 5 [1985], 220–227; K. GOLDAMMER: RGG[3] 2, 1090. Eine Bibliographie raisonnée bei SMITH, Glory, Jest and Riddle 443–494.

WILHELM MANNHARDT gesammelt hatte. Agrarmagie wurde zu einem Generalschlüssel der Interpretation antiker Rituale (bei L. DEUBNER, K. LATTE, M. P. NILSSON). (c) Nachdem die etymologische Methode gescheitert war, aus Mythen primitive Spekulationen über Naturvorgänge, also embryonale Naturwissenschaft herauszulesen, wählte FRAZER den Zugang über das Ritual. Die entscheidende methodische Erkenntnis hatte sein Freund W. ROBERTSON SMITH am Modell des Opfers entwickelt. Ebenfalls in deren Umkreis arbeitete JANE E. HARRISON, in deren »Jahresdämon« *(eniautós daímon)* sich Naturmagie mit soziologischer Bestimmung von Religion vereinigte, wie sie ÉMILE DURKHEIM entwickelt hatte.[2] (d) Unter dem Einfluß FRAZERs wurde aber gerade diese Fragestellung nach der sozialen Funktion der Religion geringgeachtet: FRAZER suchte das Entstehen einer Illusion zu erklären.

2. *Altorientalistik:* Das Königtum Ägyptens und Mesopotamiens schien der beste Beweis für FRAZERs These zu sein. Das Sakäenfest, der getötete Ersatzkönig, die Vegetationsgötter, alle Neufunde der gerade erst entstehenden Altorientalistik mußten sich dem einen Weltbild fügen. Eine für den ganzen Vorderen Orient gleiche »Liturgie« des Jahresfestes mit Tod und Auferstehung des Gottes und parallel dazu Absetzung und Wiedereinsetzung des Gottkönigs mußte sich rekonstruieren lassen. Auch Jesu Spottkönigtum und Auferstehung ließen sich von da aus verstehen.[3] Die von BENNO LANDSBERGER angemahnte Besinnung auf »die Eigenbegrifflichkeit der babylonischen Welt« (1926) durch Erarbeitung von Editionen und Lexika veränderte das Bild völlig: (a) Auferstehung läßt sich in mesopotamischen Texten nicht nachweisen.[4] (b) Gott und König sind in Sumer und Babylon selten, in Ägypten mit Einschränkung identifiziert. HENRI FRANKFORT hat den Unterschied durch die Begriffe *divine kingship* für Gottkönigtum, *sacral kingship* für die Identität von König und Hohem Priester zu fassen gesucht.[5] (c) Agrarmagie spielt keine Rolle: Königsritual und Mythos zielen auf die Errichtung einer gerechten Ordnung in der Gesellschaft, deren Folge dann auch Glück und Fülle der Natur ist. (d) Das Ersatzkönigtum ist kein jährliches Ritual, sondern auf Notfälle (schlechte Omina) beschränkt.

3. *Religionswissenschaft:* FRAZERs Methode machte ihn zugleich auch zum Vorbild der Religionsphänomenologie: (a) FRAZER verglich nicht historisch und kulturell differenzierte Typen und erklärte sie aus ihrer Kultur heraus, sondern sah Erscheinungen über Jahrhunderte und Erdteile hinweg als identisch an (Balder *ist* der König von Aricia).[6] (b) Bei der angenommenen Identität hat ein Element, das nur bei einem Phänomen beobachtet worden ist, Beweiskraft auch für sein Pendant. (c) Die Konzentration auf die → Tabus um den sakralen Herrscher behinderte die Einsicht in das Funktionieren der Gesellschaft. (d) Macht im Sinne von → *Mana* wird mit politischer Macht gleichgesetzt.

---

2 BURKERT, Griechische Mythologie, 172–182.

3 Forschungsbericht: K.-H. BERNHARDT, Das Problem der altorientalischen Königsideologie im AT, 1961.

4 C. COLPE, Zur mythologischen Struktur der Adonis-, Attis- und Osirisüberlieferungen, in: Lišan mitḫurti. Fschr. WOLFRAM VON SODEN (AOAT 1), 1969, 23–44.

5 H. FRANKFORT, Kingship and the Gods, 1948; W. SCHOTTROFF, Art. Gottmensch, in: RAC 12 (1983) 155–234.

6 Argumentationsstruktur: SMITH, When the Bough Breaks, 221–237.

Wo Sakralkönigtum und politische Macht nicht in einer Person vereinigt sind, – und das ist häufig der Fall – wird dies als Aufspaltung einer urtümlichen Identität verstanden.[7] In einem wichtigen Punkt hat sich die Religionsphänomenologie entschieden von FRAZER gelöst: Der Evolutionsgedanke ist z. B. bei MIRCEA ELIADE geradezu umgekehrt worden durch den Archetyp der ewigen Erneuerung im Neujahrsfest.

4. *Ethnologie:* Hatte FRAZERs Vorliebe für Vegetationskulte beim zeitgenössischen Ethnologen ANDREW LANG Spott geerntet als »*Covent Garden Anthropology*« (in Covent Garden war der Londoner Gemüsemarkt), so ließen sich bald viele Feldforscher von FRAZERs Fragen und Theorien leiten.[8] Besonders LEO FROBENIUS hat die Theorie vom Königsmord aufgegriffen: In »*Erythräa. Zeiten des heiligen Königsmords*« (1938) umschrieb er mit dem Kriterium des Königsmords Afrika, Vorder- und Mittelasien als einen Kulturkreis. Die Paideuma-Schule entwickelte diesen Ansatz weiter zu einer archaischen Agrarreligion.[9]

5. *Psychologie:* Für seine Theorie, daß der Mord am Vater und der Inzest mit der Mutter das entscheidende Moment in der Individualentwicklung sei, fand SIGMUND FREUD ein phylogenetisches Gegenstück in FRAZERs Evolutionslehre. Der Königsmord als Auswirkung eines ›Ödipuskomplexes der Menschheit‹ wurde zum Ursprung der Kultur erklärt. Religion ist neurotische Reaktion auf den ursprünglichen Mord. FRAZERs Werk lieferte Material für FREUDs »*Totem und Tabu*«.[10]

III. Neue Perspektiven

Der 8. Internationale Religionshistoriker-Kongress 1955 in Rom unter dem Thema »*La regalità sacra*« wurde eher zum Abgesang als zum Stimulus dieser Thematik[11]. Neue Ansätze wurden vor allem in der Ethnologie entwickelt: (a) Die Unterscheidung von politischer Führung und sakralem »Herrscher« ist häufig. Daneben gibt es noch andere Ämter, wie den Priester oder den Ältesten. Während das Königtum meist erblich ist, übernimmt die politische Führung der Fähigste dank persönlicher Autorität. Dabei können auch Ämter kumuliert werden. Eine hierarchische Struktur ist im Haushalt die Regel, außerhalb selten.[12] (b) Sakralität kann ebenso zur Legitimierung der Macht

---

[7] Etwa: G. VAN DER LEEUW, Phänomenologie der Religion, ³1970, 114–133; zur Kritik s. GLADIGOW, Kraft, Macht, Herrschaft.

[8] B. MALINOWSKI, Sir James George Frazer, in: ders., Eine wissenschaftliche Theorie der Kultur [1944], 1975, 173–210. Zum afrikanischen Material SMITH, Glory, Jest and Riddle, 140–215.

[9] A. E. JENSEN, Das religiöse Weltbild einer frühen Kultur, 1948; K. E. MÜLLER, Grundzüge der agrarischen Lebens- und Weltanschauung, in: Paideuma 19/20 (1973/74) 54–124.

[10] Imago 1 (1912) u. 2 (1913). Vgl. BURKERT, Griechische Mythologie, 182–185; ders., Homo necans (RGVV 32), 1972, 86–91.

[11] La regalità sacra. (Studies in the History of Religions 4), 1959. Bericht: A. CLOSS, Die Heiligkeit des Herrschers, in: Anthropos 56 (1961) 469–480. Daneben H. NACHTIGALL, Das sakrale Königtum bei Naturvölkern und die Entstehung früher Hochkulturen, in: Ztschr. f. Ethnologie 83 (1958) 34–44.

[12] Vgl. J. STAGL, Politische Ethnologie, in: HANS FISCHER (Hrsg.), Ethnologie, 1983, 208–228. Bahnbrechend E. EVANS-PRITCHARD, The Divine Kingship of the Shilluk of the Nilotic Sudan,

benutzt werden, wie sie als Prüfstein der Eignung des Herrschers von Seiten der Gemeinde dienen kann. (c) Fruchtbarkeit ist als Auswirkung gerechter Herrschaft gedacht. Im Jahresfest kann diese Ordnung auf den Kopf gestellt, die → verkehrte Welt durchgespielt werden, bevor man wieder zur akzeptierten Ordnung zurückkehrt.[13]
Was in der Ethnologie an Erkenntnissen erarbeitet ist, könnte Ausgangspunkt werden für eine erneute Beschäftigung mit dem Königtum in den Hochkulturen. Dabei ist der funktionale (politologische) Aspekt vom traditionsgeschichtlichen zu trennen. Sakralisierung gehört zur politischen Machtausübung als Immunisierungsstrategie dazu. Das ist aber nicht gleichzusetzen mit dem sakralen Königtum. Für dieses ist der Gedanke der Befristung (und Wiedereinsetzung) zentral. Neben den Königsfesten ist besonders die Erhaltung des Königtums beim Tod des aktuellen Vertreters zu beachten: Kontrolle der Anarchie geschieht etwa durch die Konstruktion eines zweiten königlichen Körpers neben dem des Verstorbenen und die Erhaltung der Königsinsignien.[14] Daneben steht der traditionsgeschichtliche Aspekt: Die zahlreichen positiven Eigenschaften gehören eher zur transpersonalen → Institution »König« als zu ihrem aktuellen Träger. Leicht entwickeln sich chiliastische Bewegungen unter Berufung auf den Idealkönig (Messias; bergentrückter König). Alte Traditionen werden übernommen und teilweise umgebildet. So ist etwa die Tradition der Heilkraft der Könige gegen Skrofulose noch von den Burbonen nach der Französischen Revolution beansprucht worden und in Form einer Geldgabe nach der Wahl an alle Kranken und Bedürftigen realisiert worden.[15]

Literatur

Burkert, W., Griechische Mythologie und Geistesgeschichte der Moderne, in: Les Études classiques aux XIXe et XXe siècles (Fondation Hardt: Entretiens 26), 1980, 172–182; Gladigow, B., Kraft, Macht, Herrschaft, in: ders. (Hrsg.), Staat und Religion, 1981, 7–22; Grottanelli, C., Art. Kingship, in: ER 8 (1987) 312–336; Lenski, G., Privileg und Macht, 1973; Martin, J., u. a., Art. Monarchie, in: Geschichtliche Grundbegriffe 4 (1978) 133–214; Smith, J. Z., The Glory, Jest and Riddle, Diss. Yale 1969; ders., When the Bough Breaks, in: ders., Map is Not Territory, 1978, 208–239; Widengren, G., Religionsphänomenologie, 1969, 360–393.

Christoph Auffarth

→ *Agrarische Riten, Evolutionismus, Fruchtbarkeit, Magie*

1948; anders H. Straube, Die Stellung und Funktion des Schilluk-Königs als zentrale Autorität, in: Paideuma 19/20 (1973/74) 213–257.

[13] M. Gluckmann, Order and Rebellion in Tribal Africa, 1963. Für den Alten Orient und das frühe Griechenland s. C. Auffarth, der drohende Untergang (RGVV 39), 1991.

[14] E. H. Kantorowicz, The King's Two Bodies, 1957, dt. 1990; A. C. Mayer, The King's Two Thrones, in: Man N. S. 20 (1985) 203–221.

[15] Diese Hautkrankheit heißt im Englischen *King's evil*, vgl. W. E. A. Axon, Art. King's Evil, in: ERE 7 (1914), 736–738; Marc Bloch, Les rois thaumaturges. ... 1924.

Kommensalität

A Überblick über den Sprachgebrauch

Kommensalität als religionssoziologischer und religionsphänomenologischer Begriff: Kommensalität bezeichnet die Tisch- und Speisegemeinschaft beim gewöhnlichen oder beim kultischen Mahl. Die Abgrenzung zwischen diesen verschiedenen Arten des Mahles ist allerdings problematisch. Der Begriff Kommensalität begegnet im Kontext soziologischer wie phänomenologischer Betrachtungen.

1. *Kommensalität in religionssoziologischem Kontext:* M. WEBER verwendet den Begriff Kommensalität in seinen Darstellungen des Hinduismus und des Judentums. Kommensalität ist einer der Grundbegriffe in seiner Deutung des indischen Kastensystems: die »rituellen Schranken der Kommensalität« rechnet WEBER »zu den Grundlagen der Kastenunterschiede«[1]; besonders streng sei der »Ausschluß der Kommensalität« in den alten gewerblichen Kasten durchgeführt.[2] Im nachexilischen Judentum sieht WEBER den »kastenartigen Abschluß nach außen« u. a. im Bereich der Kommensalität vollzogen[3]; der »pharisäische Reinheits-Ritualismus« habe eine Steigerung mit sich gebracht und Schranken der Kommensalität innerhalb des Judentums aufgebaut, in der pharisäischen wie in der essenischen Gemeinschaft.[4] Im Christentum sieht WEBER eine »Sprengung der rituellen Kommensalitäts-Schranken« vollzogen, einen Prozeß, dem er aus soziologischer Perspektive große Bedeutung beimißt: »Denn ohne Kommensalität, christlich gesprochen: ohne gemeinsames Abendmahl, war eine Eidbrüderschaft und ein mittelalterliches Stadtbürgertum gar nicht möglich.«[5]

2. *Kommensalität in religionsphänomenologischem Kontext:* F. BAMMEL bringt den Begriff der Kommensalität mit einer Tendenz missionarischer Ausweitung in Zusammenhang, die die Menschen nur als »Glieder einer religiösen Gemeinschaft« sieht, »die ihre besondere Stärkung in einer sakralen oder sakramentalen Kommensalität sucht und findet«.[6] Dem methodischen Ansatz der Untersuchung entsprechend wird der Begriff der Kommensalität zu dem des Heiligen bzw. Sakralen in Beziehung gesetzt. Seinen Gegenstand, das »heilige Mahl«, hat BAMMEL so abgegrenzt, daß er »jedes Essen und Trinken« einbezieht, »das irgendwie in Beziehung steht zum »Heiligen« und aus dieser Bezogenheit seinen sakralen Sinn und Wert empfängt«.[7]

---

1 M. WEBER, Gesammelte Aufsätze zur Religionssoziologie, Bd. II ^{4}1966 (1920), 37.
2 Ebd., 104.
3 Ebd., Bd. III ^{4}1966 (1920), 366–369.
4 Ebd., 433.
5 Ebd., Bd. II, 39f.; vgl. Bd. III, 440.
6 BAMMEL, Das heilige Mahl, 90f.
7 Ebd., 15.

B Überlegungen zur Abgrenzung des Kommensalität-Begriffes

Wenn der Begriff Kommensalität zu dem des »heiligen Mahls« in Beziehung gesetzt wird, dann ergibt sich eine Fülle von Interpretations- und Abgrenzungsproblemen. H. J. KLAUCK unterscheidet in seiner »Phänomenologie des heiligen Mahles« elf Mahltypen.[8] Besonders schwierig ist dabei die Einordnung des Abendmahls, das schon WEBER, in seiner soziologischen Betrachtung, als Kommensalität bezeichnet hatte. WEBER hat den Begriff Kommensalität aber auch in weiterem Sinne gebraucht, als »einfache Kommensalität« im Unterschied zum »Opfermahl«.[9] Es scheint nahezuliegen, den Begriff Kommensalität nur in diesem weiten Sinn zu verwenden, also beispielsweise mit dem hinduistischen Kastensystem und mit dem pharisäischen Reinheits-Ritualismus in Zusammenhang zu bringen, nicht aber mit dem christlichen Abendmahl. Trotzdem ergeben sich Probleme der Abgrenzung, die am historischen Material zu erörtern wären.

C Kommensalität und christliches Abendmahl

In der Urgemeinde stehen »wirkliche Mahlzeiten«, in denen sich die Gemeinschaft darstellt, und »das Mahlsakrament zum Gedächtnis des Todes Jesu« nebeneinander. Das Verhältnis ist schwer zu bestimmen. Es scheint nur sicher zu sein, »daß zur Sakramentsfeier ursprünglich auch die Sättigung gehörte«.[10] Diese Verbindung zwischen »Mahlsakrament« und »wirklicher Mahlzeit« scheint in der gegenwärtigen kirchlichen und theologischen Situation wieder an Bedeutung zu gewinnen.[11] Auf diese Weise wird der Aspekt der Tischgemeinschaft stärker betont, so daß der Begriff der Kommensalität doch anwendbar sein könnte. Wenn die Verbindung zur wirklichen Mahlzeit oder die bewußte Thematisierung der Tischgemeinschaft nicht gegeben ist – und das gilt wohl für die mittelalterliche Situation, auf die WEBER sich bezieht –, dann sollte das Abendmahl nicht als Kommensalität bezeichnet werden. So könnte das Nebeneinander eines engen und eines weiten Kommensalität-Begriffes vermieden werden.

Literatur

ANIGBO, O. A. C., Commensality and Human Relationship among the Igbo, 1987; BAMMEL, F., Das heilige Mahl im Glauben der Völker. Eine religionsphänomenologische Untersuchung, 1950; JOSUTTIS, M., MARTIN, G. M., (Hrsg.), Das heilige Essen. Kulturwissenschaftliche Beiträge zum Verständnis des Abendmahls, 1980; KLAUCK, H. J., Herrenmahl und Hellenistischer Kult. Eine religionsgeschichtliche Untersuchung zum ersten Korintherbrief (Neutestamentliche Abhandlun-

8 KLAUCK, Herrenmahl und hellenistischer Kult, 31–39.

9 WEBER, Aufsätze zur Religionssoziologie (Anm. 1), Bd. III, 354.

10 H. CONZELMANN, Geschichte des Urchristentums (Das Neue Testament Deutsch, Ergänzungsreihe 5), 1969, 38f. Vgl. dazu: WINGREN, Art. »Abendmahl«, 214f.

11 Vgl. dazu: M. JOSUTTIS, Abendmahl und Kulturwissenschaften, in: ders., MARTIN (Hrsg.), Das heilige Essen, 11–27, bes. 13–16. 21.

gen, NF 15), 1982; WINGREN, G., Art. Abendmahl V. Das Abendmahl als Tischgemeinschaft nach ethischen Gesichtspunkten, in: TRE I (1977) 212–229.

Ulrich Berner

→ *Erinnerung/Gedächtnis, Eucharistie, Ritus/Ritual*

Kommunikation

A Allgemeines

I. Begriffsbestimmung

Kommunikation ist ein sowohl in den Naturwissenschaften (Informationstheorie, Kybernetik, Biologie) als auch allen Humanwissenschaften (Psychologie, Sozialpsychologie, Soziologie, Anthropologie usw.) vielfältig benutzter und dementsprechend vieldeutiger Begriff. Der gemeinsame Kern des Begriffsfeldes »Kommunikation« dürfte sich auf Prozesse der Vermittlung (einschließlich der bloßen Weitergabe, des Austausches und der Speicherung) von Informationen in → Interaktionen beziehen. Kommunikation (von lateinisch: *communicatio* = Mitteilung; abgeleitet von *communico* = gemeinsam machen, mitteilen, Anteil haben, bzw. *communis* = gemeinschaftlich, allgemein), meint damit stets ein In-Beziehung-Treten von Subjekten durch erfolgreichen Informationsaustausch. Subjekte sind nicht nur menschliche Subjekte, sondern letztlich alle biologischen Organismen (auch Bienen tauschen relativ komplexe Informationen aus) und alle als offene (= offen für Informationen bzw. Signale aus der Umwelt) Systeme konzipierte Maschinen (Computer, Roboter). Der Informationsaustausch kann direkt in einem zeitlich und örtlich durch das jeweilige Kommunikationsmedium (s. u.) abgegrenzten Kommunikationsraum, oder indirekt durch Speicherung und späteren Abruf der gespeicherten Informationen erfolgen.
Informationsaustausch und -verarbeitung beginnt bereits bei der quasi mechanisch vorprogrammierten, rein reflektorischen Umsetzung von Reizen (Stimuli, *input*) in

Reaktionen *(responses, output)* eines »primitiven« Organismus oder einer Maschine, setzt sich fort in instinktgesteuertem, oft relativ komplexem Verhalten und mündet in menschliches Verhalten, das durch Lernprozesse innerhalb einer Kommunikationsgemeinschaft (= Sprach- und Kulturgemeinschaft) gesteuert und modifizierbar ist. Es ist klar, daß innerhalb der hiermit angedeuteten allgemeinen Informations- und Kommunikationstheorie aus religionswissenschaftlicher Sicht die besonderen Probleme und Prozesse menschlicher Kommunikation im Mittelpunkt stehen. Kommunikation von Menschen[1] ist nun dadurch gekennzeichnet, daß

a) die Fähigkeit zur Informationsvermittlung und -verarbeitung durch Lernprozesse in einer Gemeinschaft (Gruppe) erworben wird;

b) die Vermittlung durch → Symbole, also durch Zeichen, die auf der Konvention innerhalb der Gruppe beruhen, erfolgt[2], und

c) diese Symbole miteinander verknüpft sind und eine »Struktur des Mitteilbaren« bilden, so die → Sprache[3] oder übersprachlich-komplexe Symbole, die ihre Bedeutungsstruktur ganzheitlich vermitteln;

d) die Verwendung von Symbolen, ihre Vermittlung und/oder Verarbeitung absichtsvoll (intentional) in Interaktionssituationen erfolgt. Intentionalität ist kein von allen Autoren geteiltes Merkmal menschlicher Kommunikation. Sie wird vor allem von jenen betont, die vom Sender-Empfänger-Modell der Massenkommunikation ausgehen.

II. Begriffsgeschichte und Begriffsdimensionen

1. Kulturanthropologie

Aus der obigen Hinweisdefinition menschlicher Kommunikation im Rahmen einer allgemeinen Theorie wird klar, daß für den »instinktarmen, weltoffenen« (GEHLEN, PLESSNER) Menschen als Gattung Kommunikation Fähigkeit und Grundbedürfnis zugleich ist, ihn als soziales Wesen konstituiert. Der Mensch kann in diesem Sinne auch als *»homo communicator«* (BAACKE) verstanden werden: Der Mensch ist, was er ist, und wird, was er sein kann, in und nur in Kommunikationssituationen (und zwar phylo- wie ontogenetisch). Als Gattung schafft und tradiert und verändert er seine »zweite Natur« kommunikativ: seine Kultur als Bündel von Wissenselementen und Verhaltensregelungen. Als Individuum wird er nur durch kommunikative Aneignung dieser Kultur zum

---

[1] Vorstufen menschlicher Kommunikation, einschließlich der Sprache, finden sich allerdings bereits im Tierreich, insbesondere bei Primaten, und auch Ursprünge von Religion wurden als kommunikative Verarbeitung (»mimetische Nachahmung«) von Situationen der Bedrohung und Betroffenheit innerhalb der »Urhorde« im Dunkel der Primatenvergangenheit lokalisiert (s. GEHLEN, Urmensch und Spätkultur).

[2] Nicht alle menschliches Verhalten beeinflussenden Symbole sind rein »konventionelle«, die Verhaltensforschung (Humanethologie) konnte ein angeborenes Ausdrucksrepertoire vor allem im Bereich der Mimik nachweisen.

[3] Nonverbale Kommunikation, Riten und Gesten, sind selbstverständlich ebenfalls bedeutsam. Sofern diese Kommunikation über angeborene Mimik hinausgeht und komplexere Bedeutungen symbolisiert, beruht ihre Gültigkeit auf sprachlicher Fixierbarkeit.

Menschen, seine kognitiven und emotionalen Fähigkeiten entfalten sich nur durch Kommunikation.[4]
Für die Beschäftigung mit religiösen Phänomenen wird diese kulturanthropologische Begriffsgeschichte und -dimension insofern bedeutsam, als erst die Transzendenz der biologischen Natur durch die Errichtung objektivierter, kommunikativ vermittelter Sinnstrukturen den Menschen konstituiert, daß erst ein das Einzeldasein überschreitendes Sinngefüge Menschwerdung ermöglicht. Personale Erfahrung ist nur auf der Folie intersubjektiver sozialer Erfahrung möglich, die kommunikativ als »zweite Wirklichkeit« sozial konstruiert (BERGER/LUCKMANN) wird, und Religion wird als Teil dieser sozialen Wirklichkeitskonstruktion thematisierbar (z. B. generell als »Stabilisierung«).

2. Psychologie und Pädagogik

Anknüpfend an diese anthropologischen Prämissen ist Kommunikation zunächst eine unabdingbare Voraussetzung für den Prozeß der → Sozialisation und der Persönlichkeitsbildung, d. h. des Ich eines Menschen, seiner → Identität (vgl. den symbolischen Interaktionismus, → Interaktion). Vereinfacht ausgedrückt: Wahrnehmung und Denken, das Gedächtnis, Bedürfnisse und ihre Befriedigungskanäle, Handlungskompetenzen etc. entwickeln sich in Lernprozessen durch kommunikative Interaktionen, und die Strukturen der Psyche des Einzelmenschen sind weitgehend auch Ergebnis dieser Prozesse. Dementsprechend sind Denken, Fühlen und Handeln eines Menschen verknüpft mit mehrstufigen intrapsychischen Kommunikationssystemen und -prozessen. Dies beginnt bei der Verarbeitung von Sinneseindrücken, die erst durch komplexe intrapsychische Prozesse zu begriffenen Wahrnehmungen werden, und endet bei grundlegenden Strukturen des Erlebens und Handelns, die als intrapsychische Kommunikation z. B. von Überich, Ich und Es (FREUD) auf der Grundlage der individuellen Psychogenese oder auch als Bezugnahme auf gattungsspezifische Archetypen (JUNG) deutbar werden. Darüber hinaus ist das weite Feld der Psychotherapie als Versuch zu begreifen, in *therapeutischer Kommunikation* das intrapsychische Kommunikationssystem zu beeinflussen. Konzepte therapeutischer Kommunikation verweisen auf die enge Verschränkung intra- und extrapersonaler Kommunikation in *Lernprozessen*. Die Lernpsychologie hat dabei behavioristische *stimulus-response*-Modelle des Lernens bereits weit hinter sich gelassen. ›Lernen durch Einsicht‹ (TOLMAN, PIAGET), bei dem Problemerfassungs- und Lösungskapazitäten des internen Kommunikationssystems trainiert werden, rückt in den Mittelpunkt einer pädagogisch akzentuierten Lerntheorie. Dabei steht das Konzept der *kommunikativen Kompetenz* im Vordergrund, die es erlaubt, nicht nur gelerntes Verhalten zu reproduzieren, sondern auf neue Erfahrungen und Situationen mit neuem Verhalten einzugehen. Der Erwerb kommunikativer Kompetenz ist Basis für die → Individuation des Einzelnen, für seine Emanzipation und Selbstbestimmung. Mit dem Konzept der kommunikativen Kompetenz ist gleichzeitig der Übergang zur Beschäftigung mit den sozialen Dimensionen von Kommunikation und damit zur Sichtweise der Sozialpsychologie und Soziologie angedeutet.

---

[4] Kinder, die zuwenig oder keinen kommunikativen Kontakt haben, tragen schwere Schäden davon, die R. SPITZ (1945) als »Hospitalismus« erforschte.

Für die Beschäftigung mit religiösen Phänomenen sind die hier skizzierten Perspektiven der Psychologie und Pädagogik insofern bedeutsam, als die → Religionspsychologie Prozesse intrapsychischer Kommunikation einschließen und die Religionspädagogik das Konzept der kommunikativen Kompetenz in Zusammenhang mit Aspekten religiöser Sozialisation thematisieren muß.[5]

3. Sozialpsychologie und Soziologie

Die Fragen nach den Grundlagen und Entfaltungsmöglichkeiten personaler Kompetenz in Kommunikationssituationen führen und führten immer wieder zur Konsequenz, Kommunikation als sozialen Prozeß zu erfassen, in dem die wechselseitige Bezogenheit der Kommunikationspartner und die Strukturen des Kommunikationssystems in den Vordergrund treten. Die grundlegende Bedeutung kommunikativer Interaktion wird innerhalb der Soziologie insbesondere durch Konzepte des symbolischen Interaktionismus erfaßt (→ Interaktion). In der Sozialpsychologie wie auch der Soziologie werden zur näheren Beschreibung und Erklärung darauf aufbauender Struktur-Prozeß-Zusammenhänge immer wieder *Mehrebenen-Modelle* verwendet, die im Kommunikationsprozeß die Primärgruppenebene (*person to person*-Beziehungen) sowie die institutionell-organisatorische Ebene der Kommunikationsbeziehungen von Institutionen und Organisationen untereinander (siehe z. B. THAYER) unterscheiden. Darin eingeschlossen ist die Massenkommunikation, bei der die Massenmedien (s. u. A II.5.) als organisierte Institutionen einem in Primärgruppen kommunikativ vernetzten Publikum gegenüberstehen. Insgesamt bedeutet diese Akzentuierung der sozialen Bedingtheit aller konkreten Kommunikationsprozesse, daß deren *Regelhaftigkeit* und *Normierung* in den Blick kommt. So gibt es Regelungen, die Kontakt und Verstehen zwischen den Kommunikationspartnern sichern sollen und als Rituale der Kontaktaufnahme und des Interaktionsablaufs (GOFFMAN) ausgeprägt sind. Ferner regulieren die Rollenbeziehungen der Kommunikationspartner entsprechend den damit verknüpften Rollenerwartungen mehr oder weniger stark Inhalte und Verlauf von Kommunikationsprozessen. Typische Rollenbeziehungen ergeben dann aus soziologischer Sicht auch typische Kommunikationssituationen, z. B. die Unterscheidung zwischen *symmetrischer* und *asymmetrischer Kommunikation*. Soziale Interaktionen sind jedoch durch Rollen nicht vollständig reguliert, und auch der Spielraum, den verschiedene Rollen zur Distanzierung und Variation lassen, wird jeweils kommunikativ gestaltet.

Die soziologische Perspektive führt zur Betonung des *Systemcharakters* von Kommunikation, der sich analytisch zunächst durch den Nachweis von Funktionen, die über den jeweiligen Kommunikationsprozeß hinausgehen, erschließt. Dabei wird zwischen »in-

[5] Dieser Aspekt wurde auch soziologisch zur Frage nach den Konstitutionsbedingungen religiöser Kompetenz verallgemeinert, wobei die pädagogische Komponente (Institutionale Generierung religiöser Kompetenz) nur einen Teilaspekt umfaßt; s. SCHIBILSKY, Konstitutionsbedingungen religiöser Kompetenz, 79. Daß Religion vor allem in ihren → magischen Komponenten eine Form therapeutischer Kommunikation darstellen kann, daß die Interaktionsstrukturen und Symbolik von Magie und Psychotherapie viele Parallelen aufweisen, ist ebenfalls bereits erforscht worden, vgl. VITZ, Psychology as Religion; WASSNER, Magie und Psychotherapie.

strumentalen«[6], auf das soziale System bezogenen Funktionen, und »konsumatorischen«[7], auf die Person bezogenen Funktionen unterschieden (REIMANN). Allerdings genügt es nicht, bloß den funktionalen Beitrag von Kommunikationsformen und -systemen zum Bestand gesellschaftlicher Strukturen zu betrachten, wie dies die strukturfunktionale Sichtweise (PARSONS) tut: Sie wurde von N. LUHMANN zu einer funktionalstrukturellen Theorie auch der Kommunikation erweitert.

LUHMANN geht vom zentralen Theorem aus, daß die Komplexität einer kontingenten Welt durch soziale Systeme reduziert wird, indem aus funktional äquivalenten Möglichkeiten der Problemlösung durch sie bestimmte Strukturen ausgewählt werden, und daß so sinnvolles Handeln erst möglich wird. Auswahl erzeugt auch Differenzierung in Teilsysteme, an die bestimmte gesellschaftliche Aufgaben delegiert werden. Solche Teilsysteme sind auch durch spezifische *Kommunikationsmedien* als »symbolisch generalisierte Codes bestimmter Art und Funktion«[8] gekennzeichnet, etwa Wissenschaft durch ihr Medium Wahrheit, Wirtschaft durch Geld, Politik durch Macht, und Religion durch Glauben. Der Charakter als Medium ergibt sich aus der Übertragung von zentralen Auswahl- und Entscheidungsleistungen im Teilsystem, aber auch in Beziehung auf die Gesellschaft als Ganzes. Damit ist eine Grenze soziologischer Abstraktion kommunikativen Handelns erreicht: Die Rationalität sozialer Systeme, die gegenüber der Handlungsrationalität individueller Kommunikationspartner eigenständige Qualität gewinnt und so die Gesellschaft als Ganzes steuert und evolutionsfähig macht, indem die Möglichkeit alternativer Selektionen offen gehalten wird. Kommunikation ist in dieser Sicht vor allem ein Vorgang der *Sinnaktualisierung* auf der Grundlage der Systemrationalität.

Dagegen[9] insistiert JÜRGEN HABERMAS in seiner Theorie kommunikativen Handelns, daß Sinn letztlich in diskursiven Prozessen kommunikativ konstituiert wird, und daß die instrumentelle Rationalität sozialer Systeme durch die Auswahl lediglich systemrelevanter Sinndimensionen diesen »Eigensinn« kommunikativen Handelns verschüttet. HABERMAS geht von der funktionalen Notwendigkeit der Handlungskoordinierung durch *Verständigung* aus, die durch das Eindringen der Imperative verselbständigter Systeme in die Lebenswelt handelnder Menschen unmöglich zu werden droht. Idealtyp einer an Verständigung orientierten Kommunikation ist eine Sprechsituation, die herrschaftsfreien Diskurs und Konsensbildung zuläßt. Hier ist sicherlich ebenfalls eine Grenze soziologischer Abstraktion kommunikativen Handelns im gesellschaftlichen Zusammenhang erreicht. HABERMAS und LUHMANN räumen jedoch beide dem Konzept der

---

6 Instrumental-funktionale Leistungen können sein (nach BAACKE, Kommunikation und Kompetenz, 164): Informationsvermittlung, Instruktion (Formen organisierten Lernens), »Incitation« (Befehlserteilungen), Persuasion (Verhaltens- und Einstellungsänderungen beim Kommunikationspartner), Orientierung (Vermittlung von gruppenbezogenen Verhaltensmustern und Werten), Integration (Stärkung des Gruppen- bzw. Sozialsystems).

7 Konsumatorisch-funktionale Leistungen, die als »Selbstdarstellung des homo communicator« (BAACKE, Kommunikation und Kompetenz, 166) bezeichnet werden können, haben keine manifesten äußeren Bezugspunkte, oft aber latente instrumentale Qualität für die Kommunikationspartner (z. B. → Eskapismus).

8 LUHMANN, Moderne Systemtheorie, 361.

9 Zum Teil in direkter Auseinandersetzung mit LUHMANN: s. HABERMAS, LUHMANN, Theorie der Gesellschaft oder Sozialtechnologie.

Kommunikation einen zentralen Stellenwert in ihren umfassenden Theorien der Lebenswelt und der Gesellschaft ein.

Es ist klar, daß die Konzeptualisierung von Kommunikation innerhalb der Soziologie die allergrößte Bedeutung für die Religionswissenschaft hat. Die Verankerung religiöser Sinnstiftung in kommunikativen Prozessen, religionsspezifische Kommunikationsstrukturen auf der Primärebene (etwa Religionsstifter – Jünger, Priester – Gläubige) und Sekundär-(Organisations- bzw. Institutions-)Ebene (z. B. → Mission und Verkündigung, aber auch der Dialog der verschiedenen Religionen) sind hier ebenso zu nennen, wie die Frage instrumentaler sozialer Funktionen von Kommunikation in religiösen Sinnsystemen und die Problematik der Beziehung religionsspezifischer Sinnstrukturen zum Handlungssinn von Individuen. Grundlegende soziale Funktionen der Religion überhaupt, etwa die »Transformierung unbestimmter in bestimmte oder doch bestimmbare Komplexität« (LUHMANN) und deren Zusammenhang mit dem religionsspezifischen Kommunikationsmedium »Glauben« eröffnen analytischen Zugang etwa zum Stellenwert von Dogmen (s. u. B II.1.). Auch die religiöse Fundierung einer universalistischen Moral als Basis einer herrschaftsfreien Kommunikationssituation, die evolutionäre Entfaltung eines Sets von Fundamentalnormen wie Wahrheit, Gleichheit, Gerechtigkeit durch religiöse Deutungssysteme (DÖBERT) wird so diskutierbar. Religion ist in dieser Sicht Vehikel der Gattung zur »Entfaltung der kognitiven und evaluativen Aspekte kommunikativer Kompetenz«.

4. Sprach- und Zeichenwissenschaft (Linguistik und Semiotik)

Sprache als zentrales Element menschlicher Kommunikation ist seit Beginn von Reflexionen über menschliches Handeln Gegenstand von wissenschaftlichen und vorwissenschaftlichen Betrachtungen. Für die heutige Diskussion sind insbesondere die Fragestellungen W. v. HUMBOLDTs bedeutsam: Sprache ist nach HUMBOLDT die Brücke zwischen individueller Subjektivität und geistig-gesellschaftlicher Objektivität, die Sprache und ihre »innere Form« objektiviert die Weltsicht und Welterfahrung und prägt individuelles Denken und Handeln. Die Frage nach dem Verhältnis Sprache – Weltanschauung taucht in zugespitzter Formulierung in der Kulturanthropologie und Ethnolinguistik als sogenannte SAPIR-WHORF-*Hypothese* von der sprachlichen Bedingtheit des Denkens und der Kultur wieder auf. Bis heute kann allerdings nicht klar beantwortet werden, ob es Ebenen der Wirklichkeitsauffassung gibt, die universal, und andere, die sprachbedingt verschieden sind.[10]

War in der HUMBOLDT*schen* Tradition der Sprachwissenschaft der enge Zusammenhang von Sprache, Kultur und Denken (Psycholinguistik) sowie Sprache, Kultur und Sozialstruktur (Soziolinguistik) von Anfang an grundgelegt, so hat die auf F. DE SAUSSURE*s »linguistique interne«* zurückgehende Tradition eines deskriptiven Strukturalismus der Sprache als eigenständiges System diese zunächst in ihren *inneren Strukturen* thematisiert. Die Unterscheidung von Oberflächen- und Tiefenstruktur und die damit impli-

---

[10] B. L. WHORF entwickelte seine These, daß Denken und Wissen von der grammatikalischen Struktur der Sprache abhängig seien, anhand der Hopi (Indianervolk in N-Amerika). Ihre »zeitlose« Sprache bedinge auch eine zeitlose Wirklichkeitsauffassung. Neuere Forschungen zeigen, daß die Hopi sehr wohl Zeitstrukturen kennen, vgl. MALOTKI, Hopi Time; KNOBLAUCH, Zeitkategorien der Hopi und Nuer.

zierten Fragen nach der Sprachverwendung (Pragmatik) lassen jedoch gemeinsame Elemente einer Sprachwissenschaft als Sozialwissenschaft immer mehr hervortreten.
Auch die *Semiotik* (griech.: Lehre von den Zeichen), die neben der Sprache als zentrales Zeichensystem auch andere, vor- oder übersprachliche komplexe Zeichen untersucht, bezieht den gesamten Kommunikationsprozeß in die Analyse ein und ist damit ebenfalls sozialwissenschaftlich akzentuiert. Die Teilbereiche der Semiotik sind die *Syntaktik* (Beziehungen und Verknüpfungen von Zeichen nach bestimmten Regeln, z. B. die Grammatik), die *Semantik* (Beziehung zwischen Zeichen und Bezeichnetem) und die *Pragmatik* (Beziehung zwischen Zeichen und Verwender).
Die *sozialen Aspekte* des Sprach- und Zeichengebrauchs in der Kommunikation stellen eine in der neueren Sprach- und Symboltherapie betonte Dimension dar: Die Verfügung des Menschen über Sprache und andere Zeichen ist an Bedingungen geknüpft, wie rollenspezifische Repertoires, regionale Differenzierungen der Sprachbenutzungen (Dialekte), an soziale Schichtung geknüpfte Verfügbarkeit von Sprachmustern (linguistische Codes), etwa die Unterscheidung zwischen restringiertem (Unterricht) und elaborierten (Mittelschicht) Code durch B. BERNSTEIN. Auch kommunikativ-soziale Grundfunktionen von Sprache sind so abgrenzbar (LUCKMANN), wie Überlieferung, Wissensakkumulation und damit auch soziale Kontrolle, die semantische Differenzierung von sozial erheblichen Erfahrungsschemata und Relevanzstrukturen, die Verinnerlichung sozialer Bedeutungszuschreibungen und die Vermittlung subjektiven Sinns in intersubjektiven Situationen. Darüber hinaus jedoch hat Sprache eine vom funktionalen, sozial determinierten Gebrauch abgehobene Dimension, die als »Sinn-Innovation« (BAACKE) bezeichnet werden kann: das Variationspotential der Sprache erlaubt sinnvolle Aussagen des Einzelnen, die nicht der Kompetenz gesellschaftlicher Systeme, sondern der des Individuums unterliegen, aber als sprachliche Interpretation trotzdem verständlich und kommunizierbar für andere Subjekte bleiben.
Auch ohne »Versprachlichung« kann Kommunikation stattfinden, indem nichtsprachliche Symbole, Rituale, Gesten und Zeremonien, deren Bedeutung durch Konvention und die Situation erfaßbar ist, die relevante Information vermitteln. Gerade Kommunikation, in der religiöse Bedeutungen eine Rolle spielen, beruht häufig auf der Verwendung nichtsprachlicher Symbole. Deren Bedeutung in Lernprozessen wird jedoch sprachlich expliziert und muß explizierbar bleiben – zumindest durch die religiösen Spezialisten.
Die enge Verbindung von Religion und Sprache weist der Sprach- und Symboltheorie der Kommunikation eine große Bedeutung für religionswissenschaftliche Analysen zu: Die Funktion der Sprache für die Tradierung religiöser Inhalte, die Herausbildung von »spezifischen Sakralsprachen«, die Formen und Probleme sprachlicher und nichtsprachlicher Symbolisierung und Fixierung von Glaubensvorstellungen und -erfahrungen und ebenso deren Strukturierung durch diese Fixierungen, bestimmte Formen der sprachlichen oder symbolischen Vermittlung (etwa die Predigt), die Auslegung und Übersetzung von religiösen Texten (→ Exegese) – all dies sind kommunikative Aspekte von Religion, die Sprache und Symbolik in den Mittelpunkt stellen.

5. Massenkommunikations- und Medienforschung

Während die philosophische Anthropologie, Psychologie, Sozialpsychologie, Soziologie und Sprachwissenschaft Kommunikation aus einem jeweils durch die Entwicklung der Disziplin gegebenen Rahmen heraus thematisieren und weiterentwickeln, hat sich die wissenschaftliche Beschäftigung mit den spezifischen Strukturen und Problemen der »Massen«-Kommunikation als Folge der durch Massenpresse und Massenmedien ausgelösten »Kommunikationsexplosion« in den Industrieländern direkt am Gegenstand selbst entwickelt und schließt interdisziplinär neben psychologischen, sozialpsychologischen und soziologischen Ansätzen auch *Politologie* und *Publizistik* ein. Wissenschaftsgeschichtlich steht die Beschäftigung mit Massenkommunikation am Anfang einer generellen Auseinandersetzung mit Kommunikation überhaupt. Solange menschliche Kommunikation sich auf Sprache, Schrift und andere, relativ eingeschränkte Zeichen- und Symbolsysteme (primäre Kommunikationsmedien[11]) beschränkte, war sie kaum Gegenstand von Reflexion, allenfalls innerhalb der Philosophie oder Rhetorik. Die Erfindung der Schrift stellte zwar kulturgeschichtlich schon relativ früh den Übergang zur generalisierten Kommunikation außerhalb einer Primärgruppe und unabhängig vom Menschen als Träger der Zeichen dar, doch erst der Buchdruck mit beweglichen Lettern ermöglichte eine massenhafte Verbreitung der *sekundären Medien* Buch, Flugschrift, Zeitschrift und Zeitung. Der Träger der Zeichen hat sich damit sozusagen verselbständigt, kann selbständig zirkulieren und schiebt sich oft mit großem zeitlichen Abstand zwischen Sender und Empfänger. *Tertiäre* Medien schließlich ermöglichen direkte Prozesse der Kommunikation und des Informationsaustausches durch Installation von Geräten beim Sender *und* Empfänger: Telegraphie und Telephon, Schallplatte, Tonband, Film, Radio, Fernsehen und die sogenannten »neuen« Medien. Innerhalb dieser Evolution und Differenzierung der Kommunikationsmittel nehmen die *Massenmedien* (Presse, Film, Hörfunk, Fernsehen) eine Sonderstellung ein, insofern sie mit ihren Emissionen einen großen und relativ diffusen Publikumskreis zugleich bedienen.[12]

In der am weitesten entwickelten »Informationsgesellschaft«, den USA, begann in den 20er und 30er Jahren eine empirisch orientierte Erforschung der verschiedenen Medien vor allem unter dem Blickwinkel der *Wirkungen* auf Meinungen, Einstellungen und Verhalten, die sich während und nach dem 2. Weltkrieg (teilweise unter dem Eindruck der offensichtlichen Wirkung der massenmedialen Propaganda in der NS-Zeit) intensivierte und differenzierte. Die berühmte LASSWELL-Formel (1948) faßt die Elemente dieses Forschungsansatzes prägnant zusammen: Wer sagt was auf welchem Weg zu wem mit welcher Wirkung? Insgesamt zeigte sich eine selektive Mediennutzung, -wahrnehmung und -speicherung, abhängig von individuellen Präferenzen (Meinungen, Einstellungen, Vorurteilen usw.), subkulturellen Prägungen und sozialer Zugehörigkeit (Schicht, Nachbarschaft, *peer-group*).

Massenkommunikation ist nicht denkbar ohne Gruppenkommunikation in sozialen Beziehungen, und LAZARSFELD stellte in diesem Zusammenhang mit anderen die Hypothese eines *»two step«* (später *»multi step«*) Kommunikationsflusses über sogenannte *»opinion leaders«* (Meinungsführer) auf. Aufbauend auf den Ergebnissen dieser sozialpsychologisch und soziologisch orientierten Wirkungsforschung wurde dann in kritischer Weiterentwicklung die sogenannte *Reflexionshypothese* formuliert, nach der die

---

[11] Die dreiteilige Typologie der Kommunikationsmedien wurde von HARRY PROSS (vgl. Literatur I) entwickelt.

[12] Allerdings sind Massenkommunikation und Massenmedien problematische Begriffe, sofern einerseits Kulturkritik an der »Massengesellschaft« mitzuschwingen droht, und andererseits eine Kommunikation der Masse durch und in Massenmedien suggeriert wird; dazu BAACKE, Kommunikation und Kompetenz, 16, wo statt dessen »öffentliche Medien« vorgeschlagen wird.

Medien nur solche Aussagen produzieren, die von den Rezipientengruppen auch akzeptiert werden. Damit kommen die Medien als Agenten eines bestimmten sozialen und politischen Systems, das sie reproduzierend erhalten und stärken, in den Blick (HOLZER). Dabei werden auch die Gestalter und ihre Produktionsbedingungen einschließlich der Eigentümerinteressen kritisch hinterfragt und der Warencharakter massenmedialer Kommunikation betont (NEGT/KLUGE).

Für die Religionswissenschaft wird der spezifische Aspekt der Massenkommunikation und der Massenmedien zunächst und – mit Hinblick auf ausdifferenzierte und entfaltete Religionssysteme – vor allem für Prozesse der Verkündigung relevant. Die Kommunikationsmedien und ihre Nutzung in der Öffentlichkeitsarbeit religiöser Organisationen (kirchl. Presse, unter Einbeziehung von Rundfunk und Fernsehen) werden dementsprechend häufig thematisiert. Etwas enger gefaßt sind alle Fragen, die sich auf spezifisch *religiöse Öffentlichkeit* beziehen, also interne Kommunikation in religiösen Massenorganisationen (s. u. B II.2.), etwas weiter gefaßt die Beschäftigung mit dem allgemeinen Verhältnis von Religion und Öffentlichkeit unter verschiedenen historischen und soziokulturellen Randbedingungen.

6. Ansätze einer interdisziplinären Kommunikationswissenschaft

Derzeit gibt es kein allgemeines, interdisziplinär, theoretisch und empirisch-methodisch ausdiskutiertes Programm der Kommunikationsforschung, sondern je nach konkretem Aspekt oder Projekt wird zwischen verschiedenen Disziplinen mehr oder weniger intensiv kooperiert. Für eine allgemeine Kommunikationstheorie, die der zentralen Bedeutung von Kommunikation für menschliches Bewußtsein und Handeln gerecht werden kann, erscheint die Soziologie die geeignetste Basis zu sein, die die Ansätze und Ergebnisse anderer Disziplinen integrieren kann. Mit dem symbolischen Interaktionismus (MEAD) und der (proto-)soziologischen Phänomenologie von Bewußtsein und Lebenswelt (SCHÜTZ, LUCKMANN) ist ein Fundament geschaffen, um psychologische Ansätze, sozialpsychologische Ergebnisse und kultur- und sozialanthropologische Grundsatzüberlegungen zur Bedeutung von Kommunikation aufeinander zu beziehen. Zudem sind allein in der Soziologie Analysen und Erklärungsansätze für Handlungszusammenhänge im Meso-(Gruppen) und Makro-(System)bereich so weit und so allgemein entfaltet, daß die konstitutive Bedeutung von Kommunikation als Verständigung über Situation, Normen, Freiräume, Perspektiven, Alternativen, Sinn und Relevanz entfaltet werden kann.

B Religion und Kommunikation

I. Theorie, konstitutive Elemente und Problembereiche

1. Das kommunikationssoziologische Grundmodell

Es gibt derzeit keine religionswissenschaftlich befriedigende, das heißt interkulturell und interdisziplinär zusammenhängend ausgearbeitete Theorie der Kommunikation für den Bereich religiöser Phänomene. Teilaspekte sind innerhalb der Religionssoziologie, der Religionspsychologie und der Theologie einerseits sowie der Sprach- und Massenkommunikationsforschung andererseits mit zum Teil beachtlicher Breite und Intensität behandelt:[13] Innerhalb der *Kirchen-* und *Pastoralsoziologie* werden die Vermittlung des konkreten religiösen Wissens der christlichen Kirchen in Verbindung mit den kirchlichen Amtsträgern (insbesondere Priestern) und die Kommunikationsprobleme hierarchischer Organisationsformen behandelt. Auch die *praktische Theologie* steht großteils in diesem Kontext. Abstrahierend von sozialen Vermittlungsformen hat die *Religionspsychologie* die Konzeptualisierung von Relevanz religiösen Wissens und seiner transzendentalen Quellen innerhalb der Einzelpsyche zum Gegenstand. Religion und Sprache ist ein Zentralthema christlicher → *Theologie* generell, und auch religionssoziologisch bereits bearbeitet worden. In der christlichen Theologie sind auch Ansätze zu einer Art »Theologie der Kommunikation« zu notieren, etwa die *communicatio divina* als Exemplum für menschliche Kommunikation schlechthin, das Konzept der »Inkarnation des Wortes« als Metapher für seine soziale Vermittlung, das Konzept des »Kerygma« als Ausdruck der Spannung zwischen personalem Bekenntnis und sozialer Öffentlichkeit, aber auch das Grundkonzept von Kirche als »Leib Christ«, der sich in der (hierarchisch geordneten) Kommunikation ihrer Mitglieder verwirklicht. Diese Ansätze sind jedoch zuwenig miteinander verbunden und großteils auch von der impliziten Gleichsetzung von Christentum und Religion geprägt. Als Ausgangsbasis für eine angemessene Thematisierung des Zusammenhanges von Religion und Kommunikation erscheint daher zunächst eine Verknüpfung von grundlegenden Modellen der Kommunikationssoziologie mit theoretischen Konzepten der allgemeinen Religionssoziologie sinnvoll.

Keim aller modellhaften Erfassungen von Kommunikation in den Sozialwissenschaften ist das aus der mathematischen Informationstheorie entwickelte Modell der Informationsvermittlung von SHANNON und WEAVER:

Figur 1
Modell der Informationsübermittlung

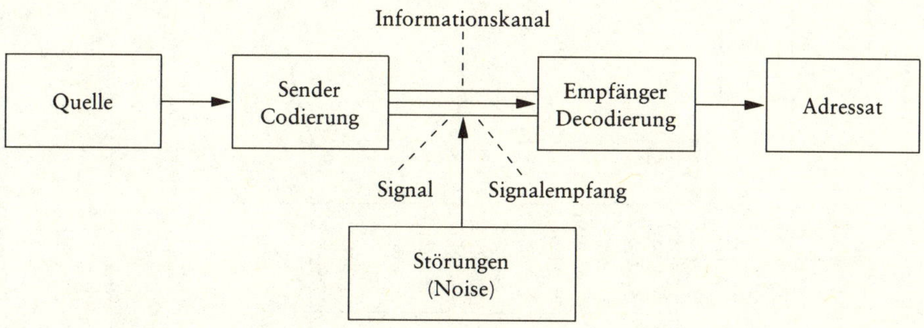

[13] Siehe etwa die bereits erwähnte systemtheoretische Konzeption des Glaubens als Kommunikationsmedium bei LUHMANN oder die Ansätze, Religionssoziologie als Wissenssoziologie zu betreiben, vgl. FISCHER, MARHOLD, Religionssoziologie als Wissenssoziologie. – Zur Religionspsychologie s. die Arbeit von A. VERGOTE (Lit.-verzeich. II). – Zu Religion und Sprache siehe z. B. das Symposion »Religion und Sprache« (1972), dessen Beiträge im Intern. Jahrbuch für Religionssoziologie 8 (1973) abgedruckt sind. – Zur Theologie der Kommunikation vgl. BAUER, Streitpunkt Dogma, 30f.

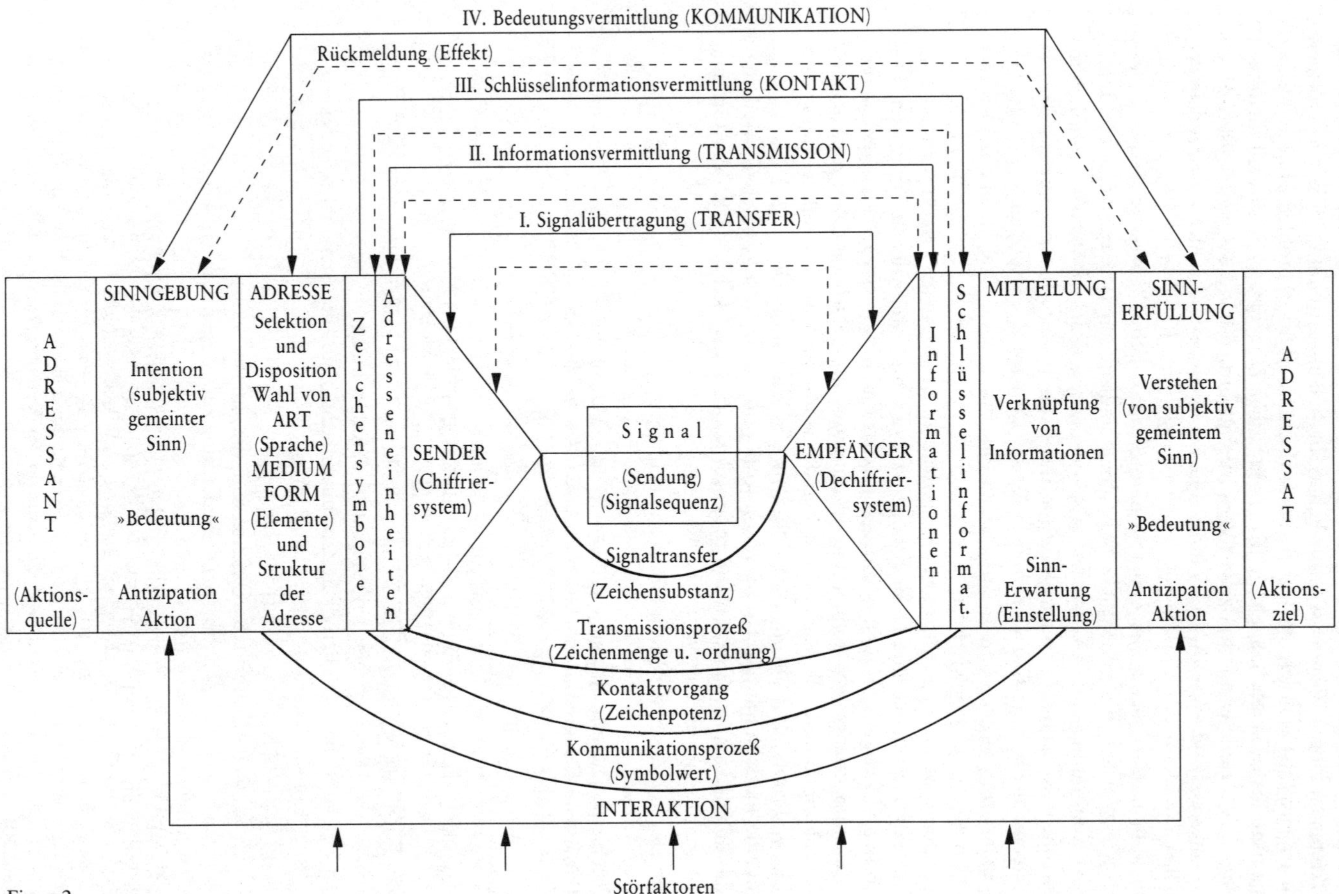

Figur 2
Aus: Horst Reimann, Kommunikationssysteme. Umrisse einer Soziologie der Vermittlungs- und Mitteilungsprozesse, Tübingen 1968 – Schemazeichnung. Mir freundlicher Genehmigung des Verlags J. C. B. Mohr (Paul Siebeck) Tübingen.

Ein Sender übernimmt eine Nachricht von einer Informationsquelle, überträgt sie in ein Signalsystem (z. B. elektromagnetische Wellen, aber auch Sprache = Vercodung) und schickt sie als Signal bzw. Signalfolge durch einen Informationskanal, wo Umwelteinflüsse als Störungen (»Rauschen«) diese beeinflussen und verändern können. Der Empfänger am anderen Ende des Kanals entschlüsselt die Signale und vermittelt sie dem Adressaten. Versteht man unter Nachricht nicht, wie SHANNON, eine rein physikalische Zeichensequenz, sondern eine auf subjektiver Bedeutung (Sinn) beruhende Botschaft, bei der es auf die semantische Relation (s. o.) zwischen Inhalt und übermitteltem Symbol ankommt, so ist die Signalübertragung als Sinnvermittlung zu erfassen und das Grundmodell entsprechend zu erweitern. Dies hat in einer bis heute gültigen Weise H. REIMANN 1968 mit seinem »Stufenschema der Kommunikation« getan.

Hier wird bereits klar, daß »Sinngebung« und »Sinnerfüllung«, vermittelt durch den »Symbolwert«, auf dem sozialen Zusammenhang des Kommunikationsprozesses, auf bestimmten Regeln der Kommunikation und auf einem gemeinsamen, sozial vermittelten Bezugssystem beruhen. REIMANN[14] selbst stellt dabei allerdings noch die Stufen der Übertragung in den Mittelpunkt seiner Überlegungen, nicht ihre sozialen Bedingungen. Diese scheinen explizit bei ihm (wie in der ursprünglichen Nachrichtentheorie) nur negativ gewendet, als Störfaktoren auf, implizit auch durch seine Einbeziehung der Rückkoppelung auf allen Stufen. Durch Generalisierung der Bedeutung des sozialen Umfeldes und eine symboltheoretische (Semiotik, s. o. A I.4.) Vereinfachung des REIMANN*schen* Modells der Bedeutungsvermittlung kann nun folgendes kommunikationssoziologische Grundmodell entworfen werden, das auch den interaktiven Charakter von Kommunikation und die Funktionen des Kommunikationsprozesses insgesamt berücksichtigt.

K_1 und K_2 sind die an der Kommunikation beteiligten Subjekte, einmal (Zeitpunkt t_1) als Aktor, Adressant, Informationsquelle einerseits und als Reaktor, Adressat, Rezipient andererseits. Diese nach der jeweiligen Richtung des Informationsflusses bestimmten Stellungen im Kommunikationsprozeß sind durch Rückkoppelung und direkte Interaktion austauschbar. Je nach Medien können Aussendung und Rezeption einer Information und ihrer Bedeutung zeitlich und örtlich auseinanderklaffen, dann ist auch die Rezeptionssituation anders als die Ausgangssituation; identisch und von direkter Beeinflussung der Subjekte geprägt ist die soziale Situation nur bei direkter Kommunikation mittels primärer Medien. Die Subjekte sind nicht isoliert, sondern als situativ und institutionell-organisatorisch beeinflußte Funktions- und Rollenträger an Kommunikationsprozessen beteiligt. Das Symbolsystem definiert kulturell die überhaupt verwendbaren Zeichen (einschließlich ihres Zusammenhangs), aus denen Symbole zur Vermittlung eines Kommunikationsinhaltes einschließlich seines Sinngehaltes entsprechend der kommunikativen Kompetenz ausgewählt werden. Die »Objekte« des Kommunikationsprozesses können (1) physische Objekte sein, die situativ wahrgenommen und bezeichnet werden bzw. erst durch ihre soziale Bedeutung zum Gegenstand der Kommunikation werden können (situative und soziale Relevanz), aber auch »soziale Tatbestände« (s. DURKHEIM) *(Sachebene)*; (2) Gefühle und Befindlichkeiten der Kommunikationspartner *(Beziehungsebene)*; schließlich (3) die verwendeten Symbole und der Kommunikations-

---

[14] REIMANN, Kommunikationssysteme, 100.

Figur 3

Kommunikationssoziologisches Grundmodell

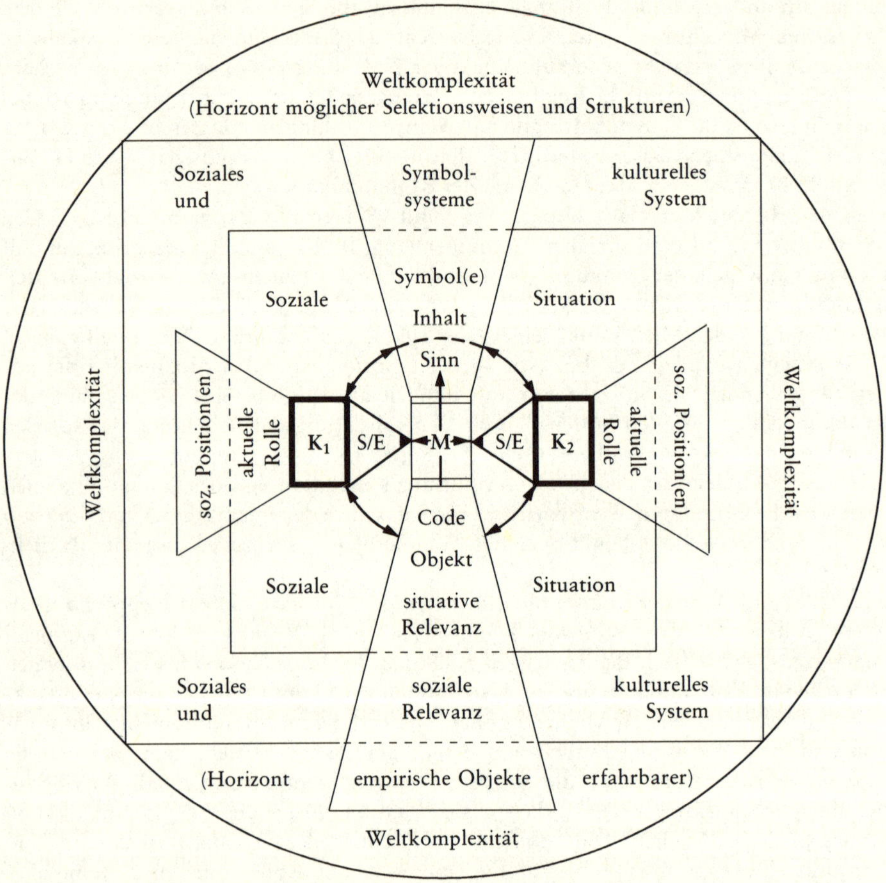

K_1, K_2 = die beiden am Kommunikationsprozeß beteiligten Subjekte
M = Kommunikationsmedium, Informationskanal
S/E = den Subjekten zur Verfügung stehende Sende- und Empfangseinrichtungen

prozeß selbst (*Reflexionsebene* oder *Metakommunikation*). Insgesamt ist damit Kommunikation als dreidimensionales Geschehen konzeptualisiert:

1) die Interaktionsdimension (Relation $K_1 - K_2$);
2) die Zeichendimension (Relation Symbol – Objekt);
3) die soziokulturelle Dimension (Relation K_1 – Symbol – K_2 und Relation K_1 – Objekt – K_2).

Dieses Modell stellt einen vorsichtigen Versuch dar, bisherige Ergebnisse der Kommunikationsforschung soweit zusammenzufassen, daß Religion ohne Verkürzungen in ihren kommunikativen Aspekten erfaßt werden kann.[15]

2. Modell und Typologie »religiöser Kommunikation«

a) Um unser Modell religionsspezifisch erweitern zu können, müssen wir auf 5 *Hauptergebnisse der Religionssoziologie* Bezug nehmen:

1) Das Konzept des »heiligen Kosmos« als Definitionskriterium für Religion (P. L. BERGER):

P. L. BERGER versteht im Anschluß an R. OTTO Religion »als menschliches Glauben und Handeln gegenüber einem heiligen Kosmos«[16], dem er dann die zentrale Funktion zuweist, die sozial konstruierte Sinnordnung (den Nomos) zu stabilisieren. Die Frage, ob Religion als Wirklichkeitsbereich jenseits von Individuum und Gesellschaft ebenfalls sozial konstruiert ist oder als Realität sui generis existiert, kann religionswissenschaftlich außer Betracht bleiben, wie bereits der junge MARX 1841 klar formulierte: »Was ich mir wirklich vorstelle, ist eine wirkliche Vorstellung für mich, das wirkt auf mich, und in diesem Sinn haben alle Götter, sowohl die heidnischen als die christlichen, eine reelle Existenz besessen«.[17] Gleichfalls außer Betracht bleiben kann zunächst, ob dieser heilige Kosmos realiter wirkende Subjekte (Geister, Dämonen, Götter, Gott) beinhaltet oder nicht[18], insofern diese kommunikative Realität gewinnen können. (1. Interaktionsdimension religiöser Kommunikation)

2) Die Unterscheidung zwischen »sakralen« und »profanen« sozialen Tatbeständen (DURKHEIM):

Der heilige Kosmos ist im sozialen Nomos durch »heilige Dinge« (DURKHEIM) repräsentiert, die die Welt in einen sakralen und einen profanen Bereich aufteilen.[19] Dieser sakrale Charakter wird symbolisch repräsentiert und vermittelt (Zeichendimension religiöser Kommunikation).

3) Die Ausdifferenzierung der Rolle von »religiösen → Spezialisten« im Umgang mit dem heiligen Kosmos (WEBER):

Der interaktive und kommunikative Umgang mit dem heiligen Kosmos und seinen symbolischen Repräsentationen ist zwar in (fast) allen Religionen jedem Mitglied der Kultur- und Glaubensgemeinschaft offen, doch hat sich religionsgeschichtlich sehr früh die Rolle und Funktion von »religiösen Spezialisten« (WEBER) ausdifferenziert, die auf eben diese spezifische religiöse Kommunikation spezialisiert sind (vom Schamanen bis zum Priester). Damit sind als »religiöse Basisrollen« die des »Laien« und des »Spezialisten« unterscheidbar (2. Interaktionsdimension religiöser Kommunikation).

---

[15] Das kommunikationssoziologische Grundmodell stützt sich auf HYMES, HARTIG/KURZ, BAACKE und MORRIS (vgl. Bibliogr.), stellt jedoch einen eigenen Versuch der Systematisierung dar.

[16] BERGER, Soziologische Betrachtungen, 52.

[17] K. MARX, Die Differenz der demokritischen und epikureischen Naturphilosophie (1841), in: Werke, Bd. I, 73.

[18] Zur »subjektivischen Tiefenstruktur« von Religion vgl. die Religionstheorie von G. DUX (Lit.-verz. II).

[19] DURKHEIM, Les formes élémentaires, engl. Ndr. 1915, 37 = frz. [4]1960, 50f.

4) Die Bedeutung institutionalisierter und organisierter Sozialformen des Religiösen (Troeltsch):
Individuelle und unvermittelte religiöse Erfahrung (z. B. → Mystik) als »direkte Kommunikation« ist zwar Bestandteil von Religion, doch ist diese als Systematisierung des Wissens um den heiligen Kosmos, seine Repräsentationen und den spezifischen Umgang damit in Sozialformen ausdifferenziert, verankert und tradierbar, Teil auch des sozialen und kulturellen Systems einer Gesellschaft. Als organisiertes »Gemeinschaftshandeln«

Figur 4

Grundmodell religiöser Kommunikation

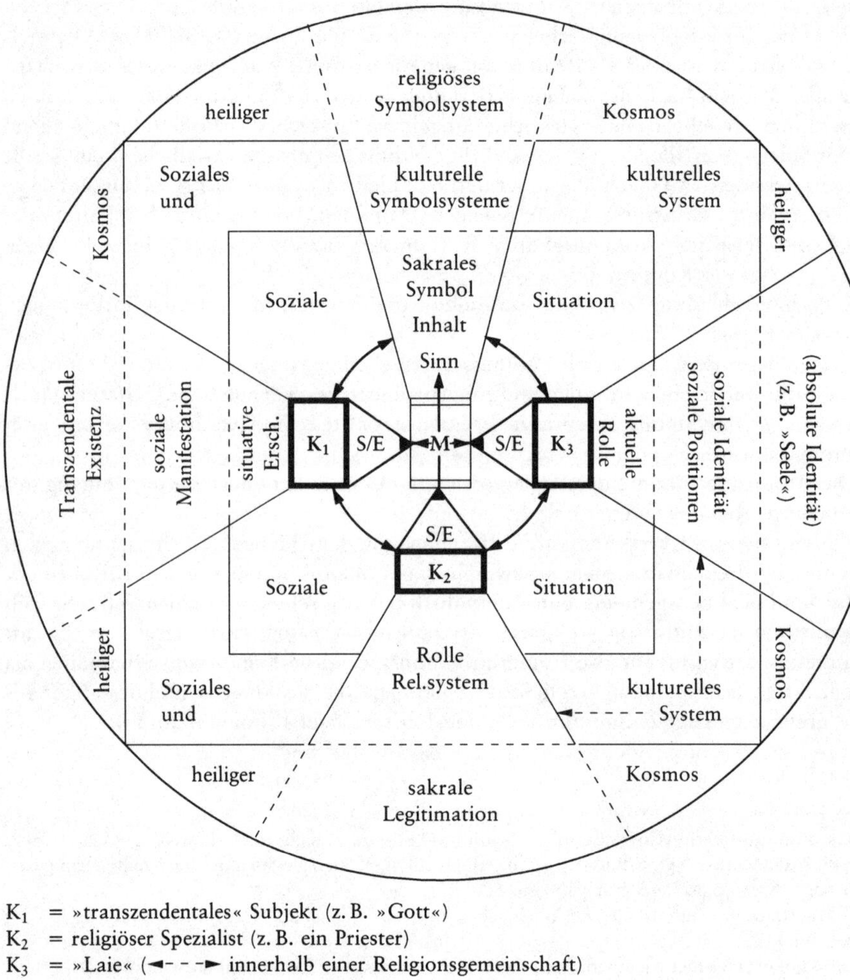

K_1 = »transzendentales« Subjekt (z. B. »Gott«)
K_2 = religiöser Spezialist (z. B. ein Priester)
K_3 = »Laie« (◄- - - ► innerhalb einer Religionsgemeinschaft)
M = Kommunikationsmedium, Vermittlungskanal (z. B. Riten, »Gottesdienst«)
S/E = den betreffenden Subjekten zur Verfügung stehende Sende- und Empfangsmöglichkeiten

(WEBER) ergeben sich soziale Dimensionen religiöser Kommunikation zunächst darin, daß diese Religionsgemeinschaft interaktiv und kommunikativ innerhalb der »weltlichen« Gesellschaft konstituiert und tradiert wird (innere soziokulturelle Dimension religiöser Kommunikation).

5) Die Beachtung von Funktionen im personalen wie im transpersonalen Bereich (MARX, PARSONS, LUHMANN, MÖRTH):

Der kommunikative Bezug zum heiligen Kosmos ist in Funktionszusammenhänge mit dem gesamten individuellen wie sozialen Leben in einer Gesellschaft eingebunden. Diese können generalisiert als Fundierung und Stabilisierung stets nur vorläufig fixierbaren sozialen Sinns (BERGER, vgl. auch LUHMANN), als Integration des sozialen und kulturellen Systems (PARSONS), aber auch als Legitimierung von Herrschaft (MARX) und als Bewältigung von Unsicherheitsfeldern personalen Denkens und Handelns (MALINOWSKI, TENBRUCK) beschrieben werden[20] (äußere (funktionale) soziokulturelle Dimension religiöser Kommunikation).

b) Indem diese Aspekte der Religionssoziologie mit dem kommunikativen soziologischen Grundmodell verbunden werden, kann folgendes Modell religiöser Kommunikation entworfen werden.

K_1 = ein kommunikativ (real oder virtuell) präsentes »transzendentales Subjekt« (Götter, Geister und Dämonen, Heilige, Idole usw.); K_2 = ein vermittelnd am Kommunikationsprozeß beteiligter »religiöser Spezialist« (Schamane, Priester, Pfarrer, Guru etc.); K_3 = der »religiöse Laie«, sei es innerhalb oder außerhalb der sozial abgegrenzten Religionsgemeinschaft. Transzendentale Subjekte sind Teil des heiligen Kosmos, religiöse Spezialisten in diesem legitimiert bzw. mit der Fähigkeit ausgestattet, in die transzendentale Wirklichkeitsebene überzutreten (z. B. vermittels »ekstatischer« Techniken), während nicht alle religiösen Deutungssysteme jedem Individuum, also auch dem »Laien«, eine Verankerung im heiligen Kosmos als Person zuschreiben (z. B. durch Konzepte der → Seele, der Seelenwanderung, der Auferstehung). Oft markiert der → Tod den Übergang (Ahnenkulte, Spiritismus). Die Objektebene (*was* wird bezeichnet) ist gegenüber dem allgemeinen kommunikationssoziologischen Modell herausgenommen, da alle sakralisierten Symbole nicht in ihrer semantischen Relation zum Bezeichneten, sondern nur pragmatisch und syntaktisch als Zeichen besonderer Art bedeutsam sind. Ansonsten gilt das allgemein oben Angeführte.

c) Folgende Ansatzpunkte einer *Typologie religiöser Kommunikation* sind anhand des Modells skizzierbar:

A) *Nach den beteiligten Subjekten:*

1) $S_1 - S_3$ Erscheinung, Heimsuchung, mystische Erfahrung, Erleuchtung, Inkarnation, Wunder;

2) $S_3 - S_1$ Gebet, Anrufung, Beschwörung, magische Praktiken;

3) $S_1 - S_2$ Prophetie, Offenbarung, heilige Texte;

---

[20] Diese funktionalen Aspekte sind zusammenhängend als »konstitutive Elemente« von ausformulierter Religion erfaßt worden, vgl. MÖRTH, Die gesellschaftliche Wirklichkeit von Religion. Deren Verknüpfung mit Grenzproblemen menschlicher Existenz ist ein als »Kontingenzthese« die gesamte neuere Religionssoziologie kennzeichnender Aspekt, FÜRSTENBERG, MÖRTH, Religion.

4) $S_2 - S_1$ Exegese, Orakeltechniken;
5) $S_1 - S_2 - S_3$ prophetische Predigt, Sakramente, *rites de passage*;
6) $S_3 - S_2 - S_1$ Heiligsprechung, Sakralisierung, volksreligiöse Kulte;
7) $S_2 - S_3$ Predigt, Verkündigung, innere und äußere Mission, Bekehrung, Glaubensgespräch, religiöse Sozialisation, Religionsunterricht;
8) $S_3 - S_2$ Beichte;
9) $S_3 - S_3$ Kommunikation innerhalb der Gemeinde;
10) $S_2 - S_2$ Weihesakramente; theologischer Diskurs: Konzil, Dogmenstreit.

B) *Nach der Ebene der Inkarnation:*
1) Rein *personale* (vorwiegend intrapsychische) *Kommunikation:* Meditation u. ä., persönliches Gebet, Lektüre heiliger Texte, Buße;
2) *Interpersonale Kommunikation* (durch Interaktionssituation und unmittelbar *(face-to-face)* beteiligte Personen definiert): expressive Rituale, Beichte u. a. Bekenntnisse[21];
3) *Transpersonale Kommunikation* (institutionell und organisatorisch normiert, die beteiligten Personen nehmen vorwiegend aufgrund ihrer Positionen am Kommunikationsprozeß teil): Gottesdienst, innerorganisatorische Kommunikation wie Kirchentage, Synoden, Konzile, Dialog zwischen Religionsrepräsentanten;
4) *Transzendentale Kommunikation* (nur transzendentale Subjekte beteiligt): Solche Kommunikation ist zumeist in → Mythen, Legenden, Sagen Teil des religiösen Wissens einer Kultur.

C) *Nach dem hauptsächlichen Funktionszusammenhang:*
1) Aufrechterhaltung des *religiösen Sinnzusammenhangs:* z. B. Fixierung und Tradierung von Glaubenswahrheiten;
2) Aufrechterhaltung des *sozialen Sinnzusammenhangs:* z. B. Formulierung von Soziallehren und Moralvorstellungen;
3) Aufrechterhaltung des *individuellen Sinnzusammenhangs:* z. B. Herausbildung von rituellen Formen der Bewältigung von Lebenskrisen (Leid, Krankheit, Tod etc.).

II. Problemzonen religiöser Kommunikation

Abschließend sei auf Problemzonen religiöser Kommunikation verwiesen, die für ausdifferenzierte, organisatorisch komplexe und historisch verfestigte Religionssysteme wie z. B. christliche Kirchen typisch sein dürften.[22]

1. Dogma und Glaube als Kommunikationsmedien organisierter Religion

Organisierte Religion kann ihre Funktionen (s. o. A II.3.) nur erfüllen, wenn es gelingt, den von ihr formulierten Sinn für handelnde Menschen in Kommunikationsprozessen weiterzugeben, zu verdeutlichen, zu verfestigen und zu bestärken. Eine der Möglichkeiten der Sinnvermittlung ist die Aufstellung und die Aufrechterhaltung von → *Dogmen*

---

21 S. dazu HAHN, Zur Soziologie der Beichte.
22 Siehe dazu insbesondere BAUER, Streitpunkt Dogma; BORMANN, BORMANN-HEISCHKEIL, Theorie und Praxis kirchlicher Organisation.

als Kern religiöser Symbolik. Das Dogma funktioniert damit als quasi »sekundäres« Kommunikationsmedium religiöser Sinnsysteme (LUHMANN). Der Mediencharakter eines Dogmas liegt in der Tatsache, daß es eine vorgegebene Struktur darstellt und damit sicherstellen soll, daß Individuen dadurch vordefinierten und ausgewählten Systemsinn als Prämisse für eigenes Handeln übernehmen. Auf der individuellen Seite entspricht damit dem Dogma das Medium *Glaube*. Glaube ist nicht nur eine Selbstfestlegung handelnder Individuen, sondern im Zusammenhang mit dem übergeordneten religiösen Sinnsystem vor allem Sinnaustausch, wodurch das Dogma umgekehrt als eine besondere Verfestigung und verbale Stabilisierung von Glauben erscheint. *Dogmatisierung* ist dann jener Prozeß, in dem das Grundmaterial religiöser Erfahrungen und situationsbezogener Interpretationen gesichert, fachlich durch Spezialisten bearbeitet, auf syntaktische Fehler hin kontrolliert und systematisiert wird (s. LUHMANN). Dogmatik ist so Selbststeuerung und Mittel der Ausdifferenzierung von Religion als Sinnsystem.

Eine solche Festlegung durch Dogmatik bringt aber auch Probleme mit sich, die gerade im dogmatischen Charakter selbst liegen:

1) Dogmatiken müssen, da sie gesellschaftlich vermittelt werden müssen, mit den Strukturen der Gesellschaft vereinbar sein und bleiben und können vom Problem der *Entfremdung* betroffen sein. Dies liegt zuerst einmal in der historischen Struktur von Dogmen: sie sind geschichtsbedingt formuliert und nur aus dem Kontext ihrer historischen Entstehung zu verstehen, dem sie dann durch Abstraktion (Festschreibung in Sätzen) entzogen werden. Mit dieser zeitlichen Entgrenzung werden religiöse Themen, da sie zunächst situationsfrei fungieren müssen, der *Auslegung* bedürftig, ihr Erfahrungsinhalt wird interpretationsabhängig (→ Exegese). Damit wohnt dogmatisch formuliertem Sinn ein struktureller Konservativismus (DUX) inne, indem die Dogmatik dazu tendiert, einmal festgelegte Interpretationen als für alle Zeiten gültig zu behaupten. Um trotzdem neue Interpretationen zulassen zu können, wurde innerhalb der katholischen Kirche das »Verfahrensdogma« der Unfehlbarkeit des Papstes etabliert. In anderen Religionsgemeinschaften müssen neue Offenbarungen als Grundlage von Korrekturen bisheriger Interpretationen erfolgen, wie bei den Mormonen, denen verkündet wurde, daß die Zeit der Prüfung für die farbigen Mitbrüder vorbei sei, und daß sie jetzt vollwertige Kirchenmitglieder einschließlich des Rechts zur Priesterweihe seien.

2) Das Problem ist dann, ob auf neu auftauchende Fragen und neu auftauchende Sinnprobleme vom dogmatischen Standpunkt aus immer gültige und die gesellschaftliche Situation sinnhaft definierende Antworten gegeben werden können. Aus der konservativen Grundtendenz dogmatischer Verfestigung von Sinn ergibt sich so ein grundlegendes Kommunikationsproblem für Religion und religiösen Sinn: daß das Glaubenswissen und seine Interpretation für menschliches Handeln immer wieder von neuem in religiösen Kommunikationprozessen ausgehandelt werden muß, und daß ein Religionssystem, in dem solche Kommunikationsprozesse nicht ausreichend gewährleistet sind, sich der Welt und den Bedürfnissen seiner Mitglieder zu entfremden beginnt (Verlust personaler Relevanz). Parallel dazu erfolgt oft eine Fixierung auf die Aufrechterhaltung des spezifisch religiösen Sinnzusammenhangs im »Ghetto« einer sektiererisch »kognitiven Minderheit«.[23]

[23] Siehe BERGER, Soziologische Betrachtungen.

2. Kommunikationsprobleme der Kirche als Organisation

Kirche ist von den möglichen gesellschaftlichen Objektivationen und Verfestigungen von Religion (neben Kult, Sekte, Mystik, s. TROELTSCH) die Form, die den sozialen Sinnzusammenhang konstitutiv miteinbezieht. Religion, objektiviert durch Kirche als Sozialform und vermittelt durch kirchenspezifische Einrichtungen, kann damit nicht als eine jenseits der Gesellschaft bestehende Größe gedacht werden, sondern nur als eine im gesellschaftlichen Zusammenhang und innerhalb gesellschaftlicher Kommunikation sich entwickelnde soziale Organisation. Die Kirche ist so eine durch bestimmte Werte und Normen definierte Institution, die vielfältig funktional mit gesellschaftlichem Handeln verknüpft ist (s. o. A II.3.). Als Organisation verwirklicht sie sich jedoch nur auf der Basis gelungener Kommunikation: Organisation und Kommunikation sind interdependent. Eine bestimmte Organisationsstruktur verweist auf eine analoge Kommunikationsstruktur, und Strukturen kirchlicher Kommunikation sind nur unter Rückbezug auf spezifische Strukturen kirchlicher Organisation beschreibbar und erklärbar. Indem das Prinzip religiös-kirchlicher Kommunikationsorganisation letztlich im Dogma zu suchen ist, können kirchliche Kommunikationsprozesse sehr leicht in *Dogmatismus* ausarten, d. h. in eine dogmatische Methode auch des Kommunikationsablaufs. Die Kommunikationsorganisation der Kirche droht so in wichtigen Elementen einer als Sinnaustauschprozeß verstandenen Kommunikation zu widersprechen, da der kirchliche Kommunikationsprozeß durch hierarchisch und dogmatisch abgesicherte Positionen, die Wahl von typischen Kommunikationsmedien (Predigt, Verkündigung) und durch die Fixierung der Position des Laien als bloßen Rezipienten gekennzeichnet ist. All dies verfehlt tendenziell eine Kommunikation als wechselseitige Ausformulierung beiderseitiger Sinnperspektiven. Kirche sieht sich damit einem wachsenden kommunikativen Defizit gegenüber, das sich auch in zunehmender Distanz der Kirchenmitglieder zur Organisation äußert.

Für die Kirche als soziale → Gruppe sind aber neben kognitiven auch expressive Elemente der Kommunikation wesentlich, um eine effektive Übertragung von religiösem Sinn zu erreichen. Voraussetzung dafür sind gemeinschaftlich anerkannte *expressive Symbole.* Eine solche gesellschaftliche Übereinkunft der Anerkennung von Symbolen und deren Inhalten beruht darauf, daß die Kommunikationspartner damit rechnen können, daß sie ähnlich verstanden und ähnlich verarbeitet werden. Ein wesentliches Kommunikationsproblem von Kirchen ist dann beispielsweise, daß alle Mitglieder die verwendeten Symbole in gleicher Weise interpretieren und ihr rituelles Handeln danach ausrichten. Nur dadurch werden Zielvorstellungen, psychische Zustände und mit emotionalen Komponenten verbundene Akte in gleicher Weise vermittelt. Verständigung erfolgt dann nicht nur über den kognitiven, sondern auch über den emotionalen Gehalt religiöser Symbole, sodaß insgesamt die Kommunikation der religiösen Gruppe nicht zusammenbricht.[24]

Auch dies wird durch das dogmatische Selbstverständnis von Kirchen problematisch, da dieses darauf hinausläuft, daß sie sich selbst als eine von allen anderen sozialen Gebilden qualitativ Unterschiedenes begreifen. Die katholische Kirche im besonderen repräsentiert ein »Reich Gottes«, eine transzendente Welt in der diesseitigen Welt, sie begreift

---

24 Vgl. FREUDs Thesen zu Kirche und religiöser Identifikation über die Symbolfigur Jesus in »Massenpsychologie und Ich-Analyse« (1921), Ges. Werke XIII, 76.

sich als heilig, als »Leib Christi« usw. Ein aus dieser Relation hergeleitetes Selbstverständnis, das dogmatisch fixiert wird, ergibt eine Reihe von Ursachen spezifischer Kommunikationsschranken. Die Vorstellung von zwei einander ausschließenden Weisen des Verstehens und des Gebrauchs von Symbolen (auf der einen Seite Glaube und Geltung des Dogmas an sich, auf der anderen Verständigung und Geltung von Symbolen für beteiligte Kommunikationspartner) führt praktisch zur Zweiteilung in Gläubige und Ungläubige, in Kirche und Welt, in eine Zweiteilung des Kommunikationsraumes, dessen Grenze mitten durch die Kirche und mitten durch die Identität eines Christen geht. Theologisch ausformuliert ist diese Zweiteilung in der Lutherischen Zwei-Reich-Lehre. Kirche tendiert daher von ihrem dogmatischen und transzendenten Standort aus prinzipiell dazu, andere religiöse oder säkulare Weltinterpretationen als Irrglaube oder als potentielle Häresie anzusehen. Dies gilt dann nicht nur für Lehrmeinungen anderer religiöser, quasireligiöser oder säkularer Gruppen, sondern auch für von fixierten Auffassungen abweichende, oft expressiv-emotionale Interpretationen innerhalb der eigenen Gruppe. Die Herausbildung immer neuer Formen popularer Religiosität innerhalb der christlichen Kirchen, vom Lehramt bestenfalls geduldet und oft bekämpft, ist ein Beweis für den hier angesprochenen Zusammenhang.[25]

Dies verweist allgemein darauf, daß die Kirche die Universalität ihrer Symbole für selbstverständlich hält und zu wenig dafür sorgt, daß diese Symbole innerhalb eines gemeinsamen Erfahrungsraumens auch vermittelt und geteilt werden. Infolge weitgehender »Symbolentfremdung« (BAUER) wird die Konfrontation mit einer kirchlich-dogmatischen Vorstellungswelt häufig als »schockartiger Übergang« von einer Wirklichkeit in eine andere erfahren, der in organisierten Kommunikationssituationen (Gottesdienst, Amtshandlungen des Priesters usw.) aufgefangen wird. Eine Gewöhnung an solch ritualisierte Handlungen erleichtert die Kommunikation zunächst äußerlich. Doch dem Zwang, einen Gottesdienst und seine verschiedenen Ausdrucksformen (Gebet, Gesang, Predigt) nachzuvollziehen, vermag man sich durch die Anonymität der Teilnahme und den eindimensionalen Charakter der Kommunikation individuell zu entziehen, sodaß Verständigung über Symbole dann trotzdem häufig nicht stattfindet.

Unter bestimmten kulturellen Bedingungen konvergieren all die angeführten Probleme der Verständigung über Symbole, der Verankerung und Interpretation kirchlicher Dogmatik in der Lebenswelt der Menschen in der Rolle des *Priesters* bzw. Kultfunktionärs als Vermittler zwischen Kultgemeinde, Kirche, Gemeinde und Gott. In seiner Rolle und innerhalb der darin enthaltenen Rollensegmente sind die Widersprüche auszuagieren und innerhalb der organisatorischen Rahmenbedingungen zu bewältigen.[26]

III. Ausblick: Religion als Metakommunikation

Metakommunikation bedeutet, über Kommunikationsprozesse zu kommunizieren, diese zum Gegenstand besonderer Kommunikation zu machen. Dies geschieht implizit in allen Kommunikationssituationen, die auf Konsens und reflexiver Koorientierung beruhen: ich erwarte, was der andere von mir erwartet, und handle danach; Interaktion ohne

---

[25] S. dazu EBERTZ, SCHULTHEIS (Hrsg.), Volksfrömmigkeit in Europa.

[26] S. dazu BORMANN, BORMANN-HEISCHKEIL, Theorie und Praxis kirchlicher Organisation, 178 ff.

direkte Kommunikation, sondern als wortloses Verstehen findet statt. Explizite Metakommunikation wird erforderlich, wenn Mißverständnisse drohen, Verstehen nicht stattfindet. Metakommunikation bedeutet dann, aus dem unmittelbaren Kommunikationsvollzug reflektierend beiseitezutreten und diesen kritisch und wertend zu betrachten. Die Fähigkeit zur Metakommunikation ist damit Wesensbestandteil der kommunikativen Kompetenz von Menschen. Indem nun religiöse Vorstellungen und Deutungsmuster Bezugspunkte jenseits der personalen und sozialen Existenz und jenseits aller konkreten Kommunikationssituationen beinhalten, erscheint Religion als wichtiger (und entwicklungsgeschichtlich erster, s. DÖBERT) Ansatzpunkt für Metakommunikation. In den am meisten ausformulierten religiösen Deutungssystemen sind Umrisse einer universalistischen Moral entfaltet, die als metakommunikative Randbedingungen für diskursive Verständigung über die selbstbestimmte und reflektierte Gestaltung menschlicher Lebensverhältnisse erscheinen.[27] Oder, wie es P. L. BERGER schlichter formuliert: Religion gibt »die Gewißheit, daß das Jeweilige nicht das ein und alles unseres Daseins«[28] ist, und läßt die Vorläufigkeit und Änderbarkeit sozialen Sinns zu Bewußtsein kommen.

Literatur

1. Zu Kommunikation allgemein

BAACKE, D., Kommunikation und Kompetenz, 1973; BADURA, P., Sprachbarrieren. Zur Soziologie der Kommunikation, 1971; BERGER, P. L., LUCKMANN, TH., Die gesellschaftliche Konstruktion der Wirklichkeit, 1969; BERNSTEIN, B., Class, Codes and Control, Bd. 1: Theoretical Studies towards a Sociology of Language, 1971 (dt. 1972); CASSIRER, E., Die Philosophie der symbolischen Formen, Bd. 1: Die Sprache, 1923; CHOMSKY, N., Language and Mind, 1968 (dt. 1970); CICOUREL, A. V., Sprache in der sozialen Interaktion, 1975 (am. 1973); DANCE, F. E., Human Communication Theory, 1967; ENGEL, U., SCHWENCKE, O. (Hrsg.), Gegenwartssprache und Gesellschaft. Beiträge zu aktuellen Fragen der Kommunikation, 1972; FREUD, S., Gesammelte Werke, 1940 ff. (Londoner Ausg.); GEHLEN, A., Der Mensch. Seine Natur und Stellung in der Welt, [6]1958; ders., Urmensch und Spätkultur, 1956; GRIPP, H., Und es gibt sie doch. Zur kommunikationstheoretischen Begründung der Vernunft bei Jürgen Habermas, 1984; HABERMAS, J., Strukturwandel der Öffentlichkeit, [4]1969; ders., Theorie des kommunikativen Handelns, 2 Bde., 1981; ders., LUHMANN, N., Theorie der Gesellschaft oder Sozialtechnologie. Was leistet die Systemforschung?, 1971; HARTIG, M., KURZ, U., Sprache als soziale Kontrolle. Neue Ansätze der Soziolinguistik, 1971; HOLZER, H., Gescheiterte Aufklärung. Politik, Ökonomie und Kommunikation in der BRD, 1971; ders., Medien in der BRD, 1980; ders., STEINBACHER, K. (Hrsg.), Sprache und Gesellschaft, 1972; HUMBOLDT, W. v., Über die Verschiedenheit des menschlichen Sprachbaues und ihren Einfluß auf die geistige Entwicklung des Menschengeschlechts, 1836; HYMES, D., Language in Culture and Society, 1964; KNOBLAUCH, H., Die sozialen Zeitkategorien der Hopi und Nuer, in: FÜRSTENBERG, F., MÖRTH, I., Zeit als Strukturelement von Lebenswelt und Gesellschaft, 1986, 327 ff.; KRAMPEN, M., u. a. (Hrsg.), Die Welt als Zeichen. Klassiker der modernen Semiotik, 1981; LASSWELL, G., The Structure and Function of Communication in Society, in: BRYSON, L. (Hrsg.), The Communication of Ideas, 1948; LAZARSFELD, P. F., BERELSON, B., GAUDET, H., The people's choice, [2]1948 (dt. 1969); LUCKMANN, TH., Sprache, in: KÖNIG, R. (Hrsg.), Handbuch der empirischen Sozialforschung, Bd. 13 ([2]1979) 1 ff.; LUHMANN, N., Moderne Systemtheorie als Form gesamtgesellschaftlicher Analyse, in: HABERMAS, J., LUHMANN, N., a.a.O.; ders., Soziale Systeme, 1984; MALOTKI, E., Hopi

[27] HABERMAS, Moralbewußtsein und kommunikatives Handeln.
[28] BERGER, Auf den Spuren der Engel, 134.

Time. A Linguistic Analysis of the Temporal Concepts of Hopi Language, 1983; MARX, K., Werke, Schriften, Briefe (Karl-Marx-Ausgabe), 1962; MORRIS, CH., Grundlagen der Zeichentheorie, 1972; NEGT, O., KLUGE, A., Öffentlichkeit und Erfahrung. Zur Organisation von bürgerlicher und proletarischer Öffentlichkeit, 1972; OEVERMANN, U., Sprache und soziale Herkunft, 1972; PARSONS, T., The Social System, 1951; PIAGET, J., Das moralische Urteil beim Kinde (frz. 1932), 1954; PLESSNER, H., Die Stufen des Organischen und der Mensch, [2]1965; PROKOP, D. (Hrsg.), Massenkommunikationsforschung, 2 Bde., 1972/73; PROSS, H., Publizistik, 1970; ders., Medienforschung – Film, Funk, Presse, Fernsehen, 1972; REIMANN, H., Kommunikationssysteme. Umrisse einer Soziologie der Vermittlungs- und Mitteilungsprozesse, 1968; RONNEBERGER, F. (Hrsg.), Sozialisation durch Massenkommunikation, 1971; SAPIR, E., Die Sprache (am. 1921), 1961; SAUSSURE, F. DE, Grundfragen der allgemeinen Sprachwissenschaft, 2, 1967 (zuerst frz. 1916); SCHULZ V. THUN, F., Miteinander reden. Störungen und Klärungen, Psychologie der zwischenmenschllichen Kommunikation, 1981; SCHÜTZ, A., LUCKMANN, T., Strukturen der Lebenswelt, Bd. 1, [2]1979, Bd. 2, 1984; SHANNON, C., WEAVER, W., The Mathematical Theory of Communication, 1949; SIEGRIST, J., Das Consensus-Modell. Studien zur Interaktionstheorie und zur kognitiven Sozialisation, 1970; SPITZ, R. A., Hospitalismus (I/II), 1945 (dt. 1968, in: BITTNER, G. u. a. (Hrsg.), Erziehung in früher Kindheit); THAYER, L., Communication and Communication Systems in Organisation, Management and Interpersonal Relationes, 1968; TOLMAN, E. C., A Psychological Modell, in: PARSONS, T., SHILS, E. (Hrsg.), Towards an General Theory of Action, [2]1962; WATZLAWICK, P., BEAVIN, J., JACKSON, D., Menschliche Kommunikation, Formen, Störungen, Paradoxien, [3]1973; WHORF, B., Sprache, Denken, Wirklichkeit, hrsg. v. J. B. CARROLL (am. 1956), 1963.

2. Zu Religion und Kommunikation

BAHR, H. E., Verkündigung als Information, 1968; BASTIAN, H., Verfremdung und Verkündigung. Gibt es eine theologische Informationstheorie?; BAUER, TH. A., Streitpunkt Dogma. Materialien zur Systemtheorie und Systemkritik kommunikativen Handelns in der Kirche, 1982; BERGER, P. L., The Social Reality of Religion, 1967 (dt. 1973); ders., Auf den Spuren der Engel, 1970 (am. 1969); ders., Soziologische Betrachtungen über die Zukunft der Religion, in: SCHATZ, O. (Hrsg.), Hat die Religion Zukunft?, 1971, 49 ff.; ders., Der Zwang zur Häresie, 1980; BISER, E., Religiöse Sprachbarrieren, 1980; BORMANN, G., BORMANN-HEISCHKEIL, S., Theorie und Praxis kirchlicher Organisation, 1971; BÜHLER, K. W., Die Kirchen und die Massenmedien, 1968; CALVELLI, F., ADORNO, TH. W., Über religiöse Sprache, 1965; Communio et progressio, Über die Instrumente der sozialen Kommunikation, Pastoralinstruktion des II. Vat. Konzils, 1971; CORNEHL, P., BAHR, H. E., Gottesdienst und Öffentlichkeit. Zur Theorie und Didaktik neuer Kommunikation, 1970; DAHM, K. W., LUHMANN, N., STOODT, P., Religion – System und Sozialisation, 1972; DÖBERT, R., Systemtheorie und die Entwicklung religiöser Deutungssysteme, 1973; DURKHEIM, É., Les Formes élémentaires de la vie religieuse, 1912 (engl. 1915, dt. 1982); DUX, G., Ursprung, Funktion und Gehalt der Religion, in: Int. Jahrb. f. Rel. Soz., 8 (1973) 7 ff.; ders., Die Logik der Weltbilder, 1982; EBERTZ, M., SCHULTHEIS, F. (Hrsg.), Volksfrömmigkeit in Europa. Beiträge zur Soziologie popularer Religiosität aus 14 Ländern, 1986; FISCHER, W., MARHOLD, W. (Hrsg.), Religionssoziologie als Wissenssoziologie, 1978; FÜRSTENBERG, F., MÖRTH, I., Religion, in: R. König (Hrsg.), Handbuch der empirischen Sozialforschung, Bd. 14 ([2]1979) 1 ff.; HABERMAS, J., Moralbewußtsein und kommunikatives Handeln, 1983; HAHN, A., Religion und der Verlust der Sinngebung, 1974; ders., Zur Soziologie der Beichte und anderer institutionalisierter Bekenntnisse, in: Kölner Ztschr. f. Soziol. u. Sozialpsych. 31 (1982), 431 ff.; HELLE, H. J., Symboltheorie und religiöse Praxis, in: WÖSSNER, J. (Hrsg.), Religion im Umbruch, 1972, 200 ff.; HIGH, M. D. (Hrsg.), Sprachanalyse und religiöses Sprechen, 1972; HOLL, A., Gott im Nachrichtennetz. Religiöse Infomation in der modernen Gesellschaft, 1968; HUBER, W., Kirche und Öffentlichkeit, 1972; JUNG, C. G., Psychology and Religion, 1938; ders., Seelenprobleme der Gegenwart, [11]1950; LUHMANN, N., Funktion der Religion, 1977; MALINOWSKI, B., Magic, Science and Religion, and Other Essays, 1948; MARX, K., ENGELS, F., Über Religion, 1976, hrsg. vom Instit. f. Marxismus-Leninismus, Berlin (Ost); MATTHES, J., Religion und Gesellschaft, 1967; MÖRTH, I., Die gesellschaftliche Wirklichkeit von Religion. Grundlegung einer allgemeinen Religionstheorie, 1978; ders., Lebenswelt und religiöse Sinnstiftung, 1986; OTTO, R., Das Heilige, [30]1958 (zuerst 1917); ROKEACH, M., The Open and the Closed mind. Investigations into the Nature of Belief Systems and Personality Systems, 1960;

ROLOFF, J. (Hrsg.), Predigt als Kommunikation, 1972; SANTONI, R. E. (Hrsg.), Religious Languages and the Problem of Religious Knowledge, 1968; SCHELSKY, H., Ist die Dauerreflexion institutionalisierbar, in: ders., Auf der Suche nach Wirklichkeit, 1965 (zuerst 1957); SCHIBILSKY, M., Konstitutionsbedingungen religiöser Kompetenz, in: FISCHER, W., MARHOLD, W., a.a.O., 73ff.; SCHMOLKE, M., Die schlechte Presse. Katholiken zwischen »Katholik« und »Publik«, 1971; SPIEGEL, Y. (Hrsg.), Erinnern–Wiederholen–Durcharbeiten. Zur Sozialpsychologie des Gottesdienstes, 1972; ders. (Hrsg.), Kirche und Klassenbindung, 1976; TENBRUCK, F., Wissenschaft und Religion, in: WÖSSNER, J. (Hrsg.), Religion im Umbruch, 1972, 217ff.; TROELTSCH, E., Die Soziallehren der christlichen Kirchen und Gruppen, 1912 (Ndr. [2]1965); VERGOTE, A., Religionspsychologie, 1970; VITZ, P., Psychology as Religion, 1977; WASSNER, R., Magie und Psychotherapie, 1984; WEBER, M., Wirtschaft und Gesellschaft. Studienausgabe, 1964 (zuerst 1922); ders., Gesammelte Aufsätze zur Religionssoziologie, [4]1947.

Ingo Mörth

→ *Religionsästhetik (Bd. 1), Religionssoziologie (Bd. 1), Divination, Dogma, Gruppe/ Gruppendynamik, Interaktion, Kirche, Kult, Opfer, Symbol*

Kommunion

→ *Eucharistie, Kommensalität.*

Kompensation

I. Wort und Begriff II. Kompensationsmodelle in Theologie und Religionsphilosophie 1. Patristische Theologie 2. Theodizee III. Der Kompensationsbegriff in der Religionskritik 1. L. Feuerbach 2. K. Marx 3. M. Stirner 4. S. Kierkegaard 5. F. Nietzsche 6. S. Freud

I. Wort und Begriff

1. Der häufig verwendete Begriff Kompensation verbindet sich in seiner modernen Fassung mit der Individualpsychologie ALFRED ADLERS; er hat daher heute fast immer eine mehr oder weniger ausgeprägte psychologische Bedeutung. Unübersehbar ist diese psychologische Konnotation auch in der religionswissenschaftlichen Verwendung des Begriffs, wenn unter dem Titel einer »Kompensationstheorie« alle theoretischen Ansätze subsumiert werden, die in der Religion »die soziale Funktion eines Kompensators für innerweltliche Frustration«[1] am Werke sehen. Dieser Strang einer möglichen Erklärung

[1] So F. FÜRSTENBERG, Art. »Religionssoziologie« in: RGG[3] 5, 1960, 1027.

von Religion grenzt sich ab: erstens gegen die unter dem Stichwort »Integrationsthese« zusammengefaßten Ansätze von ÉMILE DURKHEIM und seiner Schule, die in der Religion einen wesentlichen Integrationsfaktor der Gesellschaft sehen und meist das normative Wertsystem der Religion als Grundlage gesellschaftlich sanktionierter Verhaltensweisen interpretieren. Er grenzt sich zweitens ab gegen die ›Säkularisierungsthese‹, die von MAX WEBER formuliert wurde und als kultursoziologische Leithypothese die fortschreitende Entzauberung der Welt durch Rationalisierung annimmt.

2. Das lat. Wort *compensatio* bedeutet Ausgleichung und Abwägung in einem ökonomisch-praktischen Sinn; es kommt aus der römischen Handelssprache und kann noch im Mittelalter schlicht »Geschäft« bedeuten; schon im 2. Jh. n. Chr. ist es bei GAIUS[2] als Begriff der Rechtssprache nachweisbar: gemeint ist die gegenseitige Aufrechnung einer Forderung und Gegenforderung. Noch heute findet das Wort Anwendung in vielen Bereichen, ohne daß sich die ursprüngliche Bedeutung grundsätzlich verändert hätte; sie erhält lediglich eine jeweils fachspezifische Präzisierung: In der Wirtschaft meint Kompensation Ausgleich durch Verrechnung oder Entschädigung (meist nur durch Waren, nicht durch Geld); in der Medizin Ausgleich der verminderten Leistung eines Organs durch gesteigerte Tätigkeit; im Strafrecht Strafausgleichung bei wechselseitigem Verschulden; in der Physik Ausgleich einer Wirkung durch eine Gegenwirkung.
Eine neue Qualität erhält der Begriff mit A. ADLERs *»Studie über Minderwertigkeit von Organen«* (1907): »alle Erscheinungen der Neurosen und Psychosen (sind) zurückzuführen auf Organminderwertigkeit, den Grad und die Art der nicht völlig gelungenen zentralen Kompensation und auf eintretende Kompensations-Störungen.«[3] Aus der angeborenen biologischen Minderwertigkeit des Kindes leitet ADLER die Notwendigkeit ab, diesen biologischen Mangel durch besondere psychische und geistige Leistungen auszugleichen. Kompensation meint nicht mehr nur einen Ausgleich innerhalb derselben Sphäre, sondern beschreibt einen qualitativen Sprung: Verwandlung einer auferlegten Naturausstattung in psychische und geistige Fähigkeiten. Aus solcher Art von Kompensation entsteht etwas qualitativ Neues, denn diese aus der Not geborene Lösung schafft nicht nur einen Ausgleich, sondern zusätzlich eine Steigerung; der Mangel gebiert Chancen.

II. Kompensationsmodelle in Theologie und Religionsphilosophie

1. Patristische Theologie

Die ökonomisch-juristische Bedeutung des Begriffs spielt in der christlichen Religion immer dort eine Rolle, wo das Verhältnis von menschlicher Schuld und Sünde zu göttlicher Rechtfertigung und Ausgleichsfürsorge thematisiert wird, und bezieht sich dann auf Fragen der soteriologisch-providentiellen Ökonomie Gottes. »Die durch die Sünde geschehene Korruption macht der menschgewordene Gott wieder gut durch sein Blut«; wörtlich: *»compensatione sanguinis sui«*[4] – so TERTULLIAN. Am Beispiel leiden-

[2] GAIUS, Institutiones 4, 66.
[3] A. ADLER, Studie über Minderwertigkeit von Organen, ²1927, 69.
[4] TERTULLIAN, Apologeticum 50, 15.

der Kinder fragt AUGUSTIN rechtfertigend: »Wer weiß, was Gott eben den Kindern in der Verborgenheit seiner Ratschlüsse an gütigem Ausgleich aufbehält?«[5]

2. Theodizee

Im 18. Jahrhundert erscheint das Problem erneuert innerhalb der Theodizee: nun ist die Frage möglicher Kompensation nicht mehr auf die Sünde, sondern auf das Übel und einen innerweltlichen Ausgleich bezogen. LEIBNIZ und der frühe KANT teilen die optimistische Auffassung, die vernünftige Güte Gottes schaffe eine innerweltliche Kompensation. So schreibt LEIBNIZ voll Vertrauen: *»L'auteur de la nature a compensé ces maux et autres qui n'arrivent que rarement, par mille commodités ordinaires et continuelles.«*[6] Ganz ähnlich heißt es bei KANT: *»Nam ea ipsa malorum ... compensatio ... est proprie ille finis, quem ob oculos habuit divinus artifex.«*[7] (Denn eben diese Kompensation der Übel ist eigentlich jener Zweck, den der göttliche Künstler vor Augen gehabt hat.)
Im Pantheismus tritt die Natur an die Stelle Gottes. So bleibt der alte ökonomische Sinn auch hier noch in verwandelter Bedeutung erhalten: in der Idee eines haushälterischen Gebens und Nehmens, bezogen auf eine Ökonomie der Natur. So formuliert GOETHE das »Gesetz: ... daß keinem Teil etwas zugelegt werden könne ohne daß einem andern dagegen etwas abgezogen werde, und umgekehrt.«[8]

III. Der Kompensationsbegriff in der Religionskritik

Für das 19. Jahrhundert lassen sich die aus HEGELS Religionsphilosophie abgeleiteten Positionen radikaler Kritik an der Religion unter dem Oberbegriff einer Kompensationstheorie zusammenfassen.

1. LUDWIG FEUERBACH

Den Weg für diese Kompensationstheorie hat LUDWIG FEUERBACH gewiesen, auch wenn er selbst ihn letztlich nicht beschritt. Er interpretiert die Religion als eine erste, unvollständige Form der Selbsterkenntnis des Menschen – unvollständig deshalb, weil sie ihm nicht als eine solche bewußt ist. Aufgabe der Religionskritik ist daher eine einfache Form »therapeutischer« und »praktischer« Zurückführung, indem diese »pathologische« Form der Entfremdung – wie FEUERBACH in auffällig psychologischen Termini formuliert – rückgängig gemacht wird, und dem Menschen die Bestimmung der Unendlichkeit seines eigenen Wesens, das er bisher in die Religion gelegt hat, als Bestimmung seines eigenen unendlichen Wesens zurückgegeben wird. Das Geheimnis der Theologie sei die

[5] AUGUSTIN, De libero arbitrio 3, 23, 68.
[6] G. W. LEIBNIZ, Essais de Théodicée (1710) in: Philosophische Schriften, hrsg. v. C. J. GERHARDT 6, 1961, 409.
[7] I. KANT, Principiorum primorum cognitionis metaphysicae nova dilucidatio, 1755, in: Akademie-Ausgabe, I, 1910, 405.
[8] J. W. v. GOETHE, Erster Entwurf einer allgemeinen Einleitung in die vergleichende Anatomie, ausgehend von der Osteologie, 1795, in: Hamburger Ausgabe, 13, 1955, 176f.

Anthropologie[9] – diese Einsicht FEUERBACHs wird zur Grundmelodie aller späteren religionskritischen Ansätze.

2. KARL MARX

Einen entschiedenen Schritt weiter geht KARL MARX. Er übernimmt das Konzept der Entfremdung von FEUERBACH, kritisiert es aber als unvollständig und versucht zu beweisen, daß das Dasein der Religion – die den Menschen entzweit – auf eine vorgängige Entzweiung innerhalb der gesellschaftlichen Basis verweist, aus der die religiöse Selbstentfremdung entspringt. Die Religion erscheint ihm als Ausdruck eines gesellschaftlichen Mangels, der nur durch praktisch-revolutionäres Handeln aufgehoben werden kann. »Wie der Mensch, solange er religiös befangen ist, sein Wesen nur zu vergegenständlichen weiß, indem er es zu einem fremden, phantastischen Wesen macht, so kann er sich unter der Herrschaft des egoistischen Bedürfnisses nur praktisch betätigen, nur praktisch Gegenstände erzeugen, indem er seine Produkte, wie seine Tätigkeit, unter die Herrschaft eines fremden Wesens stellt und ihnen die Bedeutung eines fremden Wesens – des Geldes – verleiht.«[10] Die Religion ist jedoch nicht nur Zeichen eines Mangels, sie gewährt zugleich eine illusionäre Überwindung des irdischen Elends und enthält in diesem ebenso unbeirrbaren wie falsch lokalisierten Glücksversprechen eine verquere Form von Protest. Soweit die Religion das irdische Jammertal und dessen sehr reale, gesellschaftliche Ursachen verklärt und mit Verweis auf künftiges himmlisches Glück sowie dortigen Ausgleich sogar zu ertragen hilft, muß die Aufgabe marxistischer Religionskritik zunächst eine negative sein: Sie enttäuscht den Menschen. Aber sie zerstört sein illusionäres Glück nur deshalb, weil die imaginären Blumen der Religiosität, mit denen der Mensch seine Ketten zu schmücken weiß, ihn davon abhalten, daß »er die Kette abwerfe und die lebendige Blume breche.«[11]

3. MAX STIRNER

MAX STIRNER treibt die kritische Destruktion verhüllter theologischer Kategorien weiter voran: In den allgemeinen anthropologischen Wesensbestimmungen erkennt er das Überleben theologischen Denkens, weil in der zum höchsten Wesen erhobenen Menschheit nur der Gott, nicht aber auch der Mensch gestorben sei. Gegen die traditionelle Unterscheidung in Sollen und Sein, Wesen und Erscheinung setzt STIRNER seine nur formal gemeinte Bestimmung des »Egoisten« als äußerste Möglichkeit der je eigensten Aneignung seiner selbst wie der Welt. Wenn STIRNER, radikal diesseitig, frech gegen alle theologischen und anthropologischen Wesensbestimmungen »Ich hab mein Sach' auf Nichts gestellt« pfeift, so setzt er in dieses vorgängige, objektive Nichts sich selber als das »schöpferische Nichts, das Nichts, aus welchem ich selbst als Schöpfer alles schaffe.«[12] Dies ist die STIRNER*sche* Variante von Kompensation: aus der Destruktion aller Wesensbestimmungen entspringt als Ausgleich aus dem existentiellen Nichts die Möglichkeit

---

[9] L. FEUERBACH, Das Wesen des Christentums (1841), hrsg. v. E. Thies, 1971, 13.

[10] K. MARX, Zur Judenfrage (1844), in: Marx-Engels-Werke (MEW) I, 376f.

[11] Ders., Zur Kritik der Hegelschen Rechtsphilosophie. Einleitung (1843/44), in: MEW I, 379.

[12] M. STIRNER: Der Einzige und sein Eigentum (1845), hrsg. v. A. RUEST, 1924, 24.

des Entwurfs seiner selbst. Der Mangel an vorgegebener Wesensbestimmung schafft in einem kompensatorischen Akt die Freiheit des schöpferischen Ichs.

4. Sören Kierkegaard

Sören Kierkegaard teilt mit Stirner dasselbe Problem, allerdings religiös und schwermütig formuliert: Es ist der aus extremer Vereinzelung entspringende Nihilismus, vor den sich Kierkegaard gestellt sieht, nachdem er alle bestehende Objektivität des Christentums negiert hat. Er will den Menschen ganz auf sich und damit vor das Nichts stellen, um ihn damit zur Entscheidung zu zwingen: »Entweder« er verzweifelt, »Oder« er wagt den Sprung in den Glauben als ein je eigenes Gottesverhältnis. Der existentielle Nihilismus erfährt hier Kompensation und Rettung durch den Glauben, der die völlig grundlose Subjektivität im Salto mortale vor Gott bringt.

5. Friedrich Nietzsche

Die psychologische Erklärung der Religion und der Wunsch nach therapeutischer Aufhebung schreitet mit Nietzsche weiter voran. Nach ihm sind Schuld und Sünde das Zeichen eines spezifisch christlichen Seinsverständnisses. Der Christ legt sein Leiden auf Sünde hin aus, denn »Gründe erleichtern« und »hat man sein Warum gefunden, so verträgt man sich mit jedem Wie«.[13] Alle Moral und Religion entspringt nach ihm dem Irrtum der imaginären Ursachen. Alles Unbekannte mache dem Menschen Angst, daher die »Hypothese Gott« als erste Ursache und Grund der Erklärung. Was bei Kierkegaard nur implizit ausgedrückt ist, setzt Nietzsche ganz bewußt: Die Lust ist das Kriterium der Wahrheit und daher neigt sich ihr Ja allem zu, was von Angst und Furcht befreien kann.[14] – Kompensation von Angst und Unwissenheit durch Gott als erste Ursache ist die Genese der Religion nach Nietzsche.

Der Preis für diese Lösung jedoch ist hoch. Das Christentum hat – so Nietzsche – aus einer Welt ohne Sündengefühle eine Welt der Sünder hervorgebracht; es hat den »Kranken« zum schuldigen »Sünder« gemacht. Von daher auch seine Hoffnung für die Zukunft: »Die Aussicht ist nicht abzuweisen, daß der vollkommene und endgültige Sieg des Atheismus die Menschheit von diesem ganzen Gefühl, Schulden gegen ihren Anfang, ihre causa prima zu haben, lösen dürfte. Atheismus und eine Art zweiter Unschuld gehören zusammen.«[15]

6. Sigmund Freud

Nicht in der Begründung selber, aber im Resultat ist Sigmund Freuds Theorie der Religion derjenigen Nietzsches verblüffend ähnlich. Den Begriff der Kompensation überläßt Freud der Individualpsychologie Adlers; ja, er versucht, ihn tunlichst zu vermeiden. In *»Die Zukunft einer Illusion«*, geschrieben zwar bereits 1927, nach der Einführung der Todestriebhypothese, aber ganz beflügelt vom Optimismus des Aufklä-

---

[13] Zitiert nach: K. Löwith: Von Hegel zu Nietzsche – Der revolutionäre Bruch im Denken des 19. Jahrhunderts (1941), [7]1978, 393.

[14] F. Nietzsche, Götzendämmerung (1888), in: Werke Bd. II, hrsg. v. K. Schlechta, [7]1973, 75.

[15] Ders., Zur Genealogie der Moral (1887), a.a.O., 881.

rers, einem Optimismus, den er später dämpfte, mag FREUD der Religion keinen Wahrheitsgehalt zubilligen und betrachtet sie hauptsächlich negativ. Die Kultur, so seine These, sorgt zwar für die Selbsterhaltung, sie zwingt jedoch zu Arbeit und Triebverzicht und produziert in den meisten Menschen dadurch ein mehr oder weniger ausgeprägtes Maß von Feindseligkeit gegen sie. Zum wichtigen seelischen Besitz der Kultur gehören daher einerseits ihre Zwangsmittel – die äußeren Verbote und die innere Instanz des Gewissens – andererseits Versöhnungsmittel, die die auferlegten Verzichte erträglich machen sollen. Und zu diesen zählt, neben den narzißtischen Idealen und der Kunst, als ihr am höchsten geschätzter Besitz die Religion. FREUD handelt sie unter dem Begriff der Illusion ab, weil in ihr der Anteil des menschlichen Wunsches an der Theoriebildung hervorsteche. – Die Grundsituation des ungesicherten Menschen wäre eine permanente ängstliche Erwartung vor den ihm drohenden Gefahren und eine Kränkung seines natürlichen Narzißmus durch jederzeit möglichen Tod und immer lauernde Gefahr. Die Bändigung der Angst vor der Übermacht der Natur geschieht in einem ersten Schritt durch ihre Vermenschlichung: Die furchtbaren Naturkräfte werden nach dem Vorbild der dem Kind so machtvoll erschienenen Vaterfigur in Götter verwandelt. Die Sehnsucht nach einem fürsorglichen Vater, der einst das hilflose Kind beschützt und erhalten hat, ist nach FREUD die Quelle aller Religion. Das Wunschbild eines allmächtigen und allgütigen Gottes erscheint als Kompensation menschlicher Unwissenheit und Hilflosigkeit sowie der zahlreichen Leiden, die dem Menschen durch die unerbittliche Notwendigkeit der inneren und äußeren Natur und durch die teils höchst ungerechten, teils notwendigen sozialen Einschränkungen auferlegt sind.[16]

Hanna Gekle

→ *Angst, Frustration, Mangel*

Konfession

1. Der Begriff *Konfession* wird im folgenden überwiegend in der Bedeutung verwendet, die er ab dem 19. Jahrhundert in der deutschen Sprache gefunden hat. Die dem Gerichtswesen nahestehende ursprüngliche Bedeutung von lat. *confiteor, confessio* »Geständnis« ist weitgehend verlorengegangen. Allerdings ist in der Beichtpraxis der katholischen Kirche der alte Wortgehalt erhalten geblieben[1] (→ Beichte). Die im 16. Jahrhundert nachweisbare Verwendung von *confessio* im Sinne von formuliertem Bekenntnisstand einer Religionsgemeinschaft (*confessio Augustana* = Augsburgisches Glaubensbekenntnis) fand zwar Nachfolger auch in den neuen Sprachen (*Westminster Confession*), blieb aber auf die Kirchen der Reformation begrenzt; die katholische lateinische Kirchensprache bevorzugt bis heute *professio*.
Die heutige Bedeutung von Konfession beinhaltet in der deutschen Sprache die Bezeichnung einer organisierten großen christlichen Religionsgemeinschaft, also im Normalfall »evangelisch«, »katholisch«. Obwohl diese Verwendung eindeutig protestantischen

---

[16] S. FREUD, Die Zukunft einer Illusion (1927), in: Studienausgabe Bd. IX, 1974, 152.

[1] PETTAZZONI, La confessione dei peccati.

Ursprungs ist, wird sie von außerkirchlichen Instanzen auch auf die katholische Kirche angewendet. Kleinere christliche → Gruppen (sogenannte → Sekten) werden dagegen so gut wie nie mit dem Begriff Konfession bezeichnet.
Es wurde oben darauf hingewiesen, daß der Begriff Konfession als Bezeichnung für eine Religionsgemeinschaft eine deutsche Spezialität ist. Die scheinbare Ausnahme der (elsässischen) «*Église de la Confession d'Augsbourg*« ist an einem älteren Sprachgebrauch orientiert. In der englischen und amerikanischen Sprache ist dem deutschen *Konfession* noch am ehesten *denomination* äquivalent, obwohl diesem Wort der abgrenzende Charakter des deutschen Begriffs fehlt und eher auf die unterschiedlichen sozialen und kulturellen Ausprägungen eines gemeinsamen Bekenntnisstandes (*creed*) abhebt.[2]

2. Aber nicht nur die heutige Verwendung des Begriffs ist auf Deutschland beschränkt, auch die Tatsache der Konfessionsbildung ist in ihrer im 16. Jahrhundert erfolgten Gestalt ohne nennenswerte Parallele außerhalb der Grenzen des damaligen Deutschen Reichs; obwohl die Sprache des 16. und 17., ja teilweise noch des 18. Jahrhunderts nicht von Konfessionen, sondern von Religionsparteien oder Religionen spricht.[3] Der historische Vorgang der Konfessionsbildung bezeichnet eine Entwicklung, die zur Herausbildung von zwei (oder drei) Kirchentümern der christlichen Religion führte, die rechtlich legitimiert im selben Rechtsgebiet leben, wobei es keine Rolle spielt, daß innerhalb dieses Rechtsgebiets einige politische Territorien keine konfessionelle Pluralität aufwiesen. Rechtlich fixiert wurde dieser konfessionelle Zustand für das alte Reich endgültig mit dem Friedensschluß von 1648. Die verwickelte Herausbildung des Konfessionalismus zwischen 1555 und 1618 ist neuerdings wieder Gegenstand zahlreicher historischer Untersuchungen geworden.[4] Obwohl also *Konfession* und *Konfessionalisierung* Begriffe der Geschichtsschreibung sind, die erst nachträglich auf Vorgänge angewendet wurden, die von den handelnden Personen selbst anders bezeichnet wurden, ist es sinnvoll mit ihnen zu arbeiten. Dennoch sollte nicht außer Betracht bleiben, daß diese Begriffsbildung dem 19. Jahrhundert entstammt, also einem Jahrhundert, in dem konfessionelle Polemik und Gegensätzlichkeit eine Bedeutung wiedergewannen, die dem eher religiös-irenischen 18. Jahrhundert in dieser Schärfe fremd war.[5] Nicht zufällig erlebten Konfession und Konfessionalität im 19. Jahrhundert eine neue Dimension, weil mit der territorialen Neuordnung die ehemals (wenn auch mit beträchtlichen Ausnahmen) doch häufig gegebene religiöse Einheitlichkeit der Territorialstaaten endgültig beendet war. Damit war auch tendenziell die Einheit von religiöser und politischer Sozialisation aufgehoben. Die Kirchen mußten zur Aufrechterhaltung ihres Bestandes auf eigene Mechanismen zurückgreifen, das heißt auch ohne Mithilfe des Staates ihre Mitglieder sozialisieren und der religiösen Identität versichern – ein Vorgang, der sich zögernd durchsetzte und für die katholische Kirche eher begann. Dies führte zu einer schärferen Betonung der

---

2 NIEBUHR, The Social Sources of Denominationalism, 1929; D. A. MARTIN, The Denomination, in: The British Journal of Sociology 13 (1962/1) 1 ff.

3 Noch das Allgemeine Landrecht für die Preußischen Staaten von 1794 kennt den Begriff *Konfession* in dem hier verwendeten Sinne nicht.

4 ZEEDEN, Die Entstehung der Konfessionen; H. BAIER (Hrsg.), Konfessionalisierung vom 16.–19. Jahrhundert, 1989.

5 SCHWEIGER (Hrsg.), Zwischen Polemik und Irenik; C. KÖHLE-HEZINGER, Evangelisch – katholisch. Untersuchungen zu konfessionellem Vorurteil und Konflikt im 19. und 20. Jahrhundert vornehmlich am Beispiel Württembergs, 1976.

Konfessionsgrenzen, beispielsweise in Fragen der sogenannten Mischehen, die früher eher lax gehandhabt wurden. Die Angehörigen der Konfessionen sollten im Bewußtsein ihrer Unterschiedlichkeit leben und weder auf der familiären noch auf der politischen Ebene über die Konfessionsgrenzen hinweg in zu engen Kontakt geraten. Der nirgends erreichte Endpunkt dieser Entwicklung wäre eine *»versäulte« Gesellschaft*, in der alle wichtigen Institutionen in mindestens zweifacher Ausführung (evangelisch/katholisch) existieren.[6]

Die soziale Entwicklung ging über solche Zielvorstellungen hinweg. Die Zeit nach dem Zweiten Weltkrieg ist gekennzeichnet durch eine weitgehende *Entkonfessionalisierung*. Konfessionelle Zugehörigkeit ist kein Indikator für soziales Verhalten mehr.

Literatur

Kruijt, J. P., Goddijn, W., Versäulung und Entsäulung als soziale Prozesse, in: J. Matthes (Hrsg.), Soziologie und Gesellschaft in den Niederlanden, 1965, 115–149; Niebuhr, H. R., The Social Sources of Denominationalism, 1929; Pettazzoni, R., La confessione dei peccati, , 3 Bde., 1929–1936; Schweiger, G. (Hrsg.), Zwischen Polemik und Irenik. Untersuchungen zum Verhältnis der Konfessionen im späten 18. und frühen 19. Jahrhundert, 1977; Zeeden, E. W., Die Entstehung der Konfessionen, 1965.

Günter Kehrer

→ *Gruppe/Gruppendynamik, Kirche, Sekte*

Konflikt

I. Konfliktkonzeptionen in den Wissenschaften vom Menschen 1. Soziologie 2. Wissenschaft von der Politik 3. Psychologie II. Konflikt als Gegenstand von Religionswissenschaft und Religionsgeschichte 1. Intrareligiöser Konflikt 2. Interreligiöser Konflikt 3. Extra-religiöser Konflikt 4. Religiöse Strukturierungen von Konflikten

Das Wort Konflikt – seit dem 18. Jahrhundert in der deutschen Sprache nachweisbar – ist von dem lateinischen *conflictus* entlehnt, das seinerseits auf das Verbum *confligere* (u. a. »zusammenstoßen«) zurückgeführt werden kann. Der Begriff Konflikt hat neben einer umgangssprachlichen Bedeutung auch spezifisch wissenschaftliche Gehalte, die in den verschiedenen Wissenschaften vom Menschen nicht genau deckungsgleich sind, obwohl bei allen eine unübersehbare Nähe zu der umgangssprachlichen Bedeutung vorliegt. Das Moment des Antagonistischen ist in allen enthalten.

---

[6] Kruijt, Goddijn, Versäulung und Entsäulung als soziale Prozesse.

I. Konfliktkonzeptionen in den Wissenschaften vom Menschen

1. *Soziologie:* Vorstellungen, daß Konflikte der Motor gesellschaftlicher Entwicklungen seien, sind schon bis in die Antike zurückzuverfolgen: Das berühmte Dictum HERAKLITs vom Krieg als Vater aller Dinge, die Vorstellung MACHIAVELLIs, daß der Konflikt zwischen Patriziern und Plebejern der Grund für die Größe Roms war, ebenso wie T. HOBBES' Konzeption des »*homo homini lupus*« seien nur als Beispiele für die »lange unwissenschaftliche Vergangenheit« einer Soziologie des Konflikts genannt.[1] Bis zum heutigen Tag ist die letztlich philosophische Frage, ob der Mensch ein friedliches oder ein aggressives Wesen sei, nicht entscheidbar. Konfliktmodellen von Gesellschaft (T. HOBBES, K. MARX) stehen Modelle des partiellen Konsensus (H. SPENCER, T. PARSONS) gegenüber, die beide ein begrenztes Erklärungspotential besitzen.
Verläßt man diese vorwissenschaftliche Ebene, so kann man von einer eigentlichen Soziologie des Konflikts spätestens bei K. MARX sprechen. MARX sah im Antagonismus der letztlich nicht versöhnbaren Interessengegensätze, die wiederum auf die gesellschaftliche Gestaltung der Produktivkräfte zurückgeführt werden müssen, das soziologisch bedeutsamste Moment der Gesellschaftsentwicklung, allerdings mit dem Endpunkt einer Gesellschaft, die weiterhin kulturelle und soziale Evolution kennt, aber keinen Antagonismus von Klassen mehr.[2] Nicht primär ökonomisch determinierte Konflikte als strukturelle Gegebenheiten jedes sozialen Zusammenlebens wurden im Werk von L. GUMPLOWICZ[3] und G. RATZENHOFER[4] als »Rassenkampf« oder als »Gesetz der absoluten Feindseligkeit« thematisiert.
Eine über Globalanalysen hinausreichende theoretische Ebene in der Soziologie des Konflikts wurde mit der formalen Soziologie G. SIMMELs erreicht. Besonders das Kapitel »*Der Streit*« in seinem soziologischen Hauptwerk[5] sollte zum locus classicus werden. In ihm entwickelt SIMMEL eine ganze Anzahl von Hypothesen über die Funktion von Konflikten innerhalb einer Gruppe und zwischen Gruppen, die bis heute nachwirken. Nur als Beispiel sei die These genannt, daß der Konflikt zwischen Gruppen umso erbitterter ist, je näher die Gruppen (etwa ideologisch) sich stehen, oder die Vermutung, daß Ziel- und/oder Mittelkonflikte eher lösbar sind, als solche, die auf subjektiven Empfindungen beruhen. Besonders in den USA hat SIMMEL vor dem ersten Weltkrieg mit seiner Konflikttheorie gewirkt.[6] – Nachdem es bis in die 50er Jahre in der international dominierenden amerikanischen Soziologie praktisch für mehrere Dekaden keine Soziologie des Konflikts gab, eröffnete L. A. COSER 1956 wieder die Diskussion: Gestützt auf SIMMEL, ihn paraphrasierend und zugleich ausbauend vertrat COSER die These, daß Konflikte nicht nur als Störfälle zu betrachten seien, sondern geradezu die Stabilität einer Gesellschaft stärken können. Man denke an die Kanalisierung von feindseligen Gefühlen durch kontrollierte Aggressivität (Sicherheitsventilfunktion). Eher in einem differenzier-

---

1 NEMETZADE, Strukturanalyse des sozialen Konflikts, 4.

2 Am kürzesten: MARX, ENGELS, Manifest der Kommunistischen Partei.

3 L. GUMPLOWICZ, Der Rassenkampf, ²1909; ders., Grundriß der Soziologie, ²1905.

4 G. RATZENHOFER, Wesen und Zweck der Politik, 1893; ders., Die soziologische Erkenntnis, 1898.

5 SIMMEL, Der Streit, in: ders., Soziologie, 186–255.

6 Vgl. die Arbeiten von A. W. SMALL (Lit.-verz.); dazu: COSER, The Functions of Social Conflict, 15–31.

ten Rückgriff auf MARX – unter Einschluß von Herrschafts- und → Elitekonzeptionen V. PARETOS und G. MOSCAS – belebte R. DAHRENDORF durch eine Kombination von Schichtungs- und Konflikttheorie die Diskussion neu.[7]

2. *Wissenschaft von der Politik:* Obwohl Verbindungslinien zwischen Politologie und Soziologie zahlreich sind, lassen sich in der Konfliktforschung beider Disziplinen bedeutsame Unterschiede feststellen. Während in der Soziologie die Konfliktforschung sich weitgehend im Bereich der Industrie- und Betriebssoziologie abspielte (und dann oft genug als Polemik gegen die Harmonisierungstendenzen der *Human-Relations-School*[8] – hatte die Politikwissenschaft auf dem Gebiet der Internationalen Beziehungen einen Gegenstand des Konflikts von höchster Relevanz und zugleich vitalem Interesse für die Menschheit: Kalter Krieg, Bedrohung durch Nuklearwaffen bis zur Vernichtung der Menschheit riefen nach Strategien, die das Überleben sichern könnten. Im Rahmen dieses Handbuchs ist es nicht möglich, nur annäherungsweise auf die verschiedenen Ansätze zur Bewältigung von Konflikten in internationalen Beziehungen einzugehen.[9] Ziel aller Ansätze ist es zu zeigen – teilweise auch durch formalisierte Modelle –, daß durch Verhandlungen und Abbau von Drohverhalten beide Konfliktpartner ihre Ziele besser erreichen können. Lernen anstelle von Macht (Macht im Sinne von DEUTSCH definiert als die Fähigkeit, nicht lernen zu müssen) ist die Quintessenz dieser Theorien, die ihre politische Nähe zu den Entspannungspolitiken seit J. F. Kennedy nicht verleugnen können und wollen. – Auch in der Nationalökonomie ist über die Kategorie des *bargaining* theoretisch sehr anspruchsvoll gezeigt worden, daß Austauschbeziehungen nicht unbedingt in den Schemata von Null-Summen-Spielen gedacht werden müssen.[10]

Bei allen eben erwähnten Ansätzen stellt sich fast unausweichlich die Frage nach der friedlichen oder aggressiven Natur des Menschen. Sofern man diese Frage nicht als philosophische der wissenschaftlichen, also empirischen Forschung unzugänglich erklären will, ist der Beitrag der empirischen Wissenschaften vom Menschen als psychologische Wissenschaft gefragt.

3. *Psychologie:* Zwei grundverschiedene Ansätze müssen auseinandergehalten werden: Der psychoanalytische (dem von manchen Psychologen das Prädikat »wissenschaftlich« nicht zuerkannt wird) und der behavioristische[11], der als dominanter in der Psychologie bezeichnet werden kann. In beiden Ansätzen sind Komponenten einer persönlichkeitsorientierten Konflikttheorie enthalten.

In der von S. FREUD ausformulierten *psychoanalytischen Theorie* ist die Hauptursache des Konflikts in der Persönlichkeit eines Individuums durch die widerstreitenden Kräfte von Es und Über-Ich zu suchen, wobei auch noch die Realität hinzuzurechnen ist, die

---

7 DAHRENDORF, Soziale Klassen und Klassenkonflikt.

8 ROETLISBERGER, Management and the Worker.

9 Vgl. die Arbeiten von M. DEUTSCH, H. KAHN u. A. RAPAPORT (Lit.-verz.); einen Überblick geben die Sammelbände: REUCK (Hrsg.), Conflict in Society; (Themenheft:) Social Conflict, in: The Journal of Social Issues 33, 1 (1977); SMITH (Hrsg.), Conflict Resolution.

10 SAUERMANN (Hrsg.), Bargaining Behavior.

11 Zum Behaviorismus s. R. BERGIUS, Behavioristische Konzeptionen zur Persönlichkeitstheorie, in: Handbuch der Psychologie, Bd. IV (1960) 475–541.

dem durch Triebe definierten Es den Widerstand der Außenwelt entgegensetzt. Im Ich, das zwischen Über-Ich, Es und Realität zu vermitteln hat, entsteht der heftigste Konflikt mit dem Es, welches die Leidenschaften enthält.[12] Letztlich enthält dieser Konflikt einen unausweichlichen, fast tragisch zu nennenden Zug, der besonders im Spätwerk von FREUD zutagetritt: Kultur setzt Triebverzicht voraus. Der Mensch als Triebwesen ist immer nur mehr oder weniger gut sozialisiert. Der Konflikt bleibt, er kann nur durch rationale Einsicht in die Unausweichlichkeit gemildert werden. Nur erwähnt werden soll, daß FREUD mit der Einführung des Todestriebes (neben dem Lustprinzip) auch einen Trieb-Trieb-Konflikt postulierte und damit der Aggressionsforschung zu einer – allerdings auch bestrittenen – theoretischen Grundlegung verhalf.[13]
Einen völlig anderen Weg geht die *behavioristische Konfliktforschung*. Sie geht experimentell vor, also nicht von vorhandenen bzw. postulierten Konflikten, sondern von im Experiment erzeugten, deren Lösungen sie dann auch experimentell untersucht. Ausgangspunkt ist eine Situation, in der mindestens zwei Reaktionstendenzen auf einen oder mehrere Stimuli entgegengesetzt sind; etwa: der Wunsch, Süßigkeiten zu essen und der Wunsch, Übergewicht abzubauen. Da aber in einem solchen Konflikt meßbare Verhaltensreaktionen schwer zu kontrollieren sind, griff man zur Überprüfung von Hypothesen, die schon von K. LEWIN[14] formuliert wurden, auf Tierexperimente zurück, die tatsächlich verblüffende Resultate erbrachten: Unsicherheit, Ziellosigkeit usw.[15] Als für den Menschen übertragbare Ergebnisse kann auf jeden Fall festgehalten werden, daß es einen Zielkonflikt zwischen zwei positiv bewerteten Stimuli praktisch nicht gibt (Buridans Esel wird auch in menschlicher Gestalt nicht verhungern!); ein Zielkonflikt zwischen erstrebtem und vermiedenem Stimuli wird in ausweglosen Situationen durch ein »Aus-dem-Feld-Gehen« vermieden. Der Beitrag der psychologischen Konfliktforschung besteht unter anderem in einer Entdramatisierung des Konfliktkonzepts, wozu vor allem die behavioristische Variante verholfen hat.[16]

II. Konflikt als Gegenstand von Religionswissenschaft und Religionsgeschichte

Obwohl Konflikte in den Religionen und zwischen den Religionen fast zum Normalfall in der Religionsgeschichte gerechnet werden können, ist die Konflikt-Konzeption nicht zum expliziten Gegenstand in den Wissenschaften gemacht worden, die Religion zum Objekt ihrer Forschung haben. Die Religionssoziologie bildet hierbei eine gewisse Ausnahme[17], die dadurch erklärt werden kann, daß Konflikt innerhalb der Soziologie immer wieder thematisiert worden ist. Trotz der fehlenden systematischen Untersuchung gibt es ein reiches Material von Studien zu Konflikten, in denen Religion involviert ist.

---

[12] S. FREUD, Gesammelte Werke, Bd. XIII, 252f.
[13] Die Studien zur Autoritären Persönlichkeit fußen auf FREUDs Ansätzen. Vgl. ADORNO u. a., The Authoritarian Personality.
[14] LEWIN, Dynamic Theory of Personality.
[15] J. S. BROWN, Gradients of Approach and Avoidance Responses and Their Relationsship to Motivation, in: Journal of Comparative Physiological Psychology 41 (1948) 450–465.
[16] Einen Überblick über die psychologischen Konfliktmodelle gibt: ULICH, Konflikt – Modelle.
[17] J. M. YINGER, The Scientific Study of Religion, 1970, 100ff. und KEHRER, Religionssoziologie, 115ff.

In der groben Rasterung kann man das Thema Religion und Konflikt in vier große Bereiche aufteilen: (1) Konflikte innerhalb einer Religion: intrareligiöser Konflikt; (2) Konflikte zwischen Religionen: interreligiöser Konflikt; (3) Konflikte zwischen religiösem System und nicht-religiösem System, bzw. Systemen: extrareligiöser Konflikt; (4) die religiöse Thematisierung von Konflikten: religiöse Strukturierung von Konflikt.

1. *Intrareligiöser Konflikt*: Wie jedes System ist auch ein religiöses nicht spannungsfrei. Definiert man Konflikt als Spannung zwischen verschiedenen Motiven (psychologisch) oder als Ergebnis des Strebens nach knappen Gütern, wie Geld, Macht usw. (soziologisch und politologisch), so sind prinzipiell alle Konflikte, die in einer Gruppe auftreten können, auch in der religiösen → Gruppe denkbar und in den verschiedenartigsten Verschränkungen beobachtbar. Dabei ist es hilfreich, rein religiös motivierte Konflikte (etwa über die reine Lehre oder die Auslegung der Tradition) als Konflikte zwischen verschiedenen allgemeineren Motiven zu betrachten, die allerdings ihre individuellen und sozialen Träger finden. Denken wir beispielsweise an scheinbar rein innerreligiöse Konflikte im frühen Christentum, etwa zwischen Montanisten und der frühkatholischen Kirche, so läßt sich leicht zeigen, daß hier ein Motivkonflikt zwischen dem Wunsch nach möglichst großer Ausbreitung und dem Wunsch nach Exklusivität der Gruppe bestand[18], ein Konflikt, der sich natürlich in theologischen Kategorien und Metaphern entwickelte, aber als solcher auch in nicht-religiösen Systemen anzutreffen ist. Wichtiger ist jedoch im intrareligiösen Konflikt die Konkurrenz um notorisch knappe Güter, wobei in erster Linie an Macht und Einfluß zu denken ist. Die Spaltung des Islam in eine sunnitische und eine schiitische Richtung ist erst in der → Legitimationsstrategie der im Kampf um das Kalifat politisch unterlegenen Partei theologisch interpretiert worden.[19] Man kann intrareligiöse Konflikte ohne größere Schwierigkeiten als Konflikte über die Frage, wer innerhalb eines religiösen Systems die *Definitionsmacht* besitzt, beschreiben. Gerade die Erbitterung, mit der über oft abwegig erscheinende Fragen gestritten wird, ist ein Indiz für die verborgenen Motive, die sich in der religiösen Hülle verbergen. Kommt es zum Schisma, das heißt die unterlegene Seite entzieht sich der Definitionsmacht des Siegers, so kann die Erbitterung auch auf Seiten des Gewinners wachsen, weil seine Reichweite zu definieren quantitativ eingeschränkt worden ist. Damit ist der Bereich des intrareligiösen Konflikts schon verlassen.

2. *Interreligiöser Konflikt*: Ein Konflikt zwischen unterschiedlichen Religionen scheint nur unter bestimmten Bedingungen möglich zu sein: (a) Koexistenz von Religionen in einer Gesellschaft und Knappheit der zur Existenz von Religionen notwendig erachteten Ressourcen; (b) Koppelung von religiösen und politischen Interessen bei intersozietalen Konflikten.

Der erste Fall kann als *kompetetiver Pluralismus* beschrieben werden. Klassisch etwa im alten China, als Buddhismus, Taoismus und Konfuzianismus um Einfluß am Hofe konkurrierten[20] oder aktueller die Verhältnisse im Libanon und Sudan, wobei aber

[18] KEHRER, Einführung in die Religionssoziologie, 160f.

[19] J. GOLDZIHER, Vorlesungen über den Islam, ²1925.

[20] DE GROOT, Sectarianism and Religious Persecution in China, 2 Bde., 1903/4.

immer auch nichtreligiöse Momente ins Spiel kommen.[21] Aber auch die Konkurrenzsituation von christlicher Kirche und »alter« Religion in den ersten Jahrzehnten nach dem Mailänder Toleranzedikt Konstantins ist einschlägig.[22] Es ist nicht unbedingt erforderlich, daß um knappe Ressourcen konkurrierende religiöse Einheiten in einer Gesellschaft auch religiös-ideologisch in Konkurrenz treten: Das Beispiel verschiedener Tempel in einer antiken Stadt, die durchaus unterschiedlich dotiert sein konnten, ist hinreichend bekannt und scheint nicht der Grund für polemische Theologien gewesen zu sein. Der Konflikt gewinnt dann an Schärfe, wenn eine Religionspartei geneigt ist, die Konkurrenz als absolutes Null-Summen-Spiel zu spielen und alle für die Religion verfügbare Ressourcen für sich beansprucht. Die Träger religiöser Systeme sind andererseits lernfähig und können sich beschränken und dem Konkurrenten einen Teil der Ressourcen zugestehen. Diese Entwicklung zur »Ressourcen-Irenik« ist in Europa ab dem 18. Jahrhundert[23] beobachtbar und hat heute einen Höhepunkt erreicht.

Der zweite Fall – die Koppelung von religiösen und politischen Interessen bei intersozietalen Konflikten – ist seit Jahrhunderten bekannt. Mag es sich um einen heiligen Krieg handeln (*ǧihād*)[24] oder um einen Kreuzzug[25], immer sind politische, ökonomische und religiöse Motive so miteinander verwoben, daß es im Einzelfall oft nicht mehr möglich ist, zu entscheiden, ob überhaupt die Religion eine über die → Legitimation hinausgehende Rolle spielte. Jedenfalls ist aus der Geschichte meines Wissens kein Fall bekannt, in dem Religion und rein religiöser Konflikt die ausschließliche Ursache eines Krieges war. Im Gegenteil gibt es viele Belege dafür, daß trotz bestehender religiöser Konflikte Koalitionen möglich sind, die aus ökonomischen und politischen Interessen die religiösen Trennlinien überschritten: Spanien vor Reconquista und Palästina zur Zeit der Kreuzzüge. Es können jedoch die Bedingungen genannt werden, die gegeben sein müssen, damit ein intersozietaler Konflikt religiös aufgeladen werden kann: Mindestens eine der beteiligten Religionen muß tendenziell universal orientiert sein, das heißt den Anspruch erheben, für alle Menschen die wahre Religion zu sein. Dies trifft in hervorragender Weise für das Christentum und den Islam zu. Außerdem muß mindestens eine der beteiligten Religionen sich eng mit dem politischen System verbunden haben, denn nur das politische System kann Träger eines intersozietalen Konflikts sein. Die weitgehende Entkoppelung von religiösem und politischem System in den meisten Gesellschaften lassen religiös aufgeladene intersozietale Konflikte heute als weniger wahrscheinlich erscheinen, obwohl aktuell auch Gegenteiliges zu beobachten ist. An ihre Stelle treten weltanschaulich aufgeladene Konflikte, wenn etwa die Sowjetunion die Verteidigung des Sozialismus propagierte, während die USA als Sachverwalter der Demokratie auftritt, um eine ihrer jeweiligen politischen und ökonomischen Interessen zu bemänteln.

3. *Extra-religiöser Konflikt*: Die Geschichte scheint durchdrungen zu sein von Konflikten zwischen religiösem System und anderen Subsystemen der Gesellschaft, wobei in erster Linie an Konflikte zwischen religiösem und politischem System zu denken wäre.

---

21 H. B. Barclay, Sudan (North): On the Frontier of Islam, in: C. Caldarola (Hrsg.), Religions and Societies: Asia and the Middle East, 1982, 147–170.

22 Grant, Christen als Bürger im Römischen Reich.

23 Schwaiger (Hrsg.), Zwischen Polemik und Irenik.

24 Schwartz, Ǧihād unter Muslimen.

25 Mayer, Ursachen und Wirkung der Kreuzzüge.

Dem okzidentalen Leser fällt natürlich der Streit zwischen Papst und Kaiser im Mittelalter ein. Man muß sich jedoch davor hüten, anzunehmen, daß Religion und Politik – Kirche und Staat – geborene Rivalen seien. In einer Gesamtsicht kann man vielmehr eher feststellen, daß solche Konflikte selten sind. In aller Regel verfügen die Träger von Religion, die religiösen → Spezialisten (Priester usw.), über zu wenig eigenständige Ressourcen, um überhaupt erfolgreich Konflikte mit den politischen → Eliten bestehen zu können. Die eigentümlich religiösen Machtmittel, wie Bann und Exkommunikation, sind nur den wenigsten Religionen bekannt und erweisen sich zudem oft genug als stumpf, sofern nicht weltlichere Waffen ihnen zur Hilfe kommen. Meistens beschränkt sich ein möglicher Konflikt auf den Appell an die politisch Herrschenden, den religiösen Spezialisten Privilegien zuteil werden zu lassen, wie Steuerbefreiung, Freistellung von Fronen u. a.[26] Nur wenn es den religiösen Eliten gelingt, ökonomisch und politisch weitgehend unabhängig zu werden, können sie offene Konflikte mit den politischen Autoritäten wagen. Sie agieren dann zwar oft mit religiöser Legitimation, de facto aber als politische Mächte: Päpste und Bischöfe im okzidentalen Mittelalter, Gelbturbane im alten China.[27]

Ein zwar verwandter, aber strukturell anders gelagerter Konflikt liegt vor, wenn religiöse Spezialisten versuchen, ihnen nicht wohlgesonnene politische Eliten durch Aktionen zu bestimmten Optionen zu bewegen oder gar zu stürzen. Die ihnen dabei zur Verfügung stehenden Mittel sind: Untergrabung der politischen Autorität der Herrschenden (katholische Kirche im kommunistischen Polen; Kulturkampf im Deutschen Reich in den 1870er Jahren; schiitische Geistlichkeit im Iran des Schahregimes), Verbündung mit rivalisierenden politischen Eliten (Bischöfe und Feudaladel gegen König und Kaiser im Mittelalter; islamisch-fundamentalistische Geistliche mit konservativen Parteien in der modernen Türkei). Ziel solcher Aktionen von Seiten der Träger des religiösen Systems ist Sicherung bzw. Erringung von Privilegien und/oder Gewährleistung der Möglichkeit, auf politische Entscheidungen Einfluß nehmen zu können.

4. *Religiöse Strukturierung von Konflikten*: Da Konflikte auf allen Ebenen des menschlichen Lebens normal sind, ist es nicht verwunderlich, daß die meisten Religionen Konfliktsituationen in ihren Glaubenssystemen (→ *belief system*) widerspiegeln. In reinster Form ist dies bei dualistischen Religionen[28] der Fall (→ Dualismus). Besonders Religionen, die asketische Tendenzen (→ Askese) haben, können Konfliktmetaphern entwikkeln, die in eine rein formale Nähe zu behavioristischen Konfliktmodellen kommen (Widerstreit von Motivationen).

Abschließend ist noch auf Erscheinungen wie *Götterkampf* und *Götterzwist* kurz einzugehen: In polytheistischen Glaubenssystemen ist die Macht von Göttern begrenzt durch die anderen Götter, es kann deshalb zu Konflikten zwischen den Göttern um Einflußsphären, ja sogar um Ressourcen kommen, knappe Güter (Frauen, Opfer usw.) werden zum Gegenstand von Konkurrenz.[29] Alle aus dem menschlichen Leben bekannte Kon-

---

[26] Ein besonders schönes Beispiel für die Konstanz solcher Bemühungen unabhängig vom religiösen System ist Ägypten: R. M. Grant, Steuern, Dienstleistung und Privilegien, in: ders., Christen als Bürger im Römischen Reich, 67 ff.

[27] Kehrer, Organisierte Religion, 35 ff.

[28] Bianchi, Le dualisme en histoire des religions.

[29] Kippenberg (Hrsg.), Struggles of Gods.

flikte sind auch in der Welt der Götter möglich, vor allem, wenn diese in einem Pantheon geordnet sind, das menschliche Sozialordnungen widerspiegelt: Familie, Verwandtschaft, Staat. Monotheistische religiöse Systeme entgehen dem Götterkonflikt, dafür kennen sie aber Motivationskonflikte in der monotheistisch konzipierten Gottheit selbst: Das Alte Testament läßt Jahwe hin- und hergerissen sein zwischen der Motivation, seine Schöpfung zu vernichten oder sie zu erhalten – welcher Stimulus überwiegt, ist durchaus nicht unabhängig von menschlichen Einflüsterungen.

Literatur

Adorno, T. W., Frenkel-Brunswik, E., Kevinson, D. J., Sanford, R. N., The Authoritarian Personality, 1950; Bianchi, U., Le dualisme en histoire des religions, in: Revue de l'Histoire des Religions, 1959 (1961) 1–46; Caldarola, C. (Hrsg.), Religions and Societies: Asia and the Middle East, 1982; Coser, L. A., The Functions of Social Conflict, 1956; Dahrendorf, R., Soziale Klassen und Klassenkonflikt in der industriellen Gesellschaft, 1957; Deutsch, M., A Theory of Cooperation and Competition, in: Human Relations (1948/2) 129–151; ders., The Resolution of Conflict, 1973; Grant, R. M., Christen als Bürger im Römischen Reich, 1981; Groot, J. J. M. de, Sectarianism and Religious Persecution in China, 2 Bde., 1903/4; Kahn, H., Thinking about the Unthinkable, 1962; Keddie, N. R., Iran: Religions Orthodoxy and Heresy in Political Culture, in: Caldavola (Hrsg.), Religions and Societies, 199–229; Kehrer, G., Religionssoziologie, 1968; ders., Einführung in die Religionssoziologie, 1988; ders., Organisierte Religion, 1982; Kippenberg, H. G. (Hrsg.), Struggles of Gods, 1984; Lewin, K., Dynamic Theory of Personality, 1936; Marx, K., Engels, F., Das Manifest der Kommunistischen Partei, 1848; Mayer, H. E., Ursachen und Wirkungen der Kreuzzüge, in: A. Mercier (Hrsg.), Islam und Abendland, 1976, 87–110; Nemetzade, K., Strukturanalyse des sozialen Konflikts, Diss. Köln 1974; Rapaport, A., Fights, Games and Debates, 1960; Reuck, A. de (Hrsg.), Conflict in Society, 1966; Roetlisberger, F. J., Management and the Worker, 1946; Sauermann, H. (Hrsg.), Bargaining Behavior, 1978; Schwaiger, G. (Hrsg.), Zwischen Polemik und Irenik. Untersuchungen zum Verhältnis der Konfessionen im späten 18. und frühen 19. Jahrhundert, 1977; Schwartz, W., Ǧihād unter Muslimen, in: Studien zum Minderheitenproblem im Islam, 6/II, 1980; Simmel, G., Soziologie. Untersuchung über die Formen der Vergesellschaftung (1908), [4]1958; Small, A. W., General Sociology, 1905; ders., Origins of Sociology, 1924; Smith, C. G. (Hrsg.), Conflict Resolution: Contributions of the Behavioral Sciences, 1971; Ulich, D., Konflikt – Modelle, Diss. München 1969.

Günter Kehrer

→ *Apologetik / Polemik, Dualismus, Gruppe / Gruppendynamik, Konversion / Apostasie, Krieg*

Konformität

I. Begriffsbestimmung

Das aus dem Lateinischen *(conformis)* abgeleitete Wort *Konformität* bedeutet wörtlich »Gleichförmigkeit« und beinhaltet immer den Sachverhalt, daß eine Sache einer anderen in Form und Gestalt völlig gleicht. So wird z. B. eine Maßstabstreue in der Mathematik mit dem Begriff Konformität bezeichnet. In der religiösen Sprache und in der sich an die Objektsprache der Religion anlehnenden religionswissenschaftlichen Sprache hat der Begriff Konformität bis heute keinen Eingang gefunden, obwohl Phänomene der Konformität regelmäßig im religiösen Leben zu beobachten sind und als Orthodoxie und/ oder Orthopraxie dort behandelt werden. Im dritten Abschnitt wird darauf zurückzukommen sein.

II. Konformität als soziales Phänomen

Seit dem Ersten Weltkrieg hat das Phänomen der Konformität die Aufmerksamkeit der Psychologen und der Soziologen gefunden. Die meisten Forschungsergebnisse stammen aus dem Zwischenbereich von Psychologie und Soziologie, für den sich die Bezeichnung »Sozialpsychologie« eingebürgert hat.[1] Die Beobachtung, daß Menschen sich in sozialen Situationen oft anders – eben konformer – verhalten, als sie es als Individuen tun, ist schon alt. Ende des 19. Jahrhunderts wurde unter dem Stichwort »Massenpsychologie« diese Beobachtung Ausgangsdatum einer elitär orientierten Kritik an dem Verhalten von Individuen unter dem angeblichen Einfluß von Massensuggestion.[2] Die experimentell arbeitende Sozialpsychologie hat mit diesen unwissenschaftlichen Attacken gegen die »Masse« nichts zu tun.[3]

Allerdings ist die Tatsache nicht wegzudiskutieren, daß Menschen unter Gruppeneinfluß ihr Verhalten auch gegen offensichtliche Einsicht ändern. Um diese Tatsache zu erhärten, sei nur an das – inzwischen klassisch gewordene – Experiment von SALOMON ASCH erinnert. Bei dieser Versuchsanordnung sollte getestet werden, wie weit eine Versuchsperson unter Gruppeneinfluß bereit war, eine offenkundig falsche Einschätzung vorzunehmen (es handelt sich um den Vergleich der Länge von vorgegebenen Strecken). Die Gruppe war eine sogenannte Laboratoriumsgruppe, von deren Mitglieder alle bis auf einen als Mitarbeiter des Experimentators fungierten und eine falsche Schätzung abgaben, als letzter mußte das »naive« Gruppenmitglied sein Urteil äußern. Es stellte sich heraus, daß außer unter ganz extremen Bedingungen (wenn die Unrichtigkeit der Schätzung bis zum Lächerlichen evident war) die Tendenz für das naive Gruppenmitglied

---

[1] Aus der unübersehbaren Literatur seien folgende zusammenfassende Titel erwähnt: C. A. und S. B. KIESLER, Conformity; WILKENING, Konformität unter Gruppendruck; PEUCKERT, Konformität; ders., Erklärung konformen Verhaltens.

[2] LE BON, Psychologie des foules.

[3] Vgl. HOFSTÄTTER, Gruppendynamik.

bestand, sich dem Urteil der Gruppe anzuschließen.[4] Es erübrigt sich hier, die weiteren Verfeinerungen in den experimentellen Untersuchungen über die Herstellung von Konformität darzustellen. Die entsprechenden Hinweise finden sich in der Literatur.

Für den religionswissenschaftlichen Forscher ist allerdings eine Unterscheidung von größter Bedeutung: Wenn man von »Konformität« spricht, muß man zwischen *Anpassungskonformität* und *Einstellungskonformität* differenzieren.[5] In dem oben skizzierten Experiment wird – wie übrigens in fast allen Experimenten – Anpassungskonformität beschrieben. Anpassungskonformität liegt immer dann vor, wenn unter sozialem Einfluß (z. B. subjektiv gefühltem Gruppendruck) ein Individuum sein Verhalten in Richtung auf das – vermutete oder wirkliche – Verhalten der Gruppenmitglieder ändert. Der Begriff »Verhalten« *(behavior)* umfaßt auch Sprechakte, Meinungen usw. Verhalten ist relativ einfach zu beobachten, zu messen und zu typologisieren und deshalb auch experimentell erforschbar. → Einstellungen im Sinne von *private acceptance* sind nur durch komplizierte Versuchsanordnungen indirekt beobachtbar.[6] Zu beachten ist dabei, daß verbalisierte Zustimmung zu einem Urteil als Verhalten zu betrachten ist. Schon im Alltagsleben sind übergenug Situationen zu beobachten, in denen Individuen sich verhaltenskonform zeigen, obwohl eine hohe Wahrscheinlichkeit besteht, daß dieser Konformität keine Einstellungskonformität entspricht. Dabei muß noch nicht einmal an Situationen gedacht werden, in denen offensichtlicher Zwang (Drohung usw.) angewendet wird. Die zwischen Anpassungskonformität und Einstellungskonformität getroffene Unterscheidung muß uns gerade im Bereich von Religion dagegen sensibilisieren, von beobachteter Konformität zu schnell auf die private Akzeptanz bei Individuen zu schließen.

Selbst wenn man sich auf die empirisch leichter handhabbare Kategorie der Verhaltenskonformität beschränkt und weiterhin die extremen Fälle von unmittelbarem Zwang (bzw. Androhung von Zwang) ausschließt, bleiben noch viele Fragen offen, warum Individuen anscheinend so leicht der *Tendenz zu konformem Verhalten* folgen. Gerade die experimentellen Fälle der Sozialpsychologie konstruieren Situationen, in denen ein Individuum ohne Schaden zu befürchten auch die nonkonforme Verhaltensvariante hätte wählen können. Die Antworten sind plausibel, aber häufig genug nur unvollständig empirisch gesichert und führen nicht selten bis in das Gebiet der philosophischen Anthropologie, also einer wissenschaftlich wenig ergiebigen Spekulation. Es sollen deshalb nur einige Stichworte genannt werden: (a) Der Wunsch, in einer Gruppe keine Außenseiterposition einzunehmen: Dieser Wunsch führt dazu, in seinem Verhalten sich an die Normen anzupassen, von denen man annimmt, daß sie in der Gruppe gelten; (b) Identifikation mit einer Bezugsgruppe *(reference group):* Das impliziert das Streben, dazuzugehören und deshalb Verhalten zu vermeiden, das einen von einer Zugehörigkeit ausschließen könnte; (c) Eng damit zusammen hängt das offensichtliche Bedürfnis, »geliebt« und akzeptiert zu werden: Das Individuum wählt ein Verhalten, von dem es annimmt, daß es ihm die Liebe und die Zustimmung anderer einbringt, die für ihn von Bedeutung sind.

Aus diesen Annahmen kann geschlossen werden, daß es weniger rationale Kalküle sind, die zu konformem Verhalten führen, als vielmehr gruppendynamische Prozesse, die

---

4 ASCH, Effects of Group Pressures.

5 Die entsprechenden englischen Termini sind *compliance* und *private acceptance.*

6 Für solche Versuchsanordnungen s. C. A. and S. B. KIESLER, Conformity, 61 ff.

sogar wider besseres Wissen Verhaltenskonformität erzwingen. Inwiefern zur Vermeidung kognitiver Dissonanzen[7] dann auch eine Einstellungskonformität erfolgt oder der Dissonanzkonflikt durch die Wahl von Verhaltenskonformität gelöst wird, ist bisher experimentell nicht überprüft worden.

Dem Forschungsansatz der Sozialpsychologie entsprechend wurde konformes Verhalten bisher weitgehend, von einigen Ausnahmen abgesehen[8], in experimentell zusammengesetzten Kleingruppen untersucht, obwohl Verhaltenskonformität ein Phänomen ist, das auch auf anderer Aggregatsebene wie Schichten, Klassen, Völkern beobachtbar ist. Nur unter beträchtlichen Zusatzannahmen ist es möglich, Kategorien wie Gruppendruck, Attraktivität von Bezugsgruppen u. ä. auf soziale Schichten, Nationen, Religionen usw. anzuwenden, denn die sozialpsychologisch erprobten Begriffe setzten eigentlich einen face-to-face-Kontakt voraus, der gerade bei diesen Aggregatsebenen nicht vorhanden ist. Denkbar könnte es jedoch sein, daß formale und/oder informelle Gruppen letztlich auch für Verhaltenskonformität auf höherer Aggregatsebene entscheidend sind, etwa Vereine, Stammtische, Freundescliquen, die nur über Gruppenziele mit der höheren Einheit verbunden sind.

III. Konformität im Kontext von Religion

Zunächst einmal gilt es festzuhalten, daß religiöse Konformität ein Sonderfall von sozialer Konformität im Sinne von Verhaltenskonformität ist. Das bedeutet, daß sie restlos durch die Kategorien aufklärbar ist, die bisher angesprochen wurden. Die Beschränkung auf Verhaltenskonformität auch im Bereich von Religion hat ihren Grund darin, daß religiöse Einstellungskonformität noch schwieriger beobachtbar ist als nichtreligiöse Einstellungskonformität. Auch sind kaum experimentelle Situationen herstellbar, in denen man davon ausgehen kann, daß zwischen Verhaltenskonformität und Einstellungskonformität eigentlich eine Diskrepanz bestehen müßte. Die verschiedenen Verfahren zur Messung von Religiosität messen deshalb auch bei Anwendung von Skalentechniken letztlich nur Verhaltenskonformität.[9]

Da Religion historisch nur als Gruppenphänomen – im weitesten Sinne – bekannt ist und wir eine Religion daher nur als solche identifizieren können, wenn mehrere Individuen sich spontan oder (häufiger) institutionalisiert relativ gleichförmig in bezug auf religiöse Dinge verhalten, so ist es berechtigt zu fragen, welche Mechanismen religiöse Konformität ermöglichen. Dabei ist es hilfreich, zunächst zwischen *Orthodoxie* und *Orthopraxie* zu unterscheiden, wobei allerdings diese Unterscheidung nichts mit der Differenzierung zwischen Verhaltenskonformität und Einstellungskonformität zu tun hat. Orthodoxie meint eine Konformität in bezug auf die Glaubensinhalte (→ *belief*), Orthopraxie eine Konformität in bezug auf Handlungen (→ Ritus/Ritual). Es läßt sich beobachten, daß in vielen religiösen Systemen anscheinend nur oder fast nur Gewicht auf *Orthopraxie* gelegt wird. Dazu sind vor allem die antiken Religionen zu rechnen, wobei auch das antike Judentum keine Ausnahme darstellt. In jedem Einzelfall müßte noch untersucht

---

7 Festinger, A Theory of Cognitive Dissonance.

8 Whyte, Street Corner Society; Festinger, Riecken, Schachter, When Prophecy Fails.

9 Wuthnow (Hrsg.), The Religious Dimension.

werden, wer der Adressat der Konformitätsanforderung ist bzw. war. Bestand beispielsweise in einer griechischen Polis die Erwartung, daß der Bürger an religiösen Handlungen teilnahm? Zu unterscheiden ist fernerhin zwischen institutionalisiertem Gruppendruck in Form von Gesetzen und informellem Gruppendruck. Gerade über letzteren, der die größte Nähe zu den in den Experimenten der Sozialpsychologie aufgewiesenen Phänomenen hat, schweigen die Quellen. Erst recht gilt dies für den Bereich der *Orthodoxie*. Es hat den Anschein, daß non-konforme Ansichten über die Götter in der antiken Welt nur dann zu Sanktionen führten, wenn diese Ansichten auch als sozialschädlich betrachtet wurden (Anklage gegen Sokrates).

Für weite Bereiche der Religionsgeschichte ist jede Unterscheidung zwischen religiöser Konformität und nicht-religiöser Konformität überhaupt sinnlos. Nur Religionen, die sich soweit aus der sie tragenden Kultur und Gesellschaft differenziert haben, können religiöse Konformität losgelöst von sozialen Verpflichtungen überhaupt konzipieren. Selbst diese Religionen (etwa das Christentum) verzichten nur gezwungener Maßen darauf, Orthodoxie und Orthopraxie mit nicht-religiösen Mitteln durchzusetzen.

Um der größeren begrifflichen Klarheit willen, sollte man von religiöser Konformität überhaupt nur dann sprechen, wenn es sich eindeutig um Phänomene handelt, bei denen aufgrund einer Zugehörigkeit zu einer Gruppe unter Abwesenheit von formalisierten Sanktionsandrohungen Individuen sich im Sinne von Orthodoxie und/oder Orthopraxie gleichförmig verhalten *(compliance)*, obwohl unter Umständen keine *private acceptance* vorliegt. Beispiele dafür gibt es in der Religionsgeschichte genügend: Das Mitsprechen von bekannten Gebetsformeln (»Vater unser«), das Erfüllen ritueller Vorschriften (Fasten und andere asketische Übungen), die Benutzung einer religiösen Eidesformel. In allen diesen und anderen Fällen ist die Voraussetzung gegeben, daß sich das betreffende Individuum konform verhält und dies nicht ohne Berücksichtigung des wirklichen oder vermuteten Verhaltens von anderen Individuen tut, die in dieser Situation als Bezugsgruppe für das Individuum fungieren. Es liegt nahe zu vermuten, daß das konkrete Verhalten auf die gleichen Mechanismen zurückgeführt werden kann, wie sie uns aus den Gruppenexperimenten bekannt sind: Vermeidung von Außenseiterpositionen; Identifikation mit einer Bezugsgruppe; Bedürfnis, akzeptiert und »geliebt« zu werden. Diese Überlegungen führen zu der weiteren Vermutung, daß Konformität im religiösen Verhalten im Normalfall als Resultat von gruppendynamischen Prozessen zu betrachten ist, bei denen »Überzeugung« eine zu vernachlässigende Rolle spielt. Dennoch kann es zu einer *Übereinstimmung von Verhaltens- und Einstellungskonformität* kommen, wenn dauerhaft eingeübtes Verhalten mit bestimmten Einstellungen auf der kognitiven Ebene gekoppelt wird und sekundär bei dem Individuum der Eindruck entsteht, daß es sich verhaltenskonform benimmt, weil es einstellungskonform sei. Ein indirekter Beleg für diese These ist darin zu sehen, daß alle religiösen Systeme ihren Nachwuchs (Kinder) wenigstens partiell an religiösen Handlungen teilnehmen lassen, bevor eine kognitive Belehrung erfolgt: Das Kind lernt beten, bevor es etwas über Gott erfährt. Gewissermaßen wird Verhalten eingeschliffen, zu dem die passenden Erklärungen später geliefert werden. Neue Religionen und missionierende Religionen müssen folgerichtig den umgekehrten Weg gehen: Erst Attitüdenkonformität und dann Verhaltenskonformität. Aber schon in der zweiten Generation stellt sich die alte Reihenfolge wieder her.

Weitgehende Verhaltenskonformität in religiösen Dingen darf nicht mit »Frömmigkeit« im Sinne von *privat acceptance* verwechselt werden. Sie ist lediglich ein Indiz für das Funktionieren von Gruppeneinfluß, wobei es sich durchaus nicht um Zwang im herkömmlichen Sinne zu handeln braucht. Unterschieden kann jedoch werden zwischen einem Gruppeneinfluß zu religiöser Konformität, der diese Konformität als Teil einer allgemeineren sozialen Konformität beinhaltet, und zwischen Gruppeneinfluß, der auf eine religiöse Konformität als Teil eines insgesamt abweichenden Verhaltens hinwirkt. Nur im letzteren Fall wird der Gruppendruck häufig einen so starken Umfang annehmen, daß es zu Resozialisation von Individuen kommt, die zu einer Redefinition der subjektiv erlebten Welt führen kann.[10]

Literatur

Asch, S. E., Effects of Group Pressures upon Modification and Distention of Judgements, in: E. E. Maccoby, T. M. Newcomb, E. L. Hartley (Hrsg.), Readings in Social Psychology, ³1958, 174–183; Bon, G. le, Psychologie des foules, 1985 (zahlreiche deutsche Übersetzungen, zuerst 1908); Festinger, L., A Theory of Cognitive Dissonance, 1957; Festinger, L., Riecken, H. W., Schachter, S., When Prophecy Fails, 1956; Hofstätter, P. R., Gruppendynamik. Kritik der Massenpsychologie, 1957; Kehrer, G., Religiöse Gruppenbildungen, in: H. Zinser (Hrsg.), Religionswissenschaft, 1988, 96–113; **Kiesler, C. A.** und S. B., Conformity, ²1970; Peuckert, R., Konformität, 1975; ders., Erklärung konformen Verhaltens unter Gruppendruck, Diss. Erlangen-Nürnberg 1974; Whyte, W. F., Street Corner Society, 1943; Wilkening, K., Konformität unter Gruppendruck, 1978; Wuthnow, R. (Hrsg.), The Religious Dimension: New Directions in Quantitative Research, 1979.

Günter Kehrer

→ *Einstellung, Gruppe/Gruppendynamik, Konflikt*

Kontingenz

Der Begriff Kontingenz (lat. *contingentia* »Möglichkeit«) ist seit der scholastischen Philosophie und Theologie zentral für das ontologische Problem der Beziehung zwischen Notwendigkeit und Möglichkeit geworden. Obwohl vielfältig mit der christlichen Religion verbunden, ist das Problem der Kontingenz dennoch zunächst ein philosophisches, das der Sache nach schon bei Aristoteles verhandelt wird. Das lateinische Wort wurde in dieser Bedeutung dann auch zuerst in lateinischen Aristoteles-Kommentaren verwendet. Für eine religionswissenschaftliche Betrachtung stellt sich die Frage, ob das Kontingenz-Problem lediglich philosophisch-theologischer Reflexion seinen Ursprung verdankt oder ob es sich dabei um ein Problem handelt, das zentral für das Dasein des Menschen in der Welt ist und von dem deshalb zu erwarten ist, daß es auch in den Religionen thematisiert wird. Obwohl auch diese Frage letztlich nur innerhalb einer philosophisch orientierten Anthropologie beantwortet werden kann, erscheint es hilf-

---

[10] Kehrer, Religiöse Gruppenbildungen.

reich, von der Vermutung auszugehen, daß Religionen auch Antworten auf das Kontingenz-Problem sein können, wobei allerdings zu beachten ist, daß auch magische Praktiken solche Antworten darstellen können. NIKLAS LUHMANN ist der zur Zeit bedeutendste Theoretiker, der eine wichtige Funktion der Religion in der Kontingenz-Bewältigung sieht.

Literatur

LUHMANN, N., Funktion der Religion, 1977.

Günter Kehrer

Kontrolle

1. Der Begriff *Kontrolle* gehört nicht zu den Termini, die in der religiösen Sprache des Okzidents Verwendung finden. Das Wort wurde aus der französischen Sprache übernommen, wo es ursprünglich »Gegenregister« *(contre-rôle)* bedeutete. In den Sozialwissenschaften fand es zwar in der Soziologie und Sozialpsychologie Eingang, ohne aber auch dort eine eindeutige Bedeutung zu gewinnen.[1] Überwiegend ist jedoch die Verwendung in kriminologischen Zusammenhängen und im weiteren Problemfeld der Soziologie abweichenden Verhaltens festzustellen.[2] Damit ist die Nähe zum Phänomen und Begriff der → Konformität gegeben. Da ein Mindestmaß an Konformität eine funktionale Grundbedingung für die Existenz jeder sozialen Gruppe bis hin zur Gesellschaft ist, stellt sich auf jeder Aggregatsebene die Frage, wie das Verhalten der Individuen so kontrolliert werden kann, daß abweichendes Verhalten nicht übermäßig anwächst. In der funktionalistischen Soziologie wird deshalb soziale Kontrolle als der Mechanismus angesehen, durch den »die menschliche Gesellschaft sich in den Stand versetzt, das Verhalten ihrer Mitglieder in solcher Weise zu regeln, daß sie Aktivitäten vollziehen, durch die Bedürfnisse der Gesellschaft erfüllt werden – zuweilen selbst auf Kosten organischer Bedürfnisse.«[3] Dabei ist nicht nur an äußere Kontrollen zu denken wie Sanktionen (Strafen) usw., sondern auch an innere Kontrollen (Gewissen usw.), wie sie im Sozialisierungsprozeß erworben werden. Zentral ist hier die Kategorie der → Internalisierung.

2. Aus dem bisher Gesagten wurde deutlich, daß der Begriff der Kontrolle eindeutig nur in sozialen Zusammenhängen (→ Gruppe) sinnvoll verwendet werden sollte. Dies hat Konsequenzen für die *religionswissenschaftliche Verwendung* des Begriffs. Er gehört

---

[1] JANOWITZ, Wissenschaftsgeschichtlicher Überblick.
[2] COHEN, Abweichung und Kontrolle.
[3] DAVIS, Human Society, 52.

nicht zur religiösen Objektsprache, kann aber sehr fruchtbar metasprachlich eingesetzt werden und zwar in zweifacher Hinsicht. Einmal geht es um die Funktion von Religion bei der Ausübung sozialer Kontrolle und zum anderen um die Einsetzung von Kontrollmechanismen bei der Erreichung von religiöser Konformität.

a) Besonders bei dem Erwerb von inneren Kontrollen werden von Sozialisationsagenten (Eltern) auch religiöse Mechanismen eingesetzt. Die Konstruktion eines alles sehenden Gottes, der auch die abweichenden Gedanken kennt, ist dabei nur eine extreme Ausformung. Allerdings scheinen nicht alle Gesellschaften auf Religion bei der Einschleifung innerer Kontrollen zurückzugreifen. Bisher fehlen vergleichende Forschungen, die einen Zusammenhang zwischen Erziehungsstilen, religiösem Glaubenssystem und Sozialstruktur plausibel herstellen.

Konformität wird auch durch → Sanktionen erzwungen. Das Strafrecht staatlicher Gesellschaften und die Korrektionsanstalten moderner Gesellschaften sind die deutlichsten Beispiele. Der Zusammenhang von Recht und Religion ist selbst in heutiger Zeit nicht völlig aufgehoben und war in früheren Gesellschaften so fest, daß beide Bereiche empirisch schwer getrennt werden können. Der Abweichler (Verbrecher) wurde mit dem Ausschluß aus der menschlichen Gruppe anderen Mächten übergeben *(»sacer esto«)*. Es ist vom modernen Standpunkt aus schwer zu entscheiden, ob hier eine religiöse Verschärfung der Sanktion vorlag, also eine Verstärkung der Kontrollmechanismen, oder ob zwischen »weltlichen« und »religiösen« Sanktionen überhaupt nicht unterschieden wurde. Allerdings ist keine Gesellschaft bekannt, die sich ausschließlich auf religiöse Sanktionen als Kontrollinstrumente verlassen hätte.

b) Bei fortgeschrittener Ausdifferenzierung religiöser Systeme in Gestalt von religiösen Gruppen stellt sich das Problem religionsinterner Kontrollen zur Aufrechterhaltung religiöser Konformität, das noch einmal verschärft wird, wenn die religiösen Gruppen nicht mehr mit der Unterstützung gesamtgesellschaftlicher Instanzen wie dem Staat rechnen können. Auch hier erweist sich die Unterscheidung zwischen inneren und äußeren Kontrollen als hilfreich. Innere Kontrollen liegen dann vor, wenn ein Individuum so gut religiös sozialisiert ist, daß es auch ohne Sanktionen befürchten zu müssen, normenkonform denkt und handelt. Dies scheint allerdings nur dann zu gelingen, wenn diese Sozialisation schon im Kindesalter einsetzt. Nur in Extremfällen ist dies durch sekundäre Sozialisation möglich.[4] Äußere Kontrolle ist durch die Institution der Kirchenzucht bekannt, wie sie im Christentum, aber auch in buddhistischen Mönchsgemeinden bekannt ist. Rigorosität der Kirchenzucht variiert entlang dem Kirche-Sekte-Kontinuum. Außerdem unterliegen Priester und Laien unterschiedlich scharfen Kontrollen. Das Institut der → Beichte stellt eine interessante Zwischenform zwischen innerer und äußerer Kontrolle dar.[5] Obwohl sie als geheime Ohrenbeichte in der Regel ohne nachprüfbare Sanktionsmöglichkeit und außerdem auf die Kooperation des Abweichlers angewiesen ist, hat sie sich doch als ein Instrument erfolgreicher Kontrolle erwiesen, die besonders dann funktioniert, wenn sie schon in jungen Jahren eingeübt wird und in der Dialektik von Strafen und Belohnung (Absolution) die Abhängigkeit von den religiösen Spezialisten festigt.

---

[4] Coser, Greedy Institutions.

[5] Hahn, Soziologie der Beichte.

Literatur

COHEN, A. K., Abweichung und Kontrolle, 1968; COSER, L. A., Greedy Institutions, 1974; DAVIS, K., Human Society, 1948; HAHN, A., Zur Soziologie der Beichte und anderen Formen institutionalisierter Bekenntnisse, in: Kölner Zeitschrift für Soziologie und Sozialpsychologie 34 (1982) 407–434; JANOWITZ, M., Wissenschaftsgeschichtlicher Überblick zur Entwicklung des Grundbegriffs »Soziale Kontrolle«, in: Kölner Zeitschrift für Soziologie und Sozialpsychologie 25 (1973) 499–514.

Günter Kehrer

→ *Beichte, Gruppe, Internalisierung, Kirche, Konformität, Sanktion*

Konversion / Apostasie

A Definition und Begriffsgeschichte

1. »Konversion« bzw. »Apostasie« bezeichnen Prozesse der Zu- oder Abwendung von Glaubenssystemen (→ *belief system*), im engeren Sinn den Beitritt zu bzw. Austritt aus religiösen Gemeinschaften. Die beiden Begriffe benennen Spezialfälle eines kulturell vielgestaltigen psychodynamischen Vorgangs: Dieser umfaßt a) profanen wie religiösen Statuswechsel (*»status dramatization«*[1]): Wechsel der religiösen Organisation, Konfession, des Kults, der politischen Partei, des Verwandtschaftssystems, umfassender den Wechsel der sozialen Verpflichtungen, Zugehörigkeiten, des *commitment*; b) Änderungen der kognitiven Grundanschauungen, der Weltanschauung bzw. Ideologie; c) die Neuorientierung der Mentalitäts- bzw. Verhaltensmuster: der Stereotypen, der personalen Bindungen, der Gefühlsbeziehungen (*»conduct reorganization«*[2]). Dieser Vorgang beinhaltet Lernprozesse, baut diese aber in die ›systemische‹, manchmal dramatisierte Annahme oder Ablehnung eines unhinterfragbaren, gruppengebundenen Teilwissens (›ich glaube an ...‹) ein. Voraussetzung sind gesellschaftliche Wahlmöglichkeiten, so

1 F. W. YOUNG, Initiation ceremonies. A cross-cultural study of status dramatization, 1965; vgl. W. BURKERT, Ancient mystery cults, 1987, 8.

2 TH. R. SARBIN, N. ADLER, Self-reconstitution processes. A preliminary report, in: Psychoanalytic Review 57 (1970) 599–616, S. 599.

zwischen verschiedenen Religionen bzw. Kulten oder auch zwischen Religion und Philosophie – Entscheidungsmöglichkeiten, die nach dem Komplexitätsgrad einer Kultur zunehmen. Bestehen diese nicht, wie in der Regel bei Stammesgesellschaften, so bleibt nur ein Kulturwechsel, ein »kulturelles Überläufertum«[3] offen. Die → Berufung zum religiösen Spezialisten kann als Konversion zweiten Grads bzw. ›Binnenbekehrung‹ angesehen werden. Konversion und Apostasie werden hier zusammengefaßt, da diese Prozesse als Formen von Statuswechsel einander entsprechen und ein und derselbe Vorgang je nach seiner von außen oder von den Betroffenen selbst vorgenommenen Einordnung als Konversion wie auch als Apostasie angesprochen werden kann.

2. Etymologie und Begriffsfeld: a) Konversion/Bekehrung: dt. reflexiv u. aktiv (sich) bekehren: Lehnübersetzung (Bibelübersetzungen und -harmonien) aus lat. *convertere/-i* »umwenden, umkehren«. Dasselbe Bild: hebr. *shub,* gr. *(epi)strépho*; vgl. auch gr. *metanoéo* »umdenken«. – Dt. Konvertit, konvertieren »die Konfession wechseln«, besonders beim Übertritt zum Katholizismus (erstmals 1774[4]). – Die Anwendung außerhalb des religiösen Bereichs ist seit dem Mittelalter (Minnelyrik) belegt.
b) Apostasie: Fremdwort aus gr. *apostasía* < *aphistánai* »weggehen, sich entfernen«, subst. m. *apostátes* »Abtrünnige(r), ›Apostat‹«. Dem gleichen Bedeutungsbereich zugehörig sind 1. Deserteur, desertieren, in militärischer Bedeutung übernommen aus lat. *deserere*; 2. Dissident – »Andersdenkender« (erstmals 1573); 3. *Nonconformist* (engl. seit 1559); 4. Renegat (frz. *renégat*) »Abtrünniger« (bes. zum Islam) – In der nordamerikanischen Soziologie werden als weitere, theoretisch noch nicht gefestigte Synonyma unter anderem *disaffiliation* und *deconversion* verwendet.[5]

3. Die religiöse Verhaltens- und Gesinnungsänderung als sozial vermittelte und dargestellte Tatsache hat ihre Entsprechung in allen gesellschaftlichen Institutionen, etwa im Akt des Beitritts und Austritts bei einem Verein oder einer Partei,[6] in Bündnis (→ Bund) und Verrat zwischen Stämmen und Nationen, Überlaufen und Desertion im militärischen Bereich. Unterschiede bestehen im Stärkegrad der jeweils ausgedrückten Ver- oder Entpflichtung und in der je anders gewichteten Betonung von intellektuellen (›Glaubensprüfung/-absage‹), gefühlsmäßigen (›Erlebnis‹) und ritualisierten Bestandteilen (›Grenzziehungsriten‹: → Initiation; Übergangsriten).

4. Diese Begriffsbestimmung setzt allein das Vorhandensein von formellen Gruppen (Institutionen, Organisationen) oder *›belief systems‹* religiöser, weltanschaulicher, ideologischer Art voraus, die Wahlmöglichkeit zwischen ihnen bzw. deren Konkurrenzverhalten. Ihre Anwendung ist demnach kulturübergreifend möglich, nur abhängig vom

---

[3] Begriff aus: K.-H. KOHL, ›Travestie der Lebensformen‹ oder ›kulturelle Konversion‹? Zur Geschichte des kulturellen Überläufertums, in: TH. KOEBNER, G. PICKERODT (Hrsg.), Die andere Welt. Studien zum Exotismus, 1987, 88–120; KOHL behandelt das *go native* von europäischen Aussteigern.

[4] CHR. F. D. SCHUBART, Chronik auf das Jahr 1774, 429 f.

[5] Vgl. die Zusammenstellung bei BROMLEY (Hrsg.), Falling from the faith, 23.

[6] S. die autobiographischen Absagen an die Kommunistische Partei von enttäuschten Intellektuellen (u. a. Arthur Koestler, Ignazio Silone, André Gide) bei: R. CROSSMAN (Hrsg.), The god that failed (1949), Ndr. 1987.

Differenzierungsgrad einer Gesellschaft und der Struktur und den Anforderungen der Gruppe, ihrem Ausschließlichkeitsanspruch und Verpflichtungsgrad. Die Bestimmung unterscheidet sich daher insbesondere von a) ›Modellen der Innerlichkeit‹, die das soziale Geschehen auf ein psychisches Geschehen, eine ›intuitive‹ Erkenntnis, ein Gefühls-›Erlebnis‹ reduzieren oder eine ›radikale‹ Persönlichkeitsveränderung fordern[7]; sowie b) von einer inhaltlich-theologischen Bestimmung des Vorgangs beispielsweise durch Verknüpfung mit einer bestimmten Gottesvorstellung. Beide Modelle werden von der christlichen Tradition gespeist, können daher nur als Selbstthematisierungen dieser religiösen Gruppe und nicht als religionswissenschaftlich brauchbare Bestimmungen gewertet werden. Das soziale Geschehen, der Rollenwechsel, die Rituale der sozialen Veränderungen werden bei diesen Sichtweisen ausgeblendet.[8]

B Systematik

Bekehrung oder Abfall geschieht zwischen Einzelnem und einer Gruppe, sei sie organisatorisch oder nur in den Trägern eines Glaubenssystems, beispielsweise als Lesegemeinde, faßbar: reflexiv als Eigentätigkeit, persönliche Entscheidung und Veränderung; passiv als Aufgenommenwerden in die Gruppe, Ausgestoßenwerden aus ihr; aktiv als Überzeugungsarbeit, Anwerben oder Abwerben anderer, im charismatischen Prozeß der Gruppenbildung (›Folgt mir nach ...!‹) oder dem missionarischen der Gruppenerweiterung (›Lehret alle Völker das Evangelium‹ = unsere Botschaft) (dazu u. B II.1).

I. Der Einzelne: die individuelle Konversion/Apostasie

1. Das psychische Geschehen: die innere Wandlung

Im Selbstverständnis der Betroffenen wie in der wissenschaftlichen Analyse lassen sich zwei Ausprägungen von Konversionen/Apostasien feststellen:
a) Das Erlebnis: Am spektakulärsten und seit der Antike in der europäischen, dann auch nordamerikanischen christlichen Tradition weitverbreitet ist der plötzliche Gesinnungswandel, die ›Umkehr‹ und ›totale und radikale‹ Änderung von Persönlichkeit und Lebensführung. Es kann zur Ausbildung eines »Syndroms«[9] kommen mit teilweise heftigen psychosomatischen Symptomen: Kopfweh, Schweißausbruch, Asthma (Augustin), Zungenlähmung (al-Ġazzali), hysterieartigen Phänomenen wie Weinkrämpfe,

---

[7] Gegen A. D. Nock, Conversion, 6f., und dessen Unterscheidung zwischen »Beitritt« *(adhesion)* und »Bekehrung« *(conversion)*; dazu die Kritik von MacMullen, Christianizing the Roman empire, 4f.; von Nock abhängig auch Burkert, Mystery cults, 14. 17 (mit Anm. 23). 50; und gegen R. V. Travisano, Alternation and conversion as qualitatively different transformations, in: G. P. Stone, H. A. Farberman (Hrsg.), Social psychology through symbolic interaction, 1970, 594–606, S. 600f.

[8] Der doppelte Gesichtspunkt von *»social«* und *»personal change«* auch bei Bromley, Shupe, Affiliation and disaffiliation, 201f.

[9] Firth, Rank and religion in Tikopia, 327.

Zittern, Schreie. Auch Halluzinationen treten auf: Auditionen und Visionen (Paulus, ›Damaskus-Erlebnis‹), oft Traumepiphanien.[10] Das Ausagieren eines Konfliktstaus, von Angst, Unsicherheit, Selbstzweifel in einer euphorisch erlebten Spannungslösung rückt die plötzliche Bekehrung/Apostasie in den Bereich der kathartischen Riten, von → Besessenheit und Enthusiasmos (passiv), von → Exorzismus (aktiv und passiv) oder modernen Therapieformen (›Urschrei‹-Therapie von ARTHUR JANOV).[11] Daneben lassen sich Verbindungen zu den *›rites de marge‹* der liminalen Phase von → Übergangsriten und deren traumatischer Identitätsfindung ziehen. Der Rollenwechsel, räumliche und soziale Isolierung und das begleitende Gefühl ›blitzartiger‹, ›intuitiver‹ Erkenntnis, wie es von Luther und Augustin, von der schamanistischen Berufung, besonders der »Geistergewinnung« bei der Tierwahl, sowie in mystischen Erfahrungsberichten bezeugt ist[12], legen dies nahe. In der Tradition der charismatischen Bußpredigt ›kultivieren‹ neuzeitliche Erweckungsbewegungen vorwiegend im anglo-amerikanischen Bereich derartige ›Erlebnisse‹ in besonderen gemeinschaftsbezogenen *›settings‹*, die sich bis zu den Bekehrungsshows eines Billy Graham vervollkommnen können: hier wird Masse zum Reizauslöser und Medium des *decision making*, des Konversionsbeschlusses *(»programmed conversion«)*[13]. Physiologisch sind Wahrnehmungsentzug durch Absonderung *(sensory deprivation)* bzw. eine gegenteilige Reizüberflutung *(overstimulation)* möglicherweise mitverantwortlich für viele »Konversionskrisen«[14], darin den Ekstasetechniken ähnlich.

b) Der Prozeß: Viel häufiger vollzieht sich Konversion/Apostasie jedoch graduell, als allmähliche Umorientierung von Weltbild und Gruppenbindung. Mehr noch: Die moderne sozialwissenschaftliche und psychohistorische Forschung[15] hat gezeigt, daß auch die spontanen Entscheidungshandlungen in einen längeren Prozeß des Persönlichkeitswandels eingebettet sind, der in den beschriebenen Akten kulminieren kann, aber seine Vor- und Nachgeschichte hat. Es lassen sich folgende Stufen unterscheiden:[16]

1) Einstieg/Latenzphase: Ungenügen mit bisherigem Leben (innere und äußere Spannungen, Zweifel, Desillusionierung, Leidensdruck, Identitätsdiffusion, Lebenskrise); Übernahme der Sucherrolle (Sinnsuche);

---

[10] AUGUSTIN: Confessiones, 9, 5, 13. – AL-ĠAZZALI, al-Munqid min ad-dalal. Der Erretter aus dem Irrtum, aus dem Arab. übers. u. hrsg. v. ʿABD-ELSAMAD ʿABD-ELHAMID ELSCHAZLI, 1988, 44.- Traumepiphanie: Berufung des Jesaja (Jes. 6: Vision u. haptische Halluzination).

[11] Konversion als »Psychotherapieäquivalent«: KLOSINSKI, Warum Bhagwan?, 128–133.

[12] Schamanismus: M. ELIADE, Schamanismus und archaische Ekstasetechnik (frz. 1951), 1957 = Tb. 1980, 17. 22f. 96–102, bes. 99. – Mystik: Bekehrungsbericht von THOMAS MERTON, The seven storey mountain (1948 gekürzt), vollständig 1961 = 1975, 111 (Vision des Vaters).

[13] Begriff von WAYNE OATES (»The psychology of religion«, 1973); dazu MEADOW, KAHOE, Psychology of religion, 95.

[14] Begriff bei MEADOW, KAHOE, Psychology of Religion, 91f. Die These wurde von SARGANT in Anlehnung an die PAVLOV*sche* Reiz-Reaktions-Theorie und vor dem Hintergrund der ›Gehirnwäsche‹-Diskussion der 50er Jahre sowie seiner eigenen methodistischen Prägung ausgearbeitet.

[15] Vgl. Anm. 16.

[16] Das Schema stellt ethnologische (VAN GENNEP; V. TURNER) mit sozialpsychologischen (LOFLAND/STARK; DOWNTON; BROMLEY/SHUPE: Rollentheorie) und entwicklungspsychologischen Phasenmodellen zusammen. Das Modell von LOFLAND/STARK wurde 1965 zum Ausgangspunkt für die heutige sozialwissenschaftliche Forschung. Die Reihenfolge der Stufen 3–5 kann im Einzelfall variieren.

2) die ›Begegnung‹ mit einer Gruppe/einer Weltanschauung (»Plausibilitätsstruktur«[17]) (bei Abfall nicht notwendig);
3) die ›apostatische Grenzziehung‹: Prozeß der Distanzierung/Trennung von der bisherigen Umgebung, der Neutralisierung dieses Einflusses (z. B. die ›Weltflucht‹, *pravrajya*, als Beginn des buddhistischen Noviziats);
4) ›Liminale Phase‹; ›Probelauf‹, Noviziat; erste Unterweisung; Entwicklung personaler Bindungen (›Übertragungsbeziehung‹); teilweise Rückzug ›von der Welt‹ in kommuneartigen, hoch interaktiven Gemeinschaften (Augustin in Cassiciacum; Trainingscamps der ›Neuen Religionen‹); Formung einer Entscheidung, teilweise zu einem außergewöhnlichen ›Erlebnis‹ verdichtet;
5) die ›initiatorische Grenzziehung‹ (»Resozialisation«[18]/Reintegration): Initiationsritus (z. B. buddhistische Mönchsweihe: *upasampad*)/Apostasieritus (z. B. Exkommunikation; Verbrennung des Mitgliedsausweises); teilweise Namenswechsel (vom Pharisäer ›Saulus‹ zum Christen ›Paulus‹; vom Zuhälter ›Holländer-Jo‹ zum Evangelisten ›Halleluja-Jo‹[19]); öffentliches Bekenntnis zur Gruppe bzw. dem neugefundenen ›*belief system*‹ und Identifizierung mit deren Zielen;
6) ›Postkonversion/Postapostasie‹: Verpflichtungs-/Entpflichtungseuphorie (›neuer Sinn‹ bzw. ›neue Freiheit‹): ›proselytischer‹ Übereifer; reflexive Aneignung (autobiographische Verarbeitung; Rechtfertigungsschriften); oft sekundäre (Stabilisierungs-)Krisen, manchmal mit Widerruf der ergangenen Entscheidung.
Damit wird als Hintergrund des *Handlungsmusters* der Dreischritt aller → Übergangsriten ›Trennung‹ – ›Randexistenz/Ausnahmestatus‹ – ›Wiedereingliederung‹ erkennbar. Wer sich bekehrt/abfällt, durchläuft eine »Karriere«, deren – nur teilweise vollzogene – Fortsetzung die Umkehrung des Beziehungsverhältnisses ist; der Geheilte wird selbst Heiler, der Bekehrte/Apostat selbst Missionar oder Religionsstifter.[20]
In den Fällen, in denen es zu einer grundlegenden Gesinnungsänderung kommt (zur ›sozialen Konversion‹ s. u. I.3), können die *psychischen Vorgänge* einmal entwicklungspsychologisch (Erikson) als »Identitätskrise« mit den Stufen ›Konflikt‹ – »Identitätsdiffusion« – ›Identitätsfindung‹ beschrieben werden. Sie besitzen dann ihren Ort im menschlichen Lebenszyklus während der Adoleszenz, der »sekundären Sozialisation« (Berger/Luckmann), als Teil der Ausbildung einer erwachsenen »Ich-Identität«; das Bekenntnis zu bzw. die Absage an eine Religion oder Weltanschauung reiht sich unter diesen Bedingungen in altersgemäße Akte der Verselbständigung ein, wie es die Ablösung vom Elternhaus oder die Berufswahl sind. Eine Sonderfunktion übernehmen Konversions- bzw. Apostasiehandlungen bei der Auflösung einer nachpubertären psychoso-

---

17 Vgl. P. L. Berger, Thomas Luckmann, Die gesellschaftliche Konstruktion der Wirklichkeit. Eine Theorie der Wissenssoziologie (amerik. 1966), 1969 = Tb. 1980, 168.
18 Ebd., 168. 172–174.
19 Jo Scharwächter, Halleluja-Jo. Vom Zuhälter zum Heilsarmee-Offizier, 1989.
20 »*Conversion career*«: J. T. Richardson (Hrsg.), Conversion careers. In and out of the new religions, 1978. – Zur Karriere des Schamanen vgl. den ausgezeichneten Aufsatz von I. M. Lewis »The shaman's career«, in: ders., Religion in context: Cults and charisma, 1986, 78–93. – Im Fall des Apostaten kann dieser Mechanismus auch zur dauernden Fixierung an die verlassene Gruppe durch deren Bekämpfung führen: er handelt damit als Teil der jeweiligen – oft informellen – Kontrabewegung (›*countermovement*‹); siehe z. B. die (informativen!) Arbeiten von K. Deschner (»Abermals krähte der Hahn. Eine kritische Kirchengeschichte«, 1962 u. a.).

zialen Entwicklungshemmung (»Moratorium«).[21] Für jede Altersstufe kennzeichnend ist der Aufbau einer personalen Übertragungsbeziehung, mag dies die Unterwerfung unter die Autorität eines ›wahren Vaters‹ (Gottes, eines Priesters/Meisters) sein, das Mutterschoßerlebnis der Geborgenheit in der Nestwärme der neuen Gemeinschaft (›Wir sind eine große Familie‹) oder die narzißtische Verschmelzung mit dem idealisch erhöhten Gegenstand der Verehrung.[22]

2. Die soziale Handlung

Jeder Gesinnungswandel wird durch äußere Zeichen veröffentlicht. Er bedarf deshalb wie alle sozialen Tatsachen der Mitteilung und des Publikums. Dies wird über die formalen Mittel der Ritualisierung und der reflexiven (Selbst-)Verständigung geleistet:

a) Die Riten (der Grenzziehung; vgl. o. 1.b) können verschieden gewichtet sein: sei es durch den institutionellen Gesichtspunkt als Initiationsriten, kundgetan mit einem einfachen Sprech- oder Schreibakt (z. B. einem Glaubensbekenntnis) oder einer besonderen Aufnahmezeremonie (Mysterienweihe in Eleusis); sei es, daß der Bruch mit der Vergangenheit im Vordergrund steht in einem Reinigungs- und Bußritus von rigoristischer Appellstruktur – dies insbesondere bei charismatischen Bewegungen (altisraelitischer Prophetismus); oder aber der Prozeß wird als Heilung dargestellt, hin bis zur Überwältigungsdramatik von Exorzismusriten.

b) Eine nicht weniger bedeutsame Form der Mitteilung ist die »Neukonstruktion der Konversationsmaschine«[23]: die argumentative und erzählende Verarbeitung des Geschehens sowie die Wahl neuer GesprächspartnerInnen. Der Gefährdung der ›Ich-Identität‹, hervorgerufen durch den Bruch mit den bisherigen Denk- und Lebensgewohnheiten, begegnen zwei gegenläufige Deutungsmuster: Wird die Bruchstelle betont, das ›vorher – nachher‹, so steht die Gegenwart ganz im Blickwinkel einer Absage an die Vergangenheit; hieran schließt das – oft auch ausagierte – Muster von (sozialem und spirituellem) Tod und Wiedergeburt, *mortificatio* und *vivificatio*, sowie der Topos vom ›Neuen Adam‹ (*novum hominem induere*: PAULUS, Koloss. 3,9f.) an. Auf der anderen Seite findet sich eine weite Bandbreite an Überbrückungsversuchen, die das bisherige Leben ›im Licht der Wahrheit‹ neu besieht. Dieses Bedürfnis ist eine erstrangige Quelle für autobiographische Vergegenwärtigung (Apuleius von Madaura; Augustin; John

---

[21] Überzeugend von ERIKSON am Beispiel des »jungen Mannes Luther« dargestellt; zum »psychosozialen Moratorium«: S. 46; zum Lebenszyklus-Modell vgl. das von ERIKSON schon 1950 in »Childhood and society« entwickelte »epigenetische Diagramm«, abgebildet auch in: ders., Identität und Lebenszyklus, dt. 1966 = Tb. 1973, 123–215, S. 150f. (= Diagramm C), vgl. auch Diagramm D, S. 214f. – Zur Häufigkeit des Auftretens s. die Übersicht bei M. ARGYLE, B. BEIT-HALLAMI, The social psychology of religion (1958), ²1975, 61.

[22] Nach KLOSINSKI, Warum Bhagwan?, 93–113, und ULLMAN, The transformed self. – Als Beispiel für das Mutterschoßerlebnis s. die Konversion von Julius Langbehn (»Der Rembrandtdeutsche«) zum Katholizismus; vgl. F. STERN, Kulturpessimismus als politische Gefahr. Eine Analyse nationaler Ideologie in Deutschland (amerik. 1961), 1963 = Tb. 1986, 145.

[23] »Kognitive Scheidung von Dunkelheit und Licht«: BERGER, LUCKMANN, Die gesellschaftliche Konstruktion der Wirklichkeit (vgl. Anm. 17), 171; dort eine ausführlichere Übersicht über Deutungsformeln.

Wesley; Thomas Merton[24]). Grundsätzlich gilt jedoch, daß diese Berichte ebenso sehr Eigenäußerungen wie Übungen in einem neu erlernten, von der Gruppe übernommenen oder gegen sie gewendeten Vokabular sind: Zeichen neuer Fronten, Übereinstimmungen und Solidaritäten.

3. Motivationen

Die Gründe, die hinter einem Glaubenswechsel stehen, führen meist nicht in das vielbesprochene Gebiet der mystischen Erfahrungen, sondern in die praktischen Erfordernisse alltäglicher Religionsausübung. So findet sich bei Erwachsenen an erster Stelle die ›Anpassungskonversion‹ eines Ehepartners in religiösen Mischehen – gegenüber dem anderen Partner oder den Kindern. Intellektuelle und moralische Beweggründe, Wahrheitssuche oder Verhaltenskonflikte, gar ›Erlebnisse‹ bilden die Ausnahme (dazu o. I.1).[25] Eine wichtige Rolle spielen daneben die ›Richtwerte‹ und Erwartungshaltungen von lokaler Öffentlichkeit, Freundeskreis und beruflichem Umfeld: je nach persönlicher Lage kennzeichnet Religionswechsel Assimilation, Prestigegewinn (Christentum als ›Kulturbringerin‹ und Symbol der Kolonialmacht in der ›Dritten Welt‹) oder Protest, den Schritt zum Außenseitertum.

II. Konversion/Apostasie als Gruppenphänomen

1. Die Gruppe und ihre Mitglieder

Das Interesse der Gruppe ist die Selbsterhaltung. Die ›Sorge um sich‹ verstärkt das Engagement *(→ commitment)* der Mitglieder, spricht Sanktionen gegen Loslösung aus, prämiert den Beitritt. Die Einzelhandlung von Bekehrung oder Abfall ist deshalb mitgeformt von den Maßnahmen der Eigenfestigung, der Absicherung nach innen und außen, schließlich der Erweiterung, deren sich die Gruppe bedient (→ Gruppe/Gruppendynamik).

a) Selbststabilisierung geschieht vorzugsweise an den Grenzen der Gemeinschaft, durch Rituale, in hochorganisierten Gruppen auch durch Rechtsakte der Einbeziehung (→ Initiation) und des Ausschlusses (Exkommunikation im Katholizismus[26]). Neben symbolischen Handlungen der Reinigung und Unterwerfung (›Taufe‹; Sündenbekenntnis; s. B 1.2) findet sich im Konversionsritual oft die Prüfung eines gruppeneigenen Mindestwissens, als Abschluß einer ›katechetischen‹ Unterweisung (›Glaubst/Bekennst du, daß ...?‹). Verfestigt zur beispielhaften Handlung gerinnt das Ritual zu jener Spielart von traditionsstiftenden ›Surrogatidentitäten‹, wie sie in der Gestalt des vorbildhaften ›Bekehrten‹ bzw. ›Apostaten‹ entwickelt wird (vgl. die *exempla* der Heiligenvi-

---

[24] Zu Wesley und der puritanischen Autobiographie: s. W. R. Ward, Introduction, in: John Wesley, Journal and diaries, Bd. 1 (1735–38), hrsg. v. W. R. Ward, R. P. Heitzenrater, 1988, 1–119.

[25] S. die Statistiken bei: D. R. Hoge u. a., Converts – dropouts – returnees. A study of religious change among catholics, 1981; zu Mischehen als existentieller Bedrohung für Minderheiten s. Rosenbloom, Ch. 23, bes. 121–130.

[26] Vgl. Elisabeth Vodola, Excommunication in the Middle Ages, 1986.

ten). Solche Prototypen sind in der christlichen Tradition positiv Paulus und Augustin, negativ Kaiser Julianus ›Apostata‹.[27]

b) Die Mitgliederfluktuation, die Gesamtheit aller Konversions- und Apostasiehandlungen, unterliegt, als grundlegendes Anliegen der Gruppe, in komplexen Religionen wie dem Christentum eigenen Überwachungsinstanzen (Inquisition; Taufregister seit der Reformation). Auf ideologischem Gebiet rechnet sich hierzu die institutionalisierte Polemik bzw. Apologetik, die sich gegenseitig die ›Erfolge‹ in der Gläubigen(ab)werbung vorhält.[28] Den Schritt von der Sicherung zur Sammlung und Erweiterung machen ›Sendungsbewegungen‹[29], die das Amt des charismatischen oder berufsmäßigen ›Bekehrungsagenten‹ (Prophet, Bußprediger, Missionar, Führer) kennen. Neuerdings haben amerikanische *anticult*-Gruppen das entsprechende Berufsfeld des ›Abwerbungsagenten‹ *(deprogrammer)*[30] hinzugefügt. Konversion und Apostasie gerät daher oft in das Spannungsfeld der – im Regelfall politisch grundierten – Machtinteressen verschiedener Glaubensrichtungen, wird zu einer fremdgesteuerten Handlung, der mit mehr oder weniger sanfter Überzeugungsarbeit ›nachgeholfen‹ wird.[31]

Der Streit um die Freiwilligkeit von Gesinnungsänderung und Parteiwechsel entflammte erneut seit den 1940er Jahren unter dem Eindruck erzwungener Geständnisse in stalinistischen Schauprozessen, vor allem aber der Technik der ›Gehirnwäsche‹ *(brain-washing)*[32], wie sie von der kommunistischen Partei Chinas angewendet wurde. Obwohl schon bald als ökonomisch allzu aufwendiger Extremfall erwiesen[33], dienten diesbezügliche Anschuldigungen seit den 60er Jahren zur Diffamierung der charismatischen Religiosität der ›Neuen Religionen‹ (*Unification Church; Jesus People, Hare Krishna* etc.) als religiöser Gruppen mit hohem, ›nichtbürgerlichen‹ Verpflichtungsanspruch.[34]

2. Die Gruppe als Massensubjekt: kollektive Konversion/Apostasie

Konversion/Apostasie ist keineswegs immer eine Willenshandlung oder »Erlebnisform« (F. Heiler) von Einzelpersonen. Abgesehen von den vielfachen gesellschaftlichen Vor-

---

27 Zu Julian: R. Braun, J. Richer (Hrsg.), L'Empereur Julien, 2 Bde., 1978–1981.

28 Dieses Genre blüht während der Rekonfessionalisierung des Christentums im 19. Jh.; vgl. die bei Aland, Glaubenswechsel, aufgeführten Sammlungen.

29 Der Begriff ist in Anlehnung an K. Hammer, Weltmission und Kolonialismus. Sendungsideen des 19. Jhs., 1978 = Tb. 1981, gebildet.

30 Ein Beispiel aus der Praxis: T. Patrick, T. Dullac, Let our children go!, 1977 (mit ›dramatischer‹ Bebilderung).

31 Vgl. H.-D. Kahl, Bausteine zur Grundlegung einer missionsgeschichtlichen Phänomenologie des Hochmittelalters, in: Miscellanea historiae ecclesiasticae 1 (1961) 50–91. – Zu »Orientierungs- und Loyalitätskonflikten« infolge Kultkonkurrenz s. jetzt: Chr. Elsas, H. G. Kippenberg (Hrsg.), Loyalitätskonflikte in der Religionsgeschichte. Fschr. C. Colpe, 1990.

32 Der Begriff ist eine Lehnübersetzung von chinesisch *hsi nao* »das Gehirn waschen«, durch den Journalisten Edward Hunter nach chinesischen Informanten eingeführt; das Umerziehungsprogramm wurde *szu-hsiang kai-tsao* »ideologische Umformung, Gedankenreform« genannt, s. Lifton, Thought reform, 3f. – Eine erschreckend folgerichtige Allegorie der stalinistischen Praktiken hat George Orwell in seinem Roman »1984« (erschienen 1948) gezeichnet.

33 Lifton, Thought reform, 236f: Erfolgsquote gleich Null.

34 Guter Überblick über die Debatte bei: D. G. Bromley, J. T. Richardson (Hrsg.), The brainwashing/deprogramming controversy: Sociological, psychological, legal and historical perspectives, 1983; A. D. Shupe, The anti-cult movement in Amerika, 1984 (Lit.!).

gaben, denen jede Einzelperson in ihrem Handeln unterliegt (vgl. o. B I.3), kann auch das Gruppenhandeln selbst, als gemeinsames Wollen oder Zwang, bestimmend für den Glaubenswechsel sein:

– Sozial ist es der Übertritt oder Abfall einer Gesellschaftsgruppe, die Anpassung oder Opposition gegenüber veränderten Verhältnissen kundtut (Beispiele: der senatorische Adel im spätantiken Gallien[35]; die jüdische Emanzipation und Assimilation im Europa des 19. Jahrhunderts; das reichsstädtische Patriziat während der Reformation in Deutschland). Die ›häretische (Gruppen-)Apostasie‹ ist gleichzeitig die Keimzelle neuer Religionsformen. So kristallisiert sich der adlige Widerstand des Languedoc gegen das nordfranzösische Königtum im 13. Jahrhundert in der neuen Religion der Katharer (→ Sekte). Häufig werden Minderheiten zur Gesinnungsangleichung gezwungen: Deren Antwort auf Zwangsbekehrung und Verfolgung sind dann Scheinbekehrungen, wie unter den christlich gemachten Juden Spaniens nach 1492 (›Marranismus‹). Theologisch überhöht wird dieses Verhalten in der »mystischen Apostasie«[36] zum Islam von Sabbatai Zwi (1626–76) und seiner Anhängerschaft 1666 (nach 1683: Sekte der *Doenmé* = türk. »Apostaten«). Der Abfall wird hier zur messianischen Grenzüberschreitung in den End- und Ausnahmezustand.

– Politisch ist es die oft einsame Entscheidung des Herrschers (der Franke Chlodwig, Kaiser Konstantin I.) oder Territorialherrn (›*cuius regio, eius religio*‹ – die Formel des Augsburger Religionsfriedens 1555), die die Untertanen vor vollendete Tatsachen stellt.

– Interkulturell sind es imperialistische oder kolonialistische Expansionsbestrebungen, in deren Sog freiwilliger (früher Islam) oder erzwungener Glaubenswechsel (Sachsenkriege Karls d. Großen; Kolonialsystem des 19. Jahrhunderts) stattfindet. Die Revitalisierung traditionaler bzw. archaischer Kult- und Vorstellungstraditionen, die häufig im Gefolge derartiger Kulturkonflikte auftritt, erzeugt eine kollektive Form von ›Binnenbekehrung‹ (s. o. I.1) an jener ›rigoristischen Schwelle‹, die entsteht, wenn eine Gruppe ihre – oft fiktive – Vergangenheit aktiviert und dadurch den Vereinheitlichungsdruck, das *commitment* nach innen erhöht (→ Heilsbewegung, Nativismus; Nation).

Der Handlungsspielraum für Konversion oder Apostasie ist damit in vielen Fällen von Herrschaftsverhältnissen, Opportunitätsdruck und Gruppenhandeln eingeschränkt: Ihn dennoch zwischen Gewissensentscheidung und Formalität auszumessen, ist Sache des Einzelnen, der auch für die Folgen einzustehen hat.

Literatur

Forschungsberichte: KILBOURNE, B., RICHARDSON, J. T., Paradigm conflict, types of conversion, and conversion theories, in: Sociological Analysis 50 (1989) 1–21 (wichtiger Gesamtüberblick); RAMBO, L. R., Current Research on religious conversion, in: Religious Studies Review 8 (1982)

---

[35] Vgl. das gleichnamige Buch K. F. STROHEKERS von 1948. In diesem Zusammenhang spricht W. H. C. FREND (Art. Bekehrung I, in: TRE 5, 1980, 447) von »kultureller Bekehrung«. Obwohl möglich, wird dieser Begriff im vorliegenden Art. nur für *inter*kulturelle Bekehrungen verwendet (vgl. B III).

[36] G. SCHOLEM, Die Krise der Tradition im jüdischen Messianismus (1968), in: ders., Judaica 3: Studien zur jüdischen Mystik, 1970, 152–197, S. 189.

146–159; SNOW, D. A., MACHALEK, R., The sociology of conversion, in: Annual Review of Sociology 10 (1984) 167–190.

1. Physiologische, psychologische, psychohistorische, sozialpsychologische und soziologische Arbeiten: BROMLEY, D. G. (Hrsg.), Falling from the faith. Causes and consequences of religious apostasy, 1988; ders., SHUPE, A., Affiliation and disaffiliation. A role-theory interpretation of joining and leaving new religious movements, in: Thought 61 (1986) 197–211; DOWNTON, J. V., JR., An evolutionary theory of spiritual conversion and commitment: The case of Divine Light Mission, in: Journal for the Scientific Study of Religion 19 (1980) 381–396; ERIKSON, E. H., Der junge Mann Luther. Eine psychoanalytische und historische Studie (amerik. 1958), dt. Tb. 1970 = 1975 (grundlegend); JAMES, W., The varieties of religious experience, 1902, krit. Ausg. 1985 = Works 13 (Klassische Studie; die Lectures IX–X behandeln »Conversion«); KLOSINSKI, G., Warum Bhagwan? Auf der Suche nach Heimat, Geborgenheit und Liebe, 1985; LIFTON, R. J., Thought reform and the psychology of totalism. A study of »brainwashing« in China, 1961; LOFLAND, J., STARK, R., ›Becoming a world-saver‹: A theory of religious conversion, in: Am. Sociological Review 30 (1965) 862–874 (dazu: Lofland, J., ›Becoming a world-saver‹ revisited, in: Am. Behavioral Scientist 20 (1977) 805–818) (Studiengruppe sind die »Divine Precepts« von Reverend Moon; vgl. Anm. 16); MEADOW, MARY JO, KAHOE, R. D., Psychology of religion: Religion in individual lives, 1984; SARGANT, W., Battle for the mind. A physiology of conversion and brainwashing, 1957 (zit. dt. Ausg. 1958 u. d. T. Der Kampf um die Seele. Eine Physiologie der Konversionen); ULLMAN, CHANA, The transformed self. The psychology of religious conversion, 1989.

2. Religionsgeschichtliche Arbeiten a) zum/vom Christentum: ALAND, K., Über den Glaubenswechsel in der Geschichte des Christentums, 1961; MACMULLEN, R., Christianizing the Roman empire, A. D. 100–400, 1984; NOCK, A. D., Conversion. The old and the new in religion from Alexander the Great to Augustine of Hippo, 1933.
b) zu/von nichtchristlichen Religionen: BITTER, KL., Konversionen zum tibetischen Buddhismus. Eine Analyse religiöser Biographien, Diss. Göttingen 1988 (mit Protokollen von Tiefeninterviews); BULLIET, R. W., Conversion to Islam in the medieval period. An essay in quantitative history, 1979; FIRTH, R., Rank and religion in Tikopia. A study in Polynesian paganism and conversion to Christianity, 1970; LEVTZION, N. (Hrsg.), Conversion to Islam, 1979; JULES-ROSSETTE, BENETTA, African apostles. Ritual and conversion in the church of John Maranke, 1975; dies., The conversion experience: The apostles of John Maranke, in: Journal of Religion in Africa 7 (1976) 132–164 (Bekehrungsbericht); ROSENBLOOM, J. R., Conversion to Judaism: From the biblical period to the present, 1978.

Hubert Mohr

→ *Apologetik/Polemik, commitment, Initiation, Krise*

Kosmogonie

→ *Anthropogonie/Kosmogonie*

Kosmologie

Der Begriff ›Kosmologie‹ leitet sich von den griechischen Wörtern *kósmos* (Welt, Ordnung) und *lógos* (Wort, Lehre) her und bezeichnet die Lehre von der Weltordnung, worin auch die Kosmogonie, die Entstehung der Welt, miteingeschlossen ist. KANT soll seine Bedeutung mit Weltanschauung ins Deutsche übertragen haben. In der Philosophie wird der Begriff ›rationale Kosmologie‹ seit CH. WOLF zur Bezeichnung des Weltaufbaues als eines natürliches Systems physischer Substanzen verwendet.

1. In der Religionswissenschaft ist bisweilen bezweifelt worden, ob Kosmologien und Kosmogonien als Teile von Religionen anzuerkennen sind. Es ist jedoch unzweifelhaft, daß viele Religionen Erzählungen über den Anfang, Ursprung oder die Entstehung und Ordnung der Welt kennen und diese wie im Judentum, Christentum und Islam auch in ihre als heilig kanonisierten Schriften aufgenommen haben. Auch Religionen, die keine kanonisierten Texte besitzen, kennen Mythen und als heilig angesehene Erzählungen, in denen von einem Weltursprung die Rede ist, der die Ordnung der Welt, der Menschen und der Dinge festlegt. Schematisch lassen sich diese Erzählungen in drei Gruppen gliedern:

a) In Stammesreligionen finden sich Geburts- und Emanationslehren, nach denen die Götter oder andere mythische Wesen die Welt aus sich hervorbrachten oder selber zur Welt mit allem, was darauf ist, wurden. Bei näherem Hinsehen entpuppen sich diese Ursprungsmythen als *Transformationslehren*. In ihnen wird eigentlich nicht berichtet, wie die Welt entstanden ist, sondern wie die Welt ihre heutige Gestalt erhielt. Als Anlaß der Transformationen lassen sich in allen diesen Geschichten regelmäßig Konflikte und Katastrophen entschlüsseln.[1]

b) In der Mythologie der klassischen Antike findet sich eine Form, die eine *Selbstentstehung* der Welt mit ihrer heutigen Ordnung aus einem Chaos lehrt.[2]

c) In den großen monotheistischen Religionen gibt es *Schöpfungslehren*, nach welchen Gott die Welt, mit allem, was auf ihr lebt und ist, geschaffen hat.[3]

Neben diesen drei Gruppen von Weltentstehungslehren ließe sich noch eine weitere Gruppe einführen: *Kreislaufvorstellungen*, nach denen die Welt periodisch neu entsteht oder geschaffen wird, indem jeweils nach einem Zerfall der sittlichen Kräfte am Ende des Kreislaufes alles von vorne beginnt. Die hinduistische Yugalehre ist das heute wohl bekannteste Beispiel hierfür.[4] Da sich diese Kreislaufvorstellungen jedoch auf die Wiederholung, nicht auf die Entstehung und die Art der Kosmologie beziehen (alle drei

---

[1] Vgl. z. B. die Erzählungen der Thompson Indianer, J. TEIT, Mythology of the Thompson Indians; der zentralaustralischen Aranda, TH. G. H. STREHLOW, Aranda Traditions, 1947, 7f.; der Wemale, A. E. JENSEN, Die getötete Gottheit, 47ff.; der Trobriander, B. MALINOWSKI, Myth in primitive psychology.

[2] Vgl. HESIOD, Theogonie, 115ff. Bei HOMER sind Okeanos strömende Fluten der Ursprung und der Anfang sämtlicher Dinge, Il. XIV, 245f.

[3] Vgl. Genesis 1,1; Koran, Sure 2, 28; 16, 10ff.; 41, 9ff.

[4] Die Yugalehre ist dargestellt von R. ROTH, Die indische Lehre von den vier Weltzeitaltern; vgl. auch H. VON STIETENCRON, Kalkulierter Religionsverfall.

Gruppen können auch als Kreislauf gedacht werden), sind diese nicht als eigene Gruppe von Kosmologien anzusehen.

2. Die verschiedenen Kosmologien lassen sich jeweils verschiedenen gesellschaftlichen Organisationsstrukturen zuordnen. Die Schöpfungslehren entstammen patriarchalen Gesellschaften mit oder ohne einem König als Zentralgewalt. Transformationslehren und Geburtsvorstellungen sind in Stammesgesellschaften zu finden, deren wesentliches gesellschaftliches Organisationsprinzip aus Verwandtschaftssystemen besteht. Die Selbstentstehung der Welt aus einem Chaos oder der Wüste findet sich in staatlich oder stadtstaatlich organisierten frühen Kulturen. Diese Art von Kosmologien – wohl am weitesten ausgebildet bei den antiken Griechen – geht mit einer Systematisierung der Mythen einher, die ihrer Tendenz nach aus dem Denken und Handeln nach mythischen Mustern herausführen kann, da sie eine Reflexion, ein Nachdenken, in Gang setzt, das zumindest eine philosophische Seinslehre, eine Ontologie, und im weiteren auch wissenschaftliche Theorien vorbereitet. Die verschiedenen Kosmologien mögen – besonders in sozial geschichteten Gesellschaften – gleichzeitig bestehen, indem z. B. die Schöpfungslehre oder die Selbstentstehungslehre geheimes Wissen der Priester oder Philosophen ist, das Volk aber weiterhin den Transformationslehren anhängt. Es mögen auch im gleichen Text zwei verschiedene Versionen auftauchen.[5] In Stammesgesellschaften finden sich – zumindest seit dem Kolonialismus und der mit diesem einhergehenden Missionierung – ebenfalls Schöpfungslehren. Es läßt sich aber bei solchen Völkern wie z. B. den zentralaustralischen Aranda meist zeigen, daß diese Schöpfungsgeschichten durch Kulturkontakt und Diffusion zu diesen Völkern gekommen sind und von ihnen in ihre Mythologie eingewebt wurden. Dabei ist auch zu berücksichtigen, daß z. B. in Indonesien, West- und Ostafrika eine islamische Missionierung zu verzeichnen ist, die ebenfalls spätestens seit dem 10. Jahrhundert Schöpfungslehren verbreitete; überhaupt ist die Verbreitung solcher Vorstellungen durch Diffusion nicht zu unterschätzen.

3. Eine Zuordnung der Arten von Kosmologien zu Produktions- und Wirtschaftsweisen läßt sich nicht eindeutig vornehmen. Da kosmologische Erzählungen über politische, wirtschaftliche und geschichtliche Veränderungen hinweg festgehalten werden, wird man bei deren Interpretation außerordentlich behutsam sein müssen, denn die in den Kosmologien dargestellten Vorstellungen stehen häufig nicht mehr in einer unmittelbaren Beziehung zu den aktuellen Erfahrungen der Menschen und ihrer Lebensverhältnisse. Außerdem haben viele dieser Erzählungen eine Struktur, deren Aussage in einem ›frage nicht, denn es gibt keine Antwort‹ besteht. Durch alle religiösen Kosmologien scheint eine Erklärung und Legitimation von bestimmten gesellschaftlichen Verhältnissen hindurch. Die Naturerklärungen sind eher Beiwerk, was allein daran erkenntlich ist, daß nicht selten verschiedene, sogar widersprüchliche Geschichten berichtet werden. Die Mitglieder von Stammesgesellschaften waren, wie man noch in den letzten Jahren beobachten konnte, rasch bereit, diese Teile der mythischen Kosmologie zu ändern oder gar aufzugeben, wenn von den Europäern z. B. neue Nutzpflanzen eingeführt wurden. Dagegen wurde an den durch die Kosmologie eingesetzten Heiratsregeln, der sozialen

---

[5] Vgl. z. B. die zwei Varianten der Schöpfung in Genesis 1 und 2

Schichtung und Hierarchie, der Verteilung von Arbeit und Genuß und an den Geschlechterrollen festgehalten, solange es irgend ging.

Literatur

JENSEN, A. E., Die getötete Gottheit, ²1966; MALINOWSKI, B., Myth in primitive psychology (1925), dt.: Magie, Wissenschaft und Religion, 1973; ROTH, R., Die indische Lehre von den vier Weltzeitaltern (Tübinger Universitätsschriften) 1861; STIETENCRON, H. VON, Kalkulierter Religionsverfall: das Kaliyuga in Indien, in: H. ZINSER (Hrsg.), Der Untergang von Religionen, 1986, 135–150; TEIT, J., Mythology of the Thompson Indians (Jesup North Pazific Expedition Bd. 2), 1931.

Hartmut Zinser

→ *Anthropogonie/Kosmogonie, Emanation, Schöpfung, Weltbild*

Kraft

→ *Macht, Mana, Orenda, Wakonda*

Krieg

A Allgemeines I. Begriff II. Krieg als Forschungsgegenstand B Systematik I. Ursachen – Funktionen – Folgen II. Krieg und Religion 1. Die religiöse Konstruktion des Krieges 2. Religionskriege und religiöser Protest 3. Freund- und Feindbilder III. Krieg als religiöses Denkmodell C Historische Entwürfe I. Rom II. Mesoamerika III. Islam IV. Ausblick

A Allgemeines

I. Begriff

Das Wort ›Krieg‹ ist erst seit dem Mittelhochdeutschen belegt; es bedeutet ›Anstrengung‹, ›Streben‹, ›Erwerbung‹, aber immer auch schon ›Streit‹.[1] Streit bedeutet auch das

[1] J. und W. GRIMM, Deutsches Wörterbuch 11: 5. Bd., bearb. von R. HILDEBRAND, 1873 (ND 1984), 2212ff.

germanische *werra*, aus dem sich englisch *war* und romanisch *guerre/guerra* entwickelt haben.

Das Spektrum dessen, was je nach Anzahl der Beteiligten, Dauer, Waffentechnologie und Ausmaß der tatsächlichen Schädigung unter Krieg verstanden wird, ist sehr breit. Darunter fallen morgendliche Überfälle kleiner Kampfgruppen; Stellungs- und Vernichtungskriege; ritualisierte Schlachten, in denen ein Todesfall als vermeidbares Unglück betrachtet wird; ›Weltkriege‹ mit jahrelanger Vorbereitungsphase und einigen Hundert Millionen Beteiligten und schließlich, wenn auch erst in der Vorstellung, ein Nuklearkrieg, der – ohne Vorbereitungszeit – in wenigen Stunden sich selbst beendet haben könnte. Im übertragenen Sinn spricht man etwa von Handelskrieg oder ›kaltem Krieg‹: Kriegszustände können also auch ohne aktuelle Kampfhandlungen bestehen. Die völkerrechtlichen Verträge vermeiden eine direkte Definition von Krieg und sprechen vom ›bewaffneten Konflikt‹, der – zumeist zwischen Staaten – mit organisierten Streitkräften ausgetragen wird.[2] Historisch wie ethnologisch bleibt diese Umschreibung unbefriedigend, setzt sie doch einen sehr hohen Grad politischer Organisation voraus. Die Formen der Aggression vom verbal ausgetragenen Streit bis zum Einsatz von Massenvernichtungsmitteln bilden ein Kontinuum, auf dem jede Kultur andere Schwellenwerte für die Stufe ›Krieg‹ markiert. Nach Margaret Mead kann man von ›Krieg‹ sprechen, wenn die Aggression durch folgende vier Elemente charakterisiert ist: (1) Die Austragung des Konfliktes wird in Kampfgruppen organisiert; (2) das Töten des Gegners unterliegt nicht den gesellschaftlichen Sanktionen, mit denen das Töten innerhalb der Gruppe (Mord) unterbunden werden soll; (3) die Teilnehmer sind prinzipiell zum Töten und Sterben bereit; (4) die genannten Elemente sind wechselseitig bei den Gegnern vorhanden und schließen die beidseitige Überzeugung einer übergreifenden Legitimität ihres Handelns ein.[3]

II. Krieg als Forschungsgegenstand

Kriege waren und sind ein bevorzugter Gegenstand der Geschichtsschreibung. In politisch komplex organisierten Gesellschaften, insbesondere in staatlichen Gesellschaften, nimmt der einzelne Krieg zunehmend größeren Umfang an und führt zu territorialen Verschiebungen. Ebenso wie Personenwechsel in den Steuerungsorganen einer Gesellschaft, gehört Krieg zu den leicht beobachtbaren Phänomenen von Veränderung: Der kulturinternen Wertung, etwa der Verleihung von Prestige, entspricht seine Repräsentierung in den historischen Quellen. Wo Krieg oder Kriegsfolgen eine negative moralische Bewertung erfahren, entsteht Kriegsursachenforschung, kommt die Frage der ›Kriegsschuld‹ auf. Kulturintern kann sich dasselbe Problem in Verbindung mit der Suche nach den Verantwortlichen für eine Niederlage stellen, wobei der Schuldige ebenso gut bei den einfachen Soldaten, dem Heerführer oder aber den politisch Verantwortlichen festgemacht werden kann.

---

[2] S. etwa Charta der Vereinten Nationen Art. 29, 42, 51; 4. Haager Abkommen (1907) Art. 13, 36; Zusatzprotokoll zu den Genfer Abkommen vom 12. 8. 1949 über den Schutz der Opfer internationaler bewaffneter Konflikte (1977) Art. 43, 49; s. a. Art. 1, Abs. 4.

[3] Mead, 215 f.; vgl. Otterbein, 923 f., und J. Ferguson, 3–5. S. a. M. Nettleship, Definitions, in: ders., Dale Givens, Nettleship, 73–90.

Eine intensivere Erforschung des Phänomens Krieg, deren Interesse letztlich auf Kriegsverhinderung gerichtet ist, existiert erst seit den 60er Jahren unseres Jahrhunderts. Wichtige Beiträge kommen aus der ethologischen, anthropologischen und ethnologischen Forschung. Da das Material dieser Disziplinen zumeist aus nichtstaatlichen Gesellschaften stammt, können die Ergebnisse nur teilweise auf die heutige politische, soziale und technologische Situation staatlich organisierter Gesellschaften übertragen werden. Auf das Bemühen der Psychologie und Psychoanalyse um eine Klärung des Phänomens → ›Aggression‹ und der ihm zugrundeliegenden kollektiven Bewußtseinsinhalte (nur auf dieser Ebene kann die Vermittlung mit der gesellschaftlichen Aktivität Krieg geleistet werden) soll hier nicht eingegangen werden. Die junge und umfangreiche sozial- und politikwissenschaftliche Erforschung von Rüstungswettlauf, internationalen Konflikten und Krieg setzt in der Neuzeit, schwerpunktmäßig bei der nach dem Zweiten Weltkrieg entstandenen Situation an; ihre Ergebnisse sind bisher kaum auf andere historische Bereiche oder nichtstaatliche Organisationsformen übertragen worden.[4] Die Religionswissenschaft hat das starke rituelle und religiöse Element von Kriegen verschiedentlich dokumentiert. Mit dem Begriff des ›heiligen Krieges‹ wurde ein Kriegstyp postuliert, der eine besondere Verbindung von Krieg und Religion veranschaulichen soll; eine systematische Einordnung dieses Typs fehlt aber.

B Systematik

I. Ursachen – Funktionen – Folgen

Die vielfältigen Aspekte des Themas Krieg lassen sich am besten darstellen, wenn man Krieg als Form der Konfliktaustragung analysiert. Die sozialen und politischen Strukturen aller Parteien und ihrer Interaktionen sowie das zeitliche Umfeld des Krieges kommen so in den Blick. Es ergeben sich drei Fragekomplexe: 1. Wie wird der Konflikt ausgetragen, welche Alternativen bestehen zum Krieg? 2. Welche Konflikte führen zum Krieg? 3. Wer sind die Konfliktparteien?

1. Das Spektrum möglicher Konfliktlösungsformen scheint so groß und die potentiellen Kosten eines Krieges sind so hoch, daß es naheliegt, ihn unter dem Aspekt fehlgeschlagener, weniger aggressiver *Streitschlichtungsformen* zu analysieren.[5] Krieg ist nicht einfach eine Schlacht, die aufgestaute Aggressionspotentiale entlädt.[6] Er bildet die Endphase eines langen Eskalationsprozesses, auf dessen einzelnen Stufen sich die Sicht des Konfliktes ändern kann, Beteiligte wechseln und deeskalierende, aber auch mobilisierende

---

[4] Einen Überblick ermöglicht MIDLARSKY. Bedeutsam waren die Arbeiten von SINGER. Ansätze bei S. MELMAN, The End of War, in: R. B. FERGUSON, Warfare, 387–396, sowie in den militärsoziologischen Arbeiten etwa von ANDRESKI, HUNTINGTON oder JANOWITZ.

[5] Dieses Modell wendet HANSER auf die Kriege in Neuguinea an.

[6] S. die Beiträge der entsprechenden Tagungssektionen in den Kongreßbänden von FRIED, HARRIS, MURPHY; NETTLESHIP, DALE GIVENS, NETTLESHIP; und die Diskussionen in DALE GIVENS, NETTLESHIP; umfassend zur Aggression aus ethologischer Sicht EIBL-EIBESFELDT. Zur Kritik an der Erklärung des Krieges aus der Aggression s. HANSER, 241–248, und R. B. FERGUSON, 8–14.

Maßnahmen ergriffen werden können; solche Prozesse sind für Neuguinea detailliert beschrieben worden.[7] Im Einzelfall ist immer die Frage zu stellen, welche Umstände eine Deeskalation unmöglich machen: Die Prozeßanalyse schließt vorschnelles Argumentieren mit ›strukturellen Bedingungen‹ aus. Evolutive Vorteile der kriegerischen Lösung, die etwa STEINMETZ in seiner 1929 veröffentlichten »Soziologie des Krieges« sah, lassen sich in dieser Form nicht mehr behaupten. Genetische Effekte der Gefechtstechnik sind bei deren schnellem Wandel unwahrscheinlich; zu bedenken wären die sozialen Nebenbedingungen, die zur Auswahl und Plazierung der Kämpfer führen, weiterhin die Möglichkeit der Kontraselektion.[8] Auf der Ebene von Gesellschaften lassen sich Korrelationen von hoher militärischer Organisation und militärischem Erfolg, aber auch von Hochrüstung und Kriegsfrequenz feststellen.[9] Das entscheidende Problem liegt darin, daß in einer Region, in der eine Gruppe Aggressionen im Ausmaß eines Krieges zur Konfliktlösung praktiziert, den anderen nichts übrig bleibt, als dieses Verhalten zu übernehmen. Damit diffundiert Krieg sehr schnell.[10]

2. Die Frage, welche Konflikte dem häufigen Vorkommen von Krieg zugrunde liegen, bildet das klassische Feld *materialistischer Theorien*. Ihre Grundannahme lautet, daß »das Auftreten und die Form der Kriegführung eng mit den Prozessen der materiellen Produktion und anderen Erfordernissen des Überlebens verbunden sind«.[11] Bevölkerungsregulierung, Landverteilung und Erweiterung der Nahrungsbasis liefern die wichtigsten Stichworte. Die entsprechenden Theorien sind in der Mehrzahl nicht genetisch, sondern funktional formuliert. Ohne daß dies den kriegführenden Gruppen bewußt wäre, sorge der Krieg für die Ausbalancierung – ebenfalls oft gar nicht bewußter – Ungleichgewichte. Nach einem eher einfachen Modell, das HICKERSON für die Chippewa des unteren Mississippitales entwickelt hat, führt die ständige Kriegführung zur Bildung eines Niemandslandes in den Grenzregionen, in denen sich das Wild stark vermehren kann – und so langfristig die Proteinbasis sichert.[12] Einen wesentlich komplizierteren Regelkreislauf zur Bevölkerungsregulierung in vorstaatlichen Gesellschaften haben W. TULLIO DIVALE und MARVIN HARRIS formuliert: Die Tötung von Mädchen erlaubt bei relativ stabiler Gesamtbevölkerung die Produktion einer maximalen Zahl männlicher Krieger; dies hat für die Gesellschaft Überlebensvorteile, bedarf aber einer

---

[7] S. etwa F. KEITSCH, Formen der Kriegführung in Melanesien, Diss. 1967, 62 ff.; HEIDER, 99 ff., besonders 104 f.; HANSER, 97 ff. Zur Prozeßstruktur s. a. VAYDA, War in Ecological Perspective, und A. F. C. WALLACE, Psychological Preparations for War, in: FRIED, HARRIS, MURPHY, 173–182, mitsamt der Diskussion, die auf die veränderte Dimension von ›Mobilisierung‹ unter den Bedingungen von Berufsarmeen und Lenkwaffen hinwies.

[8] Vgl. F. B. LIVINGSTONE, The Effects of Warfare on the Biology of the Human Species, in: FRIED, HARRIS, MURPHY, 3–15.

[9] OTTERBEIN, 944; R. B. FERGUSON, 21.

[10] R. B. FERGUSON, 37.

[11] R. B. FERGUSON, 2. Als Grundriß dieser Position s. HARRIS, Cultural Materialism. The Struggle for a Science of Culture, 1979; ders., Culture, People, Nature. An Introduction to General Anthropology, [4]1985. Eine forschungsgeschichtliche Zusammenfassung der Themen dieser Richtung auf dem Gebiet des Krieges bietet R. B. FERGUSON, 22 ff., der selbst eine modifizierte materialistische Position vertritt.

[12] H. HICKERSON, The Southwestern Chippewa. An Ethnohistorical Study (Am. Anthrop. Assoc. Mem. 92), 1962.

entsprechenden Ideologie weiblicher Unterlegenheit.[13] Einen Alleinerklärungsanspruch solcher Theorien muß man zwar ablehnen, aber von modifizierten Formen, die berücksichtigen, daß die Wirksamkeit materieller Daten wesentlich von ihrer gesellschaftlichen Perzeption abhängt, können wichtige Beiträge erwartet werden.[14] Bedeutsam ist die materialistische Position auch deshalb, weil sie darauf aufmerksam macht, daß Kriegsziele, Motivation und Funktion des Krieges nicht deckungsgleich sein müssen. Der Krieg stellt Raum für jede Art von Rationalisierung zur Verfügung, d. h. für Umformulierungen des Konfliktes, die ihn im eigenen System von Gütern, Werten und Normen motivfähig machen. Dabei ist die bewußte oder unbewußte Kaschierung des eigentlichen Gegenstandes der Auseinandersetzung möglich. Die Wahl des Konfliktlösungsmittels ›Krieg‹ muß nicht im äußeren Konflikt, sondern kann in gesellschaftsinternen Problemen ihre Ursache haben. Die Kriegsziele können zudem von Phase zu Phase wechseln, ebenso die Motive der einzelnen Beteiligten. In einem ökonomisch gefaßten Modell stellt der potentielle Krieger eine Kosten-Nutzen-Rechnung an, die ihn die Gefahren des Krieges – Opportunitätskosten, Verwundung, Tod – gegen den Nutzen – etwa wirtschaftlicher Art oder Prestige – aufrechnen läßt. Stimmt diese Rechnung für viele nicht, kann die zum Kriegszug formierte Gruppe noch vor Beginn auseinanderfallen. Andererseits können in staatlichen Gesellschaften die innergesellschaftlichen Kosten (Sanktionen) einer Verweigerung so hoch sein, daß für die Teilnahme am Krieg keine Gewinnerwartung notwendig ist.

3. Die Differenz von Innen und Außen, von Gruppenangehörigen und Fremden, ist für den Krieg grundlegend. Ausgehend von der Beobachtung, daß bei Tieren zwar zwischenartliche, kaum aber innerartliche Gruppenauseinandersetzungen mit tödlichem Ausgang vorkommen, hat die Verhaltensforschung für den Menschen den Begriff der *Pseudospeziation* geprägt.[15] Danach konstruieren kulturelle Mechanismen einen Unterschied von Gruppenmitglied und Fremdem als ›Artfremdem‹ bzw. ›Nicht-Mensch‹.[16] Die Argumentation zielt auf die dadurch gegebene Herabsetzung der biologischen Tötungshemmung. Zwei Einwände sind gegen den Interpretationsrahmen ›Pseudospeziation‹ zu erheben. Zum einen konnten mittlerweile auch zwischen Tiergruppen einer Art kriegsähnliche Auseinandersetzungen beobachtet werden.[17] Zum anderen verstellt der Begriff den Blick auf die Tatsache, daß eine Gruppen- bzw. Allianzbildung oft erst im Konflikt selbst erfolgt. Bei dem Versuch, die Aggressivität einer Gesellschaft mit ihren sozialen Strukturen zu erklären, wurde deutlich, welche Bedeutung der Fähigkeit

---

13 DIVALE, HARRIS; s. schon DAVIE, 24. Die Theorie wurde von HARRIS noch einmal in HARRIS, ROSS formuliert und unter dem Titel »*A* Cultural Materialist Theory of Band and Village Warfare. The Yanomamo Test«, in: R. B. FERGUSON, WarFare, 111–140, erneut verfeinert und verteidigt.

14 Vgl. VAYDA, War in Ecological Perspective; zur Kritik s. R.B. FERGUSON und HANSER, 241–289.

15 E. H. ERIKSON, Ontogeny of Ritualization in Man, in: Philos. Transact. Royal Soc. London 251 (1966) B, 337–349. Umfassend aufgegriffen von EIBL-EIBESFELDT; in der Religionswissenschaft rezipiert bei GLADIGOW.

16 S. etwa H. P. HASENFRATZ, Krieg und Frieden in archaischen Gesellschaften, in: STOLZ, Religion, 13–29, und GLADIGOW.

17 Zu den Beobachtungen von L. VAN LAWICK-GOODALL bei Schimpansengruppen s. EIBL-EIBESFELDT, 77 ff.

zukommt, kampfstarke Kriegergruppen, aber auch übergreifende Allianzen zu bilden; gruppenübergreifende Loyalitäten können bei Konflikteindämmung wie -ausdehnung ausschlaggebend sein.[18]

II. Krieg und Religion

In einem ersten Annäherungsversuch soll für die drei skizzierten Ebenen – Lösungsalternativen, Konfliktinhalte, Parteien – je eine zentrale Fragestellung herausgegriffen werden: 1. Wie definiert Religion das Konfliktlösungsinstrument Krieg? 2. Inwieweit ist Religion selbst in die Formulierung der Kriegsziele involviert? 3. Wie trägt Religion zur Parteienbildung bei? Bei alledem ist zu berücksichtigen, daß sich politisches, militärisches und religiöses System nicht decken müssen: Die Religion der Gegner kann identisch sein, aber es können auch auf einer Seite verschiedene, möglicherweise konkurrierende Religionen vorhanden sein.

1. Die religiöse Konstruktion des Krieges

Krieg zwingt die beteiligten Gesellschaften zur Inanspruchnahme und Belastung zentraler Elemente ihres wirtschaftlichen, politischen und kulturellen Systems: Die Außengrenzen sind klar zu formulieren; Macht wird in besonderem Maße ausgeübt, um Disziplin zu gewährleisten; Ausnahmeregelungen werden verkündet und durchgesetzt. Privat wie öffentlich müssen große Kontingenzen – Unsicherheit, Verwundung, Tod, Sieg und Niederlage – bewältigt werden. Die Anspannung kann die Kohäsion erhöhen (Solidarität), sie kann aber auch zu Spannungen und Friktionen bis hin zum Zerfall einer Gruppe oder eines politischen Systems führen. Legt man einen funktionalistischen Religionsbegriff zugrunde, so ist unter solchen Bedingungen ein erhöhtes Maß an religiöser Aktivität zu erwarten. Für den Umgang mit dem Außeralltäglichen prädestiniert, kann Religion wesentlich zur Organisation und regelhaften ›Normalisierung‹ der extremen Konfliktform Krieg beitragen. In einem Geflecht von Riten, Rechtssätzen und Glaubenssätzen – je nach Charakter der spezifischen religiösen Tradition – erfolgt eine religiöse Konstruktion des Krieges. Ihre Leistung besteht darin, den konkreten Konflikt zum ›Krieg‹ zu machen, ihn also in eine institutionalisierte Form zu überführen und so zu kanalisieren. Unabhängig davon, ob damit eine eskalierende oder dämpfende Wirkung verbunden ist, bedeutet die Regulierung zugleich eine Legitimierung: Krieg erscheint als kulturell definierte, von plausiblen Führern oder den legitimen Autoritäten getragene Tätigkeit. Je expliziter die Ausnahmenormen formuliert (und gegebenenfalls trainiert) werden, desto größer wird die implizite Legitimitätsvermutung, unter der sie ausgeführt werden. Das religiöse Moment in der Eskalationsphase ist weniger unter der Fragestellung ›kriegsverhindernd oder -fördernd‹ zu untersuchen, als unter dem Gesichtspunkt der Beschleunigung durch Vereindeutigung: Divination bestimmt den Schuldigen genau, Eidbruch muß bestraft werden – und des Offenhaltens alternativer Konfliktlösungen: Sühneleistungen sind ritualisiert, damit begrenzt und akzeptabel, unbeteiligte Experten bringen über Orakel Rationalität in den sich hochschaukelnden Konflikt.

---

[18] R. B. Ferguson, 18–21.

Die religiöse Konstruktion umfaßt die unterschiedlichsten *rituellen Elemente*, die sich mit Vorliebe an folgenden Punkten ansiedeln: Divinationsverfahren im Vorfeld des Krieges; Markierung des Übergangs in den Krieg, sowohl kollektiv wie für die einzelnen Krieger; fortdauernde Qualifizierung des Kriegerseins als Ausnahmezustand, etwa durch Kennzeichen an Körper oder Kleidung und sexuelle Enthaltsamkeit (die auch in modernen Heeren eine wichtige Rolle spielt, ebenso wie gemeinsame Vergewaltigungen); Schutzrituale; Kriegsabschluß; Beutefreigabe. Auffällig ist die religiöse Privilegierung der Kriegstoten[19] in Ritualen wie in Vorstellungen über → postmortale Fortexistenz. Sie zielt insbesondere auf die ›Kameraden‹ und Angehörigen der Gefallenen und legitimiert den sanktionsbewehrten gesellschaftlichen Anspruch, der den Soldaten zwingt, das tödliche Risiko einzugehen. Ihr Vorhandensein erweitert das taktische Spektrum der betreffenden Partei um verlustintensive Varianten, sogenannte ›Himmelfahrtskommandos‹ (Assassinen, Lineartaktik, Abnutzungskrieg, Kamikaze). Die Vorstellung von mitkämpfenden Göttern ist weit verbreitet. Die eigenen Götter stehen natürlich auf der eigenen Seite. Eine mögliche Identität mit jenen der Gegenseite wird üblicherweise nicht reflektiert oder aber durch den Vorwurf des Frevels entwertet. Der Vorstellung eines Kampfes der Götter gegeneinander liegt ein hohes kulturelles Überlegenheitsgefühl, ein stark ethnozentrisches Weltbild zugrunde, das andere Götter zuläßt, ohne sie wichtig nehmen zu müssen: Der Kampf ist immer schon entschieden. Der Versuch, feindliche Götter zum Überlaufen zu bewegen (*evocatio* bei Römern und Hethitern), setzt einen Polytheismus mit relativ offenen Systemgrenzen voraus. Die ausgefeilte Theorie des mit-, ja eigentlich allein kämpfenden Gottes in Assur und in der Theologie Israels[20] dürfte in Verbindung mit einer besonders aggressiven Form der Expansion stehen, wenn auch in Israel eher als gedankliches Konstrukt ›Landnahme‹. Transzendente Götter, wie sie vor allem der Reflexionsschub des Monotheismus hervorbringt, können nur noch in indirekten Formen eingreifen. Auf der Ebene der (europäischen) Volksreligiosität wird dieser Verlust etwa durch Amulette oder ›Schutzbriefe‹ kompensiert.

Regeln zur Kriegsbegrenzung weisen ethnographisch eine weite Verbreitung auf. Neben zeitlichen (›Gottesfrieden‹), räumlichen (Asyl) und personellen Ausschlüssen (Nichtkombattanten; Neutrale) treten Einschränkungen im Waffengebrauch am häufigsten auf.[21] Der Verzicht auf Fernwaffen, Giftpfeile oder ABC-Waffen soll die ›Ritterlichkeit‹ des Kampfes garantieren. Im Extremfall kommt es zu hochritualisierten Schlachten, in denen aufgrund der maximalen Gleichheit in Ausrüstung, Zahl und Platzvorteilen allein die Qualität des einzelnen Kriegers den Ausschlag geben soll.[22] Religion kann hierbei

---

19 Vgl. dazu Gladigow, 160.

20 Vor allem in der deuteronomistischen Theologie. Dazu N. Lohfink, Heräm, in: Theologisches Wörterbuch zum Alten Testament 3, hrsg. von G. J. Botterweck, H. Ringgren, 1977, 192–213; ders., Die Schichten des Pentateuch und der Krieg, in: ders. (Hrsg.), Gewalt und Gewaltlosigkeit im Alten Testament (Quaest. disputatae 96), 1983, 51–110. Klassisch G. v. Rad, Der heilige Krieg im alten Israel, ^{2}1952. Bibliographie: Études théol. et relig. 56 (1981) 39–45.

21 Zur *treuga Dei* und vergleichbaren Konzepten s. Keen und den Sammelband »Frieden in Geschichte und Gegenwart«, hrsg. vom Hist. Sem. Univ. Düsseldorf (Kultur und Erkenntnis 1), 1985. Allgemein zur Waffenentwicklung und -bewältigung die Arbeiten von Mühlmann und Wiese. Vgl. die Arbeiten von Davie, Wright und Turney-High.

22 Beispiele aus Neuguinea bei Keitsch (wie Anm. 7), 161–172; für die ›Blumenkriege‹ der Azteken s. u., C. II.

nicht nur die Regelverletzungen mit Sanktionen belegen; sie dient vor allem dazu, die einschränkenden Vereinbarungen als solche zu begründen. Die Bedingungen, unter denen solche Kontrakte zustande kommen und funktionieren, sind hochspezifisch. In lang anhaltenden Konflikten annähernd gleichstarker Parteien, die immer wieder die Schwelle zum Krieg überschreiten, minimieren derartige Regelungen das kurzfristige Risiko von Kriegen und versprechen vorübergehend eine Stabilität, die langfristig als vorteilhaft beurteilt wird. Ändert sich die Perspektive, liegt eine erneute Eskalation jederzeit im Bereich des Möglichen.

2. Religionskriege und religiöser Protest

Religiöse Konflikte, Streit zwischen Religionen und Konfessionen, scheinen auf den ersten Blick zu den häufigsten Kriegsursachen zu zählen. Die Idee des ›heiligen Krieges‹ zwingt den Muslims die gewaltsame Glaubensverbreitung auf; Kreuzzüge sollen die ›heiligen Stätten‹ wieder in christlichen Besitz bringen; der Bedarf an Menschenopfern treibt die Azteken in den Krieg. Religion spielt in alldem eine Rolle, diese ist aber schwer bestimmbar. Religiöse Differenzen decken sich aus historischen Gründen oft mit sozialen, wirtschaftlichen und ethnischen Unterschieden. Gerade wo die Grenzen zwischen den Konfliktparteien nicht mit den Grenzen politischer Systeme übereinstimmen, eröffnet der Rückgriff auf Religion den größten Gewinn an Legitimation und Symbolen. Die konkreten Kriegsziele wie Personenkonstellationen verraten oft den sekundären Charakter des Kriegsgrundes Religion.[23] In der Frühphase religiöser Bewegungen kann es, wenn politische und religiöse Strukturen weitgehend deckungsgleich sind, zu kriegerischen Expansionen kommen, in denen politische und religiöse Motive untrennbar verbunden scheinen (Islam, Reformationskriege). In späteren Phasen haben Begriffe vom ›heiligen Krieg‹ dagegen zumeist polemischen Charakter, weil sich die politische Führungsschicht gerade nicht der Konfliktdefinition jener religiös motivierten Minderheit, die den Begriff verwendet, anschließt.[24] Fehlende gesellschaftlich-staatliche Honorierung des kriegerischen Einsatzes macht hier eine hohe Belohnung in religiösen Gütern notwendig.

In nichtstaatlichen Gesellschaften sowie den archaischen und antiken Hochkulturen ist Religion so wenig selbständig, daß gesellschaftliche Grundentscheidungen zur Kriegführung regelmäßig religiös thematisiert und abgesichert werden.[25] Interessant wird die Frage nach religiös induzierten Kriegen überhaupt erst dort, wo das religiöse System hinreichend ausdifferenziert ist, um als Subjekt eigener Ansprüche aufzutreten. Mögliche Gesichtspunkte bilden die wirtschaftliche Absicherung oder personelle Expansion einer Religionsgemeinschaft; beide setzen aber eine sehr enge Verknüpfung von religiösem und politischem System voraus, wenn der Gewinn direkt aus dem Krieg – Beute, Unterwerfung – erzielt werden soll. Den Rückgriff auf militärische Siege als Plausibilitätsargumente – charakteristisch etwa für einige faschistische und kommunistische

---

[23] S. etwa G. PARKER, Der Dreißigjährige Krieg, 1987, 284f.

[24] Dazu insbesondere PETERS; A. NOTH, Heiliger Kampf (Ǧihad) gegen die ›Franken‹. Zur Position der Kreuzzüge im Rahmen der Islamgeschichte, in: Saeculum 37 (1986) 240–259; B. LEWIS, Die Assassinen. Zur Tradition des religiösen Mordes im radikalen Islam, (1967) dt. 1989.

[25] Vgl. etwa HANSER, 252–256, und RÜPKE.

Systeme – machen religiöse Spezialisten üblicherweise durch intellektuelle, weniger kontingenzanfällige Strategien überflüssig. Herrscht religiöser Pluralismus, kann intensive Bejahung des staatlichen Konfliktlösungsverhaltens, gegebenenfalls der staatlichen Kriegspolitik, einen verbesserten Zugang zu staatlich verwalteten Ressourcen (Baugrund, Geld, Medien) bedeuten und so einen ›Wettbewerbsvorteil‹ versprechen. Umgekehrt kann auch religiöser Protest gegen Krieg zu einer Positionsverbesserung beitragen; diese Haltung setzt aber Unabhängigkeit von den zentral verwalteten Ressourcen voraus. Auf der Glaubensebene wird dabei mit einer Absolutsetzung religiös definierter Güter (Leben, kultische Verpflichtungen), die durch Krieg gefährdet wären, argumentiert: Alle denkbaren Konfliktstoffe und Kriegsziele können sie nicht aufwiegen. Für den Staat wird religiöser Protest in dem Umfang akzeptabler, wie er seine Kriegführungsfähigkeit auf professionelle Kader abstellen kann.

3. Freund- und Feindbilder

Die Fähigkeit von Religion zur Gruppenbildung und -stärkung, rituell wie auf der Ebene von *belief*, braucht hier nicht ausgeführt zu werden (→ Autostereotyp/Heterostereotyp; Gruppe/Gruppendynamik); es genügt auf ihre Bedeutung im Krieg hinzuweisen. Religion bietet ein Kommunikationsmedium für die Bildung und Bekräftigung von Allianzen, etwa in Eiden und Festen. Dem militärischen Unternehmen kann sie insofern abträglich werden, als sie in der Mobilisierungsphase dem in Anspruch genommenen Individuum gesellschaftlich akzeptierte Wege des Ausscheidens, der Verweigerung bereitstellt.[26] Die Berufung auf den letzten Legitimationshorizont stellt eine Immunisierungsstrategie gegen solche Kritik dar, die sich auf politische, also ›sekundäre‹ Ziele beruft.

Mit der Definition der Gruppenzugehörigkeit verbindet sich immer eine Abgrenzung nach außen, die Bestimmung des Anderen. An die Stelle natürlicher Feinde tritt der → ›Fremde‹, der im Konfliktfall kulturell als Feind konzipiert werden muß.[27] Das muß nicht religiös geschehen, doch bietet die Verwendung von religiösen Kriterien den Vorteil, auf das *eigentlich* Trennende, wie wenig es auch verifizierbar sein mag, rekurrieren zu können. Feindbilder haben ihre wesentliche Funktion dann in der Vergewisserung kollektiver eigener Identität, darüber hinaus tragen sie zum Abbau von Tötungshemmungen in *face-to-face*-Situationen bei. Militärisch, zumal mit der zunehmenden Maschinisierung des Krieges, spielen Feindbilder kaum eine Rolle; sie wirken sich erst in der Siegesphase aus, wenn das Ausmaß der fortsetzbaren Aggression nur noch der kulturellen Selbststeuerung unterliegt – Differenzen in der Behandlung von Kriegsgefangenen bieten hierfür gute Beispiele.

III. Krieg als religiöses Denkmodell

Krieg fungiert als Bildspender ersten Ranges. Wo Konflikte jeglicher Art durchdacht und nicht durch ›faule Kompromisse‹ ›heruntergespielt‹ werden, bietet sich Krieg, besonders

---

26 S. Cincius, de re militari 5, bei Gellius, Noctes Atticae 16,4,3–5.

27 Vgl. dazu Gladigow, 160–162.

der auf Vernichtung des Gegners zielende Krieg, als Metapher an. Religiöse Extremisten, vor allem – christlich formuliert – der im Kampf gegen die Welt sich profilierende Märtyrer, können im Vokabular der Heldenideologie beschrieben werden; umgekehrt dient häufig die Opfermetaphorik der Überhöhung des Kriegstodes. Dualistische Weltbilder werden häufig als permanenter Kampf konzipiert. Die endgültige Aufhebung des Konfliktes, die Eschatologie, wird häufig als Endkampf aufgefaßt. Wo sich solche Ideen mit einer Endzeiterwartung verbinden, erwächst ein Aggressionspotential, das sich zwar nicht selbst als Krieg entfalten muß, ihn aber schnell als Gegenreaktion provozieren kann (Chiliasmus).

C Historische Entwürfe

I. Rom

Der Aufstieg der römischen Republik von der italienischen Mittelmacht des ausgehenden 4. Jahrhunderts v. Chr. bis zur Weltmacht der augusteischen Zeit bildet den historischen Rahmen einer der ausgefeiltesten religiösen Konstruktionen des Krieges. Ihre Charakteristika sind a) die scharfe Trennung des friedlichen Drinnen der Stadt vom Draußen des ›Kriegsrechtsgebietes‹, b) die Fokussierung auf den Feldherrn und c) das dichte Netz divinatorischer Akte, die den Kriegszug wie die Tagespolitik begleiten: Der handelnde Magistrat muß vor jedem (Teil-)Akt die Zustimmung Iuppiters einholen *(Auspizien)*. Militärische Grundlage des Systems ist ein von Jahr zu Jahr einberufenes schwerbewaffnetes Milizheer, das gegen Ende der Republik die Züge eines Berufsheeres annimmt. Im Verlauf der Zeit bestimmt die zunehmende Konzentration auf den Feldherrn die auf die Monarchie zuführende Entwicklung.

Noch vor Beginn des Krieges werden die Fetialen, ein permanentes Kollegium von Gesandten, tätig. Sie verlangen vom Aggressor die Rückerstattung geraubten Gutes und die Auslieferung des Schuldigen. Bleibt die Reaktion aus, beschließt der Senat, besser das Volk, den Krieg. Die daran anschließende Kriegserklärung wird erst unter Augustus in sakrale Formen gefaßt (Speerwurf). Nach der Aushebung der Truppen verläßt der Feldherr Rom. Er holt Vorzeichen ein und legt Gelübde vor dem höchsten Staatsgott, Iuppiter, ab. Hinter dem Stadttor legt er Kriegskleidung an: Der Aufenthalt eines Heeres in der Stadt ist verboten. Am vereinbarten Treffpunkt findet eine Musterung in Form einer rituellen Konstituierung der Truppe statt. Zu diesem Zeitpunkt haben die Soldaten bereits den Eid auf den Feldherrn abgelegt: Nur in dieser Abhängigkeit kann sich der zum Soldat gewordene Bürger am Kampf beteiligen. Der Marsch wird von Opfern und Vorzeichen begleitet. Dasselbe gilt für die Schlacht. Soweit wie möglich, werden kalendarisch notierte Unglückstage vermieden. Für die Soldaten besteht Gelegenheit, ein Testament zu machen. In der Schlacht selbst kann der Feldherr durch Gelübde die eigenen Götter zu besonderer Unterstützung ermuntern, bei einer Belagerung aber auch versuchen, die gegnerischen durch das Versprechen von Tempel und Kult zum Überlaufen zu bewegen.

Nach der Schlacht werden die eigenen Toten begraben oder verbrannt. Die gegnerischen Waffen gingen anfangs ebenfalls im Feuer auf; dies wurde durch das Aufstellen der Trophäen allmählich verdrängt. Im Zweikampf gewonnene Rüstungsstücke, insbesondere des feindlichen Führers, werden gesondert behandelt und in Rom in Tempeln oder am eigenen Haus aufgehängt. Auf die Siegesnachricht hin kann in Rom ein Dankfest mit Öffnung sämtlicher Tempel angesetzt werden. Seine Länge spiegelt die Bedeutung von Sieg und Sieger wider – das Fest wird ›in seinem Namen‹ veranstaltet. Der Einzug des Heeres erfolgt im Triumphzug (oder einer Minderform); nur so ist der Aufenthalt in der Stadt denkbar. Der Senat erwartet den Zug an einem Stadttor und reiht sich ein. Die Prozession (sie ist gelegentlich mehrtägig) bietet vor allem eine gewaltige Beutevorführung und Kriegsschilderung. Hauptfigur ist der Feldherr. Geschmückt und gekleidet wie die Statue Iuppiters auf dem Kapitol fährt er auf einem Wagen – auch dies bleibt sonst untersagt – in die Stadt ein; Verse verherrlichen und verspotten ihn. Ist das Kapitol erreicht, werden die gefangenen Führer umgebracht. Dann steigt der Triumphator zum Tempel empor und legt vor der Iuppiterstatue seine Insignien ab; Opfer und Bankette beschließen einen Tag, der das höchste in Rom erringbare Prestige verleiht. Aus dem Beuteertrag wird die Erfüllung von Gelübden finanziert, die im Krieg abgelegt worden sind. Tempelbau stellt eine prestigeträchtige Form der Beuteinvestition dar. Vereinzelt wird ein Beutezehnter am Herkulesaltar in Form eines großen Festessens (Opfer) an das Volk verteilt. Niederlagen werden religiös nicht thematisiert, allenfalls als Prodigium gewertet und im Kalender vermerkt.

II. Mesoamerika

Als Beispiel für religiös bedingte Aggressivität gelten die Mexica (Azteken), die zwischen dem Ende des 14. Jahrhunderts und der Conquista 1521 ein Reich errichteten. Zentrales Element ihrer Kriegsvorstellung ist die als eigentlicher Kriegszweck angesehene Beschaffung von Gefangenen für die Menschenopfer der großen Feste, die in erster Linie die Sonne ernähren und den Kosmos in Gang halten.[28] Der Krieger zeichnet sich durch Gefangennahmen, nicht durch die Zahl der Getöteten aus. Der tatsächliche Verlauf der Expansion folgt jedoch keineswegs dem Ziel der Opfermaximierung.[29] Die hochritualisierten ›Blumenkriege‹ mit starken Nachbarstaaten, in denen mit einer kleinen Zahl sich abwechselnder Krieger auf einem abgegrenzten Schlachtfeld oft über lange Perioden hinweg unter Ausschluß von Fernwaffen gekämpft wird, nehmen eine spezifische Rolle im expansionistischen Kalkül ein: Es sind Prestige- und Ermüdungskriege, die den Kampf an mehreren Fronten ohne Überlastung ermöglichen sollen. Insgesamt erstaunt die Elaborierung und umfassende religiöse Transformation der Expansions- und Vernichtungskriege[30] mit Hilfe des Menschenopferkomplexes. Historisch könnte dieser unter den zahlreichen mobilen und expansiven Kleinstaaten des mexikanischen Hochbeckens eine angemessen hohe Kriegsbereitschaft abgestützt haben[31], welche im Expan-

[28] S. H. B. NICHOLSON, Religion in Pre-Hispanic Central Mexico, in: G. F. EKHOLM, I. BERNAL (Hrsg.), Handbook of Middle American Indians 10 (1971), 402. 424 ff.; B. C. BRUNDAGE, The Fifth Sun. Aztec Gods, Aztec World, 1979, 195–219.

[29] Dazu und zum folgenden HASSIG.

[30] S. F. F. BERDAN, The Aztecs of Central Mexico. An Imperial Society, 1982, 118; s. a. F. HICKS, »Flowery war« in Aztec history, in: American Ethnologist 6 (1979) 87–92.

[31] Vgl. die Überlegungen HANSERs zu Kopfjagdgebieten auf Neuguinea (226 ff.); s. o. zur Diffusion von Krieg.

sionsprozeß nützlich ist; das Opfersystem trägt dessen Legitimation und wird daneben zu einem Drohinstrument in dem errichteten Hegemoniesystem.

III. Islam

Die klassische *Ǧihad*-Doktrin bildet ein weiteres Beispiel einer im Rahmen außergewöhnlicher Expansion entwickelten religiösen Konstruktion des Krieges. Der entscheidende Unterschied liegt darin, daß das islamische Konzept[32] in der Interpretation kanonischer Texte, vor allem des Korans, unter den Anforderungen eines Rechtssystems *(fiqh)* entwickelt wurde; es weist kaum noch kultische und nur vereinzelt rituelle Elemente auf. Die Regelungen betreffen den Kombattantenstatus bei den Gegnern, erlaubte Waffen und Taktiken, die Pflicht zur Schonung des Gegners (und ihre militärischen Grenzen) sowie immer wieder die Frage nach den Mindestbedingungen für eine Beendigung des Krieges. In der Substanz wird ein religiös begründeter Konflikt – Islam versus Nichtislam (›Land des Krieges‹) – und Krieg als dessen Lösung festgeschrieben, eine Festlegung, die in den Detailregelungen für eine politische Steuerung offen sein soll. Interessanter noch ist eine andere Konsequenz der Kohärenzforderung des Rechtssystems: Die Wertentscheidungen, die der Konfliktdefinition zugrundeliegen, müssen auch auf das Konfliktlösungsverhalten angewandt werden: Ziel ist nicht die Vernichtung des Gegners, sondern – zumindest vorerst – die freie Ausübung des Islam auf seinem Territorium.

IV. Ausblick

In der Konsequenz des islamischen Rechtsmodells kommt man zu der seit dem Spätmittelalter gedachten Verknüpfung von *bellum iustum* und *ius in bello,* dem gerechten Krieg und dem Recht im Krieg. Die Realität des *ius in bello* ist aber immer auch vom Stand der Technologie abhängig. Im Zeitalter der Massenvernichtungsmittel beginnen die Religionen daraus die Konsequenz zu ziehen: Sie leugnen die Denkbarkeit des gerechtfertigten Krieges.

Literatur

Andreski, S., Military Organization and Society, (1954) ²1968; Dale Givens, R., Nettleship, M. A., Discussions on War and Human Aggression, 1976; Davie, M. R., The Evolution of War. A Study of its Role in Early Societies, (1929) ND 1968; Divale, W. T., Warfare in Primitive Societies. A Bibliography, (1971) ²1973; ders., Harris, M., Population, War Fare, and the Male Supremacist Complex, in: American Anthropologist 78 (1976) 521–538; Eibl-Eibesfeldt, I., Krieg und Frieden aus der Sicht der Verhaltensforschung, (1975) ³1986; Erdheim, M., Prestige und Kulturwandel. Eine Studie zum Verhältnis subjektiver und objektiver Faktoren des kulturellen Wandels zur Klassengesellschaft bei den Azteken, 1972; Ferguson, J., War and Peace in the World's Religions, 1977; Ferguson, R. B., Introduction: Studying War, in: ders. (Hrsg.), Warfare, Culture,

[32] Die inhaltlichen Grundlinien stellt Peters, 11–37 dar.

and Environment, 1984, 1–81; FRANKE, H., Zum Militärstrafrecht im chinesischen Mittelalter (SB Bay. Akad. d. Wiss., Ph.-h. Kl. 1970, 5), 1970; ders., Studien und Texte zur Kriegsgeschichte der südlichen Sungzeit (Asiatische Forschungen 102), 1987; FRIED, M., HARRIS, M., MURPHY, R., War. The Anthropology of Armed Conflict and Aggression, 1968 (dt. 1971); GARDNER, R., HEIDER, K. G., Gardens of War. Life and Death in the New Guinea Stone Age, 1968; GAT, A., The Origins of Military Thought from the Enlightenment to Clausewitz, 1989; GLADIGOW, B., Homo publice necans. Kulturelle Bedingungen kollektiven Tötens, in: Saeculum 37 (1986) 150–165; HANSER, P., Krieg und Recht. Wesen und Ursachen kollektiver Gewaltanwendung in den Stammesgesellschaften Neuguineas, 1985; HARMAND, J., La guerre antique, de Sumer à Rome, 1973; HARRIS, M., ROSS, E. B., Death, Sex, and Fertility. Population Regulation in Preindustrial and Developing Societies, 1987; HASSIG, R., Aztec Warfare. Imperial Expansion and Political Control, 1988; HEIDER, K. G., The Dugum Dani. A Papuan Culture in the Highlands of West New Guinea, 1970; HOUWELING, H., SICCAMA, J. G., Studies of War, 1988; HUNTINGTON, S. P., The Soldier and the State. The Theory and Politics of Civil-Military Relations, 1959; ders. (Hrsg.), Changing Patterns of Military Politics, 1962; JANOWITZ, M., Militär und Gesellschaft, 1965; KANG, S.-M., Divine War in the Old Testament and in the Ancient Near East (Beiheft zur Zeitschr. Alttest. Wiss. 177), 1989; KEEN, M. H., The Law of War in the Later Middle Ages, 1965; LANG, K., Military Institutions and the Sociology of War. A Review of the Literature with Annotated Bibliography, 1972; LEVY, J. S., War in the Modern Great Power System 1495–1975, 1983; LIPPERT, E., WACHTLER, G. (Hrsg.), Frieden. Ein Handwörterbuch, 1988; MCNEIL, E. B., The Nature of Human Conflict, 1965; MEAD, M., Alternatives to War, in: FRIED, M. u. a., War, 215–228; MIDLARSKY, M. I., Handbook of War Studies, 1989; MÜHLMANN, W. E., Krieg und Frieden. Ein Leitfaden der politischen Ethnologie, 1940 (!); NETTLESHIP, M. A., DALE GIVENS, R., NETTLESHIP, 1975; OTTERBEIN, K. F., The Anthropology of War, in: J. J. HONIGMANN (Hrsg.), Handbook of Social and Cultural Anthropology, 1973; PETERS, R., Islam and Colonialism. The Doctrine of Jihad in Modern History, 1979; PURY, A. DE, La guerre sainte israélite. Réalité historique ou Fiction littéraire? in: Études théol. et relig. 56 (1981) 5–38; RAPPAPORT, R., Pigs for the Ancestors. Ritual in the Ecology of a New Guinea People, 1968; ders., Ecology, Meaning, and Religion, 1979; RÜPKE, J., Domi militiae. Die religiöse Konstruktion des Krieges in Rom, 1990; SINGER, J. D., SMALL, M., The Wages of War 1816–1965. A Statistical Handbook; STEINMETZ, S. R., Soziologie des Krieges, 1929; STOLZ, F., Jahwes und Israels Kriege. Kriegstheorien und Kriegserfahrungen im Glauben des alten Israel (Abh. zur Theol. des Alten u. Neuen Testaments 60), 1972; ders. (Hrsg.), Religion zu Krieg und Frieden, 1986; THOMPSON, W. R., On Global War. Historical-Structural Approaches to World Politics, 1988; TURNEY-HIGH, H., Primitive War. Its Practice and Concepts, (1942) ND 1971; VAYDA, A., Hypotheses about Functions of War, in: FRIED, HARRIS, MURPHY, 85–91; ders., War in Ecological Perspective. Persistance, Change and Adaptive Processes in Three Oceanian Societies, 1979; WARRY, J., Warfare in the Classical World. An illustrated encyclopedia, 1980; WIESE, L. VON (Hrsg.), Die Entwicklung der Kriegswaffe und ihr Zusammenhang mit der Sozialordnung, 1953; WRIGHT, Q., A Study of War, (1942) ²1965.

Jörg Rüpke

→ *Aggression, Agon/agonal, Imperialismus/Kolonialismus, Konflikt, Militarismus, Opfer*

Krise

I. Begriffserklärung II. ›Krise‹ als Darstellungsproblem 1. Eine Initiationskrise 2. Krankheitskrisen 3. Glaubenskrisen 4. Lebenskrisen 5. Inszenierte Krisen und Krisenkulte III. Krisentheorien

I. Begriffserklärung

Das Wort Krise (von griechisch *krisis,* Substantiv zu *krinein* = trennen, unterscheiden, wählen, entscheiden, be/urteilen) kam im 16. Jahrhundert mit den Anfängen der naturwissenschaftlichen Medizin auf und wurde dann im 18. und 19. Jahrhundert als terminus technicus der rationalen Medizin und Volkswirtschaftslehre in die Sprachen der westlichen Welt transportiert.[1] Der Begriff ›Krise‹ bezeichnet den »entscheidenden Punkt, Höhepunkt einer gefahrvollen Entwicklung«, eine »schwierige Lage«, also etwa die ›Krisis‹ des Fiebernden und das ›Kriseln‹ der Weltökonomie.[2] Es bestehen Wortverwandtschaften zum Infragestellen der ›Kritik‹ – die in sich wieder die Sicherheit eines (Geschmacks-)Urteils enthält, aber auch zur harmonischen und entscheidenden Form des ›Kreises‹, der jedoch erst einmal durch Scheidung von Geistern und Substanzen entwickelt werden muß. Die ›Krisis‹ im naturwissenschaftlichen und medizinischen Verständnis ist ein Höhepunkt der Unsicherheit und zugleich ein ›Urteil‹, der Übergang zu einem neuen Zustand.

Den Wissenschaftlern des euroamerikanischen Kulturraumes scheint es schwerzufallen, Statik und Dynamik des sozialen Prozesses, Krise und Legitimation kultureller Formen in einem zu denken. Die wissenschaftlichen Beobachter geraten leicht in die Situation, daß sie die von ihren Informanten bzw. in den historischen Quellen betriebene Rhetorik der Krisenbewältigung fortschreiben und somit ganz unkritisch mit dem in Europa als Kulturkritik gemeinten Krisenbegriff umgehen, wenn es um dessen Anwendung auf außereuropäische Kulturen geht. Insofern sind Religionstheologie und Religionswissenschaft Erben der Theologie, welche Krisen nur vor dem Hintergrund des Heilsversprechens, der Überwindung des Bösen, zu kennen scheint.[3] Das Stichwort ›Krise‹ ist in theologischen Lexika und Handbüchern kaum zu finden, dafür ist umso mehr von Glaube, Liebe, Hoffnung und Bekenntnis die Rede.[4] Nur in Bezug auf nichtabendländische Kulturen werden manchmal ›Krisenkulte‹ beschrieben, denen wiederum leicht ein zyklischer, letztlich nichts verändernder Charakter unterstellt wird.[5] Die Ethnologie und in gewissem Maße auch die Religionswissenschaft sind über diese Darstellungsprobleme in die Krise geraten.[6]

---

1 W. PFEIFFER, Krise, 1989.

2 Ebd.

3 Siehe auch die Ausführungen in Anm. 37.

4 Oder der Zweifel wird sogleich in Befestigung des Glaubens umgewandelt, wie es die Heiligenviten und das Christentum der Kirchenväter vollziehen: »Denn für Augustinus bedeutet die in der Tatsache des Zweifels erfaßte Realität des Zweifelnden – um zu irren, muß ich doch sein – zugleich die gläubige Selbstgewißheit des unsterblichen Seelenwesens.« (H. BLANKERTZ, Zweifel, 1962).

5 H. SCHWARTZ, Millenarism, 1987.

6 NOWOTTNY schrieb bereits von der »Krise der Völkerkunde« (1980). A. KUPER (Anthropologists and Anthropology, 1978) analysierte die Geschichte der britischen »Social Anthropology« als Übergang von strukturfunktionalistischen zu transaktionalen Ansätzen, die C. GEERTZ (Thick

Wohl aus diesem Grunde halten sich weiter Bereiche der romantisierenden Geisteswissenschaft, in denen auch extremste Formen des Bruches mit der Tradition – z. B. bei kolonial zerstörten außereuropäischen Kulturen – noch als Variationen in einem großen Kontinuum funktional erklärbarer *»belief systems«*[7] interpretiert werden. Wir benutzen zwar heute nicht mehr Begriffe wie ›elementar‹, ›primitiv‹ oder ›archaisch‹, aber in der Darstellungsform hat sich deutlich eine verallgemeinernde, übersystematisierende Sicht gehalten, welche allenfalls individuelle Krisen angesichts feststehender kultureller Formen anerkennt. ›Der Wilde‹ der Ethnologie und ›Das Heilige‹ der Religionswissenschaft scheinen keine Krisen zu kennen. Angesichts dieser Sprachlosigkeit soll hier zunächst ethnographisches Material zu einer bestimmten Form der Krisenbewältigung vorgestellt werden. Dann werden verschiedene Bereiche der ethnologischen und religionswissenschaftlichen Darstellung geschildert, in denen der Begriff der Krise von Bedeutung ist. Abschließend sollen einige theoretische Ansätze zum Thema Krise und Religion diskutiert werden.

II. ›Krise‹ als Darstellungsproblem

1. Eine Initiationskrise

»... Shonchur erzählte mir eine recht glaubwürdige Geschichte über seine Entwicklung zum Schamanen. Mit etwa 14 Jahren begann er, die Symptome der Schamanenkrankheit *(albistar)* zu fühlen. Er lief vom Haus seiner Eltern weg und wanderte lange Zeit ziellos über die Taiga. Er jagte nicht mehr und aß so gut wie gar nicht mehr; oftmals verlor er das Bewußtsein und es sah so aus, als wenn er bald ein schlimmes Ende nehmen würde. Schließlich fanden ihn Verwandte und luden ihn, hilflos wie er war, auf ein Rentier ... Sie holten einen Schamanen, der die ganze Nacht an Shonchurs Bett wachte. Im Morgengrauen teilte der Schamane den Anwesenden mit, daß Shonchur den Geist eines lange verstorbenen Schamanen des Sojan-Stammes bei sich hätte. Shonchur wollte alles andere sein als ein Schamane. Er hatte Angst und lehnte rundweg ab, ein Schamane zu werden. Aber schließlich wurde der Jugendliche von seinen Verwandten überredet, und sie stellten ihm die nötige Ausrüstung zusammen – das Tamburin, die Rassel, die Kopfbedeckung, die Stiefel und das Schamanenkleid. Dann versammelten sich seine nächsten Verwandten zu mehrtägigen Riten, in deren Verlauf seiner Trommel Leben eingegeben wurde. Dazu benutzte der ›große‹ Schamane die Trommel und auch die Verwandten mußten sie schlagen. Danach war die Trommel wieder einmal ›lebendig‹ geworden und wurde von nun an von Shonchur gesattelt, um die Geisterwelt zu durchwandern. Nachdem Shonchur Schamane geworden war, besserte sich seine Krankheit.«[8]

Description, 1973) massiv gegen die quasinaturwissenschaftlichen Methoden der amerikanischen »Cultural Anthropology« stellte. Für die Religionswissenschaft vgl. H. BIEZAIS (Zur Problematik der neuen Religionen, 1975) und H. G. KIPPENBERG (Neue Ansätze in der Religionswissenschaft, 1983), der bezeichnenderweise bei der Analyse eines »Krisenkultes« ansetzt.

[7] B. COLBY, J. FERNANDEZ u. D. KRONENFELD (Toward a Convergence of Cognitive and Symbolic Anthropology, 1981) entwickelten eine in diesem Zusammenhang sehr aufschlußreiche (Selbst-)Kritik der amerikanischen »Cognitive Anthropology«.

[8] S. I. VAJNŠTEJN, Shamanism in Tuva, 1984, 350, übers. v. Verf. Ich übernehme hier die für ein englischsprachiges Publikum entworfene Schreibweise des Namens ›Shonchur‹. Für eine auf der deutschen Umschrift des Russischen beruhende Übertragung sowie weitere Angaben über tuwinischen Schamanismus und das Wirken von Shonchur Khan sowie eindrucksvolle Fotografien des

Dieser Bericht über den Werdegang des in den 60er Jahren verstorbenen tuwinischen Schamanen Soyan Shonchur, den seine Anhänger auch mit dem Ehrennamen Shonchur Khan riefen, illustriert die Komplexität und Ambivalenz des Begriffs ›Krise‹ in der Religionswissenschaft und Religionsethnologie. Die vielzitierte schamanische Initiationskrise ist im Falle von Shonchurs Bericht interpretierbar als Pubertätskrise eines Heranwachsenden, die mit der Berufswahl abgeschlossen wird. In diesem Zusammenhang ist interessant, daß die Informanten des sowjetischen Ethnographen VAJNŠTEJN[9] verschiedentlich behaupteten, ältere Menschen könnten keine Schamanen werden; ähnliches wird von den Tschuktschen berichtet (ebd.). Shonchurs Symptome sind aber durchaus auch als Zeichen einer psychischen Krankheit zu verstehen, zumal die tuwinische Bezeichnung der Schamanenkrankheit ›*albistar*‹ etymologisch mit dem Wort ›*albis*‹ zusammenhängt, dem tuwinischen Begriff für hysterische Anfälle und nervöse Krisen aller Art.[10] Wie dem auch sei, Wachstumskrise oder psychische Krankheit, in jedem Falle können wir an VAJNŠTEJNs Bericht ablesen, wie sich das gesellschaftliche Umfeld des krisengeschüttelten Jugendlichen annimmt und ihn gegen seinen Willen in die Rolle des Schamanen drängt. Höchster Ausdruck dieser Rollenzuweisung[11] dürfte die Tatsache sein, daß die nun das Leben Shonchurs begleitende ›lebende Trommel‹ ihren besonderen Charakter dadurch erhält, daß ein Schamane und Shonchurs Verwandte sie zum Leben erwecken. Der wirksame Charakter der Trommel und das damit verbundene Schamanendasein werden regelrecht eingeredet und eingebleut. Gerade angesichts dieser Praktiken stellt sich aber die Frage, ob diese Kanalisierung immer erfolgreich ist, bzw. ob Shonchur auch ohne die schamanische Kur zur Normalität zurückgefunden hätte. Wir wissen nicht, was die Aussage beinhaltet, daß sich seine Situation nach der Behandlung »besserte«. Vielleicht war die schamanische Krisenüberwindung wirksam, vielleicht stand Shonchurs Krise aber ohnehin noch im Kontinuum ›normaler‹ Wachstumskrisen. Daneben ist nicht zu vergessen, daß wir es hier lediglich mit dem Bericht eines der Beteiligten zu tun haben, nicht mit einer wie auch immer gearteten Form von objektivierbarer Beschreibung. Was ist eine »recht glaubwürdige Geschichte« mehr als eine Geschichte? Es ist nicht auszuschließen, daß Shonchurs Bericht nur als ein ›Exemplum‹[12], eine modellhafte Darstellung der Überwindung von Sinnlosigkeit und Krankheit diente, mit der Kunden beeindruckt und das Charisma des schamanischen ›Khan‹ bestärkt werden sollten.

Werden bei der schamanischen Initiation existentielle, neurotische oder noch ganz anders gelagerte Krisen gesellschaftlich in Berufsrollen kanalisiert? Wird die Grenzerfahrung von Sinnsuchern oder Kranken in die Rolle des Sinnstifters[13] umgewandelt? Werden in krisenhaften Situationen magische Techniken praktiziert, die den eigentlichen Ablauf des Heilungsprozesses gar nicht beeinflussen und nur der Absicherung des

---

berühmten Schamanen siehe S. I. VAJNŠTEJN, Eine Schamanen-Séance bei den östlichen Tuwinern, 1977, 27–36.

9 Ebd., S. 357.

10 Ebd.

11 SZASZ, T., The manufacture of madness, 1970.

12 E. DE MARTINO, Katholizismus, Magie, Aufklärung, 1982, 119ff.; G. VAN DER LEEUW, Die sogenannte »Epische Einleitung« der Zauberformeln, 1933.

13 W. LIPP, Stigma und Charisma: Über soziales Grenzverhalten, 1985.

Weltbildes der übrigen Beteiligten nützen?[14] Oder betreiben Schamanen und Heiler wie Shonchur Khan lediglich eine Rhetorik der Krisenüberwindung und Erwählung, welche bei der Bewältigung der aktuellen Krisen ihrer Patienten modellhaft wirkt? In Shonchurs Fall werden wir es wohl nie erfahren, vielleicht in keinem Falle, denn menschliche Schicksale sind wohl nicht reproduzierbar und objektiv zu erschließen.
Die individuelle Krise und das Krisengerede des Kollektivs sind in dem zitierten Dokument zu einer Ganzheit verschmolzen, aber der Schein trügt. ›Fakten‹ sind, wie der Name schon sagt, etwas ›Gemachtes‹.[15] Die Diskussion über den Zusammenhang von Psychopathologie, Sinnsuche und gesellschaftlich definierten Rollen in den schamanischen Initiationskrisen hält an.[16] Generell krankt die Beschreibung individueller und kollektiver Krisen durch Religionswissenschaftler und Ethnologen daran, daß zum einen Krisenrhetorik mit wirklichen Krisen verwechselt wird und zum anderen Krisen gänzlich unter dem Gesichtspunkt der gesellschaftlich verordneten Harmonisierung betrachtet werden. Berichte über psychopathologische oder existenzielle Vereinzelung bzw. krisenhafte gesellschaftliche Veränderungen stehen Berichten über Horizonte der kulturspezifischen Krisenrhetorik gegenüber[17], und doch soll es immer um dieselben Vorgänge gehen: Krankenbehandlungen, Glaubenskrisen, Initiationen, rituelle Rebellionen und messianische Krisenkulte.

2. Krankheitskrisen

In der ethnomedizinischen, medizinhistorischen, religionswissenschaftlichen und religionsethnologischen Literatur sind zahllose Anleitungen für sogenannten magischen Umgang mit Krisensituationen gespeichert worden: Formeln gegen körperliche Beschwerden, welche den Schmerz mit Hilfe von Göttern, Totengeistern oder anderen Mächten überwinden lassen sollen[18]; Anweisungen für die Bewältigung kritischer Situationen wie z. B. der Aussaat, Ernte, Jagd oder Geburt mit Hilfe von rituellen Handlungen, dem Rezitieren bestimmter Formeln[19]; Amulette, welche den Träger oder die Trägerin in kritischen Situationen schützen sollen.[20] Auch an integralen Beschreibungen

---

[14] B. Malinowski, Coral Gardens and their Magic, 1935, 4ff. (Korallengärten und ihre Magie, 1981); S. Tambiah, The Magical Power of Words, 1968.

[15] Von ›facere‹, vgl. P. Rabinow, Reflections on Fieldwork in Morocco, 1977, 150.

[16] A. Ohlmarks, Studien zum Problem des Schamanismus, 1939; G. Devereux, Normal und Anormal, 1974; J. Haas, Schamanentum und Psychiatrie, 1977, 45ff.; H. P. Duerr, Traumzeit. Über die Grenze zwischen Wildnis und Zivilisation, 1978, 110ff.; M. Hoppál (Hrsg.), Shamanism in Eurasia, Bd. I, 1984, 125ff.; I. M. Lewis, Schamanen, Hexer, Kannibalen. Die Realität des Religiösen, 1989, 105ff.

[17] De Martino (wie Anm. 12), 119ff.

[18] Siehe A. Spamers Sammlung deutscher Zauberformeln (Das Romanusbüchlein, 1958) und die Unzahl volksmedizinischer Rezepte aus ganz Europa bei O. Hovorka und A. Kronfeld (Vergleichende Volksmedizin, 1908). Moderne Formen der Volksmedizin sind bei G. Wiegelmann (Hrsg., Volksmedizin heute, 1987) ausführlich beschrieben.

[19] A. Franz (Die kirchlichen Benediktionen im Mittelalter, 1909), F. Pradel (Griechische und süditalienische Gebete, 1907), B. Malinowski (wie Anm. 14, 79ff.), C. Lévi-Strauss (Der Zauberer und seine Magie, 1967) und M. Eliade (Kosmogonische Mythen und magische Heilungen, 1954, 194–204) beschrieben die Anwendung, Beschaffenheit und Wirkung von Zauberformeln in unterschiedlichsten Kulturkreisen.

[20] Vgl. S. Seligmann, Die magischen Heil- und Schutzmittel, 1927.

der Heilpraktiken und Heilsvorstellungen religiöser Spezialisten in sämtlichen Kulturkreisen besteht kein Mangel.[21]

Erstaunlich ist, wie selten hingegen die Nöte der Menschen, die in der Krise leben und der Ausgang der so häufig beschriebenen Kuren dokumentiert wurden – dieser Mangel steht parallel zum Mangel an Forschungen über therapeutische Effektivität der Psychotherapien in Industriegesellschaften.[22] Die Ansprüche und Behauptungen der Heiler sind eben augenfälliger und leichter dokumentierbar als die Lebensgeschichten ihrer Kunden. Mit seinem Buch »*Tuhami*« hat der Ethnopsychiater CRAPANZANO[23] den eindrucksvollen und letztlich resignativen Versuch der Dokumentation einer einzigen Persönlichkeit und ihrer Therapien vorgelegt. Bedenken wir noch, welche Rolle Gegenübertragungs- und Abwehrreaktionen der Forscher/Therapeuten[24] bei der Entstehung der umfangreichen Dokumentationen der psychoanalytischen Forschung spielen, so wird vollends verständlich, warum in Ethnologie und Religionswissenschaft so wenig Material über die Krisen und so viel Material über die Mechanismen der Krisenbewältigung vorliegt. In dieser Situation sind wir bis heute auf die Vermutung angewiesen, daß magische Praktiken in erster Linie beruhigend auf die Praktiker und ihre Auftraggeber wirken, bzw. auf die weitergehende Spekulation, magische Praktiken hätten eine wie auch immer geartete ›psychotherapeutische‹ oder ›suggestive‹ Wirkung – wobei den Wörtern ›Psychotherapie‹ und ›Suggestionskraft‹ wohl auch nicht mehr erklärender Wert zukommt als den Begrifflichkeiten der ›Informanten‹.[25]

3. Glaubenskrisen

Lange Zeit kultivierte die Ethnologie das Bild des ›Wilden‹ als eines vom Gruppendenken, von einer »primitiven Mentalität« bestimmten Konformisten.[26] Ähnliche Tendenzen lassen sich auch in der Volkskunde[27] und in der Religionswissenschaft[28] nachweisen. Man glaubte, die »innersubjektive Reaktion auf die Gottheit«[29] systemhaft, bekenntnishaft abzubilden bzw. zumindest die Aussagen der Glaubenden phänomenologisch reduzieren zu können.[30]

Zunächst blieb es Außenseitern vorbehalten, demgegenüber die individuellen Variationen, Häresien und teilweise sehr originellen Vorstellungen einzelner Angehöriger tradi-

---

21 Überblicke bei J. FRANK (Healers, 1961) und W. SCHIEFENHÖVEL, J. SCHULER u. R. PÖSCHL (Hrsg., Traditionelle Heilkundige, 1986); H. NGUBANEs (Body and Mind in Zulu Medicine, 1977) Darstellung der Zulu-Medizin gilt mittlerweile als exemplarisch; siehe auch die Zeitschriften »Curare« und »Ethnomedizin« und die Reihe »Krankheit und Kultur« (HAUSCHILD/PFLEIDERER 1987ff.) für den deutschsprachigen Bereich.

22 W.-R. MINSEL u. W. HERFF, Research on Psychotherapeutic Approaches, 1983.

23 V. CRAPANZANO, Tuhami: Portrait of a Moroccan, 1980.

24 G. DEVEREUX, From Anxiety to Method in the Behavioral Sciences, 1967.

25 C. LÉVI-STRAUSS, Die Wirksamkeit der Symbole, 1967; T. HAUSCHILD, Sind Heilrituale dasselbe wie Psychotherapien?, 1979.

26 Vgl. J. G. FRAZER (The Golden Bough, 1913) und L. LÉVY-BRUHL (L'âme primitive, 1932), wobei letzterer allerdings in seinen späten Aufzeichnungen (»Les carnets« 1949) zumindest die Anwendbarkeit dieser Form des Primitivismus auch auf Europäer einräumte.

27 Vgl. die Schilderungen uniformen bäuerlichen Lebens bei H. NAUMANN (Grundzüge der Volkskunde, 1922).

28 R. OTTO, Das Heilige, 1922, 325ff.

29 H. GRASS, Glaube, 1962, Spalte 1586.

30 G. VAN DER LEEUW, Phänomenologie der Religion, 1933.

tioneller Gesellschaften nachzuweisen.[31] Insbesondere PAUL RADIN[32] hat mit Nachdruck auf den ›Philosophen‹ im sogenannten ›Primitiven‹ hingewiesen. Die auf das Sammeln von Einzelaussagen, Biographien und Selbstaussagen der zumeist indianischen Informanten ausgerichtete BOAS-Schule der amerikanischen Kulturanthropologie wurde häufig als ›partikularistisch‹ verhöhnt.[33] CLAUDE LÉVI-STRAUSS[34] schließlich lenkte in einem lange übersehenen Aufsatz die Aufmerksamkeit der Religionsforscher auf individuelle Variationen des schamanischen → »*belief system*« und anderer Formen traditioneller Religion: Er stützte sich dabei auch auf die von BOAS[35] aufgenommene Lebensgeschichte eines Kwakiutl-Indianers, Qesalid. Dieser hatte das Handwerk des Schamanen erlernt, weil er Schamanismus als Humbug entlarven wollte. Am Ende einer wider Willen aufgenommenen, erfolgreichen Karriere als Heiler war er allerdings zu der Überzeugung gekommen, daß Schamanismus wirksam sein könne, wenn er von wirklich ›großen‹ Schamanen betrieben würde. Dies gelte nur nicht, wenn er, Qesalid, selbst schamanisch praktizierte, weil er es ja als Blendwerk erlernt hatte. Kategorien wie ›Glaube‹, ›Irrationalismus‹ und ›Skepsis‹ scheitern an den Aussagen Qesalids, der aus seinen unterschiedlichen Erfahrungen heraus urteilte und nicht irgendwelchen Kategorien zuliebe. Allerdings hatte es der Strukturalist LÉVI-STRAUSS eilig, die »*bricolage*«, das Flickenwerk der vom einzelnen zusammengezimmerten Weltbilder, wieder auf das Wirken einiger großer Grundkräfte des menschlichen Geistes zu reduzieren.[36]

Daß Individuen aus der Welt der ›Primitiven‹ ähnliche Krisen durchgemacht haben konnten wie die großen Stifter und Konvertiten der Weltgeschichte – Paulus, Mohammed, Luther oder Voltaire – schien lange Zeit unvorstellbar. Heute indes ist die Rückführung generalisierender Begriffe oder ›Gesetze‹ auf individuelle Aussagen und Beobachtungen in ihrer ganzen Ambivalenz und Fragilität zum zentralen Problem der modernen Ethnographie geworden. Kein Wunder also, daß auch erst mit der »kritischen Negation« der dialektischen Theologie und ihrer Beschwörung der »Krisis aller Gegenständlichkeit« der Zweifel in der theologischen Diskussion zu einem ernsthaften Gegenstand wurde.[37] Nunmehr werden auch von Theologen – im Zeitalter rapider Säkularisierung

---

[31] So der ethnographische Schriftsteller RASMUSSEN (Die große Schlittenreise, 1946, 95–97), der Afrika-Linguist WESTERMANN (Afrikaner erzählen ihr Leben, 1938), der Volkskundler und Historiker GINZBURG (Il formaggio e i vermi, 1976).

[32] P. RADIN, Primitive Man as Philosopher, 1927.

[33] Der von BOAS herausgegebene Überblick (Introduction, 1938) entwickelt die Pluralität und damit den ›Partikularismus‹ dieser Schule deutlich; siehe auch die Kritik bei L. WHITE (The Ethnography and Ethnology of Franz Boas, 1963, 35 ff).

[34] C. LÉVI-STRAUSS, Der Zauberer und seine Magie, 1967; siehe dazu T. HAUSCHILD, Ethnopsychoanalyse – Symboltheorien an der Grenze zweier Wissenschaften, 1981.

[35] F. BOAS, The Religion of the Kwakiutl, 1930.

[36] LÉVI-STRAUSS, Das wilde Denken, 1966.

[37] »Rechnet vielmehr damit, daß auch für jene jetzt unter dem Verschluß des göttlichen Zorns Befindlichen die Stunde der Neuannahme einst schlagen wird ... um der Gleichartigkeit der Krisis willen, in der alle Menschen aller Stufen immer wieder vor Gott stehen –, um der Vollkommenheit des Geschichtsganzen willen, in dem nichts verloren gehen darf.« (K. BARTH, Der Römerbrief, 1985, 441). Ähnlich führt auch H. GRASS (wie Anm. 29, S. 1587) im Artikel »Glaube« für das protestantische Lexikon »Religion in Geschichte und Gegenwart« jegliche Variation von Glauben auf das Urmuster zurück und konstruiert damit eine zur Krise des Zweifels parallelgehende Krise der Theologie: »Die Krisis besteht darin, daß die Verhaltens-Analogie an der meist sehr tiefen Unterschiedenheit des Glaubensgegenstandes so erhellt wird, daß die Modifikationen als ›Unter-

und kirchlichen Machtverlustes – die individuellen Krisen und die Vielfalt der Religionsformen zur Kenntnis genommen, wenn auch ausschließlich in heilsgeschichtlicher Einbindung. Andererseits sind in der abendländischen Kultur bis heute die Kirchen, und nicht nur sie, bemüht, auch die alltäglichen Krisen und Zweifel ihrer Amtsträger und Anhänger aus der Diskussion herauszuhalten. Die Publikation von Fallgeschichten aus der psychoanalytischen Behandlung katholischer Nonnen, Mönche und Priester erschien dem Autor wohl nicht zu Unrecht noch im Jahre 1985 als »Wagnis«.[38]

4. Lebenskrisen

Eine der oben vorgeschlagenen Interpretationen von Shonchurs Bericht baut auf einer gewissen Regelmäßigkeit der krisenhaften Erscheinungen auf: Den Tuwinern und Tschuktschen gelten Erkrankungen wie *›albistar‹* anscheinend als ein üblicher Weg zum Schamanenstatus. Ähnlich interpretiert man schamanische und andere Initiationsriten als soziale Dramen, in deren Verlauf die Initianden in schwere Krisen gestürzt werden, um sie dann in einem neuen Status zu bestätigen. Bereits ARNOLD VAN GENNEP[39] unterschied dabei die Phasen der Loslösung vom Ausgangsstatus, des Übergangs und des Eintrittes in einen neuen Status *(séparation, marge, aggrégation)*. Der Ethnosoziologe konnte sich auf eine Fülle von Informationen zu den Übergangsriten beziehen, welche in traditionellen wie in modernen Gesellschaften das Leben des einzelnen von der Geburt bis zum Tode begleiten. In Shonchurs Bericht etwa können wir diese Stadien in Shonchurs Flucht aus dem Elternhaus *(séparation)*, seinem hilflosen Umherirren in der Taiga *(marge)* und seiner Einführung in das Schamanendasein *(aggrégation)* erkennen. VAN GENNEP setzte sich damit bewußt gegen EMILE DURKHEIM ab, seinen Hauptwidersacher in der französischen Soziologie, dessen Religionssoziologie nur auf für elementar gehaltenen Gestalt- und Strukturformen aufbaut.[40] Der Sozialanthropologe VICTOR TURNER entwickelte in der Auseinandersetzung mit strukturfunktionalistischen Theorien VAN GENNEPs Ansatz weiter zu einer Lehre von der → ›Liminalität‹, der Grenzstadien, in denen Menschen neu konditioniert werden, aber auch ein Erlebnis der Gemeinschaft jenseits aller herkömmlichen sozialen Bindungen *(communitas)* entwickeln können.[41]
VAN GENNEPs und TURNERs Krisentheorie wirkten insofern bahnbrechend, als hier die Krise zum Ausgangspunkt der Betrachtung genommen wird. Das Leben erscheint als Sequenz von Phasen, die in sich keinen Fixpunkt haben. Aber auch VAN GENNEPs und TURNERs Konzepte tragen den Stempel des kategorischen Denkens, weil sie – ähnlich wie ADOLF E. JENSENs[42] deutsche Variante einer Theorie der → Initiation als Wiederholung

---

schiede an einer Einheit‹ erkennbar werden, daß die Einheit aber als nur in der Modifikation möglich hervortritt.«; gleichfalls der Katholik H. BOUILLARD (Dialektische Theologie, 335) »Der wahre Gott ist aber der aller Gegenständlichkeit entbehrende Ursprung der Krisis aller Gegenständlichkeit, der Richter, das Nichtsein der Welt.«. Leicht verändert könnten diese Sätze auch in jedem funktionalistischen Handbuch der »Social Anthropology« zu finden sein.

38 K. D. HOPPE, Gewissen, Gott und Leidenschaft, 1985; vgl. P. EICHER (Hrsg.), Der Klerikerstreit, 1990, zum »Fall Drewermann«.

39 A. VAN GENNEP, Les rites de passage, 1908.

40 E. DURKHEIM, Les formes élémentaires de la vie religieuse, 1912; vgl. N. BELMONT (Arnold van Gennep: The Creator of French Ethnography, 1979, 27 ff.) zur Beziehung zwischen DURKHEIM und VAN GENNEP.

41 V. TURNER, Image and Pilgrimage, 1978, Anhang.

42 A. E. JENSEN, Die getötete Gottheit, 1966.

urzeitlicher Dramen – immer von einer regelhaft überwundenen Krise ausgehen. Bezeichnend ist die Aussage der britischen Ethnologin AUDREY RICHARDS[43], daß sie jahrelang afrikanische Mädcheninitiationen untersuchte, ohne jemals die initiierten Mädchen zu befragen. Ist die Liminalität immer eine das Ganze der Gesellschaft bestätigende Übergangsphase oder kann nicht zumindest in jedem Einzelschicksal die Sozialisation fehlschlagen? Kann die von TURNER als Erlebnis der Liminalität beschriebene Entpersönlichung – sei es als »Geisteskrankheit«, sei es als Neuerer- oder Rebellentum – Dauerzustand werden? Die besondere Orientierung der Wissenschaftler auf das Regelhafte und auf den Aspekt der Krisenbewältigung verstellte den Blick auf die aus Krisen herauswachsenden Formen des individuellen und kollektiven Wandels.

5. Inszenierte Krisen und Krisenkulte

Ein wichtiges Thema im Werk des Prozeßanalytikers VICTOR TURNER sind Rituale der Rebellion.[44] In zahlreichen von der Ethnologie und Geschichtswissenschaft untersuchten Gesellschaften[45] sind Rituale beobachtbar, in deren Verlauf die herrschende Ordnung außer Kraft gesetzt und verhöhnt wird, die üblichen Begriffe von Zeit, Moral und Pflicht aufgehoben sind. Nach TURNER unterstützen gerade diese anarchischen, liminalen Phasen die Integration der Akteure in die bestehende Ordnung. Durch inszenierte Krisen wird der Normalzustand bestätigt. Der zunächst an Riten der nichteuropäischen Kulturen festgestellte Zusammenhang konnte dann auch bei europäischen Ritualen, beispielsweise den römischen Saturnalien und dem Karneval, beobachtet werden. Allerdings bekommt die Liminalitätsthese einen ambivalenten Beigeschmack, wenn sie auf Ereignisse angewendet wird, die deutlich historischer Natur, also einmalig geschehen und unwiederholbar sind. EMMANUEL LE ROY LADURIE[46] zeigte in seiner Studie des »Karneval in Romans« 1579/80, daß dieses Fest den Ausgang- und Orientierungspunkt einer bürgerlichen Revolte gegen das städtische Patriziat darstellte, die nur mit Mühe in die »ewige Wiederkehr des Gleichen«[47] integriert werden konnte. Hier ist die inszenierte Krise fast zum Vorboten der Französischen Revolution geworden, die den aufklärerischen, radikalen Krisenbegriff der Ärzte und Nationalökonomen populär machen sollte.

Liegen bei den zitierten Ethnologen und Historikern die Ambivalenzen eines harmonisierenden und eines revolutionären Krisenbegriffes zu recht dicht beieinander, so blieb es einer Reihe weiterer Ethnologen und Religionswissenschaftler vorbehalten, auch noch Krisen, die auf keinen Fall mehr zum Ausgangspunkt zurückführen, als Wiederherstellung und Ausdruck stabiler Grundhaltungen oder elementarer Strukturen mißzuverstehen. Gemeint ist die Debatte über die ›Krisenkulte‹, welche den Prozeß der Dekolonisierung der ›Dritten Welt‹ begleiten. Es ist in der Tat unbestritten, daß traditionelle Kulturen oftmals mit der Ausbildung spezieller kultischer Phänomene auf die Konfrontation mit der Moderne, den Kolonialismus und die Auflösung ihrer Traditionen reagieren: Charismatische Führer treten auf, welche die Weißen imitieren und ihren Anhän-

---

43 A. RICHARDS, Socialization and Contemporary British Anthropology, 1970, 12.

44 V. TURNER, Humility and Hierarchy, 1969, 166–203.

45 M. GLUCKMANN, Rituals of Rebellion in South-East Africa, 1954.

46 E. LE ROY LADURIE, Le Carnaval de Romans, 1980.

47 M. ELIADE, Das Mysterium der Wiedergeburt, 1971.

gern versprechen, wie die Weißen auf ›magische‹ Weise Güter aus einer fernen Geisterwelt herbeibeten zu können (→ Cargokulte[48]). Oftmals schließen sich gesellschaftliche Utopien an, die Erwartung eines baldigen Himmelreiches auf Erden (Millenarismus[49]). Typisch ist der imitatorische Charakter: Parallel zu Besessenheitskulten und Maskenbrauchtum entwickelt sich eine Art Vorwegnahme des passiv zu erfahrenden Milleniums; die Felder bleiben unbestellt und große Gruppen von Menschen begeben sich fast ziellos auf Wanderschaft. Es ist ungeklärt, ob immer die Begegnung mit einer ›höheren Macht‹ diese Krisenkulte auslöst oder ob nicht auch der intern verursachte Zusammenbruch einer Gesellschaft von Heilserwartungsbewegungen begleitet werden kann.[50] Deutlich ist jedenfalls eines: Die Theorie der Heilserwartungsbewegung konnte oftmals von den revolutionären Konsequenzen der antikolonialistischen Bewegungen ablenken und diese als bloßen Ausdruck einer irrationalen Psyche der Eingeborenen erscheinen lassen. Diese koloniale Umdeutung oder Berechenbarmachung[51] mußte scheitern, denn allzubald wurde deutlich, daß die charismatischen Führer der Krisenkulte sehr wohl in der Lage sind, durch manipulative Eingriffe ihre Bewegungen rational zu führen. Auch der Umschlag der Kulte in moderne Ideologien der Güterumverteilung und des politischen Kampfes war durch die primär religiöse Motivation der Beteiligten keineswegs ausgeschlossen.[52] Andererseits ist schon bei den klassischen Autoren der Messianismusforschung, wie MÜHLMANN[53], die unausgesprochene Erkenntnis belegbar, daß der anhand der ›Primitiven‹ beschriebene Irrationalismus in erster Linie die abendländischen Industriestaaten dieses Jahrhunderts charakterisiert – das ›Dritte Reich‹ ist schon vom Namen her auch als messianischer Krisenkult zu verstehen. Doch erst die moderne Rationalitätsdebatte machte den letzten Ausläufern der Vorstellung vom besonderen Irrationalismus der sogenannten Primitiven ein Ende. Im Gegenzug wird heute eine Haltung der »Passion« und des imitatorischen Ausagierens gegenüber den realen oder imaginären Schrecken dieser Welt als jeweils mehr oder weniger ausgearbeitetes Element aller Kulturformen verstanden.[54]

Gegenwärtig wird die Diskussion über Krisenkulte im Zusammenhang mit der weitergespannten Fundamentalismus-Debatte geführt. Es ist nicht mehr wie in den 50er und 60er Jahren üblich, fundamentalistische und irrationale Phänomene in der Politik und Religion der Industriestaaten zu übersehen.[55] Mehr noch, ein Gebiet, auf dem die Charisma-

---

[48] P. CHRISTIANSEN, The Melanesian Cargo Cult, 1969 (dort auch eine Übersicht gängiger Millenarismustheorien auf S. 15 ff.).

[49] Eine Übersicht millenaristischer Kulte gibt B. R. WILSON, Magic and the Millenium, 1973; zum Begriff des Millenarismus dort S. 9 ff.

[50] Das von W. LINDIG (Wanderungen der Tupi-Guarani, 1961) vorgestellte Material legt letztere Vermutung nahe.

[51] W. E. MÜHLMANN, Chiliasmus und Nativismus, 1961, 241 ff.

[52] P. WORSLEY, The Trumpet Shall Sound, 1957; V. LANTERNARI, Movimenti religiosi di libertà e di salvezza dei popoli oppressi, 1960, E. HOBSBAWM, Primitive Rebels, 1959; A. SCHWEITZER, Theory of Political Charisma, 1974, 150–168.

[53] Vgl. dazu T. HAUSCHILD, Völkerkunde im »Dritten Reich«, 1987, 256.

[54] H. P. DUERR, Traumzeit, 1978, 320 ff., zur Irrationalismusdebatte. Zur »Ethnologie der Passiones« vgl. G. LIENHARDT, Divinity and Experience, 1961; F. KRAMER, Notizen zur Ethnologie der Passiones, 1984; P. HEELAS u. A. LOCK (Hrsg.), Indigenous Psychologies, 1981.

[55] Übersichten bei L. CAPLAN (Hrsg.), Studies in Religious Fundamentalism, 1987 und T. MEYER (Hrsg.), Fundamentalismus in der modernen Welt, 1989.

und Krisenkulttheorie eindeutig Zukunft hat, ist die Analyse religiöser und politischer Bewegungen in den Industriegesellschaften geworden, und heute kann ein Sammelband über Krisenkulte im pazifischen Becken mit der Analyse eines massiven, an der Westküste der USA verbreiteten Ufo-Cargokultes einsetzen.[56]

III. Kunsttheorien

Die zitierten sehr unterschiedlichen Bereiche, aus denen eine Krisentheorie Material schöpfen könnte, zeichnen sich durch folgende Charakteristika aus: Zum einen ist immer wieder die bereits an Shonchurs Bericht konstatierte Ambivalenz feststellbar, daß Krisen unter dem Gesichtspunkt der Struktur wie unter dem Gesichtspunkt der Auflösung von Struktur beschrieben werden können. Zum anderen fällt auf, daß die wissenschaftlichen Autoren häufig versuchen, Krisen möglichst unter dem Gesichtspunkt der Regelhaftigkeit, der Wiederholung, der Bestätigung von Ordnung zu sehen. Man vermied, sich auf die Komplexität individueller Krisen oder auf die revolutionären Lösungen zusteuernden gesellschaftlichen Krisen zu konzentrieren. Die auf diese Weise entstandene Datenbasis erlaubt uns noch nicht, zu beurteilen, wie groß die Entscheidungsspielräume des einzelnen oder auch ganzer Gesellschaften in der Krise sind, bzw. ob wirklich letztlich ganze Religionsformen und Gesellschaftsformationen im Rhythmus von »*Flux and Reflux*«, von Struktur, Auflösung und Wiederherstellung von Struktur existieren.[57]

Der modernen Religionsforschung stellt sich die Welt als Überlagerung und gegenseitige Durchdringung traditioneller und moderner Vorstellungen dar[58], wobei ständig mit allen verfügbaren ideologischen Mitteln individuelle und kollektive Krisen bewältigt werden müssen. Insofern hat sich die kulturwissenschaftliche Krisentheorie deutlich von einem Zustand fortentwickelt, in dem die Krisen immer die der anderen waren und jede Krise vom Standpunkt der zu erhaltenden bestehenden Struktur her beurteilt wurde. Individuelle und kollektive Krisen werden heute deutlicher in ihrer Einmaligkeit wahrgenommen und man akzeptiert, daß sie ebenso zu einem traditionalen Ausgangspunkt zurückführen können wie zur Annahme völlig neuer Lösungen. Auch der »Untergang der Religionen« wird mittlerweile in dieser Art als singuläres, keinem Gesetz der Säkularisierung unterliegendes Ereignis beurteilt.[59]

---

[56] G. Trompf (Hrsg.), Cargo Cults and Millenarian Movements, 1990. Vgl. auch die Einbeziehung einer Arbeit über die nationalsozialistisch-christliche »Glaubensbewegung« in einen Sammelband über Krisenkulte und andere neue Religionen (L. Stähle, Deutsche Glaubensbewegung 1933–1936, 1975).

[57] Vgl. E. Gellner (Flux and Reflux, 1981), der vielleicht eine auch für Prozeß-, Situations- und Diskursanalytiker akzeptable These der »ewigen Wiederkehr« vorbringt, sowie H. P. Duerrs (Sedna oder Die Liebe zum Leben, 1982) Rückkehr zu einem ähnlichen Standpunkt, was die Schilderung zumindest der Bemühungen der Angehörigen traditioneller Kulturen um die Integration von Grenzerfahrungen angeht. Ähnlich J. G. Arapura (Religion as Anxiety and Tranquillity, 1972), der Religion als ständiges Bewältigen von Angst versteht, damit aber schon wieder nahe an den kolonialistischen Formulierungen vom Wilden als angsterfülltem Phantasierer steht.

[58] A. Greely, Unsecular Man, 1972, 36.

[59] E. De Martino, La fine del mondo, 1977 (S. 94ff. zur individuellen Apokalypse u. S. 218ff. zur kollektiven Apokalypse); vgl. H. Zinser (Hrsg., Der Untergang von Religionen, 1986) sowie M. Weber (Gesammelte Aufsätze zur Religionssoziologie, Bd. I, 1920, 203/4), P. Berger (Zur

Individuelle Praktiken im Umgang mit sozialen Strukturen und Krisen sind stärker in die Optik der Ethnologen und Religionswissenschaftler gerückt, wobei eine erneute geisteswissenschaftliche und philologische Orientierung hilfreich war, denn sie brachte die Kulturforschung von der vergeblichen Suche nach scheinbar unwandelbaren Strukturen und Gesetzen ab.[60] Die klassische ethnologische und religionswissenschaftliche Beschreibung ist in die Krise geraten und muß sich selbst immer mehr als säkularisierte Verwandte der Religionsformen erkennen, die sie beschreiben und erklären wollte.[61] Im Rahmen der ›postmodernen‹ Religionsforschung[62] erscheint jede Krisenbewältigung singulär und zugleich als eigensinnige diskursive Fortschreibung alter Muster.[63] Damit rückt auch ein neues Konzept von Kultur in Sichtweite, welches doch in erstaunlicher Weise dem Wortsinn, der ackerbaulichen Etymologie des Begriffes entspricht: Kultur und besonders der jeweils in ihr enthaltene Diskurs vom Übernatürlichen und von der Überwindung des Bösen durch die Rückkehr zur Tradition, erscheinen jetzt als ständig neu zu schaffende Werke der Lebenskunst, die keinen festen Stand in sich selbst haben. Es kostet eine immer neu aufzubringende Mühe, ›Traditionen‹[64] zu kultivieren, mit deren Hilfe man den Krisen des einzelnen und der Gruppe begegnen kann. Ethnologie und Religionswissenschaft in ihrer Suche nach dem Sinn hinter allen Krisen und Strukturen sind nichts anderes als ein solches Stück Kultur. Allerdings ist eine moderne, vom Standpunkt der Krise her betriebene Ethnologie und Religionsforschung nicht mehr mit diffusen Protokollen zu betreiben, wie etwa »Shonchurs Bericht«. Neue Techniken der differenzierten Aufnahme situativer und diskursiver Daten werden entwickelt werden müssen, damit der konzeptuelle Apparat dieser Wissenschaften nicht ebenso schnell obsolet wird wie manche untergegangene Religion.[65]

Literatur

Arapura, J. G., Religion as Anxiety and Tranquillity, 1972; Barth, K., Der Römerbrief, Gesamtausgabe, Bd. II, 1985 (Erstdruck 1919); Belmont, N., Arnold van Gennep: The Creator of French Ethnography, 1979; Berger, P., The Sacred Canopy, 1967 (Zur Dialektik von Religion und Gesellschaft, 1973); Biezais, H., Zur Problematik der neuen Religionen, in: ders. (Hrsg.), New Religions, 1975, 7–30; Blankertz, H., »Zweifel«, in: RGG³ Bd. VI, Spalte 1944/45; Boas, F.,

---

Dialektik von Religion und Gesellschaft, 1973, 103ff.), A. Greely (wie Anm. 58) und B. Gladigow (Religionsgeschichte des Gegenstandes – Gegenstände der Religionsgeschichte, 1988, 23) zum Problem der Säkularisierung.

60 E. De Martino, Mito, scienze religiose e civiltà moderna, 1980, 81ff.; mit C. Lévi-Strauss' (Das wilde Denken, 1966, 26ff.) Begriff der »bricolage«, der kulturellen »Bastelei«, ist eine neue Aufmerksamkeit für die individuellen Variationen vorgebahnt, die der einzelne an den kulturell vorgegebenen »Texten« vornimmt.

61 J. M. Lewis (wie Anm. 16), S. 13ff.

62 S. Tyler, Postmodern Ethnography, 1986, 122–140.

63 P. Bourdieu, Esquisse d'une théorie de la pratique, 1972.

64 E. J. Hobsbawm u. T. Ranger (Hrsg.), The Invention of Tradition, 1983.

65 Ansätze dazu bei Kippenberg (wie Anm. 6), I. Strecker (The Social Practice of Symbolization, 1988), F. Stolz (Hierarchien der Darstellungsebenen religiöser Botschaften, 1988, 55–72), K. Rudolph (Texte als religionswissenschaftliche »Quellen«, 1988, 38–55), T. Hauschild (Studien zum religiösen Diskurs in Süditalien, in Vorbereitung).

The Religion of the Kwakiutl, Columbia University Contributions to Anthropology, Bd. X, 1930; ders., Introduction, in: ders. (Hrsg.), General Anthropology, 1938; BOUILLARD, H., Stichwort »Dialektische Theologie«, in: HÖFER, J. u. K. RAHNER (Hrsg.), Lexikon für Theologie und Kirche, Freiburg, Bd. III; BOURDIEU, P., Esquisse d'une théorie de la pratique, 1972 (Entwurf einer Theorie der Praxis auf der ethnologischen Grundlage der kabylischen Gesellschaft, 1976); CAPLAN, L. (Hrsg.), Studies in Religious Fundamentalism, 1987; CHRISTIANSEN, P., The Melanesian Cargo Cult. Millenarism as a Factor in Cultural Change, 1969; COLBY, B. u. J. FERNANDEZ u. D. KRONENFELD, Toward a Convergenze of Cognitive and Symbolic Anthropology, in: American Ethnologist, 8 (1981), 422–450; CRAPANZANO, V., Tuhami: Portrait of a Moroccan, 1980; DE MARTINO, E., La fine del mondo. Contributo all'analisi delle apocalissi culturali (hrsg. v. CLARA GALLINI), 1977; ders., Mito, scienze religiose e civiltà moderna, in: ders., Furore, Simbolo, Valore, 1980, 81–132; ders., Sud e Magia, 1959 (Katholizismus, Magie, Aufklärung. Religionswissenschaftliche Studie am Beispiel Süd-Italiens, 1982); DEVEREUX, G., From Anxiety to Method in the Behavioral Sciences, 1967 (Angst und Methode in den Verhaltenswissenschaften, 1967); ders., Normal und Anormal, 1974; DUERR, H. P., Traumzeit. Über die Grenze zwischen Wildnis und Zivilisation, 1978; ders., Sedna oder Die Liebe zum Leben, 1982; DURKHEIM, E., Les formes élémentaires de la vie religieuse, 1912 (Die elementaren Formen des religiösen Lebens, 1981); EICHER, P. (Hrsg.), Der Klerikerstreit, 1990; ELIADE, M., Kosmogonische Mythen und magische Heilungen, Paideuma 6 (1954) 194–204; ders., Das Mysterium der Wiedergeburt. Initiationsriten. Ihre kulturelle und religiöse Bedeutung, 1971; FRANK, J., Healers, 1961 (Die Heiler. Wirkungsweisen psychotherapeutischer Beeinflussung vom Schamanismus bis zu den modernen Theorien, 1981); FRANZ, A., Die kirchlichen Benediktionen im Mittelalter, 1909 (Nachdruck Graz 1960); FRAZER, J. G., The Golden Bough. A Study in Magic and Religion, Teil I, Bd. I, 1913; GEERTZ, C., Thick Description, 1973 (Dichte Beschreibung. Bemerkungen zu einer deutenden Theorie von Kultur, 1983); GELLNER, E., Flux and Reflux in the Faith of Men, in: ders., Muslim Society, 1981; GENNEP, A. VAN, Les rites de passage, 1908 (Übergangsriten, 1988); GINZBURG, C., Il formaggio e i vermi, 1976 (Der Käse und die Würmer. Die Welt eines Müllers um 1600, 1979); GLADIGOW, B., Religionsgeschichte des Gegenstandes – Gegenstände der Religionsgeschichte, in: ZINSER, HARTMUT (Hrsg.): Religionswissenschaft. Eine Einführung, 1988, 6–37; GLUCKMAN, M., Rituals of Rebellion in South-East Africa, 1954; GRASS, H., »Glaube«, in: RGG³ Bd. II, 1962, Spalte 1586–1611; GREELY, A., Unsecular Man. The Persistence of Religion, 1972; HAAS, J., Schamanentum und Psychiatrie (Diss. Phil. Freiburg) 1977; HAUSCHILD, T., Sind Heilrituale dasselbe wie Psychotherapien? in: Curare 4 (1979) 241–256; ders., Ethnopsychoanalyse. Symboltheorien an der Grenze zweier Wissenschaften, in: SCHMID-KOWARZIK, W. u. J. STAGL (Hrsg.): Grundfragen der Ethnologie, 1981, 151–168; ders., Völkerkunde im »Dritten Reich«, in: GERNDT, H. (Hrsg.), Volkskunde im Nationalsozialismus, 1987, 145–159; ders., Studien zum religiösen Diskurs in Süditalien (in Vorbereitung); HAUSCHILD, T. u. B. PFLEIDERER (Hrsg.), Reihe »Krankheit und Kultur«, 1987ff.; HEELAS, P. u. A. LOCK (Hrsg.), Indigenous Psychologies, 1981; HOBSBAWM, E. J., Primitive Rebels, 1959 (Sozialrebellen, 1971); HOBSBAWM, E. J. u. T. RANGER (Hrsg.), The Invention of Tradition, 1983; HOPPÁL, M. (Hrsg.), Shamanism in Eurasia, Bd. I, 1984; HOPPE, K. D., Gewissen, Gott und Leidenschaft. Theorie und Praxis psychoanalytisch orientierter Psychotherapie von katholischen Klerikern, 1985; HOVORKA, O. u. A. KRONFELD, Vergleichende Volksmedizin, 1908; JENSEN, A. E., Die getötete Gottheit. Weltbild einer frühen Kultur, 1966; KIPPENBERG, H. G., Diskursive Religionswissenschaft, in: GLADIGOW, B. u. H. G. KIPPENBERG (Hrsg.): Neue Ansätze in der Religionswissenschaft, 1983, 9–28; KUPER, A., Anthropologists and Anthropology, 1978; KRAMER, F., Notizen zur Ethnologie der Passiones, in: R. KÖNIG u. a. (Hrsg.), Ethnologie als Sozialwissenschaft (Kölner Zeitschrift für Soziologie und Sozialpsychologie, Sonderband 26), 1984, 297–313; LANTERNARI, V., Movimenti religiosi di libertà e di salvezza dei popoli oppressi, 1960 (Religiöse Freiheits- und Heilsbewegungen unterdrückter Völker, 1966); LEEUW, G. VAN DER, Phänomenologie der Religion, 1933; ders., Die sogenannte »epische Einleitung« der Zauberformeln, Zeitschrift für Religionspsychologie 4 (1933) 161–192; LE ROY LADURIE, E., Le Carnaval de Romans, 1980 (Karneval in Romans, 1982); LÉVI-STRAUSS, C., La pensée sauvage, 1962 (Das wilde Denken 1966); ders., Die Wirksamkeit der Symbole, in: ders., Strukturale Anthropologie, Bd. I, 1967; ders., Der Zauberer und seine Magie, in: ders., Strukturale Anthropologie, Bd. I, 1967; LÉVY-BRUHL, L., L'âme primitive, 1932 (Die Seele der Primitiven, o. J.); ders.,

Les carnets, 1949; LEWIS, I., Religion in Context. Cults and Charisma, 1986 (Schamanen, Hexer, Kannibalen. Die Realität des Religiösen, 1989); LIENHARDT, G., Divinity and Experience, 1961; LINDIG, W., Wanderungen der Tupí-Guaraní und Eschatologie der Apapocúva-Guaraní, in: MÜHLMANN, WILHELM E. (Hrsg.), Chiliasmus und Nativismus, 1961, 19–40; LIPP, W., Stigma und Charisma: Über soziales Grenzverhalten, 1985; MALINOWSKI, B., Coral Gardens and their Magic, 1935; MEYER, T. (Hrsg.), Fundamentalismus in der modernen Welt, 1989; MINSEL, W.-R. u. W. HERFF, Research on Psychotherapeutic Approaches, 1983; MÜHLMANN, W. E., Chiliasmus und Nativismus. Studien zur Psychologie, Soziologie uind historischen Kasuistik der Umsturzbewegungen, 1961; NAUMANN, H., Grundzüge der Volkskunde, 1922; NGUBANE, H., Body and Mind in Zulu Medicine, 1977; NOWOTTNY, K. A., Die Krise der Völkerkunde, in: Zeitschrift für Ethnologie, Bd. 105, 1980, 113–124; OHLMARKS, A., Studien zum Problem des Schamanismus, 1939; OTTO, R., Das Heilige. Über das Irrationale in der Idee des Göttlichen und sein Verhältnis zum Rationalen, 1922; PFEIFFER, W. (Hrsg.), Stichwort »Krise«, Etymologisches Wörterbuch des Deutschen, 1989, 934; PRADEL, F., Griechische und süditalienische Gebete, Beschwörungen und Rezepte des Mittelalters. RVV Bd. III,3, 1907; RABINOW, P., Reflections on Fieldwork in Morocco, 1977; RADIN, P., Primitive Man as Philosopher, 1927; RASMUSSEN, K., Die große Schlittenreise, 1946; RICHARDS, A., Socialization and Contemporary British Anthropology, in: MAYER, P. (Hrsg.): Socialization. ASA Monograph 8, 1970; RUDOLPH, K., Texte als religionswissenschaftliche »Quellen«, in: ZINSER, HARTMUT (Hrsg.), Religionswissenschaft. Eine Einführung, 1988, 38–55; SCHIEFENHÖVEL, W. u. J. SCHULER u. R. PÖSCHL (Hrsg.), Traditionelle Heilkundige. Ärztliche Persönlichkeiten im Vergleich der Kulturen und medizinischen Systeme, 1986; SCHWARTZ, H., Millenarism, in: ER Bd. 9, 1987, 521–536; SCHWEITZER, A., Theory of Political Charisma, Comparative Studies in Society and History, 16,2 (1974) 150–168; SELIGMANN, S., Die magischen Heil- und Schutzmittel aus der unbelebten Natur, 1927; SPAMER, A., Das Romanusbüchlein (bearb. v. JOHANNA NICKEL), 1958; STÄHLE, L., Deutsche Glaubensbewegung 1933–1936. Zusammenfassung, in: BIEZAIS, H. (Hrsg.), New Religions, 1975, 218–223; STOLZ, F., Hierarchien der Darstellungsebenen religiöser Botschaften, in: ZINSER, H. (Hrsg.), Religionswissenschaft. Eine Einführung, 1988, 55–72; STRECKER, I., The Social Practice of Symbolization, 1988; SZASZ, T., The manufacture of madness, 1970 (Geisteskrankheit – ein moderner Mythos?, 1972); TAMBIAH, S., The Magical Power of Words, Man N. S. 3 (1968) 175–189; TROMPF, G. (Hrsg.), Cargo Cults and Millenarian Movements. Transoceanic Comparisons of New Religious Movements, 1990; TURNER, V., Humility and Hierarchy: The Liminality of Status Elevation and Reversal, in: ders., The Ritual Process, 1969, 166–203; ders., Image and Pilgrimage in Christian Culture. Anthropological Perspectives, 1978, Anhang; TYLER, S. A., Postmodern Ethnography: From Document of the Occult to Occult Document, in: CLIFFORD, J. u. G. M. MARCUS (Hrsg.), Writing Culture, 1986, 122–140; VAJNŠTEJN, S. I., Shamanism in Tuva at the Turn of the 20th Century, in: HOPPÁL, M. (Hrsg.): Shamanism in Eurasia, 1984, 353–376; ders., Eine Schamanen-Séance bei den östlichen Tuwinern, Jahrbuch des Museums für Völkerkunde zu Leipzig 31 (1977) 27–36; WEBER, M., Gesammelte Aufsätze zur Religionssoziologie, Bd. I, 1920 (Nachdruck 1978); WESTERMANN, D., Afrikaner erzählen ihr Leben, 1938; WHITE, L., The Ethnology of Franz Boas, Texas Memorial Museum Bulletin, No. 6, 1963; WIEGELMANN, G. (Hrsg.), Volksmedizin heute, 1987; WILSON, B. R., MAGIC AND THE MILLENIUM. A SOCIOLOGICAL STUDY OF RELIGIOUS MOVEMENTS OF PROTEST AMONG TRIBAL AND THIRD-WORLD PEOPLES, 1973; WORSLEY, P., The Trumpet Shall Sound. A Study of »Cargo«-Cults in Melanesia, 1957 (Die Posaune wird erschallen. »Cargo«-Kulte in Melanesien, 1973); ZINSER, H. (Hrsg.); Der Untergang von Religionen, 1986; ders. (Hrsg.), Religionswissenschaft. Eine Einführung, 1988.

Thomas Hauschild

→ *Angst, Apokalyptik / Messianismus / Chiliasmus, Besessenheit, Cargokult, Ekstase, Initiation, Magie, Schamanismus*

Kult

A Begriff B Phänomenologie I. Finanzierung II. Fest III. Tragende Motive C Geschichte I. Die moderne Distanz zum Kult II. Priorität des Kults gegenüber der Lehre III. Intellektualisierung des Kults D Soziologie und Ethnologie I. Die Funktion des Kults: Förderung von Solidarität, Manipulation von Bewußtsein, Spiel II. Kultische Stile: Kult der feinen Leute, zentraler / peripherer Kult, restringierter / elaborierter Kult

A Begriff

Mit dem Begriff Kult werden religiöse Handlungen in ihrer Gesamtheit bezeichnet. Der Begriff Kult leitet sich vom lateinischen *cultus* »Pflege, Verehrung« her. So spricht CICERO[1] von *cultus deorum* und AUGUSTINUS[2] von *cultus Dei* in der recht allgemeinen Bedeutung von »Verehrung der Götter« bzw. »Verehrung Gottes«. Die Vulgata[3] verwendet *cultus* gelegentlich in der Bedeutung von »ritueller Brauch«. Jedoch erst in der mittelalterlichen Scholastik gewinnt der Ausdruck terminologische Prägnanz. In seiner Analyse des alttestamentlichen Ritualwesens gliedert THOMAS VON AQUIN[4] den *cultus* in *cultus exterior* (äußerer Kult) und *cultus spiritualis* (geistiger Kult). Zum *cultus exterior* gehören heilige Zeiten, Tempel, Priester, Opferhandlungen usw., während der *cultus spiritualis* in gesetzlicher Belehrung und prophetischer Unterweisung besteht und seinen Ort in der Synagoge hat. Beide Kultformen setzen sich im Christentum fort, insbesondere in den Sakramenten und der Predigt. Wenn moderne Autoren wie F. HEILER[5] und T. F. O'DEA[6] von »Kultus« oder (englisch) *cult* als Oberbegriff für die Vielzahl »heiliger Handlungen« sprechen, dann wirkt hier der scholastische Sprachgebrauch nach.

Im gegenwärtigen wissenschaftlichen Sprachgebrauch konkurriert der Ausdruck Kult mit »Ritus« und vor allem mit → »Ritual«. In älteren Werken sind beide Begriffe klar geschieden, etwa bei NIKOLAUS VON KUES[7], der die mannigfachen Riten *(diversitas rituum)* verschiedener Religionen der einen zugrundeliegenden Gottesverehrung *(religio et cultus)* gegenüberstellt. Einige Autoren haben sich um eine begriffliche Neufassung bemüht. *»Les rites sont des règles de conduite qui prescrivent comment l'homme doit se comporter avec les choses sacrées«* (Riten sind Verhaltensregeln, die vorschreiben, wie man sich gegenüber dem Heiligen zu verhalten hat), heißt es bei E. DURKHEIM.[8] Dabei

---

1 Beispiel: CICERO, De senectute 56. Materielle Güter, im Ackerbau erzeugt, gehören zu den Dingen, die »auch zur Verehrung der Götter gehören« *(quae ... ad cultum deorum pertinent)*. CICERO denkt offenbar an Opfer von Wein und Erstlingsopfer bei der Ernte.

2 AUGUSTINUS, De civitate Dei X, 1,3 (PL 41,279).

3 Ex. 10,26; 12,14; 13,10; 25,9; Num. 3,7.10 u. ö. in der Vulgata.

4 THOMAS VON AQUIN, Summa theologica I II 102,4 (Antwort und Antwort zum 3. Einwand).

5 F. HEILER, Erscheinungsformen und Wesen der Religion, 1961, 177.

6 T. F. O'DEA, The Sociology of Religion, 1966, 39–41.

7 NIKOLAUS VON KUES, De pace fidei (ca. 1453), in: Die philosophisch-theologischen Schriften, hrsg. von L. GABRIEL, 1964, III, 724.

8 DURKHEIM, Les formes élémentaires 56; vgl. ferner 89 und 606.

bilden die kultischen Handlungen innerhalb der religiösen Vollzüge oder Riten eine besondere Untergruppe: Sie werden von der ganzen »Kirche« gemeinschaftlich durchgeführt, periodisch wiederholt und beziehen sich auf das in der Gemeinschaft dominierende, lebendige Glaubenssystem. WALLACE[9] nimmt Kult als Oberbegriff für eine zusammenhängende Gruppe von Ritualhandlungen, die durch gemeinsame Vorstellungen und gemeinsame institutionelle Verankerung verbunden sind (z. B. der christliche Kult). In ähnlicher Weise benützt M. E. SPIRO[10] den Begriff des Kults *(cultus)* als Gesamtbezeichnung für das rituelle Repertoire einer bestimmten Religion; es besteht aus Einzelhandlungen (Riten), die sich zu größeren Einheiten (Zeremonien, Zeremoniellen) zusammenfügen. Den Ausdruck »Ritual« will er als Oberbegriff für jede Art von kultischem Handeln verwenden.

Da sich die Vorschläge einer begrifflichen Unterscheidung und Abgrenzung nicht durchsetzen konnten, werden die Ausdrücke Kult, Ritus und Ritual oft ohne Unterschied gebraucht. Dennoch empfiehlt sich folgende Sprachregelung: Unter *Kult* versteht man das gesamte rituelle Leben einer bestimmten Religion und spricht dementsprechend vom Kult der antiken römischen Religion, vom Kult der katholischen Kirche usw. Ein *Ritual* ist ein kultischer Handlungskomplex, der aus einem bestimmten Anlaß durchgeführt wird; Beispiele wären etwa die katholische Messe und die christliche Taufe. Als *Ritus* bezeichnet man den kleinsten Baustein eines Rituals, z. B. das dreimalige Übergießen des Täuflings mit Wasser oder das Zeigen der Hostie nach der »Wandlung« in der katholischen Messe.

B Phänomenologie

Die Religionsphänomenologie hat sich mit Riten und Ritualen, aber selten mit den schwerer zu erfassenden übergreifenden kultischen Komplexen beschäftigt. Im folgenden wird versucht, einige Bausteine einer Phänomenologie des Kultes zusammenzutragen. Indem wir mit der Finanzierung beginnen, zum Fest fortschreiten, um schließlich auf die kultischen Komplexen zugrunde liegenden Motive hinzuweisen, dringen wir von der Peripherie zum Zentrum vor.

I. Finanzierung

1. Wirtschaftliche Prosperität und Arbeitsteilung machen den Kult zu einer hervorragenden ökonomischen Erscheinung. Wer eine rituelle Handlung durchführen lassen will, muß ein abgebbares Mehrprodukt zur Verfügung haben. Außerdem muß gelten, daß er

---

[9] A. F. C. WALLACE, Religion: An Anthropological View, 1966, 75. Vgl. auch die von einem Kommitee des *Royal Anthropological Institute* herausgegebenen »*Notes and Queries on Anthropology*«, [6]1951, 180: »*A cult is the sum total of organized beliefs and ritual concerned with a specific spirit or spirits, generally associated with particular objects and places, together with the ritual worship and officiants.*«

[10] M. E. SPIRO, Buddhism and Society, 1971, 199.

den Kult nicht allein durchführen kann. Das sich auf dieser Grundlage entwickelnde Verhältnis von Kult und Wirtschaft ist äußerst vielfältig. Die wichtigsten *Typen der Finanzierung* des Kults seien im folgenden aufgeführt; es handelt sich um Honorararbeit, Mäzenatentum, Kollektenwesen, Rentensystem und Besteuerung.

a) An erster Stelle muß als das älteste System das der *Honorararbeit* stehen. Ihr Prinzip ist: Wer für einen anderen eine rituelle Einzelleistung ausführt, muß dafür bezahlt werden. Gelegentlich wird der Zusammenhang ideologisiert: Ohne Bezahlung bleibt die Ritualhandlung »erfolglos«[11]; oder: Je größer das Honorar, um so »erfolgreicher« das Ritual.[12] Wird der gesamte Kult einer Religion nach dem Honorarprinzip finanziert, dann haben wir es eher mit einer unentwickelten als eine entwickelten Organisation zu tun. Die entwickeltste Form der Honorararbeit liegt dann vor, wenn ein Priester gegen festes Gehalt den Dienst in der Hauskapelle eines Israeliten (Ri. 17,10) oder an einer mittelalterlichen Eigenkirche verrichtet.

b) Trägt ein reicher Gönner zum Unterhalt eines religiösen Virtuosen bei, bezahlt er die Kosten eines religiösen Festes oder stiftet er eine Kapelle, Kirchenglocken oder ähnliches, dann spricht man von *Mäzenatentum*. Die am weitesten entwickelte Form des Mäzenatentums ist die Stiftung, die z. B. einem Orden oder einer Moschee Besitz zu dauernder Nutzung überläßt.

c) Häufig finanzieren die Mitglieder einer religiösen Gruppe ihren Kult aus den Erträgen von Sammlungen oder besolden auf diese Weise ihre für Rituale zuständigen Spezialisten *(Kollektenwesen)*. Bekannt ist das »Scherflein«, das die sonst mittellose Witwe in den Opferkasten legt.[13] In vielen Ländern lebt der christliche Klerus von Kollekten, die manchmal den Charakter einer freiwilligen Kirchensteuer annehmen.

d) Ein *Rentensystem* liegt vor, wenn Ritualspezialisten nicht auf Einzelhonorare, unregelmäßig anfallende Spenden (Num. 5,9f.) und dergleichen angewiesen sind, sondern über Besitz (meist Grundbesitz, erst in neuester Zeit auch investiertes Kapital) verfügen, der Erträge (»Renten«) abwirft.

e) Vom Kollektenwesen unterscheidet sich das *Steuersystem* durch die nicht mehr in beliebiger Höhe und von Freiwilligen ad hoc gegebene Gabe. Man legt den Betrag relativ (prozentual von Ernte oder Einkommen) oder absolut (Kopfgeld) fest und bestimmt, wer steuerpflichtig ist. Der einfachste Fall ist der amphiktyonische Unterhalt eines Heiligtums: Hier wird der Kult von Stämmen oder Städten getragen, die sich in der Belieferung eines Tempels regelmäßig – etwa monatlich – ablösen. Das System ist für die sumerischen Tempel von Nippur (2000 v. Chr.)[14] und für das griechische Delphi belegt (→ Bünde). Die christliche Kirchensteuer ist in Mittelalter und Neuzeit zunächst subsidiär gegenüber Einkünften aus Pfründbesitz; nach der Dezimierung des Immobilienbesitzes durch die 1803 stattfindende Säkularisation wird sie im Deutschland des 19. und 20. Jahrhunderts die Haupteinnahmequelle der katholischen und evangelischen Kirche.

---

[11] G. A. Reichard, Navaho Religion, ²1963, 126 und 228; E. E. Evans-Pritchard, Witchcraft, Oracles and Magic among the Azande (1937), ²1976, 94.

[12] B. Walker, Hindu World 2 (1968) 318.

[13] Mk. 12,42; vgl. H. Haas, »Das Scherflein der Witwe« und seine Entsprechung im Tripitaka, 1922.

[14] W. W. Hallo, A Sumerian Amphictyony, in: Journal of Cuneiform Studies 14 (1960) 88–114.

Die von allen Muslimen geforderte Steuer wird heute – anders als in der islamischen Frühzeit – ohne verwaltende Zwischeninstanz an Bedürftige weitergegeben; es handelt sich also nicht um eine den Kult tragende »Kirchensteuer«.
Dem Renten- und Steuersystem kommt eine höhere Rationalität zu als den anderen Formen, weil hier die Finanzierung von Kult und Kultpersonal nicht mehr von schlecht kalkulierbaren Größen wie Großzügigkeit des Mäzens oder Spendenfreudigkeit abhängig ist.

2. Den verschiedenen Systemen der Finanzierung des Kults steht die mitunter zu beobachtende *Wirtschaftsfremdheit* von Ritualspezialisten gegenüber. Während Opferpriester ihre Tätigkeit als regulären Broterwerb oder Nebenerwerb verstehen, lehnen es charismatisch begabte und intellektuelle Ritualspezialisten oftmals ab, sich für ihre Tätigkeit bezahlen zu lassen. In der für Israels Propheten [15] mehrmals bezeugten Zurückweisung von Honorar mag sich teils ihr Wunsch nach Unabhängigkeit spiegeln, teils ihre Herkunft aus soliden wirtschaftlichen Verhältnissen, teils ein verklärendes Interesse der Überlieferung. PAULUS (Apg. 18,3) und manche ihm nacheifernde mittelalterliche Mönche lehnen Bettelei und Mäzenatentum ab und leben von fallweise angenommener Handarbeit, um mit dem Grundsatz ernst zu machen: »Umsonst habt ihr empfangen, umsonst gebt« (Matth. 10,8).

II. Fest

Das kultische Leben vieler Religionen gipfelt in und verdichtet sich im Fest. Nach TH. H. GASTER[16] ist der Kult oft auf den Wechsel der Jahreszeiten bezogen und durch eine Abfolge »kenotischer« und »plerotischer« Bestandteile gekennzeichnet: Auf Riten, die »Altes abtun« und von gedrückter Stimmung beherrscht sind (kénōsis = Entleerung, Abtötung, rituelle Reinigung), folgen solche, die auf Erneuerung zielen und in freudiger Stimmung zelebriert werden (plérōsis = Fülle, Jubel). Das bekannteste einschlägige Beispiel ist die Abfolge von christlicher Fastenzeit (mit Kulmination im Karfreitagsritual) und Osterfest. Auch nach W. E. PADEN ist das Wesen des Kults am besten in Festen greifbar, durch welche die Zeit strukturiert wird. In jährlichen oder wöchentlichen Festen werden »die Grundlagen der Welt« periodisch erneuert. Feste sind »Anlässe, bei denen eine Gemeinschaft nachvollzieht und erneuert, was ihr am heiligsten ist«; religiöse Gemeinschaften kehren »regelmäßig zu ihren höchsten Werten des Heiligen und Realen zurück, da diese im normalen Gang der Dinge zu verblassen drohen«.[17] Beispiele dafür sind die das Opfer Christi wiederholende sonntägliche Feier der Messe (katholische Kirche) und an das jährlich wiederholte jüdische Passah-Fest, das sich auf den Auszug aus Ägypten bezieht.

---

[15] 1 Kön. 13,7; 14,3; 2 Kön. 5,16.
[16] TH. H. GASTER, Thespis, ^{2}1961, 23–76.
[17] W. E. PADEN, Am Anfang war Religion, 1990, 122.

III. Tragende Motive

Jedem Kult einer bestimmten Religion liegen bestimmte innere, treibende Motive zugrunde, die in bestimmten Kernritualen (und deren gelehrter Deutung) besonders deutlich hervortreten. So kann der Kult einer Religion ganz vom Gedanken des Opfers oder von einer Idee magischer Vergegenwärtigung göttlichen Handelns beherrscht sein. Oder eine kleine Anzahl solcher Grundgedanken macht das Wesen des Kultes einer Religion aus. Zwar mag es möglich sein, eine die Religionen übergreifende Typologie solcher Motive aufzustellen; aber eine solche vergleichende Übersicht bedarf zunächst der eingehenden Deutung des Kultes einzelner Religionen. Wie eine solche Deutung aussehen kann, läßt sich am Christentum zeigen. Denn hier können wir fünf tragende Motive erkennen: Sakrament, Opfer, Belehrung, Lobpreis, Ekstase.

a) Das grundlegende *Sakrament* des Christentums ist die Eucharistie. In der Nachahmung einer Handlung Jesu (DIONYSIUS AREOPAGITA[18]) oder speziell in Wein und Brot wird Christus auf magische Weise vergegenwärtigt und damit eine göttliche Wirklichkeit präsent. Schon von seinem jesuanischen Ursprung her darf man die Eucharistie als → magische Handlung betrachten.[19] Besonders in der mittelalterlichen Lehre von der »Wesensverwandlung« (Transsubstantiation) der Elemente Brot und Wein kommt der magische Charakter klar zum Ausdruck.

b) Eine besondere, seit CYPRIAN[20] und AUGUSTINUS[21] belegte Deutung der Eucharistie versteht diese als *Opfer*, das Gott geschuldet und dargebracht wird. Opfer bedeutet hier nichts anderes als letzte Hingabe an Gott. Diese Hingabe hat Christus in seinem Kreuzestod geleistet, und nur er als Gottessohn kommt als reine, heilige, makellose Opfergabe an seinen göttlichen Vater in Frage. In der Eucharistie schließt sich die das Ofer Christi wiederholende Gemeinde in den Vollzug der Hingabe ein. Die Gemeinde bringt sich selbst zusammen mit Christus dem göttlichen Vater dar. Seit dem Mittelalter gibt es eine andere Deutung: Die »unblutige« Wiederholung des Opfers Christi macht den von Christus erworbenen Gnadenschatz den Gläubigen zugänglich.

c) Eine weitere Dimension des christlichen Kults tritt in Schriftlesung und Predigt hervor: die *Belehrung*. Der Prediger, der sich durch langes Studium auf seine Aufgabe vorbereitet hat, vermittelt den Gläubigen das für sie notwendige Heilswissen. Entsprechend heben moderne Theologien oft die »Heilswirksamkeit« oder »Sakramentalität« der Verkündigung hervor. Historisch gesehen ist das Anliegen der Belehrung ein Erbe, das die Christen der Synagoge verdanken. Die Belehrung vermag christlichem Gottesdienst eine besondere intellektuelle Ausrichtung zu geben.

d) Nach dem Buch der Offenbarung besteht das Wesen des christlichen Kults im *Lobpreis*, denn Gott und Christus sind jenes Lobes würdig, der sich vornehmlich in Gesang und Musik ausdrückt. Daher fehlen musikalische Elemente selten im christlichen Gottesdienst. In der traditionellen Theologie wird die Bedeutung des Lobpreises vor allem dadurch unterstrichen, daß er als die wichtigste Aufgabe der Engel und der Seligen erscheint. Im Himmel erklingt ewiger Lobpreis Gottes.

---

18 PSEUDO-DIONYSIUS, De ecclesiastica hierarchia, in: PG 3, 424–445.

19 M. SMITH, Jesus the Magician, 1978, 122f.

20 CYPRIAN, Brief 63,9 (CSEL 3,708): *»oblatio et sacrificium nostrum«*.

21 AUGUSTINUS, De civitate dei XIX, 23,5 (PL 41, 655).

e) Schon die christliche Gemeinde von Korinth kennt die in *Ekstase* erfahrene Gegenwart Christi (1 Kor. 14). Durch rhythmische Musik, Gesang, Tanz und emotionale Rede stimuliert, geraten die feiernden Christen in einen psychischen Sonderzustand, den sie als die Präsenz oder des göttlichen Geistes (d. i. Christus) verstehen. Typische Äußerungen der Ekstase sind unverständliche Rede (Zungenrede, Glossolalie), aufgefaßt als vom Geist eingegebene, Gott preisende Gebetssprache; Prophetie, d. h. tröstende, mahnende oder die Zukunft voraussagende Worte, die vom Geist eingegeben sind; Ausübung des Charismas der Heilung psychisch oder physisch Kranker.
Obgleich sich diese kultischen Motive in allen Richtung finden, werden sie in den verschiedenen Traditionen in unterschiedlicher Weise bewertet. Die katholische Kirche stellt die sakramentale Gegenwart Christi und das Opfer in den Mittelpunkt ihres Kultes. Im Protestantismus dominiert mit dem Predigtgottesdienst das Motiv der Belehrung. In vielen katholischen Orden spielt das gemeinsame, täglich mehrmals gebetete oder gesungene Gotteslob (Stundengebet) eine große Rolle. In charismatischen, meist im Protestantismus beheimateten Pfingstkirchen wird der Kult von der ekstatisch erfahrenen Gegenwart Christi beherrscht. Aber erst durch das Gesamt der genannten Motive erschließt sich das Phänomen des christlichen Kultes.

C Geschichte

Der Kult einer Religion gilt zwar als eine Erscheinung, die konservativ und statisch ist; aber er ist dem geschichtlichen Wandel nicht entzogen. Eine besondere Bedeutung kommt der Frage zu, ob sich wiederkehrende Bedingungen und Triebkräfte kultischen Wandels erkennen lassen. Dabei muß auf die schwierige, aber doch wohl unverzichtbare Unterscheidung von »traditioneller« und »entwickelter«, von »vormoderner« und »moderner« Religion zurückgegriffen werden. Die traditionelle Religion wird oft als »Kultreligion« bezeichnet, während die moderne Stufe durch »intellektuelles Ritual« und Abnahme kultischer Praxis charakterisiert wird.

I. Die moderne Distanz zum Kult

1. In der *»Religion innerhalb der Grenzen der bloßen Vernunft«* (1793) unterschied I. Kant[22] zwischen der »rein moralischen Religion« der Aufklärung, die keines Kults bedarf, und der »gottesdienstlichen Religion *(cultus)*«, die für Kirchen typisch ist. Im Erbe dieses Ansatzes wies die ältere, vornehmlich protestantische Religionsgeschichte den Kult gerne den älteren und »primitiven« Religionen zu, während »höhere« Religionen alles Kultische zurückdrängen, und zwar zugunsten der Ethik, der Lehre und des heiligen Buches.
Für die von protestantischer Ritenarmut beeindruckte Religionswissenschaft erhielt der Ausdruck »Kultreligion«, mit Priesterreligion und Ritenreligion gleichgesetzt, einen

[22] I. Kant, Gesammelte Schriften. Akademie-Ausgabe 6, 1914, 106.

abwertenden Klang. Kultreligion galt als eine zu überholende Entwicklungsstufe oder Religionsform. Von den sechs Religionstypen F. HEILERS[23] – primitive Religion, Ritualreligion, philosophische Reformreligion, schöpferische individuelle Religion, lebendige Gemeinschaftsreligion, Buch- und Gesetzesreligion – erhält die Ritualreligion die schlechteste Bewertung. Wo wir sie auch finden – im alten Mexiko der vorkolumbianischen Zeit, in Sumer oder Ägypten, im Indien der Veden oder, was HEILER nicht ausdrücklich sagt, im Katholizismus –, haben wir es mit einem »Dekadenzphänomen«[24] zu tun. In einer ähnlichen Weise beschreibt P. VOLZ[25] die (angeblich) radikale Kritik der alttestamentlichen Propheten an der »Kultreligion« ihrer Zeitgenossen; die Propheten fordern »Glaube« statt Kult, sind also »Protestanten«, die den Kult überwinden. Als »das heidnische Element in der israelitischen Religion«[26] muß der Kult prophetischer Kritik unterzogen werden.

Katholische Autoren wie Abt I. HERWEGEN OSB[27] ließen sich von protestantischer Kritik nicht beeindrucken; für sie ist Jesu Religion von Anfang an eine »Kultusreligion«.

Die protestantische Kultkritik ist heute weithin verschwunden. Es hat sich die Einsicht durchgesetzt, daß Israels Propheten keineswegs den Kult schlechthin ablehnten, sondern nur das von Unwürdigen vollzogene Ritual.[28] Auch die »liturgische Bewegung« innerhalb des Protestantismus hat zu einer positiveren Bewertung des Kults beigetragen. Außerdem ist eine neue Erfahrung in den Gesichtskreis protestantischer wie katholischer Autoren getreten: der erhebliche Rückgang des Besuchs von Gottesdiensten. Der »moderne Mensch« wendet sich vom traditionellen Kult ab und schätzt ihn gering. Diese Erscheinung wird regelmäßig mit einem Wandel von einer »traditionellen« zu einer »modernen« Kultur und Mentalität in Zusammenhang gebracht.

R. BULTMANN[29] verweist auf den engen Zusammenhang zwischen Weltbild und Kult. Christliche Taufe und Eucharistie sind in einem Denkhorizont entstanden, der die Mitteilung einer geistigen Kraft durch eine rituelle Waschung bzw. durch eine kultische Mahlzeit für möglich hielt. Der Zerfall dieser weltbildhaften Voraussetzungen führt zur Abwendung des »modernen Menschen« von traditionellen Ritualen, deren Voraussetzungen ihm unverständlich erscheinen. Die katholische liturgische Bewegung hat schon in den 1920er Jahren den Schwund der »Liturgiefähigkeit« beklagt: »Der moderne Mensch, der logische, ist schwer mit der Liturgie in Verbindung zu bringen. Dagegen liegt sie dem prälogischen, d. h. antiken Menschen.«[30] Im Anschluß an R. GUARDINI meint B. WELTE, der Mensch des industriellen Zeitalters sei zwar nicht prinzipiell, wohl aber weithin nicht mehr »kultfähig«: »Erstmalig in einer mehr als 10 000jährigen Geschichte erlahmt und schwindet die Fähigkeit zum Kult«, so daß »ein kultfreies

23 F. HEILER, Das Gebet, ²1919, 478.

24 F. HEILER, a.a.O., 162.

25 P. VOLZ, Die radikale Ablehnung der Kultreligion durch die alttestamentlichen Propheten, in: Zeitschrift für systematische Theologie 14 (1937) 63–85.

26 J. WELLHAUSEN, Prolegomena zur Geschichte Israels, 1883, 448.

27 I. HERWEGEN, Lumen Christi, 1924, 111.

28 WÜRTHWEIN, Kultpolemik oder Kultbescheid?

29 R. BULTMANN, Neues Testament und Mythologie (1941) 1988, 17f.

30 W. BIRNBAUM, Die katholische liturgische Bewegung, 1926, 94, ein Referat über O. CASEL, in: Jahrbuch für Liturgiewissenschaft 4 (1924) 227.

Menschentum« entsteht.[31] Kultfähigkeit wird eher in einer verklärten Vergangenheit (Antike, Mittelalter, Barock: GUARDINI) und in traditionellen Kulturen (Italien: GUARDINI, Dogon in Westafrika: WELTE) gesucht. Nicht mehr Teil einer lebendigen Kultur, ist christliche Liturgie für CH. DAVIS[32] nur noch als beliebiges Experimentieren der Modernisten und als traditionalistisches Festhalten an überkommenen Formen in unzeitgemäßen religiösen Subkulturen vorstellbar.

2. Während die Theologen die Distanz zum Kult konstatieren und beklagen, fehlt ihnen eine Theorie, die den Vorgang erklärt. Eine solche Theorie findet sich bei der Ethnologin M. DOUGLAS.[33] Nach ihr trägt die Unterscheidung zwischen »traditioneller« und »moderner« Gesellschaft für die Erklärung der Abnahme des Kults nichts bei. Da sich auch bestimmte traditionelle Gesellschaften, etwa die Pygmäen des Ituri-Waldes in Afrika, durch eine Ritenarmut auszeichnen, muß eine andere Erklärung gesucht werden. Diese findet DOUGLAS in der Unterscheidung zwischen Gesellschaften, in dem ein hohes Maß an Konformität verlangt wird und solchen, in denen dies nicht der Fall ist. Eine starke gesellschaftliche Kontrolle geht mit einem reichen kultischen Leben einher, während dem Nachlassen der Kontrolle und dem Aufkommen von Individualismus eine Abnahme von kultischem Interesse entspricht. Nicht moderne Verstädterung und Aufkommen der Technik sind für die Entritualisierung verantwortlich, sondern die stets vorhandene Möglichkeit des Wandels einer geschlossenen zu einer offenen Gesellschaft (s. unten C II.)

II. Priorität des Kults gegenüber der Lehre

Die These von der Abnahme des Kults im Zuge religiöser »Höherentwicklung« hat eine geläufige Variante in der Annahme der Priorität des Kults gegenüber der Lehre. Vor allem die Religionsethnologie stellt den »primitiven Ritualisten« oft dem »modernen Dogmatisten« gegenüber. Während die frühe Religion kultisches Leben betont, schwächt die »höhere« Religion den Kult zugunsten der Glaubenslehre ab. Das »Äußerliche« wird zugunsten des »Innerlichen« zurückgedrängt.
Als Begründer dieser Auffassung gilt W. ROBERTSON SMITH.[34] Er sah im Kult (1) den ältesten und konservativsten Bestandteil der Religion; wobei (2) die Mythen sekundär und im wesentlichen vom Kult abgeleitet sind; (3) überhaupt hielten die Menschen früherer Zeiten die Mythen für weniger wichtig als den Kult, denn dieser ist obligatorisch, während jene beliebig und wandelbar sind. Obwohl diese Thesen nur knapp angedeutet und praktisch ohne Begründung vorgetragen wurden, haben sie die For-

---

[31] B. WELTE, Der Kult in integrierten und in fortschrittlichen Gesellschaften, in: ders., Zeit und Geschichte, 1975, 93–106, hier 94 und 102. Vgl. GUARDINI, Liturgie und liturgische Bildung, 9–17.

[32] C. DAVIS, Ghetto or Desert: Liturgy in a Cultural Dilemma, in: Worship and Secularization, hrsg. von W. VOS, 1970, 10–27; dt. in K. F. MÜLLER (Hrsg.), Gottesdienst in einem säkularisierten Zeitalter, 1971, 21–48.

[33] M. DOUGLAS, Natural Symbols, ^{2}1973, 19–39.

[34] W. R. SMITH, Lectures on the Religions of the Semites (1889), ^{3}1927, 16–22 (1. Vorlesung).

schung nachhaltig beeinflußt. R. R. Marett[35] faßte sie in der Behauptung zusammen, für ethnische Religionen sei mehr der Tanz als das Lehrsystem charakteristisch, weil motorische und emotionale Äußerungen der theologischen Systembildung vorgezogen werden. Innerhalb einer Religion galt der Kult gegenüber der Lehre als das bei weitem ältere und ursprünglichere Element; in »Cultus und Sitte«, heißt es bei Chantepie de la Saussaye[36], »hat man zugleich Zeugnisse über die Urzeit« einer bestimmten Religion. Im Jahre 1911 ist es für Troeltsch »eines der klarsten Ergebnisse aller Religionsgeschichte und Religionspsychologie, daß das Wesentliche in aller Religion nicht Dogma und Idee, sondern Kultus und Gemeinschaft ist.«[37]

Die Annahme einer Priorität des Kults gegenüber den Glaubensvorstellungen wurde bis in die 1950er Jahre fast allgemein vertreten, neben Marett besonders von B. Malinowski[38] und A. R. Radcliffe-Brown[39], das sie offenbar zu einer funktionalistischen Religionsauffassung paßt (dem Kult selbst kommt soziale Bedeutung zu, unabhängig von den mit ihm verknüpften Glaubensvorstellungen). Ihre jüngste Variante erhielt die Prioritätsthese bei M. Douglas (s. o. I.2.).

III. Intellektualisierung des Kults

Nach M. Weber läßt sich in der Geschichte der westlichen Welt eine zunehmende Verstärkung der rationalen Motive und Ziele des sozialen und wirtschaftlichen Handelns konstatieren. Rationalisierung und Intellektualisierung kennzeichnen diesen Prozeß. Nun läßt sich beobachten, daß nicht nur die wirtschaftliche Seite des sozialen Handelns von Rationalisierung betroffen ist, sondern ebenso das religiöse Leben. Magieartige »technologische« Auffassungen von rituellem Regenmachen, von ritueller Krankenheilung und Schicksalsbeeinflussung treten zurück und werden durch umfassende, durchrationalisierte theologische Systeme verdrängt. Religiöser Glaube wird weithin zur abstrakten Metaphysik. Entsprechend werden die intellektuellen Elemente im Kult verstärkt und sind schließlich vorherrschend.[40]

Phänomenologisch gesprochen hat der Kult die Aufgabe, zwischen menschlicher und göttlicher Welt so zu vermitteln, daß die göttliche Wirklichkeit in der menschlichen wenn auch nicht greifbar, so doch gegenwärtig wird. Im intellektualisierten Kult wird diese Vermittlung als geistiger und durch Lehre geschehender Vorgang gesehen. Die göttliche Wirklichkeit hat in einer heiligen Überlieferung – einer heiligen Geschichte (Mythos) oder Lehre – schon Gestalt gewonnen, oftmals durch Aufzeichnung in heiligen Schriften. Aber was in Mythos oder Buch niedergelegt ist, muß noch einmal gesagt, wiederholt, gelehrt, vergegenwärtigt oder dramatisiert werden. Dazu ruft der Mönch, Priester oder Prediger seine Gemeinde zusammen, um sie zu belehren. Er vermittelt das in

---

35 R. R. Marett, The Threshold of Religion, ²1914, XXXI.

36 P. D. Chantepie de la Saussaye, Lehrbuch der Religionsgeschichte 1 (1887) 49.

37 E. Troeltsch, Die Bedeutung der Geschichtlichkeit Jesu für den Glauben, 1911, 25.

38 B. Malinowski, Sex, Culture, and Myth, 1962, 254.

39 A. A. Radcliffe-Brown, Structure and Function in Primitive Society, 1952, 153–177, hier 177.

40 Zum Folgenden vgl. B. Lang, Das tanzende Wort. Intellektuelle Rituale im Frühjudentum, im Christentum und in östlichen Religionen, in: ders. (Hrsg.), Das tanzende Wort, 15–48.

Lehre, Mythos oder Buch niedergelegte Heilswissen dem Laien, der es sich nun aneignen kann. Im Fall der privaten Bibel- oder Koranlektüre ist das Buch die einzige das Heilswissen vermittelnde Instanz. Da der christliche Bibelleser aber nicht gleichsam sein eigener Prediger sein kann, spricht die protestantische Theologie von der Stimme des Heiligen Geistes, die seine Lektüre begleitet. Aber das ist ein Grenzfall. In der Regel versammelt sich die Gemeinde häufig oder sogar regelmäßig, um im intellektuellen Ritual Heilswissen zu erwerben, es auf das Alltagsleben anzuwenden oder mit nichtreligiösem Alltagswissen in Beziehung zu setzen. Die protestantische Idee des Gottesdienstes hat KARL BARTH klar ausgesprochen: »Die Predigt ist der eigentliche Kultusakt.«[41]
Die Intellektualisierung des westlichen, christlichen Kults leitet sich von der antiken jüdischen Synagoge her, deren aus Schriftlesung und Predigt bestehender Gottesdienst zum Vorbild des christlichen Kults wurde. Neben dieser historischen Wurzel und der allgemeinen Zunahme rationaler Elemente im Geschichtsprozeß ist mit I. M. LEWIS[42] noch auf eine soziale Seite zu verweisen. LEWIS unterscheidet den »zentralen« Kult der etablierten Gesellschaft vom ekstatischen »peripheren« Kult der Randgruppen. Sobald ein Kult von der Mehrheit einer Gesellschaft praktiziert wird oder zum »zentralen« Staatskult aufsteigt, genießen seine intellektuellen Elemente immer mehr Ansehen und werden von einer gebildeten Priester- oder Predigerschaft gefördert. Im selben Maße büßen ekstatische Elemente ihre Bedeutung ein. Damit gerät die Welt des Kults – wie der Religion überhaupt – in den Sog der steigenden Betonung der Vernunft.

D Soziologie und Ethnologie

I. Die Funktion des Kults: Förderung von Solidarität, Manipulation von Bewußtsein, Spiel

1. Indem DURKHEIM[43] bei religiösen Ritualen das von den Handelnden intendierte – aber oft faktisch illusorische – Ziel von der sozialen, tatsächlichen Funktion unterschied, wurde er zum Begründer der später so genannten funktionalistischen Betrachtungsweise. Sie beruht auf der Beobachtung, daß die Ziele, die sich aus dem Gegenüber von Mensch und übernatürlichen, heiligen Mächten ergeben, mit den beobachtbaren gesellschaftlichen und psychologischen Wirkungen einer rituellen Handlung oft nicht übereinstimmen. Da der Standpunkt des Gläubigen oder Theologen ein anderer ist als der des Soziologen oder Ethnologen, wird die Intention des Rituals theologisch, die Funktion aber soziologisch bestimmt. Als Soziologe wollte sich DURKHEIM ganz auf die Funktion beschränken; er hielt die bewußten Zielsetzungen von menschlichen Handlungen für »viel zu subjektiv, um wissenschaftlich behandelt werden zu können«.[44]
DURKHEIM wies auf den eminent sozialen Charakter der australischen Rituale hin. Wenn sich die Australier in größeren Gruppen treffen, spielen Alltagsgeschäfte und Nahrungs-

---

41 K. BARTH, Credo, ²1935, 171.
42 I. M. LEWIS, Ecstatic Religion, 1971; s. unten D 11.
43 DURKHEIM, Les formes élémentaires 536f.
44 E. DURKHEIM, Regeln der soziologischen Methode, 1961, 181.

sicherung eine untergeordnete Rolle. Alle Aufmerksamkeit ist auf soziale → Interaktion gerichtet, die sich im Kult verdichtet und als besonders bedeutungsvoll erlebt wird. Der Australier, der seine Vene öffnet, um das Embryo des Totemtiers oder die Totempflanze mit seinem Blut zu stärken, gibt ein Stück seiner Individualität zugunsten der im Totem verkörperten Gemeinschaft preis. Er sagt gleichsam: »Ich gebe ein Stück von mir auf (meinen Eigenwillen, meine Arroganz, meine Kampfeslust usw.) zugunsten des Stammes (das bringt Selbstverleugnung, Bescheidenheit, Verzicht, Altruismus usw. mit sich).«[45] Im Erneuern und Veranschaulichen von sozialer Solidarität sah Durkheim den Sinn des Kults überhaupt. »Jede Gesellschaft,« schreibt er, »fühlt das Bedürfnis, die gemeinschaftlichen Gefühle und Gedanken, die ihre Einheit und ihren Charakter ausmachen, in regelmäßigen Abständen zu erneuern und zu bekräftigen. Eine solche moralische Erneuerung kann nur in Treffen und Versammlungen vor sich gehen, wenn die einzelnen sich einander nahe fühlen und ihre gemeinschaftlichen Gefühle bejahen und bekräftigen.«[46] Gemeinschaftskulte erzeugen ein euphorisches Gefühl der Kraft und Überlegenheit, das der isolierte einzelne niemals haben kann. Der einzelne ist schwach und verloren; nur in der Gemeinschaft (die Durkheim romantisch zu verklären scheint) erlangt er die heilige Euphorie.

2. Während viele Autoren den Ansatz Durkheims übernehmen, haben andere versucht, eine von Durkheim abweichende Bestimmung der zentralen Funktion des Kults nachzuweisen. Die geläufigsten Alternativen zur Solidaritätsthese sind die These von der *Manipulation des Bewußtseins* und die Anschauung vom Kult als *zweckfreiem Spiel.*
Durkheims Betrachtungsweise vergißt, daß eine Religion ihren Gläubigen in erster Linie als ein System von Bedeutungen erscheint: als eine Weltanschauung, ein Kosmos von Werten, ein nach diesen ausgerichtetes Ethos. Fasziniert von der religionsgeschichtlichen (M. Eliade[47]) und ethnologischen (V. Turner[47]) Wiederentdeckung religiöser Symbolik, meinen viele Forscher, daß der Kult grundsätzlich eine »Manipulation des Bewußtseins« *(manipulation of consciousness)*[49] anzielt. Der Kult will den Teilnehmern bestimmte Bewußtseinsinhalte vermitteln und einprägen. Dazu bedient man sich symbolischer Gegenstände und Arrangements, die als Bedeutungsträger auftreten und kulturelle und religiöse Werte verkörpern. Werden diese vom Teilnehmer angeeignet, dann hat der Kult sein Ziel erreicht, unabhängig davon, welche weiteren Aufgaben und Funktionen er noch haben mag. Beispielhaft haben G. Lienhardt[50] und S. Ortner[51] diesen Zusammenhang für den Kult der Dinka in Afrika und der buddhistischen Scherpa in Nepal gezeigt. Ortner weist besonders eindrücklich nach, daß von einer Solidarität schaffenden Funktion des Kults im Falle der Scherpa keine Rede sein kann; vielmehr zielen die Scherpa-Rituale in der Mehrzahl darauf, den einzelnen, der buddhistischen Orthodoxie entsprechend, aus der gesellschaftlichen Verstrickung herauszulösen.

---

45 H. Mol, The Origin and Function of Religion, in: Journal for the Scientific Study of Religion 18 (1979) 379–389.
46 Durkheim, Les formes élémentaires, 610.
47 M. Eliade, Die Religionen und das Heilige, 1954.
48 V. Turner, The Forest of Symbols, 1967.
49 S. B. Ortner, Sherpas through Their Rituals, 1978, 5.
50 G. Lienhardt, Divinity and Experience, 1961.
51 S. B. Ortner, a.a.O. (s. Anm. 49).

Der bedeutendste Versuch, den Kult als Manipulation des Bewußtseins aufzufassen, stammt von MAURICE BLOCH[52], der eine Ideologiekritik religiöser Rituale auf marxistischer Grundlage versucht. Er geht dabei von einer Einsicht aus, die K. MARX und F. ENGELS zuerst in der »*Deutschen Ideologie*« (1845/46) formuliert haben. Die deutsche, d. h. kapitalistische Ideologie vermittelt dem Arbeiter das Bewußtsein, daß seine Arbeit für den Produktionsprozeß nicht ausreicht, sondern letztlich unerheblich ist. Der Prozeß der Produktion wird allein durch das Kapital ermöglicht, das zu einer transzendenten, unantastbaren, zum Fetisch vergöttlichten Größe ideologisiert wird. BLOCH nimmt die marxistische Kapitalismuskritik als Vorbild und Ausgangspunkt für seine ethnologische Analyse des Kults. Wie die kapitalistische Ideologie letztlich falsches Bewußtsein aufrechterhält, so dient auch der Kult der Erzeugung und Festigung von falschem Bewußtsein.

BLOCH*s* Kultkritik weist folgende Schwerpunkte auf: (1) Rituale entwerten die *Sprache*, indem sie Formen bevorzugen, in denen praktisch keine Mitteilung erfolgt. Es läßt sich eine Reihe ritueller Ausdrucksformen aufstellen, in denen die Kommunikation abnimmt (um schließlich ganz zu verschwinden), während die Festlegung und Formalisierung zunehmen: Predigt, Gebet, Beschwörung, Singen, Tanz. Während bei der Predigt das Repertoire an Ideen und Gehalten noch relativ offen, flexibel und kommunikativ ist, besteht beim Tanz keine Möglichkeit der Mitteilung mehr. (2) Das Ritual verneint die geschichtliche *Zeit*, indem es sich nicht auf reale, historische Gegebenheiten bezieht, sondern auf die ewige, unveränderliche Welt der Götter und Ahnen. Daraus erklärt sich auch das erstaunliche Gleichbleiben ritueller Formen über lange Zeiträume hinweg und die Eigenart des Rituals, in verschiedenen, ja gegensätzlichen historischen Situationen Herrschaftsverhältnisse zu stabilisieren. (3) Die Tragweite und Möglichkeit menschlichen *Handelns* wird verneint. Nicht alltägliches Handeln ist für das Leben und die Gesellschaft entscheidend, sondern der Vollzug des Rituals, das transzendente Kräfte mobilisiert und verfügbar macht. Dasselbe gilt vom *Wissen*: das Ritual verneint mit der Bedeutung gewöhnlichen Handelns auch die Bedeutung des Alltagswissens. Rituelles Wissen entthront alle anderen, auf den Alltag, seine Geschäfte und Konflikte bezogenen Wissensinhalte. (4) Das Ritual vollzieht die Unterwerfung des Menschen unter eine jenseitige, zeitlose Welt der Ahnen und Götter. Da die Träger gesellschaftlicher Macht – die Alten, die Paten, der König usw. – der transzendenten Welt näherstehen als die übrigen Menschen, können sie nicht nur zwischen beiden Welten rituell vermitteln, sondern gleichzeitig ihre *Herrschaft* über die irdische Welt legitimieren. So dient der Kult letztlich einem ideologischen Zweck: der Vermittlung eines falschen Bewußtseins, das bestehende Herrschaft als legitim akzeptiert.

BLOCH*s* Auffassung läßt sich am besten als eine Spielart des DURKHEIM*schen* Funktionalismus verstehen. Bei seiner Beschreibung der in Versammlungen entstehenden Euphorie unterscheidet DURKHEIM zwischen einer schöpferischen [53] und einer kultischen Spielart.

---

52 M. BLOCH, Symbols, Song, Dance and Features of Articulation; ders., S. GUGGENHEIM, Compadrazgo: Baptism and the Symbolism of a Second Birth, in: Man 16 (1981) 376–368; ders., From Blessing to Violence: History and Ideology in the Circumcision Ritual of the Merina of Madagascar, 1986.

53 DURKHEIM, Les formes élémentaires, 301. Vgl. W. S. F. PICKERING, Durkheim's Sociology of Religion, 1984, 385–389.

Die schöpferische Euphorie ist revolutionär und treibt gesellschaftliche Prozesse unter der Beteiligung aller voran; dagegen ist die kultische Spielart mit ihrer starren Rollenzuweisung auf Stabilisierung des bereits bestehenden Zustandes bedacht. Mit DURKHEIM ist BLOCH der Überzeugung, daß Rituale den Zusammenhalt einer Gesellschaft fördern. Im Unterschied zu ihm hebt er jedoch eine innere, den Teilnehmern am Ritual selten bewußte Spannung hervor: die zwischen Machtträgern und Beherrschten. Die im Kult gefestigte Harmonie besteht auf Kosten bestimmter Gruppen. So ist die im Ritual dargestellte Harmonie zwar real, hat aber ideologischen und unterdrückenden Charakter.

3. Eine zweite Alternative zu DURKHEIM betont den *Unterhaltungs- und Spielcharakter* des Kults. Der Kult, mag er ursprünglich vielleicht auch Zwecke erfüllt und Funktionen ausgeübt haben, ist Selbstzweck. »Der Kultus«, schreibt TIELE[54], »erst sehr einfach, roh, naiv, an keine festen Regeln gebunden, wird nun strikt geregelt und beständig komplizierter und gelehrter, so daß man kaum mehr wagt, der Gottheit ohne den Beistand eines Sachverständigen zu nahen. Brahmanen, Rabbinen, Priester und Theologen aller Art machen feine Distinktionen, an welche man früher nicht dachte, und fordern immer kostbarere Opfer oder immer sorgfältigere Beachtung der kleinlichsten Vorschriften.« Dementsprechend werden rituelle Handlungen nicht mehr nur im Bedarfsfalle für Auftraggeber durchgeführt, sondern es kommt zu einem regelmäßigen, durchorganisierten und autonomen Kultbetrieb, dem Spielcharakter eignet: »Im Gottesdienst gibt es keine Zwecke«, denn »die Liturgie ist von erhabener Zwecklosigkeit«.[55] Nach J. C. HEESTERMAN[56] galten die extrem aufwendigen Rituale der indischen Vedas ab einem bestimmten Zeitpunkt (oder schon von Anfang an?) für eine eigene »heilige« Welt, die von der »profanen« völlig getrennt ist und diese auch nicht beeinflussen will. Solches Ritual, das keinen irgendwie benennbaren »Vorteil« schaffen will, ist gewissermaßen funktionslos.
Wie läßt sich der Spielcharakter des Kults erklären? Man kann auf so etwas wie einen dem Menschen eigenen Spieltrieb verweisen und von einer Flucht aus der spannungsgeladenen wirklichen Welt in einen idealen, von Überraschungslosigkeit und fester Rollenverteilung geprägten Bereich reden. Aber es spielt wohl auch noch anderes herein, das sich bei einer getrennten Betrachtung von Publikum (soweit bei Ritualen beteiligt oder anwesend) und Ritualspezialisten zeigt. Sobald das Priestertum professionell wird und nicht mehr im Nebenberuf ausgeübt werden kann, dehnt sich der Kult aus, bis er »die zur Verfügung stehende Zeit« ausfüllt. In Fortführung eines bekannten Satzes von C. N. PARKINSON[57], des »Parkinsonschen Gesetzes«, läßt sich sagen, daß nicht nur Verwaltungsarbeit, sondern noch leichter die Kulthandlung zeitlich beliebig dehnbar ist und sich an ihr nahezu beliebig viele Mitarbeiter beteiligen können.

---

54 C. P. TIELE, Einleitung in die Religionswissenschaft 1 (1899) 215.

55 R. GUARDINI, Besinnung vor der Feier der Heiligen Messe, 1939, 53. Vgl. ders., Vom Geist der Liturgie, 81922, 56–70; J. PIEPER, Muße und Kult, 1948; H. RAHNER, Der spielende Mensch, 1952.

56 J. C. HEESTERMAN, The Inner Conflict of Tradition, 1985, 95–107.

57 C. N. PARKINSON, Parkinson's Law, 1957; dt. Parkinsons neues Gesetz, 1982.

II. Kultische Stile: Kult der feinen Leute, zentraler/peripherer Kult, restringierter/elaborierter Kult

1. Ein früher Versuch, die Beziehung zwischen Gruppenstruktur und Kult zu untersuchen, stammt von THORSTEIN VEBLEN. In seiner bekannten »*Theory of the Leisure Class*« (1899; dt. »*Theorie der feinen Leute*«) beschreibt er neben dem Konsumverhalten auch die Religion der *leisure class,* d. h. der reichen amerikanischen Oberschicht. VEBLEN zeigt, wie sich die allgemeine, zur auffälligen Demonstration ausartende Verschwendungssucht (*conspicuous consumption/waste/leisure:* auffälliger Verbrauch/Verschwendung/Freizeit) dieser Klasse in ihrem religiösen Ritual widerspiegelt. Mit Recht bezieht er seine Theorie auf alle Gesellschaften, in denen sich eine *leisure class* (beschäftigungsarme Klasse) ausbildet, die Jagd, Sport, Krieg, Verwaltung und Kult als Tätigkeiten mit hohem Unterhaltungswert produktiver Arbeit vorzieht. Für diese Klasse sind *devout observances* (Frömmigkeitsübungen) ein Zeitvertreib und werden von Menschen geleitet, die einen besonderen, nichtproduktiven Beruf – den des Priestertums – ausüben. Der Kult ist durch auffällige Verschwendung ausgezeichnet.[58] Nach VEBLEN zieht ein Kult mit aufwendigem Zeremoniell besonders die Angehörigen der Oberschicht an.[59] Natürlich findet sich diese Vorliebe für reiches Zeremoniell und kultische Verschwendung nicht nur in der *leisure class*, sondern auch bei allen, die sich an den Werten dieser Klasse orientieren.

2. Während VEBLEN Überlegungen über die religiösen Rituale der feinen Leute des spätviktorianischen Amerika anstellt, geht IOAN M. LEWIS in seinem Buch »*Ecstatic Religion*« (1971) dem rituellen Verhalten am anderen Ende der sozialen Skala nach. Lewis gelangt auf diese Weise zur Unterscheidung zwischen den Subkulturen der marginalen, einflußlosen Schichten und der dominierenden Kultur der einflußreichen, »den Ton angebenden« Gruppe über deren jeweiliger Kultpraxis: »peripherer« und »zentraler« Kult. Er untersucht die Neigung von deklassierten, zweitrangigen Mitgliedern der Gesellschaft, besonders von Frauen, an Kulten teilzunehmen, die sich durch ekstatischen Tanz, Besessenheit durch Geister und verwandte Eigenarten auszeichnen. Während die führenden Kreise einer Gesellschaft ekstatischen Kulten reserviert gegenüberstehen und diese sogar zu verbieten suchen, läßt sich eine Bevorzugung von ausgelassener Religiosität, Tanz, Zungenrede und Besessenheit bei Randgruppen, Unterdrückten, Frauen, Fremden und Minderheiten beobachten. Die interkulturell angelegte Arbeit zeigt, daß in den am Rande der dominierenden Gesellschaft stehenden, »peripheren« Kulten oft die »schrille Stimme des Protestes gegen andere, besser gestellte Mitglieder der Gesellschaft«[60] zu hören ist, und diese Stimme, oft in Trance laut werdend, als die eines Geistes gilt.

3. Jeder Beobachter religiöser Rituale kann einen Zusammenhang zwischen der Eigenart der Trägergruppe und der rituellen Praxis feststellen. Für die sozial schwach integrierte schwarze Bevölkerung Amerikas sind spontane, wenig organisierte Gottesdienstformen typisch. Dagegen ziehen die konservativen Christen Großbritanniens einen streng gere-

[58] T. VEBLEN, The Theory of the Leisure Class, 1899, 307.

[59] A.a.O., 327.

[60] LEWIS, Ecstatic Religion, 203.

gelten Gottesdienst vor, dessen steife Feierlichkeit dem Festhalten an der Monarchie entspricht. Den durch solche Beispiele angedeuteten Zusammenhang zwischen sozialem Milieu und Gestalt des Rituals hat MARY DOUGLAS in ihrem Buch »*Natural Symbols*« (^{2}1973) untersucht.

DOUGLAS begreift den Kult als eine dem Sprechen verwandte gesellschaftliche Ausdrucksform. Ähnlich wie die Art und Weise der Sprache auf die Schicht- oder Klassenzugehörigkeit des Sprechers zurückweist, so spiegelt auch der Kult die soziale Welt seiner Teilnehmer wider. DOUGLAS geht von einer Beobachtung aus, die der britische Linguist BASIL BERNSTEIN gemacht hat. Nach BERNSTEIN lassen sich zwei Sprechstile unterscheiden, die er als »elaborierten« und »restringierten« Sprachcode bezeichnet. Die »elaborierte« Sprache ist typisch für ein städtisches, intellektuelles und stark personal orientiertes Milieu; sie wird von Menschen gesprochen, bei denen Individualität der Gefühle und große Freiheit von starker sozialer Kontrolle als erstrebenswert gelten. Die elaborierte Sprache der Mittelschicht ist frei, flexibel und oft individualistisch; sie ist die Sprache der Romane, in denen Reflexion und emphatische Gefühle beschrieben werden. Das »restringierte« Sprechen ist dagegen typisch für Milieus, in denen Orientierung an Herkommen und sozialer Hierarchie vorherrschen. Die restringierte Sprache gibt traditionellen Vorstellungen durch feststehende Klischees, typische Redewendungen und Sprichwörter Ausdruck. BERNSTEIN fand sie sowohl bei den britischen Arbeitern als auch am anderen Ende der sozialen Leiter: bei der konservativen Aristokratie.

DOUGLAS macht BERNSTEINs Beobachtung für das Verständnis des Kults fruchtbar. Den Kult kann man als symbolische, d. h. verkleinerte und verdichtete, aber wirklichkeitsgetreue Abbildung und Wiederholung des sozialen Zustandes einer Gruppe verstehen. Wie beim Sprechen, so lassen sich auch hier ein »restringierter« und ein »elaborierter« Stil unterscheiden. Kulte mit festen, genau eingehaltenen Regeln entsprechen dem restringierten Code, während die freieren, »antiritualistischen« Formen einen elaborierten Stil aufweisen.

Literatur

ASAD, T., Towards a Genealogy of the Concept of Ritual, in: JAMES, W., JOHNSON, D. H. (Hrsg.), Vernacular Christianity, 1988,73–87; BLOCH, M., Symbols, Song, Dance and Features of Articulation, in: Archives européennes de sociologie 15 (1974) 55–81; DOUGLAS, M., Natural Symbols, ^{2}1973 (dt.: Ritual, Tabu und Körpersymbolik, 1974); DURKHEIM, E., Les formes élémentaires de la vie religieuse, 1912 (unzureichende dt. Übersetzung 1981); GUARDINI, R., Liturgie und liturgische Bildung, 1966, 9–17 (»Der Kultakt und die gegenwärtige Aufgabe der liturgischen Bildung«); LANG, B. (Hrsg.), Das tanzende Wort: Intellektuelle Rituale im Religionsvergleich, 1984; ders., Kleine Soziologie religiöser Rituale, in: H. ZINSER (Hrsg.), Religionswissenschaft. Eine Einführung, 1988, 73–95; LEWIS, I. M., Ecstatic Religion, 1971, ^{2}1989; LORENZER, A., Das Konzil der Buchhalter, 1984; ORTNER, S. B., Sherpas Through Their Rituals, 1978, 1–9; PICKERING, W. S. F., Durkheim's Sociology of Religion, 1984; WILL, R., Le culte, 3 Bde., 1925/29/35; WÜRTHWEIN, E., Kultpolemik oder Kultbescheid? in: Tradition und Situation. Festschr. A. Weiser, hrsg. von E. WÜRTHWEIN u. a., 1963, 115–131.

Bernhard Lang

→ *Opfer, Ritus/Ritual*